인류문명발달사

– 고고학으로 본 세계문화사 –

崔 夢 龍

지은이 | 최몽룡
펴낸이 | 최병식
펴낸날 | 2013년 9월 13일
펴낸곳 | 주류성출판사
　　　　서울시 서초구 강남대로 435
　　　　전화 | 02-3481-1024 / 전송 | 02-3482-0656
　　　　www.juluesung.co.kr
　　　　e-mail | juluesung@daum.net

책 값 | 　40,000원
ISBN　978-89-6246-112-1　　03900

이 조그만 冊을 恩師이신

美國 Harvard 大學 故 張光直 教授님

(Chang, Kwang-Chih, 서기 1931년 4월 15일, 水-서기 2001년 1월 3일, 水)

靈前에 바칩니다.

인류문명발달사

- 고고학으로 본 세계문화사 -

서 문

- 세계·新 및 중국 7대 不可思議 -

이 책은『東北亞 靑銅器時代 文化硏究』(최몽룡·김경택·홍형우 편저, 2004 서울: 주류성) 중 부록으로 실린 제3부 "인류문명발달사"(pp.305-359)를 확대한 것이다. 이것은 올해 인 서기 2007년 3월 8일(목)부터 11월 29일(목)까지 국립중앙박물관회 연구강좌 고고인류반에서 16회에 걸쳐 강의했던 교재에 최근의 자료를 보완하고 또 티베 트와 대만, 미케네와 미노아, 그리스, 로마, 세계문화유산목록 등 원고를 새로이 써 附錄으로 追加해 놓은 것이다. 이 강의는 서기 1999년, 서기 2003년에 이어 세 번째이다. 또 다행히도 문화재보호재단, 국립민속박물관, 부산박물관, 예술의 전 당, 인천시립박물관, 국립전주박물관, 국립광주박물관, 국립춘천박물관과 목포 대학교 등에서 강의 요청과 함께 수메르, 중국이나 마야와 같은 지역의 전시회도 록에 대한 解題를 써달라는 부탁이 있어 그 기회에 다시 한 번 관심을 갖고 자료 를 검토해보게 되었다.

이제 停年(서기 2012년 2월 29일, 수)도 얼마 남지 않아 그동안 준비해두었던 原稿를 補完하고 사진과 參考文獻을 넣어 조그만 冊子의 발행을 서두르게 되었다. 그동 안 세계 각지에서 새로운 자료와 해석이 많이 발표되었다. 그리고 世界化 속에서 일반 사람들의 관심과 여행도 무척 많아졌다. 이 책의 발간 계획은 서기 1981년 3 월 서울대학교 인문대 고고미술사학과에서 현재 서울대학교 고고미술사학과 李 柱亨 교수와 충남대학교 고고학과 朴洋震 교수를 첫 수강생으로 맞은 '서양고고 학'이란 강좌를 개설할 때부터이었으나, 실제 외부 강의용으로 만들어진 조그만 책자로 등장한 것은 서기 1993년 1월 KBS 사회문화 센타에서 만든『재미있는 고 고학 산책』이 그 시작이니 이를 기점으로 따지면 만 14년 만에 이루어진 셈이다.[1]

필자가 서기 1978년 미국 하버드 대학 人類學科(Department of Anthropology) 대학원GSAS: Graduate School of Arts and Sciences 考古學專攻(archaeology wing)으로 留學가서 關心을 쏟아 부었던 分野는 形質人類學 중 人骨學(Human osteology), 自然科學的 分析(토기분석 등), 階級社會의 發生, 都市·文明·國家의 발생과 理論的 背景, 그리고 文明의 發生과 滅亡(The Rise and Fall of Civilizations) 등이었다. 그중에서도 文明의 發生에 관해 관심을 제일 많이 가지고 책을 읽어 이 분야가 나의 專攻이라고 해도 과언이 아닐 정도였다. 다행히도 당시 科에는 이 分野에 世界的 權威를 가지셨던 분이 많았다. Gordon R. Willey, C. C. Lamberg-Karlovsky, Geofferey W. Conrad, Peter Wells와 張光直(Chang Kwang-Chih) 교수들의 강의를 들으면서 나의 學問的 幅을 넓혀갈 수 있었음은 學者로서 다시 얻을 수 없는 幸運이었다.

세계 7대 불가사의에 대해서는 그리스의 역사가 헤로도투스(Herodotus, 기원전 484년-기원전 425년경)와 알렉산드리아 박물관에 재직하였던 시레네(Cyrene, 북아프리카의 지중해 연안 그리스 도시, Cyrenaica의 수도) 출신의 칼리마쿠스(Callimachus, 기원전 305년-기원전 240년경)가 정했다고 전해지고 있으나 기록이 없다. 오직 고대 그리스의 시인/작가인 시돈(Sidon, 옛 Phoenicia)의 안티페이터(Antipater)가 기원전 140년 자기의 詩

---

1) 이 책(개정5판)이 만들어지기까지 앞서 발표된 여러 참고문헌들은 다음과 같다.

1991 고고학 관계 문헌을 통해 본 인류문화사의 연구, 서울: 한국상고사학보 6집, pp.7-58

1993 문명의 발생과 멸망, 서울: 한국상고사학보 12집, pp.273-294

1993 재미있는 고고학 산책 -고대 7대 문명의 발생과 흐름-, 서울: KBS사회문화센터

1997 인류문명의 발달사, 도시·문명·국가-고고학에의 접근-(대학교양총서 70), 서울: 서울대학교 출판부, pp.3-49

2004 인류문명발달사, 동북아 청동기시대 문화 연구 부록, 서울: 주류성, pp.307-359

2007 문명의 발생, 서울: 국립중앙박물관회

2007 인류문명발달사-도시·문명·국가-(9월8일, 토, 초판), 서울: 주류성, p.263

2007 인류문명발달사-도시·문명·국가-(11월2일, 수, 재판), 서울: 주류성, p.360

2009 인류문명발달사-고고학으로 본 세계문화사-(12월4일, 월, 3판), 서울: 주류성, p.540

2011 인류문명발달사-고고학으로 본 세계문화사-(10월 5일, 수, 4판), 서울: 주류성, p.946

에 언급해 놓은 것이 가장 오래된 기록으로 알려져 있다. 인류문명발달사의 구체적인 상징물인 세계 7대 不可思議(Seven Wonders of the World)는 다음과 같다.

1) 이집트의 피라미드 The Egyptian Pyramids 기원전 2650년-기원전 2500년

사카라(Saqqara)에서 보이는 것처럼 제3왕조의 두 번째 파라오인 죠서를 위한 사카라의 계단식 피라미드, 4왕조 1대 스네프르의 메이둠(Maidum) 계단식 피라미드(step pyramid)와 다슈르(Dashur)의 벤트 피라미드(bent pyramid), 스네프르가 세 번째 세운 다슈르의 레드 피라미드red pyramid를 거쳐 오늘날의 전형적인 쿠푸(치옵/그리스어로 케호프), 체프렌, 미케리누스의 피라미드로 발전한다. 완성된 피라미드는 기자에서 보이는데 그것들은 쿠푸 왕의 Hetepheres 왕비, 스네프르의 부인, 누이동생과 어머니의 소규모의 피라미드들을 포함하여 제4왕조의 파라오인 쿠푸(Khufu, 또는 치옵/케호프Cheops)와 체프렌(Chefren/Khafre, 여기에는 길이 70m, 높이 20m, 폭 4m의 스핑크스/Sphinx가 있음, 그러나 최근 이 스핑크스는 파라오를 계승한 쿠푸의 둘째 아들인 제데프레/Djedefre가 쿠푸의 대 피라미드 앞에 묻힌 목조 배와 함께 만들었다는 설로 바뀌고 있음)을 들 수 있다. 가장 큰 규모의 "대피라미드"는 제4왕조의 파라오인 쿠푸(Cheops, 기원전 2560년/2551년)의 것으로, Chepren/Chefren(Khafra) 왕비 Meresank II세의 사촌이자 당시의 건축가인 헤미우누 Hemiunu에 의해 축조되었다.

2) 바빌론의 성벽과 공중정원 Walls and hanging gardens of Babylon 기원전 600년

네브카드네자르(Nebuchadnezzar) 2세가 기원전 650년에 만들었다고 하는 사막의 인공 오아시스인 공중정원은 바빌론 지역에 위치하며 구약성서의 바빌론 기록, 스트라보(Strabo, 기원전 64/63년-서기 24년경)와 안티페이터(Antipater)의 그리스의 역사가의 저서에 남아 있다. 이것은 메디아 공주 아이티미스를 위한 정원으로 이시타르(아슈타르) 문 근처에 위치하며, 흙벽돌 아도비(adobe)와 역청(바빌론식 시멘트)으로 만들고 스크류 설비로 샤도크라는 물을 끌어 들이는 장치가 있었던 모양이다.

3) 카리아(Caria 왕, 기원전 353년 사망)인 마우솔루스(Mausolus)의 靈廟

The Mausoleum at Halicarnassus/Halikarnassos 기원전 351년-기원전 340년

현재 터키의 보드룸(Bodrum)에 위치, 기원전 351년-기원전 340년에 3층 구조물 (11m) 37×30m 크기, 400개의 석상을 배치해 꼭대기에서 4마리 말이 끄는 전차를 배치해 만들어졌으나 서기 15세기 지진으로 파괴되었다. 그리고 영묘를 만들 때 쓰인 녹색 석회암의 석재는 서기 1522년 오스만 투르크의 공격에 대비하기 위해 십자군들이 할리카르나수스(Halicarnassus, Bodrum)에 있는 성을 강화하면서 재활용 하였다.

4) 에페소스의 아르테미스(다이아나) 신전 The temple of Artemis at Ephesus 기원전 550년

4세기경 지진으로 파괴되었다. 터키의 에페소스 아르테미스 신전의 아르테미스 상은 사냥과 가슴에 유방이 많이 달린 처녀 아르테미스 신앙이 퍼져있던 기원전 550년경에 착공하였다. 로마의 역사가 小 플리니우스(The Younger Pliny, Caecilius Secundus, 서기 62년?-서기 113년?)의 기록에 의하면 신전의 크기는 목탄, 양털, 석탄으로 68m×130m 정도의 토대를 차곡차곡 쌓고 그 위에 대리석으로 기단을 형성했는데, 대리석은 근처 벨레미에서 채석하였다고 한다. 신전에는 13m 약 6층 높이의 127개의 기둥이 있었으나, 기원전 323년경 화재로 소실되고 그 후 지진으로 완전히 파괴되었다고 한다. 그리고 이

에페소스 고고학박물관 소장 아르테미스(Artemis) 여신상.
이 여신상은 대지의 여신, 다산과 풍요의 여신으로 키벨레 또는 시벨레(Cybele)로도 불린다. 신전에 모셔져 제 의식의 절정에 이를 때 가슴에서 우유가 쏟아져 나오도록 고안되기도 하였는데, 이는 알렉산드리아 출신의 과학자 헤론(Heronis)의 도움을 받은 것으로 전해진다.(국립중앙박물관회 강신애 교육사 제공)

신전은 사도 바울이 서기 52년경 에페소스 주민들에게 기독교신앙을 전파할 때도 이곳을 기점으로 삼을 정도로 사람의 왕래가 많은 번잡한 곳이었다고 한다.

5) 로데스 항구의 거상 The Colossus of Rhodes 기원전 292년-기원전 280년

기원전 305년 알렉산더의 부하였던 안티고누스 1세(Antigonus I Menophtalmus/ Antigonid dynasty, 기원전 306년-기원전 168년)가 그의 아들 데메티누스(Demetinus Poliorcetes)로 하여금 로데스를 침공하게 하였으나 기원전 304년 프톨레미가 구원군을 보내 잘 방어하였다. 로데시아 사람들은 이를 기념하여 31m 청동제 헬리오(Helios, 태양신) 거상을 만들었다. 그러나 만든 후 54년 만인 기원전 226년 지진으로 파괴되었다.

6) 피디아스가 상아와 금으로 제작한 올림피아 신전의 제우스상

Chryselephantine cult statue The Statue of Zeus by Phidias at Olympia 기원전 435년

피디아스가 상아와 금으로 제작(Chryselephantine cult statue)한 올림피아 신전의 제우스상으로 서기 5세기경 지진으로 파괴되었다.

7) 알렉산드리아의 등대 The Pharos or lighthouse at Alexandria 기원전 3세기경

서기 1375년 지진으로 붕괴되었다. 파로스 등대는 스트라보의 기록대로 파로스 섬에 위치하며 구조는 동전에 묘사된 바와 같이 4각의 하층, 8각의 중층, 원형의 상부를 이루고 있으며, 화강암과 흰 대리석으로 높이 90m 정도 쌓아올렸으며 서기 1600년대까지 흔적이 남아 있었다. 그러나 석재는 알렉산드리아 항구 앞바다에서 확인되고 있다.

이들 중 기자의 쿠푸(치옵/케호프) 파라오의 피라미드를 제외하고는 모두 지진으로 사라져 버렸고, 뒤이어 나타난 기독교(서기 313년 공인)에 무릎을 꿇어 더 이상 재건되지 않았다.

그러나 서기 2007년 7월 9일 세계 1억 명의 네티즌이 選定하여 포르투갈 리스본 벤피카Benfica 球場에서 발표한 新 7대 不可思議(New Seven Wonders)는 다음과 같다.

1) 중국의 만리장성 The Great Wall of China

기원전 221년 秦始皇이 전국 통일 후 쌓기 시작하고, 明나라 초 서기 1378년(洪武 11년) 塼을 이용해 다시 쌓았다. 서기 1505년(弘治 18년)에 北京 북쪽에 八達嶺을 쌓은 것을 비롯해 戚継光(서기 1528년-서기 1587년)과 譚綸이 塼을 이용해 서기 1575년(14대 神宗, 萬曆 3년) 완공을 봄. 성은 동쪽 山海關(老龍頭 포함)에서 서쪽 嘉峪關까지 뻗어 있다. 장성의 총길이는 서기 2009년도의 8,851.8km에서 서기 2012년 6월 6일 辽宁에 축조된 高句麗城까지 포함시켜 모두 21,196.18km로 공식발표하고 있다.

2) 요르단의 페트라 Petra in Jordan

기원전 100년-서기 100년경의 나바테안(Nabataean) 왕국의 아레타스(Aretas) 4세가 축조한 王陵/靈廟가 포함된다.

3) 브라질의 예수 동상 Brazil's Statue of Christ the Redeemer

리오 데 자네이로(Rio de Janeiro)의 해발 700m의 코르코바도 산 위에 있는 높이 32m의 예수 동상으로, 서기 1931년 폴 랜도우스키(Paul Landowski)가 설계하였다. 일명 리우의 예수 동상이라고도 한다.

4) 페루의 마추피추 Peru's Machu Picchu

쿠스코에서 서북향 80km 떨어진 페루의 우루밤바(Urubamba) 계곡 해발 2,430m 능선 위에 위치하는 마추피추는 서기 1438년 9대 파챠쿠티 왕[서기 1438년-서기 1471년, 8대 비라코차의 아들로 잉카제국(서기 1438년-서기 1532년 11월 16일)의 기원을 이 파차쿠티 왕으로 시작한다]이 만든 곳으로 왕족의 은신처로 밝혀졌다. 이곳은 夏至날을 가장 중시하던 잉카족의 자연숭배사상animism의 태양숭배지[태양을 끌어들이는 곳이라는 의미의 '인티우아타나'(Intihuatana, hitching post of the sun)라는 聖所가 중심]로서 계단식 집약농경지 terrace에서 산출되는 풍부한 잉여 생산물로 자급자족을 누리고 나머지는 수도 쿠스코로 보내기도 한 교역과 무역의 중심지 역할을 했었던, 제사장·귀족들과 함께 잉카 왕족들이 머물던 최상급의 은신처였음이 밝혀지고 있다.

5) 멕시코의 치첸이챠 Mexico's Mayan ruins at Chichen Itza

서기 1541년 스페인군의 진입 이후의 유카탄 반도의 마야 문명에 속하는 신전 유적(서기 900년-서기 1541년, 후기고전기)이다. 서기 900년에서 서기 1541년 스페인군[서기 1521년 8월 13일 에르난 코르테즈(Hernan Cortez)에 의해 아즈텍 멸망]의 유카탄 반도의 침입 때까지의 마야를 後古典期로 설정한다. 이 기간은 주로 멕시코의 유카탄 반도에 국한하며, 엘 카스티오(El Castillo)의 치첸 이차(서기 800년-1050년, 서기 1541년경/서기 1690년 치첸 이차가 파괴당함)의 현재 다른 건물들과 27.5도 차가 있지만 금성(Venus)의 북쪽 위치를 정확하게 파악하는데 목적을 둔 카라콜 천문관측소와 쿠쿨칸(퀘잘코틀)의 신전이 대표적이다.

6) 로마의 콜로세움 The Colosseum in Rome

서기 80년 티투스 황제 때 완공, 베스파시아누스(Vespasianus)의 아들인 로마의 티투스(Titus, 서기 79년-서기 81년 재위) 장군이 서기 70년 예루살렘을 함락하고 파괴된 이스라엘의 성전(The Holy Temple은 기원전 957년 Solomon왕이 건립)에서 황금의 촛대, 탁자와 은제 나팔의 聖物과 보물들을 카이사리아 항구(Port city of Caesarea)에서 로마로 옮겼는데 이 내용들이 티투스 개선문에 새겨져 있다. 그리고 서기 80년 완공된 콜로세움 경기장도 이때 가져온 이스라엘의 전리품으로 충당되었다.

7) 인도의 타지마할 靈廟 Taj Mahal Mausoleum in India

무갈제국의 5대 샤 자한 왕이 서기 1612년에 연애 결혼하여 14명째의 아이를 출산하다 죽은 부인 뭄타즈[Mumtaz Mahal/아르주망 바누 베굼(Arjumand Banu Begum), 서기 1593년 4월-서기 1631년 6월 17일] 왕비를 위해 만들어진 묘소로 서기 1631년-서기 1645년에 축조되었다.

세계인의 사랑을 받는 不可思議한 유적도 당시 그리스를 중심으로 정하고, 지금은 기자의 피라미드를 제외하고 다른 것들은 볼 수 없기 때문에 시대에 따라 다시 정해지는 모양이다.

최근 중국의 7대 불가사의도 언급된다.

1) 秦始皇帝陵(嬴政, 기원전 246년-기원전 210년)의 兵馬坑

그의 묘는 陝西省 臨潼県 驪山에 위치하며 발굴에서는 보병의 1호, 궁수, 전차와 기마부대의 2호, 그리고 지휘통솔부의 3호의 兵馬坑이 확인되었다. 그리고 최근 중앙 왕릉 근처에서 발견된 80여 개의 坑 중 이어 만든 갑옷인 石製札甲만 수백 벌 매장한 坑이 새로이 발굴·조사 중이다. 이는 진시황이 전사자들의 영혼을 위로하기 위해 매장한 것으로 추측된다. 기원전 221년부터 시작하여 37년이 걸렸다.

2) 山西省 渾原県 大同 恒山(北岳) 懸空寺

北岳(太恒山)으로 해발 2,017m에 위치한다. 東岳泰山, 西岳华山, 南岳衡山, 中岳嵩山과 함께 중국 오악의 하나로 불리운다. 서기 1982년 風景名勝區로 지정되었으며 "太恒山", "北岳, 紫岳, 大茂山"이란 명칭도 지니고 있다. 平原의 咽喉와 같은 要衝地로 자고로 전쟁이 일어나면 확보해야 할 兵家의 必爭地였다. 主峰은 天奉嶺으로 渾源県 城南에 위치하며 人天北柱, 絕塞名山, 天下第二山으로도 불리운다. 이곳에는 절벽에 기둥을 세원 현공사란 절이 北魏시대부터 들어서기 시작했으며 이곳은 儒·佛·道의 삼교가 모두 숭배의 중요한 대상지로 되고 있다. 西漢初에 사찰이 들어섰으며 현재에도 飛石窟을 중심으로 현공사가 존재하는데 이 절의 건립은 北魏에서 시작하여 唐·金·元代에 걸쳐 重修되었다. 明·淸시대에는 恒山에 寺廟群이 밀집되어있었는데 規模가 무척 컸다고 한다. 기록에는 "三寺四祠九亭閣, 七宮八洞十二廟"가 있었으나 현재 거의 모두 파괴되었다.

3) 만리장성 The Great Wall

기원전 221년 秦始皇 때 쌓기 시작했으며 明나라 초 서기 1378년(洪武 11년) 塼을 이용해 다시 쌓기 시작하였다. 서기 1505년(弘治 18년)에 八達嶺을 쌓은 것을 비롯해 戚継光(서기 1528년-서기 1587년)과 譚綸이 塼을 이용해 서기 1575년(14대 神宗, 萬歷 3년) 완공을 보았으며 동쪽 山海關(老龍頭 포함)에서 서쪽 嘉峪關까지 뻗어 있다. 秦·漢·明의 세 나라가 쌓은 성이 공존한다. 장성의 총길이는 서기 2009년도의 8,851.8km에서 서기 2012년 6월 6일 辽宁에 축조된 高句麗城까지 포함시켜 모두 21,196.18km로 공식발표하고 있다.

4) 樂山大佛 Leshan Giant Buddha

중국 불교 4대 명산인 蛾眉山(大光名山, 해발 3,099m)은 後漢(서기 25년~서기 220년) 때 불교가 처음 들어와 불교의 東遷 據點이 되었던 곳이다. 당나라 開元 원년(서기 713년)에 海通大師(法師)가 높이 71m의 砂巖에 낙산 대불을 조성하기 시작하여 90년만인 서기 803년에 완공하였다. 그리고 전면에 13층 높이의 목조 건물을 세워 햇빛과 비바람을 막아 사암의 풍화를 방지해왔는데 이 건물은 몽고군의 침입으로 불타버렸다. 그러나 불상은 서기 2008년 5월 12일(월) 스촨성(四川省)을 강타한 지진에도 파괴되지 않고 살아남았다.

5) 武當山의 고대 건축물군 Ancient Building Complex in the Wudang Mountains

湖北省 鈞県 武堂山의 서기 14세기~서기 17세기 도교와 관련된 元·明·淸代 건물군 중 天柱峰(大岳/太岳)의 金殿을 비롯하여 8宮, 72庵廟와 32橋梁이 유명하다.

6) 石寶寨

四川省 重慶市 忠県 石寶鎭 玉印山에 위치하며 揚子江(長江)의 三峽댐으로 인해 수몰위기에 처했으나 제방을 쌓아 보호되었다. 淸 康熙(서기 1662년~서기 1722년)~乾隆帝(서기 1736년~서기 1795년) 때의 건물로 서기 17세기 초에 처음 지어진 목조사원이다.

7) 紫禁城 Imperial Palace of the Ming and Qing Dynasties

明나라 3대 成祖(朱棣, 永樂, 서기 1403년~서기 1424년) 서기 1420년에 준공한 궁전으로 淸나라 말 서기 1911년까지 사용되었다. 外殿으로 太和殿, 中和殿, 保和殿이 있으며 太和殿에는 建極綏猷(書經 湯誥편에 나오는 克綏厥猷로 황제는 법도를 세우고 백성은 이를 편안히 여기게 해야 한다는 뜻으로 皇建有極, 建極軒轅도 비슷한 의미를 지닌다)의 현판이 걸려 있다. 황제즉위식이 거행되는 太和殿은 明 成祖이후 淸 乾隆 때까지 크게 3번(서기 1421년, 서기 1599년, 서기 1679년)에 걸쳐 번개와 화재로 소실되었다가 재건되었다. 서기 1925년 10월 10일 古宮博物院이 되었다. 그 외에도 이곳에는 正大光明(乾淸宮), 日升月恒(坤寧宮) 등의 유명한 額字가 많다. 그러나 紫禁城 古宮博物院에 있던 乾隆帝의 수집품 중 玉器, 靑銅器, 書畵, 陶瓷器 등 약 65만점(宋·元·明·淸의 24만점 포함)의 중요한 대부분의 文化財들이 현재 臺灣 台北 國立故宮博物院(서기 1965년 개관)에 所藏·展示중이다[石渠宝笈(서기 1744년), 天祿琳琅, 物華天寶, 天工寶物(2006)]. 이는 中日戰爭 동안 北京(서기 1924년)-上海-南京-武漢-長沙-陽貴-安順-四川省 巴県-重慶-陝西省 寶鷄-南鄭-褒城-峨嵋-南京(서기 1945년)로 옮겨 피신 중이었던 문화재들이 정착을 못하고 또 大長征과 八路軍의 역사적 사건을 거쳐 서기 1949년 10월 1일 들어선 共産主義者 毛澤東의 中華人民共和國 수립에 앞서 民族主義者 蔣介石의 中華民國의 정부가 대만으로 철수할 때 함께 가져갔기 때문이다.

이들은 이 책의 내용과 밀접한 관련이 있기 때문에 일부는 본문에서 언급이 되어 있다. 그리고 문명발달사는 佛家에서 이야기하듯 虛空(時·空)을 끈 삼아 모두 이어져 있음을 알게 된다. 다시 말해 지구에서 일어난 모든 사건들을 좀 더 시야를 넓혀보면 脈絡(Context)으로 다 이어져 있음을 알게 된다. 이 책에서도 각 장으로 독립시켜 따로 따로 떼어내서 설명하기보다는 가능하면 서로 연결될 수 있는 고리를 찾아 이어보고자 하였다. 정말 세계는 하나다[We are the world/They are the world, Alle Menschen werden Brüder Wo dein sanfter Flügel weilt(An die Freude, Friedlich von Schiller),[2] 그리고 디즈니랜드(Disneyland)의 It is a small world, CNN의 선전 문구처럼 'world one', 'beyond the borders', 'connect the world', 'global connections' 또는 四海之內 皆兄弟也(論語 顔淵편)] 임을 實感할 수 있다.

나는 항상 現在 이 자리에서 最善을 다할 뿐, 結果에 대해서는 後悔하지 않는

---

2) Friedrich von Schiller(서기 1759년-서기 1805년)가 서기 1785년 26세 때 "An die Freude"란 시를 짓고 서기 1803년 44세에 약간 개고하였다. 그리고 Ludwig van Beethoven(서기 1770년-서기 1827년)이 서기 1824년 교향곡 9번을 작곡하면서 4악장에 이 시를 넣어 합창곡의 형식을 만들었다. 중심이 되는 원문은 다음과 같다. Freude schöner Götterfunken, Tochter aus Elysium, Wir betreten feuertrunken, Himmliche dein Heiligtum! Deine Zauber binden wieder, Was die Mode Streng geteilt; Alle Menschen werden Brüder, Wo dein sanfter Flugel weilt

다. 오직 잘못에 대한 補完이 있을 뿐이다. 그리고 내 自身과 分數에 대해 잘 알기 때문에 學問的 이외에는 별다른 慾心을 내지 않는다.

金剛經 如理實見分에서는 "凡所有相 皆是虛妄 若見諸相非相 卽見如來"(무릇 상을 가진 자 모두 허망하고 모든 相이 實相이 아닌 것을 알면 비로소 여래를 볼 수 있다)라고 말한다. 停年 또는 死後에 나를 알아주는 사람도 별로 없을 것이고 이제까지 내가 힘들여 해왔던 모든 努力도 空虛해지기 때문이다.

覺林菩薩의 法性偈 偈頌 "若人欲了知 三世一體佛 應觀法界性 一切唯心造"(大方廣佛 華嚴經 제 19권 20품. 夜摩宮中偈讚品)와 같이 人生事 모든 것은 마음먹기 여하에 달려 있다. 이는 荀子 榮辱편의 "自知者不怨人 知命者不怨天 怨人者窮 怨天者無志"(자신을 아는 자 남을 원망하지 않으며 천명을 아는 자 하늘을 원망하지 않는다. 남을 원망하면 곤궁해지고, 하늘을 원망하는 자는 뜻을 이루지 못한다)라는 글의 뜻과도 통한다.

서기 1994년 6월 23일(木)에 禁酒를 행한 후 거의 13년간 외부와 因緣을 거의 끊고 蟄居하여 讀書로 시간을 보낸 것이 나에게는 무척 다행스러운 결정이었다. "業 精於勤, 荒於嬉"(학문은 부지런 하는 데서 정통해지고 딴 짓 하는 데서 황폐해진다.) 韓愈의 進 學解란 글이 정말 실감이 난다. 그래도 나에게는 無價之寶라고 하는 부지런함(勤 勉)과 誠實性이 도움이 되어 겨우 오늘에 이르게 되었나 보다. 지금은 없어진 북 창동의 北京飯店벽 액자에 넣어 걸려 있던 淸나라 鄭燮(號는 板橋, 서기 1693년 11月22 日-서기 1766년 1月22日)의 '難得糊塗'(바보노릇 하기 힘들다)와 鄧小平(서기 1904년-서기 1997 년)의 '韜光養晦'(재능을 감추고 때를 기다린다)라는 글에 덧붙여 학문하는데 있어 자만 하지 않도록 마음속에 깊이 간직하고 오늘에 이르렀다.

필자의 부족한 점을 스스로 잘 알더라도 아무 미련 없이 이 조그만 册子를 만 들어내는 것은 그동안 쏟아 부었던 最善을 綜合해 보고자 한 것이기 때문이다. 그 래도 이 조그만 책을 유학 당시 나의 恩師이셨던 故 張光直 教授님(Chang Kwang- Chih, 서기 1931년 4월 15일, 수 北京 出生-서기 2001년 1월 3일, 수 美國 Cambridge에서 Parkinson 씨 병으로 他界)께 바치고자 한다. 그래야 留學時節 선생님께 입었던 크나큰 學恩에 대한 조그만 報答이자 道理가 될 것이다.

그리고 杜甫(서기 712년~서기 770년)의 "曲江詩 중 朝回日日典春衣 每日江頭盡醉歸 酒債尋常行處有 人生七十古來稀 穿花蛺蝶深深見 點水蜻蜓款款飛 傳語風光共流轉 暫時相賞莫相違"(아침마다 나날이 봄옷 잡혀서, 날마다 강가에서 취해서 가네, 술 빚은 심상타 가는 곳마다 있는 것, 人生七十은 예로부터 드물다, 보시오 꽃을 뚫은 저 나비 떼들 물차는 잠자리도 형그럽구나, 풍광은 흘러흘러 다시 못오오, 잠간 상주어 노치지 맙시다(李秉崎·朴鍾和, 1945, 支那名時選, 漢城圖書株式會社, pp.59~60))에서 언급한 고희(古稀)가 곧 닥쳐오기 때문에 우선 정년 퇴임 전 나도 이제까지 벌여놓은 학문적인 것들의 정리와 함께 이를 아울러 준비해야 한다.

서기 2008년 11월 2일(일)

希正 崔夢龍 삼가 씀

삼판 증보개정판 후기

이번 삼판에서는 재판(개정증보판)에서 발견된 여러 곳의 오자를 바로 잡고 본문의 상당 부분 보완을 하였다. 이는 국립중앙박물관회에서 행한 4번째의 강의[서기 2009년 3월 3일(화)-12월 1일(화)]의 준비 결과이다. 그리고 부록 말미에 XI. 반챵 문화와 앙코르 왓트, XII. 오끼나와(沖繩)란 글들을 새로이 추가하였다. 여기에 실린 사진들은 洪美瑛 博士, 충북대 成正鏞 敎授, 忠州大 白種伍 敎授, 아주대학교 공과대학 이오봉 겸임교수, 慶州文化財硏究所 鄭泰恩 學藝士, 서울대 博物館 梁時恩 學藝士와 國立中央博物館會 姜信愛 敎育士들이 제공해준 것으로 이 자리를 빌려 이들 모두에게 감사드린다. 또 교정을 꼼꼼하게 읽고 오자를 바로 잡아준 忠州大 白種伍 敎授, 檀國大 博士過程의 姜眞周 孃, 國立中央博物館會 姜信愛 敎育士(현 서울대 대학원 고고미술사학과 박사과정), 그리고 忠南歷史文化硏究 李尙燁 硏究員에게도 아울러 감사를 표한다. 그리고 사진의 揭載를 아무런 대가없이 허가해준 프랑스 Dossiers d'Archéologie 잡지사에게 깊은 감사를 표한다. 허가의 내용은 다음과 같다.

Bonjour,

Je m'occupe de traiter votre demande de reproduction en ce qui concerne les 2 figures parues dans les Dossiers d'Archéologie n°224 et 281.

En retour, nous aimerions recevoir un exemplaire du livre coréen dans lequel elles paraîtront.

Bien cordialement,

Charlotte FELIX

그리고 National Geographic에서도 사진 揭載의 許可(license)를 받았다. 그 게재 내용, 送狀(invoice)과 送金내역은 다음과 같다.

가. 揭載內容

1) Reconstructed face of the iceman from page 49

(David Roberts, 1993 , The Iceman, vol. 183, no.6, p.49)

2) Scenes of war from standard of Ur

3) Zigurat at Ur

(2 and 3 from Early Civilizations in the Middle East, Carto graphic Division Sept. 1978)

4) Pyramids(from Egypt's Nile Valley, Cartographic Division Jan.1995)

5) Pygmy(from The People of Africa, Cartographic Division, Dec. 1971)

나. 送狀(invoice)

1145 17th Street N.W.
Washington, D.C.
20036-4688
U.S.A.
Tel: 800-434-2244
Fax: 800-363-9422
http://www.NationalGeographicStock.com

Invoice

Prepared For

Choi Mong-Lyong

Seoul National University

150-889 Daegyo Apt. # 1-109

Yeouido-dong 41

Yongdeungpo-gu, Seoul xx

KOREA

121481 08/04/2009

Net 30 days 09/04/2009

Gina Martin

202 857 7250

Reason: Book: The Rise of Civilization GMARTIN@NGS.ORG

Repro Fee* 105324 08/04/2009 $75.00

Repro Fee* 1029635 08/04/2009 $75.00

Repro Fee* 1256508 08/04/2009 $75.00

Repro Fee* 1256507 08/04/2009 $75.00

Repro Fee* 567041 08/04/2009 $75.00

Balance Due** : $375.00

다. 송금내역

2009년 8월 5일(수) 씨티은행 여의도지점에서 $375(498,657원) 송금(Transaction Ref. No. OTT887900196, Bank of America, 1501 Pennsylvania Ave. NW Washington D.C. 20005, USA)

이 책이 책다운 책으로 되려면 5판 개정판이 되어야 할 것으로 생각해왔다. 그러나 그동안의 노력으로 3판 개정판에서 그 결실을 어느 정도 맺게 되었다. 그래도 앞으로 판을 거듭할수록 원고의 보완과 사진의 보충이 계속 이루어질 것이다. 이 점 독자 여러분들의 너그러운 양해를 구한다. 그리고 내 자신의 정년퇴임도 서기 2012년 2월 29일(수)로 얼마 남지 않았고 그때까지 내가 계획했던 학문적인 것들을 마무리 지으려고 노력하고 있다.

한편 다행히도 지난 5월 15일(금) 스승의 날을 기해 서울대학교 병원 장기기증원(국립장기이식관리센터, KONOS, 2009.05.15, 등록번호 512594)에 나의 모든 육신을 기증하기로 서약하고 나니 이 세상에 나와 살아가는 도중 나도 몰래 진 빚을 모두 갚았다는 생각으로 마음이 놓인다. 이는 佛家에서 중생의 고통을 내 것처럼 여기는 자비심인 同體大悲와 같은 맥락으로도 여겨질 수 있겠다. 그리고 이제까지 사랑하는 사람들로부터 멀어져 가야하는 고통인 愛別離苦 속에서 하루하루 보내고 있지만, 그 결과 살아오는 동안 맺어진 因緣과 業障을 거의 소멸시켜 나가고 있어 떠날 때는 마음이 한결 편할 것이다. 諸行無常.

2008년 11월 2일(일) 및 2009년 5월 22일(금)
序文原稿 改正
希正 崔夢龍 삼가 씀

4판 증보개정판 후기

2009년 12월 1일(화)에 나온 이 책의 3판인 신 개정증보판(540쪽)에서 책의 틀이 거의 잡혔다고 생각해왔다. 그러나 본문과 부록의 "세계문화유산"을 좀 더 보완해 거의 완전한 책자로 발행해야 될 의무로 마음은 늘 편치 않았다. 특히 현재 나온 '세계문화유산'의 분량은 431-540쪽으로 109쪽 밖에 되 않는다. 그리고 그 내용도 목록의 나열에 지나지 않는다. 또 分冊하여 단독으로 발행해 달라는 독자들의 요청도 계속 있고 해서 이제는 단순한 나열이 아니라 현장을 방문할 때 案內冊子로도 손색이 없을 정도로 자세하고 분량이 많은 책을 만들 욕심도 생겼다. 서기 2008년-서기 2009년 3판 본문을 보완하기 위해 책상에 앉아 너무 무리했던 탓인지 서기 2009년 11월 23일(월)-11월 27일(금)까지 서울대학교 병원에 입원하여 痔疾수술을 받아야 하는 곤경을 겪었다. 그래도 다행인 것은 서기 2010년 3월 1일부터 8월 30일까지 두 번째의 安息年(첫 번째 안식년은 화갑 때인 서기 2006년 3월 1일-서기 2007년 2월 28일임)을 맞아 시간상의 여유를 갖게 되어 '세계문화유산'의 보완을 완료시킨 점이다. 분량은 많이 늘었으나 따로 책을 내기에는 사진이 부족한 점 등에서 아직 미흡하다.

여행을 다니면서 사진을 찍어 보충하려면 5판에 가서야 가능할 것으로 생각된다. 이것은 서기 2012년 2월 29일(수) 정년퇴임 후에나 가능할 것으로 생각된다. 좀 더 기다려야겠다. "급히 서두르지 말고 적은 이익을 꾀하지 말라. 서두르면 이루지 못하고 적은 이익을 탐하면 큰일을 이루지 못 한다"(無欲速 無見小利 欲速 則不達 見小利 則大事不成, 論語 子路편). 앞선 先賢·善知識들의 業績처럼 平生 남을 수 있고 死後에도 즐겨 읽힐 수 있는 좋은 책을 얻기 위해 참고 또 참아야겠다. 이제 서기 2011년 6월 29일까지 등재된 '세계문화유산' 해설의 보완작업이 모두 완료되어 이 책의 4판에서는 분량이 451쪽으로 늘어났다. 3판과 비교해 400쪽 이상의 분량이 늘어나 본문 495쪽과 비슷한 451쪽이 되었다. 그래서 이 책의 전체 분량이 모두 946쪽이나 된다.

『韓國考古學研究의 諸 問題』(주류성 2011년 9월 3일, 토, 발간), 『21세기의 한국고고학 V』(2012년 2월 8일, 수, 발간, 앞으로 새로운 원고 몇 편을 보완하여 『韓國考古學研究』로 발간하고자 한다)와 이 책, 『인류문명발달사』의 발행으로 나는 정년퇴임 전 스스로 약속했던 모든 학자적 의무를 마칠 수 있을 것으로 생각한다. 3판이 서기 2009년 12월 1일 (화)에 나온 후 서기 2011년 8월 31일(수)까지 약 1년 9월 동안 나는 4판의 보완작 업에 매달려 왔다. 그래도 앞으로 5판이나 『세계문화유산』의 독립된 分册을 위해 서 꾸준히 자료를 보완하고 관계된 사진을 모아야 할 것이다. 그러나 이러한 작 업으로 인한 過勞로 몇 일전 여의도 성모병원으로부터 血液檢査 결과를 통보 받 았다. 肝이 몹시 상하고 콜레스테롤(cholesterol)의 수치가 매우 높아졌다. 또 입원 을 해야 할지 걱정이다. 무엇보다도 건강에 신경을 쓸 때가 되었나 보다.

서기 2011년 9월 13일(화)

希正 崔夢龍 삼가 씀

5판 증보개정판 후기

서기 2011년 8월 31일(수) 개정 4판이 나온 이후 현재 서기 2013년 8월 26일(월)까지 2년 동안 거의 모든 시간을 개정 5판의 교정과 보완에 매달려왔다. 특히 이번 개정 5판에서는 이 책의 마지막 증보판으로 생각하고 상당 부분을 보완하고 오자를 바로 잡는데 노력을 하였다. 서기 2012년 6월 24일─서기 2012년 7월 6일 러시아 상트페테르부르크(Saint Petersburg)에서 열린 36차 회의 결과인 세계문화유산 목록 21건과 서기 2013년 6월 16일(일)─6월 27일(목) 캄보디아 프놈펜 37차 세계 문화유산 회의의 결과인 11건까지 모두 추가해 넣었다. 그리고 제 2장 2절에 지난 서기 2012년 3월 30일(금) 국립중앙박물관과 부경대학교가 공동주최한 '흉노와 그 동쪽의 이웃들'이란 국제학술대회의 기조강연 원고인 "스키타이·匈奴와 한국고대문화"(pp.7-31)라는 글을 새로이 보완해 넣었다. 그리고 앞으로 古稀 때까지 이 책의 보완을 계속해 나가겠지만 이제는 점점 자신이 없어짐을 느낀다. 이번 개정판에서는 가능하면 무리를 하지 않으려고 애를 써도 서기 2012년 4월 26일(목) 중구 남대문로에 위치한 '미국보청기'에서 補聽器를 해달고, 또 서울대병원 안과에서 白內障 초기 진단을 받아 서기 2013년 1월 22일(화)과 서기 2013년 1월 29일(화)[1월 28일(월)-30일(수)입원]에 걸쳐 양쪽 눈의 수술을 받았다. 서기 2012년 3월 7일(수) 강화도 김포시 소재 순정폐차장에 보낸 자동차처럼 현재 나의 건강은 '폐차직전'의 모습이 아닌지 모르겠다. 여하튼 건강상 이 5판이 마지막으로 보완된 책이 될런지도 모르겠다. 내용상 여전히 보완해야 할 점이 보이더라도 이는 시간과 필자의 능력부족에서 비롯된 것이다. 그러나 지금까지 나름대로 最善을 다했기 때문에 책의 내용에서 잘못된 점이 나타나더라도 아무런 후회를 하지 않을 것이다. 그래서 이 책과 함께 앞으로 새로운 원고 몇 편을 보완하여 내게 될 『韓國考古學研究』가 나의 死後 200년 후에도 남아 학자와 일반 독자들에게 膾炙되기를 바라는 마음 간절하다. 왜냐하면 전자 『인류문명발달사 -고고학으로 본 세계문화사-』는 한국의 고고학자가 세계의 역사와 문화를 대상으로 하여 학문적으로 쓴 책이고, 후자의 『韓國考古學硏究』는 한국고고학에서 앞으로 문제될 여러 가지 점들을 구체적으로 지적하고 바로 잡아 놓았기 때문이다. 그래도 다행인 것은 佛家의 用無生死의 경지에 들어서 生과 死에 대한 苦惱의 고리는 이미 끊었고 平素 어리석을 정도의 嬰兒行을 계속할 만큼 때가 덜 묻은 凡常心을 유지하고 있는 점이다. 涅槃寂靜

서기 2013년 9월 13일(금)

停年 後 약 1년 반이 지난 癸巳年 68세 첫 날의 時點에서

서울대 명예교수

希正 崔夢龍 삼가 씀

차 례

I

인류문명발달사

인류문명발달사 서문

직립(bipedal locomotion)을 하고 양팔(brachiation)을 쓰는 인류가 지구상에 처음 나타난 사건 이후 농업의 발생(식량생산), 도시의 발생(urbanism)과 아울러 산업혁명(서기 1760년경 시작)이 가장 큰 사건으로 꼽히고 있다. 그중 도시의 발생 또는 도시혁명(urban revolution)은 국가와 문명과 같이 청동기시대에 나타난다. 도시, 국가 그리고 문명의 발생은 계란과 닭의 관계처럼 그 순서를 밝히기가 매우 어렵고 복잡하다. 도시와 국가는 문명발생의 부산물로 보는 학자도 있을 정도로 문명의 발생은 매우 중요하다. 그래서 서기 1960년대 이래 미국과 유럽에서 고고학연구의 주제로, "농업의 기원"과 마찬가지로 "문명의 발생"이 커다란 주류를 형성해 왔다. 최근에는 생태학적인 연구에 힘입어 그들의 발생은 독립적인 것보다 오히려 상호 보완적인 점에서 찾는 쪽으로 나아가고 있다. 고고학의 연구목적은 衣·食·住를 포함하는 생활양식의 복원, 문화과정과 문화사의 복원에 있다. 따라서 이 책은 考古學으로 본 世界文化史라고 말할 수 있다.

文明의 정의는 미국 하버드 대학의 故 張光直(Chang Kwang-Chih, 서기 1931년 4월 15일, 수-서기 2001년 1월 3일, 수) 교수의 이야기대로 "기념물이나 종교적 예술과 같은 고고학적 자료 즉 물질문화에서 특징적으로 대표되는 양식(style)이며 하나의 질(quality)"이라고 할 수 있다. 그는 또 中國文化의 예를 들어 중국문화의 특성 가운데 하나로 설정된 "政治的 側面에서의 理解"만이 중국을 이해하는 첩경이며, 古代中國에 있어서 藝術·神話·儀式 등은 모두 정치적 권위에 이르는 과정으로 이야기할 수 있다고까지 언급하기도 한다. 다시 말하여 문화는 인간이 환경에 적응해서 나타난 결과인 모든 생활양식의 표현이며, 衣·食·住로 대표된다. 생태학적으로 문화란 인간이 환경에 적응해 살아남자고 하는 전략이라고도 할 수 있다. 이와 같이 어떤 민족이나 종족에게서 볼 수 있는 보편적인 것이 문화이다. 최근 이들에 대한 民族誌的인 삶이 기록되어 TV에 자세히 소개되고 있어 고고학 자료와 비교하여 당시의 궁금했던 문화상을 類推해 볼 수 있게 되었다. 무척 다행스런 일이다. 최근까지 디스커버리(Discovery), 내셔널지오그래픽(National Geographic Channel)와 히스토리 채널(History Channel)에 소개된 原始部族들은 다음과 같다.

네팔Nepal 세르파(Sherpa, 에베레스트 산록)족, 라지(Raji)족, 히말라야 구룽(Gurung)
　　족(빠랑게,Honey Hunter)족

뉴질랜드New Zealand 마오리(Māori)족

대만Taiwan[3] 시라야(Siraya)족과 후알렌 아미부족 난타우현(南投県)의 타이얄(泰雅)
　　족, 부눈(布農)족, 추(鄒)족(阿里山), 타오(邵, Thao)족

러시아Russia 시베리아 툰드라의 코미(Komi)족, 야쿠티아 오이미야콘(Oymyakon)
　　의 사하(Sakha)족

라오스Laos 흐몽(Hmong)족

말레이시아Malaysia 페낭(Penan)족, 자하이(Zahai)족, 까수미(Kasumi)족, 오랑 아스
　　리(Orang Asli, 말레이어로 "original people", "natural people", "aboriginal people"임)족, '바
　　다의 집시' 바자우(Sea Gypsy Bajau/Bazau)족, 카잔두슨(Kadazandusun)족(몬소피아
　　드/Monsopiad족은 머리사냥을 하던 Kadazandusun족의 戰士들), 이반(Ivan)족

멕시코Mexico 시에라마드레(Sierra Madre) 산맥 북쪽 커퍼 캐년(the Copper Canyon)
　　에 살고 있는 시에라 타라우마라(Sierra Tarahumara)/타라우마라(Tarahumara)·테
　　페우안(Tepeuan)·우이촐(Huichol)·코라(Cora) 인디언

---

3) 臺灣의 원주민은 高山族과 平埔族의 둘로 나뉘는데 이들은 전통적인 명칭으로는 高山族이라 한
　다. 여기에는 모두 14個 部族이 포함된다. 그중 傳統 9族이 포함되는 高山族에는 泰雅族, 阿美
　族, 布農族, 卑南族, 排灣族, 魯凱族, 鄒族, 賽夏族 및 蘭嶼上의 達悟族(舊稱雅美族)이 있으며 근
　래 太魯閣族, 賽德克族은 泰雅族에서 분리되었고 撒奇萊雅族은 阿美族에서 갈라져 나왔다. 平埔
　族에는 有邵族과 噶瑪蘭族이 있다. 이들 台灣原住民族은 南島語系에 속한다.

몽골Mongolia Duka(darkhad, Hun-Saare)족, 차탄(Tsaatan)족

멜라네시아Melanesia 탄나(Tanna) 섬의 바누아투(Vanuatu)족과 나말(Namal)족

미얀마/버마Myanmar/Burma 몬(Mon)족, 카얀(Kayan)족, 인레(Inle) 호수의 인따(Intha)족

베네수엘라Venezuela 카나미야 국립공원(세계자연유산, 1994)내 페몬(Pemon)족

베트남Vietnam 판시판(Panxipan)의 흐몽/몽(Hmong)족(붉은, 푸른 몽족 등), 타이(Thai)
족, 풀라(Pula)족, 에데(Ede Hill tribe)족, 붉은색 두건을 머리에 하는 자오(Dao)족
(흰, 붉은, 푸른 자오족 등)

볼리비아Bolivia 티티카카 호수 근처의 아이마라(Aymara)족과 포토시 광산 근처
의 치파야(Chipaya)족

북아메리카North America 과키우틀(Kwakiutls)족, 주니(Juni)족, 호피(Hopi)족, 나바
호(Navajo)족, 아파치(apache)족, 호호캄(Hohokam)족, 모골론(Mogollon)족, 퓨에
블로(Pueblo)족, 푸젯 사운드 오젯타에서 살던 마카(Makah)족

브라질Brazil 남비콰라(Nambikwara/Nambiquara), 베네수엘라 국경의 야노마미
(Yanomami/Yanomamö/사네마/Sanema)족, 아콰나(Aquana)족, 와이카르(Waikar)족,
카야포(Kayapo/Kayapó/Caiapó/Kaiapó)족,[4] 조에(Zoee)족, 코루보(Korubo/Korubu)
족, 아와구아자(Awá-Guajá)족, 포투루(Potru)족, 카야비(Kayabi)족, 브라질 아마
존 강 동부 인디언 보호구역의 에나웨니(Enawene Nawe), 마티스(Matis/Nutioy/
Bimbos/Mikitbo/Mushabo)족, 메이나꾸(Meinaco/Meinacu/Meinaku/Mehináku/Mahi-
naku/Mehinaco/Minaco people)족과 싱구 국립공원의 아마조네스(Amazones), 카
마유라(Kamayura/Kamaiurá, 카마유라족의 女戰士)족,[5] 과라니족(Guaraní), 투유카

---

4) 현재 아마존 유역에 살고 있는 토착민들은 다음과 같다. Amanyé, Awá-Guajá, Baniwa,
Botocudo, Caingang, Dowlut, Enawene, Nawe, Guaran, íKadiwéu(Caduveo, Cadioeos,
Gaicuru), Kamayurá(Kamaiurá), Karajá, Kayapo, Kubeo, Kalia, Korubo, Marinaha,
Matsés, Mayoruna, Munduruku, Nambikwara, Ofayé, Panará, Pataxó, Pirahã, Paiter,
Quilombolo, Suruí do, Pará, Tapirape, Terena, Ticuna, Tremembé, Tupi, Tupiniquim
(Tupinikim), Waorani, Wauja, Xokó, Xucuru, Yanomami, Yawanawa, Zuruaha, Zembo-
rya.

(Tuyuka)족, 와자피족(Waiãpi tribe), 바레(Bare)족

브루나이|Brunei 템부롱(Temburong) 국립공원내 이반(Iban)족

스리랑카|Sri Lanka 베다(Vadda/Vyadha)족, 와차파리족

아르헨티나|Argentine · **파라과이**|Paraguay · **브라질**|Brazil 과라니(Guaraní)족

아프리카|Africa

　가나|Ghana 바울레(Baoule)족, 베테(Bete)족, 세누포(Senufo)족, 말린케(Malinke)족

　나미비아|Namibia 헤레오(Hereo)족, 다마라(Damara)족, 산족(부시멘/Nganasany),

　츠와나족(Tswana)족, 힘바(Himba)족, 나마(Nama)족, 바스터(Baster)족, 오카방

　고족(Okavango Delta Peoples, 카방고족)

　남아프리카|South Africa 프리토리아(Pritoria)의 응데벨레(Ndebele)족, 드라켄즈버

　그(Drakensberg)의 부시멘(Bushmen/San, 디디마 록 아트센터/Didima Rock Art Cen-

　ter/400여점의 岩畵를 남김)족과 반투스탄(Bantustan) 보호령의 반투(Bantu)족, 레소

　토(Lesotho) 왕국의 바소토(Basotho/Basuto/Sotho people)족, 줄루(Zulu), 코사

　(Xhosa)족, 소토(Sotho)족

　마다가스카르|Madagascar 미케아(Mikea)족

　말리|Mali 도곤(Dogon)족, 보조(Bozo)족, 플라니(Fulani)족

　모로코|Morocco 베르베르(투아레그, Tuareg)족, 사하라 사막의 우다베족

　배냉|Benin 배탐마리베(Betammaribe)족

　보츠와나|Botswana 부시멘(Bushmen, 피그미)

---

5) 서기 1576년 Pedro de Magalhães Gandovo(서기 1540년경-서기 1580년경) 신부가 아마존 강
밀림에서 女戰士로 알려진 아마조네스(The Amazonian Amazons)를 소개했다. 그러나 史家
헤로도투스(Herodotus)에 따르면 아마조네스는 신화상 Chertomlyk의 중무장한 여자들을 의
미하며, 그는 우랄 산맥 근처 북해 연안의 Issedones족을 아마존의 여전사로 지목하였다. 그
리고 "아마존"이란 말은 활을 쏘는데 방해받는 젖가슴이 하나가 없는 것을 말하기도 한다. 최
근 고고학상 중앙아시아의 사르마트와 소로마트로 알려진 유목민들 중에 여전사가 존재하며,
또 우크라이나 Cholodnyi Yar 20호 고분에서도 이와 같은 고고학 증거가 최근 계속 나타나고
있다.

수단Sudan 딩카(Dinka)족, 실룩(Siluk)족

이디오피아(에티오피아)Ethiopia 오모(Omo) 계곡[6]의 하마르(Hamar/Hamer), 무시
(Mursi/Mun, 脣盤族)족, 카로(Karo/Karo)족, 보디(Bodi/Me'en)족, 크웨구/무구지
(Kwegu/Kwego/Muguji)족, 아리(Ari)족, 부미(Bumi)족, 챠이(Chai)족, 낭가톰
(Nyangatom/Donyiro or Bumé족으로 알려진 Inyangatom)족, 아파르(Afar)족(다나킬
/Danaki 사막의 소금 카라반), 암하라(Amhara)족, 투르카나(Turkana)족, 베나(Benna)
족, 바샤다(Bashada)족, 디지(Dizi)족, 다사네치(Dassanech/Daasanach/Dasenach/
Dassanetch, Geleb)족, 세코(Sheko)족, 수리(Suri/Surma)족, 도르제(Dorze)족, 부메
(Bume)족, 코이산(Khoisan)족, 홋텐톳트(Hottentot)족, 카로(Karo)족, 투루카나
호수 옆의 엘모로(El-Moro)족, 콘소(Konso)족, 체마이(Tsemai/Tsemay)족, 엘보
레(Erbore)족, 아가우(Agaw)족, 누에(Nuer)족

중앙아프리카Central Africa 아카(Aka)족, 에페(Efe)족, 므브티(Mbti)족, 바야카
(Bayaka)족, 바카(Baka)족

카메룬Cameroon 바카(Baka)와 카메룬산록의 바퀘리(Bakweri/Kwe), 음보로로
(Mbororo)족, 해안지구의 사와(Sawa)족

케냐Kenya 마사이(Maasai)와 삼부루(Samburu)족, 렌다일(Rendile)족, 삼부루(Sam-
buru)족, 포콧(Pokot)족, 삼부루(Samburu)족, 챠보(Cabo)족

탄자니아Tanzania 아키에(Akie)와 가구루(Kaguru/Kagulu)족

에콰도르Ecuador·페루Peru 아마죤 밀림지대 슈아(Shuar)족(두개골 수축가공인 쌴사
(Tsantsa·Tzantza)를 행함), 아와(Awá/Kwaiker)족, 퀘추아(Quechuas)족

오스트레일리아Australia 애버리진(aborigines) 중 티위(Tiwi)족, 타스마니아족(현재
멸종함)

온두라스Honduras 리오 플라타노 지역의 미스키토, 파야, 가리푸나와 라디노스족

---

6) 이디오피아에는 80여개의 원주민이 살고 있다. 그중 가장 중요한 부족들은 오모강 유역에 살
고 있으며 전체원주민들의 약 50%에 달하는데 그들은 Mursi, Hamar, Karo, Tsamai, Bana,
Erbore, Konso, Gabbra, Borana족 등이다.

인도Indo 남부 벵골만 안다만(Andaman) 섬의 자라와(Jarawa), 옹게(Onge), 숌펜
(Shompens), 센티넬(Sentinelese)과 장길(Jangil)족(현재 멸종함), 아루나칼 프라데쉬
(Arenachal pradesh)의 완초(Wancho)족, 타르(Thar) 사막의 라바리(Rabari) 유목민,
라다크(Ladakh)족

인도네시아Indonesia 수마트라 시베루트 섬의 시마타루(Simatalu)족, 오홍가나
(Ohongana)족, 마수아네(Nasuane)족, 멘타와이(Mentawai)족, 세람 섬의 마수아
네(Masuane)족, 툴람비(Toulambi)족, 우나(Una)족, 숨바(Sumba) 섬의 타룽(Tarung)
마을(아직도 집 앞에 지석묘/megalithic tombs를 축조해 놓음), 바자우(Bazau)족, 보르네
오의 다야크(Dayak)족, 술라웨시(Sulawesi)의 '위에서 내려온'이란 의미를 지닌
토라쟈(Toraja/Toradja)족[동국 가족묘와 그 앞 절벽에 타우타우(Tau-tau)라는 피장자를 나
타낸 木木俑을 세움, 그리고 란테파오(Rantepao/Rante Pao) 고원 북쪽 보리 파린딩 거석문화 유적
(Bori Parinding in Tana Toraja Megalith Site)에는 100여기가 넘는 인도사원에서 시바 신에 바치
는 링감 형태의 입석(lingam shape menhirs)이 세워져 있음], 술라웨시 주 부톤 섬 남부의
바우바우 찌아찌아(Bahasa Ciacia, 한글을 사용)족, 보르네오의 다야크(Dayak)족(세
계제2차대전 중 보르네오에 불시착한 호주공군들을 중심으로 조직된 게릴라들을 도와 일본군을
대상으로 머리사냥을 함으로써 'head hunting'의 전통문화를 지속해나감)과 사반 지역의 바
다의 집시 바자우(Bajau/Bazau)족, 술라웨시 주 부톤 섬 남부의 바우바우 찌아
찌아(Bahasa Ciacia, 한글을 채택해 사용)족

중국China[7] 壯族(廣西,唐 서기 853년에 지어진 段成式의 酉陽雜俎에 나오는 신데렐라의 원조 이

---

7) 중국의 인구는 56개 족으로 구성되어 있으며 약 92%를 차지하고 있는 漢族(Hàn Zú)을 제외
한 소수민족은 55개 족이다.
1 한족(汉族 Hàn Zú), 2 쫭족(壯族 Zhuàng Zú), 3 만주족(满族 滿族 Mǎn Zú), 4 후이족(回族
Huí Zú), 5 먀오족(苗族 Miáo Zú), 6 위구르족(维吾尔族 Wéiwú'ěr Zú), 7 투자족(土家族 Tǔjiā
Zú), 8 이족(彝族 Yí Zú), 9 몽골족(蒙古族 Měnggǔ Zú), 10 티베트족(藏族 Zàng Zú), 11 부
이족(布依族 Bùyī Zú), 12 동족(侗族 Dòng Zú), 13 야오족(瑤族 Yáo Zú), 14 조선족(朝鮮族
Cháoxiǎn Zú), 15 바이족(白族 Bái Zú), 16 하니족(哈尼族 Hāní Zú), 17 카자흐족(哈薩克族
Hāsàkè Zú), 18 리족(黎族 Lí Zú), 19 다이족(傣族 Dǎi Zú), 20 쉐족(畲族 Shē Zú), 21 리수족

야기인 吳菓限 Ye Xian이 유명함), 藏族(티베트), 보/북족(Bo, 僰族, 懸棺), 納西族(Naxi, 東巴문화), 彝族, 苗族, 瑤族(Yao), 珞巴族, 佤族[瓦族(Va)·하와인(哈佤人)·카와인(卡瓦人)·카라인(卡拉人), 云南省 서남부의 滄源 佤族自治県에서는 4,000年 前 新石器時代부터 내려오는 전통적인 岩畵를 현재에도 제작하고 있음](雲南省), 回族, 布依族과 土家族(貴州省), 카자흐족(哈薩克族), 위구르(維吾爾族, Uighur), 四川省 瀘沽湖 摩梭族, 內蒙古自治区 및 黑龙江省 塔河의 어룬춘족/鄂伦春(Orochen/Èlúnchūn, 서기 5세기 이전 "沃沮", "乌素固", "靺鞨", "鉢室韋"와 관련)族

칠레Chile 아타카마(Atacama) 사막의 아타카메나(Atakamena)족, 마푸체(Mapuche)족

콜롬비아Colombia 아와(Awá/Kwaiker)족

크메르Khmer[캄보디아(Cambodia)] 자라이족

탄자니아Tanzania 샤가족(Chaga. Chagga, Shaka, 킬리만자로 산록)족

태국Thailand 라오스와 국경의 므라브리(Mlavri)와 흐몽(Hmong)족

파나마Panama 인디오 엠베라-우난(Embera-Wounaan)족

파푸아 뉴기니 Papua New Guinea 포레족(Fore, 식인으로 口足病/구루병이 나타남), 콤바이(Kombai)족, 코로와이(Korowai/Kolufo, 오랑뽀혼, 樹上가옥)족, 이리안 자야(이전에는

(傈僳族 Lìsù Zú), 22 거라오족(仡佬族 Gēlǎo Zú), 23 둥샹족(东乡族 Dōngxiāng Zú), 24 고산족(高山族 Gāoshān Zú), 25 라후족(拉祜族 Lāhù Zú), 26 수이족(水族 Shuǐ Zú), 27 와족(佤族 Wǎ Zú), 28 나시족(纳西族 Nàxī Zú), 29 치앙족(羌族 Qiāng Zú), 30 투족(土族 Tǔ Zú), 31 무라오족(仫佬族 Mùlǎo Zú), 32 시버족(锡伯族 Xíbó Zú), 33 키르기스족(柯尔克孜族 Kēěrkèzī Zú), 34 다우르족(达斡尔族 Dáwòěr Zú), 35 징포족(景颇族 Jǐngpō Zú), 36 마오난족(毛南族 Màonán Zú), 37 사라족(撒拉族 Sǎlá Zú), 38 부랑족(布朗族 Bùlǎng Zú), 39 타지크족(塔吉克族 Tǎjíkè Zú), 40 아창족(阿昌族 Āchāng Zú), 41 푸미족(普米族 Pǔmǐ Zú), 42 예벤키족(鄂温克族 Èwēnkè Zú), 43 누족(怒族 Nù Zú), 44 징족(京族 Jīng Zú), 45 지뉘족(基诺族 Jīnuò Zú), 46 더앙족(德昂族 Déáng Zú), 47 바오안족(保安族 Bǎoān Zú), 48 러시아족(俄罗斯族 Éluōsī Zú), 49 유구르족(裕固族 Yùgù Zú), 50 우즈베크족(乌孜别克族 Wūzībiékè Zú), 51 먼바족(门巴族 Ménbā Zú), 52 어룬춘족(鄂伦春族 Èlúnchūn Zú), 53 두롱족(独龙族 Dúlóng Zú), 54 타타르족(塔塔尔族 Tǎtǎěr Zú), 55 나나이족(Goldi/Nanai, 赫哲族 Hèzhé Zú), 56 뤄바족(珞巴族 Luòbā Zú).

West Papua로 불림)의 다니(Irian Jaya 발리엠/Baliem 계곡의 Dani/Ndani)족, 발린카(Balinka/Belingkah)족, 시카리(Sikari)족, 화유(Fayu)족, 코케부락의 앙가(Anga)족, 랠리콘의 멕(Mek)족, 넴비(Nembi)족, 멘디(Mendi)족, 말레쿨라(Malekula)족, 비아미(Biami)족과 아스맛(Asmat)족(이전에는 식인부족으로 알려져 있음),[8] 부나니미족, 시카리(Sikari)족, 구루룸바(Grurumba, Asaro mudmen)족, 서파푸아의 메크(West-Papua Mek tribal area, Nalca와 Kona마을), 와메나분지(Baliem 계곡)의 얄리족(Yali, Assembly of Koteka/phallocrypt/phallocarp/horim/ penis gourd/penis sheath Tribes)

페루Peru 카피어(Kapier)족

필리핀Philippines 이발로이(Ibaloi, Nabaloi, Igorot)족, 팔라와네(Palawane) 섬의 토트바투(Taut' Batu)족, 마얀(Mayan)족[암바한/Ambahan 문자를 가지고 있음], 아이타(Ayta, Aeta)족, 루존 섬 코르디레라의 이푸가오(Ifugao)족[테라스식 계단농경(Cordilleras)], 루존 섬의 칼링가(Kalinga)족(문신), 두마카트(Dumagat, 루존/Luzon의 Agta Negrito 집단)족, '바다의 집시' 바자우(Sea Gypsy Bajau/Bazau)족과 바자우 카가얀(Bajau Kagayan)족, 술루(Sulu)족

호주Australia 애버리진(aborigines) 중 티위(Tiwi)족, 타스마니아족(Tasmania, 현재 멸종함)

등이다. 이들도 時·空을 달리해도 衣·食·住를 중심으로 하는 문화를 가지고 있었다. 이와는 달리, 문명이란 이러한 보편적인 문화가 질적, 양적으로 발전하여 도시나 문자에 기반을 둔 인간 문화의 발전 단계로 이해된다. 따라서 문명의 정의에는 도시와 문자가 필수적으로 언급되어야 한다. 여기서 도시란 "한 지역에 5,000명 이상의 인구가 긴밀한 문화 체계 안에서 유기적인 연관을 갖고, 또 그들

---

8) 이곳은 록펠러 4세인 Michael Rockefeller(서기 1938년–서기 1961년)가 조사하다가 서기 1961년 11월 17일에 사망하였고 그가 수집한 민속품들은 아버지인 록펠러 3세인 Nelson Aldrich Rockefeller(후일 미국 부통령이 됨)가 베네수엘라를 포함한 중·남미에서 수집한 민속품을 합친 3,300여점이 뉴욕 메트로폴리탄 박물관 마이클 록펠러 전시관에 보관·전시되어 있다.

사이에 있어 노동의 분화, 복잡한 계급제도와 사회계층의 분화, 중앙집권화 된 정부구조, 기념비적인 건물의 존재, 그리고 문자가 없는 경우 부호화된 상징체계나 당시 풍미했던 미술양식과 지역 간의 교역의 존재"를 통해 찾아질 수 있다.

그리고 국가란 지리학에서 '국민, 영토와 주권'을 국가의 기본으로 삼는다. 그러나 인류학의 엘만 서비스(Elman Service)의 모델인 統合論(Integration theory)에서는 인류사회는 경제나 기술이 아닌 조직이나 구조에 기반을 두어 군집사회(band)-부족사회(tribe)-족장사회(chiefdom)-고대국가(ancient state)로 구분하고 있다. 그리고 기본자원에 대한 불평등한 접근에서 일어나는 갈등에 기반을 둔 모톤 프리드(Morton Fried)의 갈등론(Conflict theory)의 도식인 평등사회(egalitarian society)-서열사회(ranked society)-계층사회(stratified society)-국가(state)라는 발전단계도 만들어진다. 서비스는 국가단계에 앞선 족장사회를 잉여생산에 기반을 둔 어느 정도 전문화된 세습지위들로 조직된 위계사회이며 재분배 체계를 경제의 근간으로 한다고 규정한 바 있다.

족장사회에서는 부족사회 이래 계승된 전통적이며 정기적인 의식행위(calendric ritual, ritual ceremony, ritualism)가 중요한 역할을 하는데, 의식(ritualism)과 상징(symbolism)은 최근 후기/탈과정주의 고고학(post-processual)의 주요 주제이기도 하다. 국가단계 사회에 이르면, 이는 권력(power)과 경제(economy)와 함께 종교형태를 띤 이념(ideology)으로 발전한다. 죠나단 하스(Jonathan Haas)나 티모시 얼(Timothy Earle)과 같은 절충론(eclecticism)자들은 "무력을 합법적으로 사용하고 통치권을 행사할 수 있는 지배체제의 존재 힘/무력(power)·경제(economy)와 이념(ideology, 또는 religion)을 바탕으로 한 중앙집권화되고 전문화된 정부제도", 또는 "경제·이념·무력의 중앙화, 그리고 새로운 영역(new territorial bounds)과 정부의 공식적인 제도로 특징지어지는 정치진화 발전상 뚜렷한 단계"가 있는 것으로 정의한다. 크라이드 크락크혼(Clyde Kluckhohn)은 약 5,000명 이상 주민, 문자와 기념비적인 종교 중심지 중 두 가지만 있어도 도시(city, urban)라 정의할 수 있다고 한다. 그리고 이를 유지해 나가기 위해 사회신분의 계층화를 비롯해 조세와 징병제도, 법률의 제정과 아울러 혈연을 기반으로 하지 않는 왕의 존재와 왕권, 그의 집무소, 공공건물 등이 상징적으로 부가된다. 따라서 도시, 국가와 문명은 상호 유기체적이고 보완적인 것으로, 이것들을 따로 떼어내서 독립적으로 연구할 수 없는 불가분의 것이다.

'큰 강 유역에서 관개농업에 의존하여 발생하였다'하여 칼 빗트휘겔(Karl Wittfogel)에 의해 불려진, "관개문명" 또는 "4대 하천문명"을 포함한 일차적인 고대 문명(primary civilization)은 7개나 된다. 이들은 시간과 공간에 관계없이 전 세계적으로 발생하였는데, 수메르(기원전 3100년-기원전 2370년 아카드의 사르곤 왕의 통치 이후 기원전 1720년까지 우르 3왕조가 존속), 이집트(기원전 3000년경-기원전 30년, 기원전 2993년 상·하 이집트가 통일되었다는 설도 있음), 인더스(기원전 2500년-기원전 1800년), 상(기원전 1750년-기원전 1100년 또는 기원전 1046년), 마야(기원전 200년-서기 900년, 기원전 200년-서기 300년: 先古典期, 서기 300년-서기 900년: 古典期, 서기 900년-서기 1541년 스페인군의 유카탄 반도의 침입 시까지 後古典期임), 아즈텍(後古典期: 서기 1325년-서기 1521년 8월 13일)과 잉카(後古典期: 서기 1438년-서기 1532년 11월 16일)가 바로 그들이다.

이러한 문명이란 사전적인 용어의 해석대로 인류역사상 문화발전의 한 단계이며 엄밀한 의미에서 도시와 문자의 사용을 필요·충분조건으로 삼고, 여기에 고고학상의 특징적인 문화인 공공건물(기념물), 시장, 장거리무역, 전쟁, 인구증가와 기술의 발전 같은 것에 근거를 두게 된다. 이들 상호작용에 의한 乘數효과(multiplier effect)가 都市, 文明과 國家를 형성하게 된다. 이들의 연구는 歐美학계에서 서기 1960년대 이후 신고고학(New Archaeology)에서 레스리 화이트(Leslie White)와 쥬리안 스튜워드(Julian Steward)의 新進化論(neo-evolutionary approach; a systems view of culture)과 체계이론(system theory)을 받아들임으로써 더욱 더 발전하게 된다. 이들 연구의 주제는 農耕의 起源과 文明의 發生으로 대표된다. 이들의 관점은 生態學的인 接近에서 나타난 自然全體觀(holistic view)으로 物理的環境(physical environment), 生物相(biota; fauna, flora)과 文化(culture)와의 相互 적응하는 생태체계(ecosystem)로 이루어진다. 즉 文化는 환경에 적응해 나타난 結果이다. 보편적인 문화에서 量的 質的으로 變化하는 다음 段階, 즉 都市와 文字가 나타나면 文明인 것이다. 여기에 武力

을 合法的으로 使用하고 中央集權體制가 갖추어져 있거나, 힘/武力(power), 경제 (economy)와 이념(ideology)이 함께 나타나면 國家段階의 出現을 이야기한다. 따라서 都市, 文明과 國家는 거의 동시에 나타난다고 본다.[9]

---

9) 유럽에서는 技術과 經濟行爲에 바탕을 둔 구석기(Palaeolithic age)·신석기(Neolithic age)·청동기(Bronze age)·철기시대(Iron age)라는 편년의 명칭을 사용한다.

그러나 신대륙 중 中美의 고고학 편년은 "horizon과 tradition"(공간과 시간)을 포함하는 "stage"(단계)라는 개념의 용어를 사용하고 있다. 다시 말해, "리식(石期 Lithic: 후기구석기시대: 기원전 20000년-기원전 7000년)→아케익(古期 Archaic: 중석기시대: 기원전 7000년-기원전 2000년)→퍼마티브(形成期 Formative: 신석기시대: 기원전 2000년-서기 300년)→크라식(古典期시대 Classic: 서기 300년-서기 900년: 마야 古典期)→포스트크라식(後古典期시대 Post-classic: 서기 900년-서기 1521년 8월 13일/1532년 11월 16일/1541년: 아즈텍, 잉카제국과 마야)"라는 용어를 사용한다. 冶金術의 시작은 古典期시대부터 나타난다.

南美에서는 중미의 고고학편년과 함께 '문화 특성이나 유물복합체에 의해 대표되는 공간적 지속(Spatial continuity represented by cultural traits and assemblages)'이란 Horizon(공간)개념을 원용하여 막스 울(Max Uhle, 서기 1856년-서기 1944년)은 '예술양식의 분포와 문화적 특질'에 바탕을 한 새로운 편년을 설정하여 南美(페루)의 문화를

1) 綿과 無土器時代(Cotton pre-ceramic period/stage, 기원전 2500년-기원전 1800년)
2) 早期(Initial period)
3) 초기 호라이존(Early Horizon, 차빈)
4) 초기 중간 시대(Early intermediate period)
5) 중기 호라이존(Middle Horizon, 티아우아나코)
6) 후기 중간 시대(Late intermediate period)
7) 말기 호라이존(Late Horizon, 잉카, 서기 1438년-서기 1532년)의 7 시기로 나누어 쓰기도 한다.

그리고 경제가 사회변동의 가장 중요한 원동력(Economy as a prime mover in social evolution)으로 보는 唯物史觀論에 입각하는 편년에 따르면,

Pre-class society(원시무리사회 primitive society): pre-clan(亂婚 promiscuity)→母系(matriarchal clan)→父系(patriarchal clan)→terminal clan stages(씨족제도의 분해)

Class society: 奴隷制社會(slave society)→封建社會(feudal society)→資本主義社會(capitalism)

Classless society: 社會主義(socialism)→共産主義社會(communism)"의 발전 순이 된다.

참고문헌

고돈 챠일드·강기철 역

  1959 인류사의 전개, 서울: 정음신서

국립중앙박물관

  2008 페르시아, 서울: 국립중앙박물관 문화재단

  2009 우즈베키스탄의 고대문화: 국립중앙박물관 아시아관 중앙아시아실

김성

  1997 The Biblical Archaeology Museum, 경기도: 협성대학교

김호동

  2007 몽골제국과 고려, 서울: 서울대학교 출판부(한국학 모노그래프 47)

노태돈

  2003 예빈도에 보이는 고구려, 서울: 서울대학교 출판부(한국학 모노그래프 1)

라츠네프스키·김호동 역

  1992 칭기스한, 서울: 지식산업사

레비 스트로스·박옥즐 역

  1997 슬픈 열대(Tristes Tropique), 서울: 삼성세계사상 34

박한제·김호동·한정숙·최갑수

  2002 유라시아 천년을 가다, 서울: 사계절

주한 이스라엘 대사관

  1994 이스라엘 고고유적지, 서울: 이스라엘 정부 관광국

C. L. 스트롱·서정철 역

  1976 역사와 문명, 서울: 서문문고 238

이희수

  1991 한·이슬람교류사, 서울: 문덕사

이해영·안정모

  1958 인류학개론, 서울: 정연사

M. 일리인·세갈·董玩 역

  1987 인간의 역사, 서울: 연구사

임미영 외

  2007 사해사본과 그리스도교의 기원, 서울: 한국 사해사본 전시사무국(익스란)

주경철

  2008 대항해시대, 서울: 서울대학교 출판부

     2009 문명과 바다, 서울: 산처럼
장철수
     1995 옛무덤의 사회사, 서울: 웅진출판
존 가우레트(배기동 옮김)
     1984 문명의 여명, 서울: 범양사출판부
최몽룡
     1987 인류의 선사시대(Brian M. Fagan 저, 최몽룡 역), 서울: 을유문화사
     1989 원시국가의 진화(Jonathan Haas 저, 최몽룡 역), 서울: 민음사
     1991 문명의 발생(Charles L. Redman 저, 최몽룡 역), 서울: 민음사
     1997 도시·문명·국가—고고학에의 접근—(대학교양총서 70), 서울: 서울대학교 출판부
     2004 동북아 청동기시대 문화연구, 서울: 주류성
     2006 최근 고고학 자료로 본 한국고고학·고대사의 신 연구, 서울: 주류성
     2008 한국 청동기·철기시대와 고대사회의 복원, 서울: 주류성
프리드리히 엥겔스(김대웅 옮김)
     1987 가족·사유재산·국가의 기원, 전주: 아침
황호근
     1972 한국장신구사, 서울: 서문문고
C.W.M. Hart & Arnold R. Pilling(왕한석 역)
     1987 티위 사람들, 서울: 교문사
프리트 베실린드
     2000 바이킹, *National Geographic* 5월호(한국판), pp.2−35
Gibb, H.A.R(이희수·최준식 공역)
     1997 이슬람, 서울: 주류성
Okladnikv, Alexsey(加藤九祚·加藤晋平 役)
     1974 シベリアの古代文化, 東京: 講談社
Anati, Emmanuel
     1960 *La civilization du Val Camonica*, France: Arthaud
     1963 *Palestine before the Hebrews*, London: Thirty Bedford Square
Bass, George F.
     1968 New Tools for Undersea Archaeology, Washington D.C.: *National Geographic*
          vol.134, No.3, pp.402−423
Bahn, Paul G.
     1999 *Wonderful Things*, London: Weidenfeld & Nicolson

Brain, Robert

   1976 *The Lost Primitive Peoples*, New York: Crown Publishers Co.

Biers, William R.

   1987 *The Archaeology of Greece*, Ithaca and London: Cornell University Press

Boardman, John and T.G.E. Powell

   1971 *The European Community in Later Prehistory*, London: Routledge & Kegan Paul

Bosinski, Gerhard

   1990 *Les Civilisation de la prehirtorie*, Paris: Editions Errance

Cartledge, Paul

   1998 *Ancient Greece*, Cambridge: Cambridge University Press

C. W. Ceram

   1958 *The March of Archaeology*, New York: Alfred. A. Knopf

Childe, V. Gordon

   1930 *The Bronze Age*, New York: The MacMillan Company

   1951 *Man Makes Himself*, New York: New American Library

   1965 *What happened in History*, Great Briatin: Hazel Watson & Viney Ltd., A Pelican Original

Clark, Grahame and Piggott, Stuart

   1970 *Prehistoric Societies*, Great Briatin: Hazel Watson & Viney Ltd, A Pelican Original

Cooper, J.C.

   1978 *An Illusrated Encyclopedia of Traditional Symbols*, London: Thames & Hudson Ltd.

Cottrell, Leoard

   1957 *The Anvil of Civilization*, New York: A Mentor Book

Cox, Halley

   1995 *Hawaiian petroglyphs*, Honolulu: Bishop Museum

J. N. Coldstream

   1977 *Geometric Greece*, London: Methuen

Constable, Nick

   1966 *Ancient Ireland*, London: Parkgate Books

Diószegi, Vilmos

   1968 *Tracing Shamans in Siberia*, New York: Humanities Press Inc.

Earle, Timothy ed.

  1991 *Chiefdoms: Power, Economy and Ideology*, Cambridge: Cambridge University Press

  1997 *How Chiefs Come to Power*, Stanford: Stanford University Press

Fagan, Brian M.

  1977 *People of the Earth*, Boston: Little, Brown and Company

  1977 *World Prehistory*, Boston: Little, Brown and Company

  1978 *Quest for Past*, Massachusetts: Addison–Wesley Publishing Company

Fitzhugh, William W. and Crowell, Aron

  1988 *Crossroads of Continents*, Smithonian Institution: Smithonian Institution Press

Fowler, Peter·Sharp, Mick

  1990 *Images of Prehistory*, Cambridge: Cambridge University Press

Fox, Robin

  1967 *Kinship and Marriage*, Britain: Penguin Books

Franzen, Anders

  1989 Kronan, Washington D.C.: *National Geographic* vol.175, No.4, pp.438–465

Fried, Morton H.

  1967 *The Evolution of Political Society*, New York: Random House

Gimbutas Marija

  1956 The Prehistory of Eastern Europe, American School of Prehistoric Research Peabody Museum, Harvard University Bulletin N.20, Massachusetts: Peabody Museum

Gledhill J., Bender B., Larsen M.T. ed.

  1988 *State and Society*, London: Unwin Hyman

Goddio, Franck

  1994 San Diego, Washington D.C.: *National Geographic* vol. 186, No.1, pp.34–57

Gordon Willey & Philip Phillips

  1958 Method and Theory in American Archaeology, Chicago & London: University of Chicago Press

Gordon Willey & Jeremy A. Sabloff

  1993 A History of American Archaeology, San Francisco: W.H. Freeman & Co.

Grant, Michael

  1971 *Cities of Vesuvius, Pompeii & Herculaneum*, Harmond-sworth: Penguin

Books Ltd,

Griffeth, Robert and Thomas, Carol G.

   1981 *The City-State in Five Cultures*, Santa Barbara: ABC-Clio

Hawkes, Jacquetta

   1968 *Dawn of the Gods*, New York: Random House

Henrikson, Alf

   1983 *Through the Ages*, New York: Crescent Book

Heyerdahl, Thor

   1970 *The Ra Expeditions*, Harmondsworth: Penguin Books Ltd.

Howells, William

   1963 *Back of History*, New York: A Doubleday Anchor Book

Isbouts Jean-Pierre, 이상원역

   2010 성서 그리고 역사, 서울: 황소자리출판사

E. R. Leach

   1977 *Political Systems of Highland Burma*, London: The Athlone Press

James, Simon

   1993 *Celts*, London: Thames and Hudson Ltd.

Kluckhohn, Clyde

   1960 'The moral order in the expanding society' in *City Invincible*: an Oriental Institute
         Symposium. ed C.H. Kraeling and R.M. Adams, Chicago: The University of
         Chicago Press

Kupka, Karel

   1972 *Peinteres Aborigenes D'Australie*, Paris: Musée de l'Homme

Laet, Sigfried J. De

   1957 *Archaeology and its Problems*, London: Phoenix House Ltd.

Lamberg-Karlovsky, C.C. and Sabloff, Jeremy A.

   1979 *Ancient Civilization-The Near East and Mesoamerica*, California: The
         Benjamin/Cummings Publishing company, Inc.

Lévine, Daniel and Lévi-Strauss, Claude

   1992 *Amérique, continent imprévu*, Paris: Bordas

Lévi-Strauss, Claude

   1963 *Totemism*, Boston: Beacon Press

Lowie, Robert A.

1970 *Primitive Religion*, New York: Liveright

Malinowski, Bronislaw

1954 *Magic, Science and Religion*, New York: A Doubleday Anchor Book

Marx, Karl

1977 *Pre-capitalist Economic Formations*, New York: International Publishers

Mathioulakis, Christos

1974 *The Traveller's Guidebook to Santorini*, Athens: Chris Z. Mathioulakis

Mead, Margaret

1961 *Growing up in New Guinea*, New York: A Mentor Book

Meggers, Betty J.

1972 *Prehistoric America*, Chicago: Aldine Publishing Company

Michels Joseph W.

1973 *Dating Methods in Archaeology*, New York: Seminar Press

National Geographic Society

1981 *Splendors of the Past*, Washington D.C.: National Geographic Atlas of Archaeology

D. J. Mulvaney

1969 *The Prehistory of Australia*, London: Thames and Hudson Ltd.

Oates, David and Oates, Joan

1976 *The Rise of Civilization*, New York: E. P. Dutton & Co.

Paor, Liam de

1967 *Archaeology*, Britain: Penguin Books

Perses-Lurigraf, Casa Editrice

2003 *Pompeii*,Sesto Fiorentino: Centro Stampa Editoriale

P. P. Khane

1967 *Ancient & Classic Art*, New York: Dell publishing co.

Rudenko, Sergei

1947 *The Gold-guarding griffins*(スキタイの藝術), Russia: Academy of Science

Rushton, J. Philippe

2000 *Race, Evolution, and Behavior*, London; Charles Darwin Research Institute

Sanders, William T. and Marino, Joseph

1970 *New World Prehistory*, New Jersey: Prentice-Hall Inc.

Scarre, Christopher and Fagan, Brian M.

1977 *Ancient Civilizations*, New York: Longman

Schmandt-Besserat Denise

2010 The Impact of Writing on Art in Ancient Near East, *Horizons* vol. 1 no.1, Seoul: Seoul Journal of Humanities, pp.1–19

Scientific American

1976 *Avenues to Antiquity*, San Francisco: W.H. Freeman

1979 *Hunters, Farmers and Civilization*, San Francisco: W.H. Freeman

1979 *Civilization*, San Francisco: W.H. Freeman

Seeher, Jürgen

2005 *Hattusha Guide*, Turkey: Ege Yayinlari

Service, Elman R.

1962 *Primitive Social Organization*, New York: Random House

Smith, Huston

1959 *The Religions of Man*, New York: A Mentor Book

1962 *The Hidden Worlds of Polynesia*, New York: A Mentor Book

Smithonian Institution

1990 *Official Guide to the Smithonian*, Washington, D.C.: Smithonian Institution Press

Suggs, Robert C.

1960 *The Island Civilizations of Polynesia*, New York: A Mentor Book

1962 *The Hidden Worlds of Polynesia*, New York: A Mentor Book

1982 *Prehistory of Japan*, New York: Academic Press

Taylor, Timothy

1996 *The Prehistory of Sex*, New York: Bantam Book

Trigger Bruce

1989 *A History of archaeological thought*, Cambridge: Cambridge Univ. Press

Vermes, G

1977 *The Dead Sea Scrolls in English*, Baltimore: A Pelican Book

Waechter, John

1976 *Man before Histoy*, Oxford: Elsevier·Phaidon

Willey, Gordon R.

1966 *An Introduction to American Archaeology*, New Jersey: Prentice–Hall, Inc.

Wittfogel, Karl A.

1957 *Oriental Despotism*, New Haven: Yale University Press

Woodal, Ned J.

    1972 *An Introduction to Modern Archaeology*, Cambridge: Schenkman Pb. Co.

Wooley, Sir Leonard

    1970 *Digging up the Past*, Baltimore: A Pelican Book

H. C. Woodhouse

    2003 *Bushman Art*, Johannesberg: Art Publishers

Yoffee, Norman and Cowgill, George L.

    1988 *The Collapse of Ancient States and Civilizations*, Tucson: The University of Arizona Press

Fatlh Cimok, Takeo Harada 譯

    2001 イスタンブル考古學博物館, Istanbul: A Turízm Yayinlari & İstanbul Archaeological Museum

楊建華

    1995 外國考古學史, 長春: 吉林大學校出版社

程康 編著

    1993 中國博物館大觀, 香港: 香港新世紀出版社

胡駿 著

    1989 博物館縱橫, 北京: 中國青年出版社

白石譽夫

    1942 濠領 ニゥギニァ風土誌, 東京: 岡倉書房

大岡實

    1942 西洋東洋建築樣式, 東京: 常磐書房

角田文衡

    1962 考古學史 －ヨーロツパ·アメリカ－, 世界考古學大系 16, 東京: 平凡社

元寇七百年記念事業推進委員會

    1974 藤本と蒙古來襲, 佐世保市: 中川印刷株式會社

I. 수메르 문명

칼 빗트휘겔(Karl August Wittfogel, 서기 1896년-서기 1988년)이 이야기한 세계 4대 河川·灌漑文明['hydraulic civilizations' as 'Oriental Despotism'(칼 빗트휘겔, 서기 1957년)과 'Asiatic Mode of Production'(AMP: 서기 1850년대 칼 막스(Karl Marx)에 의해 고안된 용어)]의 하나이면서 최초로 나타난 문명은 수메르(Sumer, 기원전 3100년-기원전 1720년까지 우르 3왕조의 존속)에서부터 시작한다. 농업의 발생은 레반트, 아나톨리아와 자그로스 산록의 세 지대에서이다. 그중 수메르는 로버트 브레이드우드(Robert Braidwood)가 이야기한 비옥한 반월형지대(fertile crescent)라고 불리는 자그로스 산맥(Zagros Mts.)에 기반을 두고 있다.[10] 수메르 문명은 티그리스와 유프라테스 강 연안에서 발생한 세계 최초의 관개문명이다. 이는 나투프(Natuf)와 카림 샤히르(Karīm Shahīr) 유적에서 보이는 기원전 10000년에서 기원전 8000년경의 초기농경(초기 재배와 사육의 증거가 나타나긴 하지만 아직 곡물채집과 有蹄類의 사냥이 큰 비중을 차지하는 단계)과, 그 다음 쟈르모[Jarmo, Qal'at Jarmo, 로버트 브레이드우드(서기 1907년-서기 2003년)가 서기 1948년, 서기 1950년-51년, 서기 1954년-55년에 발굴, 이락], 제리코[11]/예리코[Jeicho, PPNB: Pre-pottery Neorithic B, 케사린

---

10) 근동(Near East, Proche-Orient)이란 용어는 원래 지리학적으로 오스만 투르크 제국(Ottoman Empire, 서기 1299년-서기 1922년)이 차지한 최대의 영역을 의미하는데, 고고학적으로는 이와는 달리 비옥한 반월형지대(Fertile Crescent)라고 불리는 자그로스 산맥(Zagros Mts.)이 지나는 나일 강 계곡, 아나톨리아(Anatolia)와 메소포타미아 지역에 이르는 고대문명이 발생한 지역(Ancient Near East)들을 말한다. 자그로스 산맥은 이란과 이락의 최대 산맥으로 길이 1,500㎞, 최대 폭 250㎞로 이란 고원(Iranian plateau)과 호르무즈 해협(the Strait of Hormuz)을 포함한다. 이 산맥 중 가장 높은 곳은 자르드 쿠(Zard Kuh-bakhtiari and Dena)로 해발 4,200m이다.

11) 알레포(Aleppo) 북쪽 25㎞, 타우루스(Taurus) 산맥의 남쪽으로 65㎞ 떨어지고 쿠웨이크(Quweiq)강 옆에 위치한 텔 카라멜(Qaramel, Tel Qaramel, Tel al-Qaramel) 유적은 무토기

케년(Kethleen Kenyon, 서기 1906년-서기 1978년)이 서기 1952년-서기 1958년에 발굴, 西岸/West Bank 요단강 근처 Palestinian city]와 촤탈 휘윅[Çatal Hüyük, 제임스 메라르트(James Mellaart, 서기1925년-서기 2012년)가 서기 1961년-서기 1964년에 발굴, 터키] 유적이 나타나는 기원전 8000년에서 기원전 5000년의 정착농경 단계를 거쳐, 마지막으로 메소포타미아의 저지대에 나타나는 관개농업 단계인 것이다.[12] 여기에는 밀과 보리가 재배되고,

---

신석기시대(the Pre-Pottery Neolithic A)에서 헤레니즘(기원전 304년-기원전 30년)까지 포함하는데 서기 1970년도 후반부터 조사되기 시작하였다. 무토기 신석기시대(the pre-pottery Neolithic phase)의 유적은 3㏊의 범위로 서기 1999년 이후 폴란드 바르샤바 대학교 마주로우스키(Prof. Ryszard F. Mazurowski of Warsaw University) 교수에 의해 발굴되고 있다. 동물의 사육이나 식물의 재배가 없던 단계에 이곳에서 돌로 지어진 주거지가 확인되었다. 특히 여기에서 5개의 둥근 石塔의 기단부가 발견되었는데 직경은 6m, 벽두께는 1.5m이다. 방사선탄소연대(C14)는 기원전 11000년-기원전 9650년이 나왔는데 이제까지 이 관계 유적으로 가장 연대가 올라가는 제리코(Jericho) 유적보다도 약 2,000년 앞서는 것으로 추정된다.

12) 최근 프랑스 Le Dosseur, Gaëlle가 언급한 중동지역 신석기시대의 여명을 요약하면 1) 현세(홀로세) 초기, 중동지역은 사회집단 조직체계에서 주요한 변화를 겪으며, 2) 경제, 사회, 기술, 그리고 상징적인 규칙에서 여러 가지 변화가 점진적으로 일어난다. 그런데 이들은 서로 연관성을 갖고 변화하는 과정은 1만3천년-5천년 사이에 진행되는데 모두 5시기로 구분해 볼 수 있다. 그들은 다음과 같다.

　1-나투피안 (Natoufien/Natufian)

　2-신석기 선토기 A (PPNA)

　3-신석기 선토기 B (PPNB)

　4-신석기 선토기 C (PPNC)

　5-신석기 토기

이 과정에서 신석기시대의 기본 속성인 정착성, 농경, 사육, 토기 등의 요소가 조성되며 6가지로 구분된다.

　1. 환경과 기후

　2. 새로운 조류인 정착생활 : Natoufien (13000B.P.-9600B.P.)

　3. 최초의 농경 : 신석기 선토기 A (Néolithique Précéramique A) (9600B.P.-8700B.P.)

　4. 가축사육 : 신석기 선토기 B (Néolithique Précéramique B) (8700B.P.-6,900B.P.)

　5. 키프러스의 신석기 점령

　6. 새로운 예술 불 : 신석기시대 토기 (Néolithique Céramique) (6900/6500B.C.-5,000B.C.)

환경과 기후에서는 1) 중동지역은 현재, 동부 지중해 지역과 요르단 지역을 포함하며, 2) 이 지역은 갱신세(플레이스토세) 말기에서 현세(홀로세) 초에 걸쳐 커다란 충돌없이 기후변화가

우르의 군기 또는 악기의 소리통 표면에 묘사된 군사행렬도
(기원전 2650년경, 런던 대영박물관 소장, 1920년대 레오날드 울리 경이 발굴)

우르의 지구라트
(기원전 2100년경, 이상 National Geographic Society Cartograhic Division 1978년 9월의 Early Civilizations in the Middle East에서 인용)

일어나는데 이는 춥고 건조한 기후에서 적당한 습기가 있는 기후온난화가 일어남을 의미한다.

1. 새로운 양상의 정착생활(Natufien, 13000B.P.−9600B.P.): 나투피안 문화의 흔적은 20세기 초기의 팔레스타인의 슈크바 동굴 (Shukba=Wadi el Natuf)과 엘 와드(El-Wad)의 발굴에서 확인되는데 이는 특히 레반트 남부지역(Levant-Sud)에서와 같이 중동지역의 갱신세(플레이스토세) 말기와 최말기(Epipaleolithique)의 문화양상을 보여준다. 그리고 나투피안인은 수렵채집집단으로, 지역에 따라서는 영구적인 어로생활의 특징을 지니며, 집은 바위그늘(암음주거), 원형 주거지, 반지하(그 아래에 매장양식)에 형성되며, 석기는 반원형모양(D-shaped)의 세석기, 무기, 뼈연모, 뼈로 만든 장신구, 갈돌 등등이 존재한다. 아나톨리아(Anatolie/ Anatolia) 기원의 흑요석을 사용했던 증거는 먼거리 교역에 의하며, 그들의 먹거리는 토끼, 여우, 영양, 노루, 염소, 사슴, 첫소 등의 고기를 비롯하여 조개류, 물고기, 거북이, 새 등 (한편, 멧돼지 길들이기에 관련된 proto-domestication에 대

염소와 양이 사육되었다. 그래서 편년상 마지막 문화 단계의 하나인 우르크기(기원전 3500년-기원전 3100년)가 되면 앞선 시기들과 구별되는 도시중심지가 뚜렷이 나타난다.

우르크란 이름은 남부 메소포타미아의 한 유적으로부터 따왔는데, 기원전 2000년대 초기에는 수메르 문명의 5대 도시중심지 중의 하나로 점토판문서에 기록되어 있다. 그리고 이 지역의 중요성은 문명의 발생지보다 오히려 기원전 13세기경 포로로 잡혀간 유대인 율법사들에 의해 바빌로니아에서 쓰여졌을 것으로 추측되는 구약성서(창세기 16장-25장)의 무대와 배경을 이루는 것에서 더 찾아지기도 한다. 즉, 아브라함의 배다른 두 아들인 이삭(아브라함이 99세 때 90세의 부인 사래 또는 사라에게서 얻음: 유태인)과 이스마엘(아브라함이 86세 때 부인 사래의 이집트 몸종인 하갈에서 얻음: 회교도인)[13]이 각기 유대교와 이슬람교의 시조가 되어 오늘날의 이스라엘과 아랍제국

한 논문은 검토가 필요함)이 나타난다.

2. 최초의 농경(신석기 선토기, A ,Néolithique Précéramique A/9600B.P.-8700B.P./PPNA): 각 지역에서 밀, 참밀, 보리, 채소류 등의 흔적이 나타나는 것으로 미루어보아 농경이 독립적으로 시작되었음을 알 수 있다. 수렵은 연속되며, 정착생활이 자리 잡으면서 커다란 마을이 발달한다.

3. 가축사육(신석기 선토기 B, Néolithique Précéramique B/8700B.P.-6900B.P./PPNB): 염소, 양과 소의 사육이 시작된다.

4. 키프러스의 신석기 점령(8700B.P.-6900B.P./PPNB): 내륙지역의 신석기인들의 항해술 발달하여 섬에로의 이주가 가능해진다.

5. 새로운 예술 불(신석기시대 토기, Néolithique Céramique/6900-6500B.P.-5000B.P.): Halaf 양식의 채색토기 출현하면 이는 Halula에서 확인된다(Le Dosseur, Gaëlle, 2012 L'émergence Néolithique au Proche-Orient, Dijon: Dossiers d'Archéologie, no.353 Septembre/Octobre, pp.14-23).

13) 蜀의 劉備/劉玄德은 49세에 吳의 18세 孫尙香(孫小妹, 孫策의 딸이며 孫權의 누이동생)을, 唐玄宗은 56세에 자기의 13번째 아들 壽王의 처인 22세의 楊貴妃(楊玉環/太眞)을, 로마제국의 카이사르(Julius Caesar 기원전 100년-기원전 44년 3월 15일)는 50세 때 21세의 클레오파트라 7세를 부인으로 맞고 있다. 이와 아울러 인류문명 발달사에서 나타난 주인공들에 대한 聖과 俗에 대한 구분이 무척 어렵다. 실제 儒敎가 倫理의 기본이 되는 동양에서 俗에 대한 警戒를 강조하는 구절이 많다. 明心寶鑑 正己篇 '太公曰 勤爲無價之寶 愼是護身之符(신중함은 몸을 보하

의 분쟁의 시작이 싹트게 한 곳이 바로 이곳을 포함하는 근동지방이다. 이는 레반트 지역의 청동기시대 중기-말기(기원전 2000년-기원전 1200년경) 북쪽의 카나아이트(가나안, Canaaities), 남쪽의 필리스틴(블레셋, Philistines)과 이스라엘리트(Israelites) 문화들에 비유될 수 있다. 솔로몬 왕의 사후 Israel(북, 수도는 사마리아 Samaria)과 Judah(남, 수도는 예루살렘 Jerusalem)로 분리되었다.

그리고 모세의 출애굽기(Exodus)는 이집트 신왕조 중 람세스 II세 때인 기원전 1263/1262년경(K.A. Kitchen, 2003)으로,[14] 모세[모세(Moses)의 히브리인 어머니는 요게벳(Jochebed)이며 모세를 양자를 맞은 파라오의 딸은 테르무디스(Thermuthis/Bithiah)로 여겨지나, 람세스 II세의 딸이면서 후일 그의 부인이 된 메리타멘(Meritamen)이라는 설도 있음]가 이스라엘인들을 주로 피톰(Pitom)과 피-라메시스(Pi-Ramesses)[15] 군사요새 도시 건설장에서 데

는 부적)', 中庸 제1장 綱領 '天命之謂性 率性之謂道 修道之謂敎 道也者 不可須有離也 可離非道也 是故君子戒愼乎其所不睹 恐懼乎其所不聞 莫見乎隱莫顯乎微 故君子愼其獨也(도라는 것은 서로 분리할 수 없고 분리되면 도가 아니다. 이런 까닭에 군자는 보이지 않는 곳에서 삼가 해야 하고 들리지 않는 곳에서 두려워해야 한다. 숨겼다고 해서 안 보이는 것이 아니며, 작은 것이라 해도 드러나기 마련이다. 그 까닭에 군자는 홀로 있을 때 삼가해야 한다)', 李珥(栗谷)의 擊蒙要訣에서 '處幽如顯 處獨如衆(어두운 곳에 거처함에 들어난 듯하고, 혼자 있을 때도 여러 사람과 같이 있는 듯해야 한다)'를 들 수 있으며 이는 愼의 重要함을 강조함으로써이다.

14) 구약성서 출애굽기 제 7장 14절-11장 21절 사이에 '1)물이 피가 되다, 2)개구리가 올라오다, 3)티끌이 이가되다, 4)파리가 가득하다, 5)가축의 죽음, 6)악성 종기가 생기다, 7)우박이 내리다, 8)메뚜기가 땅을 덮다, 9)흑암이 땅에 있다, 10)처음 난 것의 죽음을 경고하다.'의 모세가 60만 이집트인의 노예인 유대들을 이집트 밖으로 빠져나가기 위한 10가지의 재앙들이 언급되고 있다. 이들은 네덜란드 라이덴 소재 국립고대박물관 소장의 이프웨르 파피루스(Leiden Papyrus 344, Ipuwer Papyrus Berlin Museum 3024), 石筍의 연대별 기후변화, 기원전 1628년에 일어난 테라/산토리니의 화산폭발과 동남향 700㎞ 떨어진 이집트 아바리스 유적 출토 浮石(凍石, steatite)과의 연관성, 프톨레미 왕조(기원전 304년-기원전 30년) 때 그리스인과 이집트인의 혼혈인 제사장 마네토(Manetho, 기원전 270년)가 쓴 글 중에 나오는 힉소스인(야훼라는 유일신을 믿는 샘/Semitic language어족)의 이집트 침공과 추방에 관한 여러 가지 학설들로 언급되고 있는데 현재로서는 모두 가설에 불과하다. 그리고 최근에는 당시의 급격한 기후변화와 오랜 시간에 걸친 경험의 축적 등이 출애굽기의 배경으로 언급되기도 한다. 그리고 이스라엘인들은 출애굽시 잡족(雜族)으로 출발해 야훼(YHW/YHWH, 여호와)라는 신의 도움으로 해방되어 유일신을 믿는 선민(選民)으로 이스라엘 민족의 정체성을 찾아간 것으로 보인다.

려오고, 또 十誡命의 석판을 받은 시나이 산은 현재 사우디아라비아의 제벨 엘 로즈(Jebel el-Raws)로 추정되고 있다. 아브라함과 그의 아들인 이삭과 이스마엘의 출생은 레반트 지역의 청동기시대 중기에서 말기 사이인 기원전 17세기경 전후인 것으로 보인다. 최근에는 구약성경에 나오는 모세라고 추정되는 미라가 시나이 반도 시나이 산에서 완벽한 미라 상태로 발견된 적 있다. 이 미라는 영국의 고고학자들에 의해서 모세가 신으로부터 십계명을 받았다고 하는 해발 2,250m의 시나이 산(구약에는 시내 산이라고 나온다)의 지하무덤에서 발견되었다. 미라가 놓여진 무덤에는 히브리어가 써진 돌판이 놓여 있었는데, 그 내용은 "모세, 사악한 파라오를 멸망시키고 동포들을 벗어나도록 이끌었던 용감한 지도자이며 신의 메신저"라고 되어 있다. 미라의 모습이 당시 히브리인의 모습과 유사하고 석판의 히브리어도 유사하여 모세의 무덤이라 추정되나 아직 인정하기는 어렵다. 또 몇 년 전에는 실제로 파라오의 미라 중에서 하나가 물에 익사한 흔적이 있어, 모세가 홍해를 건너는 도중에 뒤따르던 파라오가 익사했다는 기록을 뒷받침한다고 이야기된 적도 있다.

또한, 흥미 있는 것은 출애굽기 수세기 이전에 쓰여졌을 것으로 추측되는 Ahmose I세(기원전 1550년-기원전 1525년, 18왕조 초대 파라오) 때 만들어진 Ipuwer Papyrus[The Admonitions of Ipuwer/The Dialogue of Ipuwer and the Lord of All. 네덜란드 라이덴 소재 국립고대박물관/the Dutch National Museum of Antiquities in Leiden 소장/Leiden Papyrus 344, Ipuwer Papyrus Berlin Museum 3024] 등의 기록에서 이집트인들이 기원전 1628년

---

15) 이 피-라메시스(피-라미스, 기원전 1279년-기원전 1078년 존속) 도시는 람세스 II세(기원전 1279년-기원전 1213년 재위)가 새로이 확충한 군사요새 도시로, 서기 1930년 불란서 고고학지 피에르 몬테(Pierre Monte)가 타니스(Tanis)에서 발견하였다고 발표되었다. 그러나 이 도시는 서기 1960년대 호주인 만프레드 비탁(Manfred Bietak)이 나일강 하류 델타의 동쪽 끝 칸티르(Qantir)에서 발견하고 비탁과 독일의 에드가 푸쉬(Edgar Push)에 의해 서기 1980년에 발굴되었다. 앞서 발견된 타니스의 유적은 람세스 II세의 사후 150년 후 나일강 지류가 타니틱(Tanitic)으로 바뀌어 새로 옮긴 도시임이 밝혀졌다. 칸티르 유적에서는 청동제 재갈, 말 화장실을 포함하는 말 460마리를 수용하는 마구간, 전차 바퀴의 멍에와 돌로 만든 나사, 전차 보관용 설비시설과 아울러 궁전과 신전 등의 위치가 확인되었다.

(또는 기원전 1644년)에 일어났던 크레테 섬의 북쪽 70마일(약 160㎞) 떨어진 곳에 위치하고 있는 테라(산토리니) 섬의 화산폭발의 재해로 구원의 손길을 바랬던 크레테(Crete)인들을 '캪추(Kepchu)'라 부르고 있음도 확인되고 있다.[16] 이러한 역사적 배경을 가진 유태민족 이스라엘의 끈질긴 전통은 서기 70년 로마 베스파시아누스(Vespasianus) 황제(서기 69년–서기 79년 재위)의 아들인 티투스 장군(서기 79년–서기 81년 재위)에 의해 예루살렘이 함락당한 4년 후 對 로마항전이 벌어진 서기 73년 예루살렘에 파견된 로마의 지사 프라비우스 실바(Flavius Silva)의 10여 단에 의해 공격당하고 젤로트(Zealot)파 항전 대원 모두 자살로 마감한 死海 근처 마사다(Masada) 요새(이스라엘의 헤롯 왕에 의해 기원전 37년–기원전 31년에 축조)에서도 엿볼 수 있다. 또 서기 68년 로마군에 대항하여 반란을 일으키고(The Great Jewish Revolt/the First Jewish-Roman War, 서기 66년–서기 70년) 솔로몬 성전(Solomon's Temple)의 자파 성문(Jaffa Gate) 아래 수로(길이 40m, 높이 1.5m의 water canal)를 통해 시온산(Mt. Zion)으로 탈출한 다음 바로 사해지역[Dead Sea scroll, 기원전 408년–서기 318년경에 제작, 그곳에서 발견된 청동주화는 유대왕 히르카누스(John Hyrcanus, 기원전 135년–기원전 104년)에서 첫 번째의 유대–로마 간의 전쟁(서기 66년–서기 73년)까지 보여줌]의 쿰란(Qumran)으로 도피했던 에세네(Essenes), 젤로트

---

16) 또 구약성서 창세기에 나오는 하느님이 멸하신 사악한 악명이 높은 죄악의 도시(창세기 19장 12절–29절)인 소돔과 고모라(Sodom and Gomorrah)는 기원전 3123년 6월 29일 새벽 동트기 전(오전 4시경) 직경 1㎞ 정도 크기의 소행성 Phaeton(son of Helios) asteroid와 수천 개의 운석(별똥별)들이 오스트리아 알프스의 쾌휄스(Austrian alps at Köfels, 9800±100B.P.)와 死海지구를 포함하는 지중해 전역[400℃의 열로 백만㎢에 1,000ton의 TNT와 맞먹는 위력을 가지고 지구와 충돌함, 이와 같은 예로 서기 2013년 2월 15일(금) 러시아 우랄산맥 근처 췌랴야빈스크(Chelyabinsk) 시에 떨어진 운석에 1,000이 부상을 입은 사건을 들 수 있다]에 떨어져 이로 인해 불바다가 되었을 가능성을 Bristol University의 지구물리학자 Mark Hempsell와 Alan Bond 박사들은 이야기하고 있다. 이 사건은 Henry Layard 경이 서기 19세기 중반 니네베(Nineveh) 왕립도서관에서 발굴한 수메르의 천문학자들이 관찰해 기록한 것으로 생각되는 평면천체도(An Assyrian planisphere/star chart)를 기원전 700년경 앗시리아인들이 복사한 점토판문서의 새로운 해석에 의해 기원전 3123년에 일어난 것임을 알아내었다(Alan Bond·Mark Hempsell, 2008, A Sumerian Observation of the Köfels' Impact Event, London: WritersPrintShop, ISBN 978–1904623649, Fox News 2008년 3월 31일자).

(Zealot)파 등 4파에 의해 제작된 동판, 파피루스와 양피지 모두 972개의 두루마리에 필사된 1,500조각의 성경이 서기 1947년—서기 1956년 사이 11개의 동굴에서 발견됨으로써 당시의 狀況을 잘 말해주고 있다. 성경은 히부리어(Hebrew), 아람어(Aramaic), 그리스(Greek)와 나바테안(Nabataean)어로 쓰여졌지만 그중 히부리어 성경/Hebrew bible이 가장 오래되며 쿰란 제 1동굴에서 발견된 서기 100년—서기 150년경에 써진 '전쟁두루마리'는 지구 종말에 있을 에세네파를 대표하는 '빛의 아들들'과 로마 군사들을 상징한 '어둠의 아들들' 간의 전쟁을 예언한다. 이것은 지구 최후의 종말을 아마겟돈(Armageddon)으로 표현(요한 黙示錄/요한 啓示錄/The Apocalypse/The Revelation 16:16)에서는 나타난다. 이들은 한 종파에 의해 만들어진 것이 아니라 서기 1세기 로마의 지배하에 로마군에 대항하여 반란을 일으킨 여러 종파로 여겨진다.

구라파에는 신석기시대로 LBK(Linear Band Keramik) 문화가 있다. 유럽을 관통하는 다뉴브 강 이름을 따서 다뉴브 I 문화(Danubian I Culture)라고 불리는 이 문화는 유럽 중앙과 동부에서 기원전 5000년대부터 쉽게 경작할 수 있는 황토지대에 화전민식 농경(slash and burn agricultural cultivation)을 행하였고 또 서쪽으로 전파해 나갔는데, 이 문화에서 나타나고 있는 토기의 문양이 우리의 빗살무늬(櫛文/櫛目文)토기와 유사하여 "線土器文化(Linear Pottery culture)"라 한다. 이것의 獨譯이 'Kamm Keramik(comb pottery)'으로 번역하면 '櫛文(櫛目文)土器' 즉 우리말로는 빗살무늬토기이다. 일찍부터 이 문양의 토기들은 우리나라 신석기시대 빗살무늬토기의 기원과 관련지어 주목을 받아왔다. 이후에 "Corded ware(繩文土器文化, 東方文化複合體)"와 "Beaker cup culture"(비커컵 토기문화, 일본에서는 鐘狀杯로 번역함, 西方文化複合體)"가 유럽의 북부 독일지역과 남쪽 스페인에서부터 시작하여 유럽을 휩쓸었다. 그리고 스톤헨지의 축조의 마지막 시기는 기원전 2500년—기원전 2400년경으로, 이때 유럽 본토에서 기원전 2400년—기원전 2200년경 이곳으로 이주해온 비커컵 족들의 靑銅器와 冶金術의 소개로 인해 농업에 바탕을 두던 영국의 신석기시대의 종말이 도래하게 된 것이다(이후 Braitain→Saxon→Norman족의 유입으로 현재의 영국으로 형성이 됨). 이 시기를 民族移動期(기원전 3500년-기원전 2000년)라고 한다. 印歐語(인도-유러피안 언어)를 쓰며, 폴란드, 체코와 북부 독일의 비스툴라(Vistula)와 엘베(Elbe) 강 유역에 살던 繩文土器文化(Corded ware culture)에서 기원하여 기원전 2400년-기원전 2200년경 동쪽 유라시아 고원으로 들어가 쿠르간(kurgan) 봉토분을 형성하던 스키타이(Scythia)종족, 인더스 문명을 파괴한 아리안족(Aryan race)이나 남쪽으로 그리스에 들어간 아카이아(Achaea/Achaia, 아카이아인의 나라 아키야와 Akhkhyawa)나 도리아(Doria)족과 같은 일파로 생각된다. 그 이후 "Urnfield culture(火葬文化)"를 지난 다음 할슈타트(Hallstatt)와 라떼느(La Tène)의 철기문화가 이어졌다. 그 이후 이탈리아에서는 에트루스칸(Etruscan)에 이어 로마로, 그리고 서기 476년 9월 4일 게르만, 고트[동고트(Ostrogoth), 서고트(Visigoth)], 골, 훈(Hun, 서기 448년 아틸라 왕국을 세움), 반달(Vandal), 롬바르드(Lombard) 등의 異民族이 세력을 팽창해 서로마제국의 滅亡을 가져오게 된다. 여기에 아리안족(Aryan race)의 계통인 노르딕족(Nordic race)이 힛틀러(Adolf Hitler, 서기 1889년-서기 1945년)의 나치(Nazi) 정권 때 게르만족의 원형으로 여겨져 폴란드 아우슈비츠 수용소(Auschwitz Concentration Camp) 유태인 수용소의 경우처럼 나치에 의해 유태인 400만 명이 학살(Holocaust)된 사건도 덧붙일 수 있다. 즉 서기 1665년 칼뱅주의자인 이삭 페이레르의 인간의 다원발생설에서 유태인만이 아담의 자손이며 이외의 다른 인간들은 신의 미숙한 연습결과물이라는 견해를 언급하고 있다. 이에 반대하여 계몽주의자인 루소는 원시인들은 세계와 조화를 이루고 살아 유럽인들의 부러움을 살 정도의 "고귀한 야만인(the noble savage)들"이란 생각을 통해 이러한 선민사상을 불식시키려고 노력했다. 죠셉 아루트르 고비노(Count Joseph-Arthur Gobineau)는 문명을 창조하고 축복받은 10개의 민족을 선정하였는데, 중국, 이집트, 아시리아, 인도, 희랍, 로마, 멕시코, 페루, 알리게니 인디안[현 미국 미시시피 강 유역의 오하이오와 테네시 근처에 서기 1200년-서기 1700년 거대한 피라미드를 형성한 족장사회의 마운드빌 인디안을 칭함. Middle Woodland(기원전 100년-서기 300년) 또는 Burial Mound I(기원전 300년-서기 300년, Adena 문화)기 때인 기원전 300년-서기 300년 또는 기원전 200년-서기 500년경 사이에는 호프웰리안 通商圈인 Hopewellian Interaction Sphere/

Hopewellian Exchange System[17]이 존재함]과 게르만인을 포함시켰다. 불행하게도 어느 정도 이집트와 같은 흑인 햄족(Ham)의 피가 섞여 있다고 여겨지고 거대한 피라미드를 만들어내지 못한 유태인은 끼지 못하였다. 게르만인의 우월성을 언급한 고비노의 생각은 형질인류학자인 한스 귄터(Hans Günter)와 고고학자인 구스타프 코시나(Gustav Kossinna)에 이어져 더 상위 개념인 아리안족의 일파인 노르딕인의 순수혈통을 찾고 게르만족(German race)의 주거유형이 신석기시대까지 거슬러 올라간다고 고고학적으로 증명까지 하게 되었다. 노르딕인(Nordic race)이란 메디터레이니언(Mediterranean), 디나르(Dinaric, east of Alps, 옛 Yugoslavia 지역, 로마 당시의 스위스는 Helvetia로 불림), 알파인(Alpine)과 이스트 발틱(East Baltic)인들과 같이 유럽의 순수한 종족의 하나로 서로 간에 혼혈이 이루어진(pure and crossed), 스칸디나비아에 살며, 長頭, 키가 크고, 금발(blond)의 머리칼을 가진 백인종(Caucasoid)을 지칭한다. 이는 게르만민족 우월론으로 발전하게 되어 유태인의 대량학살을 불러오게 되었다. 특히 나치독일의 2인자인 하인리히 히믈러(Heinrich Himmler)가 그 주역을 담당하게

---

17) 미국 Middle Woodland(기원전 100년-서기 300년) 또는 Burial Mound I(기원전 300년-서기 300년, Adena 문화)기 때인 기원전 300년-서기 300년 또는 기원전 200년-서기 500년경에 나타나는 호프웰 전통/문화(Hopewell tradition, the "Hopewell culture")에서 "Hopewell"이란 명칭은 Warren K. Moorehead가 서기 1891년과 서기 1892년 Ohio 주 Ross County의 Hopewell Mound Group의 발굴조사 후 생겨났다. Hopewell 주민은 뉴욕 주 서부에서 기원하여 남쪽 오하이오 주로 이주해 그곳의 아데나(Adena) 전통의 묘제위에 문화를 접합시켰으며, 또는 그들은 일리노이즈 서부에서 기원하여 오하이오 주 남부와 미시간 주 서남쪽으로 가 Goodall Hopewell 문화를 형성하기도 하였다고 한다. 호프웰 문화는 기원전 200년경-서기기 500년경 미국 오하이오, 뉴욕과 미시시피주를 중심으로 번성했던 토착 인디언의 문화로 이들은 단순한 문화나 사회가 아니라 광범위 하게 퍼져있던 관계된 인디언들의 문화교류로 Joseph(Joe) Ralston Caldwell(서기 1916년-서기 1973년)은 이를 'Hopewellian Interaction Sphere/Hopewellian Exchange System'(通商圈)으로 불렀다. 이 통상권에서 알려진 교역품에는 목걸이, 뼈나 나무에 조각한 장식물, 장식된 의식용 토기, 귀마개(ear plug), 목걸이, 팔찌와 귀걸이 같은 장신구(pendants), 직물로 짠 깔개(mat)를 비롯하여 운모(mica), 곰 이빨, 바다거북 껍질, 상어 이빨, 구리와 은으로 만든 장식품, 진주와 담배 파이프(pipestone) 등 현지에서 구하기 힘든 外來品(exotic items)들도 포함된다.

되었다. 히틀러(Adolf Hitler)도 그가 권좌에 오르기 50년 전에 이미 사망한 심한 반유대주의적 사상(anti-Semitism)을 가졌던 바그너(Richard Wagner)의 글을 게르만민족의 순수혈통(Germanic racial purity)에 대한 이론 정립과정에서 많이 인용한 사실은 잘 알려져 있다. 민족의 우월성은 유전인자를 통한 신체적인 편차에 의해 가능하게 되지만, 그렇지 못한 경우 고고학적 유물이 이를 담당하게 된다.

또 이곳에서는 수메르에 이어 아카드(기원전 2325년), 바빌로니아(기원전 1830년-기원전 700년), 아시리아(기원전 1365년-기원전 558년)와 페르시아 제국(기원전 559년-기원전 331년, 아케메니드 왕조) 연이어 나타나 동양문명의 전통을 이어가고 있었으나, 마지막 페르시아 제국의 4대 다리우스 1세와 5대 크세르크세스 왕들이 그리스와 벌린 마라톤[기원전 490년, 이 전투에서 아테네의 승리를 이끈 테미스토클레스(Themistocles, 기원전 525년?-기원전 460년?) 장군의 휘하 페이디피데스(Pheidippides)란 連絡兵에 의해 勝戰消息이 전달되고 마라톤 경기의 기원이 됨], 사라미스(기원전 480년)와 프라타이아이(Plataea) 전투(기원전 479년)에서 패함으로 그 전통이 처음으로 서양에 넘어가게 된 것이다. 이란에는 메디

크세르크세스(기원전 510년-기원전 465년)의 황금 술잔
[국립중앙박물관회 강신애 교육사 제공 및 국립중앙박물관, 황금의 제국 페르시아전(2008), p.135]

춘천시 근화동 B지구에서 발굴된 사산왕조(서기 224년-652년)의 영향을 받은 서기 6세기-서기 7세기의 신라토기
(강원문화재연구소, 필자 촬영)

아(Medes, 기원전 708년-기원전 550년), 아케메니드(Achemenid, 기원전 559년-기원전 331년), 파르티아(Parthia, 기원전 247년-서기 224년)와 사산(Sassan, 서기 224년-서기 652년)의 네 왕조가 들어섰다. 아케메니드 왕조(기원전 559년-기원전 331년)는 키루스(Cyrus, 기원전 580년-기원전 530년: 바빌론의 포로인 이스라엘인들을 해방시켜 이스라엘인들로부터 신이 내린 왕 메시아로 불림)-키루스 2세-캄비세스(Cambyses) 2세-다리우스(Darius, 기원전 550년-기원전 486년)-크세르크세스(Xerxes, 기원전 510년-기원전 465년)-아르타크세르크세스(Artaxerxes, 기원전 465년-기원전 424년)-다리우스 3세(기원전 380년-기원전 330년)로 왕위를 계승하다가 다리우스 3세가 기원전 331년 10월 1일 가우가메라(Battle of Gaugamela/Battle of Arbela, 북부 이라크 모술의 동쪽) 전투에서 알렉산더대왕에게 패함으로써 마케도니아 제국(기원전 338년-기원전 146년)에 합병되었다. 이러한 역사를 도표로 간추려보면 다음과 같다.

기원전 3100년　수메르(Sumer) 문명 탄생(기원전 2004년 멸망)

　　　2600년　우르 제1왕조 탄생, 우르왕묘 건설

　　　2500년　쐐기형 문자사용

2370년/2325년　사르곤 왕의 아카드(Akkad) 왕국 탄생(샘어 Semitic language 사용)

　　　2060년　우르 3왕조 탄생(아바르기 왕의 부인 푸아비 또는 수바드 왕비릉 발견)

　　　　　　　리피트 이시타르법전이 만들어짐(기원전 1934년-기원전 1924년)

　　　1830년　바빌론(Babylin, 함무라비) 왕조 시작

　　　　　　　함무라비법전이 만들어짐(기원전 1792년-기원전 1750년 'eye for eye'란

　　　　　　　구절은 배면의 196조에 해당함)

　　　1500년　미타니(Mitanni) 왕국의 시작(기원전 1500년경-기원전 1370년경), 수도

　　　　　　　는 Wassu Kanni임, Hurri족, 인구어 사용

　　　1595년　힛타이트(Hittites) 제국의 시작

　　　1365년　우바리트 1세의 앗시리아(Assyria, 아슈르 샘어 사용) 왕국의 시작

1263/1262년경　모세의 출애굽기(Exodus)

11-10세기 사울-다비드(Saul-David, 기원전 1015년 골리앗을 이기고, 기원전 1000년 경 Edon, Moav, Ammon과 Aram을 무력으로 통합해 이스라엘 제국을 형성)-솔로몬(Solomon, 기원전 957년, The Holy Temple을 건립)의 순으로, 솔로몬 왕의 사후(기원전 920년) 이스라엘(Israe, 북, 수도는 사마리아 Samaria)과 유다(Judah, 남, 수도는 예루살렘 Jerusalem)로 분리되었다. 기원전 720년 앗시리아의 사르곤 2세(기원전 722년-기원전 705년 재위)가 사마리아를 공격하여 북 이스라엘의 사마리아인들을 포로로 데리고 갔다.

이디오피아의 악슈마이트(Axumite) 王國의 수도로 알려지고 있는 악슘은 기원전 약 10세기경(기원전 970년-기원전 930년) 성서에 나오는 David 왕의 아들로 기원전 957년 처음 예루살렘에 聖殿을 짓고 솔로몬의 지혜(Solomon's wisdom)로 유명한 Solomon 왕과 시바(Sheba 또는 Makeda, 기원전 1005년-기원전 955년 통치했다고 함) 여왕과의 전설적인 로맨스, 그리고 그들로부터 나온 아들인 메넬리크(Menelik) 1세에서부터 서기 1974년 폐위된 하일레 셀라시에(Haile Selassie, 서기 1891년-서기 1975년) 황제까지 다스려온 이디오피아(에티오피아) 기독교의 성지로 잘 알려져 있다. 솔로몬과 시바 여왕의 전설상 로맨스는 이어져 악슘의 서기 12세기-서기 13세기 초경 Zagwe 왕국의 Lalibela 왕이 바위를 깎아 만든 半豎穴 St. George at Lalibela 교회의 존재로서 입증이 될 듯하며, 이는 당시 이스라엘과 이디오피아의 악슈마이트 왕국 간의 교역까지도 示唆해주고 있는 듯하다.

700년 바빌론 시가지의 파괴

689년 센나케리브(Sennacherib, 기원전 704년-기원전 681년) 앗시리아 왕, 바빌론 침공, Nineveh 수도 확장

682년 느브갓드네자르(Nebchadnezzar, Nebuchardrezzar, Nabukuddurriusur,

기원전 605년-기원전 562년)가 Neo-Babylon을 세움. 기원전 586년 Jerusalem을 2회째 공격하여 유태인을 포로로 끌고감. 이들은 바빌로니아를 공격한 Persia의 Cyrus(기원전 559년-기원전 530년) 대왕에 의해 풀려나 고향으로 돌아감.

668년 아슈르 바니파르의 이집트(햄어 Hamitic language사용) 테베 시 공격

539년 신바빌로니아의 멸망

558년 페르시아(Persia, 인구어 사용) 아케메니드 왕조의 시작(기원전 559년 -기원전 331년까지)

521년 다리우스 1세에 의해 비소툰(베히스툰)비가 세워짐

490년 마라톤 전투(Pheidippides에 의한 마라톤경기의 기원)

480년 8월 스파르타 레오니다스 왕과 그의 부하 300명이 페르시아 크세르크세스 왕의 30만 대군의 진격을 테르모필레(Thermopylae) 협곡에서 저지하다 모두 전사함

480년 Artemesium 해협 해전, 사라미스(Salamis) 전투

479년 프라타이아이(Plataea) 전투

477년 델로스 동맹(Delian League, 기원전 477년 봄 아테네를 맹주로 173개의 도시국가들이 페르시아의 공격에 대비해 동맹을 맺음)

338년 마케도니아 왕국[케로니아(Chaironeia) 전투가 일어난 기원전 338년-기원전 146년]

331년 가우가메라(Gaugamela) 전투(10월 1일)에서 알렉산더 대왕에 의해 다리우스 3세가 패함, 수도 파사르가데(Pasargadae), 엑바탄(Ekbatan), 수사(Susa), 페르세폴리스(Persepolis)와 크세르크세스(Xerxes) 궁이 파괴됨

330년 다리우스 3세가 부하에 의해 암살당함

323년 알렉산더 대왕[기원전 356년-기원전 323년 6월 10일 Hellebore(헬레보레, 미나리아재비과 식물) 중독사함. 또는 학질/malaria에 걸려 사망하였다는 설도

있다.]

327년　마케도니아(알렉산더 대왕)의 침입: 간다라(Gandhara, 현 페샤와르) 지역에 그리스 미술양식의 보급. 간다라 미술양식(Gandhara, 기원전 304년–기원전 30년)의 탄생. 기원전 323년 알렉산더 대왕(기원전 356년–기원전 323년)의 病死후 부하장군인 셀레우코스 니카도(Seleucus Nikado)에 의해 셀레우시드 왕조성립(기원전 304년–기원전 65년). 그리스계 박트리아 왕국에 의해 인더스 남쪽 파키스탄의 페샤와르(Peshawar), 탁실라와 마니키알라 지역에까지 헬레니즘 문화의 전파. 헬레니즘 시대(The Hellenistic Age, 기원전 304년–기원전 30년) 형성으로 세속적이고 국제적인 문화를 형성한다. 마그나 그레샤(Magna-Graecia, 기원전 600년–기원전 500년경 남부 이탈리아의 그리스 식민지), 마케도니아 왕국[케로니아(Chaironeia) 전투가 일어난 기원전 338년–기원전 146년], 헬레니즘 시대(The Hellenistic Age, 기원전 304년–기원전 30년), 그레코-로만(Graeco-Roman, 기원전 146년–서기 14년), 팍스 로마나(Pax-Romana, 로마의 지배에 의한 평화)란 말은 그리스-로마 초기의 중요한 문화사적 의미를 지닌다.

304년　프톨레마이오스 왕국(기원전 304년–기원전 30년)

31년　안토니우스(클레오파트라와의 연합)와 옥타비아누스(아우구스투스 대제, 기원전 27년–서기 14년)와의 악티움 해전(9월 2일)

서기　70년　베스파시아누스(Vesapasianus)의 아들인 로마의 티투스(Titus, 서기 79년–서기 81년 재위) 장군의 예루살렘 함락. The Holy Temple은 기원전 957년 Solomon 왕이 건립, 서기 70년 로마군에 의해 파괴됨. 성전에서 황금의 촛대, 탁자와 은제 나팔의 聖物과 이스라엘의 보물들이 카이사리아 항구에서 로마로 옮겨지고 서기 80년 완공된 콜로세움 경기장도 이때 가져온 이스라엘의 전리품으로 완공되었다. 이러한 내용이 티투스 개선문에 기록으로 새겨져 있음.

서기 224년 아케메니드(기원전 559년-기원전 331년)와 파르티안 왕조(기원전 247
년-서기 224년)를 거쳐 사산 왕조 시작(서기 224년-서기 651년)

서기 324년 11월 8일(일) 콘스탄티노폴리스(Constantinopolis)의 건설을 시작
해 6년 뒤인 서기 330년 5월 11일 완공을 봄

395년 동·서로마 제국 분리

571년 마호메트 탄생(서기 571년-서기 632년, 62세), 서기 651년 7대 칼리
프 오스만의 코란(Koran, Qur'an, Quran)편찬위원회에서 오늘날
의 코란 경전이 완성됨

300년-1453년 동로마 제국(Byzantine Empire: 동로마제국은 서기 1453년 5
월 29일 아랍 투르크족인 오스만 투르크/오토만 투르크의 술
탄인 메메트 II세가 고용한 항가리 출신의 기술자가 만든 우르
반 대포의 위력으로 테오도시안 성벽[Theodosian(서기 408년-서기
450년) Walls of Constantinople, 서기 413년 완공]이 파괴되어 굴복하였
으며 당시 동로마제국은 콘스탄티누스 XI세 때였다.

800년-1806년 신성로마제국[서기 800년 12월 25일-서기 1806년 8월 6일, 샤를마뉴 1세
(Charlemagne/Charles the Great, 서기 742년 4월 2일-서기 814년 1월 28일),
Holy Roman Emperor]

1299년-1922년 오스만 투르크/터키(Ottoman/Othman Empire, Osman Turk)

1977년 사담 후세인(Saddam Hussein) 이라크 대통령 취임(7월 17일)
이란의 경우 페르시아….사파비드 왕조(Safavid dynasty, 서기 1501
년-서기 1794년)-카쟈르(Qajar dynasty) 왕조(서기 1794년-서기 1925년)-
팔라비(Pahlavi dynasty) 왕조(서기 1925년-서기 1979년)→이슬람공화
국(호메니 Ayatollah Khomeini)-1대 대통령 바니샤(Abolhassan Ban-
isadr)→알리 라자이(Mohammad Ali Rajai)→카메네이(Ali Khamenei)
→라프산쟈니(Akbar Hashemi Rafsanjani)→모하메드 하타미(Mo-

hammad Khatami, 서기 1997년-서기 2005년 재위)→현 마흐무드 아마
디네쟈드(Mahmoud Ahmadinejad)→하산 로하니(Hassan Rohani) 대
통령으로 이어진다.

자그로스 산록의 비옥한 반월형지대(fertile crescent)의 초기의 농경단계를 지나
식량생산을 위한 정착단계에 이르면 점차 인구가 증가하게 되고 따라서 이에 따
른 관개농업이 필수적이 된다. 그것들은 고고학유적으로 움 다바기야(Umm
Dabaghiyah, 기원전 6500년-기원전 6000년)-하순나(Hassuna/Yarim-Tepw I/야림 테페 I, 기원
전 6000년-기원전 5250년)-사마라(Samarra/Tell es-Sawwan/텔 에스 사완, 기원전 5500년)-하라
프(Halaf/Yarim-Tepe II/야림 테페 II, 기원전 5500년-기원전 4700년)-우바이드(Ubaid, 기원전
4500년-기원전 3500년)-우르크(Uruk, 기원전 3500년-기원전 3100년)의 여러 단계를 지나 수
메르 문명기인 젬데트 나스르기(Jemdet Nasr, 기원전 3100년-기원전 2900년)[18]가 된다. 이
때가 되면 주거단위가 마을(village)-읍(town)-도시(city)의 순으로 발전해 도시를 중
심으로 하는 소규모의 도시국가들이 급격히 증가한다. 이것을 우리나라의 경우

---

18) 티그리스 강 상류 이락(Al Hasakah Governorate)과 터키의 경계인 시리아 동북쪽의 자지라
(Jazira) 지역에 위치한 텔 하무카르(Tell Hamoukar) 유적은 세계에서 가장 오래된 도시로 기
원전 4000년경 문명의 요람이나 도시의 심장으로 불리우는 메소포타미아 남부 우르(Ur), 우
바이드(Ubaid)나 우르크(Uruk)보다 더 앞서고 문자의 발생 이전에 나타난 도시의 규모와 조
직적인 구조를 갖춘 것으로 생각된다. 하무키르 유적의 발견은 노동의 전문화, 법과 정부제
도와 예술적 발전을 포함하는 도시의 개념을 넘어 더 일찍 도시로 발전해온 것 같다. 발굴은
시리아와 미국의 공동발굴팀(The Oriental Institute of the University of Chicago과 the
Syrian Directorate General of Antiquities)이 서기 1999년 이래 발굴해왔고 서기 2005년과 서
기 2006년의 발굴에서 기원전 3500년경 이 도시가 외부의 공격(초기 도시 간의 전쟁, 또는 자
연적 핵폭발)에 의해 파괴되었음을 보여주었다. 서기 2008년과 서기 2010년 계속된 확대 발
굴에서 雪花石膏[alabaster, gypsum(a hydrous sulfate of calcium), calcite, a carbonate of
calcium, onyx-marble, Egyptian alabaster, Oriental alabaster로 지질학적 용어로 stalagmitic
limestone로 불림, CaSO₄·2H₂O)나 뼈로 만들어진 눈 偶像神(Eye Idols)도 발견되었다. 이와
같은 것은 시리아의 후기 금속병용기시대(Syria's Late Eneolithic/Chalcolithic ag)에 속하는
최대의 주거지인 텔 브라크(Tell Brak)유적에서도 발견되었다.

에 대입해보면 삼국시대 전기(철기시대 후기, 서기 1년-서기 300년)의 경우이기는 하지만 邑落, 大邑, 國邑 등의 용어로도 표현될 수 있겠다. 토기는 기원전 7000년 간지다레(Ganj Dareh) 유적에서, 그리고 최초의 금속은 이미 샤니다르(Shanidar, 기원전 8700년), 챠이외뉘(Çayönü Tepesei, 기원전 7200년), 알리 코쉬(Ali Kosh, 기원전 6500년), 촤탈 휘윅(Çatal Hüyük, 기원전 6500년-기원전 5650년), 하순나(Hassuna, 기원전 6000년-기원전 5250년) 유적 등지에서 확인된다. 그리고 문자의 출현과 기념비적인 건물양식의 발달이 이루어진다. 구리에 아연, 주석이나 비소를 가해 청동기를 제작하는 복잡한 야금기술[유리 1712℃, 철 1525/1537℃, 구리 1083℃, 금 1063℃, 은 960℃, 주석 232℃, 납 327℃, 청동(bronze)은 950℃에서 용융됨], 인구증가에 따른 단위 소출량의 증가를 위한 관개농업의 시작, 사회계층과 직업의 분화에 따른 주요 공공건물의 건립이 눈에 띄게 이루어진다. 이것은 앞선 신석기시대의 농업혁명에 이은 청동기시대의 도시혁명이 일어났음을 말해준다. 왜 남부 메소포타미아 지방에 문명이 처음으로 일어났는지에 대한 해답은 없다. Leo Oppenheim처럼 지리적인 개방체제(open system)에서 찾기도 한다. 그러나 점진적으로 발전해 나오는 여러 가지 고고학적인 요소들이 이에 대한 답을 해주고 있다. 즉 수메르 문명 발전 직전의 단계로 이야기되는 우르크는 성서에 보이는 에레크로, 이곳에서는 지구라트라는 계단식 사원의 발생, 인장의 제작과 초기의 쐐기형(설형)문자가 나타나고 있다. 특히 사원은 신정정치를, 인장(cylinder seal)은 재화의 소유권(private property), 민족의 동질성(ethnic identity)과 아울러 무역관계(trade)를 입증해주고, 그리고 쐐기형 문자는 인부의 명단, 재화, 영수증의 거래와 소유주를 기록했던 기능을 보여준다. 다시 말하여 우르크는 당시 신앙의 중심지일 뿐만 아니라 농경에서 얻어지는 잉여생산물을 저장하는 창고시설을 바탕으로 하는 재분배경제의 행정중심지였다. 따라서 이러한 우르크기에서 점진적으로 발전해 나온 것이 젬데트 나스르의 수메르 문명이라 할 수 있다. 이곳은 현대세계가 본질적으로 경제로 구분되며, 매우 복잡한 세계적 분업을 특징으로 하여 결과적으로 지역적 편차를 가져오게 하는 월러스타인(Immanuel Wallerstein, 서기 1930년 9월 28일-현재)이 제기한 세계체계이론(world systems theory)의 틀을 적용해 볼 수 있는 무대도 될 수 있다. 즉 수사의 엘라마이트와 파키스탄 인더스 강 유역의 인더스 문명과 교역을 통하여 힘이 있고 기술적으로 발전한 근동지방의 중심지(core)역할을 수행한 것 같다. 로마의 토가(toga)나 세리카(sarica/serica, silken garments)로, 그리고 그리스의 긴 옷인 페프로스(peplos)와 비슷한 것으로 로마나 그리스의 先祖격인 양털로 만든 tug를 즐겨 입고, '인생의 기쁨 그 이름은 맥주, 인생의 슬픔 그 이름은 원정(遠征)'을 비롯해 '결혼은 기쁨, 이혼은 더한 기쁨, 소비는 미덕'이라고 점토판 문서에 남길 정도로 수메르인들은 인생을 즐기며 맥주(특히 맥아를 태워 만든 흑맥주)를 즐겨 마실 줄 알았던 것 같다. 그리고 수메르의 농부들의 집은 티그리스와 유프라테스 강이 만나는 하류지점 바스라 항구 가까이 늪지에 점점이 떠있는 조그만 섬 위에 갈대(marsh dwelling with reed-building mudhif)로 만든 마단(Ma'adan)이라는 갈대 집에서 생활하였던 것으로 추측된다. 이는 이집트 나일 강 하구의 水草로 형성된 케미스(Chemmis)라는 인공섬 호수 주변의 습지를 개간해 아즈텍 문명에서 보이는 치남파(Chinampa)와 미얀마/버마의 인레(Inle) 호수의 인따(Intha)족의 떠다니는 섬이라는 의미의 '쭌모'라는 수경농경방법과 같은 맥락에서 볼 수도 있다.

　설형문자의 해독은, 이란 케르만샤-하마단 길 옆 베히스툰 또는 비소툰(Bisotun, Behistun, Bisutun) 바위에 아케메니드 왕조의 3대 왕인 다리우스 대제(기원전 521년~기원전 486년 재위)에 의해 기원전 521년 반란을 진압하고 나서 그 내용을 설형문자인 엘라마이트, 바빌론과 옛 페르시아어가 부조의 형태로 새겨진 비가, 헨리 로린손(Rawlison, Lt. col. Henry Creswicke에 의해 서기 1835년~서기 1847년 조사)에 의해 판독됨으로 가능해졌다.[19] 이로써 메소포타미아 전역에서 발견되는 설형문자를 통해 그 연구

---

19) 그리고 그리스의 역사가 헤로도투스(Herodotus, 기원전 484년~기원전 425년경)에 의하면 다리우스 1세(기원전 522년~기원전 486년 재위)의 운하(Darius I's Canal)는 앞선 이집트 26왕조의 파라오인 Necho II세(Nekau, 기원전 610년~기원전 595년)의 계획을 완공시킨 것으로 당시 Greater Bitter Lake 호수 남쪽 이집트의 Shaluf(Chalouf) 마을 외곽의 Heroopolite Gulf와 홍해 사이에 나있던 실개천과 같은 물길을 확장해 당시 3단 櫓의 갤리선(galley)과 같은 노 젓는 두 척의 배인 트라이림(trireme)이 다닐 수 있을 정도의 폭을 가지고 한번 횡단하는데 4

의 실마리가 이루어지게 되었다.

수메르 문명은 이집트와 메소포타미아 동쪽의 중요한 지역들과 문화 접촉을 해온 국제화된 고고학적 증거를 보여준다. 또 원통형도장에 묘사된 종교와 세속적인 주제들은 동일하며, 야금술·예술·문자·관료체제에 있어 개혁이 아니라 점진적인 발전을 보여준다. 초기의 神政政治(theocracy)에서 君主 또는 世俗王權政治(secularism)로 접어들면서 수메르는 점차 국제화시대를 개막하고 현재의 이란 서남부에 중심을 둔 엘라마이트 문명(Elamite, 수도는 후일 아케메니드 왕조의 수도가 된 수사)과 활발한 접촉을 가졌다. 이는 엘라마이트 문명권에 속하는 이란 고원의 테페야야(Tepe Yahya), 시알크(Sialk), 사하리 속타(Shahr-i-sokta), 힛사르(Hisar) 등의 유적에서 젬데트 나스르의 도장이나 점토판 문서의 발견으로 입증된다. 또 당시 문서에 딜문(바레인: 아담과 이브가 등장하는 성서의 에덴동산으로 추정, 이라크의 쿠르나도 후보지 중의 하나임, 그리고 해수면 상승으로 지금은 페르시아 만(Persian Gulf)으로 된 바스라 항구 근처 바다 밑의 계곡설도 있음), 화이라카(Failaka, 아랍 에미리트의 Abu Dhabi 지역), 그리고 인더스의 마칸(Markan)과 멜루하(Meluha) 등이 나타나는 것으로 보아 수메르는 멀리 인더스 지역, 아라비아 해(Arabian Sea)와 페르시아 만(Persian Gulf, Strait Hormutz, Gulf of Oman)을 경유하는 해상무역(해상교역의 경우 현재의 바레인과 봄베이 시 북쪽 캄베이 만 위의 로탈과 카하하크라 강구의 돌라비라 항구 사이의 직무역임)과 함께 지상 교역을 하였는데, 교역의 증거품으로 녹니석(綠泥石)제 접시, 유리(청금석, lapis lazuli)와 홍옥수(carnelian) 등을 들 수 있다. 수메르 문명은 이집트와도 교역을 하였는데 기원전 3100년경 나콰다의 전 왕조 무덤에서 사냥, 동물을 잡아먹는 사자, 사자와 싸우는 영웅 등의 주제가 묘사된 메소포타미아 지방에서 유래된 유리제 인장과 메소포타미아 지역의 지구라트(ziggurat) 사원을 본뜬 제1왕조의 파라오인 아하(Aha) 왕의 마스타바식 무

일이 소요되었다고 한다. 다리우스왕은 운하의 완공을 기념해 Kabret와 수에즈 북쪽 수마일 떨어진 곳에 비를 세웠다. 살루프 비석(Shaluf stele)이라고 알려진 비는 서기 1866년 Charles de Lesseps에 의해 발견되었으며 비문은 페르시아 고어, 메디아, 아시리아와 이집트어로 쓰여졌음이 밝혀져 비소툰 비와 더불어 페르시아를 연구하는데 중요하다.

덤구조가 이를 입증한다. 특히 아비도스에 있는 아하 왕의 무덤에서는 송진과 뼈
조각이 묻은 천이 나와 이집트는 이때부터 미라제작이 시작된 것으로 보인다. 그
리고 레바논 지역으로부터 레바논 杉나무(Lebanon cedar tree)를 수입하여 배를 만들
거나 건축에 이용한 것은 이집트와 마찬가지이다.

 아무튼 수메르 문명은 세계 최초의 문명으로 티그리스와 유프라테스 강가에서
관개농업에 기반을 둔 메소포타미아 도시국가의 하나로, 엘라마이트(수사), 인더
스 그리고 이집트와 교역을 해나가면서 국제화하였다. 따라서 수메르 문명의 발
전은 청동기의 제작을 위한 구리나 주석과 같은 광물자원이 빈약한 메소포타미
아의 저지대의 약점을 극복하기 위해 관개농업으로 얻어진 잉여생산물인 보리,
밀, 직물과 건어물을 주위 산간지역과의 적극적인 교역에 의해 생겨난 결과로 보
아도 무방하다. 이러한 수메르 문명은 관개농업, 집약농경, 청동기제조와 야금
술, 바퀴달린 마차(전차), 축력의 이용과 재분배경제에 의해 밑받침된다. 또 그림
문자에서 발전한 쐐기형문자와, 아누(하늘신), 엔키(甘露神과 지혜의 신), 에닐(토지신),
아나(달의 신), 에안나(사랑의 신)와 같은 다신교(polythesism)의 만신전,[20] 초기의 제사

---

20) 國家(stste)와 帝國(empire)이 형성되어도 一神敎(monotheism)에 앞선 高等自然敎(多神敎,
 polotheism)단계가 성행하고 있었다. 수메르는 아누(하늘신), 엔키(甘露神과 지혜의 신), 에
 닐(토지신), 아나(달의 신), 에안나(사랑의 신), 로마제국은 쥬피터(제우스), 주노(헤라)와 미
 네르바(아테네), 넵춘(포세이돈), 율리시스(오디세이) 등과 같은 다신교(高等自然敎, polythe-
 sism)의 만신전의 모습을 보여준다. 로마제국의 종교는 서기 313년 기독교의 공인 이후 一神
 敎가 되었다. 비옥한 반월형지대의 신화(Fertile Crescent mythology)에서 나타나는 여러 신
 들과 명칭은 다음과 같다. 1)메소포타미아 지방 최초로부터 존재했던 신: Apsû와
 Tiamat·Lahmu와 Lahamu·Anshar 와 Kishar·Mummu, 2)布告된 일곱 분의 신: 가–네 분
 의 기본 신; Anu·Enlil·Ki·Enki 나–세 분의 하늘 신; Ishtar·Sin·Sama, 3)위대한 신들:
 Adad·Anunnaki·Asaruludu·Ashnan·Enbilulu·Enkimdu·Ereshkigal·Inanna·Lahar·Nan-
 she·Nergal·Nidaba·Ningal·Ninkasi·Ninlil·Ninsun·Ninurta와 그의 철퇴와 같은 權
 標·Nusku·Uttu, 4)신에 준하는 半神과 영웅들: Adapa·Enkidu·Enmerkar·Geshtinanna·Gil-
 gamesh·Lugalbanda·Shamhat·Siduri·Tammuz·Utnapishtim, 5)가. 善靈: 정령과 괴물–
 Humbaba·Kingu·Kishar·Mamitu·Siris·Zu 나 . 惡靈 –Asag·Edimmu·Hanbi·Kur·
 Lamashtu·Namtar·Pazuzu·Rabisu, 6)바빌로니아지방의 설화상의 신들: Enûma Eliš·Atra-

장이 다스리던 神政政治에서 군사력과 요새화된 도시를 배경으로 한 왕이 통치하는 후기의 世俗王權政治로의 점진적인 발전, 법에 의해 다스리는 왕의 존재, 그리고 에리두, 라가쉬, 우르크, 니푸르, 우르와 같은 도시 간의 끊임없는 경쟁, 무역을 통한 시장경제, 마지막으로 도시중심과 관개수로에 의한 교통망의 발전도 수메르 문명의 요소들인 것이다. 다시 말해 인구의 증가, 이에 따른 강과 주위 환경에의 적응과 개발, 기술의 발전과 생산, 무역, 종교, 정치와 같은 복잡한 사회조직의 발전 등이 세계 최초로 발생한 수메르 문명이 탄생하는 원인이 되었다.

또 기원전 2500년경 우르크를 지배했던 半人半神의 영웅인 길가메쉬(Gilgamesh) 왕의 폭정을 다스리기 위해 하늘신인 아누가 창조하여 지상에 내려 보낸 수소인 엔키두(Enkidu)와 길가메쉬와의 싸움 후 길가메쉬와 엔키두는 친구 겸 동료가 되어 삼나무 숲(Amanus)의 거인 훔바바(Humbaba)를 이기기 위해 함께 여행을 떠난다. 길가메쉬가 여신 이시타르(Ishtar)의 사랑을 무시했을 때 그녀는 엔키두를 죽임으로서 그를 벌한다. 길가메쉬는 不滅을 얻기 위해 死海를 넘어 우트나피시팀을 찾는다. 그는 해저에 자라는 불멸의 상징인 식물을 천신만고 끝에 손에 넣었으나 뱀에 의해 도난을 당하고 그가 영생을 얻지 못하는 인간이라는 것을 확인하게 된다. 그 결과 생과 사의 기로에서 지하세계의 무서움을 보여주는 아카드어로 써진 길가메쉬의 서사시[기원전 668년-기원전 727년에 아시리아를 통치했던 아슈르 바니팔 왕의 도서관에서 발견된 것으로 수메르의 "노아"인 바빌로니아 홍수의 생존자인 우트나피시팀(Utnapish-tim, Sumerian Noah)의 이름도 나옴]는 수메르 문명의 중요한 유산의 하나이다.

노아의 홍수설(The Noachian deluge/flood)과 方舟(Noah's ark)[창세기 5:28-10:32]의 기착지에 대해서는 터키의 동쪽 아라라트(Ararat) 산과 주위 산맥, 사이프러스 등 여러 가지 이견이 많다. 그러나 정해진 것은 없다. 최근 8,500-8,000년 전(기원전 6500년-6000년경) 시칠리 섬(Sicily)의 에트나 화산의 폭발로 일어난 쓰나미(津波, 津浪, 海嘯) 현상 때문에 이스라엘의 아틀리트 얌(Atlit-Yam, pre-pottery period, 기원전 6900년-기원

Hasis·Marduk와 Sarpanit·Agasaya·Bel·Kingu·Mami·Nabu, 7)기타 아라비아, 레반트와 근동지방의 신들

전 6300년)이라는 신석기시대의 마을이 물속에 잠기게 되고 그곳에 살던 노아가 方舟를 만들어 소(오록스), 양, 염소와 돼지 등 한 쌍씩 배에 실어 마지막으로 寄着한 한 곳이 사이프러스(Cyplus)의 파포스(Paphos)라고 주장하는 설도 있다. 파포스에서는 이런 동물 뼈가 나오는 당시의 우물과 제사장/주술사 역할을 하던 노아가 제사를 지내던 8,500년 전의 동굴 제사 터도 발견되고 있다고 주장한다. 이것은 또 성경에 나오는 노아의 방주설에 앞서 존재한 수메르의 창조설(Sumerian creation story)에 나오는 바빌로니아 홍수의 생존자인 우트나피시팀의 이야기의 傳承이라고도 한다.

서기 1927년-서기 1928년 영국의 고고학자인 레오나르드 울리 경(Woolley, Sir Leonard, 서기 1880년-서기 1960년)에 의해 발굴된 우르(Ur)를 비롯해 알 우바이드(Al'Ubaid), 에리두(Eridu), 와르카(Warka), 화라(Farah) 등지에서도 홍수와 관련된 층이 발견되기도 했다. 그러나 레오나르드 울리 경이 발굴한 가장 중요한 것은 적어도 80명 정도가 순장(관 옆 여자 종 2, 하프연주자 1, 썰매 옆 남자 2, 무덤 속 부인 10, 그리고 묘 입구에 보초 5명 등 현재 모두 74명이 순장된 것으로 확인됨)되고, 또 금·은과 여러 가지 보석으로 장식된 수의, 나무썰매, 하프, 머리장식과 금·은제의 용기들을 포함한 화려한 부장품이 출토되어 세인의 이목을 끈 기원전 2600년경의 아바르기(Abargi, 현 Muqaiyir 소재, 기원전 2600년경. 무덤의 번호는 RT 789로 부인인 푸아비 왕비 묘 아래 위치) 왕의 부인인 수바드(Shubad)로 알려진 푸아비(Pu-Abi, 기원전 2600년-2500년 경, Ur 제1왕조 왕비의 묘의 번호는 RT 800임) 왕비의 석실묘를 비롯한, 우르 왕립 공동묘지(기원전 2800년경부터 존속한 Royal Cemetery)이다. 이는 또한 수메르를 언급할 때 빼놓을 수 없는 귀중한 문화유산인 것이다.

그리고 수메르에서 페르시아까지의 메소포타미아 문명을 언급할 때 빼놓을 수 없는 것은 그들의 문명이 단절된 것이 아니라 현재까지 이어져 내려오고 있다는 것이다. 오늘날 영어권에서 쓰고 있는 暗殺을 의미하는 단어인 assassination의 어원은 서기 1090년 페르시아 Qazwin 동북 Alamut의 독수리 요새에 은거하면서 이란 외부로부터의 공격에 방어하는 모하메드파의 이스마일리안 비밀결사단체 "Hashshashin 또는 Soldiers"의 지도자인 올드멘(old man)과 그의 명령을 받는 아들인 하산 이븐 알 사바(Hasan ibn-al-Sabbah, 서기 1050년대-서기 1124년)가 만든 암살 단체에서 비롯된 것으로, 대마초와 같은 하시쉬라는 환각제를 미끼로 젊은 사람을 모아 서기 1095년 이후에는 십자군전쟁의 지도자를 암살하는 목적에 적극 이용하였다. 그것이 최근 오사마 빈 라덴과 알 카에다와 같은 이슬람 지도자들의 테러단체에까지 그 전통이 면면히 이어져 내려오는 것을 알 수 있다. 그러나 오늘날의 테러를 피하는 방법 중의 하나는 평화로운 협정조약이라고 할 수 있다. 십자군전쟁[Crusades: Crusade War, 9차 십자군전쟁(서기 1271년-서기 1272년) 이외에도 그리스도 국과 회교도국 간의 전투는 서기 1291년까지 이어짐]이 있었으나 실제 예루살렘을 확보한 기간은 서기 1099년-서기 1187년(제1차 십자군원정: 서기 1095년-서기 1099년, 제2차 십자군 원정: 서기 1147년-서기 1149년, 제3차 십자군원정: 서기 1187년-서기 1192년)과 서기 1229년- 서기 1244년(6차 십자군원정: 서기 1228년-서기 1229년)의 두 번이었다. 이 6차 십자군원 정은 전쟁 없이 이루어진 것으로 시칠리아(Cicily) 출신이며 神聖로마제국의 황제 인 프레드리히 II세(Fredirick II of Hohenstaufen, King of Italy, Emperor of Holy Roman Empire, King of Jerusalem, 서기 1194년 12월 26일-서기 1250년 12월 13일)와 이집트 카이로에 중심을 둔 알 카밀(Al-Kamil) 술탄 간에 서기 1229년 2월 18일 맺은 평화협정조약의 결과 였다. 프레드리히 II세는 예루살렘, 나자레, 베들레헴의 기독교 聖地를 평화적으로 회복함과 더불어 마호메트(서기 571년-서기 632년, 62세)가 50세 때인 서기 621년 가브리엘 천사의 안내로 昇天하여 아브라함(Abraham)과 모세(Moses)를 만나고 나서 이슬람회교권 내에서도 메카·메디나에 이어 3대 聖殿의 하나로 여겨진 예루살렘 바위 돔 성전(서기 691년 우마야드 칼리프 Umayyad Caliph Abd al-Malik ibn Marwan에 의해 완 공, Dome of the Rock, Al-Aqsa Mosque)도 그대로 보존하여 기독교와 이스람교의 평화로운 共存을 이루어냈다. 그러나 그 기간은 15년에 불과했다. 프레드리히 II세는 서기 1227년 비록 바티칸 교황 그레고리 9세(Pope Gregory IX)에 의해 파문당했으나 2년 후인 서기 1229년 평화조약을 체결하였다. 이 십자군전쟁은 서기 2000년 3월 12일에 이르러서야 교황 요한 바오르(Pope John Paul II) 2세가 과거 십자군의 침략과 학살행위 등에 대해 사과하는 것으로 매듭지었다. 이 십자군전쟁은 서기 2000년 3월 12일에 이르러서야 교황 요한 바오르(Pope John Paul II) 2세가 과거 십자군의 침략과 학살행위 등에 대해 사과하는 것으로 매듭지었다. 그러나 서기 2001년 9월 11일(화) 뉴욕의 무역센터(파괴된 The World Trade Center의 유적은 Ground Zero로 불림)가 오사마 빈 라덴과 알 카에다와 같은 이슬람 지도자들의 테러단체에 의해 파괴되는 등 그 전통이 면면히 이어져 내려오는 것을 알 수 있다. 그리고 수메르 문명의 멸망 원인 중의 하나는 기원전 2350년경부터 약 150년간 과다한 관개농업의 결과로 토양에 염분이 급증하고 地味가 枯渴되어 밀의 수확량이 40%나 감소된데 있다고 한다.

최몽룡

　1997　도시·문명·국가—고고학에의 접근—(대학교양총서 70), 서울: 서울대학교 출판부

　2000　고대메소포타미아 문명전에 부쳐, 고대메소포타미아 문명전, 서울: Space 2000

　2013　인류문명발달사에 나타난 聖과 俗의 몇 가지 사례, 남도사람들의 삶과 문화 Ⅱ, 목
　　　　포대 박물관, pp.15-41

文熹錫 編著

　1981　聖書考古學, 서울: 大韓基督敎書會

마르크 반 드 미에룹(김구원 옮김)

　2010　고대 근동 역사, 서울: 기독교문서선교회(CLC)

시안 존스(이준정·한건수 옮김)

　2008　민족주의와 고고학, 대구: 영남문화재연구원

아놀드 C. 브랙만(안경숙 옮김)

　1990　니네베발굴기, 서울: 대원사

프란체스카 로마나(김원욱 옮김)

　2007　이스람, 세계 10대 문명 시리즈(6권), 서울: 생각의 나무

안나 반잔(송대범 옮김)

　2007　페르시아, 세계 10대 문명 시리즈(7권), 서울: 생각의 나무

犬養道子(이원두 옮김)

　1997　성서이야기—구약편, 서울: 한길사

Adams, Richard E. W.

　1977　*Prehistoric Mesoamerica*, Boston: Little, Brown and Company

Anati, Emmanuel

　1963　*Palestine before the Hebrews*, London: Thirty Bedford Square

Andronicos, Manolis

　1978　Real Treasures from a Macedonian Tomb, Washington D.C.: *National
　　　　Geographic* vol.154, No.1, pp.54-77

Braidwood, Robert, J.

　1975　*Prehistoric Man*, Glenview: Scott, Foresman and Co.

Breasted, James Henry

　1966　*The Ancient Near East*, Boston: Ginn and Company

David & Ruth Whitehouse(藏持不三也 譯)

1975 *Archaeological Atlas of the World*, London: Thames and Hudson Ltd.

Frankfort, Henri

1956 *The Birth of Civilization in Near East*, New York: A Doubleday Anchor Book

Gimbutas Marija

1956 The Prehistory of Eastern Europe, American School of Prehistoric Research Peabody Museum, Harvard University Bulletin N.20, Massachusetts: Peabody Museum

Kitchen, Kenneth Anderson

2003 *On the Reliability of the Old Testament*. Grand Rapids and Cambridge: William B. Eerdmans Publishing Company.

Kristian, Kristiansen

2010 La diffusion préhistorique des langues indo-européennes: un modèle archéologique, Dijon: *Dossiers d'Archéologie* no.338 Mars/Avril, pp.36−43

Lamberg-Karlovsky, C.C. and Sabloff, Jeremy A.

1979 *Ancient Civilization−The Near East and Mesoamerica*, California: The Benjamin/Cummings Publishing company, Inc.

Kramer, Samuel noah

1959 *History Begins at Sumer*, New York: A Doubleday Anchor Book

Le Dosseur, Gaëlle

2012 L'émergence Nolithique au Proche−Orient, Dijon: *Dossiers d'Archéologie*, no.353 Septembre/Octobre, pp.14−23

Llyod, Seton

1978 *The Archaeology of Mesopotamia*, London: Thames and Hudson Ltd.

Marx, Karl

1875 "Critique of the Gotha Programme", Marx & Engels Selected Works, 3, Moscow: Progress Publishers, pp.13-30.

M.E. L. Mallowan

1965 *Early Mesopotamia and Iran*, New York: McGraw−Hill Book Company

Mellaart, James

1965 *Earliest Civilizations of the Near East*, New York: McGraw−Hill Book Company

1967 *Çatal Hüyük−A Neolithic Town in Anatolia−*, London: Camelot Press Ltd.

Oates, Joan

　　1979　*Babylon*, London: Thames and Hudson Ltd.

Oppenheim, A. Leo

　　1964　*Ancient Mespotamia*, Chicago: Chicago University Press

Reade, Julian

　　1983　*Assyrian Sculpture*, Cambridge: Harvard University Press

Roberts, David

　　1995　Age of Pyramids, National Geographic, Washington D.C.: *National Geographic*, vol.187, no.1, pp.1–43

H.W.F. Saggs

　　1962　*Babylon*, New York: A Mentor Book

Todd, Ian A.

　　1976　*Çatal Hüyük in Perspective*, California: Cummings Publishing Company Wright, G. Ernest and Freedman, David Noel ed.

Wallersteina1, Immanuel

　　1974　The Rise and Future Demise of the World Capitalist System: Concepts for Comparative Analysis, Comparative Studies in Society and History 16, pp.387–415

Wittfogel, Karl

　　1957　Oriental despotism; a comparative study of total power. New York: Random House. ISBN 978–0–394–74701–9.

Wright, G. Ernest and Freedman, David Noel ed.

　　1961　The Biblical Archaeologist Reader, New York: Doubleday & Company, Inc.

小川英雄 編集

　　1997　世界の大遺跡 3, 地中海アジアの古都, 東京: 講談社

増田精一 編集

　　1997　世界の大遺跡 4, メソポタミアとペルシア, 東京: 講談社

2. 이집트 문명

세계 4대 하천문명 혹은 관개문명의 하나인 이집트는 초기왕조의 제1왕조가 성립하는 기원전 3100년경에 문명이 시작되었다고 한다. 이집트 문명의 발생에는 아시아인의 침입, 나일 강가의 관개농업, 메소포타미아 지역과의 무역, 祭式과 행정 등이 그 원인으로 이야기된다. 그리고 페르디난드 브라우델(Ferdinand Braudel)이 언급한 지리적 획일성(geographical uniformity)나 개방적 환경(open system)에 기인하는 것으로도 보인다. 즉 이는 광활한 沖積平原(alluvial plains)에서 중앙집권화 된 국가가 탄생하였다는 이야기이다. 그러나 이집트 문명의 발생 전에 점차 증가하는 권력의 제도화, 부와 신분의 차이, 노동 전문화, 시장경제의 형성, 군사력의 증강, 귀족이나 상류층의 부와 지위의 강화, 도시국가의 발전 등이 눈에 띄게 두드러지는 현상도 간과해서는 안된다. 그리고 이집트 문명에는 파라오라는 神聖 王權·지리·정치적 통일과 상형문자체계의 발전이 가장 중요하다.

제1왕조의 파라오인 메네스(나머 혹은 전갈 왕)에 의해 나일 강의 상류(남쪽)와 하류(북쪽)에 독립해 있던 이집트의 통일(상·하 이집트의 통일은 기원전 2993년에 이루어졌다는 설도 있음)이 이루어졌다. 그리고 고대의 이집트인들은 사후의 세계를 믿었다. 冥府, 부활과 재생의 오시리스, 死者의 수호신이며 오시리스의 부인인 이시스, 그들의 아들인 호루스, 그리고 재칼 머리모양을 한 아비누스 신 등이 존재한다. Blue Nile 강의 상류인 이디오피아(에티오피아)의 3,500㎢ 넓이의 타나(Tana) 호수의 우기로 7·8·9·10월 4개월간 나일 강의 홍수와 범람, 그에 따른 풍요한 수확 그리고 가뭄이 이어지는 나일 강변 식량생산주기(Vegetation cycle)와 관련지어 인간·자연·초자연의 조화를 이들 신들이 대행한다고 보고 있다. Blue Nile 강에 대하여 중앙 아프리카의 Great Lake→탄자니아→빅토리아 호→우간다를 지나 Blue Nile 강과 함께 수단의 하르툼/Khartoum에서 합류하는 나일 강은 White Nile이라 부른다. 서기 1861년 리빙스턴(David Livingstone, 서기 1813년 3월 19일~서기 1873년 5월 1일)이 White Nile 강의 발원지를 발견했으며 당시 부간다/Buganda 왕국의 무테사/Mutesa I세의 도움을 받았다. 그리고 빅토리아 호에 처음 발을 들여놓았던 백인은 존 해닝 스페그(John Hanning Speke)였다. 매년 일어나는 나일 강의 홍수의 측정은 카이로의 로다 섬(Rhoda, 서기 861년까지 거슬러 올라감), 아스완의 악어신을 모신 콤옴보(Kom Ombo) 사원과 엘레판틴(Elephantine) 섬에 남아 있는 나일로메터(Nilometer)를 이용했을 것이다. 그래서 최근 고왕조(기원전 2686년~기원전 2181년: 3-6 왕조)의 멸망은 기원전 2200년경 이디오피아의 가뭄에 의한 나일 강의 범람중지로 비옥한 흑토가 형성되지 않아 농사가 망한 결과에 기인하는 것으로 해석되고 있다. 이시기의 가뭄은 북대서양의 대순환해류의 변동으로 이집트뿐만 아니라 이란, 팔레스타인과 북아프리카와 근동 전역에서 영향을 받은 것으로 보고 있다.

이집트 나일 강 하구의 水草로 형성된 케미스(Chemmis)라는 인공섬[수메르의 늪지에 점점이 떠있는 조그만 섬 위에 갈대로 만든 마단(Ma'adan)이라는 갈대집(marsh dwelling with reed-building mudhif), 호수 주변의 습지를 개간해 아즈텍 문명에서 보이는 치남파(Chinampa)와 버마의 Inle 호수의 Intha족의 '쭌모'라는 수경농경방법과 같은 맥락에서 만들어졌다]도 앞으로 고려의 대상이다.

그리고 미라화된 파라오가 피라미드 속에서 나일 강 범람직전 새벽에 떠올라 밝게 비추는 오리온좌[Orion belt; Betelgeuse, Rigel, Bellatrix, Meissa, Alnitak, Alnilam, Mintaka, Saiph 등으로 이루어져 있으며 그중 알니타크(Alnitak)를 오시리스 신으로 봄]의 허리띠를 이루는 Alnitak, Alnilam, Mintaka의 세별과 시리우스(Sirius. 1등성) 별의 도움으로 내세에서도 부활·재생은 이런 믿음과도 관련이 있기 때문이다.[21] 기원전

---

21) 이집트 수도 카이로 남쪽 800㎞, 아부 심벨(Abu Simbel) 서쪽 100㎞ 떨어진 누비아 사막(Nubian Desert) 한 가운데에서 고고학자 Fred Wendorf와 역사학자 Christopher Ehret(2003, University of Colorado at Boulder)가 발견한 나브타 플라야(Nabta Playa) 유적에서 기원전 9000년~기원전 7000년 당시 이곳에 살던 Subsaharan 기원 또는 Nilo-Saharan 언어계통을

2400년경의 파라오 테티 I세(Pyramid of Teti, 6왕조 Teti I세 기원전 2345년~기원전 2333년 BC)도 오리온좌의 별로 태어났다는 이야기도 있다. 이집트인은 死者는 비록 무덤 안에서 거처하지만 멀리 떨어진 축복받은 내세에서 여러 신들과 교류하면서 산다고 믿고 있었다. 이러한 생각은 당시 어떤 문명권에도 없었던 이집트인들만이 갖고 있던 독특한 사자에 대한 내세관이었다. 고대 이집트인들은 내세에서 신과 교류하며 살려면 자신의 시신은 땅 위에서 휴식처가 필요하다고 보았고, 따라서 시신을 썩지 않은 상태로 보존하려 하였다. 고왕조 피라미드의 축조도 우기에 일거리가 없던 백성들에 대한 사회복지대책과 더불어 미라의 보존을 위한 것이었다.

나일 강은 남쪽에서 북쪽으로 흐르고 바람은 북쪽에서 남쪽으로 분다. 이러한 기후 환경이 남쪽 상 이집트에 의한 상·하 이집트의 통일과도 무관하지 않다. 그래서 환경을 이집트 문명 발생의 중요한 원인의 하나로 삼기도 한다. 이것은 수메르와 거의 비슷한 시기에 이루어진 세계 두 번째 문명의 탄생이다. 이집트 문명의 탄생은 나일 강 유역의 관개농업과 수메르와의 장거리무역에 의존한다. 그러나 이 문명의 중요한 도읍지와 유적은 지중해 쪽 상류에서부터 나일 강을 따라 상류로 가면서 알렉산드리아, 로제타(Rosetta), 타니스(Tanis), 헬리오폴리스(Heliopolis), 기자(Giza), 아부시르(Abu sir),[22] 사카라(Saqqara), 멤피스(Memphis), 아마르나

가진 최초 유목민 흔적과 함께 기원전 5000년 선사시대 종교와 이집트 하토르(Hathor) 신의 상징인 소(cattle)를 숭배하던 증거가 나타난다. 천체를 알려주는 환상열석(stone circle)의 연대는 기원전 6270년경으로 기원전 6400년~기원전 4900년 사이에 이미 오리온 좌와의 관계가 환상열석에 보인다. 그리고 기원전 4500년~기원전 3600년 사이 좀 더 복잡해진 인류 최고 天文을 확인할 수 있는 구조들이 확인되었으며 이들은 Sirius(天狼星, Dog Star), Arctrus(大角星, 목동좌의 주성), Alpha Centauri(人馬座 중 가장 밝은 별, Rigel Kent), Belt of Orion(오리온성좌의 세 별)과 같은 방향을 하고 있다고 천체물리학자 Thomas G. Brophy와 P.A. Rosen(2005)이 언급하고 있다. 그 이유로는 거석, 비석(stele), 환상열석(cromlech), 사람과 가축의 무덤이 북쪽을 향하고 있다. 이는 피라미드의 배치와도 관련이 있을 것으로 추측된다. 고고학적 유적으로 보아도 지상과 지하 석조물, 앞서 구획된 마을, 일 년 내 물이 마르지 않는 깊은 샘도 발견되고 있어 이 시기 이웃 유적들보다는 좀 더 높은 수준의 조직적인 생활을 했던 것 같다.

22) 기자 옆 아부시르에서 기원전 2500년경 고왕조시대(기원전 2686년~기원전 2181년/3~6 왕조)

(Amarna), 아비도스(Abydos), 덴데라(Dendera), 테베(Thebes/Luxor/룩소르), 히에라콘폴리스(Hierakonpolis, 기원전 3000년/기원전 2993년의 상·하 이집트의 통일 왕 나머(Namer)의 정치적 기록인 石版이 발견된 첫 번째 도읍지), 아스완 댐 옆의 아부심벨까지 이른다. 현재에도 고고학적 유물이 뚜렷이 남아있는 이집트는 성벽이 있는 각 왕조의 도읍지를 비롯하여, 혈연이나 재산권과 같은 간단한 파피루스의 기록으로부터 출발하였던 기원전 3100년경의 초기 상형문자뿐만 아니라 신전, 피라미드, 미라, 서기 1799년 로제타 비석의 발견, 그리고 서기 1922년 투탕카멘 왕묘의 발굴에 이르기까지의 고고학 자료로도 유명하다.

수메르를 포함한 근동지방의 아카드, 바빌로니아, 아시리아와 페르시아 문명이 알려지기 전까지는 이집트 지역이 세계 여타 지역으로의 문화전파 기원지가 되었다. 특히 이곳이 유럽문명의 진원지로 주장되어 왔다.

고고학의 발달사는 진화론(evolutionism)→전파론(diffusionism)→수정전파론(modified diffusionism)→체계론(systems theory, 생태학의 접목: 고고학에 생태학을 접목시킨 학자로는 Willam Sanders, Julian Steward와 Leslie White를 들 수 있다)→신고고학(new archaeology)→후기과정고고학(post processual archaeology)의 순으로 이루어진다.

이러한 학설상 이집트는 진화론(Edward Tylor와 Henry Lewis Morgan이 대표적임: 인류의 진화는 savagery-barbarian-civilization의 순서로 이루어짐)의 뒤를 이은 문화전파론(해부학자인 Grafton Elliot Smith가 대표적임, 그의 제자들은 Taung baby와 Peking Man을 발견한 Raymond Dart와 Davidson Black임)과 수정전파론자(Vere Gordon Childe가 대표적임)들의 중요한 출발지가 되어왔던 것이다. 즉 이집트는 "태양의 아들" 또는 "태양거석문화"의 전파지로 불려왔다. 그러나 이것이 후일 "보정(수정) 방사성 탄소 연대"가 새로이 개발됨에 따라 전통적인 편년체계가 몰락하고 이에 따라 이집트 기원설이란 가설이 뒤집어지게 되었다.

중 4왕조 5대왕인 멘 살보(Men salvo/Mycerinus/Menkaure/Menkaura, 기원전 2532년-기원전 2503년) 왕의 딸 셔트 넵티(Nepty) 공주 무덤, 고위관리의 묘 4기와 조각상들이 새로이 발견되었다(이집트 유물 최고위원회, 서기 2012년 11월 2일, 금요일 공개).

죠서의 계단식 피라미드(충주대학교 백종오 교수 제공)

기자의 피라미드(충주대학교 백종오 교수 제공)

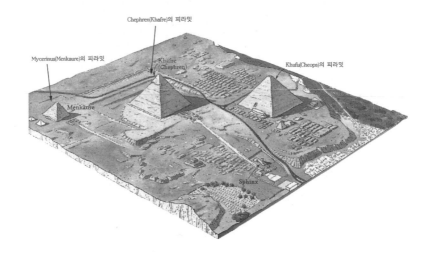

기자의 피라미드
(National Geographic Society Cartographic Division 1995년 1월의 Egypt's Nile Valley에서 인용)

체프렌의 스핑크스(충주대학교 백종오 교수 제공)

룩소르(테베)의 카르낙 신전(충주대학교 백종오 교수 제공)

핫셉수트 장제전(충주대학교 백종오 교수 제공)

핫쉡수트 장제전내 벽화(충주대학교 백종오 교수 제공)

테베 아멘호텝 3세 신전에 있는 멤논(Memnon) 거상(충주대학교 백종오 교수 제공)

이제까지는 기원전 2600년경에 처음 세워졌던 이집트의 피라미드(죠서 왕의 생몰연대는 기원전 2686년-기원전 2613년경으로 그의 피라미드는 기원전 2613년 전후에 세워진 것으로 추정됨)를 거석문화의 하나로 보고 이 거석문화에서 전파되어 유럽 거석문화가 형성되었다고 추정되어 왔다. 거석문화에는 지석묘(고인돌, dolmen), 입석(선돌, menhir), 환상열석(stone circle, 영국의 Stonehenge가 대표), 열석(alignment, 프랑스의 Carnac이 대표)과 집단묘[collective tomb/megalthic grave/long barrow: 가. 羨道<널길>가 있는 묘 passage grave(또는 access passage, 영국의 Maes Howe Chambered Barrow가 대표적임), 나. 연도가 없는 묘 gallery grave, 또는 allée couverte]의 크게 5종 여섯 가지 형태가 나타난다. 이들 거석문화의 대표적 예들은 영국의 에이브버리 스톤헨지(Avebury Stonehenge)과 콘월 포트홀(Cornwall Porthole, Men-An-Tol, the Crick Stone), 스웨덴의 선더홀름(Sonderholm), 스페인의 로스 미야레스(Los Millares), 英연방인 고조(Gozo) 섬의 간티자(Gian Tija/Ggantija/giant tower란 의미로 갠티에/쥬갠티제로 발음함)의 청동기시대의 두 개 사원, 말타(Malta, 몰타) 섬의 Hagar Quim(Hagar Quimand), 므나지드라(Mnajidra)와 타르시엔(Tarxien) 사원, 프랑스 Brittany의 Carnac, Locmariaquer, Morbihan, Dissignac, Gavrinis와 아일랜드의 Newgrange, Meath, Haroldtown, Punchtown, Knowth 등이다. 특히 말타(Malta, 몰타)와 이웃 고조(Gozo) 섬에는 다른 곳들의 거석문화와는 달리 특이한 3-6葉型의 반원형/抹角의 회랑(curved end as an apse)들을 가진 사원(temple)이 24개소나 있으며, 이들은 기원전 3500년-기원전 2500년에 속한다. 이들은 유럽의 거석문화를 연구하는 학자들로부터 거석문화의 하나로 불린다. 또 이들 사원들은 Minorca(Menorca), Majorca와 Ibiza 섬이 포함되는 스페인령 발레아레스 제도(Balearic islands)의 기원전 2000년경의 딸라요트(Talayot) 문화의 거석으로 축조된 사원들과도 비교된다.

그중 문화전파의 증거가 되었던 영국 월셔 솔리스버리에 있는 환상열석인 스톤헨지(Stonehenge)의 경우 스튜아트 피고트(Stuart Pigott)의 발굴 때 기원전 1900년, 그리고 그에 이은 리차드 에잇킨손(Richard J. C. Atkinson)의 발굴 자료의 방사성탄소연대는 기원전 2350년, 그리고 마지막 콜린 랜프류(Collin Renfrew)의 보(수)정방

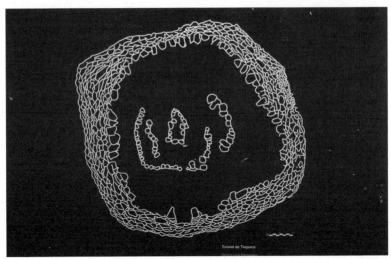

스페인 메노르카(Menorca) 섬의 딸라요트(Talayot) 문화의 거석분묘(경주문화재연구소 정태은 학예사 제공)

사성탄소연대는 기원전 2750년이 나와 이집트 죠서의 피라미드 축조연대보다 올라가는 것으로 밝혀졌다. 최근의 이 유적의 연대편년은,

  1기: 기원전 약 3100년경

  2기: 기원전 3000년경

  3-I기: 기원전 2600년경

  3-II기: 기원전 2600년-기원전 2400년

  3-III기·3-IV기: 기원전 2280년-기원전 1930년

으로 잡아가고 있다.

  三石塔의 지붕처럼 장부로 맞물린 스톤헨지를 구성하는 4ton 무게의 청석(sarsen stone)은 북서쪽 217㎞ 떨어진 웨일즈(Wales) 서부 펨브로크셔(Pembrokshire)의 북쪽에 위치한 프리셀리 고원(Preseli Hills/Mountains)에서 채석한 것으로 오크나무로 만든 통나무배로 운반되었다. 최근 이곳에서 북동쪽 460m 떨어진 에이본(Avon) 강

옆 덜링톤 월스 마을(Durrington Walls) 유적에서 기원전 2600년경(Stonehenge 3-II기는 이 유적의 중심연대로 기원전 2600년-기원전 2400년임) 스톤헨지의 축조자들이 살던 마을이 셰필드(Sheffield) 대학교 마이크 파커 피어슨(Mike Parker Pearson) 교수의 Stonehenge Riverside Project(최후의 것이 서기 2008년 8월 18일-9월 12일임)에 의해 발굴되었다. 그는 이 스톤헨지 유적에서 笏(홀)과 같은 기능을 가진 mace-head(棍棒頭/곤봉대가리)의 발견으로 이 유적이 기원전 3000년에서 기원전 2500년 사이 500년간 30-40세대에 걸쳐 약 2년에 한명 꼴로 매장해온 유력가족의 무덤[giant tombstones to the dead for centuries perhaps marking the cemetery of a ruling prehistoric dynasty: 살아 있는 권력자와 권력의 상징인 族長과 가족의 무덤]으로 사용되었다고 주장하기도 한다.

다시 말해 스톤헨지는 일 년 중 夏至(summer solstice, 6월 21일)가 있는 여름의 짧은 기간 동안 스톤헨지의 축조와 동지(12월 21일)의 축제로 모인 덜링톤 월스 마을의 현세의 생활과는 반대되는 '死者의 領域'으로 약 500년간 그 마을을 다스리던 족장의 화장된 무덤(서기 1922년 발굴 이후 모두 240구의 인골이 발견됨)이 된 조상숭배의 聖所로 여겨진다. 그리고 여기에서 조상에 대한 감사와 풍요의 기원, 그리고 결혼과 多産과 같은 통과의례 의식을 포괄하는 대규모의 夏至축제가 열렸다. 그리고 일 년에 두 번 스톤헨지를 축조하기 위해 신석기시대 부족민들이 전국 각지에서 모여 1,000여 호를 이루는 큰 마을인 덜링톤 월스 마을 근처에 있던 '산 사람의 영역'이며 도랑에서 발견된 괭이용 堀地具인 사슴뿔의 방사성탄소연대로 스톤헨지와 동시대에 축조된 것으로 밝혀진 우드헨지(woodhenge)와 에이본 강 옆에 마련된 제단에서는 죽음과 동지 때부터 나타나는 새로운 부활의 상징인 冬至(winter solstice)축제가 곁들여졌다고 추정된다. 이러한 축제는 9개월 된 돼지가 겨울에 집중적으로 도살된 증거로도 입증된다. 족장의 유골이 스톤헨지에 묻힌 것과는 달리 다른 일반 구성원들의 유골은 에이본 강 옆에 二次葬 터에 세워진 목제 틀 위에서 肉脫시킨 후 화장하여 강에 뿌리고 죽은 사람들의 영혼을 거두어 달라고 기도를 올린 것으로 추정된다.

또 덜링톤 월스 마을-에이본 강-스톤헨지에 이르는 코스 중 길이 27.4m, 폭

경북 漆谷 신동의 입석(경북기념물 29호, 필자 촬영)

중국 요령성 大連市 金州區 向應響 關家屯의 지석묘(필자 촬영)

13.8m의, 당시 축제장소인 스톤헨지로 가는 '축제용 도로'가 발견되어 당시의 葬祭와 冬至祝祭의 모습을 구체적으로 복원할 수 있게 되었다. 그리고 최근(서기 2009년 10월 6일자 보도) Blue Stonehenge라 불리는 제2의 스톤헨지가 현 스톤헨지에서 2마일 거리도 안 되는 곳인 에이본 강 서쪽 제방에서 발견되어 주목을 끌고 있다. 이 스톤헨지의 축조의 마지막 시기는 기원전 2500년-기원전 2400년경으로, 기원전 2400년-기원전 2200년경 유럽본토에서 이곳으로 이주해온 비커컵 족(Beaker cup culture, 비커컵 토기문화, 일본에서는 鐘狀杯로 번역함, 西方文化複合體)들의 青銅器와 冶金術의 소개로 인해 농업에 바탕을 두던 영국의 幾何學文(櫛文)의 토기를 사용하던 신석기시대의 종말이 도래하게 된 것이다. 신석기시대 동지축제 때 죽은 영혼이 살아가는 새로운 출발점으로 죽음과 찬양을 위해 세워진 스톤헨지는 비커컵 족이 가져온 청동기와 금속으로 새로운 시대를 맞으면서 동시에 신석기시대의 종말도 아울러 가져왔다. 이는 스톤헨지 동남쪽 3마일 떨어진 곳에서 발견된 35-45세 가량의 왼쪽다리의 異常(脛骨/tibia의 前顆間區 anterior intercondylar area)으로 평소 절름발이의 상태를 면치 못했던 높은 신분의 무덤이 발견됨으로써이다. 여기에서 비커컵 5점과 함께 청동제 칼 3점, 금으로 만들어진 머리장식 두 점 등 모두 100여점의 풍부한 유물이 출토하였으며, 주인공 뼈의 방사성탄소연대는 기원전 2400년-기원전 2200년으로 나오고 있다.

최근 스톤헨지나 最古의 同心圓文이 岩刻畵 형태로 남아 있는 아일랜드 Meath county의 뉴그렌지(Newgrange, passage grave with corbelled vault of the chamber, 기원전 3200년) 집단묘(직경 80m)는 夏至(summer soltice, 6월 21일), 冬至(winter soltice, 12월 21일)와 춘·추분(equinox, 3월 21일, 9월 23일) 중 특히 부활을 의미하는 동지와 밀접한 관련을 맺음이 밝혀졌다. 그리고 이 스톤헨지는 여성을 상징하는 달의 운행과 관련이 있는 구석기시대에서 남성을 상징하던 태양숭배의 신석기시대로 넘어오는 시대적·종교적 변화를 나타내는 태양과 달의 운행을 함께 숭배하던 종교적 聖所로 이해되고 있으며, 농경과 사유재산을 인정하는 청동기시대 초기까지 聖所로서의 역할을 하고 있었다. 이는 이 시기 유럽사회에서 발견되는 18.6년의 주기를 가진 황금뿔(golden horn) 표면의 달 주기표에서도 확인된다. 그리고 이제는 프랑스의 브리타뉴 지방의 거석기념물은 기원전 4000년 이전에, 그리고 영국과 덴마크의 것은 기원전 3000년으로 이집트의 것보다 적어도 3-4백년 이상 앞서 유럽의 거석문화가 독자적으로 형성되었음이 밝혀지고 있다. 아무튼 이집트 문명은 "이집트학"이 성립될 정도로 세계의 문명연구에 있어 중요성을 차지하고 있다.

이집트와 누비아 지역의 1,8000년 전의 후기구석기시대 나할 오렌(Nahal Oren) 유적으로부터 채집한 곡물의 흔적이 나오기 시작하여 아부 후라야(Abbu Huraya)와 와디 쿠바니아(Wadi Kubania) 유적 등에서 기원전 12,500년경에 이미 야생곡물을 베어 갈아먹던 흔적이 발견되기는 하지만, 가축을 사육하고 곡물을 재배하기 시작하는 것은 기원전 5000년경이다. 이것은 기원전 4500년 전의 북쪽 하 이집트의 메림데 근처의 파윰(Fayum) 문화로 대표된다. 그리고 기원전 3800년-기원전 3500년 엘 암라(El-Amra)와 나콰다(Naqada) 같은 비교적 짧은 시간에 걸쳐 존속했던 정착 주거 유적과 공동묘지로 대표되는 암라티안(Amratian/Naqada I) 문화, 기원전 3000년 초기부터 내려온 이집트 중부에 국한해 존재했던 바다리안 문화(Badarian culture), 상·하 이집트 전역에 걸쳐 꽤 오랫동안 존속했던 게르지안(Gerzian)의 세 문화가 순서를 이루어 이집트 왕조 형성 직전에 존재하였다. 기원전 3500년-기원전 3100년에 히에라콘폴리스(Hierakonpolis)와 멤피스를 중심으로 상 이집트(남부 나일 강 상류)와 하 이집트(북부 나일 강 하류)가 공존해 있었으나 기원전 3000년/기원전 2993년경 남쪽의 상 이집트의 파라오인 메네스에 의해 이들이 통일되어 이집트 역사상 첫 번째의 단일왕조가 형성되었다. 이집트인들은 햄語族으로 수메르-이스라엘의 샘語族과 페르시아의 印歐語族과는 다르다. 그래서 제1왕조의 수도는 남부 상 이집트의 아비도스로, 제2왕조 때는 북부 하 이집트의 멤피스로 옮겨진다. 이때부터 본격적인 이집트의 왕조가 시작된다. 이집트의 王朝史는 주로 기원전 3세기경 프톨레마이오스 왕조 때 그리스와 이집트인의 혼혈인 마네토(Manetho, 기원전 270년)라 불리는 사제에 의해 다시 작성된 왕들의 이름과 재위기간에 대한 기록, 그리고 이보다 1,000년 앞서 파피루스에 작성된 투린(토리노) 박물

프랑스 브리타뉴(Brittany) 카르낙(Carnac)의 연도(널길)있는 석실묘(passage grave, access passage, 경주문화재연구소 정태은 학예사 제공)

관에 소장된 투린 법전(Turin king list), Palemo(Palermo) stone(이집트 4왕조 첫 번째 왕 스네푸루/Snefru, 기원전 2480년의 기록)과 Thotmes III세(Thutmos, 기원전 1479년-기원전 1425년 재위)가 건립한 카르나크의 조상신전(Hall of Ancestors)에 주로 의존한다. 이 마네토 법전에는 기원전 1250년 19왕조에 관한 파피루스의 기록으로 이집트 통일 이전에서부터 신왕조에 이르는 파라오 전체의 이름이 나열되어 있다. 이집트의 왕조사는 아래와 같다.

초기왕조　기원전 3100년-기원전 2686년 / 1-2 왕조

고왕조　기원전 2686년-기원전 2181년 / 3-6 왕조

제 1 중간기　기원전 2181년- 기원전 2050년 / 7-11 왕조

중왕조　기원전 2050년-기원전 1786년 / 12-13 왕조

제 2 중간기　기원전 1786년-기원전 1567년 / 14-17 왕조

신왕조　기원전 1567년-기원전 1085년 / 18-20 왕조

말기왕조　기원전 1085년-기원전 332년 / 21-31 왕조

마케도니아 제국 시대　기원전 338년-기원전 146년

알렉산더 대왕(기원전 356년- 기원전 323년 6월 10일)의 다리우스 3세가 통치하던 페르시아 제국의 정벌과 수도인 파사르가데(Pasargadae)를 포함하여 Susa, Persepolis와 Xerxes를 점령

프톨레마이오스 왕조 시대　기원전 304년-기원전 30년, 기원전 31년 프톨레미 왕조의 마지막 왕인 클레오파트라가 안토니우스의 로마 제국과 연합하여 카이사르의 양자인 옥타비아누스(아우구스투스 황제)를 상대해 벌린 악티움 해전에서 패함(로마는 王政-共和政-帝政의 순으로 발전하며 옥타비아누스는 아우구스투스 황제로 되어 제정시대의 막을 열었다). 서기 391년 테오도시우스 황제의 신전을 비롯한 이교도신의 숭배금지령과 그에 이는 서기 571년 마호메트의 탄생 이후 형성된 이슬람제국의 침입으로 종전의 이집트문화는 사라지고 현재 곱트(Copt) 교회에 당시의 방언인 곱트어가 남아있음

로마통치시대　기원전 27년-서기 1453년(서로마 제국 기원전 30년-서기 476년 9월 4일, 서로마제국의 로물루스 아우구스투루스(Romulus Augustulus/Little Romulus Augustus) 황제가 공식적으로 퇴위함. 동로마 제국/Byzantine Empire은 서기 330년-서기 1453년임. 그리고 서기 395년 동·서로마 제국 분리.

오스만 투르크/터키(Ottoman/Othman Empire, Osman Turk)
서기 1299년-서기 1922년

프랑스·영국지배시대　서기 1798년-서기 1922년

이집트왕국　서기 1922년-서기 1952년

이집트공화국   서기 1955년 이후(Gamal Abdel Nasser, 서기 1958년-서
기 1970년 집권)

파라오는 왕과 신을 합한 전지전능한 고대 이집트의 지배자이다. 각각의 왕들
은 전체 모두 31왕조를 형성하였는데, 그중에서 이집트 역사상 가장 힘이 세고 발
전했던 시기는 고왕조(3-6 왕조), 중왕조(12-13 왕조), 신왕조(18-20 왕조) 때이다. 파라
오는 공식석상에서는 갈고리와 채찍의 형상을 한 王笏(曲笏/heka, 上이집트의 왕권의 상
징)과 穀竿(連枷/nekek, 下이집트의 왕권의 상징)으로 묘사된다. 그리고 기독교의 십자가
와 같은 형상의 앙크(ankh)는 상형문자로는 生命을 의미하며 미라와 함께 副葬되
어 死者의 來世의 復活을 표현하는 상징으로 자주 이용된다. 머리에 쓰는 관도 남
부 상 이집트의 린넨으로 만들어진 백관, 북부 하 이집트의 구리와 청동제의 홍
관, 그리고 신왕조 때부터 나타난 전투용 헬멧인 청관 등 셋이나 된다. 파라오시
대의 중요한 수도와 사원으로 유명한 곳으로는 누비아, 아스완 댐 근처에 있으며
람세스 II세(기원전 1279년-기원전 1213년 재위, 기원전 1250년경)에 의해 만들어진 아부 심
벨(Abu Simbel), 제 1왕조의 수도이며 미라로 대표되는 죽음의 신인 오시리스를 모
신 순례지인 아비도스(Abydos), 기원전 1365년경 파라오 아케나텐(투탕카멘의 아버지
이며 네페르티티의 남편인 아멘호텝 4세임)에 의해 수도로 건설된 아마르나(아크타톤, 아톤,
아툰), 제 11왕조의 멘투호텝 1세(기원전 2050년경)와 제 18왕조 아멘호텝 II세의 왕비
핫쉡수트의 葬祭殿(mortuary temple: 그녀의 연인이면서 건축가인 세넨무트/Senenmut/Sene-
mut에 의해 만들어짐)이 있는 테베의 데르 엘 바리(Deir el-Bahri, DB), 중왕조 시대에 건
설된 핫토르 사원의 덴데라, 나폴레옹의 원정 때 두 개의 사원이 보고되었으나
지금은 사라진 아스완 댐 북쪽에 위치한 엘레판틴과, 멤피스 시 북쪽 20㎞ 떨어
져 태양의 신인 라의 숭배중심지이며 피라미드와 토트메스 III세의 오벨리스크(현
재 런던에 있음)로 유명한 헬리오폴리스(카이로 교외 Heliopolis, Sun city) 등을 들 수 있다.
특히 람세스(Ramses/Ramesses) II세는 19왕조의 창시자인 람세스 1세와 아버지 세티
1세의 평민과 군인이라는 출신성분 때문에 전왕조의 파라오들과 같은 왕위계승

의 정당성에 집착하여, 자신이 왕으로서 지나친 업적의 선전에 웅장한 건물과 사원을 많이 지어 세력을 과시했던 것으로 여겨진다. 그리고 당시의 인구도 약 150만 명 정도로 추정된다. 그의 업적이 보이는 곳들은 아비도스(Abydos), 람세스의 신전(Rameseum), 룩소르(Luxor, Karnak 신전에서 2km 떨어짐. 스핑크스와 아스완 채석장에서 만든 높이 40m, 1,300ton의 붉은 화강암의 오벨리스크를 세웠음. 테베 룩소르에 있던 람세스 II세의 쌍둥이 오벨리스크 중 하나는 서기 1829년 이집트 총독 Mehmet Ali에 의해 기증받아 현재 파리의 콩코드/Concorde 광장에 세워져

이집트 고왕조 중 4왕조 체프렌(chepren/chefren) 또는 카프라(Khafra) 왕의 좌상(기원전 2558–기원전 2532년, 1.2m, 필자 촬영)

있다)의 카르낙(Luxor의 Karnak, 게벨 실실라(Jebel/Gebel Silsila/ Gulab) 채석장에서 사암을 채석하였는데, 석제의 가공에는 비소가 자연적으로 약간 섞인 구리 끌과 이가 없는 구리 톱이 모래와 함께 사용되었다)과 왕가의 골짜기 KV 5 및 KV 7무덤 등인데, 특히 아스완의 아부 심벨(Abu Simbel) 신전의 안벽에는 이집트의 수호신인 Ra Horakhty, Amun Ra와 Ptah와 함께 자신을 살아 있는 神으로 묘사하기도 했다. 이러한 작업들은 당시 분업으로 이루어졌는데 현 룩소르 서안(West Bank)에서 발견된 토트메스/투트모스(Thutmose) III세(기원전 1479년–기원전 1425년/기원전 1490년–기원전 1436년 재위)와 그의 아들인 Amenhetep/Amenhotep/Amenophis II세(기원전 1427년–기원전 1401년/기원전 1427년–기원전 1397년) 때 테베 시의 시장을 지냈던 레크미레(Rekhmire)의 무덤 내부에

서 발견된 벽화에서 확인할 수 있다. KV 5무덤은 카이로의 American University 대학교 켄트 웍스(Kent R. Weeks) 교수가 서기 1978년부터 시작한 Thebe mapping project(테베 왕묘의 지도화 계획)의 일환으로 새로이 발견된 람세스 II세의 무덤으로 만들어졌으나(람세스 II세 그는 KV 5에서 후일 KV 7무덤에 묻힘, 그리고 다시 DB 320으로 옮겨 감), 그 안에서 그가 죽기 전 앞서 죽은 아들 약 50명을 위한 확장된 약 200여 개의 묘실이 확인되었다. 이 무덤은 룩소르/Luxor 반대편 무덤을 만들던 인부들이 살던 "Set Maat"(The Place of Truth, 현재 행정상의 이름은 델 엘 메디나/Deir el-Medina/Medineh 임)마을에 위치하는 TT7(The Thebean Tomb 7)묘의 주인공이며 람세스 II세의 집권 초기 권리였던 라모세/Ramose(부인은 Mutemwia/Wia임)가 기원전 1274년경 건조하였던 것으로 추정되고 있다[죠서의 계단식 피라밋은 재무각료이자 건축가인 임호텝/Imhotep, 쿠푸(치옵)의 피라밋은 건축가 헤미우누/Hemiunu, 핫셉수트의 葬祭殿(mortuary temple)은 그녀의 연인이면서 건축가인 세넨무트/Senenmut에 의해 만들어졌다]. 그리고 아스완 채석장의 람세스 II세의 오벨리스크가 미완성인 채로 채석장에 그대로 있는 것으로도 유명한데.

그것은 아마도 요르단 암만(Amman)에 남아있는 비잔틴 시대 로마인들이 물 레바퀴를 이용한 기계톱으로 절단한 석재의 존재로 보아 당시 오벨리스크 나 대형 석재들이 어떻게 만들어졌는 지 알 수 있게 되었다. 그리고 암반의 石理를 찾아 그 위에 불을 지펴 430℃ 가량 데웠다가 찬물로 식혀 석리의 틈 을 갈라지게 하여 채석해내는 방법을 사용했음도 확인할 수 있다.

그리고 이집트에서는 여러 신전의 벽과 작품에 미인으로 알려진 왕비들 이 조각되어 있어 주목을 끈다. 그들

아멘호텝 4세의 부인 네페르티티(Berlin Altes 박물 관에서 1989년 6월 구입한 postcard)

은 18왕조 토트메스(Thothmes) 1세 딸로서 이복오빠인 토트메스 2세와 결혼한 후 병약하면서 戰死한 것으로 추정되는 2세 사후 양자로 들인 3세의 攝政기간 男裝으로 파라오에 즉위한 핫쉡수트(Hatshepsut, 핫세푸스트, 18왕조, 기원전 1503년-기원전 1482년 통치), 아멘호텝(또는 아케나텐/아크나톤) 4세의 부인인 네페르티티(18왕조, 기원전 1350년), 19왕조의 람세스 2세 부인 중의 한 명인 네페르타리, 그리고 프톨레마이오스 왕조 말 로마의 카이사르(Julius Caesar, 기원전 100년-기원전 44년 3월 15일)와 안토니우스 장군의 정부였던 클레오파트라 7세이다.

핫쉡수트(기원전 1503년-기원전 1482년 재위)의 미라는 하워드 카타(Howard Carter)가 서기 1903년 왕들의 계곡 60(KV 60)호 무덤에서 발견된 미라의 치아와 서기 1920년 DB 320에서 발견된 그녀의 이름이 새겨진 肝과 齒牙가 담겨져 있는 상자(canopic box)에 남겨진 齒牙(upper/maxilla right 1st molar)의 단층촬영(CT와 X-ray)과 DNA검사 결과가 일치함으로써 서기 2007년 6월 7일 이집트 정부에 의해 핫쉡수트의 것으로 공식 확인되었다. 그리고 독일 본 대학연구팀은 서기 2011년 8월 19일 그녀의 사인은 암이었을 가능성이 많으며 이는 그녀의 화장품에 발암물질이 섞여 있었기 때문으로 발표하고 있다. 핫쉡수트 사후 양자이며 후일 이집트의 나폴레옹이란 별칭을 얻게 된 토트메스 III세가 파라오의 자리를 계승하였으며 그 후 아멘호텝(Amenhotep) II세와 III세-아멘호텝 IV세(Akhenaten)-Tutankhamen으로 이어진다. 핫쉡수트는 생전 유전적인 피부병, 관절염, 골다공증, 치조농루(periodontal disease, periodontitis, 치근막염으로 추정) 등으로 고생했는데 死因은 치조농양(alveolar abscess)이었던 것으로 추정된다. 또 기원전 1274년 힛타이트의 무와타리 왕과 현 시리아의 오론테스 강 옆 카데슈에서 전쟁을 벌이고 기원전 1258년경 강화조약을 맺은 19왕조의 람세스 2세의 부인중의 하나인 네페르타리도 아부 심벨신전에 람세스 II세와 함께 조각되어 있다. 이집트 3대 미녀 중 잘 알려져 있는 클레오파트라는 파라오가 이끄는 전통적인 이집트 왕조의 후예가 아니라 마케도니아 제국의 알렉산더 대제가 기원전 323년 6월 10일 바빌론에서 헬레보레 중독(또는 학질/malaria에 걸려 사망)으로 인해 병사할 때 그의 부하장군으로 있던 안티고니드

(마케도니아 지역의 Antigonid Dynasty: 기원전 306년–서기 168년)와 셀레우코스 니카도(Se-leucus Nicado)의 셀레우시드 왕조(Seleusid Kingdom: 기원전 304년–기원전 65년) 이외의 알렉산더 프톨레미(Ptolemy Kingdom: 이집트의 고·중·신왕조를 이은 프톨레마이오스 왕조: 기원전 304년–기원전 30년, 헬레니즘과 같은 기간임)의 통치 하에 들어간 프톨레마이오스 왕조(기원전 304년–기원전 30년은 헬레니즘 기간과 같음) 말의 마지막 여왕 Queen Cleopatra VII세(기원전 69년–기원전 30년 8월 12일, 39세, 그리고 재위에 오르자 11살 된 동생 Ptolemy XIII Theos Philopator와 Ptolemy XIV세와 근친상간의 결혼을 함)이다. 그녀는 프톨레마이오스 13세 왕의 누이 겸 부인이지만 동생과의 권력투쟁에서 시리아로 추방되었었다. 그녀가 21세 때 로마공화정의 카이사르(가이어스 줄리어스 시저/Gaius Julius Caesar 기원전 100년/기원전 102년 7월 13일–기원전 44년 3월 15일)의 情婦가 되었다가(카이사르가 50세 때 21세의 클레오파트라를 만남. 둘 사이의 아들은 카이사리온/Caesarion Ptolemy XV Philopator Philome-tor Caesar임) 후일 카이사르가 암살당한 후 카이사르의 조카 겸 양자인 옥타비아누스(기원전 27년 로마의 초대 황제 Gaius Octavianus가 됨. 기원전 64년–서기 14년), 레피두스와 함께 삼두체제를 이루었던 마르쿠스 안토니우스의 정부 노릇도 하였다가 기원전 31년 9월 2일에 일어났던 옥타비아누스를 몰아내기 위한 음모인 악티움 해전에서의 패배로 인해 자살로 마감을 하였다. 그녀의 정치적 야망은 첫 번째 정부인 카이사르의 힘을 빌려 동생이자 첫 번째 남편인 프톨레미 13세를 익사하게, 그리고 두 번째 남편인 프톨레미 14세를 추정이지만 아코나이트(aconite poison) 독으로 살해하고, 마지막으로 그녀의 두 번째 정부가 된 안토니우스의 도움으로 기원전 41년 터키에페소스의 아르테미스(아르테미시온) 신전에 피신 중인 이복 여동생 아르시노에(Arsinoë IV 공주, C14 연대는 기원전 50년–기원전 20년, 15–18세로 죽음)까지 살해한 데서 잘 나타나고 있다. 아르시노에의 무덤은 최근 에페소스 시내 중심에 만들어진 파로스(Pharos) 등대를 닮은 팔각형태의 무덤(Tomb of Arsinoë는 서기 1926년 오스리아 과학원 힐케 튀르/Hilke Thür에 의해 확인됨)의 발굴에서도 확인된다. 이제까지 Queen Cleopatra VII세의 얼굴을 알아볼 수 있는 것은 알렉산드리아 Graeco-Roman Museum과 카이로 국립박물관 소장의 청동주화[23]가 유일한 것이나, 현재 그녀의

것으로 추정되는 석회암제의 두상이 알렉산드리아에서 발견되어 현 Graeco-Roman Museum에 소장되어 있다. 이것은 서기 1994년 국립카이로 博物館展 '古代 이집트 文明과 女王'의 일본전시에 출품되었다(高 80㎝, 日本 Pharaoh Committee, 1994, pp.42-43). 이 상은 銘文이 없어 그녀의 것으로 斷定짓지 못하지만 聖蛇 우라에우스(uraeus)를 조합한 冠, 이마의 聖蛇, 그리고 귀 뒤의 땋은 머리(券毛)로 볼 때 프톨레미 왕조의 王族을 조각했음이 틀림없다. 현재 남아있는 頭像의 높이가 80㎝로 원래의 크기는 3.5-4m에 이를 것으로 추정된다. 그래서 이를 女神 이시스의 彫像으로 추정하기도 한다. 그러나 모든 정황으로 보았을 때 Queen Cleopatra VII세를 모델로 조각한 것은 틀림없는 것 같다(표지 사진). 그리고 그녀가 머물던 궁전, 그 옆에 만들어진 무덤과 세라피움(serapium) 신전 등은 서기 365년 7월 27일 일어난 대지진으로 현재 알렉산드리아 항구 물밑으로 사라져버려 현재 각국의 고고학 탐사자들에 의해 확인·조사 중이다. 그리고 그녀의 무덤은 최근 알렉산드리아 시에서 서쪽으로 약 45㎞ 떨어진 아부시르에 있는 타포시리스 마그나 사원유적 지하에 情人 안토니우스 장군과 같이 매장된 것으로 추정되는 견해도 있다. 그리고 또한 클레오파트라의 死因은 푸르타크(Plutarch, 서기 46년?-126년?)에 의해 이야기되어 온 코브라 독사에 의한 자살이 아니라 기원전 31년 9월 2일에 일어난 악티움 해전에서 승리한 옥타비아누스(Octavian, 아우구스투스 대제)의 정치적 야심에 의한 타살설이 더 고개를 들고 있다. 다시 말해 기원전 30년 8월 12일 클레오파트라의 사후 역사가 푸르타크(Plutarch)를 통해 그녀는 코브라 독사에 의해 물려죽은 것으로 알려졌으나 옥타비아누스(후일 아우구스투스 황제)에 의한 타살일 가

---

23) 클레오파트라(기원전 69년생, 기원전 51년-기원전 30년 8월 12일 재위, 39세로 죽음)는 자신의 이름으로 처음에는 그리스어, 후에는 라틴어로 된 많은 주화를 발행했지만 상태가 좋지 않아 얼굴을 뚜렷이 알아 볼 수 있는 것이 드물다. 기원전 34년에 발행한 銀製鑄貨(silver denarius, 로마의 은화로 기원전 211년-서기 215년 카라칼라 황제 때 소개된 antoninianus로 대체됨), 기원전 34년 발행된 마크 안토니우스와 클레오파트라의 얼굴이 새겨진 은제주화(silver tetradrachm, 그리스의 은화로 기원전 510년-기원전 38년경 유통)와 기원전 47년 사이프러스/키프러스에서 발행한 청동주화가 좋은 예이다.

능성이 높은 것으로 알려졌다. 그리고 아스완 댐 근처 클레오파트라를 상징하는 이시스 신을 모신 필레(Phiale) 신전(Temple of Isis)과 근처 덴데라(Denderah) 사원 벽 왼쪽에 클레오파트라와 그녀의 후계자 프톨레미 15세로 묘사된 그녀의 정부인 카이사르와 클레오파트라 사이에서 태어난 카이사리온의 모습도 그녀의 생전 성격을 강하게 보여준다. 그녀의 아들이자 후일 프톨레미 15세가 될 이디오피아로 피신해 있던 카이사리온은 클레오파트라 사후 옥타비아누스가 보낸 추격병들에 의해 타살되었던 것으로 추정된다. 타살 당시 카이사리온의 나이는 14세였다. 아무튼 그녀가 코브라에 의한 자살이라고 해도 그녀 생전 카이사르와 안토니우스라는 情人을 만나는 극적 행동과 죽음에 대해서는 劇場/演劇性 성격장애/histrionic personality disorder로 인한 결과로 보는 견해가 많다. 이러한 역사적 배경으로 Magna Graecia(기원전 600년-기원전 500년), 마케도니아 제국(필립 II세의 케로니아 전투가 일어난 기원전 338년-기원전 146년), 헬레니즘(기원전 304년-기원전 30년, 이 기간에 파키스탄의 Peshawar 지방을 중심으로 Gandhara 미술이 새로이 생겨났다), 프톨레미 왕조(기원전 304년-기원전 30년), Graeco-Roman(기원전 146년-서기 14년)과 계속 이어지는 Pax-Romana(서기 14년-서기 476년)라는 문화사적 용어가 새로이 만들어지게 되었다.

하늘과 신에 좀 더 가까이 다가가기 위한 인간의 염원을 담은 피라미드는 파라오의 시신(미라 또는 머미)을 안치하기 위해 고대 이집트인들에 의해 만들어진 5면체의 기념물적인 무덤이다. 인류는 전 세계에서 하중을 지탱하고 안정적 구조를 유지하기 위해 마지막으로 물리적 법칙인 피라미드 구조를 만들어내게 되었다. 그 기원은 1·2의 선왕조 때 수메르 지역의 사원 건축물인 지구라트의 영향을 받아 벽돌로 만들어진 마스타바에 있다. 이것이 고왕조에 들어가서 석제로 정교하게 만들어지고 또 규모도 커졌다. 최근 펜실바니아 대학의 Matt Adams 교수팀에 의한 아비도스의 기원전 31세기경 제1왕조 2대 파라오인 아하(Hor-Aha) 왕의 마스타바(mastaba) 발굴에서 송진과 뼈 조각이 묻어있는 천 조각이 나와 1왕조 때부터 미라를 만들었음이 확인되고 있다. 그리고 무덤 곁에서는 35구의 인골이 발견되었으며, 이들은 모두 목의 頸椎에 刺殺이거나 絞殺의 흔적을 보이고 있어 당시 殉葬으로 묻힌 것으로 해석된다. 마스타바 무덤으로는 아비도스 소재 1왕조 제르(Zer)와 사카라 소재 제2왕조 니네제르(Ninezer)의 무덤도 추가로 확인되고 있다. 이 순장은 기원전 29세기에 들어와 없어지며 陶俑(Shawabti)과 같은 조각품으로 代替된다. 그래서 사카라에서 보이는 것처럼 제 3왕조의 두 번째 파라오인 죠서(Zoser/Djoser, 기원전 2687년-기원전 2667년 재위, 기원전 2687/2686년-기원전 2613년: 이것은 그의 재무각료이자 건축가인 임호텝/Imhotep에 의해 만들어짐)의 사카라(Saqqara)의 계단식 피라미드(한 변이 약 62m임)→4왕조 1대 스네프르의 메이둠(Maidum) 계단식 피라미드(step pyramid)→다슈르(Dashur)의 벤트 피라미드(bent pyramid, 각도는 하변이 55°와 상변은 43°임)→스네프르가 세 번째 세운 다슈르의 레드 피라미드(red pyramid, 각도는 45°)을 거쳐→오늘날의 전형적인 쿠푸(치옵, 건축가 헤미우누/Hemiunu), 제데프레, 체프렌, 미케리누스의 피라미드로 발전한다. 완성된 피라미드(각도는 52°임, 위에서 보면 四面體가 아니라 八面體로 확인됨)는 기자에서 보이는데 현재 모두 60여개로 쿠푸 왕의 헤테플레스/Hetepheres 왕비, 스네프르의 부인, 누이동생과 어머니의 소규모의 피라미드들을 포함한다. 제 4왕조의 파라오인 쿠푸(Khufu, 또는 치옵/그리스어로 케호프 Cheops), 체프렌(Chefren/Khafre, 여기에는 길이 70m, 높이 20m, 폭 4m의 스핑크스/Sphinx가 있음, 그러나 최근 이 스핑크스는 파라오를 계승한 쿠푸의 두 째 아들인 제데프레/Djedefre가 쿠푸의 대피라미드 앞에 묻힌 목조 배와 함께 만들었다는 설로 바뀌고 있음)과 미케리누스의 피라미드에 속한다. 3왕조에서 6왕조(기원전 2613년-기원전 2498년)에 이르는 고왕조 파라오(왕)의 순서는 Khasekhemuy(Zoser의 父, 2왕조의 마지막 왕)-3왕조 첫 번째 파라오 Sanakht(Zoser의 형)-Zoser(Djoser 기원전 2687년-기원전 2667년 재위, 기원전 2687/2686년-기원전 2613년)-4왕조 첫 번째 파라오 Snefru(기원전 2613년-기원전 2589년/기원전 2575년-기원전 2551년)-쿠푸[Khufu, 또는 치옵/케호프(Cheops), 기원전 2589년-기원전 2566년]-제데프레(Djedefre, 기원전 2566년-기원전 2558년 재위)-Chepren/Chefren(또는 Khafra, 기원전 2558년-기원전 2532년, Turin 법전에 기원전 2566과 기원전 2558년 사이에 8년의 공백이 있음)-Mycerinus(4왕조 마지막 파라오, Menkaure, 기원전 2532년-기원전 2503년)……Pepi II세(6왕조, 기원전 2278년-기원전 2184년)가 된다. 가장 큰 규모의 "대피라미드"는 제 4왕조의 파라오인 쿠프(Khufu, Cheops, 기원전 2560/2551년)의 것으로 Chepren/Chefren(Khafra) 왕비 Meresank II세의 사촌인 당시의 건축가인 헤미우누(Hemiunu, 다른 건축가로는 안카프/Ankaf가 있었음)에 의해 축조되었는데, 한 변의 길이가 755 피이트(약 230m)이고 높이는 481피이트(약 147m)나 된다. 놀라운 것은 한 변의 오차가 겨우 8인치(약 2.1m 미만) 이내이며 동서남북의 정방향에 맞춘 모서리의 오차가 1/10도 정도의 정교한 건축술에 있다. 지금은 로마시대 이후 현재까지 건축물을 짓기 위한 석재의 유출로 거의 파괴가 된 기자에서 북으로 8㎞ 떨어진 아부 라와시(Abu Rawash, 서기 1902년의 발굴에서 그의 頭像이 발견됨)의 피라미드가 쿠푸의 둘째 아들인 제데프레(Djedefre)의 것임이 밝혀졌다. 그리고 그 피라미드의 복원 결과 쿠푸의 481피이트(약 147m)인 대 피라미드보다 더 높은 722피이트(약 216m, 해발 120m 높이의 구릉 위에 지어 순수한 피라미드 높이는 96m 정도임) 알려지고 외관도 기단에서 12m 높이에 쿠푸의 것에 이용된 석회암 대신 화강암으로 피리미드의 정상에는 금·은·미량의 구리 합금인 琥珀金(electrum)을 쓴 權威와 富를 상징하는 화려한 것으로 밝혀지고 있다. 그리고 그의 이름도 태양의 아들(Son of Ra)을 의하는 '레(Re)'를 쓰고 있다. 이러한 피라미드는 후일 암굴을 파고 들어가 축조한 석실묘(테베의 왕묘/암굴묘)로 발전하는데, 테베의 왕묘의 골짜기에 있는 18왕조의 파라오 투탕카멘(기원전 1358년~기원전 1349년)과 19왕조의 파라오 세티 1세(기원전 1290년~기원전 1279년/기원전 1291년~기원전 1270년)의 무덤(KV 17)이 가장 유명하다. 다시 말하여 이집트의 묘제는 초기의 낮은 계단상의 마스타바(mastaba)에서 사카라(Saqqara)와 메이둠의 계단식의 피라미드(step pyramid), 다슈르의 경사진 벤트 피라미드(bent pyramid), 제 4왕조 1대 파라오인 스네프루(Snefru, Snofru, Sneferu, Snefrue, 기원전 2613년~기원전 2589년) 때 만들어진, 화강암 표면이 벗겨져 연분홍 색깔을 띤, 그리고 드물게 흰색의 Tura의 석회암을 사용하기도 한 다슈르의 붉은 피라미드(red pyramid)를 거쳐 그 다음의 완성된 이집트의 전형적인 피라미드로, 그리고 마지막에는 岩窟墓로 변천해 나갔음을 보여준다. 피라미드의 제작도 종래 생각해오던 전쟁포로나 노예들이 담당했던 것이 아니라 쿠르트 멘델스죤(Kurt Mendelssohn 1974, The Riddle of Pyramid)이 68세에 언급했던 바와 같이 도시에 살고 있던 일반 평민들이 나일 강의 홍수로 인한 7·8·9·10월의 농한기에 왕·귀족·관료·평민이 함께 참여한 국책사업으로 국가의 조직적 차원에 실시한 후생·복지사업의 일환으로 참여하였으며, 출퇴근과 조퇴도 까다롭지 않고 매우 자유스러웠던 점이 파피루스나 상형문자판의 기록에 대한 해석으로 밝혀지고 있다. 이는 대영제국박물관 소장품 중 파피루스나 석회암판에 새겨놓은 당시 피라미드의 제작·노역에 참가했던 인부들의 근무일지의 해석에 의한 것이다. 여기에서는 팔목부상으로 인한 치료, 작업장 근처 1㎞ 내의 노역자 숙소에서 임산부가 부인인 부부생활의 가능, 아들 묘지의 방문, 친척의 미라 제작과 파티에 참여, 숙취와 전갈에 물린 것으로 인한 병가 등은 노예로서 결코 할 수 없던 당시 평민으로 구성된 勞役者마을의 구체적인 모습을 보여주고 있다. 다시 말해 당시의 피라미드 제작은 그리스의 역사학자 Herodotus(기원전 484년-기원전 425년)가 언급했던 노예들의 强制使役에 의한 것이 아니라 Kurt Mendelssohn 의 해석이 옳은 것으로 나타나고 있다. 이는 나일 강옆 여러 곳에 설치해 놓은 홍수측정기인 Nilometer는 강물의 범람과 수위의 측정에 국한한 것이고 홍수방지를 위한 대책이 전혀 강구되지 않은 점에서도 이해가 된다. 또 쿠푸 왕의 피라미드 근처에서 서기 2008년 2월 14일 발견된 제사장 겸 공사감독관이며 4왕조 Khufu와 Chefren/Khafre 파라오의 重臣 겸 고위성직자였던 Kai의 무덤에 써진 '피라미드의 축조에 참여하여 일하는 동안 빵과 술을 제공하며 인부들도 이에 만족한다는 계약'인 상형문자의 해독도 이를 뒷받침한다. 이집트에서 맥주는 집에서 발효시켜 만든 일상의 음료수와 같으며 이는 사카라의 5왕조때 귀족인 티이 (Ty) 마스터바 무덤(기원전 2514년-기원전 2374년, 서기 1860년, 오귀스트 마리에트(Auguste Mariette)에 의해 발견)의 벽화에서도 확인할 수 있다. 쿠프 왕의 대피라미드 옆에서 발굴된 길이 60m, 651개의 나무 조각으로 짜 맞춘 목조 배는 왕의 내세를 위한 수단뿐만 아니라 오벨리스크 같은 대형화물의 운송방법도 알려 주고 있다. 그리고 최근 콤옴보 신전(룩소르와 아스완 댐 사이에 위치하며 Tutmos III세 때 지어진 것으로 Hypostyle Hall이 온전히 남아있으며, 악어머리를 한 신 Sobek/Sebek와 Haroeris/Horus the Elder 신을 모심)

벽의 청동제 수술 장비의 묘사나 뉴욕현대미술관의 에드윈 스미스(Edwin Smith) 파피루스 문서의 해독에 따라 이집트의 의학이 외과 수술을 할 정도로 발전해 있었으며 실제 두개골의 開孔術(trepanation)을 보여주는 증거가 쿠푸 왕의 피라미드 근처 당시 努役者 구역에서 발견되기도 한다. 그리고 12-13의 중왕조 때(수도는 테베와 el-Lisht/옛 Itj-tawy임)에도 피라미드의 제작은 계속되었으나 성공적이지 못했다. 테베의 데르 엘 바리(Deir el-Bahri)에 있는 핫셉수트의 葬祭殿(mortuary temple: 그녀의 연인이면서 건축가인 세넨무트/Senenmut에 의해 만들어짐, 핫셉수트, 18왕조, 기원전 1503년-기원전 1482년 통치)의 모형이 된 Mentuhotep II세(기원전 2046년-기원전 1995년)의 장제전, Beni Hasan에 있는 Amenemhet I세(기원전 1938년경-기원전 1756년경)와 Bersh에 위치한 Amenemhet II세(12왕조는 기원전 1938년경-기원전 1759년경) 치하 시 Hare 주지사를 지낸 Djeheutyhotep(Amenemhet II세-Senwosret III, 기원전 1884년-기원전 기원전 1818년경)의 암굴묘(rock-cut tomb)들이 신왕조 무덤의 원형이 되었다.

피라미드 다음 잘 알려진 이집트 문명 특성 중의 하나는 기원전 2532년에 죽은 4왕조 체프렌(Chefren/Khafre) 파라오의 무덤 앞에 세워진 스핑크스(sphinx)이다. 이는 인간 혹은 드물기는 하지만 숫양의 머리를 가진 獅子像을 의미한다. 본래 이것은 이집트인들에 의해 해지는 서쪽의 문을 지키는 수문장으로 여겨져 왔으나 무덤이나 사원의 입구에 세워져 외부인의 출입을 막는 구실을 담당하게 되었다. 숫양은 태양의 신인 라(Ra)를, 인간은 태양에 동화되어 죽은 파라오를 의미한다. 가장 크고 유명한 스핑크스는 기자에 있는데, 이는 "대 피라미드"의 건립에 필요한 석재를 채석한 후 남겨진 돌산을 이용해 만들어진 것으로 생각된다. 이것은 기원전 약 26세기경에 죽은 제 4왕조의 파라오인 체프렌(Chefren/Khafra)의 모습을 나타낸 것 또는 제데프레/Djedefre가 아버지 쿠푸(Khufu/Cheops)를 위해 세운 것으로 여겨지며, 그 길이는 240피이트(약 73m), 높이 66 피이트(약 20m)이다. 인간의 머리를 가진 보통 암사자의 조각은 후일 힛타이트나 그리스인에 의해서도 다시 만들어졌다.

그리고 또 잘 알려진 것 중의 하나는 미라(mirra, 木乃伊)이다. 미라는 포르투갈어로 약품을 넣어 썩지 않도록 한 시체나 묘의 자연적 조건에 의해 본 모양 그대로 남아 있는 송장을 의미한다. 영어권에서는 미라 대신 머미(mummy)란 말을 쓴다. 강력한 종교적 내세관에 의해 시체를 미라로 만들어 살아있는 모습 그대로 보존하려고 노력했던 것은 이집트인이 처음이다. 이집트인들은 인간뿐만 아니라 소, 개, 고양이와 같은 동물까지도 미라로 처리해 보존하였다. 이는 프톨레미 왕조 때(기원전 304년~기원전 30년) 기원전 164년 4월 7일 멤피스 시 아피스(황소) 사원의 살아서는 숭배 대상이고 죽어서는 신으로 모셔졌던 황소가 죽어 그 곳에서 미라로 만들어져 강 건너 사카라의 세라피움(Serapium, 원래 세라피움은 알렉산드리아의 프톨레미 왕조에서 받아들인 헬레니즘과 이집트의 신이며 인간 형태를 한 오시리스와 아피스신을 합친 세라피스/Serapis를 모시는 사원이나 종교적 기관을 의미한다. 그러나 조서의 계단식 피라미드 서북쪽 800m에 위치한 사카라의 세라피움은 멤피스 근처의 공동묘지로 프타/Ptah신의 살아 있는 모습인 아피스 황소가 묻힌 곳이다) 사원 근처 지하무덤으로 모셨던 70일간에 걸쳐 일어났던 국가적 행사가 발생하였다. 이 황소의 미라 처리과정, 신격화된 황소의 미라를 옆에서 모시게 된 쌍둥이 여사제인 타오스와 타게스가 계모인 모친과의 재산상속과정에 대한 처리과정 등이 민원으로 파라오에게 보낸 파피루스 탄원서에 남아 있다. 그리고 실제 사카라의 세라피움 사원 근처의 지하무덤에 묻힌 60구의 황소 미라들이 19세기 말에 발견되어 이 기록들을 뒷받침하고 있다. 그리고 이집트인들은 사자는 비록 무덤 안에 있지만 멀리 떨어진 내세에서 여러 신들(冥府의 오시리스, 死者와

18왕조 말 아문 신전 書記長인 네페르호텝 묘실 벽에 그려진 네페르호텝의 미라가 들어있는 관의 손질 작업[Richard Martin과 David P. Silverman(1976) Mummies p.7에서 인용]

玉座의 수호신이며 오시리스의 부인인 이시스, 그리고 그들 사이의 아들인 王權의 수호신인 호루스 신, 사랑의 여신 하토르와 태양신 라 등)과 교류하며 산다고 믿었다. 그래서 사후 자신의 시신이 땅 위에서 쉴 무덤 같은 휴식처가 필요했고 또 그 속에서 자신의 시신을 썩지 않은 상태에서 보존하고자 했다. 따라서 그들은 미라를 가장 좋은 방법으로 여긴다. 처음에는 모래 속에 시신을 매장했다가 나중에는 가죽이나 수의에 싸서 보존했다. 그러다가 방부제를 넣어 보존하게 되었다.

제18왕조 말(기원전 1325년) 아문 신전의 書記長인 네페르호텝(Neferhotep) 파라오의 벽화에서 보여주는 바와 같이 시체를 미라로 만드는 과정은 뇌나 내장과 같은 썩기 쉬운 부분을 금속탐침이나 갈고리로 제거하는 것으로부터 시작한다. 뇌는 버리고 폐, 위와 창자는 별도의 케노피(canopic jar)란 용기에 담아 시신 앞에 보관한다. 그리고 심장만은 몸에 그대로 남겨둔다. 몸 자체는 말린 생선과 유사한 방법으로 처리된다. 처음 천연탄산 소다/소금(natron)나 아마포 뭉치로 몸을 감싸 수분을 제거한다. 이것은 실리카 겔(silica gel)처럼 건조제의 역할을 한다. 그리고 몸의 본래 형태를 유지하기 위해 건조과정에서 굴곡이 심한 부분에 아마포 뭉치로 메워 넣는다. 그런 다음 붕대나 수의로 몸을 스무 겹 정도 감싼다. 팔, 다리, 손가락과 발가락은 따로 따로 싼다. 한 겹 한 겹 수의를 감쌀 때마다 수지를 발라 접착이 용이하게 하고 그 속에 명부의 신인 오시리스 신에게 바칠 뇌물 겸, 장례용 보석(聖甲虫 scarab, 안전과 영속의 상징인 제드(djed)柱, 胸飾/pectoral with scarab design 등을 포함)이나 死者의 書와 같은 파피루스 부적을 넣기도 한다. 여기에는 "언어를 통해 축복받는 사후세계인 영생"을 보장받는 "死者의 書"(Book of the Dead)도 포함된다. 사자의 서 중 가장 완벽하고 유명한 것은 19왕조 기원전 1250년경에 제작된 23m의 두루마리(scroll) "아니의 파피루스(Ani's papyrus)"이다. 이는 서기 1887년인 대영제국박물관 이집트 관련 학예사인 어니스트 알프레드 왈리스 버지(Earnest Alfred Wallis Budge)가 룩소르(옛 테베)의 케르나(Kerna)에서 구입한 것이다. 이렇게 만들어진 미라는 관 속에 넣어져 피라미드 속에 안치된다. 그 후 사자는 지하의 마왕인 아포피스 뱀 신의 견제를 벗어나 지하세계의 대표신인 오시리스에게서 최후의 심판을 받는데 여기에서 통과하면(天秤, 또는 천평칭의 기울어짐으로 평가) 내세로 그렇지 못하면 그의 영혼은 사자, 악어와 하마의 모습을 합한 고블러(또는 아미트)란 동물에 잡혀 먹힌다. 그래서 이를 방지하기 위해 여러 가지 부적이 관 속에 넣어지거나 벽에 그려지기도 한다. 티베트에서도 이집트 것보다 2,000년 후에 나타나는데, 이는 서기 746년 11월 15일 티베트에 온 것으로 알려진 파키스탄 태생의 인도 승인 빠드마 삼바바[Padmasambhava(蓮華生)는 구루 린뽀체나 우르간 빠드마로도 불리는데 그는 善行에 기반을 두어 쓴 輪回說인 티베트 사자의 서(바르도 퇴돌, The Tibetian Book of the Dead, 埋葬經典)라고도 함]가 만들었다고 전한다. 그리고 여기에는 금세공을 한 각종 장신구를 비롯해 이집트 유물의 특징이라고 할 수 있는 당시의 고가품인 파양스(faience)로 만든 그릇들과 인물상, 그리고 알라바스터(설화석고: alabaster)로 만든 화장접시가 부장되기도 한다. 파양스는 분말석영, 소다(유리질인 SiO_2가 용융되는 섭씨 1712℃를 1000℃ 이하로 내리는 촉매 역할을 한다)와 구리를 섞어 만들었다.[24]

이집트의 카이로 박물관에 미라가 가장 잘 남아있는 왕은 신왕조 19왕조의 람세스 II세의 것으로, 그는 람세스 I세와 세티 I세(Seti/Sethos, 기원전 1294년-기원전 1279년)를 이어 25세에 왕이 되어 67년 통치를 하고 92세에 생을 마감하였다(기원전 1279년-기원전 1213년 재위, 그의 무덤은 KV 5→KV 7→DB 320으로 옮겨감). 그의 여러 부인 중의 한 명은 잘 알려진 네페르타리이며 그가 죽을 때 13번째의 자식인 메렌프타/메르네프타(Merenptah/Merneptah, 기원전 1213년-기원전 1204년, 어머니는 Isetnofra임)가 60세의 나이로 왕위를 이을 정도로 자식이 200여 명이나 되었다고 한다. 람세스 1세

---

24) 전문화된 야금술에서 중요시하는 금속의 용융점은 유리질(silica, SiO_2) 1712℃, 철(Fe) 1525/1537℃, 구리(Cu) 1083℃, 금(Au) 1063℃, 은(Ag) 960℃, 아연(Zn/Zinc) 420℃, 납(Pb) 327℃, 주석(Sn/Tin) 232℃, 청동(bronze)은 950℃이다. 그리고 청동기의 제작에서 비소(As/Arsenic)는 2~3% 합금되며, 최종 합금에서 견고성의 효과를 보기 위해서는 비소가 3% 정도 들어간다. 中國 靑銅祭器의 경우를 보더라도 器表面의 光澤을 위해 구리에 납을, 그리고 兵器의 경우 堅固性을 위해 주석이나 아연을 합금했음이 밝혀졌다. 다시 말해 야금술을 포함한 고도로 발달한 기술(technology)의 축적은 전쟁을 수행할 수 있는 國力을 나타내며 문명발생의 한 조건이 된다.

(Ramesses/Ramses)는 19왕조의 창시자로 18왕조 말 마지막 파라오 Horemheb(기원전 1321년-기원전 1292년) 때 총리대신을 지낸 아이로로 기원전 1295년-기원전 1294년 재위/기원전 1292년-기원전 1290년 재위하였으며, 그의 미라는 서기 1859년 쿠르나 왕묘의 골짜기에서 도굴꾼 Abu-Rassul 가족들에 의해 도굴되고(종전에는 지오바니 벨죠니/Giovanni Belzoni가 서기 1816년 발견 때 KV 16으로 추정) 그 이듬해인 서기 1860년 James Douglas 박사에 의해 북아메리카에 옮겨져 캐나다의 Niagara Fall Museum에 팔려 전시되고 있었다. 후일 그의 신원이 확인된 후 미국의 Georgia주 Atlanta시 에모리 대학(Emorly University)의 Michael C. Carlos Museum으로 옮기고 현재는 이집트 룩소르 박물관으로 돌아와 다시 전시되고 있다. 이 나이아가라 폭포박물관의 초대관장은 토마스 바넷(Thomas Barnett)이며 람세스 1세의 미라를 구입한 것은 그의 아들 시드니 바넷(Sydney Barnett)으로 서기 1851년-서기 1861년 사이였다고 여겨진다. 람세스 II세는 Ptah, P're, Amun, Ne'arin의 4개 군단약 18,000명을 거느리고 기원전 1274년(람세스 재위 5년) 힛타이트의 무와타리(Muwatari/Muwatalli II, 기원전 1295년-기원전 1272년) 왕과 현재 시리아 오론테스 강(Orontes river) 옆의 카데슈(Kadesh/Qadesh/Quadesh, 당시 오늘날의 시리아 지역에 위치한 미타니(Mittani) 왕국에 속한 무역중심지인 카데슈임. 또 앞서 기원전 1458년 토트메스/Thotmes III세 때 메기도/Magiddo 전투가 벌어진 곳임)에서 만나 一戰을 겨루었는데 승부를 가리지 못하고 후일 힛타이트 제국(기원전 1700년-기원전 1190년)과 婚姻同盟/講和條約을 맺어 그로부터 80년 정도 평화를 유지하였다. 그 해가 람세스 II세 21년과 하투살리(Hat-tušliiš III, 기원전 1267년-기원전 1237년) 때로 기원전 1258년경에 해당한다. 이것은 보가즈쾨이(보이즈카레) 도서관에 발굴한 삼만 점 정도의 印歐語로 써진 점토판문서(Clay tablets)에 의해서 알 수 있다. 이 평화조약에 의해 힛타이트는 카데슈를, 이집트는 팔레스타인과 레바논 지역을 통치하게 되었다. 즉 그들은 기원전 1258년경 군사적인 해결보다 외교적인 평화협정조약을 체결하였다.[25] 히타이트어로 된 평화협

---

25) 기원전 1258년경 이집트와 힛타이트 제국이라는 강대국 사이의 평화조약 이후 약 50년 이상

상문서는 이스탄불 고고학박물관과 UN에 보관되어 있다.[26] 이는 양측이 고안한 최첨단의 무기 덕분이었다. 이때 이집트에서는 물소 뿔, 가죽과 동물의 힘줄을 생선에서 추출한 아교로 붙인 최첨단무기인 복합궁(composite bow, 곡궁·각궁, 하나의 완성에 18개월 정도 소요됨), 철퇴를 대신한 진보된 야금술을 보여주는 구리에 주석

이나 평화가 지속되었는데 청동기시대 말기인 기원전 1200년경 傭兵으로 일자리를 잃어버린 步兵 출신의 이웃나라 하층민들은 '海上民族'이란 이름하에 이집트, 힛타이트, 미케네와 크레테 섬을 침략하여 약탈을 자행했던 모양이다. 이러한 침략과 약탈행위의 고고학 증거는 크레테 섬의 카르피 산의 정상에 만들어진 카타리마타(Katalimata)와 카스트리(Kastri) 등 60여 곳에서 발견된 방어용 집자리들이 말해주고 있다. 그러나 이들의 민족적 주체가 누구인지는 아직 확인되고 있지 않다.

26) 힛타이트 제국의 멸망은 외부의 침입과 공격에 의해서가 아니라 무와타리왕 II세(Muwattalli II, 기원전 1293년-기원전 1271년)와 조카 하투실리 III세(Ḫattušili III, 기원전 1274년-기원전 1249년) 사이에 벌어진 내분과 암투에 의한 것으로 명령과 복종에 의해 유지되던 사회조직이 붕괴된 결과였고 그들이 어디론가 이주하기 전에 성내의 모든 중요한 건물들이 불태워버려진 것으로 밝혀졌다. 이는 성스런 동굴에 새겨진 상형문자의 해독으로 파악되었다. 하투사(Hattusha, Boğazköy)에 중심을 두고 고대 아나톨리아인들이 기원전 18세기경에 세운 힛타이트 제국은 소아시아, 레반트와 메소포타미아의 북부지방을 아우르는 영토를 가진 수피루리우마 I세[Šuppululiuma I, 기원전 1344년(?)-기원전 1320년] 때 가장 융성하였다. 그러나 기원전 1180년 이후 'Sea peoples'로 알려진 해양민족의 침입으로 제국은 와해되고 여러 개의 'Neo-Hittite' 도시국가(Neo-Hittite City States, Syro-Hittite Kingdom/Syrian Neo-Hittite Kingdom/GK로 알려진 Tabal국도 포함)로 분열되어 기원전 8세기경까지 존속하다 시리아의 사르곤 II세에 의해 합병되었다. 그러나 힛타이트라는 용어는 성경의 구약성서 창세기(Genesis)에서부터 에스라-느헤미야(Ezra-Nehemiah)까지 기원전 2000년경부터 언급되는데 이는 성서에 나타나는 힛타이트(Hattic, Biblical Hittites)로 印歐語(Indo-European language family)족이 아닌 핫틱(Ḫattic)족으로 초기에는 아나톨리아의 Kussara(Pithana)에 정착했던 것으로 추정된다. 이들은 하투사에 정착하면서 Nesili(Neša의 언어)라는 印歐語를 사용하고 기원전 14세기경부터 鐵를 생산하는 힛타이트족들에 의해 동화·흡수되었던 것으로 추측된다. 이는 힛타이트 문화에서 아카드(Akkad)/시리아의 쐐기문자, 원통형 印章(cylindrical seal)과 종교적 목적에서 핫틱의 언어를 차용한 흔적이 확인되기 때문이다. 그래서 힛타이트의 역사는 Hattic(Biblical Hittite)→Old Hittite Kingdom(기원전 1750년경-기원전 1500년경)→Middle Hittite Kingdom(기원전 1500년경-기원전 1439년경)→New Hittite Kingdom(기원전 1430년경-기원전 1180년경)→Neo-Hittite City States(Syro-Hittite Kingdom)의 경과를 거치지만 우리가 언급하는 진정한 힛타이트 제국의 역사는 기원전 1430년경-기원전 1180년 사이를 말

10% 이상 가미한 청동제의 도끼, 나무틀에 가죽을 입힌 방패, 궁수가 타서 중요한 역할을 하는 2인용 輕戰車(바퀴살이 넷)가, 힛타이트에서는 彎曲刀인 코패쉬, 찰갑형태의 갑옷과 3인용 重戰車가 선보였다. 그리고 그는 아부 심벨, 라메세움 (Rameseum), 카르나크와 테베(룩소르) 등 많은 신전에 실제보다 과장된 터무니없는

한다. 힛타이트 제국의 문화는 종족의 이동에 따라 발칸 반도의 에제로(Ezero) 문화와 코카사스 지방의 마이콥(Maikop) 문화와 관계를 갖고 있다.

각 시대별 힛타이트 제국의 왕의 목록(King List)과 치세연대는 다음과 같다.

Ḫattic Period(Hattic, Biblical Hittites)

Pamba 기원전 23세기(?)   Ḫurmeli 기원전 1845년(?) King of Kaniš

Ḫarpatiwa 기원전 1831년(?) King of Kaniš(?)

Inar King of Kaniš

Waršama King of Kaniš

Anum-Ḫerwa King of Zalwar

Pitḫana King of Kuššar

Piyušti 기원전 18세기 말

Anitta 기원전 18세기 말 King of Kuššar

Peruwa King of Kuššar(?)

Zuzzu King of Kaniš(?)

Old Hittite Kingdom(Early Empire, 기원전 1750년경-기원전 1500년경)

Tudḫaliya I (reign uncertain)

Ḫuzziya 0 (reign uncertain)

PU-Šarruma

Papaḫdilmaḫ

Labarna I 기원전 1680년-기원전 1650년

Ḫattušili I (Labarna II) 기원전 1650년-기원전 1620년

Muršili I 기원전 1620년-기원전 1590년

Zidanta I 기원전 1560년-기원전 1550년

Ammuna 기원전 1550년-기원전 1530년

Ḫuzziya I 기원전 1530년-기원전 1525년

Middle Hittite Kingdom(Middle Empire, 기원전 1500년경-기원전 1439년경)

Telipinu 기원전 1525년-기원전 1500년

Alluwamna 기원전 1500년-?

Ḫantili II (?)

그의 전승업적을 새겨 놓기도 했다. 그리고 이 카데슈 전쟁의 원인은 18왕조 마지막 왕인 투탕카멘(Tutankhamun /Tut-ank-Amen, 기원전 1341년-기원전 1323년: 기원전 1332년-기원전 1323년, 기원전 1358년-기원전 1349년 재위)의 사후 그의 부인인 안케센나문 (Ankhesenamun/Ankhesennamen/Ankhesenpaaten: 아케나텐/아크나톤/Akhenaten의 셋째 딸)이 힛타이트의 수피루리우마스(Suppiluliumas) 왕에게 남편이 살해되어 구원을 청하면서 그의 아들을 보내 결혼함으로써 이집트의 왕위를 계승하는 내용의 편지를 쓰고 힛타이트 왕이 아들 자난자(Zannanza) 태자를 보냈으나, 이를 미리 눈치채고 매복하고 있던 이집트병사들에게 살해당한 사건을 들기도 한다. 투탕카멘 왕의 사후 이집트는 19왕조로 들어서며 Ramses I세(투탕카멘 왕 때 아이/아이로 총리)→Seti I

Taḫurwaili (?)

Zidanta II 기원전 1480년

Ḫuzziya II 기원전 1450년

Muwatalli I (?)

Tudḫaliya II 기원전 1420년-기원전 1400년

Arnuwanda I 기원전 1400년-기원전 1385년

Tudḫaliya III 기원전 1385년-기원전 1380년(?)

New Hittite Kingdom(Late Empire, 기원전 1430년경-기원전 1180년경)

Šuppiluliuma I 기원전 1344년(?)-기원전 1320년

Arnuwanda II 기원전 1320년-기원전 1318년

Muršili II 기원전 1317년-기원전 1293년

Muwattalli II 기원전 1293년-기원전 1271년

Muršili III 기원전 1271년-기원전 1264년

Ḫattušili III 기원전 1274년-기원전 1249년

Tudḫaliya IV 기원전 1239년-기원전 1209년

Kurunta 기원전 1209년(?)

Arnuwanda III 기원전 1209년-기원전 1205년

Šuppiluliuma II 기원전 1205년-기원전 1177년(?)

Neo-Hittite City States[Syro-Hittite Kingdom/Syrian Neo-Hittite Kingdom/GK로 알려진 Tabal국도 포함, 기원전 1180/1160년-기원전 8세기경 아시리아의 사르곤 II세(Sargon II, 기원전 722년-기원전 705년)에 통합됨.

세→Ramses II세 Siptah(Merneptah Siptah)→Setnakhte(Setnakht, 신왕조 20왕조의 첫 번째 파라오, 기원전 1189년- 기원전 1186년)로 이어진다. 그리고 람세스 II세의 나이 41세 즉 그의 統治 後 16년 해인 기원전 1263-기원전 1262년경 모세의 출애굽기가 이루어졌다고 추정되기도 한다.

그의 미라는 테베 왕가의 골짜기 KV 7 무덤에 묻혔으나 후일 Deir el-Bahri(DB)의 미라 은닉소(Royal cache, DB 320)로 옮겨져 1881년 프랑스 고고학자인 가스통 마스페로(Gaston Maspero)에 의해 발견되었다. 이곳은 17왕조 Tao I세의 딸이며 Tao II세의 누이인 Ahmose-Inhapi(기원전 1574년경) 왕녀의 묘로 22왕조 Pinedjem I세(기원전 1070년-기원전 1032년) 기간 Pinedjem II세가 고위제사장으로 재직할 때 람세스 2세의 미라를 포함하여 1세, 세티 1세의 미라들을 옮겨놓았으며, 기원전 930년 다시 재매장 한 것이 확인되었다. 또 다른 미라 은닉소로는 왕가의 계곡 투트모스 III세(Thutmose III세, 기원전 1479년-기원전 1425년/기원전 1490년-기원전 1436년 재위)의 아들인 아멘호텝 2세(Amenhetep/Amenhotep/Amenophis II세, 기원전 1427년-기원전 1401년/기원전 1427년-기원전 1397년)의 묘인 KV 35이며, 서기 1898년 프랑스 고고학자인 빅토르 로레(Victor Clement Georges Phillipe Loret, 서기 1859년-서기 1946년)에 의해서 발견되었다. 이곳에서 아멘호텝 III세와 그의 부인 Tiye, 투트모스 IV세, 아멘호텝 III세, 세티 II세, 람세스 II세의 아들 메렌프타/메르네프타(Merneptah/Merneptah, 기원전 1213년 8월-기원전 1203년 5월 2일 재위)→Siptah(Merneptah Siptah, 기원전 1197년-기원전 1191년)→Seti II 기원전 1290년-기원전 1279년→Queen Twosret(Tawosret, Tausret, 기원전 1191년-기원전 1189년)→Setnakhte(Setnakht, 신왕조 20왕조의 첫 번째 파라오, 기원전 1189년-기원전 1186년)→람세스 III세(Setnakhte와 Queen Tiy-Merenese왕비의 아들, 20왕조 두 번째 파라오, Usimare Ramesses III, 기원전 1186년-기원전 1155년)²⁷⁾→람세스 IX세, V세와 VI세의 미

---

27) 신왕조 중 20왕조의 첫 번째 파라오인 Setnakhte(기원전 1189년-기원전 1186년)와 Tiy-Merenese 왕비의 아들인 두 번째 파라오 람세스 III세(Usimare Ramesses III, 기원전 1186년-기원전 1155년 재위, 65세에 사망)와 그의 아들 펜타웨레/펜타웨레트(Pentawere/Pentaweret)로 알려진 '절규하는 미라(Screaming Mummy)'에 대한 최근의 CT촬영 결과, 파피루스에 보이

라들이 확인되었다(별표 참조). 이 미라 은닉소는 제사장이 도굴로부터 파라오의 미라시신의 파괴를 방지하기 위함으로 만들어 놓은 것이었다.

신왕조 20왕조 2대 왕인 람세스 III세(기원전 1186년 3월-기원전 1155년 4월)는 KV 11에 묻혔는데, 발견된 파피루스에 의하면 그는 첫 번째 부인 이셋트(Iset Ta-Hamdiet)와 두 번째 부인(Tiye/Tiy-merenese) 사이에 일어난 권력투쟁인 하렘 음모(Harem Conspiracy)에 의해 희생당한 것으로 추측된다. 그리고 이 사건 후 두 번째 부인의 아들 펜타웨레/펜타웨레트(Pentawere/Pentaweret) 대신 첫 번째 이셋트의 아들인 람세스 IV세가 그의 왕위를 계승했다고 한다.

실제 도굴의 기록도 파피루스에서 찾아볼 수 있다. 20왕조 람세스 IX세[Ramesses (Ramses)(기원전 1129년-기원전 1111년)의 재위 16년(기원전 1111년 10월 8일에 재판)] Amun Re 사원 석공 Anhernakhte의 아들인 아멘파누퍼(Amenpnufer)가 동료 6명과 함께 서쪽 테베 왕묘의 골짜기에서 힉소스계인 17왕조 소베켐사프(Sekhmre Shedtawy Sobekemsaf) I세(기원전 1580년-기원전 1550년)의 무덤을 도굴하여 재판을 받는 기록이 Abbott & Leopold-Amherst 파피루스와 테베 또는 카르낙의 시장인 파세르(Paser)의 파피루스 기록에 나타난다. 그 사건은 왕가의 계곡에 만들어진 왕릉 보호책임자인 파웨라(Paweraa/Pawero), 테베 시장 파세르, 그리고 최후의 재판관인 이집트 제 2인자인 총독 겸 카르낙의 최고 성직자 비지에(Vizir/Vizier) 세 사람 사이에서의 정치적 대결과 암투를 잘 나타내준다. 그리고 도굴에 연루된 석공, 상인, 직조공, 관리, 신전 경비원(경찰)과 카르낙의 최고 성직자 비지에의 부인 등에 관한 당시 테베 시 사회의 총체적 부패상을 보여주고 있다. 그리고 사건의 최후의 마무리는 당시 파라오의 신임이 두터웠던 파웨라의 담당으로 사건은 파웨라

는 역사적 기록과 일치하는 모습을 보여준다. 즉 아버지 람세스 3세는 첫 번째 부인(Tiye/Tiy-merenese)과 그 아들 펜타웨레의 권력쟁탈에 의한 하렘 음모(Harem Conspiracy)로 살해(목에 난 심한 刺傷으로 확인)당했으며 펜타웨레는 그 벌로써 자살을 강요당했던 것으로 보인다. 그 결과 고통에 의해 절규하는 미라로 남았다. 이는 이탈리아의 유럽아카데미 미라-아이스맨 연구소(EURAC)의 수석연구원인 알베르트 징크(Albert Zink) 등에 의해 밝혀졌다(BBC News online 2012년 12월 17일자).

측에 유리하게 돌아간 모양이다. 그래도 그는 1년 후의 총독이 명한 재수사 때 살아남지 못했다. 최후의 마무리 수사 중 가택수색으로 도굴되어 보관 중이던 금 18kg, 은 5kg과 향수를 비롯한 각종 고가품들이 압수되었다. 이 사건은 기원전 1111년 10월 1일부터 10월 8일까지 일어난 것으로, 당시 경제난, 물가상승과 실업 등의 어려운 사회상도 아울러 반영해준다. 그리고 이 재판의 기록은 書記 테세문에 의해 파피루스에 그대로 남아 있다.

19왕조 중 Thotmes III세(Thutmos, 기원전 1479년-기원전 1425년 재위)는 Thotmes II세와 핫쉡수트(Hatshepsut, 핫세푸스트, 18왕조, 기원전 1479년-기원전 1458년 재위)의 양자로서 Thotmes I세와 노예 Isis 또는 Asnut 사이에서 태어났다. 왕위를 계승한 후 알렉산더와 나폴레옹에 버금갈 정도로 이집트의 파라오 중 가장 뛰어난 업적을 가진 전사였으며 시리아, 메소포타미아, 아라비아, 아르메니아, 아비시니아(이디오피아)와 누비아 지역으로까지 17회의 전투에서 승리를 거두어 영토를 확장하였다. 그 중 기원전 1458년 5월 18일부터 그해 12월까지 7개월간의 전투에서 시리아 카데슈 왕의 반란을 진압한 메기도 전쟁[The Battle of Magiddo/오늘날의 시리아 지역에 위치한 Mittani 왕국에 속한 무역중심지인 Quadesh(Q'desh)로 람세스 II세와 기원전 1274년 힛타이트의 무와타리(Muwatalli) 왕의 전투지임]은 유명하다. 또 그는 카르나크의 조상신전(Hall of Ancestors)을 비롯한 여러 사원을 건립하였으며, 그의 업적을 새긴 오벨리스크들은 뉴욕의 Central Park(서기 1880년 6월 20일 미 해군 중위 Gorringe가 이전하여 현재 뉴욕 Central Park에 서있음)와 런던 Victoria Embankment에 이전·전시되고 있다. 테베 룩소르에 있던 람세스 II세의 쌍둥이 오벨리스크 중 하나는 서기 1829년 이집트 총독 Mehmet Ali에 의해 기증받아 현재 파리의 콩코드(Concorde) 광장에 세워져 있다. 오벨리스크는 전 세계적으로 모두 30개가 남아 있으며, 이집트에 7개, 이탈리아에 13개(Rome, Florence, Urbino 등지), 미국(뉴욕), 영국(런던, Dorset의 Wimborne), 이스탄불, 시칠리아(Sicilia)의 칸타니아 등에 소재한다. 마지막으로 서기 1922년 영국의 하워드 카터와 카나본 경이 발굴한 투탕카멘(Tutankhamun/Tut-ank-Amen 기원전 1332년-기원전 1323년, 기원전 1336년-기원전 1327년 재위) 왕릉의 발굴을 들 수 있다. 왕가의 골짜기에서 마지막까지 도굴이 안 된 유일한 이 암굴묘의 발견은 기원전 1323년/1327년경 11월에 일어난 폭우로 인한 퇴적물로 무덤 입구가 매몰된 것에 기인한다고도 한다. 이것은 테베의 왕묘의 골짜기에서 발굴된 암굴묘(KV 62)로, 주인공인 투탕카멘 왕은 신왕조 제 18왕조 때 아멘호텝(Amenhetep) 4세[또는 태양신 Aton을 유일신으로 숭배하던 아케나텐(Akhenaten) 왕임: 기원전 1353년-기원전 1336년 재위, 테베에서 아마르나/아크타톤으로 移都)와 이집트 3대 미녀 중의 하나인 부인 네페르티티(Nefertiti: 기원전 1352년-기원전 1340년?, 그녀의 胸像은 현재 독일 베를린 박물관에 소장) 왕비의 둘째 아들로 왕위를 계승하여 9년간의 재위(기원전 1341년-기원전 1323년: 기원전 1333년-기원전 1324년 재위, 또는 기원전 1358년-1349년/기원전 1332년-기원전 1322년 재위 등 여러 설이 있음) 중 이집트 테베의 신인 아멘 신의 복원을 시작해 자신의 이름도 이에 따랐다. Akhenaten 왕/아멘호텝(Amenhetep) 4세는 자연 발생하는 돌연변이인 마르판 증후군(MFS: Marfan syndrom, 거미의 다리모양으로 긴 손가락, 발가락의 관절을 가지며, 큰 키, 뾰족한 턱, 눈의 수정체의 이탈 등의 특징을 지닌 유전병으로 처음에는 돌연변이로 나타나나 후세에 유전되기도 함)에 걸려 눈꺼풀이 튀어나온 그러면서도 태양 아래에서나 잘 볼 수 있는 近視의 시력을 갖고 손가락이 긴 외모를 가졌다. 그래서 당시의 하급신인 아톤(Aton) 태양신을 유일신으로 모셔 룩소르에서서 아마르나(Amarna)로 移都를 하여 10년 안의 단기간에 새로운 태양신 아톤을 모시는 새로운 수도를 세웠다. 수도의 건설에는 탈라타트(Talatat)라고 하는 약 27cm×27cm×5cm의 일정한 규격을 가진 석재들이 이용되었으며, 아케나텐 재위 이후에는 사용되지 않았다. 그곳에 使役된 인부들의 수명이 32세 미만으로 백성들과, 아문 라(Amun Ra)를 포함하는 多神敎를 믿던 당시의 祭司長들에게 따돌림을 받았다. 따라서 기원전 1336년 그의 사후 아마르나 도시와 룩소르에 세운 그의 신전은 당시의 사령관인 호렘헤브와 제사장들에 의해 철저히 파괴되었다. 종교도 종래의 다신교로 복원되었으며 투탕카멘도 아문(Amun) 신을 모시는 파라오로 되어 아문이란 이름을 쓰고 있다. 그런데 네페르티티 왕비는 6명의 딸을 두고 아들이 없었다고 하며, 아케나텐의 둘째 부인 키아/Kiya(기원전 1350년경)를 투탕카멘 왕의 생모로 보는 견해가 많다. 그 외에도 파라오 투탕카멘의 출생에 대해서는 아케나텐(아멘호텝 4세)의 아버지인 Amenhotep Ⅲ세(기원전 1391년-기원전 1353년 재위, 그의 부인은 Tiye임: 기원전 1390년-기원전 1340년)가 투탕카멘왕의 할아버지가 아니라 친아버지이며, 또 명이 짧았던 파라오 세멘카레(Semenkhkare)와 왕비 Meritaten(아케나텐과 네페르티티 사이의 딸) 사이의 아들로 보는 여러 견해도 있었다. 그러나 최근 Amenhotep Ⅲ세(WV 22, 서기 1799년 발굴)→Akhenaten 왕/아멘호텝(Amenhetep) 4세(KV 55, 서기 1907년 발굴) x KV 35 미라 은닉소에서 발견된 투탕카멘왕의 어머니(Yonger Lady, 서기 1898년 발굴)→투탕카멘(Tutankhamun/Tut-ank-Amen, KV 62, 서기 1922년 발굴)의 미라에서 추출한 DNA검사의 일치로 祖父→父 x 투탕카멘의 모친→子의 가족체계가 확실해졌다. 투탕카멘 왕은 18세에 요절했는데, 그의 시신은 세 겹의 관과 122kg이나 되는 순금의 마지막 내관에 안치되어 있었다. 발굴 중 무덤 내부에 파라오가 생전에 쓰던 물건으로 가득 차있어 그것들을 치우고 정리하는 기간만 3년이 걸렸다. 또 투탕카멘 왕의 死因은 종래의 생각대로 정적에 의해 암살당한 것이 아니라 힛타이트와의 전쟁 또는 사냥 때 落馬하여 입은 왼쪽 대퇴골의 내측과(left medial and lateral epicondyle)의 골절상의 염증으로 인한 패혈증이나 파상풍에 의한 것으로 밝혀졌다. 최근에는 왼쪽 2번째 발가락(proximal phalanges)에 발뼈가 쉽게 부러지는 콜러(Kohler)병으로 인한 骨壞死症과 뇌말라리아(CM: Cerebral Malaria)의 합병증으로 사망했다고 추정하기도 한다. 이는 그의 무덤에서 나온 130개의 지팡이와 말라리아 해열제로 이용되는 고수(Coriander)씨앗이 이를 입증해 준다 하겠다. 그리고 그와 이복여동생 안케센파텐(Ankhesenpaaten, 아케나텐과 네페르티티 사이에서 난 여섯 딸 중의 하나로 추정, 후일 그녀의 이름은 남편의 이름인 Tutankhamun처럼 Ankhesenamun으로 됨) 사이에 7개월 이내 死産한 두 딸이 이 투탕카멘 왕묘에 미라로 같이 묻혔는데, 그녀들의 사인은 할아버지인 아멘호텝 4세/아케나텐이 앓았던 것과 같은 마르판 증후군(MFS)으로 추정되고 있다. 투탕카멘 왕의 발굴은 이집트 발굴사뿐만 아니라 전 세계의 고고학사에서 가장 중요한 사건의 하나로 꼽히고 있다. 또 이 발굴은 발굴을 지휘했던 이집트인 인부책임자를 제외한 카나본 경을 비롯한 관련자들이 비명횡사를 해 파라오의 저주로도 잘 알려져 있으나 이의 원인은 무덤 속에 남아있던 풍토병에 기인한 것으로 추정되었다. 18-19왕조는 Thotmes I세→Thotmes II세(기원전 1493년-기원전 1479년 재위, 그의 부인 Hatsheptsut, 기원전 1479년-기원전 1458년 재위)→양자 Thotmes III세(기원전 1479년-기원전 1425년/기원전 1490년-기원전 1436년 재위)→Amenhotep II세(기원전 1450년-기원전 1415년)→Thotmes IV세(기원전 1415년-기원전 1405년)→Amenhotep III세('아문 신이 만족한다'라는 뜻의 이름, the 9th Pharaoh, 기원전 1391년-기원전 1353년)→Amenhotep IV세(Akhenaten, 기원전 1353년-기원전 1336년 재위)→Tut-ank-Amen(기원전 1341년-기원전 1323년: 기원전 1333년-기원전 1324년 재위, 기원전 1358년-기원전 1349년)→Ramses I세→ Seti I세→ Ramses II세로 이어진다(18-20왕조 표 참조).

그중 서기 1898년 Victor Clement Georges Phillipe Loret에 의해 발견되었다가 110년 전 이집트 당국에 의해 폐쇄되고 독일 학자 Johannes Dümichen(당시 독일령이었던 Alsace에서 서기 1872년 Institute of Oriental Archaeology의 창시자로 1894년 죽을 때까지 여러 번 이집트를 원정·방문함)에 의해 학자나 사제의 묘(a high-ranking priest and master of rituals)로 해석된 KV 33의 무덤이, 발굴자인 프랑스 Strasbourg에 있는 Marc Bloch 대학의 Claude Trauneker 교수와 카이로의 French Institute of Oriental Archaeology팀과 합동으로 발굴·재해석되어 'Egypt Tomb 33(Journeymen Pictures, 서기 2008년 7월 31일자)'으로 CNN(서기 2008년 9월 29일자)에 공개되었다. 그 결과는 이 무덤이 기원전 8세기경 25왕조 異民族의 파라오 Psammetik I세(Saitic Dynasty) 밑에서 일하던 영향력 있는 사제 겸 학자인 페타메노피스(Petamenophis/Padiamenopea)의 무덤으로 아직 정확히 확인되고 있지 않지만 그는 그곳에 묻히지 않고 22개의 방 일부(지하 3층과 2층에 해당하는 No. 21과 22)에 과거 이집트 신왕조의 위대함을 꿈꾸어, 후세 사람을 위해 당시 무덤의 건축양식을 재현해놓고, 또 시대에 따른 장례의식에 관한 백과사전식 지식의 묘사 즉, 사후 세계의 여러 동굴을 묘사하는 "Book of Caverns"과 태양신에게로의 여행을 묘사하는 "Amduat" 등 浮彫의 상형문자를 프레스코화로 기록해놓은 것으로 알려지고 있다. 즉 그는 이곳을 미래의 이집트인이 이곳을 방문하면 과거 화려했던 신왕조의 모습을 파악할 수 있도록 葬制圖書館을 만들어 놓은 것이다.

　유물들을 통해 이집트와 지중해상의 미노아 문명(Minoa: Arthur Evans가 선문자 A를 확인하는 과정에 서기 1899년 크노소스 궁을 발굴하기 시작부터 알려짐: 기원전 2200년–기원전 1450년 존속)과 미케네 문명(Mycaenae: Heinrich Schliemann에 의해 밝혀진 그리스의 청동기문화)의 교역이 알려지게 되었다. 로데스에서 서기 1866년 미케네의 토기와 함께 아멘호텦 Ⅲ세의 聖甲虫 胸飾(pectoral with scarab design)이, 그리고 같은 해 하인리히 슐리만에 의해 오르코메네스의 민야스에서 아멘호텦 3세의 무덤천장에서 보이는 것과 같은 연화문이 조각된 무덤의 뚜껑이 발견된 바 있다. 그리고 결정적으로 프린더스 페트리(Flinders Petrie)에 의하면 이집트의 중왕조(기원전 2051년–기원전 1786년) 중 12왕조의 유물이 미노아 문명의 것과, 미노아 문명을 이은 그리스 본토의 미케네(Mycaenae 기원전 1600년–기원전 1200년 또는 기원전 1550년–기원전 1000년) 문명의 토기와 이집트의 신왕조(기원전 1567년–기원전 1085년) 18왕조 말의 유물이 교역에 의해 서로 공반하고 있음이 확인되고 있다. 후자의 경우 이집트의 아케나텐 또는 아멘호텦 4세 왕(기원전 1380년–기원전 1360년)의 텔 엘 아마르나 유적에서 미케네 문명의 토기가 발견되고 있다. 미노아 문명에서 미케네 문명으로의 이전은 기원전 1628년(또는 기원전 1644년)에 일어났던 테라(따라, 산토리니) 섬의 화산폭발과 그로 인해 적어도 10회 이상 야기된 쓰나미(津波, 津浪, 海嘯) 현상이 결정적이었으며 이는 크레테 섬의 말리아(Mallia) 궁의 발굴에서 확인되었다. 그리고 이집트인들이 당시 화산폭발의 재해로 구원의 손길을 바랬던 Crete인(프라톤이 티마이오스/Timaeus에서 아테네의 집정관인 솔론/Solon의 말을 인용해 이집트인들은 크레테 인들을 people of Atlantis라고 부름)들을 'Kepchu(깹추)'라 부르고 있음이 Ahmose I세(기원전 1550년–기원전 1525년, 18왕조 초대 파라오) 때의 Ipuwer Papyrus[The Admonitions of Ipuwer/The Dialogue of Ipuwer and the Lord of All. 네덜란드 라이덴 소재 국립고대박물관/the Dutch National Museum of Antiquities in Leiden 소장/Leiden Papyrus 344, Ipuwer Papyrus Berlin Museum 3024] 등의 기록에서 확인되고 있기 때문이다. 그 후 미케네 문명에서 파견된 관리들에 의해 미노아 문명이 다스려지다가 서서히 미케네 문명에 통합·흡수되었다고 한다. 이는 그리스의 영웅 테세우스가 미노아의 공주 아리아드네의 도움으로 크노소스 궁의 미궁(labyrinth)에 들어가 미케네에서 매년 7男7女의 공물을 받아오던 미노타우루스(Minotaurus)라는 半人半牛의 怪獸를 죽임으로써 미노아 문명의 미케네 문명으로의 통합을 보여주는 그리스의 신화에서 엿볼 수 있다.

그리고 이집트를 대표할 수 있는 것 중의 하나는 George III세(서기 1760년~서기 1820년) 치세인 서기 1799년에 대영제국박물관으로 이전된 유명한 로제타 비석으로 나폴레옹의 이집트 원정군대가 나일 강 하구 서쪽의 로제타에서 발견한 현무암제 석판(Rosetta stone)이다. 이 로제타 비석은 이집트를 둘러싼 영국과 프랑스의 식민지 쟁탈전의 일환으로 서기 1798년 8월 1일 일어난 알렉산드리아 아보우키르 만(Abourkir bay) 海戰(일명 나일 강 해전)에서 프랑스 함대의 기함인 120문의 포를 장착한 로리앙(L'orien) 호를 포함한 13척이 호레이쇼 넬슨(Horatio Nelson, 서기 1758년~서기 1805년, Trafalgar 해전에서 전사) 제독이 이끈 영국함대의 집중포격을 받아 침몰해 일찌감치 끝난 영국군의 승리에 대한 전리품이 되어 지금은 대영제국박물관에 소장되어 있다. 이 비는 기원전 196년에 만들어진 프톨레미 왕조[알렉산더 대왕 사후에 부하장군들인 셀레우코스 니카도(Seleucus Nicado), 안티고니드와 프톨레미가 각각 영토를 분할하여 나라를 세웠는데 그중 하나가 알렉산드리아를 수도로 하는 프톨레미 왕조임: 기원전 304년~기원전 30년] 중 프톨레미 5세의 "여러 가지 세금을 폐하고 신전에 상을 세우라는" 칙어를 새긴 것으로 그리스어, 이집트의 민중용 문자와 상형문자 등 셋으로 구성되어 있다. 따라서 이 문자들은 프랑스의 샹포리옹(Jean François Champollion, 서기 1790년~서기 1832년)이란 학자로 하여금 이집트의 상형문자를 해독할 수 있는 실마리를 마련해 주었다. 이런 결과로 근대 이집트학의 성립이 가능하게 되었다.

이집트에서 이제까지 발견된 최대의 고고학 발견물들은 10가지를 들 수 있다[Discovery channel 서기 2008년 11월 3일(월) 방영 Egypt 10 greatest discoveries].

1) 쿠프 왕의 대피라미드 옆에서 발굴된 길이 60m, 651개의 나무 조각으로 못 없이 짜 맞추고 할파풀 줄기로 얽어 만든 목조 배는 왕의 내세를 위한 수단뿐만

아니라 오벨리스크 같은 대형화물의 운송방법도 알려주고 있다.

2) 아스완 채석장의 람세스 2세의 높이 40m, 무게 1,300톤이 나가는 오벨리스크가 미완성인 채로 채석장에 그대로 있는 것으로도 유명하다. 이로써 불을 이용해 채석하고 돌을 다듬은 이집트인의 석재를 다루는 기술을 복원할 수 있다.

3) 서기 1990년 기자에 있는 쿠프 왕의 대피라미드 앞에서 '사지'란 돌을 끄는 감독관과 '네페르티스'란 빵 굽는 인부 등의 평민무덤이 발굴되어 당시 피라미드의 축조인부들이 노예가 아닌 평민들이며, 이 무덤들을 통하여 노동자들 사이에서도 서열과 같은 사회구조와 복지차원의 피라미드 축조양상을 확인할 수 있다.

4) 서기 1922년 하워드 카터가 발굴한 투탕카멘왕의 무덤으로, 그는 18세에 요절했는데, 그의 시신은 세 겹의 관과 1ton이나 되는 순금의 마지막 내관에 안치되어 있었다. 발굴 중 무덤 내부에 파라오가 생전에 쓰던 물건으로 가득 차 있어 그것들을 치우고 정리하는 기간만 3년이 걸렸다.

5) 테베 왕가의 골짜기 근처 데르 엘 메디나(Deir el-Medina)에서 발굴된 왕묘 축조자들 280명이 살았던 평민들의 주거지로 그곳에서 나온 석회암판 위에 쓴 글들의 해석으로 당시 그들의 생활상을 알 수 있다.

6) 서기 1817년 10월 16일 지오바니 벨조니에 의해 발견된 람세스 2세의 아버지인 세티 1세의 무덤(KV 17)으로 그 속에 그려진 55m 길이의 벽화는 파라오가 죽어 내세에서 신이 되는 과정을 자세히 묘사해주고 있다.

7) 카이로에서 남쪽으로 320km 떨어진 중부 이집트 아흐밈(Akhmim) 시에서 우체국청사를 위한 공사 중 발견된 신전으로 람세스 2세와 그의 부인 메리타멘 석상 등 일부만 확인되었다. 나머지는 도시 밑에 묻혀 있다. 그러나 이 아흐밈 신전은 이곳으로부터 남쪽으로 160km 떨어진 테베 룩소르에 있는 람세스 2세의 아문라(Amun Ra) 신전과 구조와 크기가 비슷한 것으로 여겨져 원래 모습에 대한 복원이 가능하다.

8) 서기 1871년 아스완에서 지오바니 벨조니에 의해 발견된 람세스 2세의 아부심벨(Abu Simbel) 신전으로, 람세스 그 자신은 입구와 내부에서 이집트의 수호신인

Ra Horakhty, Amun Ra와 Ptah 함께 살아있는 신으로 조각되어 있다. 이곳에는 그의 부인 네페르타리(Nefertari) 왕비의 것도 확인된다.

9) 서기 1881년 프랑스 고고학자인 Gaston Maspero에 의해 발견된 기원전 930년 재매장된 람세스 1세와 2세, 세티 1세의 미라들이 확인된 데르 엘 바리(Deir el-Bahri)의 미라 은닉소(Royal cache, DB 320)가 있다. 그리고 또 다른 은닉소로 서기 1898년 프랑스 고고학자인 Victor Clement Georges Phillipe Loret(서기 1859년-서기 1946년)에 의해서 발견된 왕가의 계곡 Thutmose III세의 아들인 Amenhetep/Amenhotep/Amenophis II세(기원전 1427년-기원전 1401년/기원전 1427년-기원전 1397년)의 묘인 KV 35로, 이곳에서는 아멘호텝 3세와 그의 부인 Tiye, 투트모스 4세, 세티 2세, 람세스 2세의 아들 메렌프타, Siptah, 람세스 4세, 5세와 6세의 미라들이 확인되었다.

10) 서기 1994년 바하리야(흑사막) 오아시스에서 발견된 기원전 30년 로마의 식민지가 된 이후 그곳에 수 세대 살아오면서 이집트인의 문화에 동화되어 사체를 미라로 매장한 로마인들의 '황금의 미라계곡(Valley of golden mummies)'을 들 수 있다. 이들 모두는 이집트의 문명을 이해하는데 빼놓을 수 없는 귀중한 고고학 자료들이다.

나일 강 상류지역인 수단과 이집트 왕조와의 첫 번째 관계는 기원전 2300년경 고왕조 때로 누비아 지역이 무역으로 언급되기 시작함으로부터이다. 이집트인들은 남쪽 제 1폭포가 있는 아스완 지역에서 金, 香, 黑檀, 象牙와 열대 아프리카 지역의 귀한 동물 등을 누비아 지역을 통해 수입하였다. 6왕조 때 누비아 지역은 여러 작은 왕국들로 분열되었다. 기원전 2240년-기원전 2150년 이 지역에서 번영을 누리던 사람들은 누비아 유역의 고고학 상 Group-C로 부르는 사람들인데 이들이 외부로부터 침입자인지 그렇지 않으면 이 지역 출신인지는 아직 異見이 있다. 두 번째는 이집트 중왕조(기원전 2050년-기원전 1786년/기원전 2040년-기원전 1640년) 때로 이집트가 貿易路를 통제하기 위해 남쪽으로 세력을 확장해 제 2 폭포에까지 이르며 가는 곳곳에 요새를 세운다. 세소스트리스 III세(기원전 1878년-기원전 1803년) 때인 기원전 1864년 누비아의 금광을 완전히 장악했다. 세 번째로 케르마(Kerma) 왕국이다. 행정중심지는 제벨 바르칼(Jebel Barkal) 강남 쪽 케르마였다. 기원전 1750년경 케르마 왕국은 강해져 기념물과 같은 성벽과 흙벽돌 건물을 지을 수 있는 인력을 동원할 수 있게 된다. 그리고 死者의 來世를 위해 부장품을 많이 넣은 거대한 무덤을 세우거나 많은 人身犧牲을 일삼았다. 이 왕국을 다스리던 8명의 통치자의 것들로 생각되는 직경 약 90m의 거대한 무덤들이 아직도 존재해 있다. 야금술이 뛰어난 전문장인이 많았으며 토기의 제작수준도 이집트를 능가할 정도였다. 신왕조(기원전 1567년-기원전 1085년/기원전 1532년-기원전 1070년) 때 이집트는 다시 힘을 얻어 케르마 왕국과 그 수도를 파괴하고 남쪽으로 제 4폭포에까지 영토를 확장시켰다. 기원전 1520년 투트모세(Thutmose) I세 통치기간에 모든 북쪽의 누비아 지역을 이집트에 합병하고 나파타(Napata)에 행정수도를 두어 모든 금의 생산을 독점하였다. 네 번째는 이집트가 물러났을 때 독립적인 쿠쉬(Kush) 왕조가 들어서 이집트인의 종교를 그대로 따르고 피라미드까지 모방해 축조하였다. 신왕조가 무너지는 기원전 900년-기원전 750년경(이집트 25왕조)에는 이집트로 침입해 들어가 그곳을 통제할 정도로 강해지는 역현상까지 벌어졌다. 이 왕국은 기원전 663년 앗시리아(Assyria)의 침공으로 몰락하고 수도를 나파타에서 남쪽 메로에(Meroe)로 옮겨 왕조를 이어나갔다. 이 쿠쉬 왕국은 누비아 유역의 금광개발과 홍해(Red Sea)를 중심으로 수단, 이디오피아, 이집트 그리고 마지막 서기 1세기-4세기 멸망할 당시에는 로마와의 상아·모피·금 등의 무역으로 번영을 누렸다. 그러나 이들 정치적 실세들은 모두 나일 강 유역의 이집트 고·중·신왕조에서 파견된 관리, 귀족 또는 파라오의 왕족들의 後裔들로, 이집트의 정치적 혼란을 틈타 누비아나 쿠쉬와 같은 독립된 왕국을 세운 것이기는 하나 이집트의 문명의 충실한 傳承者라고 할 수 있겠다. 그리고 이들 왕국은 앞으로 사하라 사막 남쪽에 만들어지게 될 국가들의 範本이 되었다. 그리고 이 수단의 쿠쉬 왕국(누비아 왕국이라고도 불림)은 기원전 3세기 이후 정치에 활발하게 참여하였던 여왕 중 아마니샤케토

(Amanishakheto), 그리고 다음 통치자인 나타카마니(Natakamani, 기원전 1년-서기 20년경) 왕과 아마니토레(Amanitore, 서기 1년-서기 20년경) 여왕 부부는 단게일(Dangeil)과 나가 신전에서 제사를 지냈다. 그 흔적은 여왕의 이름이 새겨진 타원형의 카르토슈[Cartouche, 왕의 이름이 새겨진 타원형의 윤곽이며 쿠쉬 왕국의 것은 끝에 매듭의 모양이 보임. 일본에서는 왕명졸/王名枠로 번역함: 枠(桛의 약자)는 윤곽선을 의미하는 わく라는 일본 한자임]가 발견된 것으로 연유한다. 그리고 이곳 신전들에서는 이집트의 상형문자와 다른 아직 해독이 안된 쿠쉬 왕국 자체의 문자가 보이는 유물들도 출토한다. 마지막으로 이 왕국은 서기 350년경 남쪽으로 올라온 이디오피아의 악슘(Axum/Aksum) 왕국에 완전히 흡수당하였다. 최근 메로에 근처 고대도시인 단게일과 나가의 아문 신 신전에서 쿠쉬 왕국이 멸망당할 당시의 모습이 파괴된 제단, 그 안에 안치된 숫양과 나일 강의 신인 하피상의 파편 등의 발굴된 고고학 자료에 잘 나타나고 있다. 메로에에 있던 아마니샤케토 여왕의 피라미드는 서기 1834년 이탈리아 탐험가 주세페 펠리니(Giuseppe Ferlini)에 의해 발굴되었는데 그 속에서 나온 황금유물은 오늘날 독일 뮌헨과 베를린의 이집트박물관에 전시되어 있다. 행정구역상 나일 강의 상류는 즉 이곳은 누비아/Group C→세소스트리스 III세 통치→케르마(Kerma) 왕국→쿠쉬(Kush, 누비아왕국이라고도 함)→이디오피아의 악슘(Axum/Aksum) 왕국에로 흡수 순으로 발전해 왔다. 특히 Kush의 마지막 왕국의 Napatan(기원전 900년-기원전 270년)과 Meroitic(기원전 270년-서기 350년) 문화 중에서 이집트 25왕조 Taharqa/Tahaqa/Tahakos(성서의 Tirhaka, 기원전 690년-기원전 664년 재위) 왕은 이집트를 본받아 피라미드를 Napata에 건설하고, 그 후 Meroe에 수도를 옮겨 서기 300년까지 피라미드 축조가 이어진다. 특히 수단의 Gebel Barkal의 피라미드는 서기 1916년 하버드 대학교 George Andrew Reisner 교수가 Boston Museum of Fine Arts와 합동으로 발굴을 시작하였는데 유적들의 숫자는 기자의 것보다 많으나 규모가 작고, 피라미드 내부에 묘실이나 통로가 없이 시신은 주위에 따로 설치한 석실에 모시는 것이 달랐다. 그리고 Taharqa 왕은 기원전 671년 Assyria의 Esarhaddon 왕에 의해 축출되었다. 현재 대영제국박물관에는 Taharqa/Tirhaqa

의 선왕인 샤바카(Shabaka, 기원전 721년-기원전 706년)의 石板이, 하버드 대학 피버디 박물관에는 Shebiktu(기원전 703년-기원전 690년) 왕의 두개골이 보관되어 있다. 그리고 Boston Museum of Fine Arts에는 Kush 왕조의 아스펠타 왕(Aspelta, 기원전 593년-기원전 568년)의 石棺이 전시되어 있다.

그러나 무엇보다도 중요한 이집트 문명의 특성 중의 하나는 건축물이나 예술 양식 등에서 보이는 획일성(canon)이다. 이는 피라미드의 기하학적 구조, 벽화나 조각의 동일한 양식과 일정한 신체의 비율을 잘 알고, 측면상의 인물상의 제작에서도 잘 나타난다. 이러한 것을 바탕으로 한 영생불멸과, 고립되고 보수적인 파라오의 전제왕권 또는 중앙집권(centralized state)이 전통과 관례에 따라 통치했던 제사장이나 세습관료들의 능률적인 도움으로 세계에서 유래 없는 3,000년이라는 긴 시간을 지속할 수 있었다는 점이다. 그리고 왕족들 사이에서 近親相姦이 이루어졌는데 이는 재산의 상속이 모계(matrilineal inheritance)로 이루어진 것과 무관하지 않다. 고립(isolation), 기원전 3000년-기원전 30년까지의 약 3,000년간 오랜 전통의 지속(continuity)과 보존(conservation)이 이집트 왕조를 대표하는 단어들인 것이다.

별표 1: 'Tombs in the Thebes, Valley of the Kings'와 Wikipedia의 'List of burials in the Valley of the Kings'에 보이는 테베 왕묘의 골짜기 KV(Valley of the Kings)와 WV(Western Valley), TT(Thebean Tomb)에 이제까지 발견된 신왕조(18-20왕조)의 무덤과 주인공들은 다음과 같다.

#	Pharaoh	Notes	Dynasty
KV 1	Ramesses VII		20th
KV 2	Ramesses IV	papyrus plan exists	20th
KV 3	son of Ramesses III		20th
KV 4	Ramesses XI		20th

KV 5	sons of Ramesses II		19th
KV 6	Ramesses IX		20th
KV 7	Ramesses II(DB/Deir el-Bahri 320으로 이전)		19th
KV 8	Merenptah		19th
KV 9	Ramesses V and VI	Greek tomb of "Memnon"	20th
KV 10	Amenmesse		19th
KV 11	Ramesses III	begun by Sethnakht crosses Ramesses VI tomb	20th
KV12	anonymous		
KV 13	Chancellor Bay		19th
KV 14	Tawosret and Seti II, usurped by Sethnakht		19th
KV 15	Seti II		19th
KV 16	Ramesses I	excavated 1817	19th
KV 17	Seti I	excavated 1817	19th
KV 18	Ramesses X		20th
KV 19	Ramesses VIII	excavated 1817	20th
KV 20	Thutmose I, Hatshepsut	first tomb in the valley, excavated 1799	18th
KV 21	queens (2)	excavated 1817	18th
WV 22	Amenhotep III	Western Valley, excavated 1799	18th
WV 23	Ay	Western Valley, originally for Tutankhamun	18th
WV 24	anonymous	Western Valley	
WV 25	possibly Akhenaton	Western Valley, excavated in 1817	18th
KV 26	unknown	excavated 1898	

KV 27 family tomb   excavated 1898   18th

KV 28   excavated 1898

KV 29   excavated 1899

KV 30 family tomb   excavated 1817   18th

KV 31   excavated 1817

KV 32   excavated 1898

KV 33   excavated 1898

기원전 8세기경 25왕조 異民族의 파라오 Psam-
metik I세(Saitic Dynasty) 밑에서 일하던 영향력
있는 사제 겸 학자인 Petamenophis(Padiameno-
pea)의 무덤

KV 34 Thutmose III   excavated 1898   18th

KV 35 Amenhotep I   excavated 1898   18th

(Amenhotep II세의 것으로 미라 은닉소)

KV 36 Mahirpra   excavated 1899

KV 37 anonymous   excavated 1899 relocated   18th
                            Thutmose III from KV 20

KV 38 Thutmose I   excavated 1899

KV 39 Amenhotep I(possible) excavated 1899   18th

KV 40 anonymous   excavated 1899

KV 41 anonymous   excavated 1899

KV 42 Hatshepsut–Merytre   excavated 1900   18th

(wife of Thutmose II)

KV 43 Thutmose IV   excavated 1903   18th

KV 44 18th dynasty   contains Tentkaru of XXII Dynasty,
                            excavated 1901

KV 45	Userhet	excavated 1902	18th
KV 46	Yuya and Thuya	parents of Queen Tiye, excavated 1905	
KV 47	Siptah	excavated 1905	19th
KV 48	Vizier Amenemopet	excavated 1906	18th
KV 49		excavated 1906	18th
KV 50	animal burials(52)	excavated 1906	
KV 53		excavated 1905/6	
KV 54	Tutankhamun cache	excavated 1907	18th
KV 55	Amarna cache	possibly Akhenaton or Tiye, excavated 1907	18th
KV 56	Jewelry cache	"Gold Tomb" from Seti II and Tawosret, excavated 1908	
KV 57	Horemheb	excavated 1908	18th
KV 58		excavated 1908	
KV 59		"tomb commencement" pit	
KV 60	Sit-Ra(In) and Hatshepsut	excavated 1903	18th
KV 61		excavated 1910	
KV 62	Tutankhamun	originally Ay, excavated 1922	18th

별표 2: 이집트 신왕조(18-20왕조)의 파라오들: 이집트의 王朝史는 주로 기원전 3세기경 프톨레마이오스 왕조 때 그리스와 이집트인의 혼혈인 마네토(Manetho, 기원전 270년)라 불리는 사제에 의해 다시 작성된 왕들의 이름과 재위기간에 대한 기록에 주로 의존한다. 이 마네토 법전에는 기원전 1250년 19왕조에 관한 파피루스의 기록으로 이집트 통일 이전에서부터 신왕조에 이르는 파라오 전체의 이름

이 나열되어 있다. 이집트의 왕조사는 아래와 같다.

18th 왕조(기원전 1550년-기원전 1295년)

· Ahmose

· Amenhotep I

· Thutmose I

· Thutmose II

· Hatshepsut

· Thutmose III(KV 35, 미라 은닉소)

· Amenhotep II(KV 35, 미라 은닉소)

· Thutmose IV(KV 35, 미라 은닉소)

· Amenhotep III(KV 35, 미라 은닉소)

· Amenhotep IV(수도를 아마르나로 옮김)

· (Akhenaten)

· Neferneferuaten

· Tutankhamen

· Ay

· Horemheb

19왕조(기원전 1295년-기원전 1186년)

· Rameses I(DB/Deir el-Bahri 320, Royal cache 미라 은닉소)

· Seti I(DB 320, 미라 은닉소)

· Rameses II(DB 320, 미라 은닉소)

· Merenptah(DB 320, 미라 은닉소)

· Amenmessu

· Sety II(DB 320, 미라 은닉소)

· Saptah

· Tausret

20왕조(기원전 1186년-기원전 1069년)

· Setnakht

· Rameses III

· Rameses IV(DB 320, 미라 은닉소)

· Rameses V(DB 320, 미라 은닉소)

· Rameses VI(DB 320, 미라 은닉소)

· Rameses VII

· Rameses VIII

· Rameses IX

· Rameses X

· Rameses XI

참고문헌

국립중앙박물관

  2009 파라오와 미라, 서울:(주)CSD

신복순

  2005 이집트의 영광, 서울: 경희대학교 출판국

키릴 알드레드(신복순 옮김)

  1996 이집트문명과 예술, 서울: 대원사

최몽룡

  1992 미이라의 수수께끼, 과학동아 10월호, 서울: 동아일보, pp.80-85

  1994 피라미드-고고학 여행 2- 전망 2, 서울: 대륙연구소, pp.152-158

  1997 도시·문명·국가-고고학에의 접근-(대학교양총서 70), 서울: 서울대학교 출판부

브라이언 M. 페이건(강미경 옮김)

  2004 고대세계의 위대한 발명 70, 서울: 랜덤하우스코리아

조르조 페레로(김원욱 옮김)

  2007 이집트, 세계 10대 문명 시리즈(1권), 서울: 생각의 나무

Bailloud, Gérard·Boujot, Christine·Cassen, Serge and Le Roux, Charles-Tanguy

  1995 *Carnac*, Paris: Caisse Naionale des Monuments, Historique et des sites

Bard, Catherine

  2000 The Emergence of the Egyptian State(c.3200-2686 BC), *Oxford History of Ancient Egypt*, Oxford University Press: Oxford

Bradly, Richard

  2002 *The Past in Prehistoric Societies*, Routledge: London

Breasted, James Henry

  1966 *The Ancient Near East*, Boston: Ginn and Company

Brown Peter Lancaster

  1976 *Megaliths*, Myth and Men, New York: Harper Colophon Books

Burl, Aubrey

  1976 *The Stone Circles of the British Isles*, New Haven: Yale University Press

Camp, L. Sprague de

  1963 *The Ancient Engineers*, New York: Ballantine Books

Carter, Howard

  1972 *The Tomb of Tutankhamen*, Great Britain: Sphere Books

Clottes, Jean

    1977 *Inventaire des Mégalithes de la France*, Paris: Éditions du Centre Nationale de la Recherche Scientifique

Daniel, Glyn

    1962 *The Megalith Builders of Western Europe*, Harmondsworth: a Pelican Books

    1980 Megalithic Monument, New York: *Scientific American*, vol. 243, no.1, pp.78–90

J. D. Evans

    1960–1 La civilización de las islas maltesas y sus relaciones con las demás culturas con arquitectura egalítica en la cuenca occidental del Mediterráneo, Barcelona: *Ampurias*, pp.129–140

Giot, Pierre-Roland

    1997 *La Bretagne des mégalithes*, Paris: Quest–France

I. E. S. Edwards

    1978 *The Pyramids of Egypt*, Great Briatin: Hazel Watson & Viney Ltd., A Pelican Original

Handingham, Evan

    1975 Circles and Standing Stones, New York: Walker and Company

Hawkes, Jacquetta

    1986 *The Shell Guide to British Archaeology*, London: Michael Joseph

Holt, Etelka

    1975 *The Sphinx and the Great Pyramid*, Los Angeles: Summit University Press

Hoyle, Fred

    1977 *On Stonehenge*, San Francisco: W.H. Freeman and Company

Hawkins, Gerald S.

    1965 *Stonehenge Decoded*, New York: Dell Publishing Co.

    1973 *Beyond Stonehenge*, New York: Harper & Row

Heyerdahl, Thor

    1973 *The Ra*, Harmondsworth: Penguin Books

Lamberg-Karlovsky, C.C. and Sabloff, Jeremy A.

    1974 *The Rise and Fall of Civilizations*, California: Cummings Publishing Company

    1979 *Ancient Civilization—The Near East and Mesoamerica*, California: The Benjamin/Cummings Publishing company, Inc.

Joussaume, Roger

    1987 *Dolmens for the Dead*, London: B.T. Batsford

Martin Richard A. & Silverman David D.

    1976 Mummies, *Anthropology* no.36, Chicago: Field Museum of Natural History

Mendelssohn Kurt

    1974 *A Scientist Looks at the Pyramyds*, in The Rise and Fall of Civilization California: The Benjamin/Cummings Publishing company, Inc. pp.390–402

Midant-Reynes, Beatrix

    2000 The Naqada Period(c.4000–3200 BC), *Oxford History of Ancient Egypt*, Oxford University Press: Oxford

O' Kely, Michael J.

    1982 *Newgrange*, London: Thames & Hudson

Par Stepanie Pioda

    2010 *Louvre Expositions: Méroé–Un empire sur le Nil–* Dijon: Dossiers d'Archéologie, H.–S. no.478–juin 2010–6 pp.16–25

Pautreau, Jean-Pierre and Mataro I Pladelasala, Montserrat

    1996 *Inventaire des Mégalithes de France*, Paris: La Vienne

Renfrew, Colin

    1979 *Before Civilization*, Cambridge: Cambridge Universiry Press

Roberts, David

    1995 Age of Pyramids, Washington D.C.: *National Geographic* vol.187, no.1, pp.1–43

Sackho-Autissier

    2010 *La Civilization De Méroé, Méroé Au Louvre*, Dijon: Dossiers d'Archéologie, H.–S. no.18 pp.4–7

Scientific American

    1982 *Archaeology: Myth & Reality*, San Francisco: W.H. Freeman

Shaw, Ian

    2000 Introduction: Chronologies and Cultural Changes in Egypt, *Oxford History of Ancient Egypt*, Oxford University Press: Oxford

    2004 *Ancient Egypt: A Very Short Introduction*, Oxford University Press: Oxford

Stierlin, Henri ed.

    1963 *Egypt*, Germany: Benedikt Taschen

The British Museum

    1975 *Introductory Guide to the Egyptian Collections*, London: British Museum Publications Limited

A.R. Williams

    2005 *King Tut*, Washington D.C.: National Geographic vol.187, no.6, pp.2-22

Wendorf Fred et al.

    1979 Use of Barley in the Egyptian Late Palaeolithic, *Science*, september vol. 205 no. 4413. pp.1341-1347

Wilson, John A.

    1968 *The Culture of Ancient Egypt*, Chicago: The University of Chicago Press

Wooley, Leonard

    1968 *A Forgotten Kingdom*, New York: The Norton Library

辽宁文物考古研究所

    1994 遼東半島石硼, 瀋陽: 辽宁科學技術出版社

日本 Pharaoh Committee

    1994 國立カイロ博物館展 '古代 エジプト文明と女王', 日本: 三映印刷株式會社

櫻井淸彦 編集

    1997 世界の大遺跡 2 ナイルの王墓と神殿, 東京: 講談社

3. 인더스 문명

이집트 문명에 이은 세계 세 번째의 문명(灌漑文明)인 인더스 문명(멜루하/Meluhha 로 불리던 지역, 기원전 2500년-기원전 1800년)은 그 요소로서 현재 서 파키스탄에 있는 하라파와 모헨죠다로의 도시유적뿐만 아니라 문자, 도량형, 도상(圖像), 물소나 一角獸의 문양이 있는 인장과 관개농업 등을 포함하고 있다. 서기 1921년부터 서기 1946년에 이르기까지 존 마샬 경(Sir John Hubert Marshall), 멕케이(Mackay, Ernest John Henry), 모티머 휠러 경(Sir Mortimer Wheeler)과 데일스(Dales George F.)에 의해 이 두 유적이 대규모로 여러 번 발굴되었다. 그러나 이제까지 인더스 문명은 기원전 1800년 아리안(Aryans)족의 침입 이전에 드라비다족(Dravidian)에 의해 존속했고, 또 기원전 3400년-기원전 3200년 현 이란의 수사에 중심을 둔 엘라마이트(Elamite) 문명에 속하던 테페 야야(Tepe Yahya) 유적과 기원전 2325년 성립한 사르곤 왕의 아카드의 지배 하에 있던 수메르 지역과 곡물, 건어물, 홍옥수(carnelian), 청금석(琉璃, lapis lazuri), 동석(凍石, steatite seals에 사용), 설화석고, 주석, 구리, 금과 은 등의 교역이 많았던 정도가 단편적이기는 하지만 새로운 고고학적 자료에 의해 알려지고 있을 뿐 그 외에 별다른 연구가 없는 수수께끼의 문명이다. 이것은 인더스 문명에 상형문자가 있었지만 아직까지 해독되지 않고 있기 때문이다.

아리안족은 기원전 2000년 말 서북쪽으로부터 이란과 인도를 침입한 印歐語族 중의 하나로 침입 후 그들이 만들어낸 서사시와 같은 기록 중의 하나인 리그베다 (Rig-Veda)에 잘 나타나고 있다. 그러나 현재 이들의 정확한 기원은 잘 알려져 있지 못하다. 마리아 김부타스(Marija Gimbutas)에 의하면 이들은 印歐語(인도-유러피안 언어)를 쓰며, 폴란드, 체코와 북부 독일의 비스툴라(Vistula)와 엘베(Elbe) 강 유역에 살던 繩文土器文化(Corded ware culture)에서 기원하여 기원전 2400년-기원전 2200

년경 동쪽으로 유라시아 고원으로 들어가 쿠르간(kurgan) 봉토분을 형성하던 스키타이(Scythia)종족이나 남쪽으로 그리스에 들어간 아카이아나 도리아(Doria)족과 같은 일파로 생각된다. 여하튼 이들 아리안족의 침입에 의해 인더스 문명이 멸망했고, 이에 따라 드라비다족의 내륙으로의 이동과 철기문화와 지석묘가 파급되었다고 하는 설이 있어 왔으나, 이것은 서기 1920년대 모헨죠다로 유적의 발굴 당시 인골 30구와 그 후 서기 1924년에 5구가 더 추가된 미미한 정도의 빈약한 증거를 보

인더스의 왕 겸 제사장
[Sir Mortimer Wheeler의 Civilizations of the Indus Valley and Beyond(1966) 42쪽에서 인용]

여주기 때문에 현재 설득력이 그리 높지 못하다. 그러나 그들의 언어는 가장 동쪽에 존재하는 인도-유러피안어(인구어) 계통이지만 초기의 산스크리트어(Sanscrit/Sanskrit, 梵語) 형태로 남아 있는 언어를 볼 때 본래의 모습과는 많이 다르다. 한편 드라비다어는 남부 인도의 언어로 이란이나 아리안과 같은 인구어족의 침입 이전에 인도에 이미 정착해 있었다. 이 언어는 현재 인도 중앙, 동쪽 해안지구, 세이론과 동쪽 발루치스탄(현 파키스탄, Baluchistan) 지역에서 사용되고 있다.

　인도의 거석문화 중 지석묘에 대하여는 인더스 문명에 관한 유적들의 발굴이 시작되던 1920년대부터 알려져 왔으며 서기 1959년 휠러경(Sir Mortimer Wheeler, C. I. E.)의 책에서도 구체적으로 소개되어 있다. 그 유적의 중심연대는 기원전 200년 −서기 1세기경으로 추정되었다. 그러나 최근의 견해는 기원전 1000년경에서 지석묘가 처음 보이며 그 중심연대는 기원전 250년경 정도로 언급되고 있다. 마우리아 왕조(기원전 317년–기원전 186년) 중 아쇼카 왕(기원전 268년–기원전 232년) 때와 그 하

한연대가 겹치고 있다. 거석문화는 칭레푸트의 만두란타캄 타루크(Mandurantakam taluk)의 스톤서클(stone circle)을 비롯하여 치투르의 티루베란가두(Tiruvelangadu), 북아르코트의 벤구파투(Vengupattu)와 치탈드루그의 브라마기리(Brahmagiri) 등 주로 남부 인도에 널리 퍼져 있다.[28] 그중 지석묘는 크게 1) 큰 원형의 封土하에 板石으로 짜여진 石室形(megalithic cist)인데, 입구 쪽의 판석에는 銃眼과 같은 구멍(port-hole)과 연도(passage)가 있으며, 또 석실 내에는 二次葬으로 인한 여러 體分의 人骨이 들어가 있는 형식과, 2) 큰 板石으로 짜여진 記念物로 그 안에는 테라코타(terra-cotta, 1000℃이하에서 구워짐)로 만들어진 관(sarcophagus)이 놓여 있는 두 가지의 형식이 존재한다. 전자의 총안이 있는 판석이 달린 석실은 요르단의 알라 사파트(Ala-safat)와 코카사스(Caucasus) 지역의 파차계곡(Pacha valley)에서 그 기원을 확인할 수 있다. 지석묘의 自生과 起源說은 앞으로의 연구과제이다.

지금까지 알려진 인더스 문명의 편년은 아래와 같다.

기원전 5000년 라자스탄 바고르 유적: 양과 염소 사육

 3500년 촌락사회: 칼리방간과 코트 디지 유적에서 밀과 보리 재배

 2500년 발루치스탄(하라파 전기) 유적

 하라파(기원전 2350년–기원전 1800년)

 모헨죠다로(기원전 2300년–기원전 1750년)

 2325년 아카드 사르곤 왕 지배하의 수메르와의 교역

 1800년 아리안족의 침입, 지진과 한발이 심함

 1500년 간지스 계곡의 도시화(기원전 1500년–기원전 600년)와 소국의 성립

 900년 드라비다족에 의해 내륙으로 지석묘와 철기문화의 전파(기원전

---

28) 인도 마라유르(Marayur/Marayoor Munnar, Kerala state, South India)에서 4매의 판석으로 개석을 지탱하는 한국의 북방식과 닮은 여러 기의 지석묘가 발견되며 이들의 재료는 花崗岩(hard granite)이다. 이들의 연대는 석기시대에서 철기시대 사이로 추정된다[3. Marayoor Dolmens, India, 10 Ancient Mysteries of Asia (Part 2) 서기 2011년 10월 10일(월)].

10세기경-기원전 250년경)

623년 석가모니의 탄생. 그의 입멸 연대는 夏安居로 본 衆聖点記說[曆

大三寶記: 이는 중국 南齊 永明(서기 483년-서기 493년) 7년 기원전 489년 부처님의 입멸 후 매년 실시하는 하안거의 숫자가 975점이 찍힌 책]에 의해 기원전 485년 설과, 아쇼카 왕(阿育王)이 세운 石柱說에 의한 기원전 467년이 있다. 현재는 서기 1956년 네팔 카트만두에서 열린 세계 4차 불교대회에서 서기 1956년을 佛紀 2500년으로 공식 인정함에 따라 석가모니가 기원전 544년 2월 15일 80세로 입적(입멸)한 것으로 인정(기원전 623년 4월 8일 탄생-기원전 544년 2월 15일 입적. 서기 2012년이 佛紀 2556년임)

516년 페르시아(다리우스 1세)의 침입(아케메니드 왕조: 기원전 559년-기원전 331년 존속)

338년 그리스 케로네아(Chaironeia) 전투로 마케도니아 제국(기원전 338년-기원 전 146년)의 성립

327년 마케도니아 제국(기원전 338년-기원전 146년) 알렉산더 대왕의 침입: 간다라(Gandhara, 현 페샤와르), 마니키알라(Manikiala)와 페샤와르(Peshawar) 지역에 그리스 미술양식의 보급되었다. 헬레니즘시대(기원전 304년-기원전 30년)에 간다라(Gandhara) 미술양식이 탄생하였다. 기원전 323년 6월 10일 알렉산더 대왕(기원전 356년-기원전 323년)의 病死 後 부하장군인 셀레우코스 니카도에 의해 셀레우시드 왕조 성립(기원 전 304년-기원전 65년)되었다. 그리스계 박트리아 왕국에 의해 인더스 남쪽 탁실라와 마니키알라(Manikiala) 지역에까지 헬레니즘 문화의 전파가 이루어졌다. 이러한 역사적 배경으로 Magna Graecia(기원전 600년-기원전 500년), 고전그리스[기원전 500년-기원전 338년, 케로네아(Chaironeia)전투], 마케도니아 제국(기원전 338년-기원전 146년), 헬레니즘[기원전 304년

-기원전 30년, 이 기간에 파키스탄의 페샤와르(Peshawar) 지방을 중심으로 간다라 미술양식이 새로이 생겨났다], 프톨레미 왕조(기원전 304년-기원전 30년), Graeco-Roman(기원전 146년-서기 14년)과 이어지는 Pax-Romana(서기 14년-476년)라는 문화사적 용어가 새로이 만들어지게 되었다. 서기 1978년 11월 15일 소련 고고학자 사리아니디(Viktor Sarianidi/Viktor Sariyanidis)에 의해 북부 아프가니스탄 소재 Bactria(Balkh) 왕국(기원전 256년-기원전 135년, Diodotus I Soter 왕: 기원전 256년-기원전 235년 재위)의 후계자인 쿠샨 왕국(기원전 135년-서기 241년까지 점령)의 왕족의 공동묘지가 틸리야 테페(Tiliya/Tilla tepe, 황금의 언덕)에서 6기 발굴되었고, 이곳에서 Graeco-Bactria 계통의 황금유물 20,600점이 출토되었다. 이곳 4호 무덤에서 불교와 관계된 금화가 나와 기원전 2세기 중반에서 기원전 1세기 초의 후기 쿠샨 왕조 때 왕족의 대규모 공동묘지(necropolis)로 밝혀졌다. 박트리아 지역은 Tillya/Tilla tepe 이외에도 Fuloi, Aï Khanoum, Begram을 포함한다.

323년 알렉산더 대왕[기원전 356년-기원전 323년 6월 10일 헬레보레/Hellebore(헬레보레, 미나리아재비과 식물) 중독사함. 또는 학질/malaria에 걸려 사망하였다는 설도 있다.]

269년 챤드라 굽타 마우리야(Chandragupta Maurya, 기원전 340년경에 태어나서 기원전 320년경-기원전 298년경 재위)의 마우리야 왕조(Mauryan dynasty, 기원전 321년-기원전 185년) 중 아쇼카 왕(Ashoka/Aśoka the Great, 기원전 304년경-기원전 232년경, 기원전 269년경-기원전 232년경 재위) 때 간다라 지역에 불교 전래 시작.

서기 45년 쿠샨 왕조[Kushan, 기원전 2세기경-서기 3세기경, 북부 아프가니스탄 소재 Bactria(Balkh) 왕국(기원전 256년-기원전 135년, Diodotus I Soter 왕: 기원전 256년-기원전 235년 재위)의 후계자인 쿠샨 왕국(기원전 135년-서기 241

년까지 점령]는 오늘날 우즈베키스탄을 거점으로 활약하고 페르시아의 拜火敎를 신봉하던 유목민족으로 아프카니스탄의 바미얀 유적[간다라 계통의 카로슈티/Kaharosthi 문자로 써진 만 점 이상의 貝葉經片이 발견되었다. 패엽경은 패트라(pattra)라고 불리는 식물에 송곳 같은 뾰족한 필기구로 홈이 파이도록 쓴 다음 그 위에 숯과 코코넛 기름을 섞은 먹물을 부어 문지르고 천으로 닦아 파진 홈에 잉크가 스며들도록 한 것으로 한 군데 구멍을 뚫어 실로 엮어 한 묶음의 경전으로 만든 것이다.]과 파키스탄의 페샤와르까지 세력을 미쳤고 카니슈카 왕(Kanishka, 서기 1세기 말–서기 2세기 초/중엽) 때 가장 융성하여 남쪽의 불교를 받아들여 그리스의 미술과 결합하여 오늘날의 간다라 미술을 만들어 내게 되는 동시 그의 통치권 강화에도 이용하였다. 이곳을 기점으로 원시불교나 부파불교에서는 없는 부처님을 神像化한 佛像이 처음 나타나는 大乘佛敎(Mahayana)가 티베트 중국 일본과 한국에까지 퍼져나갔다. 간다라(Gandhara) 미술양식(기원전 304년–기원전 30년)은 우즈베키스탄의 달베르진 테페(tepe), 아프카니스탄의 하다(Hadda, 불상의 좌우에 알렉산더 대왕과 그리스의 헤라클레스가 脇侍佛로 三尊佛의 형태를 이룬 Graeco-Buddhism像이 발견됨), 파키스탄의 시르캅(Sirkap, 방격형의 도시 구조를 갖춘 그리스형 도시) 유적과 페샤와르의 라니갓(Ranigot) 사원 유적에서 발견되는 유물에서 잘 보인다. 이 간다라 미술과 대승불교의 탄생은 쿠샨족의 내세관과 불교의 일치에서 찾기도 한다. 또 拜火敎의 불꽃 숭배가 불상의 火焰文으로 나타나는 것도 이곳에서 비롯된다. 쿠샨 왕국은 로마제국과 중국 한나라 사이 무역(silk road, caravan routes)의 중간 요충지에 자리 잡아 부를 축적했다. 쿠샨 왕국이 지배하던 다민족의 문화 융합은 카니슈카 왕이 새겨진 금화의 뒷면에 인도의 시바신, 그리스의 아이올로스(아네모스, 바람의 신)와 페르시아의 미트라 신(태양신)이 새겨진 것에서도 확인할 수 있다. 그리고 카니슈카 왕은 자신의 옷 표면에 자신을 대왕(인도), 태왕(중국), 왕 중의 왕(이란)이란 명칭을 새겨 넣기도 하였다.

320년 굽타 왕조 시작(서기 320년-서기 600년): 아잔타 석굴의 조성으로 잘 알려져 있다. 아우랑가바드 지구 잘가온 시 마하라쉬트라에서 40㎞ 떨어진 곳에 위치한 아잔타 동굴의 조각과 벽화는 찬드라 굽타의 마우리아 왕조시대(기원전 317년-기원전 186년)의 아쇼카 왕(기원전 286년-기원전 232년) 때보다 1세기 늦은 기원전 2세기 초-기원전 1세기에 시작하여 굽타 왕조 시대(서기 320년-서기 600년)인 서기 5세기-서기 6세기까지 계속 조성되어 크게 발달하였다.

571년 마호메트 탄생(서기 571년-서기 632년, 62세), 서기 651년 7대 칼리프 오스만의 코란(Koran, Qur'an, Quran)편찬위원회에서 오늘날의 코란 경전이 완성됨

750년 북부, 데카와 남부지방에 소국 형성

1200년 무슬림 통치 기간(서기 1200년-서기 1526년), 굽타 왕조의 해체 후 지방에 각각의 왕조가 나타나며 그중 서기 10세기-서기 12세기 Chandella 왕국(수도는 Khajuraho임), 서기 16세기-서기 17세기 Bundella 왕국(수도는 Orcha임)이 대표적이다. 그리고 남부 인도에서는 현 Tamil Nadu 주 탄자부르(Thanjavur) 현의 중요도시인 Thanjavur(Tanjore)를 중심으로 Cholas 왕조가 들어서 종교의 중심지 역할을 하였는데 그 대표적인 사원이 Rajaraja Chola I세가 서기 1010년경에 세운 男根像과 시바 신을 모신 Briha dishwara(Brihadishvara)이다. 이후 Thanjavur 시는 다음 왕조인 Pandyas(수도는 Madurai)가 들어섰을 때에도 Vija yanagar 제국의 영역으로 서기 1350년 대규모의 사원이 들어섰다. 그리고 이 시는 포르투갈, 아랍상인들과 꾸준히 교역을 계속 하다가 서기 1674년 마라타스(Marathas) 왕조에 복속, 서기 1749 년 영국과 처음 접촉을 가지고 Maratharajas왕은 영국 동인도 회사(British East India company)가 설립되는 서기 1799년까지 왕 국을 유지하였다. 서기 1855년(빅토리아 여왕의 서기 1837년-서기 1901년 재위 때이며 그녀는 인도의 여왕/Empress of India을 서기 1876년-서 기 1901년에 재위)에는 영국의 식민지가 되었다.

1526년 모굴/무갈 제국[서기 1526년-서기 1707년 6대 아우랑제보 왕 때 이미 망하 나 서기 1857년 영국군에 의해 합병될 때까지 티푸 왕국(서기 1799년-서기 1858 년) 술탄 세링가의 파탐 전투 등의 저항으로 명맥을 유지함]. 5대 샤 자한 왕 (서기 1628년-서기 1658년)과 부인 뭄타즈[아르주망 바누 베굼(Arjumand Banu Begum)]의 타지마할 영묘를 건립(서기 1631년-서기 1645년)

1857년 영국의 인도 병합

1947년 인도·파키스탄 독립

이제까지 발굴·조사된 인더스 문명과 관련된 6개의 중요한 중심지(urban centers) 는 파키스탄의 파키스탄의 하라파(Harappa), 모헨조다로(Mohenjo Daro), 가네리와 라(Ganeriwala) 유적, 인도의 라키가리(Rakhigarh), 로탈(Lothal)과 돌라비라(Dhollavira) 유적이다. 돌라비라 유적은 구자라트(Gujarat) 주 쿠치(Kutch) 지구의 카디르(Khadir) 섬에 위치하며 지금은 수로가 변경되거나 말라붙은 카하하크라(Khahakra: 간지스, 인더스 강과 함께 삼대 강 중의 하나임) 강의 지류이며 7월 몬슨(monsoon) 雨期 때만 강물 이 생기는 만사르(Mansar, 북)와 만하르(Manhar, 남)에 둘러싸여 있다. 이 유적은 기 원전 2900년에 처음 나타나며 기원전 2100년경부터 망하기 시작하여 기원전 1450 년경 이후에는 폐허가 되었다. 기원전 2300년-기원전 2000년경이 이 유적의 전 성기로 보인다. 이 유적은 현지에 사는 샴부단 가다비(Shambhudan Gadhavi) 박사에 의해 발견되었으며, 그의 꾸준한 유적의 중요성이 강조되어 발굴은 서기 1989년 Lal. R. S. Bisht 박사의 지휘 하에 인도고고학연구소(Archaeological Survey of India)에서 수행하였다. 이곳은 구자라트, 신드(Sindh), 펀잡(Punjab)과 서부아시아의 무역중심지였다. 특히 이곳 工房에서 발견되는 완성된 홍옥수(carnelian) 장신구들은 아랍 에미리트(United Arab Emirates: U.A.E)의 Abu Dhabi(화이라카)와 바레인(딜문) 지역으로 팔려나갔다. 물론 공방과 무역은 國營/專賣로 운영되었을 것이다. 아라비아와 바레인에서는 돌라비라 산의 홍옥수로 만든 장신구와 함께 印章이 발견되고 있다. 유적의 규모는 넓이 100㏊, 폭과 길이는 771m×길이 616m 이른다. 유구는 성채, 중간마을과 아래 마을의 세 지구이며 높은 성채는 이중으로 요새화되었다. 그리고 이 성채 안에는 'bailey'(성채의 안마당)라 부르는 곳이 있어 신분이 높은 고위층이 살았던 것으로 짐작된다. 높이 15m의 석벽으로 이루어진 성벽 안은 48㏊에 이르며 그 안에서 직경 4.2m의 우물과 목욕탕도 발견된다. 이 성채에는 빗물까지도 받아 모을 수 있는 수로를 포함한 여러 가지 장치도 발견되었다. 이는 모헨조다로 유적의 목욕탕, 라쟈스탄(Rajasthan) 주 푸시카르(Pushkar) 호수의 브라마 가트(Brahma Ghat, 물가의 계단), 바나라시(Vanarasi) 시 간지스(Ganges) 강가의 다사와메드 가트(Dasaswamed/Dasaswameth Ghat), 마니카르니카 가트(Manikarnika Ghat), 다르산 가트(Darshan Ghat), 그리고 카트만두의 파슈파티나트(Pashupatinath) 등이 인더스 문명 이래 지금까지 내려오는 물에 대한 일관된 숭배인 沐浴과 火葬風習에 대해 잘 알려주고 있다. 正門으로 생각되는 북벽에는 아직 해독되지 않은 3m 폭 안에 수정으로 조각해 붙인 10개의 글자가 든 문자판이 발견되었다. 이제까지 인더스 문자는 모두 386개(자)가 확인되었으나 지금까지 해독이 되지 않고 있다. 성채 주위에서 발굴된 16개의 인공 저수조는 암반을 폭 25m를 파 만든 것으로 몬순 우기 때 내린 빗물을 받아 저장하였던 곳으로 여겨진다. 이 돌라비라 유적은 멀리서 보면 한마디로 湖上住居의 형태를 취했을 것이다. 전체적으로 보면 이 저수조는 빗물을 받아 저장하기 위한 高低의 차가 13m에 이르는 정교한 시설이다. 이 돌라비라 유적의 멸망은 지금은 사라진 카하하크라 강의 수원지가 마르거나 水

路의 변경 때문일 것으로 추측된다. 그리고 이들에 대해서는 최근에도 꾸준히 발굴조사가 되어오고 있다. 왜냐하면 인더스 문명의 기원과 성장을 밝힐 수 있는 유일의 최대 유적이기 때문이다. 그래도 인더스 강 저지대 신드 지방에 있는 모헨조다로와 고지대 편잡 지방의 하라파의 두 유적이 가장 중요한 수도이며, 이들은 돌라비라 유적과 달리 현 행정구역상 파키스탄에 위치하고 있다. 그리고 이제까지 발굴·조사된 150여 개의 유적들은 모두 그들의 頂点에서 神殿의 祭司長이 神政政治(theocracy)를 행하던 모헨조다로 시의 통제를 받은 통합된 제국의 일원으로 인더스 문명을 형성하였던 것 같다. 모헨조다로에서 발견된 석회암제의 神殿祭司長像이 이를 말해주고 있다. 인더스 문명을 칭하는 멜루하(Meluhha)란 이름은 기원전 1800년 이후 메소포타미아의 점토판 문서에서 사라진다.

그리고 로탈(Lothal)은 남부지역 인더스(멜루하, Meluhha) 문명 중 항구 유적(47,500 ㎡의 면적과 20,000-25,000명의 인구를 가짐)으로, 인도 봄베이(현 뭄바이 Mumbai)의 북쪽 캄베이 만 어구에 있다. 여기에는 성벽이 있는 요새, 곡물창고, 배수구와 방격(方格)형의 도시구획과 같은 인더스 문명 특유의 건축물 이외에 구운 벽돌로 둘러친 부두가 만들어져 있다. 이곳의 중요성은 페르시아 만 유역에서 흔히 발견되는 원통형 도장(cylinder seal)이 발견되는 것으로 보아 딜문(바레인), 화이라카(Failaka, 아랍 에미리트의 아부다비/Abu Dhabi 지역)와 마칸(Markan)을 경유하는 수메르와 인더스 지역, 즉 다시 말하여 현 걸프 만의 호르무즈(Hormuz, Hormtz) 해협, 아라비아 해와 인도의 말라바(Malava/Mawa) 지역 사이에 빈번했던 해상무역의 역할에서 찾아져야 할 것이다. 또 이곳에서는 데카 반도의 金石并用器時代(Eneolithic Age 또는 Chalcolithic Age)문화와의 접촉과 동쪽에서부터 소개된 쌀의 재배 흔적도 보이는데, 이 중 가장 오랜 것은 기원전 18세기까지 거슬러 올라간다.

현 파키스탄에 속하는 모헨조다로 함께 인더스 문명 중 가장 중요한 두 도시 중의 하나인 하라파(Harappa)는 모헨조다로 시로부터 동북쪽 400마일 떨어진 편잡 지방의 라비 강가에 자리하고 있다.[29] 서기 1920년대와 서기 1946년의 마샬과 휠러 경의 발굴에 의해 약 15m 이상의 높이를 가지고 구운 벽돌을 앞면에 쌓은 두께 약 12m 둘레가 183m×386m 규모의 서쪽 요새가 밝혀졌다. 북쪽에는 인부들의 작업구역과 도시인의 식량창고, 그리고 남쪽에서는 이 도시의 말기에 만들어진 공동묘지도 발견되었다. 이 도시의 아래층에서는 코트 디지와 죠브 계곡의 유적과 연대가 비슷한 인더스 문명 전기의 문화층이 발견되었다.

코트 디지(Kot Diji) 유적은 서파키스탄의 모헨조다로 유적에서부터 동쪽으로 25마일 떨어진 지점에 위치하고 있다. 이 유적은 서기 1955년–서기 1957년 칸(Dera Ismail Khan)에 의해 발굴되어 요새화한 마을로 확인되었으나 이곳은 기원전 2100년경 인더스 문명에 의해 파괴된 인더스 문명이 발생하기 직전의 단계에 속했던

---

29) 인도의 敍事詩 중 마하바라타(Mahabharata)와 그중 권 6에 해당하는 바가바다 기타(Bhagavada gita)에 나오는,

"Gurkha, flying a swift and powerful vimana (fast aircraft) hurled a single projectile (rocket) charged with the power of the Universe (nuclear device). An incandescent column of smoke and flame, as bright as ten thousand suns, rose with all its splendor. It was an unknown weapon, an iron thunderbolt, a gigantic messenger of death, which reduced to ashes the entire race of the Vrishnis and the Andhakas. The corpses were so burned as to be unrecognizable. Hair and nails fell out; Pottery broke without apparent cause, and the birds turned white. …After a few hours all foodstuffs were infected… to escape from this fire the soldiers threw themselves in streams to wash themselves and their equipment."

라는 구절들에 대한 에리히 폰 대니켄(Erich von Däniken) 같은 UFO(Unidentified Flying Object, 미확인비행물체)연구자들의 재해석에 따르면 기원전 4000년경 모헨죠다로와 코트디지 유적 등지에서 오늘날과 같은 핵전쟁이 일어났고 현재 방사능물질도 검출되는 곳도 있다한다. 특히 베다경전(삼히타/Samhitas 중 리그베다/Rigveda, Vedic texts, Vedic Sanskrit corpus)에 보이는 당시의 비마나(Vimana, The predecessors of the flying vimanas of the Sanskrit epics are the flying chariots employed by various gods in the Vedas)는 외계인이 타고 온 우주비행물체로 해석하고 있다. 이러한 형태는 브리하디시와라/브리하데스와라르 사원(The Brihadeeswarar Temple, Peruvudaiyar Kovil, Brihadeeswara Temple, RajaRajeswara Temple , Rajarajeswaram) 꼭대기에 남아있다. 이 사원은 현재 세계문화유산으로 지정되어 있으며 남부 인도에서는 현 타밀 나두(Tamil Nadu) 주 탄자브르 현의 중요 도시인 탄자부르 (Thanjavur/Tanjore)를 중심으로 콜라(Cholas) 왕조가 들어서 종교의 중심지 역할을 하였는데 그 대표적인 사원이 라자라자 콜라 Rajaraja Chola I세가 서기 1010년경에 세운 男根像과 시바 신을 모신 브리하디시와라(Brihadishwara, Brihadishvara)이다.

유적으로 밝혀졌다.

모헨조다로(Mohenjo-daro)는 현 파키스탄에 속하며 인더스 문명 중 3-40,000명의 인구를 가진 가장 중요한 도시이다. 또 이곳은 인더스 문명-제국을 통솔하던 수도이기도 하다. 모헨조다로는 서기 1920년대 마샬, 서기 1930년대에 멕케이, 서기 1940년대와 최근까지 휠러와 데일스에 의해 발굴되어 왔다. 약 1 평방 마일 면적의 이 도시는 이제까지 알려진 가장 오랜 방격법으로 구획되어 있다. 정교한 배수구와 넓은 도로에 의해 둘러싸인 커다란 구획들은 다시 세분되고 그 안에는 벽돌집이 밀집되어 있다. 서쪽지구 중간에 있는 구획은 약 11m 정도의 높이를 형성하는 요새로 다른 지역보다 높다. 그 주위에는 진흙과 벽돌담의 흔적이 발견되었는데 이 구역 안에서 대학, 목욕탕, 창고와 僧院 등이 발굴되었다. 가장 높은 곳에는 인더스 문명과 직접 관련이 없는 후일 불교 사원의 탑이 세워져 있다. 높은 강수면 때문에 이 이상 깊이 발굴해 나갈 수 없었다. 강의 홍수 때문에 형성된 도시 밑의 진흙층은 약 12m나 된다. 이 도시의 가장 마지막 층은 인더스 문명의 마지막 멸망 단계를 보여준다. 이것이 인더스 문명의 멸망 중의 하나가 인더스 강의 홍수에 원인이 있다는 가설의 하나가 되게 된 것이다.

인더스 문명의 성장은 멀리 기원전 4800년-기원전 3900년 우바이드, 시알크와 드제이툰(Sialk I & Djeitun)과 같은 메소포타미아 지방으로부터의 새로운 문화요소의 전파, 그리고 기원전 3400년-기원전 3200년 테페 야야와 발루치스탄과의 문화 교류와 자원의 교역과 같은 외부의 영향에서 찾아지기도 한다. 특히 날 토기(Nal-pottery)와 같은 고고학 자료를 보여주는 테페 야야(Tepe Yahya)의 영향은 앞선 우바이드에 이어 남부 발루치스탄의 쿨리 문화로의 두 번째의 문화 전파로 볼 수 있으며, 그 증거로 인장, 뱀, 고양이, 전갈과 같은 모양이나 문양이 있는 쿨리 형식의 토기가 출현한 것을 들 수 있다. 특히 인장의 존재는 당시 개인의 사유재산(private property), 국적(ethnic identity)과 무역(trade)의 확인을 알려주는 중요한 자료이다. 그리고 신드, 만치하르 등과 같은 강의 비옥한 충적대지에서 관개농업에 의해 재배되었던 밀, 보리, 쌀과 면화의 집약적 생산과 그리고 소, 물소와 말의 사육과 같은 자연의 혜택을 들기도 한다. 그러나 무엇보다도 중요한 인더스 문명의 성장의 요인으로 사회 계층구조, 전문인에 의한 직업적 무역, 신과 같은 절대 권력의 힘을 가진 사제/제사장(priest-king)에게로 모여진 힘의 중앙 집권화와 신정정치(theocracy), 만신전, 도시의 요새화, 조직화 된 노동력, 재분배 경제, 고산지대에서 비옥한 인더스 저지대로의 주거 이동, 토지의 분할과 개간, 물과 토지의 통제, 축력을 이용한 농경, 농업기반과 잉여생산, 이에 따른 대규모의 인구증가, 여러 장인-전문직의 존재와 인더스 강 유역의 여러 도시 간의 경쟁 등등 인더스 문명 사회자체가 보여주는 개방체제(open system)를 들 수 있다. 즉 인더스 문명의 특징은 메소포타미아 지방으로부터의 새로운 문화전파, 산간지대의 풍부한 지하자원과 문명사회로의 전환을 가능하게 한 기술과 사회의 용이성이나 준비성으로 나타난다.

인더스 문명을 다룰 때 간과되어서는 안 될 또 하나의 중요성은 간다라(Gandhara) 미술이다. 기원전 327년-기원전 325년 마케도니아의 알렉산더 대왕은 아랄해에서 발원하는 옥수스 강 상류 페르시아의 아케메니드 왕조(기원전 559년-기원전 331년)에 속한 박트리아를 포함하여 탁실라, 펀잡과 신드 지방을 정복한다. 기원전 323년 6월 10일 알렉산더가 바빌론에서 병사한 뒤 점령한 지역은 셋으로 분할되었다. 이 지역들은 그의 부하장군으로 안티고니드(마케도니아 지역의 Antigonid Dynasty: 기원전 304년-서기 168년), 알렉산더 프톨레미(Ptolemy Kingdom: 이집트의 고·중·신왕조를 이은 프톨레마이오스 왕조: 기원전 304년-기원전 30년, 헬레니즘/Hellenism과 같은 기간임)와 같이 활약하던 셀레우코스 니카도(Seleucus Nicado)의 셀레우시드 왕조(Seleusid Kingdom: 기원전 304년-기원전 65년)의 통치 하에 들어가게 된다. 그 후 그리스 문화를 순수하게 유지한 그리스계 왕국인 박트리아(Bactria, Balkh)가 서기 1978년 11월 15일 소련 고고학자 빅토르 사리아니디(Victor Sarianidi/Viktor Sariyanidis)에 의해 북부 아프가니스탄 소재 Tiliya/Tilla Tepe(Golden Hill)에서 기원전 135년-서기 251년 그곳을 점거하던 쿠샨 왕족의 무덤 6기가 발굴됨으로써 Graeco-Bactria의 위치가 확인되었다. 따라서 박트리아가 오늘날의 파키스탄의 페샤와르(Peshawar)인 간다라 지방을 통하여 인더스 남쪽의 고대 탁실라와 마니키알라 지역에 이르기까지 강력한 헬레니즘 문화의 전파를 담당한다는 것도 새로이 알려졌다. 박트리아 지역은 Tiliya/Tilla Tepe를 포함하여 Fuloi, Aï Khanoum과 Begram을 포함한다. 이곳 간다라 지방에 불교가 전해진 것은 찬드라 굽타 마우리아가 세운 마우리아 왕조(기원전 317년-기원전 186년) 중 아쇼카 왕 때이다. 아쇼카 왕(阿育王, 阿恕伽 또는 阿輸伽라 번역함, Ashoka/Aśoka the Great, 기원전 304년경-기원전 232년경, 기원전 269년경-기원전 232년경 재위)은 釋迦牟尼 入滅 후 300년경인 기원전 244년경, 즉위 17년에 석가모니의 설법을 흩어지지 않게 하고 설법의 바르고 그릇됨을 논의하고 기억을 새롭게 하여 正法을 편집한 사업인 3차 結集을 하였다. 그리고 이보다 앞선 1차 結集은 기원전 544년 석가모니가 입멸하던 해 마갈타국 수도인 王舍城 七葉窟에서 大迦葉과 阿難陀를 중심으로 이루어졌으며, 2차는 석가모니의 입멸 후 100년경인 기원전 444년경 耶舍의 제의로 毘舍離에서 戒律에 대한 十事非法을 조사하기 위해 七百比丘에 의해 일어났었다. 이를 七百結集이라 한다. 그리스의 코우로스(kouros: 남성의 누드입상)와 코레(kore: 복장을 한 여성 입상) 등과 같이 정교한 의습(옷주름)을 표현하는 조각전통과 神을 사람의 모습으로 표현하는 예술양식을 그대로 이어받은 헬레니즘 문화가 인도에서 북상한 불교와 만난 결과 나타난 새로운 미술양식이 간다라 미술이다. 이의 발생은 석가모니의 탄생인 기원전 623년 이후 약 6세기가 경과한 후 쿠샨 왕조(서기 45년-서기 480년)부터이다. 석가모니(世尊)는 기원전 623년 오늘날 네팔의 룸비니 동산에서 탄생, 生老病死의 고통에서 벗어나기 위해 카비라성으로부터의 出家, 붓다가야/보드가야(佛陀伽耶)前正覺山 보리수나무 밑에서 成道, 사르나트(鹿野園)의 初轉法輪(사르나트 박물관에 서기 5세기경 굽타 왕조 때의 초전법륜상이 전시되어 있음)을 거쳐 쿠쉬나가르(雙林涅槃)에서 기원전 544년 2월 15일 80세로 入滅하였다. 그러나 부처님의 입멸에는 아쇼카 왕의 석주설 기록이나 衆聖点記說에 의해 기원전 467년과 기원전 485년의 다른 설도 있다. 석가모니의 탄생과 입멸 연대는 夏安居로 본 衆聖点記說[歷大三寶記: 이는 중국 南齊 永明(서기 483년-서기 493년) 7년 서기 489년 부처님의 입멸 후 매년 실시하는 하안거의 숫자가 975점이 찍힌 책]에 의해 기원전 485

년 설과, 아쇼카 왕(阿育王)이 세운 石柱說에 의한 기원전 467년이 있다. 현재는 서기 1956년 네팔 카트만두에서 열린 세계 4차 불교대회에서 서기 1956년을 佛紀 2500년으로 공식 인정함에 따라 석가모니가 기원전 544년 2월 15일 80세로 입적(입멸)한 것으로 인정(기원전 623년 4월 8일 탄생-기원전 544년 2월 15일 입적, 서기 2012년이 佛紀 2556년임)하고 있다. 불교는 초기근본불교-부파불교[부처님 입적한 기

禪定의 佛陀
[서기 3-서기 5세기경. 파키스탄 카라치(Karachi) 국립박물관 소장]

원전 544년 후 100년경인 보수적인 상좌부와 진보적인 대중부로 분열되고, 이어서 이 두 부파로부터 여러 갈래의 분열이 일어나 불교가 여러 부파로 나뉘면서 전개되었던 시대의 불교이다. 시기적으로는 원시불교(原始佛敎, pre-sectarian Buddhism) 이후부터 대승불교가 발생한 서력 기원 전후까지에 해당한다]-大乘佛敎(般若空思想·蓮華藏思想-唯識論-眞言·曼茶羅와 大日如來/毘盧舍那佛로 대표되는 密敎) 순으로 발전해왔다. 처음 근본·부파 佛敎 때는 산치대탑이나 기원전 2세기-기원전 1세기경 사타바하나 왕조의 후원 하에 만들어졌던 데칸 고원의 아마라바티 스투파의 부조에서 보다시피 아기 옷, 鉢, 보리수, 화염이나 전륜 등으로 부처님을 상징하던 것이 후일 간다라 미술과 대승불교의 발전에 따라 부처님의 조각상과 함께 세부적인 특징인 肉髻, 螺髮, 髻珠, 白毫와 手印 등을 지닌 조각예술로

발전하였다. 이는 大智度論[梵文: Mahāprajñāpāramitāśāstra, 英语: Great Treatise on the Per-
fection of Wisdom, 약칭은 智度論, 智論, 大論으로, 다른 말로는 摩訶般若釋論, 智度經論, 大慧度經集
要, 摩訶般若波羅蜜經釋論이라함]에 나오는 佛身의 相好인 32相 80種好[30]로 발전한다. 간
다라 미술이란 용어를 사용하고 그 연대가 기원전 1세기로 올라간다는 설을 처음
으로 이야기한 것은 탁실라의 비마란 출토 황금사리함의 부조를 분석한 프랑스
인 알프레도 푸세르(A. Foucher)이었다. 그 후 이러한 양식은 불교의 전파와 함께
아시아 전역의 불교조각에 영향을 미치고 있다. 인도에 있어서 佛教考古學의 발
전은 서기 1837년 Princep, J.(서기 1799년~서기 1840년)의 아쇼카 왕(阿育王) 碑文의 解
讀, 서기 1845년 Elliot 경의 아마라바티 스투파의 발굴, 서기 1851년 Cunning-
ham(서기 1814년~서기 1893년)의 산치대탑의 조사와 서기 1898년 윌리암 페페(W.C.
Peppe)의 피파라와(Piparahwa)의 부처의 유골(舍利)이 들어있는 사암제 석관의 발견

---

30) 三十二相: 1. 足安平相 2. 千輻輪相 3. 手指纖長相 4. 手足柔軟相 5. 手足縵網相 6. 足跟滿足相 7. 足趺
高好相 8. 腨如鹿王相 9. 手過膝相 10. 馬陰藏相 11. 身縱廣相 12. 毛孔生青色相 13. 身毛上靡相 14.
身金色相 15. 身光面各一丈相 16. 皮膚細滑相 17. 七處平滿相 18. 兩腋滿相 19. 身如師子相 20. 身端
直相 21. 肩圓滿相 22. 四十齒相深固也 24. 四牙白淨相 25. 頰車如師子相 26. 咽中津液得上味相 27.
廣長舌相 28. 梵音深遠相 29. 眼色如金精相 30. 眼睫如牛王相 31. 眉間白毫相 32. 頂肉髻成相【三藏法
數】
八十種好: 1. 無見頂相 2. 鼻高孔不現 3. 眉如初月紺琉璃色 4. 耳輪輻相埀成 5. 身堅實如那羅延 6. 骨
際如鉤鏁 7身一時迴如象王 8. 行時足離地四寸而印文現 9. 爪如赤銅色薄而細澤 10. 膝骨堅著圓好
11. 身清潔 12. 身柔軟 13. 身不曲14. 指長纖圓 15. 指文藏覆 16. 脈深不現 17. 踝不現 18. 身潤澤 19.
身自持不透迤 20. 身滿足 21. 容儀備足 22. 容儀滿足 23. 住處安無能動者 24. 威振一切 25. 一切樂觀
26. 面不長大 27. 正容貌不撓色 28. 面具滿足 29. 唇如頻婆果色 30. 言音深遠 31. 臍深圓好 32. 毛右旋
33. 手滿足 34. 手足如意 35. 手文明直 36. 手文長37. 手文不斷 38. 一切惡心眾生見者和悅 39. 面廣姝
好 40. 面淨如滿月 41. 隨眾生意和悅與語 42. 毛孔出香氣43. 口出無上香 44. 儀容如師子 5. 進止如象
王 46. 行法如鵝王 47. 如彌陀那果 48. 一切身分具足 49. 四牙白利 50. 舌色赤 51. 舌薄 52. 毛紅色 53.
毛軟淨 54. 廣長眼 55. 孔門相具 56. 手足赤白如蓮華色 57. 臍不出 58. 腹不現 59. 細腹 60. 身不傾動
61. 身持重 62. 其身大 63. 身長 64. 手足軟淨滑澤 65. 四邊光各一丈長 66. 光照身而行 67. 等視眾生 68.
不輕眾生 69. 隨眾生音聲不增不減 70. 說法不著 71. 隨眾生語言而說法 72. 發音報眾生 73. 次第有因
緣說法 74. 一切眾生不能盡觀相 75. 觀無厭足 76. 髮長好 77. 髮不亂 78. 髮旋好 79. 髮色青珠 80. 手
足有德相【佛學次第統編】

[31]에 힘입은 바 크다. 서기 450년경 굽타 왕조 때 세워진 Nalanda 대학과 기원정사(쉬라바트리 또는 사위성 내 금강경을 설법하던 간다쿠티가 남아 있음) 등 불교 유적들의 발굴이 지금도 계속 진행 중이다.

인더스 문명의 멸망 요인으로 북부 유럽지역에서부터의 아리안족의 침입, 홍수와 한발 같은 천재지변, 토기, 인장, 벽돌 등과 같은 고고학적 유물에서 보이는 전반적인 쇠퇴 현상, 그리고 토양의 고갈과 河川水路의 移動 등을 나열하고 있으나, 현재 어느 것 하나 만족한 답을 주지 못하고 있다. 아무튼 인더스 문명은 앞으로의 지속적인 연구를 기다리는 미해결의 수수께끼와 같은 신비의 문명이기도 하다. 그러나 인더스 문명의 연구는 거시적인 안목에서 볼 때 수메르(아카드, 화이라카, 딜문, 말라바)-테페 야야(Tepe Yahya, 수사)-인더스(마칸, 멜루하)를 잇는 문명의 발달선상에서 이루어져야 한다. 그래서 램버그-칼롭스키(C. C. Lamberg-Kalovsky)같은 학자는 이 지역들의 무역에서 중심지이론(central place theory)을 적용하기도 하

---

31) 서기 1898년 1월 Uttar Pradesh, Basti District 동북의 Birdpur Estate 부동산회사의 매니저인 W. C. Peppe에 의해 네팔에 가까운 피파라와(Piparahwa Stupa)에서 부처님의 화장된 유골이 滑石으로 만들어진 骨壺에서 발견되었다는 발표가 있었다. 그리고 후일 부처님 사후 150년이 지난 아쇼카 왕(기원전 304년경-기원전 232년경, 기원전 269년경-기원전 232년경) 재위 20년경(서기 245년) 때 원래의 매장지였던 그 자리에서 移葬되고 유골(舍利)은 길이 132cm의 사암제 석관에 옮겨졌음도 확인되었다. 이 유골(舍利)은 부처님 사후 8개국에 나누어진 것 중의 하나가 부처님의 탄생지인 룸비니(Lumbini)와 가깝고 샤카족(Sakays)의 중심지인 피피라와에 매장된 것이었다. 부처님 사후 만들어진 최초의 무덤도 서기 1970년 바로 석관 밑에서 확인되었다. 이 移葬을 아쇼카왕 때로 보는 이유는 골호의 어깨에 새겨진 산스크리트어 중 브라미어(Sanscrit/Sanskrit, 梵語)로 새겨진 "This relic deposit of the Lord Buddha is the share of this renowned Sakya brethren, his own sister's children and his own son(이 골호에 샤카족의 일원인 부다의 사리/재가 담기다)"라는 글, 사암제 석관, 산치대탑과 사암제 石柱의 건조 등이 같은 시기에 만들어졌다고 생각되기 때문이다. 서기 2006년 영국 Yorkshire, Harewood House에서 개최된 'Piparahwa Stupa and its inscription' 회의에서 이 골호와 석관이 진품으로 판정되었다. 그러나 서기 1956년을 佛紀 2500년으로 하고 부처님의 탄생은 기원전 623년 4월 8일, 입적은 기원전 544년 2월 15일이 된다는 네팔 세계 4차 불교대회의 공식 발표에 따른다면 이 무덤의 연대도 기원전 245년보다 좀 더 올라갈 수 있을 것으로 여겨진다.

였다. 그리고 이를 통해 각기 다른 환경에의 적응과 이의 결과로 나타나는 문명 간의 차이점과, 도시 국가를 포함하는 문명의 발생과 멸망에 대한 새로운 시각도 아울러 얻어질 것이다. 여기에 인더스 문명의 중요성이 있다.

그리고 몽고 제국 칭기즈칸의 5대손인 바브르 왕(Baber/Babur, 1대 서기 1483년-서기 1530년)이 북쪽 우즈베키스탄 지역에서 내려와 서기 1526년 파니파트 전쟁에서 승리를 얻어 델리의 로디 왕조에 이어 모굴/무갈 제국(Mogul, Mughul Empire, 서기 1526년-서기 1857년 그러나 서기 1707년 에는 왕조가 이미 망함)을 세운 후, 후마윤(Humâyûn, 2대 서기 1530년-1556년), 아크바르(Akbar, 3대 서기 1556년-1605년), 자한기르(Jahangir, 4대 서기 1605년-1627년)를 거쳐 샤 자한 왕(Shah Jahan, 5대, 서기 1628년-서기 1658년)대에 이른다. 쟈한기르(Jahagir Mahal) 왕은 서기 1606년 Bundella 왕국(서기 16세기-서기 17세기)의 수도 오르차(Orcha) 궁전을 방문하여 인도의 왕국들과 평화협상을 체결하였던 것 같다. 이는 쾌락의 궁으로 알려진 오르챠 궁전이 인도와 무갈 제국의 건축양식과 혼합되어 있음으로 알 수 있다. 무갈 제국의 5대 샤 자한 왕은 서기 1612년에 연애 결혼해 14명 째의 아이를 출산하다 죽은 부인 뭄타즈[Mumtaz Mahal/아르주망 바누 베굼(Arjumand Banu Begum), 서기 1593년 4월-서기 1631년 6월 17일] 왕비를 위해 축조한 묘소인 타지마할 영묘(Taj Mahal Mausoleum)를 서기 1631년-서기 1645년에 축조하는데 이 건축물이 사라센(Saracen) 건축물을 대표하는 오늘날 세계적인 명소가 되었다. 타지마할 영묘는 당시 무갈 제국의 두 중심 수도인 델리 포트와 아그라(Agra)포트 중 아그라포트 근처 야무나(줌나) 강 남쪽 연안에 위치해 있으며, 샤 자한 왕은 그것을 축조하느라 국가의 재정을 거의 탕진해 아들 아우랑제브 왕(Aurangzeb, 6대 서기 1658년-서기 1707년)에 의해 아그라포트에 감금당한 후 8년 만에 사망하고 만다. 무갈 제국은 3대 아크바르 왕 당시 오늘날의 아프카니스탄, 파키스탄, 네팔, 방글라데시와 미얀마를 아우르던 강대국을 이루었다. 그러나 비록 몽골인이 세운 무굴 제국은, 인더스 문명 후 약 4,000년 후의 일이지만 인더스 문명의 전통이 면면히 이어지고 있음을 여기에서도 엿볼 수 있다.

참고문헌

예술의 전당

  1999 간다라미술, 서울: 태양인쇄사

이주형

  1996 인도미술사(번역), 서울: 예경

  2003 간다라미술, 서울: 사계절

최몽룡

  1997 도시·문명·국가—고고학에의 접근—(대학교양총서 70), 서울: 서울대학교 출판부

  1999 이 땅에서 만난 우리 불교의 연원들, 아름다운 친구 8호 vol.120, 서울: 예술의 전
     당, pp.1–4

  2000 흙과 인류, 서울: 주류성

마리아 안젤릴로(이영민 옮김)

  2007 인도, 세계 10대 문명 시리즈(4권), 서울: 생각의 나무

Cotterell, Arthur ed.

  1980 *Encyclopedia of Ancient Civilizations*, New York: The Rainbird Pb. Group Ltd.,
     Penguin Books

Cunliffe, Barry ed.

  1994 *Prehistory of Europe*, Oxford: Oxford University Press

Dani A.H.

  1976 *Pakistan's Oldest Civilization*, Hemisphere vol. 20, no. 8 pp.19–24

Daniel, Glyn

1968 *The First Civilizations*, New York: Thomas Y. Crowell Company

Erich von Däniken

  1968 *Chariots of the Gods?* —Unsolved Mysteries of the Past (German: Erinnerungen
     an die Zukunft: Ungelöste Rätsel der Vergangenheit), Econ–Verlag(Germany),
     Putnam(USA)

  1980 *Signs of the Gods?*, New York: A Berkeley Book

Fairservice, Jr. Walter A.

  1975 *The Roots of Ancient India*, Chicago and London: The University of Chicago Press

Inayat-ur-Rahman

  1991 *Guide to Harappa*, Parkistan: New Fine Printing Press

Gimbutas Marija

　　　1956 The Prehistory of Eastern Europe, American School of Prehistoric Research
　　　　　　Peabody Museum, Harvard University Bulletin N.20, Massachusetts: Peabody
　　　　　　Museum

Joussaume, Roger
　　　1987 *Dolmens for the Dead*, London: B.T. Batsford

Lamberg-Karlovsky, C.C. and Sabloff, Jeremy A.
　　　1979 *Ancient Civilization-The Near East and Mesoamerica*, California: The Benjamin/
　　　　　　Cummings Publishing company, Inc.

Mackay E.J.H.
　　　1948 *Early Indus Civilization*, London: Luzac and Co. Ltd.

Mylonas, George E.
　　　1957 *Ancient Mycenae*, Princeton: Princeton University Press

National Geographic Society
　　　1994 *Wonders of the Ancient World*, Washington D.C.: National Geographic Atlas of
　　　　　　Archaeology

NHK
　　　1984 *Catalogue for the Exibition of Gandhara Art of Pakistan*, Tokyo: NHK

Niaz Rasool
　　　1996 *Mohenjo Daro*: Site and Museum, Karachi: Kifayat

Piggott, Stuart
　　　1965 *Ancient Europe*, Chicago: Aldine Publishing Company

Rawland, Benjamin
　　　1977 *The Art and Architecture of India*, Kingsport: Kingsport Press

Thapar, Romila
　　　1969 *A History of India*, Baltimore: Penguin Book

Sabloff, Jeremy A. and C.C. Lamberg-Karlovsky
　　　1974 *The Rise and Fall of Civilizations*, California: Cummings Publishing Company

Scarre, Christopher and Fagan, Braian M.
　　　1977 *Ancient Civilizations*, New York: Longman

Wheeler, Mortimer
　　　1959 Early India and Pakistan, New York: Frederic A. Praeger
　　　1966 *Civilizations of the Indus Valley and Beyond*, London: Thames and Hudson
　　　　　　Limited

1968 *The Indus Civilization*, Cambridge: Cambridge University Press

辽宁文物考古硏究所

1994 辽東半島石硼, 瀋陽: 辽宁科學技術出版社

4. 상商 문명·실크로드絲綢之路·비단길

수메르—이집트—인더스를 잇는 세계 제 네 번째의 하천문명 또는 灌漑文明은 中國 黃河유역의 商[32]이다. 기원전 2500년—기원전 2200년경 즉 용산(龍山)문화 단계에 이르면 중국사회는 역사적 전환기로 정치, 경제, 종교에서 커다란 변화가 일어난다. 이러한 증거로서 기원전 2000년경 초부터 도시, 국가, 문명과 문자가 나타난다. 이 시기는 考古學上으로 청동기시대이다. 바로 그러한 시기가 禹임금부터 다스렸던 전설상의 하(夏)나라이다.[33] 그 이전은 三皇(太昊/伏羲·神農·炎帝·女媧)과 五帝(黃帝/軒轅 또는 少昊·顓頊/전욱·帝嚳/제곡·堯[34]·舜)시대이다. 하나라의 禹임금은 곧

---

32) 商나라 그 다음의 周나라에서 성벽으로 둘러싸인 도시(walled capital towns)에 살던 지배자를 商이라고 불렀듯이 상이란 말은 조상들이 살던 수도(ancestral capital town)를 의미한다(陳夢家 1956, 殷墟卜辭綜述, pp.255–258, K. C. Chang 1980, p.1).

33) 中國에서는 최근 구석기—신석기시대라는 용어도 병행하지만 기본적인 편년안은 북한과 마찬가지로 유물사관론에 입각하고 있다. 즉 북경 중국 역사박물관에서는 Primitive Society(ca. 170만년–4000년 전)—Slave Society(夏, 商, 西周, 春秋時代, 기원전 21세기–기원전 475년)—Establishment of the United Multi-National State and the Development of Feudal Economy and Culture(秦, 漢, 기원전 221년–서기 220년)—Social and Economic Development in the South and Amalgamation of various Nationalities in the North(魏, 蜀, 漢, 吳, 西晉, 東晉, 16國, 南北朝, 서기 220년–서기 580년)—Development of a Unified Multi-National Country and the Ascendancy of Feudal Economy and Culture(隋, 唐과 5代10國, 서기 581년–서기 960년)—Co-existence of Political Powers of various Nationalities and their Unification; Later Period of the Feudal Society(北宋, 辽, 南宋, 金, 元, 西夏, 서기 916년–서기 1368년)—Consolidation of a Unified, Multi-National Country, Gradual decline of the Feudal System and Rudiment of Capitalism(明, 淸, 서기 1368년–서기 1840년)으로 편년하고 있다(中國歷史博物館/현 中國國家博物館/The National Museum of China 1990, 北京).

34) 集解徐廣曰, 「號陶唐」皇甫謐曰, '堯以甲申歲生, 甲辰即帝位, 甲午徵舜, 甲寅舜代行天子事, 辛巳崩, 年百一十八, 在位九十八年': 집해(集解) 서광(徐廣)이르기를, '호는 도당(陶唐)이다', 황보

(鯀)의 아들로 治水를 잘한 덕에 舜을 이어 임금이 되었다. 하나라는 서기 1957년 河南省 언사(偃師) 이리두(二里頭: 亳)에서 발견된 유적을 제외하고는 별다른 증거가 없는 전설상의 국가였다. 그러나 최근 이 이리두 유적에 나타나는 층위와 유물에 대한 새로운 해석을 한 결과 하나라는 상나라에 앞서 실재했던 역사상의 나라로 여겨지고 있다. 그러나 다음의 상나라는 한나라 7대(武帝: 기원전 141년-기원전 87년, 6 대로도 언급함. 여기서는 7대로 통일함[35]) 武帝 때 司馬遷(기원전 145년-기원전 87년)이 쓴 『史 記』은본기(殷本紀)와 같은 문헌과 갑골문이 다량(현재까지 약 17만점이 발견됨)으로 발견 된 은허 유적의 발굴로 인해 중국의 문명을 따질 때는 은허를 대표하는 商으로부 터 비롯하는 것으로 당연히 여기게 되었다. 상(商)은 하(夏)·주(周)와 함께 중국 문 명의 중심을 이룬다. 그 발생순서는 夏(기원전 2200년-기원전 1750년)-商(기원전 1750년- 기원전 1100/1046년)-周(西周: 기원전 1100년/1045년-기원전 771년)의 순으로 그 시간적 차이 가 존재하는 것처럼 보여지지만, 그들이 발전해 나오는 지리적 문화적 배경을 보 면 이들의 관계는 각기 따로 떼어놓을 수 있는 완전하게 분리된 독립체라기보다 오히려 공·시(空·時)적이고 유기체적으로 밀접한 상호 交易網 또는 通商圈(interac-

---

밀(皇甫謐)이 이르기를 '요(堯)는 갑신(甲申)년 태어났으며, 갑진(甲辰)년에 곧 제위에 올랐고, 갑오(甲午)에 순(舜)을 거두어들이고, 갑인(甲寅)년에 순(舜)에게 천자(天子)의 일을 대행시켰 으며, 신사(辛巳)년에 붕(崩)하여, 118세를 살았으며, 재위는 98년이다'(출처『史記』「五帝本紀」).
35) 中國에서는 高祖(劉邦, 기원전 206년-기원전 195년)-惠帝(劉盈, 기원전 194년-기원전 188 년)-高后(呂雉: 高祖 劉邦의 皇后이며 惠帝 劉盈의 生母, 기원전 187년-기원전 180년)-文帝(劉 恒, 기원전 179년-기원전 157년)-景帝(劉啓, 기원전 156년-기원전 141년)-武帝(劉徹, 기원 전 140년-기원전 87년)로 언급하며 이때 武帝는 6대가 된다. 그러나 日本에서는 高祖(기원전 206년-기원전 195년)-惠帝(기원전 195년-기원전 188년)-少帝恭(기원전 188년-기원전 184 년)-少帝弘(기원전 184년-기원전 180년)-文帝(기원전 180년-기원전 157년)-景帝(기원전 156 년-기원전 141년)-武帝(기원전 141년-기원전 87년)로 高后(呂雉, 기원전 187년-기원전 180 년) 대신 少帝恭(기원전 188년-기원전 184년)-少帝弘(기원전 184년-기원전 180년)으로 摘記 하기 때문에 武帝는 7대가 된다. 여기에서 在位年代가 1년씩 차이가 나는 것은 中國에서는 卽 位 1년 후로 計算하는 踰年稱元法을 쓰고 日本에서는 卽位年을 그대로 쓰는 當年稱元法을 사 용하기 때문이다.

tion sphere)을 형성하면서 발전해 왔던 것으로 이해되고 있다.

이제까지 전통적인 생각으로는 중국에서 도시·문명·국가의 발생은 夏·商·周부터이다. 이들을 고고학적 유적과 관련지은 발생과정은 아래와 같다.

1) 后李(또는 北辛), 靑蓮崗－大汶口(Lungshanoid Culture)－岳石－山東 龍山文化(Lungshan Culture)－商(기원전 1750년－기원전 1100년/기원전 1046년)

2) 老官台－裵李崗·磁山－仰韶－廟底溝(Lungshanoid Culture 河南城 陜県)－河南 龍山文化(Lungshan Culture)－夏(기원전 2200년－기원전 1750년)

3) 老官台－裵李崗·磁山－仰韶－廟底溝－陜西 龍山文化－周(西周시대: 기원전 1100년－기원전 771년)

전 세계상 중국의 청동기시대 문화를 대표하는 商文明은 商後期(殷)에 속하는 하남성 安陽(梅園莊, 小屯, 小屯南地, 大司空村, 西北崗)의 발굴을 통해 많은 것들이 밝혀지고 있다. 상 문명의 특성은 漢文의 원형이라는 甲骨文과 같은 문자, 호(亳: 偃師 二里頭: 기원전 1766년)－오(隞 : 이곳은 정주「鄭州」이리강「二里崗」임: 기원전 1562년－기원전 1389년)－안양(安陽: 기원전 1388년－기원전 1122의 266년 동안 11 또는 12왕이 재위: 甲骨文字에 의하면 商 전체로는 湯王으로부터 帝辛(紂王)까지 28대 왕이 재위했으나 史記 殷本紀와 이와 관련된 周書에는 30왕이 언급됨.[36] 그리고 일반적으로 상나라는 기원전 1750년－기원전 1100년/1046년 존재함)과 같은 중

---

36) 司馬遷의 史記 殷本紀(卷 3)에 보이는 王 이름은 다음과 같다.
  1. Ch'eng T'ang 成湯[T'ai Ting 太丁 : Crown prince, son of Ch'eng T'ang. Died before ascension.]
  2. Wai Ping 外丙, younger brother of T'ai Ting
  3. Chung Jen 仲壬, younger brother of Wai Ping
  4. T'ai Chia 太甲, son of T'ai Ting
  5. Wo Ting 沃丁, son of T'ai Chia
  6. T'ai Keng 太庚, younger brother of Wo Ting
  7. Hsiao Chia 小甲, son of T'ai Keng
  8. Yung Chi 雍己, younger brother of Hsiao Chia

심도시, 그리고 안양 서북강(西北崗: 후가장「候家莊」)과 대사공촌(大司空村)에 있는 18대 반경(盤庚)에서 28대 제신(帝辛: 상나라 마지막 폭군인 주「紂」왕)에 이르는 현재 남아있는 11기의 왕묘와 또 다른 대규모의 귀족들 무덤에서 보이는 殉葬風習, 靑銅祭器와 藝術에서 보이는 직업의 전문화와 고도의 물질문화, 항토(夯土)라 불리는 판축법 (版築法)으로 지어진 성벽, 사원, 궁전, 무덤과 같은 대규모의 건축, 기술자 노예 평민 귀족 등에서 보이는 사회계층화와 조직적인 노동력의 이용, 집약-관개농업과 이에 따른 잉여생산으로 인한 귀족과 상류층의 존재, 반족(半族)이 서로 서로 정권을 교대해서 다스리는 이부체제인 을정(乙丁)제도(이는 족내의 분리로 의례목적상 10干에

---

9. T'ai Wu 太戊, younger brother of Yung Chi
10. Chung Ting 仲丁, son of T'ai Wu
11. Wai Jen 外壬, younger brother of Chung Ting
12. Ho T'an Chia 河亶甲, younger brother of Wai Jen
13. Tsu Yi 祖乙, son of Ho T'an Chia
14. Tsu Hisn 祖辛, son of Tsu Yi
15. Wo Chia 沃甲, younger brother of Tsu Hsin
16. Tsu Ting 祖丁, son of Tsu Hsin
17. Nan Keng 南庚, son of Wo chia
18. Yang Chia 陽甲, son of Tsu Ting
19. P'an Keng 盤庚, younger brother of Yang Chia
20. Hsiao Hsin 小辛, younger brother of P'an Keng
21. Hsiao Yi 小乙, younger brother of Hsiao Hsin
22. Wu Ting 武丁, son of Hsiao Yi
23. Tsu Keng 祖庚, son of Wu Ting
24. Tsu Chia 祖甲, younger brother of Tsu Keng
25. Lin Hsin 廩辛, son of Tsu Chia
26. Keng Ting 庚丁, younger brother of Lin Shin
27. Wu Yi 武乙, son of Keng Ting
28. T'ai Ting 太丁, son of Wu Yi
29. Ti Yi 帝乙, son of T'ai Ting
30. Ti sin 帝辛, son of Ti Yi

[張光直, Shang Civilization(1980), p.6에서 인용]

따라 분리되는데, 이들은 다시 甲乙과 丙丁 다시 말하여 乙門과 丁門의 두 개로 크게 나누어 왕권을 교대로 맡는다. 그런데 주나라에서도 똑같은 성격의 소목[昭穆]제도가 있다), 봉건(封建), 종법(宗法)과 같은 사회제도, 하(夏), 주(周)나라와 함께 종적·횡적으로 상호 관련을 맺으면서 유지해 나갔다. 아울러 河南省 南陽 獨山 및 密県, 遼寧省 鞍山市 岫岩, 甘肅省 酒泉, 陝西省 藍田, 江蘇省 栗陽 小梅岭과 멀리 新疆省 和田에서부터 당시 상류층에서 필요한 玉과 翡翠의 수입 같은 장거리 무역관계도 형성해나갔던 것 같다. 그리고 이들 무역을 통한 국제관계, 법과 무력의 합법적이고 엄격한 적용과 사용, 천문학과 같은 과학과 청동기에서 보이는 金石文, 卜骨·龜甲과 같은 占卜術 등에서 찾아질 수 있다. 또 상의 사회에서 강력한 부가장제, 도철문(饕餮文)에서 보이는 것과 같은 부족을 상징하는 토템신앙과 조상숭배 또한 빼놓을 수 없는 문명의 요소이다.

候家莊 또는 西北崗의 북쪽에 商의 후기 수도인 殷에서 살던 왕족을 매장한 커다란 무덤들이 11기, 그리고 殉葬된 사람이나 동물을 매장한 작은 묘들이 1,200여 기 발굴되었다. 그리고 鄭州 근처의 구리와 아연광산을 비롯해 安陽 苗圃, 小屯, 薛家庄에서도 鑄銅유적이 확인되고 있다. 1939년 武官村 西北崗에서 출토한 司母戊方鼎은 높이 133㎝, 장방형의 길이는 110㎝×78㎝로 무게가 875kg(公斤)이나 된다. 이 솥의 표면에 보이는 銘文으로 22대 祖庚이 21대 왕 武丁(또는 22대)의 부인이며 어머니 好(母親 戊)를 위해 만든 것으로 되어 있다. 이 솥은 이제까지 발굴된 제일 크고 무게가 나가는 것이다. 여러 무덤에는 부장품으로 이와 같은 청동제의 대형 솥(鼎)을 비롯해 도기(白陶), 옥, 상아, 대리석의 조각 등이 다수 포함되어 있는데, 이는 상나라 후기 수도인 殷의 공예기술을 대표한다. 동기와 골각기의 제작소, 두 마리의 말이 끄는 전차를 매장한 車馬坑도 발견되었다.[37] 또 서기 1976

---

37) 고대사회에 있어 말의 순장은 중국의 상나라(기원전 1750년-기원전 1100년 또는 기원전 1046년)의 마지막 수도인 殷墟 大司空村 175호분, 山東省 臨淄 齊景公(기원전 548년-기원전 490년) 殉馬坑과 임치 중국고차박물관 내 后李 春秋殉馬車유적 등에서 보이는 바와 같이 마차와 함께 이루어지는 것이 일반적이다. 그리고 서기 1996년에 발견된 山西省 臨汾県 侯馬의 西周(기원

河姆渡村 사람들 복원
(浙江省 余姚県 河姆渡 博物館, 필자 촬영)

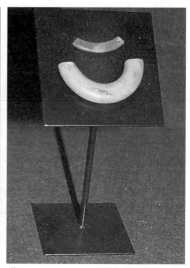

璜
(浙江省 余姚県 河姆渡 博物館, 필자 촬영)

멧돼지가 그려진 토기편
(浙江省 余姚県 河姆渡 博物館, 필자 촬영)

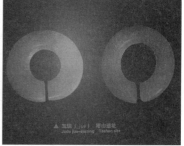

玉玦
(浙江省 余姚県 河姆渡 博物館, 필자 촬영)

년 小屯의 북서쪽에서 약 100m 떨어진 곳에서 발굴된 은허 5호묘(婦好墓)는 상의 21대 무정(武丁)왕의 왕비 好의 무덤으로 그 속에서 동기 200여 점, 명문이 있는 것 111점, 청동무기 130여 점, 옥기 590여 점, 석제품 70여 점 등 대량의 유물이 쏟아져 나오고, 그녀 자신은 당시 5,000명의 가신을 거느려 상나라 상류층의 권력과

전 1100년-기원전 771년)유적에서 宣王 靜(기원전 827년-기원전 782년) 때인 기원전 812년에 해당하는 馬車 48대가 발굴되고 있다.

하모도 박물관(浙江省 余姚県 河姆渡 博物館, 江沢民의 글씨, 필자 촬영)

부를 한눈에 보여준다. 지금까지 발견된 약 15만점의 甲骨文 중 90%는 21대 왕 武丁(또는 22대) 때 만들어진 것으로, 占卜의 내용은 건강, 사냥의 허락, 기후의 변화, 제사지낼 대상, 전쟁에 참가여부와 참가할 장수에 이르기까지 상나라 왕실 일상사의 다양한 모습을 보여준다. 그리고 왕은 이러한 占卜/神託으로 미래를 점치고, 조상을 숭배하고(ancestor worship), 우주(神)와 접촉하는데 이용하고 궁극적으로 이를 통해 통치의 정당성을 강조하였다. 발굴에서 나온 유물들의 새로운 검토와 해석은 당시 상나라의 사회상을 밝혀준다. 청동 솥에 담겨져 있는 찜으로 요리되었던 듯한 인간의 두개골은 당시 포로로 잡혀온 四川省의 羌族(理県 桃坪에는 기원전 100년경 西漢의 古堡인 桃坪羌寨가 남아있음) 것으로 祭式으로 희생된 食人風習(cannibalism)을 보여준다. 그리고 피츠버그 대학교 Tony Barbieri-Low 교수에 의하면 富, 權力과 身分의 상징인 바퀴살 달린 戰車는 남부 러시아-카자흐스탄을 경유해 기원전 1300년-기원전 1200년경 상나라에 들어 온 것으로 商의 전투실정에 맞게 3인용으로 변형시켰음도 알 수 있다. 그리고 그는 5호묘(婦好墓)에서 함께 출토하는 양쪽 끝에 방울이 달린 弓형 청동제품은 戰爭時 馬夫가 몸을 戰車에 고정시키고 양손에 무기를 들고 자유롭게 움직이기 위한 '허리 부착구'로 새롭게 해석하고 있다. 따라서 주인공인 婦好는 戰士이자 최초의 여성 馬夫역할도 했던 것으로 추측된다.

상호보완적이고 공생관계에 있는 夏나라의 경우 수도는 왕성강(王城崗)-양성(陽城)-언사 이리두(偃師 二里頭: 毫)의 순으로 옮긴 것으로 추정된다. 그런데 중요한 것은 하남성 언사 이리두(毫)유적의 경우 1·2층은 하나라 시대이고, 그 위의 3·4층

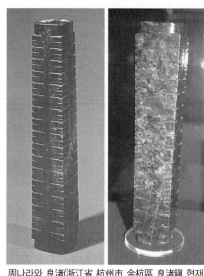

周나라와 良渚(浙江省 杭州市 余杭區 良渚鎮 현재 余杭市)문화의 玉琮(北京, 中國歷史博物館, 필자 촬영)

은 상나라 것으로 밝혀졌다. 그래서 이것은 하에서 상으로의 점진적인 변화나 연계가 되었음을 짐작케 해준다. 상나라의 경우 언사 이리두(毫)-鄭州 二里崗(隞)-安陽 小屯(은허「殷墟」)으로 도읍을 옮겨 발전해 왔다고 한다. 그 다음의 앞선 상나라의 문화내용을 그대로 답습하다시피 한 周나라는 그의 수도를 처음에는 위수지역 서안(西安)의 남서쪽 호경(鎬京)에 두었다가(이때를 西周라 함), 북방 이민족의 침입으로 그 수도를 낙양(洛陽)으로 옮겼다. 이때를 東周라 하며 그 기간은 기원전 771년-기원전 221년 사이이다. 또 그들은 혈족과 祭祀時 신성시한 나무가 각기 달랐는데, 하나라는 사(似)족으로 소나무를, 상나라는 자(子)족으로 삼나무를 그리고 주나라는 희(姬)족의 밤나무이다.

夏, 商과 周의 발전은 노관대(老官台), 자산(磁山)과 배리강(裵李崗)과 같은 초기 농경민들의 사회인 초기신석기문화를 거쳐 仰韶 문화, 廟底溝문화라는 龍山式 문화 그리고 마지막의 龍山문화의 다음 단계에 나타난다. 즉 기원전 5000년에서 기원전 3200년까지 중국의 앙소와 后李(또는 北辛), 靑蓮崗문화가 초기신석기문화에 이어 등장하며, 여기에서부터 기원전 3200년에서 기원전 2500년까지 묘저구, 대문

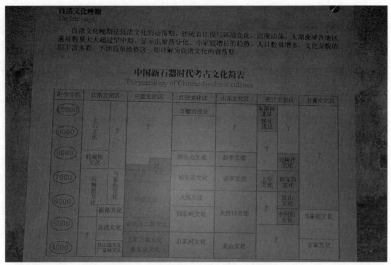

중국 신석기시대 고고문화 편년(杭州市 余杭區 良渚鎭 良渚博物院, 필자 촬영)

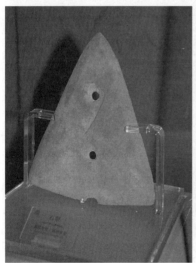

석제 보습
(杭州市 余杭區 良渚鎭 良渚博物院, 필자 촬영)

도기
(杭州市 余杭區 良渚鎭 良渚博物院, 필자 촬영)

구(大汶口)와 악석(岳石) 문화라는 용산식(Lungshanoid)문화가 발생한다. 전자의 묘저

구 문화는 陝西省과 河南省에 후자의 대문구와 악석 문화는 山東省을 중심으로 나

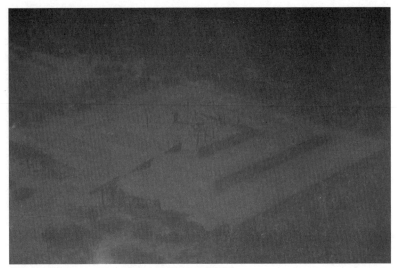

滙觀山의 祭壇(杭州市 余杭區 良渚鎭 良渚博物院, 필자 촬영)

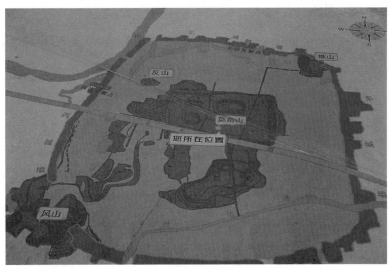

莫角山의 堆築古城(杭州市 余杭區 良渚鎭 良渚博物院, 필자 촬영)

타난다. 기원전 2500년에서 기원전 2200년까지의 문화가 중국문명이 발생하기 직전의 龍山(Lungshan) 문화 단계이다. 용산문화에서 문명단계와 흡사한 영구주거지, 소와 양의 사육, 먼 곳까지의 문화 전파, 곡식의 이삭을 베는 반월형 돌칼, 물

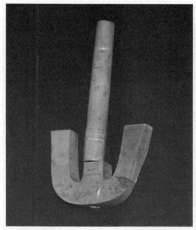

三叉形器
(杭州市 余杭區 良渚鎭 良渚博物院, 필자 촬영)

玉琮
(杭州市 余杭區 良渚鎭 良渚博物院, 필자 촬영)

璧玉
(杭州市 余杭區 良渚鎭 良渚博物院, 필자 촬영)

玉越
(杭州市 余杭區 良渚鎭 良渚博物院, 필자 촬영)

레를 이용한 토기의 제작, 占卜, 版築(夯土/hang-t'u, stamped earth)상의 공법으로 만
들어진 성벽(山東省 日照県 城子崖, 河南省 淮陽県 平糧臺, 河南省 登封県 王城崗)과 무기의 출현,
금속의 출현(河南省 登封県 王城崗, 清海省 貴南県 朶馬臺, 山東省 胶県 三里河), 조직화 된 폭력

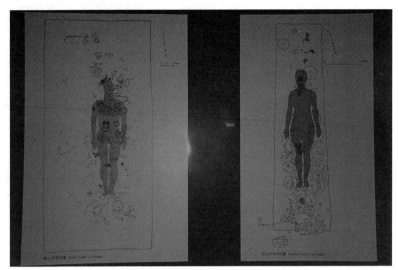

王陵墓(瑤山7호 : 女, 反山 23호묘 : 男, 杭州市 余杭區 良渚鎭 良渚博物院, 필자 촬영)

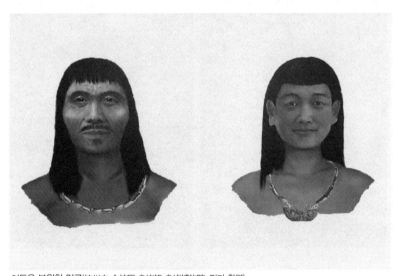

이들은 복원한 얼굴(杭州市 余杭區 良渚鎭 良渚博物院, 필자 촬영)

(河北省 邯鄲県 澗溝村), 계급의 발생, 전문장인의 발생, 제례용 용기와 제도화 된 조상숭배 등의 요소들이 나타난다. 그 다음 기원전 2200년 河南省에서 우(禹)왕의 하(夏)나라, 기원전 1750년 山東省에서 탕(湯, 또는 成湯)왕이 다스리는 商(기원전 1100년

良渚인의 神像(杭州市 余杭區 良渚鎭 良渚博物院, 필자 촬영)

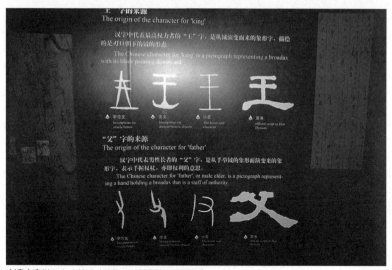

刻畵文字(杭州市 余杭區 良渚鎭 良渚博物院, 필자 촬영)

/1046년 또는 기원전 1027년 周 武王에 의해 멸망당했다고도 함), 陝西省에서 무(武)왕의 周가

연이어서 나타났다. 하의 桀王(애첩 末姬)과 상의 紂王(28대 또는 30대 帝辛, 애첩 妲己, 酒

池肉林의 古事가 생겨남)은 역사상 잘 알려진 폭군으로 商의 湯王과 周의 武王에 의해

良渚古國의 王과 王妃(杭州市 余杭區 良渚鎭 良渚博物院, 필자 촬영)

1959년 良渚文化란 명칭을 처음 만든 夏鼐(杭州市 余杭區 良渚鎭 良渚博物院, 필자 촬영)

멸망당한 것으로 알려지고 있다. 그러나 현재 고생물과 花粉연구를 통한 상나라 당시 황하 유역은 나무와 숲이 우거지고 코끼리(中國科學院의 復原後 北京自然博物館에 所藏된 黃河象), 코뿔소와 사슴들이 뛰어놀던 森林으로 밝혀졌는데, 오늘날과 같이 황

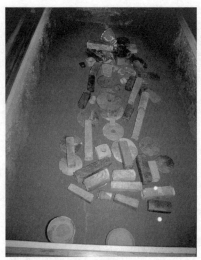

江蘇省 武進県 寺墩 3호무덤
(良渚문화, 기원전 2500년, 南京博物院, 필자 촬영)

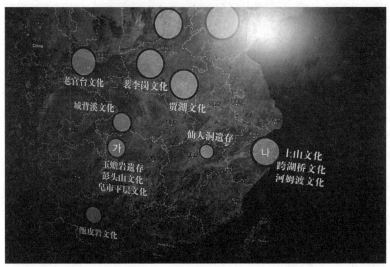

가. 皂市下層→彭頭山→玉蟾岩문화로, 나. 河姆渡→跨湖橋→上山문화로 발전하는 그림
(良渚博物院, 필자 촬영)

토분지로 되어버린 것은 秦始皇이 설치한 鐵官 등에 의해 만들어진 다량의 철기
로 인한 과도한 삼림개간이 원인이 되었을 것으로 해석되고 있다. 이는 聖域으로

요령 능원 牛河梁遺址(필자 촬영)

우하량 제사유적(필자 촬영)

개간되지 않은 陝西省 黃陵縣 橋山 黃帝陵 주위에 남아있는 당시 삼림의 원형에서
도 찾아 볼 수 있다. 이어서 주에서 東周(기원전 771년-기원전 221년) 즉 춘추전국시대
를 거쳐 기원전 221년 진나라의 통일, 그리고 기원전 206년 한나라의 통일이 연

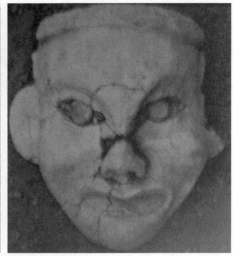

요령 능원 우하량 女神廟 출토 玉猪龍과 彩塑 女神頭像(紅山文化)
[辽宁省 文物考古硏究所 辽宁重大文化史迹(1990) 도판 29, 43으로 요령성박물관전시, 필자 촬영]

속적으로 이루어진다.

그리고 彭頭山-河姆渡[38]-馬家浜-崧澤-良渚-楚와 內蒙古 阜新 沙羅乡 査海-興隆窪(-趙寶溝-富河)-紅山[39]-小河沿, 小珠山-後窪, 新樂-偏堡子(辽宁 新民)로 이어지는 문화계통들도 고려된다. 여기에는 內蒙古 赤峰市 夏家店문화도 언급된다. 하

---

38) 浙江省 余姚県 河姆渡유적은 기원전 5000년-기원전 3300년경에 속하며, 早期와 晩期의 두시기로 나누어진다.

早期문화(제4·3층) 기원전 5000년-기원전 4000년경: 태토의 많은 식물분말이 소성시 타서 까맣게 된 夾碳黑陶 위주로 건축유구가 잘 남아 있음

晩期문화(제2·1 층)기원전 4000년-기원전 3300년경: 사질의 陶器인 夾砂紅陶, 紅灰陶가 위주임 그러나 이 유적을 달리 제1기, 2기와 3기의 세 문화기로 나누기도 한다.

제1기(제4문화층, 기원전 5000년-기원전 4500년경): 건축유구, 골각기, 목기가 대량으로 발견됨

제2기(제3문화층, 기원전 4500년-기원전 4000년경): 10여기의 무덤, 土坑, 솥, 盃와高杯 등의 陶器類, 木胎漆椀가 발견됨

제3기(제2문화층, 기원전 3500년-기원전 3000년경): 三足器, 외반구연의 솥, 동체부가 원형인 솥, 鉢형의 杯와 나팔모양의 다리를 가진 豆(器臺), 盃 등이 발견됨

가점 下層문화는 상나라 말기이며 上層문화는 상나라 말-주나라 초에 속한다. 하층문화는 동쪽으로 요녕 朝陽市 魏營子문화(기원전 14세기-기원전 7세기)-凌河문화(기원전 10세기-기원전 4세기, 十二台營子)로 발전하는데 여기에는 고조선식(비파형)동검이 나와 우리 고조선문화와의 관련도 이야기된다. 이제까지 알려진 夏나라보다 약

이 유적에서 가장 중요한 것은 대량의 벼가 발견되고 있는 점이다. 재배된 벼는 Oryza Sativa Indica 종류이며 장강(양자강) 하류유역이 벼의 기원지중의 하나임을 알려준다. 그 연대는 기원전 5000년경이다. 이곳에서는 소의 肩胛骨로 만든 골제농기구가 다량으로 출토하고 있다. 또 이 유적에서 두 번째로 중요한 것은 周禮 春官 大宗伯에 보이는 六器(蒼璧, 黃琮, 靑圭, 赤璋, 白琥, 玄璜) 중 琮·璧과 璜의 세 가지 祭禮重器라는 玉器이외에 鉞이 이미 앞선 良渚文化(기원전 3350년경-기원전 2350년경)에서 나타나고 있는데, 良渚文化보다 약 1650년이 앞서는 이 유적에서 이미 璜 이외에도 玦玉이 발견된다는 점이다. 이 玉결은 우리나라 고성 문암리(사적 제426호)와 파주 주월리에서도 나타나고 있어 앞으로의 연구과제이다. 그리고 현재 이곳에서 사용되던 옥산지는 江蘇省 栗陽 小梅岺으로 추정되며, 당시 신분의 과시에 필요한 玉과 翡翠의 수입 같은 장거리 무역도 형성되었던 것 같다. 하모도류의 유적의 주요 분포지는 杭州灣 이남의 寧紹平原과 舟山群島 일대이다. 그리고 최근 근처 田螺山에서 기원전 5050년-기원전 3550년에 해당하는 하모도류와 성격이 비슷한 유적이 발굴되고 있어 주목받고 있다. 그리고 최근의 다양한 발굴성과는 皁市下層-彭頭山-玉蟾岩으로, 그리고 河姆渡-跨湖橋-上山문화로 발전하는 양상까지도 아울러 보여주고 있다.

39) 이제까지 알려진 夏(기원전 2200년-기원전 1750년)나라보다 약 800년이나 앞서는 紅山(기원전 3600년-기원전 3000년)문화는 1935년 초 赤峰市 紅山后에서 발견된 것으로 그 범위는 내몽고 동남부를 중심으로 辽宁省 서남, 河北 북부, 吉林서부에까지 미친다. 경제생활은 농업과 어로가 위주이고 석기는 타제와 마제석기를 사용하였다. 주요 유적들은 內蒙古 那斯臺村, 辽宁県 喀左 東山嘴 冲水溝(기원전 3000년-기원전 2500년경)와 建平県을 비롯하여 蜘蛛山, 西水泉, 敖漢旗三道灣子, 四棱山, 巴林左旗南楊家營子들이다. 특히 辽宁 喀左 東山嘴와 建平 牛河梁 유적에서는 祭壇(三重圓形), 女神廟[東山嘴 冲水溝의 泥塑像, 여기에서 나온 紅銅/純銅의 FT(Fission Track)연대는 4298±345 B.P., 3899±555 B.P. C14의 연대는 5000±130B.P.가 나오고 있다], 積石塚(牛河梁 馬家溝 14-1, 1-7호, 1-4호, 祭器로서 彩陶圓筒形器가 보임), 石棺墓(2호), 禮器로서의 鞍山 岫岩玉으로 만들어진 玉器[龍, 渚(묏돼지), 매, 매미, 거북, 자라 등의 動物, 상투(結髮, 魋結)를 위한 馬啼形玉器(14-a), 環, 璧, 玦 등 100건 이상], 紅陶와 黑陶가 생산된 橫穴式 窯와 一·二次葬을 포함하는 土坑竪穴墓(水葬·風葬·火葬) 등이 알려져 있다. 이 紅山문화에서 興隆窪(8000 B.P.-7600 B.P.)에서 보이는 玉渚龍이 사슴·새·묏돼지용(玉渚龍)에서 龍(C形의 玉雕龍으로 비와 농경의 기원)으로 발전하는 圖上의 확인뿐만 아니라 紅山岩畵에서 보이는 종교적 무당 신분의 王(神政政治, theocracy)에 가까운 최소한 족장(chief) 이

800년이나 앞서는 紅山문화에 속하며 祭壇, 女神廟와 적석총 등이 발굴된 辽宁 凌源県과 建平県의 牛河梁과 東山嘴(기원전 3000년-기원전 2500년경)유적, 四川省 廣漢県 興鎮 三星堆 祭祀坑[기원전 1200년-기원전 1000년경: 1호 坑은 商晚期, 2호 坑은 殷墟(기원전 1388년-기원전 1122/1046년)晩期] 및 古蜀/蜀國初期都城(四川省 成都 龍馬寶墩 古城, 기원전 2750년-기원전 1050년이나 기원전 16세기가 중심: 商代早期)의 國政을 점치거나 또는 제사용으로 사용되었을 것으로 추정되는 土壇유적, 玉器의 제작으로 유명한 良渚(浙江省 杭州市 余杭區 良渚鎮)문화(기원전 3350년경-기원전 2350년경) 등과 같이 종래 생각해오던 중국문명의 중심지역뿐만 아니라 상의 영향을 받아 주변지역에서도 청동기의 제작이 일찍부터 시작되었다는 새로운 사실들이 밝혀지고 있어 중국 청동기문화의 시작에 대한 연구를 복잡하게 만들고 있다. 최근 殷墟출토와 三星堆의 청동기 假面의 아연(zinc, Zn)의 동위원소를 분석한 결과 産地가 같다는 결론도 나오고 있어 신석기시대 이래 청동기시대 문화의 多元性과 아울러 상나라의 지배와 영향 등의 새로운 해석도 가능해진다. 그러나 이곳은 商나라의 마지막 수도인 殷墟에서와는 달리 甲骨文字와 같은 문자가 없었던 것이 차이점으로 들 수 있다. 周禮 春官 大宗伯에 보이는 "以玉作六器 以禮天地四方 以蒼璧禮天 以黃琮禮地 以青圭禮東方 以赤璋禮南方 以白琥禮西方 以玄璜禮北方 皆有牲幣 各放其器之色"라는 六器 중 琮·璧·璜과 鉞의 네 가지 祭禮重器라는 玉器가 이미 앞선 良渚文化에서 나타나고 있다. 그리고 良渚文化에 속하는 余杭 瓶窯鎮 匯觀山 제단을 비롯한 余杭 反山과 瑤山에서 출토한 玉으로 만든 琮·璧·鉞은 神權·財權·軍權을 상징하는 것으로 정치권력과 군사통수권을 가진 족장사회(chiefdom)를 넘어선 국가와 같은 수준의 정치적 기반을 갖춘 정부조직이 있었으리라는 추정을 가능하게 한다. 그리고 여기에 '王'자에

상의 우두머리가 다스리는 階級社會 또는 文明社會를 보여주고 있다. 토기문양 중 갈 '之'문양은 평북 의주 미송리와 경남 통영 상노대노에서, 玉玦은 경기도 파주 주월리와 강원도 고성 문암리에서 나타난다. 그리고 해자가 돌린 성역화된 적석총/석관(周溝石棺墓)은 강원도 홍천 두촌면 철정리, 강원도 춘천 천전리, 강원도 중도, 충남 서천 오석리와 경상남도 진주 대평 옥방 8지구 등에서 보인다.

가까운 刻畵文字, 莫角山의 土城(堆筑土의 古城), 瑤山 7호와 反山 23호의 王墓, 滙觀山의 祭壇 등의 발굴 자료는 良渚文化가 이미 족장사회를 넘어선 고대국가 또는 문명의 단계로 인식되고 있는 실정이다. 이곳에서 사용된 玉器의 재료는 江蘇省 栗陽 小梅岭에서 가져온 것으로 보인다. 요새화한 版築城은 河南省 安陽 後崗, 登封 王城崗, 淮陽 平糧臺, 山東省 章丘 龍山鎭 城子崖 등 龍山문화에서부터 이미 나타나기 시작하였다. 여하튼 넓은 지역의 중국에서 문화의 多原論(polyhedral, poly-phyletic theory)이 제기될 수 있는 것은 가능하며, 이 점은 앞으로 중국고고학에서 해결되어야 할 문제점이다.

중국문화의 편년은 아래와 같다.

100만 년 전-20만 년 전	直立猿人	전기구석기시대
20만 년 전-5만 년 전	初期人類	중기구석기시대
5만 년 전-12000년 전	現生人類	후기구석기시대
기원전 8000년-5000년	初期農耕民들	초기신석기시대
기원전 5000년-3200년	仰韶문화	
기원전 3200년-2500년	龍山式문화	
기원전 2500년-2200년	龍山문화	
기원전 2200년-1750년	夏	
기원전 1750년-1100/1046년	商	
기원전 1100년-771년	西周	
기원전 771년-221년	東周, 春秋戰國시대	
	春秋(기원전 771년-기원전 475년), 戰國(기원전 475년-기원전 221년)시대 기원전 475년부터 封建사회의 시작	
기원전 221년-207년	秦	
기원전 206년-서기 220년	漢[전한: 기원전 206년-서기 9년, 新(王莽): 서기 9년-서기 25년, 후한: 서기 25년 -서기 220년]	

서기 220년-280년　三國(魏[40]: 서기 220년-서기 265년, 蜀: 서기 221년-서기

263년, 吳/孙吳/东吳 서기 222년-서기 280년)

서기 265년-316년　晋(司馬懿/仲達)

서기 317년-418년　東晋

서기 302년-577년　五胡十六國(서기 302년-서기 421년) 및 南北朝시대,

六朝(吳/孙吳/东吳: 서기 222년-서기 280년,[41] 東晋: 서기

317년-서기 418년, 宋: 서기 420년-서기 479년, 齊: 서기 479

년-서기 502년, 梁: 서기 502년-서기 557년, 陳: 서기 557년

-서기 589년), 北朝(東魏: 서기 534년-서기 550년, 北周: 서

기 556년-서기 581년, 北齊: 서기 550년-서기 577년)

서기 581년- 618년　隋

서기 618년- 907년　唐

서기 960년-1279년　宋

서기 1206년-1368년　元

서기 1368년-1644년　明

서기 1616년-1911년　淸[女眞/金-後金(서기 1601년 누르하치/羅努爾哈赤(淸太祖

서기1616년-서기 1626년 재위)-滿洲/淸(淸太宗, 홍타이지/皇

太極, 서기 1626년-서기 1636년 재위)-大淸/皇太極(서기 1636

---

40) 魏 武王 曹操(서기 155년-220년)의 무덤인 高陵이 河南省 安陽県 安豊乡 西高穴村 2號墓에서
발견되었다고 2009년 12월 17일 자로 신화통신에 의해 발표되었다. 燕巖 朴趾源의 熱河日記의
口外異聞 중 曹操 水葬條와 淸나라 蒲松齡의 聊齊志異에도 조조의 수장에 관한 기록이 있다. 이
는 아마 조조가 사후 자신의 무덤이 훼손될 것을 두려워한 나머지 만든 72개의 가짜무덤과 관
련된 듯하다(정민의 世說新語 42, 조조 무덤, 조선일보 2010년 2월 12일, 금).

41) 공주 의당 수촌리(사적 460호)유적은 현재 이곳에서 나온 5점의 중국도자기로 서기 4세기 후
반-서기 5세기 중반으로 편년되고 있는 마한 54국 중의 하나로 여겨진다. 최근 같은 도자기
가 나오는 南京 江寧 上坊 孫吳墓(전축분)가 서기 264년-서기 280년으로 편년되고 있어 연대
의 상향조정도 필요하리라 생각된다(南京市 博物館 2006 南京 上坊 孫吳墓, 南京: 南京市 博物
館 및 2008 南京 江寧 上坊 孫吳墓 發掘簡報, 北京: 文物 2008년 12호, pp.4-34).

년－서기 1643년 재위)－順治(福臨, 淸世祖, 서기 1643년－서기

1661년 재위)－康熙－擁正－乾隆－嘉慶－道光－咸豊－同治－光緖

－宣統, 서기 1842년 阿片戰爭]

서기 1912년－현재	中華民國(遠世凱－孫文－蔣介石)
서기 1936년 12월 12일	張作霖의 아들 張學良에 의한 西安事變
	滿洲國(서기 1932년－서기 1945년, 傅儀)
1949년－현재	中華人民共和國(서기 1949년 10월 1일 건국), 大長征과

八路軍의 역사적 사건을 거쳐 대통령(당 총서기/국

가주석/중국에서 실질적인 권력의 자리는 공산당중앙군사위

주석으로 가장 마지막에 승계된 관행이 있었음)은 毛澤東

(서기 1949년 10월－서기 1976년 10월)－華國鋒(서기 1976년

10월－1981년 6월)－鄧小平(서기 1981년 6월－서기 1989년

11월)－江澤民(서기 1989년 11월－서기 2004년 9월)－胡錦

濤(서기 2004년 9월, 공산당중앙군사위 주석－서기 2013년 3

월)－習近平[서기 2012년 11월 15일－현재, 당 총서기와 공

산당중앙군사위 주석은 장악했으며 국가주석(president)은

서기 2013년 3월 14일(목) 中华人民共和国第十二届全国人民代

表大会(全人大)一次會議第四次全體會議에서 선출됨]으로 이

어짐.

夏, 商, 周를 거쳐 秦에 이르는 중국문명은 단절된 것이 아니라 중국역사 전체
속에서 연이어 온 것이다. 기원전 771년에서 기원전 221년까지의 東周 즉 春秋戰
國시대는 도시와 시장의 확대, 무기와 공구에 있어서 철의 사용, 竪穴式(움무덤)에
서 횡혈식(앞트기식 굴방무덤)무덤으로의 변화, 그리고 靑銅祭器나 용기의 표면에 나
있는 장식에서 보이는 바와 같이 활발한 動物神이나, 神과의 싸움 같은 주제가 보
여주는 人本主義의 발달을 들 수 있다. 戰國時代의 시작인 기원전 475년부터는 土

地의 私有化와 함께 鐵器時代(진시황 때 鐵官을 두어 철의 생산과 소비를 관장함)시작된 것이다. 기원전 221년에 통일한 秦나라는 秦始皇帝(嬴政)를 통하여 자급자족과 中國歷史의 傳統性의 繼承을 확보했을 뿐만 아니라, 戰國시대의 地理的 統一과 度量衡과 公文書(隷書의 사용)

半兩錢(左, 기원전 221년~기원전 118년 漢 武帝 元狩 5년)과 五銖錢(右, 기원전 118년~서기 30년, 後漢 光武帝 建武 5년 철제오수전 사용)

를 통해 중국에서 처음으로 지리적·文化的 統一을 이룩해 오늘날의 중국문명의 시작을 이루었다. 그의 묘⁴²⁾는 陝西省 臨潼縣 驪山에 위치하며 발굴에서는 보병의

---

42) 기원전 247년부터 만들기 시작해 38년이 걸린 전체 면적 56.25㎢내 封土墳만 25만㎡의 범위를 가진 秦始皇陵의 地下高樓(궁전, 무덤)를 찾기 위한 물리적 탐사가 1981년 水銀의 함유량 조사 이후 계속 진행되고 있는데 2002년부터 836물리탐사계획 탐사(단장은 劉士毅, 考古隊長은 段淸波임)에서 진시황릉의 槨室(墓室)주위에 보안과 봉토를 쉽게 쌓기 위한 동서 145m, 남북 120m, 높이 30m의 담장을 두르고 그 위에 전체 三段의 구획에 각 단 3개의 계단을 갖춘 모두 9개의 層段(무덤 하변의 폭 500m, 묘실바닥에서 봉토까지 전체 높이 115m, 계단 한 층의 높이 3m, 각 계단 폭 2.5m)을 갖고 각 계단의 끝에는 개와를 덮은 極數인 9층의 樓閣지붕을 가진 목조건물의 피라미드 구조가 확인되고 있다. 그 구조 위에는 6~7㎝로 다진 版築의 細夯土(封土下 30~40㎝에서 발견됨, 묘실 위에는 40~60㎝의 두께의 粗夯土로 덮여 있음)로 다진 후 봉토로 덮고 그 위에 享堂(王堂)의 祭祀用 목조 건물을 세운 것으로 밝혀지고 있다. 이는 中國社會科學院 考古研究所 楊鴻勛 研究員의 생각이기도하다. 이와 같은 형태는 기원전 323년의 河北省 平山縣 城北 靈山下에서 서기 1974년~1978년에 발굴된 戰國말기 中山國 5대 중산왕릉에서 그 기원을 찾아볼 수 있다고 한다. 이 중산왕릉이 만들어진 50년 후 진시황릉이 만들어지게 된다. 그렇다면 高句麗 輯安의 將軍塚의 기원도 밝혀질 수 있을 것이다. 묘실 안에는 司馬遷의 史記 秦始皇 本紀 第六에서 언급된 바와 같이 인부 70만 명을 동원해 세 개의 모래층을 판 穿三泉을 한 후 槨(묘실)을 만들고 천장에서 天文(보석으로 별자리를 만든 것으로 추측), 바닥은 水銀(100톤 이상으로 추산)으로 中國의 지형에 따라 강과 바다를 만들고 人魚膏(고래기름)로 長明燈의 불을 밝혀 오래 가도록 하였다. 그리고 弓矢를 장착해 문이 열릴 때 자동적으로 발사하도록 장치를 갖추었다 한다. 수은은 지형상 바다가 면한 동북쪽과 동쪽에서 많이 含有된 중국의 水界分布를 나타내고 있음이 밝혀졌다. 이는 시체와 부장품들의 腐敗를 防止하기 위한 목적도 있다. 현재 황릉에 대한 다각적인 연구가 진행 중이다.

南京 江寧區 上坊 孫吳墓(전축분의 외관, 서기 264년~서기 280년, 필자 촬영)

남경시 박물관 소장 청자류(필자 촬영)

1호(11열로 배치, 1열은 230m임), 궁수·전차와 기마부대의 2호, 그리고 지휘통솔부의 3호의 兵馬坑[43]이 확인되었다. 그리고 최근 중앙 왕릉 근처에서 발견된 80여 개의 坑 중 石板(두께 8mm의 612개의 석판을 청동 끈으로 꿰어 한 벌을 만듦)이어 만든 갑옷인 石製

齊太祖文皇帝(서기 479년-서기 482년)神道碑
(江蘇省 丹陽市 陵口鎭 南朝陵墓 石刻, 아주대학교 공과대학 이오봉 겸임교수 제공)

札甲만 500벌 정도 매장한 坑이 새로이 발굴·조사 중이다. 이는 진시황이 전사자
들의 영혼을 위로하기 위해 매장한 것으로 추측된다. 이와 같은 진의 통일은 앞
서 孝公[秦 25대 君主, 嬴渠梁(기원전 381년-기원전 338년, 기원전 362/362년-기원전 338년 재위] 때
등용한 法家의 商鞅(기원전 390년경-기원전 338년)의 덕이었다. 그는 衛나라 사람으로
초명은 公孫鞅, 衛鞅으로 刑名之學[法家, 秦 25대 孝公 때 作法自斃의 주인공으로 '商君書'가 있
다]의 大家로 '變法'을 바탕으로 郡県制, 度量衡과 標準器 등을 실생활에 도입하는
등 富國强兵策을 펴 진나라의 토대를 만들었다. 이외에도 진나라는 關中平原의 견
고한 이점(關中之固)을 살려 渭河를 중심으로 堤防(決通堤防, 決通川防)을 쌓아 저수지를
만들고 治水를 행하였던 것 같다. 그리고 秦昭王(28대, 기원전 295년-기원전 251년)時 蜀
太守로 있던 李冰과 그의 아들 李郞이 기원전 256년 成都교외 북서쪽 65㎞ 떨어진

---

43) 이제까지 발견된 陶俑은 약 8,500점에 이른다. 그리고 2010년 5월 11일(화)자로 1호 坑 북쪽
    지역 3차 발굴에서 청동화살촉, 창과 말과 마차를 비롯해 원래 着色한 모습 그대로의 일반무
    사와 고급군관의 兵馬俑 114점이 추가로 발굴되었다고 발표되었다.

곳에 都江堰 계획으로 岷江을 막아 둑을 쌓고 水路를 내고 灌漑農業을 성공시켜 그곳에서 나온 잉여생산물을 축적하였는데 여기에서 축적된 잉여생산물을 후일 秦始皇이 인구증가와 戰國時代를 통일하기 위한 軍備로 사용하고 있음에서도 잘 알 수 있다. 이들 부자는 이 治水의 공으로 근처 二王廟(後漢 乾寧 元年 168년경 초축)에 모셔져 숭앙을 받고 있다. 특히 기원전 221년 戰國의 통일 후 秦나라는 점령한 5국과 북쪽 유목민인 匈奴족에 대항해 전국적으로 도로를 정비하고 교통체계를 강화하여 새로운 마차길(馳道, 폭 67m), 五尺道와 진시황 28년~33년(기원전 224년~기원전 219년)시 廣西莊族自治區의 湘江과 漓江을 잇는 靈渠를 만들고 또 萬里長城을 쌓았는데 그 이후에도 만리장성을 경계로 토착농경민과 유목민의 끊임없는 대항의 역사를 보여준다. 통일전의 전국시대의 秦나라 王世系는 다음과 같다.

女脩————⋯ 非子————⋯ 躁公(기원전 443년~기원전 429년)→懷公(기원전 429년~기원전 425년)→靈公(기원전 425년~기원전 415년)→簡公(기원전 415년~기원전 400년)→惠公(기원전 400년~기원전 387년)→出子(기원전 387년~기원전 385년)→獻公(기원전 385년~기원전 362년)→孝公(25대, 기원전 362/361년~기원전 338년)→惠文王(기원전 338년~기원전 311년)→武王(悼武王, 武烈王, 元武王, 蕩, 武蕩, 기원전 311년~기원전 307년)→昭襄王/昭王(기원전 307년~기원전 251년, 기원전 295년~기원전 251년)→孝文王(기원전 251년~기원전 250년)→莊襄王(기원전 250년~기원전 247년)→政/滅齋/嬴政/秦始皇帝(기원전 247년~기원전 210년)→胡亥(기원전 210년~기원전 207년)→嬰(기원전 207년)

토착농경사회와 유목민족의 관계는 西漢(前漢) 10대 元帝 16년(기원전 33년) 漢나라의 유화정책에 의해 匈奴王 呼韓邪單于(기원전 58년~기원전 31년 재위)에게 政略結婚으로 시집가 그곳에서 죽어 內蒙古 자치구 호화호트(呼和浩特) 시에 묻혀 있는 呼韓邪單于의 부인 王昭君(王嬙)[44]의 묘가 이를 잘 입증해준다. 이 王昭君(王嬙)에 대해서는 李白(서기 701년~서기 762년)의 '昭君拂玉鞍 上馬啼紅頰 今日漢宮人 明朝胡地妾'과 '胡地無花草 春來不似春 自然依帶緩 非是爲腰身'의 두 詩가 남아 있다. 그런데 秦始皇陵

하북성 滿城 陵山에서 발굴된 中山王 劉勝의 비취수의(기원전 113년경, 필자 촬영)

은 陝西省 臨潼縣 驪山에 있으며 진시황이 13세로 등극하자마자 만들기 시작했으나 50세에 죽을 때까지 완성을 보지 못하였다. 그리고 그의 능도 기원전 207년 楚의 霸王 項羽(또는 項籍: 기원전 232년-기원전 202년)에 의해 도굴당했으며 그 속에서 가져온 보물의 일부는 애첩 虞美人에게로 흘러들어 간 것으로 여겨진다. 이와 같은 도굴은 서기 2012년 6월 8일(금) 제1호갱 3차 발굴 중간발표(발굴팀장 申茂盛)에서 고의적인 放火로 인한 고열로 토벽과 병마용 조각이 변색되거나, 원래 있었던 병마용의 무기의 도난 등에서 사실로 밝혀졌다. 이 발굴에서는 지하궁전 내 歌舞를 즐기려 한 목적으로 만들어진 황궁내 오락과 잡기를 담당하던 百戲傭(acrobat)도 20여점과 함께 才鈍이라고 불리었던 구리방패, 토용 102점, 전차 2대, 말 12필, 화살 등 301점이 새로이 확인되었다. 그리고 秦始皇帝의 兵馬坑은 다음 漢나라에서

---

44) 王昭君(기원전 52년-?)은 기원전 33年 西漢後期 握衍朐鞮單于의 아들 匈奴單于인 呼韓邪單于(기원전 58년-기원전 31年 재위)의 요구대로 시집을 와 기원전 31年 呼韓邪單于가 세상을 뜬 후 胡俗 Levirate marriage(兄死娶嫂制)에 따라 呼韓邪寵妾大閼氏의 長子인 復株累若鞮單于에게 再嫁하게 된다.

도 계속 만들어졌는데 陝西省 咸陽市 楊家灣에서 발견된 4·5호묘(이들은 周勃과 周亞夫 父子묘로 기원전 195년 죽은 漢高祖무덤인 長陵의 陪葬墓로 추정된다. 서기 1970-서기 1976년 발굴)와 江蘇省 蘇州 西樵山에서 서기 1988년-서기 1995년 발굴된 諸侯國 楚나라 3대 왕인 劉禹(기원전 155년에 일어난 吳楚七國의 亂이 실패하여 기원전 154년 35세 나이로 자살, 이때는 西漢 6대 景帝 劉啓 前元 3년임)의 병마가 잘 알려져 있다.

아무튼 故 장광직(張光直) 교수는 中國文化를 이끌어 온 특성 가운데 하나로 설정된 "政治的 側面에서의 理解"만이 중국을 이해하는 첩경이라 한다. 따라서 古代 中國에 있어서 藝術·神話·儀式(art, myth, ritual) 등은 모두 정치적 권위에 이르는 과정으로 이야기할 수 있다. 중국에서의 이러한 발전과정은 혈연에 기반을 두고 있으며 이에 부수되는 샤머니즘의 우주관과 여러 의식들은 정치권력을 통한 문명발전의 근거를 제시할 수 있는 보조 역할을 한다. 서구문명이나 국가의 발생에 대한 이론으로 인구의 증가, 관개농업, 전쟁, 종교와 무역 등 여러 요소의 복합작용(乘數效果, multiplier effect)이 제시되고 있으나, 중국의 경우 이와는 달리 정치적인 의미에서 예술, 신화와 의식이 오히려 중요한 역할을 한다고 생각되고 있다. 중국의 문명은 서양의 전통과는 달리 독자적으로 발전해 왔다. 이 점이 바로 세계문명의 연구에 있어 Karl Wittfogel이 언급한 세계 제4대 灌漑文明인 中國 특히 青銅器時代의 商文明이 차지하는 중요성이다.

黃河, 揚子江(長江)과 메콩 강의 발원지인 티베트 青海省 三江源(36만㎢내에 玉樹, 果洛, 海南, 黃南藏族自治州와 海西蒙古族自治州가 있음)에서 발원하여 青海省, 甘肅省(蘭州), 內蒙古自治區(包頭), 陝西省, 河南省과 山東省을 관통해 흐르는 黃河(黃河의 지류인 渭河도 포함)는 函谷關(東, 하남성 靈寶県), 隴關(西), 武關(南, 섬서성 商県)과 蕭關(北) 사이의 關中平原을 비롯해 咸陽(秦)-西安(섬서성 長安, 前漢, 隋, 唐)-三門峽市-洛陽[하남성, 東周, 後漢, 魏, 西晉, 唐. 濟源의 小浪底댐(Xiǎolàngdǐ)]-鄭州(하남성, 商 두 번째 도읍지)-開封(하남성, 전국시대의 魏, 北宋)-安陽(하남성, 殷墟)과 濟南 등지를 지나 산동성 渤海灣 東營區 孤東과 友林村 사이의 현재 油田이 개발 중인 東営市 黃河口(서기 1853년 이후-현재까지의 하구임)로 빠져나간다. 이들은 모두 고대 도읍지로 황하문명의 발생지이다. 특히

세 번째 수도인 '安陽의 殷墟를 포함하는 商나라는 황하의 生態·氣候의 변화로 망했다고 할 정도로 황하의 환경변화가 중국 문명의 발생과 성장 그리고 멸망에 막대한 영향을 끼쳤다. 기원전 2278년-기원전 602년, 기원전 602년-서기 11년, 서기 1048년-1194년, 서기 1194년-서기 1289년, 서기 1324년-서기 1853년, 서기 1939년-서기 1947년 등의 水路變更을 지칭할 정도로 하남성과 산동성 사이의 황하가 1590회 정도 범람하고 서기 1855년-서기 1899년 사이에 10회, 서기 1953년 이후 3회를 포함하여 적어도 수 십 회 이상 물줄기가 바뀌어 왔다. 특히 開封의 범람이 가장 심했으며 北宋 때 궁전 터가 현재의 明나라의 궁전(明 太祖 아들이 있던 朱王府) 밑 수 미터 아래에서 확인되는 것도 이러한 것을 입증해주는 한 예다. 그리고 이 황하가 관통하는 섬서성 黃陵県 橋山 黃帝陵을 중심으로 현재의 夏華族(漢族)이 모두 신화·전설상의 炎(神農)黃帝(이미 높이 106m의 炎黃帝像을 세웠음)의 同系子孫이라는 中華文明探原大工程이라는 운동을 벌려 종전의 중국의 역사가 기원전 2200년경 禹임금이 세운 夏나라보다 약 1,000년 더 올라가는 三皇五帝의 시절까지 소급시키려 하고 있다. 중국에서는 황하를 중심으로 神話를 歷史로 점차 탈바꿈시키고 있다.

이제까지 技術과 經濟行爲로 본 中國의 靑銅器時代는 商(기원전 1750년-기원전 1100년/기원전 1046년)에서 春秋時代(기원전 771년-기원전 475년) 사이로 보고 있다. 戰國時代(기원전 475년-기원전 221년)는 鐵器時代가 시작된다. 그러나 최근 새로운 고고학적 자료들로 알려진 內蒙古의 紅山(기원전 3000년-기원전 2500년경)문화와 夏家店 下層文化, 四川省 廣漢県 興鎭 三星堆 祭祀坑(기원전 1200년-기원전 1000년경) 및 蜀國初期都城(成都 龍馬寶墩 古城, 기원전 2750년-기원전 1050년이나 기원전 16세기가 중심), 용산문화(기원전 2500년-기원전 2200년)에 속하는 甘肅省 廣河県 齊家坪, 淸海省 貴南 朶馬臺 齊家文化유적, 甘肅省 東乡 林家(馬家窯期)유적 출토의 거울(鏡)과 칼 등의 청동제품들은 중국의 청동기시대의 시작이 기원전 2000년 이전으로 올라갈 수 있다는 것을 확인시켜주고 있다. 그러나 본격적으로 청동기시대로 진입한 것은 偃師 二里頭(亳)의 夏문화(기원전 2080년-기원전 1580년) 때이다. 그러나 앞으로 中國 靑銅器時代의 上限問題는

龍山문화의 파악, 夏(기원전 2200년-기원전 1750년)나라가 神話로서의 베일을 벗고 고고학 자료를 바탕으로 하는 歷史時代로의 進入, 그리고 靑銅器時代와 그에 따른 文明의 多元的 發生 등에 대한 새로운 해석에 달려있다. 이는 中國 考古學과 古代史가 당면한 앞으로의 硏究方向이라 할 수 있을 것이다.

그리고 중국의 문명과 인종의 기원을 밝히는 연구가 실크로드(비단길)에서도 확인된다. 실크로드(비단길, 絲綢之路)란 용어는 서기 19세기 독일의 지리학자겸 여행가인 바론 페르디난트 폰 리히트호펜(Baron Ferdinand von Richthofen, 서기 1833년-서기 1905년)이 처음 언급하였는데 이는 중국의 비단이 서방세계로 전래되었음을 밝히는 데서 비롯된다. 이 길이 처음 개척된 것은 기원전 139년-기원전 126년 사이 前漢(기원전 206년-서기 8년) 7대 武帝(기원전 141년-기원전 87년)의 사신으로 月氏, 匈奴, 烏孫, 大宛, 康居 등을 거쳐 西域에 다녀온 張騫(?-기원전 114년)에 의해서이다. 그 지역들은 훼르가나, 소그디아나, 박트리아, 파르티아(Parthia, 기원전 247년-서기 224년)와 북부 인디아 등지로 여겨진다. 비단길은 '초원의 길'과 '오아시스 길'의 둘로 나누어진다. 초원의 길은 비잔티움(콘스탄티노플/이스탄불)-흑해-카스피 해-아랄 해-타시켄트(Tashikent, Uzbekistan의 수도)-알마타(Alma-Ata, Kazakhstan의 수도)-이닝(Yining, 伊寧)-우룸치(Urumchi, 烏魯木齊)-카라코룸(Karakorum/하라호룸)-울란 바토르(Ulan Bator)를 지난다. 다시 말해서 옛 소련의 중앙아시아 초원지대·외몽고·중국을 잇는 북위 35°-45° 부근을 지나는데 이 기원전 7세기-기원전 2세기경 동물문양, 무기와 마구로 대표되는 스키타이 기마민족들에 의해 메소포타미아와 흑해 연안의 문화가 동쪽으로 전래되었다. 우리나라의 金海 大成洞과 良洞里, 永川 漁隱洞 등에서 나온 청동항아리(銅鍑, cauldron), 鐵鍑(동의대 서기 1991년 발굴 토광목곽묘 162호), 靑銅鼎과 동물문양의 허리띠(馬形帶鉤 등)장식 등이 대표적이다. 또 이들에 의해 남겨진 耳飾, 파지리크와 알타이 유적들은 積石木槨墳의 구조를 갖고 있어 烏丸(烏桓)과 鮮卑문화를 사이에 둔 신라고분과의 친연성도 제기되고 있다. 秋史 金正喜의 海東碑攷에 나오는 신라 30대 文武王(서기 661년-서기 681년 재위)의 비문에 의하면 慶州 金氏는 匈奴의 후예이고 碑文에 보이는 星漢王(15대조, 金閼智, 서기 65년-?)

은 匈奴 休屠王의 太子 祭天之胤 秺侯(투후) 金日磾(김일제, 기원전 135년-기원전 86/85년)로부터 7대손이 된다. 그리고 13대 味鄒王(서기 262년-서기 284년, 金閼智-勢漢-阿道-首留-郁甫-仇道-味鄒王, 三國史記 제2, 新羅本紀 제2)은 경주 김씨 김알지의 7대손으로 이야기된다. 따라서 경주 김씨의 出自는 "匈奴-東胡-烏桓-鮮卑[45] 등의 유목민족과 같은 복잡한 배경을 가진다. 휴도왕의 나라는 본래 중국 북서부 현 甘肅省 武威市(漢武威郡 休屠県, 현 甘肅省 民勤県)로, 이는 新羅 積石木槨墳의 기원도 중국 辽宁省 朝陽에서 보이는 鮮卑族의 무덤·출토유물과 관련하여 생각해 볼 가능성이 열리게 되었다. 결국 초원의 스키타이인들이 쓰던 쿠르간 封土墳과의 관련도 배제할 수 없게 되었다. 또 甘肅省 魏晋時期 壁畵古墳으로 嘉峪關 魏晋墓群, 敦煌 佛爺廟灣 古墳群, 酒泉 丁家閘 五號墓(東晋, 서기 317년-서기 418년)를 들 수 있는데 그중 酒泉 丁家閘 五號墓에는 황해도 안악군 유설리 3호분(冬壽墓, 永和 13년 서기 357년) 내의 것과 비슷한 벽화가 그려져 있어 고구려와 鮮卑族과의 관련도 시사해주고 있다. 특히 丁家閘 五號墓를 제외하고 畵像塼으로 만들었으며 내부의 고분 구조는 後漢(서기 25년-220년) 말 3세기경의 山東省 沂南 石墓 後漢(서기 25년-서기 220년) 말 3세기경의 山東省 沂南 石墓와 같이 맛졸임천장(또는 귀죽임천장, 투팔천장, 抹角藻井이라고도 함. 영어로는 'corbel style tomb in which the diameter of the circle decreased until the final opening at the top could be closed with a capstone'으로 표현)을 하고 있어 주목된다. 이는 그리스 미케네(기원전 1550년-기원전 1100년 또는 기원전 1600년-기원전 1200년)의 기원인 연도(널길)가 달린 솔로

---

45) 이곳 유목민족은 匈奴-東胡-烏桓-鮮卑-突厥(투쥐에, 뛰르크, 타쉬티크: 서기 552년 柔然을 격파하고 유목국가를 건설. 돌궐 제2제국은 서기 682년-서기 745년임, 서기 7세기-서기 8세기)-吐藩(티베트, t'u fan: 38대 치송데젠[赤松德贊 서기 754년-서기 791년]이 서기 763과 서기 767의 두 번에 걸쳐 唐의 長安을 함락함)-위굴(維吾爾, 回紇: 위굴 제국은 서기 744년-서기 840년임, 위굴 제국은 키르기스 點戛斯에 망하며 키르기스는 서기 9세기 말-서기 10세기경까지 존재)-契丹(辽, 서기 907년-서기 1125년)-蒙古(元, 서기 1206년-서기 1368년)-女眞/金-後金(서기 1601년 누르하치/羅努爾哈赤(淸太祖 서기1616년-서기 1626년 재위)-滿洲/淸(淸太宗, 홍타이지/皇太極, 서기 1626년-서기 1636년 재위)-大淸/皇太極(서기 1636년-서기 1643년 재위)로 발전한다.

스 무덤(tholos tomb with dromos; 복수는 tholoi임)이 기원으로 추정된다.

초원의 길 이외의 '오아시스 길'은 天山北路와 天山南路 그리고 西域南路 등 세 경로가 있다.

1. 天山北路：西安(長安)－蘭州－武威－張掖－嘉峪關－敦煌－哈密(Hami, Kumul)－乌鲁木齐(Urimqi, Urumqi, Ürümqi)－伊寧(Yining)－伊犁河(Yili He/Ili River)－알마타(Alma-Ata, Kazakhstan의 수도)－타시켄트(Tashikent, Uzbekistan의 수도)－아랄 해－카스피 해－黑海－동로마의 비잔티움(콘스탄티노플/이스탄불)

2. 西域北路(天山南路)：西安(長安)－蘭州－武威－張掖－嘉峪關－敦煌－哈密(Hami, Kumul)－吐鲁番(Turfan)－焉耆－库尔勒－库车－阿克苏－喀什(Kashi)－파미르高原(帕米尔高詢/蔥嶺, Pamir Mountians)－중앙아시아(中亚, 키르기즈스탄/Kirghizsstan, 타지키스탄/Tadzhikistan/Tajikistan, 아프가니스탄/Afkhanistan/Afghanistan)－인도(India)/서아시아(西亚)

3. 西域南路：西安(長安)－蘭州－武威－張掖－嘉峪關－敦煌－楼兰－若羌(Ruòqiang)－且末－尼雅－和田(Hotan)－喀什(Kashi)－파미르高原(帕米尔高詢/蔥嶺, Pamir Mountians)－중앙아시아(中亚, 키르기즈스탄/Kirghizsstan, 타지키스탄/Tadzhikistan/Tajikistan, 아프가니스탄/Afkhanistan/Afghanistan)－인도(India)/서아시아(西亚)

이 길도 중국 陝西省의 長安(西安)에서 宁夏回族自治區 黃河와 渭河의 서쪽 蘭州, 武威, 張掖과 嘉峪關을 거치는 河西走(廻)廊을 지나 실크로드(絲綢之路)의 요충지인 甘肅省 敦煌 莫高窟에서 시작한다. 敦煌에서 哈密－乌鲁木齐－伊犁河－알마타－타시켄트－동로마로 가면 天山(Tian Shan)北路, 西安－敦煌－哈密－吐鲁番(高昌國의 수도)－焉耆－库尔勒－庫車(龜玆國)－阿克苏－喀什(Kashi/Kashkar/Kashgar)을 가면 西域北路(天山南路), 西安－敦煌－楼兰－若羌－且末－尼雅－和田－喀什으로 가면 西域南路가 된다. 喀什(Kashi)에서는 파미르 고원(Pamir Mountians)을 지나 키르기즈스탄/Kirghizsstan, 타지키스탄/Tadzhikistan/Tajikistan, 아프가니스탄/Afkhanistan

/Afghanistan을 거치면 터키의 비잔티움(콘스탄티노플/이스탄불), 이란과 인도의 세 방향으로 나아갈 수 있다. 이들은 모두 新疆省 維吾尔自治區와 甘肅省에 위치하며 天山山脈(최고봉은 公格尔山으로 海拔 7,719m임), 타림 분지(塔里木盆地, Tarim Basin)와 타크라마칸 사막(塔克拉瑪干沙漠, Takla Makan Desert)을 피하거나 우회해야 하기 때문에 만들어진 것이다.[46]

중국의 漢·唐 나라와 로마 제국과의 만남은 필연적이다. 다시 말해 비잔티움(콘스탄티노플/이스탄불)과 西安(長安)이 시발점과 종착역이 된다. 실크로드의 가장 중요한 상품 중의 하나는 비단이다. 세레스 지역에서 전래된 비단으로 만든 토가라는 옷[그리스의 긴 옷인 페프로스(peplos)와 비슷한 것으로 로마에서는 이를 토가(toga)나 세리카(sarica/serica, silken garments)로 부른다]은 로마시민의 마음을 사로잡았다. 비단길을 통해 중국에서 서역으로 제지술, 인쇄활자 프린트, 도자기, 나침판과 화약이 가고, 서역에서는 유약, 유리 제조술, 유향, 몰약(myrrh, 향기 있는 樹脂), 말, 쪽빛 나는 靑華白磁 顔料(cobalt blue), 호도, 복숭아, 면화, 후추와 백단향 등이 들어왔다. 이 비단길을 통해 교역뿐만 아니라 인도의 불교, 동로마제국(비잔틴 제국)의 기독교(景敎),

---

46) 중국 서북 宁夏[Ningxia, 宁夏回族自治區/Ningxia Hui Autonomous Region (NHAR)]는 비단길(Silk Road)에서 남쪽으로 오르도스(Ordos/Erdos, 鄂尔多斯沙漠, 河套/河南)−平城(大同)과 河西走(廻)廊 도시 중 甘肅省 武威일부인 涼州/凉州区로, 북쪽으로 長安(西安)−新疆(西安−敦煌−哈密−乌鲁木齐 또는 吐鲁番)−西域으로 가는 天山(Tian Shan)北路와 西域北路(天山南路)의 매우 중요한 지역이다. 서기 3세기−서기 10세기 사이의 비잔티움(Byzantium), 페르시아의 사산(Sassan Persia, 서기 224년−서기 652년), 소그드(Sogd, 현재의 Tajikistan and Uzbekistan)시대에 속하는 彩陶戰士(Painted pottery figures of warriors, 北周, 서기 557년−서기 581년), 石碑(Fragment of a stone stele, 西夏, 서기 1032년−서기 1227년), 유리제품(Glass bowl, 北周 서기 557년−서기 581년), 목제조각품, 비단 천, 금속공예품, 교역 각국의 금제와 은제 화폐[비잔틴 동로마제국(서기 395/476년−서기 1453년)의 金貨와 페르시아의 銀貨도 포함]와 불교 유물 등 많은 고고학 자료들 100여점(北魏/서기 386년−서기 534년 − 明/서기 1368년−서기 1644년)이 서기 1980년대 이후 30년간의 宁夏 沽源县 原州区(固原市)의 고분발굴에서 출토되어 'The Silk Road in Ningxia'라는 전시가 서기 2008 12월 3일−2009년 3월 15일까지 홍콩대학 박물관·미술관(the University Museum and Art Gallery, The University of Hong Kong) 沽源县博物館·宁夏回族自治區博物館과의 공동으로 홍콩에서 열렸다.

페르시아의 마니교(페르시아의 마니가 3세기경 제창한 종교)와 조로아스터교(拜火敎), 그리고 이슬람교(回敎)까지 들어와 예술과학과 철학을 포함하는 문화의 교류도 함께 있었다. 로마(漢나라에서는 大秦으로 부름)-인도(Maharashtra 주의 Kārli 동굴사원 石柱에 새겨진 로마 상인의 흔적)-베트남(오케오와 겟티 유적에서 나타난 로마 상인의 흔적)-중국(한과 당)을 잇는 해상 비단교역로도 최근 밝혀지고 있다. 베트남의 롱수엔(Long Xuen)에서 30㎞ 떨어진 안기안(An Gian) 주, Thoi 현, Sap-ba 산록의 오케오(Oc Eo) 유적의 발굴 결과 이곳에서 로마의 주화와 중국의 거울이 나오고 있다. 그래서 이곳이 서기 50년-500년 사이의 扶南王國(Phu Nam/Funan 왕국, 베트남 남쪽과 캄보디아의 扶南王國)의 항구도시로서 인도와 중국의 중계무역이 이루어지고 있었음을 확인할 수 있다. 그리고 서기 2003년 新疆省 타림 분지 내 樓蘭의 小河유적(小河뿐만 아니라 근처 靑海省 民和県 喇家村 유적에서는 기원전 2000년경의 세계최초의 국수가 발견됨)의 발굴조사에서 얻은 '樓欄의 미녀'(扎浪魯克女尸)와 新疆省 維吾爾自治區 鄯善県 '양하이(洋海古墓, Yanghai)의 巫堂'미라(吐魯番市 勝金乡 勝金店村 火焰山下 姑師/車師文化 墓地 M90 出土, 2050-2200 B.P./기원전 1000년경)를 포함한 기원전 2000년-기원전 4세기까지 포함되는 12구의 미라들을 上海 复旦대학교 펠릭스 진(Fellics Jin)과 Spencer Wells 등이 실시한 DNA 분석결과 이들이 코카사스의 체첸(Chechen)/남러시아 파지리크(Pazyrik)인을 포함하는 유라시아 계통의 사람들일 가능성이 높다고 발표하는 데에서도 나타나고 있다. 이는 洋海古墓에서 나온 土器의 口緣裝飾에서 多産(fecundity)의 祈願을 위해 이탈리아에서 자라는 紫草(gromwell, Lithospermum officinale)의 씨를 이용하고 있음이 확인되는 데에서도 신빙성을 더해준다. 또 吉林대학 고고유전자연구팀의 연구결과는 이들이 동양과 서양의 混血人들로 밝히고 있다. 또 Cannabis(Cannabis sativa, Cannabis indica, Cannabis ruderalis, hemp, marijuana/marihuana, drug)가 나와 기원전 450년경에서 기원전 420년경에 써진 헤로도투스의 역사(The History of Herodotus)에서 언급되어 있던 스키타이인의 淨化儀式(purification rite)이 사실로 나타나고 있다. 기원전 8세기-기원전 4세기경에는 초원지대를 사이에 두고 끊임없이 東西의 접촉이 있어 왔고 스키타이(Scythian)/匈奴가 대표적이다. 이들은 오늘날 중국을 구성하는 55개의 소수민족 중의 하나가 될 것이다. 그리고 인도네시아 자바의 키리반 해역에서 서기 960년(宋 太祖 建隆 원년)경에 침몰한 중국 5代 10國(서기 907년-서기 960년)의 주로 도자기 50만 점의 화물을 실은 商船이 조사되어 당시 중국, 자바, 싱가포르의 북부, 말라카(Malacca, 말레이시아), 샹후와 하노이[吳權(고구엔)의 吳朝 서기 938년-서기 968년(최초의 독립왕조)와 丁朝 서기 968년-서기 980년]를 잇는 당시 동남아시아 사회, 종교, 경제와 초기역사를 알려주는 자료도 계속 나타나고 있어 주목을 받고 있다. 또 明 3대 成祖(朱棣 永樂 서기 1403년-서기 1424년, 서기 1420년 紫禁城을 완공) 때 宦官 鄭和(云南省 昆陽人, 서기 1371년/서기 1375년-서기 1433년/서기 1435년)에 의해 서기 1403년 南京 龍조선소에서 제작된 300여 척의 배로 조직된 선단으로 서기 1405년-서기 1423년의 18년 동안 7차에 걸쳐 개척된 뱃길은 江蘇省 蘇州 劉家河 太倉市를 기점으로 자바, 말라카(Malacca, 말레이시아), 수마트라, 세이론, 인도의 말라바[캘리컷(Calicut), 페르시아 만의 Hormuz], 짐바브웨를 거쳐 오늘날의 아프리카와 紅海(Red Sea) 입구인 예멘의 아덴(Aden)과 케냐의 말린디(Malindi)까지 왔던 것으로 추측된다. 서기 2013년 3월 13일(수) 챠푸르카 쿠심바(Chapurukha Kusimba, The Field Museum)와 슬로안 윌리엄스(Sloan Williams, the University of Illinois-Chicago)가 이끄는 합동조사단이 케냐의 만다 섬(Kenyan island of Manda)에서 중국 명나라 때의 永樂通寶[서기 1408年(永樂六年)南京과 北京에서 錢局을 설치하여 永樂通寶의 주조를 시작하고 서기 1411年(永樂九年)浙江、江西,廣東,福建에도 錢局을 설치·발행하여 明나라 전역에서 사용하게 함]를 발견하였다는 미국 일리노이 주의 시카고 필드박물관(The Field Museum in Chicago)의 발표가 있었다. 그리고 중국 元나라에서 만들어진 세계지도인 混一彊理圖/大明混一圖(복제품은 混一彊理歷代國都地圖로 朝鮮 太宗 2년 서기 1402년 것임)가 제작된 것으로 추측되기도 한다. 중국 明나라에서 이슬람 세계로 나가는 중요한 교역품은 비단과 함께 靑華白磁였다. 이는 이슬람 지역으로부터 얻어온 코발트(1300℃에서 용융) 안료, 당초문이 중국의 질 좋은 高嶺土와 결합해서 나타난 문화복합의 結晶體이다. 중국의 漢·唐과 明 나라 사이에서의 국제무역의 증거는 계속 나타나고 있는데, 이는 당시 국제적 필요에 의한 필연적인 결과였다.

참고문헌

국립중앙박물관

  1991 실크로드미술, 서울: 한진

金庠基

  1948 중국고대사강요, 서울: 정음사

린 드벤-프랑포르(김주경 옮김)

  2000 고대중국의 재발견, 서울: 시공사

민병훈

  2010 소그드의 역사와 문화, 서울: 국립중앙박물관, pp.7-36

安金槐 主編·오강원·홍현선 역

  1988 中國考古, 서울: 백산자료원

Jonathan Fenby(조너선 펜비) 엮음·남경태 옮김

  2009 China: 중국의 70가지 경이, 서울: 역사의 아침

장 피에르 드레주(이은국 옮김)

  1995 실크로드, 서울: 시공사

鄭漢德

  2000 中國考古學 硏究, 서울: 學硏文化社

崔夢龍 외

  2004 東北亞 靑銅器時代 文化硏究, 서울: 周留城

崔夢龍

  1991 중국 東三省 답사여적, 서울: 한국상고사학보 제 5호, pp.307-317

  1993 한국문화의 원류를 찾아서, 서울: 학연문화사

  1997 진시황, 도시·문명·국가-고고학에의 접근-(대학교양총서 70), 서울: 서울대학교 출판부, pp.176-182

  2007 중국 청동기시대의 문화사적 배경, 상하이 박물관 소장 중국고대 청동기·옥기, 부산: 부산박물관. pp.19-28

  2010 韓國 文化起源의 多元性-구석기시대에서 철기시대까지 동아시아의 諸 文化·文明 으로부터 傳播-, 동아시아의 문명 기원과 교류, 단국대학교 동양학 연구소 제40 회 동양학 국제학술회의, pp.1-45

K.C. Chang

  1980 *Shang Civilization*, New Haven: Yale University Press

  1983 *Art, Myth, and Ritual—The Path to Political Authority in Ancient China—*, Cambridge: Harvard University Press

1986 *The Archaeology of Ancient China*, New Haven; Yale University Press

Chêng Tê-K'un

1960 *Shang China*, Archaeology in China vol. II, Cambridge: W. Heffer & Sons Ltd.

Cotterell, Arthur ed.

1980 *Encyclopedia of Ancient Civilizations*, New York: The Rainbird Pb. Group Ltd., Penguin Books

Exposition Au Musée de L'Homme

2004 Premiers Hommes de Chine, Dijon: *Dossiers d'Archaeologie* No.292, Avril

Fairservice, Walter A.

1959 *The Origins of Oriental Civilization*, New York: A Mentor Book

Fong, Wen, ed.

1980 *The Great Bronze Age of China*, New York: Metropolitan Museum of Art

Foreign Languages Press

1972/8 *New Archaeogical Finds in China*(中國新出文物) (I) & (II), Peking: 外文出版社出版

Hongkong Museum of History

1983 *Fossil Man in China*, Honkong: The Urban Council

Howells, W.W. & Tsuchitani, PatriciaJones

1977 *Paleolanthropology in the People's Republic of China*, Cscprc Report no.4 Washington, D.C.: National Academy of Science

Jia Lanpo

1980 *Early Man in China*, Beijing: Foreign Languages Press

Jessica Rawson ed.

1980 *Ancient China*, New York: Harper & Row, Pb.

1996 *Mysteries of Ancient China*, London: British Museum Press

Keightley, David N.

1978 *Sources of Shang History*, The Oracle–Bone Inscription of Bronze Age China, Berkeley, Los Angeles, London: University of California Press

1983 *The Origins of Chinese Civilization*, Berkeley and Los Angeles: University of California Press

Li Chi

1957 *The Beginnings of Chinese Civilization*, Seattle: University of University of Washington Press

1977 *Anyang*, Seattle: University of University of Washington Press

Scarre, Christopher and Fagan, Brian M.

1977 *Ancient Civilizations*, New York: Longman

Sulivan, Michael

1979 *The Arts of China*, Berkeley: University of California Press

UCLA Art Council

1982 *The Silk Route and the Diamond Path*, Los Angeles: University of California

杜迺松

1995 中國靑銅器發展史, 北京: 紫禁城出版社

郭寶均

1963 中國靑銅器時代, 北京: 三聯書店

安金槐 主編

1992 中國考古, 上海: 上海古籍出版社出版

朱鳳瀚

1995 古代中國靑銅器, 天津: 南開大學出版社

馬承源 主編

1988 中國靑銅器, 上海: 上海古籍出版社出版

中國社會科學院考古硏究所 編著

1984 新中國的考古發現和硏究, 北京: 文物出版社

魏凡 編

1990 辽宁重大文化事迹, 辽宁: 遼寧美術出版社

松丸道雄編

1980 西周靑銅器とその國家, 東京: 東京大學出版會

李伯謙

1998 中國靑銅文化結構體系硏究, 北京: 科學出版社

楊寬著(尾形勇・太田有子 共譯)

1981 中國皇帝陵の起源と變遷, 東京: 學生社

張占民

2002 墳墓下的王國－始皇陵探秘, 西安: 西北大學出版社

陳星仙

1997 中國史前考古學史硏究 1895－1949, 北京: 三聯書店

周汛・高春明 栗城延江譯

1993 中國五千年 女性裝飾史, 京都: 京都書院

郁進編

　　1980　長城, 北京: 文物出版社

周菁葆編

　　1933　絲綢之路岩畫藝術, 新疆: 新疆人民出版社

盖山林

　　1986　陰山岩畫, 北京: 文物出版社

文物出版社

　　1983　中國岩畫, 北京: 文物出版社

武伯綸·武復興

　　1983　絲綢之路, 上海: 上海人民美術出版社

辽宁省 文物保護與長城基金會 및 辽宁省文物考古研究所

　　1990　辽宁省重大文化史迹, 辽宁: 辽宁美術出版社

南京市 博物館

　　2006　南京 上坊 孫吳墓, 南京: 南京市 博物館

　　2008　南京 江宁 上坊 孫吳墓 發掘簡報, 北京: 文物 2008년 12호, pp.4-34

良渚博物院

　　2009　良渚文化-實證中華五千年文明, 杭州: 杭州博物院

浙江省 文物研究所

　　2008　杭州市 余杭區 良渚 古城遺址 2006-2007年 的 發掘, 北京: 考古 2008년 7호, pp.3-10

趙曄

　　2007　煙滅的古國故都-良渚遺址概論-, 杭州: 攝影出版社

將衛東

　　2007　神聖與精緻-良渚玉器研究-, 杭州: 攝影出版社

劉斌

　　2007　神巫的世界-良渚文化綜論, 杭州: 攝影出版社

王寧遠

　　2007　遙遠的村居-良渚文化的聚落和居住形態-, 杭州: 攝影出版社

俞爲

　　2007　飯稻依麻-良渚人的衣食文化-, 杭州: 攝影出版社

河姆渡遺址博物館編

　　2002　河姆渡文化精粹, 北京: 文物出版社

周新華

　　2002　稻米部族, 杭州: 浙江省文藝出版社

孫國平

　2008　遠古江南－河姆渡遺址－, 天津: 天津古籍出版社

李安軍 主編

　2009　田螺山遺址－河姆渡文化新視窓－, 杭州: 西冷印刷出版社

岡內三眞 編著

　2008　シルクロードの考古學, 東京: 早稻田大學

楊寬, 尾形勇·太田有子 譯

　1981　中國皇帝陵の起源と變遷, 東京: 學生社

5. 마야와 아즈텍 문명

중미(메소아메리카)와 남미를 대표하는 문명은 마야, 아즈텍(서기 1325년-서기 1521년 8월 13일)과 잉카(서기 1438년-서기 1532년 11월 16일) 문명이다. 이들 문명 중 올멕, 마야, 몬테 알반, 테오티우아칸, 톨텍과 아즈텍은 오늘날의 티그리스와 유프라테스 강가에서 수메르, 아카드(기원전 2325년), 바빌로니아(기원전 1830년-기원전 700년), 앗시리아(기원전 1365년-기원전 558년)라는 문명들이 나타나는 이라크와 마찬가지로 멕시코(유카탄 반도 포함)에 밀집해 있다. 일부 유적들은 그 아래 과테말라, 벨리즈, 엘살바도르, 온두라스, 니카라과와 코스타리카에 산재해 있다. 이들은 멀리 수렵채집의 군집(band)단계인 리식(석기)과 아케익(고기)을 거쳐 호박, 아보카드, 고추, 옥수수와 콩의 재배에 기반을 두고 있던 초기농경과 정착단계의 부족사회(tribe)에서 점

몬테 알반 7호분에서 출토한 터키옥으로 모자이크한 두개골[Ignacio Bernal, Oaxaca Valley(1985) p.35에서 인용]

차 발전해온 것이다. 우선 멕시코를 중심으로 하는 중미의 문명은 올멕, 몬테 알반, 마야, 테오티우아칸, 톨텍과 아즈텍으로 대표된다. 그러나 이들은 각기 독립된 문명이라기보다도 공통의 문화 요소와 문화 발전에 있어 진화론적 경향을 갖고 연속적으로 발전해오며, 또 지리적·역사적으로도 상호 밀접하게 연결되는 하나의 커다란 중미의 문화사를 형성하고 있다. 신대륙의 고고학 편년은 리식(석기 Lithic: 후기구석기시대: 기원전

20000년-기원전 7000년)-아케익(고기 Archaic: 중석기시대: 기원전 7000년-기원전 2000년)-퍼마

티브(형성기 Formative: 신석기시대: 기원전 2000년-서기 300년)-크라식(古典期시대 Classic: 서

기 300년-서기 900년: 마야 古典期)-포스트크라식(後古典期시대 Post-classic: 서기 900년-서기

1521년/1532년/1541년: 야금술: 아즈텍, 잉카 제국과 마야)으로 구라파의 편년 즉 技術과 經

濟行爲에 바탕을 둔 구석기·신석기·청동기·철기시대와는 명칭이 다르다. 영어로

표현할 때에도 구석기시대는 palaeolithic age이나 이에 해당되는 신대륙의 편년

은 時代나 文化段階를 의미하는 lithic stage[47]로 표현한다. 이는 구라파와는 달리

아메리카 신대륙에 구석기시대의 전파가 늦고 또 청동기와 철기의 존재가 거의

없거나 매우 드물고 처음부터 연구방법과 적용이 달랐기 때문이다. 이는 크로비

스(Clovis),[48] 훨섬(Folsom)과 프라노(Plano) 같은 석기들은 만 년 전후에, 청동기의 시

---

47) Prehistoric times, Stone age, Palaeolithic period, Chellean epoch라는 식의 종래 사용되던
   명칭대로 하면 Palaeolithic age보다 Palaeolithic period가 올바른 사용법이나 현재는 관용대
   로 Palaeolithic age로 그대로 쓰고 있다. 고고학에서 공간의 개념을 알려주는 Horizon의 정
   의는 "Spatial continuity represented by cultural traits and assemblages"이며, 시간의 개념
   을 나타내는 Tradition의 정의는 "Temporal continuity represented by persistent configura-
   tions in single technologies or other systems of related forms"이다(Gordon Willey &
   Philip Phillips 1958, Method and Theory in American Archaeology, Chicago & London:
   The University of Chicago Press, pp.33-37). 그리고 기술과 경제행위를 바탕으로 하는 편
   년인 구라파의 "age"개념과는 달리 신대륙에서는 기술과 경제행위 이외에도 "horizon과 tra-
   dition"(공간과 시간)을 포함하는 "stage"라는 개념의 용어를 사용하고 있다. 여기에는 문화의
   최소단위(unit)인 각 "component"가 결합하여 다음의 고급 단계인 "phase"로 되고 이들이
   "horizon과 tradition"(공간과 시간)의 기본적인 구성요소가 된다. horizon과 tradition의 결합
   이 "climax(the type or types of maximum intensity and individuality of an archaeological
   horizon or tradition)"를 이루어 각 stage의 문화사(culture-history) 즉 문화와 문명의 단계
   를 결정하게 된다. 그래서 Lithic, Archaic과 Formative의 maximum units on all stages에 문
   화(culture), Classic(古典期)과 Postclassic(後古典期)에는 문명(civilization), 국가(state), 제국
   (empire)이라는 단계의 이름이 주어진다.
48) Clovis(fluted point, 10000년-9000년 B.C./또는 12900년 B.P.까지 존속, 그들은 맘모스의 멸
   종과 마찬가지로 혜성의 충돌 즉 Nano-diamond theory로 인한 기후변화의 영향으로 아메
   리카 대륙에서 사라졌다고 한다.

작은 서기 11세기경 시작하기 때문이다.

그들의 편년은 다음과 같다.

올멕	기원전 1200년-기원전 400년
몬테 알반(와하카)	기원전 500년-서기 700년(아메리카 인디언의 가장 오래 된 최초의 국가로 여겨짐)
마야	기원전 200년-서기 900년(기원전 200년-서기 300년: 先古典期, 서기 300년-서기 900년: 古典期, 서기 900년-서기 1541년 스페인군의 유카탄 반도의 침입 시까지 後古典期임. 상형문자를 흘려 쓴 초서체의 聖刻文字 hieratic writing이 있음)
테오티우아칸	기원전 2세기-서기 750년
톨텍	서기 10세기-서기 1168년
아즈텍	서기 1325년-서기 1521년[서기 1519년 에르난 코르테즈(Hernan Cortez)에 의해 아즈텍이 침입당하고 마지막 황제인 쿠아우테목(Cuauhté-moc) 때인 서기 1521년 8월 13일 종말을 맞는다.]

올멕 문명은 멕시코 만 연안의 덥고 습기진 곳에서 발생하였다. 그리고 이 시기는 멕시코 남쪽 베라크루즈나 타바스코 지역에서 보이는 유적의 연대인 기원전 1200년경이 올멕 문명의 시작이며 신대륙 고고학 편년상 先古典期에 속한다. 그 기원은 서기 1966년-서기 1968년에 발굴된 베라크루즈 남쪽 산 로렌조-테노치티드란에 있는 세 곳의 의례중심지에서부터, 또는 기원전 1150년-기원전 900년에 존재했던 이웃 라 벤타나 테레스 자포텍 유적에서 보이는 것과 같은 올멕 문화 극성기의 전통을 형성하기 시작한 이후에서 찾을 수 있다. 올멕인들은 돌을 잘 조각했는데, 이것은 높이 3m가 넘는 현무암제 두상(頭像)과 어린애의 얼굴을 표범과 혼합시켜 만든 이상한 괴물의 형태를 비취(jade)나 터키옥(turquoise)으로 조각한 인물상에서 나타나고 있다. 이것은 마야나 아즈텍의 트라록이라는 비의 신

팔렌퀘의 궁전(충북대학교 성정용 교수 제공)

을 묘사한 것이다. 올멕의 문명은 중미의 신석기시대 퍼마티브(형성기)단계에서 나타나는 가장 영향력 있는 것으로 멀리 엘살바도르, 코스타리카와 페루의 챠빈 문화에까지 전파되고 있다. 이 문명은 기념물로의 거대한 두상, 비의 신과 같은 복잡한 도상, 비취나 터키옥을 다듬는 기술, 마야에 앞서 만들어낸 그러나 아직까지 해독이 안 되는 상형문자, 날자를 세는 꽤 긴 계산방법(이런 식의 계산방법을 보여주는 石碑로는 테레스 자포텍 비석 C가 있는데 이는 서기 31년 9월 2일에 만들어진 것으로 마야의 이 자판으로부터 영향을 받아 만든 올멕 후기의 것으로 추정된다. 그리고 가장 연대가 올라가는 것은 기원전 35년 12월 6일에 해당되는 것으로 콰테말라에서 발견되었다), 라 벤타에서 보이는 거대한 피라미드와 의례중심지, 종교적 역할로 남미 페루의 차빈 문화와의 장거리 교역과 "레비(lévee)"라 불리는 강안 충적토에 일구어 놓은 집약농경으로 잘 알려져 있어, 중미에서 나타난 최초의 문명으로 알려지고 있다. 그리고 올멕→몬테 알반(와하카)→마야→테오티우아칸→톨텍→아즈텍 문명의 순서를 거치면서 中美지역에는 세계에서 가장 많은 수인 300여개의 피라미드가 세워진다.

올멕 다음의 중미지역 전체에서 최초의 국가로 알려져 있는 문명은 와하카(Oax-

aca) 계곡의 몬테 알반(Monte Albán)이
다. 이 유적은 알폰소 카소(서기 1896년
-서기 1971년), 이그나치오 베르날(서기
1910년-서기 1992년), 브랜튼(서기 1978년)
과 캔트 프래너리와 마커스(서기 1983
년)에 의해 서서히 밝혀지고 있다. 이
곳은 자포텍 언어를 사용하던 주민
들에 의해 만들어진 중미 최초의 가
장연대가 올라가는 국가체제를 갖고
있으며, 존속기간은 기원전 500년(形
成期 中期 末경)에서 서기 700년(古典期 後
期)까지의 약 1,200년간이다. 이 유적
에서 보이는 몬테 알반의 가장 전성

올멕의 두상(頭像, Art of Ancient Mexico 서기 1996년
6.30-10.20 전시 카다로그에서 인용)

기는 서기 500년-서기 700년이며, 중심지 주위의 계곡과 능선 위에 만들어진
2,000여 개의 테라스(단구) 위에서 25,000명의 인구가 밀집해 살았던 것으로 여겨
진다. 시내에 15개의 주거지역이 발견되었는데 이들은 주거 테라스, 사원과 광장
(플라자)에 둘러싸여 있었다. 정부 중심부와 상류층의 집자리들은 이곳에서 가장
중앙의 거대하고 여러 건물들이 서로 밀접하게 연결된 복합광장에 위치해 있었
다. 200m×300m 규모의 열린 광장 주위로 20개의 피라미드가 형성되어 있는데
가장 큰 것들이 북과 남쪽의 경계를 이루고 있다. 중요한 복합지구의 광장에서는
이곳에서 살던 자포텍 언어 사용인들이 돌에다 지배자의 전쟁승리나 군사행위를
기술해놓은 기념물들이 발견된다.

중남미에서 올멕과 몬테 알반에 이어 세계를 대표하는 세 번째 문명은 마야이
다. 마야의 유적은 멕시코(유카탄 반도), 과테말라, 벨리즈, 영국령 온두라스의 저
지대 정글에서부터 서부 온두라스의 고지대에까지 넓게 분포한다. 그 조사의 시
작은 죤 로이드 스티븐스(John Llyod Stephens 서기 1805년 11월 28일-1852년 10월 13일, 미국

의 탐험가)로부터이다. 마야의 기원은 기원전 200년-서기 300년 고전기에 앞서는 先古典期 또는 포마티브(형성기)기부터 시작된다. 현재까지 잘 알려진 도시는 멕시코 유카탄 반도의 치첸 이차(엘 메코/El Meco에서 5㎞ 떨어진 엘 카스티오/El Castillo의 Chichén Itzá 마야유적, 서기 800년-서기 1050년), 과테말라 국경 근처 멕시코령 치아파스/챠파스(Yachilan/Yaxchilan, Chiapas Mexico)의 중심지인 팔렌퀘(Palenque)와 보남파크(Bonampak), 과테말라의 페텐(유카탄 반도의 Petén), 칸쿠엔(Cancuén)과 티칼[Tikal, Jasaw의 아들인 Yik'in Chan Kawil 왕(서기 734년-서기 760년) 때가 극성기로 서기 736년 경쟁자인 카라크믈(Calakmul)의 침입을 저지하고 서기 743년과 서기 744년에 El Peru와 Naranjo를 제거함], 타진(Tajin), 그리고 온두라스의 코판(Copán) 정도이다. 그런데 기원전 200년경 올멕과 마야의 이자판 지역과의 접촉에 자극 받아 과테말라 중앙 저지대의 티칼과 와삭툰과 같은 곳에 피라미드가 처음 만들어진다. 최근 과테말라 열대우림 내 산바르톨로, 엘 미라도르, 틴틸과 나크베 등지에서 선고전기의 피라미드의 축조가 확인된다. 곧이어 마야 건축의 특색인 코벨링(corbelling: 미케네의 the Treasure of Atreus 무덤 천장에서 보이는 것과 같은 맞줄임 천장)이라는 초엽구조도 나타난다. 티칼에 서기 292년 명이 새겨진 비석도 세워진다. 자일스 그레빌 힐리(Giles Greville Healey)가 1946년 멕시코 라칸하 강 서쪽 치아파스/챠파스 밀림지대 라칸돈(Lacandon)족 거주지에서 발견한 서기 790년-서기 792년 사이 왕족의 호전적이고 피에 굶주린 생활상을 보여주는 보남파크(Bonampak)의 벽화, 알베르토 루즈 루이에(Alberto Ruz Lhuiller, 서기 1949년-서기 1952년 발굴)에 의해 발견된 치아파스/챠파스(Yachilan/Yaxchilan, Chiapas Mexico)의 중심지인 팔렌퀘 '비문 신전 피라미드' 지하 납골당에 묻힌 6구의 순장과 함께 만들어진 파칼 왕(K'inich Janaab Pakal, Sak K'uk' 부인의 아들, 서기 603년 3월 26일-서기 683년 8월 31일, 서기 615년-서기 683년 재위, 12세 즉위 80세 사망)의 석관무덤도 유명하다. 그는 68년간 통치하다 서기 683년에 죽었다. 이 피라미드는 파칼 왕의 석관 표면에 새겨진 모습대로 마야인들의 산, 지하세계와 신화를 본뜬 것으로 알려지고 있다. 마야를 창조한 우나푸(Hunapú)와 사바란퀘(Xbalanqué) 쌍둥이 형제 신이 관장하는 동굴지하 저승세계로 그 입구는 희생의 샘으로 알려진 세노테(Cenote)이다. 이들은 화산폭발 후 분화구 주위에 만들어진 샘이다. 그리고 그 밑 동굴에서 민물과 바닷물이 만나는 지점이 저승의 시작으로 여겨졌다. 이러한 이상적인 곳이 현재 유카탄 반도 엘 카스티오(El Castillo)의 치첸 이차(Chichen Itza) 마야 유적이 남아있는 칸쿤(Cancún) 지역에서 보이고 있다. 이는 과거 팔렌퀘의 파칼 왕의 지하세계를 상징하는 비문 신전 피라미드의 모델이 되었을 것으로 알려지고 있다. 이러한 생각은 서기 1701년 마야 종교의 중심지인 치치카테낭고(Chichicatenango) 교회에서 발견된 마야인의 성경에 해당하는 포폴 부(Popol Vuh)의 필사본에서 비롯된다. 북부 저지대 유카탄(Yucátan) 반도의 Chichén Itzá나 Cozmal의 후기 마야인들은 가뭄이나 정신적 압박감(스트레스)이 올 때 산성비가 화산분출로 형성된 분화구의 석회암반층에 스며들면서 貯水漕 또는 연못 모양으로 형성된 세노테(Cenote) 안의 비의 신인 트라록(chac/chaacs)에 人身供養(특히 남자 어린아이)과 금과 같은 귀중품을 奉納함으로써 제사를 지냈다. 이곳이 바로 마야인들이 들어갈 사후세계인 저승의 지하입구도 겸했다. 이는 서기 16세기 디에고 데 란다(Diego de Landa) 신부의 기록이나 서기 1904년 에드와드 톰슨(Edward Herbert Thomson)의 발굴에서도 확인된다. 서기 2008년 8월 22일 멕시코의 수중고고학지인 데 안다(Guillermo de Anda) 팀에 의해 유카탄 반도에서 돌로 쌓은 신전이나 피라미드가 있는 14개의 지하동굴이 조사되었는데 건물지 이외에 인골과 토기편들도 발견되었다. 이들은 저승세계의 입구인 지하동굴들로 지하세계의 여행을 말하는 포폴부 성경의 신화와 전설을 확인시켜 주고 있다. 그리고 최근 서기 500년경 죽은 온두라스에 위치한 코판의 초대 왕이며 50세에 죽은 에쉬쿡모(K'inich Yaxk'k' Mo, 서기 426년-서기 437년 재위) 왕의 무덤이 리카르도 아르구시아(Ricardo Argucia Fasquelle)에 의해 서기 2000년에 발굴되었다. 그는 생전에 팔이 부러졌으며 어깨에 부상을 당하는 등 여러 골절 흔적이 많았던 戰士였다.

서기 300년-서기 900년은 古典期 마야이다. 서기 300년-서기 600년의 古典期 前期에 저지대 마야 문명의 극성기를 맞는다. 농부들은 밀림 여러 곳에 흩어져 살았지만 대규묘의 의례중심지는 행정, 종교와 예술의 중심지 역할도 하였다. 건축, 조각과 그림이 발달하였고, 소련인 유리 크노로조프 대위(Yuri Knorozov, 서기 1945년)와 타티아나 프로스쿠리아코프(Tatiana Proskouriakoff, 서기 1959년), 미국인 피터 매튜스(Peter Matews, 서기 1973년)의 노력에 의해 해독의 실마리가 풀린 신대륙 최초의 문자인 표의와 표음의 혼합문자인 상형문자(성스럽게 조각한 聖刻文字, 현재 4개의 사본이 남아 있음)로 모든 것을 기록하고, 피라미드 꼭대기에 세워진 사원 안에서 정교한 종교의식을 행하였다. 천문가 겸 제사장이 해(solar orbit), 달(synodical orbit)과 金星/太白星/Venus/Hesperus/Vesper[synodical orbit of venus/the annual orbit synodical year of the planet Venus, 금성의 달 주기는 584일로 계산했으나 현재는 583.92일로 밝혀짐. 엘 카스티오(El Castillo)의 치첸 이차(서기 800년-서기 1050년, 서기 1541년경/서기 1690년 치첸 이차가 파괴당함)의 금성(Venus)의 북쪽 위치를 정확하게 파악하는데 목적을 둔 카라콜(El Caracol) 천문관측소가 대표적임]의 주기 등을 관측하고 유럽에서 쓰이는 줄리안(The Julian Calendar: 율리우스 舊曆, 이에 대해 Gregorian Calendar는 新曆임) 달력보다 정확한 달력을 고안해냈다. 해가 아닌 날자와 주기를 세고, 일 년을 태양력으로 365일(18주기로 나누고, 한 달 20일씩 해서 모자라는 5일을 마지막 달에 더한다. 그리고 260일을 한 주기로 갖는 달력은 신성한 달력으로 祭式 때에만 사용하지만 천문학적 현상과는 무관하다), 260일 동안 같은 이름을 가지지 않고(이것은 1-13까지 그리고 20에 대한 별도의 이름과 상형문자를 가지고 있어 260일 동안 같은 이름을 갖지 못한다), 또 52년 만에 돌아오는 일주기의 긴 계산법, 윤년과 같은 달력 교정 장치, '0'의 개념과 부호, 20진법(20 킨/kin=1 우이날/uinal, 18 우이날=1 툰/tun, 20툰=1 카툰/katun, 20 카툰=1 박툰/baktun/b'ak'tun=한주기/20 katun cycles of the ancient Maya Long Count Calendar=144,000일=약 394.26년) 등이 마야인의 독창적인 고안이다. 이외에도 마야는 어려서부터 행한 頭蓋變形과 斜視의 선호, 그리고 앞니에 구멍을 뚫어 장식한 치아변형으로도 잘 알려져 있다. 그리고 마야인의 달력, 마야의 창조신인 우나푸(Hunapú)와 사바란퀘(Xbalanqué) 쌍둥이 형제가 나타나는 포폴 부 신화[Popol Vuh, 창조에 관한 마야인의 성경에 해당, 서기 1701년 치치카테낭고 (Chichicatenango) 교회에서 발견된 필사본]와 칠람발람(Chilambalam) 사제의 예언서 등은 마야인의 멸망시기를 알려준다. 그들의 달력은 기원전 3114년 8월 11일에 시작하여 13번째 박툰[마야에선 약 394.26년을 주기로 시간을 측정하는데 이를 '박툰(baktun/b'ak'tun)'이라 한다. 박툰(=20 카툰=144,000일=약 394.26년)]이 되는 5,125년 후인 인류의 종말이 오며 그날은 서기 2012년 12월 21일 (금, 멕시코 타바스코 주 남부 토르투게로/Tortuguero의 monument no.6와 타바스코 주 빌라에르모 사/Villahermosa서북쪽 코말칼코/Comalcalco 석제벽돌 銘文의 두 예가 있다.)로 되어 있다. 이러한 기록은 모두 서기 1562년 7월 12일 디에고 데 란다(Diego de Landa) 신부에 의해 거의 모두 소실되었으나 다행히도 남은 4개의 사본 중 하나라고 추측되는 서기 1739년 드레스덴 왕립 색슨 도서관 관장 요한 괴체가 이탈리아에서 구입한 드레스덴 codex에 나와 있다. 이 사본에 의하면 물을 퍼붓는 악어의 그림 옆에 번개와 폭우가 내려 지구의 종말을 맞는 장면이 묘사되어 있다. 이는 5,200년 전 혹한과 같은 지구의 갑작스런 기후 변화로 맞은 재앙으로 마야의 달력에 지구의 종말이 서기 2012년 12월 21일로 이야기하고 있음과 관련된다. 그런데 마야의 서기 2012년 12월 21일(금) 종말설은 테렌스 메케나(Terence Kemp McKenna, 서기 1946년 11월 16일~서기 2000년 4월 3일)가 周易을 수리적으로 분석해 시간의 흐름과 64괘의 변화율을 그래프로 표시해 하강하는 시기가 인류사의 변화와 일치한다는 "Time wave zero" 이론에서도 보여준다고 한다. 또 기원전 1500년경 이집트와 켈트족이 썼던 것으로 보이는 콜브린 성경(Kolbrin Bible)과 이집트의 '사자의 서' 17장 그리고 정보 분석 프로그램인 Web-bot에서도 같은 서기 2012년 12월 21일 날짜의 종말론이 제시되고 있다. 그러나 데살로니가전서[Tessalonians 4장 13~18절 "The Comfort of His Coming"] 4장 15~17절 "… and the dead in Christ shall rise first: Then we which are alive and remain shall be caught up together with them in the clouds, to meet the Lord in the air: and so shall we ever be with the Lord."에 바울이 예수가 그의 성도들을 모이게 하려고 그리스도가 세상에 다시 올 때 기독교인들이 공중에 함께 올라가 그분을 만난다는 것에 기반을 두어 서기 1994년 9월 6일(금) 지구의 종말이 온다는 다미선교회의 휴거(携擧, rapture)라는 기독교 종말론과 마찬가지로 실제 서기 2012년 12월 21일(금)은 평소의 예언과 달리 아무 일도 없이 지났다. 이는 3,600년 주기의 '파괴(destroyer)의 별'로 인한 지각변동과 대재앙으로 야기된다고 한다. 그리고 지구의 '종말 임박설'을 예언하는 예언가·주술사는 그리스의 델피(Delphi)의 아폴로(Apollo) 신전의 아폴로 신을 모신 신전의 신탁 여인 겸 여자 무당인 피티아/퓌티아(Pythia) 또는 sibyl(sible, sibulla, sibylla)을 비롯하여 영국의 Merlin, Mother Shipton 이외에도 지구 최후의 종말을 Armageddon으로 표현한 성경의 요한 默示錄[요한 啓示錄/The Apocalypse/The Revelation 16:16, 영국의 아이작 뉴턴은 서기 2060년을 종말로 봄]이 있으며, 北美 인디안의 수(Soo)와 호피(Hopi)족도 종말론을 가지고 있다. 호피족의 경우 '푸른 별 카치나'(blue star cathina)의 聖靈이 지구상에 올 때 지진, 화산의 폭발과 해일 등으로 제4세계의 종말(Hopi Apocalypse)을 고하게 한다는 것으로 그것은 우주의 혜성(comet)이 지구상에 충돌하여 멸망을 야기할 것으로 추정하고 있다. 그러나 최근 NASA(미우주항공국)에서는 서기 2003년 5월에 이은 서기 2009년 12월 21일의 에리스(Eris)란 이름의 행성과의 충돌 가능성, 지구자기폭풍, 지구자기장 남북극전환, 지구지각의 불안정 등 종전까지 있어온 지구종말설에 대한 여러 가능성으로부터 벗어났다는 이들의 허구를 일일이 밝혀주고 있다(Korea Herald, 서기 2009년 11월 11일자). 그리고 실제 서기 2011년 11월 9일(수) 직경 400m, 무게 5,500만ton에 이르는 소혹성(小惑星, Asteroid) '2005YU55'가 지구와 325,000㎞의 최 근접 거리에서 충돌을 피하고 비켜갔음을 알리는 미국항공우주국(NASA)의 발표도 있었다.

서기 600년–서기 900년은 古典期 後期로, 美的인 발전이 이루어진다. 조각과 건축도 화려해지며 지방적인 양식도 이루어진다. 유카탄 반도 엘 카스티오(El Castillo)의 치첸 이차(Chichén Itzá)나 욱스말에서 서기 9세기경 지붕에 닭 벼슬 모양의 장식이 가미된 독특한 푸욱 양식의 건물이 세워진다. 그러나 어떤 이유에서인지 몰라도 서기 9세기–서기 10세기에 저지대 마야의 의례중심지는 폐기되고 후기 고전기도 끝난다. 알려진 바로는 팔렌퀘는 서기 799년경, 코판은 서기 819년경, 그리고 티칼은 서기 879년경에 망한다. 여기에 대하여는 화전농경으로 인한 토지의 척박, 마야 언어를 사용하는 투툰족의 침입 그리고 한발과 같은 이유, 다시 말해 과다한 벌목, 질병과 호전성 등이 거론되고 있으나 아직 어느 것 하나 만족한 답을 주지 못하고 있다. 그리고 마야의 멸망시기와 거의 일치하는 유카탄 반도에 찾아든 3, 6, 9년 단위의 혹독한 가뭄을 들기도 한다. 최근에 마야의 멸망에 대해 왕에 대한 백성의 믿음이 결여될 때를 그 이유로 들기도 한다. 즉 치아파스/야칠란(Yachilan/Yaxchilan, Chiapas Mexico)의 상인방돌(Lintel 24)에 새겨진 서기 709년 10월 28일 표범왕과 왕후인 조크(Xoc)가 행했던 것처럼 왕은 가오리 뼈로 만든 칼로 왕 자신의 성기를 찔러 性器放血(bloodletting)을 하고, 왕비의 경우 혓바닥을 찔러 피를 내어 그것을 하늘을 향해 태워 신에게 제사를 지내는 깊은 종교적 믿음과 신앙에 기초한다. 그래도 마야의 왕 겸 제사장이 이웃과의 전쟁에 패하거나 또 서기 800년경의 심각한 가뭄과 같이 자연환경이 척박해져 일어나는 흉년으로 백성들이 왕을 떠나 신전과 궁궐이 중심이 되는 도시국가가 폐기되고 마야의 멸망이 일어난 일련의 과정에 대한 모든 책임도 왕이 지고 있다. 그러한 性器放血은 뉴햄프셔 대학교수인 윌리암 사투르노(William Andrew Saturno)에 의해 발굴 중인 기원전 100년 과테말라의 열대우림 내 산바르톨로 피라미드의 벽화에서도 발견되었다. 이 유적으로 고전기 마야 문명에 앞서는 先古典期(Pre-classic period/stage) 마야가 존재해 있었음을 확인하고 있다. 선고전기 유적으로는 아이다호 주립대 교수인 리챠드 한센(Richard Hansen)에 의해 발굴·조사 중인 기원전 300년경의 18,500 ㎡의 범위를 차지하고 있는 과테말라 열대우림 내 엘 미라도르(Mirador city) 피라미드 복합단지를 들 수 있다. 이곳은 최근 마야 문명의 요람(cradle)이라고도 부르고 있을 정도로 先古典期에 속하는 중요한 마야의 도시와 신전이 계속 발굴되고 있다. 이 고대도시의 주민은 늪의 바닥에서 채취한 비옥한 진흙을 이용해 농경을 하고, 근처 석회암을 채취해 나무로 태워 석회반죽을 만들고 이를 피라미드 신전과 列柱殿을 제작하는데 특히 파칼(K'inich Janaab' Pakal)왕의 아들인 찬발름 왕(Chan Bahlum, 서기 635년 5월 2일-서기 702년 2월 20일, 48세 때인 서기 684년 1월 10일 왕위에 올라 서기 684-702년 재위)은 치아파스(Chiapas, Yachilan)의 중심지인 팔렌퀘의 십자가 신전(Temple of the Cross), 나뭇잎 신전(Temple of the Foliated Cross)과 태양 신전(Temple of the Sun)의 세 곳의 신전 건물의 설계에 1: 1.618의 황금비율을 적용하기도 하였다. 이때

마소가 끄는 수레가 없이 이마에 멜빵을 대어 무게 100㎏까지 운반하는 '템플라인(templeline/temporal line)'이 이용되었다. 이들 엘 미라도르인은 서기 200년경 사라졌다. 이 이유는 만들어 놓은 피라미드 위에 회반죽을 덮어씌우는 작업을 위해 많은 수의 나무를 베어내고 또 이 작업은 옥수수, 호박과 고추 등의 주요 농산물 생산의 바탕이 되는 늪지의 진흙을 고갈시켜 식량의 부족이라는 결과를 가져왔기 때문이다. 다시 말해 피라미드 축조와 회반죽의 생산을 위한 주위의 과도한 자연고갈(environmental degradation)이 원인이었던 모양이다. 이 엘 미라도르 이외에 주위의 틴틸과 나크베 등지에서도 선고전기 마야의 도시가 발견되고 있다. 마야는 기원전 1000년경 늪이 있던 저지대의 자연환경을 이용한 부족농경사회에서부터 발전하여 기원전 300년-기원전 100년에는 왕을 중심으로 하는 도시를 세우게 되었다. 그 후 서기 7세기경 古典期에는 파칼 왕(서기 615년-서기 683년)이 통치하던 팔렌퀘, 보남파크의 치아파스를 포함하는 멕시코(유카탄 반도), 벨리즈, 엘살바도르, 티칼과 페텐의 과테말라, 코판의 온두라스의 중앙아메리카 지역에 마야 문명을 건설하게 되었다. 문명이 도시와 문자로 특징짓는다면 마야 문명은 최근의 발굴성과에 따라 古典期보다 500년 이상 앞선 先古典期에 발생했을 가능성이 많으며 그 연대도 적어도 기원전 4세기-기원전 3세기경 이전까지 거슬러 올라갈 수 있겠다. 이러한 마야 문명은 남쪽 저지대 도시국가인 티칼과 팔렌퀘의 멸망으로 이주해 북쪽 멕시코의 유카탄 반도에서 두 번째의 後古典期 중심 도시인 치첸 이차를 형성하여 계속 유지하면서 서기 1541년 스페인군들이 침공해 들어올 때까지 존속해 있었다. 현재 유카탄 반도에 남아있는 폭 9m의 길로, 길 양쪽에 둑을 쌓고 그 안에 자갈이나 잡석을 넣어 整地한 다음 그 위에 다시 회반죽을 덮어 만든 일명 '하얀 길'인 '사크베'가 이러한 이주와 이동에 큰 역할을 했다. 이 '사크베'(Sakbe white road)란 길은 100㎞에 이르는 도로망으로 도시 간의 동맹과 권위를 위한 것으로도 이용되었다. 현재 그 후손들이 마야 문명의 전통을 유지하고 있다.

서기 900년에서 서기 1541년 8월 13일 스페인군[서기 1521년 에르난 코르테즈(Hernan Cortez)에 의해 아즈텍 멸망]의 유카탄 반도의 침입 때까지의 마야를 後古典期로 설정

멕시코 유카탄(Yucátan) 반도의 치첸 이차(Chichén Itzá)의 쿠쿨칸(Kukulcan/Quetzalcótl/Topiltzin) 피라미드의 東面(El Castillo, 서기 10세기경 축조, 충북대 성정용 교수 제공)

한다. 이 기간은 주로 멕시코의 유카탄 반도에 국한하며, 엘 카스티오(El Castillo)의 치첸 이차(서기 800년–서기 1050년, 서기 1541년경/서기 1690년 치첸 이차가 파괴당함)의 현재 다른 건물들과 27.5도 차가 있지만 금성(Venus)의 북쪽 위치를 정확하게 파악하는데 목적을 둔 카라콜(El Caracol) 천문관측소와 쿠쿨칸/퀘잘코틀/토필찐(Kukul-can/Quetzalcótl/Topiltzin)의 신전이 대표적이다. 이 쿠쿨칸 신전은 일 년 365일을 상징하는 계단, 260일의 祭祀用 短曆, 1년을 18주기로 나누고 한 달 20일씩 해서 모자라는 5일을 마지막에 더하는 태양력, 52년 만에 돌아오는 일주기, 그리고 특히 하늘에서 기어 내려오는 듯한 그림자로 날개달린 뱀 퀘잘코틀을 묘사하는 3월 21일의 춘분(the vernal/spring equinox)과 9월 23일의 추분(the autumnal equinox)까지도 고려되어 만들어졌다. 쿠쿨칸 신전의 건축에서 보는 바와 같이 북쪽의 톨텍이나 아즈텍의 영향을 많이 받는다. 또 톨텍으로부터의 침입도 있었다. 마야의 기록에 의하면 서기 987년에 쿠쿨칸(Kukulcan, 10세기경 마야의 왕으로 추정되며, 키가 큰 백인으로 묘사됨. 잉카의 태양신 콘티키와도 유사함)이 많은 이방인을 데리고 온다는 전설이 있는

데, 쿠쿨칸은 유카탄 마야어로 번역된 톨텍의 날개 달린 뱀의 신인 퀘잘코틀[Quet-zalcóatl: 토필쩬, 쿠쿨칸과 퀘잘코틀은 이름만 다른 같은 신으로 마야 톨텍과 아즈텍에서는 달리 부름. 그러나 이와는 달리 中美 공통의 비(雨)의 신은 트라록임]과 동의어로, 이는 톨텍의 공격을 짐작할 수 있다. 이 시기에 마야판이 중심지이며 스페인군에 의해 점령되는 서기 1541년까지 이곳에 살던 마야인들 사이에 내분과 갈등이 많았던 모양이다. 그러나 치첸 이차와 마야판은 유카탄 반도에서 서기 1541년/서기 1697년(서기 1690년 치첸 이차의 파괴)까지 마야의 전통과 명맥을 유지하였다. 아무튼 마야는 천문, 역법, 건축, 20진법, '0'의 개념, 상형문자 등의 새로운 고안에서 세계의 문명사에 커다란 공헌을 하였다.

올멕, 몬테 알반과 마야를 잇는 중미의 네 번째 문명은 테오티우아칸(Teotihua-can/Teotihuacán)이다. 이것은 멕시코 선사시대 중 가장 중요한 유적의 하나로 현재 멕시코시 북방 25마일에 위치하고 있다. 이곳에서 연대가 가장 올라가는 토기는 기원전 2세기경이며, 오리온좌 중 허리띠를 이루는 Alnitak, Alnilam, Mintaka 의 세 별의 배열에 따라 지어졌다고 알려져 있는 죽음의 거리(the Avenue of the Dead) 에 따라 나있는 달과 태양의 피라미드, 시유다델라 복합지구(The Ciudadela, temple of Quetzalcoatl/Feathered Serpent Pyramid가 포함), 요새와 사원들은 서기 2세기경에 지어졌다. 古典期 동안 이곳 테오티우아칸은 가장 전성기(서기 300년-서기 650년)로 그 시는 20㎢에 달하는 넓이에 인구는 125,000명, 모두 방격형으로 구획되고, 그 속에 행정사무소, 사원, 시장과 아파트들이 들어서 있었는데, 그중 어떤 것은 여러 가지 색깔의 프레스코로 장식되었다. 최근의 조사에 의해 기원전 2세기-서기 750년에 건립된 테오티우아칸 유적은 태양과 달의 피라미드, 4개의 적은 신전의 뜰, 요새, Quetzal Butterfly 궁전, 재규어 궁전(Palace of Jaguars) 지하에서 발견된 깃털소라의 신전(Snail-Shell) 등이 잘 알려져 있다. 서기 7세기 최전성기에 테오티우아칸은 중앙 멕시코 고원을 통솔하며, 몬테 알반(오하카), 마야 지역(티칼)과 접촉을 가졌다. 이것은 풍부한 흑요석의 교역에 힘입은 것으로 보인다. 그리고 관개농업도 이 문명의 기반이었다. 과테말라 산맥의 카미날후유 시는 테오티우아칸의 식민지였던 것 같다. 서기 650년-서기 750년경 테오티우아칸 시는 서서히 멸망하고 마지막에는 불에 타버렸다. 멸망의 이유로 인구의 감소, 불에 탄 증거로 인한 전쟁, 한발, 점진적인 영향력의 쇠퇴 등이 열거되고 있으나 아직 연구가 진행 중이다.

다음 다섯 번째 문명인 톨텍은 치치멕족, 푸에브라와 멕시코 연안의 복합적인 종족이 서기 10세기-서기 1168년 중앙 멕시코 지역을 휩쓸면서 형성한 문명이다. 서기 935년에 태어나고 후일 퀘잘코틀이라는 신이 되는 토필찐(Topiltzin)이 툴라에 도읍을 정하고 잠시 흥하다가, 서기 1168년 당시 미개부족으로 알려진 치치멕족에 의해 망한다. 이 기간 동안에 멕시코에 야금술이 처음 도입된다. 이 톨텍은 직업적인 상인과 흑요석의 장거리무역, 무역의 중심지, 군국주의와 피의 제전인 人身犧牲으로 잘 알려져 있다. 그리고 이의 역사는 서기 987년 이웃 마야의 後古典期의 치첸 이차를 공략하는 등 비교적 연대가 알려져 古典期에 속하지만 중미에서 선사와 역사시대를 잇는 과도기적인 原史시대로 분류된다.

여섯 번째의 중미의 마지막 문명은 後古典期의 아즈텍이다. 서기 1168년 톨텍이 멸망한 후 멕시코 계곡에 들어온 아즈텍족은 서기 1325년 스스로 "멕시카" 또는 "테노치카"라고 부른다. 그들은 잠시 텍스코코 호수 근처에 살다가 서기 1345년 테노치티트란이란 곳에 도읍을 정한다. 여러 전쟁을 거쳐 서기 1428년 이곳은 텍스코코와 트라코판과 제휴하여 독립국가가 된다. 그 중 테노치티트란이 가장 맹주국이 된다. 영역은 멕시코에서 과테말라를 포함하는 태평양과 대서양 연안까지 아우르는 20만㎢에 이르며 인구도 2,500만 명이나 된다. 그리고 이를 이은 아즈텍은 이트스코아틀이 1430년 멕시카 제국을 건설한 후 목테수마 I세(Moctezuma, 서기 1440년-서기 1469년)-악사야카틀(Axayácatl, 서기 1469년-서기 1481년)-티속(Tisok, 서기 1481년-서기 1486년)-아우이소틀(Ahuízotle, 서기 1486년-서기 1502년)-목테수마 II세(서기 1502년-서기 1520년)를 거쳐 마지막 황제인 쿠아우테목(Cuauhtémoc) 때인 서기 1521년 8월 13일 종말을 맞는다. 다시 말해 서기 1519년 에르난 코르테즈(Hernan Cortez)와 현지처이며 통역가인 마린체를 앞세운 스페인군 500여 명과 아즈텍에 정복당한 원주민들에 의해 공격을 받아 서기 1521년에 멸망한다. 이 해가 콜럼부스가 신대륙을 발견한 서기 1492년 후 29년 만의 일이다. 아즈텍이 멸망한 이유는 아즈텍 사회의 불안정, 말과 총을 앞세운 스페인 군대, 그리고 목테수마 II세(서기 1502년-서기 1520년 재위) 때 아즈텍인들이 스페인군의 사령관인 에르난 코르테즈를 미래에 그들을 구하러 올 전설상의 神인 퀘잘코틀로 착각한데 있었다. 아즈텍의 수도인 테노치티트란은 12㎢로 가장 번성할 때 인구 30만 명 정도를 가졌다. 그 도시는 4개의 구로, 구는 다시 20개로 세분되었다. 각각의 구에는 칼풀리라는 씨족이 살았으며, 독자적인 의례중심지와 시장을 갖고 있었다. 또 호수를 끼고 있었기 때문에 특별한 방어시설을 갖추지 않았다. 이 도시는 2m 깊이의 호수 위에 건설된 것으로 통나무를 지하에 박아 기초를 다지고 그 위에 사원과 주거공간을 확보하였다. 그리고 다리와 나뭇가지, 갈대, 석회와 진흙으로 쌓은 전체 길이 16㎞의 제방도 만들어 외부와 연결하고 또 홍수를 막기도 하였다. 중요한 것은 태평양 연안에서 수도 테노치티트란 까지 320㎞에 4차선의 도로를 만들어 24시간 내에 소식을 전하거나 물자의 수송이 가능하였다. 이 문명은 호수나 늪지대에 관개시설을 한 floating garden[이는 미얀마/버마의 22㎞×11㎞ 넓이의 인레(Inle) 호수 근처에 살고 있는 '호수의 사람들'이라는 의미의 인타(Intha)족의 '쥰모'라는 수경농경방법과 같다. 그리고 근처에는 목걸이를 여러 겹 끼어 목의 길이가 정상인보다 늘어난 카얀/Kayan족이 살고 있음]이라 불리는 1년에 7번의 경작이 가능한 각각 90m×9m의 넓이의 "치남파(Chinampa)"란 인공정원 위의 집약농경, 수로, 궁전, 피라미드 축조와 같은 발달된 건축술이 있었으며 운반은 마야의 '템플라인(temple line)'과 같은 이마의 멜빵이었다. 그리고 귀족-시민(칼풀리)-농노-노예의 네 계층으로 구성된 전제주의 사회조직, 포치테카라 불리는 직업상인과 보석, 비취옥, 흑요석과 깃털로 만든 장신구 등의 장거리 무역으로 잘 알려져 있다. 아즈텍 문명은 스페인의 신부들에 의해 다시 기록된 아즈텍인들의 코텍스(녹피나 자작나무 껍질에 글이나 그림으로 표현된 종교 역사기록)와 정복자 스페인군들이 남긴 기록, 또 이 문명의 주역들의 후손이 현재 멕시코 국가의 주민으로 남아 있기 때문에 쉽게 복원될 수 있다. 스페인군의 기록에 의

하면 아즈텍인들은 우이트실로포츠트리 신이 거주하는 테노치티트란 대신전 (Great Temple) 개관식의 나흘 동안 19개의 神殿 祭壇에 人身供養/犧牲으로 2만 명(6만 명 또는 8만4백 명이라는 설도 있음)의 人身祭物을, 그리고 또 다른 여러 신들이 거쳐 하는 1953년 이후 발굴되고 있는 틀라텔롤코 촘판틀리 신전과 궁전 옆의 마요르 신전 등에 많은 수의 인신제물을 받쳤다고 한다. 이는 이집트인이 사후세계, 로마인이 금에 최대가치를 두는 반면에 아즈텍인들은 피를 가장 중요한 것으로 여겼기 때문이다. 이 템플로 마요르(Templo Mayor) 신전은 현 멕시코 시 조칼로 (Zocalo)의 동북쪽 세미나리오(Seminario)와 후스토 시에라(Husto Sierra) 거리 옆 광장 (main plaza of Mexici city)에서 서기 1953년이후 발굴된 것으로 당시 아즈텍의 수도 인 테노치티트란(Tenichtitlan)에 해당한다. 이 신전의 다른 이름은 'Huey Teocalli' 로 서기 1390년에 初創되어 그 이후 6번에 걸쳐 重修·擴張되었는데 전쟁의 신인 후이칠로포치트리(Huitzilopochtli)와 비(농업)의 신 트라록(Tlaloc)을 모셨으나 서기 1521년 스페인군의 침입으로 파괴되었다. 그 규모는 약 100m×80m이다. 또 아 즈텍인들의 인신공양(human sacrifice) 중의 하나로는 여자의 피부껍질을 벗겨(flayed female victim) 사제가 사람가죽이 마르는 20여일 동안 입는 형식으로 地母神(Earth mother)인 테테오이난(Teteoinnan)에게 제물로 바치는 것이며, 이는 옥수수의 풍작 과 재생·부활을 기원하는 의식이었다. 그리고 씨페 토텍(Xipe Totec)이란 신에게는 옥수수의 여신이 된 여인을 나무에 묶어 화살을 여러발 쏘는 고문의 형식을 취하 며 옥수수의 생산과정을 상징한 인신공양도 있었다. 이는 후일 미국 미주리주 센 트루이스시 외곽 서기 1050년−서기 1250년경 전성기에 거주했던 카호키아(Ca-hokia)족에게서도, 그리고 서기 1838년 대평원에서 서기 1300년경 사라진 카호키 아족의 직계후손이라 여겨지던 포니족(Pawnee)에게서도 볼 수 있었던 옥수수의 풍작기원인 마야−아즈텍−카호키아−포니를 걸쳐 내려오던 중미의 전통적 의식 이었다.

그리고 아즈텍인들은 후기구석기시대의 spear thrower라는 보조기구를 사용 한 투창기인 아틀라틀 다트(atlatle dart)와 노와 같은 나무판의 양쪽에 홈을 내어 소나무 송진과 밀납으로 흑요석의 날을 붙여 이용한 복합무기인 마카휘틀이란 우세한 무기들을 사용해 이웃과 전쟁을 일으켜 포로를 생포한다. 그리고 그들에게 용설란의 아구아미엘이란 용액을 발효시켜 여기에 환각제를 섞어 먹이고 난 후 제단에서 흑요석제 칼로 살해하고 심장을 꺼내 사방의 신에게 바친다. 머리는 떼어 따로 보관하는데 코덱스나 신전의 벽에서 쉽게 찾아볼 수 있다. 이럴 정도로 아즈텍인들은 신에게 바칠 최상의 奉納物인 피를 계속 받치기 위해 피의 祭祀儀式을 많이 벌렸다. 그리고 선인장에서 옷을 만드는 실, 빨래비누와 술 등이 만들어진다. 멕시코 원주민들은 지금도 선인장에서 많은 도움을 받고 있다.

올멕에서 몬테 알반, 마야, 테오티우아칸과 톨텍을 거쳐 아즈텍에 이르는 기원전 1200년에서 서기 1521년까지의 멕시코 중심의 중미 문명 체계는 각 문명에서 나타나는 공통의 문화 요소로 인해 時差만 존재하는 연속적이고 단일한 것으로 이해되고 있다. 즉 공통의 문화 요소는 고양이 모습의 표범(재규어)의 위대한 예술양식, 천문학, 비슷한 상형문자 체계, 트라록이라는 비(雨)의 신, 흑요석(黑耀石)·비취옥·터키옥·硬石(갈돌: 밀림지대와 고산지대 사이에 소금과 더불어 교역의 중요한 요소가 됨)의 사용, 가슴·무릎·엉덩이·허벅지를 이용하여 올라마로 불리는 약 4kg 무게의 고무공을 벽에 부착된 원형의 고리에 넣는 공놀이(ball game) 등이다. 그러나 이는 단순한 공놀이가 아니라 광대버섯[Amanita muscaria var. formosa(Pers.: Fr.) Bert. 영어속명은 Fly Amanita, Yellow Orange Fly Agaric, 또는 Soma이며, 이 광대버섯은 미 동부지역에서 돋는 변종이다]에서 추출한 환각제를 마시면서 신화상의 지하세계를 관장하는 신인 우나푸(Hunapú)와 사바란퀘(Xbalanqué)란 쌍둥이 형제와 경기를 벌려 패자가 신에게 제물로 바쳐져 지하 저승세계로 들어가는 당시 숭고한 의식의 일환인 것이다. 그리고 올멕에서 아즈텍에 이르는 통시적·진화론적 문화 발전에 대한 개념을 들 수 있다. 즉 이것은 古典期(서기 300년-서기 900년)와 後古典期(서기 900년-서기 1521년) 사이 中美에서 중앙집권화, 장거리 무역, 포치테카(Pochteca)와 같은 직업적 상인집단, 도시화(urbanization), 군국주의(militarism)와 세속왕권(secularism)의 대두, 그리고 점진적인 사회조직의 복잡화 등의 과정이 나타나는 것에서 알 수 있다. 그리고 자원이 풍부하며 관개농업에 의존하였던 고원지대와 화전민식 농경에 생계를 유지 했던 저지대 사이의 공생관계와 공통의 종교적 믿음 또한 단일 체계의 "중미의 문명"을 형성하는데 기여하고 있다. 그러나 무엇보다도 중요한 것은 문명의 주역을 맡던 마야인의 후손들이 서기 1541년/서기 1690년 치첸 이차나 마야판이 마지막으로 스페인군에 의해 파괴당한 후에도 멕시코의 유카탄 반도의 엘 메코(El Meco)와 엘 카스티오(El Castillo, 서기 800년-서기 1050년)나 멕시코와 과테말라의 국경선에 가까운 치아파스/챠파스의 라칸돈 정글(Lacandon jungle in Chiapas) 지역 등에 아직 토착 인디언으로 남아 화살촉이나 여러 가지 옛날의 전통을 그대로 유지하면서 살고 있기 때문에 그들 과거의 문명을 연구하는데 있어 "직접 역사적 접근(direct historical approach)"을 시도해 볼 수 있다는 점이다. 그리고 서기 1521년 이후 스페인계 백인과 원주민 인디언들과의 혼혈은 메스티조(mestizo), 스페인계 백인과 사탕수수 재배용 노예로 데리고 온 흑인과의 혼혈은 뮬라토(mulatto)라 불리우고 있다.

최몽룡

　　1996　무덤을 통해서 본 스페인 정복 이전의 멕시코 서부문화, 생의 투영-멕시코 서부
고분 예술, 서울: 서울대박물관

　　1997　도시·문명·국가-고고학에의 접근-(대학교양총서 70), 서울: 서울대학교 출판부

그레이엄 헨콕(김정환 옮김)

　　2000　신의 거울, 서울: 김영사

클로드 보데(김미선 옮김)

　　1995　마야, 서울: 시공사

세르주 그뤼진스키(윤학로 옮김)

　　1995　아스텍 제국, 서울: 시공사

존 S. 헨더슨(이남규 옮김)

　　1999　마야문명, 서울: 기린원

다비데 도메니치(김원욱 옮김)

　　2007　아스텍, 세계 10대 문명 시리즈(5권), 서울: 생각의 나무

Adams, Richard E. W.

　　1977　*Prehistoric Mesoamerica*, Boston: Little, Brown and Company

Baedeker Stuttgart

　　1990　*Baedeker's Mexico*, New Jersey: Prentice Hall Press

Bernal, Ignacio

　　1980　*A History of Mexican Archaeology*, London: Thames and Hudson Ltd.

Bonechi, Casa Editrice

　　1992　*The Mayas*, Frorence: Monclem Ediciones

Casson, Lionel·Claiborne, Robert·Fagan, Brian and Karp Walter

　　1977　*Mysteries of the Past*, New York: American Heritage

Coe, Michael D.

　　1977　*The Maya*, New York: Praeger Publishers

Coe, Michael D. and Kerr, Justin

　　1997　*The Art of the Maya Scribe*, New York: Harry N. Abrams, Inc

Culbert T. Patric ed.

　　1973　*The Classic Maya Collapse*, U.S.A.: School of American Research

　　1974　*The Lost Civilization: The Story of the Classic Maya*, New York: Harper & Row,

Publisherd

Editions Faton

    2009 Teotihuacan, Cité des Dieux, Quétigny: *Dossiers d'Archéologie*, H.–S. n°17(Octobre)

Fiedel, Stuart J.

    1992 *Prehistory of the Americas*, Cambridge: Cambridge University Press

Flannery Kent V.F. ed.

    1976 *The Early Mesoamerican Village*, New York, San Francisco: Academic Press

Hay, Clarence L. ·Samuel, Ralph L. ·Lothrop Linton K. ·Shapiro Harry L. and Vaillant George C. ed.

    1977 *The Maya and their neighbors*, New York: Dover Publications, INC

Miller, Mary

    1995 *Bonampak*, Washington D.C.: National Geographic vol.187 no.2, pp.50–69

Miller, Mary and Taube Karl

    1993 *The Codes and Symbols of Ancient Mexico and the Maya*, London: Thames and Hudson Ltd.

Morley, Sylvanus G. and Brainerd George W.

    1983 *Ancient Maya*, Stanford: Stanford University Press

Sabloff, Jeremy A.

    1992 *The Cities of Ancient Mexico*, London: Thames and Hudson Ltd.

Sanders, William T. and Barbara J. Price

    1968 *Mesoamerica*, New York: Random House

Stierlin, Henri ed.

    1963 *Mayan*, Germany: Benedikt Taschen

    1967 *Ancient Mexico*, Germany: Benedikt Taschen

Stuart, Gene S. & Stuart, George E.

    1993 *Maya*, Washington D.C.: National Geographic Society

Stuart George E.

    1993 *New light on the Olmec*, Washington D.C.: National Geographic vol.184, no.5, pp.88–96

Townsend, Richard F. ed.

    1992 *The Ancient Americas*, Munich: The Art Institute of Chicago

G.C. Vaillant

1965 *Aztecs of Mexico*, Middlesex: Penguin Book

Westheim, Paul

1950 *Arte antiguo de México*, México: Fondo de Cultura Economica

Willey, Gordon R.

1971 *An Introduction to American Archaeology* vol. II South America, New Jersey: Englewood Cliffs

Wolf, Eric

1972 *Sons of the Shaking Earth*, Chicago: The University of Chicago Press

大貫良夫 編集

1997 世界の大遺跡 13 マヤとインか, 東京: 講談社

6. 잉카문명

다음 남미에서 가장 잘 알려진 문명은 잉카(서기 1438년–서기 1532년 11월 16일)이다.
잉카에 이르는 남미 페루의 문명은 차빈(Chavín de Huantar), 모체(Moche, Mochica),
티아우아나코(Tiahuanaco, Tiahuanaku, Tihuanacu), 치무(Chimu, 서기 1200년–서기 1470년)
등의 전 단계를 거친다.

페루 지역에서 일어난 문명의 발달은 다음과 같다.

리식(石期)과 아케익(古期) 기원전 21000년–기원전 1800년/기원전 1300년

기원전 9850년의 페루 토퀘팔라, 리오 핀투라스 동굴

벽화(The Cueva de las Manos, Rio Pinturas), 13000년–9500

년 전의 '손의 동굴(Cave of Hands)', 기원전 1300년경의

코토시 유적

퍼마티브(形成期) 기원전 1800년/기원전 1300년–기원전 1년

형성기 前記(기원전 1800년–기원전 1200년에 토기출현)

차빈(기원전 750년–기원전 400년/기원전 900년–기원전 200년)

크라식(古典期) 서기 1년–서기 800년

모체, 파라카스(Paracas), 나스카(Nazca), 완카(Wanka)

포스트크라식(後古典期) 서기 800년–서기 1532년

티아우아나코(티와나쿠, Tiwanaku, 중심연대는 IV와 V기로 서

기 300년–서기 1000년임), 와리(Wari, Huari, 서기 700년–서기

1100년), 치무(서기 1200년–서기 1470년), 잉카(서기 1438년–서

기 1532년, 잉카 제국은 8만 명의 군사가 말과 총으로 무장한 168명

의 프란시스코 피자로(Francisco Pizzaro)가 거느리는 스페인군대
에 의해 서기 1532년 11월 16일 카하마르카(Cajamarca) 전투에서
패배함으로써 정복된다.]

그리고 루이스 럼브렐라(Luis Lumbreras)에 의하면,

The Lithic Period	기원전 21000년−기원전 4000년
The Archaic Period	기원전 5000년−기원전 1300년
The Formative Period	기원전 1800년−서기 100년
The Regional Developmental Period	
	기원전 100년−서기 700년
The Wari(Huari) Empire	서기 700년−서기 1100년
The Regional States	서기 1100년−서기 1470년

The Empire of Tawantinsuyu(Inca Empire, Antisuyu, Cuntisuyu, Collasuyu, Chincha-
suyu, 잉카는 퀘추아/Quechua어로 Tawantinsuyu 즉 통합된 4지역/The Four regions 혹은
The Four United Province을 의미함)   서기 1438년−서기 1532년 11월 16일

의 편년을 설정하기도 한다.
'문화 특성이나 유물복합체에 의해 대표되는 공간적 지속(Spatial continuity repre-
sented by cultural traits and assemblages)'이란 Horizon(공간)개념을 원용하여, 막스 울
(Max Uhle, 서기 1856년−서기 1944년)은 '예술양식의 분포와 문화적 특질'에 바탕을 한
새로운 편년을 설정하여 南美의 문화를,
　1) 綿과 無土器時代(Cotton pre-ceramic period/stage, 기원전 2500년−기원전 1800년)
　2) 早期(Initial period)
　3) 초기 호라이즌(Early Horizon, 차빈)
　4) 초기 중간 시대(Early intermediate period)

잉카의 마추피추 전경[Hiram Bingham의 Lost city of the Incas(1963) 사진 인용]

시칸(Sicán)의 금장식품 투미[의식용 칼 ceremonial knife, 잉카유물전(1999) p.46에서 인용. 치무 시판 왕 무덤에서도 비슷한 것이 출토됨]

5) 중기 호라이존(Middle Horizon, 티아우아나코)

6) 후기 중간 시대(Late intermediate period)

7) 말기 호라이존(Late Horizon, 잉카, 서기 1438년~서기 1532년)의 7 시기로 나누었다.

페루 지역에서 부족사회는 아케익(古期) 단계의 면(綿) 생산 토기제작 이전 시기 (Cotton pre-ceramic period)인 기원전 3600년~기원전 2500년 사이에 등장했다. 그리고 그 다음의 족장사회는 기원전 2000년 전후 해안지대에서 출현했다. 또 토기는 퍼마티브기(形成期) 중 전기(Initial period)인 기원전 1800년~기원전 1200년에 발생하였다.

Early Horizon을 대표하는 차빈 문화는 形成期 중기인 기원전 750년~기원전 400년/기원전 900년~기원전 200년 북부고원 마라뇬 강 지류의 하나인 모스나 계곡에서 발생하였다. 이는 고도의 정교한 문화와 종교를 가진 족장사회로 멀리 멕시코 지역의 中美의 올멕 문화(기원전 1200년~기원전 400년)와 교역까지 한 모양이다. 이의 증거로는 양쪽 지역에서 공통으로 나타나는 의인화된 표범(재규어)이나 고양이같은 표범의 모습을 한 종교적 주제를 들 수 있다.

차빈 문화로 대표되는 Early Horizon 다음 단계인 古典期와 後古典期에는 모치카, 파라카스(서기 1925년 사뮤엘 커크랜드 로드롭에 의해 발견), 나스카(Nasca/Nazca, 기원전 300년-서기 800년), 치무와 잉카 제국이 나타난다. 모체는 북부 페루 모체 계곡에 중심을 둔 농경 위주의 생업에 기반을 두고 목축과 어로를 부업으로 한다. 집들은 조그맣고, 불규칙하고, 응집된 방(SIAR: small irregular agglutinated room)들로 이루어져 있다. 모체 계곡 내의 수도에서 흙벽돌로 이루어진 요새와 궁실을 비롯해, 토기나 야금술에서 보이는 전문장인의 존재도 나타나며, 또 무덤과 주거형태에서는 계층사회가 인정된다. 그래서 모체는 고도의 중앙집권화가 이루어지고 또 공격적인 군국주의를 표방하는 국가의 단계에 이른 것으로 여겨진다. 나스카(Nazca)의 경우 팜파 콜로라다(Pampa Colorada, Red Plain) 사막의 공중에서 보아야만 확인될 수 있는 엘 아스트로노토(El Astronoto)라고 불리우는 인물상을 비롯해 원숭이, 거미, 날개, 새, 동물, 도마뱀, 나무, 개, 꽃, 사다리꼴, 별, 야마, 펠리칸과 宇宙人을 비롯한 고래, 물고기, 바닷새 등과 같은 325여 개의 불가사의한 그림유적이 유명하다. 이는 나스카 地上畵/岩刻畵('Nazca Lines'나 'Geoglyphs')로 불린다. 이것은 산화철(FeO, Iron oxide)이나 검게 된 붉은 암반을 파낸 것으로 그 밑의 가벼운 모래로 윤곽이 형성되어 여러 가지 문양이 남겨진 것인데, 규모가 하도 커 하늘에서만 윤곽을 확인할 수 있다. 이것은 기원전 200년에서 서기 700년 사이에 만들어진 것으로 보고 있다. 마리아 라이헤(Maria Reiche)는 이의 용도를 콘돌(condor) 독수리의 출현과 함께 비가 내리는 물과 관련된 천체달력으로 또 요한 라인하르트(Johan Reinhard)같은 문화인류학자는 볼리비아의 민속축제인 인티라이미(Intiraimi festival)나 祈雨祭와 관련되어 오늘날의 매스게임(mass game)처럼 한두 사람의 지휘 아래 만들어진 것으로도 보고 있다. 최근의 연구결과도 물과 관련을 맺고 있다. 즉 기원전 100년경 전까지 습지였던 지역이 사막화되면서 나스카 주민들이 부족한 물을 구하게 되고 서기 400년경 푸키오(Pukio, Mahamaes cultivation)라는 인공 지하 샘과 수로를 개발하면서 점차 불모지와 같은 척박한 환경을 극복해 나갔는데 이 지하 샘의 확보를 둘러싸고 이웃 부족과의 전쟁이 끊이지 않았던 모양이다. 물을 구하는 과정에서 40개가 넘는 카우아키(카우아치, Cahuachi, 儀禮중심지)라는 피라미드 신전 구역에 신분이 높은 사람을 犧牲하여 坐葬하여 묻고 머리만 떼어내 구멍을 뚫어 신전에 받쳤던 모양이다. 그리고 'Nazca Lines'이나 'Geoglyphs'로 불리우는 野外神殿을 조영하였는데 이 地上畵는 비와 풍요를 기원하는 종교적 목적이 있었다고 한다. 지상화를 조성하고 난후 그 주위에 여러 동물과 사람을 그린 도기와 그 속에 옥수수나 제물을 넣어 하늘에 제사를 지낸 모양이다. 다시 말해 나스카 문화의 특징인 지상화는 비를 내리거나 풍작을 祈願하는 野外神殿의 기능을 가지고 있었다고 보인다. 그러나 나스카는 서기 700년경 북쪽 고지에서 내려온 와리족에 멸망을 당하였다. 그러나 에리히 폰 다니켄(Erich von Daniken/Däniken) 같은 사람들은 "천체고고학" 또는 "우주고고학"이라는 용어를 만들어 이를 지구와 화성 사이에 존재해 있다가 멸망한 위성에 살던 외계인이 지구를 식민지로 이용할 때 만든 활주로라고 주장하고 있다. 즉 미확인 비행물체(unidentified flying object: UFO)와 관련 하에 재미있는 이야기를 만들어내고 있다. 그리고 쥬세프 오레휘치(Giuseppe Orefici)가 발굴한 나스카 문화의 초기인 서기 60년경 儀禮중심지 카우아키(카우아치, Cahuachi, 서기 1년-서기 500년) 피라미드 제단 근처에서 머리만 따로 떼어내 머리에 구멍을 뚫어 밧줄에 꿰어 祭物로 바쳐진 4명의 人身犧牲들이 발견되었는데, 이들 두개골에서 델타동위원소(neutron activation analysis)의 분석결과 나스카인들이 즐겨먹던 옥수수성분이 나오지 않아 이들은 옥수수를 주식으로 먹지 않던 이웃부족으로부터 잡혀온 전쟁 포로임이 밝혀졌다. 이 유적은 팜파 콜로라다(Pampa Colorada)의 지상화(Nazca Lines)를 굽어 볼 수 있는 의례중심지이다. 이는 뼈에서 육식은 아연(zinc, Zn), 채식은 스트론튬(strontium, Sr)이 나오는 델타동위원소 분석에 의한 것으로, 단테(Alighieri Dante, 서기 1265년-서기 1321년)의 神曲(III-28)에 나오는 피사의 宰相으로 있다가 70세에 죽은 우골리노(Ugolino della Gheradesca, 서기 1200년경-서기 1289년)가 政敵에 의해 아들들과 함께 감금이 되었을 때 아들의 人肉을 먹고 버티었다는 억울한 누명도 최근 이 분석 결과로 벗을 수 있었다. 그리고 또 미라의 형질인류학적 분석(Mummy Forensics)에서 머리카락 끝부분에서 질소(N)가 검출되면 단백질을 탄소(C)가 나오면 곡물을 죽기 전 최근 1개월내 섭취했음도 알 수 있다. 즉 검사에서 질소(N)와 아연(Zn)이 나타나면 육식을 탄소(C)와 스트론튬(Sr)은 채식했다는 것을 의미한다. 또 기원전 6000년경 칠레 북부의 아타카마 사막(Atacama desert)과 해안가 근처 일로(Ilo, 페루), 아리카(Arica), 이퀴크에(Iquique), 안토화가스타(Antofagasta)(이상 칠레) 마을에서 사냥과 채집으로 생활을 영위하던 친초로(Chinchorro)인들이 아이를 진흙상으로 미라(children's mummy)로 만들었는데 이는 세계 최초로 만들어진 인공미라가 된다. 페루와 칠레 해안가는 사막성 기후로 매장된 시체가 자연히 미라화 되는데 서기 1995년 페루 투르히요 대학의 산티아고 우체다(Santiago Uceda)와 미국 텍사스 오스틴 대학 스티브 부르게트(Steve Bourget) 교수 합동팀이 페루의 북쪽 모체(Moche) 왕국의 헤케테페크(Jequete-peque) 계곡 내 도스 카베쟈스(Dos Cabezas) 유적[Huaca de La Luna(Pyramid of the Moon) 사원 근처]에서 비와 관련된 종교적 의식으로 서기 500년경 희생된 16−65세 사이의 모체의 미라화 된 시체 60구를 발굴하였다. 서기 2005년 엘 브로호(El Brujo) 외곽 Huaca Cao Viejo에서 서기 450년경에 속하는 모체의 女戰士 미라가 곤봉과 창과 함께 발굴되기도 하였다. 그리고 서기 2003년 페루의 수도 리마의 아르마탐보(Ar-matambo) 마을이 건설계획으로 철거되었는데 이 마을은 잉카 제국의 지배 이전인 서기 1200년경에 이츠마(Ichma)족들이 살던 곳이다. 그들은 聖地인 파챠카막(Pacha-camac) 신전 옆에 시체를 묻었는데 180여구가 미라화되어 남아있었다. 그중에는 서기 800년경 생전에 신분이 높았던 미라화된 여성의 시체도 봉납물의 형태로 매장되었다. 이 미라는 400년 후인 서기 1200년경 잉카제국 시절에 다시 파내어져 새로 만들어지는 신전의 권위를 위해 二次葬으로 재매장된 예도 있다. 이들은 안데스 산맥에서 나오는 辰砂(Hgs, 구리로 착색한 진홍색 잿물)로 埋葬 前 머리에 칠했으며, 아마존 유역에서 나오는 호박의 일종인 콘돌(kondol) 씨앗도 함께 부장하고 있어 어업으로 생계를 꾸려가던 이츠마족들의 交易網이 생각보다 넓었음을 알 수 있다.

Middle Horizon을 대표하는 티아우아나코(잉카 이전의 문명으로 IV와 V기를 중심으로 한 연대는 서기 300년-서기 1000년임)는 티티카카 호수 동북 21㎞ 떨어진, 해발 3,842m 되는 수목이 거의 없는 푸나(Puna)에 위치하고 있다. 이 도시는 동서남북으로 정연한 방격형의 구획, 높은 계단상에 지어진 사원, 상류층 귀족의 집, 그리고 무덤으로 볼 때 이들은 멕시코 네 번째의 문명인 테오티우아칸과 비교가 된다. 이 문명의 특징은 돌의 조각과 기단석축을 쌓는 데에서 잘 보여지고 있다. 티아우아나코는 모치카와 같이 야금술도 발달하였다. 그러나 청동기의 제작은 없었다. 토기제작도 매우 발달하였는데, 그 문양은 주로 종교적 상징이나 표범, 생생하고 만화같이 그려진 인간이 대부분이다. 호수 주변의 습지를 개간해 아즈텍 문명에서 보이는 치남파[Chinampa, 이는 버마의 Inle 호수의 Intha족의 '쮼모'라는 수경농경방법, 이집트 나일 강 하구의 水草로 형성된 케미스(Chemmis)라는 인공섬과 티그리스와 유프라테스 강이 만나는 하류지점 바스라 항구 가까이 늪지에 점점이 떠있는 조그만 섬 위에 갈대(marsh dwelling with reed-building mudhif)로 만든 마단(Ma'adan)이라는 갈대 집과 같은 맥락에서 볼 수도 있다]와 같은 호수에 떠있는 정원(floating garden)을 만들어 그곳에서 집약농경을 하였다. 최근 영국 지리학자인 짐 알랜(Jim Allen)은 그의 저서 Historic Atlantis in Bolivia에서 티티카카(Titicaca) 호수 근처 알티프라노(Altiplano) 평원의 포포(Poopo) 호수와 그 옆의 올라가스(Aullagas) 언덕이 그리스의 철학자 플라톤(Plato, 기원전 430년-기원전 350년)이 기원전 360년에 쓴 그의 저서 대화(Dialogues: Timaeus와 Critias)에서 언급한 12,000년 전 지진과 홍수에 의해 사라진 아틀란티스[Atlantis; Atl(water)와 Anatis(copper: 이곳에서만 금과 구리의 합금인 오리칼컴/orichalcum이 나온다. 이집트 피라미드 정상에는 금·은·미량의 구리 합금인 琥珀金(electrum)을 쓴다.)를 결합한 남미의 말]의 흔적으로 현재 티아우아나코(Tiahua-naco, 티와나쿠, Tiwanaku, 잉카 이전의 문명으로 기원전 300년경 시작하여 서기 5세기-서기 6세기에 전성기를 맞고, 서기 600년-서기 800년에 도시화 되는 과정에 있음. IV와 V기를 중심으로 한 연대는 서기 300년-서기 1000년임. '태양의 문 Gateway of the Sun'이 대표적인 유적임) 유적이 그들의 후손이 만든 것으로 보고 있다.[49] 그리고 영국의 근동역사학자 피터 제임스(Peter James)는 자신이 1995년 발견한 소아시아의 서쪽 탄탈리스(Tantalis, 현 터키 Izmir 항구에서 내륙으로 30㎞ 떨어진 곳, 기원전 1400년경 후기 청동기시대의 유적지)가 전설상의 Tantalus 왕이 다스리던 왕국으로 이곳이 또 다른 아틀란티스일 가능성 있다고 주장한다. 그렇다면 전설상의 아트란티스 추정지는 산토리니(테라), 티티카카 호수 근처, 탄탈리스와 버뮤다 삼각지대의 네 곳이 된다.

後古典期에는 도시가 발달하고 군국주의와 왕이 다스리는 세속정권이 특징적으로 나타난다. 따라서 군사력을 동원한 영토의 확장이 필수적으로 이루어진다. 그리고 예술양식과 종교적 상징물의 전파도 이에 따라 함께 일어난다. 이것은 아야쿠쵸(Ayacucho) 부근 중부고원에 위치한 와리(Wari)와 남부고원의 티아우아나코들로 대표된다. 그러나 이 둘은 곧 멸망하여 서기 1438년 Late Horizon을 대표하는 잉카에 의해 통일이 된다. 잉카 제국도 석제곤봉, 투척(projectile weapon)무기인 온다(honda, sling)와 'spear thrower'라는 보조기구를 사용한 투창기인 아틀라틀 다트(atlatle dart) 등과 같은 무기를 지닌 8만 명의 군사가 말, 대포와 총을 가지고 철제 갑옷으로 무장한 168명의 프란시스코 피자로(Francisco Pizzaro)가 거느리는 스페인 군대에 의해 서기 1532년 11월 16일 카하마르카(Cajamarca) 전투에서 패배함으로써 완전히 정복된다. 그러나 잉카인들의 저항은 투팍 아마루(Tupaq Amaru, 재위 서기 1571년-서기 1572년)까지 이어져 그 명맥은 서기 1572년 9월 23일까지 공식적인 서기 1532년의 멸망 후 40년을 더 이어간다. 이곳 잉카의 수도인 쿠스코 (Cuzco/Cusco, 페루의 동남방 우루밤바 계곡 근처에 위치)에는 '돌의 마술사'라고 불리울 정도로 잉카인이 돌을 잘 다루어 만든 석축을 보여주는 삭사이우아만(Sacsayhuamán/

---

49) 이 유적은 서기 1957년 Carlos Ponce Sangines(서기 1925년 5월 6일-서기 2005년 3월 18일)가 발굴단을 조직한 후 발굴된 것으로 Pumapunku 또는 Puma Pumku/Puma Puncu로도 불리운다. 이 유적은 볼리비아 티티카카 호수 근처 티와나쿠(Tiahuanaco/Tiwanakuis) 문명에 속하는 신전 유적의 일부분으로 잘 알려진 '태양의 문/Gateway of the Sun'은 이 유적으로 들어가기 위한 입구로 여겨진다. 이 유적은 아이미라(Aymar)인들이 1510±25 B.P.(C¹⁴ 연대는 서기 440년으로 서기 415년-서기 460년경으로 추정)에 처음 세운 것으로 추측되며 내부는 진흙으로 다졌고 주위는 安山岩과 붉은 砂岩으로 조각한 거석들로 벽을 두른 흔적이 남아 있다. 남북 장축 167.36m, 동서 장축 116.7m이다.

Saksaq Waman, 잉카의 首都, 석축 중 12角의 석재도 있음, 현재 코리칸챠처럼 태양신전도 있었다고 밝혀짐), 코리칸챠(Koricancha, 잉카의 태양신전이나 그 석축을 이용해 스페인의 산타 도밍고 수도원이 들어섬), 올란타이탐보(Ollantaytambo, 요새), 켄코(Kenco, 신전, 천문대), 모라이(Moray, 천문대, 이곳은 또 현재 농업기술센터의 역할을 한 곳으로 당시 감자, 귀노아와 옥수수 등 3,000여종의 농산물을 원형의 계단식 밭에서 품종 개량을 함), 탐푸마차이(Tampumachay, 水道), 피삭(Pisac, 귀족들의 묘지)과 쿠스코 근처 성벽, 계단식 테라스(terraces)와 우물이 남아있는 군사방어 유적인 푸카푸카라(Puca Pucara) 요새 등이 남아있다.

이 시기 북쪽 해안가의 최대 왕국은 모체 계곡에 도읍을 둔 치무(서기 1200년경-서기 1470년)로 중앙 안데스 고원에서 가장 발달하였다. 그 영토는 북쪽 툼베즈에서 남쪽 찬케이(Chancay)에 이르는 직선 1,000㎞나 되며, 도읍지인 챤챤(Chan Chan, 투르히요 동쪽 5km)도 15-30㎢의 규모이다. 이 도읍지의 최대의 건물은 17㏊나 되며 흙벽돌로 둘러싸여 있다. 그 성벽이 있는 구획된 건물은 10개소나 되며 각각의 크기는 다르지만 내부에는 거리, 정원, 방과 광장을 공통적으로 갖고 있다. 그중에서 최대 규모의 "그란치무"는 아마 지배자가 살던 곳으로, 그리고 나머지 다른 곳들은 정치와 경제 기능을 담당했던 행정사무소로 여겨진다. 그중 8개소에서는 왕의 무덤이 있으며 왕의 무덤 입구에는 80-90명 정도의 여성이 犧牲되어 한꺼번에 묻힌 장소와 陪葬墓도 수 십 개소가 발견되었다. 치무는 세금 대신 부역하는 강제노동(mita labour taxation)으로 챤챤의 치무 도시건설 이외에도 우아카의 해와 달 피라미드(Huaca del Sol & Huaca de La Luna), 투루히요(Trujillo)의 성벽과 라 쿰브레(La Cumbre)의 운하 등의 거대한 건축물을 남겼는데, 여기에서 후일 잉카에서 보이는 "미타"라는 강제노동방식이 이미 적용되고 있음을 알 수 있다. 그러나 이 사회는 금과 구리를 다룰 줄 아는 야금술은 발달했어도 아직 청동기를 만들어내지 못하였다. 이 치무에서는 1983년 투르히요 성벽에서 발견된 마법사란 뜻의 엘 브르호(El Brujo) 벽화와 서기 1987년 월터 알바에 의해 발굴된 남미에서 가장 부유한 부장품[터키옥, 청금석(lapis lazuri)과 의식용 칼인 투미와 같은 금장식품]을 가진 35세 가량으로, 키는 168㎝ 정도의 시판(Sipan)의 왕묘가 유명하다. 그는 모체 토기에 묘사된 희생자의 피를 담은 컵을 받아 마시는 人身供犧라는 고대 의식의 주인공이기도 하다. 이는 神에게 인간의 犧牲을 제물로 바치는 동시에 신으로부터 질서 안정과 평화를 바라는 종교와 폭력과의 상관관계를 나타내며, 이곳 치무 계곡 모체 문명의 엘 브르호 신전 벽화를 비롯하여 이집트(람세스 III세 신전벽화), 아즈텍[템플로 마요르(Templo Mayor) 신전], 마야(팔렌퀘신전) 등의 고대문명에서 나타나는 공통성으로 볼 수 있다. 치무의 영역 아래 람바예케(Lambayeque) 계곡에는 흙벽돌(adobe)로 축조된 모두 250여기의 피라미드가 발견되었는데 이들은 팜파 그란데(Pampa Grande, 서기 600년-서기 750년)-바탄 그란데(Batan Grande, 서기 750년-서기 1100년)-투쿠메(Tucume, 서기 1100년-서기 1500년)의 세 시기로 나누어진다. 처음 두 시기에 축조된 피라미드들은 초자연인 재해인 홍수로 인해 사악한 장소를 정화하는 의식인 불을 지른 후 폐기되었으나 나머지 마지막 시기에 만들어진 투쿠메 피라미드의 경우 서기 1532년 스페인의 프란시스코 피자로(Francisco Pizzaro)의 침입과 관련으로 불을 지른 후에 폐기되었다. 특히 투쿠메에는 26기의 피라미드가 있으며 가장 큰 곳 우아카 라르가(Huaca Larga)는 폭 700m × 280m, 높이 30m로 서열상 가장 높은 왕이 거주하던 생활공간이었으며, 그 안에 모셔져 있는 신전 앞뜰에서 발견된 119구의 인골들은 스페인군의 침입을 막기 위해 신의 가호를 구하려고 참수하고 그들의 심장에서 나온 피를 신에게 바쳐진 인간희생물로 여겨진다.

치무, 와리,[50] 티아우아나코에 이어 나타난 後古典期의 마지막 문명은 Late Horizon을 대표하는 잉카 제국이다. 이는 세계의 배꼽이라는 쿠스코(Cusco) 계곡

---

50) 페루 고고학상 처음으로 와리 제국(Wari Empire, 서기 700년-서기 1100년경)에 속하는 황족의 무덤이 페루의 수도 리마 북쪽 185마일 떨어진 엘 카스티요 데 후아메이(El Castillo de Huarmey)에서 고고학자 페트리시아 프라쟈드크(Patrycja Przadk)에 의해 발굴되었다. 이 陵에서 1, 300년 전의 금은 장식품, 도기, 나무곤봉, 순장된 63구의 인골들이 발굴되었다. 중요한 것은 앉아있는 자세를 취한 3명의 여성 미라인데 그녀들은 생각보다 높은 권력을 가진 왕족으로 생각된다. 여자들은 전에는 남자가 착용했을 것으로 보여지는 금과 은으로 세공된 귀고리를 하고 있었다. 와리 제국은 잉카에 앞서 페루 지역 내 여러 종족을 통일한 최초의 제국이다(Natinal Geographic, 서기 2013년 6월 27일 및 R,euter, 서기 2013년 6월 28일).

에 쿠스코(Cusco) 왕국의 Cuzco라는 도읍을 두고 콜롬비아에서 중부 칠레까지 에 콰도르의 퀴토(Quito), 그리고 태평양 연안에서 아마존 강의 상류인 동부 정글에 이르는 거대한 영토를 가지고, 절대 지도자 겸 황제인 사파 잉카(Sapa Inca, paramount leader, inca는 지배자/ruler나 lord를 Sapa Inca는 태양의 아들/child of the Sun을 의미함)의 손에 다스려진 강력한 중앙 집권체제의 제국이었다. 잉카 제국은 서기 1200년경 수도 쿠스코에서 만코 카팍(Sapa Inca Manco Capac, 서기 1200년경-서기 1230년경 통치) 왕 이 처음 나라를 세운 데에서부터 시작하나, 실제로는 8대 비라코차(Viracocha)의 아 들인 9대 파차 쿠티[Pachacuti(pachatec), Pachacutec, Sapa Inca, Inca Yupanqui, 서기 1438년- 서기 1471/1472년, 마케도니아의 필립 II세에 비견됨], 투팍 잉카(Túpac Inca Yupanqui, 서기 1471 년-서기 1493년, 마케도니아의 알렉산더 대왕에 비견됨)와 우아이나 카팍(Huayna Capac, 서기 1493년-서기 1525년)의 세 왕 때 갑작스런 발전과 영토 확장이 이루어져 서기 1438년 을 그 기원으로 삼고 있다. 처음에는 고원지대, 그리고 에콰도르와 북부해안의 치무 등이 차례로 점령되었다. 서기 1525년에는 앞서 언급한 광역의 영토를 가진 잉카 제국이 성립되었다. 잉카 제국의 멸망은 우아이나 카팍 왕의 두 아들인 아 타우알파(Athahualpa Yupanqui, Sapa Inca, 서기 1497년-서기 1533년 7월 26일 스페인에 의해 피 살)와 이복동생인 우아스카(Huáscar) 사이의 왕위다툼에 의한 내란으로 인한 것이 었다. 비록 아타우알파가 싸움에 이겨 권력을 장악했으나, 프란시스코 피자로 (Francisco Pizarro)의 스페인군에 의해 서기 1532년 아타우알파의 피랍(서기 1438년-서 기 1532년으로 사실상의 잉카 제국임), 그리고 서기 1533년 7월 26일 아타우알파가 스페 인군에 의해 교살당함으로 잉카 왕국은 종말을 맞게 된다.[51] 그리고 피자로 자신 도 서기 1541년 6월 26일 리마에 있던 자신의 집에서 암살당한다. 이 사건은 스페

---

51) 아타우알파(Atahualpa, Atahuallpa, Atabalipa, Atawallpa 서기 1497년 3월 20일-서기 1533 년 7월 26일)의 무덤은 에콰도르 코토팍시(Cotopaxi) 주의 소도시인 시그초스(Sigchos)에 있 을 가능성이 많다고 에콰도르 문화유산부가 서기 2012년 3월 3일 공식적으로 밝혔다. 그리고 이 무덤(the ruins from a late inca imperial complex, the Malqui-Machay, which probably hides the tomb of the last Inca emperor, Atahualpa)의 발견은 서기 2011년 10월 21일 에콰 도르의 역사가인 타마라 에스투피난(Tamara Estupinan)에 의해서였다.

인으로서는 촬스 1세(Charles I세, 서기 1516년~서기 1556년: Holy Roman Emperor Charles V 세 서기 1519년~서기 1556년) 때였다.

잉카의 왕은 태양의 아들로서 생전에 신으로 숭배를 받고, 또 왕족과 정복한 귀족들로부터 차출된 관리나 군인들의 봉사를 받았다. 잉카 제국은 정복한 집단 들에게 그들의 태양의 아버지며 하늘의 신인 비라코차(Viracocha), 태양, 번개와 달 을 신격으로 모시도록 강요하고 또 그들의 언어인 퀘추아(Quechua)어를 강제로 사 용하게 하였다. 서기 1532년 스페인군이 들어올 때까지도 퀘추아어를 사용하고 있지 않은 곳은 북쪽 해안의 모치카와 티티카카 호수 근처의 아이마라 등이 있을 뿐이었다.

정복된 지역을 다스리는 잉카의 행정기술은 뛰어나다. 우선 "미티메"(mitimae는 mita, mitmaq와 같은 의미로도 쓰인다)라 불리는 국가조직에 의한 거대한 인구의 강제 분산-이동은 지방중심의 권력분산을 막고 아울러 반란의 가능성을 약화시켰다.[52] 그리고 건설사업을 위해 조직된 "미타"(mita)라는 세금 대신의 강제노동방식은 거 의 600만에 달하는 인구를 대상으로 하는 공동노동제도이다. 이외에도 뀌푸 (Quipu)라는 結繩文字를 이용한 "아이유"(allyu)라 하는 호구와 자원의 조사, 심부름 꾼이 한 사람이 약 15km 정도, 그리고 중요한 지점에 설치한 역(우리나라의 驛院, 驛站 및 驛店에 해당하는 비슷한 제도)을 이용하여 하루 약 240km(150마일)를 갈 수 있을 정도 의 신속한 연락(courrier, 꾸리어 제도, 메신저는 Chasqui로 불림)을 위한 전체 약 4만km에 달하는 道路網의 확충과 계곡을 가로지르는 浮橋의 건설도 잉카 제국의 강점 중 의 하나이다. 그러나 재화의 생산과 분배를 중앙정권이 독점하여 아즈텍의 포치 테카와 같은 직업 상인이나 시장의 존재는 없었다. 티아우아나코의 전통을 이은 잉카는 돌을 다루는 마술사로 이를 이용하여 도로, 창고, 사원, 궁정건축과 요새

---

52) 張保皐가 46대 文聖王 8년(서기 846년, 그러나 續日本記에 의하면 文聖王 3년 서기 841년 11월 에 피살당했다 함) 봄 부하 閻長에게 피살당하고, 文聖王 13년(서기 851년) 장보고 휘하 장수 들의 반란으로 莞島 淸海鎭(사적 308호, 興德王 3년 서기 824년 設鎭)의 폐진과 아울러 그곳의 주민들은 전라북도 金堤로 강제 이주되었다.

를 축조하였다. 그중 가장 유명한 것이 산토 도밍고(Santo Domingo) 성당의 축대를 이루는 쿠스코 코리칸차와 삭사이우아만(Sacsayhuaman)의 태양사원의 석축과 요새이다. 치무나 잉카가 무력을 앞세워 영토를 확장해나가 제국을 형성하게 된 것은 분리된 상속(split inheritance)과 같이 자식들이 왕권과 재산을 따로 따로 상속받기 때문으로 여겨진다. 다시 말해 잉카 문명의 특성은 國敎, 퀘추아어, 강제이주 (mitimae, mita 또는 mitmaq: massive population displacement), 강제노동(mita labour taxation/corvée labour system), 호구조사(allyu, census), 뀌푸(Quipu)라는 결승문자, 서기 1911년 7월 24일 하이램 빙햄(Hiram Bingham)에 의해 우르밤바 계곡에서 발견된 잉카 제국의 마지막 요새인(서기 1532년-서기 1572년까지 40년간 사용됨) 마추피추(Machu Picchu)에서 보이는 것과 같은 척박한 땅을 비옥한 곳으로 만든 집약농경을 위한 관개시설을 갖춘 원형의 계단식(terrace)농경, 왕권과 재산의 분리상속제도, 해안가 부족에 대한 산간지대 잉카 제국의 징세와 통제(Vetical Control)와 돌을 다루는 기술 등에서 찾아질 수 있다. 최근 잉카 제국의 마지막 요새로 알려져 있던 쿠스코에서 서북향 80㎞ 떨어진 페루의 우루밤바(Urubamba) 계곡 해발 2,430m 능선 위에 위치하며 '잉카인들이 天上으로 가는 관문으로 콘돌(condor) 독수리 모양으로 구획하여 만든' 마추피추는 윌리 쿡(Willie Cook)과 지에르모 지글러(Giermo Gerie Ziggler) 같은 잉카 학자들에 의해서 이 유적이 서기 1438년 파챠쿠티 왕(서기 1438년-서기 1471년)이 만든 곳으로 왕족의 은신처로 밝혀졌다. 이곳에는 夏至날을 가장 중시하던 잉카족의 자연숭배사상(animism)의 태양숭배지[엘 카스티오(El Castillo)의 치첸 이차(서기 800년-서기 1050년, 서기 1541년경/서기1690년 치첸 이차가 파괴당함)의 쿠쿨칸(퀘잘코틀)신전과 같이 3월 21일의 춘분(the vernal/spring equinox)과 9월 23일의 추분(the autumnal equinox) 때 해가 그 위에 있어 그림자가 지지 않고 태양을 끌어들이는 곳이라는 의미의 '인티우아타나(Intihuatana, hitching post of the sun)'와 춘분 때 해가 그 위에 비추도록 만들고 그 밑에 왕의 미라를 보관하던 반원형의 '태양의 신전'이라는 聖所가 중심]로서, 지금도 사용되고 있는 인력(人力)의 굴지구(掘地具)인 차키타가(Chakitaglla)로 농사를 짓는 계단식 집약농경지(terrace)에서 산출되는 풍부한 잉여 생산물로 자급자족을 누리고 나머지는 수도 쿠스코로 보내기도 한 교역과 무역의 중심지 역할을 했었던 제사장, 귀족들과 함께 잉카 왕족들이 머물던 최상급의 은신처였음이 밝혀지고 있다. 잉카인들은 춘우(chunu/ch'un-yu)라고 부르는 수분을 빼서 건조시킨 감자(dehydrated potato)와 다른 식량들을 콜카(colca)라는 창고에 오래동안 저장할 줄도 알았고, 또 쿠즈코 북방 40㎞ 떨어진 내륙 계곡에 위치한 마라스 염전(Maras salt mines)에서 소금을 충분한 양 만큼 채취했기 때문에 소금의 확보를 위해 바닷가까지 진출하지 않아도 되었다. 그리고 야마를 1,000여 마리 사육하던 배후 목장의 존재가 새로이 발견되고, 근처에서 조사된 인골의 주인 중 3/4이 가벼운 노동을 하던 여자로 보아 직조공이나 교양 있는 기능공들이 함께 살았던 곳으로도 여겨진다. 이는 서기 1532년 프란시스코 피자로의 스페인의 점령이후 서기 16세기 초 스페인과 잉카 후손 사이에서 피초(Picho, 마추피추를 의미)라는 소유토지의 재산분쟁으로 인한 소송에서 잉카후손이 이긴 문서에서 확인되고 있다. 특히 잉카의 특유의 계단식농경은 관개기술을 이용한 집약농경으로 그곳에서 감자, 퀴노아와 옥수수 등이 집중 재배되었다. 이들은 안데스 고원에 기원을 둔 야마(llama; alpaca, guanaco, vicuña), 기니픽(guinea pig, 구이 cuy로도 이용), 알파카 등과 함께 잉카 주민의 식생활을 해결하는데 커다란 도움을 주었다. 그리고 또 이들의 신체적 특징은 고아시아족 중 알라스카의 베링 해협 근처에 살며 추위에 적응하는 코략과 축치족과 같은 에스키모족의 경우처럼 산소 부족의 고산과 사막과 같은 해안 지역에 오랜 시간 적응해 살아 나가다보니 폐가 크고 다리가 짧은 모습으로까지 나타나고 있다.

최근 서기 15세기(서기 1470년경)경 잉카족에 의해 멸망당한 '구름의 사람들' 또는 '위대한 전사들'이란 명칭을 지닌 안데스 북쪽 아마존 강으로 들어가는 무역의 거점지인 쿠에랍(Kuelap)의 챠챠포야(Chachapoyas)족의 잉카 식민지화 이전 잉카에 대항해 격렬한 저항과 문화의 산 증거인 절벽 위의 무덤(崖墓, rock-cliff tomb)들이 산 카를로스, 레이메밤바(Leymebamba) 등지의 절벽과 동굴에서 발견되고 있다. 이들이 매장한 미라들은 후일 그들을 지배한 잉카의 영향을 받아 방부 처리하고 있음이 밝혀지기는 하나, 인골에 남아있는 뇌수술(穿頭術/管錐術/管鋸術/開孔術: trepanation,

잉카의 뇌수술을 언급할 때는 冠上鋸術: trephination이란 용어를 사용한다)의 흔적, 벽화, 석제로 벽돌처럼 정연하게 쌓아올린 원형의 주거건물과 신전 등으로 볼 때 이 챠챠포야족이 잉카에 뒤떨어지지 않는 고도의 발달한 문화를 가지고 있었음을 알 수 있다. 챠챠포야족과 그들의 문화는 서기 1470년 잉카의 지배, 그리고 서기 1532년의 스페인의 침입과 지배자인 잉카를 물리치기위한 스페인군과의 제휴, 그리고 마지막에 스페인총독에 의한 레반토(Levanto)와 같은 마을인 보호구역인 레둑시오네스에로의 강제이주로 또 그들이 옮긴 전염병으로 사라져버렸다. 또 서기 2008년 10월 부루스 오웬(Bruce Owen)이 페루 남쪽 아타카마(Atacama) 사막 일로(Ilo) 계곡의 Alta, Baya, El Descansos 지구에 살던 치라바야(Chirabaya) 문화(서기 1350년-서기 1450년)를 발굴 조사 때 18-21세의 꼽추 여자와 60-70세 전후의 노인 남자의 미라가 발견되었는데 특히 노인의 경우 사후 심장과 내장을 제거한 후 코카잎과 야마털로 채운 인위적인 미라형태를 한 흔적이 확인되었다. 전 세계적으로 절벽에 굴을 파서 시체를 매장하거나 절벽에 나무받침을 하여 관을 매다는 무덤(懸棺)을 쓰는 예는 아프리카 말리의 도곤족, 인도네시아 술라웨시의 토라쟈(Toraja)족, 중국 江西省 鷹潭市 龍虎山(戰國時代), 四川省 成都市 天廻山[특히 云南省의 僰(보/북)族은 강 옆 절벽에 관을 매다는 풍습을 가졌는데, 明나라의 초기 명군의 침공을 받아 紫金山전투에서 거의 멸족됨] 등에서 보고되고 있다.

이러한 잉카 문명은 비록 도시는 있어도 문자가 없는 기형의 문명이기는 하나, 모든 연락방법의 수단인 뀌푸라는 결승문자가 이를 대신해준다. 비록 잉카 문명은 세계 최초의 수메르 문명에 비해 약 4,500년이 늦은 지구상의 마지막 문명이기는 하지만 스페인군에 의한 정복으로 인해 지구상의 여타 지역에 잘 알려져 있다. 그리고 이집트와 같이 인위적인 처리를 한 것은 아니나 미라를 만들어 조상을 숭배하는 전통도 가지고 있었으며, 또 마야인과 같이 두개변형이나 거의 60%의 회복률을 보였던 뇌수술(穿頭術: trepanation, 冠上鋸術: trephination)로도 유명하다. 그리고 잉카인들에 대한 델타동위원소의 인골분석으로 남자가 전쟁에 출정할 때 귀한 옥수수 술을 마시고 따라서 여자보다 남자가 더 대접받는 사회적인 남녀차별이 있다는 것도 알려지고 있다. 잉카도 아즈텍과 마찬가지로 쉽게 망할 나라가 아니었다. 그들도 비라코차라고 부르던 태양신 콘티키(Kon-Tiki)를 만나려고 하는 오래된 염원과 갈망이 있었기 때문이었다. 이 신에 대한 추적이 노르웨이의 탐험가 토르 헤이어달(Thor Heyerdhal, 서기 1914년 10월 6일–서기 2002년 4월 18일)로 하여금 페루의 수도 리마 아래 칼라오 항구에서 발사나무로 만든 뗏목을 타고 훔볼트 조류를 따라 서기 1946년 4월 27일부터 101일의 항해로 폴리네시아의 타이티 섬(파피테 섬에 뗏목예인)에 도착하여 그가 처음부터 생각해왔던 비라코차로 대표하는 남미의 잉카의 문명이 세계의 배꼽이라는 아쿠–아쿠(Aku-Aku: Easter Island, Tuamotu) 섬 등에 세워진 석상들과 관련이 있다는 문화전파론을 입증하려는 계기를 마련하게 하였다. 콘티키 섬에 대한 문화전파론적 입증에 대한 도전이 서기 1950년 콘티키(Kon-Tiki)라는 책의 초판발행으로 세계에 잘 알려져 있다. 그리고 아울러 서기 1969년–서기 1970년 볼리비아 티티카카 호숫가에서 자라는 파피루스로 만든 갈대배 라(Ra) II호를 타고 지중해연안의 고대 이집트인들이 콜럼버스의 항해 이전에 대서양을 건넜다는 설을 입증하려는 탐험을 시도하여, 아프리카 모로코에서 출발 후 57일 후 6,100㎞ 떨어진 카리브 해 동쪽 트리니다드와 토바고 위의 바베이도스(Barbados, 수도는 Bridgetown임)까지 항해함으로써 고대 이집트 항해사들의 대서양횡단을 직접 입증해 보이고자 하였다. 이의 시도는 이집트의 미라의 분석결과 신세계에서만 나오는 코카인(cocain)과 니코틴(nicotine)이 검출된 것과 관련되어 주목을 끌었으나 이들 잎이 서기 19세기 미라에 기생하는 벌레퇴치용으로 이용되던 중 오염되었을 것이라는 설이 제기되어 잠잠하게 되었다.

최근 아쿠–아쿠 섬(이스터 섬, 칠레 라파 누이 국립공원, Rapa Nui National Park)에 대한 연구가 활발하다. 세계의 배꼽이라 불리우는 Easter Island[서기 1722년 3월 21일 부활절날 네덜란드인 선장 로게벤(Jacob Roggeveen)에 의해 발견되어 이름 지어짐]의 토착어인 라파 누이(Rapa Nui, Aku-aku 섬, 길이 24.6㎞, 최대 폭 12.3㎞, 해발 507m) 국립공원은 라노 라라쿠(Rano Raraku, 모아이 석상을 만드는 응회암이 나오는 채석장으로 서기 7세기–서기 17세기에 이용되었으며 지금도 미완성인 석상이 300여개 남아있으며 가장 큰 것은 22m나 된다)와 라노 카우

(Rano Kau, 서기 1640년 이후의 채석장) 두 개의 분화구를 가진 71.3㎢의 화산암(현무암, basalt)으로 전 세계에서 비교할 수 없는 매우 독특한 문화현상과 조경을 지니고 있다. 서기 700년−서기 1100년경[고고학자 테리 헌트(Terry Hunt)와 칼 리포(Carl Lipo)는 이보다 늦은 서기 1200년경 정착으로 생각함] 미크로네시아 3,200㎞ 떨어진 마르케사스(Marquesas) 제도나 2,600㎞ 떨어진 감비어(Gambier)에서부터 이곳에 정착한 라파 누이의 사회는 외부로부터 영향을 전혀 받지 않은 강인하고 토착적인 石像(모아이)을 제작하고 제단/신전(아후라 불리움, 그 아래는 洞空으로 納骨葬임)을 세우는 것으로 알려져 있다. 모아이(moai)라 불리우는 석상이 현재 887개가 남아있으며 이들을 모신 아후라는 제단도 120여개소 남아있다. 대표적인 것은 북쪽의 나우나우 아후와 남쪽의 룽가 아후가 대표적이다. 이곳에 살던 부족들이 가뭄과 과도한 석상의 제작과 이들의 운반에 대한 나무의 필요로 인한 라파 누이 종려나무(Rapa Nui Palm, 당시 13종이 있었음이 확인됨) 자원의 벌목으로 인한 고갈, 이에 따른 식량의 부족으로 벌어진 부족 간의 전쟁으로 망했던 것을 알려주고 있다. 다시 말해 서기 15·16·17세기에는 농사가 잘 되어 농지도 증가했으나 서기 17세기에 가뭄이 극심해 나무가 말라죽고 농지도 척박하게 되었다. 석상이 만들어지지 않기 시작한 해가 서기 1640년이다. 또는 자원의 고갈로 인해 환경이 척박해지고 종전까지 믿었던 신에 대한 비의 간절한 祈願이 좌절로 끝나자 생존차원에서 당시 11개 부족 간(전체인구 13,000명으로 추산)의 갈등과 전쟁이 결국 사회체제와 지배층에 대한 믿음의 전환을 가져오게 되고 제단의 약탈과 파괴가 뒤따른 모양이다. 이들은 11개의 부족으로 나누어지고 각기 族長이 있고 그 위에 王이 존재한 계급사회를 유지하였다. 가뭄은 결국 모아이의 석상 제작을 폐기하고 '몸은 인간이고 머리는 새(鳥)'인 새-인간신을 만들게 되는 종교적 변혁까지 이르게 된 모양이다. 그리고 다시 1년 단위의 새로운 왕이 선출되어 이 섬을 다스렸다. 이의 중심지가 남쪽 라노카우 분화구 옆 오롱고 사원이다. 그 후 이곳은 외부 항해자들에 알려지고 노예상인이 가져온 질병에 의해 사라지게 되었다. 이곳에서 발견되는 롱고 롱고 書板에는 2,320자가 새겨져 있는데 이는 스페인들과의 접촉에서 배워 새긴 것으로 내용은

세상만물의 탄생과 관련된 것이다. 그리고 이곳의 석상들은 서기 1955년 노르웨이의 탐험가인 토르 헤이어달(Thor Heyerdhal, 서기 1914년 10월 6일-서기 2002년 4월 18일)이 페루(수도 리마)와 이곳 라파누이 사이의 문화전파론을 입증하는 자료로서도 이용되어왔다. 만약 그렇다면 이는 서기 1519년 포르투갈인 마젤란(Ferdinad Magellan, 서기 1480년-서기 1521년)의 태평양을 건너는 항해보다도 약 300년 이상을 앞선 것이 된다. 서기 2011년 10월 조 앤 반 티부르그(Jo Anne Van Tiburg, UCLA/University of California, Los Angeles의 The Cotsen Institute of Archaeology) 박사를 발굴단장으로 하는 Easter Island Project가 만들어져 현재까지 수행 중으로 모아이 석상을 만들던 당시 주민들의 석상의 축조 과정이 새로이 밝혀지고 있으며, 또 석상 근처에서 발견된 참치(tuna)의 척추와 바다 가재 뼈들은 서기 1640년 이전 석상을 만들던 작업인부들의 노고에 대한 대접으로 먹던 음식물에 대한 증거를 보여주고 있다.

그리고 이러한 문화전파론은 서기 1886년-서기 1927년 페루에서 사업을 했던 영국인 윌리엄 스미시스(William Smithies)가 서기 1903년 영국 북서부 란카셔(Lanchashire) 주 소재 볼튼(Bolton) 박물관에 기증한 페루 연안 리막 계곡(Rimac Valley)에서 구입한 미라의 분석에 의해서도 밝혀지고 있다. 그 미라는 서기 1200년경 (849±22 B.P.) 인공으로 제작된 것으로 보존을 위한 덧칠이 씌어져 있었는데 분석한 결과 남서 태평양에서 나오는 '南洋杉木'의 수액임이 밝혀졌다. 이는 이곳에서 나오는 고구마가 5,000㎞ 떨어진 페루 전역에 전파된 것처럼 미라보존용 수액이 이곳에서 나오고 있음이 확인되었다. 최근 하와이, 뉴질랜드와 아쿠-아쿠 섬(이스터 섬, 칠레 라파 누이 국립공원)을 삼각형으로 잇는, '폴리네시아 원주민들이 옛날부터 히바(Hiva) 대륙이라고 불렀던 태평양 바다' 위에 조선술과 220개의 알려진 별자리(星座) 지식을 바탕으로 한 고도로 발달된 항해술/항법술을 기반으로 諸島를 왕래해왔던 '폴리네시아 장거리 무역망'(remote island chain in Polynesia)이 형성되었던 것으로 밝혀지고 있다. 이는 마르키즈 제도(Marquesas Archipelago) 서북단에 있는 에이아오(Eiao, 타우메타키/Taumetaki족의 터전임) 섬에서 당시의 카누를 제작할 때 필수 도구인 자귀(까뀌, 有溝石斧, 石鑿, adzes)를 제작하던 현무암 채석장의 발견과 아울러 남미지역에서 오는 고구마를 포함하는 여러 가지 필수품들이 교역품 이었던 것으로 짐작된다. 그리고 21개족의 폴리네시아 원주민들의 DNA검사 결과 두 곳이 남미대륙과 관련이 있다는 사실도 확인되고 있다. DNA, 수액, 고구마, 석재 원산지 등의 확인은 콜럼버스의 항해 이전에 이미 폴리네시아인들과 남미대륙과의 접촉이 있었으며 이는 토르 헤이어달의 서기 1946년 문화전파론도 입증하는 결과를 가져오게 된 것이다. 그리고 태평양을 건너는 사실은 포르투갈인 마젤란(Ferdinad Magellan, 서기 1480년-서기 1521년)의 서기 1519년 항해보다도 약 300년을 앞선 것이 된다.

그러나 그들의 주역인 잉카인들과 후예들이 아직 페루와 이웃 볼리비아에 토착민으로 남아 있어 그들의 역사와 민족지적인 연구에서부터, 돌을 다루는 훌륭한 기술과 뛰어난 행정 조직력에 이르기까지 잉카 문명의 연구는 세계문명발달사에 있어 많은 생생한 자료를 제공해주고 있다. 그리고 오늘날 남미대륙에서 포르투갈어를 사용하는 브라질만 빼고 모든 다른 나라들은 스페인어를 사용한다. 이는 서기 1519년 9월 20일 교황 알렉산더 4세의 중재 하에 토르데시야스(Tordesillas) 조약이 만들어져 세네갈(Senegal) 해안가 Cape Vert(포르투갈령 Cape Verde Islands) 섬을 중심으로 하는 1,500km 경계로 스페인과 포르투갈 영토가 분할되었다. 이때 브라질은 포르투갈에, 필리핀은 스페인에 속하게 되었다.

국립중앙박물관

   2009 태양의 아들 잉카, 서울: 금강프린텍

최몽룡

   1997 도시·문명·국가-고고학에의 접근-(대학교양총서 70), 서울: 서울대학교 출판부

페루황금박물관

   1999 잉카황금유물전, 서울: 대한생명

카르망 베르낭(장동현 옮김)

   1996 잉카, 서울: 시공사

Catherine Orliac·Michel Orliac(장동현 옮김)

   1997 이스터섬, 서울: 시공사

요한 라인하르트

   1999 잉카미라, Washington D.C.: National Geographic(한국판) 1999년 11월호,
      pp.36-55

Arriaza, Bernado

   1995 Chile's Chinchorro Mummies, Washington D.C.: *National Geographic* vol. 187,
      no.3, pp.68-89

Bingham, Hiram

   1963 *Lost City of the Incas*, New York: Atheneum

Cock, Guillermo A.

   2002 Inca Rescue, Washington D.C.: *National Geographic* vol.201, No.5, pp.78-91

Donnan, Christopher B.

   2001 Moche Burials Uncovered, Washington D.C.: *National Geographic* vol.199, no.3,
      pp.58-78

Erich von Däniken

   1968 Chariots of the Gods? -Unsolved Mysteries of the Past (German: Erinnerungen
      an die Zukunft: Ungelöste Rätsel der Vergangenheit), Econ-Verlag(Germany),
      Putnam(USA)

   1980 *Signs of the Gods?*, New York: A Berkeley Book

Flornoy, Bertrand

   1958 *The World of the Inca*, New York: Doubleday Anchor books

Haas, Jonathan, Pozorski Shella and Pozorski, Thomas

    1987 *The Origin and Development of the Andean State*, Cambridge: Cambridge University Press

Heyerdhal, Thor

    1972 *Aku-Aku*, London: George Allen & Unwin Ltd.

    1973 *Kon-Tiki*, New York: Ballantine Books, Inc.

Lumbreras, Luis G. translated by Meggers, Betty J.

    1974 *The Peoples and Cultures of Ancient Peru*, Washington: Smithonian Institution Press

Mason J. Alden

    1978 *The Ancient Civilization of Peru*, Westford: The Murray printing Company, Pelican Books

Moseley Michael Edward

    1975 *The maritime Foundations of Andean Civilization*, Menlo Park: Cummings Publishing Company

Musée de L'Homme

    1987 *Ancien Pérou*, Paris: Nathan

大貫良夫 編集

    1997 世界の大遺跡 13 マヤとインか, 東京: 講談社

II
고고학으로 본
세계문화사

I. 한국 선사고고학의 연구동향

고고학이란 무엇인가?

고고학은 오래전부터 황금유물이나 숨겨놓은 보물 상자를 찾아 화려하고 멋있고 불가사의한 과거를 좇는 낭만적인 학문으로 여겨지고 있다. 고고학자들이 과거에 이루어냈던 업적으로서 라스코 동굴벽화(Lascaux, 막다레니안/Magdalenian기, 기원전 15000~기원전 14500년), 투탕카멘 왕(기원전 1358년~기원전 1349년 재위)의 무덤, 폼페이의 도시유적, 슐리만의 트로이와 진시황릉 병마용갱의 발굴 등을 들 수 있으며, 이들은 우리에게 환상의 세계를 찾아가게 하는 놀라운 발견물들로 우리의 호기심을 자극하기에 충분하다. 하지만 이러한 발견은 많은 과학적인 器機와 방법을 동원하는 현대고고학에서도 계속 이루어지고 있다. 알타이 우코크 고원에서 발굴된 스키타이 황금문화와 미라(냉동공주와 냉동전사), 알프스 산간의 빙하에서 발견된 5,000년 전 순동시대(Copper age)의 남자 빙하 미라인 외찌(Ötzi, 속칭 Iceman), 이들 역시 우리의 기억에 길이 남을 고고학 성과이다. 우리나라에서도 무령왕릉(국보 154 및 155호)을 비롯해 금관이 나온 금관총(국보 87호), 금령총(보물 338호), 서봉총(보물 339호), 천마총(155호분, 국보 188호)과 황남대총 북분(98호분, 국보 191호) 그리고 백제금동대향로(국보 287호) 등 세계가 관심을 가질 만한 뛰어난 것들이 많다.

서양에서 고고학을 뜻하는 archaeology는 archaeos(과거, 古)와 logos(논리, 학문)라는 말의 합성어이다. 고고학은 문자 그대로 옛것을 생각하는 학문이다. 다시 말해 지난 시대의 인류가 남겨 놓은 유물, 즉 물질로 남겨진 옛 사람의 흔적을 연구하는 학문이다. 따라서 황금유물이나 보물 상자뿐만 아니라 토기편, 석기 등의 작은 유물들도 고고학에서는 매우 중요한 자료가 된다. 그래서 이 학문은 물질에 남겨진 인류문화의 역사를 밝혀내고 생활방법을 복원해서 인류의 문화와 역사가 어떠한 식으로 발전해 왔는지를 밝히는 데 목적이 있는 것이다. 고고학의 연구목적은 衣·食·住를 포함하는 생활양식의 복원, 문화과정과 문화사의 복원에 있다. 즉 인류의 생활과 문화과정의 복원, 이를 통한 인류문화사를 올바로 인식하고자 하는 것이 고고학의 목적이라 할 수 있다.

  고고학은 다루는 시대에 따라 선사고고학과 역사고고학으로 대별되는데 이 중 선사고고학은 인류학의 한 분야로 분류되기도 한다. 역사고고학은 인문과학분야로서 미술사 및 역사학과 밀접한 관계를 지니고 있다. 최근 들어 고고학이 세분화되면서 지질고고학, 환경고고학, 수중고고학 등 주제별로 고고학을 연구하는 주제고고학이라는 범주도 생겼다. 고고학은 주로 인류가 문자를 발명하기 이전 시기를 밝히는데 더 중요한 학문이었다. 하지만 현대고고학은 문자가 있던 역사시대에 대해서도 고고학 발굴조사를 통해 공백으로 남아있던 많은 새로운 사실들을 밝혀 주고 있다. 역사적인 문헌에 남아있는 자료는 그 당시를 풍미하던 권력자라든지 그 시대를 대표하던 사람들을 중심으로 주로 기록하거나 그들의 영웅적인 행위를 담고 있다. 하지만 역사는 단순히 이러한 영웅이나 권력자들의 행동뿐만 아니라 그 시대를 살았던 모든 평범한 사람들의 발자취를 포함한다. 그곳에 바로 보편적인 의미에서의 전통과 문화가 살아있는 것이다. 고고학은 이러한 과거에 살았던 사람들이 남겨놓은 모든 물질적인 산물을 대상으로 연구하고 이러한 물질적인 증거로 다시 문헌사료를 검증할 수 있는 학문이다. 더욱이 현대고고학은 지금부터 20~30년 전의 우리 현대인이 남겨놓은 산물들조차도 그 연구대상으로 삼는다. 그러므로 고고학이 다루는 연구범위는 남방의 원숭이(오스트랄로피테쿠스)에서 네안데르탈인을 거쳐 현생인류인 크로마뇽인과 그들이 지구상에 남긴 모든 발자취를 포함한다. 즉, 전시대에 걸친 모든 인간생활의 산물을 연구대상으로 삼는다고 할 수 있다. 그리고 지역적으로는 문명이 발생한 근동에서 신대륙에 이르기까지 인간이 살고 있는 모든 시간과 공간이 포함된다. 지금까지 고고학에서 크게 관심을 가진 시대는 청동기시대이다. 이 시대에는 전 세계적으로 도시, 문명, 그리고 국가가 발생하였다. 잘 알려진 이집트, 수메르를 포함한 메소포타미아, 인더스, 중국의 商 등의 고대 灌漑文明도 모두 청동기시대에 발생하였다. 하지만 최근에 들어서는 고고학이 가지고 있는 연구범위가 인류의 진화와 농업의 기원까지도 포함하는 인류의 역사 전반을 다루고 있다.

고고학을 연구할 때 가장 중요한 1차 자료를 고고학 용어로 유물이라고 한다. 하지만 여기에는 인간이 직접 만들지 않더라도 사람이 기른 짐승의 뼈, 나무열매 등 인간과 관계를 가진 일체의 자연물도 포함된다. 왜냐하면 이를 통해 인간이 살던 기후와 환경을 살펴볼 수 있기 때문이다. 고고학자들은 유물뿐 아니라 살던 땅에 남겨놓은 움직일 수 없는 인간의 생활의 흔적도 연구한다. 그것을 전문적인 용어로 遺溝 또는 遺蹟이라고 하는데 집자리, 기념비, 무덤 등이 여기에 속한다. 고고학에서는 인류의 技術과 經濟行爲에 따라 크게 구석기시대-신석기시대-청동기시대-철기시대로 구분된다.[53] 지금 우리가 살고 있는 이 시대는 아직도 鐵을 주로 사용하고 있기 때문에 철기시대에 속한다고 할 수 있다.

---

53) 유럽에서는 技術과 經濟行爲에 바탕을 둔 구석기(Palaeolithic age)·신석기(Neolithic age)·청동기(Bronze age)·철기시대(Iron age)라는 편년의 명칭을 사용한다. 그러나 신대륙 중 中美의 고고학 편년은 "horizon과 tradition"(공간과 시간)을 포함하는 "stage"(단계)라는 개념의 용어를 사용하고 있다. 다시 말해, "리식(石期 Lithic: 후기구석기시대: 기원전 20000년-기원전 7000년)→아케익(古期 Archaic: 중석기시대: 기원전 7000년-기원전 2000년)→퍼마티브(形成期 Formative: 신석기시대: 기원전 2000년-서기 300년)→크라식(古典期시대 Classic: 서기 300년-서기 900년: 마야 古典期)→포스트크라식(後古典期시대 Post-classic: 서기 900년-서기 1521년 8월 13일/1532년 11월 16일/1541년: 아즈텍, 잉카제국과 마야)"라는 용어를 사용한다. 冶金術의 시작은 古典期시대부터 나타난다.
南美는 '문화 특성이나 유물복합체에 의해 대표되는 공간적 지속'이란 Horizon(공간)개념을 원용하여, 막스 울(Max Uhle)은 '예술양식의 분포와 문화적 특질'에 바탕을 한 새로운 편년을 설정하였다. 그리고 경제가 사회변동의 가장 중요한 원동력(Economy as a prime mover in social evolution)으로 보는 唯物史觀論에 입각하는 편년에 따르면, "Pre-class society(원시무리사회 primitive society): pre-clan(亂婚 promiscuity)→母系(matriarchal clan)→父系(patriarchal clan)→terminal clan stages(씨족제도의 분해), Class society: 奴隷制社會(slave society)→封建社會(feudal society)→資本主義社會(capitalism), Classless society: 社會主義(socialism)→共産主義社會(communism)"의 발전 순이 된다.

옛것에 대한 관심은 동서양을 막론하고 아주 이른 시기부터 가지고 있었다. 몇 가지 사례를 들자면 신바빌로니아 제국의 마지막 왕인 나보니두스(기원전 556년-기원전 538년)의 고대신전의 발굴 및 왕립박물관 건립, 韓非子의 第10篇 十過,[54] 唐代의 학자 遠康의 『월절서(越絶書)』, 헤로도투스의 『歷史』 등의 고문헌에서 나타나는 기록, 스키타이 문화의 고분에서의 매몰된 도굴꾼 발견 등이 있으며 빠르게는 기원전 6세기경부터 인류 과거의 역사에 관심을 가졌다. 서기 313년 기독교가 공인된 이후 기독교가 서양문화를 지배하게 되면서 주춤했던 고고학에 대한 관심은 서기 14세기 이탈리아에서 시작된 르네상스와 더불어 다시 싹트기 시작하였다. 유럽에서 르네상스와 더불어 일어난 호고주의(好古主義)는 유럽전역으로 확산되어 귀중한 골동품에 대한 수집에 박차를 가하였다. 이 시기를 骨董學 혹은 古典考古學시대라고 부른다.

이러한 골동품을 수집하는 단계를 학문적인 차원에서 한 단계 올려놓는 결정적인 역할을 한 사람은 독일인 빙켈만이었다. 빙켈만(J. J. Winkelmann 서기 1717년-서기 1768년)은 당시의 무질서한 고물애호, 수집에서 벗어나 고대유물연구에 학술적 기초를 이룩한 사람으로서 고고학의 아버지라고 일컬어진다. 서기 19세기 초 톰센(C. J. Thomsen 서기 1788년-서기 1865년)은 처음으로 유물을 석기, 청동기, 철기라는 세 시기로 나누어 분류하였다. 서기 1895년에 이러한 삼시기법은 러복(Sir J. Lub-

---

54) 堯 임금이 세상을 다스렸을 때 백성들은 토기로 만든 그릇에 밥을 담아 먹고 토기 잔으로 물을 마셨다. 夏의 禹 임금은 제기(祭器)를 만들어 안쪽에는 검은 색깔, 밖에는 붉은 색깔을 칠하였다. 상(商)나라 사람들은 식기와 술잔에 조각하고 문양을 새겨 넣었다고 十過에서는 언급하고 있다(穆公日: "寡人不幸而聞道於子, 子以儉對寡人何也?" 由餘對日: "臣聞昔者堯有天下, 飯於土簋, 飮於土鉶. 其地南至交趾, 北至幽都, 東西至日月之所出入者, 莫不賓服. 堯禪天下, 虞舜受之, 作爲食器, 斬山木而財之, 削鋸修其迹, 流漆墨其上, 輸之於宮以爲食器. 諸侯以爲益侈, 國之不服者十三. 舜禪天下而傳之於禹, 禹作爲祭器, 墨漆其外, 而朱畫其內, 緩帛爲茵, 蔣席頗緣, 觴酌有采, 而樽俎有飾. 此彌侈矣, 而國之不服者三十三. 夏后氏沒, 殷人受之, 作爲大路, 而建九旒食器雕琢, 觴酌刻鏤, 四壁堊墀, 茵席雕文. 此彌侈矣, 而國之不服者五十三. 君子皆知文章矣, 而欲服者彌少. 臣故日: 儉其道也." 由餘出, 公乃召內史廖而告之, 日: "寡人聞鄰國有聖人, 敵國之憂也. 今由餘, 聖人也, 寡人患之, 吾將奈何?").

bock)에 의해 약간의 수정을 가져오게 되었는데 석기시대를 구석기시대와 신석기시대로 나누게 되었던 것이다. 현재는 중석기시대가 하나 더 추가되면서 다섯 시기 구분법을 사용하고 있다.

나폴레옹을 비롯하여 식민지 진출이 본격적으로 시작된 서기 19세기에 각 강대국마다 문명발생지에서 수습한 귀중한 유물의 과다에 따라 국력을 비교하는 것이 유행처럼 일어나 각 정복국가마다 유물 수집에 열을 올리면서 강대국 중심의 유물약탈시대가 열리게 되었다. 이러한 유물 약탈은 지식인들의 지적 호기심을 자극하였고 서기 19세기에 접어들면서 프랑스 샹포리옹의 상형문자의 해독과 함께 이집트학을 필두로 보다 체계적인 근대고고학이 성립하게 된 한 계기가 되었다.

서기 19세기 후반에서 20세기 초반에 걸쳐 고고학은 확립기에 접어든다. 트로이 발굴을 한 하인리히 슐리만은 체계적인 고고학방법을 활용하였으며 그리이스 본토에서의 선사시대의 존재를 밝혀내는 공헌을 하였다. 또한 핏트 리버스(Pit Rivers)와 페트리(F. Petrie) 역시 과거 유물 수습차원에서 이루어졌던 발굴에서 탈피하여 보다 과학적인 방법으로 발굴의 과학화를 이루었다. 이와 같은 사건은 고고학이 독자적인 하나의 학문으로 정착하게 하는 계기가 되었다. 스웨덴의 몬테리우스(Monterius)는 고고학에서 지금까지 가장 중요한 연구방법의 하나인 형식학적 방법을 처음으로 주장하였다. 이들의 등장은 현대고고학을 탄생시키는 결정적인 계기를 만들었다.

현대고고학은 매우 과학적이며 이론적인 학문으로 정착되어가고 있다. 고고학 연구의 기초는 바로 유물에 보이는 기능, 형태 그리고 재료를 참고해서 각 유물의 특징을 밝히고 시간적인 선후관계를 밝혀내는 것이다. 이러한 고고학의 과제를 해결하기 위한 가장 최초의 작업은 방법은 다를지언정 과거와 마찬가지로 발굴조사로부터 시작된다. 모든 발굴조사는 우선 지표조사를 실시한 후 그 결과에 따라 결정된다. 지표조사(field survey)는 발굴조사(excavation), 문헌조사와 함께 고고학적 조사방법의 하나로 유적과 유물을 발견하고 기록하는 것을 말한다.

지표조사의 대상은 선사시대부터 역사시대에 이르기까지의 전 기간 동안 인류의 조상들이 생활하고 남겨놓은 유적, 유물들인데, 문자가 사용되지 않았던 선사시대의 경우 주거지, 지석묘(고인돌), 패총, 고분, 석기산포지 등이, 역사시대에 있어서는 산성, 고분, 궁터, 불교문화재 등이 여기에 속할 수 있다. 때에 따라서 신안 앞바다의 경우처럼 물밑도 뒤져야 한다. 이를 수중 또는 해저고고학이라고 부른다. 지표조사에 일부 첨단기술이 사용되는데 그 대표적인 방법은 영국의 리차드 에잇킨슨(Richard Atkinson)이 서기 1946년에 처음 이용한 지자기학 조사방법(Resistivity Surveying)과 서기 1922년 영국의 클로우포드(Clawford)가 고안한 항공사진(Aerial photographs) 판독법이 있다. 전자는 지하에 매장되어 있는 금속제 유물을 탐색하는데 이용되었으며, 후자는 봉토가 깎여져 나간 고분이나 성곽, 길(Roman Road 등), 대형 이형 유적(페루의 나스카 유적) 등 평면상에 잘 드러나지 않는 유적들을 찾는데 활용되고 있다.

문화유적에 대한 보다 정확한 자료는 발굴조사를 통하여 얻어지게 된다. 발굴조사는 매장된 문화재를 보다 전문화된 시굴방법으로 드러내어 선사시대인들에 의해 남겨진 역사를 발견 및 복원하기 위한 첫 번째 방법이다. 발굴조사 결과는 우리 조상들이 직접 한 시대를 살아가면서 각각 남겨놓은 흔적들의 총체이며 보다 사실적으로 역사를 설명할 수 있는 1차 사료이다.

발굴을 실시함에 있어서 가장 먼저 해야 할 일은 발굴조사 방법을 결정하는 것이다. 발굴조사 방법은 대표적으로 格子式방법, 四分法, 계단식방법, 전면발굴방법, 트랜치(trench)시굴방법 등으로 나눌 수 있다. 이 방법들은 각각 유적의 성격에 따라 달리 사용된다. 유적의 성격에 따라 발굴방법이 결정되면 발굴을 시행하게 된다. 발굴조사를 시행할 때 가장 먼저 기준점을 설정하고 인근의 넓은 범위를 한눈에 볼 수 있는 측량을 실시한다. 발굴을 시작할 때 우선 유적지의 층위나 시대의 성격을 개략적으로 밝히기 위해 시굴 구덩이(test pit, control pit)를 파서 층위나 문화층의 성격을 파악해야 한다. 발굴과정에서 유물의 위치 및 깊이를 잘 기록하여야 한다. 그밖에 사진작업, 절대연대를 위한 시료채취, 화분분석을 위한 토양

채취 등이 이루어진다. 발굴이 끝나면 다시 이 지점에 대한 재조사는 있을 수 없다. 왜냐하면 이 유적은 파괴된 것과 다름없기 때문이다. 그러므로 가능한대로 모든 자료를 기록으로 남긴다. 매일 이루어지는 작업과정을 야장(野帳)에 상세하게 기록하여야 하며 자주 주변학문의 전공자(지질학, 고지리학, 고생태학, 화석학, 토양학, 광물학, 고전학과 형질인류학 등)들과의 토론을 통하여 현장에서 대부분의 자료를 축적하여야 한다. 이 자료는 발굴 후 보고서를 쓸 때 기초 자료가 된다.

발굴이 끝나면 발굴 때 수습된 유물과 모든 자료는 연구실로 옮겨진다. 고고학자들은 먼저 유물들을 잘 세척하고 분류작업을 실시한다. 세척 당시 석기나 토기의 경우 이미 현장에서 유물을 수습할 때 매겨진 일련번호를 기초로 각각의 유물에 대한 목록을 만들고 유물의 한쪽 구석에 일련번호를 표시해 둔다. 유물에 대한 목록 작업이 끝나면 실측, 탁본과 복원작업 등을 한다. 복원작업은 여러 가지 과학적인 방법을 동원하여 실시한다. 연구실에서 하는 분류작업은 1차적으로 보고서 작성을 위한 일에 초점을 맞추는 것이 바람직하다. 먼저 유물의 성격에 맞는 형태분석이 시행된다. 먼저 쉽게 구분할 수 있는 석기, 토도(土陶)제품, 금속제품, 와당(기와)편, 옥석제품, 골각제품, 목죽(木竹)제품 등 큰 群으로 나눈 다음, 다시 큰 群으로부터 세부적으로 분류를 해 나아간다. 연구실에서 정리·분류된 자료들을 중심으로 최종적으로 보고서를 작성하게 된다.

고고학과 인접과학과의 관계는 매우 중요하다. 흔히들 고고학 하면 역사학과 가장 관계가 깊은 것으로 알

방사선탄소연대의 보정이 필요한 미국 세쿼이어 (Sequoia) 국립공원의 세쿼이어 나무(수령 8000년, 일명 꺼끄러기 소나무(bristle cone pine)라고도 함)

려져 있다. 또한 고고학은 인류학과도 깊은 관계를 가지고 있다. 미국의 경우, 고고학은 인류학의 한 분야로 취급되기도 한다. 고고학은 현존하지 않은 옛날 사람의 생활양식을 연구하는 학문이라는 인식에 바탕을 둔 것이다. 미국을 제외한 유럽이나 중국과 일본 등의 아시아 여러 나라에서는 고고학을 인류학의 한 분야보다는 독자적인 학문으로 취급하기도 한다.

이밖에 고고학은 지질학, 고생태학, 해부학(MFS: Marfan syndrome, Fox P2 Gene 등), 병리학, 물리학, 화학 등과도 관련이 깊다. 이런 학문들은 겉으로 보기에는 고고학과는 전혀 관계없는 자연과학이지만 고고학적인 연구를 하는데 이들 자연과학의 도움이 필수적인 것이다. 예를 들어 사람의 뼈와 동물의 뼈가 많이 나온 유적이 있다고 했을 때, 해부학자는 그 뼈가 몸의 어느 부분이며, 몇 살 되었으며, 성별은 무엇인지를 밝혀낼 것이다. 다음에 병리학자는 뼈에 나타나 있는 여러 가지 병의 흔적(예를 들어 관절염, 구루병, 결핵 등)을 밝혀내서 이 주인공이 어떤 병으로 고생을 하다 죽었는지를 밝혀내기도 한다. 그리고 동물학자는 동물의 뼈를 분석해서 그 종류와 사육된 것이지 아니면 야생동물을 잡은 것인지를 밝혀낸다. 식물학자는 당시의 흙에서 꽃가루를 현미경으로 관찰해서 당시의 사람들이 먹었던 식물이나 당시의 기후 및 자연환경을 밝혀준다. 예를 들어 열대식물이 많이 보이고 늪에서 자라는 식물의 꽃가루가 보인다면 당시는 무더웠고 이 지역에 늪이 많았다는 사실을 짐작할 수 있다. 이밖에도 고천문학, 민족지학과 통계학 등 수많은 학문의 도움을 받는다. 단지 몇 개의 뼈와 유물만 가지고는 아무리 훌륭한 고고학자라고 해도 당시에 추웠는지, 무엇을 먹고 살았는지, 어떻게 살았는지를 알도리가 없다. 고고학은 여러 학문들의 성과와 도움으로 발굴한 유적과 유물을 분석하여 당시의 생활을 좀 더 구체적으로 파악하게 된다.

고고학에서 중요한 것 중 하나는 유물이 얼마나 오래되었는가를 밝히는 것이다. 그러므로 연대를 측정하는 방법이 필요하다. 연대측정법으로는 방사선동위원소의 반감율을 이용하여 연대를 추정해 나가는 절대연대측정법과 유물의 형태의 비교를 통해서 밝혀내는 상대연대측정법이 있다. 절대연대측정법의 대표적인 예로 방사성탄소측정법(C¹⁴)을 들 수 있다. 이 측정법은 현재까지 가장 널리 쓰이고 있다.

고고학과 고대사

고고학과 역사학의 학문적 관계에 대해서는 수많은 학자들이 언급해 왔는데, 그 가운데 고고학자로서 대표적인 예를 들면 그라함 클라크(Grahame Clark)나 고든 차일드(Vere Gordon Childe) 등이 있다. 고고학과 역사학의 구분은 여러 가지 기준에 의해서 가능할 것이지만, 가장 중요한 기준은 연구대상 시기의 문자기록의 유무이다. 즉 고고학은 기록이 존재하는 역사시대를 다루는 역사학과는 달리 문자가 없는 시대, 즉 선사시대를 연구대상으로 하며, 이 때문에 선사시대를 연구하는 선사고고학을 선사학(先史學)이라고 부르기도 하는 것이다.

문자가 발명된 것은 세계최초의 문명 가운데 하나인 메소포타미아의 수메르(Sumer) 문명에서이며, 그 연대는 늦어도 기원전 3100년경이다. 문자는 이집트·인더스·상(商) 등의 초기 문명에서 모두 나타나고 있지만, 마야나 잉카 문명의 경우에는 발달된 문자체계 대신에 숫자가 적힌 비문과 결승문자(結繩文字)가 존재하였다. 문자만을 기준으로 한다면 지구상에 존재하는 거의 대부분의 문화들은 선사시대에 속하게 된다. 그리스 문명이 유입되기 이전의 유럽지역도 선사시대의 범주에 속하며 최근까지 존재했던 오스트레일리아의 타스마니아(Tasmania)나 북극의 에스키모나 아무르 강 유역에 살고 있는 길랴크/니비크(Nivkh, Gilyak), 유카키르, 이텔만, 캄챠달, 코략, 축치 등과 같은 고아시아족(Palaeoasiatic 또는 고시베리아인 Palaeosiberian people에 속한다)의 문화도 모두 문자기록이 없는 선사시대에 속하게 된다.⁵⁵⁾

역사학은 기록에 의거하여 인간경험을 연구한다. 그리고 고고학은 선사이건 현대이든 간에 지표조사·발굴·유물의 기술·기본유물의 분석 등의 여러 가지 과학적 기법에 의해 인류문화와 기술을 연구하는 학문으로서 클라크가 언급하는 바와 같이 "과거를 후원하기 위한 수단으로서 유물을 체계적으로 연구하는 학문"인 것이다. 그런데 고고학의 최근 학문경향을 보면 크게 두 가지로 나누어지고 있다. 하나는 서기 1960년대까지 지속되어 오고 오늘날에도 과학적인 보조수단에 의해 좀 더 발전된 양상을 보여주는 것으로, 주로 형식분류(typology)와 편년(chronology)에 입각해서 문화사를 복원하는 전통적인 고고학(old 혹은 traditional archaeology; culture history)이고, 또 다른 하나는 서기 1960년대 이후 현재까지 풍미하는 신고고학[Lewis Roberts Binford(서기 1931년 11월 21일–서기 2011년 4월 11일)의 New archaeology/기능과정고고학(Functional processual archaeology)]과 이안 호더(I. Hodder) 등의 상징(symbolism), 의식(ritualism), 女性고고학(gender archaeology), 제3세계 고고학이 중심이 되는 후기과정고고학(Post processual archaeology)과 인지과정고고학(Cognitive-processual archaeology)이다. 후자인 신고고학은 가설을 세워 이를 검증해 나가는 연역적인 학문으로서, 이를 위해 컴퓨터를 포함하여 여러 가지 자연과학적인 방법을 이용하며, 또 문화과정의 설명을 위해 진화론적인 관점에 바탕을 두고 체계이론(general system theory)까지 도입하고 있다. 한편 전자의 전통적인 고고학은 형식분류와 편년의 설정과 함께 역사의 흐름과 맥락을 중요시하면서 모든 자료를 기술·분류하고 이를 거쳐 歸納的(induction)인 결론을 이끌어내고 있다. 그러나 이 두 가지 즉, 演繹的(deduction)인 신고고학과 귀납적인 구(전통)고고학은 최근에는 서로의 장단점을 보완해 가는 경향이 눈에 띈다.

그러면 우리나라의 고고학 연구경향은 어떠한가? 우리는 한국에서 고고학이 자라온 환경을 무시해서는 안될 것이다. 대부분의 현존 고고학자들의 학문적 배

---

55) 시베리아의 황인종(Mongoloid)에는 고아시아/고시베리아족(Palaeoasiatic people, Palaeosiberian)과 퉁구스/신아시아족(Tungus, Neoasiatic people)족이 있다. 고아시아/고시베리아족에는 축치, 꼬랴, 캄차달, 유카기르, 이텔만, 켓트, 길랴끄(니비크)가, 퉁구스/신아시아족에는 골디(Goldi, a Nanai clan name, 허저/赫哲), 에벤키(鄂溫克), 에벤, 라무트, 부리야트, 우에지, 사모예드 등이 있다.

경이 미국식의 인류학적 입장의 고고학이 아니라 자료의 분석·정리에 기반을 두는 전통적인 역사적 입장에 있음을 알 수 있다. 따라서 한국고고학의 주된 학문적 이론과 방법도 형식분류와 편년에 중점을 두고 있는 것이다.

우리나라에서 고고학과 역사학이 결합할 수 있는 부분은 檀君朝鮮시대부터이지만『三國遺事』·李承休의『帝王韻記』·『朝鮮王朝實錄地理志』·權擥의『應製詩註』에 실린 기록은 神話의 차원에만 머무를 뿐 실제 역사학과 고고학에서 활용되지는 못하고 있다. 단군조선의 존재연대를 살펴보면『三國遺事』紀異編 古朝鮮條에 인용된 위서(魏書)에는 단군조선이 아사달(阿斯達)에 건국한 때는 당고(唐高, 堯)와 동시기이며,[56] 같은 책의 고기에는 당고가 즉위한 지 50년인 해가 경인(庚寅)년[기원전 2311년, 실제 그 해는 丁巳年임]이라 하고 있어 실제 단군조선이 있었다면 현재까지의 문헌상으로 보아 기원전 2333년에서 은(殷/商)의 기자(箕子)가 무왕(武王) 때 조선으로 온 해인 기원전 1122년[周武王 元年 乙卯年]까지이다[그러나 董作賓의 견해에 따르면 武王 11년 즉 기원전 1111년에 해당한다]. 그래서 만약 기자조선이 실재하여 고고학과 결부된다면 이 시기는 우리나라의 고고학 편년상 신석기시대 후-말기에 해당된다. 그러나 최근의 러시아와 중국의 고고학 자료들에 의해서 청동기시대 조기(기원전 2000년-기원전 1500년)가 이 시기까지 근접해 거슬러 올라갈 수 있음이 밝혀졌다.

따라서 단군조선 시기에 있어서 역사학과 고고학의 결합은 현재까지 어려운 실정이나 앞으로 학제적 연구 등에 의해 더 나아질 가능성이 많다. 그러나 북한의 사회과학원에서는 평양 근교 강동(江東)군 강동읍의 서북쪽 대박산(大朴山) 기슭에서 단군릉(檀君陵)을 발굴하고 조선중앙방송과 조선통신을 통해 무덤구조, 金銅

---

56) 檀君朝鮮의 건국연대는 徐居正의 東國通鑑, 劉恕의 資治通鑑外紀, 安鼎福의 東史綱目과 李承休의 帝王韻紀 東國君王開國年代 前朝鮮紀(卷下)에서 기원전 2333년(戊辰년의 건국연대는 기원전 2313년이나 殷/商나라 武丁8년 乙未년까지 단군이 다스리던 기간이 1,028년이 아닌 1,048년으로 본다면 20년이 올라간 기원전 2333년이 된다), 그리고 三國遺事에서 건국연대는 기원전 2311년(唐高, 堯 즉위 후 50년 庚寅/丁巳년. 皇甫謐의 설에 따르면 기원전 2307년이 된다) 등 그 설도 다양하다. 이는 史記 五帝 本紀 주석에서 皇甫謐이 唐堯(帝堯)가 甲申년(기원전 2377년)에 태어나서 甲辰년에 즉위(기원전 2357년)했다고 하는 여러 설에서 기인되기도 한다.

冠片과 단군의 뼈(5011년 B.P., 기원전 3018년)라고 주장하는 인골을 공개하고, 이에 입각하여 집안에 있는 광개토왕릉과 유사한 대규모의 단군릉(9층, 높이 22m, 길이 50m)을 복원하는 등의 거국적인 사업을 시행하고 있다. 이를 살펴보면, 고조선의 중심지는 평양 강동군 대박산 단군릉을 중심으로 하는 평양일대이며, 평양 근처에는 검은모루봉인(원인)-역포인과 덕천인(고인)-승리산인(신인)-만달인(중석기인)-신석기인(조선옛유형인)이 발견되는데, 이로 알 수 있듯이 평양은 옛날부터 인류의 조상이 계속 살아온 유구한 전통을 지니고 있다는 것이다. 또한 고조선의 문화는 지석묘(고인돌)와 비파형동검(요녕식 또는 만주식동검)으로 대표되는데, 고인돌과 비파형동검의 연대로 볼 때 고조선의 시작이 기원전 30세기로 거슬러 올라간다고 한다. 그리고 고조선 사회를 종전의 주장대로 노예제사회(국가, 또는 대동강문명)로 보고 있으며, 이의 증거로 평안남도 成川郡 龍山里(5069년 B.P.)의 殉葬墓를 들고 있다. 이러한 주장은 일견 논지가 일관되어 합리적인 것으로 보이지만 다음과 같은 문제점을 가지고 있다. 첫째는 연대문제로 기원전 2333년에서 기원전 194까지 존속했던 단군-기자조선이 실존했었는지의 여부도 파악하기 힘들며, 실존했다 하더라도 그 연대가 한국 고고학편년에 대입시켜보면 신석기시대 후기나 말기는 기원전 2000년에서 기원전 1500년으로 청동기시대 조기와 겹치며 기원전 2333년이라는 연대와는 약 300년이라는 차이가 난다. 둘째는 지리적인 문제로 고조선의 대표적인 유물인 고인돌과 비파형동검(고조선식 동검)의 출토지역을 중심으로 살펴보면 중심지는 오늘날 행정구역상 요녕성과 길림성 일대로 평양이 고조선의 중심지일 가능성은 거의 없다는 것이다. 세 번째는 단군릉에서 발굴된 인골의 연대적용 문제이다. 출토 인골의 연대분석으로 기원전 3018년이란 연대가 나왔는데, 이는 단군의 건국 연대인 기원전 2333년보다 685(서기 1993년 기준)년이나 앞선다는 문제점과 함께 연대측정에 이용된 전자스핀공명법(electron spin resonance)은 수 십에서 수 백만 년 이전의 유물인 경우에 정확한 연대를 측정하는 것으로 알려져 있다. 넷째로 인골이 출토된 유구가 평행삼각고임돌을 가진 천정에 연도가 중심에 위치한 돌칸흙무덤(石室封土墳)이라고 하는데, 그 시기의 대표적인 무덤형식은 적석총이나 고인돌이다. 따라서 무덤 자체의 형식으로 보아서는 이 단군릉이 고구려 하대의 무덤이지 그보다 연대가 훨씬 올라가는 단군의 무덤이라고 할 수 없다는 것이다. 다섯째는 유구 내부에서 출토되었다고 하는 도금된 金銅冠片으로 이는 무덤의 구조와 마찬가지로 고구려의 유물일 가능성이 큰 것이다. 따라서 이 유구에 묻힌 인골은 기자조선 또는 단군조선시대의 인물과는 거리가 먼 것으로 보아야 할 것이다. 여섯째는 단군의 실존 여부의 문제이다. 단군이 실재했는지는 현재로서는 알 수 없고, 단군 그 자체는 단지 몽고 침입이 잦았던 고려 말이나 일제 침입이 있었던 조선 말 민족의 구원자 겸 구심점으로 三韓一統的인 민족의 상징적인 역할을 했던 것으로 보인다. 이런 점을 고려할 때 단군릉은 주인공의 존재를 잃어버린 고구려의 무덤이 후대에 단군릉으로 변조된 것으로 볼 수 있을 것이다. 이와 같이 단군릉의 발굴에 대한 북한 측의 견해는 학문적이라기보다는 그들의 정통성 확보를 위한 정치적인 면을 보이는 것이라 할 수 있을 것이다.

한국고고학의 경우 歷史學와 考古學의 결합은 『史記』 조선열전과 『漢書』 조선전에 나타나는 위만조선(기원전 194년~기원전 108년)을 그 시작으로 삼을 수 있다. 그 시기는 우리나라 고고학상 철기시대 전기(종전의 초기철기시대: 기원전 400년~기원전 1년)로서 당시의 문화내용이 어느 정도 밝혀지고 있다. 그 이후 삼한시대까지는 문헌의 보조를 받아야 하는 原史시대에 해당될 수 있다. 원사시대란 해당지역에는 문자가 사용되지 않았지만 그 주변지역은 문자가 이미 보편화되어 그 영향을 받던 부차적 선사시대로서, 이 시대의 연구는 단순한 고고학적 방법뿐만 아니라 역사학이나 문헌학 등에 의해 보조를 받을 수 있다. 즉 이는 고고학과 고대사학이 결부될 수 있는 시기를 말한다. 우리나라의 경우 발달된 철기유물과 토기제작기술로 대표되는 三國時代 前期(철기시대 후기, 서기 1년~서기 300년)가 이에 해당되는데, 이 시대는 『三國志』 위지동이전 등, 역사적 문헌과 화천·동경 등 고고학적 증거에 의하여 특징지어진다. 이 시기에는 문헌으로 보면 新羅(기원전 57년)·高句麗(기원전 37년)·百濟(기원전 18년)라는 국가가 이미 성립되어 있었다. 이와 같은 철기시대 전기와 후기(삼국시대 전기, 종전의 원삼국시대,[57] 서기 1년~300년)는 역사학에서 고대사의 범주에 속하는 시기로 우리는 이 시기에 대해 아직 모르고 있는 점이 많고 문헌과 고고학적 유물·유적을 일치시키기에는 좀 더 많은 연구가 필요하다. 그러나 최근 고고학과 고대사학의 연구방향은 가능하면 신빙성 있는 문헌을 통해 고대사를 새로이 해석하려고 하는 것이다. 그래서 이러한 문헌에 의거하여 국가의 기원 및 체제·사회내용 등에 대하여 파악하려고 노력하고 있다.

서기 1993년 12월 22일 부여 능산리 고분군(사적14호)과 羅城(사적 58호) 사이 寶喜寺 또는 子基寺라는 木簡이 나온 陵寺(능산리사지)의 공방터(바로 옆에 있는 陵山里고분군의 顯刹격인 宗廟임: 최근 이곳에서 27대 威德王인 昌王 13년 銘(서기 567년)이 있는 舍利龕이 발견됨)라고 짐작되는 건물지에서 백제시대의 금동대향로(국보 287호, 발견 당시 처음 이름은 金銅龍鳳蓬萊山香爐임, 일명 博山爐, 제작연대는 武王 35년 서기 634년으로 추정됨)가 출토되었다. 여기에 곁들여 최근 서기 2007년 10월 25일 부여 王興寺址(사적 427호) 출토 청동사리함의 명문에 보이는 서기 577년 昌王이 23년 2월 15일 죽은 아들을 위해 王興寺 寺刹을 세웠다는 기록과 서기 2009년 1월 20일 발표된 익산 미륵사는 백제 무왕 40년 서기 639년 佐平 沙宅積德의 딸인 무왕의 황후에 의해 만들어졌다는 익산 彌勒寺 舍利奉安記는 공백기의 백제역사를 보충하고 또 『三國史記』의 정확성을 다시 한번 보여준다. 금동대향로는 기록에 전하지 않은 백제사와 문화의 공백을 상당부분 메워줄 만한 것이어서 세인의 주목을 끌었다. 특히 몸체의 아랫부분에 표현된 물고기-용-인간(왕세자)의 모습은 왕가의 전통이나 태자에 이어지는 왕권의 계

---

57) 원삼국시대란 용어를 삼국시대전기(또는 철기시대후기, 서기 1년-서기 300년)라는 용어로 대체해 사용하자는 주장은 서기 1987년부터이다(최몽룡, 1987 한국고고학의 시대구분에 대한 약간의 제언, 최영희 선생 회갑기념 한국사학논총, 서울: 탐구당, pp.783-788). 그리고 국립중앙박물관에서도 서기 2009년 11월 3일(화)부터 이 용어를 공식적으로 사용하지 않기로 결정하였다. 그리고 衛滿朝鮮(기원전 194년-기원전 108년)을 포함한 古朝鮮을 인정하면 原三國時代대신 三國時代 前期라는 용어가 타당하며 현재 고고학과 역사학계는 그렇게 인식해나가고 있는 추세이다. 서기 2012년 2월 21일(화)에 열린 국립문화재연구소 주최 한국사 시대구분론 -외부전문가 초청포럼- 학술대회에도 그러한 경향을 보이고 있다. 특히 송호정은 '청동기시대에서 철기시대에로의 이행시기에 대한 역사서술과 연구방법론'에서 고대를 고조선(시대)-삼국시대-남북국시대 순으로 보고 있다(p.25).

승을 상징하는 것으로 보이는데, 이
는 이 향로가 왕실의 왕권계승과 왕
실전통의 표현, 즉 용으로 상징된 백
제왕조의 "탄생설화"를 기록한 것으
로 추정된다. 그리고 이것은 비록 글
로 써진 것은 아니지만, 고구려의 건
국자인 東明王에 관한 서사시인 李奎
報의『東明王篇』이나 고려 태조 王建
과 그의 조상들에 대한 서사시인 李
承休의『帝王韻記』, 그리고 조선 건국
신화인『龍飛御天歌』에 해당한다 하
겠다.

백제금동대향로
(서기 634년 무왕 35년 제작, 국보287호)

　　단군신화의 후기적 형태인 주몽(朱
夢)의 建國神話는 기원전 59년 다섯 마리의 용을 타고 온 북부여(기원전 59년, 前漢 宣
帝 神爵 3년–서기 22년, 高句麗 3대 大武神王 5년)의 건국자인 해모수(解慕漱)와 그의 아들인
부루(解扶婁)–금와(金蛙)–대소(帶素)로부터 나온다. 주몽은 하백녀(河伯女)인 유화(柳
花)와 천손인 해모수 사이에서 알로 태어난다. 이것이 그의 난생설화이다. 주몽이
북부여의 건국자인 해모수의 서자라면 주몽과 해부루는 어머니가 다른 형제가
된다. 해모수와 하백녀 사이에 나온 주몽은 해모수의 아들, 손자와 증손자인 해
부루–금와(金蛙)–대소(帶素)들로부터의 시기와 질투를 피해 졸본으로 가 고구려를
세운다. 그 연대가 기원전 37년이다. 그런데 그는 동부여에 있을 때 예(禮)씨 부인
으로부터 얻은 아들인 유리(琉璃)에게 왕권을 세습한다. 그리고 주몽도 해부루의
庶孫인 우태(優台/仇台)의 부인이며 나중 주몽에게 재가한 소서노(召西奴) 사이에 온
조(溫祚)와 비류(沸流)의 두 아들을 둔다. 주몽의 아들이자 고구려의 제 2대 왕인 유
리를 피해 온조는 남하해 하북–하남위례성에 도읍을 정한다. 그것이 백제이고 연
대는 기원전 18년이다. 이것이 백제의 건국설화인 것이다. 즉, 백제의 건국자인

온조는 천손인 해모수나 용왕의 딸인 유화 같은 신화적 주인공 속에서 나온 것이 아니라 주몽—소서노—우태라는 복잡하고도 현실적인 관계에서 출발하면서 유리 왕을 피해 南遷해 개국을 하게 된다. 그래서 백제는 부여나 고구려의 왕실에 대한 열등감의 극복과 아울러 백제왕실에 대한 정통성을 부여하고 태자책봉으로 이어지는 왕권세습에 어느 왕실보다도 신경을 많이 썼으리라 짐작된다. 이는 백제 13대 近肖古王(서기 346년—서기 375년)이 서기 371년 평양을 쳐들어가 고구려 16대 故國原王을 사살하지만 평양에 머물지 않고 한성으로 되돌아온다는 것에서도 잘 나타난다. 이는 고구려에 대한 백제왕실의 열등의식을 잘 나타내준다. 이에 따라서 신화보다는 사실에 바탕을 둔 龍으로 상징되는 왕권을 잇는 誕生說話가 30대 武王(서기 600년—서기 641년 재위) 때에 처음으로 만들어지게 되고 그것이 이 香爐에 구현된 것이 아닌가 여겨진다. 그래서 여기에 표현된 탄생설화도 그 누구를 구체적으로 지목한 것이 아니라 왕통을 잇는 전통적인 백제왕실의 상징물이며, 그 이후 이 향로는 왕실의 신물이 된 것이다. 그렇다면 향로의 뚜껑이 표현된 道教的인 요소는 백제왕실의 사상이나 정치적 이상향의 표현이 될지 모르겠다.

한국의 청동기-철기시대 전기 문화

선사시대란 학문의 연구방법상 역사시대와 독립되고 또 문자사용에 의해 단절된 것처럼 보이지만 실제로는 시·공에 걸친 인류문화의 점진적 진보라는 커다란 흐름에 일치하고 있음을 알 수 있다. 고고학 자료의 해석은 이런 점에서 역사상 유용성이나 역사적인 의미를 가져야 한다. 최근 연구에서 나타난 가장 합리적인 모습은 인류학적 모델의 설정과 이에 따른 고고학적 해석, 그리고 역사나 문화사적 흐름에의 대입 등으로 요약할 수 있을 것이다. 비록 취급하는 대상·이론과 방법·배경이 달라도 커다란 역사적 흐름에 일치하고 또 중요한 의미를 부여할 때 고고학의 연구도 의미가 있고 역사적 서술에 기여하게 되는 것이다.

그리고 秋史 金正喜의 海東碑攷에 나오는 신라 30대 文武王(서기 661년-서기 681년 재위)의 비문(서기 2009년 9월 4일, 金, 碑의 상부가 다시 발견됨)에 의하면 慶州 金氏는 匈奴의 후예이고 碑文에 보이는 星漢王(15대조, 金閼智, 서기 65년- ?)은 흉노 休屠王의 태자 祭天之胤 秅侯(투후) 金日磾(김일제, 기원전 135년-기원전 86/85년)로부터 7대손이 된다. 그리고 13대 味鄒王(서기 262년-서기 284년, 金閼智-勢漢-阿道-首留-郁甫-仇道-味鄒王, 『三國史記』제2, 新羅本紀 제2)은 경주 김씨 김알지의 7대손으로 이야기된다. 따라서 경주 김씨의 出自는 "匈奴[58]-東胡-烏桓-鮮卑 등의 유목민족과 같은 복잡한 배경을 가진다. 휴도왕의 나라는 본래 중국 북서부 현 甘肅省 武威市(漢 武威郡 休屠縣, 현 甘肅省 民勤縣)로, 이는 新羅 積石木槨墳의 기원도 중국 辽宁省 朝陽에서 보이는 鮮卑族의 무덤·출토유물과 관련하여 생각해 볼 가능성이 열리게 되었다. 결국 초원의 스키타이인들이 쓰던 쿠르간 封土墳과의 관련도 배제할 수 없게 되었다. 경주 조양동 38호분, 사라리 130호분 경주 오릉(사적 172호) 근처에서 발견된 목곽묘들도 신라의 건국연대가 올라갈 수 있음을 입증해준다.

1. 청동기시대의 문화

전 세계적으로 청동기시대가 되면 사회의 조직 및 문화가 발전하게 되는데, 이러한 기술의 발달과 생산력의 증가로 발전된 사회에 대해 학자들은 크게 도시, 문명, 국가로 나누어 고찰한다. 특히 미국 고고학계에서는 서기 1950년대에 있어서는 도시, 서기 1960년대에는 문명, 서기 1970년대에서 지금까지는 국가에 대한 연

---

58) 이곳 유목민족은 匈奴-東胡-烏桓-鮮卑-突厥(투쥐에, 뛰르크, 타쉬티크: 서기 552년 柔然을 격파하고 유목국가를 건설. 돌궐 제2제국은 서기 682년-서기 745년임, 서기 7세기-서기 8세기)-吐蕃(티베트, t'u fan: 38대 치송데쩬[赤松德贊 서기 754년-서기 791년]이 서기 763과 서기 767년의 두 번에 걸쳐 唐의 長安을 함락함)-위굴(維吾爾, 回紇: 위굴 제국은 서기 744년-서기 840년임, 위굴 제국은 키르기스/點戛斯에 망하며 키르기스는 서기 9세기 말-서기 10세기경까지 존재.)-契丹(辽, 서기 907년-서기 1125년)-蒙古(元, 서기 1206년-서기 1368년)-女眞/金(서기 1115년-서기 1234년)-後金(서기 1616년-서기 1636년)-滿洲/淸(서기1616/1636년-서기 1911년)으로 발전한다.

구에 중점을 두고 연구하고 있다. 이들 개념은 세부적인 차이는 보이나, 기본적으로 인류문화의 발생과 전개에 대하여 청동기시대를 중심으로 고고학적인 자료를 이용하여 보편적인 법칙을 발견해 내려는 노력이라는 점에서 일치한다고 하겠다. 청동기시대를 연구함에 앞서서 청동기시대라는 용어의 사용이 어떻게 시작되었는지를 알아볼 필요가 있다. 선사시대를 단지 '石器時代'라고 통칭하던 것에서 석기-청동기-철기시대로 나눈 것은 고고학이 호고적인 딜레땅띠즘에서 학문으로 발전하는 중요한 전환점이 되었다. 삼시기법은 스칸디나비아 지역의 골

동품을 수집하던 톰센(Thomsen, 서기 1788년-서기 1865년)과 워소(Worsaae, 서기 1821년-서기 1885년)에 의해서 수립된 것으로 문자가 남아있지 않은 선사시대를 편년하는 보편적인 척도가 되었다. 물론 아프리카 일부 지역이나 아메리카 지역과 같은 경우에 청동기시대를 거치지 않은 채 식민지화됨과 동시에 철기를 사용하기도 하였으나 삼시기법은 가장 보편적으로 사용되고 있는 고고학적 편년방법이다. 우리나라 역시 삼시기법에 기초하여 선사시대의 편년이 이루어지고 있다.

경기도 가평 청평면 대성리 출토 신석기시대 말기/청동기시대 조기의 토기(기원전 2000년-기원전 1500년, 겨레문화유산연구원 서기 2009년 발굴, 필자 촬영)

이와 같이 청동기시대라고 하면 일반적으로는 청동기가 제작되고 사용되는 사회를 의미한다. 그러나 우리나라의 경우는 그러한 개념을 그대로 적용하기 어렵다. 일반적으로 한국에서는 '청동기시대=무문토기시대'라는

강원도 두촌면 철정리 출토 돌대문토기(기원전 2000년-기원전 1500년, 강원문화재연구소 서기 2007년 발굴, 필자 촬영)

생각이 통용되고 있는데, 무문토기가 사용됨과 동시에 청동기가 사용되었다는 증거는 거의 없다. 북한에서는 팽이형토기 유적인 평양시 사동구역 금탄리 8호 주거지에서 청동끌이 출토되었고, 평안북도 용천 신암리에서 칼과 청동단추, 황해북도 봉산군 봉산읍 신흥동 7호 집자리에서 청동단추가 출토되었으며, 함경북도 나진 초도에서는 청동방울과 원판형기가 출토되었으나, 북한학자들은 이들 유적은 북한 청동기의 시작이라고 보고 그 연대를 기원전 2000년 초반으로 잡고 있다. 또한 초기철기시대에 세형동검, 주조철부 등과 공반되는 점토대토기는 철기시대 전기의 500년간 사용된 경질무문토기(700℃-850℃ 사이에 소성됨)의 일종이다.[59] 그리고 청동기시대의 편년도 연구자의 관심에 따라서 토기를 중심으로 하는지, 청동기를 중심으로 하는지에 따라 편년에 큰 차이가 생기게 된다. 청동기시대에 대한 가장 일반적인 편년은 청동기를 중심으로 하는 것이다. 그 편년은 기본적으로 비파형동검의 출토시기를 전기로, 세형동검의 출토시기를 후기로 보는 것이다. 최근의 발굴조사에 의하면 한반도의 청동기시대의 시작이 기원전 2000년-기원전 1500년을 오를 가능성이 한층 높아졌다. 이 시기는 빗살무늬토기와 무문토기의 결합이 이루어지는 과도기이다. 그 대표적인 유적은 인천 옹진 백령도 말등패총, 시흥 능곡동, 가평 청평면 대성리와 산청 단성면 소남리 등이다. 그리고 이 시기에 이중구연토기와 공렬토기에 앞서는 돌대문토기가 강원도 춘성군 내평, 정선 북면 여량 2리(아우라지: 기원전 1240년), 춘천 천전리(기원전 1440년), 춘천 산천리, 춘천 신매리, 춘천 우두동, 춘천 중도, 춘천 현암리, 홍천 두촌면 철정리, 홍천 화촌면 외삼포리, 강릉시 초당동 391번지 허균·허난설헌 자료관 건립부지, 평창 평창읍 천동리, 경상남도 진주 남강댐 내 옥방, 경상북도 경주 충효동,

---

59) 전문화된 야금술에서 중요시하는 금속의 용융점은 유리질(silica, SiO_2) 1712℃, 철(Fe) 1525/1537℃, 구리(Cu) 1083℃, 금(Au) 1063℃, 은(Ag) 960℃, 아연(Zn/Zinc) 420℃, 납(Pb) 327℃, 주석(Sn/Tin) 232℃, 청동(bronze)은 950℃이다. 그리고 청동기의 제작에서 비소(As/Arsenic)는 2-3% 합금되며, 최종 합금에서 견고성의 효과를 보기 위해서는 비소가 3% 정도 들어간다.

경기도 가평 상면 연하리와 인천 계양구 동양동 유적, 충청남도 연기군 금남면 대평리(기원전 1300년-기원전 1120년), 충청남도 대전시 용산동(단사선문이 있는 돌대문토기로 조기 말)를 비롯한 여러 곳에서 새로이 나타나고 있다. 각목돌대문토기의 경우 小珠山유적의 상층(신석기시대 후기)에 해당하는 大連市 石灰窯村, 交流島 蛤皮地, 辽宁省 瓦房店市 長興島 三堂유적(이상 기원전 2450년-기원전 2040년)과 吉林省 和龍県 東城郷 興城村 三社(早期 興城三期, 기원전 2050년-기원전 1750년)에서, 그리고 연해주 보이즈만 신석기시대 후기의 자이사노프카의 시니가이와 올레니 유적(이상 기원전 3420년-기원전 1550년)에서 발견되고 있어 서쪽과 동쪽의 두 군데에서 함께 영향을 받았을 가능성이 많다.

2. 철기시대 전기의 문화

우리나라 선사시대 철기문화를 다루는데 있어 기존의 시대구분을 따르면 철기시대는 철기시대 전기와 후기(원삼국시대 또는 삼국시대 전기) 즉, 기원전 400년부터 서기 300년까지 700년의 기간에 해당된다. 이의 기원은 중국의 요녕성과 러시아의 아무르 강 유역으로부터이다. 끄로우노프까(北沃沮, 黑龍江省 東宁県 団結村 團結文化)와 挹婁(뿔체, 철기시대로 그 상한은 기원전 7세기까지 올라간다) 문화가 바로 그러하다. 이 시기는 이전에 청동기 II기로 지칭되었을 만큼 청동기 제작기술이 비약적으로 발전하여 비록 실용성이 상실되기는 했지만, 청동기가 銅劍, 銅鏡, 銅矛, 銅戈, 八鈴具 등으로 다양하고 정교한 청동제품이 제작되었다. 또한 細形銅劍(韓國式銅劍)과 精文式細文鏡(잔무늬거울)으로 대표되는 이 시기의 청동기문화는 琵琶形銅劍(古朝鮮式銅劍)을 대표로 하는 요녕지방의 그것과는 구별되는 한국화된 것이다. 따라서 철기시대전기의 標識的인 유물로는 세형동검과 잔무늬거울의 두 가지 청동기 유물이 널리 통용되고 있다.

철기시대 전기는 철기의 사용이 시작된 때부터 청동기가 완전히 소멸되고 전국적으로 본격적인 철 생산이 시작될 무렵까지의 시기로 절대연대로는 기원전 400년을 전후한 시기부터 기원을 전후한 시기에 해당된다. 이것은 최근 점토대토

경기도 연천 中面 橫山里 적석총(필자촬영)

서기 2009년 9월 현재 발굴 중인 橫山里 적석총(남북 장축 58m, 동서 장축 28m, 높이 동 5.8m, 서 3m, 기원전 2세기~기원전 1세기 고구려계 백제 건국자의 다곽식 무기단 적석총, 국방문화재연구원)

기 관계유적의 출현과 관련하여 종래의 기원전 300년에서 기원전 400년으로 상한을 100년 더 올려 잡을 수 있다. 점토대토기의 출현은 철기시대의 시작과 관련이 있다. 최근의 가속질량분석 연대측정(AMS: Accelerator Mass Spectrometry)에 의한 결과 강릉 송림리 유적이 기원전 700년-기원전 400년경, 안성 원곡 반제리의 경우 기원전 875년-기원전 450년, 양양 지리의 경우 기원전 480년-기원전 420년 (2430±50년 B.P., 2370±50년 B.P.), 횡성군 갑천면 중금리 기원전 800년-기원전 600년 그리고 홍천 두촌면 철정리(A-58호 단조 철편, 55호 단면 직사각형 점토대토기)의 경우 기원전 640년과 기원전 620년이 나오고 있어 철기시대 전기의 상한 연대가 기원전 5세기에서 더욱 더 올라갈 가능성도 있다는 것이다. 철기시대는 점토대토기의 등장과 함께 시작되는데, 현재까지 가장 이른 유적은 심양 정가와자 유적이며 그 연대는 기원전 5세기까지 올라간다. 이 시기는 점토대토기의 단면이 원형, 직사각형과 삼각형의 형태에 따라 I기(전기), II기(중기)와 III기(후기)의 세 시기로 나누어진다. 그리고 마지막 III기(후기)에 구연부 斷面 三角形 粘土帶토기와 함께 다리가 짧고 굵은 豆形토기가 나오는데 이 시

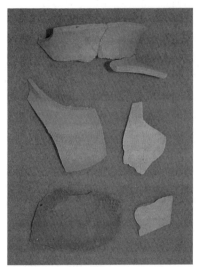

연천 中面 橫山里 적석총에서 출토된 낙랑도기편
(필자촬영)

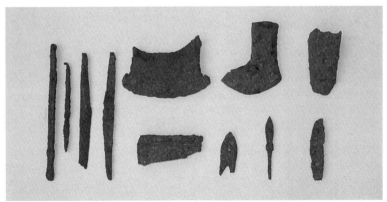

경기도 가평 청평면 大成里 출토 기원전 2세기-기원전 1세기경의 철기유물(필자촬영)

기에 新羅와 같은 古代國家가 형성된다. 이 중 한반도 최초의 고대국가인 衛滿朝鮮(기원전 194년-기원전 108년)[60]은 철기시대 전기 중 III기(중-후기)에 속한다. 그 기원으로는 중국의 심양 정가와자유적과 아울러 러시아 연해주의 뽈체(挹婁) 문화가 주목된다. 그리고 이 시기는 청천강 이북을 포함한 요동지역에 분포하는 영변 細

---

60) 청동기문화의 발전과 함께 족장이 지배하는 사회가 출현하였다. 이들 중에서 강한 족장은 주변의 여러 족장사회를 통합하고 점차 권력을 강화하여 갔다. 기원전 3-기원전 2세기부터의 단순 족장사회에서 좀 더 발달한 복합족장사회로 나아갔다. 마한이 그 예이다. 이는 三國志 魏志 弁辰條에 族長격인 渠帥(또는 長帥, 主帥라도 함)가 있으며 이는 격이나 규모에 따라 신지(臣智, 또는 秦支·踧支라고도 함), 검측(險側), 번예(樊濊), 살계(殺奚)와 읍차(邑借)로 불리어 지고 있었음을 알 수 있다. 이는 정치 진화상 같은 시기의 沃沮의 三老, 東濊의 侯, 邑長, 三老, 挹婁의 大人, 肅愼의 君長과 같은 國邑이나 邑落을 다스리던 혈연을 기반으로 하는 계급사회의 行政의 우두머리인 族長(chief)에 해당된다.

가장 먼저 나라로 발전하였다고 이야기되는 것은 고조선 중 단군조선이다. 고조선은 단군왕검(檀君王儉)에 의하여 건국되었다고 한다(기원전 2333년). 단군왕검은 당시 지배자의 칭호였다. 그러나 고조선은 야오닝 지방을 중심으로 성장하여, 점차 인접한 족장 사회들을 통합하면서 한반도로까지 발전하였다고 보는데, 이와 같은 사실은 출토되는 비파형 동검의 분포로서 알 수 있다. 고조선의 세력 범위는 청동기시대를 특징 짓는 유물의 하나인 비파형 동검(고조선식 동검)이 나오는 지역과 거의 일치하고 있다. 이러한 내용은 신석기시대 말에서 청동기시대로 발전하는 시기에 계급의 분화와 함께 지배자가 등장하면서 새로운 사회질서가 성립되는 것을 잘 보여준다. "널리 인간을 이롭게 한다[弘益人間]"는 것도 새로운 질서의 성립을 의미하는 것이다. 이 시기에는 사람들이 구릉 지대에 거주하면서 농경 생활을 하고 있었다. 이 때, 환웅 부족은 태백산의 신시를 중심으로 세력을 이루었고, 이들은 하늘의 자손임을 내세워 자기 부족의 우월성을 과시하였다. 또, 풍백, 우사, 운사를 두어 바람, 비, 구름 등 농경에 관계되는 것을 주관하게 하였으며, 사유 재산의 성립과 계급의 분화에 따라 지배 계급은 농사와 형벌 등의 사회생활을 주도 하였다. 선진적 환웅 부족은 주위의 다른 부족을 통합하고 지배하여 갔다. 곰을 숭배하는 부족은 환웅 부족과 연합하여 고조선을 형성하였으나, 호랑이를 숭배하는 부족은 연합에서 배제되었다. 단군은 제정일치의 지배자로 고조선의 성장과 더불어 주변의 부족을 통합하고 지배하기 위해 자신들의 조상을 하늘에 연결시켰다. 즉, 각 부족 고유의 신앙 체계를 총괄하면서 주변 부족을 지배하고자 하였던 것이다. 고조선은 초기에는 야오닝 지방에 중심을 두었으나, 후에 와서 대동강 유역의 왕검성을 중심으로 독자적인 문화를 이룩하면서 발전하였다. 고조선은 연나라의 침입을 받아 한때 세력이 약해지기도 하였다. 그러나 기원전 3세기경에는 부왕(否王), 준왕(準王)과 같은 강력한 왕이 등장하여 왕위를 세습하였으며, 그 밑에 상(相), 대부(大夫), 장군(將軍) 등의 관직도 두었다. 또, 요하를

竹里-요녕 무순 蓮花堡유형의 유적들과도 관련이 있다. 이들 유적에서는 구들시설을 가진 지상가옥의 흔적이 발견되었으며, 또한 호미, 괭이, 삽, 낫, 도끼, 손칼 등의 철제 농공구류와 함께 회색의 태토에 승석문을 打捺한 토기가 나타났다. 주조철부를 비롯한 鐵製利器들은 대체로 중국계인 것으로 보이는데 중국에서도 초

경계선으로 하여 중국의 연(燕)과 대립할 만큼 강성하였다. 4대 87년간은 존속했던 위만조선은 衛滿에서 이름이 전해지지 않는 아들을 거쳐 손자인 右渠에 이르는 혈연에 의한 세습왕권이었다. 漢 高祖 12년(기원전 195년) 燕王 盧綰이 漢나라에 叛하여 匈奴로 도망감에 따라 부하였던 衛滿과 우거 이외에 기록에 나타나는 裨王長, 朝鮮相 路人, 相 韓陶(韓陰), 大臣 成己, 尼鷄相 參, 將軍 王唊, 歷谿卿, 濊君 南閭 등은 그러한 세습왕권을 유지하는 고위각료들이었던 것으로 생각되며 이들이 곧 전문화된 군사·행정집단인 것으로 보인다. 또한 朝鮮相 路人의 아들 最가 등장하는 것으로 보아 왕위와 마찬가지로 상류층에서도 지위세습이 존재했으며 그러한 상위계층에 대응하는 하나 이상의 하위 신분계층이 더 존재했을 가능성을 시사해주고 있다. 이러한 신분체계와 아울러 기록을 통해서 알 수 있는 위만조선의 사회구조에 관한 것은 내부의 부족 구성과 인구수 등이다. 위만조선의 인구규모는 『漢書』와 『後漢書』의 기록을 종합해 볼 때 약 50만에 이른 것으로 추정된다. 족장단계(chiefdom society)를 넘어서는 이러한 인구규모를 통제하기 위해서는 경제적 배경이나 영토, 이외에 법령과 치안을 담당할 군대도 필요하다. 『漢書』 지리지에는 한의 풍속이 영향을 미친 이후 80여 조에 달하는 法令이 제정되었다는 기록이 있고, 『後漢書』 「東夷傳」 濊條에도 역시 그와 유사한 기록이 있다.

그래서 한반도 최초의 고대국가는 위만조선(기원전 194년-기원전 108년)이다. 국가는 무력, 경제력과 이념(종교)이 바탕이 되며, 무력을 합법적으로 사용하고 중앙집권적이고 전문화된 정부조직을 갖고 있다. 세계에서 도시·문명·국가는 청동기시대에 나타나는데 우리나라의 경우 중국의 영향하에 성립되는 이차적인 국가가 되며, 또 세계적인 추세에 비해 훨씬 늦은 철기시대 전기에 나타난다. 고인돌은 기원전 1500년에서부터 시작하여 경상남도, 전라남도와 제주도에서는 철기시대기 말까지 존속한 한국토착사회의 묘제로서 그 사회는 혈연을 기반으로 하는 계급사회인 족장사회로, 교역, 재분배 경제, 직업의 전문화, 조상숭배 등을 바탕으로 하고 있었다. 그리고 그 다음에 오는 고대국가의 기원은 앞으로 고고학적인 자료의 증가에 따라 단군조선에까지 더욱 더 소급 될 수도 있으나, 문헌에 나타나는 사회조직, 직업적인 행정관료, 조직화된 군사력, 신분의 계층화, 행정 중심지로서의 왕검성(평양 일대로 추정)의 존재, 왕권의 세습화, 전문적인 직업인의 존재 등의 기록으로 보아서 위만조선이 현재로는 한반도 내 최초의 국가체제를 유지하고 있었던 것으로 보인다. 또한 국가형성에 중요한 역할을 차지하는 시장경제와 무역의 경우 위만조선 이전의 고조선에서도 교역이 있었으며, 변진과 마한, 왜, 예 등은 철을 중심으로 교역이 행해졌던 것으로 보여 진다. 위만조선의 경우 한반도 북쪽의 지리적인 요충지에 자리 잡음으로 해서, 그 지리적인 이점을 최대한으로 이용한 '중심지무

기의 주조기술에 의해 제작된 농공구류가 먼저 발달한 양상은 양자의 공통점을 보여주는 일례라 할 수 있다. 무엇보다도 중국 철기문화의 영향을 잘 보여주는 적극적인 증거는 이들 유적에서 많을 경우 1,000매 이상씩 발견되는 明刀錢이다. 이는 戰國時代 燕나라 때의 화폐로 그 출토범위는 요녕 지역에서부터 압록강 중류 유역 및 독로강 유역을 거쳐 청천강유역에 이른다. 화살촉, 비수, 창끝 등 철제 무기류의 예가 일부 보이기는 하지만 이 시기에는 전반적으로 농공구류는 철기로 대체된 반면 무기류는 여전히 청동제가 주류를 이룬다. 세형동검, 세문경을 비롯하여 동모, 동과, 팔령구, 동물형 대구, 농경문 청동기 등 정교한 청동기가 제작되는 등 전술한 바와 같이 철기시대 전기의 대부분에 걸쳐 청동기가 성용하게 된다. 그런 중에 세형동검과 세문경은 이 시기의 표식적인 유물로 이해되고 있다. 이러한 철기시대 전기는 세형동검의 형식변화와 철기제조기술의 발전에 주목하여 두 시기로 나누어 볼 수 있다. 먼저 1기는 I식의 세형동검, 정문식(잔무늬)세문경, 동부, 동과, 동모, 동착 등의 청동기류, 철부를 비롯한 주조철제 농공구류, 토기로는 단면원형의 점토대토기를 그 대표적인 문화적 특색으로 하는데, 그 연대는 기원전 5세기부터 기원전 1년경을 전후한 시기에 해당된다. 그리고 2기가 되면 II식의 세형동검과 단조철기가 등장하며, 세문경을 대신하여 車馬具가 부장되고, 점토대토기의 단면의 형태가 삼각형으로 변하게 된다. 이 시기에는 청동기와 고인돌 등 청동기시대의 몇몇 문화요소들이 소멸되는 반면, 자체 수요를 넘어서 잉여를 생산할 정도로 철기생산이 본격화되고 새로운 토기가 나타나게

역'으로 이익을 얻고, 이것이 국가를 성립시키고 성장하는데 중요한 요인이 되었을 것이다. 위만은 입국할 때에 상투를 틀고 조선인의 옷을 입고 있었던 것으로 보아 연나라에서 살던 조선인으로 생각된다. 위만은 나라 이름 그대로 조선이라 하였고, 그의 정권에는 토착민 출신으로 높은 지위에 오른 자가 많았다. 따라서 위만의 고조선은 단군의 고조선을 계승한 것으로 볼 수 있다. 그리고 국가가 되기 위해서는 '무력의 합법적인 사용과 중앙 관료체제의 확립'이나 '전문화나 '전문화된 정부 체제를 지닌 사회'라는 조건을 갖추어야 하는데 위만조선의 경우 이에 해당한다고 하겠다. 따라서 위만조선은 중국의 사기(史記)와 한서(漢書) 등의 기록에 의하면 우리나라에서 처음으로 확실한 국가의 체제를 갖추었다고 하겠다.

된다. 이외에도 석곽묘의 발전, 상류계급층의 목곽묘의 발달, 농경, 특히 稻作의 발달 등이 철기시대 후기의 문화적인 특색으로 꼽힐 수 있다. 또한 『三國史記』의 초기 기록을 신뢰하지 않더라도 이미 이 시기에는 북부지역에서 고구려가 온전한 고대국가의 형태를 가지게 되며, 자강도에 積石塚이 축조되게 된다. 고구려 계통의 적석총이 남하하면서 임진강, 남한강, 북한강 유역에 적석총이 축조된다. 그 대표적인 예로 경기도 연천 군남면 우정리, 백학면 학곡리, 중면 삼곶리와 횡산리(中面 橫山里), 충북 제원 도화리(堤原 淸風面 桃花里)의 기원전 2세기-기원전 1세기 경의 적석총을 들 수 있다. 한편 남부지역에서 三韓社會가 古代國家로 발돋움하게 된다.

고고학상 철기시대 전기와 관련된 문헌자료로 주된 것은 고조선에서 위만조선으로의 이행과 위만조선의 성장과 멸망에 관한 것이다. 그중 위만조선에 대한 기록을 통해 보면, 위만조선의 성립이나 집단 성격의 일단을 추론해 볼 수 있다. 衛滿집단은 고조선으로 편입되기 이전부터 이미 중국적 천하질서에는 위배되는 자치권을 가진 무력집단이었을 가능성이 다분하며, 고조선으로 편입된 이후에도 중국 측의 침입을 방어하는 군사집단이었을 것으로 보인다. 그런데, 여기에서 위만조선을 중국의 식민정권이 아닌 우리나라 최초의 古代國家와 문명의 발생으로 비정하기 위해서 선결되어야 할 것은 위만조선의 出自문제, 즉 위만집단의 족속(族屬)문제이다. 이와 관련하여 위만이 고조선에 투항할 당시의 蠻夷의 복장을 하고 상투를 틀었다는 점이나 당시에 거부감 없이 고조선사회에 융합될 수 있었던 상황증거를 통해 볼 때 위만집단이 당시 고조선의 주민과 동일한 혹은 최소한 상당한 친연성이 있는 비중국계의 족속(族屬)이었음을 추정할 수 있다. 따라서 위만이 정치적으로만 중국세력에 반하는 것이 아니라, 민족적 혹은 정서적인 측면에 있어서도 반중국적인 자세를 견지했을 가능성이 높은 바, 중국의 식민정권으로 보는 것은 불합리할 것으로 보인다. 4대 87년간은 존속했던 위만조선은 위만에서 이름이 전해지지 않는 아들을 거쳐 손자인 右渠에 이르는 혈연에 의한 세습왕권이었다. 위만과 우거 이외에 기록에 나타나는 裨王長, 朝鮮相 路人, 相 韓陶(韓陰),

大臣 成己, 尼鷄相 参, 將軍 王唊, 歷谿卿, 濊君 南閭 등은 그러한 세습왕권을 유지하는 고위각료들이었던 것으로 생각되며 이들이 곧 전문화된 군사·행정집단인 것으로 보인다. 또한 朝鮮相 路人의 아들 最가 등장하는 것으로 보아 왕위와 마찬가지로 상류층에서도 지위세습이 존재했으며 그러한 상위계층에 대응하는 하나 이상의 하위 신분계층이 더 존재했을 가능성을 시사해주고 있다. 이러한 신분체계와 아울러 기록을 통해서 알 수 있는 위만조선의 사회구조에 관한 것은 내부의 부족 구성와 인구수 등이다. 위만조선의 인구규모는『漢書』와『後漢書』의 기록을 종합해 볼 때 약 50만에 이른 것으로 추정된다. 혈연을 기반으로 하는 계급사회인 족장단계(chiefdom society)를 넘어서는 이러한 인구규모를 통제하기 위해서는 경제적 배경이나 영토, 이외에 법령과 치안을 담당할 군대가 필요하다.『漢書』지리지에는 한의 풍속이 영향을 미친 이후 80여 조에 달하는 法令이 제정되었다는 기록이 있고,『後漢書』「東夷傳」濊條에도 역시 그와 유사한 기록이 있다.

3. 한국선사고고학의 편년

서기 1988년-서기 2012년의 제5·6·7차 고등학교 국사교과서에서부터 서기 1997년-서기 2002년 국사편찬위원회에서 간행한 한국사 1·3과 4권에 이르기까지 초기철기시대와 원삼국시대란 용어 대신 새로운 編年을 設定해 사용해오고 있다. 한국고고학 편년은 구석기시대-신석기시대-청동기시대(기원전 2000년-기원전 400년)-철기시대 전기(기원전 400년-기원전 1년)-철기시대 후기(삼국시대 전기 또는 삼한시대 : 서기 1년-서기 300년: 종래의 원삼국시대)-삼국시대 후기(서기 300년-서기 660/668년)-통일신라시대(서기 668년-서기 918년)로 설정된다. 그래서 새로이 설정한 한국고고학의 시대구분 및 그 실제 연대는 다음과 같이 정리된다. 그리고 한국고고학은 앞으로 극동아시아 지역[61]의 고고학 편년과 연계해서 살펴보는 것이 매우 중요하다.

---

61) 極東(The Far East, 서기 19세기와 서기 20세기 초 중국에서는 극동을 遠東, 西歐를 아랍세계의 서쪽으로 泰西라 부른다)이란 용어는 서기 15세기 말-서기 18세기 중반의 大探險時代(대탐험 시대, Age of Exploration)와 영국이 서기 1583년 험프리 길버트(Sir Humphrey Gilbert,

◇ 구석기시대 : 구석기시대를 전기·중기·후기의 세 시기로 또는 이른 시기(전기)와 늦은 시기(후기)의 두 시기로 구분하는 데에는 별다른 이견이 없으나 전기 구석기시대의 상한에 대해서는 연구자들 사이에 상당한 이견이 있다. 전기 구석기시대 유적들로는 평양 상원 검은 모루, 경기도 연천 전곡리[사적 268호, 서기 2003년 5월 5일 日本 同志社大學 松藤和人 교수팀에 의해 최하층이 30만 년–35만 년 전으로 측정됨. 산소동위원소층서/단계(Oxygen Istope Stage) 또는 해양동위원소층서/단계(Marine Istope Stage)로는 9기(334000–301000년 B.P.)에 해당함], 충북 단양 금굴과 청원 강외면 만수리 등이 있으나 그 상한은 학자에 따라 70–20만 년 전으로 보는 등 상당한 이견이 있다. 최근 충청북도 청원군 강외면 만수리(오송 만수리) 4지점의 제5문화층의 연대가 우주기원 핵종을 이용한 연대측정[dating by cosmogenic nuclides 26Al/10Be(Aluminium/Beryllium)]으로 479000±153000년 전, 407000±119000년 전으로 측정되어 만수리 유적 구석기 제작 연대가 50만 년 전 가까이 올라갈 수 있음이 추정되고 있다. 그리고 아직 발표가 확실하지 않지만 만수리의 석기가 나온 층은 산소동위원소층서/단계(Oxygen Isotope Stage, 有孔蟲의 O¹⁶/O¹⁸ 포함으로 결정), 또는 해양동위원소층서/단계(Marine Isotope Stage, MIS)로는 14기(568000–528000년 B.P.)에 해당한다고도 한다. 그러나 광학여기형

─────────

서기 1539년경–서기 1583년 9월 9일)의 캐나다 뉴펀들랜드(Newfoundland and Labrador)의 식민지화를 공론화하고 서기 1931년 英國聯邦(Commonwealth of Nations, 54개국)이 성립할 때까지 영국에 복속되거나 영국이 건설한 세계 각지의 식민지와 통치 지역을 거느린 大英帝國(British Empire) 시절 영국 중심의 시각에서 세계를 여러 지역으로 나눌 때 해당하는 지역으로 근동(the Near East)과 중동지방(the Middle East)을 지나 동아시아(East asia)와 동남아시아(Southeast Asia)를 포함하는 동쪽 끝(farthest of the three easts)이라는 뜻에서 붙인 이름이다. 극동이란 용어에는 동쪽 끝인 러시아 극동(Russian Far East)과 서태평양지역을 포함하기도 한다. 옥스포드 사전에서는 중국, 일본, 한국 그리고 다른 동아시아의 나라라고 정의하고 있다. 또 극동은 西藏自治區와 新疆維吾尔自治区를 제외한 역사적 중국과 일본, 한국, 베트남을 포함하는 지리적, 문화적 용어로 정의되는 동아시아와 같은 뜻으로 쓰였으며, 때로는 경제적, 문화적인 이유로 인도, 파키스탄, 방글라데시, 스리랑카, 네팔, 부탄, 몰디브가 포함되는 남아시아(South asia)를 언급하기도 한다. 그러나 고고학적인 관점에서 볼 때 엄밀한 의미에서의 극동지역은 중국, 한국, 러시아(췌라야빈스크/Chelyabinsk 지방 이동의 시베리아, 아무르 강 유역, 연해주/프리모르스키/Maritime Territory 지방), 일본을 포함한다.

광법[OSL(Optically Stimulated Luminescence)]에 의한 연대는 103000±8000년 B.P.로 측정되어 구석기시대의 상한연대는 아직도 미해결로 남아있다. 그리고 후기에 속하는 남양주 호평동에서는 벽옥(jasper), 옥수(chalcedony)를 비롯한 흑요석(obsidian)으로 만들어진 석기들이 많이 출토되었으며, 유적의 연대는 30000-16000년 B.P.로 후기 구석기시대에 속하는데 응회암제 돌날과 슴베찌르개 그리고 석영제 밀개가 나오는 1문화층(30000-27000년 B.P.)과 흑요석제석기와 좀돌날 제작이 이루어진 2문화층(24000-16000년 B.P.)의 두 층으로 나누어진다. 지금까지 사적으로 지정된 구석기시대유적은 연천 전곡리(사적 268호), 공주 석장리(사적 334호), 파주 가월리·주월리(사적 389호)와 단양 수양개(사적 398호)[62]가 있다.

◇ 신석기시대 : 기원전 10000/8000년-기원전 2000년. 신석기시대의 경우 제주도 한경면 고산리유적(사적 제 412호)에서 우리나라에서 가장 연대가 올라가는 기원전 8000년(10180±65년 B.P.)이란 연대측정결과가 나왔는데, 이 유적에서는 융기문토기와 유경삼각석촉이 共伴되고 있다(또 이와 유사한 성격의 유적이 제주시 오동동 병문천 제4저류지에서도 발견되고 있다). 강원도 고성 문암리 유적[사적 제 426호, 이곳에서 5,000년-5,600년 전 신석기 시대 중기에 속하는 이랑(45-150cm)과 고랑(40-87cm)을 갖춘 밭이 빗살문토기, 화살촉, 조(粟)와 함께 서기 2012년 6월 27일(목) 국립문화재연구소 유적조사실의 발굴에 의해 확인되었다]은 이와 비슷한 시기에 속한다. 그리고 양양 오산리(사적 394호)유적의 연대는 6000년 B.C./5200년 B.C. 이다. 부산 동삼동(사적 266호)의 최하층(I층, 조기)의 연대는 기원전 6000년-기원전 5000년에 속한다(조기층은 5910±50년, 6910±60년 B.C./기원전 5785년, 기원전 5650년임. 그리고 그 다음의 전기층은 5640±90년, 5540±40년 B.C./기원전 4450년, 기

---

62) 단양 수양개 유적을 발굴했던 충북대 이융조 교수가 서기 1981년-서기 1982년 충북 청원군 문의면 노현리 흥수굴에서 발굴해 충북대 박물관에 구석기시대 후기에 속하는 "흥수굴아이"라는 명칭으로 전시하고 있는 5-6세의 어린아이의 인골은 肋骨에서 채취한 시료로 C14연대 측정을 해본 결과 서기 1630년-서기 1891년 사이에 속하는 것으로 밝혀졌다(Henry de Lumley et al. 2011, p.271, p.497 및 p.571).

원전 4395년임). 그리고 전형적인 빗살무늬토기가 나오는 서울 암사동(사적 267호)유적의 연대는 기원전 4000년경이다. 그러나 이 유적들은 아무르 강 중부 평원 북부의 범위에 있는 11000-12000년 B.P.(기원전 10000년 전후)의 오시포프카 문화에 속하는 가샤 유적(12960±120년 B.P.), 우스티-울마 I, 훔미 유적(13260±120년 B.P.), 바이칼 호 근처의 우스트 카랭카(기원전 7000년경), 그리고 일본 長崎県 北松浦郡 吉井町 福井동굴(12700년, 10750년 B.P.), 佐世保市 泉福寺동굴이나 愛媛県 上浮穴郡 美川村 上黒岩(12165년, 10125년 B.P.)岩陰 유적들의 細石器(최말기에는 豆粒, 隆起, 爪文 土器가 출현)와 隆起文土器/平底條痕文土器의 결합과 비교해 볼 때 한반도 내에서도 상한연대가 비슷한 유적들이 출현할 가능성이 많다 하겠다.

◇ 청동기시대 : 기원전 2000년-기원전 400년. 기원전 1500년은 남북한 모두에 적용되는 청동기시대 전기의 상한이며, 연해주지방(자이사노프카, 리도프카 유적 등)-아무르 하류지역, 만주지방과 한반도 내의 최근 유적 발굴조사의 성과에 따라 이에 앞서는 청동기시대 조기는 기원전 2000년까지 올라간다. 이 시기에는 빗살무늬토기와 무문토기의 결합으로 과도기적인 토기가 나오고 있는데 인천 옹진 백령도 말등패총, 시흥 능곡동, 가평 청평면 대성리와 산청 단성면 소남리가 대표적이다. 또 현재까지 확인된 고고학자료에 따르면 빗살무늬토기시대 말기에 약 500년간 청동기시대의 시작을 알려주는 돌대문토기가 공반하며[청동기시대 조기: 기원전 2000년-기원전 1500년, 돌대문/각목돌대문(덧띠새김무늬)토기의 경우 小珠山유적의 상층(신석기시대 후기)에 해당하는 大連市 石灰窯村, 交流島 蛤皮地, 辽宁省 瓦房店市 長興島 三堂村유적(이상 기원전 2450년-기원전 2040년), 吉林省 和龍県 東城郷 興城村 三社(早期 興城三期, 기원전 2050년-기원전 1750년)에서, 그리고 연해주 보이즈만 신석기시대 후기의 자이사노프카의 올레니와 시니가이 유적(이상 기원전 3420년-기원전 1550년)과 아무르 강의 보즈네세노프까, 리도프카와 우릴 문화(우릴 문화는 철기시대로 기원전 15세기까지 올라가는 연대가 나오고 있어 주목을 받고 있다)], 그리고 우리나라에서는 돌대문토기가 강원도 춘성군 내평, 정선 북면 여량 2리(아우라지), 춘천 천전리(기원전 1440년), 홍천 두촌면 철정리, 홍천 화촌면 외삼포리(기원전 1330년, 기원

전 1350년), 평창 천동리, 경주 충효동, 경기도 가평 상면 연하리와 인천 계양구 동양동유적을 비롯한 여러 곳에서 새로이 나타나고 있기 때문이다. 그리고 지석묘는 기원전 1500년에서부터 시작하여 철기시대 전기 말, 기원전 1년까지 존속한 한국토착사회의 묘제이다. 현재까지 확인된 고고학 자료에 따르면 櫛文土器시대 말기에 약 500년간 청동기시대의 시작을 알려주는 突帶文(덧띠새김무늬)토기가 공반하며(청동기시대 조기: 기원전 2000년-기원전 1500년), 그 다음 單斜線文이 있는 二重口緣토기(청동기시대 전기: 기원전 1500년-기원전 1000년), 구순각목이 있는 孔列토기(청동기시대 중기: 기원전 1000년-기원전 600년)와 硬質무문토기(청동기시대 후기: 기원전 600년-기원전 400년)로의 이행과정이 나타나고 있다. 그리고 지석묘는 기원전 1500년에서부터 시작하여 철기시대 전기 말, 기원전 1년까지 존속한 한국토착사회의 묘제로서 이 시기의 多源(元)的인 문화요소를 수용하고 있다.

◇ 철기시대 전기 : 기원전 400년-기원전 1년. 종래의 초기철기시대. 최근 粘土帶토기 관계 유적의 출현과 관련하여 기원전 400년으로 상한을 잡는다. 이 시기는 점토대토기의 단면 형태 즉 원형, 방형(타원형)과 삼각형에 따라 I기(전기), II기(중기)와 III기(후기)의 세 시기로 나누어진다. 그리고 마지막 III기(후기)에 구연부 斷面 三角形 粘土帶토기와 함께 다리가 짧고 굵은 豆形토기가 나오는데 이 시기에게 新羅와 같은 古代國家가 형성된다. 이 중 우리나라 최초의 고대국가와 문명의 형성을 이루는 衛滿朝鮮(기원전 194년-기원전 108년)은 철기시대 전기 중 III기(후기)에 속한다.

◇ 철기시대 후기 : 서기 1년-300년. 또는 삼국시대 전기/삼한시대

◇ 삼국시대 후기 : 서기 300년-서기 600/668년

◇ 통일신라시대 : 서기 668년-서기 918년

한국상고사의 연구현황

서기 2009년에 발간된 고등학교 국사교과서(7차) 제1장(14–41쪽)의 제목은 「선사시대의 문화와 국가의 형성」이다. 이것은 다시 제1절 「선사시대의 전개」와 제2절 「국가의 형성」이라는 두 절로 나뉘어져 있다. 그 내용은 자연환경과 한민족의 형성, 구석기시대, 신석기시대·청동기시대와 철기시대 전기의 문화 그리고 고조선의 건국과 부여·고구려·동예·옥저·삼한의 여러 나라의 성장에 관한 것이다. 서술방식은 단순에서 복잡한 것으로 발전하는 진화론, 선사에서 역사시대에까지 통관하는 通時論, 歷史的 脈絡과 文化史的 觀點, 그리고 考古學, 古代史와 人類學의 學際的 硏究가 바탕이 되고 있다. 그러나 서술내용은 거의 대부분 최근 발견·조사된 고고학적 자료에 기반을 두고 있다. 무릇 선사시대와 역사시대의 구분은 문자사용의 유무에 기인한다. 그렇게 놓고 본다면 우리나라 역사시대의 시작은 경남 의창 다호리에 나온 붓의 존재로 보아 그 시기는 기원전 2세기경이 될 것이다. 그 시기는 고고학적 편년으로는 위만조선이 등장하는 철기시대 전기(기원전 400년–기원전 1년)에 속한다. 따라서 국사교과서 1장의 내용은 거의 선사시대나 상고사의 범위에 속하게 된다.

이 시대 교육에 있어서 가장 어려운 것은 한민족의 기원과 그에 파생되는 문제점이다. 현재까지의 연구결과로는 조직적 合成抗原유전자의 빈도수로 볼 때 한민족을 구성하는 인종은 북몽고 갈래이며 약 1만3천 년 전 충적세의 따뜻한 기후와 함께 바이칼 호를 떠나 한반도에 정착한 것으로 여겨진다. 또 고두나 시상융기(뼈마루융기)로 우리의 직계조상이 평안남도 덕천군 승리산 유적 상층의 승리산인(35세 추정)과 평양시 승호구역 만달리에서 나온 만달인(20–30세 추정)과 같은 지금으로부터 약 2만 년 전의 후기구석기시대의 화석인류에 직접 연결시키려고 하는 학자도 있다.

또 언어학적으로 볼 때 한국어에는 두 가지 계통의 언어가 있다고 한다. 즉 이 두 가지는 원시 한반도어와 알타이어이다. 한국어에는 두 가지 계통의 언어가 있다고 한다. 즉 이 두 가지는 원시 한반도어와 알타이어이다. 원시 한반도어는 아무르 강의 고아시아족[고아시아/고시베리아족(Palaeoasiatic people, Palaeosiberian): 니비크(Nivkh, Gilyak), 유카키르, 이텔만, 캄챠달, 코략, 축치 등] 중 길랴크(니비크)인들의 것인데 이것이 우리 언어의 기층을 이루고 있었다. 그 후 알타이어의 한계통인 퉁구스어가 이를 대체하였다. 이들이 한국어, 만주어와 일본어의 모체가 된다. 언어 연대학에 의하면 이들 언어들의 형성은 지금으로부터 6,200년—5,500년 전이며, 오늘날 사용하는 일본어와 한국어의 직접 분리는 4500년 전으로 추정된다고 한다. 또 이들 언어를 고고학적으로 비교해 볼 때 원시 한반도어는 櫛文土器가 널리 제작되어 사용되던 신석기시대로, 또 신시베리아/퉁구스[Neosiberian/Tungus: 예벤키(鄂溫克), 에벤, 라무트, 사모에드, 우에지, 브리야트 골디(Golds, Goldi, a Nanai clan name, 허저/赫哲) 등]어는 無文土器가 사용되던 청동기시대와 일치시켜 볼 수 있다. 따라서 한민족의 기원을 언급하려면 구석기, 신석기, 청동기시대와 철기시대 전기의 문화내용을 잘 파악하고 있어야 한다.

이 시대들은 기술과 경제에 의해 구분된다. 다시 말하여 구석기시대는 타제석기를 사용하고 수렵과 채집경제 행위가 주이고, 신석기시대는 마제석기의 사용과 정착농경생활, 청동기시대는 청동기의 제작, 관계농업 그리고 계급의 발생, 철기시대 전기에는 앞선 청동기시대보다 철기제작과 같은 좀 더 복잡한 경제 행위의 추가와 아울러 정교하고 복잡한 기술과 사회조직을 갖는다는 식으로 이해된다.

우리나라의 경우 청동기시대를 기원전 2000년부터 기원전 400년까지로, 그리고 철기시대 전기를 기원전 400년부터 기원전 1년까지로 편년한다. 그리고 청동기시대는 비파형(古朝鮮式, 요녕식, 또는 만주식)동검과 거친무늬거울, 철기시대전기는 세형(韓國式)동검과 잔무늬거울이라는 표식적인 유물의 조합상으로 구분된다. 또 이들 편년을 사회조직에까지 연결시켜 보면 구석기시대는 소규모의 군집, 신석기시대는 부족, 청동기시대는 족장, 그리고 철기시대전기는 국가의 단계로 이행됨을 알 수 있다.

마지막 철기시대전기에는 우리나라 역사상 잘 알려져 있는 위만조선의 성립(기원전 194년)과 漢 7대 武帝에 의한 낙랑군의 설치(기원전 108년)라는 사건들이 나타나고 있다. 그리고 위만조선은 한반도에 나타난 최초의 고대국가로 언급되고 있다.

우리에 잘 알려진 단군·기자·위만조선을 고고학적인 편년이나 문화와 비교한다면 학문외적인 것이 많이 개재하기 때문에 이 시대를 잘 이해하기가 복잡하고 어렵다. 만약 단군·기자조선의 신화의 범주를 벗어나 실체를 그대로 받아들이고 역사적으로 인정한다면 단군(기원전 2333년: 唐高/堯卽位 50년 庚寅年-기원전 1122년경: 周 虎/武王 己卯年)은 신석기시대 말 또는 청동기시대 조기로, 기자조선(기원전 1122년경에서 기원전 194년까지)은 청동기시대에서 철기시대 전기에 속할 것이다. 그러나 단군은 그 건국신화를 바탕으로 하여 민족이 항상 어려울 때 특히 몽고난이 심했던 고려시대의 경우와 같이 三韓一統的인 역사흐름의 구심점이 되어 왔다. 다시 말해 단군신화는 민족의 정신적 지도자와 민족단결로서의 역할이 실제의 역사적인 사실보다 더욱 더 기대되고 있다. 이렇게 놓고 볼 때 우리가 한국의 선사시대나 상고사를 올바르게 다루고 교육하기 위하여 한민족의 기원, 기술과 경제행위에 의한 구석기·신석기 등의 편년, 각 시대의 문화내용과 고고학적 증거, 또 위만조선 이후 고구려·백제·신라의 성립 때까지 나타나는 여러 나라의 성장 등 실로 많은 부분이 언급되어야 한다. 또 고고학과 고대사와의 과감한 접목도 필요하다.

이들을 이해하기 위하여 한국상고사의 흐름뿐만 아니라 지질학·고생물학·민족지·형질인류학·언어학 등 인접학문의 성과까지도 구체적으로 파악하고 있어야 한다. 그렇다고 『三國史記』나 『三國遺事』 등 문헌에 의거하여 다루어지는 역사시대와는 달리 한국의 선사시대의 내용전개는 어디까지나 여러 가지 긍정적이고 說得力있는 가설에 입각한 서술이지, 그 자체가 정설이라고 말할 수 없는 경우가 많다. 물론 역사시대 서술의 기본이 되는 『三國史記』와 같은 문헌의 초기 기록들의 신빙성에 관해 여러 가지 異見이 많아 상고사의 흐름을 이해하는데 많은 장애가 되어 오고 있는 것도 사실이다. 이는 日帝時代 서기 1932년-서기 1938년 朝鮮史編修會가 『朝鮮史』(本冊 35권)를 만들어 내기까지의 과정에서 만들어진 한국의 문

화의 半島性, 他律性, 停滯性과 事大性에 기반을 두어 韓半島 統治의 適法性·正當性을 찾아가겠다는 植民地史觀 때문이다. 여기에는 內鮮一體, 滿鮮史觀도 가미되었다. 일본에서 東京大와 京都大學校 출신의 黑板勝美(くろいた かつみ), 稻葉岩吉(いなば いゎきち), 池內宏(いけうち ひろし), 今西龍(いまにし りゅう)을 비롯해 末松保和(すえまつ やすかず), 白鳥庫吉(しらとり くらきち), 津田左右吉(つだ そうきち), 濱田耕作(はまだ こうさく)과 梅原末治(うめはら すえじ) 등의 일본학자들이 中心役割을 하였다. 그러나 가설의 단계에 머무르고 있는 韓國上古史의 올바른 이해를 위해 형질인류학·언어학·고고학 심지어는 생화학의 분야에서까지 꾸준한 학제적 연구를 계속해 오고 있다. 그래서 이런 분야를 좀더 深度있게 교육하려면 현재 27쪽(pp.14~41) 밖에 되지 않은 「선사시대의 문화와 국가의 형성」이라는 1장을 좀 더 확대할 필요가 있다. 서기 1988년 5차 이후 서기 2012년 2월 말까지 7차에 이르기까지 사진이 대폭 바뀌었을 뿐 분량은 비슷하다. 서기 2012년부터는 고등학교 국정교과서가 검인정으로 바뀌어 중학교 과정에서 배우게 된다. 그리고 지금의 서술은 너무 압축되어 교육할 때 문장이나 학술적인 용어가 지니는 올바른 의미를 제대로 전달하기 힘들다. 물론 이런 점을 극복하기 위해 교과서 이외에 따로 국사편찬위원회 1종 도서연구개발위원회에서 발간한 『교사용지도서』가 있기는 하다. 그러나 앞으로 국사교육만을 전담할 전문교사의 양성, 그리고 비록 1장 밖에 할당 되지 않은 짧은 내용의 교육이지만 이를 보충하기 위해 유적이나 박물관과 같은 현장에서의 교육도 많아져야 할 것이다. 그래야만 세계문화사 속에서 한국 선사시대나 상고사 부분이 좀 더 올바르게 교육되고 이해될 것이다.

참고문헌

강창화

  2009 제주도 고산리 초기 신석기 문화의 성격과 위치설정, 최몽룡 편저 21세기의 한국
        고고학 vol.Ⅱ, 서울: 주류성, pp.117-154

국립경주문화재연구소

  2008 돌에 새긴 유목민의 삶과 꿈, 서울: 눌와

국립대구박물관

  2008 인류의 여명 -동아시아의 주먹도끼-: 예맥

국립문화재연구소 고고연구실

  2006 아무르·연해주의 신비, 서울: 중앙문화인쇄

  2012 한국사 시대구분론- 외부전문가 초청 포럼-

  2012 고성 문암리유적(사적 426호) 발굴조사 현장설명회 자료

국립중앙박물관

  1991 소련 국립에르미타주 박물관 소장 스키타이 황금, 서울: 세광

경기도박물관

  1999 몽골유목문화, 경기도: 시공테크

김방한

  1986 한국어의 계통, 서울: 민음사

부산박물관

  2007 동삼동패총 정화지역 발굴조사보고서

서울대학교박물관

  2008 몽골, 초원에 핀 고대문화, 서울: 범신사

이기문, 藤本幸夫 역

  1975 韓國語の歷史, 동경: 大修館書店

제임스 포사이스 지음(정재겸 옮김)

  2009 시베리아 원주민의 역사, 서울: 솔

조선민주주의인민공화국

  1997 단군릉, 평양: 문화보존사

최몽룡

  1984 농경문화의 기원, 전파 그리고 문제점, 서울: 계간경향 사상과 정책 84년 겨울호,
        pp.30-37

  1987 한국고대사의 제 문제 서울: 관악사

1987 한국고고학의 시대구분에 대한 약간의 제언, 최영희 선생 회갑기념 한국사학논총, 서울: 탐구당, pp.783-788

1991 중국 東三省 답사여적, 서울: 한국상고사학보 제 5호, pp.307-317

1991 소련·체코슬로바키아 답사 여적, 서울: 한국상고사학보 제 8호 pp.165-184

1993 한국문화의 원류를 찾아서, 서울: 학연문화사

1994 단군릉발굴에 대한 몇 가지 이견, 서울: 한국상고사학보 제15호 pp.455-457

1997 북한의 단군릉 발굴과 문제점(1)및 (2), 최몽룡 1997 도시·문명·국가-고고학에의 접근-, 서울: 서울대학교출판부, pp.103-116 및 윤이흠 외 2001, 단군-그 이해와 자료-, 서울: 서울대학교출판부, pp.290-301

1997 청동기시대 개요, 한국사 3 청동기문화와 철기문화, 서울: 국사편찬위원회, pp.1-31

1997 철기시대, 한국사 3 청동기문화와 철기문화, 서울: 국사편찬위원회, pp.325-342

1997 고조선의 사회와 문화, 한국사 4-초기국가-고조선·부여-, 서울: 국사편찬위원회, pp.115-146

1997 도시·문명·국가-고고학에의 접근-(대학교양총서 70), 서울: 서울대학교 출판부

2004 朝鮮半島の文明化, 千葉: 國立歷史民俗博物館 硏究報告, 東ぁじぁにぉける農耕社會の形成と文明への道, 第119集, pp.231-246

2006 최근 고고학 자료로 본 한국고고학·고대사의 신 연구, 서울: 주류성

2008 한국 청동기·철기시대와 고대사의 복원, 서울: 주류성

2008 동북 아시아적 관점에서 본 한국청동기·철기시대의 신경향, -다원론적 입장에서 본 한국문화의 기원과 편년설정- 21세기의 한국 고고학 vol.I, 서울: 주류성, pp.13-96

2009 마한 연구의 새로운 방향과 과제, 박물관에서 만나는 우리문화, 세계문화, 전주: 국립전주박물관, pp.30-74 및 2009 마한-숨쉬는 기록(서울: 통천문화사), pp.199-214

2010 호남의 고고학 -철기시대 전·후기와 마한, 21세기의 한국 고고학 vol.III, 서울: 주류성, pp.19-87

2010 한국 문화기원의 다양성-구석기시대에서 철기시대가지 동아시아의 제 문화·문명으로부터의 전파-, 단국대학교 동양학연구소, 동아시아 문명 기원과 교류, pp.1-45

2011 부여 송국리 유적의 새로운 편년, 21세기의 한국 고고학 vol.IV, 서울: 주류성, pp.211-226

2011 고등학교 국사교과서 교사용 지도서 -II. 선사시대의 문화와 국가의 형성(고등학

교), 21세기의 한국고고학 IV, 주류성, pp.27-130

2011 한국에서 토기의 자연과학적 분석과 전망, 국립나주문화재연구소의 학술대회 제 1 주제 "자연과학에서의 대형옹관과 제작기법", pp.9-25

2011 창원 성산 패총 발굴의 회고, 전망과 재평가, 창원: 창원문화원

2012 스키타이, 흉노와 한국고대문화 -한국문화기원의 다양성-, 국립중앙박물관·부경대학교 인문사회과학연구소, 흉노와 그 동쪽의 이웃들. pp.7-31

2012 한국고고학·고대사에서 종교·제사유적의 의의 -환호와 암각화-. 제 40회 한국상고사학회 학술발표대회. 한국 동남해안의 선사와 고대문화, pp.7-43

2012 중원문화와 철 -철 생산과 삼국의 각축-. 국립중원문화재연구소 개소 5주년 기념 중원의 제철문화 학술대회. pp.9-22

최몽룡·권오영

1985 고고학적 자료를 통해 본 백제 초기의 영역고찰 -도성 및 영역문제를 중심으로 본 한성시대 백제의 성장과정-, 천관우선생 환력기념한국사논총, pp.83-120

최몽룡·백종오

2012 고구려 적석총과 백제의 국가형성, 최몽룡 편저, 21세기의 한국고고학 V, 서울: 주류성, pp.67-107

최성락

2012 초기철기 시대론에 대한 비판적 검토, 최몽룡 편저, 21세기의 한국고고학 V, 서울: 주류성, pp.233-254

2012 한국고고학의 시대구분은 변화되어야한다, 계간 한국의 고고학 vol.19, 서울: 주류성, pp.50-53

C. Melvin Aikens and Takayasu Higuchi

1982 *Prehistory of Japan*, New York: Academic Press

Dumond, Don E.

1987 *The Eskimos and Aleuts*, London: Thames and Hudson

Fitzhugh, William W. and Crowell, Aron

1988 *Crossroads of Continents*, Smithsonian Institution: Smithonian Institution Press

Henry de Lumley et al.

2011 *Les industries du Paléolithique ancien de la Corée du Sud dans leur contexte strati-graphique et paléoecoloque*, Paris: CNRS ÉDITIONS, p.270 및 p.571

Jettmar, Karl

1967 *Art of the Steppes*, London: Methuen

Marina Kilunovskaya & Vladimir Semenov

1995 *The Land in the Heart of Asia*. St. Petersburg: Ego Publishers

Namio, Egami and Kato, Kyujo

1991 *The Tresures of Nomadic Tribses in South Russia*, Japan: 朝日新聞社

1992 *Scythian Gold Catalogue*, Japan: NHK Promotions Co. Ltd

Okladnikov, Alexei

1981 *Art of the Amur*, Leningrad: Aurora Art Publishers

Pak, Yangjin

1996 Archaeological Evidence of Puyŏ Society in Northeast China, Seoul: *Korea Journal* vol.36, no.34

Polsmak, Natalya

1994 Pastures of Heaven, Washington D.C.: *National Geographic* vol. 186, no4, pp.28–36

Ri Sun Jin, Jang U Jin, So Kuk Thae and Sok Kwang Jun

2001 *Taedonggang Culture*, Pyongyang: Foreign Languages Publishing House Rudenko Sergei Ivanovich

1947 *The Ancient Culture of the Bering Sea and the Eskimo Problem*, Moscow: Publishing House of the Main Northern Sea Route

1970 *Frozen Tombs of Siberia —The Pazyryk Burial of Iron—Age Horsemen*, Berkeley and Los Angeles: University of California Press

Scientific American

1973 *Early Man in America*, San Francisco: W. H. Freeman

Surimirski, Tadeusz

1970 *Prehistoric Russia*, New York: John Baker/Humanities Press

孫祖初

1991 論小珠山中層文化的分期及各地比較, 辽海文物學刊 1

陳全家·陳國慶

1992 三堂新石器時代遺址分期及相關問題, 考古 3

辽宁省文物考古研究所 編

1994 辽東半島石棚, 辽寧: 辽宁科學技術出版社

辽宁省文物考古研究所·吉林大學考古系·旅順博物館

1992 辽宁省瓦房店市長興島三堂村新石器時代遺址, 考古 2

吉林省文物考古研究所·延邊朝鮮族自治區博物館

2001 和龍興城, 北京: 文物出版社

田廣金·郭泰新

   1986 鄂爾多斯式靑銅器, 北京: 文物出版社

江上波夫

   1967 騎馬民族國家, 東京: 中央公論社

江上波夫·水野淸一

   1935 內蒙古·長城地帶, 東京: 東亞考古學會

每日新聞社

   1974 天理參考守藏品により中國古代美術展, 東京: 京玉

香山陽坪

   1963 砂漠と草原の遺寶, 東京: 角田書房

梅原末治

   1960 蒙古ノイン·ウラ發見の遺物, 東洋文庫論叢第27冊, 東京: 東洋文庫

藤尾愼一郎

   2002 朝鮮半島의 突帶文土器, 韓半島考古學論叢, 東京: すずさわ書店, pp.89-123

中山淸隆

   1993 朝鮮·中國東北の突帶文土器, 古代 第95號, pp.451-464

   2002 繩文文化と大陸系文物, 繩文時代の渡來文化, 東京: 雄山閣, pp.214-233

   2004 朝鮮半島の先史玉器と玉作り關聯資料, 季刊考古學 89, pp.89-91

   2004 朝鮮半島出土の玦狀耳飾について, 玉文化, 創刊號, pp.73-77

2. 스키타이·匈奴와 한국 고대문화
-한국 문화기원의 다양성-

구라파에는 신석기시대로 LBK(Linear Band Keramik) 문화가 있다. 유럽을 관통하는 다뉴브 강 이름을 따서 다뉴브 I 문화(Danubian I Culture)라고 불리는 이 문화는 유럽 중앙과 동부에서 기원전 5000년대부터 쉽게 경작할 수 있는 황토지대에 화전민식 농경(slash and burn agricultural cultivation)을 행하였고 또 서쪽으로 전파해 나갔는데, 이 문화에서 나타나고 있는 토기의 문양이 우리의 빗살무늬(櫛文/櫛目文)토기와 유사하여 "線土器文化(Linear Pottery culture)"라 한다. 이것의 獨譯이 'Kamm Keramik(comb pottery)'으로 번역하면 '櫛文(櫛目文)土器' 즉 우리말로는 빗살무늬토기이다.

일찍부터 이 문양의 토기들은 우리나라 신석기시대 빗살무늬토기의 기원과 관련지어 주목을 받아왔다. 이후에 "Corded ware(繩文土器文化, 東方文化複合體)"와 "Beaker cup culture"(비커컵 토기문화, 일본에서는 鐘狀杯로 번역함, 西方文化複合體)"가 유럽의 북부 독일지역과 남쪽 스페인에서부터 시작하여 유럽을 휩쓸었다. 그리고 스톤헨지의 축조의 마지막 시기는 기원전 2500년-기원전 2400년경으로, 이때 유럽 본토에서 기원전 2400년-기원전 2200년경 이곳으로 이주해 온 비커컵족들의 靑銅器와 冶金術의 소개로 인해 농업에 바탕을 두던 영국의 신석기시대의 종말이 도래하게 된 것이다. 이 시기를 民族移動期(기원전 3500년-기원전 2000년)라고 한다. 印歐語(인도-유러피안 언어)를 쓰며, 폴란드, 체코와 북부 독일의 비스툴라(Vistula)와 엘베(Elbe) 강 유역에 살던 繩文土器文化(Corded ware culture)에서 기원하여 기원전 2400년-기원전 2200년경 동쪽 유라시아 고원으로 들어가 쿠르간(kurgan) 봉토분을 형성하던 스키타이(Scythia)종족, 인더스 문명을 파괴한 아리안족(Aryan race)이나 남쪽으로 그리스에 들어간 아카이아(Achaea/Achaia, 아카이아인의 나라 아키야와

스키타이의 부조로 새겨진 은병

Akhkhyawa)나 도리아(Doria)족과 같은 일파로 생각된다. 그 이후 "Urnfield culture(火葬文化)"를 지난 다음 할슈타트(Hallstatt)와 라떼느 (La Tène)의 철기문화가 이어졌다. 그 이후 이탈리아에서는 에트루스 칸(Etruscan)에 이어 로마로, 그리고 서기 476년경이면 게르만, 고트[동 고트(Ostrogoth), 서고트(Visigoth)], 골, 훈(Huns), 반달(Vandal), 롬바르드 (Lombard) 등의 異民族이 세력을 팽창해 서로마제국의 滅亡(서기 476년 9월 4일)을 가져오게 된다.

後漢(서기 25년-서기 220년)과 南匈奴가 서기 89년(후한 4대 和帝 永元 1년)-서기 91년에 연합하여 北匈奴의 토벌작전을 벌려 그 주력을 金微山(지금의 알타이산맥)에서 제거하는데, 북흉노의 잔여세력이 서쪽으로 이동하여 서기 4세기에는 러시아 볼가 강에 이르는 '훈족의 대이동'이 일어난다. 이들이 바로 훈족으로 불리우는 북흉노이다. 北匈奴(Huns)로 알려진 훈/아틸라(Attila)족은 서기 375년 고트족의 영역에 침입하고 서기 448년 아틸라 왕국을 세우게 된다. 이 왕국은 서기 453년 아틸라 왕(Attila the Hun, ?-서기 453년)이 그 자신의 결혼식 날 술에 취해 죽음으로써 그의 아들들인 엘락(Ellac, 공식 후계자), 덴기지흐(Dengizich)와 에르나크(Ernakh) 사이의 권력투쟁과 서기 454년 동고트족(Ostrogoths)과의 네다오(Nedao)전투로 와해가 된다.

스키타이(Scythian, Scyths)는 그리스인들이 이란어를 말하며 당시 스키티아로 알려진 카스피해 연안(Pontic-Caspian)을 중심으로 하여 중앙아시아, 러시아, 루마니아와 우크라이나의 초원지대에서 말을 타는 기마 유목민족을 지칭한다. 이들은 아케메니드 왕조(Achemenid, 기원전 559년-기원전 331년) 다리우스 3세[기원전 380년-기원전 330년, 기원전 331년 10월1일 마케도니아의 알렉산더 대왕에 의해 가우가메라 전투에서 패함]의

110개 列柱가 서있는 페르세폴리스 궁전 아파다나(Apadana Hall) 謁見室 동쪽 계단에 浮彫된 各國使節들 중 사카(Saka) 인도 스키타이인을 묘사해 놓은 것에서 모습을 엿볼 수 있다. 또한, 이들은 그리스의 역사가 헤로도투스(Herodotus, 기원전 약 440년경)의 '역사'와 오비드(Ovid, 기원전 43년-서기 17년)의 시에서도 볼 수 있다. 이 외에도 고고학적 유물들이 남부 러시아와 우

전투장면을 묘사한 빗

크라이나 등지에서 많이 확인되며, 동물문양·무기와 마구·금을 이용한 세밀한 금속공예 등으로 대표되는 스키타이 문화(Scythian culture)의 특징은 동부 유럽으로부터 알타이 산맥의 초원지대에 이르기까지 광범위한 지역에서 발견된다. 그 연대는 기원전 9/7세기-기원전 3세기경이 중심이다. 중국북부 지역에 자주 등장하는 스키타이는 원래 중앙아시아로부터 왔다고 전해지며, 기원전 8세기/기원전 7세기에서 기원전 2세기까지 흑해북안에 왕국을 세웠다. 그들의 원 고향은 카스피 연안-흑해-알타이 산맥의 동쪽 어딘가로 믿어지는데, 그곳에서 기원전 9세기경에 살았던 것으로 보이며, 이들이 남부러시아에 정착한 것은 기원전 7세기경으로 추정된다. 그만큼 그들의 기원에 대해 확실하게 알려진 것은 없다.

스키타이(Scythian)란 말은 그리스인에 의해, 그리고 같은 의미의 사카(Saka)는 페르시아인들에 의해 불리어졌다. 이들이 중국에 알려진 것은 周나라 11대 宣王(靜, 기원전 827년-기원전 782년) 때로, 그는 중국 서쪽 변경을 자주 침범하던 흉노족을 제거하기 위해 군대를 파견하였는데 이에 쫓긴 흉노족들에 의해 알타이 동쪽에 있던 스키타이인들도 따라서 서쪽으로 대규모 이주를 하게 된 다음부터이다. 그래서 그들이 정착한 중심지는 흑해의 동쪽 쿠반과 남부러시아가 된다. 그들의 후손

들은 우크라이나 지역에 살고 있는 로얄 스키티안(Royal Scythians)으로 알려져 있는 철기시대의 집단인 사르마티안(Sarmatian, An ancient Scythian tribe, 기원전 5세기-서기 4세기)들로 기원전 5세기경부터 번영하다가 훈(Huns)과 고트(Goths)족의 이동에 따라 크리미아 지역으로 몰아 서기 4세기경 멸망할 때까지 존속하였다.

부계사회인 스키타이의 정치는 4개의 행정구역으로 나뉘어 다스려졌으며 또 자유부족민으로 구성된 군대에 의해 지탱되었다. 그들은 말을 중히 여겨 금속제의 말등자[중국에서 현존하는 실물 중 가장 오래되며 등자 중 古式인 木芯长直柄包铜皮马镫(鎏金铜马镫)은 서기 1965년 辽宁省 北票市 西官营 镇馒头沟村 将军山 北燕(서기 409년-서기 431년)文成帝 冯跋의 동생으로 서기 415년(太平 7년)에 사망한 冯素弗墓에서 나왔으며 그 연대는 서기 3세기 말 서기 4세기 초로 보고 있다]를 사용하지 않았지만 양탄자나 가죽으로 된 발걸이를 이용했을 것으로 믿어진다. 말도 종자가 좋은 훼르가나(Fergana)種을 사용하였지만 대부분 몽고의 포니가 이용되었다. 그리고 사냥과 고기잡이에 능숙하였으며, 부장품도 많이 넣는 후한 장례를 치렀다. 재미있는 것은 鑄造되고 아가리에 동물문양이 부착된 스키타이 문화 특징이 잘 나타나 있는 청동항아리(銅鍑)가 고분에서 자주 출토된다. 파지리크에서도 돌과 麻(삼)씨가 가득 담긴 청동항아리가 셋 또는 여섯 개의 지주로 지탱이 된 가죽 혹은 털 담요의 텐트 밑에서 나왔는데, 그리스의 역사가인 기원전 440년경 헤로도투스(Herodotus)가 쓴 '역사(History)'에 이것을 스키타이인의 정화의식(Scythian purification rite)용으로 만들어진 것이며 마씨를 태운 연기를

대마초 향기를 맡을 때 필요한 그릇

들여 마셔 뜨거운 돌에 뿜는다고 적어놓고 있다. 이 기록은 파지리크와 한국의 김해 대성동에 이르는 광범위한 분포지역의 고분에서 똑같은 것이 하나씩 발견될 때까지 전혀 이해가 되지 않았는데, 이것은 마씨가 타는 연기가 오늘날의 코카인이나 마약처럼 쾌락 때

문에 들여마시는 것
이지 헤로도투스가
이야기하는 종교적
인 것이 아니라는 설
도 있을 정도이다.

김해 대성동에서 출토한 동복(銅鍑)　　스키타이의 동복

　스키타이와 관련
된 匈奴의 유물은 春
秋(기원전 771년-기원전
475년) 말기부터 漢代(기원전 206년-서기 220년)에 이르기까지 중국의 여러 지역에서 발
견되고 있다. 우리나라 永川 漁隱洞 출토의 虎形帶鉤와 함께 金海 大成洞 출토 청
동항아리(銅鍑)와 良洞里 고분에서 발견된 鐵鍑(동의대 서기 1991년 발굴 토광목곽묘 162호
출토)과 靑銅鼎도 이러한 점에서 이해가 되어야 한다. 아무튼 한국고대문화의 기
원지 중의 하나가 스키타이와도 관련이 있다는 것은 매우 흥미 있다. 신라의 찬
란한 금관의 경우도 나뭇가지 모양으로 장식했는데, 그러한 형태가 서기 1세기경
의 스키타이의 왕관(The Khokhlach Burial Mound에서 출토한 Sarmatian gold diadem, 서기
1864년 Novocherkassk옆 Khokhlach에서 발굴), 아프카니스탄 틸리야 테페(박트리아, Tillya/
Tilla tepe, 서기 1978년 발굴) 4호분에도 보이며, 비교적 최근까지도 시베리아 지역의
샤만들이 머리에 쓰던 관의 형태와도 비슷하다. 흉노 것으로는 內蒙古 伊克昭盟

서기 1864년 사르마티아에서 출토한 금관(Sarmatian　서기 1972년 伊克昭盟 杭錦旗 阿魯紫登에서 출
gold diadem)　　토한 흉노 금관

杭錦旗 阿魯紫登 출토의 금관 및 매(독수리)형 장식을 들 수 있다. 그밖에 신라의 금동제품에 쓰인 누금세공기법(filigree/filagree, 금으로 만든 세공품에 線條細工이나 象嵌을 한 것)도 스키타이의 금제품에 흔히 보이는 것이다. 그러나 엄격한 의미에서 스키타이인은 러시아 남부에 정착했던 부족들에 국한된다. 서기 1929년 그라즈노프(M. P. Glyaznov)에 의해 발굴되고, 서기 1947년 루덴코(S. I. Rudenko)에 의해 재개된 파지리크(Pazyrik) 고분, 서기 1969년-서기 1970년 케말 A. 아카쉐프를 중심으로 한 러시아 까자흐 공화국 내 기원전 5세기-기원전 4세기의 '황금관을 쓴 인간(또는 황금 옷을 입은 인간)'과 약 4,000점의 스키타이 유물이 쏟아져 나온 이식(Issyk) 쿠르간 고분의 발굴은 이란이나 남부러시아에 이주했던 스키타이인들의 문화, 예술, 생활방식이 서부 시베리아나 알타이 지역에 살고 있던 스키타이인들의 것과 유사함을 밝혀 주었다. 이러한 쿠르간 봉토분은 서쪽 멀리 몽골 울란바토르의 북방 하라강(江) 유역 노인 울라(Noin-Ula Site)에 있는 흉노(匈奴) 귀족의 고분군(古墳群)에서도 발견

서기 1969년-서기 1970년 카자흐스탄 이식(ISSYK)에서 발굴된 '황금 옷을 입은 인간' 스키타이인의 금관

되며 그 시대는 前漢(기원전 206년-서기 9년) 晩期인 기원전 1세기-서기 1세기에 속한다. 서기 1924년-서기 1925년 러시아 탐험가 P. K. 코즐로프 조사단에 의하여 212기(基)의 고분 중 12기가 발굴되었고, 출토된 유물 중에는 한대의 여러 견포(絹布)와 기원전 2년의 명기[銘記雙禽渦紋의 黑漆耳杯의 경우 '上林'과 다리에는 '建平五年(前漢 12대 哀帝 元壽 1년, 기원전 2년)九月 工王譚經 畵工劃壺 天武省'이라는 명문이 새겨져 있다]는 스키

타이 문화의 전파와 내용을 알려주는 자료로서 학술적으로 매우 중요하다. 이 고분군의 축조연대는 기원전 1세기-서기 1세기 전반에 걸친 흉노의 중흥기로 당시 동쪽의 중국 漢나라, 서쪽은 파르티아(Parthia, 기원전 247년-서기 224년) 등의 서역(이란)까지, 또한 북쪽은 스키토 시베리아(Scythito-Siberia) 문화권과도 문화교류가 성행했고 그 문화교류의 중개자로서 匈奴의 역할이 컸을 것으로 추측된다. 따라서 고대의 동서교류사 연구에 중요한 유적이다.[63]

---

63) 노인울라(몽고어 지명으로는 준-모데)는 울란바토르에서 북쪽으로 100km 정도에 위치해 있는 산악지대이며, 금광지대이다. 노인울라는 국내에 잘 알려진 대표적인 흉노의 고분으로 다른 흉노유적과는 달리 그 규모가 매우 크며 출토유물이 매우 풍부하다. 전체적인 무덤구조로는 봉분이 잘 발달된 점과 봉토 내부의 중앙에 수혈토광을 만들고 목곽 및 목관이 설치되어 있는 형태이다. 서기 1912년에 금광탐사업자에 의해서 처음 발견된 것도 이와 같은 구조의 특성으로 봉분 상단부가 함몰되었기 때문이다. 무덤의 구조는 한대 목곽묘와 상당히 유사하며 자바이칼(바이칼 동쪽) 및 중국 오르도스에서 발견된 기타 수혈토광목관묘와는 판이하게 다른 것이다. 때문이다. 이후 수 차에 걸쳐 조사가 되었지만 일부 발굴을 제외하고는 체계적으로 조사되지 않은 채 유물만이 레닌그라드 에르미타주 박물관에 소장되어있다. 기존의 여러 연구자에 의해 행해진 노인울라 발굴성과는 서기 1962년에 루덴코에 의해 보고된다. 그들에 대한 종합적인 보고서를 루덴코가 1962년에 출판했다. 그중 체계적으로 보고가 된 것은 24호(테플로우호프에 의해 발굴), 1호(일명 모크리 고분)고분 및 6, 23, 25호 등으로 모두 상트 페테르부르그 소재 에르미타주 박물관에 소장되어 있다. 중국 경내에서 匈奴문화는 오르도스 문화와 밀접한 관련을 가지고 있다. 즉, 오르도스(Ordos/Erdos, 鄂尔多斯沙漠, 河套/河南) 지역을 비롯한 내몽고와 寧夏-甘肅省 동부에서 발견되는 銅劍[기원전 12세기-기원전 6세기의 오스트리아 할슈타트/Hallstatt 문화와 연관이 될 가능성이 높은 안테나식 또는 조형검파두식이 나오며 이는 한반도의 철기시대전기(기원전 400년-기원전 1년)와도 무관하지 않을 것이다], 곡괭이형 銅斧, 동물장식 靑銅佩飾(주로 맹수가 사냥하는 모습), 立形 또는 臥形의 사슴 및 말장식과 같은 動物裝飾 등은 흔히 '오르도스계' 또는 동물양식, 무기와 마구가 주된 '스키타이 문화'와는 다른 계통인 중국북부에서 자생한 '先匈奴文化'로도 부르기도 한다. 중국에서 흉노문화는 오르도스계 문화에서 커다란 차이를 보이지 않으며, 단지 漢代로 진입하면서 鐵器 및 金粧飾이 증가하며 이에 五銖錢, 漢鏡, 漆器 등이 새로 유물조합상에 추가되는 양상 정도이다. 묘제는 土壙墓가 주를 이루며 일부 木棺이나 木槨이 사용된다. 기타 頭向이나 單人葬 등 기본적인 묘제도 그대로 유지된다. 오르도스계의 흉노무덤은 크게 春秋末期-戰國時代와 漢代의 것으로 나눌 수 있다. 이 지역의 시기구분에 대해서는 크게 田廣金과 烏恩의 견해를 참조할 수 있다. 그러나 대부분의 학자는 戰國時代(기원전 475년-기원전 221년)에 들어오

시베리아의 황인종(Mongoloid)에는 고아시아/고시베리아족(Palaeoasiatic people, Palaeosiberian)과 퉁구스/신아시아족(Tungus, Neoasiatic people)족이 있다. 고아시아/고시베리아족에는 축치, 꼬략, 캄차달, 유카기르, 이텔만, 켓트, 길랴끄(니비크)가, 퉁구스/신아시아족에는 예벤키(鄂溫克), 에벤, 라무트, 사모에드, 우에지(Udegey), 브리야트(Buryat), 골디(Golds/Goldie, Nanai, 赫哲) 등이 있다. 그리고 시베리아와 만주 (요녕성, 길림성과 흑룡강성)에서는 역사적으로,

가) 挹婁-肅愼-勿吉-靺鞨-黑水靺鞨-女眞-生女眞-女眞/金(서기 1115년-서기
　　 1234년)-後金(서기 1616년-서기 1636년)-滿洲/淸(서기1616/1636년-서기 1911년)으로
　　 발전한다.
나) 匈奴-東胡-烏桓-鮮卑-突厥-吐藩-위굴(回紇, 維吾爾)-契丹-蒙古/元
다) 예-고조선/맥-부여-고구려-백제-신라

로 이어진다. 이곳 유목민족은 匈奴-東胡-烏桓-鮮卑-突厥(투쥐에, 뛰르크/Türk, 타쉬트익/Tashityk: 서기 552년 柔然을 격파하고 유목국가를 건설. 돌궐 제2제국은 서기 682년-서기 745년임, 서기 7세기-서기 8세기)-吐藩[티베트의 t'u fan: 38대 치송데짼(赤松德贊 서기 754년-서기 791년)이 서기 763년과 서기 767의 두 번에 걸쳐 唐의 長安을 함락함)]-위굴(維吾爾, 回紇: 위굴 제국

면 오르도스 문화와 흉노문화 사이의 연관성은 인정하나 시대적으로 앞선 商代까지 그리고 지역적으로 靑海, 甘肅, 宁夏回族自治區 이남지구와 연결시키고자 하지 않는다. 노인울라 이외에도 몽고경내에서 발견된 유적 중에서 일반적인 고분은 후니-홀을 꼽을 수 있다. 후니-홀의 소형석곽묘는 길이 1.8-2m이고 仰臥伸展葬이며 머리 근처에는 1-3개의 토기가 있으며 목 근처에는 구슬, 녹송석, 가슴 부위에는 직물의 흔적이 발견되었다. 허리 근처에는 철도와 철제 재갈, 漆耳杯도 발견되었다. 수지 강 중류의 이림 분지에는 목곽묘가 있다. 1-3개의 통나무로 장방형의 곽실을 만들었는데 길이는 1-3m로 다양하다. 돌수트에서도 목관이 발견되고 있으나 소련경내에만 한정된 것이다. 그리고 몽고경내에서 서부지역에서는 확실한 흉노유적이 발견되지 않았다. 그 시기에 해당하는 유적으로는 울란곰(Ulaangom) 고분군이 유일하다. 울란곰 고분군은 그 시기가 대부분 匈奴 이전 시기에 속하며 몽고 서부쪽은 흉노의 영향이 거의 영향이 미치지 않은 채 그 이전 시기인 카라숙의 문화가 계속 유지된다고 볼 수 있다.

은 서기 744년–서기 840년임, 위굴 제국은 키르기스 黠戛斯에 망하며 키르기스는 서기 9세기 말–서기 10세기경까지 존재)–契丹(辽, 서기 907년–서기 1125년)–蒙古(元, 서기 1206년–서기 1368년)–女眞/金(서기 1115년–서기 1234년)–後金(서기 1616년–서기 1636년)–滿洲/淸(서기1616/1636년–서기 1911년)으로 발전한다.

이 유목민족들은 스키타이인들의 東進에 따라 종족 간의 혼혈이 자연스럽게 이루어지게 되며, 최근 여러 곳에서 발견된 문신이 있는 미라들이 이를 입증한다. 서기 1991년 중국 新疆省과 접경지대인 러시아 고르노 알타이의 베르텍 지역 아크하라 강 유역에서 나타샤 폴로스마크 여사에 의해 기원전 8세기–기원전 7세기의 파지리크 초기의 쿠르간(Kurgan) 봉토분(2호)이 발굴되었다. 이 무덤에서 발견된 6–7세의 소년은 금관과 목걸이를 비롯한 여러 가지 금제 장신구를 몸에 걸치고 있었으며, 그밖에 가죽지갑에 들어 있는 청동제검 등 여러 가지 화려한 유물이 출토되었다. 다른 하나는 직경 30m로 기원전 7세기–기원전 8세기의 스키타이 전기의 무덤으로 이 무덤에서는 장년의 사내가 가죽지갑에 넣은 청동검을 허리에 찬 채 발견되었다. 그 위에는 이 남자가 평소 타고 다녔으리라 생각되는 네 마리 말이, 그리고 평소 부리던 하인인 것으로 여겨지는 여덟 사람의 머리만이 순장(殉葬)된 채로 있었다. 서기 1994년에는 3호분이 발굴되었는데 그곳에서 그리핀/그리폰(griffin, griffon: 몸통은 사자이며 머리와 날개는 독수리인 괴물, 후일 龍의 기원이라 추측하기도 함)의 문신을 한 23세 가량의 여사제가 미라의 형태로 완전하게 발굴되었다. 그녀는 후일 '냉동 또는 얼음공주'로 불리게 된다. 이러한 미라의 출현은 루덴코의 발굴 이후 처음 발견된 것이다. 그리고 서기 2003년 新疆省 타림 분지 내 樓蘭의 小河유적(小河뿐만 아니라 근처 靑海省 民和県 喇家村 유적에서는 기원전 2000년경의 세계 최초의 국수가 발견됨)의 발굴조사에서 얻은 '樓欄의 미녀'(扎浪魯克女尸)와 新疆省 維吾爾 自治區 鄯善県 '양하이(洋海古墓, Yanghai)의 巫堂'미라(吐魯番市 勝金乡 勝金店村 火焰山下 姑師/車師文化 墓地 M90 出土, 2050~2200 B.P./기원전 1000년경)를 포함한 기원전 2000년–기원전 4세기까지 포함되는 12구의 미라들을 上海 复旦대학교 펠릭스 진(Fellics Jin)과 스펜서 웰스(Spencer Wells) 등이 실시한 DNA 분석결과 이들이 코카사스의 체첸

(Chechen)/남러시아 파지리크(Pazyrik)인을 포함하는 유라시아 계통의 사람들일 가능성이 높다고 발표하였다. 이는 洋海古墓에서 나온 土器의 口緣裝飾에서 多産(fecundity)의 祈願을 위해 이탈리아에서 자라는 紫草(gromwell, Lithospermum officinale)의 씨를 이용하고 있음이 확인되는 데에서도 신빙성을 더해준다. 또 吉林대학 고고 유전자연구팀의 연구결과는 이들이 동양과 서양의 混血人들로 밝히고 있다. 또 Cannabis(Cannabis sativa, Cannabis indica, Cannabis ruderalis, hemp, marijuana/marihuana, drug)가 나와 기원전 450년경에서 기원전 420년경에 써진 헤로도투스의 역사(The History of Herodotus)에서 언급되어 있던 스키타이인의 淨化儀式(purification rite)이 사실로 나타나고 있다. 인종도 아파나시에보(Affanasievo) 문화나 스키타이 시기까지는 백인종이 문화주체였으며, 기원전 8세기-기원전 7세기경 스키타이인들이 이 광활한 초원을 왕래하면서 백인종과 황인종의 공존을 가져왔다. 기원전 8세기-기원전 4세기경에는 초원지대를 사이에 두고 끊임없이 東西의 접촉이 있어 왔고 이는 스키타이(Scythian)-오르도스(Ordos, 鄂尔多斯沙漠, 河套/河南)-匈奴가 대표적이다. 몽고를 보면, 동쪽에는 岩刻畵, 케렉수르(Kereksur/Khereguur/Khirigsuur: Kurgan covered with stones)와 사슴의 돌(Stagstone)이 대표되는 카라숙(Karasuk, 기원전 14세기-기원전 8세기)과 타가르(Tagar, 기원전 700년-기원전 200년), 서쪽에는 板石墓를 가지고 중국과 문화와 교류를 보이는 匈奴(훈, Huns)와 튀르크(Türk)인 등 황인종의 유목민족이 대두한다. 이 중 타가르는 흉노와의 同一性/正體性(identity) 비교가 중요하다. 특히 오르혼 계곡 문화유산 지역(Orkhon Valley Cultural Landscape)에는 청동기시대 카라숙(Karasuk)의 사슴돌(Stagstone), 岩刻畵, 케렉수르와 흉노의 板石墓[64]를 비롯하여 위

---

64) 한국 국립중앙박물관에서도 서기 2000년 7월 4일부터 8월 7일까지 몽골 투브 아이막 알탄볼락 솜 모린 톨고이 유적과 서기 2001년 7월 12일부터 8월 28일까지 몽골 호드긴 톨고이 흉노 무덤을 조사한 바 있다. 전자의 솜 모린 톨고이 유적의 적석목곽(상부 적석부 지름 14m, 묘광 깊이 5m, 지하 3단 묘광)에서는 청동거울 및 비단 천, 나무그릇과 뼈 젓가락, 백화수피, 심발형 토기, 인골 및 동물 뼈 등이 발굴되었고 그 연대는 목관의 뚜껑 위에서 출토된 規矩鏡 편과 토기편을 통해 서기 1세기 후반경으로 추정되고 있다. 인골의 AMS(가속질량연대분석)연대는 1950±60 B.P., 1920±60 B.P, 부장된 나무그릇 AMS 연대는 1990±40 B.P.이다. 그리고

굴제국(維吾爾, 回紇: 위굴 제국은 서기 744년-서기 840년임, 위굴제국은 키르기스 點戛斯에 망하며 키르기스는 서기 9세기 말-서기 10세기경까지 존재)의 수도 칼라코토(Khara khoto)의 흔적도 보인다. 그리고 서기 13세기-서기 14세기 칭기즈칸이 세운 몽골제국(서기 1206년-서기 1368년) 수도였던 카라코룸(Karakorum/Kharkhorum/하라호룸/카르호럼)의 궁전터, 돌거북, 티베트의 샤카파[Sakya, 샤카 사원에서 유래하며 서기 1267년 이후 팍파국사가 元 蒙古(元, 서기 1206년-서기 1368년) 쿠빌라이 世祖의 스승으로 티베트 불교가 원의 국교로 됨] 불교의 영향 하에 만들어진 에르벤쥬 사원(서기 1586년)도 포함된다. 이들은 오늘날 중국 내 몽고를 구성하는 55개의 소수민족 중의 하나가 될 것이다. 그 이후에 이들 초원지대는 흉노족의 후예로 추정되는 징기스칸의 蒙古族이란 황인종이, 그리고 이어 제정 러시아시대 하바로브 장군의 원정 때부터 현재까지 완전히 슬라브(Slav)족이란 백인의 무대가 되어 버린다.

이러한 문화교류와 접촉이 이루어진 초원의 길은 비잔티움(콘스탄티노플/이스탄불)-흑해-카스피 해-아랄 해-타시켄트(Tashikent, Uzbekistan의 수도)-알마타(Alma-Ata, Kazakhstan의 수도)-이닝(Yining, 伊寧)-우룸치(Urumchi, 烏魯木齊)-카라코룸(Karakorum/하라호룸)-울란 바토르(Ulan Bator)를 지난다. 다시 말해서 옛 소련의

스키타이의 동물문양

후자의 호드긴 톨고이 유적에서는 흉노무덤 4기가 조사되었는데 그 중 1호 무덤 적석부(지름 동서 11.1m, 남북 11.0m, 깊이 3.5m)에서는 호형 토기, 심발형 토기, 두형 토기, 청동제 말방울, 청동제 머리 장식구, 철제 화살통 부속구, 호형 교구, 원형 장식구, 교구, 재갈, 대도, 도자, 톱, 철촉, 목제 화살촉, 화살대, 골제 활 부속구, 은박 제품, 칠편, 동물 뼈 등이, 그리고 2호 무덤(적석부 지름 5m, 깊이 1.9m) 심발형 토기, 호형 토기, 등잔, 기대, 철제 도자, 고리, 교구, 각종 동물 뼈 등이, 3호 무덤(적석부 지름 3.8-4.3m, 깊이 1.2m)에서는 토기 편 및 각종 동물 뼈가, 4호 무덤(적석부 지름 3.5-4.5m)에서는 호형 토기, 등잔, 철제 도자, 유리구슬, 각종 동물 뼈 등이 각각 출토되었다. 1호의 연대는 목관 편 AMS 2060±40 B.P, 목탄 1910±40 B.P, 씨앗 1980±40 B.P.로 앞선 솜 모린 톨고이 유적과 비슷한 연대로 추정된다.

중앙아시아 초원지대·외몽고·중국을 잇는 북위 35°-45° 부근을 지나는데 기원전 7세기-기원전 2세기경 동물문양, 무기와 마구로 대표되는 스키타이 기마민족들에 의해 메소포타미아와 흑해연안의 문화가 동쪽으로 전래되었다. 중국의 경우 시베리아 초원지대를 경유한 문화경로 이외에도 '오아시스 길'은 天山北路와 天山南路 그리고 西域南路 등 세 경로가 있다. 이는 문화기원과 교류의 다양성을 이야기해준다.

1. 天山北路: 西安(長安)−蘭州−武威−張掖−嘉峪關−敦煌−哈密(Hami, Kumul)−乌鲁木齐(Urimqi, Urumqi, Ürümqi)−伊寧(Yining)−伊犁河(Yili He/Ili River)−알마타(Alma-Ata, Kazakhstan의 수도)−타시켄트(Tashikent, Uzbekistan의 수도)−아랄 해−카스피 해−黑海−동로마의 비잔티움(콘스탄티노플/이스탄불)

2. 西域北路(天山南路): 西安(長安)−蘭州−武威−張掖−嘉峪關−敦煌−哈密(Hami, Kumul)−吐鲁番(Turfan)−焉耆−库尔勒−库车−阿克苏−喀什(Kashi)−파미르高原(帕米尔高詢/蔥嶺, Pamir Mountians)−중앙아시아(中亚, 키르기즈스탄/Kirghizsstan, 타지키스탄/Tadzhikistan/Tajikistan, 아프가니스탄/Afkhanistan/Afghanistan)−인도(India)/서아시아(西亚)

3. 西域南路: 西安(長安)−蘭州−武威−張掖−嘉峪關−敦煌−楼兰−若羌(Ruòqiang)−且末−尼雅−和田(Hotan)−喀什(Kashi)−파미르高原(帕米尔高詢/蔥嶺, Pamir Mountians)−중앙아시아(中亚, 키르기즈스탄/Kirghizsstan, 타지키스탄/Tadzhikistan/Tajikistan, 아프가니스탄/Afkhanistan/Afghanistan)−인도(India)/서아시아(西亚)

이 길도 중국 陝西省의 長安(西安)에서 寧夏回族自治區 黃河와 渭河의 서쪽 蘭州, 武威, 張掖과 嘉峪關을 거치는 河西走(廻)廊을 지나 실크로드(絲綢之路)의 요충지인 甘肅省 敦煌 莫高窟에서 시작한다. 敦煌에서 哈密−乌鲁木齐−伊犁河−알마타−타시켄트−동로마로 가면 天山(Tian Shan)北路, 西安−敦煌−哈密−吐鲁番(高昌國의 수도)−焉耆−库尔勒−庫車(龜玆國)−阿克苏−喀什(Kashi/Kashkar/Kashgar)을 가면 西域北

路(天山南路), 西安-敦煌-楼兰-若羌-且末-尼雅-和田-喀什으로 가면 西域南路가 된다. 또한 喀什(Kashi)에서는 파미르 고원(Pamir Mountians)을 지나 키르기즈스탄/Kirghizsstan, 타지키스탄/Tadzhikistan/Tajikistan, 아프가니스탄/Afkhanistan/Afghanistan을 거치면 터키의 비잔티움(콘스탄티노플/이스탄불), 이란과 인도의 세 방향으로 나아갈 수 있다. 이들은 모두 新疆省 維吾尔自治區와 甘肅省에 위치하며 天山山脈(최고봉은 公格尔山으로 海拔 7,719m임), 타림 분지(塔里木盆地, Tarim Basin)와 타크라마칸 사막(塔克拉瑪干沙漠, Takla Makan Desert)을 피하거나 우회해야 하기 때문에 만들어 진 것이다. 중국의 漢·唐 나라와 로마 제국과의 만남은 필연적이다. 다시 말해 비잔티움(콘스탄티노플/이스탄불)과 西安(長安)이 시발점과 종착역이 된다.

언어연대학(言語 年代學, glottochronology)에 의하면 알타이어(Proto-Altaic→Proto-Northern & Peninsular Altaic(proto-Tungus-Korean-Japanese)에서 한국어와 만주어(Proto-Tungus→Manchu, Goldi, Evenki, Lamut)와의 분리는 지금으로부터 6,200년-5,500년 전이며, 일본어(Old-Janpanese)와 한국어의 직접 분리는 4,600년 전으로 추정된다고 한다. 또 이들 언어를 고고학적으로 비교해 볼 때 원시 한반도어는 빗살무늬토기(즐문토기)가 널리 제작되어 사용되던 신석기시대로, 또 신시베리아/퉁구스(Neosiberian/Tungus: 에벤키, 에벤, 라무트, 사모에드, 우에지, 브리야트, 골디 등)어는 무늬없는 토기(무문토기)가 사용되던 청동기시대와 일치시켜 볼 수 있다. 따라서 한국고대문화와 한민족의 기원을 언급하려면 구석기, 신석기(기원전 8000년-기원전 2000/1500년), 청동기시대(기원전 2000/1500년-기원전 400년)와 철기시대 전기(기원전 400년-기원전 1년)의 문화내용을 잘 파악하고 있어야 한다. 그리고 생화학(biochemistry)적 연구를 하는 학자들은 조직적 合成抗原의 유전자빈도수를 볼 때 한민족을 구성하는 인종은 북몽고 갈래이며, 약 13,000년 전 대빙하가 녹은 다음의 후빙하시대인 충적세의 따뜻한 기후와 함께 바이칼 호를 떠나 한반도에 정착한 것으로 생각한다. 또 지문, 콩팥의 흰자질, 쓸개의 붉은 홋집(ADA), 항체유전자, 혈청촉진흰자질 등으로 볼 때에도 우리 민족이 만주, 몽고, 티베트, 부리야트, 아이누, 고략족들과 유사하다고 주장한다.

알타이 지역에서 가장 연대가 올라가는 전기구석기시대 유적으로 고르노-알타이스크 시 근처 역석기가 나오는 울라링카(70–50만 년 전), 차간 아고이(Tsagan agui, 73만 년 전) 유적을 들 수 있는데, 그 연대는 발열광연대측정법[Thermoluminescence(TL) dating]으로 약 150만 년 전까지 올라가는 것으로 알려졌으나 지금은 그 연대가 수정되어 70–50만 년 전으로 추정되고 있다. 최근 중국의 周口店, 藍田, 한국의 丹陽 금굴과 상원 검은모루봉 등의 유적연대로 보아 이러한 연대가 될 가능성이 높다. 최근 몽고 켄테이 노로브린 소움 살키트 지구(Salkhit, Norovlin soum, Khentey province, 2006년 발견)에서 Mongolantropus 라고 명명한 호모 에렉투스(Homo erectus)의 두개골(30–28만 년 전으로 추정)이 발견되어 주목을 끈다. 그 다음에 오는 알타이 지역의 10–4만 년 전의 중기구석기시대와 4–1만 년 전의 후기구석기시대의 유적에 대한 발굴조사는 데니소바 기지를 중심으로 활발히 진행되고 있다. 다시 말하여 최근 오브 강의 상류인 야누이 강을 따라 중기에서 후기구석기시대 이르는 유적들이 노보시비르스크 역사·언어·철학연구소에 의해 여러 지점이 발견되어 수 년 내로 조사가 진행 중이다. 여기에서 보이는 자갈돌석기문화는 267,000–24,000년에 해당한다.

현재 데니소바 기지를 중심으로 발굴하고 있는 중기-후기 구석기시대 유적은 데니소바 동굴유적(22층의 연대는 282,000년 전, 224,000년 전/상층은 4–3만 년 전), 야누이 제2 유적(27,000–20,000년 전), 우스트카라콜(31,000년 전), 스타라쉬나야(40,000년 전), 카민나야 동굴(31,300–11,900년 전), 카라 봄(33,000년 전)으로 모두 무스테리안의 석기가 나오는 중기 구석기시대 말에서 후기 구석기시대에 걸친다. 여기에 유적을 형성하고 살던 사람들은 어쩌면 우리 조상들과 관련이 될지 모른다. 이곳에 사람이 살기 시작한 것은 기후가 점차 따뜻해짐에 따라 북상해 간 맘모스의 출현과 관계가 깊다. 이 시대가 데니소바 기지 근처에서 발견되는 유적들의 연대와 비슷한 4–3만 년 전으로 후기구석기시대가 된다. 또 이웃 카자흐스탄이나 중앙아시아에서도 이 시기의 유적이 발견되는데 슈르빙카 집자리가 대표적이다. 예니세이 강 유역의 유스트코바 유적, 바이칼 호 호안의 이르쿠츠크 근처의 말타와 뷰렛 유적도 이 시기의 대표적이다. 특히 어린아이의 뼈가 발굴된 말타와 뷰렛 유적에서 각기 출토한 비너스라 불리우는 풍요의 여신상은 시베리아에서 처음 발견된 것들이다. 이러한 여신상을 우리가 다산이나 풍요에 연결시켜 추측해 보지만, 오늘날 백인계 러시아 여인들이 30세 전후에 거의 대부분 이와 같은 여신상의 모습을 닮아가고 있음도 확인할 수 있다.

신석기시대 유적은 알타이 지역에서 뚜렷하지 않으나 이웃 카자흐스탄, 바이칼과 아무르 강 유역의 여러 곳에서 발견된다. 기원전 4000년경의 남쪽 카자흐스탄 보타이 집자리 유적에서는 말뼈가 한꺼번에 만여 점 이상이 나와 당시 이곳의 주민은 움집에 살며 말 사육을 하던 유목민들로 밝혀졌다. 중앙아시아 카자흐스탄의 잠불(Jambul) 지역, 바이칼 호 동쪽 흑룡강 상류 쉴카와 레나 강의 지류인 알단 강의 벨카친스크 유적 등에서는 우리나라의 빗살무늬토기와 유사한 토기들이 나타나고 있다. 바이칼 호 지역의 신석기시대 유적은 주로 앙가라 강을 따라 분포되어 있는데, 이들은 키토이, 이자꼬보, 세로보의 세 시기로 나누어진다. 첫 번째의 이자꼬보기는 기원전 4000년-기원전 3000년으로 이 시기의 주민은 주로 사냥에 의해 생계를 유지해 나갔다. 다음의 세로보기는 기원전 3000년-기원전 2000년의 바이칼 유역의 대표적인 신석기시대로, 이 시기에 활이 등장한다. 마지막의 세로보기는 다음에 올 아화나시에보 청동사용문화와 앞선 과도기시대로, 무덤에 철의 산화물이 들어있는 황토를 사용하고, 또 결합낚시도구를 이용해 고기잡이로 생계를 유지하였다.

전시대에 걸쳐 나타나는 토기를 통해서 보면, 이 지역에서 가장 오래된 토기는 織物 또는 押捺文 토기이며, 우리나라 신석기시대에 나타나는 빗살무늬토기양식은 청동기시대까지도 나타나고 또 벨카친스크 유적(기원전 4,020년)에서는 아가리 둘레에 點列을 몸통부분에는 壓引繩蓆文이 있는 토기가 출토되고 쉴카 동굴유적에는 몸통부분에 문양이 없는 아가리무늬-뾰족밑토기가 보인다. 그래서 쉴카토기는 두만강유역의 신석기시대전기의 아가리무늬와 동일한 토기전통을 가진 것으로 바이칼, 레나, 아무르 지역에 북유럽의 빗살무늬계통의 토기가 들어오기 전에 있었던 것으로 주장되기도 한다.

시베리아 신석기문화를 지역적으로 서부 시베리아와 레나 강 유역의 둘로 나누는데, 바이칼 지역의 문화는 이들 두 지역의 혼합문화로 보고 있다. 오늘날의 백인종과 유사한 집단인 고아시아어족이 수렵과 어로의 경제적인 배경을 가진 이 지역의 신석기문화 주인공이라면, 이들도 우리와 관련이 있는 문화로 보는 것이 좋겠다. 현재 이 지역에 남아있는 신시베리아/퉁구스[Neosiberian/Tungus: 예벤키(鄂溫克), 에벤, 라무트, 사모에드, 우에지, 브리야트, 골디(Goldi, a Nanai clan name, 허저/赫哲) 등은 퉁구스어족들인데 비해, 오히려 연해주, 캄차카나 베링해협 서쪽에 현재 살고 있는 꼬략, 축치, 길야크족들이 당시 이들 신석기시대의 주인공들로 여겨진다. 이것은 이 지역의 주인공인 고아시아어족이 퉁구스어족에 쫓겨나 오늘의 거주지역으로 옮겨간데 기인한다.

충청북도 부여 송국리와 가까운 충남 연기 금남 대평리유적에서는 청동기시대 조기의 돌대문토기 이외에도 청동기시대 중기에 속하는 토기 바닥에 직경 3㎝ 내외의 구멍이 하나 뚫린 것이 나타나는데 이는 러시아 우수리 강의 얀콥프카나 리도프카 문화에서 보이는 것들이다. 최근 다른 청동기시대 중기의 유적에서 공렬토기와 함께 공반하는 경우가 많다. 러시아 동부 시베리아(프리바이칼 지역)의 신석기-청동기시대 편년은 Kitoi-Isakovo(기원전 4000년-기원전 3000년)-Servo(기원전 3000년-기원전 2000년)-Affanasievo-Okunevo-Andronovo의 순으로 되는데 우리나라에서 기원전 1000년-기원전 600년의 청동기시대 중기에 나타나는 공렬토기와 구순각목토기는 Isakovo와 Servo에서 이미 나타나고 있다. 그리고 충청남도 아산 탕정면 용두리, 경기도 가평 외서면 청평 4리, 경기도 광주시 장지동, 경기도 가평 설악면 신천리, 강원도 횡성 공근면 학담리와 춘천 거두리와 천전리에서 출토된 해무리굽과 유사한 바닥을 지닌 경질무문토기는 아무르 강 중류 리도프카 문화와 끄로우노프까(北沃沮, 黑龍江省 東寧県 團結村 團結文化) 문화에서도 보이고 그 연대도 기원전 3세기-서기 1세기 정도가 된다. 한반도의 철기시대에 러시아문화의 영향을 고려할 필요가 있다.

시베리아의 삼림지역에서의 생활양식은 빙하가 물러간 충적세 이후 유럽인들의 접촉이 있을 때까지 변화가 없었는데 이는 최근까지도 농사를 배제한 자연환경의 조건에 기인한다. 최근에도 이 지역에 채소가 모자라 극심한 경제난을 가중시켜왔는데 이는 농경에 기반을 두지 않는 종래의 생활환경의 반영으로 보인다. 이렇듯 삼림지역은 어쩔 수 없이 세계에서 오지로 밀려나 있었다. 그러나 시베리아의 남쪽변경지대를 가로지르는 삼림-대초원과 대초원지대는 아시아 여타 지역의 문화변화에 민감하게 영향을 받고 있었다. 이지역의 청동기시대가 그러하다. 청동기시대는 아화나시에보, 안드로노보, 카라숙(Karasuk, 기원전 1300년-기원전 700년), 타가르(Tagar, 기원전 700년-기원전 200년)로 나누어진다.

서반부 대초원지대나 동쪽의 예니세이 계곡에 처음으로 식량생산이 알려 지게 된 것은 기원전 2000년경으로, 아화나시에보라고 하는 문화의 담당자인 유럽계통의 종족에 의해서였다. 이들은 인도-유럽어족으로 그들의 유적은 볼가 강 하류와 아랄 해에서 발견된다. 이들은 낮은 封土무덤이라고 하는 쿠르간의 초기단계의 무덤을 사용하고 있다. 아화나시에보 토기는 아랄 해 근처의 켈테미나 문화에서 나타나는 것과 유사하며 무덤에서 나오는 조개장식도 아랄 해에서 얻은 것이다. 시베리아 남부 전역에 퍼져 있는 이 문화는 그들의 기동성을 잘 보여준다. 그들은 소, 양, 그리고 말을 기르며, 무덤은 주위에 둥글게 돌려놓은 호석이 있는 봉토분으로 그 속에 톱니무늬가 찍힌 토기가 함께 매장된다. 기술은 여전히 석기와 골각기를 만드는 수준이나, 가끔 약간의 구리 장식도 발견된다.

중상류 예니세이 강 근처 대초원 가운데 섬이며, 청동기시대의 중심지인 미누신스크 분지는 삼림으로 뒤덮인 산맥으로 둘러싸여 있다. 이 분지 내에서 커다란 변화가 자주 일어나는데, 아화나시에보 주민이 이웃 삼림지역에 살고 있던 주민들에 의해 대체되고 오쿠네보(기원전 2000년-기원전 1500년)라는 문화가 새로이 나타났다. 이들의 존재는 미누신스크 분지 내에 산재하고 있는 무덤유적에서 확인되고 있다. 그들의 경제와 문화에 대해서 잘 알려져 있지 못하지만 그들은 정복한 아화나시에보 주민들로부터 가축의 사육법을 그대로 전수받고, 또 초보적이긴 하지만 청동야금술도 알았던 것 같다. 돌과 뼈에 새긴 풍부한 예술품들은 인간과 동물을 사실대로 묘사해, 이것이 후일 세계의 유명한 미술전통의 하나가 된 대초원의 스키토-시베리안 동물문으로 발전해 나간 뿌리가 된 것이다.

야금술은 그다음의 안드로노보기(기원전 1500년–기원전 1000년)에 들어와서야 발견되는데, 그 시기는 기원전 약 1500년부터이다. 알타이 지역은 구리와 주석이 매우 풍부한 당시 광물의 주산지여서 자연히 시베리아 지역 야금업의 중심지가 되었다. 안드로노보 문화는 돈 강에서 예니세이 강에 이르는 동쪽 절반의 지역을 대표하며, 후일 중앙아시아와 시베리아 초원을 떠돌며 살아가던 주민들의 조상으로 볼 수 있다. 반대쪽의 서반부에는 이와는 달리 표도로브스카야(기원전 1600년–기원전 1300년), 이르멘스카야(기원전 1000년–기원전 800년)와 스키타이인의 조상으로 여겨지는 木槨墳문화(Timber grave culture)가 있었다. 그러나 그들 대부분은 인도-유럽어(印歐語)족의 갈래이다. 안드로노보인들은 유목민이 아니라 통나무로 만든 영구적인 반수혈주거지에 살며, 밀과 조를 재배하고, 소·말·양·돼지와 같은 가축을 키웠다. 그들의 무덤은 주위에 호석을 두르고 지하에 박공식의 지붕을 가진 통나무곽이나 石箱墳으로, 이들은 그들 사회에 상·하 계층이 뚜렷이 존재해 있었다는 증거를 처음으로 보여준다.

기원전 14세기경 카라숙(기원전 1300년–기원전 700년) 문화가 같은 지역에서 안드로노보 문화로부터 나온다. 여기에는 전자와 달리 계절적 이동이나, 양을 키우는데 있어서 필수적인 반유목적인 생활이 나타난다. 또 미누신스크 분지에는 관개시설도 보인다. 그들의 무덤은 낮은 봉토에 덮인 석상분이지만 그 주위에는 항상 방형의 호석이 돌려져 있다. 대규모의 카라숙 분묘들은 크고 영구적인 주거지에서 생활했음을 반영한다. 야금술은 대규모로 커지고, 많은 청동제품이 발견된다. 모직물도 알려졌으나, 그들의 옷의 대부분은 가죽이나 털로 해 입었다. 재갈의 발견은 시베리아의 대초원에서 처음으로 말을 타기 시작했음을 알려준다. 오쿠네보 문화에서 처음 나타났던 사실적인 동물 미술이 이시기에 와서는 청동장식 문양으로 좀 더 뚜렷하게 발전하였다. 식량생산 겸 초원의 청동사용문화는 미누신스크 분지에서 부터 시작하였는데, 이제까지 약 40,000점 이상의 청동제품이 발견되었다. 또 아무르 강 유역이나 쿠치엘라를 포함하는 알타이 지역에서 발견되는 4-5백점 이상의 암각화는 사슴, 동심원문, 방형문등이 주제가 되고 있는데, 이는 우리나라 울주 반구대(국보 285호)나 고령 양전동(보물 605호)에서 발견되는 암각화와 그 주제가 유사하다. 앞으로 이 지역의 암각화가 좀 더 조사되고 그 내용이 파악된다면 한국문화의 원류를 이해하는데 많은 도움을 줄 것이다. 여하튼 러시아의 최근 고고학적 조사는 도굴이나 파괴가 덜되었다고 생각되는 알타이 지역에 집중되고 있다.

기원전 7세기에서 서기 1세기까지 타가르(Tagar, 기원전 700년-기원전 200년)라 불리우는 초기유목민이 미누신스크 분지를 제외한 다른 지역을 지배하고 있었다. 타가르 문화는 바이노보(기원전 8세기-기원전 7세기), 포드고르노보(기원전 7세기-기원전 6세기), 사가라쉬(기원전 5세기-기원전 3세기)와 테스(기원전 2세기-서기 1세기)의 넷으로 나누어진다. 유라시아 초원지대에 문화의 동질성이 보이고, 또 알타이 지역에서도 이 시기에 러시아 남쪽의 스키타이 문화와 공통점을 갖고 있었다. 인도-유럽어족의 동쪽 경계는 대개 예니세이 강 상류로 몽골로이드(황인종)와의 인종적인 혼혈이 이루어진 것은 기원전 5세기-기원전 3세기경의 사라가쉬기 동안이고, 서력기원 전후에는 시베리아 초원지대의 주민들은 대부분 황인종으로 바뀌었다. 또 기원전 4세기-기원전 2세기경이면 청동기가 철기로 대체된다. 사람들은 마차나 텐트에서 살며, 가축의 이동에 따라 함께 움직인다. 다른 주민들과의 무역이나 접촉은 기동성에 따라 그 범위가 대단히 넓어졌다. 전쟁이 다반사로 일어나, 말을 탄 전사들은 뛰어난 기동력을 바탕으로 한 군사적인 우월성으로 역사의 흐름이나 문화-기술적인 발달에 커다란 영향을 미쳤다. 중국, 근동과 유럽의 문명들이 항상 이들의 위협 속에 지나게 되는 것도 말을 이용한 뛰어난 기동력 때문이었다. 한마디로 말해 그들의 문화는 정착에서가 아니라 동쪽과 서쪽의 주민의 이동과 문화적인 교류로 인한 혼합이 결과적으로 나타나게 되었다. 이것은 파지리크 고분을 발굴했던 루덴코 박사의 이야기대로 인종적인 혼혈에까지 이르게 되었던 것이다.

그들 사회의 계층화는 장례의식에서 보여주는 바와 같이 상당히 발전하였다. 일반전사나 그의 부인은 조그만 봉토 아래 통나무로 짠 목곽분에 묻히고, 곽 주위나 그 위에는 말이 함께 매장된다. 남자는 무기, 여자는 거울이나 칼과 함께 매장된다. 옷에 부착된 장신구, 음식을 담던 항아리, 그 속에서 나온 양 꼬리 부분 등은, 당시에도 양고기가 오늘날과 마찬가지로 즐겨 먹던 음식임을 알려준다. 족장이나 높은 신분의 사람들은 무덤도 크고 그 속에 부장품도 풍부하게 들어가 있었다. 서기 1947년 루덴코에 의해 발굴된 파지리크 제5호를 비롯한 여러 쿠르간 봉토분을 보면 깊이 4-7m 폭과 길이 6-7m의 구덩이에 남쪽 절반은 통나무로 짠 목곽이 북쪽의 절반은 중앙아시아산의 종자가 매우 좋은 말 5-2마리에 생전의 장신구를 그대로 단채 순장되어 있었다. 통나무 목곽분은 내부가 채워진 다음 그 위에 돌을 쌓아 구릉을 만들었는데 그 구조는 慶州에 있는 新羅의 積石木槨墳과 비슷하다. 이것을 만드는데 연인원 3,000명의 노동력이 든 것으로 피장자 생전의 부와 권력이 그대로 입증이 된다. 왕묘에서는 주인공과 부인이 두터운 통나무 관에 묻혀 있는데, 아마도 부인은 殉葬으로 남편 곁에 묻힌 모양이다. 이는 아마도 인도-유럽어족의 오래된 습관으

스키타이인의 남녀 의복

로 볼 수 있겠다. 대부분의 유물들은 매장 된지 얼마 되지 않아 도굴되곤 하였는데 파지리크 고분의 경우 당시의 기후에 의해 얼어버린 채 그대로 있어 고고학자들에게는 다행스럽게 많은 유물이 도굴되지 않고 그대로 남아 있게 되었다. 깔개, 벽걸이, 말안장용의 털 양탄자, 옷, 가죽제품뿐만 아니라 피장자인 족장의 몸에 그려 넣은 문신과 말의 내장 속에 들어있던 음식물도 고스란히 남게 되었다. 비록 도굴이 되어버렸지만 나타리 폴로시마크의 책임하에 발굴되었던 쿠투르쿤타스 스키타이 쿠르간 봉토분에서도 발굴시 곽내의 온도가 0℃로 양탄자들이 거의 언 상태로 남아 있었다. 특히 몰로딘 비아체스라브가 책임자로 있던 우코크의 발굴에서도 이런 식으로 물고기 모양의 양탄자가 나왔는데, 고기의 눈 위에 신라에서 자주 발견되는 曲玉문양이 묘사되어 있어 주목을 끈다. 신라의 적석목곽분의 무덤구조와 곡옥의 존재는 이곳의 무덤이 우리의 문화와 무관하지 않음을 보여주고 있다. 또 많은 물건들에서 흔히 보여지는 문양이 스키토-시베리안 동물문이다. 사자, 사슴, 말과 호랑이 등이 대표적인데, 우리나라 영천 어은동에서 말과 호랑이 그리고 김해 대성동에서 호랑이 모습을 한 허리띠 바클(帶鉤)이 나와 새삼 이곳의 문화와의 관련성에 놀라움을 금할 수 없다. 이러한 쿠르간 봉토분은 고르노 알타이 지역에서 파지리크를 비롯하여 베렐, 우코크, 우란드릭, 우스디드 시베, 투에크타, 바샤다르, 카탄다의 9개소 모두 수천기이상이 발견되고 있으며 최근 우코크와 이웃 알타이어로 바보의 돌이라는 의미의 쿠투르쿤타스 지역에 위치한 쿠르간 봉토분(직경이 26m, 1991년 발굴)이 발굴되었다.

　이와 같은 시기에 고립된 미누신스크 분지 내에는 타가르 문화(기원전 700년-기원전 200년)가 번성하고 있었는데, 이것은 앞선 카라숙(기원전 1300년-기원전 700년)의 문화전통을 강력하게 유지하고 있었으나, 그래도 많은 부분 동물양식미술과 같은 대초원지대의 요소를 함께 하고 있었다. 초기의 단계는 커다란 석상분을 이용한 수 만 개의 쿠르간 봉토분에 의해 대표된다. 말기에는 평민을 위한 여러 번에 걸쳐 사용된 집단묘가 나타나는데, 이는 청동기가 철기로 대체되는 시기와 일치한다. 서기 1세기경 미누신스크 분지는 바테노요보(서기 1세기-서기 3세기)와 텝세이(서기 3세기-서기 5세기)로 세분 되는 타쉬트익(Tashityk, 서기 1세기-서기 5세기)로 알려진 주민들이 살고 있었는데, 이들은 동쪽으로 향해 문호를 넓혀 나갔다. 이는 아마도 몽골 지방에 있었던 匈奴를 통한 중국의 영향이나 동쪽 초원지방으로부터의 침입에 의한 것으로 여겨진다. 서기 6세기-서기 10세기경이면 突厥족이 몽골 서쪽으로부터 이주해 알타이 지역을 차지하면서 이후 이곳을 그들의 고향처럼 생각하게 되었다. 그리고 바이칼 호 근처에는 현재의 레나 계곡으로 이주한 부리야트족의 조상인 쿠리간족이 이시기에 농경을 하고 가축을 키우며 살았다.

스키타이인의 이동과 문화교류는 타슈켄트-알마아타-카라코룸을 잇는 다시 말해 북위 30°-35°선을 잇는 중앙아시아-오르도스-중국에 이르는 비단길 중 하나가 이미 이 당시부터 형성되었다. 이것은 흉노, 타쉬트익(서기 1-서기 5세기), 돌궐(서기 6세기-서기 10세기), 위굴과 몽골(元나라, 서기 13세기-서기 16세기)과 그 다음에 오는 帝政 러시아와 같이 역사적으로 잘 알려진 종족이나 나라들의 연이은 흥망성쇠에 그 영향력을 크게 행사하였다. 따라서 알타이 지방을 중심으로 하는 산간과 초원지방은 동쪽과 서쪽의 문화와 인종을 결합하는 무대였다.

세계문화유산으로 등재된 할슈타트-다하슈타인 문화경관(Hallstatt-Dachstein Salzkammergut Cultural Landscape : 문화, 1997)은 기원전 2000년경 岩鹽을 채취하고 벌목하던 시절부터 구라파의 철기시대(기원전 12세기-기원전 6세기/A: 기원전 12세기-기원전 11세기, B: 기원전 10세기-기원전 8세기, C: 기원전 7세기, D: 기원전 6세기의 4기)를 거쳐 서기 20세기 중반에 이르기까지 번영을 누린 할슈타드 호반(Hallstätter See)에 자리한 서기 19세기-서기 20세기의 풍족하고 고풍스런 주택들로 들어찬 할슈타트 시, 이 시를 둘러싸고 있는 알프스 산록의 풍경과 고사우 계곡의 수려한 환경을 지닌 잘쯔캄머구트(Salzkammergut) 지역을 포함한다. 이곳은 잘쯔캄머구트(estate of the salt chamber) 말이 의미하듯이 소금 광산의 채굴로 인해 이 시를 부유하게 유지해 왔으며 이것은 할슈타트 시의 건축물에서도 잘 반영된다. 합스부르그 왕가(Habsburg/Hapsburg, 서기 1278년-서기 1918년)에서도 독자적으로 운영할 만큼 'Imperial Salt Chamber'란 말도 만들어진다. 기원전 500년경 켈트(Celt)족의 선조인 할슈타트인들은 주거의 흔적도 없이 자취를 감추었으나 그들이 쓴 분묘와 그 속에서 나온 철검 손잡이의 안테나식 장식은 멀리 우리나라의 세형동검(韓國式銅劍)에까지 영향을 미친다. 즉 英國 大英博物館 소장의 '鳥形柄頭 細形銅劍'이 우리나라에서 철기시대 전기(기원전 400년-기원전 1년)의 대표적인 유물인 세형동검의 자루 끝에 '鳥形 안테나'가 장식된 안테나식 검(Antennenschwert, Antennae sword)으로 보고, 그것이 오스트리아 잘쯔캄머구트 유적에서 시작하여 유럽의 철기시대의 대명사로 된 할슈탓트 문화에서 나타나는 소위 'winged chape'(날개달린 물미)에 스키타이식 동물문양이 가미되어 나타난 것으로 보인다. 이러한 예는 대구 비산동 유물(국보 137호)을 포함해 4점에 이른다. 그리고 오늘날 그곳에 살고 있는 주민들은 현재 서기 12세기 이래의 전통인 二次葬을 하면서 조상의 두개골을 따로 한 곳에 보관하고 있다.

內蒙古 阜新 沙羅乡 査海(기원전 6000년경)-興隆洼[8000-7600 B.P./趙寶溝(7400-6700 B.P.)-富河]-紅山(6500-5000 B.P./기원전 3600년-기원전 3000년)-小河沿(기원전 3000년경 이후), 小珠山-後洼, 新樂(기원전 4500년경)-偏堡子(辽宁 新民, 기원전 3000년경)와 彭頭山-河姆渡-馬家浜-崧澤-良渚-楚로 이어지는 문화 계통들도 고려된다. 여기에는 內蒙古 赤峰市 夏家店문화도 언급된다. 하가점 下層문화는 商(기원전 1750년-기원전 1100년/기원전 1046년)나라 말기이며 上層문화는 商나라 말-西周(기원전 1100년-기원전 771년) 초에 속한다. 하층문화는 동쪽으로 朝陽시 魏營子문화(기원전 14세기-기원전 7세기)-凌河문화(기원전 10세기-기원전 4세기, 十二台營子)로 발전한다고 알려지고 있는데 여기에는 古朝鮮式(琵琶形/辽宁式/滿洲式)동검이 나와 우리 고조선문화와의 관련도 이야기된다. 이제까지 알려진 夏(기원전 2200년-기원전 1750년)나라보다 약 800년이나 앞서는 紅山(기원전 3600년-기원전 3000년)문화는 서기 1935년 초 赤峰市 紅山后에서 발견된 것으로 그 범위는 내몽고 동남부를 중심으로 辽宁省 서남, 河北 북부, 吉林서부에까지 미친다. 경제생활은 농업과 어로가 위주이고 석기는 타제와 마제석기를 사용하였다. 주요 유적들은 內蒙古 那斯臺村, 喀左 東山嘴 冲水溝(기원전 3000년-기원전 2500년경)와 建平 牛河梁유적을 비롯하여 蜘蛛山, 西水泉, 敖漢旗三道灣子, 四棱山, 巴林左旗南楊家營子들이다. 특히 辽宁 喀左 東山嘴와 建平 牛河梁유적에서는 祭壇

(三重圓形), 女神廟(東山嘴 冲水溝의 泥塑像, 여기에서 나온 紅銅/純銅의 FT(Fission Track)연대는 4298±345 B.P., 3899±555 B.P. C¹⁴의 연대는 5000±130 B.P.가 나오고 있다), 積石塚(牛河梁 馬家溝 14-1, 1-7호, 1-4호, 祭器로서 彩陶圓筒形器가 보임), 石棺墓(2호), 禮器로서의 鞍山 岫岩玉으로 만들어진 玉器[龍, 渚(묏돼지), 매, 매미, 거북 자라 등의 動物, 상투(結髮, 辮結)를 위한 馬啼形 玉器(14-a), 環, 璧, 玦 등 100건 이상], 紅陶와 黑陶가 생산된 橫穴式 窯와 一·二次葬을 포함하는 土坑竪穴墓(水葬·風葬·火葬) 등이 알려져 있다. 이 홍산문화에서 興隆洼(8000-7600 B.P.)에서 보이는 玉渚龍이 사슴·새-묏돼지용(玉渚龍)에서 龍(C形의 玉雕龍으로 비와 농경의 기원)으로 발전하는 圖上의 확인뿐만 아니라 紅山岩畵에서 보이는 종교적 무당 신분의 王(神政政治, theocracy)에 가까운 최소한 족장(chief) 이상의 우두머리가 다스리는 階級社會 또는 文明社會를 보여주고있다. 토기문양 중 '之' 문양은 평북 의주 미송리와 경남 통영 상노대노에서, 玉玦은 경기도 파주 주월리와 강원도 고성 문암리에서 나타난다. 해자가 돌린 성역화된 적석총/석관(周溝石棺墓)은 강원도 홍천 두촌면 철정리, 강원도 춘천 천전리, 충남 서천 오석리와 경남 진주대평 옥방 8지구 등에서 보여 紅山문화와 한국의 선사문화의 관련성이 점차 증가하는 추세이다. 이들도 스키타이-흉노와 마찬가지로 한국문화의 기원의 다양성을 알려준다.

그리고 商나라(상문명)의 競爭者인 四川省의 羌族의 것으로 추정되는 四川省 廣漢県 興鎮 三星堆 祭祀坑[기원전 1200년-기원전 1000년경: 1호 坑은 商晚期, 2호 坑은 殷墟(기원전 1388년-기원전 1122/1046년)晚期] 및 蜀國初期都城(四川省 成都 龍馬寶墩 古城, 기원전 2750년-기원전 1050년이나 기원전 16세기가 중심: 商代早期)의 國政을 점치거나 또는 제사용으로 사용되었을 것으로 추정되는 청동기와 土壇유적 등도 종래 생각해오던 중국문명의 중심지역뿐만 아니라 상의 영향을 받아 주변지역에서도 청동기의 제작이 일찍부터 시작되었다는 새로운 사실들이 밝혀지고 있어 중국 청동기문화와 文明의 다원화에 대한 연구를 가능하게 만들고 있다. 최근 殷墟출토와 三星堆의 청동기 假面의 아연(zinc, Zn)의 동위원소를 분석한 결과 産地가 같다는 결론도 나오고 있어 신석기시대 이래 청동기시대 문화의 多元性과 아울러 상나라의 지배와 영향 등의 새로운 해석도 가능해진다.

그리고 紅山문화와 마찬가지로 玉器의 제작으로 유명한 良渚(浙江省 杭州市 余杭區 良渚鎭)문화(기원전 3350년경-기원전 2350년경)에 속하는 余杭 甁窯鎭 匯觀山 제단을 비롯한 余杭 反山과 瑤山에서 출토한 玉으로 만든 琮·璧·鉞은 神權·財權·軍權을 상징하는 것으로 정치권력과 군사통수권을 가진 족장사회(chiefdom)를 넘어선 국가와 같은 수준의 정치적 기반을 갖춘 정부조직이 있었으리라는 추정도 가능하게 한다. 후일 周禮 春官 大宗伯에 보이는 "以玉作六器 以禮天地四方 以蒼璧禮天 以黃琮禮地 以靑圭禮東方 以赤璋禮南方 以白琥禮西方 以玄璜禮北方 皆有牲幣 各放其器之色"라는 六器 중 琮·璧·璜과 유적에서 나오는 鉞의 네 가지 祭禮重器라는 玉器가 이미 앞선 良渚文化에서 나타나고 있다. 그리고 이곳에서 사용된 玉器의 재료는 江蘇省 栗陽 小梅岭에서 가져온 것으로 보인다. 玉玦은 이미 경기도 파주 주월리와 강원도 고성 문암리에서, 叉와 비슷한 것은 경기도 연천 군남면 강내리, 圭는 황해도 봉산 지탑리유적[CXX(120)-14]과 경기도 연천 중면 횡산리에서 출도되고 있다. 그리고 여기에 '王'자에 가까운 刻畵文字, 莫角山의 土城(堆筑土의 古城), 瑤山 7호와 反山 23호의 王墓, 滙觀山의 祭壇 등의 발굴 자료는 良渚文化가 이미 족장사회를 넘어선 古代國家 또는 文明의 단계로 인식되고 있는 실정이다. 이미 요새화한 版築城은 河南省 安陽 後崗, 登封 王城崗, 淮陽 平糧臺, 山東省 章丘 龍山鎭 城子崖 등 龍山문화에서부터 이미 나타나고 있는 점은 앞으로 중국 고고학의 사회발전 단계의 연구에서 해결되어야 할 문제점이다.

그리고 중국북방의 匈奴는 기원전 3세기에서 서기 약 460년까지의 약 700년간 존속했다. 현재의 蘭州-武威-張掖의 內蒙古 蒙古高原지대를 중심으로 北狄 獫狁(험윤, 흉노의 옛 이름, 중국발음으로 獫狁과 葷粥은 匈奴와 같음) 葷粥(훈육, 흉노의 옛 이름) 山戎이 있으며 周(戰國): 戎狄, 秦 月氏 匈奴 东胡, 漢: 丁零 鮮卑, 魏晋 南北朝: 高車 柔然, 隋 鐵勒 突厥 , 唐: 東突厥, 回鶻(회흘, 回紇) 契丹 點戛斯 阻卜 西夏, 遼 乃蛮 克烈, 金 大蒙古國, 元·明: 北元/韃靼 喀爾喀蒙古, 淸中華民国 蒙古国 中華人民共和国 蒙古人民共和国, 蒙古国으로 맥을 내려오고 있다. 흉노는 유럽에서 시베리아를

거쳐 오는 欧亞大陸의 游牧民族으로 기원전 209년-서기 30년 蒙古中心의 国家를 형성하였다. 『史記』나 『漢書』 등에서 보면 漢朝時 강대한 유목민족, 기원전 215년 黃河河套地區로 쫓겨나고 東漢時 분열을 일으켰다. 前漢 말 王莽이 新을 건국한 후 흉노와 중국의 관계는 악화되어 흉노는 다시 중국을 침입하기 시작하였다. 匈奴는 匈奴王인 呼韓邪單于(기원전 58년-기원전 31년 재위) 이후 한과 흉노 사이에는 평화관계가 유지된다. 그러나 新(서기 9년-서기 25년)의 건국 후 新을 건국한 王莽은 儒教에 입각하여 주위의 이민족은 반드시 그들에게 복속해야 한다는 강경한 정책을 고집하며 이에 흉노를 비롯한 주변 제 민족은 크게 반발하게 된다. 결국 흉노는 서기 21년(新 王莽 地皇 2년) 반란을 야기하였다. 이에 王莽은 '匈奴單于'를 '降奴服于'라고 모멸하여 부르고 12장군에 대군 30만을 주어 흉노 토벌을 감행했으나 내부적 문제로 실패한다. 또한 이 사이에 西域諸國에서도 반란이 일어나 新에서 이탈하여 버리게 된다. 이후 중국은 곧 내란에 휩싸이게 되고 그 사이에 흉노는 다시 서역제국에 대한 영향력을 회복하게 된다.

남흉노의 日逐王 比[醢落尸逐鞮單于 呼韓邪單于(?-55年)로 이름은 比이며 匈奴烏珠留若鞮單于의 아들로 처음에는 右日逐王으로 불리었다. 서기 48년 南匈奴로 분리하고 서기 49年 北匈奴를 공격하였다. 그리고 한나라에 의해 오르도스/河套地區에 거주하게 되었다는 前漢에 투항했던 呼韓邪單于의 손자로 흉노의 남방 및 烏桓을 통치하고 있었다. 後漢은 그가 투항하자 그의 조부의 칭호와 같이 呼韓邪單于의 칭호를 주었고 前漢 때와 마찬가지로 한과 연합하여 북흉노를 몰아냈다. 한편 남흉노와 後漢제국의 연합으로 고립된 북흉노는 後漢 1대 光武帝 建武 27년(서기 51년) 後漢에 사신을 보내 화친을 청하였으나 남흉노의 입장을 고려한 光武帝는 이 和親 제의를 거절하고 그 대신에 絹, 帛 등을 보내 회유, 무마하였다. 2대 明帝시대에 북흉노가 북변을 침입하고 다시 화친을 제의하였으므로 明帝는 북흉노의 변경침탈을 중지시키기 위해 북흉노의 和親을 수락하고, 永平 8年(서기 65년)에 사신을 파견하였다. 북흉노의 경우 後漢書 匈奴列傳의 "南部攻其前, 丁零寇其後, 鮮卑擊其左, 西域侵其右"이라는 기록에서 보는 바와 같이 사방에서 漢, 丁零, 鮮卑, 西域 제국의 압력을 받자 고비사막 북쪽에서 몽고 오르혼 강 서쪽으로 밀려난다. 後漢(서기 25년-서기 220년)은 서기 89년(和帝 永元 1년)-서기 91년에 남흉노와 연합하여 대토벌을 감행해서 그 주력을 金微山(지금의 알타이산맥)에서 제거한다. 이들을 훈(Hun)족으로 보기도 한다. 이후 잔여세력은 서쪽으로 이동을 시작해서 후에 서기 4세기에는 러시아 볼가 강에 이르는 소위 '훈족의 대이동'이 일어난다. 북쪽 헝가리, 불가리아, 독일, 프랑스와 스페인 일대에 살고 있던 훈(Hun)족, 골(Gaul), 동고트(Ostrogoth), 서고트(Visigoth), 반달(Vandal), 프랑크와 롬바르드 등의 계속적인 공격과 약탈에 의해 서기 476년 서로마제국은 멸망한다. 匈奴(Huns)로 알려진 아틸라(Attila)족은 서기 375년 고트족의 영역에 침입, 서기 410년 서고트에 패하나, 서기 448년 아틸라 왕은 현 항가리에 아틸라 왕국을 세워 황제가 된다. 아틸라 왕은 서기 451년 서로마 아이티우스 장군이 이끈 고트 등의 부족연합군과 프랑스 오르레앙 카타로니아에서 벌린 샬롱 전투에서 패하여 서로마제국 정벌에 실패한다. 이때 사라진 북흉노는 古西域의 烏孫의 유목지구를 거쳐 康居까지 가며 그들은 Alani(Alans, 阿蘭那人: 흑해 북동쪽에 거주하며 서기 1세기 로마기록에 나타나는데, 서기 370년경 훈족에 의해 멸망함)을 몰아내고 돈 강 유역까지 진출하는 것으로 추측된다. 북흉노가 떠난 이후 몽골 고원에는 南匈奴가 중국의 番兵 역할을 하며 오르도스 및 山西省 일대에서 북방을 방어하였다. 후한은 南匈奴의 군대를 용병으로 활용하여 鮮卑, 烏桓, 羌 등을 토벌하기도 하였다. 흉노 單于 於扶羅의 아들 劉豹[呼廚泉의 조카이며, 前趙(漢)의 황제 劉淵(서기 252년?-서기 310년, 재위: 서기 304년-서기 310년의 아버지]가 서기 202년 반란을 일으켰으나 曹操가 보낸 장군 鍾繇에 대패하여 조조에게 귀순했다. 그래서 三國時代(서기 220년-서기 280년)에 들어와서 흉노는 유명무실하게 되고 흉노는 5부로 재편되어 중국의 실질적인 통제를 받게 되었다. 흉노는 언어학적으로 오늘날 몽고족의 직계조상으로 추정되기도 하며, 이들은 후일 十六国時期에 前趙(漢, 서기 304년-서기 329년), 北涼(서기 397년-서기 439년), 夏(서기 407년-서기 432년) 등 지방정권을 세워 차츰 중국화 되어 갔다.

　토착농경사회와 흉노와 같은 유목민족의 관계는 西漢(前漢) 10대 元帝 16년(기원전 33년) 漢나라의 유화정책에 의해 匈奴王 呼韓邪單于에게 政略結婚으로 시집가 그

곳에서 죽어 內蒙古 자치구 호화호트(呼和浩特) 시에 묻혀있는 呼韓邪單于(기원전 58
년-기원전 31년 재위)의 부인 王昭君(王嬙)의 묘가 이를 잘 입증해준다. 이 王昭君(王
嬙)[65]에 대해서는 李白(서기 701년-서기 762년)의 '昭君拂玉鞍 上馬啼紅頰 今日漢宮人 明
朝胡地妾'과 '胡地無花草 春來不似春 自然依帶緩 非是爲腰身'의 두 詩가 남아 있다.

경주 蘿井(사적 245호)은 발굴 결과 철기시대 전기의 유적으로, 수원 고색동, 파
주 탄현 갈현리 등지의 粘土帶土器 유적에서 나오는 台脚에 굵은 豆形토기도 보이
는 점토대토기문화가 바탕 되었음이 드러났다. 따라서 기원전 57년 신라가 건국
했던 연대도 이들의 시기와 일치한다. 또 실제 그곳에는 朴赫居世의 신당(神堂), 또
는 서술성모의 신궁이 팔각(八角)형태의 건물로 지어져 있었음으로 신라의 개국연
대가 기원전 57년이라는 것도 믿을 수 있게 되었다. 그리고 秋史 金正喜의 海東碑
攷에 나오는 신라 30대 文武王(서기 661년-서기 681년 재위)의 비문(서기 2009년 9월 4일, 金,
碑의 상부가 다시 발견됨)에 의하면 慶州 金氏는 匈奴의 후예이고 碑文에 보이는 星漢
王(15대조, 金閼智, 서기 65년-?)은 흉노의 休屠王의 太子 祭天之胤 秺侯(투후)金日磾[김일
제, 기원전 135년-기원전 86/85년, 한 7대 武帝(기원전 141년-기원전 87년) 때 霍去病(기원전 140년-
기원전 117년) 장군에 의해 현 武威에서 포로가 되었으며 후일 무제의 암살을 막은 공로로 秺侯라는 봉
토를 하사 받았다]로부터 7대손이 된다. 그리고 13대 味鄒王(서기 262년-서기 284년, 金閼
智-勢漢-阿道-首留-郁甫-仇道-味鄒王, 三國史記 제2, 新羅本紀 제2)은 경주 김씨 김알지의 7
대손으로 이야기된다. 따라서 경주 김씨의 出自는 匈奴-東胡-烏桓-鮮卑 등의 유
목민족과 같은 복잡한 배경을 가진다. 휴도왕의 나라는 본래 중국 북서부 현 甘
肅省 武威市(漢 武威郡 休屠県, 현 甘肅省 民勤県)로, 이는 新羅 積石木槨墳의 기원도 중국
辽宁省 朝陽에서 보이는 鮮卑族의 무덤·출토유물과 관련하여 생각해 볼 가능성
이 열리게 되었다. 결국 신라의 적석목곽분은 초원의 스키타이인들이 쓰던 쿠르

---

65) 王昭君(기원전 52년-?)은 기원전 33年 西漢後期 握衍朐鞮單于의 아들 匈奴單于인 呼韓邪單于
(기원전 58년-기원전 31年 재위)의 요구대로 시집을 와 기원전 31年 呼韓邪單于가 세상을 뜬
후 胡俗인 Levirate marriage(兄死娶嫂制)에 따라 呼韓邪寵妾大閼氏의 長子인 復株累若鞮單于
에게 再嫁하게 된다.

간 封土墳의 영향하에 만들어졌을 가능성을 배제할 수 없게 되었다.

청동기문화의 발전과 함께 族長이 지배하는 계급사회(chiefdom society)가 출현하였다. 이들 중에서 강한 족장은 주변의 여러 족장사회를 통합하고 점차 권력을 강화하여 갔다. 기원전 3세기─기원전 2세기부터의 단순족장사회에서 좀 더 발달한 복합족장사회로 나아갔다. 마한이 그 예이다. 이는 三國志 魏志 弁辰條에 族長격인 渠帥(또는 長帥, 主帥라도 함)가 있으며 이는 격이나 규모에 따라 신지(臣智, 또는 秦支·踧支라고도 함), 검측(險側), 번예(樊濊), 살계(殺奚)와 읍차(邑借)로 불리어지고 있었음을 알 수 있다. 이는 정치 진화상 같은 시기의 沃沮의 三老, 東濊의 侯, 邑長, 三老, 挹婁의 大人, 肅愼의 君長과 같은 國邑이나 邑落을 다스리던 혈연을 기반으로 하는 계급사회의 行政의 우두머리인 族長(chief)에 해당된다.

우리나라에서 가장 먼저 나라로 발전하였다고 이야기되는 한 것은 고조선 중 단군조선이다. 고조선은 단군왕검(檀君王儉)에 의하여 건국되었다고 한다(기원전 2333년).[66] 단군왕검은 당시 지배자의 칭호였다. 그러나 고조선은 遼宁지방을 중심으로 성장하여, 점차 인접한 족장사회들을 통합하면서 한반도로까지 발전하였다고 보는데, 이와 같은 사실은 출토되는 비파형 동검의 분포로서 알 수 있다. 고조선의 세력 범위는 청동기시대를 특징 짓는 유물의 하나인 비파형 동검(고조선식 동검)이 나오는 지역과 거의 일치하고 있다. 이러한 내용은 신석기시대 말에서 청동기시대로 발전하는 시기에 계급의 분화와 함께 지배자가 등장하면서 새로운 사회질서가 성립되는 것을 잘 보여준다. "널리 인간을 이롭게 한다[弘益人間]"는 것도 새로운 질서의 성립을 의미하는 것이다. 이 시기에는 사람들이 구릉지대에 거

---

66) 檀君朝鮮의 건국연대는 徐居正의 東國通鑑, 劉恕의 資治通鑑外紀, 安鼎福의 東史綱目과 李承休의 帝王韻紀 東國君王開國年代 前朝鮮紀(卷下)에서 기원전 2333년(戊辰년의 건국연대는 기원전 2313년이나 殷/商나라 武丁8년 乙未년까지 단군이 다스리던 기간이 1,028년이 아닌 1,048년으로 본다면 20년이 올라간 기원전 2333년이 된다), 그리고 三國遺事에서 건국연대는 기원전 2311년(唐高, 堯 즉위 후 50년 庚寅/丁巳년) 등 그 설도 다양하다. 이는 史記 五帝 本紀 주석에서 皇甫謐가 唐堯(帝堯)가 甲申년(기원전 2377년)에 태어나서 甲辰년에 즉위(기원전 2357년) 했다고 하는 여러 설에서 기인되기도 한다.

주하면서 농경생활을 하고 있었다. 이때, 환웅부족은 태백산의 신시를 중심으로 세력을 이루었고, 이들은 하늘의 자손임을 내세워 자기 부족의 우월성을 과시하였다. 또, 풍백, 우사, 운사를 두어 바람, 비, 구름 등 농경에 관계되는 것을 주관하게 하였으며, 사유 재산의 성립과 계급의 분화에 따라 지배계급은 농사와 형벌 등의 사회생활을 주도 하였다. 선진적 환웅부족은 주위의 다른 부족을 통합하고 지배하여 갔다. 곰을 숭배하는 부족은 환웅부족과 연합하여 고조선을 형성하였으나, 호랑이를 숭배하는 부족은 연합에서 배제되었다. 단군은 제정일치의 지배자로 고조선의 성장과 더불어 주변의 부족을 통합하고 지배하기 위해 자신들의 조상을 하늘에 연결시켰다. 즉, 각 부족 고유의 신앙체계를 총괄하면서 주변 부족을 지배하고자 하였던 것이다. 고조선은 초기에는 요녕지방에 중심을 두었으나, 후에 와서 대동강 유역의 왕검성을 중심으로 독자적인 문화를 이룩하면서 발전하였다. 고조선은 연나라의 침입을 받아 한때 세력이 약해지기도 하였다. 그러나 기원전 3세기경에는 부왕(否王), 준왕(準王)과 같은 강력한 왕이 등장하여 왕위를 세습하였으며, 그 밑에 상(相), 대부(大夫), 장군(將軍) 등의 관직도 두었다. 또, 요하를 경계선으로 하여 중국의 연(燕)과 대립할 만큼 강성하였다. 4대 87년간은 존속했던 위만조선은 衛滿에서 이름이 전해지지 않는 아들을 거쳐 손자인 右渠에 이르는 혈연에 의한 세습왕권이었다. 漢 高祖 12년(기원전 195년) 燕王 盧綰이 漢나라에 叛하여 匈奴로 도망감에 따라 부하였던 衛滿과 우거 이외에 기록에 나타나는 裨王長, 朝鮮相 路人, 相 韓陶(韓陰), 大臣 成己, 尼鷄相 參, 將軍 王唊, 歷谿卿, 濊君 南閭 등은 그러한 세습왕권을 유지하는 고위각료들이었던 것으로 생각되며 이들이 곧 전문화된 군사·행정집단인 것으로 보인다. 또한 朝鮮相 路人의 아들 最가 등장하는 것으로 보아 왕위와 마찬가지로 상류층에서도 지위세습이 존재했으며 그러한 상위계층에 대응하는 하나 이상의 하위 신분계층이 더 존재했을 가능성을 시사해주고 있다. 이러한 신분체계와 아울러 기록을 통해서 알 수 있는 위만조선의 사회구조에 관한 것은 내부의 부족 구성과 인구수 등이다. 위만조선의 인구규모는 『漢書』와 『後漢書』의 기록을 종합해 볼 때 약 50만에 이른 것으로 추정된다. 족장단계(chiefdom society)를 넘어서는 이러한 인구규모를 통제하기 위해서는 경제적 배경이나 영토, 이외에 법령과 치안을 담당할 군대도 필요하다. 『漢書』지리지에는 한의 풍속이 영향을 미친 이후 80여 조에 달하는 法令이 제정되었다는 기록이 있고, 『後漢書』「東夷傳」濊條에도 역시 그와 유사한 기록이 있다. 그래서 한반도 최초의 고대국가는 위만조선(기원전 194년-기원전 108년)이다. 국가는 무력, 경제력과 이념(종교)이 바탕이 되며, 무력을 합법적으로 사용하고 중앙집권적이고 전문화된 정부조직을 갖고 있다. 세계에서 도시·문명·국가는 청동기시대에 나타나는데 우리나라의 경우 중국의 영향 하에 성립되는 이차적인 국가가 되며, 또 세계적인 추세에 비해 훨씬 늦은 철기시대 전기에 나타난다. 고인돌은 기원전 1500년에서부터 시작하여 경상남도, 전라남도와 제주도에서는 철기시대기 말까지 존속한 한국토착사회의 묘제로서 그 사회는 혈연을 기반으로 하는 계급사회인 족장사회로, 교역, 재분배 경제, 직업의 전문화, 조상숭배 등을 바탕으로 하고 있었다. 그리고 그 다음에 오는 고대국가의 기원은 앞으로 고고학적인 자료의 증가에 따라 단군조선에까지 더욱 더 소급될 수도 있으나, 문헌에 나타나는 사회조직, 직업적인 행정관료, 조직화된 군사력, 신분의 계층화, 행정중심지로서의 왕검성(평양 일대로 추정)의 존재, 왕권의 세습화, 전문적인 직업인의 존재 등의 기록으로 보아서 위만조선이 현재로는 한반도내 최초의 국가체제를 유지하고 있었던 것으로 보인다. 또한 국가형성에 중요한 역할을 차지하는 시장경제와 무역의 경우 위만조선 이전의 고조선에서도 교역이 있었으며, 변진과 마한, 왜, 예 등은 철을 중심으로 교역이 행해졌던 것으로 보여진다. 위만조선의 경우 한반도 북쪽의 지리적인 요충지에 자리 잡음으로 해서, 그 지리적인 이점을 최대한으로 이용한 '중심지무역'으로 이익을 얻고, 이것이 국가를 성립시키고 성장하는데 중요한 요인이 되었을 것이다. 위만은 입국할 때에 상투를 틀고 조선인의 옷을 입고 있었던 것으로 보아 연나라에서 살던 조선인으로 생각된다. 위만은 나라 이름 그대로 조선이라 하였고, 그의 정권에는 토착민 출신으로 높은 지위에 오른 자가 많았다. 따라서 위만의 고조선은 단군의 고조선을 계승한 것으로 볼 수 있다. 그리고 국가가 되기 위해서는 '무력의 합법적인 사용과 중앙 관료체제의 확립'이나 '전문화나 '전문화된 정부 체제를 지닌 사회'라는 조건을 갖추어야 하는데 위만조선의 경우 이에 해당한다고 하겠다. 따라서 위만조선은 중국의 사기(史記)와 한서(漢書) 등의 기록에 의하면 우리나라에서 처음으로 확실한 국가의 체제를 갖추었다고 하겠다.

고고학·고대사 연구에서 스키타이와 그 문화전통을 잇는 匈奴에 대한 연구는 매우 미진했을 뿐 아니라 중국의 입장에서 바라본 흉노는 중국변방의 北狄이란 한 오랑캐로 편입시켜 소개되어 왔다. 그러나 이 匈奴는 중앙아시아, 시스바이칼 (바이칼호 서쪽) 호 주변일대, 동부 몽고, 중국 동북지방의 일부 지역에 넓게 형성되었던 종족이며 후일 新疆維吾爾自治區를 거쳐 남부시베리아로 진입하여 당시 미누신스크 분지 일대에 펴져 있던 타가르(Tagar) 문화를 흡수, 통합하여 현 하카시인의 원 조상격인 타쉬트익(Tashityk) 문화를 만들었고, 그들 중 상당수는 다시 그 방향을 서쪽으로 잡아 진행하면서 스키타이 종족들이 점거했던 초원지대를 자신들의 무대로 바꾸어 놓은 강력한 몽고로이드계 유목제국을 형성한 대 정복민족이었다. 그들의 문화는 러시아에서 훈-사르마트(Hun-Sarmat)기라고 명명할 정도로 러시아 고고학, 특히 초원지대를 점령했던 종족을 중심으로 한 시대구분에서 한 시대를 장식하며 元과 현재의 蒙古人들도 그들의 직계후손으로 생각하고 있을 정도이다. 그들은 또한 시베리아와 극동의 초원지대뿐 아니라 후에 중국의 역사구도 속에서도 중국을 위협하는 변방제국으로서 중국고대사에서 빼 놓을 수 없는 政治體를 형성하였다. 흉노가 중부아시아에서 발흥하여 큰 무리는 서쪽으로 이동한 반면 한 집단은 동쪽으로 전진하면서 중국의 史記와 漢書의 여러 문헌에서 그들에 대한 기록이 발견된다. 그중에서도 강성했던 흉노시기의 유물은 춘추시대(기원전 771년-기원전 475년) 말기부터 漢代(기원전 206년-서기 220년)에 이르기까지 오랫동안 중국의 여러 지역에서 발견되고 있다. 이들은 또 한국의 慶州 金氏의 조상인 金日磾, 衛滿朝鮮(기원전 194년-기원전 108년)의 성립과도 밀접한 관련을 맺고 있다.

그 외에도 시대가 떨어지는 唐나라 때 우즈베키스탄(Uzbekistan) 사마르칸트

(Samarkand)의 동쪽 펜지켄트(Pendzhikent, 1946년 러시아인 Boris Marshak이 발굴, 서기 719년 -739년 아랍인의 침공으로 멸망)의 조그만 도시국가에 중심을 둔 소그드인들은 그들의 습관이 중국의 舊唐書 胡書에 기록으로 남아있을 정도로 카라반(隊商)을 형성하여 중국의 수와 당나라 때 활발한 무역을 했었다. 당나라 때에는 西安과 高昌에 정착을 하여 그들의 우두머리가 관리책임자인 薩寶라는 직을 맡기도 하였다. 그들의 무역활동 흔적은 벨기 후이 성당과 일본 正倉院/法隆寺의 비단(소그드의 씨실 비단 직조법과 사산 왕조의 영향을 받은 문양), 그리고 甘肅省 敦煌 莫高窟 45호와 西安 北周의 安伽墓(2004, 陜西省考古硏究所)와 史君墓(펜지켄트 근처 부하라와 키쉬 출신으로 성을 '安', '康', '史', '石' 등으로 삼음)의 石槨 표면에 보이는 벽화를 들 수 있다. 그들의 후손으로 여겨지는 安祿山의 亂(唐玄宗, 서기 755년-서기 763년)의 실패로 소그드인의 활동이 약화되었다. 그들의 문화는 앞선 페르시아의 사산(Sassan, 서기 224년-서기 652년) 왕조 문화의 영향을 많이 받았다. 그리고 慶州 월성군 외동리 소재 新羅 38대 元聖王의 掛陵(사적 26호, 서기 785년-서기 798년)의 石像(보물 1427호), 41대 憲德王陵(서기 809년-서기 826년, 사적 29호), 42대 興德王陵(서기 826년-서기 836년, 사적 30호)의 무인석상과 경주 용강동 고분(사적 328호) 출토 土俑도 실크로드를 따라 중국 隋(서기 581년-서기 618년)와 唐(서기 618년-서기 907년)나라 때의 胡商인 소그드(Sogd/Soghd)의 영향으로 생각된다.

그렇지만 흉노의 문화는 여러 가지 점에서 유라시아의 초기철기시대에 유행했던 스키타이의 문화와 비슷하다.

1) 遊牧과 騎馬를 바탕으로 하여 주변의 토착농경민족과 대립하고 있다. 이는 유목민족과 토착농경민족의 대립양상에서 살펴야 할 것이다.
2) 유목민족에서는 인류학에서 언급하는 고고학으로 본 문명과 국가의 정의[67]

---

67) 고고학의 서술에 있어서 문화(culture)와 문명(civilization)의 구분은 필수적이다. 이를 토대로 국가(state), 도시(city)란 개념도 정의할 수 있다. 1960년대 이래 미국과 유럽에서 고고학 연구의 주제로, "농업의 기원"과 마찬가지로 "문명의 발생"이 커다란 주류를 형성해 왔다. 최근에는 생태학적인 연구에 힘입어 그들의 발생은 독립적인 것보다 오히려 상호 보완적인 점

에 필요·충분한 조건인 '都市와 文字' '무력을 합법적으로 사용하고 통치권을 행사할 수 있는 지배체제의 존재와 힘/무력(power)·경제(economy)와 이념(ideology, 또는 religion)을 바탕으로 한 중앙집권화 되고 전문화된 정부제도'가 존재하지 않아 형태상으로 국가의 단계에 이르러도 행정중심지가 없고 또 문

에서 찾는 쪽으로 나아가고 있다. 고고학의 연구목적은 衣·食·住를 포함하는 생활양식의 복원, 문화과정과 문화사의 복원에 있다. 문화는 인간이 환경에 적응해서 나타난 결과인 모든 생활양식의 표현이며, 衣·食·住로 대표된다. 생태학적으로 문화란 인간이 환경에 적응해 살아남자고 하는 전략이라고도 할 수 있다. 반면에 문명의 정의는 故 張光直(Chang Kwang-Chih, 1931-2001) 교수의 이야기대로 "기념물이나 종교적 예술과 같은 고고학적 자료 즉 물질문화에서 특징적으로 대표되는 양식(style)이며 하나의 질(quality)"이라고 할 수 있다. 문명이란 사전적인 용어의 해석대로 인류역사상 문화발전의 한 단계이며 엄밀한 의미에서 도시와 문자의 사용을 필요·충분조건으로 삼고, 여기에 고고학상의 특징적인 문화인 공공건물(기념물), 시장, 장거리무역, 전쟁, 인구증가와 기술의 발전 같은 것에 근거를 두게 된다. 이들 상호작용에 의한 乘數효과(multiplier effect)가 都市, 文明과 國家를 형성하게 된다. 이들의 연구는 歐美학계에서 서기 1960년대 이후 신고고학(New Archaeology)에서 Leslie White와 Julian Steward의 新進化論(neo-evolutionary approach; a systems view of culture)과 체계이론(system theory)을 받아들임으로써 더욱더 발전하게 된다. 이들 연구의 주제는 農耕의 起源과 文明의 發生으로 대표된다. 이들의 관점은 生態學的인 接近에서 나타난 自然全體觀(holistic view)으로 物理的環境(physical environment), 生物相(biota; fauna, flora)과 文化(culture)와의 相互 적응하는 생태체계(ecosystem)로 이루어진다. 즉 文化는 환경에 적응해 나타난 結果이다. 보편적인 문화에서 量的·質的으로 變化하는 다음 段階, 즉 都市와 文字가 나타나면 文明인 것이다. 여기에 武力을 合法的으로 使用하고 中央集權體制가 갖추어져 있거나, 힘/武力(power), 경제(economy)와 이념(ideology)이 함께 나타나면 國家段階의 出現을 이야기한다. 따라서 都市, 文明과 國家는 거의 동시에 나타난다고 본다.
Elman Service의 모델인 統合論(Integration theory)에서는 인류사회는 경제나 기술이 아닌 조직이나 구조에 기반을 두어 군집사회(band)-부족사회(tribe)-족장사회(chiefdom)-고대국가(ancient state)로 구분하고 있다. 그리고 기본자원에 대한 불평등한 접근에서 일어나는 갈등에 기반을 둔 Morton Fried의 갈등론(Conflict theory)의 도식인 평등사회(egalitarian society)-서열사회(ranked society)-계층사회(stratified society)-국가(state)라는 발전단계도 만들어진다. 서비스는 국가단계에 앞선 족장사회를 잉여생산에 기반을 둔 어느 정도 전문화된 세습지위들로 조직된 위계사회이며 재분배체계를 경제의 근간으로 한다고 규정한 바 있다. 족장사회에서는 부족사회 이래 계승된 전통적이며 정기적인 의식행위(calendric ritual, ritual ceremony, ritualism)가 중요한 역할을 하는데, 의식(ritualism)과 상징(symbolism)은 최근

자로 남겨진 기록이 없기 때문에 자체의 문화를 남의 나라의 기록에 의존할 뿐만 아니라 사회발전단계를 논하기에 애로점이 많다.

3) 막스 울(Max Uhle, 서기 1856년–서기 1944년)이 南美의 문화를 '문화 특성이나 유물복합체에 의해 대표되는 공간적 지속(Spatial continuity represented by cultural traits and assemblages)'이란 Horizon(공간)개념을 원용하여, 초기 호라이죤(Early Horizon, 차빈), 중기 호라이죤(Middle Horizon, 티아우아나코), 말기 호라이죤(Late Horizon, 잉카, 서기 1438년–서기 1532년)으로 나누었다. 이와 마찬가지로 동물 문양, 무기와 마구, 금을 이용한 세밀한 금속공예, 쿠르간 봉토분 등으로 대표되는 스키타이 문화(Scythian culture)의 특징인 '예술양식의 분포와 문화적 특질'에 바탕을 둔 새로운 編年案이 제시되어야 한다. 여기에 고분과 유물의 형식과 분포를 함께 제시하면 더욱 더 좋을 것이다. 그래서 예를 들어 만약 Early Horizon(스키타이), Middle Horizon(Ordos), Late Horizon(匈奴) 등과 같

후기/탈과정주의 고고학(post-processual archaeology)의 주요 주제이기도 하다.

국가단계 사회에 이르면 권력(power), 경제(economy)와 함께 종교형태를 띤 이념(ideology)이 발전하게 된다. Timothy Earle은 국가를 '무력을 합법적으로 사용하고 통치권을 행사할 수 있는 지배체제의 존재와 힘/무력(power)·경제(economy)와 이념(ideology, 또는 religion)을 바탕으로 한 중앙집권화 되고 전문화된 정부제도'라 정의하였다. 한편 Kent Flannery는 법률, 도시, 직업의 분화, 징병제도, 세금징수, 왕권과 사회신분의 계층화를 국가를 특징짓는 요소들로 추가하였다. 국가에는 Jonathan Haas, Timothy Earle, Yale Ferguson과 같은 절충론(eclecticism)자들도 "경제·이념·무력의 중앙화, 그리고 새로운 영역(new territorial bounds)과 정부의 공식적인 제도로 특징지어지는 정치진화 발전상 뚜렷한 단계"가 있는 것으로 정의한다. 도시(city, urban)는 Clyde Kluckhohn이 언급하듯이 약 5,000명 이상 주민, 문자와 기념비적인 종교중심지 중 두 가지만 있어도 정의할 수 있다고 한다. 또 그들 사이에 있어 노동의 분화, 복잡한 계급제도와 사회계층의 분화, 중앙집권화 된 정부구조, 기념비적인 건물의 존재, 그리고 문자가 없는 경우 부호화된 상징체계나 당시 풍미했던 미술양식과 지역 간의 교역의 존재를 통해 찾아질 수 있다. 그리고 이를 유지해 나가기 위해 사회신분의 계층화를 비롯해 조세와 징병제도, 법률의 제정과 아울러 혈연을 기반으로 하지 않는 왕의 존재와 왕권, 그의 집무소, 공공건물 등이 상징적으로 부가된다. 따라서 도시, 국가와 문명은 상호 有機體的이고 補充的인 것으로, 이것들은 따로 떼어내서 독립적으로 연구할 수 없는 불가분의 것이다(최몽룡 2011, 인류문명발달사 개정 4판, pp.33–36).

은 편년과 분포범위를 제시할 수 있다면 문화의 중심지와 변두리(marginal, be-lated, retarded)문화의 비교까지도 가능하다. 이러한 늦은 변두리의 문화단계는 중심지 출토유물과의 정확한 비교를 통해볼 수 있을 것이다. 이에는 스키타이-오르도스-흉노의 문화내용과 분포범위의 구체적인 제시가 필요할 것이다.

중국북방의 흉노문화만 가지고 언급해볼 때 한국문화가 이들로부터 많은 영향을 받았다는 고고학·고대사적 증거가 많이 나타나고 있다. 이들을 통해 멀리 유럽의 신석기시대의 즐문토기문화, 카스피 해 연안의 스키타이 문화, 오스트리아의 할슈타트 문화, 그리고 흉노와의 문화 교류를 통해 韓國文化起源의 多樣性을 다시 확인할 수 있다.

1) 러시아와 중국은 각기 서기 1990년 9월 30일과 1992년 8월 24일 국교를 수립해 학문의 교류와 자료를 수집상 어려운 점이 없어 자료의 빈곤으로 인한 문화교류를 논하지 못할 이유는 없을 것이다.

2) 이제는 자본주의, 중남미의 Stage-Horizon개념, 공산주의 유물사관의 이념적인 고고학적 틀을 벗어나 모두 공감하고 공통으로 이용할 수 있는 編年체계를 設定해야 한다. 북한에서는 원시사회(원시무리사회-모계씨족사회-부계씨족사회)-노예사회-봉건사회-공산사회의 순으로 하고 있다. 中國에서는 최근 구석기-신석기시대라는 용어도 병행하지만 기본적인 편년안은 북한과 마찬가지로 유물사관론에 입각하고 있다. 즉 북경 중국역사박물관(현 中國國家博物館)에서는 Primitive Society(ca. 170만년-4000년 전)-Slave Society(夏, 商, 西周, 春秋時代, 기원전 21세기-기원전 475년)-Establishment of the United Multi-National State and the Development of Feudal Economy and Culture(秦, 漢, 기원전 221년-서기 220년)-Social and Economic Development in the South and Amalgamation of various Nationalities in the North(魏, 蜀, 漢, 吳, 西晉, 東晉,

16國, 南北朝, 서기 220년–서기 580년)–Development of a Unified Multi-National Country and the Ascendancy of Feudal Economy and Culture(隋, 唐과 5代 10國, 서기 581년–서기 960년)–Co-existence of Political Powers of various Nationalities and their Unification; Later Period of the Feudal Society(北宋, 辽, 南宋, 金, 元, 西夏, 서기 916년–서기 1368년)–Consolidation of a Unified, Multi-National Country, Gradual decline of the Feudal System and Rudiment of Capitalism(明, 淸, 서기 1368년–서기 1840년)으로 편년하고 있다.

3) 한국의 고고학과 관련된 문화적 총체를 世界文化史的 觀點에서 살펴보고 考古學을 古代史·人類學에 접목시켜 學際的으로 綜合化해야 한다. 특히 "進化論, 通時的인 史觀, 世界史속의 韓國과 日人학자들이 형성한 한국문화의 半島性, 停滯性, 他律性, 事大性에 바탕을 日帝植民史觀의 拂拭"에 초점을 두고 韓國考古學의 現住所를 世界文化사 속에서 座標를 올바로 설정해야 한다.

4) 이러한 관점에서 보면 한국문화 자체적으로 볼 때에도 韓國文化起源의 多樣性이 재삼 확인될 것이다.

참고문헌

강인욱

  2012 匈奴遺蹟 출토 銘文자료에 대한 일 고찰, 서울: 한국상고사학보 75집, pp.189-219

국립중앙박물관

  1991 스키타이 황금-소련 국립에르미타주 박물관소장-, 서울: 조선일보사

국립경주문화재연구소

  2008 돌에 새긴 유목민의 삶과 꿈, 경주: 국립경주문화재연구소

金貞培외

  1998 몽골의 암각화, 서울: 열화당

대한민국 국립중앙박물관·몽골 국립역사박물관·몽골과학아카데미 역사연구소

  2001 몽골 투브 아이막 알탄볼락 솜 모린 톨고이 유적, 몽골 모린 톨고이 흉노 무덤, 한
       -몽 공동학술조사보고 제2책

대한민국 국립중앙박물관·몽골국립역사박물관·몽골과학아카데미 고고학연구소

  2003, 몽골 호드긴 톨고이 흉노 무덤, 한-몽 공동학술조사보고 제3책

사회과학원 역사연구소·고고학연구소

  1979 조선전사 I, 평양: 과학백과사전

서울대학교박물관

  2005 초원의 지배자, 서울: 서울대학교 박물관

  2008 몽골, 초원에 핀 고대문화, 서울: 서울대학교박물관

장윤정

  2012 古代 馬具로 본 東아시아사회, 서울: 학연

지·에프 주식회사

  1996 징기스칸-대몽고전, 서울: 성인문화

최몽룡

  1991 이식의 스키타이 문명, 재미있는 고고학 여행, 서울: 학연문화사, pp.166-170

  1993 한국문화의 원류를 찾아서, 서울: 학연문화사

  1994 스키타이인의 문화, 전망 11월호, pp.106-112

  1995 한국문화 관련된 시베리아와 극동지역의 주요 문화에 대한 試考, 亞細亞古文化: 石
       溪黃龍渾敎授定年紀念論叢, pp.335-344

  1995 시베리아 고고학의 최근성과-우코크 지역의 발굴 참관기-, 광복 50주년 기념·우
       리의 뿌리를 찾아서, 알타이문명전, 서울: 국립중앙박물관, pp.10-13

  1995 한국문화기원과 관련된 시베리아와 극동의 주요 유적들, 문화재연구소 해외소재

우리역사 관련 문화유적의 현황과 보존(5월 24일), 해외문화유적연구 학술회의발
　　　표논문집, pp.37-45

1997　주변지역 청동기문화와의 비교-시베리아 및 극동지역- 한국사 3 청동기문화와
　　　철기문화, 서울: 국사편찬위원회, pp.287-296

1997　철기시대, 한국사 3 청동기문화와 철기문화, 서울: 국사편찬위원회, pp.325-342

2000　민족의 기원과 국가형성-시베리아 청동기·초기철기시대문화와 한국문화의 기원
　　　-, 흙과 인류, 서울: 주류성, pp.32-46

2002　고고학으로 본 문화계통-문화계통의 다원론적 입장-, 한국사 1 총설, 국사편찬
　　　위원회, pp.89-110

2005　한국고고학과 시베리아-교류 15년을 결산하며-, 시베리아 고대문화 특별전, 초
　　　원의 지배자, 서울: 서울대학교 박물관, pp.98-99

2006　다원론의 입장에서 본 한국문화의 기원과 시베리아, 한·러 공동발굴특별전, 아무
　　　르·연해주의 신비, 대전: 국립문화재연구소, pp.137-154

2007　동북아시아적 관점에서 본 한국청동기·철기시대 연구의 신경향-다원론적 입장
　　　에서 본 한국문화의 기원과 편년설정-, 환동해지역 선사시대 사회집단 현성과 문
　　　화 교류, 제 35회 산국상고사학회 학술발표대회(11월 17일), pp.1-40

2010　韓國 文化起源의 多元性-구석기시대에서 철기시대까지 동아시아의 諸 文化·文明
　　　으로부터 傳播-, 동아시아의 문명 기원과 교류, 단국대학교 동양학연구소, 제 40
　　　회 동양학 국제학술대회, pp.1-45

2011　韓國 文化起源의 多元性-구석기시대에서 철기시대까지 동아시아의 제 문화·문명
　　　으로부터 전승, 동북아시아의 문명 기원과 교류, pp.21-88

2011　부여 송국리 유적의 새로운 편년, 최몽룡 편저, 21세기의 한국고고학 vol. IV. 서
　　　울: 주류성 pp.211-226

2011　인류문명발달사-고고학으로 본 세계문화사(개정 4판)-, 서울: 주류성

2011　韓國 考古學 硏究의 諸 問題, 서울: 주류성

2012　스키타이·匈奴와 한국고대문화 -한국 문화기원의 다양성- 국립중앙박물관·부경
　　　대학교 인문사회과학연구소, 흉노와 그 동쪽의 이웃들, pp.7-31

崔夢龍·李憲宗

　　1994　러시아의 고고학, 서울: 학연문화사

崔夢龍·李憲宗·姜仁旭

　　2003　시베리아의 선사고고학(공저), 서울: 주류성

D. 마이달·N. 츄르템저(김구산 역)

　　1991　몽고문화사, 서울: 동문선

E.V. 뻬레보드치꼬바저(정석배 역)

　1999 스키타이 동물양식-스키타이시대 유라시아의 예술-, 서울: 학연문화사

E.V. 노브고라도바저(정석배 역)

　1995 몽고의 선사시대, 서울: 학연문화사

다니엘 비탈리(김원욱 옮김)

　2007 켈트, 세계 10대 문명 시리즈(9권), 서울: 생각의 나무

D. Tseveendorj, N. Batbold, Ts. Amgalantugs

　2007 *Mongolanthropus was discovered in Mongolia*, Ulanbaatar: Mongolian Academy
　　of Sciences Institute of Archaeology

Gordon R. Willey and Philip Phillips

　1975 *Method and Theory in American Archaeology*, Chicago: The University of Chicago
　　Press

C. Melvin Aikens and Takayasu Higuchi

　1982 *Prehistory of Japan*, New York: Academic Press

Jettmar, Karl

　1967 *Art of the Steppes*, London: Methuen

Museum of Historic Treasures of Ukraine

　1992 *Scythian Gold*(スキタイ黄金美術展), Japan: Japan Broadcasting Corporation, NHK
　　Promotions Co., Ltd

Namio, Egami and Kato, Kyujo

　1991 *The Tresures of Nomadic Tribses in South Russia*, Japan: 朝日新聞社

　1992 *Scythian Gold Catalogue*, Japan: NHK Promotions Co. Ltd

Rudenko Sergei Ivanovich

　1970 *Frozen Tombs of Siberia-The Pazyryk Burial of Iron-Age Horsemen*, Berkeley and
　　Los Angeles: University of California Press

Polsmak, Natalya

　1994 *Pastures of Heaven*, Washington D.C.: National Geographic vol. 186, no4,
　　pp.28-36

Surimirski, Tadeusz

　1970 *Prehistoric Russia*, New York: John Baker/Humanities Press

林幹

　1986 匈奴通史, 呼和呼特: 人民出版社.

　1988 匈奴史年表, 呼和呼特: 人民出版社.

　　1989　東胡史, 呼和呼特: 人民出版社,

田廣金

　　1983　近年來內蒙古地區的匈奴考古 考古学報 1기

　　1976　桃紅巴拉的匈奴墓 考古学報 76-1기

　　1992　內蒙古石器時代-靑銅時代考古發現和研究 內蒙古文物考古 92-1,2기

烏恩

　　1990　論匈奴考古研究中的幾個問題 考古學報 4기

田廣金, 郭素新

　　1980　西溝畔匈奴墓反映的諸問題 文物 7기

　　1980　內蒙古阿魯柴登發現的匈奴遺物 4기

　　1986　鄂爾多斯式靑銅器, 北京: 文物出版社

鍾侃·韓孔樂

　　1983　寧下南部春秋戰國時期的靑銅文化, 第4次中國考古學會年會論文集

中國歷史博物館(中国国家博物館)

　　1990　中國歷史博物館 圖錄, 北京: 中國歷史博物館

梅原末治

　　1960　蒙古ノイン·ウラ發見の遺物, 東洋文庫論叢第27冊, 東京: 東洋文庫

江上波夫·水野淸一

　　1935　內蒙古·長城地帶, 東京: 東亞考古學會

香山陽坪

　　1963　砂漠と草原の遺寶, 東京: 角田書房

江上波夫

　　1967　騎馬民族國家, 東京: 中央公論社

林巳奈夫編

　　1976　漢代の文物, 京都: 京都大學 人文科學研究所

每日新聞社

　　1974　天理參考守藏品により中國古代美術展, 東京: 京玉

東京·古代オリエント博物館

　　1991　南ロシア騎馬民族遺寶展, 京都: 朝日新聞社

3. 아프리카의 선사시대

　인류의 발전과정 중 가장 중요한 사건들은 人類의 誕生과 出現, 신석기시대의 자급자족 문제를 해결한 식량혁명(Neolithic Revolution), 청동기시대 도시의 발생 (Urban Revolution)과 서기 1760년 영국에서 일어난 産業革命(Industrial Revolution)이다. 산업혁명은 啓蒙主義, 科學과 결합하여 大量 生産·合理·開放을 이끌어내고 여기에서 民主主義와 植民地主義가 출현해 오늘날의 세계로 이어지게 되었다. 그래도 그중 가장 중요한 것은 지구상의 인류의 탄생과 출현이다.

　진화론상 인류의 탄생과 출현은 앞선 유인원인 오랑우탄(orangutan, 1600만 년 전)-고릴라(gorilla, 1000만 년 전, 人超科)-침팬치(chimpanzee, 700~600만 년 전)와는 달리 직립보행(bipedal locomotion)과 가지타기 운동(brachiation)으로 특징지어지며, 이러한 신체상의 진화가 일어난 처음 일어난 곳은 이디오피아, 케냐, 탄자니아, 챠드, 남아프리카, 말라위(Malawi) 등지이다.

　인류는 動物界(kingdom)→脊椎動物門(phylum)→哺乳類綱(class)→靈長類目(order, 7000만 년 전)→類人猿 亞目(sub-order)→人超科(supra-family, hominoidea/hominoids: orang-utan, gorilla와 chimpanzee: apes like man)→人科(family, hominidae/hominids: Sahalenthropus tchadensis, Orrorin tugenensis와 Ausrtalopithcus: all forms of man, extinct and living)-人亞科 [sub-family, homininae/hominines/euhominid(Broom과 Robinson이 Swatkranson 847 hominid cranium의 유사성에서 이 명칭을 사용): Java man to homo sapiens]→人類屬(人屬, genus, homo/man: Homo habilis와 Homo erectus)→人類種(人種, species, homo sapiens/modern man)으로 진화해 나온다. 이들을 다시 영장류에서부터 보면 나무쥐(tree shrew)→여우원숭이 (lemurs)→안경원숭이(tarsiers/infraorder Tarsiiformes)[68]→거미원숭이(spider monkey)→이집토피테쿠스(Aegyptopithecus, 2,800만 년 전)→드리오피테쿠스(Dryopithecus, 2,000만 년

여러 광물을 갈아 염료를 만든 다음 접합재를 첨가해 암벽화를 그리는 부시멘[H.C. Woodhouse·Bert Woodhouse, Bushmen Art of Southern Africa(2003) p.1에서 인용]

피그미족과 부시멘(National Geographic Society Cartographic Division, 1971년 12월의 The Heritage of Africa에서 인용)

전)→라마피테쿠스(Ramapithecus, 1,200만 년 전-900만 년 전)→오랑우탄(orang-utan, 1,600만 년 전)→고릴라(gorilla, 1000만 년 전, 人超科)→침판치(chimpanzee, 700-600만 년 전)→오스트랄로피테쿠스(Australopithecus, 人科)로 진화된다. 침판치와 인간과의 분리는 약 700-600만 년 전이다. 이때는 地質學上 시생대(30억 년 전)-원생대(15억 년 전)-고생대(5억 년 전)-중생대(2억 년 전)를 거쳐 7000만 년 전부터 나타나는 新生代이며 이 신생대 중 약 400-500만 년 전부터 시작되는 鮮新世(제 3기의 최신세,

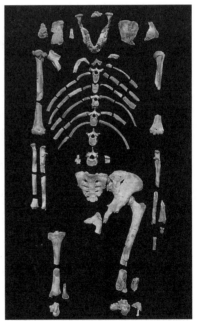

오스트랄로피테쿠스 아파렌시스(루시, 350만 년 전. 1974년 이티오피아 아파르에서 발견된 1m의 여자, 25-30세, 홍미영 박사 제공 National Museum of Ethiopia 엽서)

Plioene)부터 20만 년 전의 洪績世(更新世, Pleistocene)와 만 년 전의 沖積世/全新世 (holocene) 사이에 인류의 진화가 이루어진다. 인류의 진화과정은,

Sahalenthropus tchadensis(Tumai/Tumaï, Michel Brunet가 Chad Jurab/Djurab 사막 계곡 에서 발견, 7–6백만 년 전)→

Orrorin tugenensis(Brigitte Senut, Martin Pickford, Tugen Hill, Kenya Tugen hill에서 발견, 610–580만 년 전)→

Ardipithecus ramidus(Tim White, Ethiopia, 440만 년 전)→

Australopithcus anamensis(Meave Leakey, Kenya)→

Australopithecus afarensis(Lucy, 350만 년 전, Donald Johanson)→

Laetoli(Mary Leakey, Tanzania, 320만 년 전)→

Homo rudolfensis(Richard Leakey, 1470호, Koobi Fora, 240–180만 년 전)[69]→

Homo habilis[탄자니아(Tanzania) Olduvai Gorge에서 서기 1977년까지 60개의 인류 화석편이

---

68) 아나게일(anagale: 몽고 초기 漸新世/Oligocene의 절멸된 포유동물로 현재 생존하는 인척으 로는 齧齒類와 산토끼류/lagomorphs/hares and rabbits가 있다)과 같은 哺乳/胎盤動物(pla-cental)이 44개의 치아를 갖는 반면 고등영장류(higher primates)에서부터 齒牙數는 줄어든다. 신세계원숭이(New World cebides: the remains of a large extinct gibbon)인 廣鼻원숭이 (platyrrhine)의 치아수가 36개, 구세계원숭이(Old World monkeys)인 狹鼻원숭이(catarrhines, apes/gibbon)와 인간은 32개로 줄어든다. 이 32개의 치아수는 2,800만 년 전부터 나타나는 亞 目타르시포름(infraorder Tarsiiformes, Tarsiers/안경원숭이)의 분기점에서부터 구세계원숭 이를 거쳐 이집토피테쿠스(Aegyptopithecus)에서 더욱 더 뚜렷이 나타난다.

69) 서기 2008년 고인류학자 버거(Lee Burger)의 9살 난 아들 매튜(Matthew)가 남아연방 북쪽 요 하네스버그 白雲石(dolomite)으로 형성된 말라파(Malapa) 동굴에서 발견한 Austraopithecus sediba인은 Pleistocene(更新世) 초기인으로 197–198만 년 전 Homo/人類屬으로 이행되기 직 전의 과도기적인 직립 화석인류로 언제든지 나무 위로 올라가 살 수 있는 해부학적 특징(上 腕骨/humerus과 踵骨/calcaneus)을 갖고 있는데, 현재 Karabo라 이름 지어진 13세–14세 정 도의 소년(MH 1, holotype/single physical example), 성인여자(MH 2, paratype/an actual specimen or specimens of the organism in question on deposi)의 母子, 성인과 3명의 유아 를 포함한 3–5명의 일가족으로 추정되는 220개의 뼈가 발견되고 있다. 말라파 동굴은 당시 30m 정도 깊이로 이들은 가뭄 때문에 물을 찾다 失足死한 것으로 추정된다.

발견되었는데 그중 Bed I 상층에서 OH5(서기 1959년, Zinjanthropus boisei, Zinji)와 OH7(서기 1964년, Homo habilis, Nutcracker Man/Dear Boy)이 유명하다. Bed I의 중–상층의 연대는 190만 년–170만 년 전이다. 그러나 현재 Bed I층 전체를 230만 년–140만 년 전으로 보기도 한다. 직립보행(bipedal locomotion)·양팔사용(brachiation)과 더불어 동물의 단백질 섭취로 뇌의 용량이 커지고 이로 인해 도구제작과 주위 환경의 극복이 가능해짐. 호모 엘렉투스는 5만 년전에 멸종]→

Homo ergaster(Turkana, Australopithecus garhi, 250만 년 전)→

Homo georgicus[Georgia, Dmanishi, 175/180만 년 전, 그리고 Homo sapiens 아프리카 기원설의 마지막 종착역은 최근 DNA의 검사로 Kazakhstan의 니아죠프 가족으로 밝혀짐. 그리고 서기 2005년 조지아 수도 트빌리시 남쪽 180㎞ 떨어진 드마니시에서 발견된 남성 2명, 노인 1명, 여성 1명, 어린이 1명 등 모두 5軀의 화석인골의 해부학적 분석 결과 여기에는 작은 두뇌, 큰 치아, 긴 얼굴 등 Homo rudolfensis, Homo habilis, Homo erectus 등에서 나타나는 다양한 특징이 보여 지금까지 서로 다른 種으로 알려진 인류가 실제 하나의 種에 속하며 크기만 다른 개체일 가능성, 다시 말해 현생인류가 여러 種으로 나뉘어 진화한 것이 아니라 하나의 종으로부터 진화했을 가능성을 보인다는 연구 결과도 나오고 있다(The Guardian, 서기 2013년, 10월 17일, 목). Homo sapiens의 이동을 표로 그려보면 아프리카 산 부시맨(5만 년 전, 흡기음을 함)→중앙아시아 카자흐스탄 니아죠프 가계/인도 마두라이(35,000년 전)→호주 뭉고 호숫가, 퀸즈렌드 애버리진(aborigines, 45,000년 전)으로 종착. 그리고 니아죠프 가계에서는 시베리아와 아메리카로 이주해서 Clovis[fluted point, 10000년 B.C.–9000년 B.C./ 또는 12900년 B.P.까지 존속(가장 연대가 올라가는 유적은 캐리포니아 주 남부 북부 채널 섬의 SRI–173 Arlington Springs로 그 연대는 13000cal. B.P./13480–7360 B.P.이며 여기에서 발견된 Springs Woman이란 인골의 연대는 10,900에서 13,500 B.P.에 속하는데 이는 신대륙에서 발견된 몇 안 되는 Paleoindian 시기의 사람이다. 그들은 맘모스의 멸종과 마찬가지로 혜성의 충돌 즉 12,900년 전경에 일어난 Nano–diamond theory[미국 신시나티 박물관의 맥도날드/Dr. MacDonald가 서기 1990년–서기 1995년 사이에, 그리고 켄트대학 트란커스리/Dr.Ken Tankersley와 크리브란드 자연사박물관이 공동으로 서기 1996년에서 서기 2000년에 발굴한 Ohio북쪽 Wyandot County의 셰리단 동굴유적/Sheriden Cave site가 대표적임)로 인한 기후변화의 영향으로 아메리카 대륙에서 사라짐]→Folsom(9000년 B.C.-7000년 B.C.)→Plano(7000년 B.C.-5000년 B.C.)의 석기문화로 발전한다. Homo sapiens인들이 유럽으로 흘러 들어가면 4만 년 전의 Perigodian→Aurigacian→Gravettian→Solutrean→Magdalenian(Lascaux: 15000년 B.C.-14500년 B.C.)으로 발전한다.

아메리카 대륙으로의 이동(wave)은 크게 2차로 볼 수 있다. 첫 번째는 40000년 B.P.-20000년 B.P.로 Macro-Caib-Ge speaker, Equatorial-Andean(Macro-Arawakan-Quechuan) speakers, Macro-Mayan어를 사용하는 무리로, 그리고 두 번째는 Clovis(10000년 B.C.-9000년 B.C.)-Na-Dene speakers(6500년 B.C.)-Eskimo(4500년 B.C.)의 이동이 그것이다. 그리고 13,000년 전 이전의 아메리카인들은 유럽이나 태평양 연안을 따라 배로 이동했다고 추측되는 아이누족(워싱톤 주 콜롬비아 강가에서 서기 1996년 7월 28일 발견된 코캐소이드로 40-55세, 170-176cm, 엉덩이에 크로비스 화살촉이 박힌 8,400/9,300년 전의 인골, Kennewick Man으로 불림) 등도 고려하는 기원이 다양함을 고려하고 있다.→

Homo erectus(Trinil, 170-25만 년 전)→

Homo antecessor(Gran Dollina, Atapuerca, 80만 년 전, 120만 년 전-80만 년 전 유럽 최초의 인류)→

Homo heidelbergensis(Tautavel, 45-60만 년 전)→

Homo neanderthalensis[Tabun, Kebara, Shanidar 등. 그러나 러시아 알타이 데니소바(Denisova) 동굴(최하층인 22층의 TL dating은 282000/224000 B.P.가 나오고 있다)에서 30,000-48,000년 전에 살던 5-7세 어린아이의 뼈의 DNA분석은 네안데르탈인과 전혀 다른 유전자배열을 갖고 있어 100만 년 전 인류조상으로부터 갈라져나와 따로 발전한 것으로 보인다는 설도 있으며, 또 인도네시아 플로레스 섬에서 발견된 18,000년 전의 인간도 호모 에렉투스에서 분파되어 멸종된 아시아의 또 다른 분파로 보고 있다.] 최근 독일의 막스 프랑크(Max-Planck) 연구소 진화유전학팀의 크로아티아 빈데지(Vindage) 동굴에서 발견한 네안데르탈인의 유전자를 연구한 결과 네안데르탈인이 아프리카에서 벗어나 중동지방에서 현생인류와 공존하면서 혼혈종을 만들어내고 그 혼혈종이 아프리카를 제외한 다른 지역으로 퍼져 나갔을

것이라는 가설을 세우고 있다.→

Homo sapiens[Homo sapiens idaltu 154,000년 전, Omo 1, 2 195,000년 전, Quafzeh와 Skhul

10만 년 전 등 이스라엘 지역: Homo sapiens는 10-5만 년 전 크게 발전하였다. 7만5천 년 전

인도네시아 수마트라 섬의 슈퍼 볼케이노 토바(Toba) 화산의 폭발로 인한 빙하기가 닥쳐오고

인간이 멸종 단계에 이르렀으나 이를 극복해 말과 문화를 갖는 현생인류로 발전하게 됨. 그

증거로 남아프리카의 브롬버스(Blombos, 75,000 년 전경) 동굴유적에서 찾아 볼 수 있다. 수

마트라 섬에는 DNA 검사로 7만4천 년경에 살던 인류의 후손인 사망 족이 살고 있음이 밝혀

지고 있다.]

최근까지의 연구결과 보면 현생인류가 아프리카 내에서 이동하거나 아프리카를 벗어나는 경

로는 다음과 같다.

이디오피아의 오모(Omo) 강가 키비쉬 지역(195,000년 전)→나미바아 칼라하리 사막의 부쉬

맨(피그미족)→남아프리카 페어웨이(13만 년 전-7만 년 전), 불롬보스 동굴(Blombos, 75,000

년 전경)

이디오피아의 오모 지역(195,000년 전)→사하라 사막(9만 년 전에는 초목이 우거짐)→시나이

반도→이스라엘의 스쿨(Skhul) 동굴→ 유럽과 아시아로 퍼져나감

이디오피아의 오모 지역→홍해(당시 the Gate of Grief 만의 폭이 11㎞로 줄어들고, 해안선을

따라 淡水가 나옴)→오만 해안(7만 년 전-12,000년 전, 계절풍의 영향으로 오아시스가 형성)→

유럽과 아시아로 퍼져나감→티모르에서 호주 북부 해안까지 65,000년 전-60,000년 전 해수면

이 현재보다 100m 낮아져 이동이 가능했음→

Homo sapiens sapiens/Cro-magnon[70]

---

70) 프랑스의 마그달레니안(Magdalenian) 문화기의 라스코(Lascaux) 동굴벽화의 연대와 같은 시
기인 구석기시대 말기에 해당하는 14,500-11,500년 전 현생인류와 고인류의 특징을 모두 갖
춘(Highly unusual mixture of ancient and modern features, entirely new species of hu-
manoid) 4구의 '붉은 사슴동굴인'(Red Deer Caveman)이 雲南省 蒙自의 붉은 사슴동굴과 廣
西省 隆林에서 서기 1989년에 발견되어 雲南省 文物考古研究所 吉雪萍 교수와 호주 뉴사우스
웨일스(New South Wales)대학 연구팀 커누(Curnoe) 교수의 연구에 의해 새로이 확인되었
다. 이들은 매우 이른 시기에 아시아로 이주해 다른 집단과 격리된 채로 살다가 멸종한 원시

을 거쳐 오늘날의 黑人(Negroid), 白人(Caucasoid), 黃人種(Mongoloid race) 세 인종에 이른다. 세 개의 큰 인종분류에 관해서는 Ashley Montague는 인류(man)의 분류(인종: race)와 이에 속하는 종족(ethnic group)을,

1) Negroid:

    ① African Negroes: The True Negro, The Half-Hamites, Forest Negro, Bantu-speakinig Negroids, Neolithic Negro, Bushman-Hottentot

    ② Oceanic Negroids: Papuans, Melanesians

    ③ African Pygmies or Negrillos

    ④ Asiatic Pygmies: Andamanese, Semang, Aeta(Philippine Islands)

    ⑤ Oceanic Pygmies or Negritos: New Guinea Pygmies

2) A. Caucasoid

    ① Basic Mediterranean

    ② Nordic

    ③ East Baltic

    ④ Lapps

    ⑤ Alpine

    ⑥ Dinaric

    ⑦ Armenoids

    ⑧ Indo-Dravidians

    ⑨ Polynesians

적 형태의 현생인류이거나 아시아에서 독자적으로 진화해 현생인류와 같은 시기에 살던 별개의 인간종일 가능성이 많다고 한다. 이는 미국 공공과학도서관 온라인 학술지 플러스원(PLoS One) 최신호(2012.03.16 ⓒ Science Times)에 발표되었다.

B. Australoid or Archaic Caucasoid: Australian, Veddah, Pre-Dravidian, Ainu

3) Mongoloid

① Classical Mongoloid: Tibet, Mongolia, China, Korea, Japan, Siberia

② Arctic Mongoloid: Eskimo, Evenki or True Tungus, Kamtchadales, Samoyeds

③ American Indians

④ Indo-Malay: Indonesians, Malay

으로 분류하였다. 그리고 Stanley M. Garn은 상호 유전인자의 교류를 방해하는 지리적 장애물로 이루어진 경계와 일치함으로써 형성된 9개의 지리적 인종과 이에 속하는 32개의 지역에 속하는 지역인종(local races)으로 나누기도 하였다. 9개의 지리적 인종은 다음과 같다.

1) 아메리카 인디언

2) 폴리네시안

3) 미크로네시안

4) 멜라네시안

5) 오스트레일리아(호주)

6) 아시아

7) 인도

8) 유럽

9) 아프리카

인류가 유인원과 다른 방향으로 진화되어 왔는데 그중 가장 중요한 것은 약 200

만 년 전 호모 에렉투스(Homo erectus)에 있어서 돌연변이가 일어나 앞서거나 거의 공존했던 오스트랄로피테쿠스(Australopithcus)보다 뇌용량이 50% 이상 증가한 것이다. 이로 인해 턱이 약해져 살아남을 自求策을 모색하게 된다. 또 20-30만 년 전 호모 사피엔스(Homo sapiens)에게서 말할 수 있는 유전인자인 Fox P2 gene이 돌연변이로 나타난 것이다. 여기에 부수적으로 일어나는 도구의 제작, 協同(cooperation)과 分配(distribution)는 오늘날 인류로의 자연스러운 진화발전을 가져오게 된 것이다. 숲에서 벗어나 직립보행을 하면서 오늘날 원조교제(sex for food, sugar daddy)란 말에 해당할 정도의 남녀관계와 아울러 後向位에서 前向位로 바뀌고 섹스도 배란기가 아닌 全天候가 가능한 성행위로 바뀌는 변화도 나타났던 것으로 추측된다. 인류 초기의 화석의 발견은 영국의 맨체스터 대학의 해부학교수이며 전파론자인 Graffton Elliot Smith의 두 제자인 Raymond Dart와 Davidson Black에 힘입었다. Ramond Dart는 남아프리카에서 남방의 원숭이인 Sterkfontein과 Taung baby 화석인골, 그리고 Davidson Black은 중국 주구점에서 北京原人을 발견하였다.

현재 지구상에 살고 있는 인류의 기원에는 아프리카 기원설[Out of Africa설, uni-linear theory, Christopher Stringer가 이디오피아 출토의 프로토크로마뇽(proto-Cromagnon)인 Omo 화석의 연구에 근거함] 및 다 지역 기원설(polyphyletic theory, Milford Wolpoff) 등이 있다. 이는 인체 골학(human osteology)과 인체 해부학(anatomy)에 기반을 둔 것이다. 그러나 할머니-어머니-딸의 여성에게만 전해오는 미토콘트리아 DNA에 의하면 이브할머니는 아프리카에서 20-12만 년 전에 출현한 것으로 그리고 그녀가 살던 성서의 에덴동산은 바레인(현재는 이라크의 쿠르나 지역과 침수된 걸프 만 내에도 가능함)으로 추정하기도 한다. 최근 이디오피아에서 발견된 Australopithecus로 평화란 의미를 지닌 Selam(Salem, Salom, 330만 년 전)과 호모 사피엔스 Idaltu(154,000만 년 전)인을 통해서 새로운 연구가 진행되고 있다.

석기제작으로 보아 1) 올도완(Oldowan) 문화 250만 년-180만 년 전[찍개 chopper and chopping-tools 등의 자갈돌석기, 이디오피아의 카다고나(Kada Gona) 유적의 석기가 포함된다. 최근 석기의 사용은 캘리포니아 과학아카데미의 제레세나이 알람세게드에 의하면 카다고나 유적보다

이디오피아 카다고나(Kada Gona) 유적 출토 단인석기(쵸퍼, chopper)(홍미영 박사 제공)

도 90만 년 전 더 올라가는 340만 년 전임으로 밝혀지고 있으나 현재까지 인류가 사용한 석기 중 카다고나 유적의 몸돌격지가 가장 오래된 것으로 여겨진다], 2) 아슐리안(Acheulian) 문화 180만 년 –12만 년 전(주먹도끼 biface 또는 handaxe), 3) 무스테리안(Mousterian) 문화 12만 년–4만 년 전(중기구석기의 격지석기 flake tools, 르발르와 Levollois 기법 등), 4) 후기구석기문화 4만 년–1만 년 전(돌날석기 blade tools, Perigodian–Aurignacian–Gravettian–Solutrian–Magadalenian 등)으로 편년되며, 그 다음에는 신석기시대의 나투피안(Natufian culture)과 캅시안 문화(Capsian culture), 그리고 토기가 출현하는 케냐의 우레외(Urewe) 유적이 있다.

언어로서는 1. 인도–유럽피안어(Jericho의 Natuf인들, Ham과 Sem어가 있다. Sem어는 유태인, 아라비아인과 앗시리아인들이 사용), 2. 말레이–폴리네시아어(Chad, Cush와 Omo인들이 사용), 3. 아프로–아시아(Ham족 유목집단), 4. 나일–사하라, 5. 니제르–콩고어(Bantu어), 6. 코이산어족(홋텐톳트와 부시멘 등이 사용)이 있다. 아프리카어의 기원이 아닌 것은 나일–사하라어족, 니제르–콩고어족과 코이산어족이다. 우리에게 잘 알려져 있는 언어는 이집트의 햄–셈어를 비롯하여 챠드어, 쿠시어, 베르베르어, 호텐토트어 그리고 샌어(San, 부쉬맨) 등이 있다. 농경의 기원으로는 와디 쿠바니아(Wadi Kubbanya, 1만 8천년), 날 오렌(Nahl Oren), 게르지안(Gerzean), 누비아 유적 등이 있다. 이들이 누비아 유역에서는 고고학상 group-C가 누비아(Nubia)와 케르마(Kerma) 왕국을 형성하는데 중요한 역할을 하였다. 이집트 문명 중 여성의 눈 밑 화장인 eye-shadow는 구리성분이 많이 섞인 孔雀石을 갈아 만들어 북위 7~8도 이북에 사는 체체파리(tzetze/tsetse fly)를 막기 위한 궁여지책이었으며 이 체체파리가 서식하는 남쪽 경계선인 사하라 사막은 짐을 나르는 가축의 남방한계선으로 아프리카 남과 북의 교역에 막대한 지장을 주었다. 암각화는 알제리아 타실리(Tassili-n-Ajjer), 리비아 Aramat의 아가쿠스(Akakus), 챠드의 Ennedie 평원, 그리고 나이제리아의 Aïr 평원 등지에서 발견되고 있다. 250만 년 전에 이미 형성된 사하라 사막에 빙하기 말기인 12,000년 전경부터 8,000년 전(기원전 6050년)까지 草地가 형성되는 온난 다습한 첫 번째의 wet period가 있었으며, 이 기간의 말경 사하라 사막에 사냥-채집인들에 의해 코끼리, 기린, 무소(rhinoceros)와 지금은 멸종된 물소·들소(buffalo) 등의 야생동물이 묘사되고 있다. 그리고 7,000년 전(기원전 5050년)에서 5000년 전(기원전 3050년)까지 두 번째의 온난 다습한 wet period에도 이곳의 암각화는 사육된 소, 양과 염소와 함께 사람이 살고 있었다는 증거를 보여주고 있다. 이는 서기 2000년 10월 13일 최근 나이제리아 북부 사하라 사막 중 가장 건조한 테네르 사막의 고베로에서 8000-10,000년 전의 카피안족과 4,500년-6,500년 전의 테네르족의 문화유적이 동시에 발굴됨으로 증명되었다. 또 중앙아프리카와 이디오피아의 하라르 등지에서 立石列(menhir)이 발견되어 유럽지방으로부터 巨石文化(megalithic culture)의 전파도 최근 주목을 받고 있다.

그리고 아프리카의 동남쪽 짐바브웨(Zimbabwe, 이웃 Rhodesia는 영국인 Cecil Rhodes가 서기 1965년 짐바브웨에서 분리·독립)의 '위대한 돌집'(Great Zimbabwe)은 서기 1871년 독일의 지질학자 Karl Mauch가 발견한 것으로 서기 1905년 David Randall MacIver, 서기 1929년 Gertrude Caton-Thomson, 서기 1960년대 Peter Garlake가 발굴·조사를 실시하였다. 이 유적은 서기 1270년경에서 서기 1550년경까지 약 280년간 존속해 있었다. 이곳에는 4세기경 Bantu語를 하는 사람이 처음 들어와 살았다가 서기 16세기 이후에는 Shona족들이 들어와 철제괭이를 들고 수수와 사탕수수를 경작하면서 살았다. 쇼나어로 짐바브웨는 '존경받는 집', '돌집'의 의미를 지니는데 지금도 족장의 집이나 무덤을 지칭하는데 사용된다. 이 유적은 쇼나문화에 앞서는 사람들이 서기 11세기경 이곳에 정착했는데, 긴 뿔이 달린 가축떼가 權威와 富의 상징이 되었다. 이들은 사비(Sabi) 강 머리의 전략적인 요충지에 자리 잡아 근처 금광에서 나오는 금이 아라비아나 인도로 수출되는 전 과정을 관리했던 것으로 추측된다. 즉 금의 수출로 인한 부의 축적으로 노동력을 모아 정교한 석조 건조물인 돌집 짐바브웨가 만들어졌던 모양이다. 여기에는 회반죽을 쓰지 않고 100acre의 넓이에 오직 돌로 축조한 높이 약 9.6m에 이르는 벽과 좁은 迷路, 타원형의 건물, 원추형의 탑, 갈매기(chevron)모양의 壁龕과 수많은 방을 포함하는 석조 건조물이 들어섰는데 이곳이 王의 집, 신성한 종교의식과 산업의 중심지 기능을 갖추었던 것으로 보인다. 발굴에서 금, 구리와 철로 만든 유물이 많이 발견되었으며 특히 철제괭이를 은닉해 두던 장소도 발견되었다. 그 외에 金版, 銅塊, 보석, 목제 조각물, 중국제 도자기와 시리아제의 유리도 발견되었다. 또 여기에서 滑石으로 조각된 강인한 다리를 가진 鳥像이 기둥 꼭대기에서 여러 점 발견되었는데 이는 오늘날 짐바브웨 국가의 상징물로 되었다. 이곳은 서기 1270년 -서기 1550년경 인도양을 건너 인도와 아라비아와 같은 이슬람문화권과 교역하던 왕국으로도 볼 수 있다.

아프리카는 세계문화사에 있어서 이집트 문명으로 대표된다. 이집트 문명은 고왕조, 중왕조, 신왕조와 기원전 프톨레미 왕조를 포함한다.

초기왕조	기원전 3100년-기원전 2686년	1-2왕조
고왕조	기원전 2686년-기원전 2181년	3-6왕조
제 1 중간기	기원전 2181년-기원전 2050년	7-11왕조
중왕조	기원전 2050년-기원전 1786년	12-13왕조
제 2 중간기	기원전 1786년-기원전 1567년	14-17왕조
신왕조	기원전 1567년-기원전 1085년	18-20왕조

말기왕조   기원전 1085년-기원전 332년   21-31왕조

마케도니아 제국시대   기원전 338년-기원전 146년

알렉산더 대왕(기원전 356년-기원전 323년 6월 10일)의 다리우스 3세가 통치하던 페르시아 제국의 정벌과 수도인 파사르가데(Pasargadae), Susa, Persepolis와 Xerxes를 점령

프톨레마이오스 왕조시대 기원전 304년-기원전 30년

기원전 31년 프톨레미 왕조의 마지막 왕인 클레오파트라가 안토니우스의 로마제국과 연합해 케사르의 양자인 옥타비아누스(아우구스투스)를 상대해 벌린 악티움 해전에서 패함(로마는 王政-共和政-帝政의 순으로 발전하며 옥타비아누스는 아우구스투스 황제로 되어 제정시대의 막을 열었다.)

로마통치시대   기원전 30년-서기 1453년(서로마제국 기원전 30년-서기 476년, 동로마제국/Byzantine Empire, 서기 395년/476년-서기 1453년)

말리의 팀북투-송하이 이슬람 왕국(서기 11세기-서기 1591년 모로코에 의해 멸망).

니제르 강 옆 만데/Tombouctou 지역에 있는 도시로서 사하라 사막 주위 중앙아프리카 여러 나라의 무역 중심지로 이웃 젠네를 통하여 금, 상아, 보석, 옷감, 소금과 노예를 거래했다. 그리고 그곳에는 권위 있는 이슬람의 산코래/Sankore 대학(서기 1325년 건립, 현재 모스코로 이용되고 있음)이 위치하며 서기 15세기-서기 16세기 아프리카의 이슬람교의 전도 중심지 겸 아프리카 이슬람교의 정신적 수도임. 그리고 이곳에는 잘 알려진 서기 1493년 건국한 송하이 왕국이 있어 번영을 누리다가 서기 1591년 북쪽 모로코에 의해 멸망하였다. 서기 15세기 만사무사 왕, 알만수르 왕과 특히 칸카무사 왕 때 만데의 팀북투(Timbuktu) 남쪽 80㎞ 떨어진 나레나

금광에서 나오는 사금을 기반으로 하여 노예, 보석, 옷
감, 상아, 소금[북쪽 800㎞ 떨어진 타우데니(Taudenni)의 巖鹽]
등을 교역하여 번성을 이루었다.

그리고 서기 2013년 1월 29일 말리의 내전으로 인한 프
랑스 원군의 공세를 피해 이슬람주의자 과격파 반군이
10개월간 지배하던 팀북투에서 후퇴하기 전 아메드 바
바 문서연구소(Ahmed Baba Center for Documentation) 소장
의 서기 14세기경의 문서를 불태우는 등 팀북투 유적
에 대한 파괴를 자행하였다.

오스만 터키(Ottoman/Othman Empire, Osman Turk) 서기 1299년-서기 1922년

프랑스·영국지배시대　서기 1798년-서기 1922년

이집트왕국　서기 1922년-서기 1952년

이집트공화국　서기 1955년 이후

　　역사시대에 들어와서 아프리카는 이집트 문명과 오늘날의 수단에서 그를 이은
누비아(Nubia)와 쿠쉬(Cush/Kush) 왕국도 중요하다. 첫 번째는 기원전 2300년경 고
왕조 때로 누비아 지역이 무역으로 언급되기 시작한다. 이집트인들은 남쪽 제 1
폭포가 있는 아스완 지역에서 金, 香, 黑檀, 象牙와 열대 아프리카 지역의 귀한 동
물 등을 누비아 지역을 통해 수입하였다. 6왕조 때 누비아 지역은 여러 작은 왕국
들로 분열되었다. 기원전 2240년-기원전 2150년 이 지역에서 번영을 누리던 사
람들은 누비아 유역의 고고학상 group-C로 부르는 사람들인데 이들이 외부로
부터 침입자인지 그렇지 않으면 이 지역 출신인지는 아직 異見이 있다. 두 번째
는 이집트 중왕조(기원전 2050년-기원전 1786년/기원전 2040년-기원전 1640년) 때로 이집트
가 貿易路를 통제하기 위해 남쪽으로 세력을 확장해 제 2 폭포에까지 이르며 가
는 곳곳에 요새를 세운다. 세소스트리스 3세(기원전 1878년-기원전 1803년) 때인 기원
전 1864년 누비아의 금광을 완전히 장악했다. 세 번째로 케르마(Kerma) 왕국이다.

행정중심지는 제벨 바르칼(Jebel Barkal) 강 남쪽 케르마였다. 기원전 1750년경 케르마 왕국은 강해져 기념물과 같은 성벽과 흙벽돌 건물을 지을 수 있는 인력을 동원할 수 있게 된다. 그리고 死者의 來世를 위해 부장품을 많이 넣은 거대한 무덤을 세우거나 많은 人身犧牲을 일삼았다. 이 왕국을 다스리던 8명의 통치자의 것들로 생각되는 직경 약 90m의 거대한 무덤들이 아직도 존재해 있다. 야금술이 뛰어난 전문장인이 많았으며 토기의 제작수준도 이집트를 능가할 정도였다. 신왕조(기원전 1567년-기원전 1085년/기원전 1532년-기원전 1070년) 때 이집트는 다시 힘을 얻어 케르마 왕국과 그 수도를 파괴하고 남쪽으로 제 4폭포에까지 영토를 확장시켰다. 기원전 1520년 투트모세(Thutmose) I세 통치기간에 모든 북쪽의 누비아 지역을 이집트에 합병하고 나파타(Napata)에 행정수도를 두어 모든 금의 생산을 독점하였다. 네 번째는 이집트가 물러났을 때 독립적인 쿠쉬(Kush) 왕조가 들어서 이집트인의 종교를 그대로 따르고 피라미드까지 모방해 축조하였다. 신왕조가 무너지는 기원전 900년-기원전 750년경(이집트 25왕조)에는 이집트로 침입해 들어가 그곳을 통제할 정도로 강해지는 역현상까지 벌어졌다. 이 왕국은 기원전 663년 앗시리아(Assyria)의 침공으로 몰락하고 수도를 나파타에서 남쪽 메로에(Meroe)로 옮겨 왕조를 이어나갔다. 이 쿠쉬 왕국은 누비아 유역의 금광개발과 홍해(Red Sea)를 중심으로 수단, 이디오피아, 이집트 그리고 마지막 서기 1세기-서기 4세기 멸망할 당시에는 로마와 상아 모피와 금 등의 무역으로 번영을 누렸다. 그러나 이들 정치적 실세들은 모두 나일 강 유역의 이집트 고·중·신왕조에서 파견된 관리, 귀족 또는 파라오의 왕족들의 後裔들로, 이집트의 정치적 혼란을 틈타 누비아나 쿠쉬와 같은 독립된 왕국을 세운 것이기는 하나 이집트의 문명의 충실한 傳承者라고 할 수 있겠다. 그리고 이들 왕국은 앞으로 사하라 사막 남쪽에 만들어지게 될 국가들의 範本이 되었다. 그리고 이 수단의 쿠쉬 왕국(누비아 왕국이라고도 불림)은 기원전 3세기 이후 정치에 활발하게 참여하였던 여왕 중 아마니샤케토(Amanishakheto, 현재 기원전 10년경-서기 1년경 통치로 추정되나 확실치 않음) 때로 추정되는 기원전 23년의 로마 침공도 받아 잘 물리쳤던 모양이다. 그리고 다음 통치자인 나타카마니

(Natakamani, 기원전 1년-서기 20년경) 왕과 아마니토레(Amanitore, 서기 1년-서기 20년경) 여왕 부부는 단게일과 나가 신전에서 제사를 지냈다. 그 흔적은 여왕의 이름이 새겨진 타원형의 카르토슈(Cartouche, 왕의 이름이 새겨진 타원형의 윤곽이며 쿠쉬 왕국의 것은 끝에 매듭의 모양이 보임. 일본에서는 왕명졸/王名枠로 번역함: 枠(枠의 약자)은 윤곽선을 의미하는 わく라는 일본 한자임)가 발견된 것으로 연유한다. 그리고 이곳 신전들에서는 이집트의 상형문자와 다른 아직 해독이 안된 쿠쉬 왕국 자체의 문자가 보이는 유물들도 출토한다. 마지막으로 이 왕국은 서기 350년경 남쪽으로 올라온 이디오피아의 악슘(Axum/Aksum) 왕국에 완전히 흡수당하였다. 최근 메로에 근처 고대도시인 단게일(Dangeil)과 나가의 아문 신 신전에서 쿠쉬 왕국이 멸망당할 당시의 모습이 파괴된 제단과 그 안에 안치된 숫양과 나일 강의 신인 하피상의 파편 등의 발굴된 고고학 자료에 잘 나타나고 있다. 메로에에 있던 아마니샤케토 여왕의 피라미드는 서기 1834년 이탈리아 탐험가 주세페 펠리니(Giuseppe Ferlini)에 의해 발굴되었는데, 그 속에서 나온 황금유물은 오늘날 독일 뮌헨과 베를린의 이집트박물관에 전시되어 있다.

이외에도 튀니지아에 근거를 둔 카르타고(Carthage)도 중요하다. 레반트 지역에서는 청동기 중-후기에 이스라엘리트(Israelites)와 필리스틴(블레셋, Philistines) 문화가 공존하고 북쪽의 카나이트(가나안, Canaaities) 문화와 대립하면서 페니키아(Phoenicians)와 카르타고(Carthage) 문화로 발전해 나간다. 카르타고의 한니발(Hannibal, 기원전 247년-기원전 183년, 자마 평원의 대전투에서 로마의 스키피오 군에 패배 후 19년이 지나 터키 북부 바타니아에서 자살)과 Lucius Aemilius Paullus와 Gaius Terentius Varro 집정관(consul)들 사이에서 기원전 216년 8월 2일에 벌어진 이탈리아의 칸나이(Canae)와 기원전 202년 10월 19일 카르타고 남쪽 160㎞ 떨어진 쟈마(Zama) 평원의 대전투와 카르타고의 함락을 포함한 3차의 포에니 전쟁[Punic War, 1차: 기원전 264년-기원전 241년, 이때 시칠리아/시실리의 카르타고 함선에 쉽게 상륙해 보병전을 벌릴 수 있는 다리를 탑재한 로마 수송선[Three-banked(trireme) Roman quinquereme(quinqirmes) with the corvus boarding bridge]인 일명 까마귀 배인 코르부스(Corvus)가 등장하여 시칠리아에서 두일리우스(Gaius Duilius)가 이끈 로마해군이 승리함, 2차: 기원전 218년-기원전 201년 이탈리아 칸나이(Cannae)와 튜니시아의 자마 (zama) 전투, 3차: 기원전 149년-기원전 146년 스키피오의 큰아들 Scipio Aemilianus의 양자인 Pub-licus Comelius Scipio Aemilanus(小의 스키피오, Scipio Africanus the Younger, 기원전 185년-기원 전 129년)에 의해 카르타고 함락 : Carthage, Punic, Phoenicia, Phönicia는 동의어임]으로 잘 알려 져 있다. 이때는 그레코-로만(Greco-Roman, 기원전 146년-서기 14년)시대를 지나 Pax-Romana(로마의 지배에 의한 평화)시대로 접어든다.

이티오피아의 악숨(Axum/Aksum)은 서기 약 1-2세기경 아라비아로부터 침입해 온 Himyartic에 의해 Abyssinia에 세워진 악슈마이트(Axumite) 王國의 수도로 알 려지고 있다. 그리고 이곳에는 아라비아인들로부터 소개된 고 샘어(archaic Sematic dialect)인 Geez語가 사용된다. 그런데 또 이곳 악숨은 기원전 약 10세기경(기원전 970년-기원전 930년) 성서에 나오는 David 왕의 아들로 기원전 957년 처음 예루살렘 에 聖殿을 짓고 솔로몬의 지혜(Solomon's wisdom)로 유명한 Solomon 왕과 시바 (Sheba 또는 Makeda, 기원전 1005년-기원전 955년 통치했다고 함) 여왕과의 전설적인 로맨스 그리고 그들로부터 나온 아들인 메넬리크(Menelik) 1세에서부터 서기 1974년 폐위 된 하일레 셀라시에(Haile Selassie, 서기 1891년-서기 1975년) 황제까지 다스려온 이디오 피아 기독교의 성지로 잘 알려져 있다. 솔로몬과 시바 여왕의 전설상 로맨스는 이어져 악숨의 서기 12세기-서기 13세기 초경 Zagwe 왕국의 Lalibela 왕이 바위 를 깍아 만든 半竪穴 St. George at Lalibela 교회의 존재로서 입증이 될 듯하며, 이는 당시 이스라엘과 이티오피아의 악슈마이트 왕국 간의 교역까지도 示唆해주 고 있는 듯하다. 또 明 成祖(朱棣 永樂 서기 1403년-서기 1424년) 때 宦官 鄭和(云南省 昆陽 人, 서기 1371년/1375년-서기 1433년/1435년)에 의해 개척된 뱃길은 江蘇省 蘇州 劉家河를 기점으로 자바, 말라카, 수마트라, 세이론, 인도의 말라바, 짐바브웨를 거쳐 오늘 날의 아프리카와 紅海(Red Sea) 입구인 예멘의 아덴(Aden)과 케냐의 말린디(Malindi) 까지 이어졌던 것으로 추측된다.

서기 1994년 African National Congress의 넬슨 만델라(Nelson Mandela)가 백인 들과의 극심한 인종차별주의정책(apartheid)을 극복하여 남아프리카공화국(Republic of South Africa) 최초의 흑인대통령이 되고 아울러 노벨평화상을 수상(Nobel peace prize laureate)하는 영광을 안으면서 주목을 받고 있다. 아프리카는 유럽의 계몽주의, 과학과 산업혁명의 발전으로 일어난 민주, 합리, 대량생산의 결과로 대량생산의 상품소비를 위한 식민지 경영과 약탈의 근거지가 되었다. 이는 영국, 프랑스, 네덜란드 등 강대국에 의한 영토분할을 개시로 서기 1901년 거의 식민지 지도가 완성되었고, 그 후 1·2차 대전 중에 유럽제국 간의 전쟁으로 아프리카 식민지도 소속을 달리하게 되었기 때문이다. 예를 들어 알제리, 모로코는 프랑스, 남아프리카는 영국, 콩고는 벨기에의 식민지에 속하게 되었다. 세계제2차대전이 끝나고 나서 서기 1955년 나세르가 이끄는 이집트의 독립을 계기로 거의 모든 나라가 독립하게 되었는데 최근에는 식민지 통치의 후유증을 벗어나지 못하고 만성기아와 가난 그리고 1950년대 동부아프리카의 자이르에서 발생된 것으로 추정되는 후천성 면역결핍증(AIDS)으로 고난에 처해 있다. 그러나 현존하는 부시맨(피그미·보츠와나), 홋텐토트, 도곤족(말리), 베르베르족(투아레그·모로코), 줄루(남아연방), 마사이(케냐), 투아렉(리비아), 딩카와 실룩(이디오피아), 수리, 도곤, 코이산 등의 원주민의 생활양식은 形質人類學과 文化人類學의 寶庫로 다른 지역의 先史時代를 연구·복원하는데 필수적이다.

참고문헌

공일주·전완경

  1998 북아프리카사, 서울: 대한교과서

도날드 요한슨·메이틀랜드 에디(이출호 옮김)

  1996 최초의 인간 루시, 서울: 푸른숲

롤랜드 올리버(배기동·유종현 옮김)

  2001 아프리카—500만년의 역사와 문화—, 서울: 여강출판사

리차드 포츠·크리스토퍼 솔론(배기동 옮김)

  2013 인간이 된다는 것의 의미(National Geographic Society, 2010 What does it mean to be human?) —인간기원과 진화—, 서울: 주류성

에릭 트링카우스·팻 심먼(윤소영 옮김)

  1997 네안데르탈인, 서울: 금호문화 301

콘라드 슈핀들러(최몽룡 옮김)

  1995 5천년 전의 남자, 서울: 청림

Garn Stanley M.(권이구 역)

  1983 인종, 서울: 탐구당

Hewes Gordon W.(권이구 역)

  1983 인류의 기원, 서울: 탐구신서 261

역사교육자협의회(채정자 옮김)

  2003 중동·아프리카, 서울: 비안

최몽룡

  1997 도시·문명·국가—고고학에의 접근—(대학교양총서 70), 서울: 서울대학교 출판부

피터 그윈

  2008 그린 사하라의 사라진 부족들, Washington D.C.: National Geographic Atlas of Archaeology, National Geographic(한국판) vol.9, pp. 58-75

Art Publishers ed.

  2003 *The Zulu, South Africa*, Johannesburg: Art Publishers

A. J. Kelso·Wenda Trevathan

  1984 *Physical Anthropology*, New Jersey: Prentice-HallInc. Englewood Cliffs

Ashley Montague M.F.

  1951 *An Introduction to Physical Anthropology*, Springfield·Illinois: Charles C. Thomas

Barnouw Victor

1982 *Physical Anthropology and Archaeology*, Illinois: The Dorsey Press

Bass William M.

1995 *Human Osteology*, Columbia: Missouri Archaeological Society

Brothwell Don R.

1972 *Digging up Bones*, London: Trustees of the British Museum

Cole, Sonia

1954 *The Prehistory of East Africa*, Harmond: A Pelican Book

Cotterell, Arthur ed.

1980 *Encyclopedia of Ancient Civilizations*, New York: The Rainbird Pb. Group Ltd.,
Penguin Books

Dolhinow Phyllis·Sarich Vincsent M.

1971 *Background for Man*, Boston: Little, Brown and Co.

Johanson, Donald and Edga, Blake

2009 *From Lucy to Language*, New York: Simon & Schuster

Fagan, Brian M. ed.

1996 *The Oxford companion to Archaeology*, Oxford: Oxford University Press

Fogg, William

1967 *The Art of Central Africa*, UNESCO; Fontana Unesco Art Books

J. D. Fage and R.A. Oliver ed.

1970 *Papers in African Prehistory*, Cambridge: Cambridge University Press

Gore, Rick

2002 New Find from the Republic of Georgia(Homo Georgicus), Washington D.C.:
National Geographic vol.202, No.2

Hamady Bococum et. al.

2002 *Sénégal—Élemens d'archéologie ouest—africaine—*, France: CRIAA·Éditions Sépia

Hammond Peter B.

1964 *Physical Anthropology and Archaeology*, New York: The Macmillan Co.

Harding Robert S.O.

1981 *Omnivorous Primates*, New York: Columbia Univ. Press

Harry Nelson·Robert Jourmain

1988 *Introduction to Physical Anthropology*, New York: West Pb. co.

IFAN

2001 *Gorée*, Madrid: Agencia Española de Cooperración International

Jolly Clifford J. and Plog Fred

   1974 *Physical Anthropology and Archaeology*, New York: Alfred A. Knopf

Joussaume, Roger

   1987 *Dolmens for the Dead*, London: B.T. Batsford

Krogan Wilton Marion

   1978 *The Human Skeleton in Forensic Medicine*, Springfield: Charles C Thomas Pb.

Lemoick, Michael D. and Dorfman, Andrea

   2000 *Up from the Apes*, Time January, pp.35-45

National Geographic Society

   1994 *Wonders of the Ancient World*, Washington D. C.: National Geographic Atlas of
      Archaeology

Oliver, Roland and Fagan, Brian M.

   1975 *Africa in the Iron Age*, Cambridge: Cambridge University Press

Pfeiffer John E.

   1978 *The Emergence of Man*, New York: Harper & Row, Publishers

Phillipson David W.

   1993 *African Archaeology*, Cambridge: Cambridge University Press

Salopek, Paul

   2005 Who rules the forest?, *National Geographic*, september: Special Africa issue,
      Washington D.C.: National Geographic, pp.74-93

Shapiro, Harry L.

   1974 *Peking Man*, New York: Simon and Schuster

Shaw, Ian and Jameson, Robert ed.

   1999 *A Dictionary of Archaeology*, Oxford: Blackwell Publishers Ltd.

Stein Philip L. and Rowe Bruce M.

   1982 *Physical Anthropology*, New York: McGraw-Hill book co.

Ubelaker Douglas H. ·Bert Woodhouse

   1989 *Human Skeletal Remains*, Washington: Taraxacum

Weaver, Kenneth H.

   1985 The Search for Our Ancetors, Washington D.C.: *National Geographic* vol.168,
      No.5, pp.561-629

H. C. Woodhouse·Bert Woodhouse

   2003 *Bushman Art of Southern Africa*, Johannesburg: Art Publishers

4. 장사 마왕퇴馬王堆 전한 고분
-高句麗 古墳 壁畵와 관련된 몇 가지 斷想-

이 고분은 서기 1972년-서기 1974년에 湖南省 長沙市(漢나라 당시의 이름은 臨湘임) 東郊 馬王堆路 馬王堆 省馬王堆療養阮 옆에서 발견된 것으로 그 후 湖南省博物館 관장인 熊傳薪에 의해 발굴되었다. 이곳은 중국 前漢(기원전 206년-서기 8년) 장사국의 재상(長沙丞相)이며 700戶를 分封받은 초대 軑侯인 利蒼(2호, 呂后 2년 기원전 186년에 죽음), 이창의 부인 辛追의 무덤(1호, 2대 대후인 利豨의 在位 年間인 기원전 160년경에 50세 전후로 죽음)과 그들의 아들 무덤(3호, 30세가량의 利蒼과 辛追의 아들로 文帝 12년 기원전 168년에 죽음, 5대 文帝[71] 15년 기원전 165년에 죽은 2대 대후인 利豨의 동생으로 여겨짐)의 세 무덤으로 이루어지고 있다. 학자마다 주인공의 生沒年代가 약간씩 차이가 있지만 무덤의 축조방식으로 보아 그 무덤 축조는 초대 대후 利蒼의 무덤(2호, 기원전 186년경)→이창의 아들인 2대 대후 利豨의 동생의 무덤(3호, 기원전 168년경)→이창의 부인 辛追의 무덤(1호, 기원전 160년경)의 순서이다. 발굴보고자들은 이 셋의 무덤이 기원전 186년에서 기원전 160년경 사이에 축조된 것으로 보고 있다. 軑侯의 순서는 초대 利蒼 -2대 利豨-3대 利彭祖-4대 利秩이다. 근처에서 2-4대 대후 무덤도 발견될 것이다. 이러한 연대는 무덤축조보다 늦게 써진 『史記』를 비롯해 무덤 속에서 나온 비단에 베껴 쓴 책, 竹簡, '利蒼', '長沙丞相', '軑侯之印', '妾辛追'의 印章과, '遣策'(鄭注: 書遣于策의 준말, 策은 簡, 遣은 猶로 送也라는 뜻을 지님) 등으로 추정된다. 신추가 묻힌 무

---

71) 漢나라 高祖(기원전 206년-기원전 195년)-惠帝(기원전 195년-기원전 188년)-少帝恭(기원전 188년-기원전 184년)-少帝弘(기원전 184년-기원전 180년)-文帝(기원전 180년-기원전 157년)-景帝(기원전 156년-기원전 141년)-武帝(기원전 141년-기원전 87년)로 高后(呂雉, 기원전 187년-기원전 180년) 대신 少帝恭(기원전 188년-기원전 184년)-少帝弘(기원전 184년-기원전 180년)으로 摘記하기 때문에 文帝는 5대, 武帝는 7대가 된다.

덤은 '湖南省 省級 文物保護單位 馬王堆 漢墓'라는 보존구역 안에 있으며, 그의 아들이며 利豨 동생의 무덤은 '馬王堆 漢墓 3號墓坑'이라는 비석과 함께 '馬王堆 3號 漢墓 墓址'라는 전시관에 공개되고 있다. 이 시기는 漢 7대 武帝(기원전 141년-기원전 87년)가 衛滿朝鮮(기원전 194년-기원전 108년)을 멸하고 漢四郡을 세운 기원전 108년보다 약 80-60년 전의 일이다.

　마왕퇴고분의 중요성은 그곳에서 출토된 비단 壽衣, 木俑, 樂器와 漆器 등의 工藝뿐만 아니라 비단에 그려진 지도, 비단에 베껴 쓴 帛書의 문헌자료에 의해 지리, 천문학, 의학, 종교학 등 다방면에 걸치고 있는 것이다. 여기에는 老子의 道經과 德經을 비롯해 法經, 春秋事語, 星經, 竹書紀年, 周易, 相馬經, 52病方(失傳된 皇帝外經으로 여겨짐), 陰陽五行, 竹簡의 禮記 등이 포함된다. 1·3호의 묘 내관 상부 덮개로 사용한 T자형 彩繪帛畵(彩色柏花, 오늘날 관 위에 덮는 붉은색의 影幀과 같은 덮개, 旌幡 또는 魂幡이라고도 함)가 매우 중요한데 그중에서도 三重의 단단한 木製 外槨(가장 바깥쪽의 것이 長 6.76m 幅 4.88m이며, 목관은 南北長軸임) 속 黑漆木棺 위에 안치했던 1호 辛追 婦人墓의 것이 가장 잘 알려져 있다. 전체길이 2.05m, T자형에 해당되는 넓은 폭이 0.92m, 아래 좁은 폭이 0.47m인 이 畵幅의 내용은 天上(天國), 人間世上(地上)과 地下世界의 세 부분으로 이루어져 있으며 가운데 人間世上을 묘사한 부분에는 지팡이를 든 老軀의 여자가 주인공인 신추로 여겨진다. 나중 내관에 잘 보존된 시신을 檢屍해 본 결과 이 그림의 주인공인 50세 전후의 利倉의 부인 辛追를 묘사한 것으로 판명이 되었다. 따라서 이 그림은 주인공을 사후 천상의 세계로 인도하는 것으로 '引魂升天', '升魂'의 의미를 지닌 것으로 보인다. 辛追의 직접적인 死因은 冠狀動脈硬化에 의한 心臟麻痺였으며, 그 외에도 혈액형 A, 膽石症, 鞭蟲, 요충과 吸血蟲과 같은 寄生蟲에 시달리며, 위에는 죽기 직전 먹은 참외(甜瓜)씨 138과가 있었다는 사실도 알 수 있었다.

　漢 7대 武帝 때 董仲舒(기원전 179년-기원전 104년)가 건의하고 司馬遷(기원전 145년-기원전 87년)이 『史記』 권47 孔子世家 제17과 권67 仲尼弟子列傳 제7에 기록해 둠으로써 儒敎를 基本理念으로 삼아 政治를 공고화하기 이전에는 三皇五帝 시절의 우주·

내세관과 老子와 庄子의 道家思想이
중심이 되었던 것을 보여주고 있다.
이 고분에서 老子의 도경과 덕경의 원
문을 파악할 수 있는 복사본이 나오
고, 또 T자형 彩繪帛畵에 묘사된 주제
도 도가사상을 암시하고 있다 하겠
다. 그러나 중요한 것은 최상부 T자
형 帛畵 좌우에 삼족오(三足烏)가 들어
있는 태양과, 두꺼비와 토끼를 태우
고 있는 달(上弦이나 下弦달의 모습)이 그
려진 점이다. 두꺼비(섬여, 蟾蜍)와 토
끼(玉兎)는 漢語大詞典에 '后用爲月亮的
對稱', '傳說月中有蟾蜍, 因借指月亮',
'指神話中月亮里的白兎'과 같이 나오
는 것으로 보아 달을 지칭하는 다른
이름으로 보아도 된다. 그리고 三足烏
는 古代傳說 中 神鳥로 '爲西王母取食

湖南省 長沙市 馬王堆 1호 利倉의 부인 辛追의 미라
(50세, 기원전 160년 死, 필자 촬영)

之鳥', '日中有三足烏', '태양을 실어 나르는 새'(爾雅) 등으로 언급되고 있어 태양(해)
속에 있는 三足烏와 태양은 불가분의 관계로 표현된다. 鳥夷族은 先秦時 중국 동
부 근해에서 살던 사람들을 칭하는 이름으로 이야기하기도 하는데(『史記』五帝本紀),
그들은 이 삼족오의 신앙과도 관련이 있다. 해와 달의 신앙은 중국 측의 기록에
서 볼 때 삼황오제(伏羲, 神農, 女媧/燧人, 黃帝/少昊, 帝嚳, 顓頊, 堯, 舜) 때부터의 일이다.
중국신화에서 인류의 선조는 伏羲와 女媧이며 西王母는 중국의 女仙人으로 長生
不老의 상징으로 되어 있다. 이들은 우리의 신화하고는 거리가 멀다. 단지 고구
려 廣開土王(서기 391-서기 412년) 때 大使者(6품) 벼슬을 한 牟頭婁(또는 冉牟)墓의 묘지
명에서 朱蒙(東明王)을 '日月之子'로 표현하고 있다. 그러나 五盔(塊)분 4호의 伏羲와

女媧가 떠받치는 日月神像圖는 중국적인 요소가 강하다. 그리고 마왕퇴고분의 帛
畵는 우리 고구려 고분벽화의 제작연대와 시간적으로 너무 차이가 난다. 馬王堆
漢墓와 적어도 560년간의 시차가 있다. 그러나 三皇五帝 시절부터 내려오던 중국
인의 神話와 來世觀이 고구려 고분벽화에 끼친 영향은 너무나 뚜렷하다. 그것은
馬王堆 漢墓 중 신추의 1호묘 내관 덮개인 T자형 彩繪帛畵에 나타난 해와 달의 모
습이 고구려의 고분벽화에 나타남으로써 한국문화의 기원이나 원류의 하나가 중
국에 있다는 사실을 알 수 있게 되었다.

고구려의 벽화에서 日月圖가 뚜렷이 보이는 것만도 현재 20여 기나 되는데, 원
래 고구려의 벽화고분을 축조할 때 처음부터 일월도가 그려져 있었던 것으로 보
아도 무리가 없겠다. 馬王堆 漢墓의 T자형 彩繪帛畵에 나타난 것과 주제가 같은
태양과 달의 모습을 그린 고구려의 벽화고분들은 아래와 같다.

덕흥리고분(서기 408년, 평남 남포시 강서구역 덕흥동)

안악 1호분(서기 4세기 말, 황해남도 안악군 대추리)

무용총(서기 4세기 말–서기 5세기 초, 길림성 집안)

각저총(서기 4세기 말–서기 5세기 초, 길림성 집안)

약수리분(서기 5세기 초, 평안남도 강서군 약수리)

성총(서기 5세기 중엽, 남포시 와우도구역 신령리)

천왕지신총(서기 5세기 중엽, 평안남도 순천시 북창리)

장천 1호분(서기 5세기 중엽, 길림성 집안)

수렵총(서기 5세기 말, 남포시 용강군 용강읍)

쌍영총(서기 5세기 후반, 평안남도 용강군 용강읍)

대안리 1호분(서기 5세기 후반, 평안남도 용강군 대안리)

덕화리 1호분(서기 5세기 말–서기 6세기 초, 평안남도 대동군 덕화리)

덕화리 2호분(서기 6세기 전반, 평안남도 대동군 덕화리)

개마총(서기 6세기 초, 평양시 삼석구역 노산리)

내리 1호분(서기 6세기 전반, 평양시 삼석구역 노산리)

진파리 4호분(서기 6세기 전반, 평양시 역포구역 용산리)

진파리 7호분 출토 금동보관장식(서기 6세기 전반, 평양시 역포구역 용산리)

사신총(서기 6세기 전반, 길림성 집안)

五盔(塊)墳 4호 및 5호(서기 6세기 후반, 길림성 집안)

강서 중묘(서기 6세기 후반-서기 7세기 초, 평안남도 강서군 삼묘리)

司馬遷의『史記』권 115 朝鮮列傳 55에 자세히 기록되어 있는 衛滿朝鮮(기원전 194년-기원전 108년)이 韓國에 있어서 最初의 國家成立과 文明의 發生 硏究에 있어서 重要한 示唆를 해준다. 衛滿朝鮮이 屬하는 시기는 韓國考古學 編年上 鐵器時代 前期(기원전 400년-기원전 1년)이다. 따라서 韓國에 있어서 國家와 文明의 시작은 考古學上 鐵器時代 前期에 일어난다. 이의 바탕은 武力과 戰爭에 의한 征服國家이다. 이때

3號 利蒼의 부인인 辛追무덤(기원전 160년 死)에서 나온 T자형 彩繪帛畵[熊傳薪·游振群, 長沙 馬王堆 漢墓(2006) p.117에서 인용]

가 韓國에 있어서 歷史의 시작이며 아울러 歷史考古學硏究의 始發点이다. 그 당시의 考古學的 情況은 비록 中國側과의 力學關係에 의한 文明化의 길로 들어 선 所謂 第二次的인 文明과 국가(a secondary civilization & state)라고 말할 수 있겠다. 이는 紀元前 108年 7대 漢武帝가 세운 漢四郡(기원전 108년-서기 313년) 중의 하나인 樂浪을 통해 中國의 鐵器, 土壙墓, 漢字 그리고 後日 고구려 소수림왕 2년(서기 372년) 佛敎까지 流入되면서 더욱 더 加速化되었다. 그리고 종교도 서기 372년(고구려 소수림왕 2년) 佛敎가 한국

에 유입되기 이전 精靈崇拜(animism) 와 토테미즘(totemism)의 단계를 지나 祖上崇拜(ancestor worship)가 바탕이 되는 전문화된 巫敎(shamanism)가 나타나 血緣을 기반으로 하는 階級社會인 族長段階(chiefdom)의 政治進化와 竝行하게 된다. 청동기시대의 精靈崇拜(animism)와 巫敎(shamanism)를 거쳐 철기시대에는 환호를 중심으로 전문제사장인 天君이 다스리는 別邑인 蘇塗가 나타난다. 고고학 자료로 본 한국의 종교는 신석기시대의 정령숭배(animism), 청동기시대는 劣等自然宗

利蒼의 부인 辛追의 모습(필자 촬영)

敎 중 精靈崇拜(animism), 토테미즘(totemism)이며, 철기시대에는 巫敎(shamanism)와 조상숭배(ancestor worship)가 중심이 된다. 그리고 衛滿朝鮮과 같이 血緣을 기반으로 하지 않는 階級社會인 발전된 국가단계에서 나타나는 宗敎 또는 理念은 아직 확실치는 않으나 漢 高祖 12년(기원전 195년) 燕王 盧綰이 漢나라에 叛하여 匈奴로 도망감에 따라 부하였던 衛滿은 古朝鮮 지역으로 망명하였으며 그의 出自는 秦·漢 이전의 戰國時代(기원전 475년-기원전 221년) 燕나라(기원전 222년 멸망) 지역으로, 그곳은 당시 劣等自然敎 단계를 벗어난 高等自然敎(多神敎期)나 一神敎 단계임이 확실하다. 그중에서도 道敎나 漢 제 7대 武帝(기원전 142년-기원전 87년) 때 董仲舒(기원전 179年-기원전 104年)의 기용(기원전 134년, 武帝 元光 원년)으로 이후 유교가 국가의 이념으로 되는 儒敎의 영향을 많이 받았을 것으로 추정된다. 철기시대 전기에 祭·政이 기록상으로는 분리되고 있었지만 이러한 별읍 또는 소도의 전신으로 생각되는 환호 또는 별읍을 중심으로 하여 직업적인 제사장이 다스리던 신정정치(theocracy)도 가능했을 것이다. 그 다음 삼국시대 전기(서기 1년-서기 300년)에는 세속왕권정치(secularism)

가 당연히 이어졌을 것이다. 이러한 관계는 고구려 소수림왕(서기 372년), 백제 침류왕(서기 384년)과 신라 제23대 법흥왕(서기 527년) 때 정치적 기반을 굳게 하기 위한 불교의 수용과 전파를 통해 확대된다. 이는 원시종교적 측면에서 다루어진 한국의 종교는 불교를 공식적으로 수용하여 국가의 지배 이데올로기로 삼기 이전을 말한다. 여기에 국가단계로 발전한 기반을 공고히 다지는 原動力(prime mover)의 하나가 되는 宗敎的인 側面이 강조되고 있다. 서기 371년 백제 13대 近肖古王(서기 346년-서기 375년 재위) 때 평양에서 벌린 전투에서 16대 故國原王(서기 331년-서기 371년 재위)이 전사한다. 또 20대 長壽王(서기 413년-서기 491년 재위) 서기 427년 평양으로 천도한다. 그 이후 고구려가 멸망하는 서기 660년까지 평양을 중심으로 내부에 壁畵가 그려진 封土石室墳이 만들어진다.

　道敎도 마찬가지이다. 부여 능산리(陵山里) 고분군(사적 제14호)과 나성(羅城, 사적 제58호) 사이에서 확인된 공방터라 추정되던 건물지에서[현재 능사로 알려진 이 일대의 발굴에서 보희사(寶憙寺)·자기사(子基寺)란 사찰 명칭이 적힌 목간(木簡)이 확인되기도 함] 백제시대 백제금동대향로[百濟金銅大香爐: 처음에는 금동용봉봉래산향로(金銅龍鳳蓬萊山香爐, 국보 287호)로 불렸으며, 일명 박산로(博山爐)라고도 함, 중국에서는 오늘날의 '모기향'처럼 害蟲劑/熏劑로 많이 사용되었다]에 장식된 문양을 통해 볼 때 백제사회에 도교와 불교사상이 깊이 침투해 있음을 알 수 있다. 기록에 의하면, 백제 15대 침류왕(枕流王) 원년(서기 384년) 진(晉)나라에서 온 호승(胡僧) 마라난타가 백제에 불교를 전래했다. 불사는 그 이듬해 한산(漢山)에서 이루어졌으며, 그 곳에 10여 명의 도승이 거주하고 있었다고 기록되어 있다. 그러나 도교에 관한 기록은 거의 없다. 최근 무령왕릉(武寧王陵)에서 발견된 매지권(買地券 : 죽어 땅 속에 묻히기 전에 산의 주인인 산신에게 땅을 사는 문권, 국보 제163호)의 말미에 보이는 부종률령(不從律令 : 어떠한 율령에도 구속받지 않는다)이란 단어가 도교사상에서 기인한 묘지에 대해 신의 보호를 기원하는 주술적인 의미로 해석되기도 한다. 또 제13대 근초고왕이 서기 371년 고구려 고국원왕을 사살시키고 난 후 장수 막고해가 언급했던 '지족불욕(知足不辱) 지지불태(知止不殆)'라는 표현은 노자(老子)의 명여신(名與身)의 글을 그대로 인용한 것으로 당시 백제사회에 도교의 영향이 있었음이 확실하다. 이러한 견해를 수용한다면 도교가 이미 백제왕실에 전래되어 있었던 것으로 해석할 수 있겠다. 남포시 강서구역 삼묘리의 江西 大墓에서와 같이 고구려 고분벽화에는 연개소문이 심취했던 도교의 신선사상의 표현이라 할 수 있는 사신도[四神圖 : 남주작(南朱雀), 북현무(北玄武), 좌청룡(左青龍), 우백호(右白虎)]가 빈번히 등장한다. 공주 송산리 6호분과 부여 능산리 2호분 벽화에서 보이는 사신도, 부여 규암면 외리에서 발견된 반룡문전(蟠龍文塼), 봉황문전과 산수산경문전(山水山景文塼)도 이러한 맥락에서 이해될 수 있다. 삼국 중 중국의 앞선 문물을 가장 빨리 받아들여 이를 백제화하고, 더 나아가서 일본에까지 전파시킨 백제의 문화감각으로 볼 때, 도교는 이미 상류층의 사상적 기조를 이루고 있었을 것이다.

멀리 그리스 미케네(기원전 1550년-기원전 1100년 또는 기원전 1600년-기원전 1200년)의 'Treasury of Atreus'의 무덤 내부에서 보이는 맛졸임천장(또는 귀죽임천장, 투팔천장, 抹角藻井이라고도 함. 영어로는 'corbel style tomb in which the diameter of the circle decreased until the final opening at the top could be closed with a capstone'으로 표현)의 기원인 연도(널길)가 달린 솔로스 무덤(tholos tomb with dromos; 복수는 tholoi임)은 後漢(서기 25년-서기 219년) 말 3세기경의 山東省 沂南 石墓를 거쳐 高句麗의 고분 구조에 영향을 끼치었다. 그리고 호남성 장사의 마왕퇴 채색백화에 그려진 삼족오(三足烏), 두꺼비와 토끼로 표현되는 해와 달에 대한 우주·종교적 來世觀도 중국으로부터의 영향으로 보인다. 이는 한국 기록에서 나타나는 龍의 기원에서도 찾아볼 수 있다. 이러한 점은 여러 고고학적 증거에서 찾아볼 수 있다. 이러한 내세관이 당시 중국을 포함한 동북아시아지역에 공통적이었다고 감안해 말하더라도 시간적인 차이 때문에 기원과 전파문제를 고려하지 않을 수 없다. 이 馬王堆 漢墓가 비록 우리 문화와 멀리 떨어져 있는 異質的인 것으로도 볼 수 있지만, 좀더 穿鑿해 보면 이 고분은 한국의 문화와 내세관을 포함한 종교의 기원을 해결할 수 있는 실마리를 제공할 수 있을는지 모른다. 다시 말해 고구려고분을 포함한 한국문화의 기원은 다원적인 것에서 찾아야 할 것이다.

참고문헌

사회과학원 고고학연구소

  1975 고구려문화, 평양: 사회과학출판사

김원용

  1986 한국 고고학개설(3판), 서울: 일지사 p.156 및 p.174

서울대학교 출판부

  2000 북한의 문화재와 문화유적 고구려편 I, II, 서울

서경보

  1969 세계의 종교, 을유문고 11, 을류문화사

이성규

  2002 문헌에 보이는 한민족문화의 원류, 한국사 1. 총설, 서울: 국사편찬위원회,
    pp.140-169

조선일보사

  1993 집안 고구려 고분벽화, 서울

전호태

  2000 고구려 고분벽화연구, 서울: 사계절

최몽룡

  1991 마왕퇴고분, 재미있는 고고학 여행, 서울: 학연문화사, pp.89-96

  1997 도시·문명·국가-고고학에의 접근-(대학교양총서 70), 서울: 서울대학교 출판부

  2000 용-고고학과 신화 상으로 본 상징- 흙과 인류, 서울: 주류성 pp.154-172

  2002 고고학으로 본 문화계통 -문화계통의 다원론적 입장-, 한국사 1, 총설, 서울: 국
    사편찬위원회 pp.89-110

  2006 위만조선 연구의 신국면을 맞아, 서울: 계간 한국의 고고학 창간호 pp.6-13

  2006 최근의 고고학 자료로 본 한국고고학·고대사의 신 연구, 서울: 주류성

최무장·임연철

  1990 고구려 벽화고분, 서울: 신서원

Ikomos-Korea

  2004 고구려의 고분벽화, 서울: 예맥출판사

Biers, William R.

  1996 The Archaeology of Greece, Ithaca & London: Cornell University Press, pp.73-
    75

Chin Yung

　　1978　Books copied on Silk from Han Tomb No.3 at Mawangtui, *New Archaeological Finds in China*(II), Peking: Foreign Languages Press, pp.65~71

J. B. Noss(노스, 윤이흠 역)

　　1986　세계종교사(상), 서울: 현음사

朱榮憲

　　1972　高句麗の壁畵古墳, 東京: 學生社

湖南省博物館

　　1979　馬王堆漢墓硏究, 長沙: 湖南人民出版社

熊傳薪·游振群

　　2006　長沙 馬王堆 漢墓, 北京: 三聯書店

何賢武·王秋華

　　1993　中國文物考古辭典, 辽寧: 辽寧科學技術出版社

侯良

　　2006　神秘的馬王堆 漢墓, 長沙: 湖南人民出版社

5. 티베트 · 대만

티베트는 현재 中國 西藏自治區(서기 1955년 北京에서 열린 제1회 전국인민대표회의에서 승인)로 면적 1,221,700㎢, 인구 130만으로 수도는 라싸(拉薩, 포탈라 布達拉宮, 해발 3,700m)이다. 일찍이 이 나라는 뵈, 뵈릭, 투베, 토번[(吐蕃, t'u fan), 그러나 신강 위구르 자치구(新疆維吾爾自治區) 투르판(吐魯番)의 高昌國은 이 토번국과 달리 서기 499년 麴文泰가 나라를 세웠으나 640년 唐에 멸망함]과 구게 왕국[古格王國은 阿里地區 札達(차다) 근처 扎布讓(차파랑)에 위치하며, 서기 10세기경-서기 1630년/서기 1635년 동안 존재] 등으로 잘 알려져 있다. 33대 송짼간뽀(松贊干布, 서기 617년-서기 650년)가 얄룽 계곡의 쩨탕[澤堂] 칭와닥제 궁전[靑瓦達牧城]에서 遷都한 라싸의 포탈라 궁[紅宮, 5대 달라이라마 때 白宮을 포함해 포탈라 궁을 오늘날과 같이 增築함]은 그 이후 뵈릭(토번) 민족의 정신적 고향이 되었다. 티베트는 서기 1949년 10월 1일 中華人民共和國의 建國 이듬해인 서기 1950년 중국으로 편입되었고 서기 1951년 3만 명의 인민해방군(貴州省의 당서기인 胡錦濤가 중심인물임)이 無血入城하여 '北京條約'을 체결하고 당시 서장자치구의 당서기는 현 중화인민공화국의 대통령인 胡錦濤[후진타오]가 되었다. 이 티베트는 吐蕃王國(Tu fan/Tubo empire)이란 세속 왕권정치(secularism)를 벗어나 파쥬파의 후원을 얻은 쫑가파(宗喀巴, 서기 1357년-서기 1419년)가 창시한 Gelug파 5대 아왕 로상 가쵸(서기 1617년-서기 1682년)가 서기 1642년에 몽고의 支持下에 法王制를 만들어 서기 1903년 13대 법왕 톱텐 가쵸(서기 1876년-서기 1933년)가 英國軍을 피해 北京과 印度로, 그리고 서기 1959년 14대 법왕인 달라이라마(서기 1935년-서기 2011년 현재, His Holiness the 14th Dalai Lama of Tibet 줄여서 H. H. Dalai Lama로 씀, 우리말로는 聖下라 함)가 24세 때 라싸에서 서기 1959년 3월 10일 신년 '뭰람' 축제에 맞추어 일어난 대규모 시위(拉薩의 武裝蜂起)가 실패함에 따라 서기 1959년 3월 17일 인도 다름살라(Dharmsala)로 망명할 때까지 신정정치(theocracy)를 지속하였다. 지구상에서 이와 유사한 예는 페르시아……사파비드 왕조(Safavid dynasty, 서기 1501년-서기 1794년)-카쟈르(Qajar dynasty) 왕조(서기 1794년-서기 1925년)를 이은 팔라비(Pahlavi dynasty) 왕조[서기 1926년-서기 1979년, 팔레비 왕조(Reza Khan이 1926년 Reza Shah Pahlavi로 등극)]를 몰아내고 새운 이란 이슬람공화국을 들 수 있다. 그 이후 이란은 호메이니 Ayatollah Khomeini-1대 대통령 바니샤르(Abolhassan Banisadr)-알리 라자이(Mohammad Ali Rajai)-카메네이(Ali Khamenei)-라프산쟈니(Akbar Hashemi Rafsanjani)-모하마드 하타미(Mohammad Khatami, 서기 1997년-서기 2005년 재위)-현 마흐무드 아흐마디네쟈드(Mahmoud Ahmadinejad) 대통령으로 이어지고 있다.

티베트는 해발 3-4,000m 이상의 고산지대에 존재하며 大陸坂(plate)이 서로 부딪쳐 상승의 세계의 지붕이라 일컫는 주위의 쪼모랑마[珠穆朗瑪]인 에베레스트 산 8,848m, 사르체 東 7,519m, 눕체 西 7,855m, 로체 南 8,516m, 창체 北 7,580m의 다섯 개의 높은 산에 둘러싸여 있다. 이들을 劣等自然敎인 多靈敎 중의 하나인 精靈崇拜(animism)의 대상으로 다섯 신으로 섬기고 있다. 그리고 티베트인들의 민족기원은 그들 티베트인들의 神話에 나타나는 太古의 히말라야 바다설, 그 후에 나타나는 투와 초라는 원숭이 부부로부터 티베트인들이 생겨났다는 유인원 진화설, 기원전 237년경 12개의 부족장들과 뵌뽀의 사제들이 모여 네치짼뽀라는 새 임금을 추대하여 開國하였다는 역사적 사실, 그리고 마지막 28대 라토토리녠짼(서기 433년) 때 佛敎의 傳來 以後 불교적 輪回說 등과 결부되어 있다. 그러나 티베트가 佛敎를 공식적으로 승인한 것은 38대 치송데짼[赤松德贊 서기 754년-서기 791년]이 서기 763년과 서기 767년의 두 번에 걸쳐 唐의 長安을 함락한 후, 서기 779년 삼애사원[桑耶寺]에 세웠던 興佛盟誓碑 때부터이다.

서기 1976년 西藏自治區 申扎県 雄梅區 珠洛河畔 山麓 洪積世層 변두리지역에서 剝片石器 14점, 刮削器, 尖狀器, 石片 등이 발견되었다. 그러나 地層 및 動物化石들이 없어 그 연대를 정확히 밝힐 수 없었으나 華北地區 舊石器時代 晩期(後期)의 유물과 흡사해 이곳에 만기/후기구석기시대의 존재가 있었다는 사실만을 확인시켜 주고 있었다. 그러나 최근 定日県 蘇熱, 申扎県 多格則, 珠洛勒, 盧令, 雙湖瑪尼,

綏紹拉, 日土県 扎布 夏達錯東北岸, 吉隆県 宗嘎郷 哈東淌과 却得淌, 聶拉木県 亞里村과 羊圍 등 만기/후기의 구석기유적들이 새로이 발견되었다. 그중 多格則과 扎布지점에서 발견된 석기들은 北京 周口店 제1지점과 山西省 朔県 峙峪의 유물들과 유사한데, 山西省 峙峪의 연대는 28135±1330년 BP로 西藏 구석기시대가 속하는 연대가 20,000년 전까지 거슬러 올라감을 알려준다. 또 서기 1978–서기 1979년 昌都城 東南 卡若[카루에]村 서쪽 해발 3,100m 산지구릉에서 발굴한 결과 신석기시대 조기/전기(기원전 3300년)와 만기/후기(기원전 2100년)의 두 문화층이 있음을 확인하였다. 이 유적의 발견은 西藏地區의 신석기문화와 이웃지구의 유적을 비교하는데 중요한 의의를 갖게 되었다. 그리고 申扎県 雄梅區 珠洛河畔을 비롯한 定日県, 日土県, 吉隆県, 聶拉木県에서 새로이 발견된 여러 구석기시대 만기/후기유적들과 함께 昌都城 卡若지역의 신석기시대 유적은 적어도 지금부터 20,000년 전부터 이곳에 사람이 살기 시작했다는 고고학적 증거로, 神話 上의 티베트가 歷史的 事實로 서서히 입증되어가고 있는 추세를 보여준다.

현재 사용하는 티베트 문자는 33대 송짼감뽀[松贊干布] 왕 때 재상 톤미쌈보따가 만들었다고 한다. 티베트의 國家 成立은 티베트 고유 토착신앙인 뵌뽀교와 불교의 대립으로 시작된다. 얄룽 계곡에 중심을 둔 샹슝국[象雄國, 慧超의 往五天竺國傳의 羊同國임]의 얄룽 왕조는 기원전 237년 초대 네치짼뽀 왕(뵌교의 교주는 센랍미우체임, 1–7대는 祭政分離의 정치를 함)에서 시작하여 16대에 가서 끝나고, 서기 642년 吐蕃國의 토번왕조 33대 송짼감뽀 왕(松贊干布, 서기 617년–서기 650년)에 의해 전 지역이 통합되어 현재의 강역을 이루었다. 象雄國은 기원전 237년 경 12개의 부족장들과 뵌뽀의 사제들이 모여 네치짼뽀라는 새 임금을 추대하여 開國하였다고 한다. 그리고 吐蕃國왕조는 초대 네치짼뽀 왕으로부터 마지막 42대 랑데르마(Lang Darma)가 살해(842년)될 때까지 專制王權政治를 이루었다. 이 사건은 티베트 왕권의 지나친 佛敎崇尙과 뵌뽀교[土着巫俗敎]의 대립 결과였다. 쫑가파[宗喀巴]가 창시한 게룩파의 5대 라마[法王]인 아왕 로상 가쵸(서기 1617년–서기 1682년) 때인 서기 1642년부터 法王制(神政政治)가 실시되었다. 토번왕조는 1대 네찌짼뽀, 8대 지굼짼보[普通王朝의 始作], 9대

뿌데꿍제, 27대 치데죽돈짼뽀, 28대 라토토리녠짼, 33대 송짼감뽀(松贊干布, 서기 617
년-서기 650년), 37대 치데죽짼(赤德竹贊, 서기 704년-서기 754년)과 38대 치송데짼(赤松德
贊, 서기 754년-서기 791년)으로 이어진다. 吐蕃과 唐과의 역사적 관계는 唐 太宗(서기
627년-서기 649년)년간 서기 641년 예부상서 강하왕 李道宗의 딸 文成公主(티베트에 養
蠶을 전래)가 33대 송짼감뽀 왕에게 또 唐 中宗(서기 684년-서기 710년)의 양녀인 14살의
金城公主가 서기 710년 37대 치데죽짼 왕에게 시집을 온 것과, 그리고 唐 代宗(서
기 762년-서기 779년) 연간인 서기 763과 서기 767년 두 번에 걸쳐 토번의 38대 치송
데짼[赤松德贊] 왕이 長安(陝西省)을 침공하여 당나라가 서기 767년 興唐寺에서 토번
과 굴욕적인 평화조약을 맺은 사건 등으로 잘 알려져 있다. 토번국은 寧夏回族自
治區 黃河와 渭河의 서쪽 蘭州, 武威, 張掖과 嘉峪關을 거치는 河西走(廻)廊을 지나
실크로드(絲綢之路)가 시작하는 요충지인 甘肅省 敦煌 莫高窟도 서기 781년-서기
848년의 67년간 점령하다가 唐 宣宗 2년(서기 848년)에 재탈환 당하였다. 당시 토번
의 장군은 재상인 가르똥짼(綠東贊)의 둘째 아들인 가르친링[綠欽陵]이었다. 唐 代宗
은 楊貴妃사건으로 얼룩진 玄宗(서기 712년-서기 756년)과 그의 아들인 肅宗(서기 756년
-서기 761년) 다음의 왕이다. 그리고 41대 치죽데짼[赤竹德贊] 왕은 서기 821년 長安
교외에서 唐 穆宗(서기 820년-서기 823년)과 평화조약을 체결하고 서기 823년 長慶會
盟碑를 죠캉 사원 앞에 세운다. 토번왕국은 한때 당나라를 제압할 정도로 강성했
었다. 시베리아와 만주(요녕성, 길림성과 흑룡강성)에서는 역사적으로, 가) 肅慎
-勿吉-靺鞨-黑水靺鞨-女眞-生女眞-金(서기 1115년-서기 1234년)-滿洲-淸(서기 1616
년-서기 1911년), 나) 匈奴-東胡-烏桓-鮮卑-突厥(투쥐에, 뛰르크, 타쉬티크: 서기 552년 柔
然을 격파하고 유목국가를 건설. 돌궐 제2제국은 서기 682년-서기 745년임)-吐蕃(티베트, t'u fan:
38대 치송데짼[赤松德贊 서기 754년-791년]이 서기 763년과 서기 767년의 두 번에 걸쳐 唐의 長安을 함
락함)-위굴(維吾爾, 回紇: 위굴 제국은 서기 744년-서기 840년임, 위굴 제국은 키르기스 點憂斯에 망
하며 키르기스는 10세기경까지 존재. 그러나 투르판(吐魯番)의 高昌國은 이 토번국과 달리 서기 499년
麴文泰가 나라를 세웠으나 서기 640년 唐에 멸망함. 그리고 吐谷渾은 靑海省 북부와 新疆省 동남부 일
대에 살던 鮮卑족의 한 갈래임.)-契丹(辽, 서기 907년-서기 1125년)-蒙古(元, 서기 1206년-서기

1368년)−女眞/金(서기 1115년−서기 1234년)−後金(서기 1616년−서기 1636년)−滿洲/淸(서기 1616/1636년−서기 1911년), 다) 예 : 고조선, 맥 : 부여−고구려−백제/신라로 이어지는 종족과 국가의 변천이 있어 왔다. 吐藩왕국이 강성할 무렵에는 돌궐(투쮀, 투르크)과 위굴(回紇)의 세력도 커 나오고 있었다. 그런 가운데 토번왕조 27대 치대죽돈쩬뿌(서기 374년)와 28대 라토토리넨 때 불교가 유입, 38대 치송데쩬(서기 754년−서기 791년)의 불교의 국교공인, 그리고 서기 779년 쌈애 사원[桑耶寺]의 건립과 더불어 정식으로 불교가 공인되고 神政政治의 길을 트게 되었다. 이후 티베트에서는 불교를 믿는 주요 4대 학파가 형성되었다. 즉 그들은 닝마(Nyingma 토번왕국 38대 치송데쩬 때의 빠드마삼바바[蓮華生]에 의해 들어옴), 카큐(Kagu 역경승 마르파 서기 1012년−서기 1098년, 鳥葬을 함), 샤카(Sakya 샤카 사원에서 유래. 서기 1267년 이후 팍파국사가 元 쿠빌라이 世祖의 스승으로 티베트 불교가 원의 국교로 됨), 게룩(Gelug 쫑가파 宗喀巴<서기 1357년−서기 1419년>에 의해 창시)派들이다. 법왕제는 서기 1642년 쫑가파[宗喀巴]가 창시한 게룩파의 5대 라마[法王]인 아왕 로상 가쵸(서기 1617년−서기 1682년)에 의해 만들어져, 현 14대 달라이라마가 인도 다름살라에 망명정부를 수립하고 있다. 티베트 최초의 불교사원은 쌈애 사원[桑耶寺]이다. 서기 746년 11월 15일 티베트에 온 것으로 알려진 파키스탄 태생의 인도승인 빠드마 삼바바(Padmasambhava, 蓮華生)는 구루 린뽀체나 우르간 빠드마로도 불리는데 그는 善行에 기반을 둔 輪回說인 티베트 사자의 서(바르도 퇴돌, The Tibetian Book of the Dead, 埋葬經典이라고도 함)를 만들어 죽음의 문제를 직면한 삶의 터득과 죽은 자를 다음 생으로 인도하는 법을 가르쳤다. "사자의 서" 중 가장 완벽하고 유명한 것으로 이집트 19왕조 기원전 1250년경에 제작된 23m의 두루마리 (scroll) "아니의 파피루스(Ani's papyrus)"를 들 수 있으며, 티베트의 것보다 2,000년 이상 앞선다. 그리고 佛敎는[석가모니의 탄생. 그의 입멸 연대는 夏安居로 본 衆聖点記說<歷大三寶記: 이는 중국 南齊(서기 479년−서기 502년) 永明(서기 483년−서기 493년) 7년 서기 489년 부처님의 입멸 후 매년 실시하는 하안거의 숫자가 975점이 찍힌 책>에 의해 기원전 485년(기원전 564년−기원전 485년)설과, 아쇼카 왕[阿育王]이 세운 石柱說에 의한 기원전 467년(기원전 546년−기원전 467년)이 있다. 현재는 서기 1956년 네팔 카트만두에서 열린 세계 4차 불교대회에서 서기 1956년을 佛紀 2500

년으로 공식 인정함에 따라 석가모니가 기원전 544년 2월 15일 80세로 입적(입멸)한 것으로 인정(기원전 623년 4월 8일 탄생-기원전 544년 2월 15일 입적. 서기 2011년이 佛紀 2555년임] 부처님의 입멸 이후 근본불교-부파불교-대승불교(반야·공사상, 연화장사상, 유식론, 진언·만다라·대일여래/비로자나불의 밀교)로 발전해왔다. 티베트는 다른 佛敎信奉國들과 다른 인도에서 서기 10세기경 사라진 밀교, 活佛制(Tulku: 린뽀체), 轉生制를 가지고 있는데 이는 卽身成佛의 예이다.

  唐 太宗(서기 627년-서기 649년)時 百濟(서기 660년)와 高句麗(서기 668년)가 羅唐聯合軍에 의해 멸망당한 이후 포로로 잡혀와 外人部隊격인 團結兵으로 당나라에 배치되어 당나라를 위해 아프칸(小勃律, Gilgit), 파키스탄(大勃律, Scarado, 서기 735년)까지 가서 싸운 高仙芝 장군을 비롯하여 黑齒常之 장군 등이 한국과의 구체적 관계를 보여준다. 高仙芝 장군은 서기 751년 7월 Talas 전투에서 패전하고 서기 755년 2월에 斬首당하였다. 그리고 불교를 통한 우리나라와의 관계도 볼 수 있다. 고려시대의 불교유물인 海州 陀羅尼石幢(북한문화재 국보유적 82호), 光州 十信寺址 梵字碑(大佛頂尊勝陀羅尼碑: 석존이 사위국의 祇樹給孤獨園/祇園精舍에 있으면서 善住天子를 위하여 재난을 덜고 오래 살 수 있는 묘법으로 독송하기를 권한 경), 敬天寺 10층 石塔(국보 제86호), 미륵사가 위치한 月岳山 국립공원 관리사무소 구내의 多羅尼碑片(제천시 한수면 송계리 693-1 월광사 입구에서 출토), 서울 圓覺寺 10층 석탑(국보 제2호)과 昌慶宮 내 春塘池 옆 팔각칠층석탑(보물 제1119호) 등은 元(서기 1271년-서기 1368년)나라의 티베트 불교에 의해 전해져온 것으로 볼 수 있다. 서기 1271년 開封에서 北京으로 遷都한 元나라의 世祖 쿠빌라이[忽必烈, 서기 1271년-서기 1294년]는 샤카(Sakya) 파의 팍빠[國師]를 그의 스승으로 모셔 티베트의 불교가 원나라의 국교가 되어 그 후 몽고족의 高麗侵入 때 영향을 주었던 것으로 보인다. 그리고 또 元의 8대 順帝(惠宗, 서기 1333년-서기 1367년)의 제2황후이며 황태자 愛猷識里達獵의 어머니인 高麗여인 奇皇后(奇子敖의 딸)의 영향도 있었던 것으로 생각된다.

  구게 왕국(Guge, 古格王國)은 阿里地區의 札達(치다, 托林) 근처 扎布讓(차파랑, 阿里土林)에 위치해 있으며, 서기 10세기경-서기 1635년 사이에 존재하였다. 초대왕은 서기 10세기경 토번왕조의 후손인 팔코르스탄이 이곳으로 이주하고 그의 아들 데쥬콘이 구게 왕국을 세웠고, 2대 송례(라마마 에세외), 3대 라데 왕, 4대 위데, 5대 이데, 그리고 마지막 16대 쵸닥포(赤扎西扎巴德) 왕으로 이어진다. 그때 구게 왕국으로 초대받은 승려가 디팡가라 아띠샤(Atisha, 서기 980년-서기 1054년)로 인도에서 사라진 밀교의 전래를 통해 이곳 구게 왕국에서 다시 불교의 중흥을 이룬다. 扎布讓(차파랑)에 위치한 구게 왕국(Guge, 古格王國)의 遺蹟은 서기 1959년-서기 2001년 중국 당국에 의해서 여러 차례 조사되어 80층 마천루의 높이위에 세워진 宮殿을 비롯한 여러 비밀스런 통로, 요새와 같은 성채, 미라화 한 머리 없는 시체를 매장한 동굴(400여 구가 발견됨; 마지막 왕인 쵸닥포와 왕족 그리고 귀족들의 일가족의 무덤으로 여겨짐), 스투레지 강(象泉河, Xianquanhe river)의 물을 끌어들여 식수를 해결한 흔적과 古岩畵 등이 확인되었다. 구게 왕국은 스투레지 강가 금광에서 나오는 풍부한 砂金 생산과 더불어 네팔-인도를 잇는 누브라 계곡을 중심으로 멀리 티베트의 瀾滄江 소금계곡의 鹽井(옌징, 차카롱) 자다촌(현재 納西족이 운영)에서 나오는 紅鹽과 白鹽, 四川과 云南省(普洱茶·康磚茶를 포함한 차의 교역)까지 동아시아 貿易路의 중앙에 위치하여 무역업을 바탕으로 번성하였다. 구게 왕국이 번성할 때는 인구가 2만 명이 되기도 하였다. 불교의 중흥은 인근 2㎞ 내에서 발견된 피양(Pyang)과 동가(Donggar) 마을의 1,550개의 石窟群 중 20여 개의 석굴에서 발견된 불화에서 페르시아(사자상), 돈황(비천상)과 아프카니스탄 바마얀 석불(서기 2001년 3월 2일 탈레반에 의하여 파괴됨)과 고구려(말각조정식 천장) 등 유라시아를 포함한 여러 나라의 문화요소를 담고 있는 것으로도 입증된다. 구게 왕국이 망한 원인은 서기 1630년 마지막 16대 국왕인 쵸닥포(古格王 赤扎西扎巴德)왕과 그의 동생인 托林寺[투어린/Tholing 사원]의 住持僧이며 동시 宗敎領袖겸 最高法王인 古格王 赤扎西扎巴德의 동생 치다/扎达(또는 叔和)와 쵸닥포왕의 叔祖拉尊, 喇嘛僧 首領 洛桑益希歐 등 格鲁派僧人들과의 종교를 빙자한 권력다툼에 의한 것이다. 다시 말해 구게 왕국의 멸망은 게룩파의 5대 라마[法王]인 아왕 로상 가쵸(서기 1617년-서기 1682년)의 내정간섭을 불러오고 또 쵸닥포 왕의 군사력에 맞서 서기 1633年 古格王의 동생 치다/扎达가 인도 인도 캐시미르에 위치했던 라다크(Ladakh/拉達克, 국왕 僧格郎嘉, 서기 1595년-서기 1645년) 왕국에 구원군을 청해 불러일으킨 內亂으로 인한 것이었다.그리고 서기 1635년 古格王이 라다크군에게 투항하지 않아 일가족은 몰살되었다. 현재 14대 달라이라마가 나온 게룩파는 종교의 지도자가 속세의 왕이 되어야 한다는 티베트불교의 한 파이고 따라서 죠닥포의 동생 투어린 사원의 주지승 치다/扎达도 불교를 장악해 형이 갖고 있던 왕권에 대한 도전장을 내밀음으로써 형제 간의 알력이 심화했던 것이다. 이러한 멸망은 서기 1624년 8월 초 이곳을 방문한 포르투갈 예수회(Jesuit) 신부인 안토니오 델 안드라데(António de Andrade, 安东尼奥·德尔·安德拉德 서기 1580년-서기 1634년 3월 19일, 葡萄牙耶穌会传教士)에 의해 알려지기도 하였다. 그가 죠닥포 왕에게 남기고 간 성경책은 권력다툼의 소용돌이 속에 희생으로 참수된 왕과 왕족들의 가면(death mask, 사자의 동굴에서 발견)의 재료로 쓰이기도 하였다. 그리고 확실치 않지만 정복자인 캐시미르의 라다크군을 쫓아 낸 것은 이로부터 50년이 지난 무갈 제국의 5대 샤 자한 왕 때로 추정된다. 모굴/무갈 제국(Mogul, Mughul Empire, 서기 1526년-서기 1857년)은 몽고 제국 칭기즈칸의 5대손인 바브르 왕(Baber/Babur, 1대 서기 1483년-서기 1530년)이 북쪽 우즈베키스탄 지역에서부터 내려와 서기 1526년 파니파트 전쟁에서 승리를 얻어 델리의 로디 왕조에 이어 세운 왕조이다. 구게 왕국이 멸망하고 그곳에 정복자로 주둔했던 라다크군을 몰아낸 서기 1635년경은 바브르 왕(Baber/Babur, 1대 서기 1483년-서기 1530년), 후마윤(Humâyûn, 2대 서기 1530년-서기 1556년), 아크바르(Akbar, 3대 서기 1556년-서기 1605년), 자한기르(Jahangir, 4대 서기 1605년-서기 1627년)를 거쳐 5대 왕으로 등극한 샤 자한 왕(Shah Jahan, 5대, 서기 1628년-서기 1658년) 때로 추정된다. 샤 자한 왕은 부인 뭄타즈[Mumtaz Mahal/아르주망 바누 베굼(Arjumand Banu Begum), 서기 1593년 4월-서기 1631년 6월 17일]의 영묘인 타지마할(Taj Mahal Mausoleum, 서기 1631년-서기 1645년에 축조)을 축조하느라 국가의 재정을 거의 탕진해 아들 아우랑제브 왕(Aurangzeb, 6대 서기 1658년-서기 1707년)에 의해 아그라포트에 감금당한 후 8년 만에 사망하는 비운의 장본인이기도 하다. 무갈 제국은 3대 아크바르 왕 당시는 오늘날의 아프카니스탄, 파키스탄, 네팔, 방글라데시와 미얀마를 아우르던 강대국이었다.

티베트가 불교를 신봉하는 神政政治를 계속하는 한 린뽀체[活佛/tulku, 부탄에서는 투르크/Trulkus라고 함], 마니꼬르(마니차/manicha/manisha/manikor, 經桶/회전하는 경전, 우리나라에는 보물 제684호 경북 예천 龍門寺 輪藏臺가 있다), 딴뜨라(Tantra, 金剛乘, 印度後期 密敎의 聖典인 眞言密敎의 다른 이름), 死者의 書[빠드마가 쓴 바르도 퇴톨 즉 埋葬經典이라 함, 38대 치송데짼 왕 때 만들어짐), 탕카(幀畵, 佛畵, 蔓茶羅, 須彌山圖), 다루쪽(經幡旗), 念誦, 佛塔(초르텐/chorten, 마을의 이정표, cairn), 目黑天(시바 신의 일종, 딴뜨라), 옴마니반뫼훔(연꽃 속의 보석이여), 業障[카르마] 등의 단어는 계속 사용이 될 것이다. 앞으로 티베트가 중국의 통치하에서 벗어나 다시 법왕제를 실시하는 독립국으로 된다면 법왕 서열 1위 14대 법왕 로상텐진가쵸(달라이 라마), 2위 따시룬 사원 11대 법주 빤첸[班禪] 라마, 3위 레팅 사원 7대 법주 쐐남푼꾹(서기 1997년 2세 때 즉위)의 순이 된다. 현재 법왕 로상텐진가쵸(달라이라마) 14세는 인도 다름살라(Dharmsala) 망명정부에서 티베트의 독립을 위해 노력 중이며, 미국의 영화배우 리차드 기어(Richard Gere)도 이를 물심양면으로 돕고 있다.

티베트와 마찬가지로 중국이 오늘날의 영토를 확보한 것은 淸나라(서기 1644년-서기 1911년) 康熙(서기 1662년-서기 1722년) 때의 일이다. 서기 1544년 臺灣 원주민인 시라야(Siraya)와 후알렌 아미족(Austronesian ethno-linguistic group of people) 등이 살고 있던 이곳을 지나던 포르투갈 상선에 탑승한 네덜란드(和蘭)인 항해사 얀 리소텐(Jan Huygen van Lischoten)이 '아름다운 섬'(beautiful island)이라고 명명한 뜻의 臺灣(Ilha Formosa)이 중국에 편입된 것은 서기 1683년(康熙 22년) 淸將 施琅(1621년-1696년)의 침공에 의해서이다. 그 이전에는 포르투갈-스페인(서기 1626년-서기 1642년 현 基隆근처에 San Salvador와 1638년 폐쇄한 淡水/Tamsui 要塞를 구축)-네덜란드[Dutch, 서기 1624년-서기 1661년, 淡水 安東尼古堡/Anthonio 요새와 臺南 安平城 제란디아(Zeelandia) 즉 熱蘭遮城(安平古堡)를 중심]-明(서기 1661년)-淸-영국(서기 1867년)-일본(서기 1895년)-대만(서기 1949년) 순서의 영토였다. 특히 福建省에서 온 鄭成功(鄭芝龍의 아들, 서기 1624년 8월 24일-서기 1662년 6월 23일 39세, 國姓爺, Koxinga/Coxinga로 불림, 수도는 臺南)은 아들 鄭經(서기 1643년-서기 1681

년)-손자 鄭克塽(서기 1670년-?)과 함께 삼대의 鄭氏王國(서기 1661년-서기 1683년, 東寧王國)을 형성하고 抗淸復明을 주장하였다. 그리고 鄭成功은 서기 1662년 2월 1일 네덜란드의 臺南 安平城 제란디아(Zeelandia)을 공격하여 코예트 총독[Frederick Coyett: 중국명은 揆一로 서기 1615년? 스톡홀름/Stockholm 혹은 모스크바/Moscow에서 태어나서 서기 1687년 10월 17일 암스텔담/Amsterdam에 묻혔는데 그는 스웨덴의 귀족으로 네덜란드가 점령한 대만에서 서기 1656년-서기 1662년 기간에 재직한 마지막 총독이었다]의 항복을 받아냈다. 그 후 대만은 서기 1883년(光緖 9년)에 중국의 行省이 되고 1895년 청나라가 淸日戰爭에 패한 후 馬關條約에 의해 日本에 귀속되었다. 서기 1949년 10월 1일 中華人民共和國의 수립과 더불어 대륙에서 온 將介石에 의해 中華民國이 들어서게 되었다. 鄭氏王國의 수도는 臺南이고 궁전은 오늘날의 大媽祖寺院(大天后宮)이다. 이와 같은 역사는 네덜란드인들이 서기 1624년 들어와 臺南 安平城을 빼앗긴 다음 해인 서기 1662년 요새까지 쌓아 鄭成功과의 전쟁에서 다시 上海-홍콩(香港)-봄베이(현 뭄바이/Mumbai)를 잇던 바다의 실크로드의 중요 기지인 澎湖列島 馬公의 風櫃尾(Fonggui-wei) 荷蘭城堡마저 잃게 된 것까지 포함하고 있다.

참고문헌

국립중앙박물관

2009 차마고도의 삶과 예술, 서울: 중앙문화인쇄

김규현

2003 티베트 역사산책, 서울: 정신세계사

서화동

2006 디베트·타클라마칸 기행, 서울: 은행나무

티베트문화연구소

1988 티베트, 인간과 역사, 서울: 열화당

崔夢龍

1978 光州 十信寺址 梵字碑 및 石佛移轉 始末, 서울: 考古美術, 138·139합집, pp.128-135

1997 도시·문명·국가—고고학에의 접근—(대학교양총서 70), 서울: 서울대학교 출판부

Abrams Discoveries

2003 *Tibet: An Enduring Civilization*, London: Thames & Hudson Ltd.

The Tibet Peoples's Publishing House

1987 *A Survey of Tibet*, Tibet: The Tibet Xinhua Bookstore

Tucci, Giuseppe

1967 *Tibet*, Novara: Paul Elek Production Limited

Xinhua Bookstore

1981 *Le Tibet en Transformation*, Beijing: Guoji Shudian

何賢武·王秋華

1993 中國文物考古辭典, 辽寧: 辽寧科學技術出版社

張之恒·黃建秋·吳建民

2002 中國舊石器時代考古, 南京: 南京大學校出版社

6. 일본

    고대 한일 문화교류 관계는 여러 가지 고고학적인 증거로 알려지기 시작하였지만, 그 연구는 이제 한일 고고학 연구의 실마리를 제공해 주는 정도이다. 그러나 先土器시대에서 시작하여 죠몽[繩文]시대를 거쳐 야요이[彌生]와 고분시대가 되면 고고학적 자료가 양적 및 질적으로 눈에 띄게 증가하고 있다. 이는 당시에 한일 문화교류가 긴밀히 이루어지고 있었음을 잘 반영해 주고 있다.

    일본 고고학과 역사시대의 편년은 선토기시대(先土器時代: 약 40만 년 전-12000년 전)-죠몽시대[繩文時代: 12000년 전-기원전 300년]-야요이시대[彌生時代:기원전 300년-서기 300년]-고훈시대[古墳時代: 서기 300년-서기 600년경]-아스카시대[飛鳥時代: 서기 552년-645년]-하꾸호시대[白鳳時代: 서기 645년-서기 710년]-나라시대[奈良時代: 서기 710년-서기 784년]-헤이안시대[平安時代: 서기 784년-서기 857년]-후지와라시대[藤原時代, 또는 후기 헤이안시대: 서기 857년-서기 1185년]-바꾸후시대[幕府時代, 鎌倉[72]: 서기 1185년-서기 1333년→室町[73]: 서기

---

72) 鎌倉(かまくら)는 現在 神奈川縣 鎌倉市의 中心部에 해당하며 초대 源賴朝[みなもとのよりとも, 서기 1147年 5月9日 久安 3年 4月8日-서기 1199年 2月9日 建久 10年 1月13日]에 의해 設置된 都市로 相模灣에 면한 三浦半島에 위치하며 옛날에는 鎌府(れんぷ)로 불리었다. 鎌倉時代[서기 1185年頃 源 賴朝(서기 1192年 建久 3年 7月12日-서기 1199年 建久 10年 1月13日)-서기 1333年, 9대 守邦親王(もりくにしんのう, 서기 1308年 延慶 元年 8月10日-서기 1333년 元弘 3年 5月 22日)]는 日本史에서 처음으로 幕府가 鎌倉에 設置된 時代를 指稱한다.

73) 室町時代(むろまちじだい)는 日本歷史에 있어서 室町幕府[足利將軍家의 초대 足利尊氏(あしかがたかうじ とうしいん, 서기 1338年 建武 5年 8月11日-서기 1358年 延文 3年 4月30日)-15대 足利義昭(あしかが よしあき, 서기 1568/10년 永祿 11年 10月18日-서기 1588년 天正 16年 1月 13日)]에 의해 統治된 時代로, 室町란 名稱은 京都의 室町에 幕府가 設置된 것에서 비롯된다. 일반적으로 室町幕府가 存在했던 시기는 초대 足利尊氏가 서기 1336年(北朝: 建武 3年, 南朝: 延元 元年)에 建武式目을 制定하고, 서기 1338年에 征夷大将軍으로 補任받던 해로부터 15대 將

1336년-서기 1576년→德川: 서기 1603년-서기 1868년(甲斐國/가이국의 武田信玄[74])부터 시작하여 織田 信長, 豊臣秀吉, 德川家康으로 이어짐): 서기 1185년-서기 1867년]-왕정복고시대(서기 1868년-현 재, 明治: 서기 1868년-서기 1912년→大正: 서기 1912년-서기 1926년→昭和: 서기 1926년-서기 1988 년→平成: 서기 1989년-현재)의 순으로 이루어지고 있다. 현재의 평성/헤이세이(へいせ い) 천황은 기원전 660년-기원전 589년간 다스린 초대 神武천황 이후 제 125대째 가 된다.

선사시대의 한일 문화관계는 구석기시대에 해당하는 선토기시대(先土器時代)부 터 시작하나 그 증거는 매우 적다. 그러나 죠몽(繩文)시대부터 시작해서 야요이(弥 生), 고훈(古墳)시대까지로 오면서 점차 그 증거가 증가하고 있다. 우선 일본의 구 석기시대라고 할 수 있는 선토기시대(先土器時代)의 경우를 보면, 일본열도에 사람 이 살기 시작한 것이 2만 년 전 최종 빙하기인 Würm기(일반적으로 홍적세 중기로 부르 는 신생대 제4기)에 해수면이 80-140m 낮아져 宗谷[소야], 津輕[쓰가루]와 大韓海峽이 連陸되어 당시 일본은 대륙과 연결되어 있었으며, 이 연륙(連陸: land bridge)의 증거 는 일본 전역에서 나타나는 화석으로 입증되고 있다.

석기제작으로 보아 구석기시대는 올도완(Oldowan) 문화 250만 년-180만 년 전 [찍개 chopper and chopping-tools 등의 자갈돌석기], 아슐리안(Acheulian) 문화 180만 년-12

軍 足利義昭가 서기 1573年(元亀 4年/天正 元年)에 織田信長에 의해 京都로부터 追放당하는 237 年間을 말한다.

74) 武田信玄 [たけだしんげん, 서기 1521년 12월 1일-서기 1573년 5월 13일, 또는 武田晴信(たけ だはるのぶ]은 일본 戰國시대의 무장이자 甲斐國(가이노쿠니)국을 통일한 甲斐源氏(가이겐지) 집안의 18대 당주인 아버지 武田信虎(다게다 노부토라)의 嫡子로 그 뒤를 이은 제19대 당주이 다. 그는 甲斐國의 守護大名(슈고다이묘)·戰國大名(센고쿠다이묘)으로 이웃한 信濃(시나노)를 숱하게 침공했으며, 이 과정에서 越後(에치고)의 上杉謙信(우에스기 겐신)과 다섯 차례에 달 하는 이른바 '山梨県의 川中島(가와나카지마)의 전투'(서기 1533년-서기 1564년)를 통해 시나 노를 거의 평정하고, 가이국 뿐만 아니라 信濃(시나노), 駿河(스루가), 西上野(고즈케), 遠江 (도토미), 三河(미카와)와 美濃(미노)의 일부를 다스렸다. 그리고 이러한 甲斐國의 영토확장은 그의 아들인 제 20대 당주 武田勝頼(다게다 카츠요리)대에 이르기까지 계속되었다. 武田信玄 은 晩年 西上(세이죠) 作戰 중 三河(미카와)에서 병이나 信濃(시나노)에서 사망하였다.

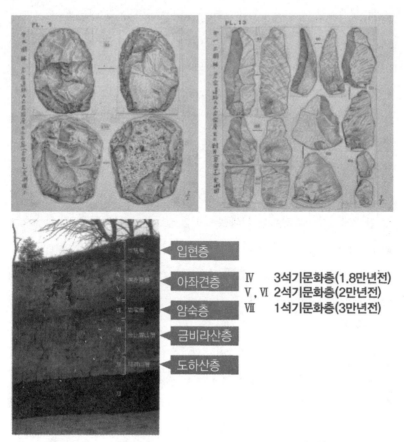

일본 군마현(群馬県) 미도리시 일본 최초로 발견된 구석기시대 유적인 이와주쿠(岩宿) 발견의 석기와 문화층(석장리박물관 2013 특별전, 한일구석기 문화 교류 전시 팜플렛에서 인용)

만 년 전(주먹도끼 biface 또는 handaxe), 무스테리안(Mousterian) 문화 12만 년−4만 년 전(중기구석기의 격지석기 flake tools, 르발르와 Levollois 기법 등), 후기구석기문화 4만 년−1만 년 전(돌날석기 blade tools, Perigodian−Aurignacian−Gravettian−Solutrian−Magadalenian 등)으로 편년된다. 일본의 구석기시대는 보통 선토기시대라고 하며 크게 찍개류와 망치(敲打器)·인기(刃器)·첨두기(尖頭器)·세석기(細石器)로 대표되는 4단계로 나뉘어진다. 이는 그 첫째는 거친 석기 단계(Crude Lithic Specimens)로 큐슈의 소주다이[早水台]와 곤겐야마[權現山] 최하층 유적 등이 대표적이다. 여기에서 나오는 석기들은 조잡한 외날(單刃)-양날(兩刃) 석기가 주가 되며, 그 연대는 40만 년 전에서 3만5천 년 전에 이른 것으로 여겨진다. 두 번째 단계는 양끝과 옆면을 떼어내 격지를 만드는(End and Side Blow Flake Technique) 단계로, 연대는 3만-1만 3천 년 전으로 추정되며 에쭈야마[越中山]·후꾸이[福井] 최하층 유적 등이 이에 속한다. 세 번째 단계는 밀개·잎형 찌르개·새기개·칼 등이 포함되는 세형 돌날(Microblade) 단계로, 연대는 1만 3천-9천 년 전에 해당되며 이와주쿠(岩宿), 햐까다이[白花台] II 이외 여러 유적이 있다. 마지막 단계는 남부와 중부에 국한되어 나타나며, 앞에서와 같은 세형 돌날·양면가공 찌르개·세석기·세형 몸돌·새기개 등이 포함되는 단계로 1만 3천-1만 년 전 홍적세 말기에 해당된다. 대표적인 유적으로는 일본 長崎県 北松浦郡 吉井町 福井(12700, 10750 B.P.)와 佐世保市 泉福寺동굴, 愛媛県 上浮穴郡 美川村 上黒岩 (12165, 10125 B.P.)岩陰 유적들이 있다. 즉 후꾸이[福井] 1·2층, 가미구로이와[上黒岩] 9층들이 바로 그러한 유적이며, 그 최말기에는 豆粒, 隆起, 爪文 土器가 출현하여 그 다음 이어지는 죠몽시대의 개시를 알려준다. 細石器와 隆起文土器/平底條痕文 土器의 결합만 보더라도 이 유적들의 상한은 아무르 강 중부 평원 북부의 범위에 있는 11000-12000 B.P.(기원전 10000년 전후)의 오시포프카 문화에 속하는 가샤 유적이나 오시포프카, 노보페트로브스카, 그라마뚜하 문화, 그리고 바이칼 호 근처의 우스트 카랭카(기원전 7000년경)와 비슷한 연대이다.

그러나 일본의 선토기시대 즉 구석기시대를 1) 50만 년 이전의 양면가공석기 (chopper & chopping tool)와 나이프형석기가 특징인 시기, 2) 10만 년-3만 년 전의 양면가공석기와 斜軸찌르개(pseudo-Levollois point)가 나오는 시기, 3) 약 3만 년-1만 년 전까지의 나이프형석기와 국부 마제석기가 나오며 창형찌르개와 좀돌날 (microblade)이 등장하는 크게 세 시기로 나누기도 한다. 최근 후지무라 신이찌[藤村新一]에 의한 北海道 소신후도자까[總新不動坂]를 포함한 33곳의 유적과 유물의 조작 사건, 그리고 가가와 미쯔오[賀川光夫]가 발굴한 大分県 別府 하지리다께[聖岳] 동굴 출토 후기 구석기시대의 인골에 대한 진위 여부로 일본의 구석기시대 연구는 당분간 답보상태를 면하지 못할 것이다.

그런데 선사시대의 한일교류가 유물을 통해 적극적으로 나타나는 시기는 마지막 세 번째 단계인 후기 구석기부터이며, 세형의 돌날과 몸돌이 그 주인공이다. 동북아시아에서는 약 3만 년 전부터 이렇게 극히 작은 석기들을 만들어 쓰는 제작기술상의 변화가 일어났는데, 이것이 어디에서 생겨나고 그 제작기술이 어디로 전파되어 갔는가 하는 것은 비단 한일 간의 문제만이 아니라 서쪽으로 시베리아로부터 몽고, 중국, 한국, 일본 및 북태평양 연안의 북미지역까지, 즉 선사시대의 환태평양지역의 활동상을 조감할 수 있는 흥미 있는 자료인 것이다. 최근 발굴·조사된 중국 산서성(山西省) 벽관(薜關) 하천(下川), 산서성(山西省) 치욕(峙峪, 28135 B.P.)과 내몽고 사라오소(薩拉烏蘇)골, 러시아의 알단 강 유역, 자바이칼의 우스티까라꼴(Ustikaracol) 등의 유적들이 한국[남양주 호평동 I층 30000~27000년 B.P., II층 24000년~16000년 B.P., II층에서 슴베찌르개가 나타남]과 일본으로의 전파와 관련이 있을 것으로 추정되고 있다. 특히 세형 석기들 가운데 특히 세형몸돌은 그 모양이 배(舟)처럼 생겼다고 하여 배모양 석기로 불린다. 이것은 밀개/자르개 몸돌의 역할을 다하며 우리나라에서는 단양 수양개(사적 398호)를 필두로 하여 그 이남 지방에서 자주 출현하는데 똑같은 것들이 일본의 유우베스[湧別], 북해도의 시라다끼[白龍] 및 도께시다[峠下] 등지에서 나타나며, 그 연대는 우리나라가 더 앞서 이 제작수법이 한국을 거쳐 일본으로 간 것으로 추측하게 한다.

태평양을 중심한 이러한 문화현상은 다음의 신석기시대(죠몽시대)로 이어지는데, 즉 위에서 말한 후꾸이[福井] 동굴이나 가미구로이와[上黑岩] 岩陰 유적에서 세석기와 함께 거친 토기, 덧무늬(隆起文)토기들이 출현하며, 러시아 연해주 쪽에서는 아무르 강 유역의 오시포프카 문화의 가샤 지역이나, 노보페트로브스카와 그라마뚜하 문화 그리고 우스트 울마 등지에서 세석기와 약 350℃ 정도에 구워진 연질무문토기가 나타나는 현상과 궤를 같이한다. 다만 우리나라에서는 그간 신석기시대의 토기와 공반하는 세석기가 출현하지 않아 의문을 가져왔으나 최근에 제주도 한경면 고산리(사적 412호)와 제주시 오등동 병문천 제4저류지에서 덧무늬 토기와 함께 세석기가 나오고 있으며, 그 연대는 적어도 기원전 8000년경(10180±65

B.P.)으로 올라간다. 덧무늬
토기는 앞에서 이야기 한 제
주도 한경면 고산리를 비롯
한 강원도 양양군 오산리(鰲山
里, 사적 394호, 기원전 6000년-기
원전 5200년), 고성 문암리(사적
426호)유적과 부산 동삼동[사적
266호: 최하층(I층, 조기)의 연대는
기원전 6000년-기원전 5000년에 속
한다(조기층은 5910±50, 6910±60
B.C./기원전 5785년, 기원전 5650년
임, 그리고 그 다음의 전기층은
5640±90, 5540±40 B.C./기 원 전
4450년, 기원전 4395년임).] 등지에
서도 나오는데 모두 동해 바
닷가로서 환태평양문화권이
라는 거시적인 문화 해석에
대한 기대를 걸게 한다. 동삼
동의 덧무늬토기는 일본 쓰
시마 고시다카[對馬島 越高] 유
적에서 나온 것과도 매우 닮

죠몽시대-화염토기   죠몽시대-토우

죠몽시대-귀걸이   죠몽시대-장신구(골각기)

죠몽시대-화염토기   죠몽시대-토우

서울대학교 박물관 서기 2010년 10월 14일-서기 2011년 2월
28일 와세다(早稻田) 대학에서 온 일본의 고대문화 특별전

았는데, 쓰시마의 고시다카 유적은 서기 1976년 벳푸[別府] 대학의 사카다 구니지
로[坂田邦洋] 교수에 의하여 발굴되었고 그 시기는 약간 늦어서 기원전 5000년-기
원전 4500년에 해당한다.

일본의 전형적인 신석기시대는 죠몽시대[繩文時代][75]로 그 죠몽토기 가운데 소바
타[曽畑]토기가 우리나라의 즐문토기와 비슷하다. 나가사키현 후쿠에시의 에고패

千葉市立 加曾利 貝塚博物館(필자 촬영)

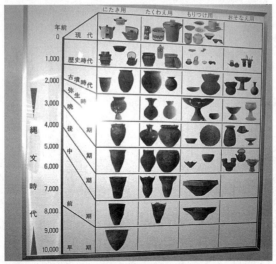

千葉市立 加曾利 貝塚 博物館 常設展示에 나오는 繩文土器의 발전
(필자 촬영)

---

75) 繩文時代 後·晚期에 속하는 宮城県 桃生郡 北上町 女川 泉澤貝塚 출토 遮光器土偶는 日本의 東北과 關東地方의 雪中 遮光器 또는 雪眼鏡으로 해석된다. 그러나 이는 고글(goggle)을 착용한 宇宙人服裝(氣壓服)의 특색으로 이야기되는데, 이와 같은 비슷한 예는 미국 호피족의 카치나 인형(Hopi Kachinas), 미국 아리죠나 주 오라이비/Oraibi 근처에 호피족의 神을 묘사한 암각

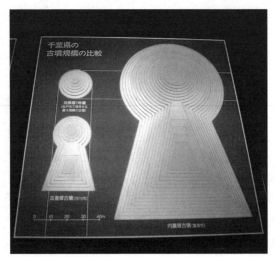

千葉県立 立房總風記の丘(ぼそふときのおか) 博物館 常設展示에 나오는 前方後圓墳(필자 촬영)

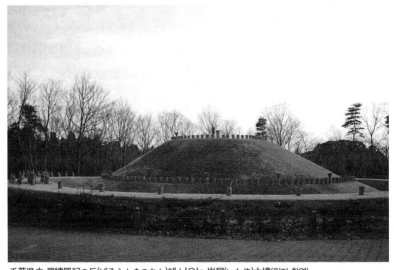

千葉県立 房總風記の丘(ぼそふときのおか)에 나오는 岩屋(いわや)古墳(필자 촬영)

화/Prophecy Rock, 유타 주 세고 캐년/Sego Canyon/Aboriginal Petroglyph Cave Art과 켈리포니아 주 블랙 캐년/Black Canyon의 암각화 등에서도 보인다. 그래서 이들은 최근 UFO(Unidentified Fllying Object, 미확인 비행물체) 연구자들의 관심을 끌고 있다.

千葉県立 房總風記の丘(ぼそふときのおか) 博物館 常設展示에 나오는 居館(필자 촬영)

총[江湖貝塚]이나 도도로끼패총[長崎県 轟貝塚] 등에서 발견되며, 그 연대는 기원전 3000년경이다. 이들은 쓰시마 섬의 아소오만[淺茅灣]이나 이키[壹岐]의 가마자키[鎌崎] 유적에서까지 발견된다. 이 토기는 우리나라 신석기시대 즐문토기인들이 고기잡이를 나갔다가 직접 교역 또는 내왕하여 죠몽토기에 영향을 주어, 쓰시마·큐슈 등지에서 만들어진 것으로 생각된다. 해양성 어업은 결합식 낚시바늘·돌톱(石鋸)을 사용한 낚시의 존재로 입증된다. 일본에서 발견된 낚시바늘 가운데 사가현 가라쯔시[佐賀県 唐津市] 나바타[菜畑] 유적에서 소바타토기와 함께 출토되고 있는 결합식 낚시바늘(서북 큐슈형)은, 우리나라에서는 양양 오산리·부산 동삼동·김해 농소리·경남 상노대도 등 4군데에서 출토되고 있다. 오산리에서는 47점이나 출토되고 있으며, 그 가운데 40점이 기원전 6000년−기원전 4500년에 해당하는 조기의 제 1문화층에서 나오고 있어 서북 큐슈형의 원류가 한국에 있을 가능성이 있다. 돌톱(石鋸)은 흑요석(黑曜石)을 이용하여 톱날을 만든 것으로, 일본에서는 죠몽시대 후기에 나타나며 서북 큐슈형 결합식 낚시바늘과 같은 분포를 보여주고 있다. 그런데 한국에서는 함북 무산·웅기 굴포리·농포·부산 동삼동·경남의 상노대도 패총(조개더미)에서 발견되고 있고, 또 한국 측의 연대가 일본의 것보다 앞서고 있어, 그 원류도 역시 한국으로 보아야 할 것 같다.

신석기시대의 죠몽시대 다음에 우리나라의 청동기, 철기시대 전기와 삼국시대 전기에 해당하는 야요이[彌生]시대가 이어진다. 그리고 하루나리 히데지[春成秀爾], 이마무라 미네오[今村峯雄]와 후지오 신이찌로[藤尾愼一郎]를 중심으로 야요이시대의 상한연대도 종전의 기원전 300년에서 최근 福崗의 雀居[사사이] 유적에서 나오는 돌대문(덧띠새김무늬, 각목돌대문)토기의 재검토로 상한을 기원전 10세기경으로 조정하고 있다. 이 시기에는 한반도에서 청동기를 비롯하여 무문토기·쌀·고인돌(支石墓) 등이 일본으로 전파되었다고 한다. 잘 알려진 연구에 의하면 이들은 九州大 가나세끼 다께오[金關丈夫] 교수가 언급한 繩文末期 農耕論과 같이 高身長의 稻作人이 한반도에서 九州에 들어오고 이때 도래한 집단인 기내인(畿內人)들에 의해서 전래되었을 가능성이 크다고 보고 있다. 그리고 고하마 모도쯔구[小濱基次], 하니하라 가즈로[埴原和郎]와 이노우에 다까오[井上貴央] 등이 형질인류학과 유전자 검사로 한반도인의 도래를 구체적으로 입증하고 있다. 야요이시대 유적으로는 후구오까 이마까와[福岡 今川, 동촉 및 슴베(莖部)를 재가공한 古朝鮮式 동검이 출토됨], 사가현 우기군덴[佐賀県 宇木汲田] 18호 옹관(김해식 토기와 韓國式 동검 출토), 후구오까 요시다께다까기[福岡 吉武高木] 3호 목관묘(동검, 동모, 동과, 다뉴세문경, 죠노고식[城の越式] 토기 출토)가 있고, 곧 이어 日本 最初의 古代國家인 후꾸오까 시가현 오오따니[福岡 志賀島 大谷], 사가현 소자[佐賀県 惣座]에서 동검이, 佐賀県 神埼町[간자기쵸], 三田川町[미다가와쵸], 東背振村[히가시세부리손]에 걸쳐 있는 요시노가리[吉野ケ里, 卑彌呼·臺與 또는 壹與의 邪馬臺國, 히미코는 서기 248년 死]에서 동모가 발견되었다. 이 무렵이면 청동을 부어 만드는 틀(鎔范)이 출토되어 자체 제작이 가능했던 것으로 보인다. 죠몽 만기의 구로카와식[黑川式] 토기의 최종단계에서 우리나라의 무문토기가 나타나기 시작하며, 그 다음의 유우스[夜臼]단계에는 한국 무문토기 계통의 홍도[紅陶]가 출현한다. 온대성기후인 일본에는 조생종인 단립미(短粒米: 작고 둥글며 찰기가 있는)만 존재하는데, 이는 고인돌·석관묘·마제석기·홍도가 출현하는 유우스식 단계, 즉 실연대로 기원전 5 세

佐賀県 요시노가리 히미코(卑弥呼)의 궁전(필자 촬영)

佐賀県 요시노가리 궁전 내부 어전회의(필자 촬영)

기-기원전 4세기경에 한반도에서 전래된 것으로 보인다. 고인돌의 경우 한반도 남쪽지방에서 철기시대전기(기원전 400년-기원전 1년)에도 남방식과 개석식이 함께 나타나는데, 그 연대는 기원전 4 세기-기원전 3세기경으로 추정된다. 그러나 앞으로 突帶文토기의 기원전 10세기 상한설과 관련하여 그 연대의 상한은 좀 더 올라갈 것으로 보여진다. 그리고 『위지(魏志)』동이전(東夷傳) 변진조(弁辰條) 및 왜인전(倭人傳)의 몇몇 기록으로 볼 때, 대략 서기 3세기경이면 한국·중국·일본 간에 활발한 교역관계가 이루어지고 있었음을 알 수 있다. 이의 대표적 예들이 서기 57년(後漢書 光武帝 第1下 中元二年, 서기 1784년 福岡에서 발견)의 "漢倭奴國王", 서기 239년 히미코(卑弥呼)의 "親魏(倭)王"의 책봉과 金印이다. 당시 이러한 교역관계는 국제적인 양상을 띠고 있었으며, 이키 섬[壹岐島] 하라노쓰지[原ノ辻] 유적에서 발견된 철제품을 비롯하여 후한경(後漢鏡)·왕망전(王莽錢)·김해토기(金海土器; 九州大 所藏), 제주시 산지항(山地港), 구좌읍 終達里패총, 애월읍 금성리와 해남 군곡리 출토의 화천(貨泉), 고성(固城)패총에서 발견된 후한경 등은 이러한 양상을 잘 입증해 준다. 동아대학교 박물관이 발굴한 경상남도 四川 勒島에서는 경질무문토기, 일본 야요이(彌生)土器, 樂浪陶器, 漢式硬質陶器 등과 함께 반량전이 같은 층위에서 출토되었다. 半兩錢은 기원전 221년 진시황의 중국 통일 이후 주조되어 기원전 118년(7대 漢武帝 5년)까지 사용된 중국화폐로 알려져 있다. 사천 늑도는 당시 낙랑·대방과 일본 야마다이고꾸(邪馬臺國)를 잇는 중요한 항구였다. 한국 무문토기·쌀·지석묘(고인돌)·청동기가 일본에 많이 나타나고 있는 점은 당시 이러한 교역관계에서 이해되어야 한다.

우리나라의 삼국시대와 통일신라시대 문화에 힘입어 발전한 일본의 문화는 아스카[飛鳥], 하꾸호[白鳳]와 나라[奈良]의 문화이다. 이들 문화는 오사까[大阪]에서 북서쪽으로 약 40km 떨어진 교토[京都]의 남쪽에 위치한 나라현에 중심을 두고 있다. 나라현은 혼슈[本州]의 중심부인 간사이[關西] 지방에 속하는 일본 내 최고의 관광지로 나라, 텐리[天理]와 가시하라[彊原]의 세 도시를 포함하는데, 우리의 경주시에 버금간다고 할 수 있다. 이들은 모두 우리 문화와도 깊은 관련이 있다. 그래서 앞으로의 연구에 따라 삼국시대에서 통일신라에 걸치는 우리 문화의 원형이 그 곳에서 찾아질 가능성이 많다. 우리나라에서 일본에 전래된 문화내용은 일본문화의 사상적 기반을 마련해 준 유교와 불교를 비롯하여 천문, 지리, 역법, 토기제작기술, 조선술, 축성술, 회화, 종이, 붓 만들기에 이르기까지 다양하다. 이는 일본의 史書『고지끼[古事記]』와 『니혼쇼끼[日本書紀]』에 나타나는 王仁으로 대표된다. 그가 실재했던 역사적 인물이라면 백제 14대 근구수왕(서기 375년-서기 384년) 때의 학자로 일본에서 파견한 아라다와께[荒田別]와 가가와께[鹿野別] 장군 등의 요청에 응해 論語와 千字文을 갖고 가서 일본의 조정에 봉사하면서 문화발전에 공헌을 하였던 것으로 보는 것이 좋겠다[古事記의 원문: 百濟國 若有賢人者貢上 故 受命以貢上人名 和邇吉師 即論語十卷 千字文一卷 幷十一卷付是人即貢進(이는 확실치 않지만 15대 應神天皇時로 왕의 재위는 현재 서기 270년-서기 310년경으로 보고 있다)]. 아라다와께[荒田別]와 가가와께[鹿野別] 장군 등의 명칭은 『日本書紀』 神功紀 49년(己巳年, 近肖古王 24년 서기 369년)조에 나오는데 이 기사를 馬韓의 멸망과 관련지어 이야기하기도 한다. 그러나 최근 발굴·조사된 고고학 자료에 의하면 서기 369년의 마한의 멸망은 나주지역이 아니라 천안 용원리 일대이고 마한의 目支國은 益山과 공주 의당면 수촌리(사적 460호)를 거쳐 나주 복암리(사적 404호), 반남면 신촌리, 대안리와 덕산리(사적 76·77·78호) 일대로 옮긴 것 같다. 그리고 순천 서면 운평리와 여천 화장동유적의 경우 서기 470년(개로왕 16년)-서기 512년(무령왕 12년) 사이 馬韓과 大伽倻(서기 42년-562년)가 서로 공존하고 있었음이 밝혀지고 있다. 그리고 이 지역은 『日本書紀』 卷 17 繼體天皇 6년(서기 512년)條에 나오는 백제 25대 武寧王(서기 501년-서기 523년)이 사신을 보내 요구한 任那(大伽倻) 4県(上哆唎·下哆唎·娑陀·牟婁) 중 娑陀로 추정하고 있다. 이 기록 또한 나주 오량동(사적 456호)과 금천면 신가리 당가요지와 함께 마한 존속 연대의 하한이 6세기 초경임을 알려주고 있다. 다시 말해 나주에서 목지국이 완전히 멸망한 연대는 5세기 말이나 6세기 초가 된다. 이와 같은 문화의 전래는 이보다 앞선 우리의 신석기, 청동기, 철기시대에 해당하는 繩文, 彌生文化와 그 다음에 오는, 삼국시대 초기에 해당하는 고훈[古墳]시대에 이루어졌던 것과는 비교할 수 없을 정도로 질적, 양적으로 발전한 것이었다. 특히 아스카 문화 시대는 일본 역사시대의 시작으로, 그 연대는 고고학상의 편년인 고훈시대와 일부 겹치고 있어 종말기 고훈시대라고 부른다. 이 시대는 서기 538년 불교가 전래된 이래 서기 584년 새로운 불교중흥정책과 더불어 정치질서가 확립되고 율령정치가 시작되는 것으로 특징지어지기도 한다. 불교가 공인되는 과정에 소가우지[蘇我氏]가 권력을 잡았는데, 소가노우마꼬[蘇我馬子]의 외손이며 사위인 쇼도쿠[聖德/厩戶/우마야도 노미꼬 皇子] 태자(서기 573년-서기 622년, 22대 用明/崇峻 천황의 맏아들로 서기 593년 황태자에 책봉됨)가 섭정하게 되면서 불교는 더욱더 융성해졌을 뿐만 아니라 전체적인 질서의 확립에도 커다란 기여를 하였다. 이것은 삼국시대 중 특히 백제의 영향으로 이루어졌다. 그리고 이 시대를 수도인 아스카[飛鳥 또는 明日香]를 따라 아스카 문화라 한다.

고훈시대에 해당하는 야마토[大和] 정권(서기 3세기-서기 4세기경부터 큐슈 북방에서 시작된 정치집단으로 서기 7세기-서기 8세기경 오사까 근처 야마토 지방을 근거로 통일정부를 수립. 大化元年 서기 645년 大化改新 시작) 당시부터 지배층의 동족집단으로 우지[氏]가 있었는데, 그중에서도 천황을 조상으로 하는 우지는 가미[臣], 무라지[連] 등의 성을 가지고 있었다. 가미의 대표적인 호족으로는 소가[蘇我]가, 무라지 중에는 모노베[物部] 등이 있었는데, 이들 우지[氏] 성들은 야마토 정권의 주요 정치 사회조직을 형성하였다. 아스카 기간 중에는 일본 최고의 사찰인 아스카지[飛鳥寺; 원래는 法興寺 서기 596년 완성]가 스순[崇峻] 천황대인 서기 588년부터 스이고[推古] 천황대인 서기 596년에 이르는 동안의 8년에 걸쳐 건립된 것으로부터 사천왕사(四天王寺), 藥師寺(서기 680년 창건), 호류지[法隆寺, 오층목탑은 서기 711년 건조] 등이 창건되는 등 사찰건립이 활발하였다. 그리고 최근 臨海殿址[雁鴨池, 사적 18호]가 범본이 되는 庭園이 아스카에서 발견되고 있다. 이러한 아스카, 하꾸호, 나라의 문화는 일본 고대문화의 성립뿐만 아니라 한·일 문화의 교류, 특히 삼국시대 연구에 중요한 역할을 하고 있다.

고대 한·일 문화교류관계는 여러 가지 고고학적인 증거로 알려지기 시작하였지만, 그 연구는 이제 한·일 고고학 연구의 실마리를 제공해 주는 정도이다. 그러나 선토기시대에서 시작하여 죠몽시대를 거쳐 야요이와 고훈시대가 되면 고고학적 자료가 양적 및 질적으로 눈에 띄게 증가하고 있다. 이는 시기가 갈수록 한일 문화교류가 긴밀히 이루어지고 있었음을 잘 반영해 주는 것이다.

참고문헌

부산박물관

  2007 동삼동패총 정화지역 발굴조사보고서

鄭漢德

  2002 日本의 考古學, 서울: 學研文化社

崔夢龍

  1985 對馬·壹岐島의 先史遺蹟, 日本 對馬島·壹岐島 綜合學術調査報告書, 서울: 서울신문
       사, pp.115-124 및 1987 한국고대사의 제 문제 서울: 관악사, pp.189-198

  1986 邪馬臺國の實態と古代のの韓日交流, 東京: 歷史讀本 臨時增刊 86-3, pp.214-220

  1997 나라의 문화 및 문화재, 도시·문명·국가—고고학에의 접근, 서울: 서울대학교 출
       판부(대학교양총서 70), pp.190-195

  2000 흙과 인류, 서울: 주류성

  2006 최근 고고학 자료로 본 한국 고고학·고대사의 신 연구, 주류성

  2008 한국 청동기·철기시대와 고대사회의 복원, 서울: 주류성

  2009 마한 연구의 새로운 방향과 과제, 박물관에서 만나는 우리문화, 세계문화, 전주:
       국립전주박물관, pp.30-74 및 2009 마한—숨쉬는 기록(서울: 통천문화사) pp.199-
       214

Aikens C.Melvin

  1982 *Prehistory of Japan*, New York: Academic Press

Keiji Imamura

  1996 *Prehistoric Japan*, Honolulu: University of Hawai'i Press

岡村道雄

  1997 ここまでわかった日本の先史時代, 東京: 角川書店

齊藤忠

  1982 日本考古學概論, 東京: 吉川弘文館

東京國立博物館

  1988 特別展: 日本の考古學—その歩みと成果, 東京: 東京國立博物館

7. 오끼나와沖繩와 對馬島

오끼나와는 오늘날 일본의 가고시마(鹿兒島)와 오끼나와(沖繩県)에 속하는 남서의 여러 섬으로, 중국 측의 역사 기록인 『隋書』에 류구국[琉球國], 일본에서는 남도(南島)로 불린다. 이런 오끼나와가 서기 19세기 말까지 류구라는 독립왕국이었다. 그러다가 서기 1879년 일본의 오끼나와県으로 편입되어 오늘에 이른다. 이 오끼나와는 "해상의 길"이라고 불릴 정도로 일본, 동남아시아, 한국과 중국대륙과의 등거리의 중심에 위치한 지리적인 유리한 조건을 이용하여 일찍부터 해상무역에 힘써 왔다. 그래도 이 섬은 독자적인 역사와 문화를 지켜온 덕분에 아직도 많은 고고학자나 민속학자들의 주목을 받고 있다.

오끼나와의 선사문화는 서기 1959년 國分直一에 의해 오끼나와 본섬과 아마미[奄美] 제도의 중부군을 중심으로, 위는 북부군, 그리고 그 이하 남부군의 세 개의 문화권으로 주장된 바 있었다. 그런데 이들이 최근의 고고학적 자료의 증가로 九州지방의 영향을 직접적으로 받은 북부권, 구주의 영향을 받으면서도 남도 독자적인 문화를 발달시킨 중부권, 그리고 대만과 필리핀의 영향을 받은 남부권의 세 문화권이 존재하고 있음이 확인되고 있다. 그러나 세 개 문화권의 기본적인 공통점과 특질은 근해에서 잡은 각종 어패류(漁貝類)의 뼈와 껍질 그리고 먹다버린 멧돼지와 같은 동물의 뼈가 모여진 당시의 쓰레기터인 조개더미(패총이라고 함)를 주체로 하는 어로-수렵사회가 농업사회로 전환하는 서기 12세기경의 城구스쿠시대에까지 장기간 지속된다는 점이다. 그러나 이들 오끼나와의 문화내용에 대한 전반적인 연구는 이에 그치지 않고 일본의 민속학자인 柳田國男에 의해 언급된 선사문화와 城, 류구 왕조의 성립과 발전, 민중문화와 왕조문화라는 주제들도 그 대상으로 되어 있다.

오끼나와 那覇(나하)의 구스크(城)(2차 대전 때 화재로 소실된 것을 台灣의 자료에 의해 복원, 필자 촬영)

오끼나와 那覇(나하)의 中山王 尙巴(서기 1476년)의 王陵(필자 촬영)

오끼나와의 선사시대 유적에 관한 조사보고는 서기 1892년(明治 25년)경으로 거슬러 올라간다. 그 후 서기 1919년 荻當[우리구스쿠]과 伊波패총(조개더미)유적이 본격적으로 발굴되어 일본 신석기시대의 대표적인 죠몽[繩文]토기의 존재가 확인되었다. 다음 해인 서기 1920년 那覇[나하]市 城嶽의 발굴 조사 때 중국 전국시대의

燕(연나라는 춘추시대부터 전국시대 말까지 걸쳐 있다. 기원전 865년 召公-기원전 222년 王喜/太子丹) 나라의 명도전(明刀錢)이 발견되었다. 서기 1972년 미국이 오끼나와를 일본에 반환한 직후에 조사된 나하시 山下[야마시타]로부터 인골이 나왔는데, 그 연대가 방사성탄소연대(C¹⁴ dating)결정법에 의해 32,000년 전으로 밝혀졌다. 또 本島의 具志頭村[구시카미손] 港川(마나토가와)에서도 18000년 전의 인골이 발견되었다. 이들로부터 오끼나와에 구석기시대가 존재할 가능성은 많아졌지만 아직 구석기시대라고 할 만한 유적은 발견되지 않았다. 그래서 오끼나와의 선사문화를 언급할 때는 지금으로부터 6,500년경에 시작된 것으로 보이는 패총시대부터 시작하고 있다.

오끼나와에서 발견되는 패총과 그 안에서 나오는 유물들의 방사성탄소연대를 근거로 하여 만들어진 편년(編年)과 그에 해당하는 일본의 것을 비교해 보면 아래 표와 같다.

패총시대　조기　죠몽[繩文]시대 조기-전기: 기원전 약 4550년경 전후
　　　　　전기　죠몽시대 후기: 기원전 약 1500년-기원전 1000년경
　　　　　중기　죠몽시대 만기: 기원전 1000년-기원전 300년경
　　　　　후기　야요이[彌生], 고훈[古墳], 나라[奈浪], 헤이안[平安·후기 헤이안인 藤原시대 포함]: 기원전 300년경-서기 1185년
구스쿠[城]시대 가마쿠라[鎌倉]시대: 서기 1185년-서기 1333년
류구왕국시대　서기 1470년-서기 1879년

오끼나와에 사람이 살기 시작한 것은 지금으로부터 약 30,000년전까지 거슬러 올라가나 좀 더 확실한 것은 패총시대의 조기(早期) 중 일본 본토의 죠몽시대 전기 이전에 나타나는 손톱무늬(爪形文)형토기로 그 출토지는 本島 讀谷村[요미탄손] 渡具知東原[토구치아가리바루]이다. 이 토기를 내는 유적의 연대는 방사성탄소연대에 의해 6450±140 B.P.(기원전 4500년)과 6560±140 B.P.(기원전 4610년)으로 패총시대 조기의 연대가 기원전 4500년 전후에 속함을 알 수 있다. 그러나 이곳의 상한연대는

기껏해야 지금으로부터 약 6,500년(기원전 4550년)을 거슬러 오르지 못하고 있다. 이는 패총시대 조기에 유적이 현재 아마미의 鬼界 칼테라 폭발(약 6,500~6,300년 전)에 의해 형성된 아카호야(K-Ah) 화산재층의 하층 이하에서는 발견되고 있지 않기 때문이다. 이 손톱무늬의 토기 이외에도 "야부치"(그곳 토기의 한 형식의 이름임)식 토기와 소바타[曾畑]식 토기(우리나라의 빗살무늬토기와 유사하여 신석기시대에 있어서 한·일 문화교류를 짐작케 하는 중요한 자료로 언급되고 있다)가 발견되고 있어, 오끼나와가 일본 본토의 죠몽시대 조기-전기에 구주지역과 상당한 문화교류가 있어 왔음을 알려준다.

또 다른 편년은 유럽의 신석기시대 용어를 사용하고 이를 전기와 후기로 나누어 이에 상응하는 일본의 본토의 선사문화를 각각 대비시키고 있다. 그 표는 다음과 같다.

전기	I	繩文시대	조기
	II	〃	전기
	III	〃	중기
	IV	〃	후기
	V	〃	만기
후기	I	彌生시대	전기
	II		중기
	III	〃	후기
	IV	古墳과 平安시대(서기 784년-서기 857년, 후기 헤이안인 藤原시대는 서기 857년 -서기 1185년)	

그러나 아직 일본본토의 죠몽과 야요이 문화시기를 오끼나와에 그대로 설정하는, 다시 말하여 오끼나와의 문화를 일본의 선사문화와 동일시하여 취급하는 것은 곤란하다. 왜냐하면 오끼나와는 비록 일본 본토로부터 일부 문화적인 영향을 받은 것은 사실이지만 오끼나와는 자체의 독자적인 문화를 유지해 오고 있기 때

문이다. 오끼나와의 선사시대 토기를 보면, 패총시대의 조기-중기의 토기는 확실히 구주지방의 선사토기와의 친연성을 보여준다. 그러나 조기에서 후기까지 전시기를 포함한다면 이야기는 다르다. 왜냐하면 일본 본토의 죠몽 문화에 특징적으로 보이는 돌로 만든 숟가락(石匙)이나 송곳(石錐)이 오끼나와에는 없고, 또 화살촉도 적어 전체적으로 석기가 적으면서도 토우(土偶)와 같은 토제품이 발견되지 않아, 일본의 죠몽 문화와 오끼나와의 선사문화는 많은 차이가 있다. 그 다음에 오는 야요이식 토기도 최근 출토 예가 증가하고 있기는 하지만 오끼나와에서 야요이시대를 설정하는 자료로 삼기에는 아직 부족하며, 또 야요이 문화의 기반인 도작(쌀농사)의 존재도 잘 알려져 있지 않다. 여하튼 오끼나와 패총시대 조기-중기에는 어로가 생업의 중심이 되는 채집경제로 독자적인 문화를 형성하였다. 그리고 패총시대 후기는 일본 본토의 야요이시대에 대응하는 농경정착생활의 자료가 없다. 그래서 그 이후 서기 12세기 전후에 시작되는 구스쿠[城]시대에 이르기까지 채집경제가 계속되어 왔던 것으로 여겨진다. 그러나 오끼나와의 선사문화의 특성은 남해에서 나오는 풍부하고 아름다운 조개류를 이용해 만든 팔찌를 비롯한 장신구와 패기(貝器)에서 잘 보여준다. 그리고 이러한 조개류로 만든 장신구들은 선사시대 이래 구로시오[黑潮]라는 "해상의 길"을 이용해 일본의 구주지방에 공급되어 특권층의 계급이나 신분의 상징물로 이용되었다. 이러한 교역을 통해 다른 문화를 받아들이고 있는 것도 오끼나와 문화의 특성이라고 할 수 있다. 그래서 오끼나와인들을 "바다의 교역자"로 부르기도 한다.

서기 12세기 전후부터 오끼나와의 고어로서 城을 의미하는 구스쿠시대가 된다. 이것은 성채나 석루(石壘)와 같은 유적으로 접사(接司: 아지 또는 안지라 부름)로 불리는 영주의 거처가 된다. 이와 같은 성은 오끼나와 전역에 만들어지며 그 수도 200여 개에 이른다. 구스쿠시대는 서기 1185년경부터 서기 1470년 류구왕국이 들어서는 15세기까지의 약 295년간 지속된다. 이 시기에는 농경을 기반으로 하는 새로운 경제적 변혁이 시작되기도 한다. 이 성 안에는 마을과 마을신을 섬기는 우다끼라는 성소(御嶽)가 만들어진다. 구스쿠로 불리는 유적은 성소와 방어적 성격의 양면성을 갖고 있다. 그래서 이것이 만들어지게 된 배경으로 성채설, 성역설 또는 高地集落說 등의 여러 학설이 있으나 아직 어느 것 하나 만족한 답은 아니다. 이 시기에 농업과 함께 생산 경제의 발전으로 일본, 중국(宋나라)과 한국과도 활발한 무역을 하게 된다. 그래서 중국의 도자기와 함께 고려의 기와와 조선의 도자기가 이곳에서 출토된다고 해서 그리 놀랄 일은 못된다. 특히 고려기와의 경우 고려 三別抄의 난(원종 11년 서기 1270년~원종 14년 서기 1273년)의 실패와 함께 그곳으로의 이주와도 관련짓기도 한다. 이는 오끼나와 본섬 남쪽 우라소에성[浦添城]에서 나온 癸酉年(서기 1273년)銘의 기와가 증거로 인용되기 때문이다. 또 『조선왕조실록』에 나와 있는 류구(琉球)에 대한 많은 기사가 이를 말해주고 있다(예를 들어 구스크는 寨로 기록되고 있다). 특히 전라도 해안에 표류해 온 류구인과 함께 그곳에 가 살게 된 우리나라 사람도 많을 것으로 생각된다. 그래서 가끔 오끼나와에서 고려와 조선조에 그곳에 가 정착하게 된 우리의 후손을 만나게 되는 것도 이러한 문화적 교류의 결과로 생각된다. 여하튼 구스쿠시대는 무역에 힘입어 서기 13~서기 14세기에 비약적인 발전을 하여 다음에 오게 될 류구왕국의 성립에 박차를 가하게 된다.

구스쿠시대의 성은 琉球왕국의 성립 이후 규모가 큰 성곽으로 발전하여 왕의 권위를 더해주게 된다. 이 왕조의 성립은 구스쿠 말기 통일왕조를 이룩한 제 1상씨왕조(서기 1429년 尙巴志가 통일, 琉球王國의 성립)에 이어 서기 1470년 제2 상씨(尙氏)왕조가 흥하게 됨으로써이다. 尙氏 왕조(서기 1470년~서기 1879년)의 19대 왕은 尙円-尙宣威-尙眞-尙淸-尙元-尙永-尙寧-尙豊-尙賢-尙質-尙貞-尙益-尙敬-尙穆-尙溫-尙成-尙灝-尙育-尙泰로 이루어진다. 서기 1476년 中山王 尙巴의 王陵이 만들어지고 서기 1546년 首里 구스쿠가 확장되고, 서기 1554년 나하(那覇)항구의 방비를 위한 야라자모리[屋浪座森] 구스쿠와 三重 구스쿠가 새로이 만들어진다. 그러나 서기 1609년 島津의 류구인들에 의해 류구 왕국은 무력을 상실하게 된다. 서기 17세기 후반 사쓰마[薩摩]의 지배를 받다가 서기 1879년 메이지[明治]정부가 류구를 폐하고 오끼나와縣으로 편입시킴에 따라, 오끼나와의 독자적인 역사는 끝나게 된다. 그러나 오끼나와는 우리의 역사와도 밀접한 관련이 있어 앞으로 고고학적인 조사가 꾸준히 이루어져야 한다. 특히 城시대와 琉球왕국시대는 우리의 고려와 조선시대로 이들 사이에 문화적 교류가 생각보다 많았다고 여겨지고 있기 때문이다.

한반도의 對馬島 壹岐(一岐)섬과의 문화교류는 신석기시대 초기인 기원전 5000년경으로 거슬러 올라간다. 현 행정구역상 長岐県 上県郡 上県町 大字 越高[고시다까] 유적의 연대는 기원전 5000년−기원전 4500년인데, 이곳에서 부산 東三洞 패총(사적 266호)에서 보이는 隆起文[덧무늬]토기가 많이 나오고 있다. 그래서 이곳을 발굴했던 別府대학의 坂田邪洋[사카다 구니지로] 교수는 이 유적을 동삼동과 직접 연결을 시켰으나 동삼동유적의 이곳 보다 늦은 기원전 3870년경으로 부산 동삼동에서 온 것인지에 대해 견해를 흐리고 있다. 그러나 이와 비슷한 융기문토기는 동래 新岩里와 강원도 양양 鰲山里(사적 394호, 기원전 5200년)에서도 발견되고 있다. 특히 오산리의 경우 그 연대가 고시다까 유적의 그것보다 500년 정도 앞서고 있기 때문에 대마도의 선사문화는 한반도와 밀접한 관계가 있음을 알 수 있게 되었다. 다시 말하여 對馬島에 거주했던 최초의 주민들은 기원전 5000년경 이전에 한국에서 건너간 사람들이었거나 한반도의 문화와 밀접한 관련이 있던 사람들로 여겨진다. 재미있는 것은 고시다까 유적 앞 해안가에는 지금도 부산·마산 등지에서 버린 쓰레기(세탁제들이 담긴 비닐제품의 부유물)들이 조류를 타고와 이곳에 표착하고 있는 점인데 직선거리로 48㎞ 밖에 안 되기 때문에 당시에도 조류를 이용해 배를 타고 이곳에 직접 올 수 있었을 것이다. 이는 그 많은 문화교류가 지리적으로 쉽게 이루어질 수 있다는 이야기다. 또 부산 동삼동에서 발견된 黑曜石은 東村 武信 교수에 의하면 佐賀県 伊萬里 腰岳山으로 밝혀지고 있으며, 또 양양 오산리의 것은 白頭山의 것으로 당시의 문화교류가 상상 이상으로 활발했던 것으로 생각된다. 물론 당시의 교류는 조류에 의한 것으로 간단한 獨木舟[카누]나 떼배를 이용함으로써 가능했을 것이다. 일본의 신석기시대는 繩文토기로 대표되며 그중 曾畑[소바타]식 토기가 우리나라의 빗살문토기와 같은 것으로 그 연대는 기원전 3000

년경이다. 이들은 淺茅灣[아소완] 내의 水崎해저, 峯町의 吉田, 이끼 섬의 鎌崎유적에서도 발견되고 있다. 이들 소바타식 토기는 永留久惠(대마도 역사자료 민속관 관장)를 비롯한 일인학자들이 언급하고 있듯이 한반도에서 온 것으로 여겨진다. 이들은 신석기시대에 고기잡이를 나갔다가 이곳으로 내왕하게 되었는지, 또는 직접 교역에 의한 것인지 알 수 없으나 어쨌든 당시의 문화교류를 잘 알려주고 있다. 물론 소바타식 토기는 九州의 大分縣 龍宮洞窟을 비롯한 여러 유적에서 많이 나타나고 있어 대마도·이끼 섬은 당시 문화교류의 길목의 역할을 하고 있음을 알 수 있다.

우리나라의 고고학 편년상 청동기·철기시대 전기에 해당하는 것이 일본의 彌生[기원전 300년–서기 300년, 최근 突帶文土器의 존재로 그 상한은 기원전 1000년으로 올라감] 시대이다. 이 시기의 문화교류는 양적·질적으로 증가하고 있다. 대마도·이끼 섬의 이 시기의 유적들에서 발견된 細形銅劍·無文土器들은 이를 잘 입증해주고 있다. 또 이 시기는 비단 우리나라뿐만 아니라 중국과도 밀접한 관계를 맺고 있었으며, 이는 중국의 前漢鏡이 우리나라에서 만들어진 칼·토기 등과 함께 무덤에 매장되고 있는 점으로도 잘 입증된다. 三國志魏志 東夷傳 중 대마와 이끼 섬은 對馬國과 一支國으로 기록되어 있는데 그 내용은 모두 산이 험준하여 숲이 많고 좋은 밭이 없어 해물을 주로 먹고 살며 배를 타고 남쪽으로 장사를 한다는 식이다. 또 같은 책의 弁辰條의 "國出鐵韓濊倭皆 從取之 諸市買皆鐵 如中國用錢…"이라는 기사의 내용과도 부합되고 있어 당시의 대마도·이끼 섬의 무역관계를 짐작할 수 있다. 이끼섬의 하라노쯔찌[原ノ辻] 유적에서 발견된 철제품을 비롯하여 後漢鏡·王莽錢·金海土器 또는 제주도 山地港 출토의 貨布, 고성 패총에서 발견된 後漢鏡片 등은 서기 100년–200년경 당시의 한국·중국·일본과의 교역관계를 잘 말해주고 있다.

통상권을 형성하고 있던 한반도와 일본 내의 사회들은 중국과의 국제 무역 및 한반도 내부 나라(國)들 사이의 교역을 행하였다. 『三國志』위지 동이전 弁辰條와 倭人傳 里程記事에는 樂浪·帶方에서 출발하여 對馬國(つしまのくに), 一支國(いきこく), 末廬國(まつろこく, まつらこく), 伊都國(いとこく), 奴國(なこく, なのくに)[76]를 거쳐 요시노

가리(吉野け里, 佐賀県 神埼 東背振 吉野け里)에 위치한 卑彌呼(ひみこ, 서기 158年경-서기 248年), 臺與(서기 235年?-?)가 다스리던 邪馬臺國(やまたいこく)에 이르는 무역루트 또는 通商圈이 잘 나타나 있다. 해남 군곡리-김해 봉황동(회현동, 사적 2호)-사천 늑도-제주도 삼양동(사적 제416호) 등 최근 확인된 유적들은 당시의 국제적인 통상권의 루트를 잘 보여주고 있다. 즉, 중국 하남성 남양 독산 또는 密県의 玉, 半兩錢(기원전 221년-기원전 118년, 7대 武帝 元狩 원년)과 五洙錢[오수전은 동제와 철제의 두 가지가 있으며 銅製五銖錢은 그 기원이 한 무제 元狩 5년(기원전 118년)이며 鐵製五銖錢은 後漢 光武帝 建武 6년(興龍 6년, 서기 30년]에서부터 시작한다. 五洙錢을 포함한 중국 진나라와 한나라의 화폐는 오늘날의 달러[美貨]에 해당하는 당시 교역 수단으로 당시 활발했던 국제 무역에 관한 고고학적 증거들이다. 기원전 1세기경으로 편년되는 사천 늑도 유적은 당대의 국제 무역과 관련해 특히 중요한 유적이다. 동아대학교 박물관이 발굴한 지역에서는 경질무문토기, 일본 彌生時代(やよいじだい)토기, 낙랑도기, 한식경질도기 등과 함께 반량전이 같은 층위에서 출토되었다. 半兩錢은 기원전 221년 진시황의 중국 통일 이후 주조되어 기원전 118년(7대 漢武帝 5년)까지 사용된 중국화폐로 알려져 있다. 중국 화폐는 해남 군곡리, 제주 산지항·금성리, 고성과 骨浦國(今合浦也)으로 알려진 창원시 외동 城山 貝塚 등지에서도 출토되었다. 사천 늑도는 『三國志』魏志 東夷傳 弁辰條의 '國出鐵 韓濊倭皆從取之 諸市買皆用鐵如中國用錢又以供給二郡'의 기사와 倭人傳에 보이는 『三國志』魏志 東夷傳 弁辰條의 '國出鐵 韓濊倭皆從取之 諸市買皆用鐵如中國用錢又以供給二郡'의 기사와 倭人傳에 보이는 海(水)路 萬里의 무역로(trade route, exchange system, interaction spheres, barter, logistics)를 감안해 볼 때 樂浪(帶方)-海南 郡谷里-泗川 勒島(史勿國)-固城(古史浦)-昌原 城山(骨浦國)-金海(狗邪韓國)-제주도 山地港/삼양동(사적 416호)-對馬島(國)-壹岐(一支國)-末盧國-伊都

---

76) 奴國은 서기 57년 後漢 光武帝로부터 '漢倭奴國'이란 金印을, 邪馬臺國은 서기 239년 魏의 齊王으로부터 '親魏倭王'란 칭호를 下賜받으며 九州 佐賀県 神埼郡 神埼町·三田川町 東村振村 吉野ケ里(요시노가리)에 위치한 일본 최초의 고대국가인 邪馬臺國의 卑彌乎(히미꼬)女王은 서기 248년에 죽고 宗女 臺與(壹與)가 그 자리를 계승한다.

國－奴國－邪馬臺國으로 이어지는 바닷길이 예상될 것이다. 이외에도 국가 발생의 원동력 중의 하나인 무역에 관한 고고학 증거는 계속 증가하고 있다. 일본의 야요이 시대 전기 말에서 중기에는 九州大 西谷正 교수가 이야기 하듯이 樂浪郡의 설치는 일본 각지에 영향을 주게 되고, 또 이와 아울러 鐵製利器·細形銅劍·多鈕細文鏡 등이 일본에 다량으로 건너가게 된다. 海神[와다쓰미]神社에 보관 중인 木坂유적 출토의 세형동검·칼코·角形의 칼 손잡이, 塔首유적의 무문토기, 河內의 김해토기, 劍島의 적색연질토기, 佐保 시게노탄의 劍把頭飾, 美津島町 大字 洲藻의 中道壇 고분의 김해토기, 이끼 섬 가라까미 유적 출토의 철제도기, 낫, 호미, 김해토기, 鄕浦 史料館 소장의 동검, 과, 八幡宮 神社에 보관 중인 동검 등은 이들 모두가 한국에서 직접 만들어지고 교역된 것으로 생각된다.

古墳시대가 되면 森貞次郎 교수가 언급하듯 대마도의 고분은 소단위, 이동성, 국제성이 강한 성격을 보이고 있다. 역사시대의 백제계 유적인 조선식산성인 金田城을 비롯하여 勝本町 立石觸(이곳의 석관에서 우리나라 고신라의 奏樂人物像 土偶와 비슷한 人物頭部가 출토함), 조선시대의 朝鮮通寶가 함께 나오는 고노우라 마찌 志原平人觸 유적, 佐保 가야노끼의 신라토기, 하로우, 고후로사에, 에비쓰야마 등은 한국과 밀접한 관련을 보여주는 중요한 유적들이다.

대마도·이끼 섬과 한반도의 문화교류는 기원전 5000년경 이전으로 거슬러 올라가는 죠몽, 야요이, 고분시대로 내려오면서 양적 질적인 자료의 증가가 눈에 띤다. 이것은 시대가 떨어지면서 문화교류가 더욱 더 빈번했었음을 알려준다. 그리고 한국과 관계가 깊은 유적들은 대마도의 서해안 지역에서 많이 발견되며, 그 중 豊玉町을 중심으로 하는 지역에서 많이 나타나고 있는데 이는 그곳이 당시 문화수용의 첨단 기지였음을 알려준다.

참고문헌

崔夢龍

　1997 오끼나와, 도시·문명·국가 -고고학에의 접근-(대학교양총서 70), 서울: 서울대
　　　학교 출판부, pp.183-189

　1985 對馬·壹岐島의 先史遺蹟, 日本 對馬島·壹岐島 綜合學術調査報告書, 서울: 서울신문
　　　사, 1987 한국고대사의 제 문제(유인물), 서울: 관악사, pp.189-198, 1993 日本 對
　　　馬·壹岐섬 학술조사, 韓國文化의 源流를 찾아서-고고기행-, 서울: 학연문화사,
　　　pp.21-30, 및 1984, 서울신문 8월 22일(수)

Pearson, Richard

　1969 *Archaeology of the Ryukyu Islands*, Honolulu: University of Hawaii Press

沖繩県立博物館

　1983 沖繩県立博物館 綜合案内, 那覇: 凸版印刷株式會社

8. 태국 반창, 캄보디아 앙코르 왓트, 말레이시아의 렌공 계곡

태국(Thailand) Udon Thani 주 Nong Han 지구의 반창(Ban Chiang) 박물관은, 청동기 제작에 관해 중국의 대표적인 청동기시대인 상(商) 문명(기원전 1750년-기원전 1100/1046년)에 비해 약 250년이 앞서는 기원전 2000년경의 유적과 유물이 확실하게 존재해 전 세계의 여러 고고학자들에게 잘 알려진 반창 고고유적 근처에 세워졌다. 청동기의 제작으로 동양에서 연대가 가장 올라가는 곳 중의 하나(Non Nok Tha 유적을 언급하면 기원전 2700년으로 세계에서도 가장 연대가 빠른 것 중의 하나로 여겨짐)로 반창 유적이 발굴되고, 그곳에는 이를 기념하기 위해 현장의 야외박물관 이외에도 두 곳의 독립된 건물의 국립박물관이 세워졌다. 여하튼 이 유적의 발굴을 통하여, 이제까지 선사시대의 뚜렷한 유적이 없었던 곳으로 알려져 왔던 태국은 청동기시대에 관한 한 전 세계적으로 유명하게 되었다. 따라서 그곳에서 나온 유물들을 모두 전시하고 있는 반창 국립박물관은 루블, 대영제국이나 스미소니안과 같이 잘 알려진 유명한 박물관들에 비해 규모가 매우 작고 시설에서도 뒤떨어진다. 그러나 이곳은 이 관계 학자들뿐만 아니라 태국의 선사문화에 관심 있는 관광객들도 꼭 들러 보아야 하는 명소가 되었다.

구리 장신구로서 최초의 금속은 이미 샤니다르(기원전 8700년), 챠이외뉘(기원전 7200년), 알리 코쉬(기원전 6500년), 좌탈 휘윅(기원전 6500년-기원전 5650년), 그리고 하순나(Hassuna, 야림 테페 유적, 기원전 6000-기원전 5250년) 유적 등지에서 확인된다. 이렇게 단순히 구리만으로 간단한 장신구 등을 만들어 사용한 일은 신석기시대부터 있었다. 그러나 세계적으로 볼 때 구리와 주석(또는 약간의 비소와 아연)의 합금인 청동이 나타나는 청동기시대는 대략 기원전 3000년에서 기원전 1000년 사이에 시작

반창박물관(필자 촬영)

반창박물관 내부 청동기 진열실(필자 촬영)

되었다. 청동기시대가 가장 먼저 시작된 곳은 기원전 3500년의 이란 고원 근처이

며 터키나 메소포타미아 지역도 대략 이와 비슷한 시기에 시작되었다. 이집트는

중왕조(기원전 2050년-기원전 1786년 : 실제는 15, 16왕조 힉소스의 침입 이후 본격화되었다고 한

반창 근처 반프라 시드 원주민의 주거(필자 촬영)

다) 시기에 청동기가 제작되기 시작하였으며, 기원전 2500년경 모헨조다로나 하라파 같은 발달된 도시를 이루고 있던 인더스 문명에서도 이미 청동기를 사용하고 있었다. 또한 최근에 주목받는 태국의 논녹타(Non Nok Tha) 유적은 기원전 2700년, 그리고 반창 유적은 기원전 2000년경부터 청동기가 시작된 것이 확인됨으로써 동남아시아지역에서도 다른 문명 못지않게 일찍부터 청동기가 제작·발달되었음을 알 수 있다. 유럽의 경우 에게 해 크레테 섬의 미노아 문명[초기 미노아 문명기 기원전 3400년~기원전 2100년, 초기 청동기시대(pre-palatial Minoan period)~기원전 2200년경]은 기원전 3000년경에 청동기시대로 진입해 있었으며, 아프리카의 경우 북아프리카는 기원전 10세기부터 청동기시대가 발달했으나 다른 지역에서는 유럽인 침투 이전까지 석기시대로 남아 있는 경우도 있었다. 아메리카대륙에서는 중남미의 페루에서 서기 11세기부터 청동 주조기술이 사용되어 칠레, 멕시코 등에 전파되었으며, 대부분의 북미 인디안들은 서기 13세기~서기 15세기까지도 대량의 청동기를 제작·사용하였다. 중국은 龍山文化나 齊家(甘肅省 廣河県 齊家坪)文化와 같이 신석기시대 말기에 홍동(순동) 및 청동 야금기술이 발달했다. 즉 甘肅省 東鄕 林家(馬

반창에서 발굴된 청동기 거푸집(鎔范, 필자 촬영)

家窯期)에서 기원전 2500년까지 올라가는 鑄造칼이 나오고 있다. 서기 1973년-서기 1985년 河北省 藁城縣 臺西 商代遺址의 발굴조사에서 鐵刃銅鉞이 나왔는데 날은 隕鐵로 제작되었고 연대는 상나라 말 기원전 12세기경에 해당한다. 상나라 말기에도 철을 사용할 줄 알았던 모양이다. 그러나 본격적인 청동기시대로 진입한 것은 二里頭(偃師 二里頭: 亳)文化 때이다. 이리두문화의 연대는 기원전 2080년-기원전 1580년 사이이며(방사성탄소연대 기준) 山東省과 河北省의 后李/靑蓮崗(北辛)-大汶口文化를 이은 岳石文化, 요서와 내몽고 일대의 內蒙古 赤峰市 夏家店 下層文化[하가점 下層문화는 상나라 말기이며 上層문화는 상나라 말-주나라 초에 속한다. 하층문화는 동쪽으로 요녕 朝陽시 魏營子문화(기원전 14세기-기원전 7세기)-凌河문화(기원전 10세기-기원전 4세기, 十二台營子)로 발전하는데 여기에는 고조선식(비파형)동검이 나와 우리 고조선문화와의 관련도 이야기된다]도 거의 동시기에 청동기시대로 진입했다고 보여진다. 이러한 청동기 개시연대가 기록상의 夏代(기원전 2200년-기원전 1750년)와 대략 일치하므로 청동기의 시작과 夏문화를 동일시하는 주장도 있다. 한편 최근 辽宁省 凌源県, 建平県의 牛河梁과 喀左県의 東山嘴에서 보이는 紅山(기원전 3000년-기원전 2500년경)문화, 四川省 廣漢

縣 興鎭 三星堆 祭祀坑[기원전 1200년-기원전 1000년경: 1호 坑은 商晚期, 2호 坑은 殷墟(기원전 1388년-기원전 1122/1046년)晚期] 및 古蜀/蜀國初期都城[四川省 成都 龍馬寶墩 古城, 기원전 2750년-기원전 1050년이나 기원전 16세기가 중심: 商代早期] 등과 같이 중국문명의 중심지역이 아니라 주변지역으로 여겨왔던 곳에서도 청동기의 제작이 일찍부터 시작되었다는 새로운 사실들이 밝혀지고 있다.

이곳 반창 유적과 박물관은 발굴로부터 나온 청동기를 제작하던 거푸집(鎔范)을 비롯한 토기, 청동제의 창, 도끼와 토기 등 각종 유물들과 그들의 전시장으로 유명하다. 또 이들을 만들던 사람들의 무덤도 발굴해 일반 관람객도 인골이 묻힌 옛 모습 그대로 볼 수 있도록 전시해 놓았다. 이 박물관은 태국 미술성 산하 9개의 국립박물관 중의 하나이다. 이곳을 전 세계적으로 유명하게 만든 유적의 발굴은 서기 1960년대로 거슬러 올라간다. 그 당시 재미있는 선사시대의 토기들이 우연히 발견되어 태국 동북쪽 우돈타니(Udon Thani) 주 농한(Nong Han) 구 반창(Ban Chiang) 마을의 주민들에게 알려지게 되었다. 이것들이 태국의 선사시대 연구에 매우 중요함을 알고, 태국 미술성과 미국 펜실바니아 대학 박물관팀이 공동으로 1967년부터 이 지역에 대한 고고학적 조사와 아울러 발굴을 시작하였다. 1974년부터 행해진 체계적인 정밀 발굴에서 매우 중요한 유물들이 출토되었다. 이 유물들은 그 이후 전문가들에 의해 조심스레 형식에 따라 분류되고, 과학적인 분석을 거쳐 해석되고 있다. 또 다각도의 학제적인 연구를 통해 반창을 포함한 동북지역의 선사생활을 이해하는데 도움을 받고 있다. 가장 최근에 나온 보고서에 의하면 이 마을이 기원전 4000년에 시작하여 서력기원 전후에 이르기까지 약 4,000년간 계속 번영을 누린 곳으로 밝혀졌다. 기원전 5000년-기원전 4000년 전에 이곳은 침엽수림과 상록수림대로 둘러싸여 있었던 것으로 추정되었다. 그래서 이곳에 정착하기 시작하면서 주민들은 삼림을 개간해 낮은 지역에 농지를 조성하고 그들의 주식인 쌀을 재배하여 생계를 유지하였다. 이외에도 소, 돼지, 개와 닭의 사육도 또한 그들 생계에 많은 도움을 주었다. 집자리들의 발굴에서도 당시의 기술이 발달했다는 증거도 보인다. 점토를 구워 토기를 만드는 데서 이러한 증거가 잘 나타나는데, 이것은 고온도의 불을 다루는 기술을 반영한다. 그리고 전통적인 토기제작과 함께 담황색의 표면에 채색을 해 여러 가지 문양이 있는 아름다운 토기도 자체 내에서 제작하였다. 이것들은 대부분 무덤에서 나와 껴묻거리(副葬品)임을 알 수 있다. 토기를 제작한 지 천 년 쯤 지나 그들은 이러한 기술을 간단한 초보적인 야금술에 이용하게 된다. 반복적인 실험 결과 그들은 주조(鑄造)의 청동제 무기나 도구를 만드는 기술자가 된다. 농경과 야금술의 발달은 이들 사회를 종전의 수렵과 채집 사회보다 좀 더 복잡하게 이끌어 가게 되었다. 그런 다음 종전보다 한걸음 더 발달한 문명사회가 나타나게 된 것이다. 서기 1974-5년에 걸쳐 발굴된 127구의 인골을 통해 이곳에 살던 주민들 중 남자들은 비교적 키가 크고, 다리가 길고 건장하였다고 알려지고 있다. 성인 남자의 키는 평균 162.5-172.5cm인데 그중 하나는 예외적으로 커 185cm나 된다고 한다. 성인 여자는 단지 평균 147.5-155cm밖에 안 되는 단신으로 체구도 왜소하다. 그들은 형질인류학상의 특성으로 큰 두개골, 넓은 이마, 넓은 얼굴, 툭 튀어나온 광대뼈, 큰 구개(口蓋), 좁은 안와(眼窩), 고두(高頭)를 가지고 있었다. 치아는 거의 완전했으며, 약간의 충치도 보인다. 2-3살 먹은 어린아이의 경우 세균에 감염된 경우와 같은 종양의 흔적을 보인다. 성인의 경우 경골(脛骨)에 불구가 된 듯한 질병을 앓았던 흔적도 보인다. 다른 예에서도 관절염, 종양과 빈혈 같은 증상을 보여준다. 특히 후손들로 여겨지는 오늘날의 주민에서 발견되는 탈라씨마(Thalassemia)나 이상(異狀) 헤모글로빈(헤모글로빈 E)의 존재는 당시의 주민들이 운이 좋게 말라리아를 이겨낸 증거가 된다.

　이곳에서 무엇보다도 중요한 것은 논녹타의 기원전 2700년과 함께 늦어도 기원전 2000년경 태국에 처음으로 고고학상 증거가 뚜렷한 청동주조 기술이 나타난데 있다. 이 연대는 극동지역과 동남아시아에서 가장 올라가는 것으로 처음에는 아무도 그 연대를 믿으려고 하지 않았다. 그리고 미국 펜실바니아 대학에서 낸 일련의 방사성탄소연대와 그 시료로서 이용된 목탄의 채취과정에 대해서도 의심을 가졌다. 어떤 학자는 몰래 그 연대를 시험해 보고자 하였다. 이 지역이 청동주조의 기원이 된다는 설은 믿기에 매우 어렵고 복잡하게 보인다. 왜냐하면 주조기술이 토착적인 발전에 의한 것인지 혹은 외부의 영향에 의해 나타난 것인지에 대한 뒷받침을 하는 증거가 별로 없기 때문이다. 그러나 최근의 연구 경향은 이 유적의 연대에 대한 의심을 풀고 오히려 그곳 청동기 제작기술이 토착적으로 발전한 것인지에 대한 증거를 찾으려고 하고 있다. 그래서 관계 학자들은 연구가 진행됨에 따라 이 유적을 초기(기원전 4000년-기원전 1000년), 중기(기원전 1000년-기원전 300년)와 후기(기원전 300년-서기 400년)의 세 시기로 나누어 각 시기에 따른 특징 있는 문화의 성격을 밝히려고 노력하고 있다. 아무튼 이곳 유적에서 당시에 살고 있었던 장인(匠人)들은 여러 번의 실험으로 청동과 철의 두 가지 금속을 결합시켜 도구를 만들어 내는 새로운 기술을 개발해 내게 되었던 것은 확실하다. 일례로 어떤 창은 전체가 주조로 만들어졌는데 날은 철이고 손잡이는 청동이다. 그리고 어떤 팔찌는 청동제인데 그 위에 철제의 팔찌가 한 겹 더 싸여져 있었다. 이것이 만들어진 것은 기원전 1000년경의 일이다. 두 금속을 결합하는 기술의 기원이 이곳으로부터 시작된 것은 아니지만 토착적으로 발전시킨 것만은 틀림없다. 그러나 이런 기술이 발전된 이후 청동 대신 철에 의존해 도구를 만드는 경향도 더욱 더 많아졌다.

중국보다도 수 백 년 앞선 기원전 2000년경 극동과 동남아세아지역에서 최초의 청동주조 기술이 나타난 이 유적에 대하여는 앞으로 전 세계의 여러 청동기시대 학자들이 많은 토론을 벌릴 것으로 예상된다. 원 발굴자인 펜실바니아 대학의 체스터 고만 교수는 수 년 전 후두암으로 작고했다. 그래서 발굴에 대한 논의는 앞으로 그곳 공동책임자로 참여했던 피시트 차로엔웡사(Pisit Charoenwongsa, 그는 실파콘 대학교 고고학과 교수로 재직 중 이 발굴에 참여했으나 현재는 미술성 고고부 연구책임자로 있음)를 비롯한 여러 관련 태국학자들의 앞으로의 연구진행과 성과에 달린 것이다. 그중의 하나가 서기 1985년 Armand Labbé가 영문으로 출간한 「반창」-태국 동북지방의 예술과 선사시대-(캘리포니아 산타아나 소재 바우어즈 박물관 간행)를 들 수 있다. 이 책 한 권으로도 이 유적 발굴의 중요성을 전 세계에 잘 알려주고 있다. 태국 정부에서도 이 유적의 중요성을 감안해 그 곳 발굴현장의 하나인 왓트 포시 나이에 지붕을 씌어 야외박물관으로 보존하고, 유물의 전시는 발굴현장에 덧집을 씌워 현장 그대로 보전한 야외박물관, 발굴 직후 지어 놓은 단층의 콘크리트 전시실과 서기 1987년 태국 황실 현 챠크리 왕조의 9대 왕(라마 9세)인 부미볼 압둘랴데지(Bhumibol Abdulyadej)의 어머니인 대비(大妃)의 재정적 지원에 의해 새로 지어진 이층의 박물관(사무실 포함)의 세 군데에서 이루어지고 있다. 그 외에 그곳에서 나온 모든 유물들을 전시하기 위해 서기 1987년 11월 21일 대비를 모시고 그녀의 이름을 따 "반창 국립박물관 솜뎃트 프라 스리나카린드하라 보로무라지촌니(Somdet Phra Srinakarindhara Boromraj chonni)"라는 긴 이름의 두 번째 박물관을 앞선 단층 건물 앞에 새로이 세울 정도였다. 이는 태국정부가 태국 국민들로 하여금 세계에서 가장 중요한 유적의 하나를 갖고 있다는 자부심을 심어주기 위한 것이었다.

사실 태국(타이, Thailand)의 역사는 잘 알려진 불교국가로, 수코타이(Sukhothai, 서기 1238년-서기 1378년)와 아유타야(Ayuthaya, 서기 1350년-서기 1767년) 때는 이웃나라인 버마[퉁구, 미얀마, 서기 1044년-서기 1287년 현 만다라이(Mandalay)에 위치한 버간<Bagan/Pagan> 왕국 성립, 서기 1287년 몽고의 元의 쿠빌라이 칸에 복속, 아유타야와의 24회에 걸친 전쟁], 크메르(앙코르, 서기 802년-서기 1431년)와 베트남의 李朝, 陳朝와 黎王朝와는 서로 간에 떼려야 뗄 수 없는 역사적 맥락 속에서 밀접한 관계를 맺고 있다. 이제까지 태국에 성립된 왕조들은 모두가 불교에 기반을 두고 있어, 30,000여 개나 되는 왓트라 불리는 寺院, 탑과 불상 같은 유적·유물이 도처에서 발견된다. 그래서 태국을 역사고고학과 불교미술사를 연구하는데 없어서는 안될 자료의 보고라 한다. 현 태국 영토 내에 처음 왕조가 나타나는 것은 서기 7세기로 다바라바티(Dhavaravati)가 바로 그것이다. 이 왕조는 서기 7세기에서 서기 10세기까지 존재한다. 그 다음이 스리비자야(Srivijaya) 왕조로 서기 10세기-서기 11세기에 존속한다. 이어 창 사엔(Chiang Saen) 왕조가 서기 11세기-13세기에 나타난다. 이 기간에 중국 雲南省에서 메콩강을 타고 내려와 정착한 南詔왕국과 이에 속하는 조각상이나 南詔(Nanchao, Lanna) 양식의 부처들은 창 사엔 것들보다 연대가 약간 올라간다고 한다. 그래서 南詔문화와 창 사엔 문화는 선후관계가 있는 별개의 것으로 보는 견해도 있다(그러나 태국의 첫 번째 공식적인 왕조의 형성은 창 사엔/南詔왕국을 처음으로 여기나 샴(Siam)족이 형성한 첫 번째 왕국은 스코타이로 보는 견해가 공식적이다). 그 다음 롭부리(Lopburi) 왕조가 서기 13세기-서기 15세기, 수코타이(Sukhothai, 서기 1238년-서기 1378년) 왕조, 아유타야(Ayuthaya, 서기 1350년-서기 1767년) 왕조, 톤부리(Thonburi) 왕조가 서기 17세기 그리고 마지막의 현 차크리(Chakri, 서기 1782년-서기 1932년) 왕조와 입헌군주제(서기 1932년-현재)들이 꼬리를 물고 연이어 나타난다. 그중 '행복의 시작'이란 의미를 지닌 수코타이의 역사도시(Historic City of Sukhothai Associated Historic Towns)는 서기 1991년 세계문화유산으로 지정되어 있으며 서기 1238년-서기 1378년 사이 Siam족이 세운 첫 번째 왕국으로 불릴 정도로 태국 건축의 발생을 알리는 여러 기념물들과 불상조각들이 있다. 수코타이 왕국 내에서 발전한 위대한 문명은 앞선 여러 전통을 수용하여 수코타이의 독특한 양식을 만들어내고 있는 점이다. 수코타이의 경역은 말라야, 라오스, 중부 태국과 버마의 몬(Mon)족에까지 이르며, 인도의 Theravada(상좌부) 불교도 이 왕국에 소개되었으며, 중국과의 무역도 번창하였다. 3대 왕인 랑캄행(Ram Kham Haeng, 서기 1279년-서기 1298년) 때 크메르어를 차용해 모음 32자, 자음 44자와 5성을 합쳐 만든 태국의 문자가 처음 만들어져 이로부터 태국문명이 꽃을 피우게 되었다. 서기 1350년 이후 아유타야 왕국에 포함되었다. 우통(U-Thong, Ramathibodi I세) 왕에 의해 스코타이 다음으로 제 2의 샴족의 수도로 세워진 아유타야 역사도시(Historic City of Ayutthaya Associated Towns)도 서기 1991년 세계문화유산으로 지정되었다. 아유타야 왕국(서기 1350년-서기 1767년)의 수도에서 보이는 유적은 聖骨函이 모셔진 탑(prang)과 거대한 사원은 과거의 화려한 영광을 보여준다. 이 아유타야 왕국은 외국과의 교역을 많이 하였는데, 포르투갈(Portugal)과의 교역은 포르투갈이 현 말레시아의 말라카(Malaca) 왕국을 접수한 서기 1511년 직후에 일어났다. 그리고 서기 1644년 화란인(네덜란드, Dutch)들이 무력을 앞세워 아유타야로부터 강제로 무역독점권을 얻었고, 이 세력을 저지하기 위해 아유타야는 다시 서기 1684년에 프랑스와 조약을 체결하였다. 서기 1511년 장티프스로 사망한 포르투갈인들의 묘지가 아유타야의 수도에서 발굴되기도 하였다. 아유타야 왕국은 금이 풍부해 서구인들에게 'Siam the city of gold'라 불렸고, 실제 서기 1957년 왓 라차부라나(Wat Ratchaburana) 사원 납골당에서 발굴된 왕의 상징물인 금으로 만든 검, 병과 장신구 등은 모두 무게가 100kg이 넘는다. 이들은 현재 모두 아유타야 박물관에 전시되어 있다.

태국의 略史를 표로 보면 다음과 같이 되겠다.

트랑 지방에 있는 모 키유(Moh Khiew) 동굴유적

베트남의 손빈 유적과 같이 기원전 35000년 전의 자갈돌 찍개문화(pebble tool tradition)와 함께 박편석기문화(기원전 30000년~기원전 25300년 전)와 호아비니안 Hoabinhian 문화(기원전 30000년~기원전 5000년)도 나타나고 있다. 이 호아비니안 문화의 Spirit cave에서는 almond, betel, broadbean, pea, bottlegourd, chest-nut, pepper, butternut, candlenut, cucum-ber 등이 나와 동남아 최고의 재배식물(9800~8500 B.P.)로 여겨지기도 하였는데, 이곳에서는 기원전 6800년 전까지 토기가 없었고 horticulture[가래(鍬, hoe)나 쟁기(犁, plough)를 사용하지 않고 막대기(掘棒, digging sticks)를 사용하는 초기 원시단계의 農耕法]단계로 여겨진다는 주장도 있다.

논녹타(Non Nok Tha) 고고유적　기원전 2700년경 청동기시대 시작

반창(Ban Chiang) 고고유적　기원전 2000년경 극동과 동남아세아지역에서 최초의 청동주조 기술이 나타남.

피마이(Pimai) 지역　기원전 800년경의 고인돌도 나타남.

수바라부미(Suvarabhumi)	인도가 기원인 민족들로 이루어진 기원전 200년경 중부 태국에 존재
다바라바티(Dhavaravati/Dvaraavari)	서기 6세기-서기 11세기 Mon족과 공존
스리비자야(Srivijaya) 왕조	서기 600년-서기 1200년
창 사엔(Chiang Saen) 왕조	서기 11세기 -13세기[서기 10세기경 중국 雲(云)南 省에서 메콩 강을 따라 내려온 南詔(서기 650년-서기 1250년) 왕국을 최초의 국가로 보는 견해도 있다.]
롭부리(Lopburi) 왕조	서기 13세기-서기 15세기
수코타이(Sukhothai) 왕조	서기 1238년-서기 1378년, 샴(Siam)족이 세운 태국의 공식적인 첫 번째 왕조, 3대 왕인 람 캄행(Ram Kham Haeng, 서기 1279년-서기 1298년) 때 태국의 문자가 만들어짐.
아유타야(Ayuthaya) 왕조	서기 1350년-서기 1767년 4월 7일 멸망
톤부리(Thonburi) 왕조	서기 17세기
차크리(Chakri) 왕조	서기 1782년-서기 1932년 4대 왕 라마 4세인 몽구트(Mongut)는 영화 King & I의 주인공임.
입헌군주제	서기 1932년-현재 왕은 챠크리 왕조의 9대 왕(라마 9세)인 푸미폰 아둔야뎃(Bhumibol Adulyadej/Phumiphon Adunyadet)임

그러나 왕조 이전의 태국의 역사와 주민에 대하여는 잘 알려져 있지 못하다. 그만큼 태국의 선사고고학은 역사시대에 비해 연구가 매우 빈약해, 이제 겨우 시작의 단계라고 말할 수 있다. 최근 태국의 남쪽 트랑 지방에 있는 모 키유(Moh Khiew) 동굴유적에서는 베트남의 손빈 유적과 같이 기원전 35000년 전의 자갈돌 찍개문화(pebble tool tradition), 기원전 30000년-기원전 25300년 전의 박편석기문화와 함께 기원전 13000년-기원전 5000년 전의 호아비니안 문화도 나타나고 있어, 태국 문

화의 시작이 기원전 35000년 전까지 거슬러 올라가고 있음을 알려주고 있다. 남
쪽의 피마이(Pimai) 지역에서는 기원전 800년경의 고인돌도, 또 기원전 2000년경
의 반 프라시트(Ban Prasit) 유적에서는 반창 유적과 같은 성격의 유물이 출토하고
있다. 현재 태국에 살고 있는 주민의 기원에 대하여도 잘 알려져 있지 못하다. 남
부 트랑과 북부 고산지대에 살고 있는 원주민들이 현재 태국인들의 직접 조상이
되는지, 또는 중국의 화남지방에 살던 사람들이 이곳에 이주해 와서 정착함으로
써 태국인의 모체를 형성하게 된 것인지 확실하지 않다. 그래서 현재 태국의 고
고학자들은 그곳에 살고 있는 고산족을 포함한 여러 원주민들과 근처에서 발굴
된 고고학적 유물들을 일치시켜 보려는 민족지고고학(ethnoarchaeology)의 연구를
활발히 진행시키고 있다. 현재 미얀마/버마에서 22km×11km 넓이의 인레(Inle) 호
수 근처에 살고 있는 '호수의 사람들'이라는 의미의 인타(Intha)족은 호수나 늪지대
에 관개시설을 한 아즈텍의 floating garden 수경농경방법(치남파, Chinampa)과 그
근처에는 목에 목걸이를 여래 겹 끼어 목의 길이가 정상인보다 늘어난 카얀(Kayan)
족이 살고 있음도 좋은 민족지고고학의 자료가 된다.

　캄보디아의 앙코르(Angkor)는 서기 802년-서기 1431년의 크메르 왕국의 수도로
서기 802년 1대 성왕(신왕)이 이곳에서 약 65km 떨어진 메콩 강 유역의 톤레삽(Ton-
lesap) 호숫가 메헨드라뿌라(신들의 땅, 프놈쿨렌 채석장)에 나라를 처음 세웠으나 메콩
강의 역류로 인한 잦은 홍수로 수도를 포기하고 수르야바르만(Suryavarman) II세가
서기 1177년경 앙코르에 수도를 세웠다. 그러나 물이 빠진 톤레삽 호수의 바닥은
三毛作의 논농사로 이용되어 크메르 왕국의 경제적인 기반이 되었고 지금도 그곳
주민들의 어업의 기반이 될 정도로 물고기가 풍부하다. 현재의 사원을 포함한 세
계 제일의 규모가 큰 앙코르 왓트의 완공은 크메르의 나폴레옹으로 불리는 자야
바르만(Jayavarman) 7세가 세운 것으로 서기 1992년 '수도 사원'이란 이름을 가진 앙
코르 왓트(Ankor Watt)로 세계문화유산으로 지정되었다. 그는 이 사원을 비롯해 성
벽을 쌓고 垓字를 파서 악어를 길러 서기 1171년-서기 1181년 침공한 베트남의
李朝軍을 격퇴시켰다. 그리고 사원에는 216개의 신비의 미소를 머금은 얼굴상이

조각되어 있는데 이는 부처님의 얼굴에 쟈야바르만 7세의 얼굴을 합성한 것으로 보면 무리가 아니다. 이곳에는 사원이 100여 개가 있는데 그중 프놈 바켕(Phnom Bakheng), 타 프롬(Ta Prohm), 프라칸, 바푸온 반테이스레이와 바이욘(Bayon) 등의 사원이 잘 알려져있다. 이 유적은 서기 1860년 프랑스의 앙리 무어(Henry Mouhot)에 의해 발견되었다. 이곳은 그 후 서기 1923년 후일 프랑스 문화상이 된 앙드레 말로(André Malraux, 서기 1901년-서기 1976년)가 서기 1914년 새로이 발견된 반테이스레이 사원유적을 분할해 프랑스로 밀반출해 팔려고 하다 적발되어 실형을 받은 사건과 1975년 폴 포트의 'Killing field'로도 유명하다. 크메르 왕국은 남아 있는 사원의 부조를 보면 힌두의 비수뉴(Vishnu) 신을 포함한 '우유바다 싸움'의 신화 그리고 산스크리트어로 써진 1,200여 개의 비문 등에서 힌두 문화의 영향을 많이 받고 있음을 알 수 있다. 그리고 앙코르 왓트 사원의 구조도 인도 메루(Meru) 산의 다섯 봉우리를 모방하여 힌두교의 우주관을 지상에 구현하고 있다. 다시 말해 남부 인도에서는 현 Tamil Nadu 주 Thanjavur 현의 중요 도시인 Thanjavur(Tanjore)를 중심으로 Cholas 왕조가 들어서 종교의 중심지 역할을 하였는데 그 대표적인 사원이 Rajaraja Chola I세가 서기 1010년경 세운 男根像과 시바 신을 모신 Brihadishwara(Brihadish vara)으로 여기의 조각상이 앙코르 왓트(Ankor Wat)에 많은 영향을 준 것으로 추측되고 있다. 그리고 사원의 부조벽화에는 생선 파는 여인, 닭 싸움, 돼지 삶기 등의 많은 서민들의 생활이 묘사되어 있다. 이 크메르 왕국은 서기 1431년 蒙古족의 침공으로 영향을 받은 태국의 아유타야의 샴(Siam)족에 의해 멸망하였는데 도시는 서기 1432년 폐허화 되어 밀림 속에 파묻혀 잊혀지게 되었다. 그 이유 중의 하나는 멸망 이전 논농사를 위한 농지 확장·개발로 인한 정글에 대한 생태파괴이며 이로 인해 도시의 멸망에까지 이르게 되었다. 그러나 당시 앙코르 왕국의 여러 가지 이야기가 당시 중국 외교관인 周達觀(Zhou Daguan, 서기 1266년-서기 1346년)이 서기 1296년 8월 앙코르에 도착하여 서기 1297년 7월까지 Srindravarman 왕의 궁전에서 머물면서 남긴 일기에 의해 전해지고 있다. 기록에 의하면 왕궁과 성벽의 구조, 왕의 첩과 시녀 이외에는 왕궁의 출입이 불가하고, 황금빛 나는 왕의 침소에서 머리 7개나 달린 뱀이 변신한 여인과 왕이 매일 저녁에 동침, 죄를 지어 발가락이 잘린 범법자들의 성문 출입불허, 습기와 곤충을 막기 위한 高句麗의 창고인 椋 또는 浮椋과 같은 양식의 高床家屋과 야자 잎의 지붕, 요리는 밖에서 하고, 어린 아이들에겐 악귀를 물리치기 위하여 좋은 이름을 지어주지 않는 관습, 말다툼을 한 두 사람을 며칠 탑에 가두어 보면 한 사람은 건강하고 또 다른 사람은 중병에 걸려 죄의 유무를 하늘에 맡겨 판가름하는 해결 방법, 여성의 관능적인 모습과 개방된 성문화와 아울러 여성의 정치·상업적 자유(왕비는 102개의 병원을 지어 활동함), 무당을 통해 병을 치료하는 전통 등에 관한 사회상을 잘 이해할 수 있다. 그러한 사회활동과 관습의 일부는 지금도 그 지방에서 행해지고 있다고 한다. 그래서 그는 지금은 사라진 앙코르 사회와 문화의 유일한 목격자가 되었다. 또 이곳 궁전에서 춤을 추던 무희 압사라들의 춤은 정복자인 샴족의 침입으로 태국에 잡혀가 인도 남부의 춤이 크메르(앙코르 왓트의 부조에서 보임)를 거쳐 오늘날 태국에서 의상만 변형된 채 그대로 남아 명맥을 유지하고 있다.

크메르 왕국(서기 802년-서기 1431년)과 서기 1171년-서기 1181년 크메르 왕국을 침공한 베트남의 李朝를 비롯해 陳朝와 黎王朝에서 보여주듯이 두 나라는 서로 밀접한 역사적 맥락 속에 연결되어 있다. 베트남의 略史는 다음과 같다.

神話상 黃帝 神農의 3세손에 淵源[청동기시대를 지나 기원전 700년-기원전 111년까지 Văn Lang<기원전 690년 경>, Âu Lạc<기원전 257년>, Nam Viêt<南越, 기원전 207년> 이 있었으며 그 후 중국에 복속됨]

秦始皇 때 베트남의 북부에 象郡을 둠. 기원전 219년

漢武帝 때 九郡을 둠. 기원전 111년

Phu Nam/Funan 왕국(베트남 남쪽과 캄보디아의 扶南王國) 서기 50년-서기 500년. 발굴된 오케오(Oc Eo) 유적에서 로마의 주화와 중국의 거울이 나와 그곳이 당시의 항구도시로서 인도와 중국 사이의 중계무역이 이루어지고 있었음을 확인할 수 있다.

徵側(춘착)과 徵貳[춘니]의 漢에 반란. 서기 40년(중국 복속시대: 기원전 111년-서기 972년, 중국은 800년간 7회에 걸쳐 베트남을 침입). 음력 2월 6일이 민족기념일임. 춘착은 한때 왕을 칭하기도 함.

吳權(고구엔)의 吳朝 서기 938년-서기 968년(최초의 독립왕조)

丁朝 서기 968년-서기 980년

前黎朝 서기 980년-서기 1010년

李朝 서기 1010년-서기 1225년. 남쪽의 참파[林邑(唐)/占城(宋), 서기 192년-서기 1832년. 이 왕국은 실제 13세기-15세기에 멸망의 길을 걷고 있었다.]와 수우랴바르만 2세(Suryavarman II)의 앙코르 왕국을 공략함.

陳(찬)朝 서기 1225년. 크메르 쟈야바르만 7세와 전쟁을 치름.

胡朝 明의 통치를 받음.

後黎(黎王朝) 서기 1427년. 중국 明의 지배에 대항하고 1428년 大越國을 세움. 성종(탕통)왕대 가장 융성하여 참파의 2대 왕 반 라 자드안 군대를 격파하고 왕을 생포함 그리고 캄보디아, 라오스와 버마 국경까지 진출.

莫氏의 정권 찬탈 서기 16세기 초

阮朝 서기 1802년-서기 1945년 越南(베트남)의 이름이 유래. 安南이란 말은 唐이 설치한 안남호부에서 유래한다. 서기 1858년 프랑스의 침공과 식민통치를 받음. 현재 후에(Húe, 化) 시에 당시의 중국 명·청나라를 본 딴 太和殿과 紫禁城 등의 궁전터와 함께 우엔 왕조의 2대 민망 왕, 7대 카이딘 왕(서기 1916년-서기 1925년) 등 7개의 왕릉이 남아 있음.

阮大學(胡志明) 서기 1945년 9원 2일 베트남 민주공화국을 세움.

일본의 식민지가 됨. 서기 1945년 3월

阮朝[우엔조]의 최후황제 保大[바오다이]가 서기 1949년 베트남국 수립

베트남공화국 서기 1955년 고딘디엠 대통령이 세움.

월남평화협상(미국 37대 Richard M. Nixon 대통령과 서기 1973년 1월 27일 파리협정) 서기 1975년 4월 30일 베트남 민주공화국으로 통일.

말레이시아는 렝공 계곡의 고고학 유산(Archaelogical Heritage of the Lenggong Valley)
이 서기 2012년 세계문화유산으로 등재된 바와 같이 우루 페락(Ulu Perak) 지역 상
부 렝공 계곡에 위치한 고고학 유적들은 말레시아 반도에서 가장 중요한 선사시
대의 유적으로 대표된다. 이곳은 조그만 촌락으로 둘러싸인 한적한 야외박물관
과 같으며, 아직도 인골, 동굴벽화, 보석류, 토기, 무기, 석기 등과 같은 중요한
발견이 이루어지고 있다. 말레이시아에서 가장 오래된 인류의 초기의 화석은 사
라왁 니아 동굴에서(Niah Caves in Sarawak) 발견되며 그 연대는 40,000년 전이다. 그
리고 렝공에서 발견된 인골은 31,000년전까지 올라간다고 한다. 이들은 서기 1991
년 발견된 페락인(Perak Man, the 11,000 B.P., 키 157cm, 나이 50세 정도), 서기 2004년 렝공
구아 테룩 케라와르(Gua Teluk Kelawar in Lenggong)에 발견된 페락 여성(Perak Woman,
8,000년 전)을 비롯하여 구석기시대의 석기 제작기술을 보여주는 工作所(원래는 30,000
년 전으로 추산되었으나 현재는 75,000 B.P.로 수정되고 있다.)가 있는 야외유적과 동굴유적
을 포함한다. 이 지역에서는 구아 구눙 룬투(Gua Gunung Runtuh)의 무덤(5,000~3,000
년 전)과 구아 하리마(Gua Harimau) 청동기시대의 제작소를 비롯해 반유목민이 살
던 터도 포함된다. 여기에서 발견된 모든 유물들은 코타 탐판(Kota Tampan)에 위치
한 렝공 고고학 박물관(the Lenggong Archaeological Museum)에 전시되어 있다.

말레이시아에 사람이 살기 시작한 것은 4만 년 전으로 거슬러 올라가며 그들은
네그리토(Negritos)로 여겨진다. 그 후 서기 1세기경 중국과 인도로부터 무역업자
들과 초기 정착민들이 들어와서 서기 2세기-서기 3세기경에는 항구와 연안 마을
이 형성되었다. 현재 말레이시아의 문화는 중국과 인도의 영향으로 힌두교와 불
교를 받아들였으며 梵語로 된 기록(Sanskrit inscriptions)이 서기 4세기-서기 5세기경
에 나타나고 있다. 랑카수카 왕국(The Kingdom of Langkasuka)이 말라야 반도 북쪽에
서기 2세기에 나타나 서기 15세기까지 지속하였다. 서기 7세기-서기 13세기에는
남부 말라야(말레이) 반도의 대부분은 해안의 스리비자야 제국(maritime Srivijaya em-
pire)에 속했다. 스리비자야의 멸망 후 마자파히트 제국(the Majapahit empire)이 모든
말라야 반도와 군도에 영향을 미치었다. 이스람 문화가 서기 14세기 말라야 반도

에 영향을 주기 시작하고 서기 15세기 초에는 전 스리비자야 제국의 태자인 파라메스와라(Parameswara)가 말라카 술탄 왕국을 만들었는데 이 나라가 말라야 반도에 만들어진 최초의 독립국가로 여겨진다. 말라카(Malacca) 왕국은 무역의 중심지로 세계 여러 나라와 교역을 하였고 파라메스와라는 회교도로 이슬람교를 전파시키는데 중용한 역할을 하였다. 중국 明 3대 成祖(朱棣 永樂 서기 1403년−서기 1424년, 서기 1420년 紫禁城을 완공) 때 宦官 鄭和(云南省 昆陽人, 서기 1371년/1375년−서기 1433년/1435년)에 의해 서기 1403년 南京 龍조선소에서 제작된 300여 척의 배로 조직된 선단으로 서기 1405년−서기 1423년의 18년 동안 7차에 걸쳐 개척된 뱃길은 江蘇省 蘇州 劉家河 太倉市를 기점으로 자바, 수마트라, 세이론, 인도의 말라바[캘리컷(Calicut), 페르시아 만의 Hormuz], 짐바브웨를 거쳐 오늘날의 아프리카와 紅海(Red Sea) 입구인 예멘의 아덴(Aden)과 케냐의 말린디(Malindi)까지의 항해였는데 그중 말라카(Malacca, 말레이시아)는 寄着港의 역할을 했던 것으로 짐작된다.

서기 1511년 말라카 왕국은 포르투갈에 정복당하고 파모사(Famosa) 포르투갈 요새가 만들어졌다. 이 요새는 서기 1641년 네덜란드에 넘어갔다. 서기 1786년 영국이 이 지역을 빼앗고 당시의 케다 술탄(Sultan of Kedah)으로부터 페낭(Penang)지역을 租借해 동인도회사를 설립하였다. 또 영국이 서기 1819년 싱가포르를 얻고 서기 1824년 영국과 네덜란드 조약에 따라 말라카(Malacca)를 통치하였다. 서기 1826년 영국은 페낭, 말라카, 싱가포르와 루부안 섬을 직접 통치하였으며 왕립 해협식민지(the crown colony of the Straits Settlements)를 조영하였다. 서기 20세기에는 말레이 연방국으로 알려진 페낭, 세랑고르, 페락, 네게리 셈비란 주들을 포함하고 영국 주민들로 하여금 말라야 지도자를 내정 간섭하도록 임명하였고 말레이 지도자들도 이를 따랐다. 말라야 연방에 속하지 않고 영국의 직접 통치를 받지도 않던 다섯 주들도 서기 20세기에 영국의 내정간섭자들을 받아 들였다. 영국의 지배하에 중국과 인도의 이민자들을 받아 노동자로 부렸다. 사바(Sabah)지역은 서기 1878년 술루 술탄(the Sultanate of Sulu)으로 부터 租借한 이후 영국 북부 보르네오 왕립식민지로 지배를 받았다. 서기 1842년 제임스 부르크(James Brooke)가 부루나이 술탄(Sultans of Brunei)으로부터 사라와크(Sarawak) 주를 양도받아 그의 후손들이 라자흐(the White Rajahs)란 독립왕국을 운영하다가 서기 1946년 왕립식민지로 되었다.

세계제2차대전 중 일본군이 침입하여 3년간 말라야, 사바, 사라와크(Sarawak), 싱가포르를 점령하였다. 종전 후 말레이시아는 서기 1957년 8월 31일 영국으로부터 독립하고 서기 1963년 9월 16일 영토를 확장하였다. 1963년 9월 16일 말라야 연방은 사바 주, 사라왁 주, 싱가포르와 연합하면서 말라야(Malaya)란 이름에 si를 추가해 말레이시아(Malaysia)가 되었다. 그러나 싱가포르는 서기 1965년 말레이시아 연방에서 탈퇴하였다. 그리고 서기 15세기 말-서기 16세기 싱가폴, 말레이시아 전역에 중국 본토에서 온 남성 노동자와 말레이 원주민 여자 사이에 생긴 후손들과 그들의 문화를 페라나칸[Peranakan, 峇峇娘惹/土生華人/ethnic Chinese populations of the British Straits Settlements]이나 바바뇨나(Baba-Nyonya)로 부른다. 이들은 누산타라 群島의 전통문화(Nusantara customs)를 받아들인 화란과 영국이 통치하던 식민지 시대의 말레이시아, 쟈바와 기타 군도에 살던 明나라 때 福建省으로부터 이주한 중국인들의 후손들이며 바바는 남성을 뇨나는 여성을 의미한다.

그리고 선사시대를 제외한 말레이시아의 간단한 역사는 다음과 같다.

Governance

1) 초기왕국

Chi Tu(기원전 100년-서기 7세기)

Gangga Negara(서기 2세기-서기 11세기)

Langkasuka(서기 2세기-서기 14세기)

Pan Pan(서기 3세기-서기 5세기)

Srivijaya(서기 7세기-서기 13세기)

Majapahit(서기 13세기-서기 15세기)

Kedah Kingdom(서기 630년-서기 1136년)

2) 무스림 국가

Kedah Sultanate(서기 1136년-현재, 무스림 국가)

Malacca Sultanate(서기 1402년-서기 1511년)

Sulu Sultanate(서기 1450년-서기 1899년)

Johor Sultanate(서기 1528년-현재)

3) 식민지시대

Portuguese Malacca(서기 1511-서기 1641년)

Dutch Malacca(서기 1641년-서기 1824년)

Straits Settlements(서기 1826년-서기 1946년)

British Malaya(서기 1874년-서기 1946년)

4) 연방정부시대(Federated Malay States, 서기 1895년-서기 1946년)

Unfederated Malay States(서기 1909년-서기 1946년)

Kingdom of Sarawak(서기 1841년-서기 1946년)

North Borneo(서기 1882년-서기 1963년)

Japanese occupation(서기 1941년-서기 1945년)

5) 과도기의 말레이시아(Malaysia in transition)

Malayan Union(서기 1946년-서기 1948년)

Federation of Malaya(서기 1948년-서기 1963년 9월 16일)

6) 독립(서기 1957년 8월 31일)

Federation of Malaysia(서기 1963년-현재): 툰쿠 압둘 라만(Tunku Abdul Rahman Putra Al-Haj ibni Almarhum Sultan Abdul Hamid Halim Shah, AC, CH, 중국 어이름은 東姑阿都拉曼임, 서기 1903년 2월 8일-서기 1990년 12월 6일)이 서기 1955년 후 말레이시아 연방과 서기 1957년 8월 31일 독립 이후 초대수상으로, 그리고 사바(Sabah), 사라왁(Sarawak)과 싱가포르(Singapore)가 서기 1963 년 9월 16일 말레이시아 연방으로 들어올 때도 수상으로 재직하였으며 말 레이시아의 皇子(Tunku)나 國父(Bapa Kemerdekaan/Father of Independence, Bapa Malaysia/Father of Malaysia)로 불리운다.

위인선

2002 새로 쓴 베트남의 역사, 서울: 이산

최몽룡

1992 태국지역 답사여적, 서울: 한국상고사학보 제 9호, pp.175-181

1993 한국문화의 원류를 찾아서, 서울: 학연문화사

한국박물관회

2002 크메르문화, 서울: 한국박물관회

서규석

2006 앙코르 와트 서울: 리북

비토리오 로베다(윤길순 옮김)

2006 앙코르 와트(Khemer Mythology: Secrets of Angkor), 서울: 문학동네

스테파노 벤키아(김원욱 옮김)

2007 크메르, 세계 10대 문명 시리즈(8권), 서울: 생각의 나무

Barnes, Gina L. ed.

1990 *Hoabinhian, Jomon, Yayoi, Early Korean States*, Oxford: Oxbow Books

Jacques, Claude

1997 *Le pays Khemer avant angkor*, Paris: Dossier d'archeologie Anchor special edition no.221, pp.12-47

George Groslier・三宅一朗譯

1943 アンコオル遺蹟, 東京: 新紀元社

Gorman Chester

1971 The Hoabinhian and After: Subsistence Patterns in Southeast Asia during the Late Pleistocene and Early Recent Periods, *World Archaeology* 2: pp.300-320

Labbé, Armand J.

1985 *Ban Chiang*, California: Bowers Museum

Mali Khoksantiya

1972 *Guide to old Sukhothai*, Bankok: Fine Art Department

M.C. Subhadradis Diskul

1982 *History of the Temple of the Emerald Buddha*, Bankok: Amarin Press

Pottier, Christophe

2005 *L'amenagement du territoir angkorien*, Paris: Archéologia no.427, pp.14-17

Seda Press

   1990 *Ayutthaya*, Thailand: Aksornsamphan Press

Solheim W.G.

   1972 An earlier agricultural revolution, *Scientific American* 226: pp.34−41

Soma Nimit Co.

   1992 *Thailand*, Bangkok: Soma Nimit Co.

9. 촤탈 휘윅

터키의 남쪽 코냐 고원 동남 50㎞ 떨어진 아나톨리아(Anatolia) 고원 중앙 촤탈 휘윅(Çatalhüyük/Çatalhöyük: 현재 Çumra라는 근대 도시에서 11㎞ 떨어져 위치) 15m 높이의 丘陵(mound)에서 일반적으로 세계 최초라 알려진 수메르 문명(기원전 3100년-기원전 2900년)보다도 3,000년이나 앞서는 촤탈 휘윅 문명이 확인되었다. 서기 1960년대 4차에 걸친 발굴에서 허물어지지 않은 회칠을 한 벽, 신전, 신상, 도구, 벽화 등이 발견되었는데, 발굴 3일째 발굴자인 멜라르트는 행운이라고 말할 정도였다. 이 유적은 과거 호수였다가 넓은 고원으로 바뀌고 그리고 지금은 다시 투즈 괠리(Tuz Gölü)로 불리는 축소된 鹽湖로 흘러들어가는 강가에 위치한다. 이 유적은 제임스 멜라르트(James Mellaart)가 서기 1961년-서기 1964년에 4차에 걸쳐 유적을 발굴했고 Cambridge 대학교 재직 시절 그의 제자인 이안 호더(Ian Hodder, 그는 Grahame Clark→David Clarke를 잇는 제자이지만 James Mellaart에게도 배움. 캠브리지 대학 고고학의 다른 學脈은 Glyn Daniel→Collin Renfrew가 있다)가 30년이 지난 서기 1993년 이후 지금도 발굴을 계속해 나가고 있다. 이안 호더는 멜라르트가 언급했던 바와 같이 왜 기술적 전문작업(specialized craft work)이 일반 집에서보다 특수한 공간에서 만들어지는가에 대한 의문을 풀기 위한 다시 말해 儀式(ritualism), 상징(symbolism)과 性(gender) 등에 중점을 두어 연구해 나가는 최신의 思潮인 후기과정고고학(postprocessual archaeology)의 일환으로 발굴을 계속하였다. 처음 발굴 당시 멜라르트는 유적의 최하층 아래 12층에서 12채의 건물이 있는 文化層을 발굴하였는데 전체 면적 32acre 중 약 1/30 정도인 1acre에 불과하나 그곳이 바로 宗敎中心地에 해당했던 곳인 모양이다. 그 연대는 기원전 6300년-기원전 5500년(또는 기원전 6250년 기원전 5400년/기원전 6500년-기원전 5650년)에 속하며, 레반트의 無/先土器(Pre-Pottery Neolituic)시대, 시

리아의 Amuq A와 B기(Aceramic Ne-
olithic/선토기시대; 토기가 최초로 출현한 유적
은 간지다레/Ganji Dareh로 기원전 7000년경이
다)와 같은 신석기시대에 해당한다. 그
러나 여기에서의 토기는 늦은 문화층
VI에서 II층 사이에서 나오고 있다. 촤
탈 휘윅 문화는 한 지역에 적응해 과
거에서부터 거의 같은 양식으로 발전
해 왔다. 이것이 흙벽돌로 축조된 건
물이 허물어지면 다시 그 위에 건물을
지어 12층이나 지속되었으며 높이가
약 15m나 되는 높이의 구릉(mound,
tepe, hüyük)으로 증명된다. 그러나 여
기에서 출토된 풍부한 유물이나 예술
작품들은 근동지방의 이 시기 유적들
출토품들과는 다른 양상을 보여준다.

촤탈 휘윅 출토 여신상(기원전 5750년-기원전
5720년).
[James Mellaart(1963, 1965)에서 인용한 Par Michel
séféridadés(2003, Dossiers d'Archaeologie, No.281)
p.3에서 재인용]

아나톨리아 고원의 비옥한 초원지대에 살던 농부들은 양과 소의 가축을 사육
하고 밀, 보리, 완두콩, 도토리, 피스타치오와 아몬드 등을 관개농업으로 재배하
였다. 그들의 집자리(住居址)는 규모 약 6m×4m의 거의 규격화된 가운데 방을
중심으로 옆에 붙은 작은 저장실이 있어 조그만 출구나 들린 현관 구멍으로 들락
거릴 수 있도록 하였다. 출입은 천장 입구에서 사다리를 이용한다. 채광은 벽 끝
지붕 밑에 나있는 창을 통해 이루어졌으며, 방에 설치된 화덕에서 나오는 연기
역시 이 지붕 사다리 구멍이나 창을 통해 빠지도록 되어 있었다. 어떤 방은 뜰이
나 쓰레기 버리는 장소로 폐기되기도 한다. 꽉 들어찬 집들은 각자의 지붕을 갖
고 있고 또 회반죽으로 칠해진 벽과 內頃된 나무 기둥으로 집밖에는 空地나 길이
들어설 여유가 없었으며, 지붕 높이 차원에서 이동을 했을 가능성이 많다. 집들

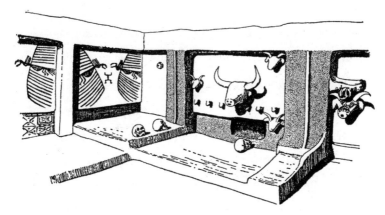

최탈 휘윅의 황소의 방[James Mellaart, Çatal Hüyük(1967) p.83에서 인용]

은 회반죽을 한 진흙의 龕室, 장의자(벤치), 들린 입구, 단조로운 돔의 형태를 지닌 부엌으로 갖추어져 있다. 창고에는 숯이 되어 버린 곡물이 있던 상자가 있었다. 회반죽의 바닥 위에는 갈대로 짠 명석이 덮여 있었다. 중앙의 방벽에는 붉은 색을 칠한 板壁이 있었던 모양이며 그것도 자주 바뀌었던 것 같다. 어떤 방은 다른 것들과 구조적으로 다르지 않지만 벽에 정교한 그림이 그려지고 소나 독수리 같은 동물의 머리나 祭式用 儀禮物을 塑造해 벽에 붙여놓은 것도 보이는데 발굴자인 멜라르트는 이러한 방들을 神殿으로 부른다. 집을 질 때 초기에는 목재를 많이 사용하다가 시간이 지남에 따라 흙벽돌의 사용이 주가 되는데 이는 화재의 위험을 방지하기도 하지만 목재의 공급이 줄었음을 의미한다. 최탈 휘윅의 주민들은 농업이 성장하고 邑에서 都市생활로 발달해 나가는 중간단계를 유지하면서 살아온 신석기시대 초기의 사람이었다.

　集團의 成員이 죽으면 神殿[77]의 壁畵에서 보이는 독수리의 머리로 보아 그의 시

---

77) 산리우르화(Şanliurfa 이전의 Urfa/Edessa)읍의 동북쪽 아나톨리아 고원 동남쪽 쾨베크리 구릉(Göbekli Tepe, Potbelly Hill, 높이 15m 직경 300m의 구릉)에서 금속이나 토기조차 사용하지 않았던 초기 신석기시대 사람들이 11,000년 전 거대한 돌로 울타리를 두른 세계 최초의 신전(sanctury)이 독일고고학연구소 슈미트(Schmidt, the Deutsches Archäologisches In

체는 티베트의 譯經僧 마르파가 만든 카큐(Kagu, 서기 1012년-서기 1098년)파와 같이 鳥葬場[지궁틸 사원: 天葬坮/天葬師]에서 鳥葬을 했거나 임시로 매장했던 것 같고, 나중에 二次葬으로 肉脫시키고 남은 뼈는 옷이나 멍석으로 잘 싸 거실의 침대 밑이나 신전의 바닥 밑에 묻었다. 두개골은 따로 떼어내어 바구니에 담아 집안의 다른 곳에 잘 안치하였다. 또 두개골의 목이나 이마에 붉은색이나 푸른색의 염료로 칠하기도 하였다. 이는 조상이나 친척에 대한 존경으로부터 우러나오는 행동으로 보여진다. 이안 호더는 性的 區別, 집안 내의 裝飾物(house decoration)이 갖는 象徵的 關係를 재검토하여 이 유적 초기 단계에 보이는 物質的 象徵은 바깥세계/野性(wild)에 대한 祝祭나 統制의 의미가 있음을 추론해 내고, 統制는 남성과 여성의 표현(塑像)과 그리고 공간의 구성을 통한 사회적 권력(social power)과도 관련이 있다고 보았다. 즉 그는 유럽의 신석기시대의 시작에서와 같이 좌탈 휘익의 신석기시대도 동물, 식물, 점토(clay), 죽음, 그리고 재현(재생)은 사회·문화적 체계의 통제 내에서 培養되거나 形成되는 자연적 현상이라는 '사회적 상징과정'(a social symbolic process)으로 해석하고 있다. 무덤에는 지중해 연안에서 수입한 조개껍질, 돌로 만든 목걸이, 팔찌와 발찌 등 개인적인 私物을 제외하는 특별한 副葬品은 없었다. 어떤 뼈는 붉은 색칠(朱漆)을 하였던 흔적이 있으며, 신전 옆 무덤에 묻힌 사람 중 신분이 높았던 女司祭와 관련이 있을 것으로 추정되는 埋葬에는 돌로 만든 그릇, 磨研한 黑曜石製 거울과 다른 귀중한 유물들이 副葬되고 있었으나 토기나 塑像은 없었다. 二次葬된 시체를 새로이 埋葬할 때 앞선 것은 교란되거나 再配置되었다. 제7文化層에서 나온 인골은 제리코(Jericho)나 텔 라마디(Tell Ramadi)의 매장풍습과 유사하게 눈구멍(眼窩, eye socket)에 별보배 조개(cowrie/cowry)를 박아 넣었다.

좌탈 휘윅의 석기가공은 근동지방에서 제일 정교하다. 멜라르트는 근처 하산

---

stitut)에 의해 발굴되었다. 신전은 III층에서 보이며 울타리(Enclosure) A 석주 2에 수소, 여우, 학이 울타리 C 석주 27에 포식성 동물 등이 浮彫로 새겨져 있는데 신전의 연대는 기원전 9130년-기원전 8800년(9559±53B.P.), 기원전 9110-기원전 8620년(9452±53B.P.)이다.

닥(Hasan Dag)에서 나오는 흑요석이나 시리아에서 수입된 플린트(flint) 석재로 만든 50여 가지의 다른 석기가 있음을 확인하였다. 그중 양면에 날이 있는 석기와 加壓法으로 떼어낸 박편석기(flake)를 잔 솔질한 석기들이 대표적이다. 또 한 면에 날을 마련한 석기도 있다. 석촉은 슴배(tang)와 미늘(barb)이 있는 것 또는 없는 것도 있고, 二重의 창끝, 길이 20㎝ 정도의 석검, 일상생활이나 의례용의 많은 도구도 있는데 어떤 것은 신분의 과시용으로 확인된다. 먼 곳에서 수입한 여러 가지의 색이 나는 석재를 이용해 절구와 공이, 갈돌과 石棒, 돌도끼, 자귀, 棍棒頭 등을 만들어 썼다. 砂岩이나 片岩으로 만들어진 化粧用 팔레트가 황적색의 염료와 함께 발견된다. 촤탈 휘윅을 대표하는 생산물은 잘 갈아 만든 흑요석제 거울이다. 석기의 제작이 퇴보하는 것은 구리가 사용되는 기원전 6000년기 중반에 해당되는 문화층에서 뚜렷해진다. 뼈로 도구나 장식품들이 뼈로 만들어지는데 그 중에는 송곳, 바늘, 비녀, 칼자루, 화장용 핀, 머리핀, 목거리, 발찌, 팔찌, 낚싯바늘, 버클, 흑요석제 화살촉, 프린트로 만든 검 등과 함께 어머니와 아들의 무덤에서 일상용 국자, 주걱, 포크(fork), 수저도 가끔 발견된다. 나무로 만들어진 사발과 뚜껑이 달린 상자, 바구니, 가죽가방과 織物도 발견된다. 토기는 발굴된 모든 문화층에서 발견되며 색조는 단색으로 실용적이다. 최초의 토기는 지푸라기를 섞은 크림색이 나거나 얼룩덜룩한 회색의 태토로 서리쌓기방식(coiling method)으로 만들어 가마에서 그을리거나 낮거나 중간 정도의 燒成度로 구워졌다. 여기에 때로는 붉은색이 입혀지며 혹이나 띠 모양의 손잡이도 첨부된다. 토기에 문양이 칠해지거나 塑像이 만들어져 붙어 있는 것은 없다. 그러나 몇 줄의 음각된 線紋이난 동물의 머리가 토기의 아가리 부분에 장식된 예가 있다. 문화층 Ⅵ에서 Ⅱ층 사이에서 나온 토기 중 螺線文이나 波狀文과 같은 기하학문으로 장식된 진흙으로 구워 만들어진 테라코타(terra-cotta) 印章이 있는데 이는 私有財産/所有權이 이미 있었다는 사실을 알려준다.

촤탈 휘윅에서 발견된 예술작품들은 특이하다. 진흙이나 돌로 만든 偶像이나 자연스러운 여자의 모습, 동물 등 다양하다. 굴곡 없는 다리와 막대기 같은 몸매,

부리모양의 머리를 한 거친 여자의 모습은 건물의 틈 사이에서 자주 발견된다. 소, 염소와 수퇘지 상들도 인간의 사냥 儀式을 반영하듯 찔린 상처가 나있다. 특히 4마리의 수소와 한 마리 양의 動物像, 그리고 여자의 乳房(때로는 수퇘지의 송곳니, 독수리의 부리와 함께 결합)은 복원된 신전의 벽에 돌출되어 있다. 신전에는 떼 낸 石筍, 鐘乳石과 함께 정교한 모델로 조각된 女人像들이 있다. 이 중에는 곡물 상자에서 발견된 표범의 옥좌에 앉아 아이를 출산하는 여인 상(16.5cm), 두 쌍의 껴안고 있는 모습을 한 片岩板 그리고 앉거나 꿇어 앉아 있는 관능적인 여인의 누드상도 있는데 이는 분명히 아나톨리아 고원이나 고대 지중해세계에서 존경받던 농업의 豊饒儀式을 대표하던 地母神이었을 것이다. 그리고 이 신에게 현세와 내세의 영속적인 풍요도 아울러 기원했을 것이다. 발굴된 전체 層에서 40여 개소에 이르는 신전이 확인되었는데 그 구조는 일반 집들과 별 차이가 없고 단지 내부의 특이한 장식이나 내용물에 의해 확인된다. 神像은 돌이나 진흙으로 제작되었으며 주로 신전 밖, 벽에 설치된 龕室에서 발견된다. 신 가운데서 가장 중요시 되는 것은 여신인데 이는 젊은 부인, 어린애를 낳고 있는 어머니 또는 늙은 부인의 세 가지 모습으로 표현된다. 남신 역시 어린애, 사춘기 소년, 또는 여신의 아들이나 연인, 신성한 동물인 수소 같은 수염이 달린 늙은 신 등 다양하게 표현된다. 그래서 이 유적이 아나톨리아 고원의 종교중심지였을 가능성이 많다. 대부분 신전 내의 회반죽을 한 벽에 광물이나 천연물질로 그림을 그린 벽화는 단순히 기하학무늬를 그려놓은 장식용 벽화에서(판벽 널, 장식판자)부터 주거지 위로 화산이 폭발하고 있거나, 인간의 송장을 먹고 있는 독수리, 그리고 수소, 수사슴, 수퇘지, 사자 혹은 표범(진흙으로 만든 표범의 머리)을 사냥하는 장면, 표범의 가죽을 입고 춤추거나 걷고 있는 인간의 모습에 이르기까지 다양하다. 특히 독수리 모습을 한 인간의 표현은 장례식의 모습을 나타낸 것으로 보인다. 문양과 색깔의 다양성 등의 대담한 벽화는 이제까지 알려진 것들 중 최초의 것이었다.

좌탈 휘윅의 주민들은 무역에 활발하게 종사하여 번영을 가져왔는데, 특히 근처 타우루스(Taurus) 산맥의 하산 닥(Hasan Dag) 화산에서 나오는 흑요석을 독점해

가공하여 아나톨리아 고원의 남부와 레반트 지역에 이르기까지 광범위한 지역을 교역의 범위로 삼았다. 이란 고원, 시리아와 레반트 지역에서 수입해온 귀한 재료로 만든 사치품들은 무역업자, 기술자와 예술가들이 어우러진 복잡한 사회를 형성하고 있었음을 보여준다. 그리고 주민들은 織造나 납과 구리를 녹여 필요한 금속품을 만들어 쓰던 야금술(metallurgy)을 다루는 전문기술자도 소유하고 있었다. 기원전 6000년경에는 32acre의 넓이에 인구 5,000여 명이 살던 읍(town)을 형성하였는데 이 시기에는 근처에서 촤탈 휘윅을 필적할 만한 큰 곳이 없었고 제리코(Jericho)나 다른 유적들보다도 더욱 복잡한 정도로 발전하던 곳이었다. 그러나 이 유적은 단지 신석기시대에만 존재했고 그나마 기원전 5600년-기원전 5500년경에는 폐기되었다.

그러나 이 유적을 세계 최초의 문명이라 부르기에는 여러 異見이 있다. 중남미의 종교중심지인 마야 유적이나 캄보디아 크메르(Khmer) 王國의 수도인 앙코르 왓트(Ankor Wat, 쟈야바르만 II세-VII세, 서기 802년-서기 1177년)는 都市없는 문명이라 불린다. 반대로 제리코(Jericho)나 촤탈 휘윅(Çatal Hüyük)은 많은 집자리들이 나왔지만 문명의 정의에 합당할 만한 요소가 보이지 않는다는 점이다. 文明은 都市와 文字를 필요충분조건으로 한다. 크라이드 크락크혼(Clyde Kluckhohn)은 도시주민(city dweller) 또는 도시(urban)라 언급할 때는 5,000명 이상의 주민이 있는 邑(town), 文字(written language)의 유무, 記念碑的인 宗敎中心地(monumental ceremonial center) 중 적어도 두 가지를 충족시켜야 한다는 것을 말한다. 좀 더 쉽게 이야기해서 계급분화와 직업의 전문화가 이루어진 인구 5,000명 이상의 주민이 성벽에 둘러싸인 도시에 살고, 마야와 같이 종교중심지를 이루거나 문자가 없어도 적어도 잉카의 뀌푸라고 하는 結繩文字나 비의 신인 트라록과 같이 올멕에서 아즈텍에 이르는 中美의 象徵的인 符號體系 등이 요구된다. 그리고 도시·국가·문명 단계에 이르기에는 '무력의 합법적인 사용', '전문화된 정부조직', 중앙 관료체제의 확립 등 여러 가지 요소가 필요하다. 현재로서는 종교, 벽화, 신전, 전문화된 기술, 무역과 아마도 女司祭나 祭司長들이 다스리던 神政政治의 可能性 등 문명의 정의에 충족할 만한 고고학 증거들이 조금씩 확인되고 있으나 이를 수메르, 이집트, 인더스와 商나라 등과 비교해 볼 때 더욱 더 그러하다.

최몽룡

  1991 재미있는 고고학 여행, 서울: 학연문화사

  1997 도시·문명·국가—고고학에의 접근—(대학교양총서 70), 서울: 서울대학교 출판부

최몽룡·김경택·홍형우

  2004 동북아 청동기시대 문화연구, 서울: 주류성

Breasted, James Henry

  1966 *The Ancient Near East*, Boston: Ginn and Company

Cotterell, Arthur ed.

  1980 *Encyclopedia of Ancient Civilizations*, New York: The Rainbird Pb. Group Ltd.,
  Penguin Books

Fagan, Brian M. ed.

  1996 *The Oxford companion to Archaeology*, Oxford: Oxford University Press

Mellaart, James

  1965 *Earliest Civilizations of the Near East*, New York: McGraw-Hill Book Company

  1967 *Çatal Hüyük—A Neolithic Town in Anatolia—*, London: Camelot Press Ltd.

Lloyd, Seton

  1956 *Early Anatolia*, London: A Pelican Book

National Geographic Society

  1994 *Wonders of the Ancient World*, Washington D.C.: National Geographic Atlas of
  Archaeology

O. R. Gurney

  1962 *The Hittites*, Middlesex: Penguin Book

Séfériadés, Michel

  2003 Introduction, Çatal Hüyük, Préhistorie de la Turquie, Dijon: Dossiers
  d'Archeologie no.281 Mars, pp. 2–9

Shaw, Ian and Jameson, Robert ed.

  1999 *A Dictionary of Archaeology*, Oxford: Blackwell Publishers Ltd.

Todd, Ian A.

  1976 *Çatal Hüyük in Perspective*, California: Cummings Publishing Company

(

10. 미라와 외찌인

　인류문명 발달상 불가사의 한 것 중의 하나가 미라이다. 인류는 내세에 대한 믿음이건 또는 조상에 대한 숭배이건 간에 죽은 시체를 정성들여 매장하거나 썩지 않게 보존하려 한다. 이것은 그들이 당시 갖고 있던 종교관의 표현이다. 미라(mirra)는 포르투갈어로 시체에 약품 따위를 넣어 썩지 않도록 하거나 묘의 자연적 조건으로 인해 본모양 그대로 남아 있는 송장을 의미한다. 이 단어는 아랍이나 페르시아의 '머미야(mumiya)'란 단어에서 유래한 것으로, 이것의 원뜻은 역청(瀝靑)을 의미했다. 왜냐하면 이를 기술해 놓은 그리스의 역사가들은 이집트에서 미라의 검은 색이 시체에 입힌 밀랍(蜜蠟)이나 역청이 수지나 공기 중의 산소의 반응에 의해 된 것으로 추측했기 때문이었다.

　미라하면 당장 떠오르는 것은 이집트의 파라오이다. 그들은 왜 미라를 만들려고 했을까? 그것은 바로 그들이 굳게 믿었던 종교관에 있다. 고대의 이집트인들은 사후의 세계를 믿었다. 冥府, 부활과 재생의 오시리스, 死者의 수호신이며 오시리스의 부인인 이시스, 그들의 아들인 호루스, 그리고 재칼 머리모양을 한 아비누스 신 등이 존재한다. 늦여름 7·8·9·10월 4개월의 나일 강의 홍수와 범람, 그에 따른 풍요한 수확 그리고 가뭄이 이어지는 나일 강변 식량생산주기(Vegetation cycle)와 관련지어 인간·자연·초자연의 조화를 이들 신들이 대행한다고 보고 있다. 미라화 된 파라오가 내세에서도 부활·재생은 이런 믿음과도 관련이 있기 때문이다. 이집트인은 死者는 비록 무덤 안에서 거처하지만 멀리 떨어진 축복받은 내세에서 여러 신들과 교류하면서 산다고 믿고 있었다. 이러한 생각은 당시 어떤 문명권에도 없었던 이집트인들만이 갖고 있던 독특한 사자에 대한 내세관이었다. 고대 이집트인들은 내세에서 신과 교류하면서 살려면 자신의 시신은 땅 위에서 휴식처가 필요하다고 보았고, 따라서 시신을 썩지 않은 상태로 보존하려 하였다. 피라미드의 축조도 미라의 보존을 위한 것이었다.

이집트인들이라고 해서 모두 파라오의 미라처럼 수 개월의 세심한 공정을 통해서 만들어진 것은 아니었다. 계급에 따라서 대충 햇볕에 말린 다음 둘둘 말아서 모래 속에 매장하는 경우도 있었다. 시체는 경우에 따라서 가죽이나 수의로 싸서 보존되기도 하고, 나무나 돌로 무덤을 만들어 그 속에 넣어지기도 하였다. 미라를 만드는 데는 대체로 70여 일이 걸리며, 또 과정의 각 단계마다 관계된 제식이 따른다. 만드는 장소는 사원에 부속된 건물로 한정된다. 그러나 사자의 집 근처에 마련된 간이장소에서 미라가 만들어지기도 했다. 시체를 미라로 만드는 첫 과정은 썩기 쉬운 부분을 제거하는 것으로부터 시작한다. 시체를 탁자와 같은 긴 상에 뉘여 놓고 콧구멍 속으로 금속 탐침이나 갈고리를 넣어 뇌를 제거한다. 그리고 빠져 나온 뇌는 버린다. 그런 다음 몸의 옆구리 부분을 절개하여 내장을 꺼낸다. 그러나 심장만은 몸속에 그대로 놔둔다. 간, 폐, 위와 창자들은 꺼내어져 별도의 용기에 담겨진다. 시신 자체는 생선 말리는 것과 유사한 방법으로 처리된다. 소금 대신 이집트에서 몇 군데 나오지 않는 귀한 천연탄산 소다(natron)가 이용된다. 시신은 용해된 천연탄산 소다가 섞인 물로 세척된다. 아마포로 싼 조그만 덩어리의 천연탄산 소다도 가끔 몸 안에서 발견되기도 한다. 그리고 몸 바깥쪽은 포장하지 않은 천연탄산 소다나 아마포로 싸인 뭉치로 감싸진다. 몸의 수분이 천연탄산 소다에 의해 흡수되면 이들 뭉치는 제거된다. 그리고 시신은 물을 묻힌 스폰지로 씻겨진다. 피부는 침엽수의 수지로 청결해지고, 몸의 움푹 들어간 부분은 수지가 적셔진 아마포 뭉치로 메워진다. 그런 다음 시체는 아마포로 싸여지며 우리가 잘 아는 미라의 형태로 된다.

몸의 본래의 형태를 유지하기 위해 미라사(전문기술자)는 건조과정에서 생긴 움푹 들어간 부분을 아마포 뭉치로 메워 넣는다. 팔, 다리, 손가락과 발가락도 따로따로 붕대로 싸여진다. 그래서 전체적으로 20겹의 붕대나 수의가 한 시체의 몸에 싸여지게 된다. 그리고 한 겹 한 겹 쌀 때마다 수지를 발라 접착이 용이하도록 하였다. 또 장례용 보석도 간간이 그 사이 사이에 넣어지기도 한다. 미라 하나를 만들기 위해 수백 평방 야드의 아마포가 필요하다. 수의의 길이는 6-9평방피트(183-274cm)이고, 붕대와 끈은 2-8인치(3.1-20cm) 폭과 3-20피트(91-601cm)나 된다. 붕대를 풀어보면 그 속에서 잉크로 써진 짧은 종교서적인 死者의 書(Book of the Dead)나 사자의 이름이 발견된다. '사자의 서' 중에서는 이집트 19왕조 기원전 1250년경에 만들어진 Ani's papyrus가 대표적이다. 대부분의 경우 사자의 얼굴을 표현한 도금한 마분지 형태의 가면이 얼굴 위에 놓여지고, 그런 다음 이것을 포함해 시신 전체가 다시 아마포로 한 겹 싸여진다. 아마포로 미라를 싸는 것이 끝나면, 미라를 만들 때 사용된 모든 관련 재료들은 한꺼번에 항아리에 담겨 무덤 주위에 묻혀 진다. 여기에는 미라사가 실수해서 떼어 놓은 귀나 발가락들이 소금이나 남은 아마포에 싸여 캐노피(canopy)란 항아리 속에 한꺼번에 보존된다. 어떤 경우 팔이나 다리와 같은 신체의 큰 부분이 미라를 만드는 과정에 잃어버려 나무로 대신해 넣기도 하거나 또 관이 미라에 비해 적으면 고의로 빼기도 한다.

이러한 이집트의 미라제작과 풍습에 관한 지식은 그리스의 역사가이며 여행가인 헤로도투스(기원전 484년-기원전 425년)와 기원전 60년-기원전 57년 이집트를 여행했던 디오도루스 시큘루스의 기록에 의존하는 바가 크다. 그들은 당시 가장 비싸게 먹히는 미라의 제작이 66파운드나 되고, 중간치는 20파운드가 든다는 식의 세세한 점까지도 빠짐없이 기록해 놓았다. 그래서 통과의례 중 부모가 죽으면 미라를 만들어 매장하는 것이 가장 큰 부담으로 되었던 모양이다.

미라의 휴식처인 묘의 건립은 내세에서 영원한 삶을 누리려는 사자의 개인적이고 종교적인 바람 때문이었다. 람세스(Ramses) I세→세티→람세스II세→람세스III세로 이어지는 라메시드(Ramesid) I기(19왕조, 기원전 1295년-기원전 1197년)의 파피루스에서는 당시의 도굴범과 잡힌 도굴범에 대한 가혹한 처벌을 기록하고 있다. 그래도 도굴범에 대한 피해가 매우 극심하여 무덤을 만들 때 이들을 속이기 위한 교묘한 수단을 동원하곤 했다. 도굴범에 의해 자신의 영원한 휴식처가 짓밟히고 유린당할 것을 뻔히 알고도 그들 자신의 미라 보관처인 무덤은 계속 만들어졌다. 이는 그들의 종교적 내세관대로 영원한 생을 줄기차게 즐기기 위함이었다.

　그리고 이집트의 미라처럼 인위적인 것은 아니지만, 서기 1972년-서기 1974년에 발굴된 중국의 한나라의 무덤인 마왕퇴(馬王堆) 1호분을 들 수 있다. 이 무덤의 주인공은 호남성 장사지역의 초대 軟侯란 봉건영주인 利蒼의 부인 辛追이다. 그녀는 당시 50세 전후로(기원전 160년경에 죽음) 혈액형은 A형, 사망의 직접 원인은 관상동맥의 경화 즉 심장마비였다. 이외에도 편충·요충·흡혈충과 같은 기생충에 시달렸고, 담석증, 椎間板異狀(disc), 결핵과 류마티스성 관절염(arthritis)을 앓았던 흔적도 밝혀졌다. 죽기 직전에 참외(甛瓜)를 많이 먹었던지 참외 씨가 138과가 나오기도 했다. 그녀의 시체가 그대로 보존된 중요한 이유는 관에 숯과 백색점토를 채운 방부제의 역할 때문이었다. 최근에는 구약성경에 나오는 모세라고 추정되는 미라가 시나이 반도 시나이 산에서 완벽한 미라 상태로 발견된 적 있다. 이 미라는 영국의 고고학자들에 의해서 모세가 신으로부터 십계명을 받았다고 하는 해발 2,250m의 시나이 산(구약에는 시내 산이라고 나온다)의 지하무덤에서 발견되었다. 미라가 놓아진 무덤에는 히브리어가 써진 돌판 위에 놓여 있었는데, 그 내용은 "모세, 사악한 파라오를 멸망시키고 동포들을 벗어나도록 이끌었던 용감한 지도자이며 신의 메신저"라고 되어 있다. 미라의 모습이 당시 히브리인의 모습과 유사하고 석판의 히브리어도 유사하여 모세의 무덤이라 추정되나 아직 인정하기는 어렵다. 이외에도 성경에는 요셉이 그의 아버지가 죽자 沒藥(myrrh, 향기 있는 樹脂)을 이용해서 40일간 그 시신을 보존했다는 기록이 창세기에 있는 것으로 보아, 꼭 위의 무덤의 주인공이 모세가 아니라고 해도 히브리민족도 미라 제조기술을 알고, 또 사용했을 가능성이 충분히 있다. 아마도 히브리인이 피라미드의 사역에 동원되기 위해 이집트로 끌려와서 일하는 도중에 그러한 기술을 배웠을 것이다. 또 몇 년 전에는 실제로 파라오의 미라 중에서 하나가 물에 익사한 흔적이 있어, 모세가 홍해를 건너는 도중에 뒤따르던 파라오가 익사했다는 기록을 뒷받침한다고 이야기된 적도 있다. 이외에도 최근에 시베리아 파지리크에서는 무당 혹은 족장의 딸로 여겨지는 여인의 미라가 스키타이인의 쿠르간(봉토분)에서 발견되었다.

시베리아의 동토지역에서 얼어붙는 바람에 시체가 완벽하게 보존될 수 있었던 것이다. 게다가 피부에는 몸통은 사자이고 머리와 날개는 독수리인 그리핀(griffin/griffon)의 문신도 선명하게 남아 있었다. 덴마크에서도 철기시대의 완벽한 시체가 많이 발견된다. 흔히들 '니탄(泥炭)지대의 사람'이라고 하는데, 이것은 덴마크의 泥炭地가 유기물을 완벽하게 보존하기 때문이다. 심지어는 목 졸려 죽은 사람의 죽음 당시의 얼굴표정까지 생생하게 남아 있는 경우도 있다. 그중 톨룬트(Tolund)인으로 알려진 늪지의 미라(bogman)는 밧줄에 목매어 죽기 전 麥菌이 섞인 죽을 먹었는데, 맥균은 오늘날의 비아그라(viagra)와 같은 최음제(催淫製)나 환각제역할을 했던 것 같다. 이 미라는 기원전 4세기경 로마이전의 철기시대(pre-Roman iron age)에 살던 켈트족(Celt)의 사제인 드루이드(Druids)와 관련이 있다. 이 미라는 당시 다산과 풍작에 관련된 의식에 필요한 성교 중 살해되고 그 시체가 늪지에 던져져 보존된 것으로 해석되고 있다. 이와 같이 드루이드와 관련된 종교의식은 서기 1984년 영국 린도우 모스(Lindow Moss, Cheshire)에서 발견된 미라와 시저(Caesar)가 기원전 55년 영국 켈트족의 儀式을 보고 언급한 위커맨(Wicker man)에서도 나타난다. 켈트족의 신들인 테우타테스(Teutates), 타라니스(Taranis)와 예수스(Jesus)에 인신공물을 바치려면 희생물의 絞殺, 刺殺과 火刑이 필요했다. 리도우 모스의 미라와 위커맨이 좋은 증거들이다. 또 오스트리아 알프스 산록에서 발견된 5,000년 전 청동기시대의 외찌(Ötzi)는 당시 외짤 계곡이 있는 알프스 지역을 지나 그의 집이 있던 안전한 계곡인 발 베노스타로 가던 중 실족해 눈에 파묻혀 자연히 미라가 되었던 것으로 추정된다. 최근 중국의 신강성에서는 2,000년~4,000년 가량 된 유럽인의 미라가 나왔다 해서 떠들썩하다. 서기 2003년 新疆省 타림 분지 내 樓蘭의 小河유적의 발굴조사에서 얻은 '樓蘭의 미녀'(扎浪魯克女尸)와 新疆維吾爾自治區 鄯善县 土峪勾乡 洋海頁村 '양하이(Yanghai, 洋海古墓)의 巫堂'미라(吐魯番市 勝金乡 勝金店村 火焰山下 姑師/車師文化 墓地 M90 出土, 2050~2200 B.P./기원전 1000년경, 서기 2003년 봄에 발굴)를 포함한 기원전 2000년~기원전 4세기까지 포함되는 12구의 미라들을 上海 复旦대학교 펠릭스 진(Fellics Jin)과 Spencer Wells 등이 실시한 DNA 분석결과 이들이 코카사스의 Chechen인을 포함하는 유라시아 계통의 사람들일 가능성이 높다고 발표하는 데에서도 나타나고 있다. 또 吉林대학 고고유전자연구팀의 연구결과는 이들이 동양과 서양의 混血人들로 밝히고 있다. 기원전 8세기-기원전 4세기경에는 초원지대를 사이에 두고 끊임없이 東西의 접촉이 있어왔고 스키타이(Scythian)/匈奴가 대표적이다. 이들은 오늘날 중국을 구성하는 漢族을 제외한 55개의 소수민족 중의 하나가 될 것이다. 그리고 우리나라 조선시대 무덤에서도 가끔씩 미라가 나오지만, 이들은 대부분 후손들에 의해서 이장되고 남겨진 수의만 조선시대 복식연구의 자료를 제공한다.

그리고 최근 페루와 칠레의 해안가에서 선사시대부터 잉카에 이르는 전 기간에 매장되어 사막과 건조한 기후로 미라화 된 시체가 발굴·조사되고 있다. 최근 기원전 6000년경 칠레 북부의 아타카마(Atacama) 사막과 해안가 근처에서 사냥과 채집으로 생활을 영위하던 친초로인들이 아이를 진흙상으로 미라(children's mummy)로 만들었는데 이는 세계 최초로 만들어진 인공미라이다. 페루와 칠레 해안가는 사막성 기후로 매장된 시체가 자연히 미라화 되는데 서기 1995년 페루의 북쪽 모체 왕국의 우카마르라나 신전 내에 비와 관련된 종교적 의식으로 희생된 16-65세 사이의 시체 70구가 미라가 되어 나왔다. 또 나스카(기원전 400년-서기 400년경) 문화의 초기인 서기 60년경 아후파치 피라미드 제단 근처에서 머리만 따로 떼어내 구멍을 뚫어 밧줄에 꿰어 祭物로 바쳐진 4명의 人身犧牲이 발견되어 그들의 신체를 델타동위원소로 분석한 결과 나스카인들이 즐겨먹던 옥수수 성분이 나오지 않아 그들은 옥수수를 주식으로 먹지 않던 이웃부족으로부터 잡혀온 전쟁 포로로 밝혀졌다. 그리고 서기 2003년 페루의 수도 리마의 아르마탐보 마을이 건설계획으로 철거되었는데 이 마을은 잉카 제국의 정복 이전 서기 1200년경에 살던 이츠마 족들이 살던 곳이다. 그들의 聖地인 파츄카막 신전 옆 빈터에 그들의 시체를 묻었는데 180여 구가 미라가 되어 남아 있었다. 이들은 안데스 산맥에서 나오는 辰砂(Hgs, 구리로 착색한 진홍색 잿물)로 埋葬前 머리에 칠했으며, 아마존 유역에서 나오는 콘돌 씨앗도 함께 부장하고 있어 어업으로 생계를 꾸려가던 이츠마 족들의 交易網이 생각보다 넓었음을 알 수 있다. 또 서기 2008년 10월 부루스 오웬(Bruce Owen)이 페루 남쪽 아타카마(Atacama) 사막 일로(Ilo) 계곡의 Alta, Baya, El Descansos 지구에 살던 치라바야(Chirabaya) 문화(서기 1350년-서기 1450년)를 발굴 조사할 때 18-21세의 꼽추 여자와 60-70세 전후의 노인 남자의 미라가 발견되었는데 특히 노인의 경우 사후 심장과 내장을 제거한 후 코카잎과 야마털로 채운 인위적인 미라 형태를 한 흔적이 확인되었다.

　나스카인들의 인골의 분석에서는 육식은 아연(zinc, Zn), 채식은 스트론튬(strontium, Sr)이 나오는 델타동위원소 분석이 주로 쓰인다. 미라의 형질인류학적 분석(Mummy Forensics)에서 머리카락 끝부분에서 질소(N)가 검출되면 단백질을, 탄소(C)가 나오면 곡물을 죽기 전 최근 1개월 내 섭취했음도 알 수 있다. 즉 검사에서 질소(N)와 아연(Zn)이 나타나면 육식을 탄소(C)와 스트론튬(Sr)은 채식했다는 것을 의미한다. 최근 단테의 神曲(III-28)에 나오는 피사의 宰相으로 있다가 70세에 죽은 우골리노가 政敵에 의해 아들들과 함께 감금이 되었을 때 아들의 人肉(육식)을 먹고 버티었다는 억울한 누명도 최근 이 분석 결과로 벗을 수 있었다. 현대에도 미라는 만들어지고 있다. 사회주의 정치체제의 경우 통치자의 사후 시체를 방부처리해서 보존하고 있다. 소련의 레닌이나 스탈린, 베트남의 호지명(胡志明, 호찌민), 중국의 모택동과 북한의 김일성과 김정일(금수산 태양궁전에 안치)이 그러하였다. 여기에는 현대의 방부처리 방법인 '임바밍(embalming)'이 이용되었을 것으로 추측된다. 이는 시체에서 혈액을 모두 빼어 낸 후 포르말린이나 페놀, 알콜, 글리세린 등의 방부제를 주입해 조직을 굳게 하고 썩지 않게 조치하는 방법이다. 그러나 혈액을 모두 빼기 때문에 피부가 창백해져 화장을 하기도 한다.

　인위적인 방법이 가해지지 않고 기후나 토질에 따라 우연히 남게 된 미라를 제외하곤, 이집트 파라오의 미라나 오늘날 사회주의 통치자의 미라의 제작은 방법만 다를 뿐 그들 생전의 권력, 부와 영혼까지도 사후에 영속적으로 지속되기를 바라는 목적은 비슷하다. 이것이 아마도 사후에 대비하는 인간의 숨길 수 없는 마지막 본성일 것이다.

외찌인의 미라
[Konrad Spindler의 The Man in Ice(1994), p.239 및 Par
le Docteur Pierre Vivien의 Les circonstances de la mort
d'Ötzi(1997, Dossiers d'Archaeologie, No.224) p.37에서
인용]

외찌인의 복원된 얼굴
[David Roberts, IceMan(1993, National Geographic
vol.183, No.6) p.49에서 인용]

미라에 관한 최근의 대표적인 발견은 알프스의 외찌이다. 서기 1991년 9월 19
일 독일인 헬무트(Helmut)와 에리카 지몬(Erika Simon)은 이탈리아와 오스트리아의
접경지대 부근에서 하이킹을 하던 중 얼음 사이에 삐죽 튀어나와 있는 두개골과
어깨 부분을 발견했다. 이들은 처음 이것이 버려진 인형인줄 알았다. 그러나 오
히려 지몬 부인이 이것이 세계적으로 얼음인간(Iceman)이라는 이름으로 유명해진
'선사시대의 여행자'임을 알아보게 된다. 발견된 지점 북쪽의 외짤(Ötzal) 계곡의
이름을 따라 외찌(Ötzi)라고 불려진다. 외찌는 오스트리아의 어린이들로부터 '눈
속에서 홀로 죽은 불쌍한 사람'이라고 불리기도 한다. 그는 일반적으로 25-40세
로 추정되나, 사망 당시 35-40세일 가능성이 높다. 그리고 그는 9-10월경 사망
했으며, 당시 그의 키는 1.6m 정도였던 것 같다.

발견된 직후 외찌는 5천 년 전의 사람으로 추정되어 세계에서 가장 오래되고 완벽하게 보존된 미라로 평가받았다. 이제까지 알프스에서 발견된 가장 오래된 것은 400년밖에 안 된다. 외찌가 발견된 해발 10,530 피트(3,200m) 높이는 유럽에서 발견된 선사인의 죽은 자리치고는 가장 높다. 외찌의 미라가 잘 보존되게 된 것은 지형적인 도움 때문이었다. 그가 빠져 누워 죽었던 움푹한 구덩이는 눈으로 채워졌다. 그리고 그는 5천 년 동안 수 십 ㎝를 이동한 빙하 아래에서 안정된 상태로 미라가 된 것이다. 그래서 외찌의 눈과 뇌는 그대로 보존되었지만 다만 코와 입술이 얼음의 압력으로 찌그러졌다. 그리고 내장 또한 그대로 보존되어서 과학자는 그가 마지막으로 먹었던 식사의 종류까지도 알아낼 수 있게 되었다.

완벽하게 남겨진 외찌의 미라에 비해서 발굴은 매우 거칠게 이루어져 아쉬움을 남겨 주었다. 발굴은 겨우 4일간에 걸쳐 이루어졌는데, 이는 5천 년간 완벽하게 보존된 고고학적인 보물을 망쳐 놓은 것이다. 발견된 이후의 4일 동안 산악구조원들은 사고의 희생자를 찾아낸 줄 알고 외찌가 누워 있던 구덩이를 짓밟았고, 일행 중의 어떤 사람은 개암나무와 낙엽송으로 만든 외찌의 등짐받침대로 시체를 꺼내어서 지금까지 발굴된 적이 없었던 귀중한 유물을 망쳐 놓았다. 또한 1.8m 길이의 활짱도 부러뜨리고 말았다. 법의학자 일행이 와서는 스키 막대로 그의 옷을 마구 흩어 놓았으며, 시체를 들어낼 때 성기가 유실되었다(그러나 연구실에서 나뭇잎사귀처럼 탈수된 폭 6㎝의 정도의 陰囊, 5㎝ 정도 길이의 陰莖, 包皮, 尿道가 확인되었으나 睾丸은 없었다고 한다). 구덩이에서

외찌인이 입은 옷의 복원
[Par Markus Egg의 L'homme dans la glace(1997, Dossiers d'Archaeologie, No.224, Julin) p.28에서 인용]

꺼내진 후 외찌는 包袋에 넣어져서 인근 오스트리아의 벤트 지역으로 옮겨졌다. 그 다음 관에 옮겨져 인스부르크로 갔다. 이 와중에 또 왼쪽 팔이 부러졌다. 그리고 영안실에서의 사진촬영으로 인해 외찌의 피부에 곰팡이가 피기 시작했다. 발견된 5일 후에야 외찌는 전문고고학자에게 돌아올 수 있었다. 구조원들은 외찌의 소지품에는 관심이 없었기 때문에 재조사 때에 수거될 정도였다. Der Mann im Eis 저자인 인스부르크 대학의 콘라드 슈핀들러[78]는 첫눈에 5천 년 전의 사람이라고 판단했고, 그의 도끼가 고고학자들의 확신을 더해 주었다. 도끼의 양식은 그가 기원전 2000년 정도의 사람이라는 확신을 갖게 했다.

고고학자들에 의해 보존을 위한 노력이 곧 이루어졌다. 미라는 발견되었던 장소의 조건인 21°F(−20℃), 습도 98%의 냉동실에 안치되었고, 과학자만이 한 번에 20분 이내의 시간에 조사할 수 있도록 규정지었다. 그 후 몇 달 동안 오스트리아인들은 외찌의 비밀을 조심스럽게 벗겨 나갔다. 조사과정 중 처음의 거친 발굴과 판단이 오류로 밝혀져서 많은 충격을 주었는데, 예를 들면 슈핀들러가 외찌의 찢어진 엉덩이를 야생동물이 그가 죽은 지 얼마 안 되어 물어뜯었던 자국이라고 해석한 것이, 나중에 그를 발굴했던 경찰의 고백으로 거짓으로 드러났다. 즉, 그 경찰이 외찌의 시체를 구덩이에서 꺼낼 때 착암기를 휘둘러서 왼쪽 엉덩이가 찢어졌다는 것이다. 또한 방사성탄소연대(C14 dating)는 외찌가 기원전 3300년−기원전 3200년 신석기시대 후기의 사람으로 밝혀졌다. 이런 연대차이의 원인은 무엇일까? 슈핀들러는 그의 연대측정의 근거를 외찌가 소유한 도끼날의 형태로 잡았는데, 이는 기원전 2200년에 시작된 초기 청동기시대 유물과 비슷하다는 판단에 의한 것이다. 그러나 화학분석 결과 도끼날은 청동이 아니라 순수한 구리(구리 99.7%,

---

78) 필자 주: Der Mann Im Eis의 저자인 콘라드 슈핀들러는 서기 1939년 독일 라이프치히에서 태어나서 뮌스터 대학에서 의학, 인류학과 고고학을 공부했다. 서기 1970년대 초 독일 서남부 침엽수림대인 슈바르츠발트에서 할슈타트기의 독일 최대 무덤군 발굴을 지휘하였다. 서기 1977년−서기 1988년에 에어랑켄−뉘른베르크 대학의 교수를 거쳐 현재 인스부르크 대학의 교수로 재직 중이다.

비소 0.22%, 은 0.09%)로 밝혀졌다. 결과적으로 외찌가 살던 연대는 방사성탄소연대에 의해 1,500년 정도 더 올라가게 되었다. 따라서 그는 유럽에서 기원전 4000년 −기원전 2200년에 존재했던 순동시대(Copper Age)의 유일한 미라로 밝혀졌다. 이 순동시대는 신석기시대와 청동기시대 사이의 과도기적인 시대로 석기와 함께 구리를 사용하던 시대로 동석 또는 金石并用器時代(Eneolithic Age 또는 Chalcolithic Age)라고도 불린다.

지리적으로 외찌의 활동영역은 남동 프랑스에서 스위스, 독일의 접경지대를 거쳐, 오스트리아의 티롤 지방에서 북부 이탈리아의 호수까지의 알프스 산맥이다. 5천 년 전 유럽의 심장부 역할을 한 알프스 산맥은 매우 넓은 범위를 차지하고 있었다. 그러나 순동시대의 여행자들은 이 지역을 걸어서 다녔고, 그들이 교역한 물건들은 더욱 먼 곳까지 이동하였다. 외찌도 산을 타고 다녔고, 그의 옷과 도구는 이것을 더욱 확실히 증명한다. 외찌의 소지품 중 가장 흥미 있는 것은 구리로 만든 도끼이다. 주목나무로 만든 손잡이가 달려 있는데 손잡이와 묶은 끈까지 남아 있으며, 유럽에서 가장 오래된 것임이 밝혀졌다. 손잡이는 옹이진 부분에서 끝나는데, 이 부분은 날을 묶는 방향으로 구부러져 있다. 자작나무 수액이 가죽 끈으로 묶은 자리 아래를 채워 단단함을 더해 주고 있었다. 도끼의 날은 보다 원시적인 납작 편편한 것이 아니라 약간의 부채꼴로 튀어나온 형식이다. 그리고 몸체의 주변에 결박한 자루가 옆으로 빠지지 않도록 돌기가 나와 있다. 유럽의 이 시기 전공자들은 외찌 소유의 도끼날을 그들이 부르는 보다 오래된 레메델로(Remedello) 양식으로 확인하였다. 레메델로 양식의 도끼날이 나온 레메델로 소토 유적은 이탈리아 알프스 남쪽의 공동묘지로 124기의 묘지가 서기 19세기에 발굴된 지역이다. 그러나 이곳의 유물은 기원전 2700년을 넘지 못한다.

연구자들은 갈가리 찢어진 미라의 옷을 맞추려고 노력하던 중 중요한 사실을 발견하였다. 즉, 조각을 이어 만든 이 옷은 심줄에 의해 능숙한 솜씨로 꿰어졌으며 외찌 자신이 거칠게 수선한 자국도 남아 있다는 것이다. 외찌는 혼자 사는 데도 익숙해 있었지만, 분명히 공동체에 속해 있을 것이라는 해석도 가능하였다.

또한, 옷가지 속에서는 원시적인 밀의 이삭과 같은 종류의 밀의 꽃가루(花粉)가 나왔는데, 이는 낮은 고도에서만 자라는 밀로 밝혀졌다. 외찌가 가지고 있던 숯을 조사한 결과, 그것이 알프스 전역에 있는 나무들로 이루어져 있다는 것이 밝혀졌다. 그중 구미새우나무 꽃가루라는 한 수종이 외찌가 살던 집의 위치에 대해서 실마리를 제공하였다. 이 나무는 시체가 발견된 곳에서 남쪽으로는 5시간 내지 6시간의 거리에서 발견되지만 북쪽으로는 적어도 이틀 이상의 거리가 걸리는 지점에 위치하고 있다. 이것으로 볼 때 외찌는 남부 티롤의 발 베노스타(Val Venosta) 지방에서 왔을지도 모른다는 추측이 가능하였다.

이밖에도 14개의 화살이 들어 있는 사슴가죽으로 만든 화살통이 발견되었는데, 순동시대나 청동기시대의 것으로는 처음이었다. 활짱은 외찌 자신의 키보다도 약간 길며, 배낭에서 나온 플린트(flint) 석제의 칼날은 아직도 광채를 띠고 있다. 물푸레나무로 만든 손잡이가 달린 프린트 석제의 단도는 다른 순동시대의 유적에서 나온 유물과 비슷하다. 그러나 단도가 들어 있던, 정교한 솜씨로 풀로 엮은 칼집은 역시 처음 발견된 것이다. 초기 순동시대의 전반부는 기후가 따뜻하였고, 당시의 사람들은 어느 때보다도 알프스에 높이 오를 수 있었다. 이 시기에 나무가 자라는 한계선은 더욱 더 높아졌다. 숲에는 사냥감이 많아 사냥꾼들도 사냥감들을 따라 이 높은 곳까지 올라갔다. 그리고 숲과 나무가 자라는 한계선 위의 초지는 양, 소, 염소를 방목할 수 있는 좋은 목장이 되었을 것이다.

이 시기에 새로이 '구리'라고 불리는 금속이 탄생되었다. 구리는 이 알프스 지역에서 고립된 여러 계곡들 간의 무역의 발달을 자극하였다. 그 이전까지는 사람들이 부를 축적하는 방법으로 가축이나 밀을 많이 소유하는 두 가지가 있었다. 그러나 이것은 주변 지역으로 옮기기에 적합하지 않았다. 거기에 비해 구리제품은 값진 보물로서 그 사회에서 광부와 구리를 녹이는 사람, 도끼를 만드는 사람, 심지어는 상인까지 필요할 수 있었을 것이다. 즉, 이 시기에는 전문장인이 필요하게 되었다. 구리를 포함한 돌덩어리를 도끼와 같은 제품으로 만드는 것은 매우 어렵다. 광석 덩어리는 땅 밑의 진흙으로 만든 도가니에서 달구어진 후 불순물을 제거해야만 한다. 고풍관을 통해 몇몇 사람들이 동시에 불에 공기를 불어 넣어 구리의 용융점인 1,981°F(섭씨 1,083℃)까지 도달하게 한다. 녹은 구리가 불순물로부터 걸러진 이후 순수한 구리는 식혀지며 불순물은 조심스럽게 제거된다. 식혀진 구리는 다시 가열된 후에 주형(틀)에 부어지게 된다. 세계에서 가장 먼저 구리 제품(구슬, 송곳, 핀 등)이 만들어진 곳은 근동의 샤니다르 동굴(Shanidar Cave) 유적으로 그곳에서 나온 구멍 뚫린 구리 장신구는 기원전 8700년이나 된다. 그리고 동남부 터키의 차이외늬 유적의 구리 염주와 핀은 기원전 7200년, 서남부 이란의 알리 코쉬(Ali Kosh) 유적에서 나온 두들겨 만든(냉동법) 조그만 구리대롱은 기원전 6500년까지도 올라간다. 발칸 반도에는 기원전 5000년경 구리 광산의 흔적이 남아 있다. 이곳으로부터 기술이 서쪽으로 퍼져서 알프스 지역까지 도달하게 되어 외찌도 그중 구리도끼를 소유하게 된 것이다.

순동시대의 전 모습은 스위스의 북부 호숫가와 독일과 프랑스 접경지대의 호숫가의 여러 마을들을 발굴하는 과정에서 밝혀졌다. 지난 30년간의 연구에 의하면 기원전 5천년 경 알프스 사람들은 5가지의 동물을 가축으로 사육하고 있었다. 개, 소, 양, 염소와 돼지가 그것들이다. 말은 아직 이 지역에 들어와 있지 않았고, 닭은 기원전 6백년 경 철기시대가 되면 나타나고 고양이는 로마시대부터 보인다. 이 시대에는 마을사람들이 밀과 보리를 기르고, 아마로 옷을 해 입었다. 소로부터 우유를 얻고 버터와 치즈를 만들었으며, 양은 옷감이 아닌 고기로만 사용하였다. 스위스에서는 중앙유럽에서 가장 오래된 기원전 3200년경의 단풍나무로 만든 바퀴가 발견되었다. 중앙유럽에서 나온 가장 오래된 쟁기는 외찌가 살던 시기보다 1,000년 후의 것이다. 그러나 이 시대의 예술가들은 바위 표면에 쟁기질하는 모습을 새겨 넣었다. 이탈리아에서 발견된 종교 관련의 유적에서 여러 줄의 밭고랑 모습이 발견되었는데, 학자들은 밭고랑에서의 쟁기질이 당시에는 농사를 위한 것보다 종교적 의식으로 추정하고 있다.

외찌는 어떤 말을 사용하였을까? 유럽인이 사용하는 인구어(인도유럽어)는 기원전 2500년경 유럽에 들어온 것으로 인정되고 있는데 최근 콜린 랜프류라는 학자는 이보다 훨씬 연대가 올라간다고 주장하고 있다. 아마 외찌는 인구어를 사용했을 것으로 추정된다. 외찌가 살던 시기에는 비커(beaker)와 승문토기(corded ware)라 불리는 두 문화권이 있었으나 무역과 전쟁으로 그 경계는 확실치 않다. 그러나 순동시대 말기, 즉 기원전 2200년경에는 비커 문화권으로 통일된다. 최근 외찌는 비커 문화권의 사람이라기보다 몸에 지닌 구리제 도끼나 有莖式 화살촉으로 보아 알프스 남쪽 신석기시대 말기의 레메델로 문화권에 밀접한 사람으로 여겨지고 있다. 그리고 그는 당시 6월에 가축을 몰고 가서 9월에 돌아오는 양치기였을 것이다. 그는 아마도 죽기 전 북쪽에서부터 외짤 계곡이 있는 알프스 지역을 지나 그의 집이 있던 안전한 계곡인 발 베노스타로 가던 중이었을 것이라고 추정된다. 외찌인이 살던 金屬併用期時代(Chalcolithic or Eneolithic age)는 그보다 약 1,500년 후인 스페인의 카스테온 알토(Castellon Alto) 공동체에 정착해 있던 청동기시대인들의 삶과 확연히 구분된다.

그밖에도 외찌의 몸에서 나타난 문신 같은 표시가 그의 정신세계를 풀 수 있는 실마리를 제공하고 있다. 문신은 비교적 보이지 않는 부분인 등의 아래쪽, 무릎 뒤, 발목 위 등에 위치하고 있다. 아마도 이것은 그에게 초인적인 힘이나 보호의 의미가 있을 것이다. 그리고 그가 가지고 있던 버섯류는 가죽 끈으로 묶여져 있었는데 이 버섯은 항생의 효과를 가지고 있는 것이라고 한다. 만약 그가 이것을 병을 고치는 데 사용했다면 그에게 이것은 마술로 보였을 것이다. 그리고 그가 숭배한 신은 누구인가? 북부 이탈리아에서 최근에 발견된 일련의 순동시대의 유물이 있다. 이들은 세 가지 유형이 있는데 하나는 石碑라 불리는 조각이 된 石板으로 신성한 장소에 세워진 것이다. 그리고 여섯 개의 석비가 아르코라는 곳에서 공사 중 우연히 발견되었다. 이들은 1–6까지 일련번호가 붙여졌는데 1은 사암으로 만들었으며 2.1m의 크기와 7톤의 무게로 머리 및 팔다리가 없는 사람의 모습(토르소)를 띠고 있다. 가슴에는 여러 무늬가 새겨져 있는데 7개의 청동 단검, 도끼, 창, 목걸이, 화려하게 장식된 허리띠 등이 새겨져 있다. 세 개의 도끼는 외찌의 소유물과 같다. 이러한 도끼들은 이 시기의 다른 석비에서도 보인다. 이 석비들은 신이나 존경받는 조상, 그 사회의 영웅을 나타낸다고 해석된다. 이것들이 외찌의 신앙의 대상이었을 것이다. 석비의 영적 중요성은 외찌의 후손들에게도 계속 영향을 끼친 것으로 보인다. 그러나 이것은 우상숭배로 외찌가 죽은 후 5,000년 후에야 비로소 로마 가톨릭교에 의해 금지되었다.

최근 알프스 산록의 순동시대의 외찌를 비롯하여, 중국의 요녕성과 시베리아 우코크와 파지리크 등지에서 미라가 계속 발견되어 세인의 주목을 받고 있다. 미라는 단순히 잘 보존된 시체에 불과하지만 이를 통해 그 당시의 사회, 경제와 문화 등을 복원해 낼 수 있는 고고학적으로 매우 중요한 자료이다. 그래서 이 외찌인은 발견되자마자 여러 학자들의 노력에 의해 그 중요성이 속속 밝혀지고 있다. 그러나 최근 외찌인에 대한 해부학과 병리학적 검사가 심도 있게 진행됨에 따라 1) 외찌는 종전의 생각대로 40대 중반의 목동으로 알프스 산록에 양을 치러 갔다가 불의의 사고로 죽었을 가능성이 있으며, 2) 외찌는 야금술(metallurgy)·의학·상업적 지식을 갖고 있던 전문가 장인으로 그 당시 여러 마을에서 대접을 받았던 중요한 위치(높은 신분)이었으며, 그가 어느 날 상인으로 외지에서 묵고 있던 집의 주인 아들이 다쳐 이를 치료하다 실패해 주인 가족의 보복을 받아 살해당했을 가능성도 있으며, 3) 부족 간의 구리와 같은 고가품이나 구리광물의 약탈전쟁으로 싸움 도중 피신하다 죽거나, 4) 외찌는 치아의 델타동위원소 분석결과 남부 티롤의 발 베노스타(Val Venosta)와 그가 미라로 발견된 이탈리아와 오스트리아의 접경지대 부근 외짤(Ötzal) 계곡 근처에 살던 현지인으로 그 마을의 권력 다툼의 희생으로 매복·살해 되었는지도 모른다. 이러한 과정에서 그는 등 뒤에서 쏜 화살로 등이 관통당해 쇄골(clavicle)하 동맥이 끊겨져 과다출혈로 즉사했을 가능성도 많은 점 등 여러 가지 설이 추정된다. 이와 같은 해석들은 외찌가 입고 있던 겉옷에서 여러 사람들의 血痕이 채취되고, 외찌의 등(견갑골, scapula)에 돌로 만든 화살촉이 박혀 있는 점, 하나만 남은 손톱에 나있는 병흔(nail reedy, 甲爪縱裂症)으로 기생충과 편충으로 고생한 점, 위와 겉옷에서 발견된 花粉(구미새우나무의 노란 꽃가루)의 분석, 치아의 델타동위원소의 분석결과, 그리고 외찌의 배낭 짐 속에 약용버섯과 같은 의약품, 당시의 값 비싸고 구하기 힘든 구리도끼와 미완성의 활짱과 화살, 불씨를 싸던 단풍나무와 이끼류 등의 존재 등에 대한 최신의 과학적 분석으로 가능해지고 있다. 그리고 최근 이탈리아 EURAC(Research Institute for Mummies and the Iceman, Bozen/Bolzano)연구팀이 외찌인의 엉덩이에서 추출한 DNA의 유전정보(게놈)를 해독한 결과 외찌인은 서부지중해 섬 사르데냐와 코르시카에 거주하는 현대인과 유사한 유전자구조를 가지고 있고 형액형이 O형, 갈색눈을 지닌 것으로 새로이 밝혀냈다. 연구팀은 그가 이외에도 동맥경화증상이 있으며, 진드기로 전염되는 감염질환인 라임병(Lyme Disease)을 유발하는 박테리아인 보렐리아 브르그도페리(Borrelia burgdorferi)도 발견되고, 우유를 잘 소화하지 못하는 유당불내증도 새로이 확인하였다. 그는 또 나이는 45세 정도로 왼쪽 쇄골아래 화살이 박힌 것으로 보아 누군가에 살해당하고 발견 장소로 옮겨진 것으로 추정된다고도 한다.

참고문헌

최몽룡

1992 미이라의 수수께기, 과학동아 10월호, pp.80-85

1995 5천년 전의 남자, 서울: 청림출판

1997 도시·문명·국가-고고학에의 접근-(대학교양총서 70), 서울: 서울대학교 출판부

프랑수아즈 뒤낭, 로제르 리슈탕베르(이종인 옮김)

1997 미라, 서울: 시공사

Andreas Keller et al.

2012 *New insights into the Tyrolean Iceman's Origin and phenotype as inferred by whole-genome sequencing*, Nature Communications 3, no.698, p.1701

Bahn, Paul G.

1966 *Tombes et Momies*, London: Celiv

Benhamou, Guy and Sabroux, Johana

2006 *La malédiction d, Ötzi*, Paris: Plon

P.V. Glob

1965 *The Bog People*, New York: Cornell University Press

Hall, Stephen S.

2007 Last Hours of the Iceman, Washington D.C.: *National Geographic* vol.212, No.1, pp.68-81

Luca Ermini, et al.

2008 Complete Mit0chondral Genome Sequence of the Tyrolean Iceman, Current Biology vol.18, issue 21, pp.1687-1693

Murphy, WA. Jr, et al.

2003 The iceman: discovery and imaging, Radiology 226(3), pp.614-629

Par Markus Egg

1977 L'homme dans la glace, Dijon: Dossier d'Archaeologie no.224(Juin), pp.28-35

Roberts, David

1993 Iceman, Washington D.C.: National Geographic vol.183 No.6, pp.36-67

Spindler, Konrad

1993 Der Mann im Eis: Universität Innsbruck

1994 The Man in the Ice: Doubleday(Ewald Oser 英譯)

1994 5000年前の男: 文藝春秋(畔上司 日譯)

1997   L'homme gelé, L'e Homme des Glaces, Dijon: *Dossiers d'Archeologie* no. 224(Juin), pp.8-27

II. 미노아와 미케네 문명·유럽의 거석문화

미노아(Minoa, 기원전 2200년~기원전 1450년, 또는 2000년~기원전 1450년)와 미케네(Myce-nae, 기원전 1600년~기원전 1200년, 또는 기원전 1550년~기원전 1100년) 문명은 수메르, 이집트, 인더스, 商과 같은 제 1차 문명 또는 灌漑文明과는 달리 제 2차 문명(the second-ary civilization)으로 지중해의 에게海 문명(Aegean civilization), 또는 크레테의 立法者이자 海洋支配者의 이름인 미노스(Minos)를 따서 미노아 문명(Minoan civilization)으로 불리고 있다. 그리고 여기에서 발견된 75자의 문자는 線文字(Linear) A로 불리고 있으나 아직 해독이 되지 않고 있다. 그래서 그 문화내용을 좀 더 구체적으로 파악하지 못하고 있다. 이는 인더스 문명과 비슷한 처지이다. 그러나 미케네의 線文字 B는 87자로 서기 1952년 마이클 벤트리스(Michael Ventrice, 그는 영국의 건축가로 세계 2차 대전 때 군에서 암호 해독법을 배운 후 선문자 B를 해독함)에 의해 解讀되었으며 오늘날 그리스어의 기원으로 알려지고 있다.

구라파에 LBK(Linear Band Keramik) 문화가 있다. 다뉴브 I문화(Danubian I Culture)라고 불리는 이 문화는 유럽 중앙과 동부에서 기원전 5000년대부터 쉽게 경작할 수 있는 황토지대에 화전민식 농경(slash and burn agricultural cultivation)을 행하였고 또 서쪽으로 전파해 나갔는데, 이 문화에서 나타나고 있는 토기의 문양이 우리의 빗살무늬(櫛文/櫛目文)토기와 유사하여 "線土器文化(Linear Pottery culture)"라 한다. 이것의 獨譯이 Kammkeramik(comb pottery)으로 번역하면 櫛文(櫛目文)土器 즉 우리말로는 빗살무늬토기이다. 일찍부터 이 문양의 토기들은 우리나라 신석기시대 빗살무늬토기의 기원과 관련지어 주목을 받아왔다. 이후에 "Corded ware(繩文土器文化, 東方文化複合體)"와 "Beaker cup culture(비커컵 토기문화, 일본에서는 鐘狀杯로 번역함,

西方文化複合體)"가 유럽의 북부 독일 지역과 남쪽 스페인에서부터 시작하여 유럽을 휩쓸었다. 그 이후 "Urnfield culture(火葬文化)"를 지난 다음 할슈타트(Hallstatt)와 라테느(La Tène)의 철기문화로 이어졌다. 그 이후 이탈리아에서는 에트루스칸(Etruscan)에 이어 로마로, 그리고 서기 476년경이면 게르만, 서고트(Visigoat), 동고트(Ostrogoth), 골, 훈, 반달(Vandal), 롬바르드(Lombard) 등의 異民族들이 세력을 팽창해서 로마 제국의 滅亡을 가져오게 된다. 그리고 롬바르드 왕국을 대신해 서기 773년 샤를 마뉴(Charlemagne, 서기 742년~서기 814년)의 신성로마 제국이 잇는다. 레반트 지역에서는 청동기 중~후기에 이스라엘리트(Israelites)와 필리스틴(블레셋, Philistines) 문화가 공존하고 북쪽의 카나이트(가나안, Canaaities) 문화와 대립하면서 [솔로몬 왕의 사후 Israel(북, 수도는 사마리아 Samaria)과 Judah(남, 수도는 예루살렘 Jerusalem)로 분리되었다], 페니키아(Phoenicians)와 카르타고(Carthage) 문화로 발전해나간다. 현 튜니시아(Tunisia)에 근거를 둔 카르타고에서 한니발(Hannibal) 장군이 나와 로마의 스키피오(Scipio)父子—손자 장군들과 3차에 걸친 포에니 전쟁(Punic Wars, 기원전 262년~기원전 146년)을 벌여 패한 후 지중해를 중심으로 하는 패권은 로마로 넘어간다. 이때는 그레코-로만(Graeco-Roman, 기원전 146년~서기 14년)시대를 지나 Pax-Romana(로마의 지배에 의한 평화)시대로 접어든다. 이것이 동로마 제국의 멸망인 서기 1453년 이슬람의 오스만 제국(Osman Turk, Ottoman, Othman Empire, 서기 1299년~서기 1922년)이 콘스탄티노플(이곳은 처음 비잔티움, 그 다음 콘스탄티노플이며 오스만 제국 때에는 이스탄불이란 이름으로 불린다)에 들어설 때까지 지속된다. 유럽의 청동기시대는 비록 대륙 본토에서가 아니라 지중해 한가운데의 크레테(Crete), 테라(산토리니)와 그리스 남부에서 싹트기 시작했다. 이들은 유럽 본토에서부터 민족의 이동도 고려되어 왔고, 또 이집트로부터의 문화교류도 확인되었다.

아리안(Aryan)족은 기원전 2000년경 말 서북쪽으로부터 이란과 인도를 침입한 印歐語(Indo-European language)族 중의 하나로 침입 후 그들이 만들어낸 서사시와 같은 기록 중의 하나인 리그베다(Rig-Veda)에 잘 나타나고 있다. 그러나 현재 이들의 정확한 기원은 잘 알려져 있지 못하다. 마리아 김부타스(Marija Gimbutas)에 의

하면 이들은 印歐語를 쓰며, 폴란드, 체코, 북부 독일의 비스툴라(Vistula)와 엘베 (Elbe) 강 유역에 살던 繩文土器文化(Corded ware culture)에서 기원하여 기원전 2400 년-기원전 2200년경 동쪽으로 유라시아 고원으로 들어가 쿠르간(kurgan) 봉토분을 형성하던 스키타이(Scythia)종족이나 미케네의 멸망 후 암흑시대(Dark Age, 기원전 1050년-기원전 900년경)에 남쪽 그리스에 들어간 아카이아(Achaea/Achaia)와 도리아 (Doria)족도 같은 일파로 생각되고 있다. 그러나 최근 뉴욕대 고대세계문화전시회 (서기 2009년 4월 25일까지 전시)에 의하면 기원전 4500년경 불가리아, 몰도바, 루마니아를 아우르는 지역에 문명에 가까운 수준의 '옛 유럽' 문화가 존재해 있었음이 밝혀지고 있다. 이는 서기 1972년 흑해연안 불가리아 바르나(Varna) 호에서 0.5km 떨어진 곳에서 모두 294기의 고분(necropolis)의 발굴 이후 알려졌는데, 이 고분들에서 기원전 4560/4450년-기원전 4200년[바르나 金石倂用期/Varna Eneolithic/Chalcolithic age]에 속하는 여신과 소 모양의 금판장식품을 포함해 6kg에 달하는 3,000여점의 새로운 금제유물, 紅玉髓(chalcedony, carnelian)와 瑪瑙(agate)로 만든 목걸이(beads)를 포함한 모두 15,000여점의 유물들이 출토하였다. 시체의 매장은 토광묘에 안치한 仰臥伸展葬이다. 이곳은 2,000여명이 살던 도시수준의 유적, 높은 여성의 지위와 뚜렷한 계층사회도 확인된다. 특히 43호분 출토의 金製陰莖보호대(gold penis sheath, 파푸아 뉴기니의 얄리/Yali족의 음경보호대인 코데카 Koteka/phallocrypt/phallocarp/horim/penis gourd/penis sheath와 유사)과 계급의 상징인 金製棍棒頭(gold mace)는 政治와 性이 결합한 상징을 보여준다. 그리고 294기의 고분 중 가장 많은 금장식이 나온 43호분을 포함한 8기의 고분이 다른 무덤들에 비해 유물이 풍부한데 이것은 당시 사회의 貧富의 差가 뚜렷했음을 알려준다. 아마 이들은 당시 국제사회에서 구리의 무역에 의해 부를 축적했음을 추측할 수 있다. 또 이 유적의 연대로 바르나 유적이 세계에서 가장 오래전에 금을 사용했음을 알려준다. 그리스 최고의 신인 제우스 (Zeus)는 그리스 토착 헬렌(Hellen) 신과는 달리 외래적인 것으로 도리아인들이 북쪽에서 유래된 것과 같은 식으로 남쪽 크레테 섬에서 기원했을 가능성을 이야기하고 있다. 여기에 아리안족(Aryan race)의 계통인 노르딕족(Nordic race)이 히틀러

(Adolf Hitler, 서기 1889년-서기 1945년)의 나치(Nazi) 정권 때 게르만족의 원형으로 여겨져 폴란드 아우슈비츠 유태인 수용소(Auschwitz Concentration Camp) 경우처럼 나치에 의해 유태인 400만 명이 학살(Holocaust)된 사건도 덧붙일 수 있다. 즉 1665년 칼뱅주의자인 이삭 페이레르의 인간의 다원발생설에서 유태인만이 아담의 자손이며 이외의 다른 인간들은 신의 미숙한 연습결과물이라는 견해를 언급하고 있다. 이에 반대하여 계몽주의자인 루소는 원시인들은 세계와 조화를 이루고 살아 유럽인들의 부러움을 살 정도의 '고귀한 야만인'(the noble savage)들'이란 생각을 통해 이러한 선민사상을 불식시키려고 노력했다. 죠셉 아루트르 고비노(Count Joseph-Arthur Gobineau)는 문명을 창조하고 축복 받은 10개의 민족을 선정하였는데, 중국·이집트·앗시리아·인도·희랍·로마·멕시코·페루·알리게니 인디안[현 미국 미시시피강 유역의 오하이오와 테네시 근처에 서기 1200년-1700년 거대한 피라미드를 형성한 족장사회의 마운드빌 인디안을 칭함. Middle Woodland(기원전 100년-서기 300년) 또는 Burial Mound I(기원전 300년-서기 300년, Adena 문화)기 때인 기원전 300년-서기 300년 또는 기원전 200년-서기 500년경 사이에는 호프웰리안 통상권인 Hopewellian Interaction Sphere/Hopewellian Exchange System이 존재함과 게르만인을 포함시켰다. 불행하게도 어느 정도 이집트와 같은 흑인 햄족의 피가 섞여 있다고 여겨지고 거대한 피라미드를 만들어내지 못한 유태인은 끼지 못하였다. 게르만인의 우월성을 언급한 고비노의 생각은 형질인류학자인 한스 귄터(Hans Günter)와 고고학자인 구스타프 코시나(Gustav Kossinna)에 이어져 더 상위 개념인 아리안족의 일파인 노르딕인의 순수혈통을 찾고 게르만족(German racecs)의 주거유형이 신석기시대까지 거슬러 올라간다고 고고학적으로 증명까지 하게 되었다. 노르딕인(Nordic race)이란 Mediterranean, Dinaric(east of Alps, 옛 Yugoslavia 지역, 로마 당시의 스위스는 Helvetia로 불림), Alpine과 East Baltic인들과 같이 유럽의 순수한 종족의 하나로 서로 간에 혼혈이 이루어진(pure and crossed), 스칸디나비아에 살며 長頭, 키가 크고, 금발(blond)의 머리칼을 가진 백인종(Caucasoid)을 지칭한다. 이는 게르만민족 우월론으로 발전하게 되어 유태인의 대량학살을 불러오게 되었다. 특히 나치 독일의 2인자인 하인리히 히믈러(Heinrich Himmler)가 그 주역을 담

당하게 되었다. 민족의 우월성은 유전인자를 통한 신체적인 편차에 의해 가능하게 되지만, 그렇지 못한 경우 고고학적 유물이 이를 담당하게 된다.

이집트 지역이 세계 여타 지역으로의 문화전파 기원지가 되었다. 특히 이곳이 유럽문명의 진원지로 주장되어 왔다. 고고학의 발달사는 진화론(evolutionism)-전파론(diffusionism)-수정전파론(modified diffusionism)-체계론(systems theory, 생태학의 접목: 고고학에 생태학을 접목시킨 학자로는 Willam Sanders, Julian Steward와 Leslie White를 들 수 있다)-신고고학(new archaeology)-후기과정고고학(post processual archaeology)의 순으로 이루어진다. 이러한 학설 상 이집트는 진화론(Edward Tylor와 Henry Lewis Morgan이 대표적임: 인류의 진화는 savagery-barbarian-civilization의 순서로 이루어짐)의 뒤를 이은 문화전파론(Grafton Elliot Smith가 대표적임)과 수정전파론자(Vere Gordon Childe가 대표적임)들의 중요한 출발지가 되어왔던 것이다. 즉 이집트는 "태양의 아들" 또는 "태양거석문화"의 전파지로 불려졌다. 이것이 후일 "보정(수정) 방사성 탄소 연대"가 새로이 개발됨에 전통적인 편년체계가 몰락하고 이에 따라 이러한 가설이 뒤집어지게 되었다. 이제까지는 기원전 2600년경에 처음 세워졌던 이집트의 피라미드 (죠서 왕의 생몰연대는 기원전 2686년-기원전 2613년경으로 그의 피라밋은 기원전 2600년경에 세워진 것으로 추정됨. 죠서-스네프루-치옵/케호프/쿠푸-체프렌-미케리누스의 피라밋으로 발전함)를 거석문화의 하나로 보고 이 거석문화에서 전파되어 유럽 거석문화가 형성되었다고 추정되어 왔다. 거석문화에는 지석묘(고인돌, dolmen), 입석(선돌, menhir), 환상열석 (stone circle, 영국의 Stone-henge가 대표), 열석(alignment, 프랑스의 Carnac이 대표)과 집단묘 [collective tomb: 가. 羨道<널길>가 있는 묘 passage grave(access passage, 영국의 Maes Howe Chambered Barrow가 대표적임), 나. 연도가 없는 묘(gallery grave, allée couverte)]가 포함되는데, 그 중 문화전파의 증거가 되었던 영국 월셔 솔리스버리에 있는 환상열석인 스톤헨지(Stone-henge)의 경우 스튜아트 피고트(Stuart Pigott)의 발굴 때 기원전 1900년, 그리고 그에 이은 Richard J. C. Atkinson의 발굴자료의 방사성탄소연대는 기원전 2350년, 그리고 마지막 Collin Renfrew의 補(修)正放射性炭素年代는 기원전 2750년이 나와 이집트 죠서의 피라미드 축조연대보다 올라가는 것으로 밝혀졌다. 최근 이곳에서 북동쪽 460m 떨어진 에본(Avon) 강 옆 Durrington Wall 유적에서 기원전 2600년경 스톤헨지의 축조자들이 살던 마을이 마크 피어슨(Mark Parker Pearson)에 의해 발굴되기도 하였다. 그리고 이제는 프랑스의 브리타뉴 지방의 거석기념물은 기원전 4000년 이전에, 그리고 영국과 덴마크의 것들은 기원전 3000년경으로 이집트의 것보다 적어도 3-4백년 이상 앞서 유럽의 거석문화가 독자적으로 형성되었음이 밝혀지고 있다. 아무튼 이집트 문명은 "이집트학"이 성립될 정도로 세계의 문명연구에 있어 중요성을 차지하고 있다. 補(修)正放射性炭素年代와 함께 傳播論의 退潮가 오고 이에 따라 유럽문명의 시작은 미노아와 미케네로부터 찾게 되었다.

미노아와 미케네 문명 발생 편년은 아래와 같다.

1832년   오스만 투르크(터키, 서기 1299년-서기 1922년)로부터 그리스의 독립

1898년   오스만 투르크(터키)로부터 크레테 섬의 독립

1878년   그리스인 Minos Kalokarino가 Knossos 궁터 Kephala를 발견

1880년   미국기자 Stillman이 발굴허가를 얻음

1883년   독일학자 Milchhöfer가 글자가 새겨진 돌 印章들을 발견(선문자 A임)

1891년   Orsi가 Mesara 무덤에서 궁륭형 천장의 석실을 발견

1896년   Arthur Evans(서기 1851년-서기 1941년)가 서기 1893년 크레테를 처음
          방문하고 미케네 문명의 기원이 크레테 문명임을 확인

1899년   Arthur Evans(옥스포드 대학교 에슈몰 박물관장을 역임)가 Knossos
          (Kephala)를 서기 1899년-서기 1905년, 서기 1905년-서기 1912년, 그
          리고 서기 1920년-서기 1932년에 걸쳐 25년간 발굴함. Minos의 궁전
          등을 발굴하였다.

미노아 문명의 중심지인 크레테 섬에는 이제까지 4곳에서 궁전 터가 발굴되었다. 이들은 Knossos(Kephala), Phaestos(Phaistos), Kato Zakro(Palace of Zakros, 또는

Tylissos를 넣기도 함)와 Mallia이다. 크레테 섬 내에서의 큰 발굴은 이탈리아 선교사인 Halbherr가 Phaestos에서 궁전 터, Hagia와 Triada에서 석실묘를, Joseph Hatzidakis와 Spyridon Marinatos가 각각 Tylissos와 Kato Zakro에서 궁전 터를, Stephanos Xanthoudides가 Messara의 Koumasa에서 석실묘를, 그리고 프랑스 학자들인 샤프티에(Chapouthier)와 샤르보느(Charbonneaux)가 말리아(Mallia)에서 궁전 터에서 행한 것 등이다. 크노소스(Knossos) 궁전 터를 발굴했던 아서 에반스에 의하면 미노아 문명은 發掘層位(stratigraphy)와 遺物의 型式分類(typology)에 의해,

초기 미노아 문명기   기원전 3400년-기원전 2100년
중기 미노아 문명기   기원전 2100년-기원전 1550년
후기 미노아 문명기   기원전 1550년-기원전 1100년

으로 나누어지며, 盛期는 기원전 2000년-기원전 1400년경으로 보고 있다. 미노아의 청동기시대는,

초기 청동기시대(pre-palatial Minoan period)-기원전 2200년경
중기 청동기시대(old-palace Minoan period)-기원전 2200년-기원전 1700년
후기 청동기시대(new-palace Minoan period)-기원전 1700년-기원전 1450년

로 잡아 궁전(palace)의 조성시기와 청동기시대의 편년을 부합시키기도 한다. 궁터에서는 에반스가 발굴한 후 즉시 옛 모습대로 복원해 놓은 궁전건물, 각종 貯藏用 항아리들이 줄서 있는 창고(pithoi), 그리고 벽에는 컵을 들고 있는 자(cup-bearer)와 투우경기와 유사한 소를 뛰어 넘는 소년·소녀들과 쌍날도끼(double-ax emblem)가 상징적으로 묘사되어 있는 프레스코(수채화) 등이 발견되고 있다. 그리고 실제 장신구로 된 수소의 머리(1.9인치)가 자크로스(Zakros)에서, 금으로 만든 쌍날의 도끼(3.3인치)가 최근 아르카로초리(Arkalochori, 고고학자 Spyridon Marinatos에 의해 크레테 섬

에서 발견)에서 발견되고 있다. 그리고 분말석영, 소다와 구리를 섞어 청색을 내어 만든 파양스(faience, 크노소스 궁터에서 발굴, 높이 11.6인치)로 만들어진 뱀을 휘두르는 女司祭 또는 女神(snake goddess, 크레테의 The Iraklion(Heraklion) Archaeological Museum에 소장) 등 화려한 水彩畵와 유물·유적들이 발견되었다. 미노스는 에게 海를 다스리던 海洋立法者로 당시 이집트의 파라오(Pharaoh)나 인더스의 神殿祭司長/王(priest-king)과 같은 존재였다.

미노스 왕이 다스리던 미노아 문명의 社會構造도 발굴된 考古學資料로 해석해 보면,

가. 노동의 분화, 예술가와 전문기술자들의 존재
나. 풍부한 잉여생산물
다. 목재, 토기, 농산물, 금, 상아와 보석 등의 交易
라. 비록 解讀은 되지 않았지만 線文字 A의 존재와 문자기록의 이용과 확대, 특히 '젖돌'(아이 젖먹이기 쉽게 해준다는 돌로 목에 걸고 다니는데서 유래)이라 불리는 인장 돌(seal stone)은 수메르, 이집트와 인더스 등지에서의 인장(cylinder seal)과 같은 것으로 사용되었을런지 모르며, 그렇다면 이들은 재화의 소유권(private property), 민족의 동질성(ethnic identity)과 아울러 무역(trade)관계를 입증해주기 때문에 교역에 있어서 필수적이었던 것이 아닌가 생각된다.
마. 地母神과 같은 女神像과 그에 부수하는 종교의 존재.

크레테에서 미노타우르(minotaur)라는 半人半牛(미케네의 경우 半人半馬의 centaur임)의 괴수와 같은 소와 관련된 신들의 존재와 이에 부수하는 信仰, 그리고 가능한 크레테(Crete) 섬에서 태어나서 크레테에 기원(Kretagenes)을 둔 제우스(Zeus)神, 그리고 죽고 다시 태어나며, 불멸(immortal)의 그리스 신들과는 다른 신(god of Crete)들의 여러 神的 存在가 확인된다. 그리고 크레테 문명에서는 양적·질적인 발전 즉 都市(宮殿)와 文字로 대표되며, 에게海를 무대로 이집트와 지중해 연안국들과의 交

易(貿易), 專門職의 發生, 그리고 여기에 精靈崇拜(animism), 토테미즘(totemism)과 샤마니즘(巫敎, shamanism)과 같은 劣等自然敎의 단계를 벗어난 高等自然敎的 宗敎의 發生 등의 요소가 수메르와 이집트 같이 이미 앞선 다른 문명 단계에 이르는 양상들이 뚜렷이 보인다.

　기원전 15세기경에는 미케네인들에 의한 크레테 섬의 공격과 약탈이 빈번했던 모양이었다. 그러나 미노아 문명에서 미케네 문명으로의 이전은 기원전 1628년(또는 기원전 1644년)에 일어났던 크레테 섬의 북쪽 70마일(약 160㎞) 떨어진 곳에 위치하고 있는 테라(따라, 산토리니) 섬의 화산폭발과 그로 인해 적어도 10회 이상 야기된 쓰나미(津波, 津浪, 海嘯) 현상이 결정적이었으며 이는 Mallia 궁의 발굴에서 확인되었다. 그 후 미케네 문명에서 파견된 관리들에 의해 미노아 문명이 다스려지다가 서서히 미케네 문명에 통합·흡수되었다고 한다. 최근 크레테 섬은 이집트 파피루스문서에 나타난 화산폭발로 사라져버린 섬으로 확인되고 있다. 이는 이집트인들이 당시 화산폭발의 재해로 구원의 손길을 바랬던 크레테인들을 'Kepchu'라 불렀음이 기원전 1450년 신전이나 Ahmose I세(기원전 1550년-기원전 1525년, 18왕조 초대 파라오) 때의 Ipwer Papyrus(Berlin 3024) 등의 기록에서 확인되고 있기 때문이다. 그리고 화산의 폭발과 그에 이어 밀려오는 10여 차례의 강력한 쓰나미에 의해 미노아 문명이 멸망의 길을 걷게 되는데, 그 증거는 말리아(Mallia) 궁터를 비롯하여 서기 1966년 James Maber Jr.가 발굴시작하고 Spyridon Marinatos에 의해 확대된 테라 섬의 아크로티리(Akrotiri)와 크레테 섬의 아르카로초리(Arkalochori) 등지에서 계속 발견되고 있다. 미케네 문명에 대한의 미노아의 지배가 끝나고 미케네에 의한 미노아 문명의 통합을 보여주는 과정은 미노아의 미노스 왕(제우스와 에우로파 사이에 태어난 전설적 인물로 변덕스럽고 잔인하며 바다를 지배했다 함)과 파시페(Pasiphäe) 왕비 사이에 난 아들이며 운동선수인 안드로게우스(Androgeus)가 희랍 본토에 가서 아테네의 에게우스(Aegeus) 왕에 의해 살해당한 보복으로, 파시페 왕비와 수소(bull) 사이에 난 미노타우르라는 半人半牛의 怪獸에게 매년 7男7女의 공물을 바치라는 미노스 왕의 명령에 반하여, 그리스의 영웅 테세우스(Theseus)가 미노아의 공주 아리아드네의 도움으로 크노소스 궁의 迷宮(labyrinth)에 들어가 미케네에서 매년 공물을 받아오던 미노타우루를 죽이는 그리스 신화를 통해 엿볼 수 있다. 크노소스 궁을 발견한 아서 에반스는 미궁에 반은 수소 반은 인간인 미노타우르(Minotaur)를 가두어놓은 전설상의 왕 미노스(Minos)를 따라 미노아 문명, 그 주체를 미노아인으로 부르고 있다.

발견된 유물들을 통해 이집트와 지중해상의 미노아 문명(Minoa: Arthur Evans가 선문자 A를 확인하는 과정에 1899년 크노소스 궁을 발굴하기 시작부터 알려짐: 기원전 2200/2000년-기원전 1450년 존속)과 미케네 문명(Mycenae: Heinrich Schliemann이 1876년 Atreus와 Agamem-non묘를 발굴함으로써 밝혀진 그리스의 청동기문화, 기원전 1600년-기원전 1200년, 또는 기원전 1550년-기원전 1100년)과의 교역이 알려지게 되었다. 로데스(Rhodes)에서 1866년 미케네의 토기와 함께 아멘호텝(Amehotep) III세(Akhenaten/Amenhotep IV세의 아버지, 기원전 1390년-기원전 1353년)의 聖甲虫 胸飾(pectoral with scarab design)이, 그리고 같은 해 하인리히 슐리만에 의해 오르코메노스(Orchomenos)의 민야스에서 아멘호텝 3세의 무덤천장에서 보이는 것과 같은 연화문이 조각된 무덤의 뚜껑이 발견된 바 있다. 그리고 결정적인 것은 프린더스 페트리(Flinders Petrie)에 의해 이집트의 중왕조(기원전 2050년-기원전 1786년) 중 12왕조의 유물이 미노아 문명의 것과, 미노아 문명을 이은 그리스 본토의 미케네 문명의 토기와 이집트의 신왕조(기원전 1567년-기원전 1085년) 중 18왕조 말의 유물들이 교역에 의해 서로 나타나고 있음이 확인되고 있다는 점이다. 후자의 경우 이집트의 아케나텐 또는 아멘호텝 4세 왕(기원전 1353년-기원전 1336년 재위)의 텔 엘 아마르나 유적에서 미케네 문명의 토기가 발견되고 있다. 미노아 문명의 기원은 고고학자들 간의 논쟁의 여지가 많지만, 발굴자인 아서 에반스는 초기 미노아에서 이집트와 리비아(Libya)와의 친연성을 많이 주장했으나 최근의 견해는 아나토리아와 시리아 북쪽(northern Syria)과의 접촉이 더 강조되고 있다.

미노아 문명의 멸망은 그리스 미케네인들의 빈번한 공격과 약탈, 지배자들의 자원에 대한 독점으로 인한 불균형의 시장경제, 사회내적 불안과 긴장, 탄압이나 식민지화 등의 원인이 있었던 것으로 보이나 결정적인 것은 기원전 1628년(또는 기원전 1644년)에 일어났던 테라/띠라(Thera, 산토리니/Santorini) 섬의 화산폭발이었다. 이 화산의 폭발은 沈澱法 연대결정(Varve dating of ice-core)과 수륜/나이테연대(dendrochronology/Irish tree rings dating)로 기원전 1628년 설이 유력하다. 또 이집트 Ahmose I세(기원전 1550년-기원전 1525년, 18왕조 초대 파라오) 때 만들어진 Ipwer Papyrus[The Admonitions of Ipuwer/The Dialogue of Ipuwer and the Lord of All. 네덜란드 라이덴 소재 국립고대박물관/the Dutch National Museum of Antiquities in Leiden 소장/Leiden Papyrus 344, Ipuwer Papyrus Berlin Museum 3024] 등의 기록에서 이집트인들이 기원전 1628년에 일어났던 크레테 섬의 북쪽 70마일(약 160km) 떨어진 곳에 위치하고 있는 테라(산토리니) 섬의 화산폭발의 재해로 구원의 손길을 바랐던 크레테(Crete, 프라톤이 티마이오스/Timaeus에서 솔론/Solon의 말을 인용해 이집트인들은 크레테 인들을 people of Atlantis라고 부름)인들을 'Kepchu'(깹추)라 부르고 있음도 확인되고 있다. 그리고 이 해는 중국 商나라(기원전 1750년-기원전 1100년/1046년)에 속하나 竹書紀年 夏 第十五代 帝發(发, 友惠)七年(기원전 1627년-기원전 1615년)에 기후가 몹시 가물었다는 천재지변과 재해에 대한 기록이 나타나며 이로 인해 夏 마지막 왕 桀王이 商의 湯王에 의해 멸망되었다고 언급되기도 한다.[79] 이것은 이집트와 멀리 중국에까지 영향을 준

---

79) 이 화산의 폭발을 중국에서 夏의 멸망과 관련짓기도 한다〈A volcanic winter from an eruption in the late 17th century BCE has been claimed by some researchers to correlate with entries in Chinese records documenting the collapse of the Xia 夏 dynasty and the rise of the Shang 商 dynasty in China. According to the Bamboo Annal 竹書紀年 the collapse of the Xia dynasty and the rise of the Shang dynasty, approximately dated to 1618 BCE(또는 夏朝第十五位帝發七年 1627 B.C.-1615 B.C.), were accompanied by "yellow fog, a dim sun, then three suns, frost in July, famine, and the withering of all five cereals". 關於夏朝天災, 史籍幾乎無記載, 僅《竹書紀年》略有涉及. 夏朝第十二位帝廑(胤甲)時, 夏王朝開始衰落. 胤甲末年, 天大旱, 氣候酷佑異常.《竹書紀年》記載了這次旱災: "天有襖(妖)孽, 十日並出." 古代先民認為高溫, 乾旱天氣為妖孽作祟. 夏王胤甲就在這高溫, 大旱之年死去. 夏朝第十五位帝發七年(約前1627-前1615)的那次地震, 是中國, 也是世界上最早有記錄的地震. "帝發七年陟, 泰山震."《竹書紀年》在位七年的夏王發, 也在這一年死去. 夏朝末朝, 又發生過兩次大地震. "帝癸十五年, 夜, 中星隕如雨 ; 地震, 伊, 洛竭. "帝癸三十年, 瞿山崩. "均見於《竹書紀年》帝癸又名桀, 是夏王朝最

지구상의 대참사로서 미노아 문명이 일시에 망하고 이에 행정적 공백을 메워 준 것이 미케네 문명으로부터 건너온 사람들로 여겨진다. 최근 테라 섬의 발굴은 크레테 섬의 것들과 비교해 못지 않은 고고학적 유물과 프레스코(fresco, 水彩畵)들이 발견되어 이 섬이 그리스의 철학자인 플라톤(Plato, 기원전 430년~기원전 350년)이 언급했던 사라져버린 理想鄕(utopia)인 아틀란티스(Atlantis)로 추측할 정도로 고고학 상 매우 중요하다. 그래서 테라 섬은 특히 기원전 490년 이집트를 방문한 후 언급했던 Solon의 아틀란티스(Atlantis)와 이를 플라톤(Plato 기원전 430년~기원전 350년)이 기원전 360년 쓴 대화(Dialoges: 티마이오스/Timaeus와 크리티아스/Critias) 속에 기록해 놓았던 이상향의 도시 아틀란티스의 실체로 보고 있기도 하다. 프라톤에 의하면 아트란티스의 수도는 三重의 環狀運河에 둘러싸여 있으며 그 폭은 1~3 stadia(1 stadia는 약 0.37㎞임)에 달한다고 한다. 이 아트란티스 도시의 모습은 아크로티리(Akrotiri)의 발굴 중 서쪽 집(the West House)이라 명명된 小壁 프리즈(frieze)에 묘사된 프레스코화(갓 칠한 벽에 수채화로 그린 그림, 16인치 높이×20피트 폭)는 테라 해안가에 늘어선 세 도시들의 건물들과 海戰을 기다리며 정박하고 있을 런지도 모르는 선박의 모습을 생생하게 묘사해 놓았다. 이 도시에는 2~3층의 집이 대로를 따라 연이어져 있으며, 각 집에는 수세식 화장실이 갖추어져 있고 지하에는 상·하수도의 배수로가

後一個皇帝. 這時夏朝已是危機四伏. 但夏桀窮奢極欲, 暴虐嗜殺. 據《竹書紀年》記載, 他"築傾宮, 飾瑤台, 作瓊室, 立玉門." 還從各地搜尋美女, 藏於後宮, 日夜與妹喜及宮女飮酒作樂. 據說酒池修造得很大, 可以航船, 醉而溺死的事情時常發生, 荒唐無稽之事, 常使妹喜歡笑不已. 民衆的生活則十分困苦, 他們每年的收成難得溫飽, 更無兼年之食, 每遇天災則妻離子散. 夏代臣民指著太陽咒罵夏桀說: "時日曷喪, 予及汝偕亡". 意思是說, 你幾時滅亡, 我情願與你一起滅亡. 桀性情暴躁, 又很殘忍, 動輒殺人. 夏王朝還有一個大夫叫關龍逢, 手捧"皇圖"來見桀. "皇圖"也稱作"黃圖", 是古代王朝繪製有帝王祖先們功績的圖, 給後代帝王們看, 以便效法祖先們治理國家. 關龍逢捧去的"皇圖"繪有大禹治水等圖像, 他是要桀效法先王, 像始祖大禹一樣節儉愛民, 以長久享國; 若是像眼下達樣揮霍無度, 任意殺人, 亡國的日子就不遠了. 桀對這樣的忠言不僅不聽, 反而將關龍逢殺害, 並警告朝臣們說, 今後再象關龍逢這樣來進言, 一律殺頭. 於是賢臣絶跡, 勸諫消失, 桀愈加驕橫. 就在這種情形下, 夏王朝星隕地震, 河水斷流. 以致後世談到夏末地震時說: "昔伊, 洛竭而夏亡!"(《國語. 周語上》) 商湯見夏桀已是天譴衆離, 逐順天意起兵伐桀. 桀死, 夏亡. 天災是上天對人不遵循天理的警告與懲罰. 夏桀多行不義而天亡之.〉.

완벽하게 연결되어 있다. 그리고 발굴된 각 집의 벽에서는 도시를 추측케 하는 전경을 비롯해 고등어를 잡아 양손에 들고 있는 어부, 권투 시합을 벌리는 젊은 이, 파피루스를 손에든 여인, 푸른색 원숭이, 사프란(saffron)을 따 모으는 장면, 장미의 장식적인 다발 등의 수채화도 보이고 있어 테라 섬의 높은 문화수준과 함께 이곳이 프라톤이 언급한 사라져버린 전설상의 아트란티스일지도 모른다는 생각이 들 정도이다. 그러나 아틀란티스의 위치에 관한 다른 설도 있다. 최근 영국 지리학자인 영국 지리학자인 짐 알랜(Jim Allen)은 그의 저서 Historic Atlantis in Bolivia에서 티티카카(Titicaca) 호수 근처 알티프라노(Altiplano) 평원의 포포(Poopo) 호수와 그 옆의 올라가스(Aullagas) 언덕이 그리스의 철학자 플라톤(Plato, 기원전 430년 –기원전 350년)이 기원전 360년에 쓴 그의 저서 대화(티마이오스와 크리티아스)에서 언급한 12,000년 전 지진과 홍수에 의해 사라진 아틀란티스[Atlantis; Atl(water)와 Anatis(copper: 이곳에서만 금과 구리의 합금인 오리칼컴/orichalcum이 나온다)를 결합한 남미의 말]의 흔적으로 현재 티아우아나코(Tiahuanaco, 티와나쿠, Tiwanaku, 잉카 이전의 문명으로 기원전 300년경 시작하여 서기 5–6세기에 전성기를 맞고, 서기 600년–서기 800년에 도시화 되는 과정에 있음. IV와 V기를 중심으로 한 연대는 서기 300년–서기 1000년임. '태양의 문 Gateway of the Sun'이 대표적인 유적임) 유적이 그들의 후손이 만든 것으로 보고 있다. 그리고 영국의 근동 역사학자 피터 제임스(Peter James)는 자신이 서기 1995년 발견한 소아시아의 서쪽 탄탈리스(Tantalis, 현 터키 Izmir 항구에서 내륙으로 30㎞ 떨어진 곳, 기원전 1400년경 후기 청동기 시대의 유적지)가 전설상의 Tantalus 왕이 다스리던 왕국으로 이곳이 또 다른 아틀란티스일 가능성 있다고 주장한다. 그렇다면 전설상의 아트란티스 추정지는 산토리니(테라), 티티카카 호수 근처, 탄탈리스와 버뮤다 삼각지대의 네 곳이 된다.

미케네는 그리스 남쪽의 청동기시대에 속한 나라로 기원전 1550년–기원전 1100년(또는 기원전 1600년에서 기원전 1100년)에 속한다. 그리스 청동기시대의 시작은 미케네로부터 시작된다. 이 시대는 그리스 본토, 지중해 섬들, 시실리, 이탈리아, 사이클라데스(Cyclades), 사이프러스(Cyprus), 이집트와 시리아 해안의 무역항(entrepôt)인 우가리트(Ugarit) 지역도 포함한다. 아마 이들은 오늘날의 영국연방(Commonwealth)처럼 각기 독립국이면서도 느슨한 공동체를 형성하였던 것 같다. 미케네 문명은 하인리히 슐리만(Heinlich Schlieman, 1822년~1890년)의 1876년 미케네 Atreus 와 Agamemnon의 竪穴墓를 발굴, 호머(Homer)의 일리아드(Iliad)와 오디세이 (Odyssey), 그리고 線文字 B의 해독에 의해 알려졌다. 슐리만은 터키의 힛사르리크 (Hissarik)에 있는 트로이(Troy) 유적을 서기 1871년~서기 1890년까지 4차에 걸쳐 발굴을 하였다. 이는 호머의 일리아드의 서사시에 나오는 트로이 전쟁에 관한 내용때문이었다.

트로이의 파리스(Paris) 왕자에게 뺏긴 스파르타의 메넬라오스 왕(미케네 출신으로 스파르타의 프르크 왕자의 사망으로 왕위계승)의 부인이었던 헬렌(Hellen) 왕비, 파리스 왕자의 아버지인 프리암(Priam, Primos) 왕과 형인 헥토르 장군, 이를 응징하고 弟嫂 헬렌을 되찾기 위한 미케네의 아가멤논(Agamemnon, 스파르타의 메넬라오스 Menelaus 왕의 형) 왕과 그의 부인 크라이템네스트라(Clytemnestra), 그리고 전쟁의 제물로 바쳐진 이피게니아 공주, 이의 복수를 위해 크라이템네스트라가 정부 아이기토스와 짜고 남편이 트로이전쟁에서 승리 후 귀환한 아가멤논을 살해, 전쟁에 참가하였다가 바다에서 포세이돈(海神)에 의해 10년을 고생을 한 후 고향인 이타카(Ithaca)로 돌아가서(천문학적인 기록인 일식에 의해 그 연대를 기원전 1178년으로 추정하기도 한다)는 그의 부인 페네로페를 만나게 되는 율리시스(Ulysses, Odysseus, Odyssey)와, 그리고 트로이(Troy) 전쟁에서 전사한 아킬레스와 여사제 브리세이스 등 인물들이 등장하는 호머(Homer)의 일리아드(Iliad) 서사시에 나오는 트로이 전쟁의 무대는 기원전 1250년/기원전 1200년경으로 여겨지며 실제 발굴했던 칼 브레겐(Carl Blegen)에 의하면 층위 7A가 이 시기로 보인다. 이 전쟁은 당시 트로이가 黑海에서 시작해 보스포러스(Bosporus) 해협에 위치하는 비잔티움(콘스탄티노풀/이스탄불)을 지나 마르마라(Sea of Marmara, 옛 이름은 Propontis임) 바다와 다다넬스(Dardanelles/Hellespont) 海峽을 빠져나와 그리스로 향하는 당시의 무역루트 要衝地에 위치하여 交易의 중심을 이루고 있었기 때문에 미케네를 盟主로 하는 그리스 공동 연합군(coalition force)의 공격이 불가피했을 것이다. 그리고 최근 이 트로이 전쟁을 神話로서 보다는 實戰으로서

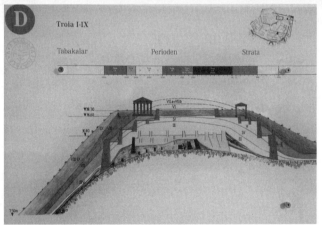

트로이 유적과 단면도(국립중앙박물관회 강신애 교육사 제공)

의 가능성을 많이 언급하게 되는데 이는 1961년 발굴된 '미코노스의 甁'에 그려진 攻城用으로 제작된 트로이 목마(아가멤논의 부하 장군인 율리시스/오디세우스의 고안품으로 알려짐)와 유사한 그림, 트로이 목마를 성안으로 끌어들여 신에게 제물로 바치는 트로이 측의 종교적 배경, 아시리아에서부터 기원한 攻城用 장비, 말이 끄는 戰車, 전차병이 착용했을 것으로 추측되는 '덴드라 파나폴리'라 불리는 갑옷, 멧돼지 어금니로 만든 전통적인 투구와 여기에 새로이 개발된 아마포로 제작된 투구, 전갈이나 독충의 강한 독을 묻힌 청동제 화살촉(아킬레스가 이 화살을 발뒤꿈치에 맞고 죽음), 영국 스톤헨지에 음각되어 있는 것과 같은 미케네의 검, 흙벽돌로 만들어지고 二重의 垓字와 木柵에 둘러싸인 트로이 성 등의 고고학적 증거가 조금씩 확인되고 있기 때문이다.

　트로이 전쟁에서 승리한 후 미케네로 귀환한 아가멤논 왕은 부인인 크라이템네스트라와 그녀의 정부 아이기토스에 의해 살해된다. 그의 시체를 묻은 竪穴式 무덤(shaft grave)이 슐리만에 의해 발굴되고 그곳에서 황금의 데드 마스크(gold death mask, gold funerary mask)도 발견된다. 이 유적은 기원전 1300년경 축조된 미케네 방어 성벽 안쪽에 있으며 아가멤논의 기원전 1250년/기원전 1200년이라는 시대보다 약 300년이 더 올라가는 기원전 1550년경으로 확인되어 아가멤논 왕의 무덤이 아닌 것으로 밝혀졌다. 그러나 슐리만의 업적은 그리스의 청동기시대를 확인한 것으로도 충분히 보상을 받았다. 이 성벽의 동쪽 獅子의 門(Lion Gate)을 보호하는 요새(bastion, 우리의 甕城式 성문과 비교됨)는 기원전 3세기경 성벽의 補修時 築造되었으며 오늘날 獅子의 門은 완전히 復元되어 公開되고 있다. 그리고 그리스의 미케네와 터키의 트로이에서 하인리히 슐리만이 발굴하여 세상의 이목을 집중시켰던 아가멤논의 황금 데드 마스크(假面)를 비롯한 프리암 왕의 보물들이 베를린 박물관에 소장되었다가 세계 제 2차 대전 중 폭격으로 사라져 없어진 것으로 여겨져 왔는데, 이들은 서기 1991년 러시아의 푸시킨 박물관 지하실에 안전하게 보관되어 있음이 새로이 확인되었다. 최근 스파르타 근처에서 발견된 미케네의 repoussé(안쪽을 쳐 바깥쪽을 두드러지게 한 打出手法)의 기술로 수소상(golden bull's head)을 묘사한 金盞(11.94cm), 女神像으로 생각되는 평화로운 모습의 석고상(plaster head, 16.76cm) 등은 미케네 문명의 본모습을 서서히 보여 주고 있다 하겠다.

　현재 그리스 고고학계가 사용하고 있는 미케네 문화의 편년은 다음과 같다.

Early Helladic	기원전 3000년-기원전 2000년경
Middle Helladic	기원전 2000년-기원전 1550년경
Late Helladic I & II(Mycenaean)	기원전 1550년-기원전 1380년경
Late Helladic IIIA(Mycenaean)	기원전 1380년-기원전 1340년경
Late Helladic IIIB(Mycenaean)	기원전 1340년-기원전 1190년경
Late Helladic IIIC & Sub-Mycenaean	기원전 1190년-기원전 1050년경

그리스 청동기시대의 대명사인 미케네의 무덤은 토광이나 석관묘에서 수혈식 석곽으로 그리고 마지막으로 아트레우스(Treasury of Atreus)의 무덤 내부에서 보이는 맞졸임 천장의 구조와 연도(dromos)를 가진 솔로이(tholoi)라고 부르는 石室墓로 발전한다. 이러한 그리스 미케네(기원전 1600년-기원전 1200년, 또는 기원전 1550년-기원전 1100년)의 아트레우스(Atreus)의 맞졸임천장(또는 귀죽임 천장, 투팔천장, 抹角藻井이라고도 함, 영어로는 'corbel style tomb in which the diameter of the circle decreased until the final opening at the top could be closed with a capstone'으로 표현)의 기원인 연도(널길)가 달린 솔로스 무덤(tholos tomb with dromos; 복수는 tholoi임. Atreus의 석실묘가 대표적임)은 後漢(서기 25년-220년) 말 3세기경의 山東省 沂南 石墓를 거쳐 高句麗의 고분구조에 영향을 끼치었다. 그리고 현관과 전실 그리고 방 중앙에 爐址를 가지고 옥좌가 있는 메가론(megaron, central or throne room)의 집 구조, 왕비가 거쳐하던 메가론과 浴槽, 벽면에 프레스코의 장식, 거대한 돌들로 쌓은 성채에 둘러싸인 도시, 비밀의 샘(secret spring), 도로와 다리를 비롯하여 이들을 발굴할 때 나온 宮庭式과 저장용 항아리, 컵, 양쪽에 손잡이가 있는 컵(kyrix)과 항아리(krater), 戰士들이 그려진 단지(warrior vase), 奉納用 土製 人物像, 打出된 문양을 가진 金盞, 성을 포위 공격을 하는 장면을 담은 銀製 컵(Silver Siege Rhyton), 핀, 紫水晶 印章(amethyst seal), 상아로 만든 보석 상자(ivory pyxis)와 두상(ivory head), 멧돼지 어금니로 만든 투구(boar's tusk helmet), 사자와 싸우는 모습이 금으로 象嵌된 칼(dagger), 방패, 청동제 갑옷(bronze corselet), 금반지(gold ring), 해독된 그리스어의 기원인 線文字 B 등은 미케네 문명을 이해하는

데 필요 요소들이다. 미케네의 문화는 미케네가 바로 위치한 아르고스(Árgos, Ar-golis)를 포함하여, 이웃 펠로폰네소스(Peloponnesus)와 보이오티아(Boeotia) 전 지역으로까지 널리 영향을 끼쳤다.

참고문헌

최몽룡

  1989 원시국가의 진화(Jonathan Haas 저, 최몽룡 역), 서울: 민음사

  1991 문명의 발생(Charles L. Redman 저, 최몽룡 역), 서울: 민음사

  1997 도시·문명·국가-고고학에의 접근-(대학교양총서 70), 서울: 서울대학교 출판부

최몽룡·최성락 편저

  2007 인물로 본 고고학사, 서울: 한울

최몽룡·김경택·홍형우

  2004 동북아 청동기시대 문화연구, 서울: 주류성

에르베 뒤셴(김정희 옮김)

  1977 트로이, 서울: 시공

알렉상드르 파르누(이혜란 옮김)

  1997 크노소스, 서울: 시공사, 시공디스커버리총서

W.F. Albright

  1956 *The Archaeology of Palestine*, London: A Pelican Book

Biers, William R.

  1987 *The Archaeology of Greece*, Ithaca and London: Cornell University Press

J. N. Coldstream

  1977 *Geometric Greece*, London: Methuen

Cartledge, Paul

  1998 *Ancient Greece*, Cambridge: Cambridge University Press

Cotterell, Arthur ed.

  1980 *Encyclopedia of Ancient Civilizations*, New York: The Rainbird Pb. Group Ltd., Penguin Books

Cunliffe, Barry ed.

  1994 *Prehistory of Europe*, Oxford: Oxford University Press

Daniel, Glyn

  1950 *A Hundred Years of Archaeology*, London: Gerald Duckworth & Co. Ltd.

  1962 *The Megalith Builders of Western Europe*, Harmondsworth: a Pelican Books

Gimbutas Marija

  1956 The Prehistory of Eastern Europe, American School of Prehistoric Research Peabody Museum, Harvard University Bulletin N.20, Massachusetts: Peabody

Museum

Hawkes, Jacquetta

  1968 *Dawn of the Gods*, New York: Random House

Joussaume, Roger

  1987 *Dolmens for the Dead*, London: B. T. Batsford

Mathioulakis, Christos

  1974 *The Traveller's Guidebook to Santorini*, Athens: Chris Z. Mathioulakis

Mylonas, George E.

  1957 *Ancient Mycenae−The Capital city of Agamemnon−*, Princeton: Princeton University
       Press

  1968 *The First Civilizations*, New York: Thomas Y. Crowell Company

  1976 *A Hundred and Fifty Years of Archaeology*, Cambridge: Harvard University Press

National Geographic Society

  1994 *Wonders of the Ancient World*, Washington D.C.: National Geographic Atlas of
       Archaeology

Payne, Robert

  1966 *The Gold of Troy*, New York: Paperback Library Inc.

Piggott, Stuart

  1965 *Ancient Europe*, Chicago: Aldine Publishing Company

Renfrew, Colin

  1979 *Before Civilization*, Cambridge: Cambridge University Press

Sabloff, Jeremy A. and C.C. Lamberg−Karlovsky

  1974 *The Rise and Fall of Civilizations*, California: Cummings Publishing Company

Scarre, Christopher and Fagan, Brian M.

  1977 *Ancient Civilizations*, New York: Longman

三浦一郎 編集

  1977 世界の大遺跡 5, エーゲとギリシアの文明, 東京: 講談社

12. 그리스 문명

　세계 제2차 문명(secondary civilization)인 에게海의 미노아 문명(Minoa, 기원전 2200년
-기원전 1450년, 또는 기원전 2000년-기원전 1450년)과 그리스의 청동기시대를 대표하는
미케네(Mycenae, 기원전 1600년-기원전 1200년, 또는 기원전 1550년-기원전 1100년) 문명에 이
어 나타나는 그리스의 고고학은 일반적으로 기원전 800년에서 기원전 300년까
지, 그리고 그중 그리스를 대표하는 古典그리스(Classic Greece)고고학은 기원전 500
년에서 마케도니아의 필립 2세(기원전 382년-기원전 336년)가 케로네아(Chaironeia) 전
투에서 그리스를 정벌하는 기원전 338년까지를 말한다. 그리고 마케도니아 제국
은 기원전 338년-기원전 146년[카르타고의 한니발 장군이 로마의 스키피오 장군(스키피오의
큰아들 Scipio Aemilianus의 양자인 Publicus Comelius Scipio Aemilanus(小의 스키피오, Scipio
Africanus the Younger, 기원전 185년-기원전 129년))에게 자마 평원 전투에서 패전한 해]까지이
다. 미케네 문명은 하인리히 슐리만(Heinlich Schlieman, 서기 1822년-서기 1890년)이 서
기 1876년 미케네 아트레우스(Atreus)와 아가멤논(Agamemnon) 왕의 묘라고 여겨지
는 竪穴墓(shaft grave)의 발굴, 호머(Homer)의 서사시인 일리아드(Iliad)와 오디세이
(Odyssey), 그리고 그리스어의 기원인 線文字(Linear) B의 解讀(미케네의 線文字 B는 87자
로 1952년 영국인 마이클 벤트리스 Michael Ventrice가 해독함) 등에 의해 알려졌다. 슐리만은
터키의 힛사르리크(Hissarlik)에 있는 트로이(Troy) 유적을 서기 1871년-서기 1890
년까지 4차에 걸쳐 발굴을 하였다. 이는 호머의 일리아드의 서사시에 나오는 트
로이 전쟁에 관한 내용 때문이었다. 트로이 전쟁의 무대는 기원전 1250년/기원전
1200년경으로 여겨지며 실제 발굴했던 칼 브레겐(Carl Blegen)에 의하면 7A層이 이
시기로 보인다. 이 전쟁은 당시 트로이가 黑海에서 시작해 비잔티움(콘스탄티노플/
이스탄불)을 지나 마르마라 바다(Sea of Marmara, 옛 이름은 Propontis임)와 다다넬스(Dar-

danelles/Hellespont) 海峽을 빠져나와 그리스로 향하는 당시의 무역루트 要衝地에 위치하는 交易의 중심을 이루고 있었기 때문에 미케네의 아가멤논(Agamemnon) 왕을 盟主로 하는 그리스 공동 연합군(coalition force)의 공격이 불가피했을 것이다. 후일 이들은 모두 마케도니아의 필립 2세와 그의 아들 알렉산더 대왕에 의해 마케도니아 제국으로 합병되었다. 그리고 그 다음에 로마로 넘어갔다. 그 과도기인 그레코-로만시대는 기원전 146년에서 서기 14년까지를 말한다.

그리스가 지중해의 패권을 장악하고 東洋의 페르시아 아케메니드(Achemenid) 왕조가 누려왔던 문화 흐름의 主導權(hegemony)을 西洋의 그리스가 넘겨받기까지 소아시아지역과 페르시아와 여러 戰爭을 거쳤다. 기원전 1250년경에 일어난 호머의 서사시인 일리아드와 오딧세이의 배경이 된 미케네의 아가멤논 왕의 트로이 침략전쟁을 비롯하여 아케메니드 왕조의 페르시아의 4대 다리우스 1세와 5대 크세르크세스 왕 때인 기원전 490년 마라톤/Marathon 전투, 기원전 480년 사라미스/Salamis 전투, 기원전 479년 프라타이아이/Plataea의 侵入戰爭에 대한 그리스의 防禦가 크게 3차에 걸쳐 있었다. 이란에는 메디아(Medes, 기원전 708년-기원전 550년), 아케메니드(Achemenid, 기원전 559년-기원전 331년), 파르티아(Parthia, 기원전 247년-서기 224년)와 사산(Sassan, 서기 224년-서기 652년)[80]의 네 왕조가 들어섰다. 아케메니드

---

80) 慶州 월성군 외동리 소재 新羅 38대 元聖王의 掛陵(사적 26호, 서기 785년-서기 798년)의 石像(보물 1427호), 41대 憲德王陵(서기 809-서기 826년, 사적 29호), 42대 興德王陵(서기 826년-서기 836년, 사적 30호)의 무인석상과 경주 용강동 고분(사적 328호)출토 土俑도 실크로드를 따라 중국 隋(서기 581년-서기 618년)와 唐(서기 618년-서기 907년)나라 때의 胡商인 소그드(Sogd/Soghd)인들의 영향으로 생각된다. 우즈베키스탄(Uzbekistan) 사마르칸트(Samarkand)의 동쪽 펜지켄트(Pendzhikent, 서기 1946년 러시아인 Boris Marshak이 발굴, 서기 719년-서기 739년 아랍인의 침공으로 멸망)의 조그만 도시국가에 중심을 둔 소그드인들은 그들의 습관이 중국의 舊唐書 胡書에 기록으로 남아있을 정도로 카라반(隊商)을 형성하여 중국의 수와 당나라 때 활발한 무역을 했었다. 당나라 때에는 西安과 高昌에 정착을 하여 그들의 우두머리가 관리책임자인 薩寶라는 직을 맡기도 하였다. 그들의 무역활동 흔적은 벨기에 후이 성당과 일본 正倉院/法隆寺의 비단(소그드의 씨실 비단 직조법과 사산왕조의 영향을 받은 문양), 그리고 甘肅省 敦煌 莫高窟 45호와 西安 北周의 安伽墓(2004, 陝西省考古研究所)와 史君墓(펜지

왕조(기원전 559년-기원전 331년)는 키루스(Cyrus, 기원전 580년-기원전 530년: 바빌론의 포로인 이스라엘인들을 해방시켜 이스라엘인들로부터 신이 내린 왕 메시아로 불림)-키루스 2세-캄비세스(Cambyses) 2세-다리우스(Darius, 기원전 550년-기원전 486년, 기원전 522년-기원전 486년 재위)-크세르크세스(Xerxes, 기원전 510년-기원전 465년)-아르타 크세르크세스(Artax-erxes, 기원전 465년-기원전 424년)-다리우스 3세(기원전 380년-기원전 330년)로 왕위를 계승하다가 다리우스 3세가 기원전 331년 10월 1일 가우가메라(Gaugamela) 전투에서 알렉산더 대왕에게 패함으로써 마케도니아 제국(기원전 338년-기원전 146년)에 합병되었다. 페르시아 아케메니드 왕조는 나일 강(홍해)과 지중해를 잇는 209km의 다리우스 운하,[81] 가나트라 불리는 지하 용수 공급체계, 왕의 大路, 아파다나 알현실이 있는 60×60m 규모의 건물, 110개의 列柱가 서있는 페르세폴리스 궁전과 파

켄트 근처 부하라와 키쉬 출신으로 성을 '安', '康', '史', '石' 등으로 삼음)의 石槨표면에 보이는 벽화를 들 수 있다. 그들의 후손으로 여겨지는 安祿山의 亂(唐 玄宗, 서기 755년-서기 763년)의 실패로 소그드인의 활동이 약화되었다. 그들의 문화는 앞선 페르시아의 사산(Sassan, 서기 224년-서기 652년) 왕조 문화의 영향을 많이 받았다.

81) 그리스의 역사가 헤로도투스(Herodotus, 기원전 484년-기원전 425년경)에 의하면 다리우스 1세(기원전 522년-기원전 486년 재위)의 운하(Darius I's Canal)는 앞선 이집트 26왕조의 파라오인 Necho II세(Nekau, 기원전 610년-기원전 595년)의 계획을 완공시킨 것으로 당시 Greater Bitter Lake 호수 남쪽 이집트의 Shaluf(Chalouf) 마을 외곽의 Heroopolite Gulf와 홍해사이에 나있던 실개천과 같은 물길을 확장해 당시 3단 櫓의 갤리선(galley)과 같은 노 젓는 두 척의 배인 트라이림(trireme)이 다닐 수 있을 정도의 폭을 가지고 한번 횡단하는데 4일이 소요되었다고 한다. 다리우스 왕은 운하의 완공을 기념해 Kabret와 수에즈 북쪽 수 마일 떨어진 곳에 비를 세웠다. 살루프 비석(Shaluf stele)이라고 알려진 비는 서기 1866년 Charles de Lesseps에 의해 발견되었으며 비문은 페르시아 고어, 메디아, 앗시리아와 이집트어로 쓰여졌다. 그리고 페르시아 설형문자의 해독은 이란 케르만샤-하마단 길옆 베히스툰 또는 비소툰(Bisotun, Behistun, Bisutun) 바위에 아케메니드 왕조의 3대 왕인 다리우스 대제(기원전 521년-기원전 486년 재위)에 의해 기원전 521년 반란을 진압하고 나서 그 내용을 설형문자인 엘라마이트, 바빌론과 옛 페르시아어가 부조의 형태로 새겨진 비가, 로린손(Rawlison, Lt. col. Henry Creswicke에 의해 서기 1835년-서기 1847년 조사)에 의해 판독됨으로 가능해졌다. 이로써 살루프 비석을 포함한 메소포타미아 전역에서 발견되는 설형문자가 해독되게 되었다.

라다이시아 정원이 들어선 파사르가데 궁전, 보스포러스(기원전 490년)와 다다넬스(헬레스폰트, 기원전 480년) 해협을 이어 그리스를 공격해 들어갔던 배다리 浮橋(pontoon bridge)의 건설 등으로 잘 알려져 있다. 그 후 기원전 323년 6월 10일 32세에 헬레보래 중독으로 인한 알렉산더의 사후 부하장군 중 셀레우코스 니카도(Seleucus Nicado)가 셀레우시드 왕조(Seleucid dynasty, 기원전 304년-기원전 65년), 안티고니드가 안티고니드 왕조(Antigonid dynasty, 기원전 304년-서기 168년), 그리고 프톨레미가 이집트에 프톨레미 왕조(Ptolemy dynasty, 기원전 304년-기원전 30년, 이 기간은 凡헬레니즘·간다라 문화기간으로 불린다)를 세웠다. 알렉산더는 기원전 336년 20세에 이미 그리스와 발칸 반도 전역을 장악한 마케도니아 제국(기원전 338년-기원전 146년)의 왕으로 성장해 있었다. 그리스, 마케도니아, 페르시아와의 전쟁에 대한 연표는 아래와 같다.

기원전 559/551년-기원전 331년　아케메니드 왕조

490년　페르시아(다리우스 I세 왕)의 침입으로 테미스토클레스(Themistocles, 기원전 525년?-기원전 460년?)가 마라톤(Marathon, 기원전 490년)과 사라미스(Salamis, 기원전 480년) 전투를 잘 막아내 부하인 페이디피데스(Pheidippides/또는 600년 후 루시안의 기록에 의한 필리피데스가 완주한 42.195km를 마라톤 경기의 기원으로 보기도 한다)로 하여금 아테네로 승리를 보고한 것이 오늘날의 마라톤 경주의 기원이 되었다.

480년　8월 스파르타 레오니다스 왕과 그의 부하 300명이 페르시아 크세르크세스 왕(Xerxes, 기원전 510년-기원전 465년)의 30만 대군의 진격을 테르모필레(Thermopylae) 협곡에서 저지하다 모두 전사함.

480년　Artemesium 해협 해전, 사라미스(Salamis) 전투

479년　프라타이아이(Plataea) 전투

477년　델로스 동맹(Delian League, 기원전 477년 봄 아테네를 맹주로 173

개의 도시국가들이 페르시아의 공격에 대비해 동맹을 맺음)

331년 10월 1일 가우가메라(Gaugamela) 전투에서 알렉산더 대왕
에 의해 다리우스 3세가 패함.

마케도니아 제국 시대(기원전 304년-기원전 146년, 헬레니즘시대
는 기원전 304년-기원전 30년임)

338년[케로네아(Chaironeia) 전투]-기원전 323년 알렉산더 대
왕(기원전 356년-기원전 323년 6월 10일)의 病死 때까지 다리우
스3세가 통치하던 페르시아 제국의 정벌과 수도인 파사
르가데(Pasargadae), 엑바탄(Ekbatan), 수사(Susa), 페르세폴
리스(Persepolis)와 크세르크세스(Xerxes)를 점령

330년 다리우스 3세가 부하에 의해 암살당함.

327년 마케도니아(알렉산더 대왕)의 침입: 간다라(현 페샤와르) 지역
에 그리스 미술양식의 보급. 간다라(Gandhara) 미술양식의
탄생. 기원전 323년 알렉산더 대왕(기원전 356년-기원전 323년
6월 10일)의 病死 후 부하장군인 셀레우코스 니카도에 의해
셀레우시드 왕조 성립(기원전 304년-기원전 65년). 그리스계
박트리아 왕국에 의해 인더스 남쪽 탁실라와 마니키알라
(Manikiala) 지역에까지 헬레니즘 문화의 전파. 헬레니즘시
대(The Hellenistic Age, 기원전 304년-기원전 30년) 형성으로 세속
적이고 국제적인 문화가 형성되었다.

323년 알렉산더 대왕[기원전 356년-기원전 323년 6월 10일 헬레보레Helle-
bore(헬레보레, 미나리아재비과 식물) 중독사함. 또는 학질/malaria에
걸려 사망하였다는 설도 있다. 그의 아버지인 필립 2세(Philip II of
Macedon 기원전 382년-기원전 336년)의 넷째 부인이자 그의 어머니인
올림피아(Olympias 기원전 375년경-기원전 316년)는 그를 왕위에 올리
기 위해 남편까지 암살했던 치맛바람의 극치였다.]

268년 찬드라 굽타 마우리야(Chandragupta Maurya, 기원전 340년경에
      태어나서 기원전 320년경-기원전 298년경 재위)의 마우리야 왕조
      (Mauryan dynasty, 기원전 321년-기원전 185년) 중 아쇼카 왕
      (Ashoka/Aśoka the Great, 기원전 304년경-기원전 232년경, 기원전 269
      년경-기원전 232년경 재위) 때 간다라 지역에 불교가 전래되
      기 시작하였다. 1978년 11월 15일 소련 고고학자 빅토르
      사리아니디(Victor Sarianidi/Viktor Sariyanidis)에 의해 북부 아
      프가니스탄 소재 Bactria(Balkh) 왕국(기원전 256년-기원전 135
      년)의 후계자인 쿠샨 왕국(기원전 135년-서기 241년 까지 점령)의
      왕족 공동묘지 틸리야 테페(Tiliya/Tilla tepe, 황금의 언덕)에서
      6기가 발굴되었다. Graeco-Bactria 계통의 황금유물
      20,600점이 출토되었다. 이곳 4호 무덤에서 금관과 함께
      불교의 유입과 관계된 금화가 나와 기원전 2세기 중반에
      서 기원전 1세기 초의 후기 쿠샨 왕조 때의 공동묘지로
      밝혀졌다. 박트리아 지역은 Tillya/Tilla tepe 이외에도
      Fuloi, Aï Khanoum, Begram을 포함한다. 그중 아이하
      눔(Aï Khanoum) 유적은 서기 1961년 아프카니스탄 모하메
      드 자히르 샤 王에 의해 발견되고 서기 1964년 폴버나드
      를 단장으로 하는 발굴단이 구성되어 서기 1979년 12월
      소련의 침공 때까지 15년간 발굴되어 북쪽 타지키스탄 국
      경 가까이 아무다리아 강가에 위치한 박트리아 왕국의 수
      도임이 밝혀졌다. 이곳은 높이 12m의 성벽에 둘러싸인
      동서 1.5㎞, 남북 2㎞의 약 6천명의 그리스인과 이민족이
      거주하던 도시로 궁전(200㎡), 신전, 원형극장, 학교(김나지
      움) 등이 발굴되었다. 그리스의 列柱식 건물과 달리 흙벽
      돌로 세운 신전에서 발견된 제우스 신상의 파편은 기원

전 62년 7월 7일 터키 코마게네(Commagene) 왕 안티오쿠스(Antiochus) I세(기원전 62년-기원전 32년 통치)가 자신의 무덤인 넴루드(Nemrut Dagi) 유적 앞에 세운 아폴로 미트라(Apollo-Mithras) 석상에서 발견되는 동양 페르시아 拜火敎의 영향을 받은 '光背의 後光(hallow)'이 나타나고, 귀걸이도 청금석, 진주와 산호 등 동서양의 합작품으로 만들어졌다. 이곳은 동서양이 만나는 교차지점으로 무역의 중심지로 알려지고 있다. 이곳은 알렉산더 왕이 도시를 세운 이후 약 150년 가까이 존속했던 것으로 보여진다. 당시 그리스인들의 동양인을 통치하던 수법이 동양문화의 수용과 융합에서 잘 보여진다.

31년 안토니우스(클레오파트라와의 연합)와 옥타비아누스(아우구스투스대제, 기원전 27년-서기 14년)와의 악티움 해전(9월 2일).

기원전 27년-서기 1453년 동·서 로마통치시대

서로마 제국 기원전 27년-서기 476년,

동로마 제국/Byzantine Empire,

서기 330년-서기 1453년. 서기 395년 동로마제국의 공식적 시작

서기 324년 11월 8일(일) 콘스탄티노폴리스(Constantinopolis)의 건설을 시작해 6년 뒤인 서기 330년 5월 11일 완공을 봄.

서기 571년 마호메트 탄생

330년-서기 1453년 동로마 제국(Byzantine Empire, 9월 4일)

800년-1806년 신성로마 제국(샤를 마뉴 1세, Holy Roman Emperor)

1299년-1922년 오스만 투르크(Ottoman/Othman Empire, Osman Turk)

1832년 오스만 투르크(터키)로부터 그리스의 독립

1898년 오스만 투르크(터키)로부터 크레테 섬의 독립

페르시아의 아케메니드 왕조 중 4대 다리우스 1세 왕과 5대 크세르크세스 왕 때 마라톤(Marathon) 전투(기원전 490년), 살라미스 海戰(기원전 480년)과 프라타이아이 (Plataea) 전투(기원전 479년)를 벌렸으나 그리스를 함락시키는데 실패하였다. 그 이후 다리우스 3세는 기원전 331년 10월 1일 가우가메라 전투에서 알렉산더 대왕에게 패하고 이듬해 부하에게 암살당함으로써 아케메니드 왕조는 끝난다. 그리스가 마케도니아 제국에 속해 있다가 알렉산더의 병사로 미케네 문화의 전통을 가진 그리스 문명이 다시 살아나와 로마로 전승하게 된다. 고고학상 그리스 문명과 문화사적 사건은 다음과 같이 편년된다.

기원전 1900년-기원전 1600년   중기 청동기시대(Helladic culture)

1600년-기원전 1200년   미케네와 파이로스의 멸망.

아카이아(Achaea/Achaia, 아카이아인의 나라 아키야와 Akhkhyawa)와 Doria인들의 이주

1050년-기원전 900년   암흑시대(Dark Age)

900년-기원전 700년   기하학문시대(Geometric period)

800년경   도시국가(city state, polis)가 성립

776년   올림픽 경기(서기 1936년 11회 베를린 하계올림픽대회 마라톤의 우승자인 손기정이 부상으로 받은 그리스 투구는 현재 보물 904호로 지정되어 있음)

700년-기원전 600년   동양적 문화 영향기(Orientalizing period)

620년   아에토리아(Aetolia) 테르몽(Thermon) 아폴로 신전 건립

600년-기원전 500년   고기(Archaic period, 아르카이즘)

이탈리아 남부에 그리스 시민지를 경영하는 Magna Graecia 시대

650년-기원전 600년/기원전 570년

Aegina/Aigina(Attica 해안에 가까운 Pireaus灣 앞에
위치)에서 무역용 貨幣가 처음으로 鑄造되었다.

594년   Solon의 정치적 개혁

530년   토기의 색조에 黑色의 單色(monochrome)에서
붉은색(紅色)을 포함하는 多色(polychrome)이 나
타나기 시작함(Red figure technique)

508년   아테네 Cleisthenes의 개혁

490년   마라톤전투에서 테미스토클레스(Themistocles,
기원전 525년?–기원전 460년?)가 잘 막아내고 그의
부하인 페이디피데스란 병사로 하여금 아테
네에 승리를 보고한 과정이 오늘날 마라톤 경
기의 기원이 되었다.

477년   델로스 동맹(Delian League, 기원전 477년 봄 아테네
를 맹주로 173개의 도시국가들이 페르시아의 공격에 대비
해 동맹을 맺음)

462년   페리클레스의 통치(기원전 490년–기원전 429년, 기
원전 433년 이후 매년집정관으로 선출됨)
Thucydides(기원전 460년–기원전 400년)
Herodotus(기원전 484년–기원전 425년)
Socrates(기원전 469년–기원전 399년)
Plato(기원전 430년–기원전 350년)
Aristoteles(기원전 384년–기원전 322년)의 등장과
활약

447년–기원전 438년   익 티 노 스 (Iktinos/Iktinus)와 칼 리 크 라 테 스
(Kallicrates/Callicrates)에 의해 파르테논 신전의
건립

431년-기원전 404년	펠로폰네소스 전쟁(Peloponnesian war). 아테네의 항복
413년	아테네의 전쟁 재개
451년	스파르타와 아테네의 5년간 전쟁 휴전
446년	아테네와 스파르타의 30년 平和條約
403년	아테네 민주주의 부활
5세기	아테네의 솔론 집정관
338년-기원전 30년	알렉산더의 마케도니아 제국 시대(기원전 338년-기원전 146년). 이때 헬레닉시대[The Hellenistic Age, 간다라(Gandhara) 미술양식의 출현 기원전 304년-기원전 30년]가 열림 338년 그리스 케로네아(Chaironeia) 전투로 마케도니아의 필립 2세(기원전 382년-기원전 336년)가 그리스를 정벌. 323년 6월 10일 헬레보레 Hellebore(헬레보레, 미나리아재비과 식물) 중독사함. 또는 학질/malaria에 걸려 사망하였다는 설도 있다.
146년	마케도니아 제국의 로마 제국으로 편입
146년-서기 14년	그레코-로만(Graeco-Roman)시대
31년	악티움해전(The Battle of Actium, 9월 2일)
27년-서기 476년	서로마 제국(9월 4일)
서기 313년	기독교의 공인
330년-서기 1453년	동로마 제국(9월 4일)
1803년	Lord Elgin Marble로 알려진 파르테논 신전의 조각상이 대영제국박물관으로 실려 감. 1832년 그리스와 서기 1898년 크레테의 독립으로 그리스 고고학의 시작

그리스의 고고학은 일반적으로 기원전 1050년에서 기원전 600년까지 암흑시대(Dark Age), 기하학문시대(Geometric period), 동양적 문화 영향기(Orientalizing period)가 나타나고, 뒤이어 고기(Archaic period, 아르카이즘)/마그나 그레샤(Magna-Graecia, 기원전 600년-기원전 500년경 남부 이탈리아의 그리스 식민지)가 이어진다. 그리고 古典그리스(Classic Greece)는 기원전 500년에서 기원전 338년까지를 말한다. 그 다음은 헬레닉시대(The Hellenistic Age/Hellenistic Period, 기원전 304년-기원전 30년)로 마케도니아 제국(기원전 338년-기원전 146년)에 속하는 시기를 말한다. 그리고 그레코-로만(Graeco-Roman, 기원전 146년-서기 14년)과 팍스 로마나(Pax-Romana, 서기 14년-서기 476년 로마의 지배에 의한 평화시대)가 나타난다. 그리스 고고학의 특징을 일반적으로 다음과 같이 세분해 설명한다.

1) 암흑시대(Dark Age, 기원전 1050년-기원전 900년)

미케네가 멸망하는 기원전 1100년 정도부터 시작하는데 기원전 1050년부터 약 150년의 기간동안 곳곳에서 반란이 일어나고, 인구가 이동하고 나라가 멸망하는 과정을 보여준다. 종전까지 미케네 문명의 기준으로 볼 때 生活狀으로는 기근과 쇠퇴에 가깝고, 文化狀으로 볼 때도 고립과 정체성을 보인다. 다음 시기인 전형적인 기하학문시대의 토기의 조형(proto-type of terra cotta idols)도 이 시기에 만들어지고 철제품의 제작과 火葬이 특징이다. 半人半馬[미케네의 경우는 半人半馬의 centaur, 미노아의 경우는 半人半牛의 미노타우르(minotaur), 그리고 그리스 조각품에서 半人半獸의 Satyrs(주신 바카스의 시종 Silenoi/사티로스)라는 괴수가 나타남]의 怪獸像도 나타난다.

2) 기하학문시대(Geometric Period, 기원전 900년-기원전 700년)

각진 얼굴과 곱슬머리의 부적과 같은 기학적인 예술작품이 만들어진다. 火葬이 줄어들고 埋葬이 는다. 그리고 그리스적인 것들로 인정할 수 있는 것들이 생겨나며, 대표적인 것이 기원전 776년에 시작된 올림픽 경기이다. 에레트리아 다프네포로스(Eretria Daphnephoros)의 폴로 신전의 초기 모형이 나타난다. 그리고 옷

핀(fibulae, brooch)에 卍자문(gammadion, swastica)도 나타난다.

3) 동양적 문화 영향기(Orientalizing period, 기원전 700년-기원전 600년)

마그나 그레샤(Magna-Graecia, 기원전 600년-기원전 500년경 남부 이탈리아의 그리스 식민지)가 처음으로 형성되는 시기이다. 그리고 앗시리아, 크레테와 페르시아 등지의 영향을 받아 길게 늘어진 옷, 근육질의 남성상과 획일적인 東洋風이 감도는 작품들이 만들어진다. 그중 델로스(Delos)에서 발굴된 人身大의 대리석 여성입상과 실물의 1/3 정도 크기의 오세레(Auxerre) 출토의 여인입상이 대표적인데, 여기에는 편평한 몸, 길고 삼각형의 얼굴, 큰 눈과 가발 같은 머리 등이 특징으로 이는 크레테 섬의 전설적인 예술가의 이름을 딴 데달루스/다이달릭 양식(Daedalic style)으로 불리고 있다.

4) 고기(아르카이즘, Archaic Period, 기원전 600년-기원전 500년)

고기시대는 기원전 600년경부터 시작되며 과거의 헬레네 세계와 단절되지 않고 새로운 창조를 이루어 냈던 시대이며 다음의 고전 그리스(기원전 500년-기원전 338년)까지 이어진다. 이오니아(Ionic order)식 主頭, kouros(복수 kouroi, 남성)와 kore(복수 korai, 여성)와 같은 누드의 남자 입상(nude standing male figurine)과 옷을 입은 여자의 입상(An Archaic statue of a draped female figurine)이 만들어지고, 기원전 530년 토기의 색조에 黑色의 單色(monochrome)에서 붉은색(紅色)을 포함하는 多色(polychrome)이 나타나기 시작한다(Red figure technique). 여기서의 긴 옷은 페프로스(peplos)로 로마의 토가(toga)나 세리카(sarica/serica, silken garments)에 해당한다. 작품의 재질도 象牙, 나무와 청동기 등 다양하다. 이는 기원전 490년 마라톤, 기원전 480년 사라미스 전투와 기원전 479년 프라타이아이(Plataea) 전투에서 페르시아에 승리를 거둔 영향으로 보인다. 기원전 620년 아에토리아(Aetolia) 테르몽(Thermon)에 세워진 아폴로 신전과 특징 있는 배홀림의 기둥(enthasis), 기원전 6세기경의 코린트(Corinth)의 사원, 기원전 500년경 피챠(Pitsa)에서 발견된 木版畫 등도 이 시기의 대표작들이다.

아테네가 페르시아를 물리친 기원전 480년부터 스파르타와 펠로폰네소스 전쟁을 시작한 기원전 431년까지의 약 50년 동안 아테네 문화에 황금시기를 가져왔다(고전그리스, Classic Greece). 기원전 490년 아케메니드 왕조의 4대 다리우스 I세 왕이 보스포러스 해협에 배다리(船橋) 浮橋(pontoon bridge)를 깔고 그리스를 침공하였으나 테미스토클레스(Themistocles, 기원전 525년?-기원전 460년?)가 이끄는 군대가 이를 잘 저지하였고 그의 부하 페이디피데스(Pheidippides)가 이 소식을 아테네에 전해 42.195㎞ 마라톤의 기원이 되기도 하였다. 기원전 480년 페르시아의 다리우스 왕의 아들 5대 크세르크세스(Xerxes) 왕은 다다넬스(Dardanelles, 옛 이름은 Hellespont임) 해협에 674척의 배다리(船橋)를 깔고 그 위에 합판을 얹은 浮橋(potoon bridge)를 이용해 바다를 넘어와 테르모필레(Thermophile)에서 스파르타군을 맞아 전투를 승리하고 곧바로 아테네 시에 들어가 시가지를 불태운다. 그러나 아테네의 정치가이자 해군제독인 테미스토클레스는 다시 살라미스(Salamis)에서 페르시아군을 맞아 격퇴시킨다. 이 해전의 승리는 아테네(그리스)에서 약 450㎏이나 되는 에스릿 청동제 衝角(athlit bronze ram)이 船頭(이물, prow/stem)의 수면 밑(hull)에 부착된 트라이림(trireme, 50명의 노잡이가 타는 펜테콘터 penteconter가 있었음)이라 불리는 3단 櫓의 갤리선(galley)과 같은 기술적으로 훌륭한 배가 만들어지고 있었다는 것과 무관하지 않다(카르타고에서는 후일 5단의 갤리선이 있었음). 그리고 그리스 병사들은 코린트식 헬멧(Corinthian helmet)을 쓰고 라멜라(Lamellar)라는 갑옷을 입고 손에는 도리(Dory)라는 창과 시포스(Xiphos)라는 칼을 쥐고, 안쪽에 방패를 잡은 손이 자유롭게 움직일 수 있는 아기브 그립(Argive grip)이 달린 호프론(Hoplon) 청동방패를 든 重裝(裝甲)步兵(hoplites)이었던 것도 승리에 한 몫을 하였다. 그 이듬해인 기원전 479년 크세르크세스의 페르시아군은 프라타이아이(Plataea)에서 다시 패함으로 패권은 그리스로 넘어가게 된다. 전쟁에서 승리한 후 50여 년 동안에 페리클레스[Pericles, 기원전 490년-기원전 429년 아테네에 창궐한 장티푸스로 사망. 그의 情婦는 교양을 갖춘 고급 매춘부인 헤타에라(Hetaera, Babylonian Naditu, Japan oira 게이샤, 한국기생) 계급의 아스파시아로 후일 정적들의 공격대상이 됨]가 발의하고 조각가 피디아스(Phidias)가 감독하고 므네시크레스(Mnesikles), 익티노스(Iktinos/Iktinus)와 칼리크라테스(Kallicrates/Callicrates) 등의 건축가들에 의해 建造된 아크로폴리스가 있으며 피디아스 자신은 나무로 만든 여신상 위에 벗겨낼 수 있는 얇은 금판과 상아로 아테네 여신상(Phidias' chryselephantine cult statue of goddess)을 조각하기도 하였다. 아테네의 민주주의는 시민의 의사에 따라 결정되었으나 시민의 결정은 연설가들의 언변술에 좌우되기도 하고, 한 사람이 이끄는 君主制와 같은 민주주의, 여자와 외국인은 시민이 될 수 없을 뿐만 아니라 참정권도 없는 약점도 아울러 갖고 있었다. 아크로폴리스[Acropolis는 "edge, extremity"의 의미를 지닌 acron과 'city'의 의미인 'polis'의 합성어로 해발 150m에 자리잡고 있는 고대 그리스 아테네의 요새를 뜻하며 파르테논/Parthenon 신전(기원전 447년-기원전 438년) 등이 위치하고 있다]와 아고라("gathering place" 또는 "assembly"라는 의미를 지닌 agora) 사이에 있는 3단 높이의 강단인 프닉스(Pnyx) 유적은 아테네 시민들이 자발적으로 올라가 자신의 의견을 발표한 민주주의 탄생지의 산 증거이다. 그러나 그리스정치의 약점에는 도편(陶片, Ostraka) 추방(ostracism, 10년 국외 추방)도 한 몫을 하였다. 그리스 세력의 확대는 그리스 주변지역의 무역기지(시장, amporia)로 확인할 수 있는데, 이는 기원전 730년에 만든 쿠메로부터 시작하며 그 후 기원전 600년경 마르세이유와 시라쿠사(시칠리아) 등지에서도 만들어졌다. 그래서 이 시기에는 모든 것이 국제화된 양상을 보인다. 아테네와 리디아(Lydia)에서 발견된 것과 같은 금과 은으로 된 화폐도 만들어졌다. 문양은 앞면에 아테네 여신 뒷면에 올빼미, 사자, 수소 등을 양각해 넣었으며 화폐단위도 드라크마(drachm/drachma), 고대 그리스의 金貨를 지칭하는 스테이터(stater)도 있었다. 에페소스(Ephesos) 신전의 발굴에 의해서 알려진 바와 같이 Attica 해안에 가까운 Pireaus灣 앞에 위치한 Aegina/Aigina에서는 기원전 650년-기원전 600년/기원전 570년 이후 전면에 바다 거북이(the oldest staters of the Turtle type)를, 후면에는 펀치 문양(punch mark)을 양각해 넣은 무역용 貨幣(銀貨, 기원전 7세기 중반 Pheidon왕 때 주조되었다고 하나 그 연대에 있어서는 논란의 여지가 있다)가 처음으로 鑄造되었다.

5) 기원전 5세기(The Fifth Century B.C.)

고전그리스[기원전 500년부터 기원전 338년: 마케도니아의 필립 2세(기원전 382년-기원전 336년) 케로네아 전투에서 그리스 정벌까지의 기간]에서는 솔론(Solon)-클레이스테네스(Cleisthenes)-페리클레스(Pericles, 기원전 490년-기원전 429년)-알키비아데스(Alkibiades)로 이어지는 정치가들의 잇단 개혁으로 시민들의 삶과 권리가 민주화되면서 계속 확대되어 갔고, 따라서 삶의 질도 매우 높아졌다. 전 시기부터 투키데데스(Thucydides, 기원전 460년-기원전 400년), 헤로도투스(Herodotus, 기원전 484년-기원전 425년), 소크라테스(Socrates, 기원전 469년-기원전 399년), 플라톤(Plato, 기원전 430년-기원전 350년)와 아리스토텔레스(Aristoteles, 기원전 384년-기원전 322년)와 같은 역사학자와 철학자들이 나와 오늘날까지 통용되는 그리스의 사상적 배경이 공고하게 되었다. 타레스(Thales), 아낙시만더(Anaximander), 아낙시메네스(Anaxi menes), 사포(Sappo), 알카에우스(Alcaeus) 등의 문학가들도 나타나 詩와 哀歌調의 對句(elegiac couplet)를 포함하는 문학과 예술의 발전을 가져오게 되었다. 이 무렵 畵瓶, 조각, 건축 등의 제작이 매우 활발하였다. 그리스의 술잔인 크레이터(krater), 키릭스(kylix)와 스터럽(stirrup cup, 이별잔), 畵瓶 등의 표면에 그려진 문양들은 演劇舞臺에 등장하는 假面과 服飾 등이 주가 되며 이는 기원전 530년부터 나타난 多元色調의 그림과 함께 그리스를 대표하는 예술의 하나로 자리 잡게 되었다. 이때 파르테논 신전(기원전 447년-기원전 438년)이 익티노스(Iktinos/Iktinus)와 칼리크라테스(Kallicrates/Callicrates)에 의해 만들어지고, 인간의 모습은 이상화되고(idealized depiction of the human body) 자연주의와 감정의 표현을 억누르는 Phidias 樣式의 작품이 만들어졌다. 파르테논 신전에 이용된 대리석 석재는 18㎞ 떨어진 펜델리콘 산에서 채석하였다 그리고 신전의 건축에는 "인간은 만물의 척도"라고 언급한 피타고라스의 황금비율 1:0.168, 4:9의 균제비율, 柱礎의 上層基壇面(stylobate)을 불쑥 솟아나게(doming) 보이지 않도록 움푹 들어가도록(hollowed) 한 착시현상의 응용과 기둥의 배흘림(entasis)수법 등 다시 말해 度量, 比例와 調和 모두가 具現되어 만들어졌기 때문에 이 파르테논 신전은 완공 후 建築이라기보다는 彫刻에 가까운 것으로 평을 받고 있다. 理想化된

파르테논 신전(충주대학교 백종오 교수 제공)

아크로폴리스 에릭테온 신전(충주대학교 백종오 교수 제공)

인체의 모습은 대리석과 청동으로 많이 만들어졌는데 이들은 다음 시대 로마인들에 의한 愛好品으로 되어 미론(Myron)의 '원반 던지는 사람'이란 청동상도 로마의 대리석제 複製品으로 만들어져 전해오게 되었다. 서기 1803년 영국의 엘긴

고린도 신전 전경(충주대학교 백종오 교수 제공)

(Lord Elgin) 백작이 당시 터키의 식민지였던 파르테논(Parthenon) 신전 膊棋(pediment)
의 조각상들을 떼어내서 서기 1816년 대영제국박물관에 기증하여 현재 "Elgin
Marbles로 전시하고 있으나 그리스의 문화부장관인 메리나 메르쿠리(Melina Mel-
couri)의 반환요청에도 불구하고 스모그(smog) 핑계로 이의 반환을 미루고 있다. 미
케네가 기원인 그리스어라는 공통어, 같은 신들을 믿는 사람들, 도리아인(Pero-
ponnese와 Crete 지역에 중심), 에올리안(Boetia와 Thessaly 지역에 중심), 이오니아인(Attica와
소아시아지역에 중심)들의 聖地로 올림픽 경기가 열리고, 신탁과 동맹의 올림피아
(Olympia), 델피[Delphi, 그리스의 Delphi의 Apollo 신전의 아폴로 신을 모신 신전의 신탁 여인 겸
여자 무당인 피티아/퓌티아(Pythia) 또는 시빌(siby, sible, sibulla, sibylla)이 상주함]와 델로스
(Delos), 테라(따라, Thera/Santorini)와 로데스(Rhodes)의 헬레닉 문화의 세 중심지는 그
리스라는 동질성(identity)을 찾기에 필연적인 지역들이다. 여기에는 호머(Homer)의
일리아드(Iliad)와 오딧세이(Odyssey), 그리고 헤라클레스(Heracles) 등의 凡헬레니즘
(pan-Hellenism, 기원전 304년~기원전 30년)의 英雄이 나타나고 이를 존경하는 敍事詩의
무대가 되기도 한다. 기원전 1600년~기원전 1200년 미케네와 파이로스의 멸망에
따른 아카이아(Achaea/Achaia)와 도리아(Doria)인들의 이주도 그리스 사람이라는 의

미의 헬레닉(Hellenic)에 모두 동질화 되어버린 것이다. 그런 헬레니즘의 사상이 완전하게 확립되는 것이 기원전 5세기인 것이다.

6) 기원전 4세기(The Fourth Century B.C.)

이 시기에는 多神敎가 성행하고, 국제적(cosmopolitan/international)이고 개인주의적(individual)인 헬레니즘(Hellenism, 기원전 304년-기원전 30년)이 유행한다. 主頭의 樣式도 단순에서 복잡한 Doric-Ionic-Corinthian order 순서로 변화해나간다. 그리스의 헬레니즘 문화는 마케도니아 제국(기원전 338년-기원전 146년) 그리고 기원전 323년 알렉산더 대왕(기원전 356년-기원전 323년 6월 10일)의 病死 후 부하장군인 셀레우코스 니카도(Seleucus Nicado)에 의해 셀레우시드 왕조 성립(기원전 304년-기원전 65년), Antigonid dynasty(기원전 304년-서기 168년), 그리스계 박트리아 왕국들에 의해 인더스 남쪽 탁실라와 오늘날의 파키스탄 지역인 마니키알라와 펫샤와르 지역에까지 간다라(Gandhara)란 미술양식으로 전파되었다. 이집트에 세워진 프톨레미 왕조(기원전 304년-기원전 30년)도 로마시대까지 그리스 문화의 전달 및 교량 역할을 하였다. 기원전 2세기경 폼페이에서 발견된 모자이크(mosaic)에서 보이는 기원전 331년 10월 1일 가우가메라(Gaugamela)에 있었던 알렉산더 대왕의 전투 모습도 이 시기를 대표하는 작품이다. 그리스의 문화는 마케도니아 제국(기원전 338년-기원전 146년)과 그레코-로만(Greco-Roman, 기원전 146년-서기 14년)과 팍스 로마나(Pax-Romana, 로마의 지배에 의한 평화)를 거치면서 오늘날의 유럽문명의 기초를 이루게 된다. 즉 그리스의 헬레니즘(Hellenism)은 서기 313년 기독교의 공인 이후의 헤브라이즘(Hebraism)에서 르네상스(Renaissance)시대에 다시 헬레니즘이 부활하기까지 유럽전통문화의 바탕인 것이다. 그리고 이는 다시 啓蒙主義(enlightenment), 科學(science), 産業革命(industrial revolution)과 더불어 파생하는 합리, 개방과 대량생산을 거쳐 오늘날 유럽의 民主主義와 植民主義(colonialism)의 또 다른 바탕을 제공하고 있는 것이다.

최몽룡

　1997　도시·문명·국가―고고학에의 접근―(대학교양총서 70), 서울: 서울대학교 출판부

피에르 레베크(최경란 옮김)

　1995　그리스문명의 탄생, 서울: 시공사

스테파노 마기(김원욱 옮김)

　2007　그리스, 세계 10대 문명 시리즈(1권), 서울: 생각의 나무

Biers, William R.

　1987　*The Archaeology of Greece*, Ithaca and London: Cornell University Press

J. N. Coldstream

　1977　*Geometric Greece*, London: Methuen

Carabatea, Marilena

　2008　*The Archaeological Museum of Delphi*, Greece: Adams Editions

Cartledge, Paul

　1998　*Ancient Greece*, Cambridge: Cambridge University Press

Cotterell, Arthur ed.

　1980　*Encyclopedia of Ancient Civilizations*, New York: The Rainbird Pb. Group Ltd., Penguin Books

Cunliffe, Barry ed.

　1994　*Prehistory of Europe*, Oxford: Oxford University Press

Gimbutas, Marija

　1956　*The Prehistory of Eastern Europe*, Cambridge: The Peabody Museum

Gore, Rick

　1994　When the Greeks went west, Washington, D.C.: *National Geographic* vol.186, No.5, pp.2-37

C. Kerény

　1976　*The Gods of the Greeks*, London: Thames and Hudson

Mathioulakis, Christos

　1974　*The Traveller's Guidebook to Santorini*, Athens: Chris Z. Mathioulakis

Mylonas, George E.

　1957　*Ancient Mycenae―The Capital city of Agamemnon―*, Princeton: Princeton University Press

National Geographic Society

 1994 *Wonders of the Ancient World*, Washington D.C.: National Geographic Atlas of Archaeology

Payne, Robert

 1966 *The Gold of Troy*, New York: Paperback Library Inc.

Piggott, Stuart

 1965 *Ancient Europe*, Chicago: Aldine Publishing Company

Renfrew, Colin

 1979 *Before Civilization*, Cambridge: Cambridge University Press

Scarre, Christopher and Fagan, Brian M.

 1977 *Ancient Civilizations*, New York: Longman

Wells, Peter

 1980 *Culture Contact and Culture Change: Early Iron Age Cultural Europe and the Mediterranean World*, Cambridge: Cambridge University Press

13. 로마 문명

　로마제국은 마그나 그레샤(Magna-Graecia, 기원전 600년~기원전 500년경 남부 이탈리아의 그리스 식민지), 그레코-로만(Graeco-Roman, 기원전 146년~서기 14년)과 팍스 로마나(Pax-Romana, 로마의 지배에 의한 평화, 서기 14년~서기 476년)를 거치면서 오늘날 유럽문명의 기초를 이루었다. 또 로마는 서기 79년 8월 24일 일어난 베스비우스(Vesuvius) 화산의 폭발과 함께 묻혔다가 현재에도 발굴 중인 폼페이(Pompeii)와 헤르큐레니움(헤르쿨라네움, Herculaneum) 두 도시, 헤롯왕이 기원전 37년~기원전 31년 건립하였다가 후일 로마항전의 최후 요새가 된 마사다(Masada)가 서기 73년 로마의 프라비우스 실바(Flavius Silva) 장군에 의해 함락, 크라우디우스(Claudius) 황제의 셋째 부인인 발레리아 메살리나(Valeria Messalina, 서기 17/20년~서기 48년)의 한국판 옹녀에 버금가는 이야기, 어머니 아그리피나(아우구스투스 황제의 손녀, 서기 15년 11월 7일 또는 서기 16년 11월 6일~서기 59년 3월 19/23일, Agrippina the Younger/Julia Augusta Agrippina/Agrippina Minor)와 그의 두 부인(Octavia와 Poppaea Augusta Sabina) 그리고 이복형제인 부르타니쿠스(Brutannicus)의 살인, 당시 流通銀貨의 함량조작으로 남은 돈으로 궁궐건축 비용과 개인적인 향락의 극대화, 그리고 서기 64년 7월 8일~7월 19일 로마의 대화재 때 발화책임을 뒤집어 씌워 기독교인을 처형한 연기성인격장애자(Histrionic personality disorder, 클레오파트라 VII세도 같은 병명이 붙음)인 네로황제(Nero, 서기 37년 12월 5일~서기 68년 6월 9일) 등으로 잘 알려져 있다. 네로와 더불어 카이사르(Julius Caesar, 시저, 기원전 100년 7월 13일~기원전 44년 3월 15일)와 칼리규라(Caligula, 서기 37년~41년) 또한 정신병을 앓던 로마의 독재자로 알려져 있다.

　중국과 동로마 제국 간의 교역로인 실크로드, 그리고 카르타고의 한니발(Hannibal, 기원전 247년~기원전 183년, 자마 평원의 대전투에서 로마의 스키피오 군에 패배 후 19년이 지나 터키 북부 바타니아에서 자살)과 Lucius Aemilius Paullus와 Gaius Terentius Varro 집정관(consul)들 사이에서 기원전 216년 8월 2일에 벌어진 이탈리아의 칸나이

(Canae)와 기원전 202년 10월 19일 카르타고 남쪽 160㎞ 떨어진 쟈마(Zama) 평원의 대전투와 카르타고의 함락을 포함한 3차의 포에니 전쟁[Punic War, 1차: 기원전 264년-기원전 241년, 이때 시칠리아/시실리의 카르타고 함선에 쉽게 상륙해 보병전을 벌릴 수 있는 다리를 탑재한 로마 수송선(Three-banked(trireme) Roman quinquereme(quin-quirmes) with the corvus boarding bridge)인 일명 까마귀 배인 코르부스(Corvus)가 등장하여 시칠리아에서 두일리우스(Gaius Duilius)가 이끈 로마해군이 승리함, 2차: 기원전 218년-기원

테오도시우스 황제의 오벨리스크(서기 390년, 국립중앙박물관회 강신애 교육사 제공)

전 201년 이탈리아 칸나이(Cannae)와 튀니지아의 자마(zama) 전투, 3차: 기원전 149년-기원전 146년 스키피오의 큰아들 Scipio Aemilianus의 양자인 Publicus Cornelius Scipio Aemilanus(小의 스키피오, Scipio Africanus the Younger, 기원전 185년-기원전 129년)에 의해 카르타고 함락 : Carthage, Punic, Phoenicia, Phönicia는 동의어임]으로 잘 알려져 있다. 그리고 영어, 독어와 프랑스어 등의 기원을 이루는 라틴어(羅典語)가 있다. 이를 통해 100개의 단어 중 14개의 오차가 생기면 천년이 지나간다는 言語年代學(glotto chronology)이 형성되기에 이르렀다. 그리고 유스티아누스(Justine I, 서기 527년-서기 565년)의 로마법을 포함하여 시멘트로 지어진 원형경기장, 원형극장, 목욕탕과 포장된 도로망 등은 로마의 문화를 대표한다.

로마는 기원전 753년 팔라티누스(팔라틴 언덕/Palatine Hill) 언덕[늑대라는 뜻의 루페르칼/Lupercal Cave로 불리는 동굴이 서기 2007년 11월 20일(화) 아우구스투스 부인 리비아(기원전 58년-서기 29년)의 집(Domus Livia)밑에서 발견되었다고 이탈리아 정부에 의해 공식 확인이 되었으며 이는 아우구스투스 황제(기원전 63년-서기 14년)의 황궁 건설 때 복원됨]에서 쌍둥이 동생 레무스(Remus)와 함께 늑대 젖을 먹고 자란 로마의 軍神인 마르스(Mars)의 아들 로물루스(Romulus)에 의해 건국되었다고 한다. 이곳에는 로마의 정치·행정의 중심지인 포로 로마노(Foro Romano, Forum Romanum, Romam Forum)가 포함된다. 기원전 753년부터 '고귀한 사람'이란 의미의 아우구스투스 황제 때까지의 역사는 리비우스(Titus Livius, 기원전 59년-서기 17년)의 역사책 Ab Urbe condita(From the city having been founded)에 의거하고 있다. 로마인들은 초기에는 로마보다 앞선 무덤 내부에 벽화가 있는 石室墳으로 유명한 에트루스칸(Etruscan) 문화로 대표되는 에트루리아 계통의 왕들에 의해 지배를 받던 王政(기원전 753년-기원전 509년), 왕정의 마지막 왕인 타르퀴니우스 수페르부스를 추방하고 기원전 392년 티베르 강 건너편에 있던 에트루스칸의 도시인 베일(Veil)을 함락시켜 에트루스칸의 압제를 끝낸다. 그리고 로마인들은 共和政(기원전 509년-기원전 31년/27년)을 세운다. 로마를 대표하는 SPQR이란 단어는 로마원로원과 시민(Senatus Populusque Romanus: The Senate and the People of Rome)을 뜻한다. 카이사르는 로마공화국의 집정관의 한 사람으로 정치적 입지를 굳히기 위해 갈리아(Gaul) 지역을 침공하여 수에비(Suebi), 네르비(Nervi), 에부오네스(Ebuones), 세네붐(Cenebum) 등의 부족을 치고 기원전 52년 9월 골(Gaul)과 헬베티아(Helvetia, 현 스위스)족 등 6만 연합군의 장군 베르킨게토릭스(Vercingetorix)를 상대로 하여 승리를 이끈 알레시아(Alesia) 전투를 마지막으로 갈리아 지역을 평정하기에 이른다. 그러나 그는 내란 때 루비콘(Rubicon) 강을 건너면서 주사위는 이미 던져졌다(The die is cast)고 하는 유명한 말을 남기고 삼두체제의 한 사람인 폼페이우스(Gnaeus Pompeius Magnus)와 기원전 48년 7월 10일 그리스의 디라키움(Dyrrhachium)과 파르스루스(Pharslus)의 전투를 승리로 이끌었는데도 결국 기원전 44년 3월 15일 친구인 부르투스(Marcus Junius Brutus, 기원전 85년?-기원전 42년)를 포함한 23명에게 암살(몸에 꽂힌 단검은 23개임)당하면서 공화정을 종식시키지 못하였다. 그의 마지막 직함은 종신 독재자(dictator for life)였으며 부하장수와 원로원(元老院, Senatus)의원의 부인들과 끊임없는 艶聞에 의한 色情狂(sexual insanity, sexual dominance)겸 정신병환자(psycopath)로도 잘 알려져 있다. 그리고 이제까지 癎疾로 알려져 왔던 그의 병은 이집트의 풍토병인 열대기생충 감염에 의한 뇌낭미충증(granuloma of the brainstem)의 결과로 파악되고 있다. 또 클레오파트라 VII세가 21세 때 50세의 로마공화정 카이사르의 情婦가 되었다가 둘 사이에 아들 카이사리온을 두었다. 그다음 카이사르(Julius Caesar, 시저)의 조카 겸 양자인 옥타비아누스가 기원전 31년 9월 4일 안토니우스와 악티움에서 벌린 해전의 승리 후 아우구스투스의 칭호를 받은 후부터 帝政(元帥政, 기원전 27년-서기 476년)이 된다. 즉 서로마제국은 王政(기원전 753년-기원전 509년)→共和政(기원전 509년-기원전 31년/27년)→帝政(元帥政, 기원전 27년-서기 476년)의 순으로 발전해왔다. 그리고 콘스탄티누스(Flavius Valerius Constantine, 서기 285년 2월 27일-서기 337년 3월 22일)는 막센티우스(Maxentius)와 서기 312년 10월 28일 밀비안 다리(Milvian Bridge) 전투와 리키니우스(Licinius)와 서기 324년 9월 18일 크리소폴리스(Chrysopolis)의 決戰 끝에 승리를 얻어 單獨皇帝가 되어 동로마제국(The Eastern Roman Empire, 서기 324년-서기 476년, 수도인 콘스탄티노플/Constantinopolis는 11월 8일 콘스탄티노폴리스(Constantinopolis)의 건설을 시작해 6년 뒤인 서기 330년 5월 11일 완공을 봄)을 만들고, 비잔틴 제국(The Btzantine Empire, 서기 395년-서기 1453년)으로 분리해 나간다. 서기 395년은 동로마 비잔틴 제국의 공식적인 시작이다. 서로마 제국의 멸망은 공식적으로 서기 476년이다. 그러나 서로마 제국은 동로마 제국의 도움을 얻은 레오 1세 등 바티칸의 敎皇에 의해 명맥을 유지하나 북쪽 항가리, 불가리아, 독일, 프랑스와 스페인 일대에 살고 있던 훈족, 골, 동고트(Ostrogoth), 서고트(Visig-oth), 반달(Vandal), 프랑크와 롬바르드 등에 의해 멸망한다. 匈奴(Huns)로 알려진 아틸라(Attila)족은 서기 375년 고트족에 침입, 서기 410년 서고트에 패하나, 서기 448년 아틸라 왕은 현 항가리에 아틸라 왕국을 세워 황제가 된다. 아틸라 왕은 서기 451년 서로마 아이티우스 장군이 이끈 고트 등의 부족연합군과 프랑스 오르레앙 카타로니아에서 벌린 샬롱 전투에서 패하여 서로마 제국 정벌에 실패한다. 그리고 아틸라 왕이 세운 왕국은 서기 453년 그의 결혼식날 술에 취해 사망하여 자식들의 왕위쟁탈전으로 와해된다. 반달(Vandal)족은 동게르만족의 일파이다. 훈족의 공격에 게르만족이 서쪽으로 이동을 하게 됨에 따라 동게르만족의 일파였던 반달족도 골족 지역으로 이주해 나가면서 골족과 많은 전쟁을 일으키게 되고 결국에는 스페인(히스파니아) 남쪽에 정착하게 된다. 골(Gaul)족의 근거지는 오늘날 프랑스와 벨기에 지역이다. 서기 3세기경 로마와 결합한 골족의 문화는 골-로마(Galo-Roman)로 대표되며 그 유적이 현 파리(옛이름은 '뤼테스'이다) 센느 강 노트르담 광장 근처 시테(Cite) 섬 안의 뤼테스(La Lutece)이다. 지하에 보존되어 있다. 서기 450년 훈족의 아틸라가 골족을 공격하여 막대한 타격을 주었다. 반달족은 로마의 영향으로 배 만드는 기술을 갖게 되고, 서로마 제국의 분열을 틈타 북아프리카 튜니시아의 카르타고 지역으로 이주해 가서 가이세릭 왕(Gaiseric/Geiseric/Genseric, 서기 400년?-서기 477년 1월 25일 사망, 서기 427년-서기 477년 통치)을 정점으로 서기 442년 독립된 반달 왕국을 열게 된다. 그리고 이 왕국은 서기 455년 서로마 제국의 로마 시를 공격하고 약탈하기도 하였다. 다음 아들 후네릭(Huneric/Hunerich, 서기 477년-서기 484년 통치, 서기 484년 12월 23일 사망), 왕대에 이르러 동로마 제국의 유스티아누스(Justine I, 서기 527년-서기 565년) 황제가 보낸 베리사리우스 군대에 의해 멸망하게 된다. 그해가 서기 534년으로 반달의 마지막 왕인 9대 겔리머(Gelimer, 서기 530년-서기 534년)이다. 반달족의 성장과정에서에서 보여준 파괴행위라는 반달리즘(Vandalism)이란 말이 유래하였다. 로물루스 아우구스투스(Romulus Augustus) 황제가 게르만족 출신의 장군인 오도아케르(Odoacer, Odovacar, 서기 435년-서기 493년, 서기 476년 이후 이탈리아의 첫 번째 이민족 지도자)의 강요에 의해 서기 476년 9월 4일 퇴위함으로써 서로마 제국이 공식적으로 멸망하기 전 서로마에 침입해서 로마의 기반을 흔든 종족들은 서고트족(서기 410년)과 반달족(서기 455년과 서기 477년)이다. 강력한 지도자인 알라릭 왕이 이끈 고트족(Goths)족은 서기 410년 8월 24일 로마시를 공격해 사흘간 점령했으나 몇 개월 후 알라릭 왕의 사망으로 고트족의 와해를 가져왔다. 여기에서 나온 서고트(Visigoth, 렉카레르 I-아르도, 서기 586년-서기 721년)는 현 스페인 톨레도(Toledo)에서 정착하고 후일 서로마 제국의 문화를 그대로 보존하는 결과를 낳게 된다. 프랑크족이 세운 왕국은 멜로비치-힐데리히(서기 460년경 로마 제국과 연합으로 서고트족과 전쟁, 서기 481년 사망, 27년간 통치)-클로비스 왕(서기 486년 20세로 등극, 서기 496년 기독교 개종, 알라만족에 승리)-샤를 마뉴 대제를 거쳐 후일 메로빙가 왕조로 발전해 나가게 된다. 프랑크(Franks)족은 서부독일에 있던 훈족 아틸라 왕이 이끈 훈족에 의해 서기 451년 공격을 받아 타격을 입으나 후일 프랑키아를 거쳐 프랑스로 되었다. 이 프랑크 왕국은 오늘날의 프랑스의 전신으로 당시의 로마인의 전통과 문화 그리고 생활양식을 그대로 전하고 있다. 그리고 서로마 제국이 완전히 멸망한 것은 게르만족의 일파인 롬바르드(Lombards)족의 침입에 의해서이다. 롬바르드족은 서기 568년경 로마 제국 屬州의 大公 알보인(Alboin, Alboïn, 서기 572/573년 사망) 때 이탈리아 반도(Byzantine Italy)로 진입하여 파비아에 롬바르드(Lombards) 왕국(서기 570년-서기 774년)을 세웠으나 아리페르트 II-류트프란트(서기 712년 왕으로 추대, 서기 774년 사망, 수도는 파비아)-데시데리우스(게르만족) 왕으로 이어지면서 서로 亂戰을 거듭하다가 서기 773년 프랑크의 샤를 마뉴(Charlemagne, 서기 768년-서기 814년: Franks 왕국: Holy Roman Empire, 서기 800년-서기 1806년) 大帝에게 왕권을 넘긴다. 그리고 오늘날의 영국인 부디카(Bodicea) 여왕이 이끈 켈트족의 검, 훈족의 활, 프랑크족의 프란시스카 도끼, 앵그로-색슨(Anglo-saxon)족의 시악스 칼 등이 이들의 跋扈에 중요한 무기가 된다. 현재의 이탈리아는 오스트리아의 합스부르그(Hapsburg/Habsburg, 서기 1278년-서기 1918년)의 프란시스 요셀 1세(Francis Joseph I세, 서기 1830년-서기 1916년)에 대항해 서기 1861년 3월 17일 통일을 얻어 사르디니아(Sardinia)의 엠마뉴엘 2세(Victor Emmanuel II세, 서기 1820년-서기 1878년)가 초대 왕(서기 1861년-서기 1878년)이 되었다. 그때 가장 큰 역할을 했던 사람은 가리발디 쥬세프(Garibaldi Giuseppe) 장군(서기 1807년-서기 1882년)이었다. 서로마 제국의 영토와 관할 하에 있던 未開族(barbarian)들인 훈족, 게르만족, 반달족, 골족, 고트족(서고트족), 프랑크족과 롬바르드족 등은 서로마 제국의 착취와 압제, 그리고 로마 황제의 以夷制夷정책에 놀아나다가 점차 지도자인 왕을 정점으로 國家體制를 갖추게되면서 서로마 제국 내로의 침입과 정복과정을 통해 각자의 興亡과 盛衰를 거듭하였다. 그러다가 마지막 샤를 마뉴의 프랑크 왕국을 정점으로 하여 오늘날의 유럽제국이 형성되기에 이르렀다. 그리고 영국은 서로마의 멸망과는 거의 관계는 없다. 그러나 영국은 5세기경 브리튼(Britain)의 브리튼(Briton)족 戰士인 보티건(Vortigern/Votigen) 왕이 다스리고 있었고, 그는 하드리안 성벽 너머 살고 있는 픽트(Picts)와 스콧트(Scots)족을 물리치기 위해 색슨족[Anglo-Saxon, 서기 5세기 영국으로 이주한 튜튼족(Teuton)]을 용병으로 삼아 켄트(Kent) 지구에 머물게 하였다. 그런데 이 색슨족은 보티건 왕의 용병으로부터 출발해 브리튼족의 영역을 거의 점령하였으며 이는 헹기스트(Hengist, ?-서기 488) 왕으로부터 시작한다. 그러한 앵글로 색슨족의 파괴에 대항해 꾸준히 싸워 브리튼의 위대한 전사라는 칭호를 얻은 로마계의 암브로시우스 아우렐리아누스(Ambrosius Aurelianus, King Arthur, Camelot과 摺鐵鍛造의 Excalibur의 聖劍 전설과 관련)가 뒤를 잇는다. 그리고 서기 890년 색슨족의 통일을 가져온 알프레드 대왕(Alfred the Great, 서기 849년-서기 901년) 그리고 서기 1066년 정복왕 윌리암 1세(William the Conqueror I세, 서기 1028년-서기 1087년)의 노르만(Norman) 왕가로 이어지는 독자적인 역사를 갖게된다. 즉 영국의 민족구성은 브리튼(Briton)→색슨(Anglo-Saxon)[82]→노르만(Norman)으로 이어진다.

서로마 제국(기원전 27년-서기 476년)의 역사상 알려진 황제의 재위와 왕조는 다음과 같다.

Augustus(기원전 27년-서기 14년)→Julio Claudian dynasty(서기 14년-서기 68년): →Caligula(서기 37년-41년)→Claudius(서기 41년-서기 54년)→Nero(서기 54년-서기 68년)-Years of 4 Emperors(서기 68년-서기 69년)→Flavian dynasty: Vespasian(서기 69년-서기 79년)→Titus(서기 79년-d서기 81년)→Domitian(서기 81년-서기 96년)-Antonine dynasty(서기 96년-서기 180년): Nerva(서기 96년-서기 98년)→Trajan(서기 98년-서기 117년)→Hadrian(서기 117년-서기 138년)→Antonius Pious(서기 138년-서기 161년)→Marcus Aurelius(서기 161년-서기 180년)→Commodus(서기 180년-서기 192년)-Severan dynsaty(서기 193년-서기 235년)-Crisis of the Third Century(서기 235년-서기 284년)-Diocletian과 Tetrachy(서기 284년-서기 301년)-Constantine dynasty(서기 305년-서기 363년)-Valentinian dynasty(서기 364년-서기 392년)-Theodosian dynasty(서기 379년-서기 457년)-서로마제국의 멸망[Decline & Fall of the Empire in the West, 기원전 27년-서기 476년 9월 4일, 로물루스 아우구스투루스(Romulus Augustulus/Little Romulus Augustus) 황제가 공식적으로 퇴위함]

그리고 로마의 성립 과정을 살필 수 있는 편년은 다음과 같다.

기원전 1263년-기원전 1262년   모세의 출애굽기(Exodus)

---

82) 서기 2009년 7월 5일 영국 스태포드(Stafford) 주 리치필드(Lichfield) 시에서 가까운 헤머위치(village of Hammerwich) 마을에서 3,500점이 넘는 서기 7세기-서기 8세기의 Anglo-Saxon족의 메르시아 왕국(Kingdom of Mercia)의 유물들이 대량으로 발견되었다. 발견 유물들은 石榴石이 박힌 검 장식(cloisonné gold and garnet), 십자가, 투구장식, 브로치와 장신구들이며 무게는 금 5kg, 은 1.3kg에 해당하나, 여자용은 한 점도 없었다. 이는 서기 1939년 영국 서포크(Suffolk) 주 우드브리지(Woodbridge) 시 근처 수톤 후(Sutton Hoo)에서 발굴된 서기 7세기 초의 공동묘지 중 배 무덤(ship burial)에서 나온 1.5kg의 금제품보다 훨씬 많은 것이다.

기원전 11 세기-기원전 10세기

Saul-David[83]-Solomon(기원전 957년, The Holy Temple을 건립) 솔로몬 왕의 사후(기원전 920년) Israel(북, 수도는 사마리아 Samaria)과 Judah(남, 수도는 예루살렘 Jerusalem)로 분리. 기원전 720년 앗시리아의 사르곤 2세(기원전 722년-기원전 705년 재위)가 사마리아를 공격하여 사마리아인들을 포로로 데리고 갔다.

다비드(다윗) 왕의 묘소는 서기 2008년 10월 30일(금) 이스라엘 히브리 대학교 고고학발굴팀에서 확인·발표하였는데, 이곳은 예루살렘에서 남서쪽으로 약 32㎞ 떨어진 엘라(Elah) 요새로서 구약성경에서 다윗과 골리앗의 싸움이 벌어진 곳으로 알려진 엘라 계곡 근처이다.

그리고 예수가 탄생했을 당시 2세 이하의 男兒를 모두 殺害하도록 명령했던 헤롯(Herod) 왕(기원전 37년-기원전 4년까지 통치)의 아내와 며느리가 묻힌 석관 두 기가 서기 2008년 11월 20일 이스라엘 히브리 대학 고고학자들에 의해 헤롯 왕의 궁전이었던 요르단 강 서안지구 헤로디온 요새 터에서 발굴·확인되었다. 따라서 앞서 발굴된 석관은 헤롯 왕의 것으로 추정되었다.

그리고 서기 4세기-서기 5세기경에 만들어진 성경속의 삼손의 모자이크가 이스라엘 북부 갈릴리 지역 고대 유대인 마을

---

83) 서기 2013년 7월 23일(화) 예루살렘 히브리 대학(Hebrew University of Jerusalem)과 이스라엘 문화재청(IAA, Israeli Antiquities Authority) 소속 고고학자들이 예루살렘 남서쪽 30㎞ 떨어진 고대 요새도시 키르베트 퀘이야파(Khirbet Qeiyafa)에서 7년간의 작업 끝에 다윗(biblical King David)의 궁전으로 추정되는 기원전 10세기경의 옛터를 발굴했다고 한다. 이곳에서 도시 성벽 일부인 30m, 저장고(administrative storeroom), 비잔티움시대의 농가(Byzantine-era farmhouse) 10여 채와 함께 유대인의 제물용품이 발굴되었고 또 이곳에서 유대인이 금기시하는 돼지고기 뼈가 나오지 않았다고 한다.

교회당에서 발견되었다고 한다(죠디 메그니스 노스캐롤라이나 대학 종교학과 교수가 발표, 서기 2012년 7월 5일 목, CNN).

기원전 9세기경	페니키아의 디도 여왕이 튜니시아에 카르타고(Cartage)를 세움
기원전 689년	센나케리브(Sennacherib, 기원전 704년-기원전 681년) 앗시리아 왕, 바빌론 침공
기원전 626년	네브카드네자르(Nebuchadnezzar, Nebuchadrezzar, Nabu-kuddurri-ussur, 기원전 605년-기원전 562년)

Neo-Babylon(Chalaea)를 세움. 기원전 586년 예루살렘을 2회째 침공하여 유태인을 포로로 끌고 감. 이들은 바빌로니아를 공격한 페르시아(Persia)의 키루스(Cyrus, 기원전 559년-기원전 530년) 대왕에 의해 풀려나 고향으로 돌아감 |
기원전 574년	페니키아가 바빌론에 의해 멸망
기원전 304년	프톨레마이오스 왕국(기원전 304년-기원전 30년)
기원전 146년	마케도니아의 로마 제국으로 편입(기원전 146년-서기 14년 그레코-로만시대)
기원전 73년-기원전 71년	스파르타쿠스 반란
기원전 44년	3월 15일 카이사르가 부르투스(Marcus Junius Brutus)에 의해 암살당함
기원전 31년	프톨레미 왕조의 마지막 왕인 클레오파트라(기원전 69년-기원전 30년 8월 12일)가 안토니우스의 로마군과 연합해 9월 2일 카이사르의 양자인 옥타비아누스(아우구스투스 황제, 기원전 27년-서기 14년)를 상대해 벌린 악티움 해전(The battle of Actium)에서 패했다. 그 후 로마는 王政(기원전 753년-기원전 509년)-共和政(기원전 509년-기원전 31년/27년)-帝政(元帥政, 기원전 27년-서기 476년)의 순으로 발전하며 옥타비아누스는 아우구스투스 황제가 되어 帝政 시대의 막을 열었다.

기원전　　27년　옥타비아누스, 아우구스투스의 칭호를 받다(帝政 시작, 기원전 27

년-서기 14년 재위)

기원전 27년-서기 476년　　서로마제국

서기　　70년　베스파시아누스(Vespasianus)의 아들인 로마의 티투스(Titus, 서

기 79년-81년 재위) 장군의 예루살렘 함락. The Holy Temple은

기원전 957년 Solomon 왕이 건립, 서기 70년 로마군에 의해

파괴됨. 성전에서 황금의 촛대, 탁자와 은제 나팔의 聖物과

이스라엘의 보물들이 카이사리아 항구[기원전 31년 로마가 이스라

엘의 점령 후 카이사리아 아우구스투스(Caesar Augustus)가 헤롯(Herod) 왕

에게 넘겨주고, 헤롯 왕은 기원전 22년-기원전 10년에 그의 이름을 딴 항구

도시(Port city of Caesarea)를 세움]에서 로마로 옮겨지고 이것들이

티투스(서기 39년 12월 30일-서기 81년 9월 13일) 개선문(The Arch of

Titus)에 새겨져 있음. 그리고 서기 80년 완공된 콜로세움 경

기장도 이때 가져온 이스라엘의 전리품으로 완공되었다.

서기　　73년　Flavius Silva 장군이 Masada 요새공격

서기　　224년　아케메니드(기원전 559년-기원전 331년)와 파르티안 왕조(기원전

247년-서기 224년)를 거쳐 사산 왕조(서기 224년-서기 652년) 시작

서기　　313년　기독교의 공인

서기　　324년　11월 8일(일) 콘스탄티노폴리스(Constantinopolis)의 건설을 시작

해 6년 뒤인 서기 330년 5월 11일 완공을 봄

서기　　476년　9월 4일, 서로마제국의 로물루스 아우구스투루스(Romulus Au-

gustulus/Little Romulus Augustus) 황제가 공식적으로 퇴위함

서기　　571년　마호메트 탄생[서기 571년-서기 632년, 마호메트는 예루살렘 바위돔(서

기 691년 Umayyad Caliph Abd al-Malik ibn Marwan에 의해 완공, Dome

of the Rock, Al-Aqsa Mosque)에서 서기 621년 가브리엘 천사의 안내로 승

천하여 Abraham과 Moses를 만남, 50세, 이슬람회교권 내에서도 메카·메디

나에 이어 3대 성전의 하나로 여겨짐], 서기 651년 7대 칼리프 오스만의 코란(Koran, Qur'an, Quran)편찬위원회에서 오늘날의 코란 경전이 완성됨. 서기 691년에 지어진 Dome of the Rock/Al-Aqsa Mosque(바위돔)는 회교도들의 성스런 도시(The holy city)로 사우디아라비아(Saudi Arabia)의 메카(Mecca)와 메디나(Medina), 튀니지(Tunisia)의 카이로우안(Kairouan)에 이은 이슬람 4대 성지의 하나이다.

기원전 27년-서기 1453년

로마통치시대: 서로마 제국(기원전 27년-서기 476년, 동로마 제국/Byzantine Empire, 서기 395/476년-서기 1453년 5월 29일, 콘스탄티누스 11세와 메메트 2세 사이의 결전)

서기 330년-서기 1453년

동·서로마 제국 분리(서기 330년/395년), 서로마 제국의 마지막 왕인 로물루스 아우구스투루스(Romulus Augustulus/Little Romulus Augustus 서기 460년 경-서기 500년 경) 황제는 서기 475년 10월 31일-서기 476년 9월 4일까지 통치함

서기   540년   서로마 제국의 옛 수도인 라벤나(Ravenna)가 유스티아누스 황제에 의해 탈환되어 라벤나는 동로마 제국을 관장하는 총독령이 됨

테오도시우스(Theodosian II, 서기 401년-서기 450년)

유스티아누스(Justine I, 서기 527년-서기 565년)

바실리우스(Basil II, 서기 958년-서기 1025년) 등의 황제가 재위함

서기 800년-서기 1806년

the Holy Roman Empire/Imperium Romanum Sacrum/Heiliges Römisches Reich/I Sacro Romano Impero[서기 773년/800년 12월 25일-서기 1806년 8월 6일, 샤를마뉴 1세/Charlemagne(서기

742년 4월 2일-서기 814년 1월 28일)-Francis II(Franz II, Erwählter Römischer Kaiser, 서기 1768년 2월 12일-서기 1835년 3월 2일, 서기 1792년-서기 1814년 8월 6일까지 마지막 신성로마제국의 황제로 재위)]

서기 1240년 십자군전쟁 때 십자군에 의해 콘스탄티노폴리스 시의 약탈이 자행됨

서기 1299년-1922년

오스만 투르크(Ottoman/Othman Empire, Osman Turk) 동로마 제국(Byzantine Empire)은 서기 1453년 5월 29일 아랍 투르크족인 오스만 투르크/오토만 투르크의 술탄인 메메트 II세가 고용한 항가리 출신의 기술자가 만든 우르반 대포의 위력으로 테오도시안 성벽[Theodosian(서기 408년-서기 450년) Walls of Constantinople, 서기 413년 완공]이 파괴되어 굴복하였으며 당시 동로마 제국은 콘스탄티누스 XI세 때였다.

서기 1832년 오스만 투르크(터키)로부터 그리스의 독립

서기 1861년 3월 17일

가리발디 쥬세프(Garibaldi Giuseppe) 장군(서기 1807년-서기 1882년)의 노력으로 독립하고 사르디니아(Sardinia)의 엠마뉴엘 2세(Victor Emmanuel II세, 서기 1820년-서기 1878년)가 초대 왕(서기 1861년-서기 1878년)이 되었다.

서기 1898년 오스만 투르크(터키)로부터 크레타 섬의 독립

서기 922년-서기 1952년 이집트 왕국

서기 1948년 5월 14일 이스라엘 건국

서기 1955년 이후 현재까지 이집트공화국의 성립

베스비우스(Vesuvius, 베스비오, 1,281m) 화산이 폭발한 것은 서기 79년 8월 24일이었다. 당시의 생생한 목격담이 당시 미제눔에 있던 로마함대의 사령관인 大 프리

니우스(The Elder Pliny, Gaius Plinius Secundus, 서기 23년-서기 79년)의 생사여부를 묻는 역사가 타키투스(Tacitus, 서기 55년?-서기 120년?)의 물음에 小 플리니우스(The Younger Pliny, Caecilius Secundus, 서기 62년?-서기 113년?)가 편지로 답하는데서 잘 나타나고 있다. 대 프리니우스는 스타비에 시에서 친구들을 구하려다 죽은 것으로 되어 있다. 둘째 날 화산폭발이 멈추었을 때 폼페이 시는 화산재가 6-7m 가량 덮여 있었다. 헤르큐레니움(헤르쿨라네움) 시는 용암과 화산재가 순식간에 몰려들어 시 전체가 20m 이상 덮였다. 그래서 유적은 용암 밑에 자연히 보존되었다. 폼페이 유적은 16세기 말 건축가인 도메니코 폰타나(Domenico Fontana)가 사르노 강에서 토레 아누찌아타란 읍에 물을 끌어 들이기 위해 라 씨비타란 언덕에 수로를 가설하다가 발견되었다. 묻혀진 도시의 발굴은 서기 1711년 농부인 지오바니 바티사노 노체리노가 레시나(현 에르꼴라노임)에서 우물을 파다가 색깔 있는 대리석상 여러 편을 발견해 당시의 엘뵈프의 황태자인 엠마뉴엘 모르티쯔에게 판 것으로부터 시작한다. 황태자는 그의 아름다운 이탈리아 신부를 위해 포르티치 근처에 화려한 별장을 짓고 그곳을 장식할 아름다운 조각품을 찾도록 발굴을 주선했다. 그러는 동안 대리석으로 만들어진 실물 크기의 아름다운 부인상 세 점을 발견하여 황태자는 그의 직속상관인 오스트리아의 유진 황태자에게 선물하였다. 서기 1736년 유진이 죽자 이들은 당시의 대 수장가인 폴란드의 프레드릭 아우구스투스 3세의 소유가 되었다. 이것들과 발견에 얽힌 이야기들이 후일 나폴리의 촬스 4세 왕(Charles IV, Carolus IV, 후일 스페인 부르봉 왕가의 촬스 3세가 됨)의 부인이 된 그의 딸 마리아 아말리아 크리스티나의 호기심을 자극시켜 놓았다. 촬스 왕은 헤르큐레니움의 발굴을 시작했다. 폼페이의 경우 서기 1748년에 발굴이 시작되었는데, 서기 1763년에 이곳이 폼페이라는 것을 알려주는 명문이 출토되었다. 발굴은 간헐적이지만 오늘날까지 계속되고 있다. 초기의 발굴이라는 것은 건물이나 박물관을 장식할 보물찾기에 불과할 정도였다. 학문적인 발굴은 서기 1860년 이탈리아 고고학자인 쥬세프 휘오렐리(Giuseppe Fiorelli)가 발굴 책임자가 되고난 후부터 시작된다. 발굴된 유적 사이들의 지역이 깨끗이 제거되었고 또 자세히 기록되었다.

그는 폼페이를 9개 구역으로 나누었다. 그리고 각 구역을 동으로 나누어 번호를 매겨 놓았다. 또 발굴되어 길거리에 보이는 집들도 번지가 매겨져 모두 구-동-번지의 세 자리 단위를 갖게 되었다. 그는 또 사람이나 동물이 화산재에 묻힐 때 동체(몸체)는 없어지고 대신 빈 구멍만 남기는데, 이 구멍에 액체의 석고를 부어 넣어 굳은 후에 보면 인간이나 동물의 죽기 전의 형체나 자세를 파악할 수 있는 방법도 고안해 내었다. 이 방법은 문, 가구나 뿌리의 형체를 파악하는데도 이용된다. 세계제2차 대전이 끝난 후인 서기 1951년 이곳의 집중적인 발굴이 아메데오 마이우리(Amedeo Maiuri)에 의해 재개되었는데, 그는 이 발굴을 서기 1924년부터 서기 1961년까지 37년을 맡은 셈이다. 이 기간 동안에 I과 II구에 있는 비아 델 아본단짜라는 도시의 남쪽 넓은 지역이 발굴되었고, 도시의 성밖에 쌓인 쓰레기 더미가 깨끗이 치워졌다. 그래서 노쎄라문과 누쎄리아시로 향하는 문으로 나있는 길 양쪽의 공동묘지가 새로이 밝혀졌다. 서기 1970년대 초에 도시의 3/4이 발굴되었다.

폼페이 시는 선사시대부터 있었던 화산폭발로 인해 흘러내린 용암 위에 형성되었기 때문에 매우 굴곡이 심하다. 발굴에 의하면 도시의 서남부 쪽이 가장 오래 되었음을 알 수 있다. 성벽은 주위가 3㎞이고 그 안의 넓이는 155acre이다. 폼페이 시에는 역사상 그리스 식민지 때인 마그나 그레샤(Magna-Graecia, 기원전 600년-기원전 500년)시대, 그리스와 로마가 교대로 이어져 내려오는 그레코-로만(Graeco-Roman, 기원전 146년-서기 14년)시대의 영향이 많이 남아 있다. 7개의 성문자리가 발굴되었다. 폼페이 시의 공공건물은 공회당(해발 34m), 삼각형의 공회당(해발 25m), 그리고 원형경기장과 체육관이 있는 세 곳으로 나누어진다. 특히 공회당은 종교, 경제와 도시생활의 중심이었다. 이곳은 이층의 열 지은 주랑으로 둘러싸인 장방형의 넓은 장소였다. 여기에는 신전, 모직공장의 본부, 시의원의 회합장소, 시장의 집무소 등이 자리하고 있었다. 삼각형의 공회당에는 이 도시의 가장 오래된 도릭 신전이 있으며, 또 제우스 메일리치우스와 이시스 사원 그리고 샘나이트 체육관이 근처에 있다. 마지막의 동쪽 구석에는 그리스의 로마식민지가 만들어지자마자 건조된 이 관계 유적 중 가장 오래된 원형경기장이 있다. 서쪽에는 샘나이트인들이 만든 체육관을 대신하는 다른 큰 체육관이 들어섰다. 목욕탕은 시내 곳곳에 있는데 스타비안과 중앙목욕탕(시대가 떨어지면 일반적으로 남탕과 여탕의 구분이 없는데, 여기에는 구별이 있음), 그리고 고급 개인 저택에 있는 목욕탕들이 유명하다. 그러나 무엇보다도 중요한 것은 수백 채의 개인 주택들이다. 이곳 폼페이 시에서 그리스와 로마인들 이전 先主民인 샘나이트인(Samnite)[84]들이 먼저 살고 있었다. 그들이 살던 기원전 4세기부터 기원전 80년까지를 샘나이트 문화기라 부르며 그들이 지은 집의 형식에 따라 I과 II의 두기로 나눈다. 제일 오래된 집이 지어진 샘나이트 I기(기원전 4세기-기원전 3세기)이고 그 다음 화려한 집들이 지어진 시기는 샘나이트 II기(기원전 200년-기원전 80년)이다. 그러나 전체적으로 발굴된 폼페이 유적의 연대는 기원전 4세기(기원전 343년)에서 서기 79년 8월 24일까지 속하며 이는 폼페이 I기(기원전 4세기-기원전 80년, 단순치장벽토로 지어진 집들로 샘나이트 I 기와 II 기가 포함된다), II기(기원전 80년-서기 14년, 건축화 된 양식), III기(초기 로마 제국-서기 62년, 이집트화 된 양식)과 IV기(서기 62년-서기 79년, 장식화 된 양식)의 4시기로 나누어진다. 이들 고고학적 유적과 유물들은 매우 중요하다. 왜냐하면 이들은 고대세계의 사회, 경제, 종교, 정치생활에 대해 여러 가지 자료를 제공해 주기 때문이다. 잘 보존된 많은 개인의 祠堂은 이제까지 전혀 기대하지 못했던 가정에서 종교에 대한 생생한 모습을 보여주고 있다. 제분과 반죽할 수 있는 기계 그리고 아직도 구울 빵이 들어 있는 오븐을 완전히 갖춘 빵집은 매일 먹던 주식이 어떻게 만들어졌는지 보여준다.

---

84) 기원전 343년 이후 선주민인 샘나이트족은 로마와 세 번을 싸웠고 기원전 82년에 완전히 패했다. 그래서 폼페이는 기원전 80년 이후 로마의 식민지로 로마 부자들의 휴양지로 되었다 (Beginning in 343 B.C. the Samnites fought three wars with Rome, lost control of central and southern Italy, and were finally crushed in 82 B.C. before the gates of Rome by Lucius Cornelius Sulla. As the Samnites were defeated, Pompeii became a Roman colony in 80 B.C. and later a favorite resort for wealthy Romans. However, recent finds have revealed the Samnites made it a sophisticated and thriving town already three centuries before Vesuvius erupted.).

여러 개의 양모를 가공하는 공장은 당시 중요한 산업을 구체적으로 연구하게 해준다. 조각, 도구, 보석가공 상점과 생선소스와 램프공장 그리고 포도주와 음식가게들은 당시 생활의 또 다른 모습을 보여준다. 그러나 폼페이 시는 헤르큐레니움(헤르쿨라네움) 시와는 달리 지하 하수시설(underground channel)이 없어 시궁창으로 몹시 불결했을 것이라는 발굴 후의 인상도 있다.

폼페이는 지중해 전체에 포도주, 생선소스와 향수를 수출하는 매우 번화한 항구 도시였다. 상인과 무역업자들은 식사를 하고, 선술집, 식당과 賣春業所(사창가)를 찾아 돌아다녔고 도시 성문이나 공회당 근처의 여인숙에서 묵었다. 그것도 등급이 있어 대접이 천차만별이었다. 銘文이 좀 더 구체적으로 자료를 제공해준다. 그것들은 공공건물, 무덤과 석상의 밑바닥에 씌어져 있다. 사업거래는 유명한 루시우스 캐시리우스 쥬쿤두스 은행가의 왁스판에 기록되어 있다. 또 劍鬪競技에 대한 발표, 투표에 관한 기록과 매우 심하게 다툰 경쟁의 여운도 남아 있다. 낙서로 남아 있는 것은 회계, 장날의 목록, 애인의 교환, 버질(Virgil) 시에 대한 인용구절과 어린애들이 긁어 놓은 알파벳문자도 포함된다. 비문이나 고고학적 자료로 당시의 사회계층이나, 자유민, 노예, 소상인과 로마의 귀족까지도 연구할 수 있다. 또 폼페이 시는 고대도시에 있어 도시계획이나 토지의 이용에 대해 연구할 수 있는 좋은 기회를 마련해 준다. 최근의 발굴은 기대하지 못했던 상당량의 공지가 있었음을 보여준다. 원형극장 너머에 있는 공지는 종전에 생각했던 가축시장이 아니라 포도밭이었음을 알려준다. 포도밭, 과일나무와 정원은 생각했던 것보다 집약농경이 아니었음을 알려준다. 현재 이곳에서는 안뜰의 샘터, 행정중심지인 바실리카, 牧神 파우누스의 집, 빵집과 제분용 맷돌, 술집 터, 비장의 莊園, 원형경기장 등이 공개되고 있다.

헤르큐레니움(헤르쿨라네움)의 발굴은 서기 1765년까지 竪穴坑과 지하터널에 의해 발굴되었다. 이런 발굴방법으로 바실리카라 불리는 극장과 그리스어의 파피루스 도서관이 발견되어 명명된 "파피루스의 별장"이 발굴되어 잠정적인 도시계획이 새로이 만들어졌다. 그림과 조각상도 많이 발견되었다. 서기 1828년 빈터에

대한 발굴이 시작되었다. 표토층이 딱딱하고 레시나란 새로운 도시가 헤르큐레
니움 시 위에 세워졌기 때문에 작업은 간헐적으로 이루어져 다른 4동의 일부와
함께 단지 4개 동의 지역이 완전히 발굴되었을 정도이다. 도시계획은 그리스의
영향을 받아 方格法에 의존하였다. 발굴된 공공건물은 두 개의 목욕탕, 상당히 큰
운동장과 아우구스탈레스 신전이었다. 신전은 황제를 숭배하는 장소로 공회장과
경계의 일부가 걸치고 있었다. 가장 화려한 집은 수사슴의 집과 가운데에 뜰이
있는 집인데 모두 바다의 만(灣)을 내다볼 수 있는 테라스를 가지고 있었다. 반대
쪽에는 값싼 건축자재를 이용해 지은 조그만 아파트들이 있는데, 이들은 공동의
뜰을 향해 문이 나 있었다. 스타비아와 그라냐노 근처에서 나폴리의 촬스 4세 왕
(스페인 부르봉 왕가의 촬스 3세)에 의해 주도된 발굴에서 서기 1749년에서 서기 1782년
사이에 12채의 별장이 발견되었는데, 이 작업은 금세기까지도 재개되지 못하고
있다가 요즈음 다시 진행 중이다. 두 개의 큰 列柱廊으로 돌려진 안뜰과 목욕탕을
가진 산마르코의 별장은 잘 보존되어 있었다. 다른 별장들은 폼페이 부근 그라냐
노 근처, 스카파티, 도미쎌라, 토레 아눈치아타, 보스코레알과 보스코트레카세
근처 베스비우스 화산의 낮은 경사면에서 발견되었다. 대부분이 발굴 후 매몰되
었으나, 신비의 별장과 같은 몇 채는 오늘날에도 볼 수 있다. 폼페이 시와는 달리
헤르큐레니움(헤르쿨라네움)에서는 처음 조사 때 인골이 10여 구밖에 발견이 되지
않아 서기 79년 화산의 폭발 때 거의 대부분이 피신했던 것으로 알려졌으나 최근
해안가 浦口의 발굴에서 유골 200여 구 이상이 발굴되어 이들이 모두 가스와 열
의 충격으로 죽은 것이 알려졌다.

　서기 1735년 스위스의 엔지니어인 칼 웨버가 후원자인 촬스 3세의 발굴을 돕기
위해 헤르큐레니움에 와서 "파피루스의 별장"인 건물을 발견하였다. 파피루스의
별장으로 이름 지어지게 된 파피루스 두루마기의 발견은 서기 1754년에 이루어
지게 되었다. 화산재로 인해 딱딱하게 굳어져 잘 펴지지 않아 발굴된 지 50년이
지난 서기 1804년에야 비로소 절반 가량이 해독되었다. 그 내용은 기원전 1 세기
경 가다라에 살았던 철학자인 필로데무스(Philodemus 기원전 110년–기원전 35년경, 시리

아/Syria의 가다라/Gadara 출생)의 음악에 관한 그리스어로 씌어진 논문이었다. 이것으로 인해 이 별장의 주인이 당시 이 철학자의 후원자였던 로마 총독인 루치우스 칼푸루니우스 피소임을 추측하게 되었다. 서기 1828년 이곳의 발굴이 재개되었고, 서기 1927년 무소리니의 재정지원으로 발굴이 활기를 띄게 되었다. 이제는 발굴이 터널을 이용하는 도굴식이 아니라 지상의 건물을 모두 철거시키고 난 다음의 정상적인 발굴방법에 의하고 있다. 당시의 별장에는 그리스와 羅典語의 두 가지 도서관이 있게 마련이어서 서기 1987년부터 정부가 직접 관장하는 대대적인 발굴에서는 라전어로 씌어진 파피루스의 발견을 기대하고 있다. 이런 중요성 때문에 헤르큐레니움 시는 서기 1987년부터 정부가 직접 관장하는 대규모의 발굴사업을 벌리고 있다.

이탈리아에서 손꼽히는 관광자원인 폼페이 시와 헤르큐레니움 시는 나폴리 시에서 동남쪽으로 각각 23km와 8km에 위치하며, 모두 비옥한 캄파니아 분지 내에 포함되어 있다. 이들 두 도시는 서기 79년 8월 24일 베스비우스 산의 갑작스런 화산 폭발로 인해 땅 속에 묻혀 전설로만 알려졌을 뿐 지구상에서 완전히 사라져 버렸었다. 그러나 이 두 도시의 발굴에서 얻어진 고고학과 미술사적인 자료들은 이제까지 베일에 가려져 왔던 그레코-로만(기원전 146년~서기 14년) 세계의 생활상을 알려주는 중요한 정보가 되었다. 헤르큐레니움 시의 재발견은 서기 18세기 우연과 보물사냥의 이야기이다. 서기 18세기 중반 폼페이와 헤르큐레니움의 발굴은 유럽 사람들로 하여금 고전양식에 대한 새로운 이해를 갖게 하였다. 그래서 주로 르네상스에 기원을 둔 것이기는 하지만 옛것의 매력에 대한 탐구와 계몽주의로부터 받은 자극으로 유럽전역에 걸쳐 신고전주의가 새로이 발달하게 되었다. 그러나 가장 최근의 화산 폭발은 서기 1631년과 서기 1944년에 있었고, 청동기시대 이후 이제까지 36회나 화산폭발이 있었던 베스비오스 화산은 아직 活火山으로 언제 또 터질지 모른다. 그래서 앞으로 이 유적의 발굴과 보존은 무척 힘들 것으로 예상된다.

지상에 세워진 건물들 때문에 터널을 이용해 파 들어가 확인한 "파피루스의 별장"(서기 1735년 칼 웨버가 헤르큐레니움에서 발견) 건물의 평면도는 서기 1974년 미국 캘리포니아 주 남쪽 말리부 시에 세워진 폴 겟티 박물관의 기본설계도가 되었다. 폴 겟티 박물관(J. Paul Getty Museum, Malibu 소재)은 오클라호마 주에 바탕을 두고 후일 텍사코 석유회사에 합병된 겟티 석유회사 회장인 폴 겟티(서기 1892년-서기 1976년)가 개인재산을 들여 서기 1971년-서기 1974년에 만든 박물관으로, 미국 내에서 그레코-로만 예술품의 수장으로 세 번째 가는 크고 중요하다. 폴 겟티는 석유 시굴자, 빈틈없이 약삭빠르고 엄청나게 성공한 사업가로서 또는 국제적인 예술계의 일원을 겸한 수장가로서 양자의 생활을 잘 조화시켜 나갔다. 예술과 수집에 대한 그의 태도는 매우 복잡하고 까다로웠다. 그는 "훌륭한 예술품은 최선의 투자이다"라고 입버릇처럼 이야기하였다. 이것은 그가 변호사 겸 석유에 대한 투자로 이미 부자가 된 아버지 죠지 겟티로 부터 캘리포니아 버클리 대학 졸업을 포함한 남부럽지 않은 교육을 받고, 또 중국, 일본, 영국, 이탈리아 등 세계 각지를 마음대로 장기간에 걸쳐 여행할 수 있어 어려서부터 예술품에 대한 안목을 쌓을 수 있었기 때문이었다. 폴 겟티 박물관의 건립 구상도 그가 이탈리아에 장기간 머무르면서 이루어진 것이다. 박물관의 건물은 서기 79년 8월 24일 베스비우스 화산의 폭발로 지하에 묻힌 헤르큐레니움 시 근교의 로마 총독 루치우스 칼푸르니우스 피소의 별장을 그대로 복원한 것이다. 건물은 박물관 진열실로 이용되고 있는 본채와 列柱廊의 정원인 안뜰의 둘로 구성되어 있다. 그래서 건물 자체는 발굴된 증거와 그에 따른 평면도를 근거로 하여 복원된 것이기 때문에 고고학이란 학문을 염두에 두지 않을 수 없다. 이 건물은 그레코-로만 문화를 대표할 수 있다. 여기에 걸맞게 진열된 수장품도 이 시대 것이 중심을 이룬다. 미술품의 수집, 진열과 보존 그리고 시대에 따른 분류와 역사적 배경의 연구가 이루어지게 되면, 이것들은 이미 미술사의 범주 내에 속한다. 여기에 진열된 수집품들을 보면 기원전 2500년에서 서기 300년에 걸친 그리스-로마시대의 대리석과 청동제의 조각품을 비롯하여, 벽화, 모자이크, 화병, 값진 금속제 유물 등이 주류를 이룬다. 그중에서도 그리스의 화병, 로마의 벽화와 마그나 그레시아(Magna Graecia, 기원전 600년-기원전

500년 이탈리아 남부에 있던 그리스의 식민지를 말함)의 예술품들이 압권을 이룬다. 중요한 작품으로는 기원전 530년경에 만들어진 대리석제 "젊은 청년의 입상", 기원전 5세기경의 작품인 사랑과 미의 여신인 대리석과 석회암제의 "아프로디테상"과 기원전 4세기-기원전 3세기경의 청동제 "승리한 선수상" 등을 들 수 있다. 그 외에도 이곳의 진열품 중에는 소묘, 회화, 원고, 장식예술과 근대의 사진예술작품까지 포함되어 있다. 고고학과 미술사의 만남은 쉽지 않다. 특히 박물관과 진열품의 내용이 서로 동떨어질 때가 많다. 그러나 폴 겟티 박물관이 보여주는 것은 고고학으로서의 박물관 건물의 복원과 그에 걸맞게 중심을 이룬 그레코-로만(기원전 146년-서기 14년)시대의 예술품의 만남이다. 이것은 고고학과 미술사가 함께 포함된 인문과학이 앞으로 나아가야 할 목적과 방향까지도 아울러 제시해주고 있다. 이와 같이 발굴은 옛날의 신비를 벗겨주는 동시에, 폴 겟티 박물관처럼 옛 모습 그대로 복원되어 오늘날에도 훌륭한 구실을 할 수 있게 해준다. 아무튼 폼페이와 헤르큐레니움 시의 발굴은 세계고고학사에 있어서 빠뜨릴 수 없는 중요한 사건임에 틀림없다.

레반트 지역에서는 청동기 중-후기에 이스라엘리트(Israelites)와 필리스틴(블레셋, Philistines) 문화가 공존하고 북쪽의 카나이트(가나안, Canaaities) 문화와 대립하면서 페니키아(Phoenicians)와 카르타고(Carthage) 문화로 발전해나간다. 현 튀니시아(Tunisia)에 근거를 둔 카르타고의 한니발(Hannibal) 장군이 기원전 264-기원전 146년 로마의 Gaius Terentius Varro, Lucius Aemilius Paullus 집정관(consul), 스키피오(Scipio) 장군 父子와 3차에 걸친 포에니 전쟁(Punic Wars)을 벌려 패한 후 지중해를 중심으로 하는 패권은 로마로 넘어간다. 이때는 그레코-로만(Graeco-Roman, 기원전 146년-서기 14년)시대를 지나 Pax-Romana(로마의 지배에 의한 평화, 서기 14년-서기 476년)시대로 접어든다. 이것이 동로마 제국의 멸망인 서기 1453년 이슬람의 오스만 제국(Osman Turk, Ottoman, Othman Empire, 서기 1299년-서기 1922년)이 콘스탄티노플(이곳은 처음 비잔티움, 그 다음 콘스탄티노플이며 서기 1453년 오스만 제국이 들어설 때에는 이스탄불이란 이름으로 불린다)에 들어설 때까지 지속된다. 유럽의 청동기시대는 비록 대륙

본토에서가 아니라 지중해 한가운데의 크레타의 미노아, 테라(산토리니)와 그리스 남부의 미케네에서 싹트기 시작했다. 유럽의 신석기 말-청동기 초기 "Corded ware(繩文土器文化, 東方文化複合體)"와 "Beaker cup culture(비커컵 토기문화, 일본에서는 鐘狀杯로 번역함, 西方文化複合體)"가 유럽의 북부 독일지역과 남쪽 스페인에서부터 시작하여 유럽의 민족이동을 야기하였다. 이러한 유럽 본토 민족의 이동시 아카이아와 도리아인들의 그리스에로의 이동도 고려되어 왔고, 또 이집트와 중왕조와 신왕조 때의 문화교류도 확인되었다. 그리고 이집트 프톨레마이오스 왕조 말 로마의 카이사르와 안토니우스 장군의 情婦였던 클레오파트라 VII세(Queen Cleopatra VII세, 기원전 30년 8월 12일 39세로 자살 또는 타살)는 로마와 깊은 관련을 맺고 있었다. 클레오파트라는 파라오가 이끄는 전통적인 이집트 왕조의 후예가 아니라 마케도니아 제국의 알렉산더 대제가 기원전 323년 6월 10일 바빌론에서 33세로 헬레보레 중독으로 인해 병사할 때 그의 부하장군 중의 하나인 프톨레마이오스에 의해 분할통치가 이루어져 기원전 304년 알렉산드리아를 중심으로 성립된 프톨레마이오스 왕조(기원전 304년-기원전 30년)가 만들어졌으며, 마지막 여왕은 클레오파트라 VII세이다. 그녀는 프톨레마이오스 13세 왕의 누이로 동생과의 권력투쟁에서 시리아로 추방되었다. 그녀가 21세 때 로마공화정의 카이사르(Gaius Julius Caesar, 기원전 100년 7월-기원전 44년 3월 15일)의 情婦가 되었다가(둘 사이의 아들은 카이사리온 임) 후일 카이사르의 암살 후 카이사르의 조카 겸 양자인 옥타비아누스(기원전 27년 로마의 초대 황제 Gaius Octavianus가 됨. 기원전 64년-서기 14년), 레피두스와 함께 삼두체제를 이루었던 마르쿠스 안토니우스의 정부 노릇도 하였다가 기원전 31년 일어났던 옥타비아누스를 몰아내기 위한 음모인 악티움 해전(기원전 31년 9월 2일)에서의 패배로 인해 자살로 마감을 하였다. 그녀의 정치적 야망은 첫 번째 정부인 카이사르의 힘을 빌려 동생이자 첫 번째 남편인 프톨레마이오스 XIII세를 익사하게, 그리고 두 번째 남편인 프톨레마이오스 XIV세를 독살하고, 마지막으로 그녀의 두 번째 정부가 된 안토니우스의 도움으로 기원전 41년 터기 에페소스의 아르테미스(아르테미시온) 신전에 피신 중인 여동생 아르시노에(Arsinoe IV세 공주, C14연대는 기원전 50년-

기원전 20년 15-18세로 죽음)까지 살해한데서 잘 나타나고 있다. 아르시노에의 무덤은 최근 에페소스 시내 중심에 만들어진 파로스(Pharos) 등대를 닮은 팔각형태의 무덤(Tomb of Arsinoë는 서기 1926년 오스리아 과학원 Hilke Thür에 의해 확인됨)의 발굴에서도 확인된다. 이제까지 Queen Cleopatra Ⅶ세의 얼굴을 알아볼 수 있는 것은 알렉산드리아 그레코-로만 박물관(Graeco-Roman Museum)과 카이로 국립박물관 소장의 청동주화[85]가 유일한 것이나, 현재 그녀의 것으로 추정되는 석회암제의 두상이 알렉산드리아에서 발견되어 현 Graeco-Roman Museum에 소장되어 있다. 이것은 서기 1994년 국립카이로 博物館展 '古代 이집트 文明과 女王'의 일본전시에 출품되었다(高 80㎝, 日本 Pharaoh Committee, 1994, pp.42-43). 이 상은 銘文이 없어 그녀의 것으로 斷定짓지 못하지만 聖蛇 우라에우스(uraeus)를 조합한 冠, 이마의 聖蛇, 그리고 귀 뒤의 땋은 머리(券毛)로 볼 때 프톨레미 왕조의 王族을 조각했음이 틀림없다. 현재 남아있는 頭像의 높이가 80㎝로 원래의 크기는 3.5m-4m에 이를 것으로 추정된다. 그래서 이를 女神 이시스의 彫像으로 추정하기도 한다. 그러나 모든 정황으로 보았을 때 클레오파트라 7세를 모델로 조각한 것은 틀림없는 것 같다(표지 사진). 그리고 그녀가 머물던 궁전, 그 옆에 만들어진 무덤과 세라피움(serapium) 신전 등은 서기 365년 7월 27일 일어난 대지진으로 현재 알렉산드리아 항구 물밑으로 사라져버려 현재 각국의 고고학 탐사자들에 의해 확인·조사 중이다. 그리고 그녀의 무덤은 최근 알렉산드리아 시에서 서쪽으로 약 45㎞ 떨어진 아부시르에 있는 타포시리스 마그나 사원유적 지하에 情人 안토니우스 장군과 같이 매장된 것으로 추정되는 견해도 있다. 그리고 또한 클레오파트라의 死因은 Plutarch(서

---

85) 클레오파트라(기원전 69년생, 기원전 51년-기원전 30년 8월 12일 재위, 39세로 죽음)는 자신의 이름으로 처음에는 그리스어로 후에는 라틴어로 된 많은 주화를 발행했지만 상태가 좋지 않아 얼굴을 뚜렷이 알아 볼 수 있는 것이 드물다. 기원전 34년에 발행한 銀製鑄貨(silver denarius, 로마의 은화로 기원전 211년-서기 215년 카라칼라 황제 때 소개된 antoninianus로 대체됨), 기원전 34년 발행된 마크 안토니우스와 클레오파트라의 얼굴이 새겨진 은제주화(silver tetradrachm, 그리스의 은화로 기원전 510년-기원전 38년경 유통)와 기원전 47년 사이프러스/키프러스에서 발행한 청동주화가 좋은 예이다.

기 46년?-서기 126년?)에 의해 이야기되어 온 코브라 독사에 의한 자살이 아니라 악티움 해전에서 승리한 옥타비아누스(Octavian, 아우구스투스 황제)의 정치적 야심에 의한 타살설이 고개를 들고 있다.

당시 로마 제국의 영토는 서쪽으로 Gnaeus Julius Agricola 장군(서기 40년 6월 13일-서기 93년 8월 23일, 서기 78년-서기 84년 브리타니아 총독)에 의한 브리타니아 섬의 정복이 완료되고, 서기 122년 하드리아누스 황제에 의해 만들어진 스코틀랜드의 빈돌란다 요새(Hadrianus Wall, 서기 117년-서기 138년)와 안토니우스 피오스(Antonius Pious, 서기 138년-161년 재위)황제 때인 서기 142년 서북쪽으로 좀 더 영토를 넓혀 길이 60km에 달하는 성벽(스코틀랜드의 Antonine Wall)을 쌓아 놓았다. 그리고 동쪽으로 요르단의 페트라[Petra, 기원전 100년-서기 100년경의 나바테안(Nabataean) 왕국의 아레타스/Aretas 4세가 축조한 王陵/靈廟를 포함]와 바쉬르성, 시리아의 팔미라(Palmyra)까지 이르게 되었다. 이 페트라의 나바테안 왕국은 사막지대의 샤라 산맥에 자리 잡고 풍부한 지하 수맥의 개발로 향로와 몰약(myrrh, 沒藥, 향기 있는 樹脂) 등의 무역중심지가 되었으나 서기 3세기-4세기 이후에는 비잔틴 제국(동로마 제국)에 복속되었다가 서기 7세기 후반 지진으로 멸망한 것 같다. 현 시리아 팔미라 유적의 경우 인도·파키스탄과 로마와 교역의 요충지로서 서기 217년 로마의 식민지가 되었고 팔미라 제노비아 여왕(Queen Zenobia, 서기 240년-서기 274년)이 로마에 항거하다가 서기 273년 로마의 디오클레티안(Diocletian) 황제의 공격을 받아 폐허화 되었다. 그래도 현재 개선문, 신전(Bell과 Ba'al), 1,100m에 이르는 열주(列柱, 코린트식 높이 9.5m), Tetrapylon(4 columns), 도로, 아고라(광장, 48m×71m), 극장, 목욕탕, 제노비아 왕비의 명문 등의 로마시대 건물의 흔적이 많이 남아 있다.

실크로드(비단길, 絲綢之路)란 용어는 서기 19세기 독일의 지리학자 겸 여행가인 바론 페르디난트 폰 리히트호펜(Baron Ferdinand von Richthofen, 서기 1833년-서기 1905년)이 처음 언급하였는데 이는 중국의 비단이 서방세계로 전래되었음을 밝히는데서 비롯된다. 이 길이 처음 개척된 것은 기원전 139년-기원전 126년 사이 前漢(기원전 206년-서기 9년) 7대 武帝(기원전 141년-기원전 87년)의 사신으로 月氏, 匈奴, 烏孫, 大

宛, 康居 등을 거쳐 西域에 다녀온 張騫(?–기원전 114년)에 의해서이다. 그 지역들은 훼르가나, 소그디아나, 박트리아, 파르티아와 북부 인디아 등지로 여겨진다. 비단길은 '초원의 길'과 '오아시스 길'의 둘로 나누어진다. 초원의 길은 비잔티움(콘스탄티노플/이스탄불)–흑해–카스피 해–아랄 해–타시켄트(Tashikent, Uzbekistan의 수도)–알마타(Alma-Ata, Kazakhstan의 수도)–이닝(Yining, 伊寧)–우룸치(Urumchi, 烏魯木齊)–카라코룸(Karakorum/하라호룸)–울란 바토르(Ulan Bator)를 지난다. 다시 말해서 옛 소련의 중앙아시아 초원지대·외몽고·중국을 잇는 북위 35°–45° 부근을 지나는데 이 길을 통해 기원전 7세기–기원전 2세기경 동물문양, 무기와 마구로 대표되는 스키타이 기마민족들에 의해 메소포타미아와 흑해 연안의 문화가 동쪽으로 전래되었다. 우리나라의 김해 대성동과 양동리, 영천 어은동 등에서 나온 청동제 銅鍑(cauldron)과 동물문양의 허리띠(馬形帶鉤 등)장식 등이 대표적이다. 또 이들에 의해 남겨진 耳飾, 파지리크와 알타이 유적들은 積石木槨墳의 구조를 갖고 있어 烏丸(烏桓)과 鮮卑문화를 사이에 둔 신라고분과의 친연성도 제기되고 있다. 秋史 金正喜의 海東碑攷에 나오는 신라 30대 文武王(서기 661년–서기 681년 재위)의 비문(서기 2009년 9월 4일, 金, 碑의 상부가 다시 발견됨)에 의하면 慶州 金氏는 匈奴의 후예이고 碑文에 보이는 星漢王(15대조, 金閼智, 서기 65년– ?)은 흉노 休屠王의 태자 祭天之胤 秺侯(투후) 金日磾(김일제, 기원전 135년–기원전 86/85년)로부터 7대손이 된다. 그리고 13대 味鄒王(서기 262년–서기 284년, 金閼智–勢漢–阿道–首留–郁甫–仇道–味鄒王,『三國史記』 제2, 新羅本紀 제2)은 경주 김씨 김알지의 7대손으로 이야기된다. 따라서 경주 김씨의 出自는 "匈奴[86]–東胡–烏桓–鮮卑 등의 유목민족과 같은 복잡한 배경을 가진다. 휴도왕의 나라

---

86) 이곳 유목민족은 匈奴–東胡–烏桓–鮮卑–突厥(투쥐에, 튀르크, 타쉬티크: 서기 552년 柔然을 격파하고 유목국가를 건설. 돌궐 제2제국은 서기 682년–서기 745년임, 서기 7세기–서기 8세기)–吐蕃(티베트, t'u fan: 38대 치송데짼[赤松德贊 서기 754년–서기 791년]이 서기 763과 서기 767년의 두 번에 걸쳐 唐의 長安을 함락함)–위굴(維吾爾, 回紇: 위굴 제국은 서기 744년–서기 840년임, 위굴 제국은 키르기스/點戛斯에 망하며 키르기스는 서기 9세기 말–서기 10세기경까지 존재)–契丹(遼, 서기 907년–서기 1125년)–蒙古(元, 서기 1206년–서기 1368년)–

는 본래 중국 북서부 현 甘肅省 武威市(漢 武威郡 休屠県, 현 甘肅省 民勤県)로 이는 新羅 積石木槨墳의 기원도 중국 辽宁省 朝陽에서 보이는 鮮卑族의 무덤·출토유물과 관련하여 생각해 볼 가능성이 열리게 되었다. 결국 초원의 스키타이인들이 쓰던 쿠르간 封土墳과의 관련도 배제할 수 없게 되었다. 경주 조양동 38호분, 사라리 130호분 경주 오릉(사적 172호) 근처에서 발견된 목곽묘들도 신라의 건국연대가 올라갈 수 있음을 입증해준다. 또 甘肅省 魏晉時期 壁畵古墳으로 嘉峪關 魏晉墓群, 敦煌 佛爺廟灣 古墳群, 酒泉 丁家閘 五號墓(東晋, 서기 317년-서기 418년)를 들 수 있는데 그중 酒泉 丁家閘 五號墓에는 황해도 안악군 유설리 3호분(冬壽墓, 永和 13년 서기 357년) 내의 것과 비슷한 벽화가 그려져 있어 고구려와 鮮卑族과의 관련도 시사해주고 있다. 특히 丁家閘 五號墓를 제외하고 畵像塼으로 만들었으며 내부의 고분 구조는 後漢(서기 25년-220년) 말 3세기경의 山東省 沂南 石墓 後漢(서기 25년-220년) 말 3세기경의 山東省 沂南 石墓와 같이 맞졸임천장(또는 귀죽임천장, 투팔천장, 抹角藻井이라고도 함. 영어로는 'corbel style tomb in which the diameter of the circle decreased until the final opening at the top could be closed with a capstone'으로 표현)을 하고 있어 주목된다. 이는 그리스 미케네(기원전 1550년-기원전 1100년 또는 기원전 1600년-기원전 1200년)의 기원인 연도(널길)가 달린 솔로스 무덤(tholos tomb with dromos; 복수는 tholoi임)이 기원으로 추정된다.

'오아시스 길'은 天山北路와 天山南路 그리고 西域南路 등 세 경로가 있다.

1. 天山北路：西安(長安)-蘭州-武威-張掖-嘉峪關-敦煌-哈密(Hami, Kumul)-乌鲁木齐(Urimqi, Urumqi, Ürümqi)-伊寧(Yining)-伊犁河(Yili He/Ili River)-알마타(Alma-Ata, Kazakhstan의 수도)-타시켄트(Tashikent, Uzbekistan의 수도)-아랄 해-카스피 해-黑海-동로마의 비잔티움(콘스탄티노플/이스탄불)

2. 西域北路(天山南路)：西安(長安)-蘭州-武威-張掖-嘉峪關-敦煌-哈密(Hami,

女眞/金(서기 1115년-서기 1234년)-後金(서기 1616년-서기 1636년)-滿洲/淸(서기1616/1636년-서기 1911년)으로 발전한다.

Kumul)−吐魯番(Turfan)−焉耆−庫尔勒−庫车−阿克苏−喀什(Kashi)−파미르高原
(帕米尔高詢/葱嶺, Pamir Mountians)−중앙아시아(中亚, 키르기즈스탄/Kirghizsstan, 타지
키스탄/Tadzhikistan/Tajikistan, 아프가니스탄/Afkhanistan/Afghanistan)−인도(India)/서
아시아(西亚)

3. 西域南路：西安(長安)−蘭州−武威−張掖−嘉峪關−敦煌−楼兰−若羌(Ruòqiang)−
   且末−尼雅−和田(Hotan)−喀什(Kashi)−파미르高原(帕米尔高詢/葱嶺, Pamir Moun-
   tians)−중앙아시아(中亚, 키르기즈스탄/Kirghizsstan, 타지키스탄/Tadzhikistan/Tajikistan,
   아프가니스탄/Afkhanistan/Afghanistan)−인도(India)/서아시아(西亚)

이 길도 중국 陝西省의 長安(西安)에서 寧夏回族自治區[87] 黃河와 渭河의 서쪽 蘭
州, 武威, 張掖과 嘉峪關을 거치는 河西走(廻)郎을 지나 실크로드(絲綢之路)의 요충
지인 甘肅省 敦煌 莫高窟에서 시작한다. 敦煌에서 哈密−乌鲁木齐−伊犁河−알마
타−타시켄트−동로마로 가면 天山(Tian Shan)北路, 西安−敦煌−哈密−吐魯番(高昌國
의 수도)−焉耆−库尔勒−庫車(龜玆國)−阿克苏−喀什(Kashi/Kashkar/Kashgar)을 가면 西

---

87) 중국 서북 宁夏[Ningxia, 宁夏回族自治區/Ningxia Hui Autonomous Region (NHAR)]는 비
   단길(Silk Road)에서 남쪽으로 오르도스(Ordos/Erdos, 鄂尔多斯沙漠, 河套/河南)−平城(大同)
   과 河西走(廻)郎 도시 중 甘肅省 武威일부인 涼州/涼州区로, 북쪽으로 長安(西安)−新疆(西安−
   敦煌−哈密−乌鲁木齐 또는 吐魯番)−西域으로 가는 天山(Tian Shan)北路와 西域北路(天山南
   路)의 매우 중요한 지역이다. 서기 3세기−서기 10세기 사이의 비잔티움(Byzantium), 페르시
   아의 사산(Sassan Persia, 서기 224년−서기 652년), 소그드(Sogd, 현재의 Tajikistan and
   Uzbekistan)시대에 속하는 彩繪戰士(Painted pottery figures of warriors, 北周, 서기 557년−
   서기 581년), 石碑(Fragment of a stone stele, 西夏, 서기 1032년−서기 1227년), 유리제품
   (Glass bowl, 北周 서기 557년−서기 581년), 목제조각품, 비단 천, 금속공예품, 교역 각국의
   금제와 은제 화폐[비잔틴 동로마제국(서기 395/476년−서기 1453년)의 金貨와 페르시아의 銀
   貨도 포함]와 불교 유물 등 많은 고고학 자료들 100여점(北魏/서기 386년−서기 534년 − 明/
   서기 1368년−서기 1644년)이 서기 1980년대 이후 30년간의 宁夏 沽源县 原州区(固原市)의 고
   분발굴에서 출토되어 'The Silk Road in Ningxia'라는 전시가 서기 2008 12월 3일−2009년 3
   월 15일까지 홍콩대학 박물관·미술관(the University Museum and Art Gallery, The Uni-
   versity of Hong Kong) 沽源县博物館·宁夏回族自治區博物館과의 공동으로 홍콩에서 열렸다.

域北路(天山南路), 西安-敦煌-楼兰-若羌-且末-尼雅-和田-喀什으로 가면 西域南路가 된다. 喀什(Kashi)에서는 파미르 고원(Pamir Mountians)을 지나 키르기즈스탄/Kirghizsstan, 타지키스탄/Tadzhikistan/Tajikistan, 아프가니스탄/Afkhanistan/Afghanistan을 거치면 터키의 비잔티움(콘스탄티노플/이스탄불), 이란과 인도의 세 방향으로 나아갈 수 있다. 이들은 모두 新疆省 維吾尔自治區와 甘肅省에 위치하며 天山山脈(최고봉은 公格尔山으로 海拔 7,719m임), 타림 분지(塔里木盆地, Tarim Basin)와 타크라마칸 사막(塔克拉瑪干沙漠, Takla Makan Desert)을 피하거나 우회해야 하기 때문에 만들어진 것이다.

 又 明 3대 成祖(朱棣, 永樂 서기 1403년-서기 1424년, 서기 1420년 紫禁城을 완공) 때 宦官 鄭和(云南省 昆陽人, 서기 1371년/1375년-서기 1433년/1435년)에 의해 서기 1403년 南京 龍조선소에서 제작된 300여 척의 배로 조직된 선단으로 서기 1405년-서기 1423년의 18년 동안 7차에 걸쳐 개척된 뱃길은 江蘇省 蘇州 劉家河 太倉市를 기점으로 자바, 말라카(Malacca, 말레이시아), 수마트라, 세이론, 인도의 말라바[캘리컷(Calicut), 페르시아만의 Hormuz], 짐바브웨를 거쳐 오늘날의 아프리카와 紅海(Red Sea) 입구인 예멘의 아덴(Aden)과 케냐의 말린디(Malindi)까지 도달했던 것으로 추측된다. 서기 2013년 3월 13일(수) 챠푸르카 쿠심바(Chapurukha Kusimba, The Field Museum)와 슬로안 윌리엄스(Sloan Williams, the University of Illinois-Chicago)가 이끄는 합동조사단이 케냐의 만다섬(Kenyan island of Manda)에서 중국 명나라 때의 永樂通寶[서기 1408年(永樂六年)南京과 北京에서 錢局을 설치하여 永樂通寶의 주조를 시작하고 서기 1411年(永樂九年)浙江,江西,廣東,福建에도 錢局을 설치·발행하여 明나라 전역에서 사용하게 함]를 발견했다는 미국 일리노이 주의 시카고 필드박물관(The Field Museum in Chicago)의 발표가 있었다. 그리고 중국 元나라에서 만들어진 세계지도인 混一疆理圖/大明混一圖[복제품은 混一疆理歷代國都地圖로 朝鮮 太宗 2년 서기 1402년 것임, 마테오리치와 李之澡의 坤輿萬國全圖(서기 1602년)는 서울대박물관 소장으로 보물 849호임]가 제작된 것으로 추측되기도 한다. 중국 明나라에서 이슬람 세계로 나가는 중요한 교역품은 비단과 함께 靑華白磁였다. 이는 이슬람 지역으로부터 얻어온 코발트(1300℃에서 용융) 안료, 당초문이 중국의 질 좋은 高嶺土와 결

합해서 나타난 문화복합의 結晶體이다.

중국의 漢/唐 나라와 로마 제국과의 만남은 필연적이다. 다시 말해 비잔티움(콘스탄티노플/이스탄불)과 西安(長安)이 시발점과 종착역이 된다. 실크로드의 가장 중요한 상품 중의 하나는 비단이다. 세레스 지역에서 전래된 비단으로 만든 토가라는 옷[수메르의 투그(tug)에 기원을 둔 그리스의 긴 옷인 페프로스(peplos)와 비슷한 것으로 로마에서는 이를 토가(töga)나 세리카(sarica/serica, silken garments)로 부른다]은 로마 시민의 마음을 사로잡았다. 비단길을 통해 중국에서 서역으로 제지술, 인쇄활자 프린트, 도자기, 나침판과 화약이 가고, 서역에서는 유약, 유리 제조술, 유향, 몰약(myrrh, 향기 있는 樹脂), 말, 쪽 빛나는 靑華白磁 顔料(cobalt blue), 호도, 복숭아, 면화, 후추와 백단향 등이 중국으로 들어왔다. 이 비단길을 통해 교역뿐만 아니라 인도의 불교, 동로마 제국(비잔틴 제국)의 기독교(景敎), 페르시아의 마니교(페르시아의 마니가 서기 3세기경 제창한 종교)와 조로아스터교(拜火敎), 그리고 이슬람교(回敎)까지 들어와 예술과학과 철학을 포함하는 문화의 교류도 함께 있었다. 로마(漢나라에서는 大秦으로 부름, 서기 166년경)-인도(Maharashtra 주의 Kārli 동굴사원 石柱에 새겨진 로마상인의 돈의 기부 흔적)-베트남(오케오와 겟티 유적에서 나타난 로마상인의 흔적)-중국(한과 당)을 잇는 해상 비단교역로도 최근 밝혀지고 있다. 베트남의 롱수엔(Long Xuen)에서 30km 떨어진 안 기안(An Gian) 주, 토이(Thoi) 현, 사파바(Sap-ba) 산록의 오케오(Oc Eo) 유적의 발굴 결과 이곳에서 로마의 주화와 중국의 거울, 인도어로 써진 '취급주의'와 '귀중품'이라는 物標가 나오고 있다. 그래서 이곳이 서기 50년-서기 500년 사이의 Phu Nam 왕국(Phu Nam/Funan 왕국, 베트남 남쪽과 캄보디아의 扶南王國)의 항구도시로서 인도와 중국의 중계무역이 이루어지고 있었음을 확인할 수 있다. 이는 서기 14년에 죽은 로마 초대 황제인 아우구스투스(기원전 27년-서기 14년 재위) 靈廟의 입구 동판에 써진 업적 중 그가 황제로서 한 최초의 일이 인도 사신을 접견한 것이었다고 기록해 놓은 데서도 알 수 있다. 이 교역로는 로마인들의 비단에 대한 욕구에서 비롯된 것이다.

그리고 최근 이집트의 紅海(Red sea) 연안의 베로니카(Veronica) 항구의 조사결과

베로니카 항구를 중심으로 로마인들이 Cleopatra VII세(기원전 69년-기원전 30년 8월 12일)의 사후 이집트를 식민지화한 이후 서기 476년 서로마 제국이 멸망할 때까지 약 400년간 인도양을 거쳐 아프카니스탄, 파키스탄, 인도 등지와 다국적 국제무역을 해온 사실을 알 수 있었다. 무역품은 주로 향신료, 감송향(甘松香), 몰약, 후추, 상아와 옷감(특히 로마에서 아우구스투스 황제 때로 추정되는 석관에서 발견된 8살 여자의 미라와 함께 인도인형과 중국 산동성 동남 지방의 Lu Brocade 수공예 직조의 비단옷이 발견됨), 사파아우 비단 등이었다. 그리고 와디 기말(Wadi Gimal), 시케이트(Sikeit), 누크라스(Nuqrus), 하마마트(Hammamat)와 게벨 자바라(Gebel Zabara)와 같이 이집트 동부의 홍해 연안 사막 깊숙이에서 에메랄드(Marsa Alam 지역의 Cleopatra Mines/몬스 스마라그도스 Mons Smaragdus가 로마 제국의 유일한 에메랄드광산으로 잘 알려짐), 사파이어(스리랑카), 자수정(인도 코두마날)과 금 등의 천연자원도 독점·채굴해 서쪽의 스코틀랜드의 빈돌란다 요새에서 동쪽으로 요르단의 페트라와 바쉬르 성, 시리아의 팔미라 지역까지의 로마 영역 내에서 활발한 교역을 행했던 모양이다. 이와 같은 사실은 와디 하와메트, 셴세프, 베레니케와 나일 강 유역의 서기 50년 이후 형성된 기독교 집단인 콥트(Copt, 그리스어로 이집트인을 의미하는 Aegyptios/Aigyptos의 와전임) 유적 등에서 얻어진 그리스, 나전어, 콥트어, 시리아어, 인도의 바라문(Brahman)어 등의 11개의 언어로 파피루스에 써진 당시의 각종 항해 기록, 세관(서기 90년 5월)기록과 陶片(Ostraka) 등에 의해 확인되고 있다. 또 인도에서 수입한 다이아몬드로 유리표면을 깎아서 오늘날의 크리스탈(crystal, cut glass)처럼 만든 유리제품과 틀을 이용해 만든 캐스트 그라스(Roman cast glass) 등으로 잘 알려진 로마의 유리 제조는 유명하다. 로마의 유리는 납을 많이 섞는 중국의 것과 달리 가성소다를 넣어 특색이 있으며, 이러한 로마의 유리제품이 실크로드를 따라 신라까지 전파되어 금관총, 서봉총, 황남대총 남분과 북분(155호분, 鳳首形 유리병), 황남동 98호분(남·북분) 등 멀리 新羅의 積石木槨墳에서도 발견되기도 한다. 慶州 월성군 외동리 소재 新羅 38대 元聖王의 掛陵(사적 26호, 서기 785년-서기 798년)의 石像(보물 1427호), 41대 憲德王陵(서기 809년-서기 826년, 사적 29호), 42대 興德王陵(서기 826년-서기 836년, 사적 30호)의 무인석상과 경주 용강동 고분(사적 328호.) 출토 土俑도 실크로드를 따라 중국 隋(서기 581년-서기 618년)와 唐(서기 618년-서기 907년)나라 때의 胡商인 소그드(Sogd/Soghd)[88]인들의 영향으로 생각된다.

로마의 도시들은 로마나 알렉산드리아, 카르타고와 페레그린 등과 같은 거대한 도시에서부터 브리튼이나 모로코와 같은 屬州의 중심지에 이르기까지 그 규모나 모양이 다양하다. 이는 전시대의 다른 문화 위에 새로이 로마의 도시가 건설되었거나, 새로운 식민지 도시를 형성하였기 때문이다. 도시의 기본은 포장된 道路網과 고대 로마 시 중앙의 大廣場을 지칭하는 공공장소인 포룸(forum)이다. 아우구스투스 포룸과 같은 황제의 포룸이 세워지면서 신과 황제의 위엄을 찬양하는 사원과 기록/사료보관소로 바뀌면서 12개의 동판이 보존되기도 하였다. 이 주위에 신전과 바실리카(법정 또는 행정사건 처리소, 시장 등의 역할을 함)라고 하는 긴 回廊을 갖춘 건물이 있다. 로마 제국을 대표하는 건조물은 아치, 수로와 목욕탕을 들 수 있으며 여기에 로만 콘크리트(Roman concrete)라고 불리는 시멘트를 이용하였는데, 그 건조물들이 오늘날까지도 남아있는 堅固性은 베스비우스(베스비오) 화산 중턱에서 나오는 포졸라나(pozzolana)라는 화산용암을 섞었기 때문이다. 여기에 석

---

88) 우즈베키스탄(Uzbekistan) 사마르칸트(Samarkand)의 동쪽 펜지켄트(Pendzhikent, 서기 1946년 러시아인 Boris Marshak이 발굴, 서기 719년-서기 739년 아랍인의 침공으로 멸망)의 조그만 도시국가에 중심을 둔 소그드인들은 그들의 습관이 중국의 舊唐書 胡書에 기록으로 남아있을 정도로 카라반(隊商)을 형성하여 중국의 수와 당나라 때 활발한 무역을 했었다. 당나라 때에는 西安과 高昌에 정착을 하여 그들의 우두머리가 관리책임자인 薩寶라는 직을 맡기도 하였다. 그들의 무역활동 흔적은 벨기에 후이 성당과 일본 正倉院/法隆寺의 비단(소그드의 씨실 비단 직조법과 사산 왕조의 영향을 받은 문양), 그리고 甘肅省 敦煌 莫高窟 45호와 西安 北周의 安伽墓(2004, 陝西省考古研究所)와 史君墓(펜지켄트 근처 부하라와 키쉬 출신으로 성을 '安', '康', '史', '石' 등으로 삼음)의 石槨표면에 보이는 벽화를 들 수 있다. 그들의 후손으로 여겨지는 安祿山의 亂(唐 玄宗, 서기 755년-서기 763년)의 실패로 소그드인의 활동이 약화되었다. 그들의 문화는 앞선 페르시아의 사산(Sassan, 서기 224년-서기 652년) 왕조 문화의 영향을 많이 받았다. 그리고 서기 11세기경 이란의 대학자인 이란샤 이븐 압달 하이르가 편찬한 쿠쉬나메(Kush-nameh)란 서사시에서 페르시아 사산왕조(Sassan, 서기 224년-서기 652년)의 후예 왕자와 신라공주의 결혼에 관한 이야기도 당시 문화교류를 짐작케 해준다.

재(대리석 포함)와 로마의 발명품이라고 할 수 있는 벽돌과 콘크리트를 아래에서 위로 적당히 배치해 로마의 건물들이 하중을 이겨내고 오늘날까지 남아있게 되었다. 로마인들의 뛰어난 건축술을 볼 수 있는 대목이다. 그래서 서기 70년 베스파시아누스 황제 때 시작하여 서기 80년 티투스 황제 때 완공을 본 최대 수요인원이 5만-5만5천 명이고, 벨라리움(Velarium)이라고 하는 햇빛과 비를 막는 차일(awning)이 꼭대기에 쳐진 구조를 가진 직경 180m의 新 7대 不可思議 중의 하나인 콜로세움(Colosseum/Coliseum) 원형대경기장, 직경 48m의 판테온 신전(서기 122년경 축조), 로마 오시리카의 8층 규모의 유리창이 달린 아파트, 아그리파 공중목욕당(서기 19년)과, 네로가 세운 황금궁전(Domus Aurea), 네로가 서기 68년 죽은 직후 그 위에 건립한 트라야누스 목욕탕, 디오클레티아누스 목욕탕(Diocletianus bath), 카라칼라 목욕탕(Caracalla bath), 서기 113년 트라야누스 황제가 다키아인에 승리한 것을 기념해 세운 기둥, 최초의 식민지인 서기 76년 오스티아(Ostia, 로마의 항구인 티베르(Tiber) 강구 라티움(Latium) 위치한 고대도시)의 아파트, 공중화장실, 포장된 道路網(아피아 街道/Via Appia) 그리고 납 파이프로 배수관을 하고 난방시설을 갖춘 목욕탕, 비고르 수로(서기 19년), 아우구스투스 水路(서기 97년)와 트레비 분수와 '천사의 성'[Castel San' Angelo/Castle of the Holy Angel, 원래 서기 130년에 만들어진 하드리아누스 皇帝陵(Mausoleum of Hadrian)이었으나 서기 271년 城郭으로 대체함] 등은 로마의 건축기술의 결정체로 꼽히고 있다. 그러나 파이프나 식기 등 일상생활에서 납(lead, Pb)의 과다한 사용은 납중독으로 이어져 검투사나 목욕탕 문화와 같이 로마 제국 멸망 원인의 하나로 여겨지기도 한다. 티베리우스의 뒤를 이은 칼리굴라 황제(Caligula, 서기 12년 8월 31일-서기 41년 1월 24일, 28세에 암살당함)는 평소 뇌염, 간질, 뇌막염, 자기도취증 정신병(narcissistic personality disorder)으로 인한 독재자로 평판이 나빴는데, 이는 당시 강하고 달콤한 성분의 포도주를 만들기 위해 포도원액(must)을 끓인 농축포도액(sweet grape syrup, defrutum, carenum, sapa)에 용해된 다량의 납(lead, pb, 당시의 납 포함수치는 29,000ppb로 현재 미국의 허용수치 19ppb에 비해 2,900배가 된다.)성분의 중독에 기인한다는 이야기가 있을 정도이다.

로마사람들의 이름은 이름+성(家門)+添名의 순으로 썼다. 예를 들면 마르쿠스 툴리우스 키케로 같은 식이다. 정치는 황제와 600명의 원로원, 집정관(호민관)과 군인이 행하며, 황제를 제외하고는 납세유권자들이 직접 선거로 뽑았다. 그리스의 도시국가 규모보다 더 큰 40개의 속주에는 로마에서 파견된 행정관이 근무하였다. 파견된 관리는 권위의 상징으로 세금징수, 영토방어, 공공질서 유지와 재판장을 겸하였다. 속주는 일정한 지위를 가진 사람 즉 출생에 의해 획득된 행정권자와 법률로부터 시민권을 부여받은 자들의 공동체였다. 납세유권자의 도시국가에서 납세자인 시민이 우선이었으며 시민권의 획득은 후일 시간이 지남에 따라 확대되었다. 알제리 팀가드(Timgad, Algeria)의 로마 유적에서 보면 군에 25년 근무 후 정년퇴임하고 아들도 군대에 있으면 시민권을 획득했던 모양이다. 오스티아, 리용, 카르타고, 쾰른, 레바논의 발베크 등에는 라틴이라고 불리는 시민권제도도 있어 자치도시의 관리, 行政을 맡아 하면 비로마인들도 시민권 획득이 가능하였다. 선거는 에베르게티즘(évergétism/euergetism: benefactor/doing good things)이라는 반대급부나 신의(信義)의 원칙이 지켜져 당선 후 시민 선거인들을 위한 공약으로 원형경기장이나 목욕탕을 세우는 정도였다. 원형경기장에서는 정치가의 지지와 인기를 얻기 위해 오늘날 가치를 따져 하루 200만 불에 해당하는 금액을 들여 검투경기(gladiatorial game)를 벌렸다. 검투사(gladiator)들은 노예의 신분으로 콩, 밀, 보리와 같은 수준 낮은 채식 위주로 식사를 제공받았지만, 다음 경기 로마인들의 富와 快樂을 위해 경기에서 얻은 부상은 최상급의 치료를 제공받은 것임이 터키 에페소스(Ephesus)의 경기장에서 죽어 아르테미스 신전으로 가는 대로 변에 묻힌 검투사 묘지에서 발굴된 인골에서 스트론튬[머리카락과 인골에서 질소(N)와 아연(Zn)이 나타나면 육식을, 탄소(C)와 스트론튬(Sr)은 채식했다는 것을 의미한다]이 나오는 델타동위원소 분석으로 밝혀졌다. 로마인들은 나라가 부강해지는 아우구스트스 황제(기원전 27년–서기 14년 재위) 초기부터 무료급식, 검투사의 경기관람, 목욕과 같은 '빵과 오락(Bread and Games)' 정책을 펴 시민들로 하여금 정치나 체제에 관여치 않도록 신경을 써왔던 모양이다. 그러나 시간이 갈수록 나타나는 시민 간의 貧富와 階級의 차이는 어쩔 수 없었던 모양이다. 이것이 서기 79년 8월 24일 화산재에 의해 매몰된 폼페이의 유적에 남아있는 낙서에서도 확인할 수 있다. 그리고 고대 신에게 人身供養의 제사를 대치하여 약 600여 년간 계속되어오던 이 잔혹한 검투 경기는 로마 세계에서 기독교의 전파와 교인들의 반감이 급증해 서기 325년 10월 1일[Theodosian Code.XV.12 ⋯ Posted at Beruit on the Kalands of October 1 in the consulship of Paulinus and Julianus(325)] 기독교를 공인한 콘스탄티누스 황제의 명령에 의해 금지되었으며 그 후 이 경기에 들어가는 비용은 자연히 교회로 헌납하게 되었다. 그리고 화려했던 로마에 가려진 어두운 일면은 당시의 嬰兒殺害(infanticide)에서도 나타난다. 서기 1986년-서기 2006년 하버드 대학 후원하에 이루어진 "Leon Levy Expedition to Ashkelon"의 조사 중 서기 1988년도 발굴에서 기원전 3년에 속하는 이스라엘의 지중해에 면한 고대도시 아슈켈론(Ashkelon, 기원전 37년 로마에 의해 점령되어 4세기 간 로마의 지배하에 있었음)의 개인이 운영하던 로마시대 목욕탕 지하 배수로에서 100여 명의 신생아(neonates)들이 확인되었다. 헤브라이(Hebrew) 대학의 페트리샤 스미스(Patricia Smith)와 길라 카힐(Gila Kahil) 교수들의 분석 결과 이들은 태어 난지 일주일도 안 되는 嬰兒로서 성별이 주로 여자였으나 남자의 것도 14명이나 되었다. 그래서 이들은 그곳 매음굴 소속의 창녀의 私生兒나 死産兒로 이야기되고 있다. 이는 그곳에서 발견된 "들어와서 즐기십시오(Enter & Enjoy)"란 그리스어로 된 명문이 발견되었기 때문이다. 그러나 당시 로마사회에서는 원하지 않은 자식이 태어나면 버리거나 죽여도 불법이 아니며 이는 산아제한(birth-control)의 한 방편으로도 활용되었던 측면에서도 이해되고 있다. 이것이 당시 로마의 영아살해 習俗이었다. 그리고 이 습속은 서기 313년 기독교가 공인된 후 법으로 금지되었다.[89]

---

89) 陰莖(penis)에 대한 로마인들의 사고방식은 크기가 작으면(petit sexe/small sized penis) 美的(beauté/beautiy)이고, 生動感(vigueur/vigour)이 있으며, 豐饒/多産(fertilité/fertile)을 상징하고, 반면 크면(gros sexe/large sized penis) 醜(laideur/ugly)하고, 俗(vulgarité/vulgar)되고, 無氣力(impuissance/powerless)을 상징한다고 여겼다(Dumas, Cyril, 2012 Sexe à Rome entre fantasmes et clichés, Dossiers d'Archaeologie, Dijon: Faton, H.-S no.22 avril, p.3).

상류층의 대저택은 사적 종교시설과 같은 곳으로 벽화와 회랑이 있는 정원 주위의 공간을 갖추고 있었다. 그리고 트리클리니움(triclinium: dining room)이라는 큰 방에서 연회를 열었는데, 케나(cena)라는 연회는 고기와 생선을 맛보는 것이며 코미사티오(comissatio)는 물탄 포도주를 맛보는 연회였다. 식사에는 상한 냄새가 나는 생선소스인 가룸(garum)을 즐겨 먹었다. 반면 서민들은 건물의 꼭대기 칼레타(garret/attic)라는 비좁은 다락방에서 살았다. 가정은 증조부−조부−본인−자손(본인의 아들)의 4대가 모여 사는 대가족의 家父長制였으며 피보호자인 크리엔텔라, 자유시민과 노예로 구성되었다. 남자가 결혼할 때 여자의 아버지에게 딸을 사오는 우수스(usus)라는 대가를 치렀다. 이는 다우어리(dowry)라는 여자의 결혼지참금의 반대개념이다. 부자는 세 번 정도 결혼하였으며, 아버지는 기형아 아들을 죽일 수도 있었다. 모든 휴게시설이 갖추어진 목욕탕, 프라자 주변의 비도 피할 수 있었던 바실리카식 市場, 검투사들이 生과 死의 경기를 펼치는 원형경기장, 전차경기장과 원형극장 등은 오티움(otium/dignitas)이란 시민들의 즐기는 삶이었다. 그리고 욕탕은 남녀혼탕이고, 공동화장실에서도 여러 가지 화제를 즐길 수 있었다.

로마인들의 종교는 서기 313년 기독교의 공인 이후 一神敎가 되었으나 그 이전까지는 쥬피터(제우스), 주노(헤라)와 미네르바(아테네), 넵춘(포세이돈), 율리시스(오디세이) 등의 신들을 믿는 多神敎(高等自然敎)였다.[90] 이들은 개별 축제를 통해 공동체

---

90) 그리스와 로마 신의 명칭에 대한 비교는 다음과 같다.

Name	Roman Name	Name	Roman Name	Name	Roman Name
Aphrodite	Venus	Hades	Pluto	Muses	
Apollon	Apollo	Hebe		Nereids	
Ares	Mars	Helios	Apollo	Odysseus	Ulysses
Artemis	Diana	Hephaistos (Hephaestus)	Vulcan	Orai, The Hours	Horae
Athene (Athena)	Minerva	Hera	Juno	Pan	Faunus
Demeter	Ceres	Herakles(Heracles)	Hercules	Persephone	Proserpina
Dione		Hermes	Mercury	Poseidon	Neptune
Eos		Hestia	Vesta	Prometheus	
Enyo	Bellona	Hyperion		Rheia (Rhea)	
Erida		Hypnos	Somnus	Rivers	
Erinyes	Furiae	Io		Skylla	
Eris	Discordia	Iris		Styx	
Eros	Cupid	Kalypso (Calypso)		Thanatos	
Eurynome		Kheiron (Chiron)		Thetis	
Fates	Morae	Kirke (Circe)		Winds	
Gorgons		Kronos (Cronos)	Saturn	Zeus	Jupiter
Graces	Charities	Leto			

의 안녕과 번영을 기원하는 主神들이었다. 쥬피터 신은 그리스의 제우스 신에 해당한다. 로마는 정복지역의 기존 종교를 억압하지 않고 개종을 강요하지도 않았다. 서기 2세기에 지어진 판테온(Pantheon)도 다신교의 대표적인 神殿이다. 이 신전은 기원전 27년 로마의 아그리파(Agrippa)에 세워졌으나 서기 118년경 하드리아누스 황제 때 재건축되었으며 서기 609년 이후 기독교의 교회로 사용되어 왔다. 기독교는 서기 313년 이후 로마법과 함께 로마 제국의 후광을 업고 전 세계로 퍼져나갔다. 로마의 장례풍속은 기본적으로 火葬(納骨堂 포함)과 埋葬의 두 가지이다. 무덤은 서기 3세기 이전에는 火葬을 하고 화장 장소도 위생을 위해 도시외곽에서 행하였다. 그러나 서기 3세기 이후 기독교가 들어오면서 유대교 및 기독교도들은 대저택 지하를 파서 죽은 이들을 위한 아파트와 같은 화장대신 육체의 부활을 위해 카타콤(catacomb, 초기 그리스도교인들의 지하묘지)에 시체를 그대로 埋葬하였다. 이들은 각자의 신분과 경제적 능력에 따라 행해지기도 하였다. 서기 2세기 중반부터는 石棺을 이용한 매장이 일반화되었다. 무덤은 단순한 土壙墓에서부터 靈廟와 같은 記念物에 이르기까지 만들어지기도 한다. 로마시대 바티칸 근처에 있는 '천사의 성'(Castel San' Angelo)은 원래 서기 130년에 만들어진 하드리아누스 皇帝陵 이었으나 서기 271년 城郭으로 대체되었다. 또 교역을 위한 수단으로 화폐가 유통되었는데 앞면에 주로 황제의 얼굴을 새긴 동전인 아우레우스(금화, aurelia, aurum), 데나리우스(은화, denarius), 세스테르티우스 또는 아스(청동화, copper alloy, sesterium/as) 등이 있어 후일 고고학자들에게 절대편년을 설정하는 좋은 근거를 마련해 주고 있다. 로마 군대는 주로 보병으로 구성되어 있으며 20개의 군단(legionaries)과 보조부대(auxiliaries)로 구성되었다. 각 군단은 로마 시민권을 가진 약 6,000명의 남자로 보조부대는 시민권을 갖지 못한 자들로 이루어진 보병대와 기병 측위부대(alae)로 각각 100명으로 조직되었다. 군인은 대개 유급 지원병들로 다른 갑옷에 비해 무게가 1/3 정도인 14kg밖에 나가지 않는 판금갑옷(red battle cloak)과 헬멧(cassis), 백병전에 유용했던 양날을 가진 46cm 길이의 단검인 gladius, 필럼(pilum/pilium spear)이란 일회용 창(하스타 hasta 창), 대형의 弩와 같은 발리스타(ballista, 서기 49년 영국의

Maiden castle 공격 때 사용), 합판으로 만들어진 방패(scutum)로 무장하고 있었으며, 이 외에도 攻城用 투석기(onegar, catapult, mangonel) 등이 있어 막강한 위용을 자랑하고 있었다. 예수가 십자가에 못 박혀 죽을 때 죽음을 확인하였던 롱기누스의 창은 하스타(hasta) 창으로서 이의 실물로는 오스트리아 샤츠감머 박물관, 폴란드 크라 코프, 바티칸 교황청과 아르메니아 수도원 소장의 4개가 있으나, 그 진위 여부에 대해서는 여러 가지 설이 많다. 콘스탄티누스 황제와 샤를마뉴 대제에서 히틀러 에 이르기까지 그 소유자가 많이 언급된다. 이는 유물의 진위보다 종교적 측면에 서의 해석이 더 비중을 두기 때문이다.[91]

그리스의 헬레니즘(Hellenism, 고전 그리스는 기원전 500년−기원전 338년임) 문화는 마케 도니아 제국(기원전 338년−기원전 146년)과 로마 제국의 문화로 병합·흡수되었으나 서 기 313년 기독교의 공인 이후의 사조인 헤브라이즘(Hebraism)에 대체되었다가 르 네상스(Renaissance)시대에 다시 부활된 유럽문화의 바탕인 것이다. 그리고 이는 다 시 啓蒙主義(enlightenment), 科學(science), 産業革命(industrial revolution)과 더불어 파생 하는 합리, 개방과 대량생산을 거쳐 오늘날 유럽의 民主主義와 植民主義(colonial-ism)의 또 다른 바탕을 형성하고 있는 것이다.

---

91) 이와 같은 예로 현재 이탈리아 북부 레기오 에밀리아(Reggio Emilia) 성당에 보관된 크리스 탄투스(Christantus)와 다리아(Daria)의 유골을 들 수 있다. 이 유골들의 주인공이 살았던 연 대는 전설과 기록상 서기 3세기−서기 283년으로 추정된다. 크리스탄투스는 이집트인으로 로 마의 귀족인 아버지를 따라 로마에서 살다가 기독교를 믿고 이를 꺼려한 아버지의 권유로 당 시 로마 베스타(Vesta) 신에게 바쳐진 '정결한 여인'[Roman Vestal Virgine, 빈첸초 벨리니 (Vincenzo Bellini, 서기 1801년 11월 3일−서기 1835년 9월 23일)가 작곡한 노르마/Norma(이 르민술 사원의 여사제장, 오로베소의 딸, 신탁의 예언자인 주인공)도 '정결한 여인'이다]과 결 혼하게 되었는데 그녀도 남편을 따라 기독교로 개종하여 당시 황제인 누메리안(Numerian, Marcus Aurelius Numerius Numerianus Augustus, 서기 284년 11월 死), 서기 282년−서기 284년 재위 때 부부 모두 처형당해 비아 살라리아 노바(Via Salaria Nova)의 지하묘(cata-comb)에 묻혔다가 서기 1011년 교황 세르기우스(Sergius) 4세의 명으로 성당에 안치되었다. 유골의 방사성탄소연대(C[14])의 측정은 서기 80년−서기 340년으로 나왔다.

국립중앙박물관

  2008 페르시아, 서울: 국립중앙박물관 문화재단

민병훈

  2010 소그드의 역사와 문화, 서울: 국립중앙박물관, pp.7-36

박지향

  1997 영국사, 서울: 까치사

장 피에르 드레주(이은국 옮김)

  1995 실크 로드, 서울: 시공

중앙일보

  1997 폼페이 최후의 날, 서울: 칠광사

최몽룡

  1991 마왕퇴 고분, 재미있는 고고학 여행, 서울: 학연문화사, pp.89-96

  1997 폴 겟티 박물관, 폼페이와 헤르쿨라네움의 발굴, 도시·문명·국가-고고학에의 접근-(대학교양총서 70), 서울: 서울대학교 출판부, pp.304-309 및 pp.224-231

클로드 모아티(김윤 옮김)

  1996 고대 로마를 찾아서, 서울: 시공

존 세이드·로젠드 아눈(송정훈 옮김)

  1997 로마인의 삶, 서울: 시공

S. 헤딘(민병산 역)

  1978 실크 로우드, 서울: 능력개발

마리아 테레사 구아미 폴리(김원욱 옮김)

  2007 로마, 세계 10대 문명 시리즈(2권), 서울: 생각의 나무

Archéologia(Dossiers d'Archaeologie)

  2012 *Pompéi*, Archéologia: Dijon: Faton, no.500 Juin, pp.24-51

Anati, Emmanuel

  1960 *La civilization du Val Camonica*, France: Arthaud

Dossiers d'Archéologie

  2012 Sexe à Rome, Dossiers d'Archaeologie: Dijon: Faton, H.-S no.22 avril

Biers, William R.

  1987 *The Archaeology of Greece*, Ithaca and London: Cornell University Press

Boardman, John and T.G.E. Powell

1971   *The European Communidty in Later Prehistory*, London: Routledge & Kegan Paul

Bonavia, Judy

1988   *The Silk Road*, Honkong: The Guidebook Comany Limited

Bosinski, Gerhard

1990   *Les Civilisation de la prehirtorie*, Paris: Errance

Constable, Nick

1966   *Ancient Ireland*, London: Parkgate Books

Deiss, Joseph Jay

1966   *Herculaneum — Italy's Buried Treasure*, New York: Thomas Y. Crowell Company

Dumas, Cyril

2012   Sexe à Rome entre fantasmes et clichés, Dossiers d'Archaeologie, Dijon: Faton, H.-S no.22 avril, pp.2-3

Edizioni Uniedit

1988   *Italia Arte e Scienza nello Sport*, Italy: Edizioni Uniedit Efimservizi

Glover T.R.

1953   *The Ancient World*, London: A pelican Book

Grant, Michael

1971   *Cities of Vesuvius, Pompeii & Herculaneum*, Harmondsworth: Penguin Books Ltd.

Jones, Siân

1997   *The Archaeology of Ethnicity*, London: Routledge

Joussaume, Roger

1987   *Dolmens for the Dead*, London: B.T. Batsford

Kina Italia ed.

2010   *Venice-civilization, art and history–*, Italy: Lego

Margherita, Tuccinardi

2012   Le saccage de Pompéi, Pompéi: hier et aujourd'hui, Archéologia no.500 juin, Dijon: Faton, pp.40-51

MecKendrick, Paul

1960   *The Mute Stones Speaks*, New York: A Mentor Book

National Geographic Society

1994   *Wonders of the Ancient World*, Washington D.C.: National Geographic Atlas of Archaeology

Perseus-Plurigraf, Casa Editrice

2003 *Pompeii*, Sesto Fiorentino: Centro Stampa Editoriale

Piggott, Stuart

1965 *Ancient Europe*, Chicago: Aldine Publishing Company

Robert-Boissier, Béatrice

2012 Pompéi hors-les-murs: Reconstitutions et restitutions pompéiennes au XIXe siècle, Pompéi: hier et aujourd'hui, Dijon: *Archéologia* no.500 Juin, pp.28-39

The J. Paul Getty Museum

1989 *Guide to the Villa and its Gardens*, Handbook of the Collections: Malibu·California

Tuccinardi, Margherita

2012 Le saccage de Pompéi, Pompéi: hier et aujourd'hui, Dijon: *Archéologia* no.500 Juin, pp.40-51

郁進編

1980 長城, 北京: 文物出版社

周菁葆編

1933 絲綢之路岩畫藝術, 新疆: 新疆人民出版社

盖山林

1986 陰山岩畫, 北京: 文物出版社

文物出版社

1983 中國岩畫, 北京: 文物出版社

武伯綸·武复興

1983 絲綢之路, 上海: 上海人民美術出版社

岡內三眞 編著

2008 シルクロードの考古學, 東京: 早稻田大學

III

세계문화유산목록

유네스코 세계유산 중 자연유산을 제외한

문화유산 및 복합유산 목록 788건의 해설

III. 세계문화유산목록

-유네스코 세계유산 중 자연유산을 제외한 문화유산
및 복합유산 목록 788건의 해설-

가. 이 자료는 서기 2012년 6월 24일-7월 6일 러시아 상트 페테스부르그(Saint Petersburg) 36차 세계 문화유산 회의와 6월 16일(일)-6월 27일(목) 캄보디아 프놈펜 37차 세계 문화유산 회의까지 등재된 788건(문화유산과 복합유산)의 세계 문화유산 목록(The World Heritage List)을 포함한다. 이들은 전체 981건으로 문화유산은 759 건, 자연유산은 183건, 문화유산과 자연유산의 복합유산은 29건으로 이들은 모두 세계 160개국의 자산으로 되어 있다.

나. 유산목록은 가·나·다 순의 나라별로 작성되었다.
참고·인용문헌 :
1. 유네스코 세계유산, 유네스코한국위원회(unesco.or.kr)
2. 가브리엘레 레서, 게르하르트 헨델 외(박영구·최병연 옮김), 2003. 유네스코 세 계문화유산(Unesco World Heritage), 서울: 베텔스만 코리아
3. 네셔널 지오그레피 편집위원회 편(이화진 옮김)
   2011 유네스코 세계유산, 파주: 느낌 있는 책
4. UNESCO World Heritage Centre(who.unesco.org)
5. 이번 5판부터는 독립된 책자를 만들기 위해 서기 2007년 6월 23일-7월 2일 [31차 뉴질란드 World Heritage Committee(Christchurch, 2007)], 서기 2011년 6월 19일 -6월 29일[35차 프랑스 World Heritage Committee(Paris, 2011)], 그리고 서기 2012년 6월 24일-7월 6일[36차 러시아 상트 페테스부르그(Saint Petersburg) 2012]에서 열린 회

의에서 결정된 자연유산을 제외한 21건의 세계문화유산 목록과 서기 2013년 6월 16일(일)-6월 27일(목) 캄보디아 프놈펜 37차 세계 문화유산 회의의 결과 11건도 추가해 넣었다. 그러나 본문은 UNESCO World Heritage Centre에서 公式的으로 발표한 解說을 바탕으로 하고 거기에 덧붙여 필자 나름대로 해설에 덧붙일 필요가 있다고 생각하여 補完을 많이 하였다. 그러한 결과 본문 중 일부 내용은 學問·學術的인 성격을 많이 띠어 일반 독자가 읽고 이해하기가 어려운 부분도 있을 것이다. 앞으로 나올 『세계 문화유산』이란 독립된 책자는 본문의 보완과 아울러 관련 사진의 추가 때문에 6판 이후부터나 가능할 것이다.

가나 GHANA

1. **가나의 성채**(Forts and Castles of Ghana: 문화유산-이하 '문화'로 약칭, 1979): 식민지시대 포르투갈을 시작으로 하여, 스페인, 덴마크, 스웨덴, 네덜란드 등이 차례로 황금 해안(오늘날의 가나) 500km 길이에 서기 1482년-서기 1786년 축조한 요새, 초소와 성채로 모두 11개소가 등록되었다. 이들 성채를 거점으로 각국에서 온 상인들이 가나 아샨티 왕국의 황금, 아프리카 내륙의 상아와 노예무역을 하였다. 특히 상인들은 노예무역으로 많은 이익을 얻었는데 각국의 식민지에서 운영하던 브라질의 커피농장, 쿠바의 사탕수수농장 등에 필요한 일손을 이곳 아프리카 노예로 충당하였다. 그리고 각국의 利權에 따라 성채의 주인이 수시로 바뀌기도 하였다. 이 성채들은 유럽 식민지시대 노예의 피로 얼룩진 어두운 역사를 간직하고 있다. 그 목록은 다음과 같다. Elmina Castle(Elmina, 서기 1482년, 3900㎡), Fort Saint Antony(Axim), English Fort(Fort Vrendenburg, Komenda), Fort Metal Cross(Dixcove), Fort San Sebastian(Shama), Fort Batenstein(Butri), Fort St. Jago(Fort Conraadsburg, Elmina), Fort Amsterdam(Abandze), Fort Lijdzaamheid('Patience', Apam), Cape Coast Castle(Cape Coast), Fort Good Hope(Fort Goedehoop, Senya Beraku).

2. **아샨티 전통건축물**(Ashanti Traditional Buildings: 문화, 1980): 이들은 아샨티 왕국(Ashanti/Asante)의 수도인 쿠마시의 동북쪽 케이제티아(Kejetia) 시장을 포함한 서기 18세기 전통 건축물로 진흙, 목재와 짚으로 만든 11개소의 사원으로 주거도 겸한다. 이 안에는 선대의 왕과 산하 부족장의 의자와 지팡이, 북, 제물로 받쳐진 털과 가죽 등이 모셔져 있으며 벽은 오랜지와 흰색으로 칠하고 표면에 기하문과 동물문을 浮彫로 새겼다. 아샨티 왕국은 오요코(Oyoko)족의 오세이 투투(Osei Tutu)가 서기 1670년경에 세워 서기 1900년경 영국의 식민지가 되었다. 아샨티 왕국은 금광을 바탕으로 매우 부유했었으며 황금의 의자(높이 46cm)가 이 왕국의 상징물로 되어 있다.

가봉 GABON

1. **로페 오칸다의 생태체계와 문화조경의 잔존생물**(Ecosystem and Relict cultural Landscape of Lopé Okanda: 복합, 2007): 로페 국립공원의 로페 오칸다의 생태체계와 문화조경은 마지막 빙하기 이후 과거 15,000년이나 지속되었고 이러한 조성은 열대우림과 사반나기후의 공존에 있다. 그리고 이곳에는 언덕, 동굴, 岩陰주거(rock shelter)에서 1,800여개의 암각화가 발견되고 또 철기시대의 유적인 철공소(대장간) 유적도 발견되고 있다. 이들은 서아프리카에서 오구우에(Ogooué) 강을 따라 이곳으로 이주해온 것으로 여겨진다.

감비아 GAMBIA

1. **제임스 섬과 관련된 유적**(James Island and Related Sites: 문화, 2003): 감비아 강을 따라 강구에서 30㎞ 떨어졌으며 주푸레(Juffureh) 근처의 제임스 섬은 아프리카와 유럽의 식민지화와 노예무역 이전에서 감비아의 독립에 이르기까지 관련된 유적으로 이들은 노예무역의 시작에서 노예제도 폐지에 이르기까지 중요하다. 여기에 초기 정착민들은 쿠르란드(Courland)에서 온 네덜란드인과 세미갈리아(Semigallia)에서 온 발틱 연안의 독일인들이며 그들은 근처에도 여러 식민지를 소유하고 있었다. 비록 영국이 서기 1588년과 서기 1618년에 두 개의 독립적인 회사를 설립하도록 허가했지만 초기 정착민들은 이 섬을 안드류 섬(St. Andrew Island)이라 불렀으며 서기 1651년 이곳에 쿠르란드의 영주인 제이콥 케틀러(Jacob Kettle)의 이름을 딴 제이콥 요새(Jacob Fort)도 구축하여 무역의 기지로 삼았다. 이 요새는 영국군이 서기 1661년 침공하고 서기 1664년 영국에게 양도할 때까지 사용되었다. 영국군이 이 섬을 요크의 공작(Duke of York)인 제임스의 이름을 따라 제임스 섬으로 다시 명명하였다. 아프리카의 왕립투기(Royal Adventurers)회사가 이 땅을 빌려 금과 상아를 무역하였다. 이 회사는 서기 1669년 8월 1일 감비아투기(Gambia Adventurers)회사에 다시 하청을 주고 서기 1684년 감비아 정부가 이를 인수하였다. 이 요새는 서기 1695년 프랑스로 넘어갔다가 서기 1697년과 서기 1702년 다시 영국군에 되

돌려졌으며 그 과정에서 요새는 여러 번 파괴되었다가 다시 재건되었다. 서기 1765년 5월 25일부터 서기 1779년 2월 11일 사이 감비아는 영국령 세네감비아 (Senegambia)의 일부였었다. 이러한 일련의 사건은 아프리카 내륙지방에 이르는 초기 식민지화의 역사적 기록도 된다.

2. 세네감비아의 환상 열석(環狀 列石)(Stone Circles of Senegambia: 문화, 2006): 잔자부레 (Janjabureh)의 북쪽과 중앙 세네갈(Senegal) 즉, 350㎞ 길이의 감비아 강을 따라 나있는 100㎞ 넓이의 4곳에 1,000여개의 環狀列石群이 위치하는데 그 연대는 기원전 3세기에서 서기 16세기에 속한다. 4집단은 Sine Ngayène, Waner, Wassu와 Kerbatch로 93개소의 환상열석, 여러 개소의 封土墳과 古墳들이다. 철제도구로 채석해 잘 다듬은 紅土(laterite)로 立石과 같이 만든 支柱와 함께 있는 고분들은 1,500년 이상 된 신비한 분위기를 자아낸다. 石列들은 고분 위에 놓여 있는데 이들은 서기 8세기경에 만들어진 것이다. 석렬들은 10-24개의 돌로 구성되며, 직경 4-6m, 무게 1-10톤, 높이도 1-2.5m로 제각기 다르다. 석렬은 무덤과 葬禮를 표시하며 모두 서기 12세기 이전에 만들어졌다. 이것들은 상당히 조직화되고 번영을 이루어 오래 지속했던 사회를 반영하고 있다.

과테말라 GUATEMALA

1. 안티구아 시(Antigua Guatemala: 문화, 1979): 과테말라 해발 1,500m의 고지의 Antigua/La Antigua에 위치한 최고지휘관인 총독의 수도로 서기 16세기에 이탈리아의 르네상스식을 따라 거리도 格子文으로 반듯하게 건립되었으나 서기 1773년 산타마르타(Santa Marta) 지진으로 대부분 파괴되었다. 그러나 스페인 무데하르 (Mudéjar)양식의 영향을 받은 바로크(Baoque)식 건물과 여러 채의 식민지의 교회의 흔적이 아직 남아있다. 중요한 유적으로 산 호세(San José) 성당, 라 메르세드(La Merced) 교회, 산타 도밍고(Santa Domingo) 수도원, 고서박물관, 무기박물관, 전 산 카를로스 대학에 위치한 식민지시대 미술관, 옥박물관 등이 있다

2. 티칼 국립공원(Tikal National Park: 복합 문화유산-이하 복합으로 약칭, 1979): 기원전 3

세기-서기 10세기의 마야 유적. 티칼(Tikal)은 하소우(Jasaw)의 아들인 이킨 찬 카월(Yik'in Chan Kawi, 서기 734년-서기 760년) 왕 때가 극성기로 서기 736년 경쟁자인 카라크믈(Calakmul)의 침입을 저지하고 서기 743년과 744년에 엘 페루(El Peru)와 나란호(Naranjo)를 제거했다. 그런데 기원전 200년경 올멕과 마야의 이 자판 지역과의 접촉에 자극 받아 과테말라 중앙 저지대의 티칼과 왁삭툰과 같은 곳에 피라미드가 처음 만들어진다. 티칼에 서기 292년 銘이 새겨진 비석도 세워졌다.

3. **퀴리구아 고고유적 공원**(Archaeological Park and Ruins of Quirigua: 문화, 1981): 과테말라 이자벨 지구 과테말라 시에서 푸에르토 바리오 시에 이르는 고속도로에서 약 1㎞ 떨어져 있으며, 모타구아 강 계곡에 위치한 퀴리구아 고고유적에는 서기 200년경부터 사람이 살기 시작했으며, 도시는 서기 550년경에 만들어지기 시작했고, 카우악 스키(Cauac Sky, 서기 723년-서기 784년) 왕의 통치 때 가장 번영하였다. 이곳에는 서기 8세기의 마야 유적과 이 시기의 마야 문명을 조명할 22개의 石碑(stelae), 고전기 마야 石彫인 동물형 조각품(zoomorphs)과 달력(calendars) 등이 남아 있다. 이들은 다른 마야유적에서 흔히 사용되는 석회암이 아닌 사암을 이용했다. 서기 850년 이후에는 건물이 더 이상 지어지지 않았고 서기 900년 이후에는 한발이나 지진으로 인해 완전히 폐기되었다. 이 유적은 서기 1839년 죤 로이드 스테판(John Lloyd Stephens)에 의해 처음 알려졌으며, 서기 1881년-서기 1885년 사이에 영국 인류학자인 알프레드 모즐리(Alfred Maudslay)가 이곳을 방문해 사진 촬영하고 석비를 석고로 떠 대영제국박물관에 보내어 보관하였다.

구 유고연방/마케도니아공화국

FORMER YUGOSLAV REP. of MACEDONIA

1. **오흐리드 지방의 역사건축물과 자연**(Ohrid Region with its cultural and historical Aspects, and its natural environment: 복합, 1980): 마케도니아 서남부지방에서 오흐리드 호반가 알바니아 맞은편 해발 70m에 위치한 오흐리드 스투르가(Sturuga) 마을은 서기 7세기-서기 19세기의 유적으로 여기에는 종교, 문화와 방어시설이 중요하다.

앞서는 주거는 신석기, 청동기와 철기시대(할슈타트/Hallstatt)까지 거슬러 올라가나 현재로서는 서기 4세기 이전 알렉산더의 마케도니아 정복 이전 시대의 일리안(Il-lyrian) 마을이 고고학적 증거로 현재로서는 가장 오래된다. 그 후 서기 395년 이후의 비잔틴제국이 들어서고 그 후 서기 6세기-서기 7세기의 슬라브인이 들어와 서기 10세기 슬라브인들의 통치 때 使徒 키릴(Cyril)과 메토드(Method)가 이곳에 종교의 중심지를 만들게 되었고 또 사뮤엘(Samuel) 황제 때 오래된 요새가 복구되기도 하였다. 서기 1018년 비잔틴제국으로의 복귀, 서기 1024년 불가리아인들의 통치, 서기 1334년의 세르비아인의 통치, 서기 1394년-서기 1912년 사이 오스만투르크의 지배를 순차적으로 겪어 왔다. 이곳에서 가장 오래된 슬라브인의 성 판텔레이몬 성당(St. Pantelejmon)과 서기 11세기-서기 14세기에 속하는 800개의 비잔틴 시절의 아이콘(Icon, 둥근 聖畵, 聖像)들이 보관되어 있다. 이들은 모스크바의 트레티아코프(Tretiakov) 미술관의 아이콘 소장품 다음으로 전 세계에서 가장 중요한 것으로 여겨진다.

그루지아 GEORGIA

1. **므츠헤타 중세교회**(The City Museum Reserve of Mtskheta: 문화, 1994): 서기 3세기-서기 5세기 그루지아(죠지아, Georgia) 이베리아 왕국의 수도였던 므츠헤타는 서기 317년 기독교를 받아들였으며 그 전통으로 현재에도 여전히 이곳은 죠지아 正敎會(Georgian Orthodox and Apostolic Church)의 본부의 역할을 한다. 교회들은 코카사스 지방의 중세시대의 뛰어난 건축으로 당시 왕국의 높은 예술과 문화 수준을 보여주며 그중 스베티츠코벨리(Svetitskhoveli) 성당(서기 11세기)과 즈바리(Jvari) 수도원(서기 6세기)이 이곳의 교회건축 중 매우 중요하다. 그리고 이곳에는 아르마츠쉬케(Ar-maztsikhe) 요새(기원전 3세기), 아르마츠쉬케 성채(기원전 1000년 말경), 왕궁(서기 1세기-서기 3세기)과 근처 묘지(서기 1세기), 서기 4세기경의 조그만 교회, 삼타브로(Samtavro) 수도원(서기 11세기), 베브리스 취케(Bebris Tsikhe) 요새(서기 14세기) 등의 고고학적 자료들이 아직도 많이 남아있다. 서기 2009년 33차 회의에서 위험에 처한 문화유산

으로 등재되었다.

2. **바그라티 성당과 겔라티 수도원**(Bagrati Cathedral & Gelati Monastery: 문화, 1994): 통일된 그루지아(죠지아, Georgia)의 초대 왕인 바그라티 III세의 이름을 딴 바그라티 성당(the cathedral of the Dormition, Kutaisi Cathedral)은 서기 11세기 초(북쪽 벽에 남아있는 銘文은 서기 1003년임)에 완공되었으나 이메레티(Imereti) 왕국 때인 서기 1692년에 침공한 오스만투르크에 의해 둥근 지붕과 천장이 파괴되고 중심건물은 현 위치인 쿠타이시(Kutaisi) 마을 중심 유키메리오니(UK'imerioni) 언덕 위에 그대로 남아있다. 겔라티 수도원은 서기 12세기-서기 17세기 건립되었으며 수도원의 여러 건물, 모자이크와 벽화가 거의 완전히 남아있다. 성당과 수도원은 그루지아 중세 건축의 걸작으로 꼽히고 있다.

3. **어퍼 스바네티**(Upper Svaneti: 문화, 1996): 코가사스 지역 해발 3-5,000m 산들에 둘러싸인 스바네티 고원(Upper Svaneti, 그리스의 지리학자 스트라보/Strabo가 언급한 Soanes에 해당)에 위치한 중세시대의 마을로 주위의 山勢와 절묘하게 조화를 이루고 이제까지 고립된 지역으로 남아 있었기 때문에 200채 이상의 가옥과 외부 적들의 침입에 대비한 보루가 거의 원형대로 보존되어 있다. 스바네티인들은 용맹한 전사들로 잘 알려져 있으며 약탈자인 몽고군들도 이곳을 침범하지 못했다고 한다. 게로야니(Gelovani)家의 일족인 다데쉬케리아니(Dadeshkeliani) 태자 때 약간의 지배를 거쳤으나 서기 1875년 러시아군이 들어올 때까지 거의 자치와 같은 상태를 유지하고 있었다.

그리스 GREECE

1. **밧새의 아폴로 에피큐리우스 신전**(Temple of Apollo Epicurius at Bassae: 문화, 1986): 작은 계곡(little valleys)을 의미하는 밧새(Bassai/Bassae/Vasses)에 있는 아폴로 에피큐리우스 신전은 기원전 450/420년-기원전 400년 사이 아르카디아안 고원 코티리온(Kotylion) 산록 해발 1,131m에 세워진 치료, 전쟁과 태양의 신 아폴로의 신전으로 가장 오래된 코린트식 柱頭를 갖고 있다. 이 건축의 설계는 익티노스(Iktinos/Ik-

tinus)로 그는 헤파에스투스(Hephaestus)와 파르테논 신전의 설계자이기도 하다. 이 신전은 델피에 있는 아폴로 신전을 모델로 한 도리아(Doric) 건물로 이오니아(Ionic)와 코린트(Corinthian)식 모두를 갖고 있다. 건물의 규모는 14.48m×38.24m이며 다른 신전들과는 달리 장축이 남북 방향을 취하고 있다. 내부 31m에 달하는 소벽의 장식물 중 중요한 것은 이미 대영제국박물관으로 옮겨졌다.

　2. 델피 고고유적지(Archaeological Site of Delphi: 문화, 1987): 델피[Delphi, 그리스의 Delphi의 Apollo 신전(Temple of Apollo)의 아폴로 신을 모신 신전에는 신탁(Delphic oracle)여인 겸 여자 무당인 피티아/퓌티아(Pythia) 또는 시빌(sibyl, sible, sibulla, sibylla)이 상주함]는 현 포시스(Phocis) 계곡 파르나수스(Parnassus)의 산록에 위치하며 그곳의 신탁이 이루어지던 범 헬레닉 세계(panhellenic or stephanitic)의 중심인 기원전 6세기경의 유적이다. 그리고 여기에서는 신탁 이외에도 기원전 586년부터 4년마다 그리스 각국에서 모여든 운동선수들로 근대 올림픽 게임의 선구자적 파이시안 게임(Pythian Games)도 열렸으나 올림피아 시(the city of Olympia)에서 기원전 776년부터 행해지던 올림픽 게임과는 또 다른 것이다. 현재 델피에 남아있는 당시 건물의 흔적은 신탁이 행해지던 아폴로 신전, 그리스 12부족의 대표들이 모여 회의를 열던 암픽티온 회의소(Amphiktyonic Council), 奉納物을 저장해두던 보물창고(Treasury of Athens, 복원), 키오스(Chios)인이 세운 제단(Altar of the Chians), 아테네의 柱廊(Stoa of the Athenians), 運動選手像(Athletic Statues), 원형의 솔로스(Tholos), 산꼭대기 위에 위치한 경기장(Stadium), 히포드롬(Hippodrome) 競走用 경기장과 반원형의 극장(Theatre) 등에서 찾을 수 있다. 기원전 431년-기원전 404년 펠로폰네소스 전쟁(Peloponnesian war)에서 이긴 스파르타가 기원전 480년 페르시아와 아르테메시움(Artemesium) 해협 해전과 사라미스(Salamis) 전투 승리 직후인 기원전 478년 戰利品을 奉安하기 위한 柱廊(스토아, stylobate)을 지은 아테네보다 더 큰 柱廊(會堂, stoa)을 바로 앞에 만들었다. 이것은 아테네와 스파르타 간의 자존심 대결의 표현이었다. 이들 유적들은 그리스를 대표하는 古典그리스(Classic Greece)에 속하며 이 시기는 기원전 500년에서 마케도니아의 필립 2세(기원전 382년-기원전 336년)가 케로네아(Chaironeia) 전투에서 그

리스를 정벌하는 기원전 338년까지를 말한다. 그리고 그 다음 이어지는 마케도니아제국은 기원전 338년-기원전 146년(한니발이 스키피오 장군의 양손자에게 자마 평원 전투에서 패전한 해)까지이다.

3. **아테네의 아크로폴리스**(Acropolis, Athens: 문화, 1987): 아테네의 성채(Citadel of Athens)인 아크로폴리스(Acropolis는 "edge, extremity"의 의미를 지닌 acron과 'city'의 의미인 'polis'의 합성어로 고대 그리스 아테네의 요새를 뜻하며 파르테논/Parthenon 신전 등이 위치하고 있다)는 해발 150m 높이의 꼭대기가 편평한 3㏊의 바위언덕에 자리 잡고 있으며, 아테네가 페르시아 아케메니드 왕조 중 4대 다리우스 1세 왕(Darius, 기원전 550년-기원전 486년)과의 마라톤 전투(기원전 490년), 사라미스 해전(기원전 480년)과 프라타이아이 전투(기원전 479년)에서 승리한 다음 정치가 페리클레스(Pericles, 기원전 490년-기원전 429년 통치)가 발의하고 조각가 피디아스(Phedias)가 감독하였다. 아크로폴리스 중심에는 익티노스(Iktinos/Iktinus)가 설계한 파르테논 신전(Parthenon, 기원전 447년-기원전 438년)이 있다. 아크로폴리스 입구에는 프로필라이아(Propylaea)라는 기념문(기원전 447년-기원전 432년)이 입구 동쪽과 파르테논 신전의 북쪽에는 에렉테이온(Erechtheon) 신전(기원전 409년-기원전 403년, 기원전 421년-기원전 414년)이 자리 잡고 있다. 이들은 모두 므네시클레스(Mnesicles)가 설계했다. 입구 남쪽에는 니케 신전(Athena Nike)이 있다. 아테네 옛 신전 서쪽에는 피디아스가 기원전 450년-기원전 448년에 조각한 전체 높이 9m의 청동여신상(전선에서 싸운 여신이란 의미의 Athena Promachos)이 한가운데 있었다. 臺地의 남쪽에는 디오니소스 야외극장(Theatre of Dionysus Eleuthereus)과 그 옆 조금 떨어진 곳에 헤로데스 아티쿠스 극장(Odeon of Herodes Atticus)이 있다. 이곳에서 가장 대표되는 것은 파르테논 신전(기원전 447년-기원전 438년)으로 익티노스(Iktinos, 또는 Ictinus)와 칼리클라테스(Kallikrates, 또는 Callicrates)에 의해 만들어졌다. 이 안에는 현재에는 없어진 피디아스가 조각한 나무로 만든 여신상 위에 벗겨낼 수 있는 얇은 금판과 상아로 씌운 아테네 여신상(Phidias' chryselephantine cult statue of goddess)을 비롯해 인간의 모습은 이상화되고(idealized depiction of the human body) 자연주의와 감정의 표현을 억누르는 피디아스 樣式의 작품들이 추가되어졌다. 파

르테논 신전에 이용된 대리석 석재는 18㎞ 떨어진 펜델리콘 산에서 채석하였다. 그리고 신전의 건축에는 "인간은 만물의 척도"라고 언급한 피타고라스의 황금비 율 1:0.168, 4:9의 均齊比率, 착시현상의 응용과 배흘림의 기둥(enthasis)수법 등 다 시 말해 度量, 比例와 調和가 모두가 具現되어 만들어졌기 때문에 이 파르테논 신 전은 완공 후 建築이라기보다는 彫刻에 가까운 것으로 평을 받고 있다. 서기 1803 년 영국의 엘긴 백작Lord Elgin이 당시 터키의 식민지였던 파르테논 신전 牔栱 (pediment)의 조각상들을 떼어내서 서기 1816년 대영제국박물관에 기증하여 현재 'Elgin Marbles'로 전시하고 있으나 그리스의 문화부장관인 메리나 메르쿠리 (Melina Melcouri)의 반환 요청에도 불구하고 스모그(smog) 핑계로 이의 반환을 미루 고 있다. 아테네의 아크로폴리스와 기념물들은 고전그리스문명의 상징이며 그리 스가 남겨준 위대한 건축과 예술의 복합체이다. 그리고 아크로폴리스와 아고라 ("gathering place" 또는 "assembly"라는 의미를 지닌 agora) 사이에 있는 3단 높이의 강단인 프닉스(Pnyx) 유적은 아테네시민들이 자발적으로 올라가 자신의 의견을 발표한 민주주의 탄생지의 산 증거이기도 하다.

4. 아토스 산(Mount Athos: 복합, 1988): 서기 1054년에 세워진 그리스 정교수도원 이 위치한 아토스 산(Agion Oros)으로 러시아를 포함한 20개의 東歐 정교수도원의 고향이며 聖山으로 불릴 정도로 정신적 중심지이다. 비잔틴제국시대 이후로 자치 권(Autonomous Monastic State of the Holy Mountain)을 갖고 있으며 여자와 어린아이들 에게는 출입이 금지되어 있다. 그리스 할키디키(Halkidiki) 반도 아토스 산록 해발 2,033m 높이에 335.637㎢의 넓이를 가진 수도원의 20개 건물에는 현재 1,400명의 수도사들이 거주하고 있으며 내부에 그려진 聖畵들은 다른 지역 正敎會사원의 범 본이 되고 있다.

5. 테살로니카 지역의 고대 그리스도교 및 비잔틴 기념물군(Paleochristian and Byzantine Monuments of Thessalonika: 문화, 1988): 기원전 315년 마케도니아의 중심지 겸 테살로 니카 항구도시(Hagia Sophia)로 서기 3세기경부터 기독교가 전파되어 나가는 첫 번 째의 본거지였다. 서기 8세기에는 현재의 교회가 이곳에 지어졌다. 서기 1205년

십자군전쟁이 일어났을 때 성당으로, 서기 1430년 3월 29일 오스만투르크의 술탄 무라드(Sultan Murad) II세 때 회교도사원으로 바뀌기도 하였다. 이곳은 비잔틴시대에 전성기를 맞았는데 앞선 콘스탄티노플에 이어 그리스의 제2의 大都였고 그 이름은 알렉산더 대왕의 부하 장군이며 그에 이어 마케도니아의 왕이 된 카산드로스(Kassandros)가 그에게 시집온 마케도니아 필립 왕의 첫 번째 딸에 연유한다. 그는 자기가 세운 테살로니카 도시를 그녀의 이름에서 따왔다. 그리스의 평면 십자형태의 건물과 세 개의 돔이 있는 대성당[Domed Greek cross basilica, '크로스 인 스퀘어(Cross-in-square)', 비잔틴 중기와 후기의 특징 있는 건축양식으로 crossed-dome으로도 불린다.] 위에 교회가 지어졌다. 이 건물은 서기 4세기–서기 15세기까지의 오랜 기간 동안 비잔틴문화에 영향을 준 일련의 通時的인 건물의 변형을 보여준다. 여기에는 로마시대, 기독교 초기 유적, 비잔틴제국의 유적, 이슬람제국의 사원 등이 모두 존재하기 때문이다. 지붕에 돔이 있는 건물인 성 데메트리우스(St. Demetrius)와 성 다비드(St. David)의 교회 천장에 나있는 모자이크는 초기 기독교 예술의 걸작이다.

　6. 에피다우루스 고고유적(Archaeological Site of Epidaurus: 문화, 1988): 이것은 펠로폰네소스 반도의 조그만 골짜기 현 Argolis의 사로닉/Saronic만에 아폴로 신의 아들이자 醫學의 神/疾病의 신인 Epidauria의 탄생지에 만들어진 에피다우루스 도시국가에서 공식적으로 신봉했던 아스클레피오스(Asklepios, Asclepius) 신전으로, 그는 기원전 4세기부터 질병의 치료 유명해져 멀리 로마에서부터 환자가 오기도 하였다. 그의 치료에는 뱀의 독을 추출해 마시는 것도 포함된다. 기원전 4세기경에 만들어진 솔로스(Tholos) 신전과 극장은 그리스건축의 대표작으로 여겨진다. 여기에는 疾病의 神에 봉헌하는 병원 터도 있다. 4년마다 열리는 아스클레피오스(Asclepieia) 축제 때는 올림피아나 델피처럼 운동경기와 연극이 열렸다. 현재 극장이 남아있다.

　7. 로데스 중세도시(Medieval City of Rhodes: 문화, 1988): 서기 1309년에서 서기 1523년까지 로데스를 점령하였던 예루살렘 성 요한 교단(the Order of St. Jerusalem)은 이 도시를 요새로 바꾸었다. 그 다음 총독의 관저, 대 병원, 기사의 거리 등을 갖춘

터키와 이탈리아의 지배를 받으면서 로데스의 위 도시는 고딕양식이 유행하는 기간 아름다운 도시의 조화를 이루었고 아래 도시는 오스만투르크시대(서기 1299년 –서기 1922년)에 지어진 회교도의 사원, 공중목욕탕 등의 건물과 공존하였다. 이곳에는 기사 자선 종교단원에서 지은 콜라키움(Collachium, 위 도시), 총독의 관저, 성 요한(St. John's) 성당, 성모 마리아(St. Mary's) 교회, 서기 1523년 회교도사원으로 바뀐 비잔틴(Byzantine) 교회와 4km의 길이의 성벽을 가진 도시의 요새 등 고딕과 오스만투르크시대의 건물들이 가장 잘 남아있다.

8. 메테오라(Metéora: 복합, 1988): 피네이오스(Pineios) 강과 핀두스(Pindus) 강의 서북 끝자락에 접근하기 어려운 砂巖의 산봉우리 꼭대기(해발 550m)에 매달려 있다는 의미의 메테오라(매달린 바위, suspended rock)는 서기 11세기부터 지금도 남아있는 테오토코스(Theotokos, mother of God) 교회를 중심으로 스타고이의 스케테(Skete of Stagoi)라고 불리우는 수도사 단체가 형성되면서 세워진 24곳의 그리스正敎會의 수도원으로 아토스산(Agion Oros)에 다음가는 중요한 곳이다. 6개의 수도원이 봉우리에 매달리듯 지어졌다. 서기 1453년 비잔틴제국이 멸망하고 오스만투르크제국의 압력이 거세짐에 따라 서기 15세기–서기 16세기 隱者들의 이상향인 수도원들이 이곳에 20여 개소 이상이 만들어졌다. 이 수도원 내부에 비잔틴시대 이후의 프레스코 벽화들이 잘 남아 있다. 이곳에는 The Holy Monastery of Great Meteoron(서기 14세기 건물이나 서기 1483년–서기 1552년 복원), The Holy Monastery of Varlaam(서기 1541년–서기 1548년), The Holy Monastery of Rousanou/St. Barbara(서기 1560년 장식), The Holy Monastery of St. Nicholas Anapausas(서기 1527년), The Holy Monastery of St. Stephen(서기 1545년) 등의 수도원이 대표적이다.

9. 올림피아 고고유적(Archaeological Site of Olympia: 문화, 1989): 펠로폰네소스(Peloponnesus) 계곡에 위치한 올림피아 유적에는 선사시대부터 사람이 살기 시작하였는데 기원전 10세기경부터 제우스신앙의 중심지로 여러 신들의 聖域인 알티스(Altis)로 그리스 선사시대로부터 대표적인 걸작품들이 몰려있는 곳 중의 하나이다. 여기에는 신전 이외에도 기원전 776년부터 4년마다 한 번씩 열리는 제우스 신

을 찬양하는 올림픽 경기를 위한 시설물의 흔적도 많이 남아있다. 서기 394년 로마의 황제 테오도시우스(Theodosius) I세가 이곳이 異敎徒를 떠올리게 하는 장소로 올림픽 경기가 시작된 지 1,170년 만에 이를 폐지하였다. 이곳은 델피(Delphi)에서 열리는 파이시안 게임(Pythian Game)에 버금가는 중요한 곳이다. 베를린 마라톤의 우승자인 손기정이 부상으로 받은 그리스 투구도 이곳 奉納物 倉庫에서 발굴된 것으로 현재 보물 904호로 지정되어 있다. 이곳에는 건물들이 무질서하게 배치되어있는데 성역 안에는 헤라와 제우스 신전, 犧牲의 의식이 치뤄지던 펠로피온과 제단구역이 있었다. 성역의 동쪽에 경기장인 히포드롬(Hippodrome, 후일의 스타디움), 북쪽에는 프리타네이온(Prytaneion), 원형의 필리페이온(Philipeion)뿐만 아니라 여러 도시국가에서 바친 봉납물의 창고가 줄지어 서 있었다. 메트론(Metroon)은 창고 아래에, 네로 황제의 별장(Villa of Nero)도 동쪽 끝에 있었다. 제우스 신전 안에는 피디아스(Pheidias)가 크리스엘레판틴(chriselephantine) 수법으로 금과 상아로 제작한 시돈(Sidon) 출신의 안티페이터(Antipater)가 기원전 140년 자기의 시에서 언급한 세계 7대 불가사의 중의 하나인 거대한 제우스상이 안치되어 있었다.

10. **미스트라스의 중세도시**(Mystras: 문화, 1989): '모레아의 경이'라는 미스트라스는 서기 1249년 프랑크 왕국의 태자인 윌리앙 비르아르두앙(William II de Ville-hardouin)에 의해 스파르타 서북 6㎞ 떨어진 타이게토스(Taygetos) 산의 북쪽 가파른 산록의 요새 주위에 원형극장으로 세워졌는데, 서기 1262년 비잔틴제국의 점령하에, 서기 1464년 오스만투르크(서기 1299년–서기 1922년)와 서기 1678년–서기 1715년 베네치아 공국에, 다시 오스만투르크에 의해 차례로 점령되었다가 서기 1832년 그리스의 독립 때까지 폐기되었다. 이곳은 아름다운 경관과 어울리는 궁전, Peribleptos와 Pantanassa 수도원, Evangelistria와 Hodigitria 교회 등 중세시대의 건축물들이 많이 남아있다.

11. **델로스 섬**(Delos: 문화, 1990): 그리스신화에 의하면 아폴로 신은 키클라데스 제도의 조그만 섬 델로스에서 태어났고 아폴로 신의 聖域으로 인해 많은 관광객을 끌어 모으고 있다. 이 섬은 미코노스(Mykonos) 섬과 가까운 곳에 있으며 기원

전 2000년경의 미노아(Minoa, 기원전 2200년-기원전 1450년, 또는 기원전 2000년-기원전 1450년)와 미케네(Mycenae, 기원전 1600년-기원전 1200년, 또는 기원전 1550년-기원전 1100년) 때부터 기독교 전파 이전까지의 여러 문화와 관련이 있다. 이곳에는 아폴로 신전을 비롯해 미노아와 미케네문명, 초기 청동기, 초기 기독교, 중세의 유적들까지 존재하는데 아테네의 프랑스학교(French School at Athens)에서 지금까지 발굴한 결과 이 유적은 넓고 또 유물이 풍부하며, 지중해 항구로서 국제적인 면모를 보여준다.

　12. 다프니, 호시오스 루카스, 키오스의 비잔틴 중기 수도원(Monasteries of Daphni, Hossios Luckas, Moni of Chios: 문화, 1990): Daphni(Attica), Hosios Lucas(Phocida), Moni of Chios(소아시아 근처 Aegean Sea)의 세 수도원으로 서로 멀리 떨어져 있으나 '크로스 인 스퀘어'[Cross-in-square, 비잔틴 중기와 후기의 특징 있는 건축양식으로 crossed-dome으로도 불린다]와 '든모 虹蜺'(squinch, 홍예, 맞졸임 천장, 상인방 돌에서 상부의 무게를 지탱하기 위한 내부 구석의 받침)로 천장을 받치는 평면 팔각형의 같은 건물양식, 또는 테살로니카의 성당처럼 '그리스의 평면 십자형태의 건물과 세 개의 돔이 있는 대성당(Domed Greek cross basilica)'과 같은 양식으로 서기 11세기-서기 12세기에 만들어졌다. 모자이크 같은 내부 장식과 세공도 유사하다. 서기 13세기 초 십자군에 의해 많이 약탈당하고, 서기 15세기 초 다시 개축되었으나 서기 1999년 지진으로 상당 부분 파괴되어 현재 복구 중이다.

　13. 사모스 섬의 피타고리온과 헤라 신전(Pythagoreion and Heraion of Samos: 문화, 1992): 에게 해의 사모스 섬에는 기원전 2000년 이래의 유적, 유물이 많으나 고전 그리스의 인상적인 피타고리온 유적과 헤라이온 신전이 유명하다. 그리스와 로마의 유적을 포함한 성채가 있는 피타고리온 항구도시에는 Tunnel of Eupalinos 터널식 수도(導水管), 다시 말해 기원전 6세기의 당시로서는 가장 긴 1036m 길이의 유팔리니안 도수관을 의미한다. 헤라이온은 기원전 8세기부터의 聖域이다. 신전은 헤라 여신의 제단 반대쪽에 서 있었다. 이 건물은 10년쯤 서 있다가 지진으로 파괴되었는데 그 후 서쪽으로 40m 떨어져 더 크게 지었다 이 신전은 'Polycrates Temple'로 알려져 있으며 그리스에서 평면 면적이 가장 넓다.

14. **베르기나 고고유적**(Archaeological Site of Aigai/Vergina: 문화, 1996)：마케도니아제 국(기원전 338년-기원전 146년)의 수도였던 북부 그리스의 **Vergina**(또는 Virgina, Aigai)는 마케도니아왕국의 첫 번째 수도로 서기 1977년에 발굴되었다. 이곳에는 모자이 크로 장식되고 벽토가 화려하게 발라진 궁전, 어떤 것은 기원전 11세기까지 올라 가는 300개가 넘는 封土墳, 헬레니즘(기원전 304년-기원전 30년)의 세계를 연 알렉산 더의 아버지 필립 II세(기원전 382년-기원전 336년. 그의 4번째 부인이며 알렉산더의 모친인 올 림피아 측에 의해 암살당함)의 무덤과 황금제 유골함이 발견되었다. Aigai는 Archelaus 가 Pella로 천도할 때까지 기원전 1000년-기원전 700년 초기철기시대에 마케도 니아의 수도였으며, 마케도니아의 왕들은 사후에도 초기의 수도에 묻혔다. Aigai 는 기원전 300년 후반에 번영하였으며 이곳에서 발굴된 궁전, 극장, 무덤들도 거 의 이 시기에 속한다. 이 도시는 기원전 168년 로마군에 함락되어 불타버렸다. 필 립 2세의 묘(4,000톤의 흙으로 싸여진 封土墳의 높이 12.5m, 폭 110m, 전실 4.46㎡임)에서 왕관, 뼈를 담은 두 개의 금제 관, 그리스 금속공예상 걸작품으로 꼽히는 70여점의 유 물, 전실과 문 입구에 그려진 벽화 등으로 유명한데, 전실에서 발견된 금제 화살 통과 함께 발견된 정강이를 보호하는 갑옷은 왼쪽이 38㎝, 오른쪽이 41.5㎝로 기 록대로 필립 II세는 부상에 의한 오른쪽이 긴 절름발이였을 가능성도 보여준다.

15. **미케네와 티린스의 고고유적**(Archaeological Sites of Mycenae and Tiryns: 문화, 1999)： 세계제2차문명(secondary civilization)인 에게 海의 미노아 문명(Minoa, 기원전 2200년-기 원전 1450년, 또는 2000년-기원전 1450년)과 그리스의 청동기시대를 대표하는 미케네 (Mycenae, 기원전 1600년-기원전 1200년, 또는 기원전 1550년-기원전 1100년) 문명에 이어 나타 나는 그리스의 고고학은 일반적으로 기원전 800년에서 기원전 300년까지, 그중 그리스를 대표하는 古典그리스(Classic Greece)고고학은 기원전 500년에서 마케도니 아의 필립 2세(기원전 382년-기원전 336년)가 케로네아(Chaironeia) 전투에서 그리스를 정벌하는 기원전 338년까지를 말한다. 그리고 마케도니아 제국은 기원전 338년- 기원전 146년(한니발이 스키피오 양손자 장군에게 자마 평원 전투에서 패전한 해)까지이다. 미 케네 문명과 그리스 청동기시대를 대표하는 미케네와 티린스의 두 도시유적은

강력한 왕국을 형성했으며 그리스 고전문화의 형성에 중요한 역학을 하였다. 이 두 도시는 유럽의 예술과 문학에 거의 3천 년간 영향을 주어왔던 호머(Home)의 서사시인 '일리아드와 오딧세이(Iliad와 Odyssey)'에서도 '금이 풍부한' 도시로 언급하듯이 떼려야 뗄 수 없는 불가분의 관계로 연결되고 있다. 미케네는 13m 높이 7m의 두께의 성벽으로 둘러싸인 요새화한 도시이며, 그 안에 궁전과 터널, 甕城과 竪穴墓 등이 뚜렷이 확인된다. 티린스는 호머가 '강력한 성벽을 가진 티린스'로 표현할 정도로 좀 더 크고 성벽의 두께는 부분적으로 20m나 된다. 그 안에 동벽에 왕의 옥좌가 가운데 爐址가 있으며 나무기둥이 지붕을 받치는 넓은 접견실(前室)을 가지고 있는 방인 크레데 섬의 미노아 문명의 메가론(megaron, central or throne room)양식도 보인다. 메가론이 있는 방의 세 벽 중 둘은 옛날 헤라 신전으로 통한다. 미케네는 지중해 동쪽 힛타이트, 이집트와 무역을 하면서 번영하였는데 기원전 1200년경에 망했다. 이 유적들은 서기 2세기 이곳을 방문했던 Pausanias에 의하면 이미 폐허가 되어 있고, 서기 1886년 하인리히 슈리만(Heinrich Schliemann)에 의해 발굴되었다. 현재는 아테네의 독일고고학연구소(German Archaeological Institurte at Athens)와 하이델베르그 대학발굴팀이 계속 발굴을 해오고 있다. 미케네 문명은 하인리히 슐리만(Heinlich Schlieman, 서기 1822년-서기 1890년)이 서기 1876년 미케네 Atreus와 아가멤논(Agamemnon) 왕의 묘라고 여겨지는 竪穴墓(shaft grave)의 발굴, 호머(Homer)의 서사시인 일리아드(Iliad)와 오디세이(Odyssey), 그리고 그리스어의 기원인 線文字 B의 解讀 등에 의해 알려졌다. 트로이 전쟁에서 승리한 후 미케네로 귀환한 아가멤논 왕은 부인인 크라이템네스트라와 그녀의 정부 아이기토스에 의해 살해된다. 그의 시체를 묻은 竪穴式 무덤(shaft grave)이 슐리만에 의해 발굴되고 그곳에서 황금의 데드 마스크(gold death mask, gold funerary mask)도 발견되었다. 이 유적은 기원전 1300년경 축조된 미케네 방어성벽 안쪽에 있으며 아가멤논의 기원전 1250년이라는 시대보다 약 300이 더 올라가는 기원전 1550년경으로 확인되어 아가멤논 왕의 무덤이 아닌 것으로 밝혀졌다. 그러나 슐리만의 업적은 그리스의 청동기시대를 확인한 것으로도 충분히 보상을 받았다. 이 성벽의 동쪽 獅

子의 門(Lion Gate)을 보호하는 요새(bastion, 우리의 甕城式 성문과 비교됨)는 기원전 3세기경 성벽의 補修時 築造되었으며 오늘날 獅子의 門은 완전히 復元되어 公開되고 있다.

16. **역사센터**(성 요한 수도원과 파트모스 섬 '요한 계시록' 동굴)(The Historic Centre(Chorá) with the Monastery of Saint John "the Theologian" and the Cave of the Apocalypse on the Island of Pátmos: 문화, 1999): 파트모스 섬 Chorá와 Skala 마을 사이에는 사도 요한이 복음서와 계시록을 쓴 동굴(Cave of Apocalypse)이 있으며 또 그곳의 신학자 성 요한(St. John the Theologian)을 기리는 수도원도 서기 10세기 말경에 세워졌다. 그 후 이 수도원은 그리스 정교의 범본으로 서기 10세기 말 이후 순례지가 되어 왔다. 그리고 이 수도원과 관련된 주위의 오래된 마을에는 종교적·세속적 건물들이 아름답게 조화를 이루고 있다. 성경의 요한 계시록(The Revelation)에는 지구 최후의 종말을 아마겟돈(Armageddon)으로 표현(요한 계시록 16:16)하고 있으며 이는 사도 요한이 로마의 기독교 박해 때문에 썼으리라고 추측된다. 그러나 흥미 있는 것은 서기 1701년 치치칸테낭고 Chichicatenango 교회에서 발견된 필사본과 칠람발람(Chilam-balam) 사제의 예언서 등은 마야인이 지구의 멸망 시기가 서기 2012년 12월 21일(금)로 말하고 있는 점이다.

17. **코르푸의 옛 도시**(Old Town of Corfu: 문화, 2007): 알바니아와 그리스의 서북쪽 해안 코프푸 섬(41,905㎢) 위의 성벽의 도시(castle city)로 알려진 옛 도시는 아드리아 해로 들어가는 전략적 요충지로 서기 8세기로부터 역사가 시작된다. 시내 베네치아 공국(서기 8세기-서기 1797년)의 기술자에 의해 설계된 세 개의 요새는 오스만투르크(서기 1299년-서기 1922년)의 공격에 대한 베네치아 공국의 무역로를 보호하기 위한 수세기 동안 사용되어 왔다. 이 요새는 세월이 흐름에 따라 서기 19세기 영국의 지배 하에서도 보수되고 사용되었다. 옛 도시의 신고전주의 양식의 주택들은 베네치아의 영향으로 지어졌다.

나미비아 NAMIBIA

1. **트위휄혼테인**(Twyfelfontein or /Ui-//aes: 문화, 2007): '불확실한 샘'이란 의미의 트위휄혼테인은 쿠네네(Kunene) 지역 다마라랜드(Damaraland)에 위치하며 이곳에는 적어도 5,000점 이상의 岩刻畵가 존재한다. 이곳은 서기 1921년 지형학자 라인하르트 마크(Reinhard Maack)가 White Lady에서, 서기 1947년 레빈(D. Levin)이 이곳에서 좀 더 많은 암각화를 발견하고 트위휄혼테인으로 이름지었다. 현재 17개소에서 212개의 암각화가 발견되었으며 주제는 꼬리가 뒤틀린 사자, 기린, 우화적인 동물, 의식장면을 표현한 도상학적인 인간과 상상적 동물의 모습, 상징적이고 기하학적인 문양 등이다. 연대는 만 년 전부터 서기 1000년까지 속한다. 서기 1952년 8월 15일 국가기념물로 지정되었다.

나이지리아 NIGERIA

1. **수쿠르의 문화경관**(Sukur Cultural Landscape: 문화, 1999): 나이지리아 동북쪽에 위치하며 아래 마을을 굽어보는 언덕 위에 위치한 궁전 같은 족장의 집(Hidi's palace로 현재는 많이 파괴되었음), 포장된 길, 儀式을 곁들인 경작하던 계단식 농경, 화강암과 일반 돌로 지어진 집들로 구성된 마을, 전통적인 묘지, 샘, 철을 녹이던 용광로, 陶器로 만든 祠堂 등 몇 세기 동안 변하지 않고 남아있는 수쿠르의 문화들이 주위 경관과 잘 어울려져 있다.

2. **오순 오소그보의 신성한 숲**(Osun-Osogbo Sacred Grove: 문화, 2005): 오소그보 시 교외 삼림이 빽빽한 숲은 요루바(Yoruba)인들의 만신전의 하나인 豊饒와 多産의 오순강의 신이 거처하는 집으로 여겨지며, 이 숲과 메안더 형상으로 굽이쳐 흐르는 강이 이 신전을 기념하기 위해 세운 聖域과 神堂, 조각·예술품들을 잘 감싸고 있다. 이 신성한 숲은 요루바족이 국가를 세운 민족 동질성과 요루바 문화의 요람을 상징하며 옛날 마을 주위에 이런 신성한 숲이 많이 있었음을 증명하고 있다. 여기에는 40개의 신전, 2개의 궁전, 많은 조각·예술품이 있다.

3. **아가데즈**(Agadez, Historic Center of Agadez: 문화, 2013): 아가데즈(Agadez/gades)는

나이제리아 북부에서 인구 88,569명(서기 2005년 통계)을 가진 가장 큰 도시이다. 이 도시는 사하라 사막에 있으며 전통적인 투아레그-베르베르 족 연합정부(Tuareg-Berber federations)의 하나인 아이르(Aïr)의 수도이며, 아가데즈의 수도이기도 하다. 이 도시는 서기 14세기에 세워졌으며 사하라 사막을 횡단하는 무역망을 통하여 아소데(Assodé)를 밀어내고 투아레그족의 가장 중요한 도시로 성장했다. 또 빌마(Bilma)에서 隊商들이 이 도시로 소금을 搬入하기도 한다. 서기 1449년 회교왕국이 되었고 서기 1500년경 송하이 제국(Songhai Empire)에 합병되었다. 이때 인구는 30,000명 정도가 되었고 카노(Kano)의 서부아프리카 도시와, 지중해 연안의 팀북투(Timbuktu), 가트(Ghat), 가다메스(Ghadames)와 트리폴리(Tripoli)의 오아시스들을 잇는 요충지였다. 그 결과 하우사 언어(Hausa language)는 도시의 다른 민족들 특히 무역, 종교와 행정을 다루는 전통적으로 실질적인 언어(lingua franca, working language, bridge language, vehicular language, unifying language)가 되었다. 회교도 모로코인들의 침입 이후 멸망의 길로 들어서며 인구도 10,000명 정도로 감소하였다. 아가데즈는 서기 19세기 프랑스 식민제국에 의해 합병되기 전까지 아프리카 대륙에서 오스만제국(Ottoman Empire)의 가장 먼 곳에 위치한 곳이였다. 이 도시는 서기 1900년부터 프랑스의 지배를 받아왔고 카오센 아그 모하메드(Kaocen Ag Mohammed)가 서기 1916년 반란을 일으켰으나 프랑스군에 의해 격퇴되었다. 그 후 아가데즈는 서기 1990년대 투아레그 반군의 중요한 거점이 되었다. 아가데즈는 시장과 주위에서 채굴되는 우라늄 수송의 중심지로 번영한다. 이 도시에서 중요한 문화재는 서기 1515년에 지어지고 서기 1844년에 재건된 아가데즈 대 모스크(사원), 카오센 궁전(현재 호텔로 이용), 아가데즈 술탄의 궁전이다. 이 도시는 또한 낙타, 은과 가죽제품의 거래로도 잘 알려지고 있다.

남아프리카공화국 SOUTH AFRICA

1. 로벤 섬(Robben Island: 문화, 1999): Cape Town 해안에서 7㎞ 떨어진 테블 만(Table Bay)의 로벤 섬(3.3㎞×1.9㎞, 5.07㎢)은 서기 17세기-서기 20세기 감옥소와 사

회적으로 받아들일 수 없는 병자들을 수용하는 병원과 군부대로 이용되었으나 서기 20세기에는 백인과 흑인 사이의 갈등으로 인한 인종차별주의(apartheid)정책으로 주로 흑인 정치범들의 수용소가 되었다. 그중에는 서기 1993년 Vilakazi 출생의 Fredrik William de Klerk와 함께 노벨평화상을 탄 넬슨 만델라(Nelson Rolihlahla Mandela, 서기 1994년-서기 1999년 남아프리카공화국의 대통령)와 Kgalema Motlanthe 대통령도 수감되었던 곳으로 이곳은 남아프리카 공화국 자유와 민주주의의 표상이 되었다.

2. 스테르크폰테인, 스와트크란스, 크롬드라이 인류화석 지역(Fossil Hominid Sites of Sterkfontein, Swartkrans, Kromdraai and Environs: 문화, 1999): 가우텡주(Gauteng province) 요하네스 서북쪽 50km 떨어진 47000ha의 범위 내에 산재한 석회암 동굴에서 서기 1947년, Robert Broom과 John T. Robinson에 의해 발견된 2-3백 만 년 전의 Sterkfontein(Ausralophitecus africanus로 별칭, Mrs Ples인) 화석인류는 서기 1924년 레이몬드 다트(Raymond Arthur Dart, 서기 1893년 2월 4일-서기 1988년 11월 22일)에 의해 서북주(North West province)에서 발견된 Taung baby(child)의 학문적 곤경을 일시에 해결해 주었으며 Sterkfontein에서만 이제까지 발견된 화석인류 중 ⅓이 발견되었다. Sterkfontein에서는 서기 1935년에 Robert Broom이 이미 유인원의 화석을 발견한 바 있고, 서기 1938년에는 소학교 학생인 Gert Terrblanche가 이웃 Kromdraai에서 발견한 화석을 Ramond Dart에게 가져와 이 화석이 후일 Paranthropus robustus라고 이름 지어졌다. 서기 1938년 Sterkfontein과 Kromdraai 사이의 Cooper 유적에서 유인원의 치아가 발견된 바 있다. 서기 1948년 Robert Broom이 Swartkrans 동굴에서 인류 화석을 찾아내기도 하였다. 그리고 마파칸(Mapakan) 계곡에서도 인류의 흔적이 찾아지고 있다. 그래서 스테르크폰테인, 스와트크란스, 크롬드라이 석회암 동굴지대를 '인류의 요람'이라고 부른다. 이들은 남방의 원숭이란 의미의 Australopithecus 초기 인류화석이 발견된 동굴 유적들로 330만 년 전까지 올라간다. Paranthus는 450-250만 년 전까지 올라가며, 180-100만 년 전에는 인위적으로 불을 지핀 흔적도 발견된다고 한다. 인류의 조상을 찾기 위한

발굴은 여전히 계속되고 있다. 남아연방 요하네스버그 Malapa 동굴에서 2008년 8월 15일 Lee Rogers Berger와 그의 아들 9살 Matthew에 의해 발견된 195-175만 년 전 洪積世(更新世)의 성인여성(127㎝, 33kg, 두개용량 420-450cc)과 열 살 남짓한 아이의 화석들인 Australopithecus sediba는 오스트랄로피테쿠스와 현생인류의 중간단계인 early hominid(人科)로 여겨진다. 인류 초기의 화석의 발견은 영국의 맨체스터 대학의 해부학교수이며 전파론자인 Graffton Elliot Smith의 두 제자인 Raymond Dart와 Davidson Black에 힘입었다. Raymond Dart는 남아프리카에서 남방의 원숭이인 Sterkfontein과 Taung baby 화석인골(서기 1924년), 그리고 Davidson Black은 중국 주구점에서 北京原人을 발견하였다.

3. 셀라바테베, 우카람바 드라켄스버그 국립공원(Sehlabathebe National Park-extension to the uKhahlamba Drakensberg Park, Lesotho: 복합, 2000, 2013, 확대지정): 우카람바/드라켄스버그 공원은 해발 3,000m, 150㎞에 이르는 243,000㏊ 범위의 현무암 버팀벽, 찌를 듯이 날카롭게 틈새를 파고나온 나무, 황금빛 모래요새와 같은 구릉의 자연미를 지닌 곳으로 무척 아름답다. 여기에 구르듯 높은 고도에 나 있는 초원과 태고적의 모습 그대로인 날카로운 강 계곡과 협곡도 장관을 이루어 아름다움을 더한다. 지구상에서 멸종될 위기에 처해 있는 새들과 식물들은 이곳의 다양한 서식지로 인해 보호받고 있다. 이러한 자연환경 속에 형성된 동굴과 巖陰住居에는 과거 40,000년 전인 후기구석기시대에서 서기 19세기 말까지 살던 산(San)족이 사하라 사막의 남쪽 아래 남아프리카에 남긴 가장 규모가 크고 주제가 풍성한 바위그림(巖壁畵)이 밀집·보존되어 있다. 이 바위그림들은 동물과 사람의 묘사에 있어 뛰어나는데, 이들은 지금 滅族한 산족의 정신적 생활을 잘 나타낸다.

레소토(Lesotho) 콰챠스 넥(Qacha's Nek) District 지구 해발 2,400m의 말로티(Maloti)산에 위치한 셀라바테베 국립공원(Sehlabathebe National Park)은 공원 내에서만 유일하게 발견되며 멸종위기에 처한 말로티 민로우(the Maloti Minnow) 물고기를 포함한 생물학적으로 중요한 동·식물이 자라는 아름다운 分水界를 가진 공원으로 서기 2013년 우카람바 드라켄스버그 공원의 연장으로 확대 지정되었다. 멸종위기에 처한 또 다른 종은 콜베 독수리(Cape Vulture, Gyps coprotheres, The Cape Griffon, Cape Vulture, Kolbe's Vulture)와 라머게이어 수염난 독수리(Bearded Vulture, Gyps barbatus, Lammergeier, Lammergeyer)이다. 이곳에서만 자라는 250종의 아프리카 고산성 툰드라 생태계는 우카람바 드라켄스버그 공원의 가치를 높여주고 있다. 그리고 여기서 나오는 신선한 물은 레소토, 남아연방과 나미비아에 공급하고 있다.

4. 마푼구브웨의 문화경관(Mapungubwe Cultural Landscape: 문화, 2003): 남아프리카, 짐바브웨, 보츠와나 삼국에 접해 있던 서기 1075년－서기 1220년의 가장 규모가 컸던 남아프리카 첫 번째의 왕국인 마푼구브웨(현명한 돌이 놓인 곳, 또는 재칼이 먹는 곳 이라는 의미) 왕국의 역과 림포포(Limpoppo)와 샤세(Shashe) 강의 영향을 받은 넓고 개방된 사반나 기후 환경으로 현재 이곳에는 마푼구브웨 왕국 지배 400년간의 정치 사회의 중심지였던 수도, 궁전 터와 백성의 주거지들이 남아있다. 그들은 반투 유목민에서부터 왔으며 고고학상 Leopold's Kopje 문화로 이름 지어진 최대 규모의 부락은 K2로 알려져 있는데 이것은 마푼구브웨 왕국의 전신이 된다. 그들은 중요한 위치는 돌로 담을 쌓아 구획했고 마푼구브웨 구릉 아래 안뜰 옆에는 돌로 담을 친 주거가 있었다. 왕은 아마도 안뜰 위의 구릉에 돌로 구획된 집에 살았던 것으로 추측된다. 집을 짓는 재료는 돌과 나무가 함께 사용되었다. 인구의 증가, 금의 채굴과 상류층 집에서만 금 세공품이 나오는 것 등으로 보아 專門匠人의 존재가 있었던 모양이다. 이 왕국의 사람들은 인도, 중국이나 이집트를 대상으로 상아와 금을 수출했던 것으로 추측된다.

5. 리히터스벨트 문화 생물 조경(Richtersveld Cultural and Botanical Landscape: 복합, 2007): 북쪽 케이프(Northern Cape)의 16만ha 넓이의 리히터스 국립공원의 척박한 산악·사막지대 문화 생물 조경지대는 지방 자치적으로 운영된다. 이곳에는 반유목들인 나마(Nama)족들이 과거 2,000년간 살아오고 아직도 'haru om'이라 불리우는 골풀로 짠 집을 짓고 계절에 따라 生態適所(ecological niches)로 가축과 함께 이동하는 생활모습을 보여주고 있다. 그리고 이들은 약초나 다른 식물들을 채집하고 조상 대대로 이어오는 口傳의 民譚을 갖고 있다.

네덜란드 NETHERLANDS

1. **쇼클란트와 그 주변지역**(Schokland and Surroundings: 문화, 1995): 쇼클란트는 서기 15세기 섬이 된 반도이다. 이곳에는 사람이 살다가 바닷물의 침식에 의해 폐기되었다. 서기 1941년 이래 Zuider Zee에 차 있는 물을 排水하여 다시 사람이 사는 땅으로 환원되었다. 선사시대부터 초기 역사시대의 사람들은 쇼클란트 습지의 환경에 적응해 살았고, 서기 1000년경 어부와 농부들이 다시 이곳에서 살기 시작하고, 중세시대에는 물이 차올라와 주민 모두 철거하였다. 그 후 이곳에서 주민들은 어업과 조선업으로 생계를 유지했는데, 서기 1859년 정부에서 이곳을 버리고 떠나라는 철거령을 내렸다. 서기 1941년 주위 누르두스트폴더(Noordoostpolder)라고 부르는 지역을 중심으로 배수하고 사람이 다시 살기 시작했다. 이곳에서 바닷물과 싸워 이기는 네덜란드 사람들의 비교할 수 없는 강인한 인간의 영웅적인 투쟁을 볼 수 있다.

2. **암스텔담 방어선**(Defence Line of Amsterdam: 문화, 1996): 서기 16세기 물의 관리에서 시작하여 암스텔담 시 주위 135㎞에 달하는 서기 1883년-서기 1920년 사이에 만든 물 관리 방어선으로 발전해온 네덜란드인들의 전문화된 수력공학기술을 보여 준다. 이 도시는 45개소의 埋築, 運河, 閘門과 보(洑)의 시설로서 보호되고 있다. 다음은 문화유산으로 등재된 시설물이다. Name of site (Municipality); Fort Near Edam (Edam-Volendam), Fort Near Kwadijk (미완성, Zeevang), Fort north of Purmerend (Beemster), Fort along Nekkerweg (Beemster), Fort along Middenweg (Beemster), Fort along Jisperweg (Beemster), Fort near Spijkerboor (Beemster), Fort near Marken-Binnen (Uitgeest), Fort near Krommeniedijk (Uitgeest), Fort along de Ham (Zaanstad), Fort near Veldhuis (Heemskerk), Fort along the St. Aagtendijk (Beverwijk), Fort Zuidwijkermeer (Beverwijk), Fort near Velsen (Beverwijk), Coastal Fort near IJmuiden (Velsen), Fort north of Spaardam (Velsen), Fort south of Spaardam (Haarlem), Fort near Penningsveer (Haarlemmerliede), Fort near the Liebrug (Haarlemmerliede), Fortde Liede (Haarlemmerliede), Fort Bij Heemstede (Haarlemmer-

meer), Advanceddefense at Vijfhuizen (Haarlemmermeer), Fort near Vijfhuizen (Haarlemmermeer), Battery along IJweg (Haarlemmermeer), Fort near Hoofddorp (Haarlemmermeer), Battery along Sloterweg (Haarlemmermeer), Fort near Aalsmeer (Haarlemmermeer), Fort near Kudelstaart (Aalsmeer), Fort near de Kwakel (Uithoorn), Fort along the Drecht (Uithoorn), Fort near Uithoorn (De Ronde Venen), Fort near Wavel-Amstel (De Ronde Venen), Fort in the Waver-Botshol (never completed) (Abcoude), Fort along De Winkel (미완성, Abcoude), Fort near Abcoude (Abcoude), Fort near Nigtevecht (Abcoude), Fort near Hinderdam (Weesp), Fort Uitermeer (Weesp), Weesp Fortress-Defensivetower on the Ossenmarket (Weesp), Muiden Fortress (Muiden), Muiden west battery (Muiden), Fort Kijkuit ('s-Graveland), Battery near the IJ before Diemerdam (Diemen), Fort along the Pampus (Muiden), Battery near the IJ before Durgerdam (Amsterdam)

3. 킨더디지크-엘슈트 풍차망(The Mill Network at Kinderdijk-Elshout: 문화, 1997): 해수면보다 낮은 국토를 가진 네덜란드에서 排水하여 국토를 유지하려는 노력의 상징물인 風車는 현재 롯텔담 시 옆 조그만 마을인 킨더디지크-엘슈트 지역에 19개소가 남았다. 이들은 서기 1740년에 만들어졌다. 서기 1927년부터 바람대신 디젤을 이용한 전기식 펌프엔진이 작동하여 배수하였고 풍차는 2차대전 말까지 이용되다가 오늘날에는 관광객들을 위해 풍차를 이용한 製粉을 하던 방앗간 사람들이 어떻게 살았는지를 알려주는 간이박물관시설이 되기도 한다. 이 풍차는 근처 堤防, 貯水池, 배수펌프장, 행정 관리소들과 연계되어 있다.

4. 윌렘스타드 내륙지방 역사지역과 항구(Historic Area of Willemstad, Inner City, and-Harbour: 문화, 1997): 윌렘스타드는 서기 1634년 쿠라쵸(Curaço)의 카리비안 섬의 자연 항구에 네덜란드인들이 화란 서인도회사(Dutch West India Company)를 통해 조성한 무역타운으로 유럽의 도시계획뿐만 아니라 윌렘스타드와 무역의 거래가 있었던 스페인과 포르투갈의 영향도 함께 받아 여러 가지 식민지의 양식을 반영하고 있다.

5. D. F. Wouda 증기기관 揚水場(D. F. Wouda Steam Pumping Station: 문화, 1998): 서기 1920년 우다 회사에서 만들어 프리드랜드 렘마르(Friesland Lemmar)에 설치한 蒸氣로 가동하는 揚水/排水 펌프장으로 이제까지 만들어진 것 중 가장 크다. 네덜란드 기술진과 건축가들이 水力에 대항하여 자국민을 보호하기 위해 최고의 기술을 발휘하여 만든 것으로 아직도 사용하고 있다. 프리즈랜드의 겨울철이면 이 배수장은 최근에 만들어진 펌프장이 높은 파고의 수력을 대항하는데 일조를 하고 있다. 일 년 평균 400시간 가동한다. 이 기계는 엔진을 켜면 6시간 정도의 豫熱을 받아야 가동할 수 있으며 1분당 4백만 리터의 물을 배수할 수 있다.

6. 뱀스터 간척지(Droogmakerij de Beemster/Beemster Polder: 문화, 1999): 서기 1612년 네덜란드 정부가 바다로부터 처음 간척사업을 벌려 만든 農耕用 埋築地로 당시 르네상스의 유행하던 건설 원칙대로 만든 이 지역은 1800㎡의 넓이 안에 밭·들·길·운하·방죽·가옥 등이 그대로 보존되고 있다.

7. 리에트벨드 슈뢰더 하우스(Rietveld Schröderhuis/the Rietveld Schröder House: 문화, 2000): 건축가 게리트 리테벨트(Gerrit Thoms Rietveld, 서기 1888년–서기 1964년)가 서기 1924년 우트레히트(Utrecht)에서 집주인 투루스 슈뢰더(Mrs. Truus Schröder)부인과 그녀의 세 아들을 위해 설계한 집으로 주인의 주문대로 담이 없고 단순과 생략을 강조한 De Stijl의 건물양식대로 지었다. 집주인은 이곳에서 서기 1985년 그녀가 죽을 때까지 살았다. 이 집은 베르투스 물더(Bertus Mulder)가 복원해 박물관으로 사용하고 있다.

8. 싱겔그라흐트 내 서기 17세기 암스텔담의 운하망(Seventeenth-century canal area of Amsterdam inside the Singelgracht: 문화, 2010): 北歐의 베니스로 불리우는 암스텔담 운하지구는 수백 km의 운하망, 90개의 섬과 1,500여개의 다리를 갖고 있다. 서기 17세기 네덜란드의 황금기에 파낸 헤렌그라흐트(Herngracht), 프린젠그라흐트(Prinsengracht), 카이져스그라흐트(Keizersgracht)의 세 개의 중요한 운하는 '목걸이처럼 반원형의 여러 겹으로 이루어진 인간이 만든 운하'라는 의미의 '그라흐텐고르델(grachtengordel)'로 알려진 도시를 둘러싸는 동심원상의 운하망을 형성하고 있다.

이 주요 운하를 따라 1,550동의 기념물과 같은 건물들이 늘어서 있다. 이 역사적 도시의 조화를 이루는 것이 서기 16세기 말─서기 17세기 초에 만들어진 새로운 항구 도시에 대한 설계의 기본이었다. 이 설계는 서쪽과 남쪽으로 나 있는 운하 망과 옛 도시를 에워싸고 있는 중세시대의 항구를 포함하고 있다. 이는 동심원의 운하체계를 이용해 사이 사이의 공간을 새로운 건물들로 채우고 또 늪지를 준설해 도시의 확장도 포함하는 장기간의 계획이었다. 그래서 이 공간의 이용으로 해서 박공의 집들과 기념물들을 포함하는 도시가 동질성을 이루면서 조화할 수 있었다. 당시로서는 도시의 확장은 최대로 그리고 동질성의 조화가 문제였다. 이 도시는 대규모 도시계획고의 모델이었고 서기 19세기까지 전 세계에서 도시를 형성하는데 있어 꼭 참조해야 할 곳이었다.

네팔 NEPAL

1. **카트만두 계곡**(Kathmandu Valley: 문화, 1979): 동아시아문명 교차로의 카트만두 계곡에 있는 7개소의 기념물과 건물군으로 모두 130개소에 달하며 사원, 목욕시설, 우물과 정원 등을 포함한다. 그들은 카트만두 시의 하누만 도카의 브바르 광장(Durbar Squares of Hanuman Dhoka)을 비롯한 Patan과 Bhaktapur, Swayambhu와 Bauddhanath의 불교 수투파(부도탑), Pashupati와 Changu Narayan의 힌두 사원이다. 말라(Malla)왕국이 서기 12세기에서 서기 18세기까지 이 카투만두 계곡을 다스렸는데 현존하는 건축물들은 '사원의 도시'로 불리울 정도로 대부분 사원으로 거의 모두 이 시기에 속한다. Maru Satal 사원(서기 1596년 Laxmi Narsingh Malla 왕이 세움), Pashupatinath 사원, Syambhunath 수투파, 두바르 광장에 있는 카투만두 궁전 등이 유명하다. 서기 2007년 31차 회의에서 위험에 처한 문화유산으로부터 해제되었다.

2. **룸비니 석가 탄생지**(Lumbini, the Birthplace of the Lord Buddha: 문화, 1997): 기원전 623년 4월 8일 부처님이 마야 부인에게서 탄생하신 곳이다. 석가모니(世尊)는 기원전 623년 오늘날 네팔의 룸비니 동산에서 탄생, 生老病死의 고통에서 벗어나기 위

해 카비라 성으로부터의 出家, 붓다가야/보드가야(佛陀伽耶)前正覺山 보리수나무 밑에서 成道, 사르나트(鹿野園)의 初轉法輪(사르나트 박물관에 서기 5세기경 굽타왕조 때의 초전법륜상이 전시되어 있음)을 거쳐 쿠쉬나가르(雙林涅槃)에서 기원전 544년 80세로 入滅 하였다. 석가의 입멸 연대는 夏安居로 본 衆聖点記說[曆大三寶記: 이는 중국 南齊 永明(서기 483년-서기 493년) 7년 서기 489년에 부처님의 입멸 후 매년 실시하는 하안거의 숫자를 하나 하나 표시해 나갔는데 모두 975점이 찍힌 책]에 의해 기원전 485년 설과, 아쇼카 왕(阿育王)이 세운 石柱說에 의한 기원전 467년이 있다. 현재는 서기 1956년 네팔 카트만두에서 열린 세계 4차 불교대회에서 서기 1956년을 佛紀 2500년으로 공식 인정함에 따라 석가모니가 기원전 544년 2월 15일 80세로 입적(입멸)한 것으로 인정하고 있다(기원전 623년 4월 8일 탄생-기원전 544년 2월 15일 입적. 서기 2012년이 佛紀 2556년임).

노르웨이 NORWAY

1. 베르겐의 브리겐 지역(Bryggen area in Bergen: 문화, 1979): 서기 872년부터 시작된 노르웨이 왕국은 초대 왕 헤랄드 훼어헤어(Herald Fairhair)의 증손인 울라프(St. Olaf, 서기 995년-서기 1030년) 왕이 강력한 왕권을 이룬 후 지금까지 계속되었다. 무역거점 도시인 베르겐은 서기 12세기-서기 13세기 노르웨이 왕국의 수도로 서기 14세기-서기 16세기에 존재한 한자동맹의 일원으로 무역과 상업에 종사한 전통적 항구도시이다. 서기 14세기-서기 15세기에 지어진 목재건물과 뱃사람들의 집이 생선기름으로 인해 서기 1702년 화재로 소실된 후 재건된 15채의 목조 건물이 있다. 한자 박물관, 로젠 크란츠 타워(서기 1506년), 호콘스할렌(Hokonshallen) 연회장(서기 1247년) 등 서기 1957년 복원된 건물도 포함된다.

2. 우르네스 목조교회(Urnes Stave Church: 문화, 1979): 서기 1881년 이래 노르웨이 고대문물보존위원회의 소유로서 송 피요르드(Song og Fjordane) 지역에 위치하고 있다. 이 교회는 서기 1130년에 지어져서 현 위치를 그대로 고수하고 있다. 그리고 이 교회는 이런 종류의 목조교회 중 가장 오래된 것으로 기독교 교회 건물양식과 동물문양이 있는 우르네스 양식(Urnes-style)을 지닌 바이킹시대의 건물양식을 이

어주고 있다. 우르네스 교구는 서기 1881년에 폐쇄되었으며 그 이후 현재까지 솔
보른 교구로 되고 나서 지금까지 교회로 이용되지 않았다. 이 교회는 스칸디나비
아 전통적인 목조건물의 뛰어난 예로 켈트(Celt) 예술의 흔적이 아직도 남아있고,
바이킹의 전통과 로마네스크 양식의 공간구조가 한 건물 안에 조화를 이루고 있
는 것이 특징이다.

3. 로로스 광산 도시(Røros Mining Town: 문화, 1980/2010 확대지정): 로로스(South Sami:
Plassje)는 서기 17세기–서기 1977년까지 333년간 이용된 구리 광산, 이와 관련된
광산마을과 농촌으로 서기 1678년 스캐니아 전쟁(Scanian War, Northern War로 서기
1675년–서기 1679년 덴마크-노르웨이 대 반덴부르그와 스웨덴 연합군의 싸움) 때 스웨덴군에 의
해 철저히 방화·파괴된 이후 서기 1679년에 완전히 재건되었다. 이곳에는 안뜰을
중심으로 주위에 배치된 연대가 확실한 80여 채를 포함한 2,000동의 목조건물이
남아 있는데 역청색의 검은 통나무집의 정면은 중세시대의 외관을 잘 보여준다.
서기 1644년에서 서기 1977년까지 과거 333년간 로로스는 노르웨이 최대의 광산
이었으며 여기에서 10만 톤의 구리와 52만 5천 톤의 유황이 채굴되었다. 그리고
이 혹독한 환경의 로로스 광산마을, 광산업과 마을의 문화적 경관이 확대 지정되
었는데 여기에는 페문드쉬타(Femundshytta) 鎔鑛爐와 그와 관련된 지역, 겨울 광물
들의 운송길, 서기 1646년 덴마크와 노르웨이의 왕실에서 하사받은 구리광산업
으로 부를 누리던 특권층 기업인들이 거주하던 광산 외각에 위치한 완충지대가
포함된다.

4. 알타의 암각화(Rock Drawings of Alta: 문화, 1985): 북극권(Arctic Circle) 가까이 있는
피마크(Finmark) 주 알타 피요르드(Alta Fjord) 마을에 있는 기원전 4200년–기원전
500년의 암각화(岩刻畵)는 서기 1972년에 발견된 것으로 5000천 점 이상의 그림(岩
畵)과 암각화로 이루어져 있으며 선사시대 북극에 가까운 최북단에서 인간이 자
연환경에 적응하며 살아가는 모습을 이해하는데 도움을 준다. 알타에서 4㎞ 떨어
진 암각화의 중심이 되는 지프말루오크타(Jiepmaluokta) 지역에는 3,000점 이상의
독립된 암각화들이 집중되어 있어 야외박물관을 형성하고 있다. 馴鹿떼를 통제

하는 사냥-채집인들은 배를 만들고 물고기를 잡는 데에도 익숙하고 또 곰과 다른 동물을 숭배하는 샤만 의식을 행하기도 하였다. 암각화에서 보는 뚜렷한 증거와는 달리 이러한 암각화를 만들어낸 주인공이 콤사(Komsa) 또는 사미(Sami)문화인들의 후예가 될지 모른다는 추측 이외에는 잘 알지 못한다. 암각화의 주제는 이동을 의미하는 울타리에 갇혀 있는 순록, 큰 사슴, 뿔 달린 사슴, 새, 물고기와 새끼 밴 동물 등이다.

5. **베가군도의 경관**(Vegaøyan-The Vega Archipelago: 문화, 2004): 북극권(Arctic Circle)의 남쪽 노드랜드 주 베가(Vega)群島의 모두 6,930㏊(163㎢)에 달하는 6,500여 개의 작은 섬에서 어업, 농경과 여성들이 솜털오리(eider duck)에서 솜털 (down)을 수확·채집하는 과거 신석기시대 이래 1,500년간 황량한 자연환경에 적응해 살아가는 알뜰한 일련의 방식과 모습을 보여준다(초기의 정착자들은 10,000년 전까지 거슬러 올라간다). 서기 9세기경 이 섬들은 오리털 공급의 중심지가 되어 섬 주민 수입의 ⅓이나 되었다. 이곳에는 어촌, 선창, 등대, 수로표지 등이 남아있다.

6. **스트루브 자오선 측지점**(Struve Geodetic Arc: 문화, 2005): 노르웨이(NORWAY), 라트비아(LATVIA), 리투아니아(LITHUANIA), 러시아(RUSSIAN FEDERATION), 벨라루스(BELARUS), 에스토니아(ESTONIA), 우크라이나(UKRAINE), 스웨덴(SWEDEN)과 핀란드(FINLAND) 지역이 함께 자오선 측정의 삼각측량점

뉴질랜드 NEW ZEALAND

1. **통가리로 국립공원**(Tongariro National Park: 복합, 1990/1993 확대지정): 뉴질랜드의 가장 오래된 국립공원으로 그곳의 중심에 있는 통가리로 活火山의 모습뿐만 아니라 그곳에 살고 있는 '정상적인, 자연적인, 통상적인' 의미를 지니는 마오리(Māori)족의 화산에 대한 문화·종교적·생태적 적응의 연대관계를 살펴볼 수 있다. 마오리족은 뉴질랜드에 사는 토착 폴리네시아(Polynesia)인들로 서기 1300년(1280 CE/current era/Christian era) 이전에 이곳에 정착하여 독특한 문화를 형성한 것으로 보인다. 마오리족은 서기 1642년 이곳에 온 아벨 타스만(Abel Tasman), 서기 1769년 제

임스 쿡(James Cook)과의 최초의 접촉이 있었다. 그들은 문신(moko, tattoos)으로도 잘 알려져 있다. 현재 랑기티히(Rangitihi)의 후손들인 테아라와(Te Arawa)족이 이곳에 살고 있다.

니카라과 NICARAGUA

1. 레온 비에요 유적(Ruins of León Viejo: 문화, 2000): 레온 비에요 유적은 니카라과 북서쪽에 위치하며 아메리카대륙에서 가장 오랜 서기 1524년에 설립된 스페인식 민지시대 Santiago de los Caballeros de León이란 이름의 도시로 서기 1610년 지진으로 인해 폐기되었다. 이 유적은 서기 1968년에 발견되어 발굴해보니 라틴아메리카의 다른 스페인의 식민도시와 같은 도시계획하에 만들어져 비슷한 양상을 갖고 있었다. 현재 방격형의 구획된 거리와 광장이 중앙에 자리 잡고 있었고, 성당, 수도원, 王立鑄造所와 개인가옥들도 함께 발굴되었다.

2. 레온 성당(León Cathedral: 문화, 2011): 과테말라의 건축가인 디에고 호세 에 포레에스퀴벨(Diego José de Porres Esquivel)의 설계에 따라 서기 1747년과 서기 19세기 초 사이에 이 성당은 바로크(Baroque)시대에서 신고전(Neoclassic)건축양식에로의 이행을 보여주는 절충양식으로 지어졌다. 성당은 내부장식의 쓰임이 절제되고 자연광을 많이 받도록 한 것이 특징이다. 그런데 둥근 지붕에는 장식이 많이 달렸다. 성당에는 목제 프란더스(Flemish)양식의 제단을 포함해 서기 19세기 말에서 서기 20세기 초 니카라과의 예술가인 안토니오 사리아(Antonio Sarria)가 그린 聖路 14 處의 그림이 걸려 있다.

덴마크 DENMARK

1. 옐링의 흙으로 쌓은 보루, 비석, 성당(Jelling Mounds, Runic Stones & Church: 문화, 1994): 덴마크 옐링 시에서 발견된 봉토분, 고대 북유럽의 룬(rune) 문자 비를 비롯한 북유럽 이교도 노르딕(Nordic)의 문화유산이 있는 종교적 聖所이나 서기 10세기 중엽 덴마크인들이 기독교로 개종하는 하는 모습도 보여준다. 옐링의 봉토분

은 덴마크의 헤롤드(Harold, Harold, Haraldr) I세의 부모인 곰(Gorm) 왕과 티라(Thyra) 왕비의 무덤으로 그 아들 헤롤드 I세 왕은 무덤 앞에 커다란 立石을 세우고 표면에 룬 문자로 '헤롤드 I세가 아버지와 어머니를 위해 무덤을 세우다'라고 새기고 있다. 그는 그가 다스리던 덴마크와 노르웨이인들을 기독교로 개종시켰다.

2. 로스킬드 대성당(Roskilde Cathedral: 문화, 1995): 이 성당은 서기 1280년에 붉은 벽돌로 지어져 북유럽에 이러한 성당이 지어질 수 있도록 하는 촉매제가 되었다. 건축양식은 프랑스의 고딕(French Gothic), 네덜란드의 르네상스(Dutch Renaissance), 신고전주의(Neoclassicism), 새로이 부활된 비잔틴(Byzantine Revival)과 근대(Modernist) 양식으로 이루어졌다. 그리고 서기 15세기 이후에는 이곳이 덴마크 왕실의 靈廟가 되었다. 성당 내부에는 마그레트 I세(Margrethe I, 서기 1412년 殁), Christian I세(서기 1481년殁)와 왕비 Queen Dorothy of Brandenburg(서기 1495년 殁), 크리스티안 III세(서기 1559년 殁)와 왕비 Queen Dorothy of Saxony-Lauenburg(서기 1571년 殁), Frederick II세(서기 1588년 殁)와 왕비 Queen Sophia of Mecklenburg-Schwerin(서기 1631년 殁), Frederick V세(서기 1766년 殁)과 왕비 Queens: Louise of Great Britain(서기 1751년 殁), Juliana Maria of Brunswick-Wolfenbüttel(서기 1796년 殁), Christian VI세(서기 1746년 殁)와 왕비 and Queen Sophia Magdalena of Brandenburg-Kulmbach(서기 1770년 殁), Christian VII세 (서기 1808년 殁), Frederick VI세(서기 1839년 殁)와 왕비 Queen Marie of Hesse-Kassel(Hesse-Cassel, 서기 1852년 殁), Christian VIII세(서기 1848년 殁)와 왕비 Queen Caroline Amalie of Schleswig-Holstein(서기 1881년 殁), Frederick VII세(서기 1863년 殁), Christian IX세(서기 1906년 殁)와 왕비 Queen Louise of Hesse-Kassel(Hesse-Cassel, 서기 1898년 殁), Frederick IX세, Christian X세(서기 1947년 殁)와 왕비 Queen Alexandrine of Mecklenburg-Schwerin(서기 1952년 殁), Frederick IX세(서기 1972년 殁)와 왕비 Queen Ingrid of Sweden(서기 2000년 殁)의 석관이 안치되어 있다. 현관과 옆쪽의 예배당은 서기 19세기에 추가된 것이다. 서기 1536년 이전까지는 이 건물이 가톨릭성당이었으나 그 이후에는 개신교(신교도)의 교회가 되었다. 성당·교회건물에서 새로이 추가되는 부분에 의해 교회건물

양식의 변천상도 확인할 수 있다.

3. 크론보르그 성(Kronborg Castle: 문화, 2000): 덴마크와 스웨덴사이 순드(Sund) 해협을 한눈에 내려다 볼 수 있는 전략적 요충지에 위치하는 헬싱게(Helsinge, Elsnore)의 크론보르그 성은 덴마크인들의 상징이며 서기 16세기–서기 18세기 북구 유럽에서 중요한 역할을 담당하였다. 서기 1574년 르네상스식 성(또는 북유럽 로마네스크 양식의 성)으로 지어지기 시작하고 서기 17세기에는 대포의 존재 때문에 전략상의 수비가 강화되도록 증·개축이 이루어졌다. 이 성은 오늘날에도 잘 남아있다. 그리고 이 성은 윌리엄 섹스피어 작품인 햄릿의 무대로도 유명하다.

도미니카 공화국 DOMINICAN REPUBLIC

1. 산토 도밍고 식민도시(Colonial City of Santo Domingo: 문화, 1990): 크리스토퍼 콜럼버스가 서기 1492년 신대륙에 도착 이후 이곳에 方格形의 도시계획에 따라 대륙 최초의 식민지 도시가 1498년에 건설되었고 새로 만든 요새 안에 궁전, 성당, 병원, 세관, 대학 등을 세웠다. 모두가 식민지 최초라는 수식어가 붙게 된다. 그 후 이곳은 신대륙의 다른 식민지를 건설하는 범본이 되었다. 식민지 도시로 알려진 산토 도밍고의 역사적 전략기지 도시는 3㎢에 달한다.

독일 GERMANY

1. 아헨 대성당(Aachen Cathedral: 문화, 1978): 독일 아헨의 궁정교회(Imperial Cathedral, Royal church of St. Mary ar Aachen)로 서기 790년–서기 800년경 샤를마뉴(Charlemagne) 대제 때 건립된 로마의 교회로 중세시대 때 확장되었다. 이것은 처음 신성로마제국(서기 773/800 년–서기 1806년, 샤를 마뉴 1세, Holy Roman Emperor) 영역 내의 동부유럽 지방의 영향을 받아 둥근 지붕을 가진 팔각형의 대성당으로 만들어졌는데 중세 때 성가대 등 여러 시설이 첨가·확장되었다. 서기 814년에 죽은 샤를마뉴 1세는 이 성당에 묻혔으며 그의 유해는 샤를 靈廟(Shrine of Charle)에 보관되고 있다. 첨탑의 높이는 74m로 여러 가지 양식이 혼합되어있다. 그리고 서기 936년부터 서기

1531년의 600년 동안 30명의 독일 왕과 12명의 왕비가 이곳에서 戴冠式을 거행하였다.

박물관에는 비잔틴(the late Classical), 카롤링거 왕조(Carolingian), 르네상스, 오토니안(Ottonian)과 스타우피안(Staufian)시대의 걸작품이 소장되어 있으며, 그중에는 로타리오 십자가(the Cross of Lothair), 샤를마뉴의 보물함(the Bust of Charlemagne), 디메터와 제우스 딸의 머리가 장식된 파리안 대리석(Parian Marble)로 조각된 샤를마뉴의 석관(Persephone Sacrophagus of Charlemagne)이 전시되어 있다.

2. 슈파이어 대성당(Speyer Cathedral: 문화, 1981): 슈파이어에 있는 대성당(Dome in German)은 4개의 탑과 2개의 돔을 가진 교회로 서기 1030년에 콘라드(Conrad) II세에 의해 건립되었다. 서기 11세기 말 리모델링(재건축)되었으며 신성로마제국(서기 773/800년-서기 1806년)으로부터 로마네스크 양식으로 지어진 중요한 성당으로 여겨진다. 서기 1689년 이 성당은 파괴가 되어 현재에도 복구 중이며, 길이 134m, 높이 72m이다. 이 성당은 서기 1039년부터 서기 1309년 까지 300간간 8명의 중세시대 황제들의 靈廟(納骨堂)로 사용되어 왔다. 그중에는 콘라드 II세(Könraad II)도 포함된다. 그는 이 성당이 완공되지 않아 사후 2년 후에 이곳 영묘에 보관하게 되었다.

3. 뷔르츠부르크 궁전(Würzburg Residence: 문화, 1981): 서기 1720년-서기 1744년 태자 로타르 프란츠 폰 쇤보른(Lothar Franz von Schöborn)과 대주교 프리드리히 칼폰 쇤보른(Friedlich Carl von Schöborn)이 지은 세 개의 측실을 가진 바로크 양식의 궁전으로, 300개가 넘는 바로크와 로코코 양식의 방과 정원이 있다. 서기 18세기 베네치아 공국의 지오바니 비티사 티폴로(Giovanni Battisa Tiepolo, 서기 1696년-서기1770년)를 포함하는 건축, 화가들의 국제팀, 발타사르 니만(Balthasar Nemann)이 이끄는 조각가와 벽 치장 세공사들이 서기 1780년에 내부까지 완공을 보았다. 여기에는 제국의 방(Hall of Imperial)과 거울의 방(Hall of Mirror, 677㎡)의 천장에 그려진 18m×30m의 프레스코 벽화가 잘 알려져 있다. 세계제2차대전 중 이 건물은 폭격에 의해 파괴가 심했으나 복구해 서기 1987년부터 공개하고 있다.

4. 비스 순례 교회(Pilgrimage Church of Wies: 문화, 1983): 비스의 순례교회는 독일바바리아 발하임-숀가우(Weilheim-Schongau)구 슈타인가덴(Steingaden)의 알프스 산록에 위치하며 건축가 도미니쿠스 짐머만(Dominikus Zimmermann)에 의해 서기 1745년-서기 1754년에 지어진 바바리아 지방의 색채를 많이 쓰고 유쾌한 모습을 보이게 지은 로코코 양식의 걸작이다. 서기 1738년 다 헐어가는 救世主(Scourged Saviour)의 木彫像에서 눈물이 보이는 기적이 일어나 이 알프스 산록지방의 교회가 순례지로 되었다. 서기 1740년 이 목조상을 따로 봉안하기 위해 조그만 예배당이 지어졌으나 순례자를 맞기에는 너무 적어 슈타인가덴 대수도원에서 따로 교회를 지었다.

5. 브륄의 아우구스투스부르크와 활켄루스트 성(Castles of Augustusburg and Falkenlust at Brühl: 문화, 1984): 꼴론(Cologne)의 태자-대주교의 저택인 아우구스투스부르크 성과 활켄루스트 사냥용 숙소가 있는 성은 서기 18세기 독일에 지어진 로코코 양식의 가장 초기 건물의 대표작이다. 처음에는 쾰른 지방의 대주교인 크레멘스 아우구스투스(Clemens Augustus)가 서기 1725년 부탁한 건축가 죤 콘라드 쉬라운(John Conrad Schlaun)이 시작하였으나 아우구스투스는 좀 더 많은 것을 원해 건축가를 프랑소아 데 큐비에(François de Cuvilliés)로 바꾸어 오늘날의 모습을 갖게 되었다. 프랑스인 도미니크(Domonique)에 의해 설계된 베르사이유 양식을 모방한 정원이 특징적이다.

6. 힐데샤임의 성·마리아 대성당과 성·미카엘 교회(St. Mary's Cathedral & St. Michael's Church at Hildesheim: 문화, 1985): 베른바드(Bernward) 주교가 세운 성 미카엘 교회는 서기 1010년-서기 1020년 사이 교회건물 양끝에 튀어나온 반원형의 後陣을 가진 左右同形 평면구조의 옛 색손 지방의 로마네스크 양식(Ottonian Romanesque art of Old Saxony)으로 지어졌다. 교회 내부 1,300쪽의 나무천장의 그림과 벽장식, 베른바드 주교가 주문·제작한 청동제 문(Bronze Bernward doors, 서기 1015년), 청동제 圓柱(약 4.5 m, 서기 1020년), 2개의 바퀴달린 가지모양의 촛대(서기 11세기), 고데하르드(Godehard)의 石棺, 밥티스말 호르트(Baptismal Fort, 서기 1225년), 교회 안뜰 고딕으로 지어진 안

네(Anne) 예배당(서기 1321년)은 베른바드 주교가 또 세운 성 메리 교회(서기 1010년-서기 1020년)와 함께 신성로마제국 서기(서기 773/800년-서기 1806년)의 로마네스크 양식을 보여준다. 서기 1945년 3월 22일 파괴되었으나 서기 1950년-서기 1960년 사이 복구되었다.

7. 트리에르의 로마시대 기념물, 성당과 리프후라우엔 교회(Roman Monuments,Cathedral and Liebfrauen-Churcu in Trier: 문화, 1986): 로마인들이 들어오기 전부터 이곳은 마을 이루고 있었다. 이 마을 주민은 트레베리족(Gallo-Celtic의 Treveri)으로 씨저(Julius Caessar, 기원전 100년-기원전 44년)가 기원전 57년 이곳을 점령하기 전의 유물들은 박물관에 전시되어 있다. 그 후 약 500년간 이곳은 로마의 트리에르의 역사를 갖게 되었다. 도시는 방격형으로 구획되어 있으며 라인 강을 따라 프랑스의 주요 도시들 사이의 상업망과 연계되어 있다. 십자로 난 길과 도시구획중앙에는 대광장과 공회당이 있는 포름(Forum)이 나 있고, 여러 개의 목욕탕, 서기 100년에 지어진 원형극장이 있다. 콘스탄틴 대제(서기 306년-서기 337년)의 통치 때에는 트리에르는 황금기를 맞았다. 그는 돔이 있는 성당, 황제의 목욕탕, 대성당, 여러 개의 종교적인 聖所를 지었다.

8. 로마 제국 변경의 무역중심지(Frontiers of the Roman Empire: 문화, 1987/2005/2008 확대지정): Roman Limes(Limes Romanus)로 알려진 서기 2세기경의 로마시대 경계선·방어체계로 북부 영국에서 유럽을 거쳐 흑해와 홍해에 이르는 5,000㎞에 달한다. 여기에서는 요새, 성벽, 望樓, 甕城, 해자(垓字), 水道橋, 주거지 등과 그 흔적들이 포함 된다. 독일의 경우 서북쪽에서 동남쪽 다뉴브 강에 이르는 550㎞가 해당한다. 이 선을 따라 어떤 곳은 발굴이 되고, 또 복원도 되고 약간은 파괴되기도 하였다. 118㎞에 달하는 서기 122년에 지어진 영국의 하드리아누스 성벽(Hadrian's wall)과 그 후 안토니우스 파이우스(Antonius Pius) 황제 때인 서기 142년 서북쪽으로 좀 더 영토를 넓혀 60㎞에 달하는 성벽(스코트란드의 Antonine Wall)을 쌓아 놓았다. 이것들은 로마제국의 이민족(barbarian)에 대한 통치, 방어체계와 축성술을 보여준다.

9. 뤼베크 한자 도시(Hanseatic City of Lübeck: 문화, 1987): Queen city of the

Hanseanic League로 알려진 한자 동맹의 수도로 서기 12세기에 설립되어 번영을 누린 서기 16세기까지 북유럽 무역의 중심지였다. 지금은 수로를 이용한 상업의 중심지 역할도 한다. 세계제2차대전 중 많이 파괴가 되었으나 구도시의 戰禍를 입지 않은 서기 15세기-서기 16세기의 건물들이 많이 있는 세 구역이 특히 중요하다. 그들은 1) the Burgkloster, Koberg와 the Glockengiesserstrasse and the Aegidienstrasse 사이의 구역, 2) the Petrikirche and the Dom, the salt storehouses and the Holstentor 사이의 귀족들이 살던 구역, 3) the Marienkirche, the Rathaus and the Marktplatz의 도시의 중심 지구를 말한다.

10. 베를린과 포츠담의 궁전과 공원들(Palaces and Parks of Potsdam and Berlin: 문화, 1990/1992/1999 확대지정): 포츠담은 서기 1730년-서기 1916년 프러시아 왕들의 궁전과 정원으로 500ha 넓이의 정원과 150개의 건물이 있으며 전체적으로 이탈리아, 프랑스, 영국, 프란더스, 파리와 드레스덴의 영향을 받은 미적 감각과 자연에 절충주의적인 면을 강조하는 독특한 점을 보인다. 이곳은 궁전과 정원이 하벨 강과 나란히 있고 행정구역상 베르린-젤렌 마을(Berlin-Zehendorf)에 속한다. 대부분의 건물은 프레데릭 II(Friedeich II, der Grosse, 서기 1740년-서기 1786년)세 때 대부분 지어졌으며 프랑스의 볼테르는 서기 1745년-서기 1747년에 지어진 프레데릭 II의 離宮인 산수시궁(Sans Souci, 無憂宮, 길이 97m, 폭 12m 단층의 로코코 건물로 건축가 크노베르스도르흐가 지음)에 머물기도 하였다. 다음의 궁전 건물들이 이곳에 포함된다. 그들은 Sans Souci, New Palace, Charlottenhof, New Garden, Babelsberg Park, Sacrow estate, Linstedt, Bornsted, Alexandrovka과 다른 조그만 건물들과 정원들이다.

11. 밤베르크 중세도시 유적(Town of Bamberg: 문화, 1993): 서기 10세기부터 슬라브 민족, 특히 폴란드와 폼메라니아(Pomerania)와 밀접한 관계를 가진 도시로 서기 12세기부터 이곳의 도시구획과 중세풍의 건물들은 북부독일과 항가리에 영향을 미쳤고 서기 18세기에는 남부독일 계몽주의의 중심이 되었다. 헤겔과 호프만 같은 유명한 철학자들이 이곳에서 살았다. 이곳에는 황제 헨리(Henry) II세와 교황 크레멘트(Clement) II세의 무덤이 있는 성당(서기 1237년), 서기 16세기와 서기 17세기 주

교가 살던 옛 궁전(Alte Hofhaltung, 서기 17세기 이후의 주교가 살던 신 관저(NeueResidenz), 구관저(Old Residenz), 레그니츠 강 중간에 두 개의 다리와 함께 있는 옛 구청청사(서기 1386년), 레그니츠 강 한쪽에 있는 서기 19세기 어부들의 작은 베니스라는 마을, "Seven Hills"이라 불리우는 것 중의 한 구릉에 서기 12세기에 지은 수도원, 주교들의 저택이었던 알텐부르그 성(Altenburg, castle) 등이 있다.

12. 로쉬의 수도원과 알텐 뮌스터(Abbey and Altenmunster of Lorsch: 문화, 1991): 중세 카롤링거 왕조시대(Carolings, 서기 751년-서기 987년)의 서기 760년-서기 764년에 지어진 수도원으로 현재는 迎賓館으로 이용되고 있으며 토르할(현관, Torhall)이라고 불리우는 입구가 중요하다.

13. 람멜스베르크 광산과 고슬라 역사지구, 하르쯔 윗마을 水資源 관리 체계(Mines of Rammelsberg and Historic Town of Goslar, Upper Harz Water ManagementSystem: 문화, 1992/2010 확대지정): 람멜스베르크 광산 근처에 위치한 서기 10세기-서기 12세기 구리, 아연, 납, 은과 금이 중심이 되는 주요한 풍부한 금속광물에서 나오는 수입을 기반으로 한자동맹의 중요한 도시가 되었고 한때는 신성로마제국의 수도가 된 적도 있다. 서기 1988년에는 자원이 고갈되어 폐광하였다. 역사적 중심지에는 중세시대 서기 15세기-서기 19세기에 속하는 1,500동의 목제가옥, 광산 坑道와 광물 수송선로, 사무실과 교회 등이 잘 보존되어 있다. 그리고 서기 2010년 확대 지정된 물 관리체계가 있다. 이 체계는 산업혁명 이전 에너지를 공급하는 체계로서 가장 크고 잘 남아있다. 이것은 오늘날에도 작동을 하는 알테나우(Altenau)의 댐과 홍예의 덮개, 운하, 자텔무어(Sattelmoor)의 늪지, 클라우스탈-젤러펠트(Clausthal-Zellerfeld)의 水車와 연못, 지하 水槽로서 광산에 물을 공부하던 곳이었다. 가장 오래된 것은 서기 12세기까지 올라가며 시토 수도회 수도사들에 의해 만들어졌다. 이 지역에서 광산의 성공은 중세시대의 경제적 번영과 그 후에도 이어졌다.

14. 마울브론 수도원 지구(Maulbronn Monastery Complex: 문화, 1993): 서기 1147년 설립된 시토 말브론 수도회(Cistern Maulbronn Monastery)는 중세시대의 수도원 복합 유적으로는 알프스 산맥 북쪽에서 잘 남아있는 곳이다. 요새화된 성벽에 둘러싸여

주요 건물들은 서기 12세기-서기 16세기에 지어졌다. 수도원 건물도 로마네스크에서 고딕양식으로 바뀌는 과도기적인 것으로 북부와 중앙유럽에 많은 영향을 끼쳤다. 이 도시에는 물 관리제도가 잘 되어 있어 자연호수, 인공운하와 연못과 테라스가 잘 연계되어 배수시설, 관개용수로와 저수지가 특히 잘 발달되어 있다. 수도원은 서기 1147년에 처음 지어졌고 서기 12세기-서기 17세기에 확장·발전되었다. 종교개혁 후 비템부르그 공작이 이 수도원을 점령하고 이곳을 사냥용 숙소와 마구간으로 만들었다. 반세기 후에는 신교도들의 신학교가 되어 오늘날까지 이르고 있다. 이 수도원에는 평수사들이 운영하는 많은 작업장이 있다. 딴 채의 건물들은 돌, 또는 목제틀로 지어졌는데 이 모든 건물들은 둘러싸인 벽안에 있다.

15. **퀘들린부르크의 대성당, 성, 구시가지**(Collegiate Church, Castle and Old Townof Quedlinburg: 문화, 1994): 작센-안할트(Sachsen-Anhalt)의 퀘들린부르크 시는 Saxonian-Ottonian(서기 919년-서기 1024년) 왕조의 지배 때 수도였고 중세시대 이래 무역으로 번창했고 나무틀로 만든 많은 수의 가옥과 質로 인해 이 도시는 중세시대 때부터 기원한 도시 중 예외적으로 취급되었다. 성은 헨리 포울러(Henry the Fowler)와 오토 대제(Otto I the Great)에 의해 서기 936년에 이 도시가 설립되면서 만들어졌다. 궁정교회인 성 세르바티우스(St. Servatius)의 대성당은 서기 961년-서기 963년에 지어졌는데 로마네스크 양식의 걸작품이다. 지정된 문화유산은 도시 전체와 몇몇의 독립된 장소를 포함한다. 그들은 서기 10세기-서기 12세기 때부터 내려오는 성벽내의 역사적 도시와 서기 16세기-서기 17세기 경제적인 호황 때 만들어진 가옥들, 세르바티우스의 대성당(이 안에는 초대 독일 왕 부부가 묻혀 있음)과 제국이 있었던 때의 건물들이 있는 부르그베르그(Burgberg, CastleHill) 지구의 베스텐 마을(Westendorf), 納骨堂이 있는 성 비페르티(St. Wirperti, 서기 1000년경) 교회, 가난한 사람들이 살고 60여 채의 목조가옥이 남아있는 뮈쩬베르그(Müzenberg) 지구이다.

16. **푈크링겐 제철소**(Völklingen Ironworks: 문화, 1994): 서기 1873년 줄리우스 부크(Julius Buch)가 자란트(Saarland) 주 자르강가 푈크링겐에서 제철소의 건립을 추진하였으나 완공을 하지 못했다. 서기 1881년 칼 뢰클링(Carl Röchling)이 새로이 건조를

시작하여 2년 후에 용광로가 처음으로 가동을 시작했다. 오늘날 6ha의 제철소 (Völklinger Hütte)는 박물관으로 되었다. 철 생산 공장(高爐 포함, Ferrodrome)은 복잡한 생산과정을 보여주는 학제적 연구를 수행하는 과학연구소로 되었다. 이곳은 서기 1986년 가동을 중단한 후 철 생산과정을 한 바퀴 둘러볼 수도 있고 발전소에서는 여러 가지 문화행사가 이루어지며 여름에는 음악회까지 열린다. 서기 19세기에 건립되어 완전하게 남아있는 제철소는 유럽이나 북아메리카에서도 없는 이곳이 유일한 예이다.

17. **쾰른 성당**(Cologne Cathedral/Kölner Dom: 문화, 1996): 쾰른 대주교의 본당으로 서기 1284년에 짓기 시작해서 6세기가 지난 후인 빌헤름 I(William I, Wilhelm I)세의 자극을 받아 서기 1880년 완공을 본 고딕 양식으로 지어진 세계 최대의 교회로 신을 향하는 순수한 건축뿐만 아니라 프러시아의 상징이 되었다. 높이 122.5m, 폭 86.5m, 첨탑의 높이 157m에 달한다.

18. **바이마르와 뎃사우(데소) 소재 바우하우스 유적**(The Bauhaus & its sites in Weimar and Dessau: 문화, 1996): 서기 1913년-서기 1933년 바이마르와 뎃사우의 바우하우스 조형학교에서 혁신적으로 건축과 미의 개념을 바꾸었으며 하네스 메이어(Hannes Meyer), 라즈로 모홀리-나기(Lazlo Moholy-Nagy), 바실리 칸딘스키 (Wassily Kandisky), 루드비히 반 데어 로헤(Ludwig van der Rohe) 등이 주역이었다. 국립바우하우스 (Staatliche Bauhaus)가 서기 1919년 발터 그로피우스(Walter Gropius)에 의해 바이마르에서 설립되었다. 바이마르에서 벨기에의 앙리 반 데 벨데(Henry van de Velde)가 설계한 Art School, Applied Art School 그리고 최초의 실용적인 Das Haus am Horn 개인가옥이 세계문화유산으로 등재되었다. 바우하우스 조형학교에서는 이와 같은 개인집들도 설계하였다. 서기 1925년 정치적 압력을 받아 바우하우스 조형학교는 데사우(데소)로 옮겨 그곳에서 끝났다. 그러나 데사우에서 전성기를 맞아 Seven Masters Houses, Bauhaus Building 등의 건물을 설계하였는데 특히 콘크리트, 유리와 강철로 이루어진 바우하우스 빌딩들은 서기 20세기 유럽 건축의 이정표가 되었고 현대건축에 지대한 영향을 미쳤다.

19. 아이슬레벤과 비텐베르크 소재 루터 기념관(Luther Memorials in Eisleben and Wittenberg: 문화, 1996): Saxony-Anhalt에 있는 이 유적들은 마틴 루터(Martin Luther, 서기 1483년-서기 1546년)와 루터의 동료 개혁가인 메랑히톤(Melanchthon)이 태어난 비텐베르그(Wittenberg)의 생가들과 서기 1517년 3월 21일 제성기념일(모든 성인의 날 전날 밤) 전야에 비텐베르그 성문에 내건 95개 논제(95 Theses)와 관련된 교회(Castle Church)에 관한 것이다. 이 날을 계기로 종교개혁이 일어나고 서구세계의 종교와 정치적 역사에서 신기원을 맞이하게 되었다.

20. 바이마르 지역(Classical Weimar: 문화, 1998): 서기 18세기 말-서기 19세기 초 바이마르의 투링겐(Thuringen) 도시는 '고전 바이마르'로 괴테(Goethe)와 쉴러(Schiller) 등의 문학가를 비롯한 유명 학자들이 모여들어 동독의 도시가 유럽문화의 심장부였다는 사실을 확인시켜 준다. 그리고 이곳에는 괴테가 서기 1775년에 집을 얻고, 헤르더(Herder), 쉴러 등도 그를 따랐다. 이는 공작의 부인 아나 아말리아(Anna Amalia)와 앞서 죽은 공작 칼 아우구스트(Carl August)의 후원에서 이루어졌다. 그래서 이곳에는 좋은 건물과 환경이 조성되었다. 다음의 성, 건물들과 정원 즉 "괴테의 집과 정원 , 쉴러의 집, 도시교회, 헤르더의 집, 고등학교, 도시의 성곽, 도바거 궁전, 공작부인 아나 아말리아의 도서관, 태자의 무덤과 역사적인 공동묘지, 로마의 집이 있는 공원, 벨베더(Belvedere)의 성, 오렌지 밭과 공원, 티에후르트(Tiefurt) 성과 공원, 에테스부르크(Ettesburg) 성과 공원"은 세계문화유산으로 등재되었다.

21. 뮤지엄스인셀(박물관 섬/博物館島)(Museumsinsel/Museum Island: 문화, 1999): 서기 1824년-서기 1930년 사이 브란덴부르크-프로이센의 왕가(Hohenzollern dynasty, 서기 1415년-서기 1918년)의 독일 제국의 왕가(서기 1871년-서기 1918년) 중 빌헬름 2세[빌헬름 2세(Wilhelm II, 서기 1848년 2월 25일-서기 1921년 10월 2일)는 뷔르템베르크 왕국의 제4대 국왕, 서기 1859년-서기 1941년 재위] 때 대부분 지어진 중앙 미테(Mitte) 지구 스프리(Spree) 강 북쪽 베를린 박물관 섬(Spreeinsel) 안의 5개 박물관으로 서기 1820년대 고대박물관(Altes Museum, 서기 1830년)을 필두로 시작하고 서기 1841년 이 섬을 예술과 과학만

을 위한 곳으로 정하였다. 그래서 신박물관(Neues Museum, 서기 1859년), 국립미술관 (Nationalgalerie, 서기 1876년), **Kaiser-Friedrich-Museum**(Bodemuseum, 고대조각과 비잔 틴 예술품, 서기 1904 년)과 페르가몬 박물관[Pergamonmuseum, 이 안에는 페르가몬 제단(독일 기술자 칼 후만(Carl Humann)에 의해 서기 1878년-서기 1886년 터키 미시아(Mysia) 페르가몬 왕국 의 수도의 아크로폴리스(acropolis)에서 발굴된 기원전 170년에 세워진 제우스신에게 바쳐진 제단 Altar), 밀레루스의 시장문(Market gate of Miletus), 바빌로니아의 이시타르문(Ishtar)과 같은 역사적 으로 중요한 건물들이 서기 1930년부터 복원·전시되어 있다]이 차례로 들어섰다.

22. **바르트부르그 성**(Wartburg Castle: 문화, 1999): 서기 1067년 루드비히 튜링글라 공작(Duke Ludwig of Thuringla)에 의해 처음 세워졌으며 봉건시대 중앙유럽에서 뛰 어난 성이다. 이 성이 만들어지기 시작한 것은 서기 1067년까지 거슬러 올라가며 루드비히 데어 슈피프링거(Ludwig der Springer)에 의해 望樓가 세워졌다. 현재의 모 습은 서기 1155년 중앙 건물(본체)을 지음으로써이며 르드비히 튜링글라 공작이소 유하고 서기 15세기까지 확장해 나갔다. 이 성의 역사적 중요성은 군사적인데 있 지 않고 신학적·예술적인데 중점을 둔다. 서기 1521년-서기 1522년 마틴 루터가 이곳에 귀양 와서 신약성서를 독일어로 번역한 곳이다.

23. **라이헤나우의 수도원 섬**(Monastic Island of Reichenau: 문화, 2000): 남부 독일 콘스 탄스(Constance)湖의 라이헤나우(Reichenau) 섬에 세워진 베네딕트 교파의 수도원으 로 순회 신부인 성 피르민(St. Pirmin)에 의해 서기 724년에 창건되었다. 라이헤나 우의 수도원에는 신학교, 사본실(기록실), 예술작업장 등이 갖추어져 있어 서기 10 세기-서기 11세기 스위스에 속한 수도원의 일부가 신성로마제국의 통치 때 이곳 을 중심으로 정신적, 지적, 예술적인 영향력을 행사해왔다. 이 수도원은 베르너 (Berno, 서기 1008년-서기 1048년) 대수도원장 때 전성기를 맞았으며 헤르마누스(Her- mannus)와 콘트락투스(Contractus)와 같은 저명한 학자들이 이곳에 머물었다. 마리 아(St. Mary), 마르쿠스(Marcus), 성 베드로(St. Peter)와 성 바울(St. Paul),성 그레고리 (St. George) 교회는 주로 서기 9세기-서기 11세기에 지어졌으며 중앙유럽의 중세 시대의 수도원 건축에 지평을 열었다. 교회 내부의 벽화는 인상적인 예술행위를

보여준다.

24. 뎃사우(데소) 뵐리츠의 정원(Garden Kingdom of Dessau-Wörlitz: 문화, 2000): 뵐리츠의 영국정원으로 알려진 뎃사우(데소) 뵐리츠의 정원은 서기 1769년-서기 1773년 안할트-데사우(Anhalt-Dessau, 서기 1740년-서기 1817년)의 레오폴드 Ⅲ세 공작의 섭정 하에 만들어졌으며, 그는 이태리, 네덜란드, 영국, 프랑스와 스위스를 오랫동안 여행한 후 친구인 건축가 프리드리히 폰 에르드만스도르프(Friedlich Wilhelm von Erd-mannsdorff, 그는 건물만 담당함)와 함께 이 일을 시작하였다. 그들은 啓蒙主義의 理想에 깊이 영향을 받고 바로크식 양식을 벗어나 스토르헤드(Stourhead) 정원과 에르메노빌(Ermenoville)에서 본 자연주의적 풍치를 살려나가도록 하였다. 오늘날 이 정원은 색손-안할트(Saxony-Anhalt)의 중부 엘베 강 생물보존지구 142㎢를 포함하고 있다. 정원이 처음 만들어지기 시작한 것은 레오폴드 Ⅲ세의 증조할아버지인 John George Ⅱ세 태자가 네덜란드의 프레드릭 헨리 태자의 딸과 결혼하는 서기 1659년이었다. 그 당시에 만들어진 것은 바로크 양식에 의한 것이었다. 서기 1773년에 완공된 이 정원은 유럽대륙에 만들어진 최초의 영국식 정원으로 요한 프리드리히 아이져베크(Johan Friedlich Eyserbeck, 서기 1734년-서기 1818년)에 설계되었다. 건물로는 오라니엔바움 궁전(서기 1683년), 뵐리츠의 궁전(서기 1773년), 판테온(Pantheon, 서기 1795년), 바위섬과 하밀톤 별장, 루이지움 성(서기 1774년), 죠지움 성(서기 1780년), 그로스퀴나우 성(Grosskünau castle, 서기 1780년), 성 베드로 교회(서기 1809년) 등이 있다.

25. 에센의 졸버라인 탄광과 산업복합단지(Zollverein Coal Mine Industrial Complex in Essen: 문화, 2001): 에센의 노르트하인-베스트 화렌에 있는 150년 역사의 석탄 산업 단지로 이곳에는 역사적 탄광지하구조와 서기 20세기에 지어진 뛰어난 건물도 함께 자리하고 있다. 이곳은 과거 150년간의 基幹 産業의 흥망성쇠에 대한 뚜렷한 물질적 증거를 구성하고 있다. 탄광은 쾰른에 이르는 주요 노선이 가깝기 때문에 성장 가능성이 많은 카르텐베르그(Kartenberg) 마을에서 서기 19세기부터 시작되었다. 실제 그러했다. 서기 1930년 루르(Ruhr) 지역의 에펠탑이라는 별칭을 들을 정도로 이정표가 된 탄갱 12호를 건설하면서 정점에 이르게 된다. 이것은

건축가 프리츠 슈프(Fritz Schupp)와 마틴 크레머(Martin Kremmer)의 기록할 만한 업적에 의해서이다.

26. **스트랄준트와 비스마르의 역사 지구**(Historic Centres of Stralsund and Wismar:문화, 2002): 북부독일 발틱 해 연안에 있는 스트랄준트와 비스마르 시는 서기 14세기-서기 15세기의 중세도시로 한자동맹의 무역중심지이다. 서기 17세기-서기 18세기에는 스웨덴의 행정구역으로 편입되어 독일에 대한 방어 중심지였다. 이곳은 발틱 연안의 벽돌로 지어진 고딕건물이라는 독특한 건축의 발전에 기여했다. 수세기 동안 발전해온 기법으로 만들어진 성당, 스트랄준트의 시청, 가옥, 상인과 기술자들을 위한 가게와 작업장 등이 대표적이다.

27. **중북부 라인 계곡**(Upper Middle Rhine Valley: 문화, 2002): 古城, 역사적 마을과 포도밭으로 연이어 있는 코브렌쯔(Koblenz)에서 마인쯔(Mainz)에 이르는 라인 강 중부 65㎞의 계곡(Rhine Gorge)은 인류의 발전과 다양하고 아름다운 자연환경을 그림으로 보여주듯 묘사하고 있다. 또한 이 강의 계곡은 역사와 전설과 맺어져 있어 수 세기 동안 작가, 예술가와 작곡가들에 영감을 불어넣어 주어 작품으로 표현하게 하였다. 이 계곡은 로마시대부터 중요한 교통로로 중세시대에는 길과 강의 통과에 대한 통행세를 부과하기 위한 古城이 많이 지어졌다. 이 성은 반대로 도독들에 대한 방비책이 되기도 하였다. 강물은 급류가 많아 항해도 무척 위험했다. 특히 빙거 로호(Binger Loch)가 장애였다. 오랫동안 말 40마리가 배를 끌어 믿을 수 없는 위험지구를 벗어나기도 했다. 좁고 깊은 지점인 로렐라이(Lorelei)도 그랬다. 이곳은 妖精 로렐라이가 뱃사람을 유혹하는 듯한 소리의 反響으로 유명했다. 중세부터 내려오는 가장 아름다운 성으로 서기 1326년에 처음 만들어진 팔쯔그라펜 고성이 있는 팔쯔그라펜슈타인(Pfalzgrafenstein), 서기 1803년의 성 베르더 성당, 서기 13세기에 처음 만들어졌으나 서기 1842년 빌헤름 Ⅳ세(Preussen의 Frielich Wilhelm IV, 서기 1795년 10월 15일-1861년 1월 2일)가 改造해 신 고딕양식으로 만든 스톨쩬펠스(Stolzenfels) 성을 비롯해 마르크스부르그(Marksburg), 라이헨슈타인(Reichenstein) 등과 같은 고대성, 코브렌쯔(Koblenz), 란슈타인(Lahnstein), 렌스 (Rhens), 카우프

(Kaub), 빙겐(Bingen), 뤼데샤임(Rüdesheim) 등과 같은 역사적 마을이 연이어 있으며, 요정의 바위인 로렐라이와 이곳의 수호신인 게르마니아 여신상(프러시아/Preussen 왕국의 Kaiser Wilhelm Friedlich Ludwig, 서기 1797년 3월 22일–서기 1888년 3월 9일, 1883년 제작) 도 중요한 문화유산이다.

28. 드레스덴 엘베 강 계곡(Dresden Elbe Valley: 문화, 2004/2006/2007/2009 확대지정): 서기 18세기–서기 19세기 드레스덴 엘베 강 계곡 문화경관은 드레스덴 시, 서북쪽의 위비가우(Übigau) 궁전, 오스트라게게(Ostrageghe) 밭에서부터 동남쪽 필니쯔(Pillnitz) 궁전과 엘베 강의 섬에 이르기까지 18㎞에 달한다. 이곳은 색소니(Saxony) 諸侯國의 수도로 서기 16세기–서기 20세기의 牧草地, 필니쯔 궁전, 바로크 양식으로 지어진 왕궁을 비롯해, 신교도의 부인교회(Frauenkirche)인 Zwinger, 카톨릭 궁정교회(Hofkirche)성당, 일본 궁전과 골덴 라이터(Goldene Reiter)像 등 여러 가지 기념물과 공원을 가진 드레스덴의 옛날과 현재 행정중심지를 포함한다. 또 드레스덴은 서기 18세기–서기 19세기에 문화적 중심지가 되었다. 여기에는 서기 19세기–서기 20세기의 교외 민가(Village of Loschwitz), 정원, 자연경관도 아우른다. 강변 계단식 농경지에서는 아직도 포도를 재배하고, 산업혁명 때부터 내려오는 여러 가지 역사적 기념물도 볼 수 있다. 그들은 147m의 Blue Wonder 철교(서기 1891년–서기 1893년), 단선철로(서기 1898년–서기 1901년), 鋼索鐵道(lift와 같은 架空索道, 케이블 카, 서기 1894년–서기 1895년), 관광용 증기선(서기 1895년 것이 가장 오래됨)과 조선소(서기 1900년경)이다. 드레스덴의 역사지구는 세계제2차대전 때 폭격을 심하게 맞아 몇 채의 건물은 새로 지었거나 복원 중이다. 엘베 강 계곡의 잘 알려진 장소는 다음과 같다.

필니쯔 궁전(Pillnitz Palace)

로시비쯔 민가마을(Village of Loschwitz)

산업유산; 철교, 단선철로, 증기선과 조선소(Industrial heritage: the steel BlueWonder bridge, the Standseilbahn Dresden, the steam ships and shipyard)

역사중심지; 왕궁, 쯔빙거, 프로테스탄트의 부인교회, 셈퍼로퍼, 가톨릭 궁정교회와 같이 바로크 양식의 건물이 있는 옛 도시(Historic center (Old Town) of Dresden with its baroque buildings like the Royal Residence Palace, the Zwinger, the protestant Frauenkirche, the Semperoper and the catholic Hofkirche)

일본 궁과 골덴 라이터 동상이 있는 신 도시(New Town of Dresden with Japanese Palace and Goldene Reiter statue)

29. 브레멘 시장의 시청 건물과 브레멘 상가(The Town Hall and Roland on the Market-place of Bremen: 2004, 문화): 서북부 독일 시민자치도시인 브레멘 시장(Hanzestadt Bremen) 앞에 있는 브레멘시 청사(서기 1409년 건설된 고딕 양식으로 서기 17세기에 보수를 했음)와 서기 20세기에 새로 세운 신청사가 조화를 이루고 있다. 시청 청사 앞에 높이 5.55m 서기 1404년에 도시의 수호자(Rathausplatz)인 로란드 像이 세워져 있는데 세계제2차대전 때 운 좋게도 폭격을 피하였다.

30. 무스카우어 공원(Muskauer Park/Park Mużakowski: 2004, 문화): 독일(Muskauer Park, 2.1㎢)과 폴란드(Park Muzakowski, 3.5㎢) 국경지대에 위치한 역사도시 루사타아(Lusatia) 지역의 무스카우어 마을에서 "Hints on the LandscapeGardening"의 저자 헤르만 폰 픽클러-무스카우(Hermann von Pückler-Muskau, 서기 1785년-서기 1871년) 태자가 서기 1815년부터 서기 1844년까지 영국식 정원의 틀을 이용하여 루사티안 나이세(Lusatian Neisse) 강둑을 따라 '식물로 그림을 그리듯' 5.6㎢ 규모의 공원을 조성해 놓았다. 그는 바드 무스카우(Bad Muskau)에 국제조경학교를 세워 자연을 개선하는데 주안점을 둔 한 마을 전체를 포괄하는 조경공원을 짓는데 기초를 잡았다. 이 공원은 조경예술의 이상향을 이루었고 더 나아가 마을 전체까지 확대되어 근처의 다리, 무스카우 城과 수목원도 모두 이에 따라 새로이 복원·단장되었다.

31. 레겐스부르크의 중세 도시구역(Old town of Regensburg with Stadtamhof: 문화, 2006): 바바리아 지방 다뉴브 강가에 자리한 레겐스부르크의 옛 도시는 서기 9세기부터 영향력을 행사하고 무역의 중심지답게 많은 건물들이 들어서 있다. 2,000년간의 역사는 고대 로마(서기 90년 Cohort 요새를 지음), 로마네스크와 고딕 양식의 건물을 포함한다. 레겐스부르크의 서기 11세기-서기 13세기의 건물들은 시장(Kohlenmarkt), 시청, 교회, 큰 건물, 좁은 골목, 튼튼한 요새(도시 성벽)를 갖추어 이 도시를 특징

지어준다. 여기에는 중세시대 귀족들의 가옥과 탑(서기 1869년), 교회(Dom, 서기 1275년에 시작하여 서기 1634년 완공), 서기 12세기의 옛 다리(서기 1135년-서기 1146년의 Steinerne Brüke)와 함께 조화를 이룬다. 또 이 도시는 신성로마제국의 중요한 도시 중의 하나로 서기 1542년 종교개혁 때 신교도의 도시로 전향한 풍부한 역사도 보여준다. Steinerne Brüke가 위치한 이 도시구역(Stadtamhof)은 서기 1924년 4월 1일 구획이 정해진 0.66km²의 범위를 갖고 있다.

32. 베를린 근대화운동의 動産家屋(Berlin Modernism Estates: 문화, 2008): 서기 1910년부터 서기 1933년 사이 특히 바이마르(Weimar) 공화국 시절 사회·정치·문화적으로 진보의 경향을 띠었던 개혁적인 베를린 근대화운동의 일환으로 家屋에는 6棟의 동산이 만들어졌다. 이 개혁운동은 도시 계획, 건축, 조경에 대한 새로운 접근방법을 통해 저소득자들의 주택과 생활조건을 개선하는데 공헌하였다. 이 가옥들은 기술, 미적 개혁, 신선한 디자인을 통해 신도시와 건축의 範本을 제공하였다. 부르노 타우트(Bruno Taut), 마틴 바그너(Martin Wagner), 발터 그로피우스(Walter Gropius), 한스 샤로운(Hans Scharoun), 오토 루돌프 잘리프스버그(Otto Rudolf Salivsberg)가 이 운동의 주창자들이며 만들어진 연대와 가옥의 명칭은 다음과 같다.

Tuschkastensiedlung Falkenberg, 서기 1913-16, by Bruno Taut

Wohnstadt Carl Legien in Prenzlauer Berg, 서기 1928-30, by Bruno Taut

Ringsiedlung in Siemensstadt, 1929-34, by Hans Scharoun and Martin Wagner

Hufeisensiedlung Britz, 서기 1925-30, by Bruno Taut

Siedlung Schillerpark im Wedding, 서기 1924-30, by Bruno Taut

Weisse Stadt in Reinickendorf, 서기 1929-31, by Otto Rudolf Salivsberg
and Martin Wagner

33. 알펠트의 파구스 공장(Fagus Factory in Alfred: 문화, 2011): 알펠트의 파구스 공장은 10동으로 구성된 건물복합으로 서기 1910년 발터 그로피우스(Walter Gropius)의 설계에 따라 지어졌는데 이는 근대건축과 산업디자인 발전의 이정표가 되었다. 오늘날에도 그대로 운용되는 신발공장에서 일어나는 모든 단계의 생산제품 공

정, 창고, 제품의 발송과 여러 가지 기능을 위한 건물복합들은 남부 색소니(Lower Saxony) 지방의 라인 강가에 위치한다. 건물 외벽의 유리장식 페널과 기능적인 미학의 창시적인 건물복합은 후일 바우하우스 학파(Bauhaus school)가 싹트고 유럽과 북미 건축발전의 이정표가 되었다.

34. 바이로이스 후작의 오페라 하우스(Margravial Opera House Bayreuth/Markgräfliches Opernhaus: 문화, 2012): 서기 1745년과 서기 1750년 사이에 지어진 바로크식 극장 건축의 걸작인 오페라 하우스는 공연장이 목재와 화폭과 같은 본래의 물질로 구성되어 500명의 청중이 바로크 양식 궁정무대(Baroque court opera)의 오페라 문화를 관람하고 음향을 확실히 들을 수 있는 유일하게 보존된 예이다. 브란덴브르그-바이로이스의 후작 프레데릭(Frederick, 서기 1711년 5월 10일-서기 1763년 2월 26일)의 부인인 빌헬름미네(Margravine Wilhelmine)의 의뢰로 유명한 극장 건축가인 쥬세프 갈리비비에나(Giuseppe Galli Bibiena)에 의해 설계되었다. 이는 일반 대중용 공간을 가진 궁정 오페라座로서 서기 19세기에 만들어지게 될 대형극장의 출현을 예고하고 있다. 극장 내 무대를 향해 4층으로 마련된 장식이 화려하고 환상적인 그림이 그려진 목제 화폭 칸막이가 있는 太子의 特別席(loge)과 貴賓들의 客席은 太子 자신의 위상을 과시하기 위해 이용된 短命의 건축 전통을 보여준다. 그리고 옛 모습을 그대로 간직한 휴게실과 아폴로신의 그림이 그려진 공연장 천장도 눈길을 끈다.

35. 베르그파크 빌헤름회헤 구릉공원의 수로가 있는 정원과 헤라크레스 상(Water features and Hercules within the Bergpark Wilhelmshöhe: 문화, 2013): 폭포와 수로와 헤라크레스(Hercules, Heracles) 상이 올라선 팔각 건물이 있는 카셀(Kassel) 시 헤시안(Hessian)의 북쪽에 위치한 베르그파크(Mountainpark) 빌헤름회헤 구릉공원은 절대적 권력의 지배자가 스스로의 演技性을 보여준 뛰어난 걸작품이다. 하비히츠발트 숲(Habichtswald forest)의 구릉 경사면의 특이한 지형을 이용하여 수 세대에 걸쳐 수도관이나 물을 끌어 올리는 기계를 사용하지 않고도 물을 구릉 위에서 여러 가지 예술적인 작품을 통해 물이 언덕 아래로 흐르게 만들면서 지배자와 건축가가 이루어질 수 없는 불가능을 가능으로 바꾸어 놓았다. 이러한 일을 처음 시작한 정신

적인 창시자는 서기 1677년-서기 1730년 이곳을 통치했던 란드그라베 폰 헤센-카셀(Landgrave Karl von Hessen-Kassel)이었다. 서기 17세기 말 이전에 있었던 바이스슈타인 성(Weißenstein castle)에서 눈에 띠는 장소를 택해 태자 스스로의 演技性을 살리기 위한 기초를 마련했고 그의 후계자들도 이어 덧붙여 계속 발전시켜 나갔다. 란드그라베 칼(Landgrave Karl)은 건설할 이상적인 장소로 하비히츠발트 숲의 동쪽 끝자락에 526m 높이의 능선을 골라 기념비적인 폭포를 보일 수 있게 만들고 그 위에 팔각형의 정자와 같은 큰 건물을 세웠다. 이 작업은 그가 서기 1699년-서기 1700년 장기간의 여행 중에 이미 시작되었고, 그 와중에 자신만의 정원을 꾸밀 생각을 가지고 귀국하였다. 팔각형의 건물은 수로를 꾸미기 위한 독특한 발상으로 물이 솟는 어떤 샘도 없이 구릉 위에서 물이 방울져 흘러내리도록 보이게 한 것이다. 이렇게 한 것은 구릉 위에서 물이 아래로 흐른다는 것은 끊임없는 물의 공급원이 있다는 것을 암시한다. 그러나 실제 이 물은 빗물이나 지표면의 물이 겨울 몇 개월간 에시그베르그(Essigberg) 고원에서 모여진 것에서 비롯한다. 이탈리아 르네상스 양식의 폭포가 길이 1,500m의 수로를 따라 설계되어 바로크식에로의 轉移는 완전히 새로운 발상이었다. 팔각형의 건물의 꼭대기에는 구리로 만들고 8.25m 높이로 확대된 파네스 헤라크레스(The Farnese Hercules: 기원전 4세기 리시포스/Lysippos에서 처음 제작되고 서기 3세기 초에 복제로 크게 확대된 헤라크레스 상으로 그리콘/Glykon이란 사인이 있다)가 서 있다. 이러한 건물을 만들기 위해 건축적으로 해결한 것은 기념비적인 인물을 내세우는 최고의 기술과 예술성으로 표현된다. 피라미드의 꼭대기에 헤라크레스 상이 서 있다는 것은 가능한 조각이 가벼울 필요가 있었음을 의미한다. 헤라크레스 기념물의 높이는 팔각건물 32.65m, 피라미드 29.6m, 동상의 높이가 8.25m로 전체 70.5m에 이른다. 팔각형의 피리미드는 서기 1696년에 시작되었고 그 위에 헤라크레스 상을 세우고(서기 1701년-서기 1717년) 폭포와 수로(서기 1714년 6월 3일 착공)를 만드는 것은 처음부터 계획되어 있었다. 비록 란드그라베 칼의 시대에 마무리 짓지 못했지만 칼의 후계자들은 바로크 양식으로 공원, 폭포와 수로를 만들어 나갔다. 하비히츠발트 숲의 구릉 경사면에 만든 예술적인 노력은 꼼꼼한 연구 결과가 수반되었다. 당시의 데니스 파핀(Denis Papin) 등이 주동이 된 과학자들은 고압스팀펌프와 같은 혁신적인 기계를 실험하였다. 이 결과 물의 噴射시설이 가능하게 되었다. 고압스팀펌프는 실제 이용되지 않았지만 스팀엔진과 같은 부산물이 만들어지게 되었는데 이 기구는 인류문화를 기계화하는 지적이고 천재적인 발명품이 된 것이다. 따라서 란드그라베 폰 헤센-카셀과 그의 후계자들은 야심적으로 예술에 대한 관심, 자연과학적인 지식으로 공학적인 문제를 해결하여 인상이 뚜렷한 경관을 가진 정원을 만들어내게 된 것이다. 베르그파크의 면적은 차치하더라도 지형의 선택뿐만 아니라 자연과 조화를 이루어 만들어낸 명성이 높은 정원은 란드그라베와 그의 후계자들이 그토록 바랐던 것이다. 특대형의 헤라크레스 상, 폭포와 수로에서 나타난 것은 자연과 기술에 대한 극복으로 이는 태자 스스로의 이미지를 잘 보여준다. 폭포와 수로를 조화된 경관의 중심에 놓는 계획, 팔각의 건물을 헤라크레스 상과 뢰뵌부르그 (Löwenburg) 기념물로 조화시키려는 생각은 서기 19세기 바로크 양식을 실천하는 원칙으로 태자의 힘을 상징하고 란드그라베 폰 헤센-카셀에 대한 스스로의 演技 性을 잘 보여준다.

라오스 LAO PEOPLE'S DEMOCRATIC REP.

1. 루앙 프라방 시(Town of Luang Prabang: 문화, 1995): 현재의 수도 비엔티안(Vientiane) 북쪽 425㎞ 떨어진 라오스 북쪽 중심부 메콩 강변에 세워진 루앙 프라방 시는 서기 1707년 Lan Xiang이 독립된 루앙 프라방 왕국(Luang Prabang kingdom)을 세우고 서기 1975년 공산당이 나라를 인수할 때까지 라오스 왕국의 행정부가 있던 수도였다. 이곳에는 라오족이 세운 Lao 도시 전통건물(Lao urbanstructures)과 서기 1860년 프랑스의 식민지가 되면서 서기 19세기-서기 20세기의 유럽풍의 건물이 세워지면서 서로 잘 어우러지고 있다. 이 도시는 불교 도시로 촘시(Wat Chom Si), 화캄 (Haw Kham), 파팡과 같은 여러 사원과 수도원들이 있다.

2. 참파삭 문화지역 내 푸 사원과 고대 주거지(Vat Phou and Associated Ancient Settle-

ments within the Champasak Cultural Landscape: 문화, 2001): 라오스 남쪽 참파삭 주 메콩 강을 따라 6㎞ 떨어진 푸카오(Phu Kao) 산자락에 들어선 크메르(Khmer) 왕국의 푸 사원(Vat Phou, Wat Phu) 사원 조경단지는 서기 5세기-서기 15세기에 형성된 것으로 특히 바트 푸(Vat Phou) 사원을 중심으로 궁전과 도시들이 하나의 거대한 조경을 이루어 과거 1,000여 년간 잘 보존되어 왔다. 이 사원 조경은 자연과 인간관계에 중점을 둔 힌두의 세계관에 따라 산꼭대기에서 강둑에 이르는 장축을 형성하여 거의 10㎞에 이르는 거리에 사원, 신전과 상수도 등도 기하학적인 설계에 따라 조성되었다. 메콩강 강변에 있는 도시계획에 따라 만든 두 도시도 이 조경사업의 일환이다. 현재 이 사원은 小乘佛敎(Theravada, Hinayana) 중심의 사원이 되었으며 중심 연대는 서기 11세기-서기 13세기이다. 이 사원에서는 산에서 나오는 샘물로 石製의 性器 linga를 목욕시키는 儀式이 남아있다. 이곳에서는 불상이 안치되어 있는 聖所와 남쪽 벽에 크리시나(Krishna)가 칼리야(Kaliya) 신을 죽이는 모습을 조각한 상인방돌 등이 남아있다.

라트비아 LATVIA

1. 리가 역사지구(The Historic Centre of Riga: 문화, 1997): 리가는 서기 1282년 한자동맹의 중심지로 동과 서유럽과의 무역을 통해 번영을 이룬 역사적 도시로 중세시대 이 도시의 여러 면모는 화재와 전쟁으로 인해 거의 다 소실되었지만 그래도 당시의 번영을 보여준다. 그에 앞선 서기 1201년 당시 브레멘(Bremen)의 대주교인 알베르트(Albert)가 처음으로 그의 요새를 세웠고, 그의 기사단(Knights of the Sword)과 함께 발틱 연안에 십자군 원정을 하기도 하였다. 리가 시는 서기 19세기에 다시 경제적으로 중요한 중심지가 되고 서기 1896년부터 서기 1913년 사이에 도시가 확장되어 나가면서 이 도시의 교외에서부터 신고전적인 수법의 목조건물과 당시 독일, 오스트리아와 핀란드에서 유행하던 弓線을 특징으로 하는 공예와 예술의 특징인 유겐트 양식(Jugendstil)의 건축술을 받아들였다. 미하일 아젠슈타인(Mikhail Eisenstein)이 예술의 주창자였다. 서기 1905년의 혁명을 겪으면서 國粹的 로맨티시

즘(National Romanticism)이라는 라트비아의 새로운 예술 양식으로 발전하게 되었다. 건물을 짓는데 전통적인 라트비아 양식에 자연적인 건축자재를 쓰기 시작했다. 대표적인 요소는 선이 날카로운 지붕, 무거운 하중의 건물과 민속적인 장식 문양의 첨가에 있다. 리가 시는 새로운 예술양식(Art Nouveau)의 훌륭한 보고라는 점에서 일반적으로 인정받고 있다. 이 도시에는 제분 공장 탑(Powder tower), 과학학교(Academy of Science), 예술학교(Art Academy), 성 베드로 교회 탑, 리가 돔 등이 남아 있다.

2. 스트루브 자오선 측지점(Struve Geodetic Arc: 문화, 2005): 노르웨이(NORWAY), 라트비아(LATVIA), 리투아니아(LITHUANIA), 러시아(RUSSIAN FEDERATION), 벨라루스(BELARUS), 에스토니아(ESTONIA), 우크라이나(UKRAINE), 스웨덴(SWEDEN)과 핀란드(FINLAND) 지역이 함께 자오선 측정의 삼각측량점

러시아 RUSSIAN FEDERATION

1. 상트 페테스부르그 역사지구와 관련 기념물군(Historic Centre of St. Petersburg and Related Groups of Monuments: 문화, 1990): 이 도시는 페트로그라드 (Petrograd, 서기 1914년–서기 1924년), 레닌그라그(Leningrad, 서기 1924년–서기 1991년), '북구 유럽의 베니스' 등의 다른 이름을 갖고 있다. 서기 1703년 5월 27일 피터 대제(서기 1672년–서기 1725년)에 의해 설립되어 서기 1712년–서기 1728년, 서기 1732년–서기 1918년의 거의 200년간 러시아의 수도였다. 여기에는 여름궁전의 하나인 카사린 여제(서기 1729년–서기 1796년)의 궁전(호박 방으로 유명하고 2차대전 때 독일군에 파괴된 것을 서기 1970년대 다시 복원한 예카테리나 궁전), 성 이삭 사원(Saint Isaac's Cathedral), 그리스도 부활성당, 피터 요새(Peter와 Paul Fortress on Zayachy), 피터 대제의 청동기마상과 알렉산더 1세(서기 1801년–서기 1825년 재위) 때 프랑스의 나포레옹(서기 1769년–서기 1821년)의 침입을 방어(서기 1812년 Patriotic War)한 기념탑인 석주(알렉산더 I세, 서기 1834년)가 있는 궁정 광장(Palace Square with Alexander Column), 피터 궁전(Petergof), 넵스키 大道(Nevsky Prospect, 4km×60m), 마린스키(Mariinsky/Kirov)와 알렉산더(Alexander) 극장, 국립러시아박물

관, 핀란드만 입구 네바(Neva) 강가의 겨울궁전(Winter Palace)과 현재 박물관으로 이용되는 에르미따쥐(Hermitage) 궁전, 그리보예도프(Griboyedov) 운하, 네바 강 위의 트리니티(Trinity) 다리, 레닌 동상(서기 1924년-서기 1991년 레닌그라드였음), 현재 해군박물관으로 이용되고 있는 옛날 페테스브르그 증권거래소 등의 건축물이 있다. 그리고 그리스의 미케네와 터키의 트로이에서 하인리히 슐리만이 발굴하여 세상의 이목을 집중시켰던 아가멤논의 황금 데드 마스크(假面)를 비롯한 프리암 왕의 보물들이 베를린 박물관에 소장되었다가 세계제2차대전 중 폭격으로 사라져 없어진 것으로 여겨져 왔는데, 이들은 서기 1991년 러시아의 푸시킨(Aleksander Pushikin, 서기 1799년-서기 1837년) 박물관 지하실에 안전하게 보관되어 있음이 새로이 확인되었다. 그리고 또 이곳은 소설가 도스토옙스키(Feodor Dostoevski, 서기 1821년-서기 1881년)와 작곡가 차이코프스키(Peter Tchaikovsky, 서기 1840년-서기 1893년)가 활약했던 곳이기도 하다. 그리고 이곳 피터 폴 정교회성당(The Cathedral Basilica of Saints Peter and Paul)에는 서기 1918년 7월 17일 예카테린부르크(Yekaterinburg)에서 서기 1917년 2월 혁명으로 인해 권력을 잡은 볼셰비키(Bolsheviks) 당원에 의해 총살당한 로마노프 왕가의 마지막 황제인 니콜라이 II세(Tsar Nicholas II/Nikolay II, Nikolay Alexandrovich Romanov 서기 1868년 5월 18일-서기 1918년 7월 17일)와 부인, 아들과 딸(부인 Alexandra Feodorovna/Alix of Hesse, 황태자 Alexei, 딸 Anastasia, Tatiana, Olga와 Maria)의 일가족 시체가 서기 1991년과 서기 2007년 발굴되고 동시 서기 2001년 러시아의 聖人(Tsar-Martyr)으로 시성된 후 안치되어 있다.

2. 키지 섬 안 마을(Kizhi Pogost: 문화, 1990): 카렐리아 오네가 호수의 여러 섬 중의 하나에 위치한 키지 섬 안 마을로 서기 1714년 피터 대제가 종탑을 가운데 두고 양측에 소나무, 전나무와 포플라 나무로만 지은 22개의 양파모양의 돔을 가진 목조의 예수와 성모 승천교회(the Assumption of the Virgin Mary/Transfiguration Church), 10개의 돔을 가진 겨울 교회로 알려진 Intercession Church(서기 1764년)와 서기 1874년에 세운 종탑, 교회 납골당과 서기 14세기에 처음 지어졌으나 서기 1950년-서기 1960년대에 해체해 복원한 당시의 마을도 주위에 있다. 현재 두 목조교회

는 붕괴에 처할 위험이 많다.

3. 모스크바의 크레므린 궁과 붉은 광장(Kremlin and Red Square, Moscow: 문화, 1990): 서기 13세기 설명하기 힘든 정도로 러시아에서 역사적·정치적 사건이 뒤엉킨 가운데 서기 14세기-서기 17세기 사이 뛰어난 이탈리아 건축가 Aleviz Fryazin 등에 의해 세워진 모스크바의 심장부인 키티이 고로드(Kitai-gorod)로 알려진 역사적인 상인 구역이었던 크레므린 궁전은 러시아 황태자의 사저가 있었고 종교적 중심지였다. 이 성벽의 기초인 붉은 광장(Red Square)에 서있는 성 바실리카 대성당(St. Bail's Basilica)은 러시아正教會의 뛰어난 기념물이다. 모스크바는 서기 1156년 짜르(czar, 황제)가 있는 수도로 설립되었다. 그중 이반 대제(Ivan the Terrible, 러시아 첫 번째 황제로 알려져 있음, 서기 1547년-서기 1584년)에 의해 건설된 성 바실리카 대성당이 가장 고전적인 것으로 잘 알려졌다. 이 성당의 색깔은 나중에 칠해졌다. 이 궁전은 정교회들, 궁전들과 정치적 용도로 만들어진 몇 개의 건물로 이루어졌다. 현재의 크레므린은 서기 19세기부터 시작하며 현재 러시아 대통령 관저이다. 여기엔 복원된 보크레센스키(Voskresensky) 문과 스파스카야(Spasskaya) 탑 등이 있다. 성벽의 높이는 20m, 폭 7m, 둘레 2.5km이다.

4. 노브고로드 역사기념물군과 주변지역(Historic Monuments of Novgorod and Surroundings: 문화, 1992): 중앙아시아와 북부유럽 사이의 고대 무역로 사이에 위치하는 노브고로드(Veliky Novgorod)는 서기 9세기 러시아의 최초의 수도였으며 러시아 정교회의 정신을 대표하는 성당과 수도원 등 러시아를 대표하는 건축물이 많이 있는 러시아 최고의 역사도시이다. 러시아 내에서 노브고로드와 비교할 수 있는 곳은 아무데도 없다. 그중에서도 서기 1045년-서기 1050년 사이 야로슬라프 I세(서기 Yaroslav, 서기 978년-서기 1054년)의 아들인 브라디미르 야로슬라비치(Vladimir Yaroslavich, 서기 1020년-서기 1052년) 왕자의 후원 하에 지어진 성 소피아 성당(St. Sophia Cathedral)이 가장 중요하다. 이것은 서기 11세기에 지어졌지만 아직도 성당으로 사용하고 있는 곳이며 동시에 엄격한 石壁, 5개의 양파 같은 둥근 지붕 등은 러시아의 건축물을 대표한다. 중세시대의 기념물과 서기 14세기에 그려진 안드레이

루블레프(Andrei Rublev)의 선성님인 그리스 정교회 테오파네스(Theophanes)의 프레스코(Fresco) 벽화는 러시아의 건축 발전과 예술의 창의력을 보여준다. 전통적으로 데티네츠(Detinets)로 알려진 노브고로드 크레므린은 러시아에서 가장 오래된 건물이 많이 있으며, 그들은 성 소피아 성당을 비롯해 다면궁(Palace of Facets), 유리에프 수도원(Yuriev Monastery), 성 니콜라스 대성당(St. Nicholas Cathedral), 수석 대주교의 저택 등이다.

5. 솔로베츠키 섬(Cultural and Historic Ensemble of the Solovetsky Islands: 문화, 1992): White Sea의 서쪽 6개의 섬(Solovetsky, Anzer, Big Mucksalma, Small Mucksalma, Small Zayatsky, Big Zayatsky)으로 이루어진 300㎢의 群島를 이루고 있으며 그중 솔로베츠키(Solovki라고도 함) 섬에는 서기 1429년 키릴로-벨로제르스키(Kirillo-Belozersky) 수도원으로부터 온 두 명의 수도사들에 의해 러시아正敎會 수도원(서기 16세기-서기 19세기의 수도원)으로 이름을 떨쳤다. 이반 4세 때 스웨덴과의 전쟁을 겪으면서 이곳에 러시아 최초의 해군기지와 훈련장을 창설하였다. 또 이곳에서 Livonian War(서기 16세기), Time of Trouble(서기 17세기), Crimean War(서기 19세기)와 Russian Civil War(서기 20세기)를 치루면서 외래의 공격을 잘 막아낸 네덜란드 대포로 무장한 난공불락의 요새, 성벽과 탑이 만들어지게 되었다. 그리고 서기 1921년 'Detension Camp'(임시수용소)라는 이름의 러시아 정치범수용소가 만들어지게 되었다. 서기 1990년에 러시아정교회 수도원 공동체가 들어서서 다시 처음의 교회 기능을 회복하고 있는 이곳은 러시아 역사와 문화가 함께 살아 숨쉬고 있다.

6. 블라디미르와 수즈달의 백색 기념물군(Monuments of Vladimir and Suzdal: 문화, 1992): 중앙러시아의 블라디미르와 수즈달의 두 예술 중심지는 러시아 건축예술의 발전에서 중요한 위치를 차지한다. 서기 12세기-서기 13세기에 건립된 공공건물과 종교적 건물이 많이 있는데 그중에서도 석회암으로 지어진 성 데메트리오스(Demetrios) 대성당과 聖母蒙召昇天(8월 15일) 대성당 등을 포함한 8채의 석회암으로 지어진 잘레스예(Zalesye) 중세시대 건축물이 대표적이다. 그들은 聖母蒙召昇天대성당(Assumption Cathedral in Vladimir, 서기 1158년-서기 1160년, 서기 1185년-서기 1189년), 브

라디미르의 황금문(The Golden Gate in Vladimir, 서기 1158년-서기1164년, 후일 보수를 함),
성 데메트리오스 대성당(The Cathedral of Saint Demetrius in Vladimir, 서기 1194년-서기
1197년), 앤드류 성(The Castle of Andrew the Pious in Bogolyubovo, 서기 1158년-서기 1165년,
후일 보수를 함), The Church of the Intercession on the Nerl in Bogolyubovo(서기
1165년), The Suzdal Kremlin with the Nativity Cathedral(서기 1222년-서기 1225년, 서
기 16세기에 증축), The Monastery of Saint Euthymius in Suzdal(대부분 16세기에 지어
짐), The Church of Boris and Gleb in Kideksha(서기 1152년, 후일 보수를 함)이다.

7. 트리니디 세르가우즈 수도원(The Trinity-Sergius Lavra in Sergiev Posad: 문화, 1993):
서기 15세기-서기 18세기에 건립된 성 세르기우스(St. Sergius)의 三位一體 수도원
은 러시아정교회 중 가장 중요한 수도원이며 정신적 중심지로 모스크바에서 동
북쪽 90㎞ 떨어진 세르기에프 포사드에 위치한다. 마코베츠(Makovets) 언덕 위에
三位一體를 기념하기 위해 목조교회를 세운 러시아에서 가장 존경받는 성자인 라
도네즈(Sergius Radonezh)를 추모하기 위해 서기 1345년에 세워졌다. 이곳에는 Holy
spirit church(서기 1476년), 보리스 고두노프(Boris Godunov)의 무덤이 있는 聖母蒙召
昇天대성당(Assumption cathedral, 서기 1559년-서기 1585년), 望樓인 Duck tower(서기 1650
년), 鐘塔(Bell tower, 서기 1740년) 등이 남아있다. 라브라의 보물 가운데 가장 중요한
것은 안드레이 루비에프(Andrei Rubiev)가 만든 三位一體聖像이다.

8. 콜로멘스코예 昇天교회(Church of the Ascension, Kolomenskoye: 문화, 1994): 모스크
바 동남쪽 수마일 밖 콜롬나(Kolomna)로 가는 옛 도로 옆 왕실 영유지에 있는 콜로
멘스코예 승천교회는 오랫동안 기다려온 왕위 계승자인 이반 4세(Tsar Ivan the Ter-
rible)의 탄생기념 교회로 서기 1532년에 건립되었다. 하얀색의 돌과 벽돌로 하부
구조를 형성하고 상부는 전통적인 목조로 만든 텐트와 같은 지붕 '흰 기둥(White
Column)'이 있는 비잔틴 교회양식과의 단절로서 교회전통에 의거하지 않은 초기
의 교회 건축 예이며 이것은 후일 러시아 절충적인 교회건물에 많은 영향을 주었
다. 교회는 십자형의 지반 위에 팔각형의 평면구조를 가지고 하늘을 향해 서 있
으며 조그만 돔으로 덮은 팔각형의 텐트 모양의 지붕을 갖고 있다. 팔각 평면 양

측에는 벽의 일부를 튀어나오게 하는 벽기둥, 활과 같은 창틀, 세 개의 기둥으로 받친 Kokoshnik 양식(궁륭모양 반원형의 교회 천정)의 천정, 계단상의 아치 기둥 열, 개방된 회랑 등은 러시아적인 건축으로 나아가는 경향을 보여준다. 이러한 양식은 북쪽 러시아의 너새가 있는 지붕으로부터 차용한 것이다.

9. 훼라폰토프 수도원(The Ensemble of Ferapontov Monastery: 문화, 2000): 북부러시아 볼로고다(Vologoda) 지역의 훼라폰토프 수도원은 러시아가 통일된 국가와 문화로서 통치해나가는 서기 15세기-서기 17세기에 만들어진 러시아정교회의 수도원으로 여러 건물이 조화를 이루고 있다. 수도원 내부에는 러시아의 화가 디오니시(Dionisy)가 그린 벽화로 둘러싸여 있다. 6개의 조화를 이루고 있는 건물은 The Cathedral of the Nativity of the Virgin(서기 1490년), The Church of theAnnunciation(서기 1530년-서기 1531년)과 식당, the Treasury Chamber(서기 1530년대), The Church of St. Martinian(서기 1641년), The Gate Churches ofthe Epiphany and St. Ferrapont(서기 1650년), 종탑(The bell-tower, 서기 1680년대)이다.

10. 카잔 크레믈린 역사건축물(Historic and Architectural Complex of the Kazan Kremlin: 문화, 2000): 카잔 크레믈린은 골든 호르드(Golden Horde, Mongolian: Altan Ord, Tatar, East Slave 명칭, 서기 1240년-서기 1502년)와 카쟌 카네이트(Kazan Khanate, Golden Horde)를 이은 중세 Tatar 국가, Volga Bulgaria, 서기 1438년-서기 1552년의 회교도국가의 유적이다. 이는 다음 Tsardom Russia(서기 1547년-서기 1721년)의 이반 대제(Ivan the Terrible)에 의해 서기 1552년에 멸망하며 이곳 볼가 지역은 기독교화 된다. 현재 러시아에 남아있는 유일한 타타르 유적은 성채로서 순례 대상지이다. 카잔 크레믈린에는 이반 대제의 명령으로 서기 10세기-서기 16세기의 타타르 유적을 파괴하고 그 위에 서기 16세기-서기 19세기에 지은 역사적으로 중요한 건물들이 서있다. 그중 가장 오래된 것은 수태고지교회(Annunciation, 서기 1554년-서기 1562년)인데 6개의 홍예교각(pier)과 5개의 반원형의 後陣(aspse)건물들로 만들어졌다.

11. 성채: 더벤트의 고대도시와 요새(Citadal; Ancient City and Fortress Buildings of Derbent: 문화, 2003): 과거부터 카스피 해 연안에서 코카사스 지방에 이르는 關門인 더

벤트 항구도시는 사산 왕조(서기 224년-서기 652년) 때 만들어진 카스피 해의 동과 서쪽으로 뻗어있는 성벽과 그에 부수된 요새와 망루가 있으며 이는 사산왕국의 북쪽 경계선에 해당한다. 성벽은 해안가에서 산 위로 오르며 두 줄의 평행선을 이룬다. 더벤트 도시는 이 두 줄의 성벽 사이에 형성되어 있으며 아직도 중세시대의 모습을 간직하고 있다. 이 지역은 서기 19세기까지도 전략적 요충지였다. 이 성벽은 과거 1,500년간이라는 장기간의 중요한 요새로서 세계에서 이렇게 오래된 현존하는 성벽이 있는 예는 없다.

12. **노보데비치 수녀원의 복합단지**(Ensemble of the Novodevichy Convent: 문화, 2004): 모스크바에서 얼마 떨어지지 않은 노보데비치 수녀원은 '모스크바 바로크 양식'으로 불리우며 도시의 방어체계를 형성하는 일환으로 리투아니아로부터 서기 1514년 스몰렌스크 지역을 얻은 기념으로 바실리(Vasili) III세(서기 1479년-서기 1533년)에 의해 서기 1524년에 설립되었다. 이 수도원은 모스크바 크레므린 궁과도 깊은 관계로 러시아의 정치·종교사에서 중요한 위치를 점하고 있다. 특히 이곳은 왕족과 귀족, 측근 한 왕족들이 묻힌 곳이기도 하다. 이곳에는 중요한 그림과 유물의 수집 이외에도 내부의 풍부한 벽장식으로 러시아 건축상 무척 중요하다. 현재 최초의 건물은 거의 없고 현재 대부분은 서기 1680년대의 것이다. Our Lady of Smolenk 성당(서기 16세기), 팔각형의 종탑(서기 1689년-서기 1690년)을 비롯해 요새, 망루, 묘지 등이 남아있다.

13. **야로스라블 시의 역사중심지구**(Historical Centre of the City of Yaroslavl: 문화,2005): 모스크바 동북쪽 250㎞ 떨어진 볼가 강과 코토로시 강이 합류하는 지점에 서기 1763년 카사린 女帝(Catherine the Great, 서기 1729년-서기 1796년)가 러시아 전국에 명령을 내려 새로운 도시계획 하에 구획한 역사도시 야로스라블 시(서기 1010년에 처음 세워짐)는 放射狀으로 뻗어 있는 신고전주의 양식의 도시로서 러시아의 가장 중요한 무역중심지이다. 여기에는 이교도의 신전 위에 서기 12세기에 세워 계속 증축해 온 볼가 강 유역에서 가장 오래된 스파스키(Spassky) 수도원을 비롯해 내부에 프레스코 벽화를 가진 St. Nicholas Nadein과 Elijah the Prophet 성당, 붉은 벽돌로

지어진 서기 17세기의 교회 20개소와 로스토프(Rostov) 요새 등이 남아 있다.

14. 스트루브 자오선 측지점(Struve Geodetic Arc: 문화, 2005): 노르웨이(NORWAY), 라트비아(LATVIA), 리투아니아(LITHUANIA), 러시아(RUSSIAN FEDERATION), 벨라루스(BELARUS), 에스토니아(ESTONIA), 우크라이나 (UKRAINE), 스웨덴(SWEDEN)과 핀란드(FINLAND) 지역이 함께 자오선 측정의 삼각측량점

루마니아 ROUMANIA(Rumania)

1. 트란실바니아 요새교회(Villages with Fortified Churches in Transylvania: 문화, 1993/1999 확대지정): 중세시대 말기 서기 13세기-서기 16세기 양식을 보여주는 요새화 된 교회와 주위 남부 트란실바니아의 생생한 문화경관을 보여주는 Saxon과 Székely의 7개의 마을로 그들은 Biertan, Câlnic, Dârjiu, Prejmer, Saschiz, Valea Viilor, Viscri이다. 이 마을들은 중세시대부터 내려온 구체화된 토지이용체계, 주거유형과 가족농장의 조직이 뚜렷하다. 그들은 요새화한 교회의 지배를 받고 있다.

2. 몰다비아 교회(Churches of Moldavia/ Church of the Resurrection of Sucevița Monastery: 문화, 1993/2010 확대지정): 외벽에 서기 15세기-서기 16세기의 비잔틴 문화로부터 직접 영향을 받아 제작한 걸작으로 여겨지는 프레스코 벽화가 있는 몰다비아 북쪽 7개의 독특한 교회로, 벽화는 외벽 전체에 그려져 있는데 내용은 종교적인 것이며 구성, 우아한 윤곽과 색조는 주위경관과 잘 어울린다. 그들 7개의 교회는 Church of the Beheading of St John the Baptist, Arbore, Church of the Assumption of the Virgin of the former Monastery of Humor, Church of the Annunciation of the Monastery of Moldovita, Church of the Holy Rood, Patrauti, Church of St Nicholas and the Catholicon of the Monastery of Proboța, Church of St George, Suceava Suceava, Church of St George of the former Voronet Monastery들이다. 수체비타 수도원은 내·외벽 전부가 서기 16세기 말기의 벽화로 장식되어 있으며 요새화된 수도원 내부에 보존되어 있다. 이 그림은 John of ladder/John of Scholaticus/John of Sinaites로 알려진 시나이 산의 수도사 성 존

클리마쿠스(St. John Climacus)의 모습을 보여주는 유일한 예이다.

3. **호레주 수도원**(Monastery of Horezu: 문화, 1993): 서기 1690년 콘스탄틴 브란코반 (Constatine Brâncoveanu) 태자에 의해 건립된 호레주 수도원은 브란코반(Brâncovean) 양식의 대표적 수도원으로 건축의 순수성과 조화, 많은 조각 작품, 종교적 배치, 봉헌된 초상화 등으로 잘 알려져 있으며, 서기 18세기 이 수도원에 부설 된 프레 스코 벽화·聖畵像(icon) 학교는 발칸지역에서도 유명하다.

4. **시기소아라 역사지구**(Historic Centre of Sighisoara: 문화, 1999): 트렌실바니아의 색 손으로 알려져 있는 독일 예술가와 상인들에 의해 건립된 중세시대의 조그만 요 새도시로 유럽의 변방에서 수 세기 동안 중요한 전략의 요충지 겸 상업적인 역할 을 해 왔다. 현재 이 도시는 잘 보존된 훌륭한 예이다. 시기소아라는 신성로마제 국시절 각지에서 찾아온 예술가들로 인해 트란실바니아의 중요한 도시 중의 하 나가 되었다. 독일의 예술가와 장인들이 건물과 요새들의 보호뿐만 아니라 도시 의 경제까지도 좌지우지 할 정도였다. 서기 16세기−서기 17세기에 15개의 조합 과 20개의 수공예품(匠人)의 지부가 있었다.

5. **마라무레스 목조교회**(Wooden Churches of Maramures: 문화, 1999): 루마니아 북부 트렌실바니아에 시기와 장소를 달리하는 8개의 목조교회로 고딕 양식의 영향을 받은 正敎會 건물이다. 헝가리에서 석조로 된 정교회를 못 짓게 하자 대신 목재를 이용해 교회를 지었다. 교회의 본체는 두터운 통나무로 지었는데 내부는 매우 적 고 어둡다. 서쪽에는 본체와 비례가 맞지 않게 길고 가냘프고 높게 올라가는 시 계탑을 만들고 있다. 지붕도 나무판자로 한 겹 혹은 두 겹으로 두텁게 덮었다. 전 체적으로 볼 때 고지식하고 생경한 인상이 들 정도다. 그리고 옛날의 목조교회 위에 또 다시 새로운 교회를 지었다. 이 교회들은 루마니아 북부의 경관에 맞는 지방양식의 표현으로 볼 수 있다. 이 교회들이 지어진 연대는 서기 17세기−서기 18세기이다.

6. **오라스티 산 다시안 요새**(Dacian Fortresses of the Orastie Mountains: 문화, 1999): 기원 전 82년−서기 106년에 존속했던 다시안 왕국[Brebista왕(기원전 82년−기원전 44년) 때 전

성기를 맞았으며 수도는 Argedava(Sargedava)였다]의 산 위에 만든 6개의 요새이다. 이 왕국은 서기 106년 로마에 의해 정복되었다. 그러나 활기차고 혁신적인 문명을 이루었던 이 왕국의 흔적은 잘 보존되고 있으며 주위 경관과 잘 어울리고 있다. 6개의 요새는 Sarmizegetusa, Costeşti-Cetatuie, Costesti-Blidaru, Luncani-Piatra Roşie, Bănita, Căpâlna이다.

레바논 LEBANON

1. **안자르 유적**(Anjar: 문화, 1984): 베이루트에서 동남향 58km 떨어진 베카(Bekaa) 계곡에 위치한 안자르는 칼리프 아브드 알 말리크 이븐 마르완(Caliph Abd al-Malik ibn Marwan)의 아들인 칼리프 왈리드(Walid) 1세가 서기 705년-서기 715년에 건립한 도시로 고대의 왕궁-도시를 생각나게 할 정도로 다마스커스를 다스리던 첫 번째 이스람 세습왕조인 우마야드(Umayyads) 왕조(서기 660년-서기 750년)하에서 도시설계가 잘 되어 있다. 왈리드 I세의 아들인 이브라힘(Ibrahim)은 조카인 마르완과 이 도시에서 2km 떨어진 곳에서 전투가 벌어져 안자르 시를 뺏겼다. 이곳에는 4개의 문이 있는 紀念物인 테트라파이론(Tetrapylon), 공중목욕탕, 가게가 늘어서 있는 카르도 막시무스(Cardo Maximus), 복원된 궁전 등이 남아 있다.

2. **바알벡**(Baalbek: 문화, 1984): 원래는 페니키아의 도시였다가 알렉산더의 부하장수인 셀레우코스 니카도가 세운 셀레우시드(Seleucid, 기원전 304년-기원전 64년, 그리스는 기원전 331년 알렉산더 대왕 때 점령) 왕조와 로마(서로마: 기원전 30년-서기 476년 9월 4일, 로마는 기원전 16년 아우구스투스 황제 때 점령) 때에는 '태양의 도시'라는 이름의 헬리오폴리스(Heliopolis)였다. 로마시대에는 쥬피터, 비너스와 박카스(Jupiter, Venus와 Bacchus)의 세신을 모신 종교적 성소로 특히 쥬피터 신전(Heliopolitan Jupiter)에는 많은 순례자가 방문했다. 이곳에는 로마제국이 절정에 달했을 때에 지어진 규모가 크고 아름다운 건물들이 많이 보존되어 있다. 여기에는 쥬피터와 박카스 사원, 세 사원이 들어서 있던 복합단지인 대정원(Great Court)을 비롯하여 1,200톤이 나가는 '임신한 여자의 돌'(21.5m×4.8m×4.2m) 등도 보인다.

3. **비블로스**(Byblos: 문화, 1984): 이 비블로스는 청동기시대 중기-말기(기원전 2000년-기원전 1200년경) 남쪽의 필리스틴(블레셋, Philistines)과 이스라엘리트(Israelites) 문화들에 비유될 수 있는 북쪽의 카나아이트(가나안, Canaaities)에 해당한다. 솔로몬 왕의 사후 남쪽은 Israel(북, 수도는 사마리아 Samaria)과 Judah(남, 수도는 예루살렘 Jerusalem)로 분리되었다. 카나아이트를 이은 비블로스에서는 신석기시대부터 계속하여 사람이 살던 흔적이 보이는데 그중 가장 오래된 문명은 고대 페니키아의 도시이며 여기서부터 페니키아 문자가 전세계로 퍼져 나갔다. 기원전 1200년경 22자의 페니키아 문자가 나타나는데 최초의 고고학적 증거는 아히람(Ahiram) 왕의 석관에서 보이는 '자신의 무덤을 손상시키는 자에 대한 권력을 잃거나 망하는 저주'의 글에서부터 시작된다. 페니키아는 후일 한니발(Hannibal, 기원전 247년-기원전 183년, 기원전 146년 자마 평원의 대전투에서 스키피오의 양손자[스키피오의 큰아들 Scipio Aemilianus의 양자인 Publicus Cornelius Scipio Aemilanus(小의 스키피오, Scipio Africanus the Younger, 기원전 185년-기원전 129년)]가 지휘하는 로마군에 패배 후 19년이 지나 터키 북부 바타니아에서 자살)의 근거지인 튀니지의 Carthage(Punic, Phoenicia, Phönicia는 동의어임)로 잘 알려져 있다. 이 비블로스는 이집트, 그리스, 페르시아, 마케도니아, 로마, 비잔틴 제국, 페르시아, 오스만 터키, 스페인과 프랑스 등의 직·간접의 지배를 받으면서 교역의 중심지로 성장해왔다. 이곳은 옛날부터 레바논의 국기에도 나타나는 杉木(백향나무, cedar)이 나와 이집트의 고왕조의 4왕조나 신왕조의 네페르호텝(Neferhotep) I세 때 파피루스·송진 등과 중요한 교역품을 이루었다. 여러 강국들의 지배를 거치다보니 이곳에는 기독교와 이스람의 사원(mosque)이 평화롭게 공존하는 곳이기도 하다. 기원전 1600년경의 오벨리스크 사원(Temple of the Obelisk), 서기 12세기 십자군에 의해 지어진 성 요한 침례교회(St. John and Baptist Church, 서기 1116년)와 요새, 중세시대의 성벽(270m) 등이 잘 남아 있다.

4. **티르 고고유적**(Tyre: 문화, 1984): 베이루트 남쪽 83㎞ 떨어진 고대 페니키아(Carthage, Punic, Phoenicia, Phönicia는 동의어임)의 도시인 티르는 마탄(Mattan) 왕의 공주인 엘리사(Elissa)가 기원전 814년 튜니지아에 카르타고를 세워 해외 식민지를

경영할 정도로 강성했다. 티르는 헤로도투스에 의하면 기원전 2750년에 세워졌으며, 기원전 1300년에는 현 에우제비우스(Eusebius)에 있는 Philo of Byblos의 기록에도 나타난다. 이곳은 당시 무역의 중심지였다. 신바빌로니아를 세운 네브카드네자르(Nebuchadnezzar, Nebuchadrezzar, Nabu-kuddurri-ussur, 기원전 605년-기원전 562년)와 기원전 315년 알렉산더의 침공이 있었다. 그리고 셀레우시드(Seleucid, 기원전 304년-기원전 64년)와 로마(서로마: 기원전 30년-서기 476년)의 합병이 잇따랐다. 이곳에는 로마시대 양쪽으로 列柱石이 늘어선 대로, 광장, 경기장, 항구 등 로마시대의 유적이 잘 남아있다.

5. **콰디사 계곡 및 삼목숲**(Qadisha Valley and the Forest of the Cedars of God: 문화, 1998): 오래된 초기 기독교 수도원과 관계 주거 건물들로 이들은 매우 척박한 환경에 자리 잡고 있다. 근처에는 레바논의 국기에도 나타나는 杉木(cedar)이 자라고 있어 이집트의 고왕조의 4왕조나 신왕조의 네페르호텝(Neferhotep) I세 때 파피루스·송진 등과 함께 중요한 교역품의 하나였다. 이 삼목(杉木)은 종교적 건물이나 배를 건조하는데 필요해 일찍부터 이집트와 근처 여러 나라에 수출해왔다.

룩셈부르크 LUXEMBOURG

1. **룩셈부르크 중세 요새도시**(City of Luxemburg-its old Quarters & Fortifications: 문화, 1994): 모젤 강과 알제트 강에 둘러싸인 전략적인 요충지 때문에 브르군디, 합스부르그, 스페인, 프러시아(Brugundy, Habsburg, Spain, Prussia)의 열강들이 탐내고 20여 차례나 침공을 거듭하고 따라서 성도 수시로 보수·재건되었다. 보헤미아 왕 벤첼 2세(Wencel/Wenceslas 서기 1361년 2월 26일 뉘른베르크-서기 1419년 8월 16일 프라하. 독일의 왕 바츨라프 4세)가 서기 15세기 초에 이 성을 쌓았으며 성벽의 일부가 무너지는 서기 1867년까지 이 성은 'Gibraltar of the North'라고 불리울 정도로 지부롤터 성에 이는 유럽에서 두 번째로 규모가 큰 요새화된 도시이다. 전쟁시 지하 23km에 이르는 砲臺의 연결망과 8천명이 군인이 상주할 수 있도록 설계되어 있다. 중세시대의 백작가문인 룩셈부르크家는 지기스문트의 사망으로 대가 끊어졌지만

그동안 하인리히 2세와 7세, 카를 4세 등 신성로마제국의 황제들, 4명의 보헤미아 왕들, 1명의 헝가리 왕이 이 家門에서 배출되었다. 행정의 중심지였던 그랜드 두칼 궁전은 르네상스식으로 지은 화려한 대리석 건물이다.

리비아 LIBYAN ARAB JAMAHIRIYA

1. **시레네 고고유적**(Archaeological Site of Cyrene: 문화, 1982): 고대 그리스 테라(Thera)의 식민지 겸 항구도시로 마그나 그레샤(Magna-Graecia, 기원전 600년-기원전 500년경 남부 이탈리아의 그리스 식민지), 그레코-로만(Graeco-Roman, 기원전 146년-서기 14년)과 팍스 로마나(Pax-Romana, 로마의 지배에 의한 평화)세계에서 주요한 도시로 현재 샤하트(Sha-hat) 마을 근처에 자리 잡고 있다. 이곳에 남아있는 중요한 유적 중의 하나는 기원전 7세기경에 지어진 아폴로 신전이며 다른 것은 디메터(Demeter)와 일부 발굴된 제우스 신전인데 서기 1978년 모하마르 알 가다피(Moammar Al Quadhafi)가 고의적으로 파손시켰다. 시레네와 고대항구도시인 아폴로니아 사이 10㎞ 구간에 대규모 공동묘지가 있다. 이 도시는 그리스에 이어 로마화 되었고 서기 365년 지진이 일어날 때까지 중요한 도시였다. 서기 18세기 이후 천년의 역사를 간직한 역사적 장소가 되었다.

2. **렙티스 마그나 고고유적**(Archaeological Site of Leptis Magna: 문화, 1982): 이곳에서 태어나 서기 193년 4월 14일 로마의 황제가 된 셉티무스 세르부스(Septimus Servus, 서기 145년 4월 11일-서기 211년 2월 4일)에 의해 확장되고 커진 렙티스(또는 Lepcis라고도 함) 마그나는 로마제국 중 도시계획, 공공기념물, 항구, 시장, 창고, 가게, 주택지구를 포함한 가장 아름다운 도시의 하나이다. 이곳은 원래 페니키아의 르피기(Lpgy) 항구였으며 기원전 46년 로마에 편입되었다.

3. **사브라타**(Archaeological Site of Sabratha: 문화, 1982): 기원전 500년경 아프리카내륙의 상품을 지중해 세계로 실어 나르는 출구 역할을 한 페니키아의 무역기지인 사브라타는 短命의 마시니사(Massinissa)의 누미디아(Numidian) 왕국(기원전 202년-기원전 46년)이 잠시 들어섰다가 로마로 편입된 후 로마화 되었다. 그리고 서기 365년

지진으로 파괴된 것을 비잔틴 제국의 총독이 다시 재건하였다. 여기에는 서기 3세기경에 지어진 3층의 극장, 리베르 파테르(Liber Pater, 디오니소스) 신전, 세라피스와이시스 신을 봉안한 신전, 모자이크 바닥이 남은 유스티아누스 때의 교회, 알코마(Al-Khoms) 시의 빌라 시린(Villa Sileen/Silin) 근처의 바닷가 해수욕장에서와 같이 아프리카 북쪽에 살던 로마귀족들의 가옥, 목욕탕, 극장, 公會堂 등의 건물 바닥과 흔적이 잘 남아있다.

4. **타드라트 아카쿠스의 암각예술유적**(Rock-art Sites of Tadrart Acacus: 문화, 1985): 알제리 동남방 사하라 사막의 산맥인 리비아 서쪽 타실리 나제르(Tassili-n-Ajjer) 근처 기원전 12000년-서기 100년의 동굴 벽면에 그린 수 천점의 동·식물군의 벽화로 그리거나 새기고 있어 과거 사하라에 사람이 살았다는 흔적을 보여준다. 여기에는 춤추는 사람을 비롯해 기린, 코끼리, 타조, 낙타와 말 등이 암각화로 표현되어 있다. 이 동물의 그림들로 암각화가 제작된 순서를 알 수 있다. 이웃 타실리 나제르 동굴 岩刻畵는 기원전 6050년경-서기 100년에 걸친 선사시대 동굴예술로 15,000점의 암각화가 있다. 이 그림들로 편년을 하면 4시기로 나누어지는데 이는 1)archaic tradition(기원전 4500년 이전), 2)bovian tradition(소: 기원전 4500년-기원전 4000년), 3)horse tradition(말: 기원전 2000년)과 4)camel tradition(낙타: 서기 100년경)으로 나누어진다고 한다. 이는 소, 말 낙타들이 아프리카에 들어온 시기를 맞추어 편년한 것이다. 이곳 암각화도 기원전 1200년 이전 San족이 동굴에서 그려놓은 암각화인 남아프리카의 pre-Nguni 예술과 연결이 되고 있다.

5. **가다메스 구도시**(Old Town of Ghadames: 문화, 1986): 사하라 사막 '사막의 진주'라 불리우는 가다메스의 오아시스 도시는 사하라 사막에 만들어진 가장 오래된 도시 중의 하나로 가옥에서 뚜렷한 전통을 보이고 있다. 집들의 공간은 수직으로 나누어지는데 아래 지상이 가축, 그 위층이 사람, 그리고 옥상이 지붕이 없는 테라스 역할을 한다. 걸려 있는 것 같은 지붕이 있는 복도는 아래층들과 연결을 해주고 있다. 이 집들은 벽으로 둘러싸여 있다. 이곳에 사는 7개의 씨족들은 각기의 분할된 구역과 축제의 장소를 가지고 있다.

리투아니아 LITHUANIA

1. **빌니우스 역사지구**(Vilnius Historic Centre: 문화, 1994): 서기 13세기-서기 18세기 리투아니아의 大公國(Grand Dutchy)의 정치와 무역의 중심지인 빌니우스는 카톨릭 과 러시아정교회 사이에 끼어 러시아의 중세시대부터 시작하여 약 500년간에 걸 쳐 동구유럽의 문화와 건축적인 발전에 영향을 끼쳤다. 수 차례에 걸친 침략과 파괴에도 불구하고 고딕, 르네상스, 바로크, 고전 건물뿐만 아니라 중세시대의 도시구조와 주위 자연환경과의 조화도 잘 보존되고 있다. 이곳에는 카라이트 [Karaites, 서기 8세기 유대교의 분파로 성경 위주론자(scripturalists)임], 유대교와 회교도가 공 존하고 있다. 현재 남아있는 건물은 궁전으로 Slushko, Radziwill, Tyzenhaus가, 종교적인 건물로 Vilnius와 Theotokos 성당, All Saint 교회, Gate of Dawn, Three Crosses, 기타 흥미 있는 곳으로 House of Signatories, 빌니우스 성벽, 내 성(지하 감옥)과 오늘날에도 사용되는 대통령 궁 등이다.

2. **케르나브 고고유적**(Kernavė Archaeological Site-Cultural Reserve of Kernave: 문화, 2004): 리투아니아 동쪽 빌니우스 시로부터 서북쪽 35㎞ 떨어진 네리스(Neris) 강안에 자 리 잡고 있는 구석기시대에서부터 중세시대에 이르는 약 만 년간 사람이 살던 고 고학적 유적으로 1,944㏊의 범위에 케르나브 읍, 5개소의 요새, 요새가 없는 주거 지를 비롯해 考古學 遺物散布址가 자리한다. 읍은 서기 14세기에 튜우튼 교단(Teu-tonic Order)에 의해 파괴되었으나 유적은 그대로이며 이곳에는 아직도 사람이 살 고 있다. 지정된 유적들은 18개소로 다음과 같다.

1. the Kernavė mound, named as the Altar hill, the Barščiai hill, the Holy hill, A 1469;

2. the Kernavė mound II, named as the Mindaugas's Thrown, A 1470;

3. the Kernavė mound III including the settlement, A 1471K: the mound named as the Lizdeika hill, the Smailiakalnis, the Kriveikiškiai mound, A 1471K1; the settlement, A 1471K2;

4. the Kernavė mound IV, named as the Castle hill, the Garrison hill, the

castle's site, A 1472;

5. the site of Kernavė old town, A 1473;

6. the site of Kernavė old town II, A 1474;

7. the Kernavė necropolis, A 1475;

8. the site of the old Kernavė church, A 1476;

9. the ancient Kernavė settlement, A 1477;

10. the Kernavė, Kriveikiškiai mound, A 1478;

11. the Kriveikiškiai necropolis(공동묘지), A 1479;

12. the Kriveikiškiai village, A 1480;

13. the site of the Kernavė, Kriveikiškiai estate, A 1481;

14. the ancient settlement in Semeniškės, A 1482;

15. the ancient settlement in Semeniškės II, A 1483;

16. the wooden chapel(목조교회), the 18th century; AtV 663;

17. the stone chapel(석조교회)-mausoleum, the 19th century; AtV 664;

18. the rectory(주택), 1881; AtV 1094;

3. 큐로니안 스피트(Curonian Spit: 문화, 2000): 큐로니안 스피트는 길이 98km, 폭 0.4-4km의 해안가 모래 사구와 발틱 해안과 석호(潟湖)로 나누어지는 곳에 위치한 선사시대까지 거슬러 올라가는 사람이 살던 지역으로 바람과 파도와 같은 자연의 힘에 의해 조금씩 侵蝕되어가고 있으나 현재도 방풍을 위해 나무를 심는 등 보존대책과 노력이 끊이지 않고 있다.

4. 스트루브 자오선 측지점(Struve Geodetic Arc: 문화, 2005): 노르웨이(NORWAY), 라트비아(LATVIA), 리투아니아(LITHUANIA), 러시아(RUSSIAN FEDERATION), 벨라루스(BELARUS), 에스토니아(ESTONIA), 우크라이나(UKRAINE), 스웨덴(SWEDEN)과 핀란드(FINLAND) 지역이 함께 자오선 측정의 삼각측량점

마다가스카르 MADAGASCAR

1. **암보히망가 왕실 언덕**(Royal Hill of Ambohimanga: 문화, 2001): 마다가스카르의 수도인 안타나나리보(Antananarivo)의 동쪽 24㎞ 떨어진 곳에 위치하며 문화적 역사적으로 매우 중요한 곳이다. 王都, 이메리나(Imerina: the Merina Kingdom) 왕족의 靈廟(능묘), 聖所 등이 잘 조화를 이루고 있다. 이곳은 마다가스카르 주민들이 의례와 과거 500년의 역사에 대한 동경으로 민족동질성을 찾는 정신적으로 제일 성스런 장소로, 현재도 마다가스카르인들이 경배하러 꾸준히 찾아오는 순례지이다. 서기 1710년 메리나 왕국의 지도자인 안드리아마시나바로나(Andriamasinavalona)가 그의 왕국을 분할해 '푸른 언덕'이란 의미의 암보히망가를 네 아들 중 하나에게 남겨주어 수도를 삼게 하였다. 이 왕국은 서기 1787년 태자 안드리아남포이님메리나(Andrianampoinimmerina)가 나라를 맡아 왕이 된 후 메리나(Merina) 왕국을 통합하여 수도를 안타나나리보에 두었으나 그는 검소하여 검은 칠의 목조 가옥에 머물렀다. 이 왕국은 서기 1897년 프랑스 식민지 행정부가 안타나나리보의 왕실에 속한 중요한 재산과 건물을 이관시켜 이들을 상징으로 삼은 마다가스카르인들의 저항과 민족동질성의 정신을 말살시키려고 하였다. 여기에는 서기 1847년 세운 왕비 라나바로나(Ranavalona) I세의 명으로 마을을 둘러싸고 있는 7개의 성문이 있는 성벽, 안드리아 남포이님메리나 왕이 안타나나리보로 수도를 옮기기 전 '기다리는 방법을 아는 사람'이란 의미의 마한드리호노(Mahandrihono)에 있던 단순한 전통 목조가옥인 왕궁과 집, 왕비의 침실, 爐址가 있는 왕이 거처하던 검소한 목조가옥, 수영장, 정자/망루, 왕가의 지하묘소와 당시의 대포 등이 남아있다.

마샬 군도(일부는 REPUBLIC OF THE MARSHALL ISLAND에 속함)

1. **마샬 군도의 비키니 環狀珊瑚島핵실험장**(Bikini Atoll nuclear test sites: 문화, 2010): 마이크로네시아(Micronesia)에 속하는 마샬 군도는 594.1㎢의 넓이에 29개의 환상산호도, 5개의 섬으로 이루어지고 있다. 그중 비키니 섬은 서기 1600년대에는 스페인과 서기 1820년대 독일항해자 Otto von Kotzebue 등이 간간이 방문한 섬으로

코코넛에서 나오는 copra oil이 주교역품일 정도로 외부와 접촉이 없었다. 세계 제2차대전 중 일본군이 들어와 미국의 공격에 대한 전초기지/초소로 되었고 서기 1944년 2월 미국군의 접수로 다 떠나고 남아 있던 일본군 5명도 자폭하였다. 서기 1945년 2월 트루만(Harry S. Truman) 대통령의 명령으로 이곳이 미국의 핵실험 장소로 변모하였다. 이곳의 주민 167명은 Operation Crossroads의 일환인 Ables과 Baker 작전으로 비키니 섬의 1/6밖에 되지 않는 롱게릭(Rongerik)과 우제랑(Ujerang) 환상산호도로 강제 이주하게 되었다. 후일 핵실험장소가 에네웨탁(Enewetak)도로 바뀌자 에네웨탁의 주민들도 우제랑 섬으로 옮겨지게 되었다. 그러나 식수와 식량문제로 거의 아사지경에 이르게 되었다. 2차대전 종전 후 美蘇 간의이 冷戰이 계속되면서 서기 1946년-서기 1958년 사이 모두 67차례의 핵실험이 행해졌고 그중에는 서기 1952년의 水素爆彈의 실험도 포함된다. UN 신탁통치령(Strategic Trust Territory; TT)의 고등판무관, 하와이 대학 인류학과 교수인 레오나드 메이슨(Leonard Mason) 등의 꾸준한 노력으로 서기 1946년 3월 7일-서기 2006년 3월 7일 60년간의 엑소도스(exodus)를 끝내고 현재 200여명이 비키니 섬으로 귀향하여 시멘트로 지어진 집에서 살아가고 있다. 방사능 노출 문제는 아직 미해결의 상태이다. 미국의 강제이주에 대한 보상책이 나오고 있으나 실제 보상액은 0.3%로 미미하다. 그리고 廣島(히로시마)에 떨어진 원자폭탄보다 7천배나 위력이 있는 수소폭탄의 시험으로 비키니 섬의 지질과 자연환경, 동식물의 생태는 많이 바뀌었다. 방사능에 대한 노출로 인한 주민들의 건강도 앞으로 겪게 될 문제이다. 이곳 비키니 섬의 핵시대의 시작을 열었으나 지구상의 평화와 낙원에 대한 모순점만 안고 있다.

말라위 MALAWI

1. 총고니 공원 암석화 유적지(Chongoni Rock-Art Area: 문화, 2006): 중앙아프리카 말라위 높은 고원의 126.4㎢ 위 지역에 127개소의 岩刻畵가 집중 분포되어 있다. 이 암각화들은 이곳에 오래 살던 바트와(Ba Twa)와 츄(Chew)족들이 석기시대말기(후기

구석기시대) 수렵-채집과 농경인인(신석기시대)들의 전통을 그대로 이어나가 서기 20세기에까지도 그들의 문화와 관련된 내용을 바위에다 표현하고 있다. 그 내용은 葬禮儀式, 少女의 成年式(initiation ceremony), 祈雨祭 등이다.

말레이시아 MALAYSIA

1. **말라카 해협의 멜라카와 죠지 타운 시**(Melaka and George Town, Historic Cities of the Straits of Malacca: 문화, 2008): 말라카 해협의 멜라카와 죠지 타운 시는 동쪽 중국과 서쪽 아라비아와 유럽의 중간지방에서 무역과 문화 교류로 과거 500년간 발전해 왔다. 아시아와 유럽의 다문화적 영향이 無形이던 有形이던간에 이 도시에서 잘 나타난다. 정부 건물, 교회, 광장, 요새에서 멜라카는 서기 15세기 말레이시아 술탄, 서기 16세기 초의 포르투갈과 네덜란드까지 올라가는 문화교류의 요소를 발견할 수 있다. 주거와 상업용 건물이 많은 죠지 타운 시는 서기 18세기 영국으로부터 시작한다. 이 두 도시는 동쪽과 동남아시아 어느 곳에도 없는 독특한 건축과 문화경관을 보여준다. 그리고 明 3대 成祖(朱棣, 永樂 서기 1403년-1424년, 1420년 紫禁城을 완공) 때 宦官 鄭和(云南省 昆陽人, 서기 1371년/1375년-서기 1433년/1435년)에 의해 서기 1403년 南京 龍조선소에서 제작된 300여 척의 배로 조직된 선단으로 서기1405년-서기 1423년의 18년 동안 7차에 걸쳐 개척된 뱃길은 江蘇省 蘇州 劉家河 太倉市를 기점으로 자바, 말라카(Malacca, 말레이시아), 수마트라, 세이론, 인도의 말라바[캘리컷(Calicut), 페르시아 만의 Hormuz], 짐바브웨를 거쳐 오늘날의 아프리카와 紅海(Red Sea) 입구인 예멘의 아덴(Aden)과 케냐의 말린디[Malindi, 윌리엄스(Sloan Williams, the University of Illinois-Chicago)가 이끄는 합동조사단이 케냐의 만다 섬(Kenyan island of Manda)에서 중국 명나라 때의 永樂通寶를 발견함]까지 도달했던 것으로 추측된다.

2. **렝공 계곡의 고고학 유산**(Archaelogical Heritage of the Lenggong Valley: 문화, 2012): 우루 페락(Ulu Perak) 지역 상부 렝공 계곡에 위치한 고고학 유적들은 말레시아 반도에서 가장 중요한 선사시대의 유적이다. 이곳은 조그만 촌락으로 둘러싸인 한적한 야외박물관과 같으며, 아직도 인골, 동굴벽화, 보석류, 토기, 무기, 석기 등

과 같은 중요한 발견이 이루어지고 있다. 말레이시아에서 가장 오래된 인류의 초기의 화석은 사라왁 니아 동굴에서(Niah Caves in Sarawak) 발견되며 그 연대는 40,000년 전이다. 그리고 렌공에서 발견된 인골은 31,000년전까지 올라간다고 한다. 이들은 서기 1991년 발견된 페락인(Perak Man, the 11,000 B.P., 키 157㎝, 나이 50세 정도), 서기 2004년 레공 구아 테룩 케라와르(Gua Teluk Kelawar in Lenggong)에 발견된 페락여성(Perak Woman, 8,000년 전)을 비롯하여 구석기시대의 석기제작기술을 보여주는 工作所(원래는 30,000년 전으로 추산되었으나 현재는 75,000 B.P.로 수정되고 있다.)가 있는 야외유적과 동굴유적을 포함한다. 이 지역에서는 구아 구눙 룬투(Gua Gunung Runtuh)의 무덤(5,000–3,000년 전)과 구아 하리마(Gua Harimau) 청동기시대의 제작소를 비롯해 반유목민이 살던 터도 포함된다. 여기에서 발견된 모든 유물들은 코타 탐판(Kota Tampan)에 위치한 렌공 고고학 박물관(the Lenggong Archaeological Museum)에 전시되어 있다.

말리 MALI

1. **젠네의 구시가지**(Old Towns of Djenné: 문화, 1988): 나이제리아 내륙 삼각주지역 모프티(Mopti) 지역에 위치하는 기원전 250년에서부터 사람이 살기 시작한 젠네의 구시가지는 사하라 사막을 횡단하는 소금, 노예와 함께 이웃 팀북투(Timbuktu) 남쪽 80㎞ 떨어진 나레나 금광에서 나오는 사금을 기반으로 하는 금 무역의 중심지였다. 그리고 서기 15세기–서기 16세기에는 이슬람/무슬림교 전파중심지 중의 하나였다. 약 2,000명 정도가 살고 있는 전통 주거는 계절적인 홍수를 피하기 위해 언덕(toguere) 위에 지어지고 있다. 젠네는 포르투갈인들이 아프리카 연안에 무역기지를 설치하고 나서부터 더욱 더 번영하였다. 이곳은 세계에서 가장 큰 진흙벽돌 건물(아도비/adobe, 흙벽돌)로 이슬람 문화의 영향을 받은 수단-사하라 양식 건축물의 대표적인 걸작으로 유명하며 현재 남아있는 회교도대사원(The Great Mosque of Djenné)은 서기 1907년 초기의 사원 위에 지었다. 젠네에 처음으로 사원(모스크)이 지어진 해는 알려져 있지 않으나, 대략 서기 13세기에서 서기 14세기 말로 추

정된다. 이는 모스크가 언급된 최초의 기록물인 알사디(al-Sadi)가 지은 타리크 알 수단(Tarikh al-Sudan, 수단의 역사)과 서기 17세기 중반 이전에 이미 알려진 구전에 의해서이다. 이 책에 따르면 쿤부루 술탄(Sultan Kunburu)이 무슬림(Muslim, 이슬람교도)으로 개종을 하면서 서기 1240년에 존재했던 왕궁을 부수고 그 자리에 사원을 지었다고 전해진다. 첫 번째 모스크의 폐허는 서기 20세기 초반에 발행된 프랑스의 엽서에도 나타나고 있는데 이는 프랑스의 탐험가 르네 카일리에(René Caillié)가 서기 1828년 젠네를 처음 방문함으로써이다. 서기 1906년 프랑스 당국은 폐허가 된 모스크를 새로 짓기로 하고 젠네의 석공이었던 이스마일라 트로레(Ismaila Traoré)의 감독으로 서기 1907년에 완료하였다. 그리고 동쪽 벽 앞에 자리한 언덕에는 2개의 무덤이 위치해 있는데 남쪽의 큰 것은 서기 18세기의 중요한 이맘[imām. 아랍어로 이슬람교도 공동체의 우두머리 또는 지도자라는 뜻이며 이 명칭은 코란(Quran, Qur'an, Koran, Al-Coran, Coran, Kuran, Al-Qur'an)에서 지도자와 아브라함을 가리키는 용어로 여러 번 사용되고 있다]이었던 알마니 이스마일라(Almany Ismaïla)의 무덤이다. 이 사원은 시장보다 3m 더 높은 75m×75m의 대지 위에 세워졌는데 이는 바니강(Bani River)의 범람을 피하기 위해서이다. 메카를 향해 기도하는 벽인 퀴블라(Qibla/Qiblah, 아랍어로 방향이란 의미)는 사원의 主壁 위 3조의 큰 상자형으로 이루어져 있으며 그 위에는 타조알 모양이 장식된 첨탑(尖塔, minarets)이 나있다. 중앙의 가장 높은 곳은 16m이다.

2. 팀북투(Timbuktu: 문화, 1988): 니제르 강 옆 통북투/톰북투(Tombouctou) 지역에 있는 도시로서 사하라 사막 주위 중앙아프리카 여러 나라의 무역중심지로 이웃 제네를 통하여 금, 상아, 보석, 옷감, 소금과 노예를 거래했다. 그리고 그곳에는 권위 있는 이슬람의 산코레 대학(Sankore, 서기 1325년 건립, 현재 모스코로 이용되고 있음)이 위치하며 서기 15−서기 16세기 아프리카의 이슬람교의 전도 중심지 겸 아프리카 이슬람교의 정신적 수도임. 그리고 이곳에는 잘 알려진 서기 1493년 건국한 송하이 왕국이 있어 번영을 누리다가 서기 1591년 북쪽 모로코에 의해 멸망하였다. 서기 15세기 만사무사 왕, 알만수르 왕과 특히 칸카 무사 왕 때 만데의 팀북투(Timbuktu) 남쪽 80㎞ 떨어진 나레나 금광에서 나오는 사금을 기반으로 하여 노

예, 보석, 옷감, 상아, 소금[북쪽으로 800㎞ 떨어진 타우데니(Taudenni)의 巖鹽] 등을 교역하여 번성을 이루었다. 그리고 서기 2013년 1월 29일 말리의 내전으로 인한 프랑스 원군의 공세를 피해 이슬람주의자 과격파 반군(알 카에다와 관련된 이슬람주의 무장단체 안 사르딘)이 10개월간 지배하던 팀북투에서 후퇴하기 전 아메드 바바 문서연구소(Ahmed Baba Center for Documentation) 소장의 서기 14세기경의 문서를 불태우고 또 팀북투 세계문화유산을 곡괭이와 삽으로 파괴를 자행하였다.

3. **반디아가라 절벽**(Cliff of Bandiagara: 복합, 1989): 아프리카 전통문화를 그대로 간직하고 있는 몇 개 안되는 종족의 하나인 도곤 족이 살고 있는 반디아가라(Land of Dogons)의 붉은 색조를 띤 가파른 바위절벽(Falaise)과 모래고원이 절경이며 여기에 진흙으로 만든 집, 창고, 제단, 성소와 그곳 주민들의 회의 장소(Togu Na) 등이 잘 어우러진다. 절벽 위는 수 ㎞의 평원을 이룬다. 그리고 도곤족들은 가면을 쓰고 축제를 열기도 한다. 도곤 족들은 밧줄 하나로 이 절벽에 올라 그곳에 살고 있는 새알과 벌꿀 등을 채취하여 생활에 도움을 받는다. 이곳은 자연과 문화의 조화가 무척 잘 이루어지고 있는 곳이다.

4. **아스키아 무덤**(Tomb of Askia: 문화, 2004): 가오(Gao)의 서기 16세기 아스키아의 45m×50m의 무덤 복합유적에는 서기 1493년 건국(Gao시가 처음 수도로 됨)한 송하이(Songhai) 제국의 첫 번째 왕인 아스키아 모하마드(Askia Mohammad) I세(서기 1529년 사망)의 아도비 진흙벽돌로 쌓아올린 높이 17m의 피라미드형 무덤, 2개의 회교도 사원, 공동묘지, 집회장소회 등이 포함된다. 이것은 식민지화 이전 가장 높은 건물이며 이후 여러 곳에 전파된 이곳 최초의 이스람 건축양식이다.

말타/몰타 MALTA

1. **발레타 구시가지**(Old City of Valetta: 문화, 1980): 말타의 수도는 풀릴 수 없는 군사와 자비로운 성 요한 교단(Order of St. John of Jerusalem)과 관계가 깊다. 이곳은 페니키아, 그리스, 카르타고, 비진틴 제국, 아랍과 성 요한 교단의 지배를 계속해서 받았던 곳으로 말타의 수도인 Valletta(Il-Belt Valletta, 발레타시) 55㏊ 내의 320개의 유

적은 세계에서 유적이 집중된 역사적 장소라는 사실을 알려준다. 발레타(Msida)는 서기 1565년 예루살렘 성 요한 자선단체교단이 세운 곳으로 이 교단은 이곳을 약 250년간 지배하였으며 터키에 저항하기 위해 성벽을 세우고 그 안에 르네상스식 도시를 세웠다. 여기에는 초기의 건물들이 그대로 잘 보존되어 있다. 서기 1565 년 말타의 함락에 이어 예루살렘 성 요한 자선단체교단은 시베라스(Xiberras) 반도에 자신의 권력을 유지하기 위해 새로운 도시를 세우기로 결정하고 섬에 기사들을 상주시켜 놓았다. 바레타 시의 定礎는 서기 1566년 3월 28일 예루살렘 성 요한 자선단체 교단에서 파견한 총독인의 장 파리소 발레타(Jean Parisot de la Valletta)에 의해 놓여졌다. 그래서 발레타란 이름도 성 요한 교단의 부하인 프랑스 귀족인 장 파리소 발레타를 따라 지었다. 성벽과 望樓, 성 요한 성당(St, John's Co-Cathedral), 성 바바라 교회(St. Barbara Church), 총독관저, 카사 로카 피콜라(Casa Rocca Piccola)의 식당 등이 남아있다.

2. 할 사플리에니 지하신전(Hal Saflieni Hypogeum: 문화, 1980): 서기 1902년 건설 공사 중 발견된 지하 10.6m에 세워진 500㎡의 거대한 지하구조로 기원전 3600년에서 기원전 2500년경 사이 산호(珊瑚) 빛나는 석회암의 받침대로 입석의 형태를 만든 선사시대의 사원인 聖所와 地下墓地로 여겨진다. 지하에 3개의 층위로 이루어지고 있는데 제일 아래층은 기원전 3600년-기원전 3300년, 중간층은 기원전 3300년-기원전 3000년, 위층은 기원전 3150년-기원전 2500년 사이에 만들어졌다. 지하 10m의 아래층에서는 말타의 셈시자(Xemxija)에서 발견되는 무덤의 구조와 유사한 석실분이 발견된다. 그리고 자연동굴과 같은 다른 방들도 옆으로 나 있다. 중간층은 石工기술을 발휘한 主室(main chamber, 羨道가 있는 방), Holy of Holies(三石 塔형식의 壁龕이 있음), Oracle room(소리가 共鳴이 나도록 고안한 조그만 방), Snake pit(뱀이나 施物을 두던 수혈구덩이), 기하학문양으로 벽을 장식한 Decorated room 등의 유구들이 발견되었다. 위층의 유구는 인골편이나 제물이 없이 물만 차 있어 원래 곡물창고로 여겨진다. 이 유적은 중간층(기원전 3,300년-기원전 3,000년)이 가장 뚜렷하며 구슬, 호박, 동물과 사람의 조각품(잠자는 부인상, sleeping lady)과 7,000여명 분의

인골 편이 나와 무덤으로도 사용되었음을 알려준다.

3. 巨石 사원(Megalithic Temple of Malta: 문화, 1980/1992 확대지정): 영국 연방의 말타 (Malta) 및 고조(Gozo) 섬에 기원전 3000년경 이후 세워진 7개(말타 섬의 5개소, 고조 섬의 2개소)의 간티자(giant tower라는 의미로 갠티어/류갠티제로 발음함), 하가르 큄, 타르시엔(Ġantijia, Hagar Qim, Tarxien) 등 거석문화를 대표하는 사원으로 각기 발전의 길을 겪어왔다. 고조(Gozo) 섬의 간티자(Gian Tija, Ggantija)의 두 개 사원들은 청동기시대의 대표적인 것들이다. 말타(Malta) 섬의 Hagar Quim(Hagar Quimand), 므나지드라(Mnajidra)와 타르시엔(Tarxien) 사원은 세울 수 있는 제한된 석재를 고려하면 건축학상 대표적인 예에 속한다. 또 타하그라트(Ta'Hagrat)와 스코르바(Skorba)의 복합사원건물은 말타 섬에 거석사원의 축조 전통을 그대로 보여준다. 말타(Malta)와 이웃 고조(Gozo) 섬에는 다른 곳들의 거석문화와는 달리 특이한 3−6葉型의 반원형/抹角의 회랑(curved endas an apse)들을 가진 사원(temple)이 24개소나 있으며, 이들은 기원전 3500년−기원전 2500년에 축조된 것으로 보인다. 그래서 이들은 유럽의 거석문화를 연구하는 학자들로부터 또 하나의 다른 형식의 거석문화인 신전/寺院으로 불린다. 또 이들 신전들은 Minorca(Menorca), Majorca와 Ibiza 섬이 포함되는 스페인령 Balearicislands(발레아레스 제도)의 기원전 2000년경의 탈라요트(Talayot) 문화의 거석으로 축조된 사원들과도 비교된다. 거석문화에는 지석묘(고인돌, dolmen), 입석(선돌, menhir), 환상열석(stone circle, 영국의 Stone henge가 대표), 열석(alignment, 프랑스의 Carnac이 대표)과 집단묘[collective tomb: 가. 羨道<널길>가 있는 묘 passage-grave(또는 access passage, 영국의 Maes Howe Chambered Barrow가 대표적임), 나. 연도가 없는 묘 gallery grave, 또는 allée couverte]의 크게 5종 여섯 가지 형태가 나타난다. 이들 거석문화의 대표 예들은 영국 Avebury의 Stonehenge, Cornwall의 Porthole, 스웨덴의 Sonderholm, 스페인의 Los Millares, 프랑스 Brittany의 Carnac, Locmariaquer, Morbihan, Dissignac, Gavrinis와 아일랜드의 Newgrange, Meath, Haroldtown, Punchtown, Knowth 등이다.

멕시코 MEXICO

1. **멕시코와 소치밀코 시 역사지구**(Historic Center of Mexico & Xochimilco: 문화, 1987)：멕시코 시 남쪽 28㎞ 떨어진 운하와 인공섬지구로 아즈텍(서기 1325년-서기 1521년 8월 13일)인들이 조성. 아즈텍의 수도인 테노치티트란은 12㎢로 가장 번성할 때 인구 30만 명 정도를 가졌다. 그 도시는 4개의 구로, 구는 다시 20개로 세분되었다. 각각의 구에는 칼풀리라는 씨족이 살았으며, 독자적인 의례중심지와 시장을 갖고 있었다. 또 호수를 끼고 있었기 때문에 특별한 방어시설을 갖추지 않았다. 이 도시는 2m 깊이의 호수 위에 건설된 것으로 통나무를 지하에 박아 기초를 다지고 그 위에 사원과 주거공간을 확보하였다. 그리고 다리와 나뭇가지, 갈대, 석회와 진흙으로 쌓은 전체 길이 16㎞의 제방도 만들어 외부와 연결하고 또 홍수를 막기도 하였다. 중요한 것은 태평양 연안에서 수도 테노치티트란까지 320㎞에 4차선의 도로를 만들어 24시간 내에 소식을 전하거나 물자의 수송이 가능하였다. 이 문명은 호수나 늪지대에 관개시설을 한 floating garden이라 불리는 1년에 7번의 경작이 가능한 각각 90m×9m의 넓이의 "치남파(Chinampa)"란 인공 정원 위의 집약농경, 수로, 궁전, 피라미드 축조와 같은 발달된 건축술이 있었으며 운반수단은 마야의 '템플라인(templeline)'과 같은 이마의 멜빵이었다.

2. **테오티우아칸의 先 스페인 도시**(Pre-Hispanic City of Teotihuacan: 문화, 1987)：기원전 2세기-서기 750년에 건립된 테오티우아칸 문명의 유적으로 오리온좌 중 허리띠를 이루는 Alnitak, Alnilam, Mintaka의 세 별의 배열에 따라 지어졌다고 알려져 있는 죽음의 거리(the Avenue of the Dead)에 따라 나있는 달과 태양의 피라미드, 시유다델라 복합지구(The Ciudadela, temple of Quetzalcoatl/Feathered Serpent Pyramid가 포함), 4개의 적은 신전의 뜰, 요새, Quetzal Butterfly 궁전, 재규어 궁전(Palace of Jaguars) 지하에서 발견된 깃털소라의 신전(Snail-Shell) 등이 있다.

3. **푸에블라 역사지구**(Historic Centre of Puebla: 문화, 1987)：서기 1531년 4월 16일 멕시코 시 동쪽 100㎞ 떨어진 베라쿠루즈(Veracruz)와 멕시코 시 사이의 전략지인 포포카테틀(Popocatetl) 화산 아래의 공터에 'La Puebla de los Angeles'(천사의 도시)라

는 이름으로 설립되었으며 이곳에는 식민지시대의 가장 오래된 것 중의 하나이며 규모로서는 두 번째인 서기 16세기–서기 17세기의 성당, 주교의 궁전과 같은 저택, 현재 호텔로 이용되고 있는 부유한 수녀들이 살았던 수녀원, 아주레호스(azulejos, 포르투갈에서 5세기 동안 변치 않고 사용된 주석유약을 입혀 만든 청금빛 타일로 포르투갈의 대표적 문화요소 중의 하나임)로 벽을 장식한 소규모의 집과 주택의 담 등과 같은 종교 건축물이 밀집된 지역이다. 유럽과 아즈텍과 같은 중미 원주민의 주거양식의 혼합으로부터 생긴 미적 개념이 더해져 지역적이긴 하지만 바로크 양식의 건물에 독특한 분위기를 만들어주고 있다.

4. **와하카 역사지구 및 몬테 알반 고고유적지**(Historic Centre of Oaxaca and Archaeological Site of Monte Albán: 문화, 1987): 이곳은 와하카 역사지구와 몬테 알반 고고유적지의 두 곳으로 나누어진다. 올멕(Olmecs, 기원전 1200년–기원전 600년), 쟈포텍(Zapotecs), 믹스텍(Mixtecs)으로 계속 이어지는 1,500년간 동안 사람이 살면서 몬테 알반의 테라스(단구), 댐, 운하, 피라미드와 인공적인 구릉은산을 깎아 만든 신성한 지형의 상징이다. 방격법으로 구획된 와하카는 중앙광장(zocalo), 성당, 엄격한 규격의 가옥을 가진 서기 1529년 설립된 스페인의 식민지도시이다. 도시건물의 견고성과 용적은 주옥과 같은 건물들이 지진에 붕괴되지 않고 견디어냈다는 좋은 증거물이다. 몬테 알반(Monte Albán) 고고유적지는 와하카의 서쪽 9㎞ 떨어진 곳에 위치하며 기원전부터 이 도시가 사람이 살기 시작했으나 남아있는 대부분의 유적은 서기 300년–서기 900년 사이의 것들이며 그 당시에는 인구가 25,000명 정도였던 것으로 추정된다. 무덤, 볼 게임장(가슴, 무릎, 엉덩이와 허벅지를 이용하여 올라마로 불리는 약 4㎏ 무게의 고무공을 벽에 부착된 원형의 고리에 넣는 공놀이), 몇몇의 건물들은 아직도 상태가 좋다. 올멕 다음의 중미지역 전체에서 최초의 국가로 알려져 있는 문명은 와하카 계곡의 몬테 알반이다. 이 유적은 알폰소 카소(서기 1896년–서기 1971년), 이그나치오 베르날(서기 1910년–서기 1992년), 브랜튼(서기 1978년)과 캔트 프래너리와 마커스(서기 1983년)에 의해 밝혀지고 있다. 이곳은 자포텍 언어를 사용하던 주민들에 의해 만들어진 중미 최초의 가장연대가 올라가는 국가체제를 갖고 있으며, 존

속기간은 기원전 500년(형성기 중기 말경)에서 서기 700년(고전기 후기)까지의 약 1,200년간이다. 이 유적에서 보이는 몬테 알반의 가장 전성기는 서기 500년-서기 700년이며, 중심지 주위의 계곡과 능선 위에 만들어진 2,000여 개의 테라스(단구) 위에서 25,000명의 인구가 밀집해 살았던 것으로 여겨진다. 시내에 15개의 주거지역이 발견되었는데 이들은 주거 테라스, 사원과 광장(플라자)에 둘러싸여 있었다. 정부 중심부와 상류층의 집자리들은 이곳에서 가장 중앙의 거대하고 여러 건물들이 서로 밀접하게 연결된 복합광장에 위치해 있었다. 200m×300m 규모의 열린 광장 주위로 20개의 피라미드가 형성되어 있는데 가장 큰 것들이 북과 남쪽의 경계를 이루고 있다. 중요한 복합단지의 광장에서는 이곳에서 살던 자포텍 언어 사용인들이 돌에다 지배자의 전쟁승리나 군사행위를 기술해놓은 기념물들이 발견된다.

5. 팔렌퀘의 先 스페인 도시와 국립 공원(Pre-Hispanic City and National Park of Palenque: 문화, 1987): 기원전 200년-서기 900년(서기 900년-서기 1541년 스페인군의 유카탄 반도의 침입시까지 고전기 이후기)에 존재했던 마야의 문명 중 고전기 마야문명 聖所의 하나의 팔렌퀘는 서기 500년-서기 700년 사이에 최고의 번영을 누렸던 종교도시이다. 그때 그들의 영향은 우스마치나(Usmacina) 강분지 전체에 끼쳤다. 마야 건물에서 나타나는 우아함과 당시 장인의 솜씨, 벽에 새겨 넣은 신화를 나타내는 상형문자를 흘려 쓴 초서체의 聖刻文字(hieratic writing)의 浮彫는 이 문명의 창조성을 보여준다. 현재 팔렌퀘의 500개의 건물 중 단지 34개가 밝혀지고 있다. 그중에도 비문신전 지하에 묻힌 파칼 왕(K'inich Janaab Pakal, Sak K'uk'부인의 아들, 서기 603년 3월 26일-서기 683년 8월 31일, 서기 615년-서기 683년 재위, 12세 즉위 80세 사망)의 석관무덤이 유명하다. 중남미에서 올멕과 몬테 알반(Monte Albán)에 이어 세계를 대표하는 세 번째 문명은 마야이다. 마야의 유적은 멕시코(유카탄 반도), 과테말라, 벨리즈, 영국령 온두라스의 저지대 정글에서부터 서부 온두라스의 고지대에까지 넓게 분포한다. 그 조사의 시작은 죤 로이드 스티븐스로부터이다. 마야의 기원은 고전기에 앞서는 포마티브기 또는 선고전기부터 시작된다. 현재까지 알려진 잘 알려진 도시는 과

테말라 치아파스(Yachilan/Yaxchilan,Chiapas Mexico)의 중심지인 팔렌퀘(Palenque), 페텐(유카탄 반도의 Petén), 치첸이차[El Castillo 신전이 있는 Chichén Itzá, 엘 카스티오(El Castillo) 치첸 이차(서기 800년-서기 1050년, 서기 1541년경/서기1690년 치첸 이차가 파괴당함)], 티칼[Tikal, Jasaw의 아들인 Yik'in Chan Kawil 왕(서기 734년-서기 760년) 때가 극성기로 서기 736년 경쟁자인 카라크믈(Calakmul)의 침입을 저지하고 서기 743년과 서기 744년에 El Peru와 Naranjo를 제거함]과 타진(Tajin) 정도이다. 그런데 기원전 200년경 올멕과 마야의 이자판 지역과의 접촉에 자극 받아 과테말라 중앙 저지대의 티칼과 와삭툰과 같은 곳에 피라미드가 처음 만들어진다. 최근 과테말라 열대우림 내 산바르톨로, 엘미라도르, 틴틸과 나크베 등지에서 선고전기의 피라미드의 축조가 확인된다. 곧이어 마야 건축의 특색인 코벨링(corbelling: 미케네의 무덤 천장에서 보이는 것과 같은 맞줄임 천장)이라는 초엽 구조도 나타난다. 티칼에 서기 292년 명이 새겨진 비석도 세워진다. 알베르토 루즈 루이에(Alberto RuzLhuiller, 서기 1949년-서기 1952년 발굴)에 의해 발견된 치아파스(Yachilan/Yaxchilan, Chiapas Mexico)의 중심지인 팔렌퀘 '비문 신전 피라미드' 지하납골당에 묻힌 6구의 순장과 함께 만들어진 파칼 왕의 석관무덤이 잘 알려져 있다. 그는 68년간 통치하다 서기 683년에 죽었다. 이 피라미드는 파칼 왕의 석관 표면에 새겨진 모습대로 마야인들의 산, 지하세계와 신화를 본뜬 것으로 알려지고 있다. 마야를 창조한 후나푸(Hunapú)와 사바란퀘(Xbalanqué) 쌍둥이 형제 신이 관장하는 동굴지하 저승세계로 그 입구는 희생의 샘으로 알려진 세노테(Cenote)이다. 그리고 그 밑 동굴에서 민물과 바닷물이 만나는 지점이 저승의 시작으로 여겨졌다. 이러한 이상적인 곳이 현재 유카탄 반도의 칸쿤(Cancuen)에 남아있어 과거 파칼 왕의 지하세계를 상징하는 비문 신전 피라미드의 모델이 되었을 것으로 알려지고 있다.

6. **치첸이챠의 先 스페인 도시**(Pre-Hispanic City of Chichén-Itzá: 문화, 1988): 서기 1541년 스페인군의 진입 이후의 유카탄(Yucatán) 반도의 후고전기(서기 900년-서기 1541년)의 마야 문명 유적인 엘 가스띠요(El Castillo)의 치첸 이차(서기 800년-서기 1050년)로 여기에는 마야와 톨텍 문명의 세계와 우주관이 돌로 만들어진 건축물에 구현되어

있다. 현재 남아 있는 건물은 戰士의 사원(Warrior's Temple), 엘 가스띠요(El Castillo)와 일 까라꼴(El Caracol)로 알려진 원형의 천문관측소, 엘 가스띠요의 치첸 이차 쿠쿨칸/퀘잘코틀(kukulcan/Quetzalctló) 신전/피라미드보다 규모가 작은 계단식 피라미드인 오사리오(Ossario), 그리고 엉덩이와 허벅지를 이용하여 울라마로 불리는 약 4kg 무게의 고무공을 벽에 부착된 원형의 고리에 넣는 공놀이(ball game)를 하는 대경기장(Great Ballcourt, 166m×68m) 등이다. 이는 단순한 공놀이가 아니라 신화 상의 지하세계를 관장하는 신인 후나푸(Hunapú)와 사바란퀘(Xbalanqué)란 쌍둥이 형제와 경기를 벌려 패자가 신에게 제물로 바쳐져 지하 저승 세계로 들어가는 당시 숭고한 의식의 일환인 것이다. 이외에도 촘판트리(Tzompantli, skull platform), 독수리와 재규어가 조각된 기단(The platform of Eagle and Jaguars), 궁성의 기단(The Platform of Venus), 탁자의 사원(The temple of table), 증기목욕탕(Steam bath), 희생 제단 차크물(Chac Mool), 전사의 사원(Temple of Warriors)과 남쪽의 列柱石群(Group of a thousand columns), 최고 성직자의 사원(The High Priest Temple)과 정부와 궁전의 복합건물체(La Iglesia in the las Monjas complex) 등이 중요하다. 서기 900년에서 서기 1541년경 스페인군[서기 1519년 에르난 코르테즈(Hernan Cortez)에 의해 아즈텍 멸망]의 유카탄 반도의 침입 때까지의 마야를 후고전기로 설정한다. 이 기간은 주로 멕시코의 유카탄 반도에 국한하며, 치첸 이차의 현재 다른 건물들과 27.5° 차가 있지만 금성(Venus)의 북쪽 위치를 정확하게 파악하는데 목적을 둔 까라꼴 천문관측소(El Caracol observatory temple)와 엘 가스띠요(El Castillo)로 알려진 쿠쿨칸(Kukulcan, 퀘잘코틀)의 신전이 대표적이다. 이 쿠쿨칸 신전은 일 년 365일을 상징하는 계단, 260일의 祭祀用 短曆, 1년을 18주기로 나누고 한 달 20일씩 해서 모자라는 5일을 마지막에 더하는 태양력, 52년 만에 돌아오는 일주기, 그리고 특히 하늘에서 기어 내려오는 듯한 그림자로 날개달린 뱀 쿠쿨칸(퀘잘코틀)을 묘사하는 3월 21일의 춘분(the vernal/springe-quinox)과 9월 23일의 추분(the autumnal equinox)까지도 고려되어 만들어졌다. 쿠쿨칸 신전의 건축에서 보는 바와 같이 마야는 북쪽의 톨텍이나 아즈텍의 영향을 많이 받는다. 또 톨텍으로부터의 침입도 있었다. 마야의 기록에 의하면 서기 987년에 쿠쿨칸(Kukulcan, 서기 10세기경 마야의 왕으로 추정되며, 키가 큰 백인으로 묘사됨. 잉카의 태양신 콘티키와도 유사함)이 많은 이방인을 데리고 온다는 전설이 있는데, 쿠쿨칸은 유카탄 마야어로 번역된 톨텍의 날개 달린 뱀의 신인 퀘잘코틀[Quetzalcoatl: 토필찐, 쿠쿨칸과 퀘잘코틀은 같은 신이나 마야, 톨텍과 아즈텍에서는 달리 부름. 그러나 중미 공통의 비(雨)의 신은 트라록임]과 동의어로, 이는 톨텍의 공격을 짐작할 수 있다. 이 시기에 마야판이 중심지이며 스페인군에 의해 점령되는 서기 1541년까지 이곳에 살던 마야인들 사이에 내분과 갈등이 많았던 모양이다. 그러나 치첸 이차와 마야판은 유카탄 반도에서 서기 1697년(서기 1690년 치첸 이차의 파괴)까지 마야의 전통과 명맥을 유지하였다. 아무튼 마야는 천문, 역법, 건축, 20진법, '0'의 개념, 상형문자 등의 새로운 고안에서 세계의 문명사에 커다란 공헌을 하였다. 마야를 창조한 후나푸와 사바란쿼 쌍둥이 형제 신이 관장하는 동굴지하 저승세계로 그 입구는 희생의 샘으로 알려진 세노테(Cenote)이다. 그리고 그 밑 동굴에서 민물과 바닷물이 만나는 지점이 저승의 시작으로 여겨졌다. 이러한 이상적인 곳이 현재 유카탄 반도의 칸쿤(Cancuen)에 남아있어 과거 파칼 왕의 지하세계를 상징하는 비문 신전 피라미드의 모델이 되었을 것으로 알려지고 있다. 이러한 생각은 서기 1701년 마야 종교의 중심지인 치치카테낭고(Chichicatenango) 교회에서 발견된 마야인의 성경에 해당하는 포풀 부(Popol Vuh)의 필사본에서 비롯된다. 북부 저지대 유카탄(Yucatán) 반도의 치첸 이차(Chichén-Itzá)나 코즈말(Cozmal)의 후기마야인들은 가뭄이나 정신적 압박감(스트레스)이 올 때 산성비가 석회암반층에 스며들면서 貯水漕 또는 연못 모양으로 형성된 세노테(Cenote) 안의 비의 신인 트라록(chac/chaacs)에 人身供養(특히 남자 어린아이)과 금과 같은 귀중품을 奉納함으로써 제사를 지내었다. 이곳이 바로 마야인들이 들어갈 사후세계인 저승의 지하입구도 겸했다. 이는 서기 16세기 디에고 데 란다(Diego de Landa) 신부의 기록이나 서기 1904년 에드워드 톰슨(Edward Herbert Thomson)의 발굴에서도 확인된다. 그리고 서기 2008년 8월 22일 멕시코의 수중고고학지인 데 안다(Guillermo de Anda) 팀에 의해 유카탄 반도에서 돌로 쌓은 신전이나 피라미드가 있는 14개의 지하동굴이 조사되었는데 건물지 이외에 인골과 토기편들도 발견되기도 하였다. 이들은 저승세계의 입구인 지하동굴들로 지하세계의 여행을 말하는 포풀부 성경의 신화와 전설을 확인시켜 주고 있다.

서기 600년-서기 900년은 고전기 후기로, 美的인 발전이 이루어진다. 조각과 건축도 화려해지며 지방적인 양식도 이루어진다. 유카탄 북쪽의 치첸 이차나 욱스말에서 서기 9세기경 지붕에 닭 벼슬 모양의 장식이 가미된 독특한 푸욱 양식의 건물이 세워진다. 그러나 어떤 이유에서인지 몰라도 서기 9세기-서기 10세기에 저지대 마야의 의례중심지는 폐기되고 고전기 후기도 끝난다.

7. **구아나후아토 타운과 주변 광산지대**(Historic Town of Guanajuato and adjacent mines: 문화, 1988): 스페인이 서기 1554년에 건설하여 서기 1741년에 도시로 승격한 銀鑛지구로 지하 600m에 이르는 坑道로 지하거리(Subterranean street, Bocadel Inferno)가 있다. 이곳에는 신고전주의양식으로 지어진 도시의 여러 건물들과 함께 바로크 양식으로 지어진 캄파니아(La compañia)와 발렌시아나(La Valenciana) 성당이 잘 알려져 있다.

8. **모렐리아 역사지구**(Historic Centre of Morelia: 문화, 1991): 미코아칸(Michoacán) 주의 州都인 모렐리아는 서기 1541년 5월 8일 안토니오 데 멘도자(Antonio de Mendoza)에 의해 '미코아칸의 신도시'로 건립되었고 서기 1578년에는 발라돌리드(Valladolid)로 개칭되었다. 또 서기 1580년에는 근처의 파추쿠아로(Pátzucuaro)로 遷都했다. 식민지 시절 여러 종파의 교단에서 스스로 도시를 세웠는데 모렐리아에도 바로크 양식으로 지어진 모렐리아 대성당(서기 1577년), 서기 1785년과 1789년 사이 프레이 안토니오 데 상 미구엘(Fray Antonio de San Miguel)에 의해 설치된 상수도 시설, 총독의 관저, Clavijero 궁전, 교회와 수도원, 로코코 양식의 산디에고 교회(Templo de San Diego, Santuario de Guadalupe), 중남미 최초의 음악학교(Conservatorio de Michoac de las Rossa Morelia), 아르마 광장(Plaza de Armas), 박물관(서기 1886년)과 같은 멕시코 예술과 문화를 대표하는 여러 건물들이 들어서게 되었다. 이곳은 또 서기 1765년 이곳에서 태어나서 서기 1828년 9월 12일 이 도시의 이름이 연유한 호세 마리아 모렐로스 이 파본(José Maria Morelos yi Pavón)는 미구엘 이달고 이 코스테야(Miguel Hi-

dalgo y Costella)와 함께 서기 1810년 스페인으로부터 독립전쟁을 일으켰다. 역사지구는 중심에 150 블록에 1,000개가 넘는 건물과 유적을 포함하고 있으며 그중에는 핑크빛의 돌로 지어진 건물들이 특색이 있어 핑크빛의 도시 'Ciudad de las Canteras Rosas'란 이름을 얻게 되었다.

9. 엘 타진 先 스페인 도시(El Tajín, Pre-Hispanic City: 문화, 1992): 베라크루즈(Veracruz) 주에 위치한 테오티우아칸(Teotihuacan, 기원전 2세기~서기 750년)의 멸망 이후 중미 동북부지역의 중요한 서기 600년~서기 1230년의 도시유적으로 이 문화의 영향은 멕시코 만과 마야 지역, 중앙멕시코의 고원지대까지 이르며 서기 1521년 스페인 군이 들어오기 이전에 존재했던 멕시코의 화려하고 중요한 문화를 보여준다. 기둥과 벽에 정교하게 조각한 浮彫로 알려져 있으며 천문관측소의 기능을 갖고 있는 니치의 피라미드(Pyramid of the Niches), 가슴, 무릎, 엉덩이와 허벅지를 이용하여 올라마로 불리는 약 4kg 무게의 고무공을 벽에 부착된 원형의 고리에 넣는 공놀이를 하는 대경기장(the North and South Ball Courts), 궁전(palaces of Tajín Chico) 등의 건물이 남아있다. 그러나 단순한 공놀이가 아니라 광대버섯[Amanita muscaria var. formosa(Pers.: Fr.) Bert. 영어속명은 Fly Amanita, Yellow Orange Fly Agaric, 또는 Soma이며, 이 광대버섯은 미 동부지역에서 돋는 변종이다]에서 추출한 환각제를 마시면서 신화 상의 지하 세계를 관장하는 신인 우나푸(Hunapú)와 사바란퀘(Xbalanqué)란 쌍둥이 형제와 경기를 벌려 패자가 신에게 제물로 바쳐져 지하 저승세계로 들어가는 당시 숭고한 의식의 일환인 것이다.

10. 시에라 데 샌프란시스코 암벽화(Rock Paintings of the Sierra de San Francisco: 문화, 1993): 시에라 데 산프란시스코(El Vizcaino와 Baja California) 바하 케리포니아 반도 지구의 약 250군데에서 발견되는 기원전 1100년~서기 1300년에 바위 벽이나 천장에 그려진 岩壁畵로 건조한 기후와 사람이 접근하기 어려움 때문에 잘 보존되어 있다. 암벽화 중에는 인간과 자연환경과의 관계를 나타내는 주술-종교적인 것과 무기, 토기, 표범, 삵괭이(스라소니), 사슴, 야생 염소와 양, 거북, 참치, 정어리, 문어, 독수리와 펠리칸(사다새) 등의 많은 동물들이 그려져 있는데 그중 흑등고래

(humpback whale)의 그림이 잘 알려져 있다. 이곳은 서기 18세기 예수회 교단의 프란시스코 사비에(Francisco Javier)에 의해 발견되었으며 이 그림들은 지금은 사라져 버렸지만 당시 이곳에 살던 코치미(Cochimi)나 과치미(Guachimis)족들이 그린 것으로 추정된다.

11. **자카테카스 역사 지구**(Historic Centre of Zacatecas: 문화, 1993): 풍부한 銀鑛脈이 발견된 서기 1546년 건설되어 사람이 모여든 서기 16세기-서기 17세기에 번영한 도시로, 은광이 있는 좁은 계곡에는 서기 1730년-서기 1760년에 건립된 사치스런 바로크 양식의 외관을 가진 성당을 비롯해 옛날 가옥과 건물들이 줄지어 서 있으며 주변 경관도 무척 좋다. 서기 1556년부터 서기 1783년까지 45,000 톤의 은이 채굴되고 그중 9,000톤이 스페인 황실로 들어갔다고 하는 남미 볼리비아의 포토시 광산과 함께 이곳의 銀은 스페인 군함과 마닐라 범선(갈레온)을 통해 전 세계로 퍼져나갔다. 특히 스페인 戰費를 이곳의 은으로 거의 充當했다고 한다.

12. **포포카테페틀의 서기 16세기 수도원**(Earliest 16th Century Monasteries on the Slopes of Popocatépetl: 문화, 1994): 멕시코 시 동남방 포포카테페틀의 경사면에 위치한 14개의 수도원들은 토착민들을 기독교로 개종시키려는 목적으로 이곳에 온 초기 선교사들인 프란시스코, 도미니크, 아우구스트 교파들에 의해 지어진 것으로 서기 16세기 초기의 모습을 그대로 간직하고 있다. 이 건물들은 수도원에서 공간의 개념을 중요시한 새로운 건축양식으로 멕시코 전역의 수도원을 짓는 범본이 되어왔다. 수도원은 Dominican convent of Tepoztlán(서기 1559년-서기 1580년), Franciscan convent and cathedral of Cuernavaca(서기 1533년-서기 1538년), Augustinian convent of Atlatlauhcan(서기 1570년-서기 1600년), Augustinian and franciscan convent of Yecapixtla(서기 1525년경), Franciscan convent of Huejotzingo(서기 1570년), Franciscan convent of Calpan(서기 1548년), Franciscan convent of Tochimilco(서기 16세기 경) 등이다.

13. **궤레타로 역사기념물지대**(Historic Monuments Zone of Querétaro: 문화, 1996): 멕시코 시 서북 257km 떨어진 서기 17세기-서기 18세기 건립된 스페인 식민지 도시로

방격형으로 구획된 거리에 안으로는 앞서 이곳에 살았던 오토미(Otomi), 타라스코 (Tarasco), 치치멕(Chichimeca)의 토착민들의 구불구불한 골목길이 공존한다. 이곳은 멕시코와 퓨에블라 다음의 세 번째로 큰 도시이다. 이곳에는 엘 퓨에브리토(El Pueblito) 피라미드, 산 프란시스코(San Francisco) 교회와 水道橋 등이 남아있다.

14. 욱스말 先-스페인 도시(Pre-Hispanic town of Uxmal: 문화, 1996): 유카탄 반도에 서기 700년-서기 1000년경 인구 25,000명이 살았던 마야 문명 말기의 유적으로 마야인들의 천문학적 지식을 보여준다. 스페인인들이 부른 것처럼 수트세이어 (Soothsayer) 피라미드는 비의 신인 챠크(Chaak)를 묘사하는 상징적인 주제나 조각 이 잘 나타나 있다. 욱스말, 카바(Kabah), 라브나(Labna)와 사일(Sail)의 儀禮중심지 들은 마야인들의 예술과 건축의 정점을 보여준다. 여기의 유적들은 The Governor's Palace, The Adivino or Pyramid of the Magician, The Nunnery Quadrangle, A large Ballcourt, North Long Building, House of the Birds, House of the Turtles, Grand Pyramid, House of the Doves, South Temple 등이다.

서기 600년-서기 900년은 고전기 후기로, 美的인 발전이 이루어진다. 조각과 건축도 화려해지며 지방적인 양식도 이루어진다. 유카탄 북쪽의 치첸 이차 (Chichén Itzá)나 욱스말에서 서기 9세기경 지붕에 닭 벼슬 모양의 장식이 가미된 독 특한 푸욱 양식의 건물이 세워진다. 그러나 어떤 이유에서인지 몰라도 서기 9세 기-서기 10세기에 저지대 마야의 의례중심지는 폐기되고 고전기 후기도 끝난다. 알려진 바로는 팔렌퀘는 서기 799년경, 코판은 서기 819년경, 그리고 티칼은 서 기 879년경에 망한다. 여기에 대하여는 화전농경으로 인한 토지의 척박, 마야 언 어를 사용하는 투툰족의 침입 그리고 한발과 같은 이유, 다시 말해 과다한 벌목, 질병과 호전성 등이 거론되고 있으나 아직 어느 것 하나 만족한 답을 주지 못하 고 있다. 그리고 마야의 멸망시기와 거의 일치하는 유카탄 반도에 찾아든 3, 6, 9 년 단위의 혹독한 가뭄을 들기도 한다. 최근에 마야의 멸망에 대해 왕에 대한 백 성의 믿음이 결여될 때를 그 이유로 들기도 한다. 즉 치아파스/야칠란(Yachilan/Yaxchilan, Chiapas Mexico)의 상인방돌(Lintel 24)에 새겨진 서기 709년 10월 28일 표범왕과 왕후인 소크(Xoc)가 행했던 것처럼 왕은 가오리 뼈로 만든 칼로 왕 자신의 성기를 찔러 性器放血(bloodletting)을 하고, 왕비의 경우 혓바닥을 찔러 피를 내어 그것을 하늘을 향해 태워 신에게 제사를 지내는 종교적 믿음과 신앙에 기초함에도 불구하고, 마야의 멸망은 마야의 왕 겸 제사장이 이웃과의 전쟁에 패하거나 또 서기 800년경의 심각한 가뭄과 같이 자연환경이 척박해져 일어나는 흉년으로 백성들이 왕을 떠나 신전과 궁궐이 중심이 되는 도시국가도 아울러 폐기되는 주위의 모든 일련의 과정에 대한 모든 책임을 지는 것에서 찾아진다. 그러한 性器放血은 기원전 100년 과테말라의 열대우림 내 산바르톨로 피라미드의 벽화에서도 발견되었다.

15. 과달라하라의 호스피시오 카바나스(Hospicio Cabañas, Guadalajara: 문화, 1997): 서기 1791년 세기 초에 과달라하라의 대주교가 건립한 불구자, 고아와 노인들을 돌보기 위한 병원, 고아원, 양로원으로 그 이름을 서기 1796년 감독자로 와서 건축가인 마누엘 톨사(Manuel Tolsá)에게 이 건물을 짓도록 한 Juan Ruiz de Cabañs에 따랐다. 이 건물은 164m×145m로 단층이며 높이는 7.5m이다. 그러나 교회는 높이 15m이고 돔까지는 32.5m에 이른다. 이 건물은 당시로서는 최초의 자선사업 건물이며, 또 서기 20세기 초 이 건물 내부에 멕시코 최고 예술가였던 호세 클레멘테 오르조 코(José Clemente Orozco)의 벽화가 있어 더욱 유명해졌다.

16. 파큄 카사스 그란데스 고고유적지(Archeological zone of Paquimé Casas Grandes: 문화, 1998): 서기 1130년–서기 1300년 사이에 존재했던 카사 그란데의 파큄은 다층의 아파트에 2,500명 이상이 거주하던 서기 14세기에 최고 절정을 이루어 미국 남서부 푸에블로 족[Pueblo, 리오그란데 강 지류인 The Red Willow Creek 또는 Rio Pueblo 사이에 위치한 푸에블로 데 타오스(Pueblo de Taos)의 경우 대개 서기 1000년–서기 1450년 사이에 존재]와 북부 멕시코나 좀 더 발전한 문명권과 교역을 통 한 문화접촉을 했던 고고학 유적으로 극히 일부만 발굴된 상태이다. 이 발굴을 통해보면 이곳 주민들은 자연환경과 경제적인 讀所에 적응을 잘하였던 모양이고 서기 1521년 스페인군들이 들어올 무렵 사라져 버렸다. 이곳의 유적에서 엉덩이와 허벅지를 이용하여 울라마로

불리는 약 4kg 무게의 고무공을 벽에 부착된 원형의 고리에 넣는 공놀이를 하는 대경기장(Ballcourt), 돌로 둘러싸인 기단 面石, 흙을 돋아 올려 동물, 상징, 종교적 형태를 만드는 구릉(effgy mound), 시장, 정교한 저수시설 등이 보이며, 구리방울과 구리 장신구, 바다조개로 만든 구슬 등의 전문장인의 존재, 무역망과 관련 있는 광범위한 범위를 포함할 수 있는 여러 종류의 토기의 제작 등이 확인된다.

17. **트라코탈판 역사기념물지역**(Historic Monuments zone of Tlacotalpan: 문화, 1998)：멕시코 만 베라쿠루즈(Veracruz) 파파로아판(Papaloapan) 강둑에 자리 잡은 스페인 식민지 항구도시인 트라코탈판은 서기 16세기 중엽에 건설되어 넓은 대로, 양식과 색깔이 사치스러운 柱廊이 있는 집, 야외 공공시설과 개인의 정원에 심어져 있는 무성한 나무 등 원래의 도시 구획과 스페인과 카리비안의 양식이 결합된 건물들이 잘 남아있다.

18. **캄페체 요새도시**(Historic Fortified Town of Campeche: 문화, 1999)：서기 1540년 스페인 점령자들이 San Francisco de Campeche란 이름으로 앞서 마야인들이 살던 캄페체(Canpech 혹은 Kimpech)란 도시 위에 세운 '항구요새도시'로서 육지와 카리브 바다로부터 공격해오는 적군이나 해적들을 방어하기 위해 요새를 쌓았는데 스페인인들은 요새(성벽)안에 토착민들은 산 프란시스코(San Francisco), 과달루페(Guadalupe)와 산 로만(San Román 성벽)의 관문 근처에서 살았다. 남아있는 성채(보루)는 다음과 같다.

Santiago: 'Xmuch'haltún'이란 이름의 식물원으로 사용되다가 복원이 되었다.

San Pedro: 옛날의 형무소

San Francisco: 육지로부터 오는 공격을 방어하는 성채

San Juan: 육지로부터 오는 공격을 방어하는 성채

Nuestra Señora de la Soledad: 바다로부터 오는 공경을 방어하는 성채로 가장 크고 도시 역사박물관으로 이용되고 있다.

San Carlos: 도시 박물관이 있으며 이 요새는 바다로부터 오는 공격을 방어하는 성채로 제일 먼저 만들어졌다. 바다로 향한 관문을 보호한다.

Santa Rosa

19. 소치칼코 고고학 기념지역(Archaeological Monuments Zone of Xochicalco: 문화, 1999):
Culmavaca 서남향 38㎞ 떨어진 모렐로스(Morelos) 서쪽에 위치한 서기 700년-서
기 1000년경의 테오티우아칸(Teotihuacan), 몬테 알반(Mont Albán), 팔렌크(Palenque)
와 티칼(Tical)의 멸망 직후 들어선 고전기 후기(Epiclassicperiod)의 고고학 유적으로
소치칼코의 전성기는 테오티우아칸의 멸망 바로 뒤를 잇기 때문에 소치칼코가
테오티우아칸 제국의 멸망에 모종의 역할을 했다고 믿게 된다. 건물과 圖像도 테
오티우아칸, 마야와 유사하다. 그리고 테오티우아칸 제국은 多文化의 도시를 형
성했기 때문에 그러할 가능성이 많다. 소치칼코의 중요한 의례중심지는 인공적
으로 쌓아 올린 구릉 위에 다른 종속건물들과 함께 있다. 이 유적은 기원전 200년
까지 거슬러 올라가나 대개 서기 700년-서기 1000년 사이에 속한다. 한때의 인구
는 2만 명에 달했다. 현재 천문관측소(Asrtonomical observatory), 대경기장(Ballcourt),
깃털 뱀의 신전(Temple of Fearher Serpent) 등이 남았다.

20. 칼라크물, 캄페체의 고대 마야 도시(Ancient Maya City of Calakmul, Campeche: 문
화, 2002): 과테말라와 경계 안쪽 30㎞ 떨어진 멕시코 남쪽 페텐(Petén) 분지 안 티에
라 바하(Tierras Bajas)의 1,300년간(기원전 400년-서기 900년) 지속해온 고대 마야의 큰
도시 중의 하나인 칼라크물(또는 Kalakmul)로 Tical과 경쟁 상태에 있었던 칸(Kan)일
가능성이 있다. 이 도시는 아직 발굴이 되어 있지 않다. 현재 확인유적들은 시대
미상의 Yuknoom Ch'een I, c.520-546: Tuun K'ab' Hix, c.561-572: 공중에서만
확인, 572-579: First Axewielder, 579-c.611: Scroll Serpent, c.619: Yuknoon
Chan, 622-630: Tajoom Uk'ab' K'ak', 630-636: Yuknoom Head, 636-686: Yu-
knoom Che'en II "Yuknoom the Great"(55m 높이), 686-c.695: Yuknoom
Yich'aak K'ak', c.695: Split Earth, c.702-c.731: Yuknoom Took 'K'awil, c.736:
Wamaw K'awil, c.741: Ruler Y, c.751: Ruler Z, c.771-c.789: B'olon K'awil,
c.849: Chan Pet, c.909: Aj Took' 등이다.

21. 콰레타로의 시에라 고르다의 프란치스코 선교본부(Franciscan Missions in the

Sierra Gorda of Querétaro: 문화, 2003): 멕시코 중앙토착민들에게 기독교 전파를 위한 마지막 기지로 프란시스코 교단의 후니페로 세라(Junípero Serra)가 서기 18세기 중엽에 만들었는데 이는 미국의 칼리포니아, 아리조나와 텍사스에 세운 Santiago de Jalpan, Nuestra Serra de la Luz de Tancoyol, Santa Maria del Agua de Landa, San Francisco del Valle de Tilaco, San Miguel Concá in Arroyo Seco의 다섯에 기지에 이은 것이다. 교회의 모습은 외부장식이 화려하고 토착민들의 문화도 수용하여 건물에 반영하고 있어 지방색이 많이 나고 있다.

22. 루이스 바라간의 집과 작업장(Luis Barragán House and Studio: 문화, 2004): 멕시코시 근교 세계 2차 대전 후 멕시코 20세기 최대 건축가인 루이스 바라간(서기 1902년 -서기 1988년)의 1161㎡의 넓이에 콘크리트로 서기 1948년에 지어진 지하 1층과 지상 2층의 집, 정원과 기념물이 세계문화유산으로 등재되어 있다. 바라간의 작품은 근대와 전통적인 예술 그리고 여기에 鄕土色의 경향도 잘 종합하고 있어 당대에 만들어진 정원, 광장과 조경에 많은 영향을 끼쳤다.

23. 용설란 재배지 경관 및 구 데킬라 공장 유적지(Agave Landscape and Ancient Industrial Facilities of Tequila: 문화, 2006): 데킬라 화산 산록과 리오 그란데(Rio Grande) 강 계곡 마을의 34,658㏊의 용설란(선인장) 재배지로 서기 16세기부터 데킬라 술의 주정, 발효음료, 옷감을 만들던 곳으로 서기 19세기-서기 20세기 국제적 수요가 많아져 매우 분주한 곳이 되었다. 여기에는 주거구역, 푸른 용설란이 자라는 밭, 데킬라, 아레날(Arenal)과 아마티안(Amitian) 도시의 술을 발효·증류하는 작업장 등을 포함한다. 그리고 서기 200년-서기 900년 사이 이곳에 살면서 용설란 경작지, 신전, 주거지, 대경기장(ballcourt) 등을 남겨놓은 테우치트란(Teuchitlan) 사람들의 흔적도 남아있다. 멕시코에서는 용설란이 역사적으로 매우 중요하다. 아즈텍인들은 용설란에서 아구아미엘이란 용액을 발효시켜 포로에게 환각제를 섞어 먹이고 난 후 제단에서 黑曜石製 칼로 살해하고 심장을 꺼내 사방의 신에게 바치고 머리는 떼어 따로 보관하는 모습을 코텍스나 신전의 벽에서 쉽게 찾아볼 수 있다. 그리고 용설란에서 술을 비롯해 옷을 만드는 실, 빨래비누 등도 만든다. 멕시코 원

주민들은 지금도 용설란에서 실생활에 필요한 많은 도움을 받고 있다.

24. 국립대학(UNAM) 중앙대학 도시 캠퍼스(Central University City Campus of the Universidad Nacional Autónoma de México (UNAM): 문화, 2007): 서기 1551년 9월 21일 설립되었지만 서기 1949년-서기 1952년 다시 건물을 짓기 시작한 멕시코 시 남부 코요아칸에 위치한 National Autonomous University of Mexico(UNAM) 건물 중 중앙캠퍼스인 Ciudad Universitaria(University City)는 Mario Pani와 Enrique del Moral이 대표되는 60명의 설계사, 건축기술자와 예술가들에 의해 설계, 시공과 장식이 이루어지고 서기 1954년에 완공되었다. 이곳에는 60여동 이상의 건물과 연구소가 들어차 있는데, 도시, 건축, 예술과 조경이 어우러진 서기 20세기의 모더니즘을 대표하는 독특한 대학건물이다. 그중 중요한 것은 올림픽 경기장(Olympic stadium), 다비드 알파로 시퀘이로스(David Alfaro Siqueiros)의 벽화로 장식된 敎區棟(Rectorate Tower), 후안 오 고만(Juan O'Gorman)의 벽화가 있는 중앙도서관, 박물관 등이 포함되어 있다. 이와 같은 예로는 미국 제 3대 대통령 토마스 제퍼슨(서기 1743년-서기 1826년)이 버지니아 주 샤롯테빌 (Charlottesville) 근교 자기 소유의 땅에 세운 버지니아 대학과 캠퍼스(서기 1817년-서기 1826년)와 베네수엘라 건축가 비아누에바(Carlos Raúl Villanueva)가 설계한 베네수엘라 카라카스 대학건축물(서기 1940년-서기 1960년)이 있다.

25. 왕립 내륙 철도(Camino Real de Tierra dentro: 문화, 2010): 은의 길(Silver Route)로 알려져 있는 왕립 내륙철도(The Royal Road of the Interior Land)는 멕시코 시 북쪽에서 미국 텍사스와 뉴멕시코 주의 산 후안 퓨에블로(San Huan Pueblo)까지 전장 2,560km 중 멕시코 1,400km의 구간에는 55개소의 유적과 5개소의 세계문화유산을 지난다. 이 철길은 서기 1598년부터 서기 1882년까지 과거 300년간 자카테카스(Zacatecas), 관후아토(Guanajuato), 산 루이스 포토시(San LuisPotosi)에서 채굴한 銀과 유럽에서 수입된 水銀의 운송을 위한 활발한 무역로가 되어 왔다. 비록 鑛業에 의해 동기가 부여되고 강화되긴 했지만 스페인과 미국 사이에서 사회, 문화와 종교적 연관성을 촉진시켰다. 미국 측의 646km 구간도 서기 2000년 10월 13일 국립역사철로(Na-

tional Historic Trail)로 지정되었다.

26. 산 미구엘의 보호도시와 제수스 나자레노 데 아토토닐코의 聖域(Protective town of San Miguel and Sanctuary of Jesús Nazareno de Atotonilco: 문화, 2008): 요새화된 산 미구엘(San Miguel de Allende)의 역사도시는 자카테카스(Zacatecas)로부터 출발한 국제적 王道(Camino Real, royal road)로 안티구오 카미오 레알(Antiguo Camino Real)의 도중 기착지이며 이 길을 보호하기 위해 서기 1542년에 세워졌다. 이 도시가 정점을 이루는 서기 18세기에 종교적으로도 또 도시의 훌륭한 건물들이 멕시코 바로크 양식으로 만들어졌다. 이 중 몇 건물은 바로크에서 신고전주의 양식으로 발전하는 과도기 양식의 걸작으로 보인다. 제수스 나자레노 데 아토토닐코의 성역은 산 미구엘로부터 14㎞ 떨어져 있으며 신 스페인 바로크 양식의 예술과 건물로 잘 알려져 있다. 그중에는 로드리게즈 후아레즈(Rodriguez Juárez)의 油畵와 미구엘 안토니오 마르티네즈(Miguel Antinio Martinez)의 壁畵가 있는 대규모의 성당과 작은 예배당들이 있다. 이곳은 스페인, 크리오울(Creole, 남미로 이주한 스페인인들의 후손), 아메린디안(스페인과 남미 토착인의 혼혈인 메스티죠 문화(mestizo culture)]들이 서로의 문화를 교환하는 곳이었다면 제수스 나자레노 데 아토토닐코의 성역은 유럽과 라틴아메리카 문화의 교역장이었다. 성 이그네이셔스 로욜라(Ignacio Loyola)의 예수회 회원(Jesuit peripatetic mission) 교리를 보여주고 있다.

27. 와하카 중부 계곡의 야굴과 미트라 선사시대 동굴유적(Prehistoric Caves of Yaguland Mitla in the Central Valley of Oaxaca: 문화 2010): 아열대의 와하카 중부 트라코루아(Tracolua) 계곡의 야굴과 미트라 선사시대 동굴과 岩陰 주거유적은 훨씬 이전 선사시대 초기 농경인들과 관련이 깊어 이 지역은 북아메리카 식물재배의 요람으로 생각된다. 이곳의 길라 나퀴츠(Guila Naquitz)는 조그만 동굴로 기원전 8000년에서 기원전 6500년에 속하며 수렵·채집인들이 거주하였다. 동굴의 퇴적층에서 소나무, 선인장, 팽나무 열매를 비롯해 야생종의 병 호박, 호박(cucurbitaceae seeds), 옥수수(maize cob)와 콩이 발견되었다. 그리고 미트라 유적에서는 무덤, 석판, 壁龕과 벽에 암각화로 새겨놓은 모자이크 화된 雷文세공과 기하학적 문양이 있으며 이

는 회반죽이나 접착제 없이 근동지방의 결합도구(composite tool)모양처럼 잘게 자르거나 간돌편의 돌날을 맞추어 놓은 도구를 이용하였다. 구석기시대 이후 인간이 자연환경에 적응하여 생존 전략을 훌륭히 이루어낸 곳으로 생각된다.

28. 水銀과 銀의 아말감(合金)-산 루이스 포토시(The Mercury and Silver Bionomial, Almadén and Idrija with San Luis Potosí: 문화, 2010): 水銀과 銀의 아말감(合金)방법이 알려진 후에서 산 루이스 포토시의 은과 알마덴과 이드리자의 수은을 가지고 바다와 육지를 잇는 국제적 王道(Camino Real, royal road)라는 무역로가 중요한 역할을 해왔다. 스페인의 알마덴과 슬로베니아의 이드리자는 수은이 많이 나오는 산으로 산 루이스 포토시의 은과 합치면 세 도시의 광산지역 상호 간의 교역과 연결망이 형성이 되고 오늘날까지 이어오는 가치 있는 무형의 자산이 형성되어 기술, 경제, 사회, 문화적 교류로 발전되게 되었다. 이드리자 수은광산은 스페인의 알마덴 광산 다음으로 세계에서 두 번째로 크고 슬로베니아 역사상 500년간이라는 장기간 채굴한 가장 중요한 광산이다. 그래서 수 세기 동안 이드리자 광산은 과학과 기술의 발전에서 중요한 역할을 해왔다. 辰砂鑛石을 녹여 수은을 채취해 세계의 13%를 공급해왔다. 水銀은 과학, 의학, 기술과 사업에 유용한 다양한 용도를 지닌 물질이다. 산 루이스 포토시 광산은 다섯의 인디안 마을에 둘러싸여 있는 척박한 자연환경을 가진 지역으로 이 도시의 발생은 24㎞ 떨어진 체로 데 산 페드로(Cerro de San Pedro)이다. 여기에는 주지사의 관저와 행정중심지인 Casa Reales, 서기 18세기의 레알 쿠하(Real Cuja) 건물, 행정사무실과 개인주택, 산 루이스 포시의 레알 쿠하(Real Cuja)에서 시작하는 수은과 은의 수송로, 산프란시스코 성당(서기 1718년), 프란시스코 수도원(서기 17세기), 산 아구스틴 교회(서기 17세기), 콤파니아(Compañia) 예수회 대학(서기 17세기), 베아테리오(Beatrio, 서기 18세기)와 산후안 데 디오스 교회(서기 18세기), 카르멘 교회와 수도원(서기 18세기) 등 서기 16세기-서기 18세기의 건물들과 광산복합단지, 광장 등이 많이 남아있다.

모로코 MOROCCO

1. **페즈의 메디나**(Medina of Fez: 문화, 1981): 서기 9세기경 건립된 성벽으로 둘러싸인 도시로 세계에서 가장 오래된 대학이 있는 페즈(Fez)는 마리니드(Marinid) 지배하의 서기 13세기-서기 14세기에 전성기를 맞았다. 이스람의 도시인 메디나 페즈(Marrakesh에서 옮겨옴)에는 이 시기에 속하는 교육기관, 궁전, 주택, 隊商의 숙소, 사원, 분수 등의 중요한 문화유적들이 산재하고 있다. 비록 모로코의 행정수도가 서기 1912년 라바트(Rabat)로 천도해 갔지만 이곳은 아직도 문화·정신적인 중심지로서의 지위를 잃지 않고 있다. 이곳에 남아있는 중요한 문화유적은 Bou Inania Madrasa(교육기관, 서기 1351년-서기 1356년), Al-Attarine Madrasa(교육기관, 서기 1323년-서기 1325년), University of Al-Karaouine(대학, 서기 859년), Zaouia Moulay Idriss II(靈廟, shrine), Dar al-Magana(물시계, 서기 1357년) 등이다.

2. **마라케쉬의 메디나**(The Medina of Marrakesh: 문화, 1985): 서기 1070년-서기 1072년에 알모라비드(Almoravids)에 의해 건설된 정치·경제·문화의 수도로 서구 무스림 세계에서 안달루시아에까지 영향이 미쳤다. 이 시대에 지어진 Koutou biya 사원, Kasbash(조그만 도시인 메디나, 요새), 총안이 있는 성벽과 기념문이 남아 있다. 후에 지어진 건물로는 Bandiâ 궁전, Ben Youssef Madrasa 학교, Saadian 무덤, 저택, Jamaâ 궁전과 야외극장 등이 남아있다.

3. **아이트-벤-하도우**(Ksar of Ait-Benhaddou: 문화, 1987): 마라케쉬 남쪽 Ouarzazate 30km에 위치한 서기 11세기에 지어진 전통적인 원시 사하라인들의 성채와 거주지로 야외촬영지로도 이용되고 있다. Ksar/Kasar는 소형 전통가옥이 모여 있는 마을을 의미한다.

4. **메크네스 역사도시**(Historic city of Meknes: 문화, 1996): 메크네스는 서기 11세기 알모라비드(Almoravids)가 군사적 주거요새로서 설립하였는데, Alaouite 왕조의 수도로서 슐탄 모레이 이스마일(Moulay Ismail, 서기 1672년-서기 1727년)의 지배 때 서기 17세기의 소국가들인 마그레브(Maghreb, 20세기 근대국가가 출현하기 이전 모로코, 알제리, 튀니지, 리비아, 모리타니아의 북아프리카 다섯 나라에서 사용되는 조그만 나라의 개념)에 큰 문

을 가진 스페인-무어 양식의 건물들이 섞여 조화를 이룬 인상적인 도시로 바꾸어 놓았다. 메크네스는 25㎞의 성벽으로 둘러싸여 있으며 Bab Mansor 같은 문들이 나 있었다. 그 안에는 80여종의 문화유적이 있는데 그중 사원, 교육기관, 목욕탕, 隊商들의 숙소 등이 중요하다.

5. **볼루빌리스 고고학지역**(Archaeological Site of Volubillis: 문화, 1997): 메크네스 근처 기원전 3세기 신석기시대 위층에 자리 잡은 카르타고의 집자리 위에 다시 건설된 모리타니아(Maurerania)의 수도는 로마제국의 서쪽 중요한 전초기지가 되고 모리타니아로 불리는 로마의 아프리카(Roman Africa)의 행정적 중심지로 아름다운 건물들로 뽐내었다. 이 유적은 비옥한 농업지대에 위치해 많이 남았다. 로마인들은 서기 3세기 말 이곳으로부터 철수하였다. 그리고 서기 4세기에는 지진으로 이 도시가 파괴된 모양이다. 볼루빌리스는 서기 788년 이드리시드(Idrisid) 왕조를 건설한 이드리스(Idris) I세의 수도가 되었고 그도 서기 791년 죽어 그 옆 모레이 이드리스(MoulayIdris) 시에 묻혔다. 여기에는 쥬피터 신전과 성당 등이 남아있다.

6. **테투안의 메디나**(The Medina of Tétouan-formerly known as Titawin: 문화, 1997): 서기 8세기 이후 모로코와 안달루시아(Al-Andalus)와의 접촉을 위한 중요한 역할을 했던 이스람 시기의 중요한 도시로 스페인의 국토회복운동[Reconquista/reconquest: 이 스람의 기독교 서고트 왕국(Visigoth) 렉카레르 I 세부터-아르도왕까지, 서기 586년-서기 721년]에서 쫓겨난 안달루시아의 난민이 세운 것으로 안달루시아의 영향을 많이 볼 수 있다. 그리고 그라나다가 서기 1492년 마지막으로 스페인의 영토로 편입되자 그라나다의 난민들이 와서 다시 재건하였다. 여기에는 대리석으로 만든 분수, 벽의 조각과 칠, 마룻바닥, 기둥, 초석 등에서 스페인의 그라나다(Alhambra of Granada)에서 사용되던 수법을 그대로 엿볼 수 있다. 그리고 밖으로부터의 영향을 받지 않아 당시 전통적인 가옥들의 모습을 그대로 보존하고 있는 역사적 도시이다.

7. **에사우리라의 메디나**[Medina of Essaouira(formerly Mogador): 문화, 2001]: 요새라는 의미의 에사우리라(옛 이름은 안전한 항구라는 의미의 모가도르임)는 서기 18세기 후반 술탄 모하메드 III세가 불란서 건축기사인 테오도르 코르누(Théodore Cornut)를 지휘

해 유럽의 군사건물양식을 그대로 모방하고 스페인 대포들을 수입해 설치한 해안 요새화된 항구도시로 모로코와 배후, 사라하사막 지역과 유럽을 잇는 전 세계에 50여개의 지점을 둘 정도로 번창하던 국제 무역항의 역할을 하였다. 무역품은 주로 설탕, 당밀, 상아, 향신료, 열대목재, 측백나무로 만든 목공예품 등이다. 이곳에는 성벽과 도시 내부로 들어가기 위한 5개소의 성문이, 그리고 지금은 이주한 유태인의 주거지와 교회(synagogue) 등이 남아있다. 이 항구는 말리의 팀북투(Timbuktu)로 가는 관문이기도 하였다.

8. 포르투갈의 마자간 시[Portuguese City of Mazagan(El Jadida): 문화, 2004]: 마자간 항구의 요새화한 도시는 서기 1502년 카사브랑카에서 서남쪽 90㎞ 떨어진 현재의 쟈디다(Jadida) 시에 서기 16세기 초 건설되었으나 서기 1769년 모로코인들의 손으로 넘어갔다. 요새는 보루와 甕城을 갖춘 르네상스식 설계로 되었다. 현존하는 포르투갈의 건물들은 수도원과 聖母蒙召昇天교회인데 고딕 말기의 Manueline(포르투갈의 후기 고딕양식) 양식으로 지어졌다. 이곳은 포르투갈 탐험가/식민개척자들이 인도로 가기 위해 정착한 초기의 도시로 건물, 기술과 마을에서 유럽과 아프리카 모로코 문화의 상호교류 흔적을 볼 수 있다.

9. 현대와 역사 도시 라바트(Rabat, modern capital and historic city: a shared heritage: 문화, 2012): 라바트는 모로코 서북쪽 대서양 연안에 과거 아랍-무스림과 현대 서구 사이 풍요한 교역의 산물이다. 등재된 라바트 시는 서기 1912년-서기 1930년대 프랑스 보호국하에 만들어진 新都市로 왕립, 행정구, 거주와 상업지역, 에세 자르당(Jardins d'Essais) 植物園과 娛樂園 등을 포함한다. 이들의 일부는 서기 12세기경까지 거슬러 올라가는 舊都市에 속하기도 한다. 신도시는 서기 20세기 아프리카에 건설된 규모가 크고 야심적인 근대 도시 계획을 골고루 갖추었다. 舊都市는 서기 1184년에 문을 연 하산(Hassan) 사원, 서기 17세기 무어 족 혹은 안다루시아 公國의 유적과 함께 유일하게 남아 있는 알모하드 칼리프(Almohad caliphate, 알모하드 제국은 서기 1121년-서기 1269년 존속)의 수도를 보호하는 알모하드(Almohad) 성벽과 대문도 포함하고 있다.

모리셔스 MAURITIUS

1. **아프라바시 선착장 유적지**(Aapravasi Ghat: 문화, 2006): 1640㎡의 루이스 항구는 영국정부가 노예 철폐운동에 따라 '대 실험'이라고 할 수 있는 노예를 대신할 자유 계약직 노동자를 인도로부터 처음 받아들이고 이들의 분산도 행했던 아프라바시가트 또는 이주항이다. 이곳에 온 계약노동자는 주로 인도인들로 50만이나 되고 서기 1834년−서기 1920년까지 이곳의 사탕수수농장에서 일하거나 리유니온 섬, 오스트레일리아, 아프리카의 동·남부, 카리브 해 연안국으로 옮겨가기도 했다. 아프라바시가트 항구 건물은 당시 이렇게 많은 인구의 이동과 전 세계 경제체제에 대한 증거물이 된다.

2. **르 모네 문화경관**(Le Morne Cultural Landscape: 문화, 2008): 모리셔스 서남쪽 인도양의 울퉁불퉁한 르 모네 섬의 문화경관은 서기 18세기 서인도제도의 '산속의 흑인(도망친 노예)'들이 도피처로 삼았던 곳으로 그들은 그들의 전통을 유지한 조그만 집단을 형성했다. 고립되고, 나무가 울창하고, 접근할 수 없는 절벽으로 이루어져 도망친 노예들은 이 섬의 동굴이나 산꼭대기에서 조그만 주거를 형성하였다. 아프리카 본토, 인도, 동남아시아로부터 잡혀와 노예의 무역 도중 도망친 노예들과 관련된 口傳들은 르 모네 섬을 노예들의 자유를 위한 투쟁, 고통, 희생의 상징으로 삼았다. 모리셔스는 노예 무역로의 도중 기착지로 이 과정에서 탈출한 많은 수의 노예들이 살던 라모네 섬은 노예들의 공화국으로도 불리어졌다.

모리타니아 MAURITANIA

1. **오우아데인, 칭게티, 티치트, 오왈래타의 고대마을**(Ancient Ksour of Ouadane, Chinguetti, Tichitt, Oualata: 문화, 1996): 고대의 마을(ksour)들인 오우아데인(Ouadane, 서기 1147년 건립), 칭퀘티(Chinguetti, 서기 13세기 건립), 티치트(Tichitt, 서기 1150년 건립)와 오왈래타(Oualata, 서기 1076년에 세워졌으나 서기 1224년 재건됨)는 서기 11세기−12세기에 건설된 고대 사하라사막을 횡단하는 무역로를 따라 나있는 隊商(카라반)들의 무역 및 종교중심지로 이스람 문화를 이해하는데 매우 중요한 곳이다. 이 마을들을 보면

그들은 서기 11세기에서 서기 16세기 사이 진화해온 이스람의 마을과 도시조직이 그대로 남아있다. 內庭(안뜰)을 가진 집들이 사원과 尖塔 주위에 난 좁을 길옆에 모여 있다. 여기에서 서부 사하라의 유목민들의 생활이 중심이 되는 전통적인 방식을 보여준다. 특히 칭게티는 카이로우안(Kairouan), 메디나(Medina), 예루살렘(Jerusalem)과 함께 이스람 4대 성지의 하나인 메카(Mecca)로 가는 길목에 자리 잡고 있는 소국들인 마그레브(Maghreb/Maghrib, 서기 20세기 근대국가가 출현하기 이전 모로코, 알제리, 튀니지, 리비아, 모리타니아의 북아프리카 다섯 나라에서 사용되는 조그만 나라의 개념)에로의 순례지 겸 만남의 장소이다. 이곳은 아랍반도까지 가지 못하는 이들의 순례지를 대신한다. 이곳에는 사원, 코란을 모아놓은 도서관, 방형의 첨탑 등이 있어 종교적으로 권위를 인정받고 있다.

모잠비크 MOZAMBIQUE

1. 모잠비크 섬(Island of Mozambique: 문화, 1991): 모잠비크의 요새화한 도시는 섬에 위치하며, 이전 포르투갈인들이 인도로 가기 위한 무역과 해군의 전초기지로 서기 1507년 설립 이래 계속 사용해온 덕에 건축, 기술, 재료(돌과 모잠비크에서 자주 쓰이는 갈대 macuti가 이용됨)와 장식에 있어서 무척 조화를 이루고 있다. 이 섬은 서기 1498년 바스코 다 가마가(Vasco da Gama)가 서기 1498년 이 섬을 방문하기 오래 전아랍의 항구도시로 조선의 중심지였다. 여기에는 서기 1522년 포르투갈인들이 세운 Nossa Senhora de Baluarte 교회가 서 있다.

몬테네그로 MONTENEGRO

1. 코토르 지역의 자연 및 역사문화유적지(Natural and Culture-Historical Region of Kotor: 문화, 1979): 유럽의 피요르드(fjord, fiord)라고 불리울 정도인 옛날 유고슬라비아에서 분리된 현 몬테네그로의 높이 55m의 첨탑을 상징으로 하는 자연경관이 뛰어난 아드리아 연안에 위치한 코토르(Boka Kotorska) 천연항구는 로마네스크 양식으로 지어진 교회와 聖畵像(icon)이 많이 보존된 예술과 교역의 중심지였다. 구

도시는 성벽, 성문, 성루 등이 잘 보존된 중세의 성채와 서기 1166년에 지어진 성 트리폰(Tryphon) 성당, 인공 섬으로 그 내부에 순조로운 항해를 祈願해 받친 2,000 여개의 銀板장식으로 유명한 바위 위의 마리아(Our Lady of the Rock) 성당, 성 그레 고리(St. George) 성당 등의 건물이 매우 중요한 문화유산이다. 그중에는 로마와 비 잔틴 제국으로까지 거슬러 올라가는 것도 있지만 대부분의 성채와 부속 건물은 베네치아(Venetian) 공화국의 지배하에 만들어졌으며 오스트리아의 지배 때에도 改造가 이루어졌다. 서기 1945년 유고슬라비아로 편입되었다. 이곳은 자연과 역 사의 조화가 잘 이루어진 곳이다. 서기 1979년 4월 15일 대지진으로 많은 곳이 파 괴되었으나 유네스코의 도움으로 대부분 복구되었다.

몽골 MONGOLIA

1. **오르혼 계곡 문화유산지역**(Orkhon Valley Cultural Landscape: 문화, 2004): 이곳은 청 동기시대 카라숙(Karasuk, 기원전 13세기-기원전 8세기)의 사슴돌(Stagstone), 板石墓를 비 롯하여 위굴제국(維吾爾, 回紇: 위굴 제국은 서기 744년-서기 840년임, 위굴제국은 키르기스/黠戛 斯에 망하며 키르기스는 9세기 말-서기 10세기경까지 존재)의 수도 칼라코토(Khara khoto)의 흔 적도 보인다. 그리고 서기 13세기-서기 14세기 칭기즈칸이 세운 몽골제국(서기 1206년-서기 1368년)의 수도였던 카라코룸(Karakorum/Kharkhorum/하라호름/카르호림)의 궁전터, 돌거북, 티베트의 샤카파[Sakya 샤카 사원에서 유래. 1267년 이후 팍파국사가 元 蒙 古(元, 서기 1206년-서기 1368년) 쿠빌라이 世祖의 스승으로 티베트 불교가 원의 국교로 됨] 불교의 영향하에 만들어진 에르벤쥬 사원(서기 1586년)도 포함된다.

2. **알타이 산맥의 암각화들**(Petroglyphic Complexes of the Mongolian Altai: 문화, 2011): 3 개소의 유적에서 발견되는 여러 군데의 岩刻畵들과 장례유적들은 과거 12,000년 간 몽골지역에서 문화의 발전을 이야기해준다. 가장 앞선 초기의 것은 기원전 11000년-기원전 6000년의 것으로 당시에는 일부 지역은 삼림으로 덮여져 있어 대규모의 사냥이 가능했었다. 그 다음 시기의 암각화들은 목축에로 이행과정을 보여준다. 가장 최근의 암각화들은 기원전 1000년경 초기의 스키티안(Scythian) 문

강원도 원주 가현동 국군병원 신축부지에서 나
온 石製短劍

Ukok Vertec Koldgin(little river) 1호에서 출토된
청동단검과 칼집
(기원전 8-기원전 7세기경, 서기 1994년 8월 7일, 필
자 촬영)

러시아 노보시빌리스코 시 야외박물관에 전시 중인
몽골의 사슴돌
(Stagstone, Karasuk, 기원전 13세기-기원전 9세기경,
서기 1994년 필자 촬영)

몽골 홉스골 아이막의 하르만 출토 청동솥(鍑)과 찬드만 유적 출토 토기
(서울대학교박물관 양시은 학예사 제공)

화와 그보다 좀 더 늦은 서기 7세기-서기 8세기경의 突厥(투쥐에, 튀르크, 타쉬티크:
서기552년 柔然을 격파하고 유목국가를 건설. 돌궐 제2제국은 서기 682년-서기 745년임, 서기 7세기-
서기 8세기)족들의 말에 의존하는 유목민족문화를 보여준다. 이들을 통해 아시아
북쪽에 살던 집단들의 생활과 문화를 이해할 수 있다.

미국 UNITED STATES OF AMERICA

1. 메사 베르데(Mesa Verde: 문화, 1978): 콜로라도(Colorado) 주 몬테주마(Montezuma)
읍에 위치한 메사 베르데(스페인어로 green table이란 의미) 국립공원(211㎢, 서기 1906년 6

월 29일 지정) 안의 아나사지(Anasazi)족으로 알려진 고대푸에블로(Pueblo)족이 중남미 고고학 편년상 古典期(Classic Period)인 서기 8세기경부터 서기 1300년경까지 살던 인디언족의 전통주거지로 북미에서 규모가 가장 큰 岩陰절벽궁전(Cliff Palace)을 포함해서 절벽 위에 굴의 형식을 빌리거나 절벽 입구 아래에 만든 특이한 집들로 잘 알려져 있다. 그런데 서기 1300년경 이곳에 일어난 장기간의 가뭄으로 인해 모두 떠나 버리고 폐허가 됨. 그들의 후손은 후일 푸에블로족으로 알려져 있다. 여기에는 150개의 방과 223개의 키바(Kiva, 회의·의식장소)가 있는 절벽궁전을 비롯하여 웨더릴 메사(Wetherill Mesa)에 위치하며 서기 1960년대 발굴된 4층 높이에 94개의 방과 대규모 키바와 영적인 교류를 위한 시파부 구멍(sipapupits), 수직 벽과 벽기둥이 있는 머그잔 집(Mug House), 챠핀 메사(Chapin Mesa)에 위치하며 벽과 천장이 잘 복원된 가문비/전나무 집(Spruce TreeHouse), 가장 높은 방형탑을 가진 方塔의 집 (Square Tower House, 서기 1200년–서기 1300년), 저수지(Mesa Verde Reservoirs), 발코니 달린 집(Balcony House, 1884년 3월 20일 S. E. Osborn에 의해 발견되었으며, 서기 1910년 Jesse Nusbaum에 의해 발굴) 등의 유적이 있다. 이 아나사지의 문화를 고고학적으로 Basket Maker II(서기 1년–서기 450년, 토기가 없으며 수혈움집에서 생활하며 옥수수와 호박을 재배, 서리/또아리 쌓기로 만든 coiled basket이 출현)–Basket Maker III(서기 450년–서기 700/750년, 토기가 있으며 원형-방형 수혈움집에서 생활하며 키바가 있음, 갈돌 mano/metate가 있음)–Pueblo I(서기 700년–서기 900년, 키바가 있으며 흙벽돌집에서 생활하며 면화를 재배함)–Pueblo II(서기 900년–서기1100년, 돌로 벽을 만든 저택과 같은 집과 키바가 있음)으로 편년하고 있다.

2. **독립기념관**(Independence Hall: 문화, 1979): 이 건물은 펜실바니아 주 필라델피아 시의 Independence National Historical Park(4–5가 사이의 Chestnut St.)에 위치하며 서기 1732에 시작하여 서기 1753년에 완공을 본 붉은 벽돌의 펜실바니아 주 주의회 건물이었다. 가장 높은 종탑의 높이가 지상에서 41m에 이른다. 이곳은 서기 1732년–서기 1799년 주의회건물로서 원래 영국식민지정부가 들어서 있었다. 두 개의 작은 건물인 동쪽의 구시청사(Old City Hall)와 서쪽의 의회건물(Congress Hall)이 독립기념관에 부속되어 있다. 서기 1775년–서기 1783년 제2의 대륙회의의장

소로, 서기 1787년 여름 헌법제정 총회의 장소였다. 미국 독립백주년 박람회 때 만들어진 자유의 종(Liberty Bell, Independence Hall Belfry, 서기 1876)과 필라델피아 시와 주 의회를 묘사한 지도(서기 1752년)도 있다. 이곳에서 독립선언(서기 1776년 7월 4일)과 미합중국헌법(서기 1787년 9월 17일 완성, 서기 1789년 3월 4일부터 효력)이 이곳에서 통과·인준되었다. 독립선언서와 헌법에 공표된 자유와 민주주의의 원칙은 미국의 역사와 전 세계의 立法에 깊은 영향을 미쳤다.

3. 카호키아 역사유적(Cahokia Mounds State Historic Site: 문화, 1982): 일리노이주콜린스빌 부근에 있으며 Woodland Culture(서기 700년~서기 1900년)와 Mississippian Culture(서기 900년~서기 1150년) 사이 미시시피 강 유역에 살던 카호키아 인디안들의 거대한 구릉유적으로 서기 1964년 6월 19일 National Historic Landmark로 처음 등록되었다. 여기에는 높이 28m, 길이 290m, 폭 255m의 Monks Mound를 비롯하여 우드헨지(Woodhenge), 120개의 인공구릉이 포함된 8.9㎢의 거대한 도시 광장(Grand Plaza), 한때 8,000~40,000명이 살았던 것으로 추정되는 고대도시, 카호키아의 독수리 전사(the falcon warrior) 또는 鳥人(bird man)인 40대 중요한 지배자의 무덤으로 알려진 Mound 72 등의 유적이 있다. 그리고 미국 미주리주 센트루이스 시 외곽 서기 1050년~서기 1250년경 전성기에 거주했던 카호키아(Cahokia)족에게 씨페 토텍(Xipe Totec)이란 신 앞에서 옥수수의 여신이 된 여인을 나무에 묶어 화살을 여러 발 쏘는 고문의 형식을 취하며 옥수수의 생산과정을 상징한 인신공양이 있었는데 이는 후일 서기 1838년 대평원에서 서기 1300년경에 일어난 장기간의 가뭄으로 인해 사라진 카호키아 족의 직계후손이라 여겨지던 포니족(Pawnee)에게서도 볼 수 있었던 옥수수의 풍작기원으로 멀리 마야-아즈텍-카호키아-포니를 걸쳐 내려오던 중미의 전통적 의식이었다. 이 문화를 고고학적으로 Early Woodland(기원전 500년~기원전 100년)→Middle Woodland(기원전 100년~서기 300년)→Late Woodland and Mississippian Complex(서기 700년~서기 1200년)→Middle Mississippi(서기 1200년~서기 1700년, Cahokia 지역의 킨케이드/Kincaid와 엔젤/Angel 유적 등)로 편년하고 이를 다시 Burial Mound I(기원전 300년~서기 300년, Adena 문화)→Burial

Mound II(서기 300년—서기 700년, Hopewell 문화: 이미 기원전 300년—서기 300년 사이에는 호프웰리안 통상권인 Hopewellian Interaction Sphere가 존재함)→Temple Mound I(서기 700년—서기 1200년, Southern death culture)→Temple Mound II(서기 1200년—서기 1700년)으로 세분한다.

4. 푸에르토리코 소재 라 포탈레자·산후안 역사지구(La Fortaleza and San Juan Historic Site in Puerto Rico: 문화, 1983): 서기 15세기—서기 19세기의 유럽식 군사건축물인 요새(La Fortaleza)가 스페인에 의해 전략요충지인 카리브 해 신대륙 연안 도시와 산후안(San Juan) 만을 보호하기 위해 만들어졌다. 산타 카타리나 궁전(Palacio de Santa Catalina, Santa Catalina Palace, 170명의 총독이 이곳에서 살았음)으로 알려진 이 요새는 현재 푸에르토리코 지사 公館으로 이용되고 있는데 서기 1533년—서기 1540년 산 후안 灣을 보호하기 위해 지어졌으며 신대륙에서 가장 오래된 행정 건물이다. 서기 1640년 이 요새의 복원 때 요새 밖에 있던 산타 카타리나 교회가 붕괴되어 요새 안쪽으로 옮겼다. 그래서 산타 카타리나 궁의 이름도 그렇게 해서 생겨났다. 서기 1898년 미국이 스페인과의 전쟁에서 이긴 후 푸에르토리코는 미국령이 되었는데 그 이전 네덜란드(서기 1625년)와 영국(서기 1783년)군의 침공을 수 차례 받아왔으나 요새의 견고함 때문에 잘 방어해 왔었다. 마지막 스페인 총독은 리카르도 데 오르테가(Ricardo De Ortega)로 미국에 푸에르토리코를 넘겨주기 전 자신의 칼로 시계를 쳐 푸에르토리코 역사의 시간을 멈추게 하였다는 일화가 있다.

5. 자유의 여신상(The Statue of Liberty: 문화, 1984): '세계를 밝히는 자유'(Liberty Enlightening the World)라는 자유의 여신상은 프랑스에서 미국 독립 100주년을 축하하기 위해 프랑스에서 제작한 콘크리트 구조를 보내와 서기 1886년 10월 28일 미국에서 조립하여 허드슨 강 하류 뉴욕항의 리버티 섬(Liberty Island)에 설치하였다. 프레데릭 아우귀스트 바르톨디(Frédéric Auguste Bartholdi)가 조각하고, 서기 1889년 3월 31일 에펠탑을 완공한 귀스타프 에펠(Gustave Eiffel)의 기술 책임자 모리스쾌흐린(Maurice Koechlin)이 내부구조를, 그리고 유진 비오렛 레 둑(EugéneViollet-le-Duc)이 자유의 여신상의 건축에 쓰일 구리의 선택과 안쪽을 쳐 바깥쪽을 두드러지게 하

는 repoussé 기술을 맡았다. 여신상의 높이는 46m, 기단까지 합치면 93m이며 내부는 엘리베이터를 타고 전망대까지 오를 수 있다. 이 여신상은 파리의 에펠탑처럼 미국과 뉴욕의 대표적인 상징물이 되었다.

6. **차코 문화역사공원**(Chaco Cultural National Historical Park: 문화, 1987): 서기 850년-서기 1250년 사이 뉴멕시코(New Mexico) 주 산 후안(San Juan)과 멕킨리(McKinley) 읍의 차코 골짜기(Chao Canyon) 국립역사공원에 살던 푸에블로(Pueblo) 인디안 문화유적으로 서기 1150년경 장기간의 가뭄으로 인해 챠코인들이 다른 곳으로 이주해가 폐허가 되었다. 챠코인들은 계곡의 바닥 14㎞에 걸쳐 주거복합을 형성하였는데 18.6년의 달 주기 표에 맞춘 담장 있는 주거군을 형성하기도 하였다. 14개의 큰 집(Great Houses)이 알려져 있는데 9개의 큰 집은 차코 워시(Chaco Wash)의 북쪽 사암의 대지 위에, 다른 큰 집은 계곡의 지리적인 위치에 따라 형성되었다. 각각의 큰 집은 200개 또는 700개까지의 방을 갖고 있으며 여기에 의례중심지와 회의실인 키바가 29개의 방당 하나 꼴로 배치되어 있다. 큰 키바는 직경 19m나 되는 것도 있다. 가장 중요한 것은 푸에블로 보니토(Pueblo Bonito, Beautiful village)로 650개의 방을 갖고 있다. 이외에도 서기 1050년-서기 1075년 사이에 지어지고 서기 12세기까지 존속한 푸에블로 델 아요로(Pueblo del Arroyo)와 외곽지구(Outliers)의 주거흔적과 초생달, 손과 超新星을 묘사한 암각화도 발견된다. 그리고 목재를 운반하던 것으로 추정되는 폭 9.1m의 길이 97㎞에 이르는 6개의 길(Chacoan road system)이 각 마을과의 연결망을 형성하고 있다. 이 문화는 메사 베르데(Mesa Verde)의 **Pueblo II**(서기 900년-서기 1100년, 돌로 벽을 만든 저택과 같은 집과 키바가 있음)에 이은 **Pueblo III**(서기 1100년-서기 1150년/1300년, 岩陰 절벽 주거인 Pueblo Bonito)과 **Pueblo IV**[서기 1300년-서기 1600년, 200-2,000개의 읍으로 형성되는 규모로 증가되고 규모가 큰 키바와 카치나 의식(Kachina cult)이 있음]기에 속한다고 편년한다.

7. **몬티셀로와 버지니아 대학**(Monticello and the University of Virginia in Charlottesville: 문화, 1987): 미국독립선언문을 기초하고 제 3대 대통령이 된 토마스 제퍼슨(서기 1743년-서기 1826년)이 버지니아 주 샤롯테빌(Charlottesville) 근교 자기 소유의 땅에 이

탈리아 르네상스 건축가 이탈리아 신고전주의 안드레아 팔라디오(Andrea Palladio, 서기 1508년 11월 30일-서기 1580년 8월 19일)의 책에 언급된 신고전주의 원칙을 따라 스스로 설계한 몬티첼로(Monticello) 농장, 집(서기 1769년-서기 1809년)과 대학과 캠퍼스(서기 1817년-서기 1826년)로 해발 260m의 얕은 언덕 위에 세워졌다. 대학 건물은 제퍼슨이 고전에 의존한 건축적인 표현으로 유럽전통의 계승자로서의 새로운 미국의 열망과 성숙된 나라로서 기대할 수 있는 문화적 실험을 구현한 신고전주의 양식을 전개하고 있다. 이 건물은 토마스 제퍼슨 재단에서 관리하고 있다. 이 건물은 서기 1953년 $2의 지폐 뒷면에 실기기도 하였다.

8. 푸에블로 데 타오스(Pueblo de Taos: 문화, 1992): 리오그란데 강 지류인 레드 윌로우 크리크(The Red Willow Creek) 또는 리오 퓨에불로(Rio Pueblo) 강 사이에 위치한 타오스 푸에블로(Taos Pueblo, 현재 타오스 시 북쪽 1.6km Northern Tiwa에 위치) 미국 토착 인디언의 흙벽돌로 지어진 주거군으로 아리조나와 뉴멕시코 주의 퓨에블로 인디언의 문화를 대표한다. 이들은 붉은 갈색의 흙벽돌로 지어진 다층의 건물로 약 1,000년 이상 지속되어 왔으며 대개 서기 1000년-서기 1450년 사이에 지어진 것으로 보인다. 현재 다층의 아파트 건물들과 종교의례 장소인 키바가 남아있다.

바누타우 VANUTAU

1. 로이 마타 족장의 영역(Chief Roi Mata's Domain: 문화, 2008): 서기 13세기 멜라네시아 섬인 오늘날의 중앙 바누타우(Central Vanutau) 섬의 강력한 족장이었던 로이 마타의 집, 죽음의 장소와 무덤을 포함하며 이들은 에파테(Efate), 레레파(Lelepa)와 아르톡(Artok)의 세 섬에 분산되어 있다. 서기 1967년 프랑스 고고학자인 Jose Garranger가 로이마타 족장과 25명의 가신들이 함께 묻힌 무덤을 Retoka에서 발굴하였는데 그는 전설과 口傳으로 그가 부족의 통일을 꿈꾸다가 동생에 의해 독살 당하고 고향에 가지 못했다고 한다.

바레인 BAHRAIN

1. 옛 딜문의 수도와 항구(Qal'at al-Bahrain−Ancient Harbour and Capital of Dilmun: 문화, 2005): 콸라트 알−바레인(Qal'at al-Bahrain)은 근동지방에서 수 천 년간 사람이 한 곳에서 계속 살아오면서 인공적으로 만들어진 層位가 계속 쌓여 높아진 구릉(tell, tepe, mound, hüyük이라 불리움)으로 이곳 300m×600m 높이 12m 범위의 구릉에는 기원전 2300년경의 수메르(기원전 3100년−기원전 1720년)문명 때부터 서기 16세기의 포르투갈 유적에 이르기까지 계속적으로 사람이 살던 문화층이 나타나고 있다. 아직 전체 면적의 25%밖에 발굴되지 않았지만 여기에서 住居, 公共, 商業, 宗敎와 軍事적인 여러 종류의 유구들이 나타나고 있다. 구릉의 최상부 12m의 층위에서는 이 유적의 이름이 콸라트(Qal'at, fort, 요새)라고 부를 정도로 포르투갈인의 요새가 뚜렷이 나타나고 있다. 그리고 그 아래층에서는 수메르 문명 때 딜문(현 바레인)의 수도로 알려져 있는 항구도시로 주로 인더스(멜루하로 불림, 기원전 2500년−기원전 1800년) 문명권과 교역을 하던 국제무역 창구의 흔적도 밝혀지고 있다. 이와 관련된 圓筒形 도장과 印章 등의 유물도 많이 출토되고 있다. 상층부의 요새유구는 Qal'at al-Burtughal(Portugese fort), 즉 포르투갈의 요새로 포르투갈인이 서기 1500년대 초에 인도, 아프리카와 유럽을 잇는 무역의 요충지를 확보할 필요로 이곳을 침공해 요새를 築城하여 군사기지를 세우고 주위를 강화하면서 돌로 望樓까지 만들어 놓았다.

2. 자연 진주 채취와 경제발전의 증거(Pearling, testimony of an island economy: 문화, 2012): 자연 진주 채취와 경제발전의 증거는 무르하라크(Murharraq)시의 17동의 건물, 3개의 앞바다와 해안가의 굴 양식장, 배를 띄어 굴 양식장으로 출발하는 무르하라크 섬의 남쪽 끝에 있는 칼라트 부 마히르(Qal'at Bu Mahir) 요새로 구성된다. 그리고 건물들에는 부유한 상인의 저택, 상점과 사원들도 포함된다. 이러한 유적들은 자연 진주 채취가 마지막까지 남아있는 완벽한 문화적 전통을 보여준다. 그리고 진주의 교역은 서기 2세기부터 일본이 양식진주를 생산해 내는 서기 1930년대까지 페르시아(Persian Gulf)와 오만(Oman Gulf) 만에서 호황을 누려 경제를 지배하

고 富를 창출해내었다. 이 일련의 과정은 전통적으로 바다의 자원을 개발하고, 인간과 자연환경과의 상호작용을 보여주는 뛰어난 예로 섬 사회의 경제와 문화적 주체를 형성하고 있다.

바베이도스 BARBADOS

1. **역사적 브리지타운과 요새**(Historic Bridgetown and Garrison: 문화, 2011)﹕ 이곳은 대서양 카리브 해에 서기 1627년부터 영국령 식민지시대의 섬으로 서기 17세기-서기 19세기 영국이 세운 도시와 군사적 요새를 포함한다. 도시는 方格形으로 잘 구획된 스페인과 네덜란드의 식민지 도시와는 달리 뱀처럼 구불부불한 길로 만들어진 도시 구조를 갖고 있다. 그러나 도시와 요새는 건축물로 매우 훌륭하며 현재 잘 보존되어 있다. 바베이도스는 서기 1966년 영국으로부터 독립하였다.

방글라데시 BANGLADESH

1. **바게르하트의 모스크 도시**(Historic Mosque City of Bagerhat: 문화, 1985)﹕ 방글라데시 서남쪽 간지스와 브라마푸트라 강의 합류지점인 사라진 도시 바게르하트(전 Khalifatabad임)의 교외 서기 15세기경 터키의 장군인 울루 칸 자한(Ulugh Khan Jahan)이 건설한 사원이다. 그는 이 the Shatgumbad(60개의 기둥이 있는 사원)와 같이 이 도시에 벽돌로 솜씨 있게 지은 사원들, 길, 다리, 궁전과 저수지 등의 초기 회교 건축물들을 많이 지어 놓았다.

2. **파하르푸르의 비하라 불교유적**(Ruins of the Buddhist Vihara at Paharpur: 문화, 1985)﹕ 소마푸라 비하라(the Somapura Vihara)는 방글라데시 서북쪽 파하르푸르에 위치한 서기 8세기경 지어진 히말라야 남쪽에서 두 번째로 규모가 큰 불교사원이며 서기 8세기 중반 벵갈과 비하르를 지배한 팔라(Pala) 왕국에서 만든 것이다. 正方形으로 만들어진 사원은 양변 281m로 회랑 같은 둘려진 네 변에 방이 177개에 이른다. 안뜰 가운데에 위치한 사원은 계단식으로 3단을 쌓아 올렸는데 전체 높이 21m 가 된다. 일부 蓮花文이 장식된 구운 벽돌로 쌓았으며 가운데 坐佛이 안치되어 있다.

계단의 각 基壇面에는 여러 줄로 데라코타로 구운 벽돌을 돌려놓았다. 서기 12세기 이후 여러 민족들의 침입을 받아 승려들이 절을 떠나 절이 황폐화 되었다.

베네수엘라 VENEZUELA

1. 코로 항구(Coro and its Port: 문화, 1993): 스페인 식민지 시절 카리브 해안에 독특하게 흙벽돌(adobe)로 쌓아 만든 La Vela 항구와 함께 서기 1527에 설립된 산타 아나 데 코로(Santa Ana de Coro)에는 서기 전통적인 원주민의 문화에 스페인 Mudé-jar(스페인의 기독교 국토회복운동 이후 스페인의 기독교문화 영지에 남아 있었지만 기독교로 개종을 하지 않은 아랍/이스람 계통의 무어족을 언급)와 쿠라챠오(Curaçao) 식민지를 경유해 들어온 화란의 건축기술을 접목시켜 건설된 식민지시절 마을과 602개의 역사적 건물이 있다. 이곳에는 특히 서기 18세기-서기 19세기 당시의 집, 돌로 포장된 도로, 교회와 유태인의 공동묘지와 초기의 도시설계를 그대로 간직하고 있다.

2. 카라카스 대학 건축물(Ciudad Universitaria de Caracas, University city of Caracas: 문화, 2000): 서기 1940년-서기 1960년 베네수엘라 건축가 비아누에바(Carlos Raúl Vil-lanueva)가 설계한 것으로 베네수엘라 근대건축의 대표작이다. 서기 1942년 Isaías Medina 대통령이 시몬 볼리바르(Simon Bolívar, 서기 1780년-서기 1830년) 가문에 속한 Hacienda Ibarra를 구입하여 그 위에 거대한 도시계획과 건축설계하에 광장 등을 연결하는 대학캠퍼스와 많은 건물들을 세웠는데 이들은 밀집되면서도 실용성과 예술의 조화를 이루고 있다. 이곳에는 현대건축으로 지어진 강당과 비아누에바가 프랑스 유학시 사귄 미국의 전위예술가인 알렉산더 칼더(Alexander Calder/Sandy Calder, 서기 1988년 7월 22일-서기 1976년 11월 11일)의 '구름'이라는 이름을 가진 천장조명의 조형예술이 결합된 대표적인 건물인 대학 강당(서기 1952년), 올림픽 경기장(서기 1950년), 프랑스의 페르난도 레거(Fernand Léger)의 착색유리창(stained-glass window)이 장식된 지붕이 있는 통행로와 광장을 비롯해 스페인 Baltasar Lobo의 벽화, 프랑스의 Henri Laurens, Hans Arp와 André Bloc, 러시아 Antonie Pevsner, 항가리 Victor Vasarely와 스위스 Sophie Taeuber-Arp 등의 조각품 등

이 잘 알려져 있다. 이는 미국 버지니아 주 샤롯테빌(Charlottesville) 근교 대학과 캠퍼스(서기 1817년-서기 1826년)와 멕시코 시 남부 코요아칸에 위치한 National Autonomous University of Mexico(UNAM) 건물 중 중앙캠퍼스인 Ciudad Universitaria(University City)와 함께 세계문화유산으로 등재되었다.

배냉 BENIN

1. **아보메이 왕궁**(Royal Palaces of Abomey: 문화, 1985): 서기 1625년-서기 1900년 사이 12왕이 계속해서 강력한 아프리카 아보메이(Abomey) 왕국을 다스려 나갔는데 그중 독립된 담 안에 별개의 궁전을 지어 산 아카바(Akaba) 왕만 제외하고는 나머지 왕들은 흙벽 담으로 지어진 한 울타리 안에 공간과 요소들을 고려해 이전에 지어진 궁전들과 연관되어 살았다. 이 궁전들은 사라진 아보메이 왕국을 기억하는 독특한 증거물이다. 여러 채의 왕궁들과 근처 박물관은 서기 1984년 태풍으로 인해 많이 파괴되었다. 서기 1993년 이래 그레레(Glélè)왕의 담 벽을 장식하던 浮彫 56개소 중 50개가 새로 지어진 벽에 복원되었다. 이 부조는 혼(Fon)족의 역사와 힘을 圖上으로 표현하고 있다. 서기 2007년 31차 회의에서 위험에 처한 문화유산으로부터 해제되었다.

베트남 VIETNAM

1. **후에/훼 기념물 집중지대**(The Complex of Húe Monuments: 문화, 1993): 越南이란 이름이 유래하는 통일된 베트남(서기 1802년)의 阮朝[응우옌(Nguyen), 서기 1802년-서기 1945년), 越南(베트남)의 이름이 유래. 安南이란 말은 唐이 설치한 안남호부에서 유래한다. 서기 1858년 프랑스의 침공과 식민통치를 받음.] 왕국의 수도인 후에(Húe, 化) 시는 현재 베트남 중부 흐엉 강(香江)의 하구에 위치하며, 투아 티엔후에 성(Thúa Thiên-Húe 省)의 성도이다. 여기에는 13대에 걸친 왕들이 거주하던 중국 명·청나라를 본 딴 太和殿과 紫禁城이 있는 궁전과 垓字로 둘러싸인 성벽, 왕들의 위패와 유골함을 모신 테사원 등과 함께 우엔 왕조의 2대 민망, 3대 뜨득 왕, 7대 카이딘 왕(서기 1916년-서기 1925년,

서기 1931년 완성) 등 7개의 왕릉, 7층 석탑이 있는 티엔무 사원 등이 남아 있으며, 그 외에도 후에 박물관(Húe Museumof Royal Fine Arts)이 있다.

2. 회안/호이안 고대 마을(Hội An Ancient Town: 문화, 1999): 베트남 남쪽 중앙 해안 가 참파 왕국[林邑(唐)/占城(宋), 서기 192년-서기 1832년] 때 참파(Champa, 占城) 시로 알려 진 광남성(Quáng Nam province) 회안(會安, 海浦) 항구도시인 고대마을은 서기 15세기 -서기 19세기의 동남아에서 가장 보존이 잘된 무역항구의 예로 건물이나 도시계 획은 베트남의 토착적이고 전통적인 문화 요소에 도자기, 비단과 향신료무역(spice trade)을 통해 받아들인 인도, 중국과 일본 등의 아시아와 포르투갈과 네덜란드의 외국적인 것들을 접목시켜 만들어진 독특한 문화를 반영한다. 이러한 예는 필립 핀, 중국과 스페인의 문화가 혼합되어 아시아 전역 어떤 곳에서도 볼 수 없는 독 특한 문화와 마을의 경관을 지니게 된 필립핀의 비간(Vigan) 도시에 비유된다. 여 기에서는 지붕이 있는 日本橋(來遠橋, 서기 1593년)와 부속된 佛塔을 비롯한 나무를 건 축의 재료로 한 낮은 중국식 건물과 일본식 지붕이 혼합된 기와집, 중국식 福建會 館, 풍흥 고가, 꾸언탕 고가, 쩐가 사당과 옛 모습 그대로인 거리 등이 남아있다.

3. 성자 신전(Mỹ Sòn Sanctuary: 문화, 1999): 성자(Mỹ Sòn) 신전은 베트남 중부 광남 성(Quáng Nam province), 두이 수엔(Duy Xuyên)의 두이 푸(Duy Phú) 마을에 위치하는 서기 192년-서기 1832년의 참파[林邑(唐)/占城(宋), 이 왕국은 李朝(서기 1010년-서기 1225년) 의 침공으로 실제 서기 13세기-서기 15세기에 멸망의 길을 걷고 있었다.] 왕국의 성지로 서기 10 세기 베트남 토착문화에 바드레스바라(Bhadresvara)로 대표하는 시바(Śiva) 신을 모 신 힌두교를 결합시켜 만들어낸 독특한 문화로 불탑들이 즐비한 사원이다. 이곳 은 참파 왕국의 종교적·정치적 수도에 해당한다. 여기에는 B4로 불리는 사원 옆 남자의 性器를 숭배하는 石製 linga(서기 10세기), 지금은 폐허의 더미가 된 A1 대사 원(서기 7세기, 붉은 벽돌로 지어짐)의 臺座와벽, B5의 창고, Mỹ Sòn 박물관의 석제 불 탑편, 서기 5세기-서기 12세기에 만들어진 銘文을 가진 石碑들이 많이 남아있어 서기 4세기-서기 14세기의 참파 왕국의 번영을 보여주고 있다.

4. 하노이 昇龍城(Central Sector of the Imperial Citadel of Thang Long-Hanoi: 문화, 2010):

이 성은 남쪽 참파(林邑, 서기 192년-서기 1832년)와 수라야바르만 II세의 앙코르 왕국을 공격한 베트남의 강력한 왕조인 李朝[리 꽁 우언(서기 974년 2월 12일 생)가 서기 1010년 다라이(하노이)에 도읍지를 옮김, 서기 1010년-서기 1225년]가 하노이에 들어서서 紅江(Red river) 하류 근처 7세기에 唐 때(安南都護府)에 만들어진 중국의 성 위에 다시 쌓은 것이다. 그 후 하노이에는 응위엔(院朝, 서기 1802년-서기 1945년) 왕조가 들어설 때까지 베트남의 수도역할을 했다. 이곳의 旗塔(flag tower, 서기 1812년, 33.4m, 旗까지는 41m임)은 프랑스정부(서기 1858년-서기1897년, 서기 1882년에 프랑스 보호국이 됨)가 들어선 동안에도 파괴되지 않았다. 베트남은 서기 1954년 10월 10일 하노이를 이양받았으며 이 성은 베트남민족의 독립을 상징한다. 하노이에 수도가 들어선지 천년이 된다. 현재 이 근처에는 아직 발굴이 진행 중이다.

5. 胡王朝의 요새(Citdal of the Ho Dynasty: 문화, 2011): 서기 14세기 風水의 원칙에 따라 지어진 胡王朝의 요새는 당시 베트남에서 新-儒敎主義가 꽃피고 동아시아의 다른 지역에로의 전파를 보여준다. 이 요새는 風水地理說의 원리에 따라 마(Ma)와 부오이(Buoi) 강 사이의 평야에 투옹손(Tuong Son)과 돈손(Don Son) 산이 'X'자형으로 교차하는 지점에 세워졌는데, 이는 동남아시아제국에서 새로운 양식을 대표한다.

벨기에 BELGIUM

1. 브러셀의 라 그랑뿔라스(La Grand-Place, Brussels: 문화, 1998): 서기 17세기 후반에 조성된 유럽에서 가장 아름다운 중앙광장·시장으로 사적이나 공적인 건물 모두가 동질성을 이루고 있다. 정치적·상업적 중심지인 광장을 중심으로 이곳에서 일어난 사회·문화적 발전단계의 모습을 볼 수 있다. 기록상으로 이곳 시장은 서기 1174년부터 상업적인 발전을 이루어왔다. 여러 번에 걸쳐 침공과 보수를 겪은 후 서기 1695년 8월 13일 프랑스의 프랑소아즈(François de Neufville) 장군이 7만 명의 군대를 이끌고 진격하여 이곳을 파괴시켰고 서기 19세기나 되어야 찰스(Charles Buls) 시장이 복구해나감으로써 과거의 영광을 되찾아 놓았다. 이곳에는 서기 1401년-서기 1445년 사이에 지어진 높이 96m의 높이의 첨탑과 꼭대기에 3m의 성 미

카엘상이 악마를 물리치는 상으로 덮여있는 시청 건물, 왕이 실제 살지 않는 Maison de Roi(왕의 집 또는 Breadhouse, 서기 1504년~서기 1536년), 길드홀(Guildhalls, 서기 1700년에 재건)의 건물들과 꽃으로 덮인 flower carpet 광장이 있다.

2. 베긴 수녀원(Flemish Béguinages: 문화, 1998): 베긴 수녀원(화란어로 Begijnhof)은 이 세상에서 은퇴 없이 하느님에게 봉사하는 여자들만이 있는 곳으로 서기 13세기 로마가톨릭이 설립하였는데 그들의 신을 만나거나 물질적인 필요가 있는 사람들을 포용하였다. 베긴 수녀원은 집, 교회, 공공건물, 정원 등이 벽으로 둘러싸여 은둔한 수도원집단을 형성한다. 서기 13세기 벨기에 13개소의 세계문화유산으로 지정된 베긴 수녀원이 있다. 그들은 Gent, Leuven, Kortrijk, Mechelen, Brugge, Dendermonde, Turnhout, Sint-Amandsberg, Sint-Truiden, Lier, Diest, Tongeren, Hoogstraten들이다.

3. 중앙 운하의 다리와 그 주변(The four lifts on the Canal of Centre and surroundings: 문화, 1998): 하이나우트(Hainaut) 주, Wallonia Sillon indusrtiel의 루비에르(Louvière) 시 근처 7㎞ 길이를 뻗어있고 뮤제(Meuse)와 쉘트(Scheldt)의 강바닥과 연결되면서 물의 높이가 66.2m나 차이가 생겨 난 중앙운하(Canal du Centre)에 이런 水準差를 해결하기 위해 서기 1888년 호우딩-괘그니스(Houdeng-Goegnies)에 15.4m, 그리고 서기 1917년에 가동하기 시작한 다른 세 곳에 각기 16.93m씩 물의 높이를 올리는 모두 4개의 浮艦用 독(dock)을 만들어 배를 올리는 선박기중기(hydraulic boat lift)를 설치하였다. 물의 높이를 올리기 위해 가운데 설치한 철제 기둥의 도움을 받아 물을 水門을 여닫음으로써 물높이를 조절하게 된다. 이것은 당시 과학기술의 상징으로 영국 Clark, Stansgield & Clark 회사의 에드윈클라크(Edwin Clark)가 설계하였다.

4. 랑드르와 왈로니아 종루(Belfries of Flanders and Wallonia: 문화, 1999): 랑드르 와 왈로니아 鐘樓는 중세시대 종을 걸어두는 탑으로 대부분 읍이나 도시의 한가운데 위치하며 지방의 교회와 연결을 맺고 있다. 그런데 이 종루(종탑, 종각)의 설치는 중세시대 봉건제도에서 벗어나 도시화가 되어가는 과정을 보여준다. 가장 오래된

것은 서기 13세기까지 올라가고 여러 번 화재가 나서 나무대신 돌로 축조하였다. 이 시기에는 주로 방형으로 튼튼하게 지어졌다. 후일 서기 14세기-서기 17세기 현존하는 대부분이 지어졌지만 종루는 방어적 기능을 상실하고 형태도 좁고 바로크 양식으로 지어졌다. Flanders와 Wallonia의 종루들을 포함하여 13세기-서기 17세기에 만들어진 모두 32개는 주로 벨기와 프랑스 북부에 분포한다. 이 종루는 현재 부르게스(Bruges), 안트워프(Antwerp), 겐트(Ghent), 몬스(Mons), 투르나이(Tournai), 부로간-쉬르-메르(Boulogns-sur-Mer), 아베빌(Abbeville) 등지에서 발견할 수 있다.

5. 브루게 역사지구(Historic Center of Brugge/Bruges: 문화, 2000): 벨기에 서부에서 가장 잘 보존된 지구로 서기 9세기 바이킹들이 도시를 건설했다. 서기 13세기부터 브르게는 국제적인 무역의 중심지가 되었다. 중세 옷감 짜는 직물전통과 한자동맹의 창고의 소재로 도시가 번영했다. 번영할 때 고딕 양식의 건물과 교회가 지어졌고 프레미쉬(Flemish) 원시미술학교이 이곳에서 번영을 누렸다. 서기 16세기에 들어와 이 도시는 쇠퇴하였고 서기 19세기까지 역할이 거의 없었다. 그래서 주민들도 가난했고 보잘것없는 이 도시는 과거의 유적을 그대로 보존할 수 있었다. 이곳에는 시장 광장, 성모 마리아 교회(Church of our lady, 첨탑까지의 높이 122.3m), 드지버(Djiver)와 그뢰네라이(Groenerei) 운하, 주정부청사, 쿠루이스푸르트(Kruispoort) 요새, 드워어스스트라트(Dweersstraat) 거리, 브루게 다리(서기 1919년), 시청 청사 등의 건물이 있다.

6. 건축가 빅토르 호르타의 마을(The Major Town Houses of the Architect Victor Horta, Brussels: 문화, 2000): 브러셀에 있는 Hôtel Tassel, Hôtel Solvay, Hôtel van Eetvelde, Maison and Atelier Horta(서기 1890년대 작품, 현재 Horta 박물관에 있음)의 4개의 중요한 건물들은 서기 19세기 말 건축가인 빅토르 호르타(서기 1861년-서기 1947년, Ghent 태생)의 혁명적인 작품으로 그는 신예술운동(Art Nouveau-movement)의 기수였고 강철, 철 같은 산업물질을 건축자재로 이용하고 자연에서 받은 영향대로 건축의 외부를 장식하였다. 그의 생각은 그가 살 집인 Maisonand Atelier Horta에 반영되

어있다.

7. 스피엔느의 프린트 광산(The Neolithic Flint Mines at Spiennes(Mons): 문화, 2000): 몬스의 신석기시대 석기제작에 있어 중요한 원료 중의 하나인 프린트 석제를 채취하던 기원전 4000년경 100㏊ 넓이의 광산으로, 이곳에서는 지표에서 수직으로 파고 내려가 사슴의 뿔을 이용한 괭이로 원석을 채취하였던 흔적이 발견되었다. 길이 31㎝가 되는 프린트 돌도끼도 발견되었다. 이 석기로 나무를 깎아 집을 짓거나 카누(獨木舟)를 만드는데 사용하였다.

8. 뚜르나이의 노트르 데임 성당(Notre-Dame Cathedral in Tournai: 문화, 2000): 원래의 명칭인 Our Lady of Flander's Cathrdral of Tournai는 서기 1146년-서기 1325년에 대주교의 본당으로 로마네스크 양식으로 지어진 벨기에서 가장 중요한 성당이다. 本堂은 로마네스크 양식으로, 柱頭 위의 화려한 장식과 袖廊(翼廊) 위의 5개의 尖塔은 이 건물이 고딕 양식이 시작했음을 알려준다. 교회의 성가대는 서기 1242년-서기 1252년에 만들어졌다. 첨탑의 높이는 83m이다. 이 안에는 루벤스(Peter Paul Rubens)가 서기 1635년경에 그린 煉獄圖(The Issue of souls in purgatory)가 걸려있다.

9. 프란틴-모레툿의 집과 작업장(Plantin-Moretus House-Workshops-Museum Complex: 문화, 2005): 프랜틴-모레투스 박물관은 중세시대 국제교역이 번성하던 벨기에 안트워프 시에 르네상스와 바로크 시대부터 있어 왔던 인쇄소 겸 출판사로 파리와 베니스와 같이 당시 3대 출판사 중의 하나였다. 이곳은 크리스토프 프랜틴(Christope Plantin, 서기 1520년경-서기 1589년)의 活版印刷術의 발명과 보급으로 중요하다. 또 박물관으로 이용되는 이 건물 안에는 당시의 인쇄기구가 진열되어 있다. 그리고 서기 16세기에서 서기 1867년 문 닫을 때까지 해온 활발한 출판으로 인해 많은 희귀본들이 수집·보관되어 있다. 여기에는 루벤스(Peter Paul Rubens)의 그림도 포함된다. 수집품 중에는 5개 국어로 된 성경(서기 1568년-서기 1573년), AbrahamOrtelius의 지리책, Robert Dodoens의 식물도감인 Cruydeboek, Andreas Versalius와 Joannes Valverde의 해부학, Simon Stevin의 십진법 등이다.

10. **스토크레트의 집**(Stoclet House: 문화, 2009): 서기 195년-서기 1911년에 지어진 예술을 사랑하는 은행가 아돌프 스토크레(Adolphe Stoclet)의 개인집으로 당시 비엔나 예술 분리파(Wiener Wekstätte) 건축가인 요세프 호프만(Josef Hoffmann)에 의뢰해 지어졌다. 스토크레는 내부의 장식도 의뢰했는데 같은 비엔나 분리파의 실내장식가 겸 조각가인 프란츠 메츠너(Franz Metzner)가 담당했다. 분리파 화가인 구스타프 크림트(Gustav Klimt)의 벽화도 남아있다. 이 집은 아르누보로부터 아루데코와 근대화운동(Modernism)에의 과도적 표현으로 건축가, 조각가와 화가의 총체적 예술작품의 이상을 구현하는데 성공하고 있다. 재료도 노르웨이의 대리석, 금박을 입힌 재료와 가죽 등 최고급을 사용했다.

11. **왈로니아의 광산지대**(Major Mining Site of Wallonia: 문화, 2010): 벨기 하이나우트(Hainaut) 주의 그랑 호르누(Grand-Hornu), 보와 뒤룩(Bois-du-Luc)와 보와 뒤카지에(Bois du Cazier), 리게(Liege)주의 브렌기 탄광(Blengy-Mine)의 4곳은 지하 1,065m 깊이의 坑道를 가진 炭鑛으로 서기 19세기 초에서 서기 20세기 말까지 같은 시기에 속하며 이를 통해 당시의 광업, 기술과 사회적 유산에 대한 압축된 이해를 할 수 있다. 광산 4곳을 통해 보면 작업과 인부, 사회적 구성원, 사회적 권력과 조직 등 서로서로 보완관계를 이룬다. 그리고 서기 1760년부터 일어난 영국의 산업혁명으로 발생한 여러 가지 기술도 받아들이고 있다. 사회적인 면에서도 왈론 광산의 坑夫들은 이탈리아, 체코, 항가리, 폴란드, 네덜란드, 러시아, 터키인들로 구성된 다문화적 중심지 역할을 하였다. 그래서 그란 호르누와 보와 뒤룩 광산에서는 주위 건물이나 도시발전에 있어서 국제적인 경향을 반영하고 있다. 그래서 건물양식, 기술적 조화와 주변 환경이 잘 어우러지고 있다. 서기 1956년 8월 8일 보와 뒤카지에 탄광의 마르시넬(Marcinelle) 갱도의 화재사건은 274명의 인부 중 262명의 희생자를 가져오기도 했다. 그래서 사고 50주년에 10유로의 마르시넬 동전이 발행되기도 하였다.

12. **왈로니아 광산**(Major Mining Sites of Walonia: 문화, 2012): 벨기에 동서 길이 170 km에 폭 3km-17km 정도의 크기를 가진 4개의 광산이 있으며 이것들은 모두 서기

19세기-서기 20세기에 채굴하던 탄광으로 현재 잘 보존되고 있다. 이들은 유럽의 산업화 시기부터 고도로 통합되고, 산업적이면서 도시의 조화를 이루고 있는 이상향의 건물들을 포함한다. 그중에서도 부루노 레나드(Bruno Renard)가 서기 19세기 전반에 설계한 그란드 호루누(the Grand-Hornu)탄갱과 작업인부들의 도시는 잘 알려져 있다. 보두룩(Bois-du-Luc) 광산에는 서기 1838년부터 서기 1909년에 세운 여러 가지 건물들이 있으며 그곳에는 서기 17세기까지 올라가는 유럽에서 가장 오래된 炭坑도 포함된다. 한편 왈룬 지역의 炭鑛은 수백 개의 坑道(炭坑)이 있으나 대부분의 기반시설은 없어졌다. 그러나 세계문화유산으로 등재된 4개소의 炭鑛은 아직도 고도로 통합된 체제를 갖추고 있다.

벨라루스 BELARUS

1. **미르 성**(Mir Castle Complex: 문화, 2000): Gordno 주, Korelichy 구역 미룬카(Mirunka) 강둑에 세워진 미르 성은 서기 15세기 말 고딕 양식으로 지어지기 시작해서 서기 16세기 일리니치(Ilinich) 태자에 의해 완공되었다. 서기 1568년 미르 성은 라지윌(Radziwill) 태자의 소유가 되어 르네상스 양식으로 마무리 지었다. 성의 동쪽과 북쪽 벽을 따라 지어진 3층의 궁전과 회벽토를 바른 面壁은 석회암의 정문, 현관, 소용 도리 장식, 발코니, 현관입구로 꾸며졌다. 600년이나 된 성은 여러 귀빈들이 방문하였을 뿐만 아니라 전쟁과 침입으로 많은 손상도 입었다. 그래서 약 1세기 동안 버려졌으며 특히 나포레온 정복 때 심하게 파괴되었다가 19세기 말에 다른 부속건물을 추가하고 주위의 조경에 맞도록 복구되었다. 이 성은 혼란한 역사의 산 증거이다.

2. **스트루브 자오선 측지**(Struve Geodetic Arc: 문화, 2005): 노르웨이(NORWAY), 라트비아(LATVIA), 리투아니아(LITHUANIA), 러시아(RUSSIAN FEDERATION), 벨라루스(BELARUS), 에스토니아(ESTONIA), 우크라이나(UKRAINE), 스웨덴(SWEDEN)과 핀란드(FINLAND) 지역이 함께 자오선 측정의 삼각측량점

3. **네스비즈의 라지윌 왕국의 건축과 주거의 문화복합**(Architectural, Residential and

Cultural Complex of the Radziwill Family at Nesvizh: 문화, 2005): 벨라루스 중안 네스비즈에 위치한 건축, 주거와 문화의 복합인 네스비즈 성은 서기 16세기에 짓기 시작하여 서기 1939년까지 라지월 왕국 궁전의 역할을 하고 이 가문에서 유럽 역사에 공헌을 한 여러 인물들이 배출되었다. 그들의 노력으로 네스비즈 도시는 과학, 예술, 기술과 건물에 영향을 많이 끼쳤다. 이 성은 6면체로 안으로 서로 연결되는 구조를 가지고, 내부에는 주거, 靈廟, 그리스도 聖體(Corpus Christi)교회가 남아있다. 그리고 이 성은 중앙 유럽과 러시아의 건축 발전에 뚜렷한 영향을 준 原型이 되었다.

보스니아-헤르체코비나 Bosnia and Herzegovina

1. 옛 모스타르 시의 다리지구(Old Bridge Area of the Old City of Mostar: 문화, 2005): 네레트바(Neretva) 강 깊은 계곡에 위치한 모스타르 역사도시는 기록상 서기1452년 4월 3일부터 시작하며 서기 1468년 오스만 투르크의 전초도시로 서기 1878년에는 모스트로-항가리 제국에 합병되면서 발전해왔다. 세계 제1차 대전 후에는 유고슬라비아에 소속되었다. 현재 이곳은 보스니아-헤르체코비나에서 5번째로 큰 도시이다. 이곳은 오래전부터 유명한 건축가인 시난(Sinan)에 의해 설계된 스타리 모스트(Stari Most)라는 터키의 다리(서기 1557년에 시작하여 서기 1566년 7월 19일에서 서기 1567년 7월 7일 사이에 완공, 전장 30m, 폭 4m, 강바닥에서 높이 24m임)와 다리 양쪽에 나있는 탑, 여러 문화를 보여주는 주택들로 잘 알려져 왔으나 다리(서기 1566년~서기 1993년)는 427년간 서 있다가 서기 1993년 11월 9일 내전 때 파괴되었다. 오스만투르크 이전, 오스만투르크, 지중해와 유럽의 건축양식을 보이는 이곳 도시는 多文化가 공존하는 뛰어난 예이다. 그리고 모스타르 도시와 다리의 복원(서기 2004년 7월 23일)은 다양한 민족과 종교적 집단 사이에 있어 화해, 국제적인 협조와 공존의 상징이 되고 있다.

2. 비세그라드의 메메드 파샤 소코로비치 다리(Mehmed Paša Sokolović Bridge in Više-grad: 문화, 2007): 보스니아와 헤르체고비나의 동쪽 드리나(Drina) 강에 걸려 있는 메

메드 파사 소코로비치 다리는 오스만투르크(서기 1299년-서기 1922년)의 전성기 때 고전 오스만투르크시대와 이탈리아 르네상스시대의 대표적인 건축가인 시난(Sinan)이 총독 메메드 파사 소코로비치의 명을 받아 서기 1577년에 만든 것으로 길이 179.5m, 돌로 만든 11개의 虹蜺가 11-15m의 간격으로 나있다. 우아하고 기념비적인 다리이다.

보츠와나 BOTSWANA

1. **초디로**(Tsodilo: 문화, 2001): 10㎢ 범위의 칼라하리 사막 바위산과 동굴에 세계에서 가장 많은 4,500개의 바위그림(岩畵)이 밀집된 장소로 "사막의 루브르(Louvreof the Desert)"라고 불린다. 이 그림은 과거 10만년 동안 인류의 행위와 환경의 변화에 대해 편년적으로 설명을 해준다. 이 척박한 환경에서 구석기시대의 생활방식으로 살아가고 있는 이 지역 사람들은 대부분 부시멘(Bushmen, Pygmy)의 일족인 쿵(Kung, !kung)족으로 그들은 이곳을 조상대대로 내려오는 조상의 영혼이 담겨 있는 신성한 곳으로 여기고 있다. 이곳에서 7만년이나 된 유물들과 큰 뱀의 머리 조각품이 나왔는데 이들은 이곳 최초의 의식을 보여준다. 이들 암화들의 연대는 이곳의 호수가 말라붙은 2만 년 이전부터 늦어도 만 년 전으로 추정되며, 후기구석기시대 말인 막달레니아(Magdalenia)기에 속하는 프랑스 라스코(Lascaux, 기원전 15000년-기원전 14500년)와 스페인 알타미라(Altamira) 동굴벽화의 기원으로까지 생각된다. 이 그림에는 코뿔소, 사자, 얼룩말, 기린과 남근상이 보이는 춤추는 남자의 그림 등이 확인된다. 이들은 또 동굴 안에 자리 잡고 있는 큰 뱀 신(인간키의 높이와 6m의 길이)으로부터 복과 번영을 빌고 자연존중과 공존하는 법을 배웠던 것으로 보인다.

볼리비아 BOLIVIA

1. **포토시 광산도시**(Potosí Mining Town: 문화, 1987): **Cerro de Potosí**(별칭은 Cerro Rico 임) 산 아래 해발 4,090m에 위치한 서기 1546년 광산촌으로 문을 연 포토시 광산은 곧 막대한 富를 만들어 내서 남미의 신대륙에서 가장 부유하고 큰 도시가 되

고 한때의 인구가 20만 명이 넘어 서기도 하였다. 스페인에서는 유통되는 銀의대부분은 이곳에서 가져올 정도로 스페인 사람들은 이곳 포토시를 행운(to be worth a potosi, fortune)으로 부를 정도였다. 기록에 의하면 서기 1556년부터 서기 1783년까지 이곳 포토시 광산으로부터 45,000톤의 銀이 채굴되고 그중 9,000톤이 스페인 황실로 들어갔다고 한다. 이곳에 서기 1672년 은화를 주조하기 위한 조폐국이 설립되고 늘어난 인구에 대비한 저수지가 만들어졌다. 그 당시 86개의 교회가 있었을 정도였다. 서기 1800년대 이후 銀鑛이 고갈되고 朱錫(Sn)이 이를 대신하였다. 그래서 포토시는 점차적으로 경제적인 약화를 가져왔다. 이곳은 식민지시대의 건축, 기념비적인 예술, 근대산업과 세계경제의 흐름을 바꾸는데 기여한 막대한 공으로 세계문화유산으로 등재되었다. 이곳은 또 유럽 이외의 지역에서 유럽의 역사와 건축이 연결될 수 있는 중요한 지역으로 손꼽힌다.

2. **치퀴토스의 예수회 선교단 마을**(Jesuit Missions of the Chiquitos: 문화, 1990): 서기 1696-서기 1760년 사이 서기 16세기 철학자들의 이상형도시(ideal cities)에 감화되어 기독교로 개종한 원주민이 살던 6개 주거마을이 예수회 선교단에 의해 설립되었다. 이 선교단은 독창성과 풍부한 표현력으로 잘 알려져 있다. 이들이 만든 교회는 유럽의 전통적인 가톨릭교회 건물에 지역의 전통을 가미한 독특한 목조 건축물로 아르헨티나, 브라질과 파라과이에도 유사한 것들이 있으나 볼리비아 것만이 유일하게 잘 보존된 마지막이 될 것이다. 현재 남아 있는 6개의 마을은 모두 볼리비아 동쪽 산타 쿠루즈(Santa Cruz Department)에 위치하는 San Francisco Javier(서기 1691년 설립), Concepción(서기 1699년), Santa Ana(서기 1755년), San Miguel(서기 1721년), San Rafael(서기 1695년)과 San José(서기 1698년)로 치퀴토스(little ones이라는 의미) 원주민들이 전통을 이어 그대로 살고 있다. 그중 콘셉시옹의 교회 건물은 서기 1930년대 보수되었으며, 당시 언어 대신 바로크(baroque) 음악으로 선교하던 전통이 2년마다 열리는 세계의 축제(Festival)로 남아있다.

3. **수크레 역사도시**(Historic City of Sucre: 문화, 1991): 볼리비아 최초의 수도인 수크레(스페인 때는 La Plata이며 스페인 국왕 Felipe II세가 서기 1559년 수도로 명함)는 스페인의

Pedro de Anzures가 서기 1530년 11월 30일에 세웠는데, 이곳에는 산 라자로(San Lázaro, 서기 1544년), 산프란시스코(San Francisco, 서기 1581년), 산타 도밍고(Santa Domingo, 서기 16세기 말) 성당과 같은 서기 16세기에 지어진 종교적 건물들이 잘 보존되어 있다. 이런 건물들은 유럽양식의 건물에 볼리비아의 전통적 지방양식을 가미하여 만든 매우 특징적이며 이웃 포토시의 상황과 매우 유사하다. 볼리비아는 남미의 지도자인 시몬 볼리바르(Simón Bolivar, 서기 1783년-서기 1830년)의 이름을 따왔지만, 수크레란 도시명은 서기 1826년 볼리비아의 초대 대통령이 된 안토니오 호세 데 수크레 이 알카라(Antonio José de Sucre y Alcalá, 서기 1795년-서기 1830년)의 이름을 따랐다.

4. **사마이파타 암각화**(El Fuerte de Samaipata: 문화, 1998): 엘 후에르테 데 사마이 파타 유적은 두 부분으로 나누어진다. 하나는 많은 조각이 새겨진 구릉으로 서기 14세기-서기 16세기 옛 마을의 종교심지이고, 다른 하나는 이 구릉의 남쪽 행정과 주거구역이다. 이 거대한 조각이 있는 구릉은 아래 마을을 굽어보고 있으며 스페인군들이 들어오기 이전에 거주하던 차네스(Chanes)와 잉카(Incas) 원주민들의 종교와 믿음을 보여 주는데 다른 곳에서는 볼 수 없는 이곳만이 유일하다. 처음에는 잉카 이전 아라와크(Arawak)기원의 차네스에 의해 만들어졌으며 잉카 또한 이 근처에 사원을 짓고 잉카의 도시를 형성하였다. 이 도시는 잉카가 동남방으로 영역을 확장하는 과정에 만들어졌다. 이 도시는 이곳을 침공한 과라니(Guarani)족 전사들에 의해 고통을 받았으며 이들은 산타크루즈(Santa Cruz)와 사마이파타를 정복하여 스페인군들이 들어올 때까지 이곳에 살았다. 그 다음에 오는 스페인군들도 사원 근처에 살며 아랍 계통의 안다루시아(Andalusia) 건축을 지었다가 폐기하고 현재의 사마이파타로 이주해나갔다.

5. **티와나쿠**(Tiwanaku/Tiahuanaco: Spiritual and Political center of the Tiwanaku Culture: 문화, 2000): 볼리비아 서쪽에 위치한 티와나쿠 또는 스페인어로 티아우 아나코(Tiahuanaco, Tiahuanacu)는 잉카와 서기 1532년 이전인 선 스페인 문명(서기 800년-서기 1438년)으로 포스트크라식(후고전기) 기간인 서기 800년-서기 1532년에 속한다.

이 시기에는 티아우아나코, 와리(Wari, Huari), 치무(서기 1200년-서기 1470년)가 함께 하며 그 이후에는 서기 1445년 Pachacuti Inca Yupanqui가 침공하여 잉카(서기 1438년-서기 1532년)로 통일된다. 잉카 제국도 8만 명의 군사가 말과 총으로 무장한 168명의 프란시스코 피자로(Francisco Pizarro)가 거느리는 스페인군대에 의해 서기 1532년 11월 16일 카하마르카(Cajamarca) 전투에서 패배함으로써 완전히 정복된다. 티아우아나코(Tiahuanaco)는 잉카 이전의 문명으로 기원전 300년경에 시작하여 서기 5세기-서기 6세기에 전성기를 맞고, 서기 600년-서기 800년에 도시국가로서 도시화 되는 과정에 있다가 IV와 V기(서기 300년-서기 1000년)에 전성기를 맞아 제국으로 발전하였다. 도시국가 유적은 티티카카(Titicaca) 호수 동남방 라파즈(La Paz)의 서쪽 72㎞ 떨어져 티와나쿠 주 인가비(Ingavi) 현에 속한다. 티아우아나코(티와나쿠)는 문자가 없던 고대국가로서 기원전 1500년경 농업을 기반으로 하는 마을에서부터 시작하나 티아우아나코(티와나쿠) IV와 V기인 서기 300년에서부터 서기 1000년 사이에는 큰 세력으로 등장하였다. 기원전 300년에서 서기 300년에의 600년간에는 순례지로 정신적 우주적 중심지 역할을 하였다. 이러한 우주론적인 생각은 티아우아나코가 제국(empire)으로 발돋움하는 정신적 기반이 되었다. 티아우아나코가 위치하는 건조한 고원과 티티카카 호수 사이에는 물고기, 야생조류, 식물과 야마 등 식생활에 풍족한 자연환경을 갖고 있었다. 유적과 유물은 푸마푼쿠(Pumapunku) 사원의 기단석과 근처 태양의 문(Gateway of the Sun)을 비롯해 카라사사야(Kalasasaya) 사원과 사람의 머리를 조각해 벽에 장부(mortise)로 끼어 넣은 사원의 벽, 문 입구의 단일석주(moniliths), 물밑에 가라앉은 안뜰의 의식용 대상을 받치는 폰체(Ponce) 석비(stela, Benette Mmonolith), 인간의 형상을 한 토제 용기 등이 있다. 또 아카파나(Akapana)와 푸마푼쿠 사원의 붉은 사암으로 만든 하수구는 구리(Cu), 비소(As)와 니켈(Ni)의 三元合金의 꺽쇠가 이용되기도 하였다. 그리고 영국 지리학자인 짐 알랜(Jim Allen)은 그의 저서 Historic Atlantis in Bolivia에서 티티카카 호수 근처 알티프라노(Altiplano) 평원의 포포(Poopo) 호수와 그 옆의 올라가스(Aullagas) 언덕이 그리스의 철학자 플라톤(Plato, 기원전 430년-기원전 350년)이 기원전

360년에 쓴 그의 저서 대화(Dialogues: Timaeus와 Critias)에서 언급한 12,000년 전 지진과 홍수에 의해 사라진 아틀란티스[Atlantis; Atl(water)와Anatis(copper: 이곳에서만 금과 구리의 합금인 오리칼컴/orichalcum이 나온다)를 결합한 남미의 말]의 흔적으로 보고 있으며 '태양의 문(Gateway of the Sun)'과 같은 대표적인 유적도 그들의 후손이 만든 것으로 주장하기도 한다.

부르키나 파소 BRUKINA FASO

1. **로로페니 유적**(Ruins of Loropéni: 문화, 2009): 가오우아(Gaoua) 서쪽 11,130㎡ 넓이의 로비(Lobi) 요새 유적은 石壁으로 잘 보존되어 있다. 이것은 100여개 석벽 중의 일부분으로 코트 디아브르(Côte d'Ivoire), 가나, 토고와 경계를 이루면서 사하라 사막을 횡단하는 金貿易路를 관장하던 힘을 보여준다. 이 요새화한 유적은 천년은 되었을 것으로 생각된다. 주거지에는 로론(Lohron)이나 코우랑고(Koulango)족들이 살았던 것으로 짐작되며, 이들은 採金과 장신구를 만드는 여러 과정, 운송을 통제하였는데 서기 14세기-서기 17세기에 정점을 이루었다. 아직 완전히 발굴되지 않았으나 앞으로 계속 발굴되면 이 유적이 서기 19세기에 폐기되어 나무로 뒤덮인 이유를 설명해 줄 수 있을 것으로 생각된다.

북한 DEMOCRATIC PEOPLE'S REPUBLIC OF KOREA

1. **고구려 고분군**(Complex of Goguryo Tombs: 문화, 2004): 冬壽墓(서기 357년), 德興里 고분(서기 408년)도 있으나 주로 서기 427년(長壽王 15년 평양 천도)-서기 668년 사이의 고구려 벽화 고분 97기이다. 즉 이들은 평양 東明王陵과 眞坡里 고분군 15기, 평양 湖南里 四神塚과 호남리 1-16호분 등 34기, 평안남도 대동군 덕화리1·2·3호분, 江西 三墓, 덕흥리·修山里 고분과 龍岡大塚, 雙楹塚, 安岳 1·2·3호분 등 3기로 모두 63기가 이에 포함된다. 그 목록들은 다음과 같다.

국보 12호 대성산 고구려 무덤떼, 평양시 대성구역 대성동
국보 15호 용산리 고구려 무덤떼, 평양시 력포구역 룡산리

국보 26호 호남리 사신무덤, 평양시 삼석구역 호남리

국보 28호 강서 세무덤, 남포시 강서구역 삼묘리

국보 29호 약수리 벽화무덤, 남포시 강서구역 약수리

국보 30호 수산리 벽화무덤, 남포시 강서구역 수산리

국보 39호 쌍기둥무덤, 남포시 룡강군 룡강읍

국보 67호 안악 3호 무덤, 황해남도 안악군 오국리

국보 73호 안악 1호 무덤, 황해남도 안악군 대추리

국보 74호 안악 2호 무덤, 황해남도 안악군 대추리

국보 156호 덕흥리 벽화무덤, 남포시 강서구역 덕흥동

국보 161호 덕화리 1호무덤 평안남도 대동군 덕화리

  2. **개성 역사유적**(Historical Relics in Kaesong: 문화 2013): 松都, 松岳, 開京과 松京의 이름을 가지고 북쪽에 帝釋山, 天馬山, 두석산이, 중앙에 松岳山/松嶽山, 남쪽에 進鳳山과 龍岫山으로 둘러싸인 분지의 개성 시내와 서쪽의 산자락까지 포함하는 개성 역사유적지구는 高麗왕조(서기 918년-서기 1392년)의 지배 근거지를 대표하는 문화유산들로 구성돼 있다. 문화유산은 통일된 고려왕조가 사상적으로 불교에서 유교로 넘어가는 시기의 정치적, 문화적, 사상적, 정신적인 가치를 내포하며 이는 도시의 풍수적 입지, 궁궐과 고분군, 성벽과 대문으로 구성된 도심 방어 시스템, 그리고 교육기관을 포함한다.

  이 문화유산들은 12개의 개별 유산으로 구성돼 있으며 이 중 다섯 구역은 개성 성곽을 구성하는 유산들로, 삼중으로 구성된 고려의 방어체계도 볼 수 있다. 그리고 개성 역사유적지구 중 대표적인 것은 개성 성벽 5개 구역을 포함해 개성시 송악동 송악산 남쪽 기슭에 동서 445m, 남북 150m의 계단상 대지에 위치한 고려의 왕궁터(太祖 2년, 서기 919년-恭愍王 10년 서기 1361년)인 滿月臺(국보 122호)를 들 수 있다. 이 궁궐터에는 亞자형의 正殿을 비롯해 회경전, 장화전, 건덕전, 만령전 등이 계단상으로 배치되고 13개의 성문과 15개의 궁문이 있었다고 전해진다. 그리고 만월대 서문 밖에 있는 고려시대 瞻星臺(국보 131호, 높이 2.8m이고, 장방형 한 변의 길이

2.6m 유적), 개성 북안동 남대문(국보 124호, 조선), 개성시 부산동 成均館(국보 127호, 고적 제 234호, 서기 992년(成宗 11년)에 세운 국가 최고 교육기관으로, 현재의 건물은 조선시대(서기 1602년-서기 1610년)에 재건한 건물이다], 개성시 선죽동 자남산의 崧陽書院(국보 128호)도 지정되었다. 崧陽書院은 조선시대의 지방 사설 교육기관으로 고려 말의 유학자 鄭夢周를 기념하여 서기 1573년에 그가 살던 집에 서원을 세우고 文忠堂이라고 하였는데 숭양서원이라고 부르게 된 것은 1575년부터이다. 그리고 善竹橋(국보 159호)와 表忠祠(국보 138호 表忠碑)도 정몽주와 관련된 문화재들이다. 또 개성시 개풍군 해선리 평양-개성 간 고속도로 옆 만수산 남쪽 언덕의 중턱에 자리 잡고 있는 고려 개국시조인 태조왕건과 왕비 신혜왕후 유씨를 합장한 무덤인 王建陵(顯陵, 국보 제179호)과 7개 왕릉과 명릉, 개성시 개풍군 해선리 恭愍王陵(국보 123호) 등을 포함한다. 세계문화유산에 포함된 목록들은 다음과 같다.

국보 122호 滿月臺 개성시 송악동, 고려

국보 123호 恭愍王陵 개성시 개풍군 해선리, 고려

국보 124호 개성 南門 개성시 북안동, 조선

국보 125호 觀音寺 대웅전 개성시 박연리 대흥산성 내, 고려

국보 126호 大興山城 개성시 박연리, 고려

국보 127호 개성 成均館 개성시 방직동, 고려

국보 128호 崧陽書院 개성시 선죽동, 고려

국보 129호 拔禦塹城 개성시 송악동, 통일신라

국보 130호 開城羅城 개성시 송악동, 고려

국보 131호 개성 瞻星臺 개성시 송악동, 고려

국보 132호 興國寺탑(서기 1021년) 개성시 박직동 고려박물관, 고려

국보 133호 靈通寺 오층석탑 개성시 룡흥리 오관산 령통사, 고려

국보 134호 華藏寺 부도 개성시 룡흥리 보봉산 화장사, 고려

국보 135호 佛日寺 오층탑 개성시 방직동 고려박물관, 고려

국보 136호 演福寺 개성시 북안동 남대문 문루, 고려

국보 137호 寂照寺 쇠부처(철불) 개성시 방직동 고려박물관, 고려

국보 138호 表忠碑(왼쪽 것은 서기 1740년에 영조가, 오른쪽에 있는 것은 1872년 고종이 각
    각 세웠다) 개성시 선죽동, 조선

국보 139호 玄化寺 칠층탑 개성시 방직동 고려박물관, 고려

국보 151호 玄化寺비 개성시 방직동 고려박물관, 고려

국보 152호 廣通普濟禪師碑 개성시 개풍군 해선리 무선봉 남쪽, 고려

국보 153호 五龍寺法鏡大師(慶猷)비 개성시 룡흥리 용암산 오룡산터, 고려

국보 155호 靈通寺大覺國師 대각국사비 개성시 룡흥리 오관산 령통사, 고려

국보 159호 善竹橋 개성시 선죽동, 고려

국보 179호 王建王陵, 개성시 개풍군 해선리, 고려

불가리아 BULGARIA

1. 이바노보의 암석을 깎아 만든 교회군(Rock-hewn Churches of Ivanovo: 문화, 1979):
불가리아 동북쪽 로센키 롬(Roussenki Lom) 강 계곡을 깎아 서기 12-서기 14세기에
만든 하나의 암벽을 이용한 성당, 예배당, 수도원, 지하창고 등으로 서기 12세기
이곳에온 隱者가 처음 파기 시작했는데 수도사들이 서기 1320년대 본격적으로 만
들어 서기 17세기까지의 모습을 오늘날에도 보여준다. 서기 14세기에 그려진 프
레스코 벽화는 중세시대의 타르노보(Tarnovo/Turnove)파를 대표하는 작품으로 잘
보존되고 있다. 교회의 수는 40개, 부속건물은 300여개로 추산된다. 수도사들이
예배를 보는 교회는 St. Archangel Michael 교회(The Buried Church), the Baptistery,
the Gospodev Dol Chapel, the St. Thedore Church(the Demolished Church)와 본당
이며 서기 14세기의 벽화가 있는 Holy Mother of God 교회 등이다.

2. 마다라 기수상(Madara Rider: 문화, 1979): 불가리아 동북쪽 서기 705년-서기 801
년 사이 100m 높이의 마다라 마을 절벽 위에 새겨놓은 사자를 물리친 騎士像으
로, 기사는 오른쪽을 향하고 창으로 말굽 밑에 있는 사자를 찌르고 개가 그 뒤를
따르고 독수리가 위에서 나르는 모습을 그리고 있다. 이곳은 서기 9세기 기독교

가 들어오기 전 첫 번째 불가리아 제국이 들어선 聖所이다. 옆에 새겨놓은 銘文의 해독은 이 비가 서기 710년까지 올라갈 수 있음을 보여준다.

3. 보야나 교회(Boyana Church: 문화, 1979): 소피아 교외 3개의 교회로 서기 10세기에 처음 지어졌다. 그다음 서기 13세기에 세바스토크라커 카로얀(Sebastocra-torKaloyan)에 의해 만들어졌는데 그는 두 번째의 건물을 첫 번째 것 옆에 2층으로 짓도록 하였다. 이 두 번째의 교회 내에 서기 1259년에 그려진 중세시대의 프레스코 벽화가 있다. 여기에 240개의 프레스코 벽화(89개의 장면과 240명의 인물)가 있는데 화가는 알려져 있지 않으나 타르노보(Tarnovo/Turnove)파 예술학교에서 훈련을 받은 사람으로 짐작이 된다. 현관에서 本堂에 이르는 복도에 그려진 18장면은 성 니코라스의 생활을 묘사한다. 바다와 배에서 일어난 기적과 뱃사공의 모자는 베네치아 화풍을 연상케 한다. 세 번째의 교회는 서기 19세기 초에 지어진 것이다. 가장 흥미로운 것은 기증자들인 카로얀과 데실사바(Dessilsava), 불가리아의 황제 콘스탄틴 아센티크(Constantine Assen Tikh)와 왕비 이리나(Isaritsa)의 초상화들인데 모두 서기 1259년에 그려졌다. 카로얀이 교회의 설계도를 들고 성 니코라스에게 주는 장면이다. 이곳은 서기 13세기-서기 19세기의 중요한 교회로 특히 서기 1259년에 제작된 프레스코 벽화는 중세시대의 중요한 작품의 하나이다.

4. 카잔락의 트라키안 무덤(Thracian Tomb of Kazanlak: 문화, 1979): 발칸 산맥하 트라키아 왕 세우투스(Seutus) III세의 수도인 세우토폴리스(Seutopolis) 근처 기원전 4세기경 헬레니즘(기원전 304년-기원전 30년) 시기에 만들어진 tholos(연도/널길, 羨道, dromos가 있는 石室墳)가 있는 공동묘지로서 그 속에서 신랑과 신부가 작별하는 장면, 트라키아의 왕과 왕비, 전차 경기 등의 벽화가 생생하게 남아 있다.

5. 네세바르 구도시(Old City of Nessebar: 문화, 1983): 흑해 연안 3,000년 이상 오래된 네세바르의 성벽에 둘러싸인 옛 도시는 기원전 6세기에 그리스의 식민지(Magna-Grecia, 기원전 600년-기원전 500년), 트라키안(Thracian)의 주거지 메네브리아(Menebria)였다. 이 도시에는 주로 헬레니즘(기원전 304년-기원전 30년)시대의 성채(acroppolis), 아폴로 신전, 광장(agora), 요새의 성벽 등이 남아있다. 남아 있는 다른

유적들은 북해 서쪽 해안에 중요한 비잔틴 제국(서기 395년-서기 1453년)의 도시가 있었을 때의 스타라 미트로폴리아 대성당(the Stara Mitropolía Basilica, Old Bishoric), 중세시대의 성벽이다. 서기 19세기의 목제 가옥은 이 시기 흑해 연안의 대표적 건물이다. 여기에는 교회유적도 많은데 소피아 교회(Old Bishoric, Stara Mitropoliya, 서기 5세기-서기 6세기), Basilica of the Holy Mother of God Eleusa(서기 6세기), Church of John the Baptist(서기 11세기), Church of St. Stephen(New Bishopric, Nova Mitropoliya, 서기 11세기; 서기 16세기-서기 18세기에 복원), Church of St. Theodore(서기 13세기), Church of St. Paraskeva(서기 13세기-서기 14세기), Church of the Holy Archangels Michel and Gabriel(서기 13세기-서기 14세기), Church of Christ Pantocrator(서기 13세기-서기 14세기), Church of St. John Aliturgetos(서기 14세기), Church of St. Spas(서기 17세기), Church of St. Clement(서기 17세기)들이 대표적이다.

6. 릴라 수도원(Rila Monastery: 문화, 1983): 발칸 반도에서 제일 높은 릴라 산맥 내 서기 10세기경 정교회에서 성자로 인정한 성 요한 릴라(St. Johan Rila, 서기 970년 탄생)에 의해 창건된 정교회로 서기 1833년 1월 13일 화재로 인해 목조건물이 불타 서기 1834년-서기 1862년 재건되었고 중심에는 匠人 Pavel of Krimin의 책임하에 성모 마리아 탄생 교회(the Church of the Nativity of the Virgin, 9월 8일)가 세워졌다. 그의 금욕생활을 하던 동굴과 무덤은 서기 15세기 이후 수도원에 포함된 聖地가 되고 중세시대 스라브민족의 동질성을 찾는 불가리아인들의 정신적·사회적 생활에서 중요한 역할을 차지했던 수도원 복합지구로 탈바꿈했다.

7. 스베시타리의 트라키안 무덤(Thracian Tomb of Sveshtari: 문화, 1985): 불가리아 동북쪽 라자그라드(Razagrad) 주에서 동북쪽 42㎞ 떨어진 스베시타리의 조그만 마을 서남쪽 2.5㎞서 서기 1982년에 발견된 기원전 3세기경 트라키아인의 돌방무덤(石室墳)으로, 이 무덤이 특이한 점은 석실 내부의 벽면에 높은 浮彫로 조각하고 彩色한 半人·半植物의 10개의 女人像柱와 둥근 천장의 장식은 고대지리학자들이 이미 언급한 트라키아 민족인 게테(Gete)족들이 헬레니즘(기원전 304년-기원전 30년)과 북방민족들과의 문화접촉을 떠오르게 한다.

브라질 BRAZIL

1. **오우로 프레토 역사도시**(Historic Town of Ouro Preto: 문화, 1980): 포르투갈의 식민 지시대인 서기 17세기 말에 금광을 채굴하면서 만들어진 Ouro Petro(black gold) 마을(서기 1822년-서기 1897년, Minas Gerais 주의 수도)과 금의 집산지로서기 18세기 브라질의 황금시대를 열었다. 19세기 금광이 고갈되어 바닥이 나도 그때까지 富村으로 인해 많은 예술가들이 모여 포르투갈 식민시대의 건물을 비롯하여, 브라질 특유의 건축물, 다리, 분수와 내부에 금으로 치장을 한 성당이 많이 남아 있고 또 서기 1882년 9월 7일 포르투갈로부터 독립선언을 하고 서기 1889년 11월 15일 독립한 브라질 자유와 문화의 상징 도시이다. 특히 알레하디노(Aleijadinho) 건축가가 만든 바로크식 성당 Igreja de São Francisco de Assis(Church of Saint Francis of Assisi)가 돋보인다. 그 외에도 화가 Mestre Athayde, 작곡가 Lobo de Mesquita, 시인 Thomas Gonzaga 등이 이 도시를 배경으로 활약하였다.

2. **올린다 역사지구**(Historic Centre of the Town of Olinda: 문화, 1982): 서기 1535년 포르투갈인들에 의해 만들어진 사탕수수산업과 관련된 식민지도시였는데 네덜란드인의 공격으로 파괴되었다가 서기 18세기에 재건되었다. 이곳에는 식민지 초기의 도시계획, 건물, 정원, 20개의 바로크식 교회, 수가 많은 조그만 예배당들이 서로 조화를 이루고 있어 올린다의 매력을 더한다.

3. **살바도르 데 바이아 역사지구**(Historic Centre of Salvador de Bahia: 문화, 1985): 포르투갈 주민들이 서기 1549년-서기 1763년 브라질의 첫 번째 수도로서 살바도르는 유럽, 아프리카와 아메리카 인디언들의 문화가 혼재되어있는 곳이다. 서기 1588년부터 이곳은 아메리카 대륙의 첫 번째 노예시장이 들어섰는데 이는 사탕수수 농장에서 필요하였기 때문이었다. 구도시에서는 뛰어난 르네상스 양식의 건물들을 보존하려고 노력하였고, 벽 치장을 한 밝은 색깔의 가옥들도 무척 특징이 있다. 지정된 구역 내의 건물들은 대성당(Cathedral), 성 프란시스, 도미니크, 카르멜, 안토니 수도원(Convents of St. Francis, St. Dominic, Carmel and St. Anthony), 서기 16세기에 만들어진 궁전, 바로크 양식으로 지어진 궁전(Baroque Palaces) 등이다.

4. 콩고나스의 봉 제수스 성역(Sanctuary of Bom Jesus do Congonhas: 문화, 1985): Congonhas(Minais Gerais)에 있는 聖所로 이탈리아의 영향을 받은 로코코 교회(BomJesus Church, 서기 1772년), 밖의 계단에 12사도들의 상이 장식되어 있는 교회(the parvis with the 12 statues of the prophets, 서기 1800년-서기 1805년)와, 알레한디노(Alejandinho)가 만든 걸작품인 7개의 십자가의 聖路들로 장식되어 있고 생동감 넘치는 바로크 양식의 6개의 예배당(the 6 chapels containing the 7 stations of the cross, 서기 1796년-서기 1800년)을 말한다.

5. 브라질리아(Brasilia: 문화, 1987): 서기 1956년 브라질의 대통령이 된 쥬세리노 쿠비셰크(Juscelino Kubitschek)가 도시계획가인 루치오 코스타(Lucio Costa)와 건축가인 오스카 니메이어(Oscar Niemeyer)를 초청해 사람, 물, 동·식물이 거의 없는 사막과 같은 브라질리아란 空地에 새의 飛翔과 닮은 주거·행정구역에서부터 左右同形의 건물들에 이르기까지 모든 설계가 전반적으로 조화를 이루도록 만든 세계 도시계획의 새로운 이정표가 된 브라질의 수도이다. 특히 공공건물들은 매우 혁신적이고 상상력이 풍부한 외관을 보인다. 여기에는 브라질 공화국 연방의회, 쥬세리노 쿠비셰크 대통령의 다리와 기념탑, 도로의 기념비적인 十字軸(Monumental Axis), 성당, 대통령 궁, 호텔 등의 건물이 특징이 있다.

6. 세라 다 카피바라 국립공원(Serra da Capivara National Park: 문화, 1991): 브라질 동북부 피아우이(Piauí) 주에 위치하는 세라 다 카피바라 국립공원 안에 중남미고고학 편년상 가장 연대가 올라가는 후기구석기시대인 石期(Lithic)에 속하는 25,000년 전의 동굴벽화가 있고 이 벽화를 보존하기 위해 국립공원이 조성되었다. 이 벽화는 고고학자 니에데 귀돈(Niéde Guidon)에 의해 조사되었고 가장 중요한 유적은 페드라 후라다(Pedra Furada)이다. 이곳은 행정구역상 São Raimundo Nonato, SãoJoão do Piauí, Coronel José Dias와 Canto do Buriti에 속하며 규모는 1291.4 ㎢이다. 이곳은 당시 인구밀도가 높았던 것으로 짐작된다. 벽화는 남아메리카대륙에서 연대가 가장 올라가며, 벽화는 동물, 나무, 벌집, 의례장면, 사냥, 폭력(고문), 성교, 탄생 등으로 연대는 25,000년에서 2,000년 전으로 추정된다. 벽화는 사

람이 살던 큰 동굴(boqueirão, large cave)과 조그만 동굴(toca, small cave)에 그대로 그려져 있다.

7. 세인트 루이스 역사지구(The Historic Centre of São Luis: 문화, 1997): Maranhão 주도인 사웅 루이(São Luis)는 포르투갈의 지배시 서기 1612년 프랑스는 자기의 식민지로 삼았고 그 이름도 처음에는 프랑스국왕 루이(Louis) XIII를 慶賀하는 뜻에서 그의 이름을 따 Saint Louis로 명명하였다. 서기 1614년 네덜란드인에 의해 침공을 받았으나 서기 1615년 포르투갈의 제로니모 데 알부커크(Jerônimo de Albuquerque)에 의해 다시 포르투갈 영으로 돌아갔다. 이 도시는 서기 20세기 경제적 침체로 인해 라틴아메리카에서 예외적으로 포르투갈 식민지 원래의 모습으로 방격법 도시구획, 당시의 공공건물, 화려하고 사치스럽게 지은 저택, 대리석제 다층가옥, 아주레호스(azulejos, 포르투갈에서 5세기 동안 변치 않고 사용된 주석유약을 입혀 만든 청금빛 타일로 포르투갈의 대표적 문화요소 중의 하나임)로 벽을 장식한 소규모의 집들이 그대로 남았다.

8. 디아만티나 시 역사지구(Historic Centre of the Town of Diamantina: 문화, 1999): 서기 1713년 탐험대가 미나스 쥬라이스(Minas Gerais) 산록에서 다이아몬드를 발견함으로써 아라이알 도 티후코(Arraial do Tijuco)란 마을로 설립되었다. 서기 1713년 포르투갈 왕이 이의 중요성을 알고 채굴행정을 관할할 도시를 세우도록 명령하고 처음에는 다이아몬드 채굴권을 개인 기업에 주었다가 후일 왕의 소유로 귀속시켰다. 산록의 척박한 환경에 보석처럼 세워진 이 도시는 다이아몬드 채굴 때문에 만들어지고 그 이름도 다이아몬드라는 뜻의 디아만티나로 되었다. 서기 18세기와 서기 19세기에 상당한 富를 축적하였으나 남아연방의 드비어(De Beers)에서 새로운 다이아몬드광산이 개발됨으로써 폐광되고 따라서 이 도시는 포르투갈인들이 세운 바로크 양식으로 세운 식민지도시와 회색 빛나는 'capitstranas'라는 돌로 깐 鋪道, 나무와 흙벽돌로 지어진 가옥의 담장도 원래 모습대로 잘 남게 되었다. 당시 새로운 금광과 광산의 개발로 인해 이웃에 형성된 미나스 쥬라이스와 함께 대표적이다.

9. **고이아스 역사지구**(Historic Centre of the Town of Goiás: 문화, 2001): 브라질 중앙 고이아스 주의 고이아스 도시(식민지시대에는 좋은 도시라는 의미의 Vila Boade Goyaz라고도 불리었다. 서기 1937년까지는 주의 수도였음)는 서기 18세기–서기 19세기 반데이란테(Bandeirante, 서기 16세기–서기 18세기 브라질의 노예사냥탐험대로 'followers of the banner'란 뜻임) 탐험가 바르토로뮤 부에노 아 실바(Bartolomeu Bueno da Silva)에 의해 설립된 식민지도시로 광산촌이 바탕이 되었다. 식민지시대의 전통을 바탕으로 한 공공건물과 개인주택 등은 그 지방에서 나오는 건축 지재와 기술을 꾸준히 접목시킨 결과 주변 경관과 조화를 이루고 있다.

10. **상 크리스토바옹 시의 상 프란시스코 광장**(São Francisco Square in the Town of São Cristóvão: 문화, 2010): 세르기페(Sergipe) 주, 서기 1590년에 만들어진 브라질의 네 번째 큰 도시인 상 크리스토바옹 시의 상 프란시스코 광장은 서기 1693에 세워진 상 프란시스코 교회와 수도원, 유색인 로자리오 교회(Our Lady of Rosary of Colored Men), 자애 수녀 병원 같은 역사적 건물들로 둘러싸여 있다. 상 크리스토바옹 시는 포르투갈이 스페인 왕(서기 1580년–서기 1640년)의 통치기간에 세워졌으며 건물들로 둘러싸인 광장은 남미의 다른 도시에서는 흔하지만 브라질에서는 드물다. 상 크리스토바옹 시는 아라카후(Aracaju)가 새로운 수도가 되는 서기 1855년까지 州都였다. 이곳에는 식민지시대, 바로크, 종교적 건물들이 잘 보존되어 있으며 그중 聖畵박물관은 브라질에서도 가장 소장품이 많은 것 중의 하나이다.

11. **山間의 리오데자네이로 시의 경관, 리오데자네이로의 시민 카리오카**(Rio de Janeiro, Carioca Landscapes between the Mountain and the Sea: 문화, 2012): 세계문화유산에 등재된 리오데자네이로 시는 문화유산이라기보다 이례적인 도시의 배경(무대장치)으로 구성된다. 이것은 티우카 국립공원(Tijuca National Park, 32㎢)의 정상(3,350feet, 약 1,005m)에서부터 바다에 이르기까지 도시의 발전을 형성하고 자극을 주었던 중요한 자연요소를 포함한다. 그들은 또한 서기 1808년에 설립된 식물원(Botanical Garden), 높이 32m의 예수동상(신 7대 불가사의)이 서있는 해발 700m의 코르코바도 산과 눈부신 도시의 야외 생활문화에 이바지하는 코파카바나(Copacabana) 만을 따라

광범위하게 설계된 경관, 구아나바라(Guanabara) 만 주위의 언덕들도 포함한다. 그래서 리오데자네이로 시가 음악가, 정원사, 도시계획 전문가에게 예술적 영감을 주는 것도 인정이 된다.

사우디아라비아 SAUDI ARABIA

1. **알 히지르 고고학유적**[Archaeological Site of Al-Hijr(Madâin Sâlih): 문화, 2008]: 헤기라(Hegira)란 이름으로 알려졌던 이 유적은 요르단의 페트라 유적과 관련된 최대의 고고학적 유적이다. 연대는 기원전 1세기에서 서기 1세기에 속하며 현재 나바테안 이전에 속하는 銘文이 있는 50여개소와 동굴그림이 포함된다. 알 히지르 유적은 111개소의 기념비적인 무덤이 있고 그중 94개소가 장식되어 있다. 또 샘은 나바테안인들의 건축학적 성과이며 물 관리 기술을 잘 보여준다. 서기 2007년 7월 9일 新世界 7대 不可思議의 하나로 선정된 요르단의 페트라 유적은 선사시대 이래의 紅海와 死海 사이, 아랍, 이집트, 시리와 페니키아의 교차로에 자리 잡았던 전략적 요충지인 사암으로 이루어진 천연요새의 캐러반(隊商) 도시이다. 이 무역루트는 요르단의 '바위'라는 의미를 지닌 페트라[Petra, 기원전 100년-서기 100년경의 아랍계 유목민족인 나바테안(Nabataean) 왕국의 아레타스(Aretas) IV세가 축조한 王陵/靈廟를 포함, 높이 40m]와 바쉬르 성, 시리아의 팔미라(Palmyra)까지 이르게 되었다. 이 페트라의 나바테안 왕국은 사막지대의 샤라 산맥에 자리잡고 풍부한 지하 수맥의 개발로 향로와 몰약(myrrh, 沒藥) 등의 무역중심지가 되었으나 서기 106년 로마에, 그리고 서기 3세기-서기 4세기 이후에는 비잔틴 제국(동로마 제국)에 복속되었다가 서기 7세기 후반 지진으로 멸망한 것 같다.

2. **아드 디리야의 투라이프**(At-Turaif District in ad-Dir'iyh: 문화, 2010): 이곳은 현재의 수도인 리야드(Riyadh)의 서북쪽 아라비아 반도의 중심 아드 디리야(Ad-Dir'iyh, Ad-Dar'iyh/Dir'aiyah로도 표기함)에 자리하는 서기 1744년-서기 1818년 사우디 왕조의 첫 번째 수도였다. 서기 15세기에 설립되어 아라비아반도 중앙에 특징인 흙벽돌(adobe)로 규모가 크게 지은 나지(Najdi) 건축양식을 보여준다. 서기 18세기-서기

19세기 이 도시의 정치적 종교적 역할이 늘어남에 따라 투라이프 요새는 일시적으로 사우디왕가의 권력과 무스림 지역의 와하비(Wahhabi: 코란의 가르침대로 살자는 운동으로 리야드에서 일어나 수도도 그곳으로 옮김) 개혁의 전파 중심지가 된다. 오아시스 옆에 지어진 알 임맘 모하마드 빈 살와(Al-Imam Mohammad bin Salwa), 브라힘 이븐 사우드(Ibraheem Ibn Saud)와 화르한 이븐 사우드(Farhan Ibn Saud) 궁전, 무하마드 빈 압둘 와하브(Muhammad bin Adul Wahab) 사원들은 도시와 조화를 이루고 있다.

사이프러스 CYPRUS

1. **파포스의 고고유적**(Paphos–Archaeological Site: 문화, 1980): 파포스 고고학공원(Nea Pafos)에는 기원전 3500년경의 신석기시대-금석병용기시대(Chalcolithic 또는 Eneolithic Age)부터 사람이 살던 주거지로 프톨레미 왕조(기원전 304년-기원전 30년) 때의 무덤과 서기 16세기 오스만투르크(Osman Turk, 서기 1299년-서기 1922년)시대의 유적들이 산재하고 있다. 특히 이 섬의 지배자였던 미케네(Mycenae, 기원전 1600년-기원전 1200년, 또는 기원전 1550년-기원전 1100년) 문명 때 이 섬에 풍요의 여신인 아프로디테(Aphrodite)의 신전을 세웠다. 이곳의 고전그리스(기원전 500년-기원전 338년), 헤레니즘(기원전 304년-기원전 30년)과 그레코-로마(기원전 146년-서기 14년)시대의 별장(villa), 궁전, 극장(Paphos Odeon), 서기 7세기 아랍의 세력을 막기 위해 건설한 요새(Saranta Kolones), 무덤과 디오니소스, 테세우스, 아이온, 오르페우스와 사계절의 건물 바닥에 그리스 신화를 묘사한 모자이크 등도 남아있다.

2. **트루도스 지역의 벽화 교회군**(Painted Churches in the Troodos Region: 문화, 1985/2001 확대지정): 섬 중앙 해발 1,592m 올림푸스 산 정상에 위치한 비잔틴 시대의 9개의 교회와 제일 큰 키코스(Kykkos) 수도원이 밀집한 지대로 그 안에는 비잔틴(서기 395년-서기 1453년)과 비잔틴 시대 이후의 벽화도 있으며 조그만 교회의 벽화에서 수도원의 St. John Lampadist벽화에까지 다양하다. 비잔틴 시대의 교회는 Stavros tou Ayiasmati, Panayia tou Araka, Timiou Stavrou at Pelendri, Ayios Nikolaos tis Stegis, Panayia Podithou, Assinou, Ayios Ioannis Lampadistis, Panayia tou

Moutoula, Archangel Michael at Pedhoulas이다. 여기에 그려진 많은 벽화는 근처의 구리광산에서 얻는 막대한 이익 때문이었다.

3. 코리오코티아 고고유적(Choirokoitia: 문화, 1998): 코리오코티아(또는 Khirokitia) 유적은 근동지방 특히 아나톨리아 고원의 촤탈 휘윅과 관련이 깊은 신석기시대 기원전 6000년-기원전 3000년의 유적으로, 발굴된 집자리의 분석 결과 이곳의 주민은 300명 정도이며, 평균수명 35세, 농사를 하고 가축의 사육으로 생활해 나간 것 같다. 그리고 사람이 죽으면 현재 살고 있는 집 바닥에 묻은 것이 특이한 습관이다. 이러한 습관은 촤탈 휘윅에서 보인다. 그곳에서는 集團의 成員이 죽으면 神殿의 壁畵에서 보이는 독수리의 머리로 보아 그의 시체는 티베트의 譯經僧 마르파가 만든 카큐(Kagu, 서기 1012년-서기 1098년)파와 같이 鳥葬場[지궁틸 사원: 天葬坮/天葬師]에서 鳥葬을 했거나 임시로 매장했던 것 같고, 나중에 二次葬으로 肉脫시키고 남은 뼈는 옷이나 멍석으로 잘 싸 거실의 침대 밑이나 신전의 바닥 밑에 묻었다. 두개골은 따로 떼어내어 바구니에 담아 집안의 다른 곳에 잘 안치하였다. 또 두개골의 목이나 이마에 붉은색이나 푸른색의 염료로 칠하기도 하였다. 이는 조상이나 친척에 대한 존경으로부터 우러나오는 행동으로 보여진다.

산 마리노 SAN MARINO

1. 산 마리노 역사중심지와 티타노 산(San Marino Historic Center and Mount Titano: 문화, 2008): 산 마리노 역사중심지와 티타노 산 55㏊는 이탈리아에 둘러싸여 서기 13세기 중세시대부터 독립된 도시국가(공화국)로 계속 남아온 곳으로 이탈리아의 중세시대 200개의 도시국가 중 마지막으로 남은 곳이다. 산 마리노 역사중심지는 서기 19세기 신고전주의 양식으로 지어진 성당과 궁전, 서기 18세기의 극장, 요새와 망루, 성벽, 성문, 옹성 등을 포함한다. 아페닌(Apennines) 산맥의 티타노 산 꼭대기의 전략적 요충지에 자리하며 지금도 사람들이 유기체적으로 살아가고 있다. 산꼭대기에 자리 잡고 있어 외부로부터 큰 피해는 없었지만 그래도 이곳의 광범위한 복원은 서기 20세기 초 이곳에 사는 기술자인 지노 자니(Gino Zani)에 힘

입었다. 세계 문화유산으로 등재된 것은,

Mount Titano and its slopes

San Marino historic centre, with public buildings and institutions of the
city-state

3 defence towers: Guaita, Cesta and Montale market town of Borgo Mag-
giore이다.

세네갈 SENEGAL

1. 고레 섬(Island of Gorée: 문화, 1978): 세네갈 해안 다카(Dakar)의 맞은편에 위치한
길이 900m, 폭 350m의 고레 섬은 서기 15세기-서기 19세기 포르투갈(서기 1450년
경부터 시작), 네덜란드, 영국과 프랑스(노예의 집은 Afro-French family가 서기 1780년-서기
1784년 설립)가 계속적으로 이용해 1,000만 명 이상의 노예들이 팔려나간 노예무역
중심지로 현재 당시의 노예들이 갇혀 있던 형편없는 노예의 방(House of Slaves), 돌
아올 수 없는 문, 자료관으로 사용되는 노예의 집(Island of Corée's Slave Museum)과
노예무역업자들 머물던 호화로운 방의 수준차가 현격히 들어나는 인간착취의 장
소이다. 그리고 노예무역·식민지 영토전쟁과 관련하여 서기 1519년 9월 20일 교
황 알렉산더 4세의 중재 하에 토르데시야스(Tordesillas) 조약이 만들어져 세네갈
(Senegal) 해안가 Cape Vert(포르투갈령 Cape Verde Islands) 섬을 중심으로 하는 1,500
㎞ 경계로 스페인과 포르투갈 영토가 분할되었다. 이때 브라질은 포르투갈에, 필
리핀은 스페인에 속하게 되었다.

2. 세인트루이스 섬(생 루이, Island of Saint-Louis: 문화, 2000): 느다(Ndar) 또는 우로프
(Wolof)로 불리며, 루이 14세(Louis XIV, 서기 1638년-서기 1715년) 때인 서기 1659년 프
랑스의 식민지시대의 마을로 출발했던 세인트루이스 섬은 19세기 중반 프랑스의
아프리카 무역의 전초기지로 황금, 상아, 소금과 노예를 다루던 요새·도시화한
항구도시가 되었다. 서기 1673년부터 서기 1960년까지 세네갈의 수도로서 서아
프리카의 문화·경제적으로 중요한 역할을 하였다. 또 서기 1920년부터 서기 1957

년까지 이웃 식민지인 모리타리아(Mauritania)의 수도도 겸했다. 세네갈 강 입구에 형성된 도시와 도시계획, 부두의 체계와 식민지시대의 건축물은 세인트루이스 섬의 식민지시대의 독자적이고 매우 독특한 분위기를 만들어준다. 이곳에는 프랑스인들의 現地妻 역할을 했으며 고국으로 떠나간 프랑스인들로부터 물려받은 고급저택과 재산으로 부자가 되었지만 과부인 세네갈 여인들과 그들의 후손인 혼혈아들이 많다. 옛 시가지인 르봉(Lebon) 거리와 서기 1854년 총독이 된 화이더비(Faidherbe)가 만든 다리가 이 섬의 상징이 된다. 그 외에 총독의 관저, 관공서, 호텔과 대사원(the Grande Mosqée), 생루이 철교(폭 10.5m, 길이 507m, 서기 1897년 10월 19일 조립) 등이 남아있다. 현재 이곳은 한적한 어촌으로 전락해버렸다.

3. **세네감비아 환상열석군**(Stone Circles of Senegambia: 문화, 2006): 거석문화유적으로 감비아 강 연안을 따라 폭 100㎞, 길이 350㎞ 범위 내에 1,053여개의 환상열석과 28,931개의 單一石柱가 산재한다. 하나의 환상열석이 8-14개의 돌로 구성되어 있고 직경도 1-2.5m로 다양하다. 이들은 Kerbatch Central River Division(Gambia), Wassu Central River Division(Gambia), Sine Ngayéne Kaolack(Senegal), Wanar Kaolack(Senegal)의 4곳에 위치하는 93개소의 環狀列石群, 고분, 봉토분으로 라테라이트(laterrite, 紅土)로 만들어져 있으며 기원전 3세기에서 서기 16세기의 약 1,500년간에 속한다. 이것들은 번영하는 조직사회를 반영해준다.

4. **살로움 삼각주**(Saloum Delta: 복합, 2011): 세 강이 합류하고 염분이 있는 지류, 200여개의 크고 작은 섬, 맹그로브 숲, 대서양의 해양성 환경과 말라붙은 건조한 숲이 형성되어 있는 5,000㎢ 범위의 삼각주에서 漁貝類의 채집이 이루어져 왔고 그 결과 218개소에서 인간이 먹고 버린 패류의 쓰레기통인 貝塚이 발견되었다. 그중에는 수백m의 길이에 달하는 큰 규모의 패총도 있고, 그들의 무덤인 封土墳도 28개소에서 발견되고 있다. 그래서 이곳은 오랫동안 인류가 시대를 달리하면서 남긴 유적들은 그들의 문화를 이해하는데 도움을 주며, 아프리카 서해안에 살던 인류의 역사를 입증해준다.

5. **바사리 주: 바사리와 베딕의 문화환경**(Bassari Country: Bassari and Bedik Cultural

Landscapes: 복합, 2012): 바사리와 베딕은 세네갈의 동남쪽에 위치하며 바사리-살레마타(the Bassari-Salémata), 베딕-반다파시(the Bedik-Bandafassi)과 훌라-딘데펠로(the Fula-Dindéfello)의 각각의 구체적인 형태를 띤 세 개의 지리적 구획을 포함한다. 바사리, 베딕과 훌라 지구에서 사람이 서기 11세기에서 서기 19세기까지 정착해 살았으며 그들의 생활양식도 주위의 자연환경에 알맞게 발전해왔다. 바사리의 경관은 초가집으로 이루어진 마을이 드문드문 들어서 있으며, 가끔 고고학 유적이 발견되는 段丘와 쌀 경작지가 있는 것으로 특징이 있다. 반면에 베딕은 가파른 경사가 있는 지붕의 초가집이 밀집되어 있으며 그들 주민의 문화적 표출은 농경-목축, 사회, 의식과 정신적 행위로 특징지어지는데 이들은 주위 환경이 주는 제약과 人口壓에 대한 결과로서 나타나고 있다. 이 유적은 초기의 가옥과 역동적인 지역 문화가 잘 보존된 다문화적인 경관을 보여준다.

세르비아 SERBIA

1. 스타리 라스와 소포카니(Stari Ras and Sopoćani: 문화, 1979): 서기 8세기-서기 10세기에 건국되었다가 서기 13세기에 망한 중세시대 세르비아의 라스카(Raška, Sandžak)왕국의 첫 번째 도시인 스타리 라스의 교외 요새, 교회와 수도원이 있으며 서기 13세기 후반에 건립된 소포카니의 수도원은 중세시대 세르비아의 가장 아름다운 예술로서 평가받는데 특히 本堂의 서벽에 그려진 유명한 프레스코 마리아의 영면(Dormition of the Virgin)이 그러하다. 서구문명과 비잔틴 제국과의 접촉을 생각나게 해준다. 이 수원에서 오스만투르크(서기 1299년-서기 1922년)제국은 수도사들이 수도원을 떠나게 했고 서기 1689년 불을 질러 함석지붕을 끌어내렸다.

2. 코소보 중세 유적지(Medieval Monuments in Kosovo: 문화, 2004): 데카니 수도원(Dečani Monastery), 주교 수도원(Patriarchate of Peć Monastery), 성모마리아 수도원(Our Lady of Ljevisa), 그라카니카 수도원(Gracanica Monastery)의 4개의 수도원은 서기 13세기-서기 17세기 발칸 반도에서 발전한 특징 있는 벽화와 함께 비잔틴-로마네스크 양식의 절충양식을 보여준다. 데카니 수도원은 세르비아의 국왕 스테판 데친

스키(Stefan Dečnski)과 그의 靈廟를 위해 서기 14세기 중반에 세워졌고, 서기 13세기 12使徒의 벽화가 있는 교단의 총주교가 머무는 패크 수도원은 4개 돔이 있는 교회의 집단이다. 그리고 Our Lady of Ljevisa(Holy Virgin of Ljevisa) 수도원의 벽화는 동방 비잔틴 정교회와 서방 로마네스크 양식의 절충인 르네상스 양식(Palaiologian Renaissnce style)을 대표한다. 이 양식은 이후 발칸 반도 예술에 있어 중요한 역할을 한다.

3. **스튜데니차 수도원**(Studenica Monastery: 문화, 1986): 세르비아 왕국의 건국자인 Stevan Nemanja가 퇴위하면서 서기 1183년에 세운 수도원으로 요새화된 성벽 안에 모두 대리석으로 지어진 성모 마리아 교회(Church of the Virgin, 서기 1183년 또는 서기 1191년)와 왕의 교회(Church of the King, 서기 1314년)의 두 개의 교회를 갖고 있다. 이 교회들은 세르비아 正敎會 중 가장 크고 부유한 교회이다. 이 교회 안에는 서기 13세기-서기 14세기의 프레스코 벽화가 있어 유명하다. 특히 라스카(Raška) 학파 양식의 원형인 Church of the Virgin의 벽화는 서기 1209년에 그려지고 서기 1569년 덧칠을 했다.

4. **갈레리우스 궁전**(Gamzigrad-Romuliana, Palace of Galerius: 문화, 2007): 세르비아 동쪽 요새화한 갈레리우스 궁전 즉 Gamzigrad-Romuliana의 복합단지는 서기 3세기 말 4세기 초 로마의 황제인 갈레리우스(Caius Galerius Valerius Maximanus, 서기 250년-서기 311년, 서기 305년-서기 312년 통치)가 건설한 것이다. 이것은 황제의 어머니 로물라(Romula)의 이름을 따 페릭스 로물라나(Felix Romuliana)라고도 알려져 있다. 이 유적은 서북쪽에 요새와 궁전을 배치하고, 나머지에는 신전, 목욕탕, 기념물, tetrapylon(입방모양으로 사벽에 문이 나있는 주로 교차로에 있음)이 자리하고 있다. 신전 건물과 기념물들은 서로 연결되어 있다. 갈레리우스(Galerius)가 속령의 領主일 때 페르시아와의 전쟁의 승리를 기념하기 위하여 서기 289년부터 건설을 시작하였으며 이곳의 발굴에서 이집트에서 나오는 자주 빛나는 반암으로 조각된 갈레리우스의 초상과 동전 등이 나와 이 궁전 건설의 연대를 알 수 있게 되었다.

세인트 키츠와 네비스 SAINT KITTS and NEVIS

1. **硫黃山 언덕 요새 국립공원**(Brimstone Hill Fortress National Park: 문화, 1999): 카리비안 해 동쪽의 세인트 키츠 섬에 있는 유황산 언덕 요새는 영국군 기술자들과 아프리카에서 온 노예들에 의해 서기 17세기–서기 18세기에 지어진 역사·문화 건축물의 중심지로 아메리카대륙에서 가장 잘 보존된 역사적 요새이다. 대포가 서기 1690년에 설치되었고 그 후 서기 1782년 프랑스와 전쟁 끝에 프랑스로 넘어 갔다가 서기 1783년 파리조약 후 다시 영국령이 되어 현재에 이르고 있다.

수단 SUDAN

1. **제벨 바르칼과 나파탄 지구유적**(Gebel Barkal and the Sites of the Napatan Region: 문화, 2003): 쿠쉬[Kush의 마지막 왕국의 나파타(Napata, 기원전 900년–기원전 270년]와 메로에(Meroe, 기원전 270년–서기 350년) 문화. 이집트 25왕조 타하르카(Taharqa/Tahaqa/Tahakos, 성서의 Tirhaka, 기원전 690년–기원전 664년 재위) 왕은 이집트를 본받아 피라미드를 나파타(Napata)에 건설. 그 후 메로에(Meroe)에 수도를 옮겨 서기 300년까지 피라미드를 축조했다. 그 숫자는 이집트 기자의 것보다 많으나 규모가 작고, 피라미드 내부에 묘실이나 통로가 없이 시신은 주위에 따로 설치한 석실에 모시는 것이 다르다. 타하르카 왕은 기원전 671년 아시리아(Assyria)의 에사르하돈(Esarhaddon) 왕에 의해 축출되었다. 대영제국박물관에는 타하르카의 선왕인 샤바카(Shabaka, 기원전 721년–기원전 706년)의 石板이, 하버드대학 피버디 박물관에는 셰빅투(Shebiktu, 기원전 703년–기원전 690년)왕의 두개골이 보관되어 있다. 그리고 보스톤 박물관(Boston Museum of Fine Arts)에는 쿠쉬 왕조의 아스펠타 왕(Aspelta, 기원전 593년–기원전 568년)의 石棺이 전시되어 있다.

2. **메로에 섬의 고고학유적**(Archaeological Sites of the Island of Meroe: 문화, 2011): 나일과 아트바라 강 사이 반 사막지대에 위치한 메로에 섬의 고고학 유적들은 기원전 8세기에서 서기 4세기 강력한 힘을 가진 쿠쉬(Kush) 왕조의 도읍지였다. 나콰(Naqa)와 무사와라트 에스 수프라(Musawwarat es Sufra)의 종교적 유적이 남아있는

나일 강 근처에 자리 잡은 쿠쉬 왕조 도읍지에는 피라미드, 사원, 가정집과 물 관리 체계와 관련된 유적들이 남아있다. 이 쿠쉬 왕조는 근 1세기 동안 이집트를 지배했으며 지중해에서 아프리카 중심부에 이르는 광대한 지역을 다스려 예술, 건축, 종교, 양측 언어의 교류에 영향력을 미쳤다.

수리남 SURINAME

1. **파라마리보의 역사적 내부 도시**(Historic Inner City of Paramaribo: 문화, 2002): 서기 1667년 네덜란드인들이 만든 적도 근처의 네덜란드 식민도시로 북으로 소멜디츠케 강(Sommelsdijkse Kreek) 남으로 비오테 강(Viottekreek) 사이에 있는 제란디아(Zeelandia) 요새, 대통령 궁, 재무부, 개신교 교회와 성당 등이 잘 알려져 있다. 이 도시의 이름인 파라마리보는 근처에 살고 있던 토착 인디언들의 이름을 따랐다. 유럽의 건축이 토착 남아메리카의 건축자재와 기술로 점차 융합해가는 상태를 보여준다. 그리고 대부분의 건물이 나무로 만들어져 화재에 약하다.

스로바키아 Slovakia

1. **카르파티안 산 슬로박 지구 목조교회**(Wooden Churches of the Slovak part of Carpathian Mountain Area: 문화, 2008): 이곳의 목조 교회는 서기 16세기-서기 18세기에 지어진 2개의 로마가톨릭 성당, 3개의 그리스正敎會이다. 이들은 라틴과 비잔틴 문화를 가진 종교적인 목조건물로 지방 전통양식도 가미되어 있다. 이들은 종교적 의식 절차에 따라 만들어지는 바닥의 평면, 내부 공간, 외부의 구체적인 지리적·문화적 맥락에 대한 세세한 해석과 적응에 대한 증거도 포함하고 있다. 내부는 벽, 천장, 문화의 의미를 풍부하게 하는 다른 작품들도 장식되어 있다. 세계문화유산으로 등재된 교회는 Hervartov(서기 15세기 후반), Tvrdošin(서기 15세기 후반), Kežmarok(서기 1717년), Leštiny(서기 1688년), Hronsek(서기 1726년, 교회와 종탑), Bodruzal, Ladomirová(서기 1712년), Ruská Bystrá(서기 18세기 초)이다.

스리랑카 SRI LANKA

1. **시기리야 고대도시**(Ancient City of Sigiriya: 문화, 1982): 카사파(Kasyapa) 1세(서기 477년-서기 495년)가 캐디시 해발 370m 화강암의 Sigiriya Rock(사자의 바위) 위에 건설한 고대 요새 도시로서 카사파 왕이 父王 다투세나(Dhatusena)를 살해하고 왕위를 빼앗은 지 18년 후 인도서 구원병을 거느리고 온 배다른 왕위 계승자인 동생 모갈라나(Mogallana) 왕자의 공격을 받아 자살하였다. 거대한 사자의 발톱이 지키는 입구를 통해 나 있는 일련의 불교 벽화가 그려진 回廊과 가파른 계단을 통해 이 유적에 이르게 된다. 카샤파 왕이 서기 477년에 이 요새를 건설할 당시 벽돌과 회반죽을 이용해 만든 궁전 터, 목욕탕, 정원, 관개수로, 저수지, 샘, 벽의 기초부분과 불교관계의 벽화 등이 남아 있다. 이 유적은 서기 1831년 영국군 조나탄 훠브스(Jonathan Forbes) 소령에 의해 발견되었다.

2. **폴로나루바 고대도시**(Ancient City of Polonnaruwa/Polonnaruva: 문화, 1982): 서기 993년 침공을 받아 아누라드하푸라(Anuradhapura)가 파괴된 이후 새로이 천도하여 건설된 스리랑카의 두 번째 수도로 여기에는 잠시 이곳을 지배했다가 쫓겨난 인도콜라스(Cholas) 왕국에 의해 축조된 브라만교의 기념물 이외에도 서기 12세기 파라크라마바후(Parakramabahu) I세가 만든 전설적인 정원도시, 파라크라마바후와 갈 비하라(Gal Vihara)의 왕궁건물, 파라크라마바후 왕의 石像, 갈 비하라의 石佛像, 란카틸라카(Lankatilaka) 사원, 투파라마(Thuparama) 사원, 산다카다 파하나(Sandakada-Pahana)의 月石, 저수지 등의 유적이 남아있다. 폴로나루바 도시는 서기 13세기 힌두의 타미리스(Tamilis)에게 함락을 당해 폐허가 되었다.

3. **아누라드하푸라 신성도시**(Sacred City of Anuradhapura: 문화, 1982): 기원전 380년 불교 比丘尼 수도단 아누라드하푸라(Anuradhapura)의 창시자인 생가미타(Sang-hamitta)가 카비라 성으로부터의 出家하여 보리수나무 밑에서 成道한 붓다가야/보드가야(佛陀伽耶)前正覺山에서 가져온 菩提樹나무(bo tree)를 심으면서 만들어진 스리랑카 첫 번째의 도시로 1,300여 년간 세일론의 정치·종교적 중심지가 되었다. 서기 993의 침공을 받아 이 도시가 정글 속으로 사라져 방치되었는데 궁전 터,

수도원과 불탑들이 다시 확인되고 있다. 현 스리랑카의 수도인 콜롬보 북쪽 205 ㎞ 떨어진 북쪽 중앙의 역사적인 말라야투 오야(Malvathu Oya) 강둑에 위치해 있다. 그리고 두 번째의 수도는 이웃 폴로나루바(Polonnaruwa/Polonnaruva)로 천도하였다. 여기에서 루완베리 사야(Ruwanweli Saya)佛塔, 月石, 보리수나무 등이 남아있다.

4. **칸디 신성도시**(Sacred City of Kandy: 문화, 1988): 센카다갈라푸라(Senkadagalapura) 로 알려진 칸디(산이라는 의미) 신성도시는 스리랑카 신할라(Sinhala 왕국, 서기 1592년 수 도가 되어 서기 1815년 영국군에 멸망)의 마지막 수도로 불교와 정치의 중심지였다. 여기 에는 기원전 544년 2월 15일 80세로 입적한 부처님의 진신사리 중 치아를 보관한 佛齒寺를 비롯해 해자에 둘러싸인 왕궁, 라자필라마와타(Rajapihilla Mawatha) 인공 호수가 남아있다. 이곳은 불치사 때문에 스랑카의 불교인들의 聖地 겸 순례지로 되어있다.

5. **갈레 구도시 및 요새**(Old Town of Galle & its Fortifications: 문화, 1988): 서기 16세기 에 갈레(서기 14세기 Ibn Batuta에 의하면 Qali라고 부름) 도시에 건설된 포르투갈의 요새 로 서기 1815년 영국군이 들어올 때까지 존속하였다. 남아시아와 동남아시아에 서 유럽인들에 의해 만들어진 가장 잘 보존된 요새 도시로서 유럽의 건축양식과 남아시아의 전통이 잘 섞여 있다. 유럽 건축자재가 남아시아에 흔한 것으로 편 하게 대체되어 있으나 도시 그 자체는 유럽의 모습을 띤다. 이곳의 주인은 후일 네덜란드와 영국에 차례로 넘어갔다. 여기에는 요새 이외에도 예수회 교단 수도 사들에 의해 세워진 마리아 성당(St. Mary's Cathedral), 시바 사원과 아만갈라(Aman-galla) 호텔이 눈에 띈다.

6. **담불라의 황금사원**(Golden Temple of Dambulla: 문화, 1991): 콜롬보 동쪽 148㎞ 떨 어진 스리랑카 중앙에 위치한 이 동굴사원은 하나의 바위를 파고 들어간 과거 2,200년간 스리랑카의 불교 순례지로 기원전 1세기경 건립된 80여 개의 洞窟寺院 群으로 이루어진 聖所인데 5개소의 분리된 寺院, 157구의 佛像과 천장과 벽에 그 려진 佛畵가 있다. 15m에 달하는 臥佛도 있다. 이 동굴은 원래 피신처였으나 후 일 왕들이 계속에 내부를 목조건물 양식으로 치장해 동굴사원으로 발전하게 되

었다. 그중 서기 12세기에 만들어진 힌두의 것도 있으며 가장 마지막에 그려진 그림은 서기 18세기 때 것이다. 그러나 동굴 내부의 대부분의 벽화는 서기 15세기-서기 16세기에 제작된 것들이다.

스웨덴 SWEDEN

1. **드로트닝홀름 왕실 영지**(Royal Domain of Drottningholm: 문화, 1991): 스톡홀름 교외 매르(Mäar) 호수 안의 섬 위에 지어진 왕실영지에 니코데무스 테신(Nicodemus Tessin) 형제의 설계로 만들어진 성(서기 1700년경), 극장(서기 1766년), 로코코와 동양의 양식이 합쳐진 중국식 정자와 정원(서기 18세기 말)이 있다. 이 성은 서기 1981년 이후 스웨덴 왕실의 주거로 사용되고 있으며 서기 1661년 착공하여 서기 1682년 5월 6일 완성된 프랑스 베르사이유의 성(Château de Versailles)의 영향을 받았다.

2. **비르카와 호브가르텐**(Birka and Hovgarden: 문화, 1993): 맬라렌(Mälaren) 호수 비왜르쾌(Björkö) 섬, 비르카(Birka)의 바이킹시대 번영하던 중심지와 요새유적으로 서기 12세기 말 덴마크 트렐레르그 요새에 주둔하던 다른 바이킹족의 공격을 받아 사라졌다. 이 틀렐레르그 요새의 바이킹족들은 서기 860년-서기 870년 영국의 요크(Yokshire, Northumbria) 지역을 공격한 후 앵글로 색슨족과 융화하며 생산과 무역으로 정착하였다. 비르카 근처에는 괘트란드(Goetland) 성이 위치하고 있다.

3. **엥겔스버그 제철소**(Engelsberg Ironwork: 문화, 1993): 배스트만란드(Västmanland)에 있는 서기 1681년에 세워진 최고급품의 철을 생산을 하던 파게르스타 엥겔스버그(Fagersta Municipality Engelsburg) 마을의 광산·제철유적으로 1세기 후에는 스웨덴과 유럽에서 중요한 제철소가 되었다. 서기 1919년 가동을 중단하였다. 스웨덴 제철소 중 50개의 기계설비, 관련 행정사무소가 완벽하게 보존되어 있다.

4. **타눔 암각화**(Rock Carvings in Tanum: 문화, 1994): 보후스랜(Bohuslän) 타눔에 있는 기원전 1700년-기원전 500년 사이 청동기시대의 암각화로 45㎢의 범위 안에 400여개의 집단이 확인된다. 여기에 새겨진 岩刻畵들의 주제는 인간, 무기, 배, 어망, 태양, 소, 말, 사슴, 새와 일상생활에서 일어나는 것들이다. 이들은 유럽 청동

기시대의 생활모습과 현재 지방에서 행해지는 생활양식의 지속성을 보여준다. 리츠레비(Litsleby) 유적에서는 2m가 넘는 거인이 창을 들고 있는데 아마도 전쟁의 신 오딘(Odin)을 표현한 것으로 여겨진다.

5. **스코그스키르코가르덴 묘지공원**(Skogskyrkogården: 문화, 1994): 건축가 군나 아스푸른드(Gunnar Asplund)와 지그루드 로렌츠(Sigurd Lewerentz)가 스톡홀름 근교의 새로운 공동묘지 설계응모에 당선된 후 서기 1917년–서기 1920년에 조성한 친환경적 삼림 속의 묘지로 주위 환경은 소나무가 자라는 자갈밭, 조그만 야산뿐이며 여기에 화장터와 큰 화강암으로 만든 십자가를 추가해 놓았다. 이 설계는 나무와 건축요소를 결합해 무덤으로서의 기능에 맞는 친환경적 경관을 만들어내는데 목적이 있었다. 이러한 생각은 전 세계 다른 나라에도 많은 영향을 끼쳤다.

6. **비스비 한자동맹 도시**(Hanseatic Town of Visby: 문화, 1995): 비스비는 고트란드(Gotland) 섬의 바이킹 유적이었으나, 서기 12세기–서기 14세기에는 발틱 해의 한자동맹 중심지로서 서기 13세기에 지어진 보루, 200개가 넘는 창고와 부유한 상인들의 저택이 있는 요새화된 북유럽의 상업도시가 되었다. 가장 중요한 유적은 도시와 옛 교회를 둘러싸고 있는 3.4㎞가 넘는 Ring Wall이라고 하는 石壁이다. 이 도시는 처음에는 독일 한자동맹에 속해 번영하였으나, 서기 1361년 덴마크의 발데마르(Valdemar) IV세에 점령을 당해 덴마크의 도시가 되었다. 서기 1470년에는 한자동맹에서 비스비의 지위를 무효화 시키고 서기 1525년 뤼벡크(Lübeck) 시와 불화를 거쳐 서기 1645년 스웨덴이 덴마크로부터 300년 만에 다시 탈환하였다.

7. **래포니안 지역**(The Laponian Area: 복합, 1996): 스웨덴 북쪽 북극지역 9,400㎢ 래포니아(Lapland)는 과거 7,000년간 선사시대의 문화와 생활을 그대로 유지하면서 순록을 사육하는 랩 족(Lapp 또는 Saami 족)의 고향이다. 랩 족은 매년 여름 대규모의 순록 떼를 몰고 이제까지 그대로 잘 보존된 자연환경을 따라 산으로 향하나 지금은 자동차의 왕래 때문에 위험을 받고 있다. 역사적인 그리고 계속되는 지질적인 변화과정은 氷河堆積이나 변하는 水路에서 찾을 수 있다.

8. **룰리아, 가멜스태드의 교회마을**(Church Village of Gammelstad, Luleå: 문화, 1996):

Norrbotten의 Bothnia 灣 입구 서기 15세기 초에 만들어진 교회마을로 돌로 만든 교회 한 곳과 주위 목조로 만든 408개의 작은 오두막집과 553개의 방으로 이루어져있다. 이는 교구민들이 일요일이나 종교적 축제 때 예배를 보러오다가 하루에 왕복할 수 없는 경우 여의치 못해 하루를 숙박할 목적으로 세워진 것이다. 스웨덴 전역에서는 처음 71개소가 있었으나 지금은 16개소만 남아있다.

9. **칼스크로나 항구**(Naval Port of Karlskrona: 문화, 1998): 브레킨게(Blekinge)에 있는 칼스크로나 항구는 서기 17세기 후반 유럽식으로 설계된 항구도시로 원래의 설계와 건물들을 그대로 두면서 시대에 따라 계속 발전해나온 양상을 보여주고 있다. 칼스크로나는 서기 1680년에 세워진 바로크 양식의 도시로 스웨덴 왕립해군이 그 당시까지 농업과 草地였던 곳으로 옮기게 되었으나 지금은 스웨덴의 유일한 해군기지 겸 해안경비대 사령부가 있는 곳이기도 하다.

10. **남부 왤랜드 경관**(The Agricultural Landscape of Southern Öland: 문화, 2000): 5억 년 전 시생대 때 형성된 석회암층의 척박한 자연환경을 지닌 발틱 해 Öland 섬의 5,000년 전의 선사시대부터 현재까지 5,000년간의 자연환경(7월에 乾燥함), 인간, 동·식물이 조화를 이루어 생활에 오고 있음을 볼 수 있다. 환경에 대한 인간의 적응으로 서기 12세기부터 마을이 형성되는 집단가옥으로서의 목조 가옥, 창고, 해안가의 농사, 방목할 수 있는 초지 형성, 석조기술의 발전과 석회암의 수출 등을 들 수 있다.

11. **파룬지역 동광지역**(Mining Area of the Great Copper Mountain in Falun: 문화, 2001): 다라르나(Dalarna) 주 파룬 지역은 'Grerat pit at Falun'이라고 알려질 정도로 鑛山 地下坑道가 많은 서기 13세기부터 채굴되기 시작하던 구리 광산으로, 서기 17세기에 도시계획으로 역사적인 건물들이 많이 남아 달라르나 지역에까지 주거가 이어진 잘 설계된 도시이다. 이 도시에는 1,646개의 석쇠와 같이 方格形으로 구획된 거리가 나있으며 구리 鎔鑛爐, 水路, 運河, 광산에 종사하던 인부들의 숙소인 목조가옥이 거의 대부분 잘 남아있다. 이곳은 세계에서 유례가 드문 잘 보존된 중요한 광산 도시이다. 서기 20세기 중반에 폐광하였다.

12. **바베르그 방송국**(Varberg Radio Station: 문화, 2004): 이곳은 서기 1922년–서기 1924년에 지어진 스웨덴 남부 할란드 그리메톤(Halland Grimeton)에 있는 무선방송국으로 109.9㏊ 넓이에 127m의 강철로 만든 송신탑 6개, 스웨덴계 미국인 기술자 어네스트 후레데릭 베르너 알렉산더손(Ernest Frederik Werner Alexanderson, 서기 1878년–서기 1975년)의 송출기가 있던 방송건물, 방송요원들의 숙소가 포함되어 있다. 건축가 칼 아커발드(Carl Åkerblad)가 신고전주의 양식으로 방송건물을, 기술자 헨릭 크뤼거(Henrik Kreüger)가 방송탑을 설계하였다. 電子技術 이전의 전파 송출기 이외에도 초단파 송출기와 안테나가 모두 남아있다. 세계제1차대전 중에 대서양 너머 다른 나라들에게도 무선방송을 하고 지금은 스웨덴 해군에서 사용하고 있다.

13. **스트루브 자오선 측지점**(Struve Geodetic Arc: 문화, 2005): 노르웨이(NORWAY), 라트비아(LATVIA), 리투아니아(LITHUANIA), 러시아(RUSSIAN FEDERATION), 벨라루스(BELARUS), 에스토니아(ESTONIA), 우크라이나(UKRAINE), 스웨덴(SWEDEN)과 핀란드(FINLAND) 지역이 함께 자오선 측정의 삼각측량점

14. **핼싱란드의 그림장식이 있는 농가의 목조가옥**(Decorated Farmhouses of Hälsingland: 문화, 2012): 세계문화유산에 등재된 7개의 목조가옥은 스웨덴의 동쪽지역에 있으며 중세시대까지 거슬러 올라가는 지역의 목조가옥 전통의 극치를 보여준다. 이 가옥들은 서기 19세기 富를 '정교하게 장식을 한 별채'나 '축제용으로 마련한 딸린 방'과 같은 실용적인 새로운 가옥을 만드는데 쏟아 부은 독립적인 농민들의 면모를 잘 보여준다. 벽에 그려진 그림들은 전통 민속예술에 그 당시 지주계급들이 선호했던 바로크(Baroque)나 로코코(Rococo) 양식을 결합한 것이다. 당시의 有名 또는 無名의 떠돌이 화가들에 의해 그려진 그림들은 오랜 문화적 전통이 마지막으로 활짝 핀 모습을 보여준다.

스위스 SWITZERLAND

1. **베른 구시가지**(Old City of Berne: 문화, 1983): 베른 주 아래(Aare) 강 주위 언덕에 서기 1191년 쩰링겐 공작(Duke Berchtold V of Zählingen)이 세운 도시 베른(Bern, Berne,

Berna, Bärn)은 서기 1405년 화재로 목재로 만든 도시는 거의 소실되고, 집들은 砂岩으로 다시 지어졌으며 그러한 중세시대의 모습이 현재까지 변하치 않고 그대로 내려오고 있다. 서기 14세기-서기 16세기 사이 이 도시는 영역을 넓히고 영향력이 커졌다. 그리고 서기 1848년 스위스의 수도가 되었다. 이곳에는 서기 15세기의 상가(아케이드), 서기 16세기의 샘/분수, 연방정부 관저(Bundeshaus, 서기 1857년-서기 1902년), 지방자치단체 교구위원회청사(Gemeinderat, Erlacherhof), 시계탑(Time Bell), Münster 대성당, 시청청사(Rathaus)가 그대로 남아있다.

2. 세인트 갤 수도원(Convent of St. Gall: 문화, 1983): 세인트 갤 주에 위치한 칼로링가 왕조(Carlovingian/Carolingian, 서기 751년에 건국한 제2 프랑크 왕국, 샤를마뉴 왕조) 때 베네딕트 파에 속하는 이 수도원은 순회 중인 아일랜드 수도사 갈루스(Gallus)가 이 골짜기에 자기의 암자를 세운 서기 612년까지 거슬러 올라간다. 서기 719년에는 베네딕트 파의 정규 수도회의가 소개되면서 예배의식 숭배의 중심지가 된다. 고즈버트(Gozbert, 서기 816년-서기 837년) 대수도원장의 임기 동안 이 수도원이 황금 기간을 맞게 된다. 이 수도원의 도서관에는 책과 고문서가 15만 건이 보관되어 있어 중요하다. 그중 양피지에 그려진 이 수도원의 가장 오래된 설계도가 보관되어 있다. 서기 1755년-서기 1768년 이 수도원은 바로크 양식으로 재건되었다.

3. 뮈스테르의 성 요한 베네딕트 수도원(Benedictine Convent of St. John at Müstair:문화, 1983): 그리손(Grisons) 계곡에 위치한 성 요한 베네딕트 수도원은 카롤링가 왕조(Carlovingian/Carolingian, 서기 751년에 건국한 제2프랑크 왕국, 샤를마뉴 왕조)시대의 프레스코 벽화가 보존된 수도원으로 추르(Chur) 수도원장이 서기 780년경 지었다고 한다. 서기 1167년에는 수녀원으로 되었다. 서기 20세기에 복원이 이루어지면서 서기 1160년대에 그려진 프레스코 벽화가 발견되었다. 다른 벽화들은 서기 800년대의 로마네스크 양식(샤를마뉴 왕 때의 것)으로 그려진 벽화로 밝혀졌다.

4. 벨린조나 시장-도시의 성과 성벽(Three Castles, Defensive Wall and Ramparts of the Market-town of Bellinzona: 문화, 2000): 벨린조나-타아시노 주 알프스 산의 주요 도로와 도시를 보호하기 위한 방어시설이 잘 보존되어 있다. 처음 지어진 것은 서기

10세기경이지만 대개 서기 13세기-서기 15세기 사이에 지어진 것으로 벨린존읍에 세워진 알프스 산간 도로와 시장-도시를 보호하기 위한 세 개의 성 카스텔그란데(Castelgrande, 서기 13세기), 몬테벨로(Montebello, 서기 1300년경), 사소 코바로(Sasso Corbaro, 서기 1480년)와 망루가 있는 도시의 성채와 라 무라타(La Murata)라는 방어벽이다.

5. 라보 계단식 포도밭(Lavaux, Vineyard Terraces: 문화, 2007): 샤토 데 칠론에서 로잔까지의 30㎞ 길이 830㏊ 넓이의 남쪽으로 제네바 호수를 바라보는 야산에 계단식으로 형성된 라보 계단식 포도밭은 그 시작이 로마시대까지 거슬러 올라가나 현재의 계단상 포도밭은 베네딕트와 시토 수도회에서 관리한 서기 11세기 이후이다. 이 포도밭은 수 세기간에 걸쳐 지방의 자원을 낙천적으로 개발하여 지역경제에 중요한 부가가치가 높은 포도주를 생산하는 사람과 주위 자연환경과의 상호관계를 잘 보여준다.

6. 라 슈 데 혼드·르 로클 시계제조 도시의 도시계획(La Chaux-de-Fonds/La Locle, watchmaking town planning: 문화, 2009): 농사에 적합하지 않은 유라(Jura) 산록의 라 슈 데 혼드·르 로클은 서기 17세기까지 거슬러 올라가는 시계직공들의 마을로 현재의 도시는 서기 19세기 초 대화재로 인해 옛 마을이 새로이 정비되면서 시계라는 전문화된 단일 업종에만 종사하는 도시로 바뀌었다. 평행으로 구획되어진 길, 주거와 공장이 유기체적으로 연결되었다. 장인들의 가내공업에서 서기 19세기 말-서기 20세기 초의 공장생산과정으로 바뀌어가는 과도기의 양상을 보여준다. 이곳에는 유명한 테라세(Terrasse), 티소(Tissot), 율리세 나르당과 제니트(Ulysse Nardin과 Zenith) 시계회사들과 세계 최대의 시계박물관이 있다. 이곳은 칼 막스(Karl Marx)가 자본론(Das Kapital)에서 유라의 시계공장의 노동 분화에 대해 언급하고 있는 곳이기도 하다.

7. 알프스 산맥 주위의 선사시대 掘立柱式집(Prehistoric Pile dwellings around the Alps: 문화, 2011): 알프스 산맥 주위의 오스트리아, 프랑스, 독일 이탈리아, 슬로베니아와 스위스에 111개소의 개별적인 유적에서 발굴되는 말뚝을 박아 높이 지은 掘立

柱式집(pile dwellings, stilt houses)들이 발굴되는데 원래 기원전 5000년–기원전 500년 호수가, 강가와 저습지에 살던 유럽인들이 지은 湖上住居의 형식이다. 발굴에서 나타난 증거들은 알프스 산맥 주위의 신석기와 청동기시대 사람들이 자연환경에 어떻게 적응하면서 살았는지를 보여준다. 그중 56채가 스위스에서 발굴되었다. 이들은 잘 보존이 되어 있으며 유럽 초기 농업사회를 연구하는데 중요한 고고학 자료가 된다.

스페인 SPAIN/ESPAÑA

1. 브르고스 대성당(Burgos Cathedral: 문화, 1984): 스페인에서 성당 단독으로 세계 문화유산으로 등재되었다. 서기 1221년에 시작하여 서기 15세기–서기 16세기에 첨탑이나 부속 콘스타블(Constable) 예배당을 개축하고 마지막으로 서기 18세기에 聖具보관소(성 테스라 예배당)가 설치되었다. 그래서 고딕양식의 첨탑이 일부 변형되었다. 이 성당은 고딕 양식이 기본으로 르네상스와 바로크식이 일부 첨가되었다. 건물의 길이는 106m, 첨탑의 높이는 88m이다. 그런데 이 성당의 축조에 참여한 건축과 조각가들의 이름 즉 후안 시몬(Juan, Simón), 프란시스코(Francisco, Colonia family), 길데 실로에(Gil de Slioé), 펠립페 비가르니(Felipe Vigarny), 디에고 데 실로에(Diegode Siloé) 등이 알려져 있으며, 이 성당은 원래 페드로 페르난도 벨라스코(Pedro Fernándo Velasco, 2nd Count of Haro, Condestable of Castile)과 그의 식구들의 納骨堂을 위해 축조된 것이었다.

2. 코르도바 역사지구(Historic Centre of Cordoba: 문화, 1984/1994 확대지정): 남부안달루시아(Andalusia)에 위치한 코르도바의 역사는 기원전 2세기 로마시대로 거슬러 올라가며 서기 6세기경에는 기독교인들의 지배를 받다가 서기 8세기경 무어인(Moors)의 정복이 이루어진다. 코르도바의 영광은 무어인들이 이곳을 수도(서기 711년–서기 1010년)로 삼으면서 시작되며 그 후 300여개의 회교사원, 헤아릴 수 없는 궁전과 공공건물이 들어서 '서방의 보석'으로 불리울 정도로 콘스탄티노풀, 다마스커스, 바그다드와 화려함을 경쟁하게 되었다. 다시 서기 13세기 페르디난드 Ⅲ세

(Ferdinand Ⅲ, 서기 1199년 8월 5일–서기 1252년 5월 30일)의 지배하에 회교사원들은 가톨릭 성당으로 탈바꿈 하였고 성과 성벽(Alázar de los Reyes Cristianos와 Torre Fortaleza de la Calahorra)들이 다시 만들어졌다. 유럽지구에서 가장 큰 회교도 사원인 메스퀴타(Mesquita, 남북 180m, 동서 130m, 서기 785년 건립)는 석회암과 붉은 벽돌로 만들어진 로마의 기둥과 천장 등을 일부 살려 그 위에 회교사원을 지은 것인데, 서기 13세기의 기독교 코르도바인들은 이곳을 성당으로 개축할 때 안쪽 깊은 곳에 메카를 향해 절을 하던 메르하브(Merhab)를 비롯한 여러 회교사원의 원 모습을 그대로 방치해 두었다. 그래서 이곳은 회교와 기독교의 문화가 공존하고 서로 관용을 보인 예로 평가받고 있다. 그리고 구시가에는 회교도문화의 특징인 꽃과 식물들로 장식한 內庭(patio)과 분수가 그대로 남아있다. 이곳은 회교문화의 전통인 가죽제품과 이로 만든 보석상자의 제작이 유명하다.

3. 안토니 가우디의 작품(Works of Antoni Gaudí: 문화, 1984/2005 확대지정): 안토니오 가우디(Antoni Plàcid Guillem Gaudí i Cornet/Antonio Gaudi, 서기 1852년 6월 25일–서기 1926년 6월 10일)가 바르셀로나(Barcelona)시에 남긴 작품들로 미완성 가족성당인 사그라다 파밀리아(Sagrada Família, 서기 1882년–현재), 채석장이란 별명을 가진 까사 밀라 아파트(Casa Milà), 까사 바타요(Casa Batlló)와 구엘 공원(Park Güell, El Carmel) 등이 있으며 그가 살던 집은 현재 가우디 박물관으로 이용되고 있다. 그는 바르셀로나 시를 디자인과 예술의 도시로 바꾸어 놓았다. 그리고 이곳은 피카소(Pablo Picasso, 서기 1881년–서기 1973년)가 초기 작품 활동을 하던 제 2의 고향으로 피카소 미술관(서기 1963년)이 있다.

4. 마드리드의 에스큐리알 수도원 유적(Monastery and Site of Escurial, Madrid: 문화, 1984): 서기 16세기 말 성 로렌스의 순교를 기념하여 만든 에스쿠리알 수도원은 격자(格子) 모양으로 배치되어 아름다우며 스페인 건축에 영향을 많이 주었다. 펠립페/필립 Ⅱ세의 통치(서기 1556년–서기 1598년) 때에는 정치권력의 중심이었다. 이 건물은 신교도의 종교혁명에 대한 가톨릭교의 반대혁명으로 필립 Ⅱ세의 명으로 만들어졌다. 이 건물의 설계는 후안 바우티스타 데 톨레도(Juan Bautista de Toledo)와

후안 데헤레라(Juan de Herrera)였고 공사기간은 서기 1563년-서기 1584년이었다. 이 건물에는 대성당, 왕궁, 수도원, 신학교, 도서관, 靈廟가 있으며 향후 50년간 스페인 건축에 상당한 영향을 끼쳤다.

5. 그라나다의 알함브라, 제네랄리페, 알바이진(Alhambra, Generalife and Albayzin, Granada: 문화, 1984/1994 확대지정): 현재 안다루시아 그라나다인들이 거주하는 저지대의 마을 뒤 구릉 위에 우뚝 솟아 있는 알함브라(붉은 요새/궁전)와 알바이진(Albaycín으로도 표기)은 서기 1492년 이곳에서 축출된 그라나다의 마지막 회교도의 나스리드(Nasriddynasty) 왕국의 군주들에 의해 만들어진 궁전도시를 형성하고 있다. 이곳(나스리드 왕궁)에는 외국의 대사를 맞는 謁見室(Hall of Ambassadors, 대사의 방, 천장에 天文·星宿가 새겨져 있다), 그라나다의 마지막 술탄인 보아브딜(Boabdil)의 아버지 아벤세라지의 방(The Sala de los Abencerrajes, Hall of the Abencerrages/Hall of Abencerrageo/Abencerrajes, The Sala de los Abencerrajes), 두 장의 대리석이 깔려 있어 불리우는 두 자매의 방, 심판의 탑과 문(the Gate and Tower of Judgement) 등이 유명하다.

알함브라 요새와 거주지 동쪽에 위치한 왕의 별궁인 제네랄리페(Generalife, 여름궁전) 궁전은 서기 13세기-서기 14세기 술탄과 나스리드 무어왕족들의 여름별장으로 그 내부에 '12마리 사자가 받치는 분수가 있으며 124개의 기둥으로 이루어진 왕의 전용인 사자의 정원'(the Court of Lions), 水路의 정원(The Court of la Acequia, Court of the Long Pond), 도금양/桃金孃의 정원(The Court of the Myrtles, Patio de los Arrayanes), 샘(fountain)과 같은 훌륭한 內庭이 있는데, 여기에는 눈 덮인 산맥(snowy range)이란 의미의 시에라 네바다(Sierra Nevada, 해발 3,478m)의 빙하가 녹은 물이 다로(Daro) 강물을 끌어올리는 관개시설에 의한 풍부한 수량의 '물의 정원', '사이프러스 정원'과 '물의 계단' 주위에는 풍요롭고 아름다운 식물들이 자라고 있다.

알함브라 궁전 반대편에 위치하는 전원주택인 알바이진은 나스리드 무어인들의 지방 건축양식을 잘 보여주고 또 전통적인 안달루시아 건축 양식과도 잘 조화를 이루고 있다. 그러나 건물 石柱의 柱礎에 해당하는 부분이 모두 일정하지 못한데 이은 알라 神만이 완전하다는 생각을 나타내고 있다. 여기에는 스페인의 점령

후 서기 1527년에 세운 신성로마제국 촬스 Ⅴ세(카를로스 5세/Carlous V, Charles V) 궁 전도 포함된다.

6. 산티아고 데 꽁포스텔라 구시가지(Old Town of Santiago de Compostela: 문화, 1985): 이슬람 세력들과 치열한 투쟁의 상징인 순례유적지로 서기 10세기 이슬람(무슬림) 군에 의해 파괴되었다가 서기 11세기에 재건되었다. 로마네스크, 고딕, 바로크 양식의 건물들을 가진 산티아고 시는 세계에서 가장 아름다운 도시 중의 하나이 다. 가장 오래된 건물들은 성 제임스(St. James)의 묘지와 성당 주위에 몰려 있으며 그중에는 유명한 頌榮의 柱廊(Pórtico de la Gloria)이 있다. 이곳은 서기 1987년 유럽 위원회에서 유럽 첫 번째의 문화 순례의 길인 중세시대 순례자의 길, 꽁포스텔라 의 쌍띠아쥬 길[Camino de Santiago(the Way of St. James)]의 목적지이다.

7. 알타미라 동굴(Altamira Cave: 문화, 1985/2008 확대지정): 서기 1879년 스페인 북부 피레네 산맥의 산탄더(Santander) 시 서쪽 30㎞ 떨어진 안틸라나 칸타브리아(Antil- lana Cantabria) 마을 사우트올라(Sautuola) 백작의 領地에서 사우트올라(Marcelino Sanz de Sautuola) 백작에 의해 세계 최초로 발견된 후기구석기시대(Magdalenian 문화기, 기 원전 16000년~기원전 8000년)의 동굴벽화로 연대는 기원전 16,000년에서 기원전 12,000 년 사이의 15,000년 전의 것으로 추측된다. 이 동굴에는 岩刻하거나 한 동물에 3 가지의 색을 사용해 그린 들소, 말, 사슴, 신비스런 사인(手印) 등의 多色壁畵가 있 다. 이 그림을 그린 주인공들은 동굴입구 岩陰住居에서 살고 그림은 안쪽 畵廊에 신전처럼 모셔두었던 것 같다. 이 동굴벽화는 석기시대 예술의 교회 "Chapel of Stone Age Art"로 불리며 인류역사상 최초의 문화적 전환점이 된다. 현재 벽화 를 보존하기 위해 원 동굴은 폐쇄하고 그 앞에 동굴과 그대로 복사해둔 전시실을 만들었다.

8. 오비에도 및 아스투리아스 왕국 기념물군(Monument of Oviedo and the Kingdoms of the Asturias: 문화, 1985): 서기 9세기 소왕국인 아스투리아(Asturia)에서 기독교가 번 영하여 여기에 로마네스크 이전 양식의 건물들이 종교적인 건축물에 등장하였는 데 이들은 이베리아 반도에서 종교적 건축물의 발전에 영향력을 많이 끼쳤다. 그

들은 산타 마리아 교회(Church of Santa María del Naranco, 이전의 왕궁), 산 미구엘 교회(Church of San Miguel de Lillo), 크리스티나 교회(Church of Santa Cristinade Lena), 카마라 산타 교회(The Cámara Santa), 산 후리안 대성당(Basilica of SanJulián de los Prados)과 라 폰칼라다(La Foncalada)라는 수리시설이다.

9. **세고비아 구시가지와 수로**(Old Town of Segovia and its aqueduct: 문화, 1985): 세고비아의 역사적 기록은 서기 192년 켈트이베리안(Celtiberian) 주민들이 로마인에 의해 패하는 시기로 거슬러 올라간다. 그러나 서기 1세기 중반과 2세기 초, 즉 베스파시아누스(Vespasian, 서기 69년-서기 79년)나 네로(Nerva, 서기 54년-서기 68년) 황제 때 이 水道橋가 이미 만들어졌다고 추정된다. 이 수도교는 길이 813m, 163개의 아치형을 2단으로 화강암을 회반죽 없이 높이 30m로 쌓아 올렸다. 현재까지 남아있는 로마의 수도교 중 가장 잘 보존된 것이며 단순, 우아 장엄을 보인다. 이베리아에 서고트 왕국(Visigoth, 렉카레르 I세부터-아르도왕까지, 서기 586년-서기 721년)이 톨레도(Toledo)에 수도를 세우고, 그 후 서기 11세기경 언덕에 위치하던 로마 요새 위에 세워진 알까사르(Alcázar) 성은 디즈니랜드(Walt Disney)에서 만든 애니메이션 백설공주의 모델이 된 성이다. 이곳에서 페르디난도(Ferdinando II of Aragon, 서기 1452년 3월 10일-서기 1516년 1월 23일)왕과 이사벨(Isabella I, 서기 1451년 4월 22일-서기 1504년 11월 26일) 여왕의 결혼식(서기 1469년 10월 9일), 펠립페(Philip/Felipe) II세의 대관식과 결혼식도 치러졌다. 그 안에는 현재 중세시대의 갑옷, 투구와 무기, 종교화 등이 전시되어 있다. 또 꽃이 핀 고딕 양식으로 알려진 첨탑 높이 88m, 돔 높이 33m의 세고비아 성모마리아 대성당[Philip V세(서기 1683년-서기 1746년) 때인 서기 1525년에 시작하여 -서기 1577년 완공], 작은 베르사유 궁이라 불리우고 프랑스식의 정원과 분수를 갖춘 여름별장의 라 그란하(La Granja) 궁전(Philip V세 때인 서기 1721년에 시작하여 서기 1731년 완공)과, 처음 유태인이 살던 다이아몬드형의 문양장식을 한 새부리의 집(서기 15세기, 현재 예술학교로 이용) 등이 남아있다. 그리고 매우 중요한 사실은 이곳 세고비아는 가톨릭, 유대교와 이스람 문화가 공존하던 곳으로 곳곳에서 그러한 흔적을 찾을 수 있다는 것이다.

10. **아빌라 구시가지**(Old Town of Ávilla with its Extra-Muros Churches: 문화, 1985): 무어족의 테러를 막기 위해 서기 1090년 건립된 성으로 성 테레사의 탄생지며 종교재판소장인 토로퀘마다의 묘지가 있는 곳이다. 해발 1,130m에 지어진 둘레 2.5 ㎞, 82개의 반원형 치성(雉城/甕城)과 9개의 문이 있는 요새가 거의 완전하게 남아 있다. 여기에는 로마네스크 양식의 성당과 르네상스 양식의 궁전 카스티안(Castillian) 귀족들의 저택들도 포함된다.

11. **아라곤의 무데하르 건축**(Mudéjar Architecture of Aragon: 문화, 1986/2001년 확대지정): 스페인의 국토회복운동[Reconquista/reconquest/레콩키스타: 이슬람의 기독교 서고트 왕국 (Visigoth, 렉카레르 I세부터-아르도왕까지, 서기 586년-서기 721년)에의 침입은 서기 710년-서기 712년에 이루어졌으며, 코르도바(서기 1236년), 세비야(서기 1248년), 아헤시라스(서기 1343년)를 거쳐 스페인의 마지막 국토회복은 서기 1492년 그라나다의 나스리드(Nasrid) 왕국이 물러감으로써 이루어졌다]으로 회복된 아르곤 지역의 무데하르 양식의 발전은 기독교인들의 국토회복운동(Reconquista/레콩키스타) 이전부터 존재해왔던 이슬람/회교도의 문화에 서기 1118년 아라곤 왕이 된 라미로(Ramiro) I세가 아라곤의 失地를 회복한 다음 기독교 문화를 접목시킴으로써 이루어진 것이다. 다시 말해 서기 12세기 이후 회교도의 문화에 고딕과 같은 유럽의 기독교적 양식을 접목하여 서기 17세기경까지 정제되고 창조적인 벽돌과 유약을 입힌 타일을 성당과 교회의 건물 특히 종루에 많이 이용하고 있다. 서기 1986년 당시 테루엘(Teruel) 지역의 산타 마리아(Santa María) 성당과 산 페드로(San Pedro), 산 마틴(San Martin)과 사비요르(Saviour) 교회의 4건만 지정되었으나 서기 2001년 자라구자(Zaragoza) 지역의 산타 마리아(Santa María, Calatayud), 산타 테크라(Santa Tecla), 산타 마리아(Santa María, Tobed), 알하페리아 궁전 (Palacio de la Aljaferia), 산 파블로(San Pablo) 성당과 라 세오(La Seo) 성당의 6건이 추가로 지정되어 모두 10건이 되었다.

12. **톨레도 구시가지**(Historic City of Toledo: 문화, 1986): 이곳에는 기원전 2세기 로마, 서기 6세기의 서고트(Visigoth) 왕국의 수도, 코르도바 에미리트의 요새, 서기 1492년 무어족의 물러남과 기독교 왕국의 전초기지, 챨스 5세(Charles V, Carolus V,

Holy Roman Emperor, 서기 1519년-서기 1556년)의 임시 권력중심지 등 2,000년간의 역사 속 당시의 유적들이 집중하고 있다. 그리고 이곳은 유태교(synagogue of Transito and Santa Maria la Blanca, 1492년 출축됨), 가톨릭(가톨릭 대성당, Cathedral of Toledo)과 이스람 교도들의 사원(mosque of Cristo de la Lus, 서기 999년 건립, 서기 1502년 축출됨)과 후일 신교 도의 교회(church of San Sebastian)들까지 공존하였다. 특히 타호(Tajo) 강으로 둘러싸 인 서고트 왕국(Visigoth, 렉카레르 I세부터-아르도 왕까지, 서기 586년-서기 721년)의 수도인 알까사르(Alcázar) 성은 중세이후부터 마누 엘 아사냐가 이끈 좌파 인민전선의 정 부와 프랑코 장군의 보수 우파의 반란군의 싸움인 스페인 내전(Spanish civil war, 서 기 1936년-서기 1939년)에도 이 건물을 사용해온 경제, 정치, 문화와 종교의 중심지이 다. 서기 2009년부터 이 건물은 현재 군사박물관으로 탈바꿈하였다. 도시를 둘러 싸고 있는 성벽에는 9개의 문이 있으며 그중 비사그라(Bisagra, 서기 1550년)문이 톨 레도의 관문이다. 그 외에 소코도바(Zocodover) 광장, 프랑스식 고딕과 바로크식 양식으로 지어진 길이 113m, 폭 57m, 높이 45m의 톨레도 대성당[Fernado III세(서기 1199년 8월 5일-서기 1252년 5월 30일) 때인 서기 1227년에 착공하여 서기 1493년 완공], 현재 선사, 로마와 서고트 등의 유물과 현대미술품을 전시하고 박물관으로 사용하고 있는 플라테레스크(plateresque facade)와 르네상스 양식으로 서기 15세기에 지어진 산타 크루즈(Santa Cruz) 병원 건물도 중요하다. 이곳 톨레도는 화가 엘 그레코(El Greco, 서기 1541년-서기 1614년 4월 7일)의 고향이며, 서기 711년 무스림의 영향으로 설탕과 아몬드로 만들어진 마자판(mazapan) 빵과 象嵌을 한 다마스 퀴나토(Damas quinato) 금속공예기술도 유명하다.

13. 카세레스 구시가지(Old Town of Cáceres: 문화, 1986): 무어인과 그리스도교인들 의 전투역사가 많은 지역으로 그 안에 남아있는 로마, 이스람, 북쪽 고딕과 이탈 리아 르네상스식 건물들로 지어진 궁전, 탑과 개인 저택 등이 뒤섞여 있는 것으 로도 증명된다. 서기 12세기 무스림 통치 시기 남아있는 아랍의 성벽과 30여개의 탑 중 부하코와 모차다 문(the Torre del Bujaco, Torre Mochada)이 가장 유명하다. 이 도 시는 서기 1229년 스페인군이 다시 탈환하였다.

14. 세비야 지역 대성당, 성채와 아메리카 인디안 문서보관소(Cathedral, Alcázar and Archivo de Indias in Sevilla: 문화, 1987): 이 세 건물은 세비야의 중요한 기념물이다. 성당과 성채는 이제까지 아랍문화권에 물들어있던 지역을 서기 1248년 기독교왕국의 재탈환에서 16세기까지 안달루시아뿐만 아니라 이곳 세비야의 문명 발달사에도 중요한 증거물이 된다. 지랄다 회교사원의 첨탑(The Giralda minaret)은 5개의 본당이 있으며 고딕양식으로 지어진 성당(서기 1402년-서기 1506년) 옆에 위치한다. 이 성당 내부에는 콜럼버스(Christopher Columbus)의 석관이 안치되어 있다. 성채는 무어왕국의 알모하데스(Almohades) 왕이 처음 지은 성채와 궁전으로 서기 1540년-서기 1572년 증축을 하였다. 식민지시대 아메리카 인디안의 문서보관소(Archivo de Indians)는 옛날에 지어진 상인들의 거래처(Casa Lonja de Merchants)였던 론하(Lonja)란 건물 내에 위치한다. 이 건물은 서기 1584년 후안 데미하레스(Juan de Mijares)가 후안 데 헤렝라(Juan de Herrera)의 설계대로 짓고 서기 1598년 입주가 시작되었다. 건물의 완공은 서기 1629년 대주교 후안 데 주마라게(Juande Zumárrage)와 페드로 산체스 팔코네테(Pedro Sanchez Falconete)에 의해서이다. 건물은 2층으로 건물로 내부에 정원과 분수가 있는 內庭 파티오(patio)가 있다. 챨스 III세(Charles III, Carolus III, 서기 1716년 1월 10일-서기 1788년 12월 14일) 때인 서기 1785년 스페인 전역에 흩어져 있던 아메리카 인디안 문서를 한꺼번에 모아 이곳에 보관하게 된 것이다. 그리고 이곳은 비제(George Bizet, 서기 1838년 10월 25일-서기 1875년 6월 3일)의 카르멘(Carmen, 서기 1875년 초연)과 로시니(Gioachino Rossini, 서기 1792년 2월 29일-서기 1868년 11월 13일)의 세빌리아의 이발사(The barber of Seville, 서기 1816년 초연)의 무대가 된 곳으로 유명하다.

15. 살라만카 구 도시(Old City of Salamanca: 문화, 1988): 마드리드 서북쪽 고대 대학 타운으로 이곳은 처음 기원전 3세기경에 카르타고, 그다음 로마 그리고 서기 11세기에는 무어인이 들어와 통치했다. 이곳에는 두 개의 대학과 두 개의 성당이 남아있다. 유럽에서 가장 오래된 대학 중의 하나인 이곳 대학은 살라만카의 황금시기에 가장 번영하였다. 도시의 역사중심지에는 로마네스크, 고딕, 무어, 르네상스와 바로크 양식으로 지어진 마용르 광장(서기 18세기), 회랑과 상가 건물들이

많이 남아있다. 카사 데 라스콘챠(Casa de las Concha) 저택은 서기 15세기 살라만카를 대표하는 또 다른 건물로 소유자도 회원인 성 제임스 교단의 상징인 350개의 조가비 껍질을 벽에 붙였다.

16. 포블렛트 수도원(Poblet Monastery: 문화, 1991): 이 수도원은 세계에서 가장 큰 시토 파의 수도원 중의 하나로 서기 1151년에 세워져 서기 1835년에 폐쇄되었다가 서기 1940년에 다시 문을 열었다. 이것은 또한 거대한 군사적 요새, 왕궁, 주거와 萬神殿의 역할도 하였다. 이 수도원은 발보나 데 레스 몬게스(Valbona de les Monges)와 산타 크레우(Santes Creus)와 더불어 서기 12세기 카타로니아 지방에서 막강한 영향력을 행사하였다.

17. 메리다 고고유적군(Archaeological Ensemble of Mérida: 문화, 1993): 기원전 25년경에 설립된 로마시대의 Augusta Emerita 식민지로 원형극장(Amphitheatre)과 수로시설(Water supply system), 水道橋, 대광장(forum), 鋪道, 과디아나 다리(Guadiana bridge), 극장, 다이아나 신전(Temple of Diana), 트라야누스(서기 98년~서기 117년) 황제의 개선문(Arch of Trajan), 경기장(Circus), 목욕탕, 개인 저택, 무덤 이외에 산타 유라리아(Santa Eulalia) 대성당(서기 4세기), 알카자바(Alcazaba, 서기 835년), 산타마리아 대성당(서기 1230년~서기 1579년), 엑스트레마두라(Extremadura, governmemt state of Spain) 관사 등이 남아있다.

18. 산티아고/상티아고 데 콩포스텔라 순례길(Route of Santiago de Compoatela: 문화, 1993): 스페인의 꽁포스텔라의 쌍띠아쥬 길[Camino de Santiago(the Way of St. James)]는 서기 1987년 유럽위원회에서 유럽 첫 번째의 문화 순례의 길로 선언하였는데 이는 프랑스에서 스페인의 꽁포스텔라(Santiago de Compostela) 성당(이곳 지하에는 서기 813년에 발견된 예수 그리스도의 열두 제자 중 성 야곱(야고보, St. Jacob)의 관이 안치되어 있으며 이로 인해 아트리아스 왕조(Kingdom of Asturias, 라틴어: Regnum Asturorum, 서기 718년-서기 924년)의 알폰소 II(Alfonso II, 서기 759년-서기 842년)세가 그 위에 성당을 지었다)에 이르는 순례의 길이며 길을 따라 종교적이던 세속적이든 간에 역사적으로 흥미 있는 1,800여개의 건물이 있다. 이는 바티칸, 예루살렘과 함께 기독교 3대 성지의 하나이다. 이

순례는 중세시대 이베리아 반도와 유럽의 여타 지역 간의 문화적 교류라는 중요한 역할을 하였다. 이 길은 유럽 전 지역과 모든 계급의 사람들에게 기독교 신앙의 힘이 얼마나 큰지를 보여준다. 스페인 서북부 꽁포스텔라 성당에 이르는 두 달 반의 모두 1,600㎞ 순례의 길은 서기 12세기부터 내려온 고전적인 방식을 따르면 프랑스 중남부의 Le Puy가 전통적인 출발점이 된다. 전통적 순례코스인 Camino de Santiago(the Way of St. James)는 Le Puy(전통적 출발점)/또는 Tour, Vezelsy, Arles에서 출발→Biaritz 근처의 St. Jean-Pied-du-Port→Pamplona→Burgos→Leon→Santiago de Compostela 성당과 St. James의 무덤에 이른다. 아미엥 대성당(Amiens Cathedral), 샤르트르 대성당(Chartres Cathedral), 베즐레(Vézelay) 대성당과 부르고스 대성당 (Burgos Cathedral) 대성당도 순례코스 중의 하나이다.

19. **산타마리아 과달루페의 왕립수도원**(Royal Monastery of Santa Maria de Guadalupe : 문화, 1993): 이 왕립수도원은 가톨릭 왕들의 스페인의 국토회복운동[Reconquista/reconquest: 이스람의 기독교 서고트 왕국(Visigoth, 렉카레르 I세부터-아르도 왕까지, 서기 586년-서기 721년)에의 침입은 서기 710년-서기 712년에 이루어졌으며, 코르도바(서기 1236년), 세비야(서기 1248년), 아헤시라스(서기 1343년)를 거쳐 스페인의 마지막의 국토회복(Reconquista/레콩키스타)은 서기 1492년 그라나다의 나스리드(Nasrid) 왕국이 물러감으로써 이루어졌다]과 서기 1492년 콜럼버스의 미국대륙에의 도착과 관련된 것으로 안에는 유명한 마리아상(Our Lady of Guadalupe)이 있다. 이 수도원의 창건은 서기 13세기까지 거슬러 올라가는데 목동이 과다루페 강 언덕에서 무어인들이 서기 714년 침공하면서 묻어버린 마돈나 상을 발견해 그곳에 성당을 지음으로써이다. 서기 1389년 성 제롬 교단의 수도사들이 이 수도원을 인계받아 本堂으로 삼았다. 과다루페의 수도사들이 왕궁이 있는 수도와 멀리 떨어져 있지 않은 Escorial 수도원을 창건한 이후에도 이 산타마리아 수도원은 왕가의 후원을 받아왔다.

20. **쿠엔카 구 성곽 도시**(Historic Walled Town of Cuenca: 문화, 1996): 서기 1086년-서기 18세기 무어(Moors)인들이 코르도바의 칼리페이트(Caliphate of Cordoba)에 방어용으로 세운 Kunka로 불리우는 요새와 중세시대의 옛 시가지를 포함한다. 시내에

는 Anglo-Norman 양식으로 지어진 스페인 최초의 쿠엔카 성당(서기 1182년-서기 1270년, 옛날 바로크식의 파이프 오르간이 있음)과 로마네스크 양식으로 지어졌으며 서기 18세기에 재건된 성 베드로 교회(St. Peter church), 성 미카엘 교회(St. Michael church, 서기 13세기에 지어졌으며, 서기 15세기-서기 18세기에 증축), 사비요 교회(The Savior church, 18세기), 바울 다리(St. Paul bridge, 서기 1533년-서기 1589년에 건조), 바울 수도원(The old saint Paul convent, 서기 16세기), 디오세세(Diocesé) 박물관으로 이용되는 대주교(Bishop)의 궁전, 아랍인들의 카스티요 성(El Castillo)과 성벽, 만가나 탑(Mangana tower, 서기 1565년 경), 타운홀[TownHall, Charles III세(서기 1716년 1월 10일-서기 1788년 12월 14일)가 서기 1762년 완공] 등이 보인다. 그리고 파라도르 데 쿠엔카(Parador de Cuenca) 같은 옛 문화재건물을 약간 리모델링하여 파라도르(Parador)라는 국영호텔로 이용하여 계속 보존해 나가는 정책과, 우에카(Huécar) 강을 내려다보는 절벽 위에 서기 15세기에 지어진 건물을 페르난도(Fernando)가 다시 설계하여 만든 Las casas colgadas(절벽에 매달린 집)라는 현대추상미술관도 돋보인다. 그리고 이곳은 세르반테스(Miguel de Cervantes, 서기 1547년-서기 1616년)가 쓴 돈키호테의 무대(라만차지방의 콘수에그라의 풍차와 여관 등)로도 유명하다. 여기에는 가톨릭과 이스람 문화가 공존한다.

21. 라 론하 데 라 세다 데 발렌시아(La Lonja de la Seda de Valencia: 문화, 1996): 서기 1469년에 기름시장으로 세워졌는데 나중 비단 교역(Silk Exchange)을 위한 중세 상업의 중심지로 되었고 여기에는 팔마 대 말로카(Palma de Malloca) 건물을 모방한 고딕 양식의 말기 건물이 걸작이다. 건축가는 페드로 콤프테(Pedro Compte), 후안 이바라(Juan Yvarra)와 요한 코르베라(Johan Corbera)로 서기 1498년이 되어야 총안이 나 있는 망루와 고딕 양식의 불꽃모양 플랑봐양 양식의(Flamboyant) 무역 청사가 완공되었다. 다른 건물들은 서기 1533년에 만들어졌다. 특히 살라 데 콘트라타시옹(Sala de Contratación, contacrt, trading hall)건물은 서기 15세기-서기 16세기 상업도시의 富를 보여준다.

22. 라스 메둘라스(Las Médulas: 문화, 1997): 스페인 서북쪽 레온(Léon)에 있는 서기 1세기경 로마 제국에 의해 개발된 금광 지역으로 물을 運河로 끌어들여 探金

한 기술을 보여준다. 그러나 2세기 후 금이 거의 바닥이 나자 철수해버렸고 채금 시 형성된 가파르고 구불구불한 지금은 농지로 이용되는 척박한 환경이 그대로 남아 있다.

23. 산 밀란 유소-수소 사원(San Millán Yuso and Suso Monasteries: 문화, 1997): 라 리오하(La Rioja)의 산 밀란 코고야(San Millán de la Cogolla)에 위치한 서기 6세기 중엽에 이곳에 살던 성자 밀란에 의해 세워진 Suso(upper)와 서기 16세기 새로 지어 아래쪽으로 이사를 한 Yuso(below) 수도원 두 곳을 말한다. 이곳에 오늘날 세계 여러 곳에서 사용되는 카스틸(Castilian)어로 된 스페인 문학이 처음으로 탄생되었다. 이곳에서 라틴어 문자 옆에 처음으로 스페인어와 바스크(Basque)어가 註釋으로 씌어졌으며, 문제가 되는 코덱스 寫本은 서기 16세기 아래 수도원으로 옮기기 전에 위수도원의 도서관에 계속적으로 보관되어 있었다.

24. 뮤지카 카탈라나 팔라우와 바르셀로나 산트 파우 병원(The Palau de la Música Catalana and the Hospital de Sant Pau, Barcelona: 문화, 1997): 카탈라나 신 예술의 건축가인 루이스 도메네크 이 몬타너(Lluís Domènech i Montaner)가 설계한 The Palau de la Música Catalana(서기 1905년~서기 1908년)와 Hospital de Sant Pau(서기 1901년~서기 1912년)의 현대건축물로 강철을 많이 사용하여 빛과 공간을 최대한 활용하도록 하고 있다. 그리고 당시로서는 외부장식도 화려하게 설계되었다. 병원 건물도 병자들에게 알맞도록 설계와 장식도 대담하게 만들어졌다.

25. 피레네 산맥의 페르두 문화 지역(Pyrénées-Mont Perdu: 문화, 1997/1999 확대지정): 피레네-몽 페르 뒤(Pyrénées-Mount Perdu : 복합, 1997/1999 확대지정): 프랑스와 스페인의 국경지대인 31,189㏊의 북쪽의 圈谷지대, 남쪽의 片巖으로 이루어진 高原지대와 20㎞ 이상 뻗어 있는 경사 급한 해발 3,000m 이상의 石灰岩 斷層地塊인 피레네산맥 중앙지역은 動·植物·自然環境의 寶庫 뿐만 아니라 산악지대 환경에 대한 인류의 적응도 중요하다. 사람이 살던 주거지, 環狀列石, 支石墓와 40,000년~10,000년 전 후기구석기시대의 사람들이 살던 동굴유적도 발견된다. 그리고 꽁포스텔라의 쌍띠아쥬 순례자의 길[중세시대 순례자의 길, the Way of St. James(the Camino de Santiago)]

도 이곳을 지나가며 아직 행해지는 移動牧畜은 문화의 교류도 가능케 한다.

26. 이베리아 반도 지중해 연안 암각화지역(Rock Art sites on the Mediterranean Basion on the Iberian Peninsula: 문화, 1998): 이베리아 반도 중석기-청동기시대의 암각화는 대규모로 형성되어 있으며 현재 727개소가 지정되어 있다. 그들은 Andalusia, Araon, Castille-La Mancha, Catalonia, Murcia and Valencia에 위치하며 처음 발견은 서기 1903년 테루엘(Teruel)에서였다. 그림 내용은 수렵-채집에서 정착생활의 과도기적인 면을 보이며 사람, 동물, 새와 사냥장면 등이다.

27. 알카라 드 헤나레스 대학 및 역사지구(Universty and Historic precinct of Alcalá de Henares: 문화, 1998): 마드리드 동북 35㎞ 떨어진 곳에 위치하는 서기 1496년 시스네로스(Cisneros) 추기경이 알카라(Alcalá)에 르네상스시대 학문과 배움의 중심지가 된 Universidad Complutense를 만들었는데 이곳은 세계에서 처음으로 계획된 대학도시이다. 이곳은 스페인의 선교사들이 신대륙에 가져간 이상형의 도시 공동체인 Civitas Dei(city of god)이며 또한 유럽과 다른 지역에 퍼진 대학의 모델이 되기도 하였다.

28. 이비자 생물다양성과 문화(Ibiza, Biodiversity and Culture: 복합, 1999): 스페인 서부 발레아릭 군도(Balearic Islands)의 해양과 연안의 생태체계를 조화시킨 謫所(ecologial niches)로 해양 植物·水草(Posidonia, seagrass)가 많이 자라는 지역은 근처에 사는 사람들로 하여금 바닷가의 생활을 다양하게 하고 또 그리고 그렇게 하도록 도와준다. 이비자 섬에는 그러한 것을 보여주는 오랜 역사가 있다. 여기에는 Sa Caleta(주거지), Puig des Molins(공동묘지) 등의 원사시대 페니키아-카르타고시대의 유적도 포함된다. 또 요새화된 위 도시(Alta villa)는 르네상스시대의 대표적 군사적 건물이다. 이러한 것들은 스페인의 신대륙 식민지건설에 많은 영향을 주었다.

29. 산 라구나 그리스토발(San Cristóbal de la Laguna: 문화, 1999): 카나리 군도(Canary Island)에 만들어진 산 라구나 그리스토발은 테네리페(Tenerife)의 이전 도읍지로 2개의 중심지가 있다. 하나는 원래 모습대로 구획하지 않은 위 도시이고 다른 곳은 냉정하게 원칙에 따라 구획하고 이상적으로 만들어진 아래 도시이다. 아래 도

시의 넓은 길과 공간에는 서기 16세기-서기 18세기에 만들어진 대학, 교회와 공적·사적인 건물들이 많다.

30. 엘체시의 야자수림 경관(The Palmeral of Elche: 문화, 2000): 알리칸테(Alicante) 주 발렌시아(Valencia) 자치구의 야자수/종려나무 경관은 서기 10세기 말 엘체라는 무스림 도시가 만들어졌을 당시 관개농업에 의해 이 건조한 지역이 농산물이 나오는 곳으로 바뀐 오아시스이다. 이곳은 아랍 사람들이 유럽에서 농업을 한 독특한 경우이다. 대추야자나무의 재배는 기원전 5세기까지도 올라갈 수 있다. 현재 종려나무는 18만 그루가 이곳에서 자라고 있기 때문에 물이 모자라 관개농경이 더욱 더 필요한 시점이다.

31. 타라코 고고유적(The Archaeological Ensemble of Tárraco: 문화, 2000): 타라고나(Tarragona) 주 카타로니아(Catalonia) 자치구의 타라코(현재의 Tarragona) 도시는 기원전 25년경에 설립된 로마시대의 식민지인 Emerita Augusta의 오늘날의 이름인 메리다(Mérida) 고고 유적군과 비교가 되는 이베리아 반도에서 오래되는 기원전 3세기에서 서기 476년까지 로마시대의 상업·행정 중심도시로 삼단의 계단식 層段을 형성한 후 도시를 만들었는데 발굴한 결과 로저(Portal del Roser)와 안토니(Portal de Sant Antoni)의 두 개의 문을 가진 성벽, 신전과 요새, 대광장, Pilate의 집이라 부르는 아우구스투스 궁전, 경기장, 원형극장, 스키피오의 탑 혹은 석관, 수라(Sura) 혹은 바라(Bara)의 개선문, 아우레리안 거리 등이 나타나고 있다.

32. 루고 성벽(The Roman Walls of Lugo: 문화, 2000): 이곳의 로마식민지 루고는 로마시대 때 Lucus로 도시는 기원전 15년-13년에 설립되었지만 남아있는 성벽은 서기 263년-서기 276년에 만들어졌으며 이 성은 길이 2.117km, 5개의 문과 46개의 망루를 가지고 있다. 서기 3세기 이후 창궐하는 이민족의 침공을 막기 위해 이성이 만들어졌지만 결국에는 페레네 산맥을 넘어온 게르만 계통의 Suevi(Suebi), 서고트, 무어와 노르만족의 침입을 이겨내지 못하였다.

33. 발드보와의 카탈란 로마네스크 교회(The Catalan Romanesque Churches of the Vall de Boi: 문화, 2000): 피레네 산맥 카타란의 로마네스크 양식의 교회로서 이 전에는

카타로니아의 로마네스크 양식이 나타나기 이전의 Pre-romanesque 양식으로 여겨진 것들이 지금은 초기 로마네스크(primer románic) 양식으로 인정받고 있다. 카타로니아 지방의 로마네스크 건축물들은 다음과 같다. Sant Pere de Roda(서기 943년-서기 950년경), Ripoll 수도원(서기 977년), Cardona의 Church of St. Vicenç(서기 1029년-서기 1040년), Sant Cristòfol of Beget, Sant Pere of Besalú, Sant Vicenç of Besalú, Monastery of Sant Miquel of Cruïlles, Sant Vicenç of Espinelves, Part of Monastery of Sant Pere de Galligans in Girona, Sant Nicolau in Girona, Saint Cecil of Molló, Church of Sant Joan in Palau-saverdera, Monastery of Sant Quirze of Colera in Rabós d'Empordá, Monastery of Sant Aniol d'Aguja, Monastery of Santa Maria of Vilabertran, Churches of Saint Mary and Saint Clement Taüll, Sant Feliu, Sant Joan de Boí, Santa Maria de l'Assumpció, Santa Maria de Cardet, la Nativitat de Durro, Ermita de Sant Quiric and Santa Eulàlia, in Vall de de Boí, Churches of SantaMaria, Sant Pere and Sant Miquel in Terrassa

34. 아타푸에르카 고고유적(Archaeological Site of Atapuerca: 문화, 2000): 스페인 북부 부르고스(Burgos) 시에서 15㎞ 떨어진 해발 1,000m의 La Sierra de Atapuerca 유적은 그란 돌리나(Gran Dolina) 동굴에서 120만 년 전-80만 년 전에 속하는 Homo antecessor가 출현함으로 유럽에서 최초의 인류라고 할 수 있는 Homo erectus와 Homo heidelberg인 사이를 연결하는 화석인류가 출토되고 있다. 서기 1984년에 시작하여 아직도 발굴 중인 이 유적은 타라곤과 마드리드 대학교와 마드리드 자연사박물관에서 담당하고 있다. 동굴 유적으로 5개소에서 각기 시대가 다른 인골과 동물화석이 나오고 있다. 동굴은 Elephanté 동굴(100만년 중기 갱신세말기로 하이에나 소 종류, 들소와 코끼리화석이 나옴), 갈레리아(Galeria) 동굴(30-35만 년 된 인류화석이 나옴), 그란 돌리나 동굴(Homo antecessor 화석이 나옴), 시마 데 로스우에소스(Sima de los Huesos, 30만 년 전의 32명분의 화석인류가 나옴), 미라도르(Mirador) 동굴(기원전 6000년의 신석기시대와 청동기시대)이다.

35. 아란후에즈 문화경관지역(Aranjuez Cultural Landscape: 문화, 2001): The Palacio Real de Aranjuez는 스페인 국왕의 궁전으로 스페인 왕가 유적의 하나이다. 이 궁전은 타호 강 옆 서기 1561년 펠립페/필립(Philp) II세에 의해 계획되고 후안 바우티스타 데 톨레도(Juan Bautista de Toledo)와 후안 데 헤레라(Juan de Herrera)에 의해 설계되었으나 페르디난도(Ferdinando) VI세 때 완공되었다. 찰스 III(Charles, Carolus III)세는 건물에 두 개의 측실을 추가하였다. 좀 더 적은 궁전인 카사 델 라브라다(the Casa del Labrador)가 세워졌다. 이웃 타구스와 하라마 강물을 사용하는 스페인 화산재(meseta)의 먼지와 가뭄에서 벗어나 좀 더 쾌적한 생활을 하기 위해 거대한 정원이 만들어졌는데 합스부르그(서기 1278년~서기 1918년) 시기 스페인에서 가장 중요한 것이었다. 하르딘 데 라 이스라(the Jardin de la Isla)는 타구스 강과 리아 운하에 의해 막혀 있는 인공 섬이다. 이 정원을 둘러싼 문화 경관은 자연과 인간의 행위, 구불구불한 물길과 기하학적 경관의 설계, 지방과 도시, 숲의 경관과 섬세하게 다듬은 건물 사이에서 여러 가지 상반되는 복잡한 관계를 볼 수 있다. 과거 300년간 정원의 발전과 주의를 기울여온 왕가의 관심은 서기 18세기 프랑스 양식으로 만든 바로크 식 정원에서 엿볼 수 있다. 휴머니즘(인본주의)과 정치적 중앙집권이라는 관념으로부터 계몽주의 시대 식물의 환경순응과 품종개량과 함께 발전해온 도시 생활방식까지의 사상의 변천을 보여주고 있다.

36. 우베다 베자의 르네상스 기념물군(Renaissance Monumental Ensembles Úbeda-Baeza: Urban duality, cultural unity, 문화, 2003): 스페인 남부 우베다와 베자의 두 조그만 도시는 무어 족이 통치하던 서기 9세기와 서기 13세기 스페인 기독교의 국토회복운동(Reconquista/레콩키스타)까지 거슬러 올라간다. 서기 16세기에는 이 두 도시가 르네상스 시대의 시작과 더불어 개혁되고 활기를 띠기 시작했다. 이 두 도시는 이탈리아에서와는 달리 형태와 역사적 발달에서 유사성을 보인 스페인에서는 특이한 쌍둥이 도시로 여겨지며 이것이 남미의 식민지 도시 건설에 그대로 이어져 확산되고 있다.

37. 비즈카야 다리(Vizcaya Bridge: 문화, 2006): 비즈하이아(Bizjaia) 주, 빌바보(Bilbao)

의 서쪽 네브론(Nevron) 강 이바이자발(Ibaizabal) 강구 포르투갈레테(Portugalete)와 라
스아레나(Las Arena, Gexto의 일부) 도시를 잇도록 바스크 지방 출신의 건축가이며 에
펠탑을 세운 에펠(Gustave Eiffel)의 제자인 알베르토 데 팔라시오(Alberto de Palacio)가
서기 1893년 설계한 다리로 서기 1760년부터 일어난 산업혁명 이후 건물에서 강
철의 사용이 유행이 된 가운데 만들어진 뛰어난 건축물의 하나로 당시로서는 재
료가 가벼운 꼰 鋼鐵線(케이블 카)을 이용해 다리를 놓고 그 사이에 증기 엔진을 이
용해 매달린 곤돌라(gondola, 吊船) 6대가 매 8분마다 하루 24시간 일 년 내내 수십
명의 통행자를 한꺼번에 나르고 있다. 한 번 가는데 걸리는 시간은 1분 30초이다.
다리의 길이는 164m, 다리 양쪽 기둥의 높이는 50m이다. 이 다리는 현지에서
Puente Colgante(hanging bridge, 懸垂橋)로 불리고 있다. 그리고 다리 아래로 배가 통
과하는데 방해받지 않도록 설계되었다.

38. 헤르큘레스의 탑(Tower of Hercules: 문화, 2009): 스페인 서북부 항구도시 라 코
루나(La Coruña)에 있는 고대 로마의 燈臺로 서기 1세기 후반 로마가 파룸 브리간
티움(Farum Brigantium) 도시를 건설할 때 만들어졌다. 대서양으로 돌출한 57m 높
이의 암반 위에 높이 55m의 탑이 서있다. 탑은 세 부분으로 나누어져 있으며 후
세에 여러 번 개축을 했지만 서기 1990년대의 발굴에서 아래 장방형의 基壇部
(34m)쪽은 로마시대의 모습 그대로임을 확인하였다. 그리스·로마시대의 등대건
축으로는 이것이 유일하다. 이 유적 옆에는 철기시대 암각화가 있는 몬테 도스
비코스(Monte dos Bicos) 조각공원과 무스림 공동묘지가 있다. 세계 7대 불가사의
중의 하나인 알렉산드리아의 등대(The Pharos or lighthouse at Alexandria)는 기원전 3세
기경 건립되었고 서기 1375년 지진으로 붕괴되었다. 이 파로스 등대는 스트라보
의 기록대로 파로스 섬에 위치하며 구조는 동전에 묘사된 바와 같이 4각의 하층,
8각의 중층, 원형의 상부를 이루고 있으며, 화강암과 흰 대리석으로 높이 90m 정
도 쌓아올렸으며 서기 1600년대까지 흔적이 남아 있었다. 그러나 석재는 알렉산
드리아 항구 앞바다에서 확인되고 있다.

39. 코아 계곡 선사시대 암각화(Prehistoric Rock-Art sites in the Côa Valley/Prehistoric

Rock-Art Sites in the Côa Valley and Siega Verde: 문화, 1998/2010 원래 포르투갈의 문화유산인데 스페인을 포함해 확대지정): Côa 계곡 입구 16km의 범위에 후기구석기시대 기원전 22000년-기원전 10,000년까지의 암각화와 집자리들은 모두 16개소로 다음과 같다. Broeira, Canada do Inferno/Rego da Vide, Faia, Faia(Vale Afonsinho), Vale das Namoradas, Vale de Moinhos, Vale de Figueira/Texiugo, Ribeira de Piscos/Quinta dos Poios, Meijapão, Fonte Frieira, Penascosa, Quinta da Ervamoira, Salto do Boi(Cardina), Ribeirinha, Quinta do Fariseu, Quinta da Barca. 이들은 후기구석기시대의 주거지와 암각화의 복합문화로 암각화에는 말, 소, 염소와 인간의 모습도 표현되어 있다. 크기는 15-180cm이며 40-50cm의 것이 중심을 이룬다. 이들은 Mazouco(포르투갈), Fornols-Haut(프랑스), Domingo Garcia와 Siega Verde(스페인)들과 그 중요성이 비견될 수 있다. 이 암각화들은 원래 포르투갈 정부에서 계곡에 댐을 막아 수력발전소를 만들려고 하였다가 유적의 중요성 때문에 보존된 곳이다. 특히 스페인령 카스티야 이 레온(Castilla y León)의 시에가 베르데(Siega Verde)의 암각화가 훌륭하다. 이곳에는 강물에 의해 부식된 튀어나온 절벽에 새긴 645개의 암각화는 도식적이고 기학문이 확인되지만 동물들로 대표되는 여러 가지를 표현하였다. 고아와 시에가 베르데의 암각화는 이베리아 반도 野外의 구석기시대 예술을 대표한다.

40. 세라 대 트라문타나의 문화경관(Cultural Landscape of the Serra de Tramuntana: 문화, 2011): 마요르카(Mallorca) 섬 서북해안과 평행선으로 뻗어 나온 산맥의 가파른 경사면에 위치한 세라 대 트라문타나의 문화 경관은 천년 이상 척박한 자연환경에 적응한 결과 주위의 지형을 바꾸어 놓았다. 그리고 이곳 주민들은 중세시대부터 기원한 경작지 주위를 감아 흘러내리도록 물줄기를 인위적으로 배치하여 관리하고 있다. 그리고 계단식 농경지와 서로 서로 연결된 물줄기 사이 사이에 배치해 놓은 물레방아, 돌을 쌓아 지은 집과 농장들이 이곳 문화 경관을 조화시켜 주고 있다.

41. 알마덴과 이드리쟈의 수은광산 문화유산(Heritage of Mercury Almadén and Idrija:

문화, 2012): 스페인 시우다드 레알(Ciudad Real)의 알마덴과 슬로베니아고르스카 (Goriška region)의 이드리쟈(Idrija, 이탈리아 독일어로 Idria임) 수은광산 문화유산은 고대부터 수은이 나온 알마덴과 서기 1490년 수은이 처음 발견된 이드리쟈의 광산지구이다. 스페인 쪽의 문화유산은 광산의 역사를 알려주는 레트마 성(Retamar Castle), 종교적 건물(성당)과 전통적 가옥이다. 이드리쟈의 문화유산은 수은 저장고와 부대시설, 광부들의 숙소와 극장을 포함한다. 이 유산들은 유럽과 아메리카대륙 사이 수 세기간 중요한 교역을 발생시켰던 '대륙 간 수은 교역'에 대한 증거들이다. 이 두 문화유산은 세계에서 가장 규모가 큰 수은광산을 대표하며 최근까지도 작업이 활발했었다.

슬로바키아 SLOVAK REPUBLIC

1. 반스카 스티아브니차(Banská Štiavnica: 문화, 1993): 수세기 동안 뛰어난 기술자들이 반스카 비스트릭(Banská Bystric)의 반스카 스티아브니차 도시를 방문할 정도로 이곳은 야금술 산업 및 광산에 관련된 주요 유적을 간직한 도시로 중세시대 銀鑛을 기반으로 커왔고 르네상스 시대의 궁전, 서기 16세기의 교회, 광장과 성이 그대로 남아있다. 이 도시 주변에는 金·銀鑛과 冶金을 하던 관련 유적으로 둘러싸여 있다. 이 도시는 서기 1156년 중세시대 은과 금의 산지로서 'terra banensium' (the land of miners)로 불리우고 서기 1238년 항가리 왕국의 왕립의 첫 번째 도시가 되었다. 古城(Starý zámok), 新城(Nozý zámok), 시청, Glanzenburg 광산 등이 있다.

2. 블콜리넥 전통건축물 보존지구(Vlkolínec: 문화, 1993): 슬로바키아 중부 루좀베로크(Ružomberok)에 위치한 유럽 중부의 전통 민속마을로 산간지방에나 있을 45채의 통나무집이 그대로 보존되어 있으며 이 마을에 대한 기록은 서기 1376년부터 있어왔고 서기 1882년에는 루좀베로크로 바뀌었다.

3. 레보차, 스피시키 흐라드 문화기념물군(Levča, Spišský Hrad and its Associated Cultural Monuments: 문화, 1993/2009 확대지정): 석회암지대 위에 방어목적으로 세워졌으나 서기 1780년 불타버린 스피시키 흐라드(Spišský Hrad, 스피슈성/Spis castle)는 서기 13

세기 동부유럽의 가장 큰 군사적,
정치적, 종교적 건축물군 밀집지
대로 후에 많이 변질된 로마네스크
와 고딕 양식의 건물이 그대로 남
아있다. 이 요새 안에 서기 13세기
−서기 14세기에 만들어진 역사적
으로 중요한 레보차 마을이 있다.
이곳에는 서기 1510년 匠人 폴(Mas-
ter Paul)이 만든 18.6m나 되는 제단
을 포함하여 서기 15세기−서기 16
세기 多彩畵로 제작된 말기 고딕양

슬로바키아 철기시대 초기−로마시대(기원전 3세기경
−기원전 1세기경)의 요새화된 두초베(Ducové) 성채
(필자 촬영)

식의 제단이 있는 성 제임스(St. James) 교회(서기 14세기)가 남아있다. 주위의 성과 같
은 시기에 형성된 스피스케포드라디(Spisske Podhradie)의 마을 중심, 스피스카 카피
툴라(the Spisska Kapitula)의 종교적 복합 건물 단지, 제라(Zehra)에 있는 聖靈(the Holy
Spirit) 교회가 있다. 이번 확대지정에는 요새 안에서 발견된 서기 13세기−서기 14
세기 레보차 역사지구가 추가되었다.

4. 바르데조프 도시보존지구(Bardejov Town Conservation Reserve: 문화, 2000): 프레소
프(Prešov) 지구 바르데조프 도시보존지구는 발틱 해와 흑해를 연결하는 중세 중
부유럽의 무역로에 위치한 도시로 요새화된 도시화의 과정을 보여주고 있다. 이
도시는 서기 13세기부터 언급되어 왔다. 이곳은 원래의 도시계획 그대로 남아있
으며 그 안에는 고딕 양식으로 만들어진 성 에기디우스(St. Egidius) 교회, 시청과
수십 채의 주민들의 가옥과 서기 18세기 지어진 유대교의 교회(the Great Snagogue)
도 잘 보존되어 있다.

슬로베니아 SLOVENIA

1. 알마덴과 이드리쟈의 수은광산 문화유산(Heritage of Mercury Almadén and Idrija: 문

화, 2012): 스페인 시우다드 레알(Ciudad Real)의 알마덴과 슬로베니아고르스카 (Goriška region)의 이드리쟈(Idrija, 이탈리아 독일어로 Idria임) 수은광산 문화유산은 고대 부터 수은이 나온 알마덴과 서기 1490년 수은이 처음 발견된 이드리쟈의 광산지 구이다. 스페인 쪽의 문화유산은 광산의 역사를 알려주는 레트마 성(Retamar Castle), 종교적 건물(성당)과 전통적 가옥이다. 이드리쟈의 문화유산은 수은 저장고와 부대시설, 광부들의 숙소와 극장을 포함한다. 이 유산들은 유럽과 아메리카대륙 사이 수 세기간 중요한 교역을 발생시켰던 '대륙 간 수은 교역'에 대한 증거들이 다. 이 두 문화유산은 세계에서 가장 규모가 큰 수은광산을 대표하며 최근까지도 작업이 활발했었다.

시리아 SYRIAN ARAB REP.

1. **다마스커스 구시가지**(Ancient City of Damascus: 문화, 1979): 기원전 6300년경 다마스커스 교외 텔 라마드(Tell Ramad)에 처음으로 사람이 살기 시작한 이래 기원전 2000년경에는 이곳에 대규모의 취락지가 형성되었다. 서기 661년-서기 750년에 는 우마야드 칼리프(Umayyad Caliphate)의 수도였다. 세계에서 가장 오래된 도시로 구약성서 창세기(14:14, War of the Kings)의 언급을 비롯하여 아브라함, 모세, 카인과 아벨, 그리고 신약성서의 바울(사도행전 9:11, 직가라는 거리에서 다소 사람 사울이 언급됨)과 도 관련이 있다. 기원전 37년 로마황제 칼리굴라(Caligula)의 칙령으로 나바테안 왕국의 아레타스(Aretas) Ⅳ세[요르단의 페트라(Petra, 기원전 100년-서기 100년경의 나바테안 (Nabataean) 왕국의 아레타스(Aretas) 4세가 축조한 王陵/靈廟를 포함) 이 페트라의 바테안 왕국은 사막지대의 샤라 산맥에 자리 잡고 풍부한 지하 수맥의 개발로 향로와 몰약(myrrh, 沒藥) 등의 무역중심 지가 되었으나 서기 3세기-서기 4세기 이후에는 비잔틴 제국(동로마 제국)에 복속되었다가 서기 7세 기 후반 지진으로 멸망한 것 같다.]의 지배하에 두도록 하고 나바테안은 서기 106년 로마에 의해 망했다. 수도인 다마스커스 성채(The citadel of Damascus)는 구시가의 동북쪽 구석에 위치하며, Straight라 불리는 로마시대 다마스커스의 중심거리는 비아 렉타(Via Recta)로 알려져 있으며 길이는 약 1,500m에 이른다. 오늘날 이 거리는

바브 사르키(Bab Sharqi/eastern gate)거리와 소크 메다트 파샤(Souk Medhat Pasha, covered market)의 둘로 이루어져 있는데 전자의 바브 사르키 거리는 조그만 가게들을 지나 성 토마스 문(Christian quarter of Bab Tuma/Touma, St. Thomas Gate) 구역에 이르며 이 길의 끝자락에 아나니아스의 지하창고인 지하예배당(House of Ananias)과 만나게 된다. 그리고 오스만 제국[서기 1299년~서기 1922년 오스만투르크(Ottoman/Othman Empire, Osman Turk)] 시절 이곳 주지사였던 메다트 파샤의 이름을 따 지은 후자인소크 메다트 파샤 거리는 덮개가 쳐진 중요 시장을 형성하고 있다. 세계 최대 모스크 중의 하나인 우마야드 모스크(Umayyad Mosque/Grand Mosque)는 로마와 이스람 건축양식의 혼합으로 이 사원에는 세례 요한(John the Baptist)의 머리가 묻혀 있다고 전하기도 한다. 이곳은 향신료, 몰약과 모직물의 교환이 주로 이루어진 종교와 경제의 중심지였다.

2. **보스라 구시가지**(Ancient City of Bosra: 문화, 1980): 시리아와 요르단의 국경지대에 위치. 서기 2세기에 건립된 로마 수도(Niatrojana Bosra)로 그중에는 로마의 원형극장(37열의 15,000석)이 가장 보존이 잘 되어 있어 오늘날에도 무대로 이용되고 있다. 서기 632년 이스람에 함락당한 최초의 비잔틴 제국의 도시였다. 보스라란 말이 요새를 의미하듯이 우마이야 왕조 때에는 방어시설로 이 극장 둘레에는 요새화 되어 있으며 저수조로 이용되기도 하였다. 이곳은 다마스커스와 메카를 잇는 무역로와 순례길의 중심지였다. 극장 근처에 초기 교회 터, 로마시대의 목욕탕, 온천과 나바테안 왕국의 궁터도 남아있다.

3. **팔미라 유적**(Site of Palmyra: 문화, 1980): 다마스커스 북동 215㎞에 위치하는 서기 1세기~서기 2세기의 비단길 길목의 중요한 오아시스 도시로 로마시대 동쪽 변경에 해당한다. 시리아 사막의 오아시스로 인도·파키스탄과 로마와 교역의 요충지로서 고대세계의 중요한 문화 중심지의 유적들이 많이 남아있다. 서기 1세기~서기 2세기의 팔미라의 건축과 예술은 문명의 교차로에 위치하면서 그레코-로만(기원전 146년~서기 14년), 페르시아와 지방양식을 받아들여 이루어진 것이다. 로마가 팔미라 침공한 후 팔미라는 번영을 했고 종려나무의 도시로 되었다. 팔미라

유적의 경우 서기 217년 칼카카라(Caracalla, 서기 188년 4월 4일-서기 217년 4월8일) 황제 때 로마의 식민지가 되었고 팔미라 제노비아 여왕(Queen Zenobia, 서기 240년-서기 274년)이 로마에 항거하다가 서기 273년 로마의 디오클레티안(Diocletian) 황제의 공격을 받아 폐허화 되었다. 그래도 현재 개선문, 신전(Bell과 Ba'al), 1,100m에 이르는 열주(列柱, 코린트식 높이 9.5m), Tetrapylon(4 columns), 도로, 아고라(광장, 48×71m), 극장, 목욕탕, 제노비아 왕비의 명문 등의 로마시대 건물의 흔적이 많이 남아 있다. 당시 로마 제국의 영토는 서쪽으로 아그리콜라(Gnaeus Julius Agricola) 장군(서기 40년 6월 13일-서기 93년 8월 23일, 서기 78년-서기 84년 브리타니아 총독)에 의한 브리타니아 섬의 정복이 완료되고, 하드리아누스 황제에 의해 만들어진 스코틀랜드의 빈돌란다 요새(Hadrianus Wall, 서기 117년-서기 138년), 그리고 동쪽으로 요르단의 페트라[Petra, 기원전 100년-서기 100년경의 나바테안(Nabataean) 왕국], 바쉬르성, 시리아의 팔미라(Palmyra)까지 이르게 되었다.

4. 알레포 구시가지(Ancient city of Aleppo: 문화, 1986): 기원전 2000년 이래 다양한 무역로의 교차지점에 위치한 알레포 무역도시는 그 중요성 때문에 힛타이트, 앗시리아, 아랍, 몽골, 마멜루크(Mameluk Sultanate, 서기 1250년-서기 1517년), 오스만투르크(서기 1299년-서기 1922년)의 침공과 지배를 받아왔다. 여기에는 서기 12세기-서기 17세기의 도시 건축물들이 서로 긴밀하게 연결되어 있으며, 서기 13세기의 요새, 서기 12세기의 대사원과 여러 개의 교육기관, 隊商을 위한 숙소, 목욕탕 등이 남아있다.

5. 기사의 성채와 살라딘의 요새(Crac des Chevaliers and Qal'at Salah El-Din: 문화, 2006): '기사의 성채'와 '살라딘의 요새'의 두 성은 십자군 원정시대(서기 11세기-서기 13세기) 동안 근동지방에서 요새건축의 영향과 진화·발전을 설명하는 중요한 자료이다. 기사의 성채는 서기 1031년에 만들어진 성을 서기 1142년-서기 1271년 예루살렘 성 요한 자선단체교단에서 다시 지은 것으로 서기 13세기 말 술탄 마멜루크(Mameluk Sultanate, 서기 1250년-서기 1517년)에 의해 추가건설이 이루어졌다. 이 성은 십자군의 성 중 가장 잘 보존되어 있다. 살라딘의 요새는 일부 허물어졌지만 건

축술에서 서기 10세기의 비잔틴, 12세기의 프랑크, 서기 12세기-서기 13세기의 아유드(Ayyud) 왕조의 축성술이 모두 모여 있기 때문에 축성술의 역사적 선후를 따지는데 중요하다.

6. 시리아 북부 고대마을(Ancient Villages of Northern Syria: 문화, 2011): 시리아 서북부 하마(Hama) 시로부터 북쪽으로 약 65㎞ 떨어진 8개 지점에 모여 있는 40여개의 마을들(12,290㏊)은 고대와 비잔틴 시대의 전원생활의 증거로 죽은 도시(Dead Cities)라는 세리질라(Serjilla, Sarjilla)의 이름을 갖고 있다. 서기 1세기-서기 7세기 사이에 형성된 이 마을은 서기 8세기-서기 10세기 사이에 버려졌으나 당시의 가옥, 이교도의 사원, 교회(church of Simen Stykites), 물탱크, 목욕탕 등이 잘 남아있다. 주변의 문화경관과 남아있는 유적들은 로마제국시대부터 비잔틴 기독교시대에 이르는 이교도 신앙세계의 변천 모습을 잘 보여준다. 또 물 관리 기술, 방어 벽, 로마시대 농경지의 구획과 배치 등에서 이곳에 살던 주민들의 농산물 생산에 대한 숙달된 모습도 알 수 있다.

아랍 에미리트 UNITED ARAB EMIRATES

1. 알 아민의 문화유적(The Cultural Sites of Al Amin: Hafit, Hili, Bidaa Bint Saud and Oases Areas: 문화, 2011): 하피, 힐리, 비다 빈트 사우드와 오아시스 아레아스 지역은 신석기시대 이래 사람이 살던 흔적과 함께 이후에도 계속 사람들이 살아왔던 곳이다. 이곳에는 기원전 2500년경의 원형의 돌무덤, 주거건물, 우물, 탑, 궁전과 행정건물들이 발견되었다. 특히 힐리 지역에는 철기시대까지 거슬러 올라가는 오만의 아플라지 관개시설(Aflaj Irrigation Systems of Oman: 문화, 2006)도 존재한다. 이러한 유적들은 수렵·채집 사회에서 정착생활에의 이행을 보여준다.

아르메니아 ARMENIA

1. 하흐파트와 사나힌 수도원(Monastery of Haghpat/Haghpatavank and Sanahin: 문화, 1996/2000년 확대지정): 키우리키아(Kiurikian) 왕조(서기 10세기-서기 13세기)가 번영하던

시기 투마니아(Tumania) 지구, 데베드(Debed) 계곡 지역의 비잔틴 양식으로 지어진 두 수도원은 중세시대 종교 건축의 걸작뿐만 아니라 배움의 중심지였다. 사나힌 수도원은 조명(반사경)과 서예(사본 필적)로 잘 알려진 학교였다. 하흐파트 수도원은 서기 10세기경 아바스(Abas) I세 왕 때 성 니샨(Saint Nishan, Sourb Nshan)에 의해 창건 되었고, 근처의 사나힌 수도원도 비슷한 시기에 만들어졌다. 이 수도원들은 비잔틴 절충적인 건축과 코카서스 전통적 지방양식의 요소로부터 발전한 아르메니아의 특이한 종교적 건축물의 전성기를 보여준다. 종탑과 입구가 예술적으로 만들어졌다.

2. 게하르트의 수도원과 아자 계곡(The Monastery of Geghard and the Upper Azat Valley: 문화, 2000): 십자가에 못 박힌 예수와 관련 있는 창을 소유하고 있다는 전설로 아르메니아어로 창(lance/spear)을 의미하는 게하르트란 이름의 수도원은 기원은 서기 4세기까지 올라간다고 하지만 이곳은 서기 13세기 중세시대 수도원으로 대부분 바위를 깎고 들어간 여러 개의 교회와 무덤을 포함한다. 이 수도원은 아자 계곡을 둘러싸고 있는 절벽의 아름다운 주위 경관과 잘 어울린다. 이곳에는 지마툰(Jamatun/첫 번째의 바위를 깎아 만든 방, 서기 1238년), 게하르트 수도원의 입구(서기 12세기 –서기 13세기), 祭服室/부속실(gavit, 서기 1215년–서기 1225년), 프로시카바키안(Prosh Khaghbakian) 태자의 무덤(서기 1238년) 등이 있다.

3. 에크미아친 교회와 쯔바르트노츠의 고고유적(The Cathedral and Churches of Echmiatsin and the Archaeological Site of Zvartnots: 문화, 2000): 아르마비르(Armavir) 지역의 에크미아친과 쯔바르트노츠의 두 교회는 순차적으로 지어져 아르메니아의 십자형태로 배열된 4개의 돔 지붕(central-domed cross-hall) 양식의 선후를 알 수 있는 元型이며 이들은 근처 지역의 교회건물에 많은 영향을 끼쳤다. 아르메니아 성당 중심에 서 있는 에크미아친 교회는 서기 480년에, 쯔바르트노츠 교회는 서기 641년–서기 643년에 지어졌으며 앞서 지어진 에크미아친 교회의 위용을 누르기 위함이었다. 그리고 이 교회와 주위 고고유적으로의 건물터들은 가토릭코스 네르세스 III 세(Chatholicos Nerses, Nerses the Builder, 서기 641년–서기 653년)의 신전과 궁전을 형성하

고 있으며, 여기에서 발굴된 교회 건물의 石材로 보아 그는 시리아와 비잔틴의 건축을 알았을 것으로 짐작된다.

아르헨티나 ARGENTINA

1. 리오 핀투라스 동굴벽화(The Cueva de las Manos, Rio Pinturas: 문화, 1999): 페리토 모레노(Perito Moreno) 시에서 남쪽으로 163㎞ 떨어진 산타 쿠루즈 주 프란시스코 모레노 국립공원(Francisco P. Moreno National Park) 옆에 위치하는 리오핀투라스 동굴은 고고학과 고생물학상 중요하다. 동굴의 벽화에는 신대륙 고고학 편년상 13,000년-9,500년 전 남미의 고고학 편년상 石期(Lithic)에 속하며 여기에는 특이한 그림이 많다. 특히 인간의 손(手印)그림이 많고, 그 외에 이 그림이 그려진 수렵-채집인들의 활동시기와 현재도 근처에서 흔히 보이는 야마(guanacos, Lamaguanicoe)와 사냥의 그림이 많다. 그래서 이 동굴도 '손의 동굴(Cave of Hands)'이라고 부른다. 손을 벽면에 대고 그 위에 광물안료를 입이나 파이프로 불거나 뱉어내 채색해 그린 벽화 프랑스 라스코 동굴벽화(기원전 15000년-기원전 14500년)와 수법이 유사하다. 주 동굴은 깊이가 24m에 이른다. 그리고 이 그림을 그린 주인공은 서기 19세기 유럽으로부터 온 정착민들에 의해 발견된 파타고니아(Patagonia) 또는 토착 원주민인 테우엘체(Tehuelches)인들의 조상일 가능성이 많다.

2. 코르도바의 예수회 회원(수사)의 유적(The Jesuit Block and the Jesuit Estancias of Córdoba: 문화, 2000): IHS(Iesous, Jesus)로 대표되는 이전의 파라과이 예수교구의 코르도바 예수회단(former Jesuit Province of Paraguay)은 선교활동, 종교 교육으로서 대학설립(서기 1613년), 본당교회, 예수회의 안식처 등의 중심건물과 5군데 집단농장(estancias, farming estate)을 거느리며 서기 1604년-서기 1767년 사이의 150년간 남미에서 독특한 종교·사회·경제적 실험을 하였다. 이곳의 폐쇄는 이그네이셔스 로욜라가 만든 예수회 회원의 세력과 영향이 강해지면서 스페인왕과 교황청 교황의 눈 밖에 난 때문으로 설명된다. 여기에는 Jesuit block Córdoba와 5개의 집단농장(Estancia of Alta Gracia, Jesús Maria, Santa Catalina, Caroya and La Candelaría)이 있다.

3. **우마우카 협곡**(Quebrada de Humahuaca: 2003, 문화): 아르헨티나 북서쪽 후이우이(Juyuy) 주에 위치한 좁은 우마우카 협곡(Quebrada는 끊어진 깊은 계곡 또는 협곡을 의미)은 안데스 고원의 춥고 높은 사막과 같은 고원에서 리오 그란데(Rio Grande)의 계곡을 따라 남쪽 리오 레오네(Rio Leone)까지 150㎞에 달하는 '잉카의 길'(Camino Inca)의 통로로 과거 10,000년 전의 수렵-채집인에서 잉카(서기 1438년-서기 1532년)를 거쳐 스페인으로부터 아르헨티나의 독립(서기 1816년 7월 9일)까지 중요한 무역로 겸 경제·사회·문화적 통로로 사용되어왔다.

아르헨티나/브라질 ARGENTINA/BRAZIL

1. **과라니족의 예수회 선교단 시설**(Jesuit Missions of the Guaranis: 문화, 1983/1984 확대지정): 브라질의 São Miguel das Missõs와 아르헨티나의 San Ignacio Mini, Nuestra Señora de Santa Ana, Nuestra Señora de Loreto, Santa María la Mayor의 5개소의 예수회 선교단 시설 유적은 열대밀림 속 과라니 족들이 살고 있는 땅에 자리 잡고 있다. 모두 서기 17세기-서기 18세기에 만들어진 것으로 각기 다른 설계와 보존 상태를 보이고 있다. 이는 고고학적 조사에서 드러나고 있다. 이들 도시는 서기 1609년에서 서기 1818년 사이에 건설된 것으로 토착민인 과라니 족의 보호와 경제적 안정 이외에 사회·문화·종교에 대한 인식을 높이는데 목적을 두었다. 이러한 선교단은 처음에 30여개가 있었으나 아르헨티나, 브라질과 파라과이의 7개소가 세계문화유산으로 등재되었다. 파라과이의 '트리니다드'와 '타바란게' 예수교 선교단도 아르헨티나나 브라질과 같이 서기 17세기-서기 18세기에 선교활동을 하면서 기독교를 믿는 토착 인디오들인 과라니 족을 모아 조그만 도시와 같은 마을을 형성하였다. 서기 1706년 트리니다드 선교단은 자급자족의 도시를 생각하면서 마을 중앙에 만남의 장소, 광장, 대규모 교회시설, 학교, 여러 가지 工房시설, 박물관, 토착민들의 주거시설 등을 설치하였다. 이웃의 타바란게 예수교 선교단도 서기 1685년에 들어서 비슷한 자급자족의 설비를 갖추었다.

아이티 HAITI

1. **국립역사공원-시터들, 상수시, 라미에르**(National Historic Park-Citadel, Sans Souci, and Ramiers: 문화, 1982): 아이티 기념물은 독립을 선언한 서기 19세기 초에 속한다. 산 소치(San Souci) 궁전, 라미에르(Ramier) 건물 특히 국립역사공원의 요새(Nationl History Park Citadel, Citadelle Laferrière)는 자유를 쟁취한 흑인노예들에 의해 건설된 것으로서 아이티 자유의 상징물들이다. 산소치 궁전은 앙리 크리스토프(Henri Christophe)로 더 잘 알려진 앙리(Henri) I세 왕의 궁전으로 아이티 독립운동(아이티 노예폭동)에 주역을 한 인물이다. 이 건물은 서기 1810년에 시작하여 서기 1813년에 완공을 보았다. 앙리 크리스토프 요새(Citadelle Henri Christophe)는 산꼭대기에 있으며 불란서로부터 서기 1804년 독립한 후 세워진 것이다. 이 거대한 석조건축물은 프랑스의 침입을 막고 새로운 독립국가인 아이티를 보호하기 위해 2만명의 흑인노예들이 서기 1805년에서 서기 1820년 사이에 완성하였다. 이 건물은 서기 1842년과 서기 2010년의 지진에 의해 파괴가 심하다.

아이슬란드 ICELAND

1. **핑(싱)벨리어 국립공원**(Þingvellir National Park: 문화, 2004): 아이스란드 서남부 레이크야네스 반도와 헹길 화산의 자연간헐천이 활동하고 있는 핑(싱)벨리어 (Þingvellir/Thingvellir에서 Þing은 국회, vellir는 야외/field를 뜻함) 야외 국회는 그곳 아이슬란드인 전체를 대표하는 야외 집회소/국회인 알싱(Alþingi, Althing)이 서기 930년부터 서기 1798년까지 그들의 사회, 정치·경제 등 복잡한 문제를 논의하기 위한 일년에 2주일씩 열렸으며 서기 1928년 야외 국회와 자연을 보존하기 위해 국립공원으로 지정되었다. 이 알싱은 아이슬란드인들에게 역사적으로 오래되고 상징적인 국회로 한때 40,000여명까지 모이도 했다. 이곳은 자유민과 정착민 사이에서 나타나는 갈등과 문제를 해소하는 토론장이었다. 현재 돌과 잔디(뗏장)로 지어진 50여개의 매점/오두막집의 흔적을 확인할 수 있으나 서기 10세기 때 만들어진 것은 지하에 매몰된 것으로 여겨진다. 또 서기 18세기-서기 19세기의 농경의 흔적도

보여주고 있어 이 공원은 과거 1,000여 년간 인간과 자연이 공존해온 증거를 보여주고 있다. 아이슬랜드에의 이주는 서기 874년에 시작되었으며 노르웨이 족장인 인골푸르 아르나손(Ingólfur Arnarson)이 국회의 초대 의장을 지냈으며 서기 1944년 6월 17일 덴마크의 지배로부터 벗어나 아이슬란드 공화국으로 독립을 하였다.

아일란드 IRELAND

1. 보인 굴곡부의 고고학 유적(Archaeological Ensemble of the Bend of Boyne: 문화,1993): 더블린 북쪽 50㎞ 보인(Boyne, Brúna Bóinne, Palace of Boyne) 강둑에 위치한 New-grange, Knowth와 Dowth의 3개소(780㏊)의 신석기시대에 속하는 기원전 3500년 -기원전 3200년의 巨石藝術記念物群이다. 기원전 4500년 전후 세계에서 제일 빠른 거석문화의 발생지로 여겨지는 구라파에서는 지석묘(dolmen), 입석(menhir), 스톤써클(stone circle: 영국의 Stonehenge가 대표), 열석(alignment, 불란서의 Carnac이 대표)과 집단묘(collective tomb) 중 羡道(널길)가 있는 석실분(passage grave, access passage), 연도(널길) 없는 석실분(gallery grave, allée couverte)의 5종 여섯 가지형태가 나타난다. 그런데 이곳에는 노스의 입석, 뉴그렌지의 헨지와 羡道(널길)가 있는 석실분(passage grave, access passage)으로 잘 알려져 있다. 여기에는 Cloghalea Henge, Townleyhall passage grave, Monknewton henge and ritual pond와 Newgrange cursus도 포함된다.

2. 스켈리그 마이클(Skellig Michael: 문화, 1996): 이곳은 아일란드 Kerry 읍 서남쪽 대서양으로 12㎞ 떨어진 가파른 바위섬인 스켈리그 마이클(마이클 섬이란 의미) 섬의 정상부(해발 230m)에 위치한 서기 7세기경 돌로 쌓아 만든 기독교 초기의 교회로 600년간 사용하던 아일란드인 초기 기독교 수사들의 벌집모양으로 만들어진 수도원(The Celtic monastery) 복합유적이다. 이 수도원 내부의 엄격하고 가혹한 모습은 초기 기독교 수사들의 금욕적인 생활상을 보여준다. 이 수도원은 유럽에 잘 알려져 있으나 너무 외진데 위치하고 배로 접근하기 어려워 최근까지도 방문객은 적은 반면에 유적은 잘 보존되고 있다. 이 수도원은 6개의 종 또는 벌집형의 교회,

2개의 작은 예배당, 31개의 석판형 墓地石, 돌 하나로 만든 십자가, 서기 13세기의 성 미카엘 교회를 포함한다.

아제르바이잔 AZERBAIJAN

1. **쉬르반샤 궁전과 처녀탑을 포함한 바쿠의 성벽도시**(Walled City of Baku with the Shirvanshah's Palace and Maiden Tower: 문화, 2000): 쉬르반샤의 궁전이 있는 성벽과 처녀탑이 있는 성벽이 둘러친 도시는 요새화된 옛 도시이다. 대부분의 성벽과 탑들은 서기 1806년의 공격에도 살아남았다. 바쿠 시는 서기 1723년 6월 26일 러시아의 침공으로 항복했다가 피터 대제(Peter the Great), 캐서린 여제(Catherine II세), 알렉산더(Alexander) I세의 러시아황제들에게 계속 공격을 당하다가 서기 1813년 러시아와 페르시아와 서기 1813년 10월 24일 굴리스탄(Gulistan, Golestan) 조약을 체결하여 결국 러시아에 합병되었다. 미궁처럼 좁은 골목길과 옛날 건물들은 그림과 같이 아름답다. 궁전 앞, 두 채의 隊商의 숙소, 처녀탑, 목욕탕과 간판이 없는 건물 앞에는 돌이 깔린 鋪道가 있다. 이 도시는 앞서 서기 1501년 쉬르반샤와 아샨티(Ashnti) I세가 수도로 삼고, 서기 1540년에 이란/페르시아의 사파비드(Safavid) 제국(서기 1502년-서기 1736년)의 군대에, 서기 1604년에는 사파비드 제국의 아바스(Abbas) I세(서기 1571년-서기 1629년)에 의해 침공받아 파괴된 적도 있다. 이곳은 서기 2000년에 일어난 지진으로 위험에 처한 문화유산으로 분류되어 있었으나 서기 2009년 33차 회의에서 제외되었다.

2. **고부스탄 암각화 문화경관**(Gobustan Rock Art Cultural Landscape: 문화, 2007): 고부스탄 岩刻畵는 바쿠에서 서남향 64㎞ 떨어진 아제르바이잔의 중앙고원(코카사스 산맥의 동남쪽 끝자락)의 제이란케치마즈(Jeyrankechmaz) 분지 내 바위가 많은 구릉 위에 3개소 537㏊에 분포하는데 모두 6,000점 이상이 발견된다. 연대는 후기구석기시대에서 중석기시대(40,000년 전-5,000년 전)이다. 주제는 사람, 동물, 춤, 투우, 무기를 든 사공이 젓는 배, 손에 창을 든 전사, 낙타, 태양과 별 등으로 이 지역의 기후와 식생이 오늘날보다 덥고 습할 때 수렵-채집인들의 당시 생활환경과 밀접한

관련을 맺고 있다.

아프가니스탄 AFGHANISTAN / AFKHNISTAN

1. **얌의 첨탑과 고고학적 유적**(Minaret and Archaeological Remains of Jam: 문화, 2002): 65m의 얌의 첨탑(Minarnet of Jam)은 우아하고 하늘을 찌르는 듯하며 표면이 정교한 벽돌, 벽토치장과 유약이 발린 타일장식으로 덮혀 있다. 이 탑은 이 지역에서 만들어진 예술과 건축의 극치를 이룬 것으로 알려져 있다. 또 이 탑은 구르(Ghur) 주의 중심부에 우뚝 솟아있는 해발 2,400m 산속 깊은 강 계곡과 절묘한 조화를 이루고 있다. 이는 구리드(Ghurid) 문명의 기술과 예술적 창조성을 잘 나타내고 있다. 명문의 연대로 보아 서기 1190년대에 세워졌다. 얌은 아마도 서기 12세기−서기 13세기 아프카니스탄뿐만 아니라 이란의 동부, 북부 인도와 파키스탄의 일부를 지배하던 구리드 왕조의 수도인 휘르즈쿠(Firzukuh)에 위치하고 있었을 것이다. 타일장식에는 銘文과 함께 고대 아라아비아 문자(Kufic, Cufic)와 이븐 무크라(Ibn Muqlah)가 고안한 行書體의 아랍 문자로 된 코란의 구절이 써져 있다. 첨탑을 만든 연대는 명확하지 않지만 서기 1192년 델리에서 가즈네비드(Ghaznevids)에 대한 구리드의 술탄 기야스 우드 딘(Ghiyas ud-Din)의 승리나 서기 1173년 가즈나(Ghazna)에서 구즈 투르크(Ghuzz Turk)와의 전투에서 승리를 기념하는 서기 1193년−4년, 또는 서기 1174년−서기 1175년이 될 가능성이 많다. 구리드 왕조는 서기 1202년 기야스 우드 딘의 사후부터 기울기 시작했다. 그리고 휘르즈쿠 수도는 서기 1222년 몽고군에 의해 파괴되었다.

2. **바미안 계곡의 문화경관과 고고유적지**(The cultural landscape and archaeological remains of the Bamiyan Valley: 문화, 2003): 바미얀 계곡의 문화경관과 고고학 유적들은 모두 서기 1세기−서기 13세기에 속한다. 그중 마케도니아 제국(기원전 338년−기원전 146년)의 알렉산더 대왕이 이곳을 침공하고 난후 헬레니즘(기원전 304년−기원전 30년) 문화가 형성되고 이 헬레니즘 문화가 인도의 불교와 서로 융합해 새로운 간다라(Gandhara) 미술양식이 나타났다. 이 간다라 미술의 형성에 직접 영향을 준 문화가

찬드라 굽타의 마우리아 왕조[기원전 317년-기원전 186년, 아쇼카 왕(기원전 268년-기원전 232년]와 이 지역에 남아있던 그리스 계통의 박트리아(Bakhtria) 문화이다. 특징 있는 간다라 양식은 이후 예술과 종교적 측면에서 발전을 계속해 나가 大乘佛敎의 불상제작에 막대한 영향을 준다. 이 바미안 지역에 있는 문화유산들은 이스람 통치기간의 요새화된 사원뿐만 아니라 불교의 사찰까지도 포함이 된다. 바미안 왕국은 수세기 동안 중국, 중앙아시아와 인도를 연결하는 전략적 요충지에 자리 잡은 불교국가였다. 많은 불상들이 바미안 왕국을 바라보는 바위 절벽에 조성되었는데 그중 2軀의 石佛立像이 가장 유명하다. 적은 것은 서기 544년-서기 595년, 큰 것은 서기 591년-서기 644년에 만들어졌다. 불상은 각각 높이 55m와 37m에 이르며 이 종류로는 세계에서 가장 큰 것이다. 그들은 서기 6세기-서기 7세기에 만들어진 것이다. 그러나 바미안 2기의 石佛立像은 서기 2001년 2월 26일 탈리반의 지도자인 Mullah Mohamed Omar의 명령에 따라 다이나마이트로 서기 2001년 3월 2일 이슬람 광신도들인 아프칸의 탈레반(Taliban)에 의해 무참히 파괴되었다. 문화유산의 보존 차원에서 보면 비극의 현장이 되어 버렸다.

안도라 ANDORRA

1. **마드리우-페라휘타-크라로 계곡**(Madriu-Perafita-Claror Valley: 문화, 2004/2006 확대 지정): 마드리우-페라휘타-크라로 계곡의 자연환경은 원래 빙하계곡인 동부 계곡(Eastern Valley)의 종속적으로 형성된 안도라에서 제2의 최대 분지로 이곳은 주로 마드리우 강과 지류인 크라로 강(Claror i Perafita)이 차지하고 있다. 이곳에서는 인류가 수 천 년간 피레네 산맥 고지대에서 자연에 적응해 자원을 수확해온 소우주적인 생활방식을 보여준다. 방목할 수 있는 초지, 나무가 빼곡히 들어찬 가파른 절벽과 빙하가 드문 드문 남아있는 척박한 환경은 안도라의 4247㏊, 전체의 9%에 해당한다. 이곳은 지속적인 목축업과 척박한 산속의 문화 특히 과거 서기 13세기까지 거슬러 올라갈 수 있는 공동토지소유제도뿐만 아니라 과거 기후의 변화, 경제적인 운명과 그 속에서 형성된 사회제도까지도 보여준다. 또 이곳에는

여름을 지낼 수 있는 가옥, 계단식 밭, 돌로 만든 길과 철을 녹이던 대장간의 흔적도 찾아볼 수 있다.

알바니아 ALBANIA

1. **부트린티의 고고유적**(Butrinti: 문화, 1992/1999 확대지정): 부트린티(Bothrota/Butrint/Butrinti)는 알바니아 고대문화의 일 단편을 보여주지만, 원래 고대그리스의 도시이며 그리스 국경에 가까운 사란데(Sarandë)의 남쪽 14km 떨어진 사란데 고고유적지이다. 이곳을 그리스에서는 부트로톤(Bouthroton/Bouthrotios), 로마에서는 부트로툼(Buthrotum)으로 불렀다. 이 유적은 코르푸(Corfu) 섬에서 멀리 떨어지지 않은 지중해의 비바리(Vivari) 해협을 내려다보는 부트린티 국립공원의 일부인 구릉에 위치한다. 부트린티는 기원전 4세기에 전성기를 맞았고 인구도 만 명을 넘었다. 이곳의 요새는 기원전 6세기부터 군사와 경제적으로 중요한 도시였음을 알려준다. 아크로폴리스(고대 그리스 도시의 성채)가 위치한 구릉은 거대한 塊石으로 쌓은 높이 2m, 폭 3.5m의 벽으로 둘러싸여 있다. 아크로폴리스 발 아래 만들어진 기원전 3세기 23열, 1,500명의 객석을 가진 원형극장, 아고라(agora, 광장), 그 옆에 그리스 藥의 신인 아스클레피오스(Asclepios)에게 받친 신전, 신전의 서쪽 벽에 그리스어로 씌어진 30개의 碑文, 기원전 1세기에 세워진 탑에 노예의 해방과 관련된 또 다른 비문 등이 있다. 서기 1928년-서기 1941년 사이 이탈리아 고고학자들이 발굴하여 결과로 부트린티의 여신상을 포함하는 조각품, 접시, 화병, 도기로 만든 촛대 등을 발견하였다. 기원전 2세기경에는 로마군의 입성이 있었다. 그리고 뒤따라 기독교가 들어왔다. 세례용 욕조와 두 개의 바실리카(basilica, 회당/대성당) 등이 발견된다. 서기 11세기에는 이민족의 침입, 서기 1153년에는 지진, 서기 1386년에는 베니스공국(Venetian)의 침입 그리고 서기 15세기-서기 20세기까지 오스만투르크의 지배가 잇따랐다. 그리고 서기 1944년 알바니아가 독립을 했다. 다시 말해 이곳은 선사시대 이래 인간거주지였으나 초기에 그리이스의 식민지(Magna-Graecia, 기원전 600년-기원전 500년)가 중심이 되고 이어 로마의 도시로 편입, 다시 비

잔틴정부 아래서 번영을 구가하다가 베니스의 지배 이후 중세 말까지 방치된 도시였고 그 결과 현재 각 시대를 나타내는 건축물의 잔해가 남아있다.

2. 베라트와 그지로카스트라 박물관 도시(Historic centers of Berat and Gjirokastra: 문화, 2005/2008 확대지정): 역사중심지인 베라트와 그지로카스트라 지역은 쿠레 양식(kule, 발칸-오스만 오스만 투르크 양식)이 특징 있는 오스만투르크시대의 건축물이 잘 남아있는 예외적인 도시들이다. 중앙알바니아에 위치하는 베라트는 수세기를 내려오는 종교와 문화적 집단들의 공존을 보여준다. 이 도시에는 카라(Kala)로 알려져 있는 원래 기원전 4세기까지 거슬러 올라갈 수 있지만 대부분 서기 13세기에 지어진 城이 있다. 그리고 성 안에는 서기 1417년부터 지어진 오스만투르크시대의 회교도사원뿐만 아니라 서기 13세기의 비잔틴 시대의 교회도 같이 공존하고 있다. 그지로카스트라 시는 알바니아 남쪽 드리노스(Drinos) 강 계곡에 위치하는데 서기 17세기에 지어진 오스만투르크(서기 1299년-서기 1922년)시대의 2층 건물들로 잘 알려져 있다. 두 도시는 시장, 고리카(Gorica) 다리, 두 시대의 모스크와 교회를 모두 갖고 있다.

알제리 ALGERIA

1. 베니 하마드 요새(Al Qal'a of Beni Hammad: 문화, 1980): 마디드(Maadid, aka Maadid) 시 근처 므실라(M'Sila) 동북쪽 산록에 자리 잡고 있는 하마디드 土侯國/왕조의 초기 수도(서기 1007년-서기 1152년)의 요새로 성 둘레는 20㎞에 이르며 그 안에 13개의 側廊과 8개의 隔室이 있는 알제리 최대의 사원이 있다. 발굴 결과 테라코타 土製像, 보석류, 동전, 도자기 등이 출토되어 이 수도가 문명이 매우 발달하였음을 알 수 있다.

2. 지에밀라 고고유적(Djémila: 문화, 1982): 알제리의 동쪽 해안 해발 900m의 지에밀라 또는 쿠이쿨(Cuicul/Curculm)의 베르베르-로마(Berber-Roman) 시대 서기 1세기경에 세워진 고산지대 도시로 이곳에는 로마시대의 광장, 신전, 극장, 바실리카(會堂/대성당), 개선문과 가옥 등 고산지대에 적응한 도시계획을 볼 수 있다.

3. 팀가드 고고유적(Timgad: 문화, 1982): 아우레스(Aurés) 산 북쪽 산록에 위치한 팀가드(또는 Thamugas, Thamugadi)에 서기 100년 아무것도 없는 곳에 로마의 트라야누스(Trajan, 서기 98년-서기 117년) 황제가 북아프리카의 군사식민지로 건설했으며, 로마시대의 方格形 도시계획에 따라 구획된 方形의 壁(요새화하지는 않았음)과 그 안에는 直交하는 길을 내고 있다. 이 도시 유적은 반타(Banta) 시로부터 35km 떨어진 곳에 있으며, 12m 높이의 트라야누스의 개선문(Trajan's Arch), 쥬피터를 모시는 카피톨린(Capitoline) 신전, 3,500석의 극장 터 등이 남아있다. 이곳에서 서기 3세기 기독교도들의 활동이 시작되고 그리고 서기 4세기에는 북아프리카에 결성된 기독교 분파인 도나티스트(Domatist)의 본거지가 되었다. 서기 5세기에 반달(Vandal) 족들에게 파괴되었다. 그리고 서기 535년 비잔틴 제국의 솔로몬 장군이 발견하여 이곳에 다시 사람이 살기 시작했는데 서기 7세기 베르베르 족에게 다시 한번 약탈당하고 서기 1881년 발굴될 때까지 사라져버린 도시가 되었다.

4. 티파사 고고유적(Tipasa: 문화, 1982): 지중해 연안의 티파사는 로마에 의해 정복당한 카르타고(Carthage, Punic, Phoenicia, Phönicia는 동의어임) 무역의 중심지였고, 또 크라우디우스 황제(서기 41년-서기 54년) 때 모리타니아 왕국을 침공하기 위한 로마의 전략기지였다. 로마의 도시는 바다를 향한 세 개의 구릉 위에 세워졌는데 가옥은 중앙의 구릉 위에 집중해 있었으나 흔적이 없다. 그러나 대회당/대성당(the Great Basilica, 중앙), 알렉산더 회당/대성당(Basilica of Alexander, 서쪽), 성 살사 회당(Basilica of St. Salsa, 동쪽)의 세 개의 교회 흔적과 두 곳의 공동묘지, 목욕탕, 극장, 원형경기장과 신전 등이 남아있다. 또 구릉에는 페니키아, 로마, 초기 기독교, 고대 그리스와 로마의 聖所인 샘의 님프신을 모신 님페움(nymphaeum), 그리고 서기 1960년 11월 28일 프랑스로부터 독립한 모리타니아의 靈廟가 남아있다.

5. 므자브 계곡(M'Zab Valley: 문화, 1982): 사하라 사막 북쪽 므자브 계곡에 서기 10세기경 이슬람교의 종파분리자인 이바다이트(Ibadites)에 의해 만들어진 다섯 개의 kosur(walled village, 요새마을) 요새와 요새 주위의 생활 터전으로 이바이드(Ibaid)인들은 방어 능력을 최대한 갖추어 살기 시작하면서 자연환경에 적응하고 가족구

조도 고려하였다. 여름 요새는 그 안에 종려나무숲도 갖추고 있다. 다섯 개의 요새는 El Atteuf, Bou Noura, Beni Isguen, Melika, Ghardaia이다.

6. **타실리 나제르**(Tassili-n-Ajjer: 복합, 1982): 알제리 동남방 사하라 사막의 산맥인 타실리 나제르(Tassili n'Ajjer로도 표기하며, 'plateau of the rivers'란 의미임) 동굴 岩刻畵는 기원전 6,050년경-서기 100년에 걸친 선사시대 동굴예술로 15,000점이 포함된다. 이 그림들을 편년하면 4시기로 나누어지는데 이는 archaic tradition(기원전 4,500년 이전), bovian tradition(소: 기원전 4500년-기원전 4000년), horse tradition(말: 기원전 2000년)과 camel tradition(낙타: 서기 100년경)이다. 소, 말 낙타들이 아프리카에 들어온 시기를 맞추어 편년한 것이다. 이곳에는 암각화뿐만 아니라 신석기시대 습한 환경에서 사람이 살던 흔적도 근처에서 발견되고 있다. 암각화의 주제는 가축, 악어와 같은 동물과 사냥, 춤과 같은 인간의 행위도 포함되고 있다. 이 암각화는 기원전 1200년 이전 San족이 동굴에서 그려놓은 암각화인 남아프리카의 느구니 족에 앞서 살던 pre-Nguni 예술과 연결이 되고 있다.

7. **알제리 카스바**(Kasbah of Algiers: 문화, 1992): 카스바는 기원전 4세기경 카르타고 무역항인 이코시움(Icosium)이 들어섰으며 후일 로마의 적은 도시가 되었던 섬을 굽어보는 이슬람의 도시로 오스만 투르크(Osman Turk, 서기 1299년-서기 1922년)양식의 궁전, 모스크(사원), 요새 등이 있다. 이곳은 언덕의 상과 하 두 도시로 나누어져 있으며 서기 17세기의 회교도사원과 석조건축물들을 볼 수 있다. 데이 바바 하산(Dey Baba Hassan)이 서기 1794년에 지은 두 개의 첨탑이 있는 케챠오우아(Ketchaoua), 계란 형태의 둥근 천장을 가진 엘 드제디드(el-Djedid, 서기 1660년)와 그 옆에 적은 둥근 지붕을 가진 엘 케비르[El Kébir, 가장 오래된 사원이나 타치핀(Tachfin)이 서기 1794년 재건], 알리 베치닌(Ali Betchnin, Raïs, 서기 1623년), 다르 아지자(Dar Aziza, palate of Jénia) 4개의 사원들이 남아있다.

에스토니아 ESTONIA

1. **탈린 역사지구**(The Historic Centre of Tallinn: 문화, 1997): 탈린의 옛 요새화한 도시

의 기원은 십자군전쟁시 튜튼(게르만)인의 명령에 따라 성이 지어지는 서기 13세기까지 올라가며, 그 이후 이 도시는 서기 1248년 한자동맹에 가입해 동맹의 무역의 중심항구로 부상하고 富를 축적해 교회 같은 공공건물들과 상인의 집들이 많이 지어지게 된다. 성벽 위의 66개소의 망루 중 20개만 남아있고, 무역을 하던 상인의 집들은 화재와 전쟁에도 불구하고 많이 남아있다. 탈린은 현재 에스토니아의 수도로 덴마크의 성(Danish castle, taani linnus)의 이름을 따왔고 성 자체도 덴마크의 발데마르(Waldemar) 왕에 의해 서기 13세기에 지어진 것으로 추측되고 있다.

  2. 스트루브 자오선 측지점(Struve Geodetic Arc: 문화, 2005): 노르웨이(NORWAY), 라트비아(LATVIA), 리투아니아(LITHUANIA), 러시아(RUSSIAN FEDERATION), 벨라루스(BELARUS), 에스토니아(ESTONIA), 우크라이나(UKRAINE), 스웨덴(SWEDEN)과 핀란드(FINLAND) 지역이 함께 자오선 측정의 삼각측량점

에콰도르 ECUADOR

  1. 키토 구 도시(Quito Old City: 문화, 1978): 에콰도르의 두 번째로 큰 수도인 키토는 잉카(서기 1438년-서기 1532년)의 도시 키투(Kitu) 위에 서기 1534년 12월 6일 프란시스코 피자로(Francisco Pizarro)에 의해 재건되었는데 서기 1707년, 서기 1917년, 서기 1987년에 일어난 지진에도 불구하고 잘 보존되어 라틴아메리카의 역사 중심지가 되었다. 대주교의 궁전(Archibishop's palace), 산 프란시스코와 산토 도밍고(서기 1581년-서기 1650년) 광장, 산 프란시스코와 산토 도밍고 수도원, 교회와 라 캄파니아 예수회 대학(서기 1605년-서기 1768년) 등이 있다.

  2. 쿠엔카 역사지구(Historic Center of Santa Ana de los Rios de Cuenca: 문화, 1999): 에콰도르 남쪽 해발 2,500m의 안데스 산록으로 둘러싸인 서기 1557년에 설립된 스페인의 내륙식민지도시(entroterra)로 에콰도르에서 세 번째 큰 도시이다. 스페인의 찰스(Charles) V세의 칙령으로 도시계획에 맞게 方格法으로 구획되어 과거 400년간 농업과 행정의 중심지가 되었다. 이곳에는 돌로 바닥을 간 鋪道, 높은 첨탑이 있는 성당, 대리석과 벽을 하얗게 바른 건물이 특징 있으며, 신·구 성낭(New

Cathedral, Old Cathedral), 카르멜 수도원(Carmelite Monastery), 산토 도밍고 교회(Church of Santo Domingo)가 있다. 키니네, 밀짚모자, 다른 특산물의 수출에 힘입어 서기 18세기의 건물들은 서기 19세기에 들어와 근대화되었다.

엘살바도르 EL SALVADOR

1. **호야 데 세렌 고고유적지**(Joya de Cerén Archaeological Site: 문화, 1993): 서기 79년 8월 24일 베스비우스 화산의 폭발에 묻힌 이탈리아의 폼페이와 헤르큐라네움 시와 같이 이 마을도 서기 590년경 이웃 라구나 칼데라(Laguna Caldera) 화산의 폭발에 의해 깊이 14層이 형성될 정도로 깊이 묻힌 先스페인시대(pre-Hispnic) 마야시대 농업공동체 마니옥(manioc, cassava) 재배단지였다. 화산 폭발시 주민들은 가재도구, 그릇, 먹다만 밥 등을 남기고 황급히 대피하였는데 피해자가 없었는지 70채의 주거지가 발굴되었으나 인골은 확인되지 않고 있다. 이 유적은 서기 1976년 콜로라도 대학 인류학자 파이손 시트(Pyson Sheets) 교수에 의해 발견되고 지금까지 발굴되고 있다.

영국 UNITED KINGDOM

1. **성 킬다 섬**(St. Kilda Island: 복합, 1986/2004/2005 확대지정): 스코틀랜드 서북향 66km 떨어진 아우터 헤브리디스(Outer Hebrides)내 독특한 절벽과 퇴적지형을 가진 히르타, 보어레이, 소이와 던 섬으로 형성된 세인트 길다 군도에서 보어레이 섬은 날개 끝이 검고 몸집이 큰 얼가니 바닷새의 최대 서식지를 비롯해 큰 도적 갈매기, 검은 다리 세 가락 갈매기, 회색기러기, 야생면양(soay ram) 1,400여 마리와 130종의 고유 식물이 자란다. 그리고 세계에서 가장 오래된 화산이 있고 글렌모어(Gleann Mòr) 골짜기가 있는 킬다 섬에서는 기원전 1,850년부터 사람이 살기 시작한 선사시대의 유일한 배 모양의 열석('boat-shaped' stone rings, 'settings')와 20개소의 끝이 뿔처럼 튀어나온 폐허가 된 집자리 유적['horned structures'(3m×3m)]와 기원전 500년-서기 300년 사이에 살던 마을의 흔적도 발견되었다. 영국정부에서 서기

1930년 이 섬의 자연보호를 목적으로 사람들을 다른 곳으로 이주시켰다. 이 섬들은 자연·문화 보호지역(서기 1957년 영국, 서기 1986년 유네스코 지정, 스코틀랜드 문화 보호협회/National Trust for Scotland의 보호)이다.

2. 더햄 성과 대성당(Durham Castle and Cathedral: 문화, 1986): 서기 11세기-서기 12세기 영국 더햄 옛 대학도시를 가로지르는 웨어 강(Wear river)을 굽어보는 곳에 건립된 가장 크고 아름다운 노르만(Norman) 로마네스크 건축양식으로 서기 1093년-서기 1133년에 지어진 베네딕트 수도공동체의 성당, 성 구트버르트(St. Cuthbert, 노섬브리아의 복음주의자)의 유적, 그 뒤에는 황태자 겸 대주교인 더햄이 살던 고대노르만의 요새 겸 그린 궁전(Palace Green)이 있다. 이 성당에서 6.6m의 둘레와 6.6m의 높이를 가진 조각된 本堂의 기둥이 잘 알려져 있다.

3. 스톤헨지 유적(Stonehenge, Avebury and Associated Sites: 문화, 1986): 신석기시대 유럽의 지석묘·입석·열석·집단묘와 같이 거석문화의 하나인 환상열석(stone circle)으로 기원전 2750년경에 건조된 것으로 冬至와 夏至날 축제를 위한 종교·제사를 지내던 유적이다. 거석문화에는 지석묘(고인돌, dolmen), 입석(선돌, menhir), 환상열석(stone circle, 영국의 Stone henge가 대표), 열석(alignment, 프랑스의 Carnac이 대표)과 집단묘[collective tomb: 가. 羨道<널길>가 있는 묘 passage grave(또는 access passage, 영국의 Maes Howe Chambered Barrow가 대표적임), 나. 연도가 없는 묘 gallery grave, 또는 allée couverte]의 크게 5종 여섯 가지 형태가 나타난다. 이들 거석문화의 대표 예들은 영국 Avebury의 Stonehenge, Cornwall의 Porthole, 스웨덴의 Sonderholm, 스페인의 Los Millares, 英연방인 고조(Gozo) 섬의 간티자(Gian Tija/Ġgantija/giant tower란 의미로 갠티에/쥬갠티제로 발음함)의 청동기시대의 두 개 사원, 말타(Malta) 섬의 Hagar Quim(Hagar Quimand), 므나지드라(Mnajidra)와 타르시엔(Tarxien) 사원, 프랑스 Brittany의 Carnac, Locmariaquer, Morbihan, Dissignac, Gavrinis와 아일랜드의 Newgrange, Meath, Haroldtown, Punchtown, Knowth 등이다. 특히 말타(Malta)와 이웃 고조(Gozo) 섬에는 다른 곳들의 거석문화와는 달리 특이한 3-6葉型의 반원형/抹角의 회랑(curved end as an apse)들을 가진 사원(temple)이 24개소나 있으며, 이

들은 기원전 3500년-기원전 2500년에 속한다. 그중 문화전파의 증거가 되었던 영국 윌셔 솔리스버리에 있는 환상열석인 스톤헨지(Stone henge)의 경우 스튜아트 피고트(Stuart Pigott)의 발굴 때 기원전 1900년, 그리고 그에 이은 리차드 에잇킨손(Richard J. C. Atkinson) 발굴 자료의 방사성탄소연대는 기원전 2350년, 그리고 마지막 콜린 랜프류(Collin Renfrew)의 보(수)정방사성탄소연대는 기원전 2750년이 나와 이집트 죠서(Zoser/Djoser 기원전 2687년-기원전 2667년 재위, 기원전 2687/2686년-기원전 2613년)의 피라미드 축조연대보다 올라가는 것으로 밝혀졌다. 최근의 이 유적의 연대편년은 1기: 기원전 약 3100년경, 2기: 기원전 3000년경, 3-I기: 기원전 2600년경, 3-II기: 기원전 2600년-기원전 2400년, 3-III기·3-IV기: 기원전 2280년-기원전 1930년으로 잡아가고 있다. 장부로 맞물린 스톤헨지를 구성하는 4ton 무게의 청석(sarsen stone)은 북서쪽 217km 떨어진 Preseli 고원에서 채석한 것으로 오크나무로 만든 통나무 배로 운반되었다. 최근 이곳에서 북동쪽 460m 떨어진 에본(Avon) 강 옆 덜링톤 월스 마을(Durrington Walls) 유적에서 기원전 2600년경(Stonehenge 3-II기는 이 유적의 중심연대로 기원전 2600년-기원전 2400년임) 스톤헨지의 축조자들이 살던 마을이 셰필드(Sheffield) 대학교 마이크 파커 피어슨(Mike Parker Pearson) 교수의 Stonehenge Riverside Project에 의해 발굴되기도 하였다. 그는 이 스톤헨지 유적에서 笏(홀)과 같은 기능을 가진 mace-head(棍棒頭/곤봉대가리)의 발견으로 이 유적이 기원전 3000년에서 기원전 2500년 사이 30-40세대에 걸쳐 한 유력가족의 무덤[giant tombstones to the dead for centuries perhaps marking the cemetery of a ruling prehistoric dynasty: 살아 있는 권력자와 권력의 상징인 族長과 가족의 무덤]으로 사용되었다고 주장하기도 한다. 다시 말해 스톤헨지는 덜링톤 월스 마을의 현세의 생활과는 반대되는 死者의 領域으로 약 500년간 그 마을을 다스리던 족장의 화장된 무덤(서기 1922년 발굴 이후 모두 240구가 발견됨)으로 조상숭배의 聖所로 여겨지며 여기에서 조상에 한 감사와 풍요의 통과의례 의식인 夏至(summer soltice)축제가 열렸다. 그리고 근처 일 년에 두 번 스톤헨지를 축조하기 위해 사람이 1,000여호가 모여 큰 마을을 이루던 덜링톤 월스 마을 근처에 있던 우드헨지(woodhenge)와 에이본 강 옆의 제단에서는 죽음과 이때부터 나타나는 새로운 부활의 상징인 冬至(winter soltice)축제가 겻들여졌다고 추정된다. 이는 9개월 된 돼지가 겨울에 집중적으로 도살된 증거로도 입증된다. 다른 일반 구성원들의 유골은 에이본 강 옆에 세워진 二次葬 터에 세워진 목제틀 위에서 육탈시킨 후 화장하여 강에 뿌려진 것으로 추정된다. 또 덜링톤 월스마을-에이본 강-스톤헨지에 이르는 코스 중 길이 27.4m, 폭 13.8m의, 당시 축제장 소인 스톤헨지로 가는 '축제용 도로'가 발견되어 당시의 葬祭와 冬至祝祭의 모습을 구체적으로 복원할 수 있게 되었다. 그리고 최근 Blue Stonehenge라 불리는 제 2의 스톤헨지가 현 스톤헨지에서 2마일 거리도 안되는 곳인 에이본 강 서쪽 제방에서 발견되어 주목을 끌고 있다. 이 스톤헨지의 축조의 마지막 시기는 기원전 2500년-기원전 2400년경으로, 이때 유럽본토에서 기원전 2400년-기원전 2200년경 이곳으로이주해온 비커컵족(Beaker cup culture, 비커컵 토기문화, 일본에서는 鐘狀杯로 번역함, 西方文化複合體)들의 靑銅器와 冶金術의 소개로 인해 농업에 바탕을 두던 영국의 신석기시대의 종말이 도래하게 된 것이다. 이는 스톤헨지 동남쪽 3마일 떨어진 곳에서 발견된 35-45세 가량의 왼쪽다리의 異常(脛骨tibia의 前顆間區anterior intercondylar area)으로 평소 절름발이의 상태를 면치 못했던 높은 신분의 무덤이 발견됨으로써이다. 여기에서 비커컵 5점과 함께 구리칼 3점, 금으로 만들어진 머리장식 두 점 등 모두 100여점의 풍부한 유물이 출토하였으며, 주인공 뼈의 방사성탄소연대는 기원전 2400년-기원전 2200년이 나오고 있다. 그리고 이제는 프랑스의 브리타뉴 지방의 거석기념물은 기원전 4000년 이전에, 그리고 영국과 덴마크의 것은 기원전 3000년으로 이집트의 것보다 적어도 3-4백년 이상 앞서 유럽의 거석문화가 독자적으로 형성되었음이 밝혀지고 있다. 아무튼 이집트 문명은 "이집트학"이 성립될 정도로 세계의 문명연구에 있어 중요성을 차지하고 있다. 이 스톤헨지의 발굴조사로 이집트는 "태양의 아들" 또는 "태양거석문화"의 전파지로 불려왔으나 이것이 후일 "보정(수정) 방사성 탄소 연대"가 새로이 개발됨에 따라 전통적인 편년체계가 몰락하고 이에 따라 이집트 기원설이란 가설이 뒤집어지게 되었다. 이제까지는 기원전 2600년경에 처음 세워졌던 이집트의 피라미드

(죠서 왕의 생몰연대는 기원전 2686년–기원전 2613년경으로 그의 피라미드는 기원전 2613년 전후에 세워진 것으로 추정됨)를 거석문화의 하나로 보고 이 거석문화에서 전파되어 유럽거석문화가 형성되었다고 추정되어 왔다.

4. 아이언 브리지 계곡(Iron Bridge Gorge: 문화, 1986): 원래는 콜부룩데일(Coalbrookdale) 세번 고지(Severn Gorge)였으나 산업혁명(서기 1760년) 시기의 상징으로 서기 1779년 세계 최초로 만들어진 유명한 철로 만들어진 다리 때문에 아이언 브리지 계곡으로 불리고 있다. 이 다리는 서기 1708년에 만들어진 鎔鑛爐가 있던 브로스리(Brosely) 산업도시, 메들리(Madeley) 광산지구와 콜불룩데일의 산업중심지를 연결하고 있었다. 다시 말해 이곳은 산업혁명에서 중요한 석탄, 철, 석회암, 타일과 도자기 원료인 점토가 나오던 곳이었다. 철을 용광로에서 녹여 철 구조물을 생산하던 것을 상징한 'The bridge was cast'란 이름이 붙어 있는 이 다리의 길이는 30m, 鑄造된 철근이 300톤 가량 사용되었다. 이 다리는 후일 프랑스의 에펠탑(서기 1889년)과 스페인의 비즈카이야 다리(서기 1893년)를 만드는데 있어 기술과 건축에 많은 영향을 주었다.

5. 화운틴 수도원 유적을 포함한 스터들리 왕립공원(Studley Royal Park Including the Ruins of Fountains Abbey: 문화, 1986): 북쪽 요크샤이어의 스터들리 왕립공원에는 서기 1132년 13명의 베네딕트파의 수도사들에 의해 세워졌으나 후일 시토교단의 수도원으로 된 Cistercian Fountains Abbey(서기 1539년 Henry VIII세의 명에 따라 해체됨)와 서기 18세기에 만들어진 스터들리 왕립 관개 정원(Studley Royal Water garden)이 있다. 이 정원에는 우아한 호수, 운하, 신전, 폭포, 농장, 조망대, 여러 채의 큰 성(Fountains Hall Castle)들 있다. 이 성들은 신 고딕양식과 이탈리아 건축가 Andrea Palladio(서기 1508년 11월 30일–서기 1580년 8월 19일)의 팔라디안 건축양식으로 지어졌다.

6. 기네드 에드워드 1세 시대의 성과 읍성들(The Castles and Town Walls of King Edward in Gwynedd: 문화, 1986): 북부 웨일(Wale) 주 기네드에 위치한 군사시설 건축가인 James of St. George가 만든 보메리스(Beaumaris)와 할레크(Harlech)의 두 성, 그리고 케나혼(Caernarfon)과 기네드의 요새 복합단지는 에드워드 1세 왕(서기 1272년–서기

1307년)의 통치 때 식민지경영과 방어용으로 쌓은 당시 군사건축물을 잘 보여준다.

7. 하드리안 성벽(Hadrian's Wall: 문화, 1987): Roman Limes(Limes Romanus)로 알려진 서기 2세기경의 로마시대 경계선·방어체계로 북부 영국에서 유럽을 거쳐 흑해와 홍해에 이르는 5,000㎞에 달한다. 여기에서는 요새, 성벽, 望樓, 甕城, 해자(垓字), 水道橋, 주거지 등과 그 흔적들이 포함 된다. 황제 하드리아누스(서기 117년~서기 138년 재위)가 영국을 방문해 길이 118㎞에 달하고 서기 122년에 지어진 영국의 하드리아누스 성벽(Hadrian's wall)과 그 후 안토니우스 파이우스(Antonius Pius, 서기 138년~서기 161년 재위) 황제 때인 서기 142년 서북쪽으로 좀 더 영토를 넓혀 길이 60㎞에 달하는 성벽(스코틀랜드의 Antonine Wall)을 쌓아 놓았다. 이것들은 로마제국의 이민족(barbarian)에 대한 통치, 방어체계와 축성술을 보여준다. 로마제국은 서쪽으로 아그리콜라(Gnaeus Julius Agricola) 장군에 의한 브리타니아 섬의 정복이 완료되고, 하드리아누스 황제에 의해 만들어진 스코틀랜드의 빈돌란다 요새(Hadrianus Wall), 그리고 동쪽으로 요르단의 페트라[Petra, 기원전 100년~서기 100년경]와 바쉬르 성, 시리아의 팔미라(Palmyra)까지 이르게 되었다. 이 성은 石城으로 길이 118㎞, 높이 6m, 폭 3m이다. 어싱(Irthing) 강 서쪽의 경우 높이 3.5m 폭 6m이다.

8. 블렌하임 궁전(Blenheim Palace: 문화, 1987): 옥스퍼드셔 주 옥드포드셔, 우드스톡(Woodstock)에 위치한 영국에서 잠시 유행한 바로크 양식으로 지어진 블렌하임 궁전은 말보로(Marlborough의 첫 번째 공작) 공작이 살기 위한 저택으로 서기 1704년 블렌하임 전투에서 프랑스와 바바리아를 물리치고 귀환한 공작에게 왕실에서 하사한 것으로 궁전의 명칭을 유지하고 있다. 영국에서도 가장 큰 궁전의 하나로 여겨지며 서기 1705년~서기 1722년 John Vanbrugh가 설계하였고 수상 윈스턴 쳐칠 경(Sir Winston Leonard Spencer Churchill, 서기 1874년 11월 30일~서기 1965년 1월 24일)이 태어난 곳이기도 하다. 그 옆의 정원은 브라운('Capability' Brown)에 의해 조성되었다. 이곳은 저택, 靈廟, 국가기념물(the Column of Victory)의 복합기능을 가지고 있다.

9. 배쓰 시(City of Bath: 문화, 1987): 영국 남부 Avon(옛 Somerset)의 배쓰 시는 로마인들에 의해 서기 43년 Aqua Sulis(the waters of Sulis)라는 명칭으로 개발된 온천으

로 중세시대에는 모직산업의 중심지였다. 죠지 3세(서기 1738년 6월 4일-서기 1820년 1월 129일) 때에는 이탈리아의 신고전주의 팔라디오(Andrea Palladio, 서기 1508년 11월 30일-서기 1580년 8월 19일)의 팔라디안 양식의 건물이 들어섬으로써 로마의 온천과 조화를 이루었다. 이곳의 신전은 서기 60년-서기 70년에 지어졌고 목욕복합단지는 그 후 300년간 계속해서 확장되어 나갔다.

10. 웨스트민스터 궁/수도원과 성 마가렛 교회(Westminster Palace/Abbey and St. Margaret's Church: 문화, 1987): 런던의 웨스트민스터 궁은 중세시대의 터에 서기 1840년 신 고딕양식으로 다시 지은 것인데 그 안에 중세시대에 지어진 垂直式의 고딕양식으로 지어진 성 마가렛 교회와 Big Ben(현 엘리자베스 II세) 시계탑을 포함하고 있다. 궁전의 북쪽에 위치하는 웨스트민스터 사원 건물은 영국의 聖公會로 늦어도 서기 13세기까지 거슬러 올라가며, 그 안에 영국의 왕과 왕비의 무덤들을 보관하고 있다. 이 사원은 서기 11세기 이래 영국 국왕의 戴冠式을 거행했던 곳으로 역사적으로 매우 상징이 되는 곳이다. 이 궁 안에 영국 국회(Parliament: 하원 the House of Commons, 상원 the House of Lords)가 들어서 있다.

11. 런던 타워(The Tower of London: 문화, 1988): The Tower, White Tower로 불리며 서기 1078년 런던시를 방어하기 위해 정복왕 윌리엄(William the Conqueror, William I, 서기 1028년-서기 1087년, 서기 1066년-서기 1087년 재위, 노르만왕가의 시조)에 의해 템즈 강변 북쪽에 세워졌다. 런던타워의 공식명칭은 여왕폐하의 왕궁 겸 요새(Her Majesty's royal Palace and Fortress)로 영국의 역사의 증인인 런던탑은 The White Tower와 동일시되며 영국왕실의 상징이 되고 있다. 이 탑의 주요기능은 요새, 왕궁, 교도소였고, 때로는 형장, 무기고, 국고, 동물원, 화폐를 발행하는 곳, 공공 기록 사무실, 전망대 등으로 이용되기도 하였다. 그리고 서기 1303년 이후로 영국의 보석과 왕관을 보관하는 장소로 이용되고 있다. 이곳은 헨리 8세(Henry VIII세, 서기 1491년 6월 28일-서기 1547년 1월 28일, 서기 1509년 4월 21일-서기 1547년 1월 28일 재위)의 둘째 부인 앤 볼렌(Anne Boleyn, 서기 1501년/1507년-서기 1536년 5월 19일)이 폐위되어 이곳에서 참수당한 이후 수 천 명의 정치범들이 참수당한 악명 높은 교도소와 형장으로 되었

었다. 이 탑은 36m×32m, 높이 27m이다.

12. 캔터베리 대성당, 성 오거스틴 수도원 및 성 마틴 교회(Canterbury Cathedral, St. Augustine's Abbey, and St. Martin's Church: 문화, 1988): 켄트(Kent)에 있는 켄터베리에는 거의 5세기간 영국교회(聖公會, Anglican Communion)의 정신적 지주 역할을 해온 켄터베리 대성당이 있다. 이곳에는 垂直식의 고딕건물, 서기 12세기에 지어진 고딕식 성가대, 스테인드 그라스 창문, 지하납골당이 있으며 서기 1170년 대주교 토마스 베켓트(Thomas Becket)의 순교지로서 영국 기독교인들의 순례지이다. 그리고 켄터베리의 또 다른 중요한 교회는 도시의 중세시대 성벽 밖에 반만 남아있는 마틴 교회(Chruch of Martin)로 영국에서 가장 오래된 서기 4세기경에 지어졌다. 마지막의 도시중심을 벗어난 외곽에 위치한 성 아우구스트 수도원(St. Augustine's Abbey)은 현재 폐허가 되었지만 과거의 화려함을 보여주고 있다. 이곳은 서기 597년 Heptarcy(Angles, Saxons 등 7왕국의 7頭 정치국)에서 성지들이 복음을 전파하던 역사를 생각나게 한다.

13. 에든버러 신·구 도시(Old and New Towns of Edinburgh: 문화, 1995): 서기 15세기 이래 스코틀랜드의 수도로 도시는 두 개의 뚜렷한 특징으로 나누어진다. 하나는 구 도시로 중세시대의 요새가 중심을 이루고, 또 다른 하나는 서기 18세기부터 발전해온 유럽의 도시계획에 영향을 준 신고전주의의 신도시이다. 대조되면서 조화를 이루는 두 역사도시는 각기 알맞은 중요한 건물들을 보여주고 있다. 구 도시는 성으로 끝이 막혀 있으며 대동맥을 형성하는 대도인 Royal mile은 여러 개의 뚜렷한 거리로 이루어지며 지금은 폐허가 된 홀리루드 수도원(Holyrood Abbey, 서기 1128년 스코틀랜드의 데이비드 I세에 의해 건립) 유적으로 이어지고 있다. 수 피이트 폭의 좁은 골목길은 언덕 아래로 이어진다. 큰 광장에는 시장과 트론 커크 교회(Tron Kirk, 서기 17세기-서기 1952년), 자일스 성당, 대법원과 같은 중요 공공건물들이 둘러있다. 다른 특징 있는 건물은 스코틀랜드 의회 건물, 스코틀랜드와의 거주지인 홀리루드 궁전(Holyroodhouse), 스코틀랜드 교회의 대회의실, 왕립박물관, 에든버러 대학 등이다. 서기 1824년의 대화재에서 많은 건물들이 파괴를 입

었다. 신도시는 도시계획의 걸작으로 서기 1765년-서기 1850년 사이 여러 시대
를 걸쳐 형성되었으나 신고전주의 기간에 만들어진 건물이 많이 남아있다.

14. 그리니치 공원(Maritime Greenwich: 문화, 1997): 런던 교외 그리니치 공원에는
영국의 예술과 과학발전에 이바지한 서기 17세기-서기 18세기에 지어진 여러 건
물들이 조화를 이루고 있다. 안드레 드 노트르(André Le Nôtre)가 설계한 공원에 있
는 인디고 존스(Indigo Jones)의 The Queen's House는 영국에서 이탈리아 신고전
주의 팔라디오(Andrea Palladio, 서기 1508년 11월 30일-서기 1580년 8월 19일)의 팔라디안 양
식으로 지어진 최초의 건물이다. 그리고 크리스토퍼 워런(Christopher Wren)의 왕립
해군학교와 크리스토퍼 워런과 로버트 후크(Robert Hooke)의 옛 왕립천문대(Green-
wich Royal Observatory)도 여기에 있다. 이 천문대는 그리니치 標準時(Greenwich Mean
Time, GMT, mean solar time)의 시발점이며 東과 西의 經度가 이곳에서 시작된다. 본
초자오선은 서기 1851년에, 그리고 4개의 자오선이 그리니치 천문대를 기점으로
하는 것은 서기 1884년 국제회의에서 통과되었다.

15. 오크니 제도 신석기 유적(The Heart of Neolithic Orkney: 문화, 1999): 스코틀랜드
북서부 오크니 제도에서 메쇼우(Maeshowe), Standing Stones of Stenness, Ring of
Brodgar, Skara Brae의 4개소가 세계문화유산에 포함이 되었다.

메쇼우(Maeshowe)는 신석기시대 거석문화의 하나인 羨道(널길)가 있는 석실분
(passage grave/access passage, collective tomb)로 연도를 통해 冬至날 해가 석실분의 중
앙 벽에 다다라 死者의 復活을 의미한다. 스테네스(Stenness)의 Standing Stones은
立石(menhir)으로 현재 4개가 남아있는데 가장 큰 것은 6m나 된다. 브로드가
(Brodgar)의 Ring은 環狀列石으로 직경이 104m나 되고 원래 60여개의 돌로 구성이
되었다. 이것을 만드는데 모두 8만 시간이 소요되었다는 추정이 나온다. 주위의
環溝는 3-10m나 된다.

사카라 브래(Skara Bra) 그중 Skara Brae 섬의 점판암(slate)으로 지어진 신석기시
대 말기의 10개의 원형가옥으로 그 연대는 기원전 2480년에서 기원전 2370년 사
이에 속하며 보존이 잘 되어 있다.

16. 블래나본 산업경관(Blaenavon Industrial Landscape: 문화, 2000): 웨일즈의 블래나본 시는 광산과 제철업에 필요한 철과 석탄이 생산된 곳이고 여기에는 서기 19세기 당시 세계 제일의 철과 석탄 산업단지, 광산, 채석장, 기차선로, 용광로, 노동자숙소 등이 있다. 오늘날 폐광이 되어 도시의 역사적 건물과 광산의 경관은 그대로 남아 이곳은 박물관으로 되었다. 이곳에서의 제철업은 로마시대부터 시작되었으나 서기 1788년부터 高風管 엔진시설을 갖추어 고열을 내는 두 기의 용광로가 있는 제철소가 지어지고 서기 1812년에는 세계에서 철제품의 생산량이 가장 많았다. 炭鑛에는 坑道가 많아 도시는 사우스 웨일스탄광의 언저리에 위치하게 되었다. 서기 1800년에 처음으로 수직갱도가 작동하였다. 철의 수요가 높아질수록 갱도의 수는 늘어 갔다. Big Pit는 서기 1880년대에 가동을 했다가 100년 후에 폐광을 했다.

17. 성 조지 역사마을과 버뮤다 요새(The Historic Town of St George and Related Fortifications, Bermuda: 문화, 2000): 서기 1612년 버뮤다에 설립된 성 죠지 타운으로 신대륙에 만들어진 영국 최초의 도시주거와 이를 보호하는 군사요새로 서기 17세기에서 서기 20세기까지 포병병기(대포)의 발전에 대응하기위해 요새를 보강하는 군사기술도 점차적으로 늘어나게 되었는데 이 요새에서 그러한 발전과정을 잘 살펴볼 수 있다.

18. 더웬트 계곡 방직공장(Derwent Valley Mills: 문화, 2001): 영국 중앙부 더비셔의 더윈트 방직공장들은 메틀록 바스(Matlock Bath)에서 더비(Derby)까지의 15㎞의 계곡에 산재해 있으며 그중 서기 1771년 리차드 아크라이트(Richard Arkwright, 서기 1733년 1월 3일-서기 1792년 8월 3일)가 水力을 動力으로 하는 紡績機를 발명해 오늘날의 산업 규모로 생산을 해왔던 크롬포드(Cromford) 공장을 그 시작으로 한다. 공장에서 일하는 노동자들의 숙소와 다른 공장들이 그대로 남아 당시의 사회·경제의 면모를 보여준다. 이곳은 방직의 산업기술사에서 무척 중요하다. 더웬트 계곡 방직공장 지대에는 크롬포드(Cromford) 방직공장을 비롯하여 크롬포드 공장 단지(Cromford Mill Complex), 크롬포드 운하(Cromford Canal), 마송 공장(Masson Mill), 마송 둑

(Masson Weir), 리 브릿지(Lea Bridge), 스메들리 공장(Smedley's Mill), 벨퍼 앤 밀포드 공장(Belper and Milford Mills), 펙워쉬 공장(Peckwash Mill), 달리 애비 공장(Darley Abbey Mills)과 실크 공장(Silk Mill) 등 10곳이 남아 있다.

19. **뉴 래너크**(New Lanark: 문화, 2001): 남부 스코틀랜드 조그만 마을의 뉴 래너크 방직공장은 사회 개척자 겸 박애주의자였던 로버트 오웬(Robert Owen)이 산업 공동체 모델로 세운 것으로 서기 1800년-서기 1825년 공장을 관리하며 이곳에서 일하던 에딘버러와 글라스고 빈민가 출신의 2,500명과 가족에게 어린이 노동과 체벌이 금지, 마을 사람들은 번듯한 집, 학교와 야간 수업, 무료 건강관리, 음식 등의 제공을 실천했다. 이곳의 인상적인 방직공장, 공간이 넓고 설계가 잘된 노동자 숙소, 권위 있는 교육기관과 학교는 오웬의 휴머니즘을 엿볼 수 있다.

20. **솔테이어 공업촌**(Saltaire: 문화, 2001): 서기 19세기 후반 박애주의자인 솔트 경(Titus Salt, 서기 1803년 9월 20일-1876년 12월 29일)이 서부 요크셔(West Yorkshire)의 브래드포드(Bradford)에 세운 방직공장 마을로, 이곳의 공장, 공공건물, 노동자숙소 등은 수준 높은 건축기준과 도시계획에 의해 서로 조화를 이루도록 지어져 빅토리아(서기 1819년 5월 24일-서기 1901년 1월 22일, 서기 1837년 6월 20일-서기 1901년 1월 22일 재위) 왕조 시대의 박애주의적 공동협력을 잘 보여준다.

21. **큐 왕립식물원**(Royal Botanic Gardens, Kew: 문화, 2003): 서기 1759년 에든버러에 세워진 큐 왕립식물원은 런던 남서지역의 리치몬드와 큐 사이 템즈 강가에 자리 잡은 런던의 조경정원으로 현재에는 300acre가 넘는 규모에 250여 년간 수집한 각종 식물 컬렉션(보호 식물, 식물과 기록)이 있다. 큐에는 17세기부터 정원이 있었다. 오늘날 이 식물원에는 수생 식물정원(Aquatic Garden), 겨울 정원(Winter Garden)을 비롯하여 다양한 26개의 정원이 있다. 그중에는 세계 각지의 다양한 식물을 관찰할 수 있는 6개의 온실도 포함한다. 서기 1844년-서기 1848년에 지은 팜 하우스(Palm House)와 템퍼리트 하우스(Temperate House)가 유명하다. 이곳의 큐 궁전(Kew Palace)은 17세기에 지어져 왕립식물원 내에서 가장 오래된 건물이며 조지 3세(King George III, 서기 1738년 7월 4일-서기 1820년 1월 29일)와 샬로트 왕비(Queen Charlotte)가 이

곳에 살았다. 이곳에는 조지 왕이 말년에 입었던 양복조끼와 샬로트 왕비가 임종을 맞이한 의자 등, 왕족 관련 유물이 전시되어 있다. 이 왕립식물원은 에든버러를 비롯해 벤모어, 로간, 도익의 4곳으로 확장되었다.

22. **리버풀 항구 상업도시**(Liverpool-Maritime Mercantile City: 문화, 2004): 리버풀 항구 상업도시는 서기 18세기-서기 19세기 리버풀에 세워진 대영제국의 발전에 공헌한 6곳의 무역항으로 이곳에는 개혁적인 방법으로 만든 부두(Albert dock)를 포함해 항만의 행정시설, 상업용사무소, 주거지역, 창고 만체스터와 리버풀을 잇는 운하(Bridgewater canal, 서기 1761년-서기 1795년, 66km), 박물관(알버트 독크를 이용해 만든 Merseyside maritime museum) 등이 있다. 세계문화유산으로 등재된 6곳은 Pier Head, Albert Dock Conservation Area, Stanley Dock Conservation Area, Castle/Dale/Old Hall Street Commercial Center, William Brown Street Cultural Quarter, Lower Duke street이다.

23. **콘월 및 웨스트 데본 지방의 광산 유적지 경관**(Cornwall and West Devon Mining Landscape: 문화, 2006): 콘월 및 웨스트 데본 지방은 서기 18세기-서기 19세기 구리와 朱錫광산과 광업기술의 중심으로 서기 19세기에는 세계 구리 소비량의 2/3를 공급하였으나 서기 1860년대 쇠퇴하기 시작하였다. 이곳에는 지하 깊은 탄광의 坑道, 엔진시설이 있는 집(engine house), 鑄造所, 주택지, 작은 농지, 항구와 부수적인 산업시설 등이 남아있으며 콘월식 엔진 하우스, 광업기술과 장비는 스페인, 멕시코, 남아프리카, 호주 등 세계 각지에서 사용하고 있다. 이곳은 영국의 산업혁명(서기 1760년)의 발전에 공헌을 하였다. 이곳에 지정된 세계문화유산 목록은 St. Just Mining District, The Port of Hayle, Tregonning and Gwinear Mining Districts with Trewavas, Wendron Mining District, Camborne and Redruth Mining District with Wheal Peevor and Portreath Harbour, Gwennap Mining District with Devoran and Perran and Kennall Vale, St Agnes Mining District, The Luxulyan Valley and Charlestown, Caradon Mining District, Tamar Valley Mining District with Tavistock이다.

24. 로마 제국 변경의 무역중심지(Frontiers of the Roman Empire: 문화, 1987/2005/2008 확대지정): Roman Limes(Limes Romanus)로 알려진 서기 2세기경의 로마시대 경계선·방어체계로 북부 영국에서 유럽을 거쳐 흑해와 홍해에 이르는 5,000㎞에 달한다. 여기에서는 요새, 성벽, 望樓, 甕城, 해자(垓字), 水道橋, 주거지 등과 그 흔적들이 포함 된다. 독일의 경우 서북쪽에서 동남쪽 다뉴브 강에 이르는 550㎞가 해당한다. 이 선을 따라 어떤 곳은 발굴이 되고, 또 복원도 되고 약간은 파괴되기도 하였다. 118㎞에 달하는 서기 122년에 지어진 영국의 하드리아누스 성벽(Hadrian's wall)과 그 후 안토니우스 파이우스(Antonius Pius) 황제 때인 서기 142년 서북쪽으로 좀 더 영토를 넓혀 60㎞에 달하는 성벽(스코트란드의 Antonine Wall)을 쌓아 놓았다. 이것들은 로마 제국의 이민족(barbarian)에 대한 통치, 방어체계와 축성술을 보여준다.

25. 폰트카사스테 수로교 및 운하(Pontcysyllte Aqueduct and Canal: 문화, 2009): 웨일즈 동북 렉스햄의 트레보르와 폰트카사스테 마을 사이를 흐르는 디(Dee) 강 계곡을 가로지르는 水路橋인 폰트카사스테 수로교 및 전장 18㎞의 운하는 산업혁명(서기 1760년) 동안 영국에서 가장 길고(307m, 폭 3.4m, 물통의 깊이 1.6m) 높게(38m) 만들어진 공학기술의 걸작이다. 수위를 조절하는 閘門을 만드는 대신 지형에 맞는 수로교와 터널로 만들어졌다. 이것은 토마스 텔포드(Thomas Telford)와 윌리암 제소프(William Jessop)가 설계하여 서기 1805년 11월 26일 완공하였다. 기둥은 벽돌로 물통은 鑄鐵과 鍊鐵로 홍예석(아치)처럼 鑄造(cast iron)해 사용하였다.

26. 찰스 다윈의 연구실(Darwin's Landscape Laboratory: 문화, 2010): 브롬리(Bromley)의 다우니(Downe)에 있는 찰스 다윈(서기 1809년 2월 12일~서기 1882년 4월 19일)이 서기 1882년 죽기 전까지 40년간 거주했던 집, 집주위의 환경과 그가 연구의 실험 대상으로 삼았던 연구실의 각종 식물, 곤충들의 표본이 포함된다. 그는 서기 1859년 종의 기원(Origin of Species)라는 책을 발간하였다.

예멘 YEMEN

1. **시밤 고대 성곽도시**(Old Walled City of Shibam: 문화, 1982): 서기 16세기 하드라마 우트(Hadramaut/Hadramawt wadi) 골짜기의 장마철 홍수를 피하기 위해 세이윤 (Seiyun) 지구에 건설된 요새 도시로 절벽 위에 세운 탑 같은 垂直式건물과 도시구 획이 돋보인다. 그래서 '사막의 맨하탄'이란 별칭도 있다. 집들은 평균 5층이며 높 은 것은 8층의 29.15m나 나간다.

2. **사나 구시가지**(Old City of Sana'a: 문화, 1986): 과거 2500년간 사람이 살았고, 서 기 7세기-서기 8세기에는 이슬람교의 보급의 중심지로 서기 11세기 이전에 지어 진 103개의 사원, 14개의 목욕탕 그리고 6,000동의 가옥이 남아있다. 가옥은 塔과 같이 多層구조로 되어 있으며 재료는 흙벽돌(adobe)로 版築(pisé)으로 지었다.

3. **자비드 역사도시**(Historic Town of Zabid : 문화, 1993): 서부 해안 고원지대의 달 후 다이다(d'al-Hudayda)에 있는 자비드는 서기 631년 무스림 세력이 들어온 이후 발 전해 나왔으며 서기 13세기-서기 15세기 예멘의 수도로서 예멘에서 가장 오래된 도시 중의 하나이다. 이곳에는 대학이 있어 인근 지역에서도 찾는 아랍과 무스림 문화권에서 중요한 역할을 담당한다.

오만 OMAN

1. **바흐라 요새**(Bahla Fort: 문화, 1987): 제벨 아크다르(Djebel Akhdar) 고원의 기슭에 있는 바흐라 오아시스 요새의 번영은 서기 12세기-서기 15세기에 걸쳐 이 지역 의 막강한 힘을 가진 바누 네브한(Banu Nebhan) 부족에 힘입었다. 훌륭한 요새 유 적은 사암의 기반 위에 돌로 礎石을 쌓고 그 위에 굽지 않고 말린 아도비(adobe) 벽 돌로 쌓아올린 약 40m 높이의 성벽, 望樓, 비밀통로와 우물 등이 있는 要塞는 이 런 종류로서는 보기 드문 예이며 바누 네브한 족의 강력한 힘을 과시하고 있다. 바흐라 요새는 근처의 이즈키(Izki), 니즈와(Nizwa), 루스타크(Rustaq) 요새와 함께 칼리프 하룬알-라신드(Caliph Harun al-Rasind)의 포섭·통일정책에 반기를 든 역사 적인 저항운동인 카라지트(Kharajite)의 거점이었다. 이 요새의 동남쪽에 "금요일의

사원(Friday mosque)"가 있는데 성벽의 壁龕에는 서기 14세기에 조각된 mihrab(메카의 신전인 카바의 방향을 표시 퀴블라/qibla임)가 있어 주목을 끈다. 그리고 오아시스에는 둘레 12㎞의 아도비 벽으로 둘린 성벽도 남아있다. 비 때문에 거의 파손되었다가 서기 1993년-서기 1999년에 오만정부가 비용을 내 복원하였고 그로 인해 위험 문화유산으로부터 해제되었다.

2. 바트, 알쿠틈, 알아윈 고고유적(Archaeological Site of Bat, Al-Khutm and Al-Ayn: 문화, 1988): 바트의 청동기시대 유적은 오만의 회교왕국내의 종려나무 숲 근처에 위치한다. 이웃의 알 아인 유적들과 함께 살펴보면 기원전 2000년경 청동기시대의 대규모 집자리와 공동묘지를 형성하고 있어 근동지방의 청동기시대와 사회상을 연구하는데 있어 빼놓을 수 없는 중요한 학술적 자료를 제공해 주고 있다.

3. 프랑크인센스 유적(The Frankincense Trail: 문화, 2000): 와디 도우카(WadiDawka)에서 나는 이스라엘인들이 제사 때 사용하던 고급 향료인 乳香나무와 시스르/우바르(Shisr/Wubar) 오아시스의 隊商유적 그리고 이와 관련되는 코르 로리(Khor Rori)와 알 발레드(Al-Baleed) 항구가 고대와 중세시대 지역에서 성행했던 수 세기 동안의 乳香의 무역로를 생생하게 보여준다. 이러한 예로는 네게브 사막의 기원전 3세기에서 서기 2세기 사이 고대 아랍 부족인 나바테안 왕국의 요새와 농경지가 있는 할루자(Haluza), 맘시트(Mamshit), 마브다트(Avdat)와 시브타(Shivta)의 4 도시를 이어 지중해 목표지점까지 나 있는 향신료 貿易路가 있다.

4. 아플라지 관개시설 유적지(Aflaj Irrigation Systems of Oman: 문화, 2006): 서기 500년까지 거슬러 올라가며 현재도 사용되는 3,000개의 관개수로 중 중요한 5개소가 문화유산으로 지정되었다. 그들은 팔라지 알 카트멘(Falaj Al-Khatmeen), 파라이알-말키(Falaj Al-Malki), 팔라지 다리스(Falaj Daris), 팔라지 알-제라(Falaj Al-Jeela), 팔라지 알-무야사르(Falaj Al-Muyassar)이다. 아프라지(Aflaj)란 사람이 살아가기 위해 필요한 관개시설을 말한다. 고고학적 증거는 이 관개시설이 기원전 2500년까지도 올라간다고 한다. 오만의 바닷가에서 내륙 쪽으로 조금만 들어가면 물이 없는 사막지대가 된다. 그러나 오만 사람들은 해발 3,000m의 산꼭대기에서 重力을 이용해

깊이 20-60m에 이르는 지하수로나 샘으로부터 물을 끌어 올리고 또 물길을 만들어 아래로 흘려 내려 보내는데 마을에서는 물을 사용하고 관리하는데 지도자격의 존경받는 관리인(water master)이 선정되어 상호의존과 효율적인 관리 하에 공평하게 일을 처리하도록 한다. 물길 주위에는 물길을 관리하기 위한 감시탑도 세워진다. 6시간마다 물길의 방향을 바꿀 때에도 해, 달과 별의 천문적인 운행에 따른다. 이 관개수로를 통해 농사를 지어 식량을 생산해 자급자족하면서 척박한 자연환경도 슬기롭게 극복해나간다. 이 관개수로의 관리에서 자연을 거슬리지 않고 자연과 조화를 이루어 순응해나가는 오만인들의 슬기를 엿볼 수 있다.

오스트레일리아 AUSTRALIA

1. **카카두 국립공원**(Kakadu National Park: 복합, 1981/1987/1992 확대지정): 오스트레일리아 노던 주 다윈 시에서 동쪽으로 250㎞ 떨어진 곳에 남북 200㎞, 동서 약 100m, 넓이 2만㎢에의 카카두 국립공원에 사람이 4만 년 전부터 살기 시작하고 그 후손인 토착민(aborigines)들이 이곳에서 수 천 년간 岩陰住居에서 생활해 오면서 남긴 흔적이 우비르(Ubirr)의 누랑(Nourang) 바위와 난구루우루(Nanguluwur)의 岩刻畵로 남아있다. 이곳은 동물·식물의 생태를 비롯해 토착민들의 고고학·민족학적 연구와 보호를 위한 지역으로 환경에 적응해 살아가면서 이곳에 자생하는 여러 희귀 동·식물의 생태학적 보고이다. 바위에 그려진 암각화의 주제는 동물의 영혼과 접촉하여 성공적인 사냥을 기원하는 사냥장면, 儀式을 표현한 종교적 장면, 이 세상을 만든 창조신에 관한 이야기, 무당과 주술 등이다. 우비르의 그림(岩畵)은 메기, 숭어, 뱀의 목을 가진 거북이, 돼지의 코를 가진 거북이, 왈라비, 타스마니안 호랑이 등이 다. 그리고 무지개 뱀 신도 있다. 호주 원주민의 창조의 신은 하늘과 땅을 연결하며 강과 자연을 창조한 위대한 무지개 뱀 신(rainbow serpent/the great serpent)이다.

2. **월랜드라 호수지역**(Willandra Lakes Region: 복합, 1981): 278㎢의 월랜드라 호수지역은 뉴 사우스 웨일스 주에 위치하며 멜버른 북서쪽 600㎞ 떨어져 있다. 6.5만-

4만 년 전부터 인류가 살던 지역 지역으로 砂丘에서 100여 인분의 화석인류가 발견되었다. 중요한 것은 서기 1969년에 발견된 현생인류(Homo sapiens)인 뭉고/멍고부인(뭉고/멍고 호수 가에서 발견된 여자란 의미의 Mungo lady)은 2만 6천년-2만년경의 여자로 호주원주민의 직접조상으로 알려져 있다. 그런데 이 화석인류는 죽은 뒤 儀式을 거쳐 火葬되었다. 그리고 서기 1974년에 발견된 뭉고인(Mungo man)은 4-5만년 전의 남자로 밝혀졌다. 그리고 新生代 중 洪績世(更新世, pleistocene) 이후 이 지역에서 살던 동물들의 화석이 많이 보존되고 있다. 그중 큰 캥거루의 화석도 나오고 있다.

3. 타즈매니안 야생지대(Tasmanian Wilderness: 복합, 1982/1989 확대지정): 혹독한 빙하기를 거쳤던 100만㏊의 지역에는 공원, 저수지, 석회암동굴과 과거 2만 년간 사람이 살던 흔적이 남아 있다. 그리고 호주 시드니에서 남동쪽 100㎞ 떨어진 윌리암 산 국립공원(Mt. William National Park)에서 4,000년 전 원주민이 동굴 바위에 그린 半人半獸, 새, 도마뱀, 캥거루 등의 그림이 발견되었다. 호주원주민(aborigines)의 창조의 신은 하늘과 땅을 연결하며 강과 자연을 창조한 위대한 무지개 뱀 신(The Australian rainbow serpent/the great serpent)이다.

4. 울루루 카타 추타 국립공원(Uluru-Kata Tjuta National Park: 복합, 1987/1994 확대지정): 오스트레일리아 중앙 132,566㏊의 건조한 모래평원에 우뚝 선 한 개의 붉고 거대한 砂岩 바위(Uluru/Ayers Rock, 9.4㎞ 길이, 340m 높이)와 서쪽으로 32㎞ 떨어진 3,500㏊의 올가 바위산을 정점으로 하는 Kata Tjuta(Kata Jjuta-Mount Olga 정상은 해발 500m임)의 바위 돔은 이 바위의 소유자인 아낭구(Anangu, Pitjantjatjara, Yankunytjatjara) 토착민(Aboriginal people)들의 생활터전이며 그들의 전통적인 법인 티주르쿠르파(Tjurkurpa)에 따라 가장 오래된 인간사회의 전통적인 신앙체계를 형성하고 있다. 바위의 하단 동굴에 보이는 岩畵들은 아낭구 족의 지속되는 문화적 증거물이다. 이곳을 처음 본 유럽인은 위리암 고스(William Gosse)로 서기 1873년이 바위의 이름을 아이어스 바위(Ayers Rock)라 명명하였다. 서기 1872년 어네스트 자일스(Ernest Giles)는 카타 티주타(Kata Tjuta)를 베르템베르그의 왕비 올가(Queen Olga of Wertem-

berg)를 따라 올가라고 이름지었다. 이곳의 역사는 이웃의 고고학 증거로 보아 10,000년 전으로 거슬러 올라가며 토착민들이 그린 암화들은 수 천 년전으로 시작된 것으로 보이며 그 위에 여러 번 중복되게 그려졌다. 토착민들은 인간이 된 먼 옛날 까마귀(Dreamtime's crow)의 후손으로 여기고 있다. 암화도 이러한 주제로 그려졌다.

5. 왕립전시관과 칼튼 정원(Royal Exhibition Building and Carlton Gardens: 문화, 2004): 서기 1880년 멜버른 국제 박람회를 위하여 만든 것으로 조세프 리드(Joseph Reed)가 설계하였고 현재 12,000㎡의 산업궁전(Great Hall)과 부속건물을 제하고는 다 해체되었다. 그리고 이 건물은 유럽인의 호주정착 100주년을 기념하기 위해 서기 1988년 다시 멜보른 100주년 전시회(The Melbourne Centennial Exhibition)도 개최되었다. 이 건물은 벽돌, 나무, 강철과 슬레이트로 지어졌으며 비잔틴, 로마네스크, 롬바르드, 이탈리아 르네상스 양식을 혼합해 만들었다. 이 전시회는 서기 1851년-서기 1915년 사이 파리, 뉴욕, 비엔나, 캘커타, 자메이카의 킹스턴, 칠레의 산티아고를 포함한 50여개의 도시에서 산업전시를 통한 물질적·도덕적 진보를 보여 주려는 국제전시운동(International Exhibition Movement) 목적하에 개최되었다.

6. 시드니 오페라 하우스(Sydney Opera House: 문화, 2007): 시드니 오페라 하우스는 덴마크 건축가 이외른 우촌(Jørn Utzon) 건축가가 서기 1957년에 건축디자인 공모전에 당선되고 서기 1958년 죠셉 카일(Joseph Cahill)이 이끄는 뉴사우스웨일스 정부(New South Wales Government)의 적극적인 후원으로 서기 1973년에 완공된 것이다. 이 건물에는 시드니 항구교(the Sydney Harbour Bridge) 옆 시드니 항구 안 베네롱岬(곶, Bennelong Point) 위에 위치하며 시드니 항구 앞의 바다와 조화를 이루는 물 있는 풍경화를 만들기 위해 계단상의 기단 위에 세 줄의 조가비 모양의 지붕을 씌었다. 오페라 하우스는 전체 길이 185m, 최고 넓이 120m, 최고 높이 해발 67m이다. 건물 내에는 Opera Australia, The Australian Ballet, the Sydney Theatre Company와 the Sydney Symphony Orchestra가 들어서 있으며, 내부에는 The Concert Hall(2,679석, 이 안에는 세계에서 가장 큰 1만5백 개의 파이프와 5단 건반으로 이루어진

오르간이 있다), The Joan Sutherland Theatre(proscenium theatre, 앞무대가 있는 1,507석), The Drama Theatre(proscenium theatre, 앞무대가 있는 544석), The Playhouse(벽에서 벽까지 이어지는 end-stage theatre, 398석), The Studio(400석)의 콘서트홀과 오페라 하우스 연극 공연장을 비롯해 극장, 녹음실, 음악당, 전시장과 식당이 자리하고 있다. 완공된 지 40여년이 지난 후 현재에는 오스트레일리아를 대표하는 상징적인 건물이 되었다.

7. 오스트레일리아의 죄수 유배지 유적(Australian Convict Sites: 문화, 2010): 서기 18세기-서기 19세기 대영제국에서 오스트레일리아 해안가의 비옥한 시드니, 타스마니아, 노포크 섬, 프리맨틀에 세운 죄수들의 유배지로서 현재 11개소가 잘 남아있다. 죄수의 유적을 통해 대규모의 죄수의 이송과 유럽세력의 식민지 확대 등을 알 수 있으며 그들은 다음과 같다.

New South Wales: 옛 정부청사 및 관저(Parramatta), 하이드 파크 바라크(兵舍, Sydney), 콕타투(Cockatoo) 섬 죄수 유배지(Sydney) and 옛 Old Great North Road (Wiseman's Ferry 근처). Norfolk Island: 킹스톤과 아서의 베일 역사지구. Tasmania: 아서 항구 역사지구(Tasman Peninsula), 폭포 여성 공장(CascadesFemale Factory, Hobart), 달링톤 범죄자 보호 역(Darlington Probation Station, Maria Island), 炭鑛역사지구(Premadeyna 경유)와 Brickendon-Woolmers Estates(Longford 근처). Western Australia: 프리맨틀 형무소

오스트리아 AUSTRIA

1. 잘쯔부르크 시 역사지구(Historic Centre of the City of Salzburg: 문화, 1996): 잘쯔부르크 시는 북과 남유럽의 문화가 만나는 교차지점으로 중세시대부터 황태자 겸 대주교에 의해 서기 19세기까지 다스려지던 도시국가로 화려한 고딕 양식의 건물로시의 중심부를 단장했던 이탈리아의 건축가 빈센조 스카모찌(Vincenzo Scamozzi)와 산티니 솔라리(Santini Solari)의 바로크 양식 작품들도 보인다. 그리고 이곳은 모자르트(Wolfgang Amadeus Mozart, 서기 1756년 1월 27일-서기 1791년 12월 5일)의 탄생지이

기도하다. 이곳에서 세계문화유산으로 등재된 것들은 성(Burgher houses), 루퍼트와 비르길 성당(Cathedral of St. Rupert and St. Virgil), 성 베드로 베네딕트 수도원(Benedictine Abbey of St. Peter), 베네딕트파 수녀원(Nonnberg Benedictine Nunnery), 성채(Hohensalzburg Fortress), 대주교의 궁전(Archbishop's Residence) 등이다.

2. 쉔브룬 궁전과 정원(Palace and Gardens of Schönbrunn: 문화, 1996): 서기 18세기부터 서기 1918년까지 합스부르크 왕가(Habsburg/Hapsburg, 서기 1278년-서기 1918년)의 황제들이 거주하던 궁전과 정원으로, 설계는 서기 1695년 조나단 베르나드 피셔 폰 에르라흐(Jonathan Bernhard Fisher von Erlach sr.)와 니코라우스 파카시(Nicolaus Pacassi)가 하였으며 베르사이유 궁전에 비견할 만한 장식예술의 극치를 보여주고 있으나 기본적으로 수수하게 꾸몄다. 14세 때 부르봉(Bourbon) 왕가 루이 16세에 시집와 서기 1789년 10월 6일 일어난 불란서혁명으로 서기 1793년 단두대에서 사라진 15번째이며 마지막에서 두 번째의 딸 마리 앙트와네트(MarieAntoinette, 서기 1775년 11월 2일-서기 1793년 10월 16일)의 어머니인 女帝 마리아 테레지아(Maria Theresia)는 이곳을 주요 거주지 정하여 여기에서 즐길 극장과 정원을 추가하고 글로리에테(Gloriette, Great Partere, 해발 60m 언덕 위에 서기 1775년에 세워진 정원의 중심축이다), 왕궁예배당(빈 소년 합창단이 상주), 거울의 방, 대연회장, 대화랑, 자녀들의 방, 가족들과 담소를 하며 지내는 방 등들을 바로크와 로코코 양식으로 다시 꾸며 놓았다. 서기 1695년 장 트레(Jean Trehet)에 의해 설계된 'Great Ground Floor'라 불리우는 정원과 함께 서기 1752년 프란시스 스테판(Francis Stephan)에 의해 만들어진 세계 최초의 동물원과 서기 1882년 유리와 철로 지어진 植物園인 the Great Palm House(114m), 정자와 함께 새로 만든 로마유적[Roman Carthage, 서기 1778년 페르디난드 헤젠도르프 폰 호헨베르그(Ferdinand Hetzendorf von Hohenberg)가 설계해서 세움]도 추가되었다. 전체적으로 바로크 양식의 조화를 이룬 예술작품의 총체 'Gesamtkunstwerk'라 할 수 있다.

3. 할슈타트-다하슈타인 문화경관(Hallstatt-Dachstein Salzkammergut Cultural Landscape: 문화, 1997): 기원전 2000년경 岩鹽을 채취하고 벌목하던 시절부터 구라파의

철기시대(기원전 12세기-기원전 6세기: A-기원전 12세기-기원전 11세기, B-기원전 10세기-기원전 8세기, C-기원전 7세기, D-기원전 6세기의 4기)를 거쳐 서기 20세기 중반에 이르기까지 번영을 누린 할슈타드 호반(Hallstätter See)에 자리한 서기 19세기-서기 20세기의 풍족하고 고풍스런 주택들로 들어찬 할슈타트 시와 이 시를 둘러싸고 있는 알프스 산록의 풍경과 고사우 계곡의 수려한 환경을 지닌 잘쯔캄머구트(Salzkammergut) 지역을 포함한다. 이곳은 잘쯔캄머구트(estate of the salt chamber) 말이 의미하듯이 소금광산의 채굴로 인해 이 시를 부유하게 유지해왔으며 이것은 할슈타트 시의 건축물에서도 잘 반영된다.

합스부르그 왕가(Habsburg/Hapsburg, 서기 1278년-서기 1918년)에서도 독자적으로 운영할 만큼 'Imperial Salt Chamber'란 말도 만들어진다. 기원전 500년경 켈트(Celt)족의 선조인 할슈타트인들은 주거의 흔적도 없이 자취를 감추었으나 그들이 쓴 분묘와 그 속에서 나온 철검 손잡이의 안테나식 장식은 멀리 우리나라의 세형동검(韓國式銅劍)에까지 영향을 미친다. 즉 英國 大英博物館 소장의 '鳥形柄頭 細形銅劍'이 우리나라에서 철기시대 전기(기원전 400년-기원전 1년)의 대표적인 유물인 세형동검의 자루 끝에 '鳥形 안테나'가 장식된 안테나식 검(Antennenschwert, Antennae sword)으로 보고, 그것이 오스트리아 잘쯔캄머구트 유적에서 시작하여 유럽의 철기시대의 대명사로 된 할슈탓트 문화에서 나타나는 소위 'winged chape'(날개달린 물미)에 스키타이(Scyths)식 동물문양이 가미되어 나타난 것으로 보인다. 이러한 예는 대구 비산동 유물(국보 137호)을 포함해 4점에 이른다. 그리고 오늘날 그곳에 살고 있는 주민들은 현재 서기 12세기 이래의 전통인 二次葬을 하면서 조상의 두개골을 따로 한곳에 보관하고 있다.

4. 젬머링 철도(Semmering Railway: 문화, 1998): 서기 1848년-서기 1854년 사이 고산지대에 부설한 41㎞의 철도 건설은 유럽에서 처음으로 산간지대에 놓은 철도이며 철로가 개통될 당시 주변의 경치에 맞는 휴양시설이 많이 생겼다. 이 철도를 개설하기 위해 고난도의 기술이 필요했는데 칼 폰 게가(Carl von Ghega)의 감독하에 14개의 터널(그중에는 해발 1,431m의 정상을 관통하는 경우도 있다), 16개의 계곡 위를

가로지르는 高架橋(몇 개는 2층 높이를 가짐), 100개소의 石橋, 11개소의 鐵橋가 만들어졌고 동원된 노동자만도 2만 명이 되었다. 해발 고도의 차이는 460m, 20-25°의 경사를 극복하기 위해 빌헤름 프라이어 폰 엥게르트(Wilhelm Freiherr von Engerth)가 고안한 分節형 증기 기관차가 이용되기도 하였다.

5. 그라쯔 시 역사지구(City of Graz Historic Centre: 문화, 1999/2010 확대지정): 그라쯔 시는 합스부르크 왕가(Habsburg/Hapsburg, 서기 1278년-서기 1918년)의 수 세기간의 지배하에 중앙유럽, 이탈리아, 발칸의 여러 나라에 접하는 이웃 지역으로부터 받은 문화적 영향과 함께 중세시대부터 건축과 예술을 잘 조화시켜 내려온 중앙유럽의 도시복합단지이다. 현재 구도시(역사중심 도시)에는 고딕 양식으로부터 현대의 양식에 이르기까지 여러 양식으로 지어진 1,000여동의 건물이 그대로 남아있다. 그중 그라쯔 역사지구 서쪽 3㎞ 떨어진 곳에 위치하는 에겐베르크 성(SchlossEggenberg)은 서기 1625년 한스 울리히 폰 에겐베르크(Hans Urlich von Eggenberg, 서기 1568년-서기 1634년) 공작에 의해 세워진 것으로 공작은 서기 17세기 오스트리아의 정치적 중요 인물이었다. 따라서 에겐베르크 성은 이탈리안 르네상스 말기와 바로크 양식의 외부 장식이 있는 영향으로 당시 여러 정치적 여러 사건의 증인이 되고 있다.

6. 바하우 문화경관(The Wachau Cultural Landscape: 문화, 2000): 멜크(Melk)와 클렘스(Krems) 계곡 사이의 다뉴브 강 계곡의 수려한 풍경으로 수도원, 성과 여러 유적들이 포함되는 건축물, 읍과 도시의 건설계획, 선사시대 이래의 가장 중요한 포도나무 경작과 같은 농업을 볼 수 있다. 이곳에는 움베르토 에코(Umberto Eco)의 소설 '장미의 이름'(Il nome della rosa)이란 소설의 무대가 된 서기 1089년 오스트리아 후작(Margrave Austria)인 레오폴드(Leopold) II세가 처음 세운 멜크 베네딕트 수도원(Melk Abbey, 현재 바로크 양식의 수도원은 서기 1702년-서기 1736에 세워짐)이 있으며 이곳은 또 독일 중세의 서사시인 니벨룽겐의 노래(Nibelungen-lied)의 무대이기도 하다. 그리고 서기 1908년 이곳 크렘 시 근처에 철도를 부설할 때 고고학자 죠세프 좀바디(Josef Szombathy)에 의해 빌렌도르프의 비너스 상(Venus of Willendorf, 기원전 22000년-21000년, 11㎝, 석회암제)이 발견되기도 하였다. 출구는 앞을 흐르는 다뉴브 강으

로 배편을 통해 소금, 철, 옷감과 노예까지도 배편으로 무역이 이루어졌다.

7. 비엔나 역사지구(Historic Centre of Vienna: 문화, 2001): 비엔나는 켈트와 로마시대부터 중세를 거쳐 오스트리아-항가리 제국(Austro-Hungarian Empire)의 도시인 바로크 도시(Baroque city)로 발전해왔다. 이 도시는 비엔나 고전주의로부터 서기20세기 초까지 유럽 음악의 중심지로서의 역할을 해왔다. 이곳 역사 중심지에는 바로크 양식의 성, 큰 건물과 기념비를 중심으로 뻗어있는 서기 19세기 말의 環狀道路를 포함하는 조화를 이룬 건축물이 많이 있다. 미카엘 광장의 로마유적, 비엔나 시장과 시의원을 대표하는 라트하우스(Rathaus), 서기 18세기부터 서기 1918년까지 합스부르크 왕가(Habsburg/Hapsburg, 서기 1278년-서기 1918년)의 황제들이 거주하던 쉔브룬 궁전(Schönbrunn)과 정원, 그리고 모차르트(Wolfgang Amadeus Mozart, 서기 1756년-서기 1791년), 베토벤(Ludwig van Beethoven, 서기 1770년-서기 1827년), 슈베르트(Frantz Schubert, 서기 1797년-서기 1828년), 스트라우스(Johann Strauss, 서기 1825년-서기 1899년), 브람스(Johanness Brahms, 서기 1833년-서기 1897년) 등의 유명한 작곡가들이 묻힌 중앙묘지(Zentralfriedhof, Central Cemetery, 서기 1874년 문을 열고 베토벤과 슈베르트 등의 묘지를 서기 1888년 이곳으로 이전) 등도 유명하다.

8. 알프스 산맥 주위의 선사시대 掘立柱式집(Prehistoric Pile dwellings around the Alps: 문화, 2011): 알프스 산맥 주위의 오스트리아, 프랑스, 독일 이탈리아, 슬로베니아와 스위스에 111개소의 개별적인 유적에서 발굴되는 말뚝을 박아 높이 지은 掘立柱式집(pile dwellings, stilt houses)들이 발굴되는데 원래 기원전 5000년-기원전 500년 호수가, 강가와 저습지에 살던 유럽인들이 지은 湖上住居의 형식이다. 발굴에서 나타난 증거들은 알프스 산맥 주위의 신석기와 청동기시대 사람들이 자연환경에 어떻게 적응하면서 살았는지를 보여준다. 그중 56채가 스위스에서 발굴되었다. 이들은 잘 보존이 되어 있으며 유럽 초기 농업사회를 연구하는데 중요한 고고학 자료가 된다.

오스트리아/헝가리 AUSTRIA/HUNGARY

1. 페르퇴/노이지어드러제(Cultural Landscape of Fertö-Neusierdlersee: 문화, 2001): 중앙 유럽에서 세 번째로 크며 ⅓이 갈대숲으로 형성된 수심 1.5-4m 내외의 오스트리아와 헝가리 국경을 접하는 페르퇴-노이지어드러제 호수는 과거 신석기시대부터 8,000년간 인간과 자연환경의 공생 관계를 잘 보여 준다. 호수에서 뱀장어 조업, 호수 주위는 호박의 길 로마시대의 석회암 채석장으로 알려져 있으며, 호반에서는 켈트, 훈, 게르만, 반달족의 고고학적 자취도 확인된다. 그리고 서기 18세기-서기 19세기 이 호수 주위에 만들어진 궁전들은 환경의 아름다움을 더해 준다. 특히 헝가리의 베르사유 궁(Hungarian Versailles)으로 알려진 바로크 양식 정원을 가지고 있고 하이든(Franz Joseph Haydn, 서기 1732년-서기 1809년)의 후원자인 태자 에스테르하지(Prince Nikolaus Eszterházy)의 여름별장인 에스테르하지[Eszterháza(서기 1762년 施工해서 서기 1766년 入宮)] 궁에서 하이든이 24년간 머물렀으며 서기 1772년 교향곡 45번 고별(Farewell)을 작곡하였다. 이 궁전은 현재 박물관으로 되어 있다.

온두라스 HONDURAS

1. 코판의 마야 유적(Maya Ruins of Copán: 문화, 1980): 온두라스 서쪽 과테말라와 경계인 해발 700m의 구릉에 있는 0.6㎢ 범위의 코판 마야 유적은 온두라스에서 유일하며 서기 200년-서기 800년의 기간 동안 서기 7세기-서기 8세기에 전성기를 맞는다. 그 세력 범위는 온두라스에서 멕시코 유카탄 반도에 이른다. 그곳의 인구가 한때 2만 명까지 추산된다. 聖刻文字에 의하면 코판은 서기 426년-서기 435년에 통치했던 왕까지 거슬러 올라가며 그 후계자인 스모크 재규어(Smoke Jaguar)는 서기 628년-서기 695년 통치했다. 그와 그의 후계자인 18 토끼(Eighteen Rabbit)는 도시를 군사화하고 여러 채의 건축물(현재까지 3,450개가 확인됨)을 세웠다. 마지막 왕인 스모크 셸(Smoke Shell)은 서기 749년-서기 763년에 통치하였으며 코판에서 중앙아메리카에서 가장 긴 명문인 성각문자가 있는 계단(63 계단, 서기 743년)을 세웠다. 라스세풀투라스(Las Sepulturas)와 로스 사포스(Los Sapos)에 있는 신전,

대경기장, 광장, 비석 'three stones/stelae', C, H(Uaxaclajuun Ub'aah K'awill 서기 738년), N, 63(K'inich Popo Hol 통치기간, 서기 551년), M(서기 749년) 등이 남아있다. 서기 800년-서기 1200년 도시는 멸망의 길을 들어섰으며 그 이유는 잘 알지 못한다. 서기 1570년 유럽인들이 들어와서야 이 유적이 알려졌다. 중남미에서 올멕과 몬테 알반에 이어 세계를 대표하는 세 번째 문명은 마야이다. 마야의 유적은 멕시코(유카탄 반도), 과테말라, 벨리즈, 영국령 온두라스의 저지대 정글에서부터 서부 온두라스의 고지대에까지 넓게 분포한다. 마야의 기원은 고전기에 앞서는 형성기(포마티브기) 또는 선고전부터 시작된다. 현재까지 알려진 잘 알려진 도시는 과테말라 치아파스(Yachilan/Yaxchilan, Chiapas Mexico)의 중심지인 팔렌퀘(Palenque), 페텐(유카탄 반도의 Petén), 치첸 이차(El Castillo 신전이 있는 Chichén Itzá, 서기 800년-서기 1050년), 티칼[Tikal, Jasaw의 아들인 Yik'in Chan Kawil 왕(서기 734년-서기 760년) 때가 극성기로 서기 736년 경 쟁자인 카라크믈(Calakmul)의 침입을 저지하고 서기 743년과 서기 744년에 El Peru와 Naranjo를 제거함]과 타진(Tajin) 정도이다. 서기 600년-서기 900년은 고전기후기로, 美的인 발전이 이루어진다. 조각과 건축도 화려해지며 지방적인 양식도 이루어진다. 유카탄 북쪽의 치첸 이차(Chichén Itzá)나 욱스말에서 서기 9세기경 지붕에 닭 벼슬 모양의 장식이 가미된 독특한 푸욱 양식의 건물이 세워진다. 그러나 어떤 이유에서인지 몰라도 서기 9세기-서기 10세기에 저지대 마야의 의례중심지는 폐기되고 후기 고전기도 끝난다. 알려진 바로는 팔렌퀘는 서기 799년경, 코판은 서기 819년경, 그리고 티칼은 서기 879년경에 망한다. 여기에 대하여는 화전농경으로 인한 토지의 척박, 마야 언어를 사용하는 투툰족의 침입 그리고 한발과 같은 이유, 다시 말해 과다한 벌목, 질병과 호전성 등이 거론되고 있으나 아직 어느 것 하나 만족한 답을 주지 못하고 있다. 그리고 마야의 멸망시기와 거의 일치하는 유카탄 반도에 찾아든 3, 6, 9년 단위의 혹독한 가뭄을 들기도 한다. 최근에 마야의 멸망에 대해 왕에 대한 백성의 믿음이 결여될 때를 그 이유로 들기도 한다. 즉 치아파스/야칠란(Yachilan/Yaxchilan, Chiapas Mexico)의 상인방돌(Lintel24)에 새겨진 서기 709년 10월 28일 표범 왕과 왕후인 조크(Xoc)가 행했던 것처럼 왕은 가오리 뼈로 만든 칼로 왕

자신의 성기를 찔러 性器放血(bloodletting)을 하고, 왕비의 경우 혓바닥을 찔러 피를 내어 그것을 하늘을 향해 태워 신에게 제사를 지내는 종교적 믿음과 신앙에 기초함에도 불구하고, 마야의 멸망은 마야의 왕 겸 제사장이 이웃과의 전쟁에 패하거나 또 서기 800년경의 심각한 가뭄과 같이 자연환경이 척박해져 일어나는 흉년으로 백성들이 왕을 떠나 신전과 궁궐이 중심이 되는 도시국가도 아울러 폐기되는 주위의 모든 일련의 과정에 대한 모든 책임을 지는 것에서 찾아진다. 코판이 망하는 이유도 다른 마야 유적에서와 같을 것이다.

요르단 JORDAN

1. **퀴세이르 아므라**(Quseir/Qasr Amra: 문화, 1985): 요르단 동부 사막 아즈 자르카(Az Zarqa)에 있는 우마이야(우마위야, Umayyad Calipate, 서기 660년-서기 750년 아랍 첫 번째 세습왕조) 왕국의 성으로 왈리스(Umayyad Calipate Wallis) I세 때인 서기 711년-서기 715년에 건설되었는데 이 성안에 왕의 군대가 거주하는 요새와 궁전이 있다. 특히 응접실과 목욕탕으로 사용되던 조그만 환락의 궁은 벽에 당시의 세속적인 그림이 벽화로 남아있다. 이것은 초기 아랍(이스람)의 건축과 예술을 보여준다.

2. **페트라**(Petra : 문화, 1985): 선사시대 이래의 紅海와 死海 사이, 아랍, 이집트, 시리아와 페니키아의 교차로에 자리 잡았던 전략적 요충지인 사암으로 이루어진 천연요새의 캐러반(隊商) 도시이다. 이 무역루트는 요르단의 '바위'라는 의미를 지닌 페트라[Petra, 기원전 100년-서기 100년경의 아랍계 유목민족인 나바테안(Nabataean) 왕국의 아레타스(Aretas) IV세가 축조한 王陵/靈廟를 포함, 높이 40m]와 바쉬르 성, 시리아의 팔미라(Palmyra)까지 이르게 되었다. 이 페트라의 나바테안 왕국은 사막지대의 샤라 산맥에 자리 잡고 풍부한 지하 수맥의 개발로 향로와 몰약(myrrh, 沒藥) 등의 무역중심지가 되었으나 서기 106년 로마에, 그리고 서기 3세기-서기 4세기 이후에는 비잔틴 제국(동로마제국)에 복속되었다가 서기 7세기 후반 지진으로 멸망한 것 같다. 이 보물창고 엘 하즈네(Treasury, Al Khazne/寶物殿)란 이름의 페트라 유적은 바위를 반쯤 깎고 들어가 만들었으며 동방고대와 헬레니즘 건축양식을 융화시킨 것으로

특징이 있다. 페트라 도시에는 엘 데이르(El Deir) 수도원과 협곡 입구 망자의 집이 라는 암벽을 깎아 동굴모양으로 만든 무덤(Um Tomb)과 같은 유적들이 많다. 이 유적은 서기 1812년 이 페트라로 통하는 迷路와 같은 폭 3-4m의 좁은 길인 Siq(shaft)를 통과한 스위스의 탐험가 요한 루드비히 부카르트(Johann Ludwig Burck- hardt)에 의해 발견되었다. 서기 2007년 7월 9일에는 新世界 7대 不可思議의 하나 로 선정되었다.

3. 카스트론 마화의 비잔틴 및 초기 이슬람 문명유적[Um er-Rasas(Kastrom Mefa'a): 문화, 2004]: 마다바(Madaba)에 위치한 아직 발굴이 되지 않은 서기 3세기 말-서기 9세기 사이 로마, 비잔틴과 초기 무스림(회교도)의 유적이 있는 곳으로 특히 서기 5세기 이후 이곳이 도시화 되면서 남아있는 로마의 군사요새, 마루의 모자이크 장식이 잘남은 건물 터, 16개의 교회 터가 중심이 된다. 특히 2개의 방형 탑이 있 는데 당시 禁慾하던 隱者들이 올라가 수도하던 곳으로 전해진다. 또 이곳에는 성 스테판(St. Stephan) 교회 터 바닥에 남아있는 모자이크도 잘 알려져 있다. 이 건조 한 환경의 유적 주위에는 옛날의 농경을 하던 흔적이 남아있다.

4. 와디 룸 보호지구(Wadi Rum protected Area: 문화, 2011): 요르단의 남쪽 사우디아 라비아 국경 근처에 자연과 문화의 복합지구로 등재된 74,000㏊ 넓이에는 좁은 산맥들로 이루어진 능선, 자연 구릉, 솟아있는 절벽, 경사, 거대한 산비탈, 동굴 등의 다양한 사막의 경관을 보여준다. 여기에서 발견되는 岩刻畵, 명문과 고고학 적 유적들은 과거 12,000년부터 사람들이 이곳에서 자연환경에 적응해 살아왔다 는 것을 알려준다. 20,000개의 명문이 새겨진 25,000개의 암각화는 인간의 사고 와 초기 문자의 진화를 알려준다. 이곳 유적들은 목축-농경-도시에로의 진화가 이루어진 행위를 보여준다.

우간다 UGANDA

1. 카스비에 있는 부간다족 왕릉단지(Tombs of Buganda Kings at Kasubi: 문화, 2001): Kampala 지구에 30㏊의 규모의 구릉에 위치한 서기 1882년에 만든 부간다

(Buganda) 왕국 카바카스(Kabakas) 궁전이 있던 곳으로 서기 1884년 왕릉으로 바뀌었다. 현재 4개의 왕릉이 있으며 그들은 무테사(Mutesa I, 서기 1835년-서기 1884년, 서기 1861년 White Nile 강의 중간 지점인 빅토리아 호의 발견에 도움을 주었다), 므왕가(Mwanga II, 서기 1867년-서기 1903년), 다우디 츠와(DaudiChwa II, 서기 1896년-서기 1939년), 에드워드 무테사 경(Sir Edward Mutesa II, 서기 1924년-서기 1969년)의 陵들이다. 이들의 무덤은 흙벽돌로 지어진 원형이고 그 위에 나무, 이엉, 갈대를 이용해 돔의 형태를 만들어 지붕을 얹혔다. 이들은 신념, 숭고한 정신, 지속성과 동질성에서 높이 평가받는다.

우루과이 URUGUAY

1. **콜로니아 델 새크라멘토 역사지구**(Historic Quarter of the City of Colonia delSacramento: 문화, 1995): 서기 1680년 포르투갈인들이 현 아르헨티나 부에노스 아이레스(당시 스페인/ESPAÑA 총독부와 군이 주둔)를 마주보는 라 프라타강 연안(Rio de la Plata)에 세운 스페인군을 막기 위한 해상방어의 전략적 요충지로 서기 1680년 스페인 호세 데 가로(José de Garro)에 의해 점령되고 그 다음해 다시 포르투갈에 반환되었다. 서기 1828년 우루과이의 독립이전까지 스페인, 영국과 계속 투쟁을 벌였다. 현재 이곳은 이탈리아를 중심으로 하는 유럽으로부터의 이주민이 대부분을 차지하고 있으며 식민지시대 포르투갈과 스페인 양식이 잘 결합된 도시풍경을 보여준다. 아르헨티나의 부에노스아이레스로부터 페리 호를 타면 50분 거리에 있어 관광객이 많다. 자갈돌을 깐 서기 17세기의 길, 가로수가 있는 마요르 광장(Plaza Mayor), 시를 들어서는 입구(City Gate), 들어 올리는 목제 可動橋다리, 총독부 관저 터, 성당(Basilica del Sanctisimo Sacramento), 등대(서기 17세기, Covent of San Francisco), 서기 18세기 포르투갈인들이 살던 집 등이 잘 남아있다.

우즈베키스탄 UZBEKISTAN

1. **이찬 칼라**(Itchan Kala: 문화, 1990): 키바(Khiva), 호레즘(Khoemzm) 오아시스 지구의 높이 10m의 벽돌로 지은 동서남북의 정 방향에 성문이 나있는 성벽으로 둘러

싸인 도시 유적으로 호레즘[Khorezm, 서기 11세기–서기 16세기경, 키우젤리-기르(Kyuzeli-gyr)와 딩그리드(Dinglidzhe) 농장 유적 등] 문명 때부터 이란으로 가던 隊商들의 무덤이 있던 곳이며 오아시스 주변 관개시설과 중앙아시아의 무스림 건축들이 잘 보존된 곳이다. 여기에는 디주마(Djuma) 모스크 사원, 靈廟, 교육기관, 서기 19세기 알라-킬리-칸(Alla-Killi-Khan)이 지은 두 개의 왕궁과 같은 잘 보존된 무스림 건축물들이 현존하고 있다. 그리고 內庭, 응접실, 주거공간이 갖추어져 있는 가정용 주택도 잘 남아 있다.

2. **부카라 역사지구**(Historic Centre of Bukhara: 문화, 1993): 부하라 지구의 기원전 4세기경부터 시작되는 약 2000년이 넘는 역사를 가진 古都로 비단길(Silk road)의 길목에 자리하고 있다. 중앙아시아의 중세시대 도시계획이 완전히 남아있는 도시 안에는 서기 10세기 이스람 건축의 걸작인 이스마일 사마니(Ismail Samai)의 무덤과 근동지방에서 무스림 신학파의 중심지가 된 서기 17세기에 지어진 교육기관이 잘 남아 있다.

3. **샤크리스얍즈 역사지구**(Historic Centre of Shakhrisyabz: 문화, 2000): 사마르칸트와는 달리 샤크리스얍즈(페르시아어로 '초록 도시'를 의미함)의 비옥한 지구는 페르시아, 마케도니아, 아랍과 몽골의 침공을 거치면서 서기 1370년–서기 1526년 티무르 제국의 수도로 정착하였고 오늘날에도 당시의 도시계획을 그대로 엿볼 수 있다. 서기 15세기–서기 16세기 아미르 티무르(Amir Timur/Temur, 서기 1336년 4월 8일–서기 1405년 2월 18일)와 테무리즈(Temurids) 왕의 지배하에 극성기에 달한 도시의 발전을 보여주는 기념물과 고대 역사지구로 이곳에는 서기 1379년 티무르가 코냐우겐치(Konya Urgench)를 공격한 후 기념으로 지은 아크 사라이(Aq-Saray) 궁전이 있는데 궁을 짓고 모자이크를 만들기 위해 제국 내의 모든 기술자들이 동원되었다. 티무르 제국의 바브르(Baber/Babur, 서기 1483년–서기 1530년)에 의해 인도에서 무갈 제국(서기 1526년–서기 1707/1857년)이 형성되었다. 이곳에 남아있는 다른 유적들은 코크 굼바즈(Kok Gumbaz) 사원/Dorut Tilyovat Complex, Hazrat-i Imam Complex(靈廟와 사원), 티무르(Timur)의 빈 무덤, 코르-수(The Chor-su)의 시장, 隊商의 숙소와 목

욕탕 등이다.

4. **샤마르칸드 문화교차로**(Samarkand-Crossroads of Cultures: 문화, 2001): 비단길(Silk Road) 중간기점으로 이찬 칼라(Itchan Kala), 부카라(Bukhara)와 샤크리스얍즈 (Shakhrisyabz)의 역사지구. 아미르 티무르(서기 1336년-서기 1405년) 제국의 수도로 구르-에밀(Gur-Emir, 지배자의 무덤, 티무르 일가의 무덤이 있다), 비비하눔 모스크(서기 1404 년), 레기스탄 광장의 티무르의 손자인 울르크베그(Ulugh-Beg) 메레두사, 천문대 샤이진다 등이 남아 있다. 이곳 아프라시아프(Afrasiab) 박물관 벽화에는 서기 1965년 발굴된 서기 7세기 머리에 새의 깃털로 장식한 鳥羽冠을 쓴 고구려 사신의 모습도 들어있다.

우크라이나 UKRAINE

1. **키에프의 성 소피아 대성당과 수도원 건물들, 키에프-페체르스크 라브라**(Kiev: Saint Sophia Cathedral with Related Monastic Buildings, St. Cyril's and St. Andrew's Churches, Kiev-Pechersk Lavra: 문화, 1990/2010 확대 지정): 터기 콘스탄티노플에 있는 하기아 소피아(Hagia Sophia) 교회에 필적하는 키에프의 성 소피아 대 성당과 수도원 건물들은 서기 988년 성 브라디미르(St. Vladimir)의 기독교 전파 후 기독교 공국의 태자 야로스라프(Yaroslav the Wise)가 Pechenegs(아시아의 유목민족) 족에 대한 승리의 기념으로 서기 1037년 신 콘스탄디노플(New Constantinople)이라고 불리는 성당을 키에프 수도에 지었다. 서기 16세기에 지어진 키에프-페체르스크 라브라 수도원은 서기 17 세기-서기 19세기 러시아 세계에 正敎會의 사상과 신앙을 전파하는 데 공헌하였다. 이 수도원은 정교회의 성당을 비롯해 많은 지하무덤(catacombs), 종루, 내부 비잔틴 양식의 벽화 등을 포함하고 있다. 이 성당 이외에도 성 키릴(St. Cyril)과 성안드류(St. Andrew), 키이브 페체르스크 라브라(Kyiv-Pechersk Lavra) 수도원도 포함된다. 성 키릴 교회는 원래서기 12세기의 건물이나 서기 1748년-서기 1760년 우크라이나 건축가인인 그리고로비치-바르스키(I. Grygorovych-Barsky)의 설계로 다시 지어져 우크라이나 바로크 양식을 갖게 되었다. 여기에는 서기 17세기-서기

19세기의 벽화가 있다. 성 안드류 교회는 서기 1747년-서기 1762년 라스트레리 (F.B. Rastllei)의 설계로 지어지고 서기 1751년-서기 1752년 비시니아코프(I. Vysh-nyakov) 팀이 그린 당시의 벽화가 있다. 그리고 라브라 수도원은 서기 16세기에 지어지고 많은 지하묘지(catacombs)를 가지고 있다.

2. **리비브 유적지구**(L'viv-the Ensemble of the Historic Centre: 문화, 1998): 우크라이나 서부 할리치나(Halychyna)에 위치하는 리비브는 서기 1256년 할리치-볼히니아의 루테니안 公國(Ruthenian principality of Halych-Volhynia)의 다니료 할리취스키(Danylo Halytskyi) 왕이 레드 루테니아(Red Ruthenian)에 건설하고 자기 아들의 이름을 따서 지었다. 이곳은 서기 1349년-서기 1772년 폴란드에, 서기 1772년 -서기 1918년 오스트리아에 점령을 당하고 세계제2차대전 후 러시아에 귀속되었다. 그런 역사적 인연으로 리비브 도시는 수 세기 동안 행정, 종교 상업의 중심지로 폴란드와 오스트리아의 영향을 받아 바로크 양식과 그 이후의 건물, 돌이 깔린 鋪道 등이 많이 남아있다.

3. **스트루브 자오선 측지점**(Struve Geodetic Arc: 문화, 2005): 노르웨이(NORWAY), 라트비아(LATVIA), 리투아니아(LITHUANIA), 러시아(RUSSIAN FEDERATION), 벨라루스(BELARUS), 에스토니아(ESTONIA), 우크라이나(UKRAINE), 스웨덴(SWEDEN)과 핀란드(FINLAND) 지역이 함께 자오선 측정의 삼각측량점

4. **부코비티안과 달마티안 수도의 주거**(Residence of Bukovitian and DalmatianMetropol-itans: 문화, 2011): 우크라이나의 부코비티안과 달마티안 수도의 주거들은 체코의 건축가인 요세프 흐라브카(Josef Hlavka)가 서기 1864년-서기 1882년에 지은 시너지 효과가 넘치는 걸작품이다. 건축사에 남을 서기 19세기의 건물들은 정원과 공원을 가진 수도원과 부속학교도 포함한다. 이 건물복합은 비잔틴 시대부터 내려오는 전통과 합스부르크 왕가(Habsburg/Hapsburg, 서기 1278년-서기 1918년)의 지배 하에서 正敎會의 건축적인 양식을 수용하였는데 오스트리아-항가리를 아우르던 합스부르크 제국의 종교적 관용을 반영한다.

5. **폴란드와 우크라이나 카르파티안 지역의 목조교회**(Wooden Tserkvas of the

Carpathian Region in Poland and Ukraine: 문화, 2013): 폴란드와 우크라이나 카르파티안 지역의 목조교회(Wooden Tserkvas of the Carpathian Region in Poland and Ukraine: 문화, 2013): 목조교회인 체르크바(tserkva)는 모두 16곳으로 8곳은 폴란드 말로폴스키 (Małopolskie Province)와 포드카라파키(Podkarpackie Province)에 나머지 8곳은 우크라이나 카르파티안에 위치한다. 교회의 명칭은 다음과 같다.

　　Poland

　　　　Tserkva of St. Michael the Archangel, Brunary

　　　　Tserkva of the Birth of the Blessed Virgin Mary, Chotyniec

　　　　Tserkva of St. Paraskevia, Kwiatoń

　　　　Virgin Mary's Care Tserkva, Owczary

　　　　St. James the Less Tserkva, Powroźnik

　　　　Tserkva of St. Paraskevia, Radruż

　　　　St. Michael the Archangel Tserkva, Smolnik

　　　　St. Michael the Archangel Tserkva, Turzańsk

　　Ukraine

　　　　Descent of the Holy Spirit Church, Potelych

　　　　Holy Trinity Church, Zhovkva

　　　　St. Yuriy's (George's) Church, Drohobych

　　　　St. Dmytro's Church, Matkiv

　　　　Descent of the Holy Spirit Church, Rohatyn

　　　　The Church of the Nativity of B.V.M., Nyzhniy Verbizh

　　　　The Church of St. Archangel Mykhailo, Uzhok

　　　　The Church of Ascension of Our Lord, Yasynia

　서기 1797년 이후 그리스正敎會의 목조교회는 세 부분의 건물, 가로로 쌓아 올린 통나무 건축의 外部, 서기 18세기-서기 19세기의 多彩畵 장식, 서기 18세기의 아이콘 장식벽(iconostsis, 교회의 본당과 성역을 나누는 아이콘 聖像과 종교적 그림으로 장식된 벽)으로 된 內部로 나눈다. 여기에는 폴란드 성 미카엘 대천사의 목조교회(Tserkva of St. Michael the Archangel)와 성모 마리아탄생 목조교회(Tserkva of the Birth of the Blessed Virgin Mary, 서기 1600년경)는 서부 렘코(West-Lemko) 정교회의 종교건물 중 대표 예이다. 성 미카엘 대천사의 목조교회의 외부는 비를 막기 위해 댄 비늘판(Weather-boarding), 판자지붕, 너세지붕의 본당, 여러 겹의 너새지붕을 인 聖壇, 낮은 쪽에 계단상의 지붕, 장미꽃 그림으로 채색된 소벽(frieze)으로 장식된 계단상의 판자, 빛이 통하지 않는 채광창이 달린 양파모양의 돔 지붕, 나중에 갖다 붙인 방이 있는 탑 등이 보인다. 내부 장식은 서기 18세기 바로크 양식의 장식벽과 제단(서기 17세기), 로코코 양식의 제단(서기 18세기), 복음서의 저자들을 그린 연단(서기 18세기)과 성상과 십자가를 그린 의자(서기 18세기-서기 19세기)가 있다. 성모 마리아 탄생 목조 교회는 현재 천주교성당으로 사용되고 있고 서기 1600년경에 지어졌다. 가까이 에 목조교회의 공동묘지와 목조 종탑이 있다. 외부는 가로로 쌓아 올린 통나무 건축의 목조교회로서 현관, 조립건물, 양쪽의 비를 막기 위해 댄 비늘판 등이, 내부에는 장방형의 본당 옆에 장방형의 성구보관소(pastophories, sacristy)로 확대되고 삼면이 벽으로 막힌 聖壇, 본당의 반대편에 곡선 형태의 상인방 서까래가 달린 '여성들의 현관(women's porch, babiniec, a portal with a wave-shaped lintel)'이 있다. 목조 건물의 옛날 부분은 열주(arcade, soboty)로 둘러싸여 있다. 외부의 열주와 여성들의 현관 너머에는 회랑(gallery, 回廊/羨道/널길)이 기둥 위 반원형으로 이룬 서까래로 반쯤 덮혀 있다. 이 회랑을 따라 바깥의 계단으로 올라가면 남쪽 벽에 이른다. 본당에서 聖所와 위층의 예배당은 서기 1722년(대분이 이 해에 제작됨)-서기 1735년에 그려진 인물과 다채화의 장식으로 그려져 있다. 동쪽 본당 쪽에는 서기 1671년에 제작된 5단의 아이콘 장식벽, 서기 1756년에 제작된 제단, 서기 1700년경에 제작된 측면 제단이 있다. 목조교회는 폴란드에서 가장 시대가 올라가며 예배당 주위 회랑이 돌아가는 보기 드문 그리스 정교회이다. 목조교회는 과학적, 미적, 감정적 분야에서 충분히 근거가 있는 기념물이다. 그들은 역사적으로 중요한 기념물로, 지역적으로 특징 있는 모습을 보여주는 동시에 지역을 벗어나서도 매우 두드러지며 그 지역의 문화 경관에 어울린다. 오랜 시간 동안 약간의 변형이 있으면서도 중세시대의 상인조합(guild)에서 만든 전통과 기술을 지속시켜 나가면서 원래의 모습을 잃지 않고 있다. 교회 내부의 설비들은 수 세기 동안 예배와 의식을 끊이지 않고 지속시켜 왔다. 이들 주변에는 남아 있는 정신문화의 가치를 볼 수 있는데 이들은 우주론적인 표현과 동시에 지역적인 종교와 문화적 정체성에도 초점을 맞추어 나가고 있다. 그들은 전통적인 의식과 예식에 대한 배경을 형성한다. 서기 20세기에 목조교회의 복원에 관심을 갖기 시작하였다. 이전에는 그 시대의 양식과 기능에 따라 수리·복원되었다. 기술적인 전통의 지속으로 같은 기술과 재료도 보존되었다. 현재 사용되는 복원의 원칙은 구조물, 세부와 장식의 믿을 수 있는 근거를 일일이 확인해나가는 것이다. 우크라이나, 폴란드, 러시아와 루마니아에서 종교적인 건물은 여러 가지 원칙에 의존하고 공간적 구성형태에 따라 발전하고 있다. 폴란드와 우크라이나의 카르파티안 지역에서 가장 오래된 목조교회는 서기 16세기에 만들어졌는데 이들 교회는 당시의 목조교회 중 가장 잘 지어진 것이다.

6. 타우릭 케르손니스 고대도시와 코라(Ancient City of Tauric Chersonese and its Chora, 기원전 5세기-서기 14세기: 문화, 2013): 흑해 북부 연안 기원전 5세기 그리스 도리아인이 세운 식민도시인 타우릭 케르손니스는 6개소의 유적과 수 백 개의 코라(Chora)라고 하는 같은 규모를 가진 장방형의 농경지를 포함한다. 이 농경지(코라)들은 서기 15세기까지 2,000년간 북해연안국들 중 가장 번영하였던 포도주생산의 중심지로 기원전 4세기-기원전 3세기 중반 이전 케르손니스 나라의 중점 수출품목이었다. 이 유적에는 석기시대와 청동기시대의 집자리, 로마와 중세시대의 망루가 있는 요새와 물 공급체계(수도), 초기 기독교유적뿐만 아니라 여러 개의 공공건물 단지와 집, 포도밭 경작과 경작지를 분할하던 벽이 잘 남아있다. 서기 3세기 이 유적은 그리스, 로마, 비잔틴 제국, 흑해 북쪽에 살고 있던 여러 나라들 사이에서 교역망의 중심으로 잘 알려져 있다. 무역 항구는 콰란티나야 만(Quarantinnaya Bay)에 기원전 4세기경에 처음 만들어졌으며 후일 항구의 수는 늘어갔다. 서기 2

세기 중엽 케르손니스는 흑해 북쪽에 위치한 로마의 전략적인 전초기지로 서기 3세기 말에서 서기 4세기 초 로마군과 함께 보스포러스(Bosporus) 왕국과의 전쟁에 참전에 참여하게 되었다. 그 결과 능력 있는 케르손니스인들이 고트(Goths)와 알라니(Alani, 흑해 초원지대에 살던 유목민족)가 살고 후에 로마의 연방이 된 크리미아 서남부의 넓은 지역을 통치하게 되었다. 서기 395년 로마가 몰락하면서 케르손니스는 로마와 비잔틴 제국과 동맹을 맺은 도시에 불과하였다. 서기 5세기–서기 6세기가 되면 비잔틴 제국의 지방도시가 되며 중세시대에는 이웃 미개인(barbarian)들과 경계를 접하며 정치와 종교적 이단자를 위한 망명지로 유지하였다. 케르손니스는 포도주와 수공예품을 수출하는 중심지로의 역할을 다하였다. 이곳은 노예제도를 가진 민주공화국인 고대 그리스 도시(Polis, poleis) 케르손니스에 연결되며 배후의 농경지/포도밭 코라는 도시의 사회조직을 반영하는 민주적 토지제도의 뛰어난 예이다.

이디오피아(에티오피아)ETHIOPIA

1. **라리벨라 암굴교회**(Lalibela Rock-hewn Churches: 문화, 1978): 악슘 왕국의 멸망이후 서기 12세기 자그웨(Zagwe, 서기 1137년–서기 1270년) 기독교 왕국의 라리벨라(Lalibela) 왕이 서기 13세기 초 '새로운 예루살렘'(New Jerusalem)으로 인도의 아잔타 동굴(Ajanta cave)처럼 하나의 큰 바위를 깎아 11개의 중세시대 교회를 건설하였다. 이곳은 오늘날에도 신성한 지역(sacred place)으로 기독교신도들의 성스러운 순례지로 참배의 대상이다. 그곳에는 水曹를 비롯한 전시 방어요새를 위한 설비가 갖추어져 있어 교회보다 또 다른 목적으로 만들어졌다는 설도 있다.

2. **파실 게비, 곤다르 유적**(Fasil Ghebbi and Gondar monuments: 문화, 1979): 파실 게비, 곤다르 유적은 이디오피아 황제 파실(Fasil, Fasilades/Fasiledes)과 그의 계승자들이 머물던 왕궁이며 요새화한 도시이다. 곤다르를 설립한 사람은 황제 포실로서 서기 1636년 이곳에 수도를 옮겼다. 서기 1640년 그는 여기에 성을 쌓았는데 후일 만든 다른 요새들에 둘러싸여 오늘날에도 풀밭 구내에 남아있다. 어렴풋이 총안이

보이는 성벽과 높은 탑은 유럽의 성을 이곳에 옮겨 놓은 듯하다. 이 성 이외에 황제 포실은 900m 길이의 성벽 안에 6채의 또 다른 건물들도 지었다고 한다. 그중 가장 오래된 것이 Enqulai Gemb(혹은 계란성, Egg Castle)인데 이는 계란처럼 생긴 지붕 때문에 이름 붙여졌다. 다른 건물들은 왕립 기록보관소와 마구간이다. 콰하 (Qaha) 강에 의해 경계가 된 도시 서북쪽 너머로 황제 포실이 지었다고 추측하는 목욕탕 건물도 있다. 건물은 2층으로 총안이 나 있는 벽이 한쪽에 나 있고 또 다른 한쪽에는 가까운 강에서 물을 끌어오는 운하와 연결된 장방형의 수영장이다. 여러 방을 가진 목욕탕은 홍예 다리 위에 있으며 방어를 위해 더 높인 돌로 만든 다리로 연결된다. 이외에도 황제 포실은 7개의 교회와 7개의 다리를 놓은 것으로 알려진다.

3. **악슘 교회 및 고고유적**(Aksum: 문화, 1980): 이디오피아의 악슘(Axum/Aksum)은 서기 1세기-서기 2세기경 아라비아로부터 침입해 온 히마르틱 아랍(Himyartic Arabs, Cushites)인들에 의해 아비시니아(Abyssinia)에 세워진 악슈마이트(Axumite)王 國의 수도로 알려지고 있다. 그리고 이곳에는 아라비아인들로부터 소개된 고 셈 어(archaic Sematic dialect)인 Geez語가 사용된다. 그런데 또 이곳 악슘은 기원전 약 10세기경(기원전 970년-기원전 930년) 성서에 나오는 다비드(David) 왕의 아들로 기원 전 957년 처음 예루살렘에 聖殿을 짓고 솔로몬의 지혜(Solomon's wisdom)로 유명한 솔로몬(Solomon) 왕과 시바(Sheba 또는 Makeda, 기원전 1005년-기원전 955년 통치했다고 함) 여왕과의 전설적인 로맨스 그리고 그들로부터 나온 아들인 메넬리크(Menelik) 1세 에서부터 서기 1974년 폐위된 하일레 셀라시에(Haile Selassie, 서기 1891년-서기 1975년) 황제까지 다스려온 이디오피아 기독교의 성지로 잘 알려져 있다. 솔로몬과 시바 여왕의 전설상 로맨스는 이어져 악슘의 서기 12세기-서기 13세기 초경 자그웨 (Zagwe, 서기 1137년-서기 1270년) 왕국의 라리벨라(Lalibela) 왕이 바위를 깎아 만든 半 竪穴 성 그레고리(St. George at Lalibela) 교회의 존재로서 입증이 될 듯하며, 이는 당 시 이스라엘과 이디오피아의 악슈마이트 왕국 간의 교역까지도 示唆해주고 있는 듯하다. 여기에는 시바 여왕의 왕궁 터(Dungar palace), 목욕탕, 용의 샘, 악슘 문명

아프라시아프(Afrasiab) 서벽 고구려 사신도(서기 7세기 중엽경, 국립중앙박물관 서기 2009년 11월 17일—서기 2010년 9월 26일 동서문명의 십자로, 우즈베키스탄의 고대문화 특별전, p.153)

의 상징인 화강암으로 만들어진 오벨리스크(Aksumobelisk), 에르자나(Erzana) I세 왕(서기 320년—서기 350년/서기 3231년경—서기 360년경)의 석비(stelae, 높이 33m, 에르자나 왕이 세움), 왕묘와 그 옆에 세워진 墓碑로서의 오벨리스크, 미완성 오벨리스크가 그대로 남아있는 채석장, 모세의 십계명석판을 보관한 鍍金나무상자(언약궤) 등이 있다. 그리고 이 악슘 고대도시는 상아, 금, 몰약과 노예 등을 교역하던 무역로의 중심지였다고 여겨진다.

4. **티야 비석군**(Tiya-Carved Steles: 문화, 1980): 아디스.아바바 남쪽 구라게(Gurage) 지역 소도(Soddo)에 위치한 고대 이디오피아 문화와 관련된 160개소의 고고학 유적과 36개의 입석 또는 비석(stelae)군으로 32개의 비석에는 문자가 아닌 수수께끼 같은 劍의 象徵만 새겨 넣어 이디오피아 고대 문화와 관련된 무덤 군으로 추측되나 해독하기가 무척 어렵고 연대도 미상이다. 서기 1945년 독일 민속학자들이이 곳을 방문하여 검의 상징을 확인한 바 있다. 근처 멜카 아와시(Melka Awash), 헤라 세탄(Hera Shetan) 분화호수(crater lake)와 아게소케(Agesoke)에서도 비슷한 유적이 발견된다.

5. **아와시 계곡**(Lower Valley of the Awash: 문화, 1980): 이디오피아 아와시의 아와시 (Hawash로도 씀) 계곡은 와르크(Warque) 산의 남쪽에 위치하며, 인류의 기원에 관한 유적으로 가장 연대가 올라가는 것은 400만 년 전까지 이르며 서기 1974년 도날드 요한슨(Donald Johanson)에 의해 발견된 52개의 인골 편은 Lucy(Australopithecus afarensis, 350만 년 전)의 복원을 가능하게 하였다. 이 루시보다 연대가 앞서는 화석 인류는 Sahalenthropus tchadensis(Tumai/Tumaï, Michel Brunet가 Chad Jurab/Djurab 사막계곡에서 발견, 7–6백만 년 전), Orrorin tugenensis(Brigitte Senut, Martin Pickford Tugen Hill, Kenya Tugen hill에서 발견, 610–580만 년 전), Ardipithecus ramidus(Tim White, Ethiopia, 440만 년 전)과 Australopithcus anamensis(Meave Leakey, Kenya)가 있으며 동시대의 것으로는 Laetoli(Mary Leakey, Tanzania, 320만 년 전)이다.

6. **오모 계곡**(Lower Valley of the Omo: 문화, 1980): 인류탄생의 요람지대로 지질학鮮 新世(제 3기의 최신세, Pliocene)부터 20만 년 전의 洪績世(更新世, Pleistocene)에 속하며 이곳에서 발견되는 石英製 석기가 240만 년 전에 속한다. 투르카나 호수 근처인 오모에서 Homo gracile을 비롯한 선사시대 화석인류가 다량으로 발견된다. 인류는 動物界(kingdom)—脊椎動物門(phylum)—哺乳類綱(class)—靈長類目(order, 7,000만 년 전)—類人猿 亞目(sub-order)—人超科(supra-family, hominoidea/hominoids: gorilla와 chim-panzee)—人科(family, hominidae/hominids: Ausrtalopithcus)—人亞科[sub-family, homininae/ hominines/euhominid(Broom과 Robinson이 Swatkranson 847 hominid cranium의 유사성에서 이 명

칭을 사용): Javaman to homo sapiens]—人類屬(人屬, genus, homo/man)—人類種(人種, species, homo sapiens/modern man)으로 진화해 나온다. 즉 인류는 hominids—hominids—homo로 발전해온다. Homo sapiens는 최근 Homo sapiens idaltu(154,000년 전)와 Omo 1, 2(195,000 전), Quafzeh와 Skhul(10만 년 전) 등이 발견되어 현재 지구상에 살고 있는 인류의 기원에는 아프리카 기원설[Out of Africa설, unilinear theory, Christopher Stringer가 이디오피아 출토의 프로토크로마뇽(proto-Cromagnon)인 Omo화석의 연구에 근거함] 및 다 지역 기원설(polyphyletic theory, Milford Wolpoff) 등이 있다. 그래서 이 지역이 인류의 조상과 계통을 살피는데 있어 중요한 화석 인골자료를 제공하고 있는 곳이다.

7. 이디오피아의 이슬람 역사도시 하라르 주골(Harar Jugol, the Fortified Historic Town: 문화, 2006): 이슬람 역사도시 하라르는 사막과 사반나 지대로 둘러싸인 깊은 협곡을 가진 고원지대 동편에 위치한다. 서기 13세기—서기 16세기에 축조된 이슬람/무슬림(Muslim) 도시로 이스람 세계에서는 4번째의 신성한 도시로 여겨진다. 바깥 성채, 82개의 모스크(그중 3개는 서기 10세기경에 지어짐), 102개의 靈廟가 남아 있다. 서기 1520년—서기 1568년 Harari 왕국의 수도였다. 서기 16세기에서 서기 19세기까지 하라르는 무역과 이스람 교육의 중심지였고 서기 1887년 이디오피아로 편입되었다.

8. 콘소 문화경관(Konso Cultural Landcape: 문화, 2010/2011 확대지정): 콘솔-가르두라(Konsol-Gardula)의 古人類學 遺蹟(palaeo-anthropological sites)으로 서기 1991년에 발견되었다. 洪績世(更新世, Pleistocene) 동안 호수가로 여겨지며 현재 沖積土로 형성된 남북 15㎞, 동서 5㎞의 범위(55㎢) 안에 17개소의 유물산포지가 있다. 이곳에서 구석기시대 전기의 올도완(Oldowan)과 아슐리안(Acheulian) 문화의 석기를 비롯해 과거 200만년—20만 년 전에 이르는 직립원인(Homo erectus)과 오스트랄로피테쿠스 보이세이(Ausrtalopithcus boisei)인들의 화석이 12개나 발견되었다. 고고학적 層位도 5개가 되어 다양한 문화가 순차적으로 존재해 있었음이 밝혀지고 있다.

또 고원지대에는 돌로 싼 계단식 농경지(terraces)와 요새화된 주거지가 있다. 여기에는 21세대(적어도 400년 이상)나 올라가는 살아있는 문화전통이 계속 이어지고 있다. 이 문화 경관에서 이곳에 살고 있는 주민들이 서로 가치를 나누고, 사회적 결속력을 유지하면서 집단을 운영해나가는 방법도 알고 있음을 보여준다. 이 유적들에서는 神人 同形同性說을 나타내는 木像도 한자리에 모아지고 있는데 이는 집단의 존경받는 지도자 특히 영웅적인 행위를 묘사하고 있으며 이는 거의 사라져가는 집단의 장례행위를 실감 있게 보여주고 있다. 마을에서 발견되는 石碑도 사라져간 지도자들에 감사하는 복잡한 사회체계를 보여준다.

이라크 IRAQ

1. 하트라(Hatra: 문화, 1985): 바그다드의 서북쪽 290㎞, 모술의 남서쪽 110㎞의 트라는 파르티아(Parthia, 기원전 247년-서기 224년) 제국의 영향 하에 요새화된 도시이며 첫 번째 아랍왕국의 수도로 서기 116년과 서기 198년 로마의 침입에 강력히 대응했다. 이는 望樓가 있는 강화된 두터운 성벽으로 알 수 있다. 헬레니즘(기원전 304년-기원전 30년)의 영향을 받은 로마의 건축물이 동양의 장식들과 뒤섞여 나타나고 있다. 이란에는 메디아(Medes, 기원전 708년-기원전 550년), 아케메니드(Achemenid, 기원전 559년-기원전 331년), 파르티아(Parthia, 기원전 247년-서기 224년)와 사산(Sassan, 서기 224년-서기 652년)의 네 왕조가 들어섰으며 그중 파르티아 제국의 고고학적 흔적이 이락에 남아있다. 하트라는 아랍부족에 의해 기원전 3세기경에 건국되었으며 이란의 파르티아 제국의 후원 하에 기원전 2세기-기원전 1세기경에 번영하였던 종교와 무역의 중심지였다.

2. 아슈르 유적(Ashur, Qal'at Sherqat: 문화, 2003): 아슈르(기원전 1365년-기원전 558년)의 고대도시는 메소포타미아의 북쪽 티그리스 강변에 있으며 기후적으로 비가 와야만 농사를 짓는 지역과 관개농업을 하는 지역 사이에 위치한다. 이곳은 아시리아 제국의 첫 번째 도시로 국제적으로 무역의 중심지였고 종교적으로 아슈르 신과 이시타르와 이안나 여신을 신봉하는 종교적 도시였다. 아직 일부이긴 하지만 이곳에는 34개소의 신전과 3개소의 궁전이 발굴되었다. 아슈르에서 이름을 딴 아시

리아 제국은 수도를 아슈르(Ashur)-님루드(Nimrud)-니네베(Nineveh)로 옮겼으며
첫 번째 수도인 아슈르(Ashur)는 서기 1903년-서기 1914년 독일의 고고학자인 발
터 안드레(Walter Andrae)가 발굴한 바 있다. 이락(메소포타미아) 지역에서는 수메르
(기원전 3100년-기원전 1720년)에 이어 아카드(기원전 2325년), 바빌로니아(기원전 1830년-기
원전 700년), 아시리아(기원전 1365년-기원전 558년)와 페르시아 제국(현 행정구역상 이란임,
기원전 559년-기원전 331년, 아케메니드 왕조)들이 연이어 나타나 동양문명의 전통을 이
어가고 있었으나, 마지막의 페르시아 제국의 다리우스 I세(기원전 550년-기원전 486
년) 때인 기원전 490년, 기원전 480년과 기원전 479년 그리스와 벌린 마라톤, 사라
미스와 프라타이아이(Plataea) 전투에서 패함으로 그 전통이 처음으로 서양에 넘어
가게 된 것이다. 아시리아 제국과 관련된 역사적 사건은 기원전 689년 센나케리
브(Sennacherib, 기원전 704년-기원전 681년) 앗시리아 왕의 바빌론 침공과 나내베(Nin-
eveh) 수도의 확장, 기원전 682년 느브갓트네자르(Nebchadnezzar, 기원전 605년-기원전
562년)가 신바빌로니아(Neo-Babylon)를 세우고, 기원전 586년 예루살렘을 2회째 공
격하여 유태인을 포로로 끌고 갔으나 이들은 바빌로니아를 공격한 아케메니드
왕조의 키루스(Cyrus, 기원전 559년-기원전 530년) 대왕에 의해 풀려나 고향으로 돌아
간 것들이다.

　3. 사마라 고고유적도시(Samarra Archaeological City: 문화, 2007): 서기 836년-892년
사이 튜니시아에서 중앙아시아에 이르는 아바시드(Abbasid) 제국(서기 750년-서기
1258년)의 칼리프(Caliphs)가 다스리던 수도로 바그다드 북쪽 130㎞ 떨어진 티그리
스강 양쪽에 위치하며 범위는 북에서 남으로 41.5㎞, 동에서 서로 4-8㎞에 이른
다. 이곳의 건축물들은 아름다음을 더해 주위의 여러 아랍지역에 전파되었다. 서
기 9세기에 지어진 대사원(great mosque), 나선형의 尖塔과 칼리프의 궁전은 대표적
이다.

이란 ISLAMIC REPUBLIC OF IRAN

　1. 메디안 에맘, 에스파한(Meidan Emam, Esfahan: 문화, 1979): 서기 17세기 초 사파

비드 왕조(Safavid, 서기 1501년-서기 1794년)의 샤 아바스(Shah Abbas) I세에 의해 에스파한에 건설된 세계에서 가장 큰 도시 광장 중의 하나이다. 여기에는 샤(Shah)와 셰키 롯트홀라(Sheykh Lotfollah) 회교사원, 알리 콰푸(Ali Quapu) 궁전, 2층의 아케이드, 사원(Isfahan Grand Bazaar), 콰이사리예(Qaysariyyeh)의 거대한 주랑(柱廊)과 서기 15세기의 티무리드(Timurid) 궁전이 포함된다. 서기 2007년 31차 회의에서 위험에 처한 문화유산으로 등재되었다.

2. 페르세폴리스(Persepolis: 문화, 1979): 기원전 518년 아케메니드(Achemenid, 기 원전 559년-기원전 331년) 왕조의 다리우스 1세가 세운 수도로 현재 이란 시라즈 시에서 북동쪽 70㎞ 떨어진 곳에 위치한다. 이름은 그리스인이 페르시아(Persia)와 폴리스(Polis)의 합성어로 부른 것에 기인한다. 기원전 331년 마케도니아(기원전 338년-기원전 146년) 제국의 알렉산더(기원전 356년-기원전 323년 6월 10일)가 다리우스 III세(기원전 330년 부하에 의해 암살당함)와의 기원전 331년 10월 1일 가우가메라(Gaugamera) 전투에서 승리한 후 이곳에 입성하여 폐허로 만들어 놓았다. 여기에서는 아직도 아파다나(Apadana Hall) 謁見室이 있는 60m×60m 규모의 건물과 동쪽 계단의 各國使節들의 浮彫, 110개의 列柱가 서있는 페르세폴리스 궁전, 萬國의 門(Gate of all Nations)에 있는 楔形文字碑文, 궁전 뒤의 산을 깎아 만든 세 개의靈廟(Takht-e-Jamshid 뒤) 등을 볼 수 있다. 이란에는 메디아(Medes, 기원전 708년-기원전 550년), 아케메니드(Achemenid, 기원전 559년-기원전 331년), 파르티아(Parthia, 기원전 247년-서기 224년)와 사산(Sassan, 서기 224년-서기 652년)의 네 왕조가 들어섰다. 그중 키루스(Cyrus, 기원전 580년-기원전 530년: 바빌론의 포로인 이스라엘인들을 해방시켜 이스라엘인들로부터 신이 내린 왕 메시아로 불림)-키루스 2세(기원전 580년-기원전 530년)-캄비세스(Cambyses) 2세-다리우스 I세(Darius, 기원전 550년-기원전 486년)-크세르크세스(Xerxes, 기원전 510년-기원전 465년)-아르타 크세르크세스(Artaxerxes, 기원전 465년 -기원전 424년)-다리우스 3세(기원전 380년-기원전 330년)로 왕위를 계승하다가 다리우스 3세가 기원전 331년 알렉산더 대왕에게 패함으로써 마케도니아 제국에 합병되었다. 페르시아의 아케메니드 왕조는 나일 강(홍해)과 지중해를 잇는 209㎞의 다리우스 운하, 가나트라 불리는 지하용

수 공급체계, 왕의 大路, 파라다이시아 정원이 들어선 파사르가데(Pasargadae) 궁전, 보스포러스(기원전 490년)와 헬레스폰트(다다넬스, 기원전 480년) 해협을 이어 그리스를 공격해 들어갔던 배다리 浮橋(pontoon bridge)의 건설 등으로 잘 알려져 있다. 아케메니드 왕조의 수도는 페르세폴리스(Persepolis)를 비롯해 파사르가데(Pasargadae), 엑바탄(Ekbatan), 수사(Susa)와 크세르크세스(Xerxes)가 있다.

3. 초가 잔빌(Tchogha Zanbil: 문화, 1979): 쿠제스탄(Khuzestan) 주의 데즈홀(Dezfoul)의 남서쪽 42km, 수사의 서쪽 30km, 아바즈(Ahvaz) 북쪽 80km에 위치한 고대 엘라마이트(Elamite) 문화 중의 한 곳으로 기원전 1250년 우트나쉬-나피리샤(Untash-Napirisha) 왕에 의해 남쪽 저지대의 수사와 이곳 고지대의 초가 잔빌을 합쳐 엘람(Elam) 왕국의 종교중심 겸 신성도시를 만들고자 하였다. 이곳은 삼중의 성벽으로 둘러싸여 있고 그 안에 창고가 있는 방형의 지구라트(Ziggurat), 11개의 신전이 있는데 22개는 아직도 미완성인 채로 있다. 기원전 640년 앗시리아의 아슈르바니팔(Ashurbanipal) 왕의 침공과 파괴 후에도 이 도시는 완공을 못 보았다. 이곳에는 물이 부족하여 우트나쉬-나피리샤 왕이 대운하를 파 성안 주민의 식수를 해결하고자 하였다. 서기 1951년-서기 1962년에 발굴되었다. 수메르 문명은 이집트와 메소포타미아 동쪽의 중요한 지역들과 문화 접촉을 해온 국제화된 고고학적 증거를 보여준다. 수메르 문명은 국제화시대를 개막하고 현재의 이란 서남부에 중심을 둔 엘라마이트 문명(수도는 후일 아케메니드 왕조의 수도가 된 수사)과 활발한 접촉을 가졌다. 이는 엘라마이트 문명권에 속하는 이란 고원의 테페 야야(Tepe Yahya), 시알크, 사하리 속타, 힛사르 등의 유적에서 젬데트 나스르의 도장이나 점토판 문서의 발견으로 입증된다.

4. 타흐트 솔레이만(Takht-e Soleyman, the 'throne of Solomon': 문화, 2003): 이란 서북쪽의 타가브(Takab) 시 동북쪽 45km 떨어진 화산지구에 자리한 사산(Sassan, 서기 224년-서기 652년) 왕조의 타흐트 솔레이만(솔로몬의 왕좌) 조로아스터교(拜火敎)의 神聖地로 일부만 발굴되어 있다. 이곳은 몽골의 일크하니드(Ilkhanid, 몽골인들이 세운 왕국, 서기 1265년-서기 1335년) 때 아나이타 신에게 奉獻된 신전의 일부와 배화교의 聖所를 서

기 13세기에 증축하였다. 이들 배화교의 신전, 궁전과 평면 설계는 이스람 건축에 많은 영향을 끼쳤다. 발굴된 4개의 지역은 Takht-e Suleiman[the Throne of Solomon/솔로몬의 왕좌, 배화교와 아나이타 신전(Zoroastrian Fire Temple and the Anahita temple)으로 이 유적의 중심지임], 이 유적을 만들기 위한 동쪽 산의 채석장, Zendan-e Suleiman(Prison of Solomon, 신전이 있는 화산), Tepe Majid(Zendan-e Suleiman과 관련된 Mound/Tepe/Hüyük), 요새가 있는 Belqeis Mountain(Solomon의 어머니인 Bathsheba의 이름을 땄다)이다.

5. **파사르가데**(Pasargadae: 문화, 2004): 아케메니드 왕조(기원전 559년-기원전 331년) 중 두 번째 왕인 키루스 II세 대왕(기원전 580년-기원전 530년) 때 기원전 550년 메데스(Medes)의 지도자 아스티야게스(Astyages)를 격파한 후에 만들어진 160㏊의 도시로 페르세폴리스 동북쪽 고원에 위치한다. 그 이름은 페르시아 가장 큰 부족인 파사르가데(Parsagadeh, Throne of Par)에서 따왔다. 이곳에는 키루스 II세의 靈廟, Tall-e Takhit(계단식 요새), 왕궁의 입구, 謁見室, 왕궁과 정원 터가 남아 있다. 파사가르데는 지중해 동부, 이집트, 인더스 강 동부유역까지 多民族과 多樣한 文化를 아우르던 아케메니드 왕조의 종합된 문화를 보여준다.

6. **밤과 자연경관**(Bam and its Cultural Landscape: 2004): 밤과 자연경관은 이란 고원 남부에 자리 잡은 무역기지 마을을 말한다. 그 기원은 아케메니드 왕조(기원전 559년-기원전 331년) 때까지 거슬러 올라가나 이 마을의 전성기는 서기 7-서기 11세기로 무역의 교차로에 위치하기 때문이며 이 마을은 비단과 綿의 직조로 잘 알려져 있다. 밤(Arg-e Barm) 요새의 축조는 파르티안 왕조(Parthia, 기원전 247년-서기 224년)까지 올라가나 대부분은 사파비드 왕조(서기 1501년-서기 1794년) 때 흙벽돌(Chineh, adobe)을 이용해 쌓은 것으로 중세시대의 지방양식이 많이 보인다. 이 마을 오아시스에서의 생활과 번영은 아직도 사용하고 있는 지하 관개수로인 가나트(qanāt)에 의존하고 있다. 이 마을은 서기 1722년 아프칸의 침공으로 대부분 버려졌으며 그 결과 사파비드 왕조의 몰락도 가져오게 되었다. 이 유적은 서기 2003년 12월 26일 일어난 지진에 의해 거의 파괴되어 버렸다.

7. 솔타니에(Soltaniyeh: 문화, 2005): 쟈진(Zanjin) 주, 솔타니에 시에 위치한 서기 1302년-서기 1312년에 만들어진 일크하니드(Ilkanid/Il-Khanid) 왕국(몽골인들이 세운 왕국, 서기 1265년-서기 1335년)의 Oljaytu의 靈廟로 이스람 건축의 발전에 있어 중요한 예이다. 8각형의 건물 평면에 50m 높이의 돔이 덮여 있으며 돔의 표면은 푸른 터키옥 색의 파양스(분말 석영, 구리와 소다를 섞어 만든다)로 만들어졌으며 영묘 주위에는 8개의 적은 尖塔이 둘려져 있다.

8. 비소툰 유적지(Bisotun, Behistun, Bisutun: 문화, 2006): 케르만샤 주, 메소포타미아-이란 고원의 고대 무역로 옆 케르만샤-하마단 길 옆에 있는 베히스툰 또는 비소툰(Bisotun) 바위는 아케메니드 왕조(기원전 559년-기원전 331년)의 3대 왕 다리우스 I세 대제(Darius, 기원전 550년-기원전 486년/기원전 521년-기원전 486년 재위)가 왕위에 오른 기원전 521년에 명령하여 설형문자인 엘라마이트, 바빌론과 옛 페르시아어를 浮彫의 형태로 새긴 비문으로 다리우스가 기원전 521년-기원전 520년 아케메니드 왕조 초대왕인 키루스가 세운 제국 안에서 일어난 반란을 진압하였다는 내용이 적혀 있다. 이 부조의 상단에는 다리우스가 활을 들고 그 앞에 들어 누운 사람의 가슴을 밟고 서 있다. 그 뒤에는 포로들이 묶여 일렬로 서 있다. 비문의 엘라마이트, 바빌론과 옛 페르시아어의 내용은 다 비슷하나 옛 페르시아어에는 다 이루어졌다는 res gestae(things done)이라는 말이 추가되었다. 이 비는 로린손(Rawlison, Lt. col. Henry Creswicke에 의해 서기 1835년-서기 1847년 조사)에 의해 판독됨으로 가능해졌다.

그리고 그리스의 역사가 Herodotus에 의하면 다리우스 1세(기원전 522년-기원전 486년 재위)의 운하(Darius I's Canal)는 앞선 이집트 26왕조의 파라오인 Necho II세(Nekau, 기원전 610년-기원전 595년)의 계획을 완공시킨 것으로 당시 Greater Bitter Lake 호수 남쪽 이집트의 Shaluf(Chalouf) 마을 외곽의 Heroopolite Gulf와 홍해 사이에 나있던 실개천과 같은 물길을 확장해 당시 3단 櫓의 갤리선(galley)과 같은 노 젓는 두 척의 배인 트라이림(trireme)이 다닐 수 있을 정도의 폭을 가지고 한번 횡단하는데 4일이 소요되었다고 한다. 다리우스 왕은 운하의 완공을 기념해 Kabret와 수에즈 북쪽 수 마일 떨어진 곳에 비를 세웠다. 살루프 비석(Shaluf stele)

이라고 알려진 비는 서기 1866년 Charles de Lesseps에 의해 발견되었으며 비문은 페르시아 고어, 메디아, 아시리아와 이집트어로 쓰여졌음이 밝혀져 비소툰 비와 더불어 페르시아를 연구하는데 중요하다.

9. 이란의 아르메니안 교회(Armenian Monastic Ensemble of Iran: 문화, 2008): 이란의 서북쪽 세 개의 수도원은 아르메니아 기독교 수도원으로 이들은 성 타데우스(St. Thaddeus), 성 스테파노스(St. Stepanos), 죠르죠르(Dzordzor) 교회이다. 그중 가장 오래된 것은 성 타데우스 수도원으로 서기 7세기경까지 거슬러 올라가나 자연적 또는 인위적 파괴로 여러 번 改築을 거쳐 서기 7세기-서기 14세기에 속하며 아르메니아의 전 세계적 기독교관의 좋은 예이다. 그리고 건물의 모습에서 비잔틴, 正敎會, 페르시아 문화와 접촉을 한 흔적이 보인다. 성 타데우스 수도원은 아르메니아의 에크미아스틴(Echmiastin) 성당 다음으로 두 번째 큰 곳으로 12사도 중의 하나인 성 타데우스의 유해를 모신 곳으로 전해진다. 그래서 이곳은 아르메니아인들의 순례지로 수 세기 동안 내려오는 아르메니아인들의 종교적 전통을 보여준다.

10. 슈스타 관개시설(Shushtar Historical Hydraulic System: 문화, 2009): 역사적인 슈스타 灌漑施設은 사산 왕조(서기 224년-서기 652년) 때부터 복잡한 물 관리시설을 갖춘 섬과 같은 도시에 존재하고 있다. 카룬(Kârun) 강에서 발원하는 두 운하 중 현재도 사용 중인 가르가(Gargar)와 같은 운하가 폭포와 고도차를 형성하여 그 물줄기가 이 도시 주위를 垓字 모양으로 감싸 흐르도록 유도하고, 이 도시에 들어가는 문과 다리는 동서남북에 만들었다. 여러 개의 강줄기가 4ha 넓이의 천국(Mianâb)라 불리우는 사탕수수와 주요 작물의 농사를 확장하는데 도움을 준다. 주요작물들은 서기 226년까지 거슬러 올라간다. 이곳은 살라셀 카스텔(Salâsel Castel)과 같은 유적들과도 연결이 된다. 상류에 설치한 탑에서 운하, 수로, 댐, 다리, 저수지, 제분소 등을 통제한다. 엘라마이트, 메소포타미아, 나바테안의 물과 수로 전문가들이 나름대로의 요령을 로마의 수로 건설에 전수했을 것으로 추측된다. 강, 개인과 공공건물의 저수조와 연결이 되는 가나트[Ghanats, 페르시아 아케메니드 왕조(기원전 559년-기원전 331년)의 다리우스 왕(기원전 338년-기원전 330년) 때까지 거슬러 올라간다]라 불리

우는 지하수로 체계는 平時에 개인과 관개농사에 戰時에는 도시 안 물의 저장과 공급에 도움을 준다. 가나트는 개인주택의 토굴에서 발견된다. 이 복잡한 관개수로는 서기 19세기에 퇴보를 겪었다.

11. 아르다브의 세이크 사피 알-딘 카네가 사원(Sheikh Safi al-Din Khānegāh and Shrine Ensemble in Ardab: 문화, 2010): 아르다브의 세이크 사피 알-딘 카네가와 회교 사원은 서기 16세기 초와 서기 18세기 말 사이에 지어졌다. 수우피(Sufi, 汎神論者: 신비주의적 분파로 현실적인 방법을 통해 신과 합일되는 것을 최상의 가치로 여긴다. 수피즘의 유일한 목적은 신과 하나가 되는 것으로 이를 위해 교리 학습이나 율법이 아니라 춤과 노래로 구성된 독자적인 儀式에 따른다)의 전통에서 정신적 黙想(避靜)의 장소는 이란의 전통 건물에서 보면 도서관, 사원, 학교, 靈廟, 물탱크, 병원, 부엌, 빵집, 관공서 등이 들어서기 적합할 최대한의 공간을 확보하는 건물구조를 가진다. 세이크 사원에 가는 길도 수우피 신비주의의 7단계를 반영하는 7가지이며 또 이는 수우피 주의 8개 단계를 상징하는 8개의 문으로 격리된다. 이러한 생각들은 건물에 잘 나타나 있으며 건물의 정면과 내부 모두 골동품 장식으로 잘 꾸며져 있다. 중세시대에 보기 드문 예에 속한다.

12. 타브리즈 역사적 시장단지(Tabriz Histosric Bazaar Complex: 문화, 2010): 이곳은 해발 1,350m에 쿠리(Quri)와 아지(Aji) 강이 만나는 지점에 자리하고 있는 이란의 4번째 큰 도시로 고대부터 문화교류의 장소였으며 카자르 왕조(서기 1794년~서기 1925년) 때에는 王太子가 거주하던 작은 수도였다. 역사적 시장단지는 중요한 비단길의 교역의 중심지였다. 이 시장단지는 서로 연결이 되며 지붕이 있는 벽돌로 지어진 건축물이나 빌딩으로 또 다른 용도로 공간을 밀폐하고 있다. 서기 13세기 아제르바이잔 동부에 속하면서 타브리즈 마을과 시장은 유명하고 번영을 누리면서 사파비드 왕조(Safavid, 서기 1501년~서기 1794년) 때에는 수도가 되었다. 이 도시는 서기 16세기 수도로서 자격을 잃고 오스만투르크(서기 1299년~서기 1922년)가 확장해 올 때까지 무역의 중심지로 남아있었다. 이곳은 이란의 전통적인 상업 문화 체계를 알 수 있는 곳이다.

13. 페르시아 정원(The Persian Garden: 문화, 2011): 페르시아의 정원은 아케메니드 왕조(기원전 559년-기원전 331년)의 키루스 왕(Cyrus, Cyrus the Great, 기원전 580년-기원전 530년: 바빌론의 포로인 이스라엘인들을 해방시켜 이스라엘인들로 부터 신이 내린 왕 메시아로 불림) 때 뿌리를 두며, 다양한 환경에 적응하여 발전해왔다. 물로 관개와 장식의 중요한 역할을 해온 9개 페르시아 정원들은 4개의 형식으로 나누어진다. 정원은 에덴(Eden)과 拜火敎의 4대 요소인 하늘, 땅, 물과 식물을 상징한다. 기원전 6세기부터 시대에 따라 조금씩 변형되어온 이 페르시아 정원들은 건물, 정자, 담(벽), 관개시설 제도의 조화를 보여준다. 이는 인도 무갈 제국의 타지 마할[Taj Mahal, 무갈 제국 5대 황제인 샤 자한(서기 1628년-서기 1658년 재위)이 서기 1631년-서기 1645년 건립한 부인 뭄타즈의 靈廟(Mumtaz Mahal/아르주망 바누 베굼/Arjumand Banu Begum, 서기 1593년 4월-서기 1631년 6월 17일)]과 스페인 무어족 궁전(a Moorish Palace)과 알함브라 궁전의 정원(gardens of the Alhambra)의 형성에도 많은 영향을 끼쳤다.

14. 이스파한의 마스예드-에-자메 사원(Masjed-e Jāmé of Isfahan: 문화, 2012): 이스파한의 마스예드-에-자메 사원은 이스파한의 역사중심지 "금요일의 사원(Friday mosque)"에 위치하는데 금요일의 사원은 서기 841년에 시작하여 과거 12세기 동안 사원건축의 진화를 뚜렷하게 보여주는 놀랄 만한 곳이다. 그중 마스예드-에-자메 사원은 가장 오래된 건물로 잘 보존되어 있으며 후일 중앙아시아 전역에서 지어진 사원 건축의 범본이 되고 있다. 이 사원은 약 20,000㎡의 구역에 사산 왕조(Sassan, 서기 224년-서기 652년)부터 이스람 종교 건축에 이르는 범본인 4개의 內庭을 갖춘 첫 번째의 이스람 건물이다. 두 개의 포탄형 외모를 갖춘 돔 형식(double-shelled ribbed domes)은 이스람 전 지역의 사원 건물에 영향을 준 창시적인 건물이다. 또 이 건물은 천년 이상 지속해온 이스람 예술의 양식발전에서 보이는 대표적인 장식물로 꾸며져 있다.

15. 콘바드-에 콰부스 무덤/탑(Gonbad-e Qābus: 문화, 2012): 서기 1006년에 콰부스 이븐 보심기르(The Ziyārid Qābūs ibn Voshmgīr, 서기 978년-서기 1012년 재위)가 자신의 사후를 위해 이란의 동북 골레스탄(Golestan) 주의 고르간 강 옆 요르얀(Jorjan)[현 곤바

드-에 콰부스(Gonbad-e Qābus) 고대도시의 폐허 옆에 만든 10각형의 탑 모양을 한 무덤(tomb tower)이며 원추형 천장 끝까지의 높이는 72m로 현재 벽돌로 만들어진 탑 중에서 가장 높다. 이 탑은 중앙아시아 유목민과 이란의 고대문명 사이의 문화적 교류를 보여준다. 이 무덤은 서기 14세기-서기 15세기 몽골의 침입으로 파괴된 예술과 과학의 중심지였던 요르얀 시에 남아있는 유일한 증거인데, 이란, 아나톨리아와 중앙아시아에 지어진 종교적 건축물에 뚜렷한 영향을 주고 기술적으로도 매우 혁신적인 이스람 건축물의 예이다. 유약이 발라지지 않은 구워진 벽돌로 지어진 이 탑/무덤은 복잡한 기하학 형태로 직경 17m-15.5m인데 위로 올라갈수록 직경이 줄어들며 꼭대기에는 원추형의 벽돌 지붕으로 덮었다. 이 무덤은 서기 10세기-서기 11세기 무스림/이스람 세계의 수학과 과학의 발전을 잘 보여주고 있다.

16. 골레스탄 궁전(Golestān Palace: 문화, 2013): 골레스탄 궁전은 '장미정원궁전(Kakheh Golestān/The Rose Garden Palace)'으로 사파비드 왕조(Safavid dynasty, 서기 1502년-서기 1736년)의 타마스프(Tahmasp) I세(서기 1524년-서기 1576년경) 때 지어지고 후일 카림 칸 잔드(Karim Khan Zand, 서기 1750년-서기 1779년경) 때 개조되었다. 아가 모하므드 칸 콰자르(Agha Mohamd Khan Qajar, 서기 1742년-서기 1797년)가 테헤란을 수도로 삼았을 때 골레스탄 궁전은 콰자르 왕실의 공식적인 거주지가 되었다. 그리고 이란 혁명이 일어나기 전의 마지막 왕조인 팔라비 왕조(Pahlavi era, 서기 1925년-서기 1979년) 때에 그들의 궁전을 니바란(Niavaran)에 만들었으나 레자 칸(Reza Khan, 서기 1925년-서기 1941년경)과 모하마드 레자 팔라비(Mohammad Reza Pahlavi, 서기 1941년경-서기 1979년 축출 당함)의 즉위식이 현 박물관 홀에서 열 정도로 이곳은 공식적인 왕립연회장으로 이용하였다. 현재 골레스탄 궁전의 대부분은 박물관으로 이용되고 있다. 골레스탄 궁전은 테헤란에서 가장 오래된 건물로 진흙과 이엉을 섞어 만든 성벽(Arg, 타마스프 I세 때 초축)으로 둘러싸여 있다. 이 궁전은 서기 1865년 하지 아볼-하산 미마르 나바이(Haji Abol-hasan Mimar Navai)에 의해 현재의 형태로 재건축되었다. 서기 1925년-서기 1945년 사이 수 세기나 오래된 궁전이 현대 도시의 성장을

방해해서는 안된다고 믿었던 레자 샤(Reza Shah)의 명령으로 궁전의 많은 부분이 파괴되었고 그 자리에 서기 1950년대-서기 1960년대의 상업적인 건물이 들어섰다. 골레스탄 궁전은 17개 궁, 박물관과 홀로 이루어졌으며, 대부분은 콰자르 왕들의 200년간 재위시절에 지어졌으며, 이곳에서 중요한 축하연이나 즉위식이 거행되었다.

이곳에는 대리석 玉座가 있는 테라스 타크테 마마르(Takht-e Marmar/Marble Throne, 서기 1806년 축조), Khalvat Karim Khani(서기 1759년경), 여름용 별장격인 Hoze Khaneh 궁, Negar Khaneh 궁, 박물관 홀(museum hall, 수집품은 대부분 테헤란의 다른 박물관으로 흩어졌지만 Hose Khaneh 궁에는 유럽화가들의 그림, Negar Khaneh 궁에는 이란화가들의 그림들은 그대로 보존됨), Talar Berelian 궁, Talar Zoroof 궁(중국 도자기가 보관됨), Talar Adj 궁, Talar Aineh 궁, Talar-e Aineh(Hall of Mirrors) 궁, Talar Salam 궁(Reception Hall, Entrance Hall이 있음), Kushk of Shams ol-Emareh(Edifice of the Sun, 서기 1867년 Ustad Muhammad-ali Kashi가 축조), Emarat-e Badgir(Building of the Wind Towers/windcatcher emarate, 서기 1806년 축조), Guilistan 궁, Talar Almas(Hall of Diamonds, 서기 1806년 축조), Abyaze 궁(White Palace, 서기 1883년 축조), Khalvat-e Karimkhani 궁 등이 남아있다. 골레스탄 궁전은 약 400여 년간의 건축과 개조의 결과로 건물 각각은 독특한 이란의 독특한 역사를 담고 있다.

이스라엘 ISRAEL

1. 예루살렘 구도시 및 성벽(Old City of Jerusalem and Its Walls: 문화, 1981): 유대, 가톨릭교, 기독교, 회교도들의 성지로 현재 220여 개소의 기념물이 있다. 그중 서기 691년에 지어진 Dome of the Rock(바위돔)과 기원전 957년 Solomon 왕이 건립한 Holy Temple이 잘 알려져 있다. 사울(Saul), 다비드(David)를 거쳐 솔로몬(Solomon, 기원전 957년, The Holy Temple을 건립) 왕의 사후 이스라엘(북 Israel, 수도는 사마리아 Samaria)과 유다(남 Judah 수도는 예루살렘/Jerusalem)로 분리되었다. 기원전 720년 앗시리아의 사르곤 2세(기원전 722년-기원전 705년 재위)가 사마리아를 공격하여 사마리아인들을

포로로 데리고 갔다. Nebchadnezzar(Nebuchardrezzar, Nabukuddurriusur, 기원전 605년
-기원전 562년)가 Neo-Babylon을 세움. 기원전 586년 예루살렘을 2회째 공격하여
유태인을 포로로 끌고 갔으나 이들은 바빌로니아를 공격한 페르시아의 키루스
(Cyrus, 559년-기원전 530년)대왕에 의해 풀려나 고향으로 돌아갔다. 다비드(다윗) 왕의
묘소는 예루살렘에서 남서쪽으로 약 32㎞ 떨어진 엘라(Elah) 요새로서 구약성경에
서 다윗과 골리앗의 싸움이 벌어진 곳으로 알려 진 엘라 계곡 근처이다. 그리고
예수가 탄생했을 당시 2세 이하의 男兒를 모두 殺害하도록 명령했던 헤롯(Herod)
왕(기원전 37년-기원전 4년까지 통치)의 아내와 며느리가 묻힌 석관 두 기도 헤롯왕의
궁전이었던 요르단 강 서안지구 헤로디온 요새터에서 발굴·확인되었다. 베스파
시아누스(Vesapasianus)의 아들인 로마의 티투스(Titus, 서기 79년-서기 81년 재위) 장군이
기원전 70년 예루살렘을 함락하였다. 이때 The Holy Temple이 로마군에 의해
파괴되고 성전에서 가져온 황금의 촛대, 탁자와 은제나팔의 聖物과 이스라엘의
보물들이 카이사리아 항구[기원전 31년 로마가 이스라엘의 점령 후 카이사리아 아우구스투스
(Caesar Augustus)가 헤롯(Herod)왕에게 넘겨주고, 헤롯왕은 기원전 22년-기원전 10년에 그의 이름
을 딴 항구도시(Port city of Caesarea)를 세움]에서 로마로 옮겨져 이스라엘의 전리품으로
서기 80년 콜로세움 경기장이 완공되었다고 한다. 이러한 내용이 티투스 개선문
에 새겨졌다.

또 그중 서기 691년에 지어진 Dome of the Rock/Al-Aqsa Mosque(바위돔)는
회교도들의 성스런 도시(The holy city)로 사우디아라비아(Saudi Arabia)의 메카(Mecca)
와 메디나(Medina), 튀니지(Tunisia)의 카이로우안(Kairouan)에 이은 이슬람 4대 성지
의 하나이다. 마호메트 탄생[서기571년-서기 632년, 마호메트는 예루살렘 바위돔(서기 691년
우마야드 칼리프 마 브드 알-말리크 이븐 마르완/Umayyad Caliph Abd al-Malik ibn Marwan에 의
해 완공, Dome of the Rock, Al-Aqsa Mosque)에서 서기 621년 가브리엘 천사의 안내로 昇天하여 아
브라함(Abraham)과 모세(Moses)를 만났는데 당시 50세였다.] 그리고 서기 651년 7대 칼리프
가 오스만의 코란(Koran, Qur'an, Quran)편찬위원회에서 오늘날의 코란 경전을 완성
하였다.

2. 마사다 국립공원(Masada National Park: 문화, 2001): 동쪽 400m, 서쪽 90m의 절벽과 꼭대기는 550m×275m의 넓이의 편사각형의 대지를 이루는 마사다는 死海를 마주보는 험준한 바위요새로 이스라엘 유대의 헤롯 왕(Herod the Great, 기원전 37년-기원전 4년 재위)에 의해 기원전 37년-기원전 31년 궁전으로 축조되었으며 서기 73년 로마의 장군 루치우스 프라비우스 실바(Lucius Flavius Silva)에 의해 함락당했다. 서기 70년 로마 베스파시아누스(Vespasianus) 황제(서기 69년-서기 79년 재위)의 아들인 티투스 장군(서기 79년-서기 81년 재위)에 의해 예루살렘이 함락당한 4년 후 對 로마 항전이 벌어진 서기 73년 예루살렘에 파견된 로마의 지사 루치우스 프라비우스 실바 장군의 10여 단에 의해 공격당하고 젤로트(Zealot)파 항전대원 모두 자살로 마감한 死海 근처 마사다(Masada) 요새(이스라엘의 헤롯 왕에 의해 기원전 37년-기원전 31년에 축조)에서도 엿볼 수 있다. 이 요새의 주위에는 로마군이 포위 공격을 할 때 만들어놓은 로마군의 진영과 공격용 경사로(ramp)가 오늘날까지 그대로 남아있다. 이곳의 역사와 전투기록은 로마군에 투항한 유대인의 전사였으나 후일 유대-로마의 역사가가 된 죠세푸스(Josephus)의 기록에 근거하고 있다. 이 요새는 이스라엘 국민의 애국심을 불러일으키는 상징으로 되어 있다. 서기 1963년과 서기 1965년 사이에 발굴되어 서궁(Western palace), 북궁(Nothern palace), 헤롯 왕의 궁전(Herod's palace), 거주지와 저수지 등이 잘 남아있다. 또 서기 68년 로마군에 대항하여 반란을 일으키고(The Great Jewish Revolt, 서기 66년-서기 70년) 솔로몬 성전(Solomon's Temple)의 자파 성문(Jaffa Gate) 아래 수로(길이 40m, 높이 1.5m의 water canal)를 통해 지온산(Mt. Zion)으로 탈출한 다음 바로 사해 지역(Dead Sea)의 쿰란(Qumran)으로 도피했던 에세네(Essenes), 젤로트(Zealot)파 등 4파에 의해 동판, 파피루스와 양피지에 필사된 1,500조각의 성경(Hebrew bible)이 서기 1947년-서기 1956년 사이 11개의 동굴에서 발견됨으로써 당시의 狀況을 잘 말해주고 있다. 이들은 한 종파에 의해 만들어진 것이 아니라 서기 1세기 로마의 지배하에 로마군에 대항하여 반란을 일으킨 여러 종파로 여겨진다.

3. 아크르 고대 항구도시(Old City of Acre: 문화, 2001): 서부 갈릴리 지역의 페니키

아 때부터 계속적으로 사람이 거주해온 성벽이 둘러싸인 항구도시로 현재의 도시
는 서기 1517년 오스만투르크 술탄 세림 I세가 이 도시를 점령한 후 서기 18세기-
서기 19세기 오스만투르크 때부터 요새화한 읍으로 성채. 사원, 칸(khans, cara-
vanserai, 안에 넓은 뜰이 있는 隊商들의 숙소)과 목욕탕 등이 남아 있다. 서기 1104년부터
서기 1291년까지 십자군이 들어서서 쌓은 성과 유적들은 현재의 길 표면 높이 가
까이 있으며 이들을 통해 당시 십자군 왕국의 도시계획과 건물구조에 대한 드문
예를 보여주고 있다. 이곳은 또 기독교 초기 사울(사도 바울)이 기독교를 전파한 곳
이기도 하다. 서기 1192년 십자군에 의해 예루살렘 왕국의 수도가 되고 1229년 성
요한 자선단체교단(Knights Hospitaller)의 지배하에 있었다. 십자군들은 이 도시를 잔
다르크 "Acre" 혹은 "Saint-Jean d'Acre"로 불렀다. 그리스, 로마, 십자군, 오스만
투르크 등이 연이어 지배를 하여 서기 11세기 수도원의 기독교와 서기 1784년에
세워진 이스람교의 회교사원이 공존을 통해 평화를 보여주고 있다. 19세기 구도
시의 전경, Jezzar Pasha 사원(서기 1800년과 서기 1814년 사이 오스만투르크의 총독 제자르 팟
샤가 설립), 구도시의 內庭이 있는 隊商들의 숙소, 목욕탕(Hammamal-Basha), 서기 19
세기의 바다를 향하고 있는 요새의 포문, 기사의 회의소(KnightHalls, 성 요한 자선단체
교단의 요새), 서기 1892년 5월 29일 죽은 바할루아(Bahá'ullah)의 靈廟 등이 있다.

4. 텔아비브 화이트 시-모더니즘 운동(The White City of Tel Aviv-the modern Movement:
문화, 2003): 서기 1909년 건설된 텔아비브(Tel Aviv) 시는 영국위임통치하에 대도시
로 발전하였다. 텔아비브의 다른 이름인 The White City는 서기 1930년대-서기
1950년대 페트릭 게데스(Patrick Geddes) 경이 근대도시계획의 원칙하에 설계하여
근대운동과 새로운 환경이 조화를 이루도록 하였다. 건물은 흰색이나 가벼운 색
깔로 바우하우스(Bauhaus)나 국제적인 양식으로 지었는데 이런 식으로 텔아비브
시에 4,000여 동이 만들어졌다. 건축가들은 이스라엘로 이민 오기 전 유럽에서
많은 훈련을 쌓았기 때문에 새로운 문화적 맥락에 건축물들을 조화시켜 나갈 수
있었다.

5. 성서의 구릉유적(Biblical Tels-Megiddo, Hazor, Beer Sheba: 문화, 2005): 근동 지방에

서 선사시대부터 사람이 모여 살기 시작하고 또 흩어지고 나면 그 자리를 고루고 후세사람이 그 위에 住居를 형성한다. 이런 식으로 수 세기 동안 여러 번 반복하다 보면 같은 자리에 丘陵이 형성된다. 이를 mound, tell, tepe, hüyük이라 부른다.이스라엘에 있는 200여 개의 구릉 가운데 메기도, 하조르, 비어쉐바 등도 예수가 활동하기 훨씬 이전부터 사람이 살아온 구릉이 형성되어 이것이 성서에도 구릉으로 이야기되고 있다. 성서에 보이는 구릉 유적 이전의 층을 발굴해보면 앞선 철기시대 사람들의 중앙집권화 된 건물 흔적, 농업과 관개수로와 무역로 등도 밝혀지고 있다.

6. 香의 길(Incense Route-Desert Cities in the Negev: 문화, 2005): 네게브 사막의 기원전 3세기에서 서기 2세기 사이 고대 아랍부족인 나바테안 왕국의 요새와 농경지가 있는 할루자, 맘쉬트, 아브다트와 쉬브타(Haluza, Mamshit, Avdat와 Shivta) 4개의 도시를 말한다. 이 길은 지중해 목표지점까지 나 있는 향신료 貿易路로 아라비아남쪽에서 오는 乳香과 沒藥도 함께 취급해 많은 이익을 남겼다. 정교한 관개수로체계, 도시건축, 요새와 隊商이 머무르던 여관 등의 남아있는 유적들은 당시 황량한 사막에서 무역과 농경으로 정착하던 나바테안인들의 모습을 잘 보여준다. 여기에서 동쪽으로 가면 바로 그들의 수도인 요르단의 페트라[Petra, 기원전 100년-서기 100년경의 나바테안(Nabataean) 왕국의 아레타스(Aretas) 4세가 축조한 靈廟를 포함]와 바쉬르 성, 시리아의 팔미라(Palmyra)까지 이르게 되었다. 이 페트라의 나바테안 왕국은 사막지대의 샤라 산맥에 자리 잡고 풍부한 지하 수맥의 개발로 향로와 몰약(myrrh, 沒藥) 등의 무역중심지가 되었으나 서기 3-서기 4세기 이후에는 비잔틴 제국(동로마제국)에 복속되었다가 서기 7세기 후반 지진으로 멸망한 것 같다.

7. 하이파이와 갈릴리 서부의 바하이 聖所(Bahá'í Holy Places in Haifa and the Western Galilee: 문화, 2008): 하이파이와 갈릴리 서부의 2개의 바하이 聖所는 바하이의 신앙과 그들의 전통적인 순례를 보여준다. acre의 바하울라(Bahá'u'llah)의 靈廟, 하이파의 바브(Báb) 영묘는 주위의 부속건물과 정원을 포함한다. 바하이 신앙은 서기 19세기 페르시아의 바하울라에 의해 창건되었으며 전 세계적으로 200개의 나라와

지역에서 5-6백만의 신봉자가 있음이 추산된다.

8. 단의 삼중 아치문(The triple-arch Gate at Dan: 문화, 2010): 이곳은 이스라엘 고고학자 예루살렘의 히브리 유니온 대학의 아브라함 비란(Abraham Biran) 교수가 서기 1966년 10월 레바논 국경 가까운 팔레스타인 영국위임통치지역의 골란 고원 옆 갈릴리 위 마을에서 청동기시대 중기에 속하는 120acre의 단 구릉(Tell Dan, Tell el-Quadi; mound, tell, tepe, hüyük는 구릉을 뜻하는 같은 말임, 여기서 Dan은 이스라엘어로 Judge라는 의미로 전체 mound of judge가 된다.)에서 발굴한 세계 최초의 三重虹蜺門(아치)으로 이것은 높이 7m, 말린 흙벽돌(adobe)로 47장을 쌓아 만들어졌다. 이곳 발굴에서 성벽과 儀式장소와 함께 석판도 나왔다. 석판의 내용은 다마스커스의 왕 하자엘(Hazael)이 기원전 9세기 후반 이곳을 공격해 이곳이 'house of David'에 승리를 거두었다는 것이다. 고고학 상 레반트 지역의 청동기시대 중기-말기(기원전 2000년-기원전 1200년경) 북쪽의 카나아이트(가나안, Canaaities)와 남쪽의 필리스틴(블레셋, Philistines)과 이스라엘리트(Israelites) 문화들과 비교할 수 있다. 솔로몬 왕의 사후 Israel(북, 수도는 사마리아 Samaria)과 Judah(남, 수도는 예루살렘 Jerusalem)로 분리되었다. 이 유적은 남쪽 이스라엘리트인들에 의해 기원전 12세기경 침공당한 후 합병된 북쪽의 카나아이트인들의 기원전 18세기경의 레셈/라이쉬(Lesham/Laish/Lachish) 도시 유적으로 볼 수 있다. 이 유적은 구약성서 창세기(14:14)에 나오는 '아브라함이 그의 조카가 사로잡혔음을 듣고…훈련된 자 318명을 거느리고 단(Dan)까지 쫓아가서…'와 여호수아(19:47)의 '…단 자손이 올라가서 레셈과 싸워….조상 단의 이름을 따 레셈을 단이고 하였더라….'의 기록이 보여주는 것과 같이 이스라엘 왕국 북쪽 단(Dan)이 레셈(Lesham)과 일치하는 성경의 내용을 확인하는 고고학 증거이다. 그리고 기원전 12세기의 성벽은 전면이 힉소스 족의 양식으로 비스듬하게 높이 10m-15m로 쌓은 성벽(high glacis wall)이다.

9. 카르멜 산의 인류 진화 유적(Sites of Human Evolution at Mount Carmel: The Nahal Me'arot/Wadi el-Mughara Caves: 문화, 2012): 카르멜 산맥의 서부 구릉에 타분(Tabun), 자말 엘-와드(Jamal, el-Wad)와 스쿨(Skhul) 동굴유적이 있다. 이들은 54ha 넓이에

위치한다. 이곳에서는 무덤, 돌로 만든 집, 수렵-채집에서 농경과 목축 생활로 이동하는 여러 흔적과 함께 과거 50,000년의 인류 진화역사를 보여준다. 이 문화유산은 네안데르탈인과 초기 인류[Early Anatomically Modern Humans (EAMH)]의 공존도 보여준다. 그리고 특히 레반트(Levant) 지역은 이러한 인류 진화 발전에 대한 일반적인 고고학적 편년과 층위를 설정할 수 있는 중요한 유적이다. 과거 90년간의 고고학 조사에서 남-서 아시아의 초기인류의 기록을 만들어주는 다른 곳에서는 보이지 않는 문화적 순서도 밝혀주고 있다.

인류의 진화는 Sahalenthropus tchadensis(Tumai/Tumaï, Michel Brunet가 Chad Jurab/Djurab 사막계곡에서 발견, 7-6백만 년 전)→Orrorin tugenensis(Brigitte Senut, Martin Pickford Tugen Hill, Kenya Tugen hill에서 발견, 610-580만 년 전)→Ardipithecus ramidus (Tim White, Ethiopia, 440만 년 전)→Australopithcus anamensis(Meave Leakey, Kenya) →Australopithecus afarensis(Lucy, 350만 년 전, Donald Johanson)→Laetoli(Mary Leakey, Tanzania, 320만 년 전)→Homo rudolfensis(Richard Leakey, 1470호, Koobi Fora, 240-180만 년 전)→Homo habilis[탄자니아(Tanzania) Olduvai Gorge에서 1977년까지 60개의 인류화석편이 발견되었는데 그중 Bed I 상층에서 OH5(1959년, Zinjanthropus boisei, Zinji)와 OH7(1964년, Homo habilis, Nutcracker Man/Dear Boy)이 유명하다. Bed I의 중-상층의 연대는 190만 년-170만 년 전이다. 그러나 현재 Bed I층 전체를 230만 년-140만 년 전으로 보기도 한다. 직립보행(bipedal locomotion)·양팔사용(brachiation)과 더불어 동물의 단백질 섭취로 뇌의 용량이 커지고 이로 인해 도구제작과 주위 환경의 극복이 가능해짐. 호모 엘렉투스는 5만 년 전에 멸종]→Homo ergaster(Turkana, Australopithecus garhi, 250만 년 전)→Homo georgicus[Georgia, Dmanishi, 175만 년 전, 그리고 Homo sapiens 아프리카 기원설의 마지막 종착역은 최근 DNA의 검사로 Kazakhstan의 니아죠프 가족으로 밝혀짐. Homo sapiens의 이동을 표로 그려보면 아프리카의 산 부시맨(5만 년 전, 흡기음을 함)→중앙아시아 카자흐스탄 니아죠프 가계/인도 마두라이(35000년 전)→호주 뭉고 호숫가, 퀸즈렌드 애버리진(aborigines, 45000년 전)으로 종착. 그리고 니아죠프 가계에서는 시베리아와 아메리카로 이주해서 Clovis(fluted point, 10000년 B.C.-9000년 B.C./ 또는 12900년 B.P.까지 존속, 그들은 맘모스의 멸종과 마찬가지로 혜성의 충돌 즉 Nano-diamond theory로 인한 기후변화의 영향으로 아메리카

대륙에서 사라짐)→Folsom(9000년 B.C.-7000년 B.C.)→Plano(7000년 B.C.-5000년 B.C.)의 석기문화로 발전한다. 이것이 유럽으로 흘러 들어가면 4만 년 Perigodian-Aurigacian-Gravettian-Solutrean-Magdalenian(Lascaux: 15000년B.C.-14500년 B.C.)으로 발전한다.]→Homo erectus(Trinil, 170-25만 년 전)→Homo antecessor(Gran Dollina, Atapuerca, 80만 년 전, 120만 년 전-80만 년 전 유럽 최초의 인류)→Homo heidelbergensis(Tautavel, 45-60만 년 전)→Homo neanderthalensis[Tabun, Kebara, Shanidar 등. 그러나 러시아 알타이 데니소바(Denisova) 동굴(최하층인 22층의 TL dating은 282000/224000 B.P.가 나오고 있다)에서 30,000-48,000년 전에 살던 5-7세 어린아이의 뼈의 DNA분석은 네안데르탈인과 전혀 다른 유전자 배열을 갖고 있어 100만 년 전 인류조상으로부터 갈라져 나와 따로 발전한 것으로 보인다는 설도 있으며, 또 인도네시아 플로레스 섬에서 발견된 18,000년 전의 인간도 호모 에렉투스에서 분파되어 멸종된 아시아의 또 다른 분파로 보고 있다. 최근 독일의 막스 프랑크(Max-Planck) 연구소 진화유전학팀의 크로아티아 빈데지(Vindage) 동굴에서 발견한 네안데르탈인의 유전자를 연구한 결과 네안데르탈인이 아프리카에서 벗어나 중동지방에서 현생인류와 공존하면서 혼혈종을 만들어내고 그 혼혈종이 아프리카를 제외한 다른 지역으로 퍼져나갔을 것이라는 가설을 세우고 있다.]→Homo sapiens[Homo sapiens idaltu 154,000년 전, Omo 1, 2 195,000년 전, Quafzeh와 Skhul 10만 년 전 등 이스라엘 지역: Homo sapiens는 10-5만 년 전 크게 발전하였다. 7만5천 년 전 인도네시아 수마트라 섬의 슈퍼 볼케이노 토바(Toba) 화산의 폭발로 인한 빙하기가 닥쳐오고 인간이 멸종 단계에 이르렀으나 이를 극복해 말과 문화를 갖는 현생인류로 발전하게 됨. 그 증거로 남아프리카의 브롬버스(Blombos, 75,000년 전경) 동굴유적에서 찾아볼 수 있다. 수마트라 섬에는 DNA검사로 7만4천 년경에 살던 인류의 후손인 사망 족이 살고 있음이 밝혀지고 있다.] 로 나타난다.

그리고 최근까지의 연구결과 보면 현생인류가 아프리카 내에서 이동하거나 아프리카를 벗어나는 경로는 다음과 같다.

이디오피아의 오모(Omo) 강가 키비쉬 지역(195,000년 전)→나미바아 칼라하리 사막의 부쉬멘(피그미족)→남아프리카 페어웨이(13만 년 전-7만 년 전), 불룸보스 동굴(Blombos, 75,000년 전경)

이디오피아의 오모지역(195,000년 전)→사하라 사막(9만 년 전에는 초목이 우거짐)→시

나이 반도→이스라엘의 스쿨(Skhul) 동굴→유럽과 아시아로 퍼져나감

이디오피아의 오모 지역→홍해(당시 the Gate of Grief 만의 폭이 11km로 줄어들고, 해안선을 따라 淡水가 나옴)→오만 해안(7만 년 전-12000년 전, 계절풍의 영향으로 오아시스가 형성)→유럽과 아시아로 퍼져나감→티모르에서 호주 북부 해안까지 65,000년 전-60,000년 전 해수면이 현재보다 100m 낮아져 이동이 가능했음

그래서 카르멜산의 인류 진화는 이러한 도식에서 볼 때 매우 중요한 위치를 전하고 있다.

이집트 EGYPT

1. **아부 메나 그리스도교 유적**(Abu Mena-Christian ruins: 문화, 1979): 나일 강 서쪽 마리우트 호(Mariut See) 옆에 자리 잡은 서기 296년에 사망한 기독교 순교자 아부(아버지란 의미) 메나 성인의 이름을 따고 그의 묘지 위에 만든 초기 그리스도교의 신성한 순례도시로 현재 바실리카와 같은 대성당, 목욕탕, 순례자들의 숙박시설 등의 흔적이 남아있다. 과거 1700년 동안 이집트의 기독교도들인 콥트(Copt)들이 성인 아부 메나를 숭배하여 서기 3세기경에 기독교 수도원을 지었는데 시리아까지 포함하여 규모가 제일 컸다고 한다. 특히 앉은뱅이, 장님과 병자들의 치유소로 이름이 높았다고 한다. 서기 6세기 이후 이슬람교가 들어온 후 이 순례지는 폐허가 되었다. 독일의 고고학자들이 주거지, 건물의 기초와 포도를 압착하여 포도주를 만드는 기구 등을 발굴하였다. 이곳은 현재 이집트정부의 인공운화와 관개수로 덕에 비옥한 농지로 변하였으나 순례지 유적과 건물의 기초가 물밑에 잠기게 되어 지하 예배당과 아부메나의 묘지는 곧 다른 곳으로 이전될 계획으로 있다.

2. **고대 테베와 네크로폴리스**(Ancient Thebes and its necropolis: 문화, 1979): 이집트 中·新왕조시대의 수도. 이집트의 묘제는 초기의 낮은 계단상의 마스터바(mastaba)에서 계단식의 피라미드(step pyramid), 경사진 벤트 피라미드(bentpyramid), 제 4왕조 1대 파라오인 스네프루(Snefru, Snofru, Sneferu, Snefrue, 기원전 2613년-기원전 2589년) 때 만들어진, 화강암 표면이 벗겨져 연분홍 색깔을 띤, 그리고 드물게 흰색의 Tura

의 석회암을 사용하기도 한 붉은 피라미드(red pyramid)를 거쳐 그 다음의 완성된 이집트의 전형적인 피라미드로, 그리고 마지막에는 岩窟墓로 변천해 나갔음을 보여준다. 이러한 피라미드는 후일 암굴을 파고 들어가 축조한 석실묘(암굴묘)로 발전하는데, 테베의 王墓의 골짜기에 있는 18왕조의 파라오 투탕카멘(기원전 1358년-기원전 1349년)과 19왕조의 파라오 세티 1세(기원전 1290년-기원전 1279년/기원전 1291년-기원전 1270년)의 무덤이 가장 유명하다.

3. **이슬람 도시 카이로**(Islamic Cairo: 문화, 1979): 가장 오래된 이슬람 도시 중 하나로 프톨레마이오스 왕조 시대 기원전 304년부터 기원전 31년 프톨레미 왕조의 마지막 여왕인 클레오파트라 Ⅶ세가 안토니우스의 로마 제국과 연합하여 카이사르의 양자인 옥타비아누스(아우구스투스 황제)를 상대해 벌린 악티움 해전에서 패하여 프톨레마이오스 왕조는 끝났다. 그리고 로마는 王政-共和政-帝政의 순으로 발전하며 옥타비아누스는 아우구스투스 황제로 되어 제정시대의 막을 열었다. 서기 391년 테오도시우스 황제의 신전을 비롯한 이교도신의 숭배금지령과 그에 이는 571년 마호메트의 탄생 이후 형성된 이슬람 제국의 침입으로 종전의 이집트 문화는 사라지고 현재 곱트(Copt) 교회에서 당시의 방언인 곱트어가 남아있다. 이상과 같은 역사에서 볼 때 현대의 카이로 시는 사원(mosque), 이스람 신학교(madrasa), 목욕탕(hammans)과 분수(샘, fountain) 등을 가진 가장 오래된 이스람 도시 중의 하나이다. 이스람 문화가 카이로에 들어오면서 서기 10세기(서기 969년, Fatimid Caliphs)부터 번창하여 14세기에는 황금시대를 이루었다. 이곳 카이로의 역사는 고대 카이로(Ancient Cairo, 기원전 3000년-서기 200년), 기독교시대 카이로(Christian Cairo, 서기 200년-서기 640년), Al-Fustat(서기 640년-868년), Al-Qatta'i(서기 868년-969년), Al-Qabira(서기 969년-1517년), Ottoman(서기 1517년-1805년), Muhammad Ali's Cairo(서기 1805년-1882년), 20세기의 카이로(서기 20세기 Cairo, 서기 1882년-현재)로 나누어 볼 수 있다. 이들 문화 내용은 서기 1858년 불란서인 마리엣이 설립한 이집트박물관과 이스람박물관 내에서 자세히 볼 수 있다. 그리고 시내에는 곱트 교회인 공중교회(Hanging church, El-Mualaqa, Sitt Mariam, St. Mary, 서기 690년-서기 692년), St. George와

St. Abramm(서기 10세기경)을 비롯하여 Mosque-Madrassa-of al-Ghouri와 그의 영묘(서기 1505년경), Mosque of AbuDahab(서기 1774년), Beit Zeinab Khatun(서기 1468년), Beit al-Harawi(서기 1637년), Mosque of Sayyidna al-Hussein(서기 1870년), Mosque of al-Ashraf Barsbey(서기 1425년경), Madrass and Mausoleum of Qala'un(서기 1279년경), Madrassa and m Mausoleumof as-Salih Ayyub(서기 1242년-서기 1250년경), Saladin 성채(서기 1176년-서기 1183년)와 시장 등이 있다.

4. 멤피스와 네크로폴리스: 기자에서 다슈르까지의 피라미드 지역(Memphis and its necropolis with the Pyramid fields: 문화, 1979): 멤피스는 이집트 고왕조의 수도로 피라미드는 사카라에서 보이는 것처럼 제 3왕조의 두 번째 파라오인 죠서(기원전 2686년-기원전 2613년: 이것은 그의 재무각료이며 건축가인 임호텝에 의해 만들어짐)의 계단식 피라미드(한 변이 약 62m임), 다슈르와 메이둠의 벤트 피라미드(bentpyramid)를 거쳐 오늘날의 전형적인 치옵/케호프-스네프르-쿠푸(치옵/그리스어로케호프, Cheops)의 피라미드로 발전한다. 완성된 피라미드는 기자에서 보이는데 그것들은 제 4왕조의 파라오인 쿠푸(치옵/케호프), 체프렌과 미케리누스에 속한다. 가장 큰 규모의 "대 피라미드"는 제 4왕조의 파라오인 쿠프(치옵/케호프, Cheops, 기원전2551년)에 의해 축조되었는데, 한 변의 길이가 약 230m이고 높이는 약 147m나 된다.

5. 누비아 유적: 아부 심벨에서 필레까지(Nubian Monuments from Abu Simbel to Philae: 문화, 1979): 아부 심벨의 신왕조 19왕조의 람세스 II세(기원전 1279년-기원전 1212년)의 신전 필레의 이시스 사원으로 이곳에서 프톨레미 왕조 5세의 칙어를 새긴 로제타 비석(기원전 196년)이 발견되어 서기 1799년 대영제국박물관으로 옮겨지고, 프랑스의 샴포리옹이 이를 해독하였다. 이 로제타 비석은 이집트를 대표할 수 있는 것 중의 하나로 죠지(George) III세(서기 1760년-서기 1820년) 치세인 서기 1799년에 나폴레옹의 이집트 원정군대가 나일 강 하구 서쪽의 로제타에서 발견한 현무암제 석판이다. 이 로제타 비석은 이집트를 둘러싼 영국과 프랑스의 식민지쟁탈전의 일환으로 서기 1798년 8월 1일 일어난 알렉산드리아 아보우키르 만(Abourkir bay) 海戰(일명 나일 강 해전)에서 프랑스 함대의 기함인 120문의 포를 장착한 로리앙(L'orien) 호

를 포함한 13척이 호레이쇼 넬슨(Horatio Nelson, 서기 1758년~서기 1805년, Trafalgar 해전에서 전사) 제독이 이끈 영국 함대의 집중포격을 받아 침몰해 일찌감치 끝난 영국군의 승리에 대한 전리품이 되었다. 이 비는 기원전 196년에 만들어진 프톨레미 왕조[알렉산더 대왕 사후에 부하 장군들인 셀레우코스 니카도(Seleucus Nicado), 안티고니드와 프톨레미가 각각 영토를 분할하여 나라를 세웠는데 그중 하나가 알렉산드리아를 수도로 하는 프톨레미 왕조임: 기원전 304년~기원전 30년]의 프톨레미 5세의 "여러 가지 세금을 폐하고 신전에 像을 세우라"는 칙어를 새긴 것으로 그리스어, 이집트의 민중용 문자와 상형문자 등 셋으로 구성되어 있다. 따라서 이 문자들은 프랑스의 샴포리옹(Jean François Champollion, 서기 1790년~서기 1832년)이란 학자로 하여금 이집트의 상형문자를 해독할 수 있는 실마리를 마련해 주었다. 이런 결과로 근대 이집트학의 성립이 가능하게 되었다.

6. 성 캐더린 지구(Saint Catherine Area: 문화, 2002): 접근하기 어려운 시나이(Sinai) 반도의 시나이 산[호레브(Horeb)] 협곡 입구에 자리 잡은 성 개더린 正敎會수도원(정식 명칭은 The Sacred and Imperial Monastery of the God-Trodden Mount of Sinai이다. Saint Catherine of Alexandria의 유골이 천사에 의해 기적적으로 이곳에 옮겨졌다는데서 이름이 지어지고 또 순례지가 되었다.)은 구약성경의 기록처럼 모세가 十誡命을 받은 곳으로 알려진다. 이 수도원은 서기 527년~서기 565년에 재위했던 불타는 떨기나무숲 교회(Chapel of the Burning Bush)를 이 수도원의 구내에 들어오게 하도록 유스티아누스 I세 황제의 명으로 세워졌다. 이 떨기나무숲 교회는 콘스탄티누스 I 세 황제의 어머니인 헤레나(Helena)가 모세가 보았다고 추정하는 떨기나무숲 근처에 세웠다. 이 숲은 아직도 근처에 있다. 이 교회 생활에 대한 가장 오래된 기록은 서기 381년~서기 384년 聖地(팔레스틴)와 시나이 산을 방문한 에게리아(Egeria)라는 여인이 라틴어로 써놓은 것이다. 이 산은 이스람 회교도인들도 제벨 무사(Jebel Musa)로 숭배하고 있다. 이곳은 기독교, 이스람교와 유대교의 세계 3대 종교에서 신성시한다. 수도원은 서기 6세기경에 설립된 가장 오래된 기독교수도원으로 아직도 예배를 보고 있는 곳이기도 하다. 수도원의 건물과 벽은 비잔틴건축을 연구하는 데 중요하며,

수도원내의 도서관은 서기 628년 모하메드가 시나이의 수도원에게 증여한 기독교의 보호, 종교와 이동의 자유, 자신들의 심판관을 뽑을 수 있는 임명권의 자유에 관한 기록인 'a Charter of Privileges to the monks of Saint Catherine' 문서를 비롯한 초기 기독교의 중요한 文書와 聖畵像이 많이 보관되어 있다. 고고학 유적과 종교적 기념물을 많이 가지고 있는 울퉁불퉁한 주위의 산세는 이 수도원의 역사적 배경을 이루고 있다. 이곳은 회교도, 유대교와 기독교가 아무런 문제없이 평화롭게 공존하고 있는 세계의 유일한 곳이기도 하다.

이탈리아 ITALY

1. 발카모니카 암각화(Rock Drawings of Valcamonica: 문화, 1979): 롬바르디 평원, 브레시아(Brescia) 알프스 남쪽에 위치하며 카무니(Camunni) 족에 의해 만들어진 단일 지역 세계에서 가장 많은 2만점의 岩刻畵(petroglyphs)로 바위에 새겨진 상징이나 모습이 14,000개가 넘는다. 주제는 우주, 인물, 지도제작과 같은 주제(cartographic-motifs)가 특징이 있으며, 그 외에 사냥, 의식장면, 농경, 항해, 주술 등이며 연대는 중석기시대(8th-6th millennium B.C.), 신석기시대(5th-4th millennium B.C.), 금석병용기시대(chalcolithic period, 3rd millennium B.C.)와 청동기시대까지(2nd millennium B.C.)의 8,000년간에 걸친다. 발견된 지역은 Capo di Ponte, Ossimo, Darfo Boario Terme, Sellero, Sonico. Ceto(Nadro) Cimbergo Paspardo들이다. 처음 발견된 것은 서기 1909년 브레시아(Brescia)의 지리학자인 Walter Laeng에 의해 Cemmo(Capo di Ponte) 발견된 암각화이다. 이곳 암각화가 만들어진 수법은 martellina(啄刻, 쪼아파기)와 graffiti(線刻)기술에 의해서이다.

2. 산타마리아 교회와 도미니카 수도원 및 레오나르도 다 빈치의 "최후의 만찬"(Church and Dominican Convent of Santa Maria delle Grazie with "The LastSupper" of Leonardo da Vinci: 문화, 1980): 서기 1463년 롬바르디 밀라노에서 기니호르테 솔라리(Guiniforte Solari)에 의해 신축된 르네상스시대의 산타마리아 교회와 도미니카 수도원의 식당으로 서기 1492년-서기 1497년 도나토 브라만테(Donato Bramante)에 의해 증축

되었는데 북벽에 레오나르도 다빈치가 서기 1495년–서기 1497년에 그린 '최후의 만찬'이 있다.

3. **플로렌스 역사센터**(Historic Centre of Florence: 문화, 1982): 투스카니 프로렌스 (Frorentia)의 에투르스칸 문화의 정착자들이 세웠으며 서기 1세기 로마인들이 점령한 주거지 위에 자리 잡은 곳으로 서기 15세기–서기 16세기 은행가인 메디치 (De Medici)家의 후원으로 중세시대부터 무역과 예술에 기반을 두어 경제적, 문화적으로 탁월한 위치에 올라선 르네상스(Renaissance, 이탈리아어인 Rinascimento의 佛譯으로 재탄생이란 의미임)시대의 상징이다. 서기 13세기의 산타 마리아 델 프로레(Santa Maria del Flore) 성당, 산타 크로체(Santa Croce) 교회, 우피지와 피티[the Uffizini(현재 예술박물관)and the Pitti] 궁전과 지오토(Giotto), 피렌체의 산타마리아 델 피오레 성당의 거대한 돔을 완성한 브르넬레쉬(Filippo Brunelleschi), 보티첼리(Botticelli), 미케란제로 (Michelangelo) 등 여러 예술가들의 활동이 눈에 띈다.

4. **베니스와 석호(潟湖)**(Venice and its lagoon : 문화, 1987): 베네토 지역 베네치아의 석호 118개의 조그만 섬들 위에 이곳으로 온 피난민들에 의해 서기 5세기에 건립되고 서기 10세기경 주요한 해상도시국가로 발전한 베니스는 전 도시 건물 하나 하나가 지오르지오네(Giorgione), 티티안(Titian), 틴토레토(Tintoretto), 베로네세(Veronese) 등의 예술가들의 작품으로 꽉 차 있다. 이 도시는 바라티에리(Nicolo Barattieri)가 설계한 대운하(Grand Canal)를 포함하는 150개의 운하와 서기 1591년 안토니오 데 폰테(Antonio de Ponte)가 최후 石橋로 세운 리알토(Rialto)와 같은 400개의 다리로 서로 연결되어 있다. 베니스는 십자군전쟁 때 세력이 확장되었으며 그 힘이 에게 해의 여러 섬들, 페로포네소스, 크레테, 콘스탄티노플까지 미쳐 서기 15세기에는 가장 극성기를 이루었다. 이 도시는 서기 1797년 오스트리아의 속국이 되었다. 성 마크의 대성당[St. Mark's Campaniles, 원래 서기 828년부터 있었으나 서기 1063년부터 새로 짓기 시작하고 서기 1094년 성자 마크의 유해가 발견되어 奉安, 서기 1500년대 젠(Zen) 예배당의 완공으로 대성당의 공사가 모두 끝남]과 그 앞에 있는 피아자 산 마르코(Piazza San Marco) 광장, 광장 옆의 도게 궁전(Doge palace, 고딕 건물로 서기 1309년–서기 1324년에 처음 건물이 지어졌다.)

과 鐘樓(Bell tower, 높이 98.6m, 서기 1902년 7월 4일 붕괴되어 서기 1912년 복원) 등이 있다.

5. 피사의 듀오모 광장(Piazza del Duomo, Pisa: 문화, 1987): 투스카니 파사의 넓은 성당 광장(Piazza del Duomo)의 공간에 자리한 중세시대의 대리석제의 斜塔(the leaning tower of Pisa, 鐘樓로서 1층의 건축 시작이 서기 1173년 8월 9일이고 7층의 완공이 서기 1319년으로 높이 55.86m이다), 성당, 洗禮場, 묘지를 말하며 이들은 서기 11세기-서기 14세기 이탈리아의 다른 건축물들에 영향을 많이 끼쳤다.

6. 산 지미냐노 역사지구(Historic Centre of San Gimignano: 문화, 1990): 서기 14세기-서기 15세기 프로렌스의 남쪽 56㎞ 떨어진 시에나주 투스카니 언덕 위에 있는 중세시대 성벽에 둘러싸인 조그만 도시로 프란신게나(Francigena)를 거쳐 로마로 왕복하는 순례여행의 중요 거점이다. 귀족가문에서 서기 12세기-서기 13세기에 만들어진 높이의 50m, 72개의 탑으로 된 집을 운영하였는데 이것은 부와 권력의 상징이 된다. 현재 14채 밖에 남지 않았지만 산 지미냐노는 봉건시대의 외관과 분위기를 간직하고 있다. 이 도시에는 전에 성당이었던 콜레기아타(Collegiata)와 산타고스티노(Sant'agostino)의 집이 있는데 이탈리아 르네상스시대의 미술품을 폭넓게 보관하고 있다. 중세시대 고위공무원직 podestà의 관저인 자치단체의 관사는 현재 핀투리치오(Pinturicchio), 베노조 고조리(Benozzo Gozzoli), 필립피노 리피(Filippino Lippi), 도메니코 디 미케리노(Domenico di Michelino), 피에르 프란세스코 피오렌티노(Pier Francesco Fiorentino) 등의 예술가들의 작품을 전시하는 미술관으로 이용되고 있다. 관사인 단테의 방(Dante's Hall in the palace) 입구에는 리포 멤미(Lippo Memmi)가 그린 그리스도·성모화상과 당시 이 도시의 고위관리 겸 책임자인 토레 그로사(Torre del Podestà/Torre Grossa)를 그린 프레스코 벽화가 있다. 이 도시는 서기 1348년 黑死病이 창궐할 때까지 번영하였다.

7. 이 사시 디 마테라 주거지(I Sassi di Matera/The Sassi and park of the Rupesrtian Churches of Matera: 문화, 1993): 마테라의 사시(Matera's Sassi)는 바실리카타(Basilicata) 지역 마테라 도시의 多孔質 石灰華지역에 구석기시대부터 시기에 따라 人口壓에 의해 사람이 마테라 도시를 벗어나 사시에서 살기 시작하면서 바위를 깎고 들어간 穴居나

동굴주거지로 지형과 환경에 적응을 잘하고 있는 모습을 보여준다. 서기 17세기 부터 이 지역은 가난한 자들이 모여 살면서 처음에는 단순히 동굴에서 살다가 점차 동굴이 집으로 화하였다. 서기 1952년 사시의 주민들은 위생상의 이유로 모두 철거 되었다. 이곳에는 52m 높이의 종루를 갖고 있는 마테라 성당(서기 1268년-서기 1270년)이 유명하다.

8. 비센자 시와 베네토의 팔라디안 건축물(City of Vicenza and the Palladian Villas of the Veneto: 문화, 1994/1996 확대지정): 베네토 지구 비센자 시와 베네토에서 이탈리아 신고전주의 안토니오 팔라디오(Andrea Palladio, 서기 1508년 11월 30일-서기 1580년 8월 19일)의 팔라디안 양식으로 지어진 건물이 많이 남아 있는데 이는 서기 15세기 초-서기 18세기 말까지 번영한 베네티아 제국의 후광을 입은 것이다. 이 건물양식은 영국 그리니치 공원의 왕비의 집(The Queen's House)을 비롯해 유럽이나 미국 등 전세계에 영향을 주었다. 그는 석공으로 출발하여 로마에서 고전 건물에 대한 교육을 받은 뒤 그의 이름을 딴 팔라디안 건축 양식을 발전시켰다. 팔라디안 양식으로 지은 건물에서 별장(villa, 21개소)이 가장 주종을 이룬다.

비센자 시와 베네토의 팔라디안 건축물들은 Palazzo Barbaran da Porto, Palazzo Poiana, Palazzo Civena Trissino, Palazzo Thiene di Scandiano, Palazzo da Porto, Loggia del Capitaniato, Palazzo Valmarana-Braga, Palazzo Thiene-Benin-Longare, Palazzo da Porto-Breganze, Palazzo Chiericati, Teatro Olimpico, Arco delle Scalette, Palazzo da Monte-Migliorini, Palazzo da Schio, CasaCogollo, Church of Santa Maria Nuova, Loggia Valmarana in Giardino Salvi, Palazzo Garzadori-Bortolan, The dome of the Cathedral, Door on the north sideof the Cathedral, Palazzo Capra, Valmarana Chapel, Church of Santa Corona, VillaTrissino, Villa Gazzotti, Villa Capra 등이다.

9. 크레스피 다다(Crespi d'Adda: 문화, 1995): 롬바르니, 카프리아테 산 게르바시오 (Capriate San Gervaslo)에 있는 서기 19세기-서기 20세기 초 계몽주의에 영향을 받은 유럽과 북아메리카 산업체들이 노동자의 요구를 듣기 위해 만든 '회사 도

시'(Company town)로 지금도 당시의 도시계획과 구획된 건물이 잘 남아있다.

10. **르네상스 도시 페라라와 포 삼각주**(Ferrara, City of Renaissance and its Po Delta: 문화, 1995/1999 확대지정): 볼로냐 동북 50km 떨어진 포강 지류인 포 디 보라노(Po di Volano)강에 자리하고 있는 페라라와 포 삼각주에는 넓은 거리, 에르콜레데스테(Ercole d'Este) I세(서기 1471년~서기 1505년) 때 에스테(Este) 공국이 르네상스 시대에 자리하면서 메디치 가문을 따라 후원한 예술가들의 작품과 궁전(서기 1492년~서기 1505년) 등 많은 건물들이 남아 있다. 그들은 시청(서기 18세기에 개조), 성 그레고리(St. George) 성당(서기 1135년부터 짓기 시작), 다이아몬드(Diamond) 궁전(Palazzo dei Diamond, 서기 15세기), 지오바니 로메네이의 집인 Casa Romei(서기 16세기)를 비롯해 아리오스테아 광장(Piazza Ariostea), 시의 극장(Communal Theatre, 세르토사(The Certosa), 산타 마리아 교회(The church of Santa Maria in Vado), 성 베네딕트 교회(The church of St. Benedict), 찰스 교회(The church of St. Charles), 성 크리스토퍼 교회(The church of St. Cristopher),성 도미니크 교회(The church of St. Dominic), 성 프란시스 교회(The church of St. Francis), 그레고리 교회(The church of St. George), 성 바울 교회(The churchof St. Paul), 성 로만 교회(The church of St. Roman), 시인 루도비코 아리오소토의 집(The house of the poet Ludovico Ariosto, 서기 1526년), 마사리 정원(TheMassari gardens), 안티오니오 수도원(The monastery of Sant'Antionio in Polesine), 루도비코 일 모로의 궁전(The Palace of Ludovico il Moro), 마리피사 데스테의 궁전(The Palazzina di Marfisa d'Este) 등이다.

11. **시에나 역사지구**(Historic Centre of Siena: 문화, 1995): 서기 12세기~서기 15세기경의 중세도시로 프로렌스와 경쟁할 정도로 도시계획이 잘 되어 있고 Duccio, Lorenzeti 형제, Simone Martini 등의 예술가들이 이탈리아를 넘어 유럽예술의 발전에 공헌하였다. Piazza del Campo 주위에 건립되고 서기 1189년 독립된 시에나는 주위의 자연환경과 잘 융화되고 있다. Banchi di SopraSotto와 Banchi di Sotto 거리의 이름이 보여주듯이 도시는 은행가들의 활동으로 부를 축적했다. 세례당(Battistero di San Giovani, 서기 14세기), Museo dell'Opera del Duomo, 성당(Il Duomo, 서기 1200년대), Palazzo Publico and Torre del Mangia(서기 13세기), 국립화

랑(Pinacoteca Nazionale), 산타마리아 병원(Spedale di Santa Maria della Scala) 등의 건물들이 남아있다.

12. **나폴리 역사지구**(Historic Centre of Naples: 문화, 1995): 기원전 470년에 그리스인들에 의해 건설된 Magna-Graecia(기원전 600년-기원전 500년)로부터 출발해 오늘날에 이르렀다. 이곳에는 산타 치아라(Santa Chiara) 교회와 카스텔 누오보(Castel Nuovo) 성이 유명하다. 산타 치아라 교회는 수도원, 묘지, 고고학 박물관으로 구성된 종교복합단지로 서기 1313년-서기 1340년 나폴리 왕 로베르트(Robert)와 그의 부인인 왕비 마요르카의 산챠(Sancha of Majorka) 부부에 의해 건립되었으며 그들 부부도 사후 이곳에 묻혔다. 장방형의 건물로 길이 110.5m, 폭 33m, 본당의 벽 높이 47.5m 본당의 길이 82m이다. 카스텔 누오보는 마스치오 앙기오노(MaschioAngiono)로 알려져 있으며 서기 1279년에 만들어졌다. 서기 1285년까지 이 성은 사람이 살지 않다가 아들 촬스(Charles) II세가 계승하면서 이 성은 교황 셀레스틴 V세가 서기 1294년 12월 13일 이 성의 홀에서 은퇴식을 하고 11일 후 보니파스(Boniface) VII세가 이곳에서 교황으로 선출되면서 도시의 중심 역할을 하였다. 서기 79년 8월 24일 베수비오(베스비우스, Vesuvius) 화산에 묻힌 이웃의 헤르큘라네움과 폼페이 시가 발굴 중에 있다.

13. **몬테 성**(Castel del Monte: 문화, 1996): 몬테 성은 바리, 안드리아와 코라토에 있는 중세시대의 군사 건축물로 외관은 평면과 等軸의 조화를 이루고 완전하게 보존되어 있다. 이 성은 프레데릭(Frederik) II세가 십자군전쟁에 참여하여 근동지방 무스림 성으로부터 얻은 아이디어를 본 성에 적용하면서 고전적인 성곽과 시토파의 고딕 양식을 혼합하여 서기 1240년에 지었다. 그는 여러 개의 언어를 구사하는 이외에도 수학, 천문학, 자연과학에 관심이 많은 재주꾼이었다. 그의 사후 성은 황폐해지고 내부를 장식하던 모자이크와 석상도 도둑을 맞았다.

14. **알베로벨로의 트룰리**(The Trulli of Alberobello: 문화, 1996): 푸길라(Pugila)의 남쪽 지역 바리(Bari)의 석회암 주거지로 회반죽을 사용하지 않고 돌로 쌓아 만든 것이 특징으로 피라미드형, 돔이나 圓錐형의 트룰리 지붕, 맞졸임(귀죽임, 抹角藻井, 鬪八天

#)의 선사시대 집짓는 기술이 그대로 전해 내려온다. 이곳에는 아이아 피콜리(Aia Piccoli)와 몬티(Monti)의 두 지역이 있으며 처음 몬티 지구에서 40채 가량 들어섰다가 차츰 확장되었다. 원추형의 건물 꼭대기와 지붕에는 태양신과 관련된 여러 가지 그림과 장식이 보인다. 이 건물을 짓고 허물기가 쉬워 아쿠아비바(Acquaviva) 영주와 그 가족들이 부과하는 혹독한 주택세금을 피하는데 이용했다고도 한다. 그래서 주민들이 서기 1797년 나포리의 페르디난드 4세에게 청원하여 이곳이 왕가의 직속영지가 되었다. 그리고 이곳에는 카사다모레(Casa D'Amore, 서기 1797년), 산 안토니오 교회(Chiesa di San'Antonio, 서기 1920년), 산 티메디치 성당(Chiesa dei Santi Medici Cosmae Damiano, 서기 1609년), 투룰로 소브라노(Trullo Sovrano 2층 건물, 서기 1707년)와 이곳의 역사를 보여주는 領土博物館(Museo del Territorio)이 있다.

15. 라베나의 초기 그리스도교 기념물(Early Christian Monuments of Ravenna: 문화, 1996): 에밀라 로마냐(Emilia-Romanaga) 지구 서기 5세기의 로마제국, 서기 8세기의 비잔틴시대 이탈리아의 수도였던 라베나의 초기 기독교 기념물들은 8개소로 네오이안 洗禮場(Neonian Baptistery, 서기 430년경), 갈라 프라시디아 靈廟(Mausoleum of Galla Placidia, 서기 430년경), 아리안 세례장(Arian Baptistry, 서기 500년경), 대주교의 교회(Archiepiscopal Chapel, 서기 500년경), 산타폴리나레 누오보 성당(Basilica of Sant'Apollinare Nuovo, 서기 500년경), 테오도르의 靈廟(Mausoleum of Theodoric, 서기 520년), 산 비탈레의 대성당(Basilica of San Vitale, 서기 548년), 산타폴리나레 대성당(Basilica of Sant' Apollinare in Classe, 서기 549년)이다. 이들은 그레코-로만(기원전 146년-서기 14년), 기독교의 彫像, 동서양의 양식들을 잘 조합하고 있다. 이들은 서로마제국의 황제 콘스탄티누스 III세의 부인이며 攝政도 몇 년 했던 갈라 프라시디아의 使嗾와 후원 덕이었다.

16. 피엔자 시 역사지구(The Historic Centre of the City of Pienza: 문화, 1996): 투스카니 시엔나(Siena)의 교황 피오(Pius) II세가 서기 1459년 자신의 고향 코르시나노(Corsignano)를 一新하고 교황의 여름 궁전으로 삼기 위해 르네상스식 이상향의 도시구획을 적용하여 새로운 도시를 꾸미고자 건축가 베르나도 로셀리노 (Bernardo Rossellino)로 하여금 그 역할을 맡게 했다. 피오 II세의 광장이 이 도시의 중심으로

서기 15세기의 중요한 건물이 들어서 있다. 그들은 성당(Rossellino가 서기 1459년–서기 1462년에 지음), 피콜로미니 궁전[Piccolomini Palace, 교황 피오 II 세와 III세, 그리고 학자이면서 천문학자인 알레산드로 피콜로미니 (Alessandro Piccolomini)의 가문 시네세 피콜로미니(Siennese Piccolomini)家의 저택], 대주교의 궁전(Episcopal Palace), 銃眼이 있는 시청(Town Hall, 서기 1462년). Rossellino가 화려하게 장식한 광장 등이다.

17. 까세르따 서기 18세기 궁전과 공원, 반비텔리 수로 및 산 루치오(The 18th-Century Royal Palace at Caserta with the Park, the Aqueduct of Vanvitelli, and the San Leucio Complex: 문화, 1997): 까세르따 궁전은 캄파니아 까세르따와 베네벤토에 위한 부르봉(Bourbon) 왕가의 촬스(Charles) III세가 서기 1773년에 시작하여 그의 아들이 완성한 마드리드와 베르사이유 궁전과 경쟁하기 위해 만든 것으로 궁전은 정면 250m, 5층의 건물로 1,200개의 방과 1,790개의 유리창이 있다. 정원은 오스트리아의 쉔브룬(Schönbrunn) 궁전과 스페인의 아란후에즈(Aranjuez) 궁전을 모방하여 서기 1753년에 조성하기 시작한 것으로 규모는 120㏊에 달한다. 처음에는 나폴리에 궁전을 세우려고 하였다가 바다로부터의 공격을 피하기기 위해 까세르따 내륙의 領地를 택해 지었으며 모두 주위의 자연환경에 맞도록 배치하였다. 여기에는 사냥용 숙소, 비단공장, 공원과 정교한 수로도 배치되었다.

18. 사보이 궁중저택(The Residences of the Royal House of Savoy: 문화, 1997): 사보이의 Emmanuel-Philibert 公이 서기 1562년 튜린(Turin)으로 도읍지를 옮기고 세력을 과시하기 위해 궁전을 지었는데 후계자들로 계속 확장해 나갔다. 당시의 최고의 건축가들과 장인들이 설계하고 장식을 한 건물들은 도읍지인 튜린뿐만 아니라 피드몬트 지역까지 확산되어 나갔으며 여기에는 지방의 주택과 사냥용 숙소도 포함된다.

건물들은 모두 22동으로 튜린에 Palazzo Reale, Palazzo Chiablese, Royal Armory, Royal Library, Palazzo della Prefettura(former State Secretariats), State Archives(former Court Archives), Former Military Academy, Riding School with stables, Mint[Regia Zecca], Façade of the Royal Theatre, Palazzo Madama,

Palazzo Carignano, Castello del Valentino, Villa della Regina가, 피드몬트에 Castello di Rivoli, Castello di Moncalieri, Castello di Venaria, Castello della Mandria, Palazzina di Stupinigi, Castello di Agliè, Castello di Racconigi, Pollenzo Estate, Castello di Govone이다.

19. 파두아 식물원[The Botanical Garden(Orto Botanico), Padua: 문화, 1997]: 서기 1545년 베네토 파도바 지역에 파두아 대학교에서 다니엘 바르바로(DanieleBarbaro)의 설계로 세운 세계 최초의 식물원으로 지구를 상징하는 물로 둘러싼 동심원의 형태가 당시의 평면설계 그대로 남아있다. 그리고 후대에 장식적인 입구, 난간, 펌프시설과 온실 등이 추가되었다. 여기에는 베네티안 제국(Venetian Empire)의 후원 하에 식물관계 장서 5만 권이 도서관에 소장되어 있다. 이 식물원은 처음에는 의학용 식물을 재배하려는 목적으로 만들어졌으며 이후 세계적으로 많은 영향을 끼쳤다.

20. 모데나의 토레 씨비카와 피아짜 그란데 성당(Cathedral, Toree Civica and Piazza Grande, Modena: 문화, 1997): 에밀라-로마냐(Emilia-Romagna), 모데나에 위치한 투스카니의 마틸다 백작(Matilda of Tuscany)의 定礎와 란프랑코(Lanfranco)와 윌리겔무스(Wiligelmus)의 설계와 조각에 의해 서기 1099년 6월 6일 시작되어 서기 1184년에 완공을 보았다. 광장과 하늘을 찌르는 탑, 서기 13세기경 '장미의 창문'을 단 로마네스크 양식의 대표적 성당으로, 이를 만들었던 카노사(Canossa) 왕조의 힘의 표출과 함께 홍수로부터 보호와 첫 번째 출정하는 십자군의 가호를 빌었던 건축가의 신앙심을 잘 보여준다. 이 도시의 보호자인 성 게미니아누스(St. Geminianus)는 6년 후 이 성당의 납골당에 奉安되었다.

21. 폼페이 및 헤르큐레니움 토레 아눈치아타(The Archaeological Areas of Pompei, Herculaneum, and Torre Annunziata: 문화, 1997): 나폴리 옆 서기 79년 8월 24일 베수비오(베스비우스, Vesuvius, 1,281m) 화산 폭발과 함께 묻혔다가 현재에도 발굴 중인 폼페이와 헤르큐레니움(헤르쿨라네움)의 두 도시이다. 당시의 생생한 목격담이 당시 미제눔에 있던 로마함대의 사령관인 大 프리니우스(The Elder Pliny, Gaius PliniusSecundus, 서기 23년-서기 79년)의 생사여부를 묻는 역사가 타키투스(Tacitus, 서기 55년?-120년?)의

물음에 小 플리니우스(The Younger Pliny, Caecilius Secundus, 서기 62년?-서기 113년?)가 편지로 답하는데서 잘 나타나고 있다. 대 프리니우스는 스타비에 시에서 친구들을 구하려다 죽은 것으로 되어 있다. 둘째 날 화산폭발이 멈추었을 때 폼페이 시는 화산재가 6-7m 가량 덮여 있었다. 헤르큐레니움(헤르쿨라네움) 시는 용암과 화산재가 순식간에 몰려들어 시 전체가 20m 이상 덮였다. 그래서 유적은 용암 밑에 자연히 보존되었다. 폼페이 유적은 서기 16세기 말 건축가인 도메니코 폰타나(Domenico Fontana)가 사르노 강에서 토레 아누찌아타란 읍에 물을 끌어 물을 끌어들이기 위해 라 씨비타란 언덕에 수로를 가설하다가 발견되었다. 묻힌 도시의 발굴은 서기 1711년 농부인 지오바니 바티사노 노체리노가 레시나(현 에르꼴라노임)에서 우물을 파다가 색깔 있는 대리석상 여러 편을 발견해 당시의 엘뵈프의 황태자인 엠마뉴엘 모르티쯔에게 판 것으로부터 시작한다. 황태자는 그의 아름다운 이탈리아 신부를 위해 포르티치 근처에 화려한 별장을 짓고 그곳을 장식할 아름다운 조각품을 찾도록 발굴을 주선했다. 그러는 동안 대리석으로 만들어진 실물크기의 아름다운 부인상 세 점을 발견하여 황태자는 그의 직속상관인 오스트리아의 유진 황태자에게 선물하였다. 서기 1736년 유진이 죽자 이들은 당시의 대 수장가인 폴란드의 프레드릭 아우구스투스 3세의 소유가 되었다. 이것들과 발견에 얽힌 이야기들이 후일 나폴리의 촬스 Ⅳ세 왕(후일 스페인 부르봉 왕가의 촬스 Ⅲ세가 됨)의 부인이 된 그의 딸 마리아 아말리아 크리스티나의 호기심을 자극시켜 놓았다. 촬스 왕은 헤르큐레니움의 발굴을 시작했다.

폼페이의 경우 서기 1748년에 발굴이 시작되었는데, 서기 1763년에 이곳이 폼페이라는 것을 알려주는 명문이 출토되었다. 발굴은 간헐적이지만 오늘날까지 계속되고 있다. 초기의 발굴이라는 것은 건물이나 박물관을 장식할 보물찾기에 불과할 정도였다. 학문적인 발굴은 서기 1860년 이탈리아 고고학자인 쥬세프 휘오렐리(Giuseppe Fiorelli)가 발굴 책임자가 되고난 후부터 시작된다. 발굴된 유적 사이들의 지역이 깨끗이 제거되었고 또 자세히 기록되었다. 그는 폼페이를 9개 구역으로 나누었다. 그리고 각 구역을 동으로 나누어 번호를 매겨 놓았다. 또 발굴되어 길거리에 보이는 집들도 번지가 매겨져 모두 구-동-번지의 세 자리 단위를 갖게 되었다. 그는 또 사람이나 동물이 화산재에 묻힐 때 동체(몸체)는 없어지고 대신 빈 구멍만 남기는데, 이 구멍에 액체의 석고를 부어 넣어 굳은 후에 보면 인간이나 동물의 죽기 전의 형체나 자세를 파악할 수 있는 방법도 고안해내었다. 이 방법은 문, 가구나 뿌리의 형체를 파악하는데도 이용된다. 세계제2차대전이 끝난 후인 서기 1951년 이곳의 집중적인 발굴이 아메데오 마이우리(Amedeo Maiuri)에 의해 재개되었는데, 그는 이 발굴을 서기 1924년부터 서기 1961년까지 37년을 맡은 셈이다. 이 기간 동안에 I과 I구에 있는 비아 델 아본단짜라는 도시의 남쪽 넓은 지역이 발굴되었고, 도시의 성밖에 쌓인 쓰레기더미가 깨끗이 치워졌다. 그래서 노쎄라문과 누쎄리아시로 향하는 문으로 나있는 길 양쪽의 공동묘지가 새로이 밝혀졌다. 서기 1970년대 초에 도시의 3/4이 발굴되었다. 폼페이 시는 선사시대부터 있었던 화산 폭발로 인해 흘러내린 용암 위에 형성되었기 때문에 매우 굴곡이 심하다. 발굴에 의하면 도시의 서남부쪽이 가장 오래 되었음을 알 수 있다. 성벽은 주위가 3㎞이고 그 안의 넓이는 155acre이다. 폼페이 시에는 역사상 그리스 식민지 때인 마그나 그레샤(Magna-Graecia, 기원전 600년-기원전 500년)시대, 그리스와 로마가 교대로 이어져 내려오는 그레코-로만(Graeco-Roman, 기원전 146년-서기 14년)시대의 영향이 많이 남아 있다. 7개의 성문자리가 발굴되었다. 폼페이 시의 공공건물은 공회당(해발 34m), 삼각형의 공회당(해발 25m), 그리고 원형경기장과 체육관이 있는 세 곳으로 나누어진다. 특히 공회당은 종교, 경제와 도시생활의 중심이었다. 이곳은 이층의 열 지은 주랑으로 둘러싸인 장방형의 넓은 장소였다. 여기에는 신전, 모직공장의 본부, 시의원의 회합 장소, 시장의 집무소 등이 자리하고 있었다. 삼각형의 공회당에는 이 도시의 가장 오래된 도리아식 신전이 있으며, 또 제우스 메일리치우스와 이시스 사원 그리고 샘나이트 체육관이 근처에 있다. 마지막의 동쪽 구석에는 그리스의 로마식민지가 만들어지자마자 건조된 이 관계 유적 중 가장 오래된 원형경기장이 있다. 서쪽에는 샘나이트 체육관을 대신하는 다른 큰 체육관이 들어섰다. 목욕탕은 시내 곳곳에 있는데 스타비안과 중앙

목욕탕(시대가 떨어지면 일반적으로 남탕과 여탕의 구분이 없는데, 여기에는 구별이 있음) 그리고 고급 개인 저택에 있는 목욕탕들이 유명하다. 그러나 무엇보다도 중요한 것은 수백 채의 개인 주택들이다. 이곳 폼페이 시에서만 샘나이트 시대부터 약 4세기 간에 걸쳐 집들이 지어졌기 때문에 그들의 역사를 추적해나가고 이에 따른 편년을 만들어 볼 수 있게 되었다. 이곳 폼페이 시에서 그리스와 로마인들 이전 先主民인 샘나이트인(Samnite)들이 먼저 살고 있었다. 그들이 살던 기원전 4세기부터 기원전 80년까지를 샘나이트 문화기라 부르며 그들이 지은 집의 형식에 따라 I과 II의 두 기로 나눈다. 우선 이곳에서 집들은 제일 오래된 집이 지어진 샘나이트 I기(기원전 4세기-기원전 3세기)와 가장 화려한 집들이 지어진 샘나이트 II기(기원전 200년-기원전 80년)로 나누고, 또 여기에 미술양식에 따라 폼페이 I기(기원전 4세기-기원전 80년, 단순치장벽토, 여기에 샘나이트 I기와 II기가 포함된다), II기(기원전 80년-서기 14년, 건축화된 양식), III기(초기 로마 제국-서기 62년, 이집트화 된 양식)과 IV기(서기 62년-서기 79년 8월 24일, 장식화된 양식)로 구분된다.

이들 고고학적 유적과 유물들은 매우 중요하다. 왜냐하면 이들은 고대세계의 사회, 경제, 종교, 정치생활에 대해 여러 가지 자료를 제공해 주기 때문이다. 잘 보존된 많은 개인의 祠堂은 이제까지 전혀 기대하지 못했던 가정에서 종교에 대한 생생한 모습을 보여주고 있다. 제분과 반죽할 수 있는 기계 그리고 아직도 구울 빵이 들어 있는 오븐을 완전히 갖춘 빵집은 매일 먹던 주식이 어떻게 만들어졌는지 보여준다. 여러 개의 양모를 가공하는 공장은 당시 중요한 산업을 구체적으로 연구하게 해준다. 조각, 도구, 보석가공 상점과 생선소스와 램프공장 그리고 포도주와 음식가게들은 당시생활의 또 다른 모습을 보여준다. 그러나 폼페이 시는 헤르큐레니움(헤르쿨라네움) 시와는 달리 지하 하수시설(underground channel)이 없어 시궁창으로 몹시 불결했을 것이라는 발굴 후의 인상도 있다. 폼페이는 지중해 전체에 포도주, 생선소스와 향수를 수출하는 매우 번화한 항구 도시였다. 상인과 무역업자들은 식사를 하고, 선술집, 식당과 賣春業所(사창가)를 찾아 돌아다녔고 도시 성문이나 공회당 근처의 여인숙에서 묵었다. 그것도 등급이 있어 대접이 천차만별이었다. 銘文이 좀 더 구체적으로 자료를 제공해준다. 그것들은 공공건물, 무덤과 석상의 밑바닥에 씌어져 있다. 사업거래는 유명한 루시우스 캐시리우스 쥬쿤두스 은행가의 와스판에 기록되어 있다. 또 劍鬪競技에 대한 발표, 투표에 관한 기록과 매우 심하게 다툰 경쟁의 여운도 남아 있다. 낙서로 남아 있는 것은 회계, 장날의 목록, 애인의 교환, 버질(Virgil) 시에 대한 인용구절과 어린애들이 긁어 놓은 알파벳문자도 포함된다. 비문이나 고고학적 자료로 당시의 사회계층이나, 자유민, 노예, 소상인과 로마의 귀족까지도 연구할 수 있다. 또 폼페이 시는 고대도시에 있어 도시계획이나 토지의 이용에 대해 연구할 수 있는 좋은 기회를 마련해 준다. 최근의 발굴은 기대하지 못했던 상당량의 공지가 있었음을 보여준다. 원형극장 너머에 있는 공지는 종전에 생각했던 가축시장이 아니라 포도밭이었음을 알려준다. 포도밭, 과일나무와 정원은 생각했던 것보다 집약농경이 아니었음을 알려준다.

헤르큐레니움(헤르쿨라네움)의 발굴은 서기 1765년까지 竪穴坑과 지하터널에 의해 발굴되었다. 이런 발굴방법으로 바실리카(공회당)라 불리는 극장과 그리스어의 파 피루스 도서관이 발견되어 명명된 "파피루스의 별장"이 발굴되어 잠정적인 도시계획이 새로이 만들어졌다. 그림과 조각상도 많이 발견되었다. 서기 1828년 빈 터에 대한 발굴이 시작되었다. 표토층이 딱딱하고 레시나란 새로운 도시가 헤르큐레니움 시 위에 세워졌기 때문에 작업은 간헐적으로 이루어져 다른 4동의 일부와 함께 단지 4개 동의 지역이 완전히 발굴되었을 정도이다. 도시계획은 그리스의 영향을 받아 方格法에 의존하였다. 발굴된 공공건물은 두 개의 목욕탕, 상당히 큰 운동장과 아우구스탈레스 신전이었다. 신전은 황제를 숭배하는 장소로 공회장과 경계의 일부가 걸치고 있었다. 가장 화려한 집은 수사슴의 집과 가운데에 뜰이 있는 집인데 모바다의 만(灣)을 내다볼 수 있는 테라스를 가지고 있었다. 반대쪽에는 값싼 건축 자재를 이용해 지은 조그만 아파트들이 있는데, 이들은 공동의 뜰을 향해 문이 나있었다.

스타비아와 그라냐노 근처에서 나폴리의 촬스 IV세 왕(스페인 부르봉 왕가 의 촬스

Ⅲ세)에 의해 주도된 발굴에서 서기 1749년에서 서기 1782년 사이에 12채의 별장이 발견되었는데, 이 작업은 금세기까지도 재개되지 못하고 있다가 요즈음 다시 진행 중이다. 두 개의 큰 列柱廊으로 돌려진 안뜰과 목욕탕을 가진 산 마르코의 별장은 잘 보존되어 있었다. 다른 별장들은 폼페이 부근 그라냐노 근처, 스카화티, 도미쎌라, 토레 아눈치아타, 보스코레알과 보스코트레카세 근처 베스비우스 화산의 낮은 경사면에서 발견되었다. 대부분이 발굴 후 매몰되었으나, 신비의 별장과 같은 몇 채는 오늘날에도 볼 수 있다. 현재 이곳에서는 안뜰의 샘터, 행정중심지인 바실리카, 牧神 파우누스의 집, 빵집과 제분용 맷돌, 술집 터, 비장의 莊園, 원형경기장 등이 공개되고 있다.

폼페이 시와는 달리 헤르큐레니움(헤르쿨라네움)에서는 처음 조사 때 인골이 10여 구밖에 발견이 되지 않아 서기 79년 화산의 폭발 때 거의 대부분이 피신했던 것으로 알려졌으나 최근 해안가 浦口의 발굴에서 유골 200여 구 이상이 발굴되어 이들이 모두 가스와 열충격으로 죽은 것이 알려졌다. 서기 1735년 스위스의 엔지니어인 칼 웨버가 후원자인 촬스 Ⅲ세의 발굴을 돕기 위해 헤르큐레니움에 와서 "파피루스의 별장"인 건물을 발견하였다. 파피루스의 별장으로 이름지게 된 파피루스 두루마기의 발견은 서기 1754년에 이루어지게 되었다. 화산재로 인해 딱딱하게 굳어져 잘 펴지지 않아 발굴된지 50년이 지난 서기 1804년에야 비로소 절반가량이 해독되었다. 그 내용은 기원전 1세기경 가다라에 살았던 철학자인 필로데무스(Philodemus 기원전 110년~기원전 35년경, Syria의Gadara 출생)의 음악에 관한 그리스어로 써진 논문이었다. 이것으로 인해 이별장의 주인이 당시 이 철학자의 후원자였던 로마 총독인 루치우스 칼푸루니우피소임을 추측하게 되었다. 서기 1828년 이곳의 발굴이 재개되었고, 서기 1927년 무소리니의 재정지원으로 발굴이 활기를 띄게 되었다. 이제는 발굴이 터널을 이용하는 도굴식이 아니라 지상의 건물을 모두 철거시키고 난 다음의 정상적인 발굴방법에 의하고 있다. 당시의 별장에는 그리스와 羅典語의 두 가지 도서관이 있게 마련이어서 서기 1987년부터 정부가 직접 관장하는 대대적인 발굴에서는 라전어로 써진 파피루스의 발견을 기대하고 있다. 이런 중요성 때문에 헤르큐레니움 시는 서기 1987년부터 정부가 직접 관장하는 대규모의 발굴 사업을 벌리고 있다.

이탈리아에서 손꼽히는 관광자원인 폼페이 시와 헤르큐레니움 시는 나폴리 시에서 동남쪽으로 각각 23㎞와 8㎞에 위치하며, 모두 비옥한 캄파니아 분지 내에 포함되어 있다. 이들 두 도시는 서기 79년 8월 24일 베스비우스 산의 갑작스런 화산폭발로 인해 땅 속에 묻혀 전설로만 알려졌을 뿐 지구상에서 완전히 사라져 버렸었다. 그러나 이 두 도시의 발굴에서 얻어진 고고학과 미술사적인 자료들은 이제까지 베일에 가려져 왔던 그레코-로만(기원전 146년-서기 14년) 세계의 생활상을 알려주는 중요한 정보가 되었다.

헤르큐레니움 시의 재발견은 서기 18세기 우연과 보물사냥의 이야기이다. 18세기 중반 폼페이와 헤르큐레니움의 발굴은 유럽인들로 하여금 고전양식에 대한 새로운 이해를 갖게 하였다. 그래서 주로 르네상스에 기원을 둔 것이기는 하지만 옛것의 매력에 대한 탐구와 계몽주의로부터 받은 자극으로 유럽전역에 걸쳐 신고전주의가 새로이 발달하게 되었다. 그러나 가장 최근의 화산 폭발은 서기 1631년과 서기 1944년에 있었고, 청동기시대 이후 이제까지 36회나 화산폭발이 있었던 베스비오 화산은 아직 活火山으로 언제 또 터질지 모른다. 그래서 앞으로 이 유적의 발굴과 보존은 무척 힘들 것으로 예상된다.

22. 카잘레의 빌라 로마나(Villa Romana del Casale: 문화, 1997): 서기 4세기 초 시실리 섬 에트나의 카잘레에 있는 로마시대 말기의 별장(또는 궁전)으로 바닥에 채색으로 만들어진 모자이크가 많이 남아 있으며 그중 '비키니를 입은 여자'가 대표적이다. 이를 만든 장인은 아프리카에서 온 것으로 추정된다. 이곳은 방이 50개이고 전체 넓이 3500㎡나 된다. 이 별장의 주인은 四頭體制의 한 사람인 멕시미안(Maximian)으로 불리우는 Marcus Aurelius Valerius Maximianius[서기 250년-310년, 서기 285/286년 7월 21일/25일(디오크레티아누스 황제 아래에서 Caesar로 재위)-서기 305년 4월 1일/5월 1일 서부에서 아우구스투스로서 재위]로 보인다. 이 유적은 서기 1950년대에 발굴되었다.

23. 수 누락시 디 바루미니(Su Nuraxi di Barumini: 문화, 1997): 사르디나 섬 메디오

캄피다노에 기원전 1500년대 3층 높이(약 20m)로 기초가 없이 방형의 石塊로 圓錐形으로 쌓고 상부로 올라갈수록 좁아 들어가는 맞줄임천장을 가진 누라기(nuraghi, nuraghe, nuraxi) 거석문화가 벌집모양으로 散開되어 있다. 사르디니아 섬에 원래 3만개 정도 있었으리라 추정되나 현재 8,000여개만 남았다. 기원전 천년 기의 초반(기원전 7세기–기원전 6세기경) 카르타고인들과 접촉에서 이 구조물들의 분포 범위가 넓어지고 강화되었다. 이 건축물은 이 섬에만 있는 독특한 청동기시대의 방어구조물이다.

24. 포르토베네레, 생케 테레와 섬들(Portovenere, Cinque Terre, and the Islands–Palmaria, Tino and Tinetto: 문화, 1997): 리구리안(Ligurian) 지역 라스페클라의 생케 테레와 포르토베너레(Portovenere) 사이 팔마리아(Palmaria), 티노(Tino)와 티네토(Tinetto) 섬들과 리구리안 해안가를 따라 이곳 주민들이 과거 천년 동안 가파른 경사지와 척박한 환경에 적응하여 조그만 마을도 만들고 계단상의 밭에 포도와 올리브를 재배하였다.

25. 코스티에라 아말피타나(Costiera Amalfitana: 문화, 1997): 소렌토 반도의 남쪽(Province of Salerno) 40km 구간 서쪽 포지타노(Positano)에서 동쪽 비에트리(Vietri sul Mare)까지의 펼쳐있는 아말피(Amalfi) 해안선을 따라 중세시대 초기부터 형성된 정착지로 비에트리(Vietri sul Mare), 트라몬티, 살레노(Salerno), 아말피, 라벨로(Ravello), 프라이아노(Praiano)와 포지타노 등과 같은 마을이 형성되어 있는데 지중해 절경의 풍광뿐만 아니라 그곳의 건축과 예술적 작품들이 중요하다. 이 해안선의 마을은 죤 스타인벡(John Steinbeck)의 Positano(서기 1953년)라는 소설책에 언급되기도 하였다. 가파르고 집으로 빼곡히 들어찬 해안선 산비탈에서의 주민들의 삶은 다양한 지형에 따라 계단상의 포도밭과 과수원, 산곡대기의 목축지까지 만들어 그들 나름대로 자연환경에 잘 적응하고 있다. 이곳에는 유럽 각지로부터 몰려오는 화가와 예술가들의 천국이기도 하다. 현재 아말피와 라벨로의 성당(서기 1272년), 콘카 데이 마리니의 에메랄드 동굴 등이 관광명소이다.

26. 아그리겐토 고고학지역(Archaeological Area of Agrigento: 문화, 1997): 시실리 아그

리겐토(또는 Akragas)에 위치하는 기원전 6세기 마그나 그레시아(Magna-Graecia, 기원전 600년-기원전 500년) 시대에 세워진 그리스 본토와 독립적인 그리스 식민지로 지금은 밭과 과수원에 그리스의 도리아식 신전, 헬레니즘 시대(Hellenism, 기원전 304년-기원전 30년)와 로마의 도시 유적들이 남아 있다. 이 도시는 기원전 5세기에 번영을 누렸고 현재 남아있는 사원들은 이 시기에 지어진 것으로 보인다. 기원전 406년 카르타고인들이 침입해 모든 것을 파괴시켰으나 곧 재건되었고 기원전 210년 로마인들이 다시 공격할 때까지 존속했다.

27. 아퀴레이아 고고유적지 및 가톨릭교회(Archeological area and Patriarchal Basilicaof Aquileia: 문화, 1998): 프리울리-베네찌아 기우리아(Friuli-Venezia Giulia)에 위치한 초기 로마제국시대의 규모가 크고 부유한 도시로 匈奴로 알려진 아틸라(Attila, 서기 448년 현 항가리에 아틸라 왕국을 세움) 족에 서기 5세기 중엽에 파괴된다. 유적의 대부분 발굴되지 않은 채로 있으나 총주교의 성당으로 모자이크의 바닥을 가진 훌륭한 건축물로 중앙유럽의 기독교전파에 중요한 역할을 했다. 이 성당은 서기 1031년 대주교 포포(Poppo)에 의해 지붕이 편평하게 세워졌고 서기 1379년 같은 터에 대주교 마르콰드(Marquad)에 의해 고딕 양식으로 재건되었다.

28. 우르비노 역사유적지(Historic center of Urbino: 문화, 1998): 마르체 우르비노의 서기 15세기에 번영하여 페데리코 다 몬테휄트로(Federico da Montefeltro, 서기 1444년-서기 1482년) 大公의 후원하에 예술가들과 학자들이 이탈리아와 다른 나라에서 그의 궁전으로 모여 들어 르네상스시대의 활발한 주역을 담당하였으나 서기 16세기 경제와 문화적인 침체로 이 도시가 시들고 따라서 르네상스 시대의 모습이 그대로 간직되었다. 남아 있는 기념물들은 포대 요새와 성문이 있는 성벽, 대공의 궁전, 성당, 라파엘(Raphael)의 탄생지, 오다시(Odasi)와 팔마(Palma) 궁전, 알볼노즈(Albornoz) 요새들이다.

29. 아드리아나 고대건축(Villa Adriana: 문화, 1999): 로마 근교 티볼리(Tivoli)에 서기 2세기 로마황제 하드리아누스(Hadrian, 서기 117년-서기 138년)가 로마의 팔라틴 언덕(Palatine Hill)에 있는 궁전이 마음에 들지 않아 250acre의 넓이에 30동의 건물을 새

로 세운 별장이다. 이는 옛 로마 건축물의 보고로 이상형의 도시를 만들기 위해 이집트, 그리스와 로마의 건축양식을 집결시켜 놓았다. 서기 16세기에 추기경 이 포리토 일 데스테(Ippolito II d'Este)가 자기의 별장인 빌라 데스테(Villa d'Este)를 장식하기 위해 이곳의 대리석과 석상을 빼갔다.

30. **아씨시, 성 프란체스코의 바실리카 유적**(Assisi, the Basilica of San Francesco andother Franciscan Sites: 문화, 2000): 언덕 위에 세워진 중세 도시 아씨시는 성 프란체스코의 고향으로 서기 1818년에 발견된 그의 유해는 성 프란체스코 대성당 地下 納骨堂에 안치되었다. 그리고 이곳 대성당은 프란체스코 수도회파(Franciscan Order, Roman Catholic Order of Friars of Minor)의 母體 겸 본부이며 순례지이다. 이 산프란체스코 대성당과 수도원에는 시마부에(Cimabue), 피에트로 로렌제티(Pietro Lorenzetti), 시몬 마르티니(Simone Martini)와 지오토(Giotto) 화가들에 의해 그려진 프레스코 벽화와 같은 걸작품들로 인해 유명하다. 아씨시 대성당의 위의 성당(Upper Basilica, Basilica superiore)은 로마네스크와 고딕양식의 복합체이며, 아래의 성당(Lower Basilica, Basilica inferiore)는 로마네스크 양식으로 지어졌는데, 이들은 이탈리아와 유럽의 예술과 건축의 발전에 교과서와 같은 역할을 하였다. 이 성당은 서기 1228년-서기 1253년에 지어진 수도원으로 서기 1997년 9월 26일의 지진으로 몹시 파괴되었다. 프레스코 벽화는 Cimabue의 'Crucifixion'과 'Maesta with St. Francis', Simone Martini의 'St. Martin leaves the life ofchivalry and renounces the army', 'Musician with two flutes'과 'Polyptych(4-5장 패널로 된 프레스코 벽화) with Louis of Toulouse, Elizabeth of Thuringia, Saint Clare and Louis IX, King of France', 그리고 Pietro Lorenzetti의 'Madonnadei Tramonti'들이 유명하다.

31. **베로나 도시**(City of Verona: 문화, 2000): 기원전 1세기에 만들어지고 섹스피어(William Shakespeare)가 쓴 '로미오와 쥴리엣(Romeo and Juliet)'의 로맨스가 깃든 사랑의 도시인 베로나 시는 서기 13세기-서기 14세기 사다리 紋章을 가진 스칼리거家(Scaliger)家에 의해 번영하였다. 서기 15세기-서기 18세기 베네치아 공화국의 일부가 되었다. 그래서 이 도시는 로마 제국-중세 스칼리거家-르네상스-베네치

아 공화국-오스트리아를 이어온 역사시대의 중요한 문화유산과 기념물이 많이 남아있다. 그중에는 로마시대 베로나 아레나(Verona Arena, 서기 30년) 원형의 극장, Ponte di Pierta(stone wall bridge), 시그노리 광장(Piazza dei Signori), PortaBorsari(archway of Borsari), 캉그란데(Cangrande) I세의 무덤(서기 1351년), 산 제노 대성당(San Zeno Basilica), 스칼리거의 다리(Ponte Scaligero, 서기 1356년), 단테 밀리기에리 동상(Statue of Dante Alighieri), 성 아나스타샤 성당(San't Anastasia, 서기 1272년), 에르베 광장(Piazza delle erbe, 서기 15세기), Torre dei Lambserti(84m의 첨탑, 서기 1403년, 서기 1448년 복원), 후일 관광객을 위해 붙여 놓은 쥴리엣 집의 발코니(Balcony of Juliet house) 등이 대표적이다. 이곳은 로마시대부터 고대와 중세 르네상스의 건축물이 완전하게 보존된 곳이다.

32. 티볼리의 르네상스식 빌라(Villa d'Este, Tivoli: 문화, 2001): 티볼리 데스테 이탈리아의 궁전과 정원으로 서기 16세기 르네상스 시대의 걸작이다. 여기에는 분수, 장식적인 연못, 님프, 석굴 등이 남아있으며 이후 유럽의 다른 지방에서 이 곳을 본 딴 정원이 많다. 알폰소 이 데스테(Alfonso I d'Este)의 아들인 추기경 이포리토 일 데스테(Ippolito II d'Este)가 교황 선거에 떨어진 후 교황 쥬리우스(Julius) III세에 의해 티볼리 지사로 임명과 함께 기존의 정원을 하사받았는데 서기 1560년 피로리고 리오(Pirro Ligorio)의 설계에 따라 페라레세(Ferrarese) 궁전 건축가 겸 기술자인 알베르토 갈바니(Alberto Galvani)의 지휘 하에 빌라 데스테(Villa d'Este)를 재건하여 정원 앞의 그란 로기아(Gran Loggia) 궁전을 만들었다. 그리고 그는 이 정원을 장식하기 위해 로마 근교 티볼리(Tivoli)에 서기 2세기 로마황제 하드리아누스(Hadrian, 서기 117년-서기 138년) 빌라에서 대리석과 석상을 빼 이곳 정원을 장식하였다. 이포리토 일 데스테는 궁전의 완공을 보지 못하고 서기 1572년 사망하고 서기 1605년 추기경 알레산드로 데스테(Alessandro d'Este)가 이 궁전과 정원에 좀 더 손질을 가하였다. 분수로는 fontana dell'Ovato, Le Cento, della Rometta가 잘 알려져 있다.

33. 발 디 노토의 후기 바로크 도시(시실리 섬의 동남부)(Late Baroque Towns of theVal di Noto, South-Eastern Sicily: 문화, 2002): 시실리 섬 남동쪽 카타기로네(Caltagirone), 밀리

테로 발 디 카타니아(Militello Val di Catania), 카타니아(Catania), 모디카(Modica), 노토 (Noto), 팔라졸로(Palazzolo), 라구사(Ragusa)와 시클리(Scicli)의 8개 읍은 서기 1693년 지진으로 파괴된 것을 다시 복구하였는데 바로크 말기 양식의 건물과 이에 따른 도시계획이 특징이다.

34. 피에드몽과 롬바르디의 지방의 靈山(Sacri Monti of Piedmont and Lombardy: 문화, 2003): 서기 16세기 북부 이탈리아 롬바르데와 피에드몽의 크레아(Crea), 발랄로 (Varallo), 오르타(Orta), 바레세(Varese), 오로파(Oropa), 오수치오(Ossuccio), 기파 (Ghiffa), 도모도솔라(Domodossola), 벨몬테(Belmonte)의 신성한 산(Sacred Mountains)이 있는 9개의 영산/성산(聖山)마을로 바랄로의 것만 서기 15세기에 지어졌고 나머지 는 서기 16세기-서기 17세기의 교회건물들로 이들은 언덕, 숲, 호수의 경관 속에 둘러싸여 있다.

35. 세르베테리와 타르퀴니아의 에투르스칸 벽화석실묘(Etruscan Necropolises of Cerveteri and Tarquinia: 문화, 2004): 이곳은 로마지구 반디타키아(Banditaccia)의 공동묘 지로 잘 알려져 있으며 400㏊의 넓이에 1,000기의 무덤이 분포되어 있는 로마제 국 발생 직전의 기원전 9세기-기원전 3세기에 속하는 에투르스칸 문화의 공동묘 지이다. 이들 무덤은 두 가지 형식이 있는데 첫째는 'dice'로 불리우는 봉토분이 고 다른 하나는 길을 따라 만들어진 단순한 방형의 무덤인 'roads'이다. 일반 관 광객이 방문할 수 있는 곳은 10㏊의 안에 있는 'roads'형식으로 the Via dei Monti Ceriti 와 the via dei monti della Tolfa(기원전 6세기)의 무덤이다. 봉토는 잔디가 덮 여있는 원형의 구조를 가지고 그 안은 돌을 깎아 파낸 死者의 방으로 羨道(널길, corridor, dromos), 중앙 玄室과 附屬房이 있다. 우리가 알고 있는 에투르스칸의 생 활과 문화는 이 무덤의 벽화와 출토한 유물들에 의해서이다. 가장 유명한 무덤은 浮彫의 무덤(Tomba dei Rilievi/Tomb of relief)으로 마투나스(Matunas)에 속하는 銘文, 프 레스코 벽화, 부조와 출토된 일련의 도구로 기원전 3세기경에 속한다. 또 에투르 스칸 사람들은 男根을 숭배했던 모양이다.

36. 오르치아 계곡(Val d'Orcia: 문화, 2004): 이탈리아 중앙 투스카나의 오르치아(또

는 Valdoorcia)는 서기 14세기−서기 15세기 시에나(Siena) 배후의 서기 15세기 교황 피오(Pius) II세, 라디코파니(Radicofani)와 몬탈시노(Montalcino)의 후원하에 이상의 도시인 르네상스의 피엔자(Pienza)를 만들었던 농경·목장으로 白堊期 평원의 지형, 그 위에 있는 농지와 목장, 농가, 그리고 프랑키게나(Francigena)를 거쳐 로마로 가는 길목에 보이는 수도원, 여인숙과 신전의 경관이 잘 어우러져 예술가들의 눈길을 끌고 있다.

37. **시라큐스의 그리스·로마시대의 유적 및 판타리카의 암굴묘지**(Syracuse and the Rocky Necropolis of Pantalica: 문화, 2005): 시실리 섬 시라쿠스 아나포와 칼시 나라의 계곡 사이 채석장 옆에 있는 판타리카의 5,000여 개 방형으로 바위를 파고 들어간 암굴묘로 구성된 공동묘지는 그리스와 로마시대까지도 거슬러 올라갈 수 있지만 대부분 서기 13세기−서기 17세기 비잔틴 시대의 것이다. 비잔틴 시대의 흔적은 태자의 궁전으로 알려져 있는 아나크토론(Anaktoron)의 礎石이 말해준다. 고대 시라큐스의 다른 유적들은 기원전 8세기 코린트로부터 온 그리스사람들의 유적이 많이 모여 있는 오르트기아(Ortygia) 섬의 초석도 포함된다. 또 후일 성당으로 전용된 기원전 5세기의 아테네 신전, 그리스의 극장, 로마의 원형극장, 요새 등도 언급된다. 그리고 비잔틴에서 부르봉 왕가에 이르기까지의 유적들도 발견되며 그 사이 사이 아랍−무스림, 노르만, 호헨스타우휀(Hohenstaufen) 왕조(서기 1197년−서기 1250년)의 프레데릭, 아라곤, 두 시실리의 왕국들의 유적들도 확인된다. 시라큐스의 역사는 지중해 연안의 3,000년간의 문명발달사를 한 눈에 보여준다.

38. **제노바의 롤리 왕궁 및 신작로 유적지**(Genoa: Le Strade Nuove and the system of the Palazzi dei Rolli: 문화, 2006): 제노아 리구리아의 新作路와 王宮의 연대는 제노아 공화국이 재정적으로 항해 세력이 절정에 달하는 서기 16세기 말−서기 17세기 초에 속한다. 이곳은 서기 1576년 제노아 공화국 상원의 결정에 따라 단일체계하에 공공기관에 의해 재분배되는 도시발전 계획의 수립과 이와 관련된 私邸에 '공공하숙'(public lodging)제도를 도입한 유럽 최초의 도시계획사업을 보여준다. 이곳은 가리발디(Garibaldi), 발비(Balbi)와 카이로리(Cairoli) 세 곳의 신작로와 이를 따라 나있

는 르네상스와 바로크식 궁전들과의 조화도 고려되었다. 이 궁전은 지방 귀족가문에서 세웠는데 제노아 공화국의 사회·경제적인 필요에 의해 특정적인 성격에 적합하고 보편적인 가치를 추구하는 공식적이고 구체적인 목표를 갖고 있다. 즉 제노아 공화국의 國賓을 맞기 위한 私邸들의 공적인 연결망인 것이다. 따라서 신작로는 귀족의 저택과 궁전을 위한 것이다. 이것은 당시 개혁적인 도시계획의 결과인 것이었다. 그리고 이 건물들은 바로크와 틀에 박힌 메너리즘(mannerism) 건축양식의 이정표였다.

39. **만투아와 사비오네타**(Mantua and Sabbioneta: 문화, 2008): 만투아와 사비오네타는 르네상스 시대의 도시계획을 보여주는 이탈리아 북부 포(Po) 강 유역의 도시들이다. 롬바르디 근처 만투아는 현존하는 도시의 개선과 확대를, 30㎞ 떨어진 사비오네타는 이상적인 도시계획에 관한 시대적인 이념들을 구현하고 있다. 만투아의 도시구획은 로마 시대부터 내려온 각기 다른 시대를 반영하듯 방격형의 반듯한 구획을 가지면서도 종전의 불규칙적한 모습을 그대로 보이며 그 안에는 서기 11세기 둥근 지붕을 가진 건물(rotunda)과 바로크 양식의 극장 사이 사이에 중세시대의 건물들이 들어서 있다. 한편 사비오네타는 서기 16세기 후반 베스파시아노 곤자가 콜로나(Vespasiano Gonzaga Colonna) I세의 지배하에 건설되어 한 시대의 도시로 방격법의 구획을 갖고 있다. 두 도시 모두 르네상스 시대 베스파시아노 곤자가 콜로나와 관련된 도시, 건축, 미적 현실에 대한 접근방식을 보여준다. 이 두 도시는 르네상스 시대의 건축과 문화의 전파에 있어 중요한 역할을 해왔다. 르네상스 시대의 이상은 베스파시아노 곤자가 콜로나에 의해 후원을 입어 도시의 형태와 건축에 반영되고 있다. 만투아 시에는 테 궁전(The Palazzo Te, 서기 1525년-서기 1535년)과 듀칼 궁전(The Palazzo Ducale) 등의 건물이 사비오네타 시에는 현 시청인 듀칼 궁전(Ducal Palace), 고대미술관(Gallery of the Ancient)과 정원궁전(Garden Palace) 등이 남아있다.

40. **권력자의 건축물인 롱고바드**(Longobards, Places of the Power, 서기 568년-서기774년: 문화, 2011): 이탈리아 반도 전체에서 권력자의 건축물들인 롱고바드(서기568년-서기

774년)는 성, 교회, 수도원을 포함하는 7개소의 중요한 건물군으로 이루어진다. 이들은 이탈리아 북쪽에서 내려와 서기 6세기-서기 8세기 동안 이탈리아를 지배하던 롬바르드 족이 남겨놓은 문화를 이야기한다. 롬바르드 족의 건축적인 특징은 고대에서 중세 유럽으로 이행하는 과정에서 고대 로마, 기독교의 정신, 비잔틴과 북부 독일의 영향을 모두 받아들이고 있는 점이다. 이들이 남긴 건물군을 통해 롬바르드 족들이 수도원의 은둔적인 생활을 지지함으로써 중세유럽 기독교의 정신과 문화적 발전을 가져오게 한 중요한 역할을 했었음을 알 수 있다.

41. 메디치家의 별장과 정원(Medici Villas and Gardens: 문화, 2013): 메디치家의 별장은 후로렌스(Florence) 성 밖 농장 한가운데에 지어놓은 새로운 형태의 주택이다. 서기 15세기부터 서기 18세기 초 메디치家는 그들의 정치적 권력과 직접 관련된 후로렌스 도시 안의 대저택에 이어 휴식과 사냥의 공간을 위한 토스카나(투스칸, Tuscan) 지역에 만들어 놓은 별장도 메디치가의 후원으로 문학가, 철학가, 예술가들을 위한 만남의 장소가 되는 막강한 정치력을 행사했다. 후로렌스 시에서 르네상스문화의 형성과 후일 르네상스 문화가 온 유럽에 퍼져나가면서 별장들은 메디치가가 정치적으로 성공할 때 만들어졌다. 별장들은 예술작품이 가득한 훌륭한 저택이었으며(보티첼리의 '봄'은 까스티요 별장을 위해 그려졌다), 동시에 이 별장들은 토스카나 大公國[Grand Duchy, 코시모 1/Cosimo I세인 데 메디치, 서기 1519년-서기 1574년)는 메디치가의 영광을 회복하여 토스카나의 초대 군주로 등극]의 領地 통제권 하에 수입원과 가문의 정치적 안전을 보장하는 훌륭한 경제적 투자이기도 하였다. 메디치 가문의 성원은 쾌락과 자기 과시로 각기 자신의 영지를 소유하고 있었으며, 대공작은 프라토리노(Pratolino)와 카파기올로(Cafaggiolo)에서 사냥을 그리고 겨울에는 따뜻한 기후를 찾아 철따라 별장을 옮겨 다녔다. 메디치家의 첫 번째 별장은 트레비오와 카파기올로 별장(Villa del Trebbio와 Cafaggiolo)이다. 별장들은 古城이나 옛 별장을 바꾸어 놓은 것이기 때문에 수 세대의 시간이 흐름에 따라 메디치가의 별장들은 후로렌스 시의 역사-정치적, 문화적 사건들과 연관을 맺는 중요한 무대가 되었다. 넓은 정원에 둘러싸인 별장 건물과 공원 사이에 뚜렷한 연관성이 있다는 일반적

인 관념에서 보면 후일 르네상스 양식의 합리적인 공간배치에 기초하고 이것이 후로렌스와 토스카나 지역 공간 배치의 전형이 되는 건물의 개념과 주위의 푸른 나무들의 배치가 메디치가의 별장과 정원에서부터 시작된다. 대공작(Grand Dukes/君主) 자신들의 명령에 의한 것이지만 메디치 가의 건물이 말하려는 것은 엄격함과 우아함에 고무되고 단순함과 검소함에 지배를 받는 것이다. 이는 전체 大公國 전역에 遍在하는 王太子像을 만드는 원칙을 고수하는 '국가 건축(State architecture)'에 의해서이다. 일반적으로 말해 별장은 앞모습은 장식이 거의 가미되지 않고 節制를 보이는 간결한 건물이다. 큰 현관은 주위의 정원과 경관을 향해 열려 있다. 정원은 계단식 테라스로 위에서 아래로 내려가는데 이는 별장의 기본구조이다. 이들은 코시모 I세가 위임하고 레온 바티사 알베르티(Leon Battista Alberti)의 규범과 기술에 기초하여 니콜로 트리볼로(Niccolò Tribolo)가 디자인한 까스티요의 메디치 별장(Medici complex of Castello)에서 분명히 보여진다. 이를 두고 바사리(Vasari)는 유럽에서 가장 풍요한 정원의 하나로 여긴다. 메디치 가의 개인적이고 비밀스런 장소를 떠나서 별장의 정원은 전체 정원을 미화하고 손님들을 깜짝 놀라게 하는 遠近法을 적용하여 만들어졌다. 그들은 토스카나에서 잘 적용되지 않는 프랑스식 표준에 맞추었다. 즉 공간을 통제하는 문화적 방식이 강하고 철두철미했다. 건물 내부도 메디치 가문을 빛낼 벽화도 돌아가면서 맞추어 놓았다. 포기오 아 카이아노(Poggio a Caiano) 별장도 프리니(Pliny)와 비트루비우스(Vitruvius)의 글에 근거하여 전형적인 교외의 별장에 生命을 불어넣는 가장 오래된 시도였다. 로마시대의 목욕탕의 구조를 참조하여 중앙의 넓은 마당을 격자로 된 궁륭상의 지붕을 덮었다고 할지라도 르네상스 시대의 별장은 실질적으로는 시골집이었다. 스트로찌(Strozzi) 가문이 소유했다가 지오바니 루체라이(Giovanni Rucellai)에게로 넘어간 칸셀리에리(Cancellieri) 고성도 서기 1474년 로렌죠(Lorenzo de' Medici, Lorenzo the Magnificent, Lorenzo il Magnifico, 서기 1449년 1월 1일-서기 1492년 4월 9일)가 구입해 쥬리아노 다 산갈로(Giuliano da Sangallo)를 고용해 새롭게 꾸며 놓았다. 별장은 柱廊에 의해 받쳐지는 기하학적 용적을 갖고 있다. 시골풍의 소박함을 강조한 것이 牘栱 아래

끼어 넣은 삼각면 덕에 좀 더 미묘해지고 우아하게 되었다. 별장에 대한 일반적 구상으로 중세시대의 건물과 같이 폐쇄된 정원 주위에 돌아가면서 방들을 배치하는 것이 아니라 건물의 長軸을 따라 나 있는 홀이나 연회장(salone) 주위에 중요한 방들을 배치하면서 토스카나 건물을 다시 태어나게 한다. 연회장을 중심에 배치하고 프란치아비지오(Franciabigio), 안드레아 델 사르토(Andrea del Sarto), 폰토르모(Pontormo), 알레산드로 알로이(Alessandro Allori)가 벽에 돌아가면서 그린 메디치가를 축하하는 원근법으로 그려진 회화들로 감흥을 일으키게 한다. 그 다음 세기에 또 다른 작품을 추가하여 별장을 바꾸어 놓는 바람에 서기 19세기 사보이家는 이들을 휴가를 보내는 별장으로 이용하였다. 페트라이아 별장(Villa della Petraia)은 메디치가 스트로찌(Strozzi) 가문으로부터 서기 14세기의 고성을 구입해 개조·확대했기 대문에 그 연대는 서기 16세기 말이 된다. 뷰온탈렌티(Buontalenti, Bernardo Buontalenti, Bernardo Delle Girandole, 서기 1531년경-서기 1608년 6월 25/26일, 무대장식가, 건축가, 극장디자이너) 양식으로 건물을 재배치하는 것은 여러 소유자들이 장식물이나 벽화를 이용함으로써 꾸려져 왔다. 코시모 다디(Cosimo Daddi)와 볼테라노(Volter-rano)에 의한 정원의 프레스코(벽토를 갓 칠한 벽에 水彩로 그림)는 메디치 가와 동일 시기이고, 일층의 교회는 로라이네(Lorraine) 저택과 같이 만들어진 시기이며, 그리고 정원의 철과 유리 덮개, 대규모의 파티장으로 배치와 별장의 내부 장식은 튜린(토리노, Turin), 모데나(Modena), 루카(Lucca)와 파르마(Parma)에 있는 자기집에서 가구를 가져온 사보이家에서 첨가한 것이다. 별장 주위의 넓은 정원도 시기를 달리한다. 서기 16세기 말 최초로 만들어진 뚝이 있는 중첩된 계단상의 테라스는 서기 19세기가 되면 휘오렌자(Fiorenza) 샘으로 장식된 소위 피아노 델라 피규리나(Piano della Figurina)의 경관으로, 서기 1800년대 초에는 북쪽에 낭만적인 영국 양식이 첨가된다. 코시모 데 메디치의 어머니가 즐겨 거처하던 카스티요 별장(Villa di Castello)은 코시모 자신이 서기 1537년 군주(Grand Duke)로 선출된 후 즉시 개조하고 장식을 하였다. 놀랄 만큼 빠를 정도로 권력을 얻고 평화와 번영의 수호자로서 그의 역할을 축하하기 위해 코시모는 여러 가지 장식물로 별장과 정원을 확대하기 시작하였다. 레온 바티스타 알베르티의 규범과 기록대로 만든 이탈리아 양식의 정원 중 가장 잘 보전된 정원은 아래로 향한 세 단의 테라스 중앙축을 따라 만들어졌으며, 그중 첫 번째의 테라스는 위에 있던 별장의 연장선상에서이다. 거대한 수도관이 여러 개의 샘에 물을 공급하였다. 장식물 중 대표적인 것은 헤라큐레스와 안타에우스 샘이다. 바르토로메오 아마나티(Bartolomeo Ammannati)가 중심이 되는 청동주물집단이 이 샘들의 相輪部를 만들고, 바사리(Vasari)가 동물과 홍수의 동굴을 완성하였는데 多彩의 대리석으로 조각된 동물들이 있는 동굴은 자연동굴과 흡사할 정도였다. 이는 코시모가 생각한 생동하는 우주를 강조한 것이다. 여기에 강조할 점은 약초의 정원으로 세상에서 가장 중요한 몇 가지 식물들을 포함하여 감귤류의 수집은 약초의 정원 중 으뜸이라 할 수 있다. 서기 15세기 메디치家에서 가장 인기있던 카레기(Careggi) 별장은 로렌죠(Lorenzo the Magnificent, Lorenzo de' Medici, 서기 1449년 1월 1일~서기 1492년 4월 9일) 군주가 프라톤 학파의 철학가와 문학자들에 둘러싸여 학문에 몰두하던 역사와 기념비적 가치가 함께 하는 곳이다. 이 별장은 메데치家에서 구입해 미켈로쪼 바르토로메오(Michelozzo di Bar-tolomeo)의 설계에 따라 서기 15세기 중반에 개조·확대되었다. 이때부터 돌로 맞줄임 천장(마야와 미케네의 the Treasure of Atreus 무덤 천장에서 보이는 것과 같은 건축의 특색인 코벨링/corbelling, 초엽구조. 맞줄임 천장이라는 초엽구조도)을 한 꼭대기에 銃眼을 내고 서쪽에 두 개의 로지아(loggia, 한쪽에 벽이 없는 낭하나 거실용 방)가 튀어나온 공통적인 특징을 가진 잘 짜여진 브로크 건물에서 비롯된다. 내부의 장식은 서기 1615년 추기경이 된 태자 칼로 메디치(Prince Carlo de' Medici)의 명령에 따라 서기 17세기 초의 수 십 년부터 비롯되는데, 별장과 정원은 메디치가 궁정의 기술자인 쥬리오 파리기(Giulio Parigi)의 지휘 아래 변화를 겪게 된다. 특히 멋있는 것은 1층 살롱 아래의 작은 동굴(grotticina, grotto)인데 샘은 스폰지와 마졸리카(majolica-tile, 이탈리아 장식 도자기, tin-glazed pottery) 타일로 장식하였다. 건물을 둘러싸고 있는 넓은 정원은 서기 17세기의 변화와 이 별장이 로렌죠(Lorenzo the Magnificent) 군주에 대한 전설을 기리는 장소가 되는 서기 19세기 말에 낭만적인 기질로 변해간다. 몬테 알바노 경사면에 있는 빈치(Vinci) 별장으로부터 멀지 않은 곳에 위치한 게레토 귀디 (Cerreto Guidi) 별장은 코시모 I세가 서기 1565년경에 지어 귀디 백작의 古城을 대체하였다. 후로렌스부터 피사(Pisa)와 마레마(Maremma) 지역으로 대공국 군주의 궁정이 옮겨다니는 편리한 기착지로서의 방격형으로 구획된 평지 위에 세워진 사냥용 주거지와 지방행정 중심지는 간단하고 직선적인 건축물로 대표되지만 그 안에는 뷰오탈렌티(Buontalenti)의 전통을 따른 위엄있는 테라코타(Terra-cotta, 1000℃ 이하에서 구어진 토제품), 석제 등잔들이 원근법의 기본을 형성하면서 지리잡고 있다. 내부가 서기 19세기 장식물로 꾸미어진 별장은 주위의 정원으로 인해 윤택하게 보인다. 이들 별장은 지난 세기에 또 다시 꾸미어지고 또 경사로의 정면이나 정상에서 보이는 넓은 공간은 별다른 전경을 제공해준다. 메디치家門의 역대 초상화가 걸려 위엄이 넘치는 별장은 주위 경관을 특징 있게 하는 요소로서 뛰어난다. 메디치家 별장에서 대표적인 것들은 페트라이아(Petraia) 별장, 카스티요(Villa di Castello) 별장의 정원, 지우스토 우텐스(Giusto Utens)가 그린 포기오 카이아노(Poggio a Caiano) 별장의 그림 등이다. 별장은 모두 27개소로 大(Major)-16, 小(Minor)-11 로 그 목록은 아래와 같다.

Major villas

   1. Villa del Trebbio (서기 14세기 중반-서기 1738년)

   2. Villa di Cafaggiolo (서기 14세기 중반-서기 1738년)

   3. Villa di Careggi (서기 1417년-서기 1738년)

   4. Villa Medici in Fiesole (서기 1450년-서기 1671년)

   5. Villa di Poggio a Caiano (서기 1470년-서기 1738년)

   6. Villa di Castello (서기 1480년-서기 1738년)

   7. Villa di Mezzomonte (서기 1480년-서기 1482년, 서기 1629년-서기 1644년)

   8. Villa La Petraia (서기 16세기 초반- 서기 1738년)

   9. Villa di Camugliano (서기 1530년경-서기 1615년)

   10. Villa di Cerreto Guidi (서기 1555년-서기 1738년)

11. Villa del Poggio Imperiale (서기 1565년-서기 1738년)

12. Villa di Pratolino (서기 1568년-서기 1738년)

13. Villa di Lappeggi (서기 1569년-서기 1738년)

14. Villa dell'Ambrogiana (서기 1574년-서기 1738년)

15. Villa La Magia (서기 1583년-서기 1738년)

16. Villa di Artimino (서기 1596년-서기 1738년)

Minor villas

1. Villa di Collesalvetti (서기 1464년-서기 1738년)

2. Villa di Agnano (1486-1498)

3. Villa di Arena Metato (서기 1563년경-서기 1738년)

4. Villa di Spedaletto (서기 1486-서기 1492년)

5. Villa di Stabbia (서기 1548년-서기 1738년)

6. Villa della Topaia (서기 1550년경-서기 1738년)

7. Villa di Seravezza (서기 1560년-서기 1738년)

8. Villa di Marignolle (서기 1560년-서기 1621년)

9. Villa di Lilliano (서기 1584년-서기 1738년)

10. Villa di Coltano (서기 1586년-서기 1738년)

11. Villa di Montevettolini (서기 1595년경-서기 1738년)

이탈리아/홀리시 ITALY/HOLY SEE **교황청**(홀리시 바티칸시티의 독립항목 참조)

41. 로마 역사지구(Historic Centre of Roma, the Properties of the Holy See in that City Enjoying Extraterritorial Rights and San Paolo Furoi le Mura: 문화, 1980/1990 확대지정): 기원전 753년 로물루스와 레무스 형제에 의해 건국된 로마는 왕정(기원전 753년-기원전 509년), 공화정(기원전 509년-기원전 31년), 제정로마(기원전 31년-서기 476년, 서로마 제국)의 수도로 로마시대와 서기 313년 기독교 공인 후의 기독교 관계 유적들이 로마역사지구로 지정되었다. 여기에는 팔라틴 언덕(Palatine Hill)과 40m 아래의 로마의 정치·

행정의 중심지인 포로 로마노(Foro Romano, Forum Romanum, Romam Forum)가 포함

된다. 팔라틴 언덕에서는 아우구스투스 부인 리비아(기원전 58년~서기 29년)의 집

(Domus Livia)과 그 아래에서 건국신화화 관련된 루페르칼 동굴(Lupercal Cave, 서기

2007년 11월 20일, 화)이 발견되었다고 한다.

교황청이 있는 바티칸(Vatican: State della citta del vaticano, 공식 국가명칭은 the State of

the Vatican City이다) 시는 서기 1929년 2월 11일 라테란(Laterano) 협정에 의해 이탈리

아로부터 독립을 얻은 전 세계의 가톨릭을 대표하는 홀리시(Holy See)로 0.44km²의

조그만 세속적 영토주권국가이며 로마의 대주교(bishop) 겸 가톨릭 敎皇國이다. 이

국가에는 성 베드로 대성당, 카스텔 간돌포(Castel Gandolfo)에 있는 교황궁(Pontifical

Palace), 여름휴가지, 로마 부근의 5개소 이탈리아 전역에 흩어져 있는 23개소가

포함된다. 확대된 로마의 역사지구에는 로마 시내 북서부 바티칸 언덕(Mons Vati-

canus)에 위치한 San Paolo Furoi le Mura(St. Paul Outside the Walls, 우르바노/Urban VIII

세의 성벽)라는 교황의 대성당(the Papal Basilica)이 있는 바티칸 시의 여러 유적들도

포함된다. 이 로마의 도시들은 로마나 알렉산드리아, 카르타고와 페레그린 등과

같은 거대한 도시에서부터 브리튼이나 모로코와 같은 屬州의 중심지에 이르기까

지 그 규모나 모양이 다양하다. 이는 전 시대의 다른 문화 위에 새로이 로마의 도

시가 건설되었거나, 새로운 식민지도시를 형성하였기 때문이다. 로마역사지구는

다른 로마 도시의 기본을 이루는데 팔라틴 언덕(Palatine Hill)과 40m 아래의 신전,

중앙의 大廣場을 지칭하는 공공장소인 포룸(forum)인 포로 로마노(Forum Romanum),

포장된 道路網(아피아 街道/Via Appia), 경기장, 목욕탕을 갖추고 있다. 아우구스투스

포룸과 같은 황제의 포룸이 세워지면서 신과 황제의 위엄을 찬양하는 신전과 기

록/사료보관소로 바뀌면서 12개의 동판이 보존되기도 하였다. 이 주위에 신전과

바실리카(법정 도는 행정사건 처리소, 시장 등의 역할을 함)라고 하는 긴 回廊을 갖춘 건물

도 들어서 있다. 로마 제국을 대표하는 건조물은 아치, 수로와 목욕탕을 들 수 있

으며 여기에 로만 콘크리트(Roman concrete)라고 불리는 시멘트를 이용하였는데,

구조물들이 오늘날까지도 남아있는 堅固性은 베스비오(베스비우스, Vesuvius) 화산

중턱에서 나오는 포졸라나라는 화산용암을 섞었기 때문이다. 여기에 석재(대리석 포함)와 로마의 발명품이라고 할 수 있는 벽돌과 콘크리트를 아래에서 위로 적당히 배치해 로마의 건물들이 하중을 이겨내고 오늘날까지 남아있게 되었다. 로마인들의 뛰어난 건축술을 볼 수 있는 대목이다. 그래서 서기 70년 베스파시아누스 황제 때 시작하여 서기 80년 티투스 황제 때 완공을 본 최대 수요인원이 5만-5만 5천 명이고, 벨라리움(Velarium)이라고 하는 햇빛과 비를 막는 차일(awning)이 꼭대기에 쳐진 구조를 가진 직경 180m의 新 7대 不可思議 중의 하나인 콜로세움(Colosseum/Coliseum) 원형대경기장, 직경 48m의 판테온신전(서기 122년경 축조), 로마 오시리카의 8층 규모의 유리창이 달린 아파트, 아그리파 공중목욕당(서기 19년), 네로가 세운 황금궁전(Domus Aurea), 네로가 서기 68년 죽은 직후 그 위에 건립한 트라야누스 목욕탕, 디오클레티아누스 목욕탕(Diocletianus bath), 카라칼라 목욕탕(Caracalla bath), 서기 113년 트라야누스 황제가 다키아인에 승리한 것을 기념해 세운 기둥, 최초의 식민지인 서기 76년 오스티아(Ostia, 로마의 항구인 티베르/Tiber 강구 라티움/Latium 위치한 고대도시)의 아파트, 공중화장실 그리고 납 파이프로 배수관을 하고 난방시설을 갖춘 목욕탕, 비고르 수로(서기 19년), 아우구스투스 水路(서기 97년)와 트레비분수 등은 로마의 건축기술의 결정체로 꼽히고 있다.

이탈리아/스위스 ITALY/SWITZERLAND

42.알불라/베르니나 경관의 레티안 철도(Rhaetian Railway in the Albula/Bernina Landscape: 문화, 2008): 알프스 산록을 가로지르는 레티안 철로는 서기 1904년 개통되어 북쪽 서부지역을 달리는 알불라 선은 67㎞이고, 42개의 터널과 지하도(16.5㎞), 144개의 高架橋와 교량(2.9㎞)을 지난다. 그리고 전장 61㎞의 베르니나線은 13개의 터널과 지하도, 52개의 高架橋와 교량을 지난다. 이 열차로 해서 서기 20세기 초 중앙알프스 산록의 마을들은 고립을 면하고 산간지역에 사회·경제적인 혜택을 가져다 주었다. 이 열차는 어려운 기술의 극복, 건축, 환경의 조화를 이룬 면에서 성공적이다. 알불라 선은 추르(Chur)에서 세인트 모르티츠(St. Mortiz)까지 가고 베

르나 선은 세인트 모르티츠에서 티라노(Tirano)까지 가는데 이 철로는 이미 나 있는 산길을 따라 가도록 설계되었다.

인도 INDIA

1. **아그라 요새**(Agra Fort: 문화, 1983): 아그라지구 우타 프라데쉬(Uttar Pradesh)에 위치하며 사자 한(서기 1628년~1658년)이 서기 1631년~서기 1645년 건립한 자무나 강 건너편의 타지마할 靈廟(Taj Mahal Mausoleum) 옆 서기 16세기 무갈 제국(서기 1526년~서기 1707년/1857년)의 요새화 된 또 다른 도시인 아그라 요새(Lal Qila,Fort Louge, Red Fort of Agra로도 불림)는 붉은 사암으로 만들어져 붉은 성으로 알려졌다. 이 성은 자한기르 궁전, 샤 자한 왕에 의해 만들어진 카스 궁전(KhasMahal)과 같이 동화 같은 이야기가 많다. 이 성에서 서기 1530년 즉위식을 가진 후마윤, 이곳을 수도로 삼아 서기 1558년 이곳에 온 아크바르, 쟈한기르, 샤 자한, 아우랑제브가 이 성에서 살았다. 垓字가 있는 성의 높이 20m, 길이 2.5㎞의 이중의 성으로 둘러싸여 있다. 성 내부에는 궁전, 정원의 테라스, 분수대, 알현실인 디완-이-카스(Diwan-i-Khas)와 두 개의 아름다운 사원이 이곳에 있다. 그리고 무갈 제국이 들어서면서 이 성에서 얻은 코-이 누르(Koh-i-Noor) 다이아몬드도 유명하다. 그리고서기 1857년 영국동인도회사의 몰락을 가져온 서기 1857년에 일어난 인도인의 반란도 이곳에서 일어났다.

2. **타지 마할**(Taj Mahal: 문화, 1983): 무갈 제국 5대 황제인 샤 자한(서기 1628년~서기 1658년 재위)이 서기 1631년~서기 1645년 건립한 부인 뭄타즈(Mumtaz Mahal/아르주망 바누 베굼/Arjumand Banu Begum, 서기 1593년 4월~서기 1631년 6월 17일)의 靈廟로 샤 자한 왕은 서기 1612년에 연애 결혼해 14명 째의 아이를 출산하다 죽은 부인 뭄타즈 왕비를 위해 그녀의 묘소인 타지마할 영묘(Taj Mahal Mausoleum)를 축조하였는데 이 영묘는 사라센(Saracen) 건축물을 대표하는 오늘날 세계적인 명소가 되었다. 타지 마할 영묘는 당시 무갈 제국의 두 중심 수도인 델리 포트와 아그라(Agra) 포트 중 아그라 포트 근처 야무나(줌나) 강 남쪽 연안에 위치해 있으며, 샤 자한 왕은 그것

을 축조하느라 국가의 재정을 거의 탕진해 아들 아우랑제브 왕(Aurangzeb, 6대 서기 1658년-서기 1707년)에 의해 아그라포트에 감금당한 후 8년 만에 사망하였으며 그의 장녀 자하나라(Jahanara Begum Sahib, 서기 1614년 4월 2일-서기 1681년 9월 16일)의 배려에 의해 타지마할의 부인 무덤 옆에 같이 묻히게 되었다.

3. 엘로라 동굴(Ellora Caves: 문화, 1983): 쿨라타바드 타루크 아우랑가바드 지구의 엘로라는 서기 400년-서기 1000년에 현무암 바위를 깎아 조성된 34개의 불교(1-12 동굴), 힌두(13-29 동굴)와 자이나교(30-34 동굴)의 僧院과 寺院이다. 불교의 동굴이 가장 먼저 만들어졌으며 1기(동굴 1-5, 서기 400년-600년)와 후기(서기 7세기 중반-서기 8세기 중반)인데, 힌두교의 동굴 27, 29, 21, 28, 19, 26, 20, 17과 14는 불교사원의 후기보다 먼저 만들어졌다. 불교의 동굴 중 가장 오래된 것은 6동굴이고 그 다음 5, 2, 3, 5(오른쪽 측면)동굴의 순이다. 이들 僧院은 크고 다층의 건물로 산을 정면으로 깎고 들어가 생활과 잠자는 공간, 부엌 등을 조성하였다. 여기에는 부처, 보살과 제자를 조각하였다. 가장 잘 알려진 동굴은 10동굴로 목수의 동굴(chaitya hall, Chandrashala, Carpenter's Cave)로 이 안에는 3.3m 높이의 釋迦如來坐像, 궁륭형 천장, 팔각의 기둥이 조각되어 있다. 힌두교의 동굴은 서기 6세기 중반-서기 8세기 말에 조성 되었으며 17-29 동굴이 가장 초기의 것으로 칼라추리(Kalachuri, 서기 10세기-서기 12세기) 시에 속한다. 카이라사(Kailasa) 혹은 카이라사나타(Kailasanatha)로 알려진 16 동굴에는 카이라쉬(Kailash) 산과 시바신이 조각되어 있다. 자이나교의 동굴은 다섯 개로 서기 9세기-서기 10세기에 조성되었다. 그들은 모두 디감바라(Digambara, 空依派/裸形派)에 속하며 금욕주의를 나타낸다. 가장 잘 알려진 동굴은 치호타 카이라쉬(Chhota Kailash, 동굴 30), 인드라 사바(Indra Sabha, 동굴 32)와 자가나트 사바(Jagannath Sabha, 동굴 33)이다. 이들 모두 고대 인도에 성행한 寬容의 정신을 이야기하고 있다.

4. 아잔타 동굴(Ajanta Caves: 문화, 1983): 아우랑가바드 지구 잘가온 시 마하라쉬트라에서 40㎞ 떨어진 곳에 위치한 아잔타 동굴의 조각과 벽화는 찬드라 굽타의 마우리아 왕조시대(기원전 317년-기원전 186년)의 아쇼카 왕(기원전 286년-기원전 232년) 때

보다 1세기 늦은 기원전 2세기 초-기원전 1세기에 시작하여 굽타 왕조 시대(서기 320년-서기 600년)인 서기 5세기-서기 6세기까지 계속 조성되어 크게 발달하였다. 한 그룹은 기원전 2세기-기원전 1세기에 만들어졌는데 여기에 속하는 것이 9호, 10호, 19호(동짓날 해가 비치는 방향과 일치), 26호(하짓날 해가 비치는 방향과 일치)이고 다른 그룹의 20개 동굴은 서기 460년-서기 480년 사이에 제작되어 풍부하게 동굴들을 장식하고 있다. 동굴은 30개로 29개는 수투파(塔婆, stupa)가 있는 사원인 차이티아 글리하스(chaitya-grihas)이고 나머지 하나는 寺院(僧院)이다. 동굴은 벽에 남아있는 글씨로 보아 서기 1819년에 4월 28일 영국인 마드라스 총독 죤 스미스(John Smith)에 의해 발견되었음을 알 수 있다. 아잔타 동굴의 벽화나 조각들은 불교의 종교적 걸작품으로 제 1굴의 서기 5세기-서기 6세기경에 그려진 '연꽃의 수술(Nelumbo nucifera=Nelumbo nymphaea)을 들고 있는 蓮花手菩薩(Padmapani, 觀世音菩薩의 별칭) 벽화를 포함하여 佛菩薩, 부처의 前生에 대한 이야기인 本生經, 부처의 일대기 중 八變相圖이며 벽에 회칠을 한 다음 그림을 그려놓았다. 아잔타 동굴의조각과 벽화는 후세 다른 나라의 동굴사원의 제작에 많은 영향을 끼쳤다.

5. 코나라크의 태양신 사원(Sun Temple at Konârak: 문화, 1984): 퓨리 지구 벵갈만의 해안가 떠오르는 태양광선에 빛나는 코나라크 사원은 양쪽에 12바퀴가 달리고 7마리의 靈的인 말이 끄는 태양신 수르야(Surya)의 戰車를 표현한 기념물이며, 나라심 하데바(Narasimhadeva) I세 왕(서기 1236년-서기 1264년)에 의해 사암(khandolite)과 검은 색의 화강암으로 만들었는데 브라만교의 가장 유명한 神殿/聖所의 하나이다.

6. 마하발리푸람 기념물군(Group of Monuments at Mahabalipuram: 문화, 1984): 체나이(Chennai)로부터 58㎞ 떨어진 마하발리푸람에 서기 7세기-서기 8세기경 팔라바(Pallava) 왕에 의해 코로만델(Coromandel) 해안가를 따라 나 있는 바위를 깎아 만든 聖所로 라타스(rathas, 戰車형태의 사원), 만다파스(cave sancutaries, 11개소의 동굴 사원), Ar-juna's Penance 또는 Bhagiratha's Penance로 알려진 '간지스 강 신의 하강'(Decent of the Ganges)과 같은 거대한 야외 浮彫群, 시바(Siva) 신에게 바치는 수 천 개의 浮彫가 새겨지고 계단식 피라미드 탑의 형태를 지닌 리바지 사원(templeof Rivage) 등

이 잘 알려져 있다.

7. **카주라호 기념물군**(Khajuraho Group of Monuments: 문화, 1986): 마드야프라데쉬의 찬델라 왕조가 서기 950년−서기 1050년 극성기에 달했을 때 만든 사원기념물로 수도 카주라호에 궁전, 시바 사원, 요새화한 성벽을 갖추고 미나토 조각상이 보여주는 관능적 性愛와 快樂에서 영적인 깨달음을 얻는 카마수트라(Kama Sutra) 조각상으로 유명하다. 이곳의 조각은 3개의 뚜렷한 집단과 2개의 다른 힌두교와 자이나교에 속한다. 원래 85개의 사원이 있었으나 현재 22개만 남아있다. 찬델라 왕조의 일상생활이 신전의 바깥쪽과 벽에 조각되어 있다. 현재 칸다리야 마하데바(Kandariya Mahadeva, Shiva temle) 사원은 조각품이 많으며 인도 예술의 걸작품으로 서기 1000년경에 세워졌다.

8. **파테푸르 시크리**(Fatehpur sikri: 문화, 1986): 서기 16세기경 무갈 제국 아크바르 황제(Akbar, 3대, 서기 1556−서기 1605년)가 우타 프라데시 주(Uttar Pradesh) 아그라(Agra) 지역에 서기 1570년경 세운 '승리의 도시'(the City of Victory)란 의미를 지닌 도시로 서기 1571년−서기 1585년의 14년간 수도의 역할을 하였다. 아크바르 황제는 서기 1560년대에 아그라 포트(Agra Fort)를 재건하여 수도로 삼기도 하였다. 이 수도를 짓는데 15년이 걸렸지만 불어나는 인구의 급수 부족 때문에 14년 만에 폐기하였다. 모든 건물양식은 붉은 사암을 사용하고 양식도 획일화 되었다. 이곳에는 인도에서 규모가 큰 사원 중의 하나인 자마 마스지드(Jama Masjid)와 입구인 부란드다르와쟈(Buland Darwaza)를 비롯해 4개의 다리(橋)를 가진 물탱크인 아누프타라오(Anuuup Talao), 황제가 일반백성을 접견하는 건물인 디완−이 암(Diwan-i-Am), 여러 다른 종교지도자들과 만나 토론을 벌렸으며 중앙의 연단을 지탱하는 36개의 궁륭상의 기둥을 가진 건물인 디완−이 카스(Diwan-i-Khas), 아크바르 황제의 회교도 부인을 위한 저택인 후이라−이−아누프 타라오(Hujra-i-Anup Talao) 등의 건물이 남아있다.

9. **고아의 교회와 수도원**(Churches and Convents of Goa: 문화, 1986): 이곳은 Gôa 주를 언급하는 Old Gôa(Velha Goa)이며 포르투갈 지배 때의 수도였다. 서기 15세기 비

자푸르 술탄(Bijapur Sultanante)의 지배 때 만도비(Mandovi) 강뚝 위의 항구에 세워졌다. Old Gôa는 아딜 샤(Adil Shah)의 지배하 두 번째의 수도였다. 垓字가 둘려져 있었으며 그 안에는 Shah의 궁전과 사원(모스크)이 있었다. 서기 1510년 포르투갈 인이 이곳을 지배하여 행정중심지로 삼다가 서기 1759년 총독의 저택이 서기 1775년 이곳에서 서쪽으로 9㎞ 떨어진 파나지(Panaji, 당시의 Pangim)로 옮겨가게 되었다. 이곳이 말라리아와 콜레라로 서기 17세기에는 폐기가 되었으나 서기 1843년까지 겨우 존속해 남아있었으며 이름이 Old Gôa였다. 서기 1543년경 이곳 Old Gôa의 인구는 20만 명 가량이었다. Old Gôa에는 세 성당(Se Cathedral, 고아의 주교가 있는 성당), 아씨시의 성 프란시스 교회(the Church of St. Francis of Assisi), 케타노 교회(the Church of St. Caetano/Cajetan), 그리고 성 프란시스 사비에(St. Fracis-Xavier)의 무덤이 있는 봄 예수 대성당(the Basilica of Bom/good Jesus) 교회가 유명하며, 아시아에로의 복음전파(evangelism)를 보여준다. 이곳을 기점으로 아시아 전역에 기독교와 마뉴엘린(Manueline, 포르투갈의 말기 고딕 양식), Mannerist[mannerism, 이탈리아 르네상스 시대 전성기시대(서기 1450년-서기 1527년) 말기 서기 1520년-서기 1580년에 유행]와 바로크 양식의 건물과 예술도 함께 전파되었다. 오늘날 이 성당과 건물들은 성지순례와 박물관으로 이용되고 있다.

10. 함피 기념물군(Group of Monuments of Hampi: 문화, 1986): 인도 남부 벨라리 지구에 위치한 함피는 마지막 힌두 왕조인 비쟈야나가라(Vijayanagar, 서기 1336년-서기 1646년)의 수도로, 현재 남아있는 간결하고 장엄한 건물들은 힌두교와 관련된 남부 인도의 토착전통이 엿보인다. 전설상의 부유한 태자들이 드라비다족 풍의 사원과 궁전을 지었는데 서기 14세기-서기 16세기 이곳을 다녀간 여행자들이 찬탄을 금치 못했다고 한다. 그리고 몇몇 건물에서 이스람 왕국과의 교류에서 받은 영향도 보인다.

11. 브리하디스바라 사원, 탄자브르(Brihadisvara Temple, Thanjavur: 문화, 1987): 남부 인도에서는 현 타밀 나두(Tamil Nadu) 주 탄자브르 현의 중요도시인 탄자부르(Thanjavur/Tanjore)를 중심으로 콜라(Cholas) 왕조가 들어서 종교의 중심지 역할을 하였는

데 그 대표적인 사원이 라자라자 콜라 Rajaraja Chola I세가 서기1010년경에 세운 男根像과 시바 신을 모신 브리하디시와라(Brihadishwara, Brihadishvara)이다. 이후 탄자부르 시는 다음 왕조인 판다야스(Pandyas, 수도는 Madurai)가 들어섰을 때에도 비자야나가라(Vijayanagar) 제국의 영역으로 서기 1350년 대규모의 사원이 들어섰다. 그리고 이 시는 포르투갈과 아랍 상인들과 꾸준히 교역을 계속하다가 서기 1674년 마라타스(Marathas) 왕조에 복속, 서기 1749년 영국과 처음 접촉을 가지고 마라타라자스(Maratharajas) 왕은 영국동인도회사(British East India company)가 설립되는 서기 1799년까지 왕국을 유지하였다. 서기 1855년에는 영국의 식민지가 되었다.

12. 엘레판타 동굴(Elephanta Caves: 문화, 1987): 봄베이(현 뭄바이)에서 10㎞ 떨어진 오만 해에 위치한 엘레판티아(Elephantia) 섬 또는 '동굴도시'(City of Caves)에는 시바(Shiva) 신을 숭배를 위한 집단의 암각예술이 있는데 주 동굴의 거대한 浮彫의 조각품은 인도미술을 대표하는 예술품이다. 이 섬에는 두 집단의 동굴이 존재하는데 한 집단은 시바 신에게 바치는 磨崖像이 있는 5개의 힌두 동굴이며, 다른 집단은 2개의 작은 불교 동굴이다. 이들은 서기 5세기–서기 8세기에 속한다. 동굴의 조각품은 현무암을 깎아 만든 것인데 초기에는 칠을 했었으나 현재는 흔적만 남아있다. 주 동굴(동굴 1, 대 동굴)은 포르투갈인들이 서기 1534년 이곳을 지배할 때까지 힌두교의 동굴이었으며 그 후에는 많이 훼손되었다. 여기에서는 카일라샤(Kailasha) 산 위의 시바와 파르바티(Parvati) 신과 카일라샤 산을 흔드는 라바나(Ravana) 신, 네팔을 가진 수문장과 그리핀(griffon/grifin, leo-griff, 사자와 독수리를 합쳐놓은 神的動物)의 조각품 등을 볼 수 있다.

13. 파타다칼 기념물군(Group of Monuments at Pattadakal: 문화, 1987): 바다미 탈루크의 파타다칼은 서기 7세기–서기 8세기 찰루크야(Chalukya) 왕조(서기 543년–서기 753년) 시대의 북부(인도-아리안 계통의 Nagara)와 남부(드라비다족)의 인도 예술을 고도로 발달한 절충적인 모습을 변형시킨 자이나교의 聖所뿐만 아니라 무척 인상적인 9개소의 힌두교 사원들도 여기서 볼 수 있다. 그중 서기 740년경 왕비 로카마 하데비(Lokamahadevi)가 남편이 남부에서 침공한 왕들에게 거둔 승리를 기념하기 위해

세운 비르파크샤(Virupaksha)는 대표적 걸작이다.

14. 산치의 불교 기념물군(Buddhist Monuments at Sanchi: 문화, 1989): 보팔(Bhopal) 시로부터 40㎞ 떨어진 평야를 내려다보는 산치(Sanchi는 옛날에 Kakanya/Kakanava/Kakanadabota/Bota-Sriparvata로 일려짐), 언덕 위에 부처님의 숨利를 모신 스투파(석탑), 단일석으로 만든 3층의 石柱, 궁전, 寺院, 僧院의 불교적 聖所 또는 기념물로 이는 찬드라 굽타의 마우리아가 세운 마우리아 왕조(기원전 317년-기원전 186년) 중 아쇼카 왕(기원전 286년-기원전 232년 재위) 때 처음 만들어진 것으로 생각된다. 그러나 현재 규모는 높이 16m, 폭 37m이나 슝가 왕조(Sunga, 기원전 2세기) 때 탑문을 증축, 안드라 왕조(Andhra, 기원전 2세기-서기 3세기 초) 때 남문의 축조와 증축 등이 있었다. 서기 1818년 영국인에 의해 발견되었다. 서기 1912년-서기 1919년 사이 영국의 고고학지인 죤 마샬 경(Sir John Hubert Marshall)에 의해 발굴되었다. 원래 20여기가 있었으나 현재 제1塔(Stupa 1, the Great Stupa)과 塔門, 제3塔만 남아 있다. 이곳은 기원전 2세기 혹은 기원전 1세기에 축조된 기념물로 서기 12세기까지 인도불교의 중심지였다. 3층의 회량(대들보), 3층의 아치문에 부처님의 일대기(Jatakas)를 浮彫로 묘사해 놓았다. 다시는 대승불교가 들어서기 이전의 근본·부파·小乘佛敎 때로 산치대탑이나 기원전 2세기-기원전 1세기경 사타바하나 왕조의 후원 하에 만들어졌던 데칸 고원의 아마라바티 스투파의 부조에서 보다시피 부처님의 탄생을 상징하는 연꽃과 아기 옷, 가르침의 轉輪/法輪(챠크라)과 화염, 깨달음의 보리수, 부처님 현존을 나타내는 발바닥/자국 또는 옥좌, 鉢 등으로 부처님을 상징하던 것이 후일 간다라 미술과 大乘佛敎의 발전에 따라 부처님의 조각상과 함께 세부적인 특징인 肉髻, 螺髮, 髻珠, 白毫와 手印 등을 지닌 조각예술로 발전하였다. 이는 마케도니아 제국(기원전 338년-기원전 146년)의 알렉산더 대왕의 침입으로 간다라(현 페샤와르) 지역에 그리스 미술양식의 보급되어 헬레니즘시대(기원전 304년-기원전 30년)의 간다라 미술양식의 탄생한 결과이다. 그리고 기원전 323년 6월 10일 알렉산더 대왕(기원전 356년-기원전 323년)의 病死 후 부하 장군인 셀레우코스 니카도에 의해 셀레우시드 왕조가 성립(기원전 304년-기원전 65년)되고 그리스계 박트리아 왕국에 의

해 인더스 남쪽 탁실라와 마니키알라 지역에까지 헬레니즘 문화의 전파가 이루어졌다.

15. 델리의 쿠트브 미나르 유적지(Qutb Minar/minaret and its Monuments, Delhi: 문화, 1993): 델리의 남쪽 수km 떨어진 곳에 위치하는 서기 1199년 델리의 첫 번째 술탄인 쿠투브 딘 아이바크(Qutbu'd-Din Aibak)가 델리 정복기념으로 만든 尖塔은 붉은색 사암으로 높이가 5층으로 인도에서 가장 높은 72.5m, 둘레(직경)가 저부는 14.32m, 상부 2.75m로 첨탑 주위에 모가 나거나 둥근 세로 홈(세로 홈파기)을 내는 장식을 돌리고 있으며 내부에는 379계단이 나 있다. 이 첨탑의 주위에 靈廟, 아라이-다르와자(Arawi-Darwaza, 서기 1311년)의 문, 주위 20개의 힌두교사원에서 가져온 석재로 쌓은 쿠와틀-이스람(Quwwatu'l-islam) 모스크 사원, 굽타왕조(서기 320년-서기 600년) 때 서기 320년-서기 335년에 만든 녹이 슬지 않는 고대 인도의 높은 冶金術을 보여주는 철제 기둥이 있다.

16. 델리의 후마윤 묘지(Humâyûn's Tomb, Delhi: 문화, 1993): 무갈 제국 두 번째 왕인 후마윤(서기 1530년-서기 1556년)의 사후 14년이 지난 아크바르(3대, 서기1556년-서기 1605년) 때인 서기 1570년에 세운 후마윤의 靈廟로 인도 최초의 정원식 무덤이다. 이는 무갈 제국 5대 황제인 샤 자한(서기 1628년-서기 1658년 재위)이 서기 1631년-서기 1645년 건립한 부인 뭄타즈(아르주망 바누 배굼, Arjumand Banu Begum, 서기 1593년 4월-서기 1631년 6월 17일)의 묘소인 타지마할 영묘(Taj Mahal Mausoleum)를 축조하는데 영향을 주었다. 이 영묘는 左右同形의 붉은 사암으로 만들어졌고 1200㎡ 넓이, 돔까지의 높이 47m에 이른다.

17. 다르질링 히말라야 철도/인도 산악철도/마테란 협궤철도(The Darjeeling Himalayan Railway/Mountain Railways of India/The Matheran Light Railway: 문화, 1999/2008/2010 확대지정): 서기 19세기에서 서기 20세기 초까지 개통되고 지금까지 운행되고 있는 인도 山岳열차는 5개인데 그중 다르질링 히말라야 철도(서기 1881년), 칼카-쉼라 철도(Kalka-Shimla Railway, 서기 1898년), 캉그라 계곡 철도(Kangra Valley Railway)의 세 개 철도는 북부 인도 히말라야의 험준한 산악 지역을 통과하고 있다. 그중 서기 1881

년 개통되어 장난감 기차(Toy Train, 610mm의 挾軌철로)의 별명을 가지고 오늘날에도 서부 벵갈(Bengal) 주 히말라야(Himalayas) 산맥 초입 실리구리(Siliguri)에서 다르질링 (Darjeeling, 천둥·번개가 치는 곳이라는 의미)의 굼(Ghum) 역까지 86㎞의 좁은 협곡을 거 슬러 올라 해발 326m-2,203m의 고원 위까지 석탄으로 운행하는 증기관차가 다닌다. 이 노선은 서기 19세기 4곳의 環線(tight loop)線路기술과 기차 운행술이 매 우 뛰어났음을 보여주는 실례이다. 최근에는 현대 디젤엔진의 기차가 우편물을 나르는데 이용되기도 한다. 기차선로 주위에는 조그만 마을들이 형성되어 정보 교환과 아울러 지역경제의 활성화에 이바지하고 있다. 선로 주위는 항상 서늘한 섭씨 12°를 유지하고 있어 이곳에서 생산하는 다르질링 차(Darjeeling oolong and green tea)는 영국을 포함한 전 세계적으로 유명하다. 그리고 이번에 확대 지정된 마테 란 협궤철도(MLR)는 서기 1901년-서기 1907년 3월 22일 압둘 후세인 아담제(Abd-ule Hussein Adamjee)에 의해 개통되었고 그의 아버지가 경비를 부담했다. 철로의 폭은 610mm의 挾軌로 19.97㎞의 넓은 숲을 가로 질러 네랄(Neral, 해발 39.31m)에서 출발하여 카르자트(Karjat)와 뭄바이(Mumbai) 근처 서부 가트(Ghats) 마테란(해발 803.93m)산에 이른다. 속도는 시간당 20㎞이나 8km/hour로 제한하고 있다. 이 열 차는 121개의 다리, 221 커브 길을 지난다.

18. 붓다가야/보드가야(佛陀伽耶, Bodh Gaya)의 마하보디 사원 단지(Mahabodhi Tem-ple Complex at Bodh Gaya: 문화, 2002): 인도 동부 비하르(Bihar)에 있는 이 사원은 불교 4대 聖地 중의 주의 하나로 기원전 3세기경에 아쇼카 왕(기원전 286년-기원전 232년 재 위)에 의해 건립되었으며 현재의 사원은 서기 5세기-서기 6세기 굽타 왕조 시대 (기원전 304년경-기원전 232년경, 기원전 269년경-기원전 232년경, 서기 320년-서기 600년) 말에 건 립된 것이다. 이곳에는 울타리로 둘러싼 내부에 높이 55m의 本尊佛堂과 6개의 聖 所, 남쪽 밖의 蓮池가 있다. 본존불당은 서기 12세기 무스림군이 침공하였을 때 파괴되어 버려졌다. 이 건물은 서기 1880년대 인도의 영국정부에서 알렉산더 커 닝햄 경(Sir Alexander Cunningham)의 지휘 하에 복원하기 시작하였다. 석가모니(世 尊)는 기원전 623년 4월 8일 오늘날 네팔의 룸비니 동산에서 탄생, 生老病死의 고

통에서 벗어나기 위해 카비라 성으로부터의 出家, 붓다가야/보드가야(佛陀伽耶) 前 正覺山 보리수나무 밑에서 成道, 사르나트(鹿野園)의 初轉法輪을 거쳐 쿠쉬나가르 (雙林涅槃)에서 기원전 544년 2월 15일 80세로 入滅하였다. 서기 1898년 1월 Uttar Pradesh, Basti District 동북의 Birdpur Estate 부동산회사의 메니져인 W. C. Peppe에 의해 네팔에 가까운 피파라와(Piparahwa Stupa)에서 부처님의 화장된 유골이 滑石으로 만들어진 骨壺에서 발견되었다. 이는 후일 부처님 사후 150년이 지난 아쇼카 왕 재위 20년경(서기 245년) 때 원래의 매장지였던 그 자리에서 移葬되고 유골(舍利)은 길이 132㎝의 사암제 석관에 옮겨졌음이 확인되었다. 이 유골(舍利)은 부처님 사후 8개국에 나누어진 것 중의 하나가 부처님의 탄생지인 룸비니(Lumbini) 와 가깝고 샤카족(Sakays)의 중심지인 피피라와에 매장된 것이었다. 부처님 사후 만들어진 최초의 무덤도 서기 1970년 바로 석관 밑에서 확인되었다. 이 移葬을 아 쇼카 왕 때로 보는 이유는 골호의 어깨에 새겨진 산스크리트어 중 브라미어(San- scrit/Sanskrit, 梵語 Sanscrit/Sanskrit, 梵語)로 새겨진 "This relic deposit of the Lord Bud- dha is the share of this renowned Sakya brethren, his own sister's children and his own son(이 골호에 샤카 족의 일원인 부다의 사리/재가 담기다)", 사암제 석관, 산치대 탑과 사암제 石柱의 건조 등이 같은 시기에 만들어졌다고 생각되기 때문이다. 서 기 2006년 영국 Yorkshire, Harewood House에서 개최된 'Piprahwa Stupa and its inscription' 회의에서 이 골호와 석관이 진품으로 판정되었다. 그러나 서기 1956년을 佛紀 2500년으로 하고 부처님의 탄생은 기원전 623년 4월 8일, 입적은 기원전 544년 2월 15일이 된다는 네팔 세계 4차 불교대회의 공식발표에 따른다면 이 무덤의 연대도 기원전 245년보다 좀 더 올라갈 수 있을 것으로 여겨진다.

19. 빔베트카의 바위그늘의 암벽화 유적(Rock Shelters of Bhimbetka: 문화, 2003): 마디 야 프라데시의 중앙 인도 고원 빈디안 산록에 위하는 빔베크타 岩陰住居는 우거 진 삼림 위에 삐죽이 나온 砂岩脈에 5개의 자연 岩陰이 형성되어 있는데 여기에 는 후기구석기시대부터 역사시대에 이르는 岩畵(바위그림)가 그려져 있다. 유적 주 위의 21개소의 마을은 암화에 그려진 모습과 같은 문화적 전통을 보여주고 있다.

이곳의 암화는 7기로 나눌 수 있다.

I기는 후기구석기시대(약 3만 년 전)로 초록과 검붉은 색으로 들소, 호랑이와 무소를 線으로 처리하였다.

II기는 중석기시대로 그림은 비교적 규모가 작으며 양식화된 선으로 처리되며 동물 이외에 사람과 사냥장면, 무기의 사용, 춤, 새, 악기, 어머니와 임신한 여인, 죽은 동물을 운반하는 사람, 술 마시는 장면 리듬에 맞추어 움직이는 埋葬 등이 그려져 있다.

III기는 金石竝用期로 이곳 암음 주거에 사는 사람들이 말라와(Malawa) 고원의 농경집단과 만나 물물교환 하는 장면이 그려져 있다.

IV와 V기는 초기 역사시대로 도식적이고 장식적인 모습을 붉고, 하얗고, 노란색을 사용해 그렸다. 騎士, 종교적 상징, 튜닉과 같은 의복, 다른 시기의 문자들이 보이며 종교적 신앙은 나무의 신 약사와 주술적인 하늘의 전차로 표현된다.

VI과 VII기는 중세시대로 기하학적 선과 도식적인 형태가 많이 나타나나 예술적인 면에서는 퇴화하고 조잡해진다. 염료는 망간, 철과 목탄이다.

20. **샴파너-파바가드 고고유적 공원**(Champaner-Pavagadh Archaeological Park: 문화, 2004): 판치마할 구자라트에 있는 샴파너-파바가드 고고유적 공원에는 金石竝用期 시대, 초기 힌두교의 수도가 있는 언덕의 요새, 서기 16세기 구자라트 수도의 흔적들이 남아있지만 아직 발굴이 되지 않은 고고학적 유적이며 역사적, 민속학적 문화전통이 살아 숨쉬는 서기 8세기부터 서기 14세기까지의 유적들이 보존되어 있다. 이곳에는 궁전, 요새, 5개의 모스크인 종교적 건물, 주거지역, 농경건물, 수로설비시설 등이 100여 군데 남아 있다. 해발 800m의 파바가드(Pavagadh) 언덕 위의 요새는 솔란키(Solanki) 왕들과 키치 카우한스(Khichi Chauhans)의 지배하에 있었고 구자라트의 술탄은 서기 1484년 20개월의 포위 끝에 이곳에 입성하여 23년간의 재건과 샴파너 도시의 내실을 기하는데 보냈다. 그는 샴파너를 무하마바바드(Muhammadabad)로 이름을 바꾸고 아메다바드(Ahmedabad)에서 수도를 이곳으로 옮겼다. 이 도시는 서기 1535년 무갈 제국의 2대왕 후마윤에게 최후로 굴복하고

그 후로 재건이 더 이상 이루어지지 않았다. 이곳은 무갈 제국 이전 힌두에서 무스림으로 이행해가는 과도기적인 도시이다. 이곳에서 중요한 유적은 술탄 베가다(Begada)에 의해 지어진 쟈마 마스디드(Jama Masjid)로 높은 석제 대좌 위에 세워지고, 가운데 돔을 갖고 30m 높이의 두 개의 尖塔, 172개의 기둥, 7개의 메카의 카바가 있는 곳을 가리키는 壁龕인 mihrab, 상인방을 정교하게 조각한 문이 있다. 칼리카마타(Kalikamata) 신전은 지금도 순례자들에게 중요한 곳이다.

21. 빅토리아 역(Chhatrapati Shivaji Station, formerly Victoria Terminus: 문화, 2004): 인도 제 2의 도시인 봄베이(현 뭄바이)의 영국 빅토리아 여왕의 이름을 딴 옛 빅토리아 철도역으로 알려진 챠트라바티 시바지(Chhatrapati Shivaji Station) 역은 영국 건축가 프레데릭 윌리암 스티븐(Frederick William Steven)이 서기 1878년부터 10년간 이탈리아 중세시대 건물을 모델로 건설한 신 고딕 양식(Victorian Gothic style)의 건물로 시공을 맡은 인도기술자들의 도움으로 돔, 작은 탑, 인도신화를 조각한 벽과 常道를 벗어난 평면설계 등의 인도 특유의 양식이 가미된 특이한 건물로 평가받고 있다. 그러나 내부는 통풍시설이 잘되고 조명이 어둡지 않다. 현재에도 이 역은 인도 전역으로 始發, 終着과 환승을 겸한 중요한 교통 중심지이다.

22. 붉은 요새 복합건물단지(Red Fort Complex: 문화, 2007): 뉴델리에 위치한 붉은 요새 복합건물단지는 무갈 제국 5대왕인 샤 자한(서기 1628년~서기 1658년)에 의해 서기 1638년~서기 1648년 붉은 砂岩으로 이스람 샤 수리(Islam Shah Suri)가 서기 1546년 세운 옛 요새 옆에 새로이 세워진 요새이며 그 이름도 벽에 사용한 붉은 사암으로 인해 생겼다. 개개인이 사는 궁전들은 계속 흐르는 Nahr-i-Behist(천국의 개울)水路와 연결되어 있다. 淨化施設과 궁전의 설계는 이스람 건축술의 바탕 위에 티무르, 힌두의 전통도 융합시켰다. 정원 설계와 건축 양식은 라쟈스탄, 델리, 아그라와 다른 지역에도 영향을 주었다. 이 요새는 강 옆 33m 시내 쪽으로 떨어진 샤 자한 바드의 동쪽 끝에 서 있으며 성벽의 둘레는 2.5㎞, 성벽 높이 16m이다.

23. 자이푸르의 쟌타르 만타르 천문관측소(The Jantar Mantar, Jaipur: 문화, 2010): 인도 서부 중앙의 자이푸르에 있는 마법의 장치라는 의미의 잔타르 만타르는 마하

라자 자이 싱(Maharajah Jai Sawai Singh) II세가 서기 1727년—서기 1734년에 만든 인도의 천문관측소이다. 이와 유하한 것은 델리, 우자인, 바라나시와 아후라에도 있으나 자이푸르의 것이 가장 크다. 시간과 일식 등을 관측하기위해 돌과 대리석으로 기하학적 형태로 만들어진 관측소들은 전 세계의 건축가, 예술가와 미술사가 들의 주목을 받고 있다.

24. **여섯 곳의 라쟈스탄 요새**(Six Rajasthan hill fort: 문화, 2013): 라쟈스탄 아라발리스(Aravallis) 산맥에 위치하는 여섯 곳의 요새유적들은 다음과 같다.

1. Chittaurgarh의 I Chittaurgarh 요새

2. Rajsamand의 Kumbhalgarh 요새

3. Sawai Madhopr의 Ranthambhore 요새

4. Jaisalmer의 Jaisalmer 요새

5. Jaipur의 Amber 요새

6. Jhalawar의 Gagron 요새(서기 7세기—서기 8세기경): 이들 여섯 곳의 요새들은 인도 북부를 지배하던 힌두(Hindu) 전사계급들의 후손임을 자처하고 라쟈스탄(Rajasthan)과 수라쉬트라(Surashtra) 왕국들을 세운 라지푸트(Rajput)의 방어적인 군사요새 건축물을 대표하는데, 건축물들은 궁정문화와 예술과 음악의 후원자로서 또 상업적인 면모를 잘 반영하고 있다. 남아있는 요새 구조물들은 서기 8세기—서기 19세기에 만들어졌는데, 이들은 높이 세워진 요새, 궁전, 사원, 기념물과 貯水曹에 다가가기 위해 통과해야 할 여러 문을 거쳐야 한다. 각기 둘레 약 20㎞의 넓이 차지하고 있는 요새들은 구릉의 등고선, 가그론(Gagron)의 강, 란탐보래(Ranthambhore)의 삼림과 자이살머(Jaisalmer)의 사막도 적절히 이용하여 만들어졌다. 치타우르그라(Chittaurgarh)와 란탐보래(Ranthambhore, 서기 944년 초축) 요새에서는 서기 5세기경까지 올라가는 유물들도 발견되며, 또 전설에 의하면 쿰발가르(Kumbhalgarh) 요새는 기원전 2세기경 마우리야(Maurya) 왕조의 자인(Jain) 태자가 지었다고도 한다.

인도네시아 INDONESIA

1. 보로부두르 불교사원(Borobudur Temple Compounds: 문화, 1991): '붉은 불'이라는 의미의 메라피(Merapi) 산을 굽어보는 사이렌드라(Sailendra) 왕조의 전성기(서기 760년-서기 830년)인 서기 800년경의 불교사원으로 쟈바 섬 중앙에 위치한다. 이 사원은 서기 1814년 당시 영국인 총독 라플레즈/Sir Thomas Stampord Raffles(1817, the History of Java, Oxford Univ. Press)에 의해 처음 발견되었으며 그 후 서기 1885년에 이제까지 확인이 안된 기단의 뒷면 부조도 새로이 발견되었다. 석조 사원은 전체 세 단으로 이루어졌으며 위에서 보면 전체 평면도는 방형 안에 원형을 배열한 佛界를 상징하는 曼茶羅/曼陀羅(輪圓具足, mandala)의 형태를 띠고 있다. 피라미드의 형태를 띤 118㎡ 基壇 위에 동심원모양의 기단을 올려놓은 5개의 方壇이 있다. 즉 身部를 형성하는 원추형의 몸통에는 각각 세 개의圓形臺座가 있으며 그 대좌 위에 鐘形佛塔(stupa)이 세워져 있다. 2,500㎡의 하층 기단의 벽과 난간에는 낮은 浮彫로 장식되어 있다. 원형의 대좌에는 4열의 마름모형의 透孔이 72개가 있는 鐘形佛塔이 있으며 그 각각의 안에는 佛坐像이 모셔져 있다. 다시 말해 이 사원은 6개의 방형대좌, 그 위에 3개의 원형 대좌, 2,672개의 부조 벽과 504구의 불상으로 이루어져 있다. 그리고 가장 중앙에는 높이 10m의 鐘形佛塔이 있다. 이 사원은 서기 1970년대 유네스코에 의해 복원되었다. 벽과 난간의 부조에는 석가모니불의 일대기가 표현되어 있으며 상층에는 석가모니불이 解脫의 경지에 이르는 과정과 불교의 宇宙觀을 보여준다. 석가모니(世尊)는 기원전 623년 4월 8일 오늘날 네팔의 룸비니 동산에서 탄생, 生老病死의 고통에서 벗어나기 위해 카비라 성으로부터의 出家, 붓다가야/보드가야(佛陀伽耶) 前正覺山 보리수나무 밑에서 成道, 사르나트(鹿野園)의 初轉法輪을 거쳐 쿠쉬나가르(雙林涅槃)에서 기원전 544년 2월 15일 80세로 入滅하였다.

그리고 이곳 벽면에 남아있는 帆船의 부조는 서기 8세기-서기 9세기 동남아해상무역을 무역과 배의 구조를 밝히는데 중요한 단서를 제공해준다. 서기 1998년-서기 1999년 인도네시아 수마트라와 보르네오 사이 벨리퉁(Belitung) 섬 앞바다에서 발견된 인도와 아랍의 난파된 배에 실었던 당시 중국 당나라(서기 618년-서기 907년) 때 湖南省 長沙의 화물들이 이러한 해상 무역을 입증해주고 있다. 이는 후일 중국 明나라의 宦官 鄭和(云南省 昆陽人, 서기 1371년/1375년-서기 1433년/1435년)에 의해 서기 1403년 南京 龍조선소에서 제작된 300여 척의 배로 조직된 선단으로 서기 1405년-서기 1423년의 18년 동안 7차에 걸쳐 개척된 뱃길은 중국 江蘇省 蘇州劉家河 太倉市를 기점으로 자바, 말라카(Malacca, 말레시아), 베트남, 수마트라, 세이론, 인도의 말라바[캘리컷(Calicut), 페르시아 만의 Hormuz], 짐바브웨를 거쳐 오늘날의 아프리카와 紅海(Red Sea) 입구인 예멘의 아덴(Aden)과 케냐의 말린디(Malindi)까지 도달했던 것으로 알려진 것으로도 이해될 수 있다.

  2. 프람바난 힌두 사원(Prambanan Temple Compounds: 문화, 1991): 쟈바 중앙 인도네시아에서 로로 조그랑(Loro Joggrang)이라 불리우는 시바 신을 모시는 최대의 사원으로 서기 10세기경에 건립되었다. 가운데가 우뚝 선 높고 뾰족한 높이 47m의 중앙탑을 중심으로 한 동심원의 평면 위에 시바, 비슈누와 브라마의 힌두교의 위대한 신들을 모시는 라마야나(Ramayana) 敍事詩를 浮彫로 장식한 세 개의 사원과 이 신들을 모시는 동물들을 위한 또 다른 세 개의 사원이 있다. 이 힌두 사원 옆에 불교사원인 칸디 세우(Candi Sewu)와 룸붕(Lumbung)도 세계문화유산으로 등록되어 있다. 이곳은 힌두교와 불교사원이 공존하는 종교 복합단지이다.

  3. 상기란 초기 인류 유적지(Sangiran Early Man Site: 문화, 1996): 쟈바 중앙 상기란 초기 인류 유적지 56㎢는 인류의 발달사에서 중요한 곳이다. 직립원인(Home erectus)으로 분류된 자바인(Java Man)이 서기 1891년 네덜란드의 듀보아(Duboi)에 의해 트리닐(Trinil)에서 또 다른 화석은 상기란에서 독일의 G. H. R. von Königwald에 의해 발견되었다. 서기 1936년-서기 1941년 사이 Meganthropus palaeo, Pithecanthropus erectus/Homo erectus 등 이제까지 전 세계에서 알려진 hominid 인류 화석 절반 가량이 되는 모두 60여점이 이곳에서 발견되었다. 직립원인(쟈바 Trinil, 170만 년 전-25만 년 전)은 Homo antecessor(Gran Dollina, Atapuerca, 80만 년 전, 120만 년 전 -80만 년 전 유럽 최초의 인류)에 앞서는데 이곳은 洪積世 중기에서 현재까지 직립원인

(Homo erectus)과 현생인류(Homo sapiens)의 발달과정을 보여주는 중요한 유적이다.

4. 발리 섬의 문화경관(Cultural Landscape of Bali Province: the Subak System as a Manifestation of the Tri Hita Karana Philosophy: 문화, 2012): 발리 섬의 문화경관은 19,500㏊를 점하는 5개소의 계단식 쌀 경작지(논)와 물 관리 하는 사원이 '트리 히타 카라나' 사상(the Tri Hita Karana Philosophy)의 반영인 '수박 제도(the Subak System)'가 가져온 문화 접변의 결과이다. 사원들은 서기 9세기까지 거슬러 올라가는 '수박제도'로 알려진 '운하와 댐(둑)의 물 관리를 협동적이고 체계적으로 하는 행위'의 중심지이다. 문화유산에 포함되는 것 중에는 이 섬에서 서기 18세기에 지어진 가장 규모가 크고 영향력이 있는 푸라 타만 아윤(Pura Taman Ayun) 왕실 사원도 있다. '수박제도'는 영혼, 인간 세계와 자연이 함께 한다는 '트리 히타 카르나'란 철학적인 사상을 반영한다. 이 사상은 과거 2,000년간 발리 섬과 인도와의 문화적 교류 결과로 생겨나 발리 섬 문화경관을 형성하였다. 민주적이고 평등한 농업행위는 발리 群島의 人口壓에도 불구하고 경작자로 하여금 풍족한 쌀 생산을 가져왔다.

일본 JAPAN

1. 姫路城(Himeji-jo: 문화, 1993): 효고현[兵庫県] 姫路市 本町에 위치한 서기 1336년 −서기 1346년 아카마쓰 사다노리(赤松貞範)에 처음 짓기 시작하여 서기 1600년−서기 1609년 도쿠가와 이에야스(德川家康)의 사위 이케다 데루마사(池田輝政)와 서기 1617년−서기 1618년에 도쿠가와 이에야스의 손녀 센히메(千姫)가 계속 확장하여 오늘날의 모습으로 완공을 본 사까이[酒井]의 거성(居城)으로 바후꾸[幕府, 서기 1185년 −서기 1867년]시대에 속하며 白鷺城으로도 불린다. 950m × 1,600m, 420㎡의 넓이에 83개의 殿閣이 있으며 그중 天守閣(높이 46.4m), 乾小天守, 西小天守, 東小天守, 渡櫓 등이 잘 알려져 있다.

2. 法隆寺의 불교기념물군(Buddhist Monuments in Horyu-ji Area: 문화, 1993): 서기 711년 중건된 五層木塔을 포함한 나라[奈良]시대 불교 유적·유물이다. 일본 고고학과 역사시대의 편년은 선토기시대(先土器時代: 약 40만 년 전−12,000년 전)→죠몽시대[繩文時

代: 12000년 전-기원전 300년]→야요이시대[彌生時代: 기원전 300년-서기 300년]→고훈시대[古墳時代: 서기 300년-서기 600년경]→아스카시대[飛鳥時代: 서기 552년-서기 645년]-하꾸호시대[白鳳時代: 서기 645년-서기 710년]→나라시대[奈良時代: 서기 710년-서기 784년]→헤이안시대[平安時代: 784년-서기 857년]→후지와라시대[藤原時代, 또는 후기 헤이안시대: 서기 857년-서기 1185년]→바꾸후시대[幕府時代, 鎌倉-室町-德川/가이국의 武田信玄부터 시작하여 織田信長, 豊臣秀吉, 德川家康으로 이어짐): 서기 1185년-서기 1867년]→왕정복고시대(서기 1868년-현재, 明治-大正-昭和-平成)의 순으로 이루어지고 있다. 현재의 천황은 기원전 660년-기원전 589년간 다스린 초대 神武 천황 이후 제 125대째가 된다. 호류사의 불교 기념물군이 지어진 시기는 서기 538년 불교가 전래된 이래 서기 584년 새로운 불교중흥정책과 더불어 정치질서가 확립되고 율령정치가 시작되는 것으로 특징지어지기도 한다. 불교가 공인되는 과정에 소가우지[蘇我氏]가 권력을 잡았는데, 소가노우마꼬[蘇我馬子]의 외손이며 사위인 쇼도쿠[聖德/厩戸/우마야도 노미꼬 皇子] 태자(서기 573년-서기 622년, 22대 用明/崇峻 천황의 맏아들로 서기 593년 황태자에 책봉됨)가 섭정하게 되면서 불교는 더욱 더 융성해졌을 뿐만 아니라 전체적인 질서의 확립에도 커다란 기여를 하였다. 이것은 삼국시대 중 특히 백제의 영향으로 이루어졌다. 그리고 이 시대를 수도인 아스카[飛鳥 또는 明日香]를 따라 아스카 문화라 한다. 아스카 기간 중에는 일본 최고의 사찰인 아스카지[飛鳥寺; 원래는 法興寺 서기 596년 완성]가 스순[崇峻] 천황대인 서기 588년부터 스이고[推古] 천황대인 서기 596년에 이르는 동안의 8년에 걸쳐 건립된 것으로부터 사천왕사(四天王寺), 藥師寺(서기 680년 창건), 호류지[法隆寺, 서기 601년-서기 607년 건) 등이 창건되는

교토(京都) 법륭사 오층목탑(서기 711년, 필자 촬영)

등 사찰건립이 활발하였다. 오층목탑은 서기 607년 창건, 서기 670년 燒失, 서기 711년 再建되어 오늘에 이른다. 金堂의 벽화는 고구려 26대 瓔陽王 21년(서기 610년) 曇徵의 그림이 있었으나 서기 1949년 1월 내부의 불로 소실되었으나 서기 1989년 벽화의 덧그림 아래서 그의 그림인 觀音菩薩像이 다시 확인되었다.

3. 고대 京都의 역사기념물(Historic Monuments of Ancient Kyoto-Kyoto, Uji and Otsu Cities: 문화, 1994): 서기 784년-서기 857년에 건설된 일본 헤이안[平安] 왕조시대에서부터 德川家康(서기 1543년 1월31일-서기 1616년 6월1일, 江戸시대는 서기 1603년 3월 24일-서기 1867년 11월 9일, 264년 15대 將軍)의 江戸(현 東京)遷都 전의 후지와라시대[藤原時代, 또는 후기 헤이안 시대: 서기 857년-서기 1185년], 바꾸후시대(幕府時代, 鎌倉-室町-織田信長, 豊臣秀吉)까지의 수도인 京都로 京都, 宇治, 大津의 문화재를 포함한다. 서기 1944년 세계문화유산으로 등재된 궁전, 절과 신사는 다음과 같다. Kamigamo Shrine(上賀茂神社), Shimogamo Shrine(下鴨神社), Kinkakuji Temple/Golden Pavilion(金閣寺), Ginkakuji Temple/Silver Pavilion(銀閣寺), Toji Temple(東寺), Kiyomizu Temple(清水寺), Daigoji Temple(醍醐寺), Ninnaji Temple(仁和寺), Kozanji Temple(高山寺), Ryoanji Temple(龍安寺), Nishi-Hongwanji Temple(西本願寺), Nijo Castle(二條城), Byodoin Temple(平等院, 서기 1053년 鳳凰堂), Ujigami Shrine(宇治上神社), Hieizan En-ryakuji Temple(延暦寺), Tenryuji(天龍寺), Kokedera/Moss Temple(苔寺)이다. 특히 서기 1339년 夢窓國師 때 만들어진 연못 주위를 돌며 감상할 수 있는 天龍寺 曹池(曹源池)迴游式庭園이 잘 알려져 있다. 그리고 니조성(元離宮二条城)은 江戸幕府의 창시자인 德川家康이 江戸시대(서기 1603년-서기 1867년)에 자신과 후계자를 위해 지은 京都의 거주지이다. 오늘날 니노마루(二の丸御殿)로 알려진 궁전은 서기 1603년에 완성되었고, 德川家康의 손자인 3대 이에미츠(德川家光)將軍이 완성했다. 도쿠가와의 시대가 막을 내린 서기 1867년, 니조조는 시의 소유가 되어 일반에 공개되기 전에 天皇宮으로 잠시 쓰였다. 니조조는 입구인 唐門을 들어서면 궁내는 크게 세 부분으로 나눌 수 있는데, 本丸(혼마루, 건축물은 서기 18세기에 화재로 소실되었으며, 지금의 건물은 서기 1893년에 교토 고쇼(京都御所)에서 이곳으로 이전한 것이다.), 二の丸(니노마루), 그리

고 그 鶴島, 亀島와 蓬萊山이 있는 蓬萊式 二の丸庭園(別名「八陣の庭」고보리 엔슈/小堀遠州의 代表作으로 연못 주위를 돌며 감상할 수 있는 桃山様式의 池泉回遊式庭園)이 유명하다. 성의 모든 지역과 혼마루 주변 전체는 거대한 돌벽과 못으로 둘러싸여 있다. 그리고 德川家光将軍이 서기 1606年(慶長 11年)에 완성하였으나 서기 1750년(寛延 3年) 불타 버리고 터만 남은 5층의 天守閣의 축대가 남아 있다. 国宝로는 二の丸御殿, 遠侍 및 車寄, 式台, 大広間, 蘇鉄之間, 黒書院, 白書院(御座の間)이 있다. 니조성은 德川家康의 에도막부의 시작 때 궁전으로 사용되다가 서기 1634年(寛永 11年) 제 2대 将軍인 德川秀忠[서기 1579년(天正 7年) 5月2日-서기 1632년(寛永 9年) 3月14日]의 死後, 제 3대 德川家光[서기 1604년(慶長 9年) 7月17日-서기 1651(慶安 4年) 4月20日] 이후 약 230년간을 버려둔 후 14대 이에모치[德川家茂将軍, 서기 1846년(弘化 3年) 7月17日-서기 1866년(慶応 2年) 8月 29日]가 서기 1862년에 다시 입성하여 재정비하였으나 5년 후인 서기 1867년에도 막부의 종말을 본 일본 역사의 산증인이다.

4. 白川鄕과 五箇山의 역사마을(Historic Villages of Shirakawago and Gokayama: 문화, 1995): 岐阜県 히다 지방의 白川鄕의 荻町(오기마찌) 富山県 五箇山의 相倉(아이노쿠라)과 菅沼(스가누마)의 歷史·民俗마을로 에도(江戸)시대부터 시작된 뽕나무재배와 양잠업으로 살아가며 동서 장축의 合掌造り(갓쇼즈꾸리) 지붕을 가진集落이다. 지붕 밑은 공간이 넓어 겨울용품을 보존하기 용이하다. 이 지역들은 暴雪지역으로 도로정비가 늦어져 이런 유형의 집들이 지금까지 보존될 수 있었다.

5. 廣島 평화기념관: 原爆 돔(Hiroshima Peace Memorial-Genbaku Dome: 문화, 1996): 서기 1945년 8월 6일 원자폭탄 투하로 폐허가 된 廣島県 廣島市 中區 大手洞(中島町)의 돔 건물이며 서기 1945년 8월 9일에는 長岐에서 두 번째의 투하로 그해 8월 15일 일본은 항복하였다.

6. 嚴島 신사(Itsukushima Shinto Shrine: 문화, 1996): 本州 廣島県 嚴島(いつくじまじんじや 또는 宮島/みやじま) 神社로 원래 서기 593년(推古 元年) 佐伯部(さえきべ)의 有力者였던 佐伯鞍職(さえきくらもと)에 의해 現在의 場所에 創建되었다고 전해진다. 현재의 신사는 서기 1168년에 건조되어 海拔 535m 弥山(みせん)을 主峰으로 하여 밀물 때 물

위에 떠 있게 되어 일본 3대 絕景 중의 으뜸으로 여겨질 정도로 바다와 주위의 건물들과 조화가 무척 신비롭다. 이 신사는 일본神道의 대표적인 聖所이다. 重要文化財로 本社火燒前(ひたさき)으로부터 88間의 海面에 솟아 있으며 해와 달이 양쪽에 새겨진 大鳥居[おおとりい, 木造로 높이 약 16.6m, 棟長 24.2m, 主柱 둘레 9.9m, 總重量 약 約 60t, 木部는 光明丹으로 칠해졌으며 現在의 大鳥居는 明治 8年(서기 1875년)에 再建되었다]를 비롯하여 大鳥居本殿[ほんでん, 国宝 平安時代, 現在의 本殿은 元亀 2年(서기 1571년) 毛利元就에 의해 개축됨], 本殿平舞台[ひらぶたい, 国宝 平安時代이나 安元 2年(서기 1176년) 平氏一門가 신사에 참배할 때 社殿의 前方에 仮廊을 設設한 記錄이 남아있다], 平舞台高舞台[たかぶたい, 国宝 平安時代, 本社被殿前에 있으며 現在의 舞台는 天文 15年(서기 1546년) 棚守房顯에 의해 지어졌다], 高舞台能舞台[のうぶたい 重要文化財·江戸時代, 일본에서 唯一하게 바다에 떠 있는 能舞台로 厳島에서의 演能은 永禄 11年(서기 1568년) 観世太夫의 来演이 그 시작으로 본다], 能舞台反橋[そりばし 重要文化財로 重要한 祭祀를 지낼 때 勅使가 이 다리를 건너 신사 안으로 들어옴. 現在의 다리는 弘治 3年(서기 1557년) 毛利元就·隆元의 父子에 의해 재건됨] 등 国宝(6棟)「厳島神社 本社本殿, 幣殿, 拝殿」「厳島神社 本社被殿」「厳島神社 摂社客(まろうど)神社本殿, 幣殿, 拝殿」「厳島神社 摂社客神社被殿」「厳島神社 廻廊東廻廊」「厳島神社 廻廊西廻廊」과 重要文化財「厳島神社 朝座屋」「厳島神社 能舞台」「厳島神社 揚水橋」「厳島神社 長橋」「厳島神社 反橋」「厳島神社 大鳥居」「厳島神社 摂社大国神社本殿」「厳島神社 摂社天神社本殿」「厳島神社 摂社大元神社本殿」「厳島神社 宝蔵」「厳島神社 五重塔」「厳島神社 多宝塔」「厳島神社 末社荒胡子神社本殿」「厳島神社 末社豊国神社本殿(千畳閣)」 등이 남아있다.

7. 奈良 역사기념물(Historic Monuments of Ancient Nara: 문화, 1998): 서기 8세기 혼슈[本州]의 중심부인 奈良県은 서기 710년－서기 784년 나라[奈良]시대의 수도로서 法隆寺 오층목탑(서기 711년), 平城京의 平城宮, 飛鳥寺(원래는 法興寺 서기 596년 완성), 藥師寺(서기 680년 창건), 東大寺, 元興寺 極樂坊, 唐招提寺, 春日大社와 같은 寺院과 神社 등 많은 역사적 유물이 남아있다.

8. 日光 사당과 사원(Shrines and Temples of Nikko: 문화, 1999): 동경 근처 도치기(栃木)의 日光에 있는 東照宮으로 서기 1616년 2대 쇼군(將軍)인 徳川秀忠이 江戸幕府를

세운 아버지 德川家康의 위패를 모신 신사이며 3대 德川家光이 오늘날의 규모로 확장하였다.

9. 首里城 유적 및 流球 왕국 유적(Gusuku Sites and Related Properties of the Kingdom of Ryukyu: 문화, 2000): 서기 1470년─서기 1879년 尙氏 王朝에 의해 세워진 오끼나와 流球 那覇의 首里城[구스코성]과 왕릉이다. 오끼나와에서 구스쿠시대의 성은 琉球 왕국의 성립 이후 규모가 큰 성곽으로 발전하여 왕의 권위를 더해주게 된다. 이 왕조의 성립은 구스쿠 말기 통일왕조를 이룩한 제1 상씨 왕조(서기 1429년 尙巴志가 통일, 琉球王國의 성립)에 이어 서기 1470년 제2 상씨(尙氏)왕조가 흥하게 됨으로써 이다. 尙씨 왕조(서기 1470년─서기 1879년)의 19대 왕은 尙円─尙宣威─尙眞─尙淸─尙元─尙永─尙寧─尙豊─尙賢─尙質─尙貞─尙益─尙敬─尙穆─尙溫─尙成─尙灝─尙育─尙泰의 순으로 이루어진다. 서기 1476년 中山王 尙巴의 王陵이 만들어지고 서기 1546년 首里 구스쿠가 확장되고, 서기 1554년 나하(那覇) 항구의 방비를 위한 야라자모리[屋浪座森] 구스쿠와 三重 구스쿠가 새로이 만들어진다. 그러나 서기 1609년 島津의 류구인들에 의해 류구 왕국은 무력을 상실하게 된다. 서기 17세기 후반 사쓰마[薩摩]의 지배를 받다가 서기 1879년 메이지[明治]정부가 류구를 폐하고 오끼나와県으로 편입시킴에 따라, 오끼나와의 독자적인 역사는 끝나게 된다. 이 성들은 대부분 세계2차대전 때 파괴되어 서기 1970년 이후 복원한 것들이다.

10. 紀伊 산맥의 성소와 순례길(Sacred Sites and Pilgrimage Routes in the Kii Mountain Range: 문화, 2004): 京都 남쪽 三重, 奈良와 和歌山 495.3ha 범위의 紀伊山의 高野山, 熊野三山, 參詣道를 포함하며, 그 안에 吉野山水分神社, 金峰神社金峰山寺, 吉水神社, 大峯山寺, 熊野本宮大社, 熊野速玉大社, 熊野那智大社, 靑岸渡 寺, 那智瀧, 那智原始林, 補陀落山寺, 丹生都比賣神社, 金剛峯寺, 慈尊院, 丹生官省符神社, 大峯奧駈道, 熊野參詣道, 高野山町石道의 영지(灵地)와 참배, 순례길이 포함 된다.

11. 石見 은광 및 문화경관(Iwami Ginzan Silver Mine and its Cultural Landscape: 문화, 2007): 本州 島根県 大田市 石見銀山遺蹟. 서기 16세기─서기 20세기(德川家康의 江戶幕府. 서기 1603년─서기 1867년)경의 銀山柵内, 代官所跡, 矢滝城跡, 矢筈城跡大森銀山伝

統的重要建造物群保存地区, 佐毘売山神社, 海道輸送街道와 도모가우라(鞆ヶ浦), 오키도마리(沖泊), 유노쓰(溫泉津)의 銀 輸出 마을, 伝統的 重要建造物群保存地区, 宮ノ前地区, 熊谷家住宅, 羅漢寺 五百羅漢, 佐毘売山神社의 대규모 銀鑛, 製錬所, 鎔鑛爐, 城, 神社 등이다. 이곳에서 나오는 銀은 중국과 한국에 수출되었다.

12. 平泉—사원, 정원, 佛敎淨土를 대표하는 고고학적 유적(Hirazumi–Temples, Gardens, and Archaeological Sites Representing the Buddhist Pure Land: 문화, 2011) 岩手県 西磐井君 平泉町는 사원, 정원, 불교와 金鶏山을 포함하는 다섯 유적으로 구성되어 있다. 이곳은 서기 11세기–서기 12세기 京都 平安(서기 784년–서기857년)정부와 경쟁 관계였던 藤原정부(後期平安時代, 서기 857년–서기 1185년)의 행정중심지이기도 하였다. 이곳은 서기 8세기경 일본에 유행한 佛敎의 死後 極樂淨土 宇宙觀의 장소이기도 하다. 일본의 토착적인 自然崇拜·神道와 연관되어 나타난 淨土思想은 일본문화에 독특한 정원을 만들어내었다. 대표적인 유적으로 中尊寺 金色堂, 毛越寺와 觀自在王院의 淨土庭園, 無量光院, 達谷窟毘沙門堂, 高館義經堂, 柳之御所遺跡 등이 있다.

13. 富士山(Fujisan, sacred place and source of artistic inspiration: 문화, 2013)：후지산은 静岡県(富士宮市, 裾野市, 富士市, 御殿場市, 駿東郡 小山町)과 山梨県(富士吉田市, 南都留郡 鳴沢村) 남쪽으로 静岡県 駿河湾(Suruga Bay)에 걸쳐 있는 活火山으로 標高 3,776m, 외형은 圓錐形으로 경관이 매우 아름다워 일본을 대표하는 상징물이기도 하다. 日本의 三名山(三霊山), 日本百名山, 日本의 地質百選에 選定되어 있다. 또 서기 1936年(昭和 11年)에는 士箱根伊豆 国立公園에 指定되었다. 그 후 서기 1952年(昭和 27年)에 特別名勝, 서기 2011年(平成 23年)에는 史跡으로 指定되었다. 후지산록에는 富士山本宮 浅間大社, 浅間神社, 大石寺가 자리한다. 富士山에 관해서 가장 오래된 기록은 常陸国風土記에 있는 福慈岳이며, 또 不二山, 不尽山으로 表記하는 古文献도 있다. 후지(フジ)라고도 말하는 것은 산의 긴 斜面을 나타내는 大和時代의 富士山이란 말에서 유래한다. 富士山으로 확실히 表記된 것은 駿河国富士郡에 나타난다. 富士信仰을 形成하는 富士山의 神霊인 浅間大神과 고노하나노사구야비메(コノハナノサクヤビメ, 日本神話에 登場하는 女神으로 木花咲耶姫임)와 함께 主祭神으로 모시는 浅間神社는

전국적으로 있으며, 浅間神社의 総本宮이 후지산 산록 富士宮市에 있는 富士山本宮浅間大社이다. 이 本宮과 富士산의 山頂의 奧宮에서는 富士山神에게 祭祀를 올린다. 미술에서 후지산은 凱風快晴 葛飾北斎富士山絵画(기록만 남아 있는 平安時代의 그림), 聖德太子絵伝[法隆寺献納物로 延久元年(1069年), 현존하는 最古의 그림, 東京国立博物館 소장], 絹本着色富士曼茶羅図(伝 狩野元信, 室町時代), 百富士[江戸時代, 明和4年(서기 1767年)], 50錢 政府紙幣(서기 1938년 発行) 등에서 보인다. 그리고 문학에서 후지산은 万葉集(서기 7世紀後半부터 서기 8世紀 後半경에 걸쳐 편집된 日本에서 現存하는 最古의 和歌集), 新古今和歌集(鎌倉時代初期, 後鳥羽上皇의 勅命에 의해 편집된 勅撰和歌集), 竹取物語(竹取翁의 物語, 日本最古의 物語), 源氏物語(日本女作家 紫式部의 長篇小說), 伊勢物語(平安時代初期에 만들어진 歌物語), 堤中納言物語(平安時代後期에 편집된 物語集) 등에서 나타난다. 후지산은 일본에서 35번째로 높고 또 활화산의 아름다움 외에도 오랜 역사동안 종교와 예술적인 측면에 신으로 또는 문학의 주제로서 일본인들의 존경과 사랑을 받아왔다.

중국 CHINA

1. **明·清代궁전: 紫禁城**(Imperial Palace of the Ming and Qing Dynasties: 문화, 1987): 明나라 3대 成祖(朱棣, 永樂, 서기 1403년-서기 1424년) 서기 1420년에 준공한 궁전으로 淸나라 말 서기 1911년까지 사용되었다. 外殿으로 太和殿, 中和殿, 保和殿이 있으며 太和殿에는 建極綏猷(書經 湯誥편에 나오는 克綏厥猷로 황제는 법도를 세우고 백성은 이를 편안히 여기게 해야 한다는 뜻으로 皇建有極, 建極軒轅도 비슷한 의미를 지닌다)의 현판이 걸려 있다. 황제즉위식이 거행되는 太和殿은 明 成祖 이후 淸 乾隆 때까지 크게 3번(서기 1421년, 서기 1599년, 서기 1679년)에 걸쳐 번개와 화재로 소실되었다가 재건되었다. 서기 1925년 10월 10일 古宮博物院이 되었다. 그 외에도 이곳에는 正大光明(乾清宮), 日升月恒(坤寧宮) 등의 유명한 額字가 많다. 그러나 紫禁城 古宮博物院에 있던 乾隆帝의 수집품 중 玉器, 靑銅器, 書畵, 陶瓷器 등약 65만점(宋·元·明·淸의 24만점 포함)의 중요한 대부분의 文化財들이 현재 臺灣 台北 國立故宮博物院(서기 1965년 개관)에 所藏·展示 중이다(石渠宝笈 서기 1744년, 天祿琳琅, 物華天寶, 天工寶物 서기 2006년). 이는 中日戰爭 동안 北

京(서기 1924년)-上海-南京-武漢-長沙-陽貴-安順-四川省 巴県-重慶-陝西省 寶鷄-南鄭-褒城-峨嵋-南京(서기 1945년)로 옮겨 피신 중이었던 문화재들이 정착을

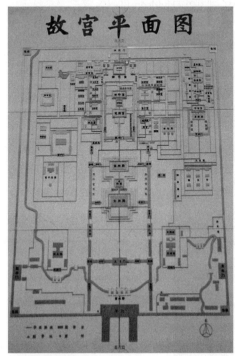

못하고 또 大長征과 八路軍의 역사적 사건을 거쳐 서기 1949년 10월 1일 들어선 共産主義者 毛澤東의 中華人民共和國 수립에 앞서 民族主義者 蔣介石의 中華民國의 정부가 대만으로 철수할 때 함께 가져 갔기 때문이다.

2. 周口店의 북경원인 유적 (Peking Man Site at Zhoukoudian: 문화, 1987): 북경에서 서남쪽 40㎞ 떨어진 주구점 龍骨山 석회암 구릉의 洪績世(更新世, Pleistocene) 중기 불의 사용을

북경의 자금성(서기 1420년, 필자 촬영)

처음 알던 50만 년 된 直立猿人/原人(Homo erectus)과 신인(Homosapiens, 山頂洞)인의 유적으로 서기 1921년 O. Zdansky에 의해 2점의 차아가 발견되고, 서기 1927년 전파론자인 Graffton Elliot Smith의 제자인 Davidson Black은 중국 주구점에서 인골을 발견하여 北京原人(Sinanthropus pekinensis)로 명명하였다. 서기 1929년 12월 2일 裴文中이 완벽한 頭蓋骨을 발견한 이후 지금까지 40여점의 인골 화석이 출토되었다. 이 인골들은 주로 1지구에서 출토되었으나 서기 1941년 일본과의 전쟁직후에 사라져 버렸다. 치아 중 門齒는 shovel-shaped incisor(앞니의 뒤가 삽처럼 파여졌다는데서 근거함)로 북경원인이 아시아의 조상으로 추측되는 근거를 마련하고 있다. 북경원인의 키는 남자가 156cm, 여자 144cm, 두개용량은 1,043cc, 두개골에는 骨櫛(矢狀隆起)이 현저하게 남아있다. 유물은 약 10만점이 되나 석기는 많지 않다. 석기는 주로 15지구에서 발견되었으며 박편, 긁개, 찍개류로 직접타격이나 양극타격을 이용해 석기제작을 하였다.

북경 주구점 구석기시대 유적(필자 촬영)

그러나 片石器가 위주이고 石核石器는 적다. 원료는 주로 脈石英, 砂岩, 燧石이다. 화석은 劍齒虎, 야생말, 양, 비비원숭이, 물소, 곰, 하이에나, 코뿔소, 사슴 등 포유동물이 많다. 이 유적은 불을 이용해 음식을 익혀먹던 50만년–20만년에 걸쳐 살던 직립원인들이다. 또 서기 1934년 주구점 山頂洞에서 두개골 4점 이외에 8명분의 인골과 여러 석기와 골기가 다량으로 나왔는데 이들은 신인(Homo sapiens)으로 후기구석기시대에 살았다.

3. 泰山(Mount Taishan: 복합, 1987)：山東省 소재로 남북 30㎞, 동서 40㎞에 달한다. 중국에서 東岳으로 불리며 가장 높은 해발 1,545m에 玉皇頂이 있다. 공자의 登岳을 비롯해 秦始皇, 漢武帝(7대, 無字碑) 등이 이곳에서 제사를 지냈던 중국 제1의 聖山이며 산 정상인 옥황정 주위에는 碑林를 이루는 듯 각 시대에 따른 많은 비가 있으며 그중 '五嶽獨尊'과 '果然'(清 康熙 54년, 서기 1714년)도 눈에 띈다.

4. 만리장성(The Great Wall: 문화, 1987)：기원전 221년 秦始皇 때 쌓기 시작하였고 明나라 초 서기 1378년(洪武 11년) 塼을 이용해 현재의 모습으로 다시 쌓아 서기 1505년(弘治 18년)에 八達嶺을 쌓은 것을 비롯해 戚継光(서기 1528년–서기 1587년)과 譚綸이 塼을 이용해 서기 1575년(14대 神宗, 萬曆 3년) 완공을 보았다. 동쪽 山海關(老龍頭 포함)에서 서쪽 嘉峪關까지 뻗어 있다. 長城은 戰國長城, 秦長城, 漢長城, 明長城과

泰山의 "果然" 석각(서기 1714년, 필자촬영)

만리장성(필자 촬영)

辽宁古長城으로 나누어 생각할 수 있다. 장성의 총 길이는 서기 2009년도의 8,851.8㎞에서 서기 2012년 6월 6일에 21,196.18㎞로 늘여 공식 발표하고 있다. 明나라 이전의 城은 나무틀을 만들어 그 안에 진흙을 넣고 다지는 版築狀의 土城이며 그러한 성들은 漢·唐나라 때의 비단길과 연결된다. 이를 '오아시스 길'이라고도 한다. 이는 天山北路와 天山南路(西域北路) 그리고 西域南路 등 세 경로가 있다.

1. 天山北路: 西安(長安)−蘭州−武威−張掖−嘉峪關−敦煌−哈密(Hami, Kumul)−乌鲁木齐(Urimqi, Urumqi, Ürümqi)−伊寧(Yining)−伊犁河(Yili He/Ili River)−알마타(Alma-Ata, Kazakhstan의 수도)−타시켄트(Tashikent, Uzbekistan의 수도)−아랄 해−카스피 해−黑海−동로마의 비잔티움(콘스탄티노플/이스탄불)

2. 西域北路(天山南路): 西安(長安)−蘭州−武威−張掖−嘉峪關−敦煌−哈密(Hami, Kumul)−吐鲁番(Turfan)−焉耆−庫尔勒−庫车−阿克苏−喀什(Kashi)−파미르高原(帕米尔高詢/蔥嶺, Pamir Mountians)−중앙아시아(中亚, 키르기즈스탄/Kirghizsstan, 타지키스탄/Tadzhikistan/Tajikistan, 아프가니스탄/Afkhanistan/Afghanistan)−인도(India)/서아시아(西亚)

3. 西域南路: 西安(長安)−蘭州−武威−張掖−嘉峪關−敦煌−楼兰−若羌(Ruòqiang)−且末−尼雅−和田(Hotan)−喀什(Kashi)−파미르高原(帕米尔高詢/蔥嶺, Pamir Mountians)−중앙아시아(中亚, 키르기즈스탄/Kirghizsstan, 타지키스탄/Tadzhikistan/Tajikistan, 아프가니스탄/Afkhanistan/Afghanistan)−인도(India)/서아시아(西亚)

만리장성 동쪽 끝 老龍頭(山海關의 끝, 필자 촬영)

이 길도 중국 陝西省의 長安(西安)에서 寧夏回族自治區 黃河와 渭河의 서쪽 蘭州, 武威, 張掖과 嘉峪關을 거치는 河西走(廻)廊을 지나 실크로드(絲綢之路)의 요충지인 甘肅省 敦煌 莫高窟에서 시작한다. 敦煌에서 哈密-乌鲁木齐-伊犁河-알마타-타시켄트-동로마로 가면 天山(Tian Shan)北路, 西安-敦煌-哈密-吐魯番(高昌國의 수도)-焉耆-库尔勒-庫車(龜玆國)-阿克苏-喀什(Kashi/Kashkar/Kashgar)을 가면 西域北路(天山南路), 西安-敦煌-楼兰-若羌-且末-尼雅-和田-喀什으로 가면 西域南路가 된다. 喀什(Kashi)에서는 파미르 고원(Pamir Mountians)을 지나 키르기즈스탄/Kirghizsstan, 타지키스탄/Tadzhikistan/Tajikistan, 아프가니스탄/Afkhanistan/Afghanistan을 거치면 터키의 비잔티움(콘스탄티노플/이스탄불), 이란과 인도의 세 방향으로 나아갈 수 있다. 이들은 모두 新疆省 維吾尔自治區와 甘肅省에 위치하며 天山山脈(최고봉은 公格尔山으로 海拔 7,719m임), 타림 분지(塔里木盆地, Tarim Basin)와 타크라마칸 사막(塔克拉瑪干沙漠, Takla Makan Desert)을 피하거나 우회해야 하기 때문에 만들어진 것이다.

그래서 이 비단길/오아시스 길을 통해 중국의 漢·唐나라와 로마 제국과의 만남은 필연적이다. 또 명나라 때 북방의 몽고족은 중국과의 교역이 필요해 馬市라는 형태로 시장을 개방해달라고 계속 요구해 왔고 그것이 충족되지 않을 때는 장성을 넘어 공격해오곤 하였다. 明 6대 正統帝(英宗, 서기 1427년-서기 1464년) 14년 서기 1449년에 몽고계 오이라트(Oirat) 족장인 에센칸(군사령관인 太師였다가 北元 28대 대칸이 됨, 서기 1453년-서기 1454년 재위)이 山西省 大同으로 공격해와 정벌에 나선 영종이 오히려 몽고군에 피납되는 사건(土木之變, 土木堡之變)도 그 한 예로 들 수 있다.

5. **秦始皇陵**(Mausoleum of the First Qin Emperor: 문화, 1987): 秦始皇은 진나라를 기원전 246년-기원전 210년에 통치하였으며 기원전 221년 戰國時代를 통일하였다.

진시황릉 병마갱(1호 및 3호, 필자 촬영)

진시황 병마용갱의 무사들(필자 촬영)

그의 무덤은 섬서성 임동현 여산(陜西省 臨潼県 驪山)에 위치하며 발굴에서는 보병의 1호(11열로 배치, 1열은 230m임), 각렬의 보병, 궁수·전차와 기마부대의 2호, 그리고 지휘통솔부의 3호의 兵馬坑이 확인되었다. 그리고 최근 중앙 왕릉 근처에서 발견된 80여 개의 坑 중 이어 만든 갑옷인 石製札甲만 수백 벌을 매장한 坑이 새로이 발굴·조사 중이다. 이는 진시황이 전사자들의 영혼을 위로하기 위해 매장한 것으로 추측된다. 그리고 이 묘는 진시황이 기원전 247년 13세로 등극하자마자 만들기 시작해 50세에 죽을 때까지 완성을 보지 못하였다. 그리고 그의 능도 기원전 207년 楚의霸王 項羽(또는 項籍: 기원전 232년-기원전 202년)에 의해 도굴당했으며 그속에서 가져온 보물의 일부는 애첩 虞美人에게로 흘러 들어간 것으로 여겨진다. 그리고 秦始皇帝의 兵馬坑은 다음 漢나라에서도 계속 만들어졌는데 陜西省 咸陽市 楊家灣에서 발견된 4·5호묘(이들은 周勃과 周亞夫 父子묘로 기원전 195년 죽은 漢高祖 무덤인 長陵의 陪葬墓로 추정된다. 서기 1970-서기 1976년 발굴)와 江蘇省 蘇州 西樵山에서 서기 1988년-서기 1995년 발굴된 諸侯國 楚나라 3대 왕인 劉禹(기원전 155년에 일어난 吳楚七國의 亂이 실패하여 기원전 154년 35세 나이로 자살, 이때는 西漢 6대 景帝 劉啓 前元 3년임)의 것이 잘 알려져 있다. 기원전 247년부터 만들기 시작해 38년이 걸린 전체 면적 56.25㎢ 내 封土墳만 25만㎡의 범위를 가진 秦始皇陵의 地下高樓(궁전, 무덤)를 찾기 위한 물리적 탐사가 서기 1981년 水銀의 함유량 조사 이후 계속 진행되고 있는데 서기 2002년부터 836물리탐사계획 탐사(단장은 劉土毅, 考古隊長은 段淸波임)에서 진시황릉의 槨室(墓室) 주위에 보안과 봉토를 쉽게 쌓기 위한 동서 145m, 남북 120m, 높이 30m의 담장을 두르고 그 위에 전체 三段의 구획에 각단 3개의 계단을 갖은 모두 9개의 層段(무덤 하변의 폭 500m, 묘실 바닥에서 봉토까지 전체 높이 115m, 계단 한 층의 높이 3m, 각 계단 폭 2.5m)을 갖고 각 계단의 끝에는 개와를 덮은 極數인 9층의 樓閣지붕을 가진 목조건물의 피라미드 구조가 확인되고 있다. 그 구조 위에는 6~7㎝로 다진 版築의 細夯土(封土下 30~40㎝에서 발견됨, 묘실 위에는 40~60㎝의 두께의 粗夯土로 덮여 있음)로 다진 후 봉토로 덮고 그 위에 享堂(王堂)의 祭祀用 목조 건물을 세운 것으로 밝혀지고 있다. 이는 中國社會科學院 考古研究所 楊鴻勛 研究員의 생각이기도 하다. 이와 같은 형태는 기원전 323년의 河北省 平山県 城北 靈山下에서 서기 1974년-서기 1978년에 발굴된 戰國 말기 中山國 5대 중산왕릉에서 그 기원을 찾아볼 수 있다고 한다. 이 중산왕릉이 만들어진 50년 후 진시황릉이 만들어지게 된다. 그렇다면 高句麗 輯安의 將軍塚의 기원도 밝혀질 수 있을 것이다. 묘실 안에는 司馬遷의 史記 秦始皇 本紀 第六에서 언급된 바와 같이 인부 70만 명을 동원해 세 개의 모래층을 판 穿三泉을 한 후 槨(묘실)을 만들고 천장에서 天文(보석으로 별자리를 만든 것으로 추측), 바닥은 水銀(100톤 이상으로 추산)으로 中國의 지형에 따라 강과 바다를 만들고 人魚膏(고래기름)로 長明燈의 불을 밝혀 오래 가도록 하였다. 그리고 弓矢를 장착해 문이 열릴 때 자동적으로 발사하도록 장치를 갖추었다 한다. 수은은 지형상 바다가 면한 동북쪽과 동쪽에서 많이 含有된 중국의 水界分布를 나타내고 있음이 밝혀졌다. 이는 시체와 부장품들의 腐敗를 防止하기 위한 목적도 있다. 현재 황릉에 대한 다각적인 연구가 진행 중이다.

6. 敦煌의 莫高窟(Mogao Caves: 문화, 1987): 甘肅省 敦煌県 동남쪽 20㎞ 떨어진 鳴沙山 斷崖에 北朝에서 元에 이르는 서기 4세기-서기 14세기 壁畵가 있는 동굴 사

원이다. 前秦 建元 2년(서기 366년) 樂傳和尙이 처음 이곳에서 굴을 만들기 시작하여 元(서기 1206년-서기 1368년)대에 이르기까지 계속되었다. 동굴내 벽화는 4.5만m²에 이르며 세계적 미술의 보고이다. 北朝, 唐, 西夏(서기 1032년-서기 1227년) 시기의 불교관계 벽화가 중심되어 있다. 渭河의 서쪽 蘭州, 中衛, 武威, 張掖, 酒泉과 嘉峪關을거치는 河西走(廻)廊을 지나 실크로드가 시작되는 요충지로 서기 1906년-1909년 사이 프랑스 학자 폴 펠리오(Paul Pelliot, 서기 1878년 5월 28일-서기 1945년 10월 26일)가 서기 1908년 鳴沙山 千佛洞 莫高窟에서 蕙超(聖德王 3년 서기 704년-元聖王 3년 서기 787년)의 往五天竺國傳 2册(서기 727년, 한행 27-30자 모두 227행, 프랑스 국립도서관 소장)을 발견하였다. 이 석굴은 大同 云岡石窟, 洛陽 龍門石窟과 중국 3대 석굴에 속한다.

7. 黃山(Mount Huangshan: 복합, 1990): 안휘성 남부 소재로 해발 1,873m, 泰山(東岳), 華山(西岳), 衡山(南岳), 恒山(北岳), 崇山(中岳)의 五岳과 더불어 중국 10대 명승지 중의 하나로 산록에는 고대 민간 촌락이 많다. 그리고 중국 嶺南畵派 중 黃山畵派(安徽畵派)가 이곳의 경승을 배경으로 일어났는데 청대의 弘仁, 石濤, 梅淸, 梅庚 등이 대표적 작가들이다.

8. 承德의 遊夏山莊(The Mountain Resort and its Outlying Temples in Chengde: 문화, 1994): 河北省 承德에 있으며 淸나라 황실에서 4-9월의 6개월간에 걸친 여름 避暑宮으로 이곳에서 정치를 하였다. 옛 이름은 熱河로 燕巖 朴趾源(서기 1737년-서기 1805년)이 서기 1780년 乾隆(高宗) 45년 70세 萬壽節 잔치에 다녀온 후 熱河日記를 썼다. 이곳은 宮殿區, 水苑區, 平原區와 山區의 4구역으로 나누어 건축이 이루어지고 둘레는 10km의 방어성을 쌓았다. 서기 1703년(康熙 42년)에서 시작하여 서기 1792년(乾隆 57년)에 건립하였다.

9. 라사의 포탈라 궁(Potala Palace of Lhasa: 문화, 1994/2000/2001 확대지정): 라사의 포탈라(布達拉) 궁은 서기 7세기부터 달라이 라마의 겨울 궁전으로 티베트의 종교·행정의 중심지이다. 노르블린카(Norbulinka, 羅布林卡)는 여름궁전으로 서기 1755년에 지어졌다. 포탈라 궁은 라사 계곡의 해발 3700m의 紅山 위에 白宮, 紅宮과 부속건물들로 구성되어 있다. 궁의 규모는 동서 길이 400m, 남북 350m이며 높이 300m

의 바위 위에선 건물 높이 117m, 100개의 방, 10,000개의 사원, 2만개의 불상, 13대에 걸치는 달라이 라마의 무덤(서기 1933년에 浮屠塔을 세움)이 있다. 그리고 지진에 대비하기 위해 3-5m 두께의 礎石과 건물 벽을 만들고, 초석에 구리를 부어 기초를 단단하게 만들었다. 토번(吐蕃)의 33대 송쩬간뽀(서기 617년-서기 650년) 왕 때 얄룽계곡의 쩨탕[澤堂] 칭와닥제 궁전[靑瓦達牧城]에서 遷都한 라싸의 포탈라 紅宮을, 5대 달라이라마 로상 가쵸(서기 1617년-서기 1682년) 때 白宮을 포함해 포탈라 궁을 오늘날과 같이 增築하였다. 토번왕조 27대 치대죽돈쩬뽀(서기 374년)와 28대 라토토리넨 때 불교를 유입, 38대 치송데쩬(서기 754년-서기 791년)의 불교의 국교공인, 그리고 서기 779년 쌈애 사원[桑耶寺]의 건립과 더불어 정식으로 불교가 들어오고 神政政治의 길을 트게 되었다. 이후 티베트에서는 불교를 믿는 주요 4대 학파가 형성되었다. 즉 그들은 닝마(Nyingma 토번왕국 38대 치송데쩬 때의 빠드마삼바바[蓮華生]에 의해 들어옴), 카큐(Kagu, 역경승 마르파 서기 1012년-서기 1098년, 鳥葬을 함), 샤카(Sakya 샤카 사원에서 유래. 서기 1267년 이후 팍파국사가 元 쿠빌라이 世祖의 스승으로 티베트불교가 元의 국교로 됨), 게룩(Gelug, 쫑가파 宗喀巴〈서기 1357년-서기 1419년〉에 의해 창시)派들이다. 라사의 포탈라 궁을 중심으로 신전정치를 폈던 法王制는 서기 1642년 쫑가파[宗喀巴]가 창시한 게룩파의 5대 라마[法王]인 아왕 로상 가쵸(서기 1617-서기 1682년)에 의해 서기 1642년 몽고의 支持下에 만들어졌다. 서기 1903년 13대 법왕 톱텐 가쵸(서기 1876년-서기 1933년)가 英國軍을 피해 北京과 印度로, 그리고 서기 1959년 14대 법왕인 달라이라마(서기 1935년-현재, His Holiness the 14th Dalai Lama of Tibet 줄여서 H. H. Dalai Lama로 씀, 우리말로는 聖下라 함)가 24세 때 라싸에서 서기 1959년 3월 10일 신년 '뮌람' 축제에 맞추어 일어난 대규모 시위(拉薩의 武裝蜂起)가 실패함에 따라 서기 1959년 3월 17일 인도 다름살라(Dharmsala)로 망명할 때까지 法王制인 神政政治(theocracy)가 지속되었다. 티베트는 서기 1949년 10월 1일 中華人民共和國의 建國 이듬해인 서기 1950년 중국으로 편입되었고 서기 1951년 3만 명의 인민해방군(당시 貴州省의 당서기인 胡錦濤가 중심 인물임, 현 대통령)이 無血入城 하여 '北京條約'을 체결하고 당시 西藏자치구의 당서기는 현 중화인민공화국의 대통령인 胡錦濤[후진타오]가 되었다.

10. 曲阜의 孔子 유적(Temple and Cemetery of Confucius, the Kong Family Mansion in Qufu: 문화, 1994): 산동성 유교의 창시자인 공자(기원전 552년-기원전 479년)를 기려 건립. 文宣王 孔子墓, 孔廟(大成殿), 孔府(大堂), 孔林(子貢 三年喪侍墓廬幕) 그리고 그의 후

子貢 三年喪 侍墓廬幕(필자 촬영)

孔廟 大成殿 內部(필자 촬영)

손들의 무덤들이 함께 세계에서 가장 오래된 가족공동묘지를 이루고(世葬山) 있다. 孔廟(大成殿), 孔府(大堂), 孔林를 三孔이라 부른다.

11. 武當山의 고대 건축물군(Ancient Building Complex in the Wudang Mountains: 문화, 1994): 湖北省 釣県 丹江口市 경내 道敎의 名山인 武堂山(주봉은 紫霄峰으로 해발 1,612m) 의 서기 14세기-서기 17세기 도교와 관련된 元·明·淸代 건물군 중 天柱峰(大岳, 太岳)의 金殿을 비롯하여 8宮, 72庵廟와 32橋梁이 유명하다. 이는 四川省 成都 서쪽 都江堰市에 위치해 있는 도교 18개의 名山 중 第 5洞天으로 張道陵이 득도한 靑城山과 비교된다.

12. 盧山 국립공원(Lushan National Park: 문화, 1996): 상해 남서쪽 540km 江西省 九江市 盧山 500㎢는 해발 1,300-1,500m의 산등성이가 25km 이어지는 절경을 이루고 있으며 그중 三疊泉 폭포가 유명하다. 따라서 이 빼어난 아름다움을 노래한 시와 문학작품이 많다. 이곳에는 서기 386년 慧遠이 東林寺를 창건하였는데 唐나라 때 번창하였다. 이 절에는 正殿, 神蓮寶殿이 있으며 李白, 白居易 陸遊, 王陽明의 비가 남아있다. 이곳은 도교, 불교, 유교를 포함한 중국 고대 교육과 종교의 중심지로 중국문명의 정신적 지주가 되어 왔다. 명문 있는 비, 역사적 건물, 중국과 외국인들의 별장 600여가 있으며 세계화된 마을을 이루고 있다.

13. 峨眉山과 낙산 대불(樂山 大佛)(Mt. Emei and Leshan Giant Buddha: 복합, 1996): 중국 불교 4대 명산인 峨眉山(大光名山, 해발 3,099m)은 後漢(서기 25년-서기 220년) 때 불교가 처음 들어와 불교의 東遷 據點이 되었던 곳이다. 당나라 開元 원년(서기 713년)에 海通大師(法師)가 높이 71m의 砂巖에 낙산 대불을 조성하기 시작하여 90년만인 서기 803년에 완공하였다. 그리고 전면에 13층 높이의 목조 건물을 세워 햇빛과 비바람을 막아 사암의 풍화를 방지해왔는데 이 건물은 몽고군의 침입으로 불타버렸다. 그리고 그 앞에는 秦昭王(기원전 295년-기원전 251년) 때 蜀太守로 있던 李冰과 그의 아들 李郎이 기원전 256년에 灌漑農業을 성공시켜 만든 都江堰(成都 교외 북서쪽 65km 떨어진 곳, 金剛堤)이 있다. 이 불상은 서기 2008년 5월 12일(월) 스촨성(四川省)을 강타한 지진에 파괴되지 않고 살아남았다. 그리고 다행히도 都江堰의 제방과 물

길(賓瓶口) 등 수리시설도 아무런 피해를 받지 않았다.

14. 平遙 고대도시(Ancient City of Ping Yao: 문화, 1997): 서기 1370년(明 洪武 3년)에 磚石石墻으로 만들어진 山西省 平遙県 平遙古城은 전통적인 중국의 전통적인 마을이다. 그리고 청나라 말기 은행이 들어선 경제도시이기도하다. 이 은행은 山西省太原의 祁県을 중심으로 내몽고 包頭까지 활약하던 청나라 말의 喬致庸이 처음으로 고안해 사용하던 것과 관계가 많은 票號이다. 이곳은 중국 성안의 전통적인 도시계획, 건물과 전통예술이 잘 보존되고 있다. 현재 城壁, 재래시장, 古家를 포함해 雙林寺(北齊 武平 2년, 서기 571년 건립), 鎭國寺 萬佛殿(北漢 天會 7년, 서기 963년), 淸虛觀(唐 顯慶 2년, 서기 657년), 文廟大成殿(北漢 天會 7년, 서기 963년), 惠濟橋(淸 康熙 10년, 서기 1671년), 票號인 日升昌(淸 道光 3년, 서기 1823년)도 남아있다.

15. 蘇州 전통정원(Classical Gardens of Suzhou: 문화, 1997): 江蘇省 長江 삼각주에 위치하는 蘇州 園林으로 明代의 것이 272개소, 淸代의 것이 130개소 蘇州古城내에 69곳이 있는데 그중 세계문화유산으로 拙政園, 留園, 網絲園, 環秀山莊, 滄浪亭, 獅子林, 藝圃, 耦園, 退思園의 9개소가 등록되었다. 이것은 세계에서 가장 뛰어난 정원조경으로 불릴 수 있다. 서기 1860년 太平軍, 서기 1863년 촬스 고돈(Charles Gordon)의 常勝軍, 서기 1937년의 日本軍의 침입만 없었더라면 더욱 더 잘 보존되었을 것이다. 이 정원들은 江南園林 중 私家園林으로서 은퇴한 관리나 부자들이 노후를 즐기도록 자신의 邸宅과 亭子에 自然地形을 이용해 造景을 한 것이다. 이곳 소주는 南北朝(서기 220~서기 589년)시대 중 南朝의 晋(서기 317년~서기 418년)나라 때부터 관리들의 퇴직 후 살기 좋은 곳으로 정해졌었다.

16. 麗江 고대마을(Old Town of Lijiang: 문화, 1997): 云南省 麗江古城으로도 불리우며 려강을 끼고 玉龍雪山 밑 해발 2,400m, 3.8㎢의 면적에 자리 잡고 있는 宋(서기 1127년~서기 1279년)나라 때부터 들어선 마을로 象山에서 흘러내리는 강물이 세 줄기로 나누어져 마을 안으로 흘러 들어오는데 이 물줄기를 이용해 물 공급이 원활한 관개시설과 上水路로 잘 이용하고 있다. 마을에는 300여기의 돌다리가 있고 마을 중심에 있는 四方街에는 五花石으로 불리우는 돌로 길을 鋪石해 놓았다. 이

곳에는 漢族, 白族, 藏族 그리고 이 마을의 주인격인 東巴文化(상형문자 포함)의 나시 (納西)族의 문화가 서로 융화되고 있다. 그리고 麗江의 山水는 文人畵의 範本이 되는 중국 최고의 絶景을 이루며 여기에 리장 고대마을을 민속촌으로 이용하고 있는 중국 관광 명승지이다. 明·淸시대에는 茶馬古都란 이름답게 茶 무역으로 부를 축적하였다. 이 무역루트는 云南省(普洱茶·康磚茶를 포함한 차의 교역)에서 티베트[瀾滄江 소금계곡의 鹽井(옌징, 차카룽) 자다촌(현재 納西족이 운영)에서 나오는 紅鹽과 白鹽]를 거치고 네팔-인도를 잇는 누브라 계곡을 건너 멀리 네팔과 인도 잠무 카슈미르 주에 있는 라다크(Ladakh)까지 가는 동아시아 貿易路를 말한다. 현재 元代 世襲 麗江土司 이래 西藏 最高統領인 云南省 納西族의 木氏가 元·明·淸 3조 22대 470年間 사용하던 행정관청(衛署)인 木府(근처 金鑛을 기반으로 하여 번영함)라는 古家를 비롯한 풍부한 민속자료가 있다. 그리고 중국 지폐 20元(圓)의 배면의 배경이 된 이웃 廣西壯族自治區 陽朔縣 일대의 漓江, 桂林, 畵山과 麗江주위의 九馬畵山을 포함한 여러 산과 새로이 발견한 鐘乳洞窟 7-8곳에 대해서는 서기 1637년 明나라 徐弘祖(호는 霞客임, 서기 1587년 1월 5일-서기 1646년 3월 8일)이 쓴 '徐霞客 遊記' 중 麗江紀略과 奧西遊日記(廣西縣의 別稱이 奧西임)에 잘 나타나 있다.

17. **頤和園**(Summer Palace and Imperial Garden in Beijing: 문화, 1998)︰ 北京 16景 중의 하나로 서북부 海淀區에 위치하며 원래 이름은 淸漪園이다. 면적은 2.9㎢이며 그중 3/4인 2.2㎢가 인공호수인 昆明湖이다. 서기 1750년(乾隆 15년, 서기 1711년-서기 1799년 재위)에 건설을 시작하였다. 서기 1860년 아편전쟁 당시 프랑스-영국의 연합군에 의해 약탈당하고 파괴된 것을 西太后(慈禧太后, 서기 1835년 11월 29일-서기 1908년 11월 15일, 同治帝의 생모이며 光緒帝의 큰어머님 겸 이모이다)와 서기 1888년과 서기 1902년에 재건하였다. 전체는 萬壽山과 곤명호로 이루어지고 있으며, 돌로 만들어진 淸晏舫, 東宮門, 人壽殿, 樂壽堂, 長廊, 佛香閣 등의 건물이 있다. 이화원(頤和園)과 같이 北京市 海淀區에 위치하는 宮苑 겸 離宮(The Old Summer Palace)으로는 서기 1709년(康熙 46년)에 짓기 시작하고 서기 1860년(咸豊 10년) 10월 18일 제2차 아편전쟁시 영국파견 지방장관(현 고등판무관)인 엘긴卿(Lord Elgin)의 명에 따라 英-佛 연합군(Grant와

Montauban 장군)에 의해 철저히 파괴된 圓明園(康熙 46년, 서기 1709년-咸豊 10년, 서기 1860년)도 들 수 있다. 이곳에는 현재 圓明三園인 长春园과 绮春园(改称 万春园) 폐허의 흔적이 남아있다.

18. 天壇(Temple of Heaven: 문화, 1998): 천단은 중국 北京市 崇文區 永定門내 위치하며 明·淸代 황제가 豊年祭와 祈雨祭와 같은 제천의식을 행하던 祭壇이다. 넓이는 273만㎡로 紫禁城의 4배이다. 서기 1406년에 시작하여 成祖 永樂 18년인 서기 1420년에 완공되었다. 당시에는 天地壇이라 불렀고 서기 1530년 嘉靖9년 3개의 제단을 추가해 天壇으로 부르게 되었다. 중국의 天人合一的 宇宙觀을 보여주는 대표 예이다. 이곳에의 마지막 제사는 서기 1914년 中華民國 3년 황제를 자처한 遠世凱였다. 이곳에는 祈年殿(높이 38m), 皇穹宇, 三音石, 圓丘壇이 있다. 우리나라에는 高宗 23년(서기 1897년)에 새로이 복원한 圓丘壇(사적 157호)이 전 조선호텔 뒤 정원에 위치하고 있다.

19. 武夷山(Mount Wuyi: 복합, 1999): 福建省 동남쪽 해발 750m의 武夷山은 아열대림지역으로 뛰어난 경관과 생태계 보존지구이다. 여기에는 36개의 봉우리 2개의 평풍절벽, 8개의 고개, 4개의 계곡 9개의 여울, 5개의 물웅덩이, 11개의 골짜기, 72개의 동굴, 13개의 샘이 있으며 모두 수려한 자태를 지니고 있다. 한때 이곳에는 4천 년 전 越族이 살기도 하였지만 특히 이곳은 특히 性理學의 대가인 朱熹(朱子, 서기 1130년-서기 1200년)가 武夷精舍(淳熙 10년, 서기 1183년)에 은거하여 학문을 연구하고 제자를 키우던 곳으로 알려져 있다. 경치가 특히 좋은 곳은 九谷溪를 중심으로 하여 虎嘯岩(康熙46년 서기 1707년 천성선원이 있음), 桃源洞, 南平 茫蕩山(1,363m) 등이 있으며 그 외에도 무이산 시 흥전진 城村 서남에서 서기 1958년에 발굴된 漢城遺址가 있는데 남북 길이 860m, 동서 너비 550m, 총면적 48㎡에 달하는 규모가 크고 대문, 정원, 主殿, 側殿, 산방, 회랑, 천장과 배수로의 배치가 무척 치밀하고 규모가 큰 古城으로 현재 중국국가중점문물보호단위로 지정되어 있다. 武夷宮(천보전, 무이관, 총우관 만년궁으로도 불림, 唐의 天寶년간 서기 742년-서기 745년에 건설), 武夷碑林, 심영낙선사(천심영락암, 明 嘉慶 7년 서기 1528년 재건)도 볼거리에 속한다. 황제에게만 상

납하는 武夷岩茶도 이곳 御茶園에서 재배된다. 그리고 栗谷 李珥는 朱熹를 본 따해주 석담에 은거하여 隱屛精舍를 짓고 武夷九曲歌 대신 孤山九曲歌 짓기도 했다. 尤菴 宋時烈의 華陽九曲, 안동 屛山書院도 모두 이곳 무이산과 관련이 깊다. 이것은 모두 大紅袍를 상징으로 하는 武夷茶(무이산차, 武夷岩茶)가 기반이 되고 있다.

20. 大足 암각화(Dazu Rock Carvings: 문화, 1999): 重慶市서 서쪽 大足縣(唐乾元 서기 758년-서기 760년에 생김)에 있는 대부분 서기 9세기-서기 13세기의 石刻으로 敦煌 莫高窟, 大同 云岡石窟, 洛陽 龍門石窟의 중국 3대 석굴에 이은 4대 磨崖石窟이다. 대족석각이 四川省에 조성된 것은 당나라 安祿山의 난(서기 755년-서기 763년)과 같은 어려움을 피할 수 있는 지리적 조건에 있었다. 대족의 磨崖石刻은 연대가 가장 올라가는 당나라 太宗 貞觀 23년(서기 649년)부터 시작해 五代(서기 907년-서기 922년), 南·北宋을 거쳐 明·淸대까지 造成되었다. 이들은 北山, 寶頂山, 南山, 石篆山, 石門山에 집중되어 있다. 마애조상은 75곳, 彫像은 5만여位, 碑刻題記는 10만자나 된다. 그중 寶頂山 臥佛은 길이 31m이며 그 옆에는 불교의 牧牛圖도 있다. 또 석전산에는 孔子를 主尊으로 하는 儒家彫像이 있는데 다른 곳에서는 볼 수 없는 특징이다. 여기에는 佛敎, 道敎와 儒敎의 조각이 공존하면서 세속화, 민간풍속화, 심미적 정취가 긴밀히 결합되어 있다.

21. 靑城山과 都江堰 용수로/관개 시스템(Mount Qincheng and the Dujiangyan Irrigation System: 문화, 2000): 이 두 유적은 모두 사천성 成都 서쪽 都江堰市에 위치해 있으며 청성산은 도교 18개의 名山 중 第5洞天으로 張道陵이 득도한 道敎의 탄생지 겸 정신적 중심지로 이 고대 사원에서 도교관계 행사가 연이어 벌어진다. 이 산의 뒤로는 蛾眉山(大光名山, 해발 3,099m), 앞에는 川西平原이 있다. 여기에는 建福宮, 上淸宮, 天師洞, 祖師殿 등의 건물이 있다. 이는 서기 14세기-서기 17세기 도교와 관련된 元·明·淸代 건물이 있는 湖北省 鈞縣 武堂山과 비교가 되는 곳이다. 그리고 都江堰 灌漑는 秦昭王(기원전 295년-기원전 251년)時 蜀太守로 있던 李冰과 그의 아들 李郎이 기원전 256년 成都교외 북서쪽 65km 떨어진 곳에 都江堰계획으로 岷江을 막아 둑을 쌓고 水路를 내고 灌漑農業을 성공시켜 그곳에서 나온 잉여생산물을

축적하였는데 여기에서 축적된 잉여생산물을 후일 秦始皇이 인구증가와 戰國時
代를 통일하기위한 軍備로 사용하고 있었다. 이들 부자는 이 治水의 공으로 근처
二王廟(後漢 乾寧 元年 서기 168년경 初築)에 모셔져 숭앙을 받고 있다.

22. 安徽-西遞와 宏村 고대마을(Ancient Villages in Southern Anhui-Xidi and Hongcun:
문화, 2000): 安徽省이 남부 西遞와 宏村 마을은 북송(서기 960년-서기 1127년)에 만들어
져 900년간의 역사를 갖고 있는 중국의 전형적인 농촌마을로 지금은 사라져 없거
나 변형되어가는 거리, 건물, 장식, 용수로, 宏村 汪씨 집성촌의 마을 등 중국역
사의 오랜 定住시기의 농촌의 본 모습을 그대로 간직하고 있다. 지금은 민속촌으
로서 좋은 관광자원이 되고 있다.

23. 龍門石窟(Longmen Grottoes: 문화, 2000): 龍門石窟은 河南省 洛陽의 남부 12.5km
떨어진 용문협곡 동서 두 절벽 사이에 위치하며 甘肅省 敦煌 莫高窟과 山西省 大
同 云岡石窟과 함께 중국 3대 석각예술의 보고로 불리운다. 남북 길이가 약 1km로
현존 석굴이 1300여개, 洞窟龕室이 2,345개, 詩文과 碑石 조각 3,600여점, 佛塔이
50여개, 佛像이 9,700여점이 남아 있다. 그중 北魏(서기 386년-서기 534년) 시기 말에
만들어진 賓陽의 中洞과 古陽洞, 唐(서기 386년-서기 907년) 시기의 奉先寺 불상들이
대표적이다.

24. 明과 淸 시대의 황릉(Imperial Tombs of the Ming and Qing Dynasties: 문화, 2000): 명
제국의 13皇帝陵(초대 朱元璋의 묘인 孝陵은 南京에 있음)으로 長陵(成祖, 서기 1403년-서기
1424)과 定陵(14대 황제 주익균 神宗, 재위기간 서기 1573년-서기 1620년, 부인 孝端皇后와 孝靖皇后
가 같이 묻힘) 서기 1956년 5월-서기 1959년 발굴되어 관람이 가능하다. 정릉의 수
축은 萬歷 13년(서기 1585년) 3월부터로 매일 2-3만 명이 6년 작업하였는데, 은 6백
만량(당시 2년간의 농지세) 투입하였다.

25. 云岡石窟(Yungang Grottoes: 문화, 2001): 山西省 大同 武周山 남쪽 기슭에 위치
하는 석회암의 云岡石窟은 鮮卑의 拓拔部의 北魏(서기 386년-서기 534년) 때인 서기
453년/460년[북위 文成帝 (서기 452년-서기 465년) 興安 2년 또는 和平 1년]경에 시작하여 孝明
帝[正光년(서기 520년-서기 524년)]가 洛陽으로 移都하여 북위의 문화가 완전히 중국화

될 때까지 계속되었다. 즉 이들은 서기 5세기−서기 6세기경에 만들어졌다. 운강
석굴은 河南省 洛陽의 龍門石窟과 甘肅省 敦煌 莫高窟과함께 중국의 3대 석굴로 불
리운다. 현재 252개의 석굴과 51,000개의 佛像이 조각들은 중국화의 시작이며 특
히 曇曜 5굴은 중국불교예술의 경전이 되는 대표적이라 할 수 있다. 이곳은 자연
풍화가 심해 辽나라(서기 1049년−서기 1060년) 때 이 석굴사원을 보호하려 10개의 사
원을 건조하였으나 파괴되고, 淸나라 서기 1651년(世祖, 順治 8년)에는 목조사원과
17개의 불상을 세운 바도 있다.

26. 고대 高句麗 도읍지와 무덤군(Capital Cities and Tombs of the Ancient Goguryo King-
dom: 문화, 2004): 옛 고구려시대의(기원전 37년−서기 668년) 수도인 吉林省 輯安 3개 도
시의 40기의 무덤(14기 왕릉과 26기 貴族陵)군이다. 여기에는 대부분 서기 472년(長壽王
15년) 평양으로 천도하기 이전의 고분군인 요녕성 桓仁 오녀산성, 길림성 集安시
丸都山城과 國內城, 通口고분군, 將軍塚, 太王陵과 好太王碑, 五盔(塊)墳 1−5호, 산
성하 고분군(積石塚)·王子墓, 角抵塚·舞踊塚, 장천 1·2호, 牟 頭婁총(冉牟墓)·서대묘·
千秋墓 등 모두 43건이 위치한다.

27. 마카오 역사중심지(Historic Centre of Macao: 문화, 2005): 廣東省 珠江(Pearl river) 삼
각주 남단에 위치한 澳門歷史城區로 알려진 마카오는 明 嘉靖 35년(서기 1557년) 포
르투갈 상인들이 해적을 소탕한 공로로 명나라 황제로부터 하사받고, 서기 1887
년 포르투갈 식민지, 서기 1951년 포르투갈 海外 州로 되어 총독의 통치를 받았다
가 서기 1999년 12월 20일 422년 만에 중국에 반환하였다. 마카오란 이름은 처음
포르투갈인들이 海神 媽祖閣廟 근처에 많이 살았다고 해서 마조의 발음을 딴 것
으로부터 비롯된다. 澳門과 海島市에는 역사적 거리, 주거, 종교적 포르투갈의 공
공건물, 중국인의 건물(Mandarin's house)들은 東과 西에서부터 받은 미, 문화, 건축
과 기술의 영향을 받아 독특한 분위기를 자아낸다. 이곳에는 당시의 요새(Mount
와 Guia Fortress, 여기에는 중국에서 가장 오래된 등대와 교회가 포함)와 성벽들이 그대로 남아
있다. 그 외에도 상파울루(Ruins of St. Paul, 서기 1640년) 성당과 그 앞의 파도거리로
불리는 세나도(Senado) 광장, 성 아우구스틴(St. Augustin)과 성 요셉(St. Joseph) 교회,

성모 마리아(Nativity of our Lady) 성당, 우리나라 최초의 신부이자 순교자인 김대건 (대건 안드레아, 서기 1821년 8월 21일-기 1846년 9월 16일)이 서기 1837년 6월 7일 마카오에 도착해 신학공부를 했던 성 안토니 성당(Santo Antonio, 서기 1560년에 지어져 화재로 인해 소실, 서기 1930년 재건) 등이 있다.

28. 殷墟 유적지(Yin Xu: 문화, 2006): 고대 商王朝(기원전 1750년-기원전 1100/1046년)시 대의 마지막 수도인 安陽 小屯임(기원전 1388년-기원전 1122년/1046년). 호(亳: 偃師 二里頭: 기원전 1766년)-오(隞 : 이곳은 정주「鄭州」이리강「二里崗」임: 기원전 1562년-기원전 1389년)-안양 (安陽: 기원전 1388년-기원전 1122년의 266년 동안 11 또는 12왕이 재위)의 순서로 도읍이 변천 되었다. 그리고 안양 서북강(西北崗: 후가장「候家莊」)과 대사공촌(大司空村)에 있는 18대 반경(盤庚)에서 28대 제신(帝辛: 상나라 마지막 폭군인 주「紂」왕)에 이르는 현재 남아있는 11기의 왕묘와 또 다른 대규모의 귀족들 무덤에서 보이는 殉葬風習, 靑銅祭器와 藝術에서 보이는 직업의 전문화와 고도의 물질문화, 항토(夯土)라 불리는 판축법 (版築法)으로 지어진 성벽, 사원, 궁전, 무덤과 같은 대규모의 건축, 기술자·노예· 평민·귀족 등에서 보이는 사회계층화와 조직적인 노동력의 이용, 집약-관개농업 과 이에 따른 잉여생산으로 인한 귀족과 상류층의 존재, 반족(半族)이 서로 서로 정권을 교대해서 다스리는 이부체제인 을정(乙丁)제도(이는 族內의 분리로 의례목적상 10 干에 따라 분리되는데, 이들은 甲乙과 丙丁 다시 말하여 乙門과 丁門의 두 개로 크게 나누어 왕권을 교 대로 맡는다) 아울러 河南省 南陽 獨山 및 密県, 辽宁省 鞍山市 岫岩, 甘肅省 酒泉, 陝 西省 藍田 江蘇省 栗陽 小梅岭과 멀리 新疆省 和田에서부터 당시 상류층에서 필요 한 玉과 翡翠의 수입 같은 장거리 무역관계도 형성해나갔던 것 같다. 그리고 이들 무역을 통한 국제관계, 법과 무력의 합법적이고 엄격한 적용과 사용, 천문학과 같은 과학과 청동기에서 보이는 金石文, 卜骨·龜甲과 같은 占卜術 등에서 찾아질 수 있다. 또 상의 사회에서 강력한 부가장제, 도철문(饕餮文)에서 보이는 것과 같 은 부족을 상징하는 토템신앙과 조상숭배 또한 빼놓을 수 없는 문명의 요소이다. 候家莊 또는 西北崗의 북쪽에 商의 후기 수도인 殷에서 살던 왕족을 매장한 커다 란 무덤들이 11기, 그리고 殉葬된 사람이나 동물을 매장한 작은 묘들이1,200여 기

발굴되었다. 그리고 鄭州 근처의 구리와 아연광산을 비롯해 安陽 苗圃, 小屯, 薛家庄에서도 鑄銅유적이 확인되고 있다. 서기 1939년 武官村 西北崗에서 출토한 司母戊方鼎은 높이 133㎝, 장방형의 길이는 110㎝×78㎝로 무게가 875kg(公斤)이나 된다. 이 솥의 표면에 보이는 銘文으로 22대 祖庚이 21대 왕 武丁(또는22대)의 부인이며 어머니 好(母親 戊)를 위해 만든 것으로 되어 있다. 이 솥은 이제까지 발굴된 제일 크고 무게가 나가는 것이다. 여러 무덤에는 부장품으로 이와 같은청동제의 대형 솥(鼎)을 비롯해 도기(白陶), 옥, 상아, 대리석의 조각 등이 다수 포함되어 있는데, 이는 상나라 후기 수도인 殷의 공예기술을 대표한다. 동기와 골각기의 제작소, 두 마리의 말이 끄는 전차를 매장한 車馬坑도 발견되었다. 또 1976년 小屯의 북서쪽에서 약 100m 떨어진 곳에서 발굴된 은허 5호묘(婦好墓)는 상의 21대 무정(武丁) 왕의 왕비 好의 무덤으로 그 속에서 동기 200여 점, 명문이 있는 것 111점, 청동무기 130여 점, 옥기 590여 점, 석제품 70여 점 등 대량의 유물이 쏟아져 나오고, 그녀 자신은 당시 5,000명의 가신을 거느려 상나라 상류층의 권력과 부를 한눈에 보여준다. 지금까지 발견된 약 15만점의 甲骨文 중 90%는 21대 왕 武丁(또는 22대) 때 만들어진 것으로, 占卜의 내용은 건강, 사냥의 허락, 기후의 변화, 제사지낼 대상, 전쟁에 참가여부와 참가할 장수에 이르기까지 상나라 왕실 일상사의 다양한 모습을 보여준다. 그리고 왕은 이러한 占卜/神託으로 미래를 점치고, 조상을 숭배하고(ancestor worship), 우주(신)와 접촉하는데 이용하고 궁극적으로 이를 통해 통치의 정당성을 강조하였다. 발굴에서 나온 유물들의 새로운 검토와 해석은 당시 상나라의 사회상을 밝혀준다. 청동 솥에 담겨져 있는 찜으로 요리되었던 듯한 인간의 두개골은 당시 포로로 잡혀온 四川省의 羌族의 것으로 祭式으로 희생된 食人風習(cannibalism)을 보여준다. 富, 權力과 身分의 상징인 바퀴살 달린 戰車는 남부 러시아-카자흐스탄을 경유해 기원전 1300년-기원전 1200년경 상나라에 들어온 것으로 商의 전투실정에 맞게 3인용으로 변형시켰음도 알 수 있다. 그리고 그는 5호묘(婦好墓)에서 함께 출토하는 양쪽 끝에 방울이 달린 弓형 청동제품은 戰爭時 馬夫가 몸을 戰車에 고정시키고 양손에 무기를 들고 자유롭게 움직이기 위한 '허리 부착구'로 새롭게 해석하고 있다. 따라서 주인공인 婦好는 戰士이자 최초의 여성 馬夫역할도 했던 것으로 추측된다. 상호보완적이고 공생관계에 있는 夏나라의 경우 수도는 왕성강(王城崗)—양성(陽城)—언사 이리두(偃師 二里頭: 亳)의 순으로 옮긴 것으로 추정된다. 그런데 중요한 것은 하남성 언사 이리두(亳) 유적의 경우 1·2층은 하나라시대이고, 그 위의 3·4층은 상나라 것으로 밝혀졌다.

29. **開平 碉樓 및 村落**(Kaiping Diaolou and Villages: 문화, 2007): 廣東省 江門市 管轄 開平市에 위치한 고층 누각(19m 전후)의 촌락들이다. 이 누각은 서양의 고층건물과 중국의 전통양식이 결합한 華僑洋屋으로 불리우며 현재 1,833棟이 남아 있는데 百合鎭 百合墟 馬降龍(淸末—民國元年 서기 1912년), 百合鎭 齊塘村 雁平樓(서기 1912년), 塘口鎭 塘口墟 方氏燈樓(古溪樓, 서기 1920년) 碉樓群, 開平市 中山樓 등이 등재되어 있다. 이들은 明나라 후기 서기 16세기경 水害, 匪賊/馬賊, 후일 日本人들의 의한 피해를 방지하기 위해 만들어지기 시작한 望樓建築物群으로 서기 19세기 미국과 캐나다의 서부개발에 따른 중국 노동자의 移住와 移民 그리고 그들이 고국에 보내온 송금에 의해 계속 만들어지기 시작했으며 서기 1900년—서기 1930년대에 1,648동으로 급속히 증가하게 되었다. 건축 재료는 돌, 版築(夯土/항토), 磚과 콘크리트가 이용되었으며 콘크리트로 지어진 것이 많다.

30. **福建省 土樓**(Fugian Tulou: 문화, 2008): 복건성 토루는 현재 46개로 臺灣海峽 내륙 복건성 남부 120㎞의 길이에 서기 15세기—서기 20세기에 지어진 것이다. 벼, 차, 담배 밭으로 둘러싸인 토루는 흙으로 지어 요새화된 성채와 같은 집이다. 4-5층 높이의 건물은 안쪽으로 향해 약 800여 명 정도가 살 수 있도록 지어졌고 원형(圓樓), 방형(方樓)의 평면을 갖고 있다. 內庭을 갖고 밖은 두터운 진흙 벽으로 쌓고 지붕을 받친 요새의 형태를 갖춘 방어용의 주거이다. 한 씨족전체가 그 안에서 살기 때문에 '가족용 왕궁', 또는 '시끄러운 소규모의 도시'로도 불리운다. 이들은 중국 다른 곳에서 볼 수 없는 예외적인 건물로 전통, 집단과 방어조직, 환경과 조화를 이룬 인간의 거주 등이 특징이 있다. 福建土樓(大型生土建築)는 客家土樓와 閩南土樓의 두 가지 형식으로 대별되고 客家土樓에서는 五鳳樓, 通廊式土樓, 單元

式土樓로 나누어진다. 이들은 주로 華安, 南靖, 平和, 詔安, 雲霄, 漳浦, 安溪, 南安, 閩南에 분포하는데 永定県 古竹乡 高北村과 平和県 蘆溪乡 蘆峰村이 중심이 된다. 잘 알려진 토루로는 初溪土樓群(서기 1419년), 振成樓(서기 1912년), 高北土樓群 중 承啓樓(서기 1709년), 田螺坑土樓群(서기 1796년), 裕昌樓(서기 1308년), 二宜樓(서기 1770년) 등이다. 직경도 62.6-73m, 층수도 4-5층, 방도 53-288여 개, 넓이도 5,376㎡ 전후로 다양하다.

31. 五台山(Mount Wutai: 문화, 2009): 山西省 忻州 五台県에 있는 불교의 聖山으로 정상에 평탄하게 난 葉斗峰, 望海峰, 錦秀峰, 桂月峰, 翠石峰의 5개의 봉우리 때문에 五台山으로 부른다. 山西省 五台山은 四川 蛾眉山, 浙江 寶陀山, 安徽 九華山과 더불어 중국 불교 4대 名山으로 불린다. 봉우리 주위 五台鎮에 있는 顯通寺가 가장 오래된 절로 東漢 永平 明帝(서기 58년-서기 75년)년간의 서기 1세기경에 지어졌다. 佛光寺 大佛殿(唐나라의 목조건물로 가장 높다), 五百羅漢像 높이 9m의 文殊菩薩像을 안치한 五台山 최대의 殊像寺(明) 大雄寶殿 등이 잘 알려져 있다. 南山寺(元)는 极樂寺, 善德堂와 佑國寺의 세 부분으로 구성되어 있다. 그 외에도 集福寺, 碧山寺, 圓照寺, 鎭海寺, 竹林寺, 龍泉寺 등 서기 1세기에서 서기 20세기까지 53개의 절로 들어서 있다. 이곳에서 塔阮寺의 白塔과 輪藏台, 顯通寺의 銅殿, 文殊寺 千鉢文殊菩薩像, 殊像寺의 瑞相天成, 羅侯寺의 木蓮, 龍觀寺 白大理石製入口를 五台七寶로 들기도 한다.

32. 天地之中 登封의 역사기념물(Historic Monument of Dengfeng in center of Heaven and Earth: 문화, 2010): 중국 허난성(河南省, 하남성) 덩펑시(登封市) 북쪽에 있으며 夏나라(기원전 2200년-기원전 1750년)의 왕성강(王城崗)-양성(陽城)-언사 이리두(偃師 二里頭: 亳) 세 수도 중 양성이 위치하였다. 그리고 泰山(東岳), 華山(西岳), 衡山(南岳), 恒山(北岳), 崇山(中岳)의 중국의 五岳 중 중악(中岳)으로 중악산[中岳山, 동서길이는 60㎞, 높이 1,512m의 위자이산(御寨山)이 최고봉]이 자리 잡고 있다. 崇山은 모두 72개의 산봉으로 이루어져 있으며 예로부터 외방산(外方山), 태실산(太室山), 숭고산(嵩高山) 등 많은 별칭이 있었다. 산중에는 세 첨봉이 있는데 중간을 준극봉(峻極峰), 동쪽을 태실봉(太

室峰), 서쪽을 소실봉(少室峰)이라고 한다. 당(唐)나라 때인 서기 688년에 신악(神嶽)으로 지정되었다. 또한 남북조(南北朝)시대부터 종교와 문화의 중심지로 유명하였다. 산중에는 佛敎, 道敎와 儒敎의 수업도량(修業道場)이 많다. 그중 소림봉 북쪽 기슭에 있는 巫術로 알려져 있는 佛敎의 소림사(少林寺)는 北魏 太和 19년(孝文帝 19년, 서기 495년) 선종(禪宗)의 시조 달마대사(達磨大師)가 세웠다고 알려져 있다. 태실봉 서쪽 기슭의 숭악사(嵩岳寺)는 수당(隋唐)시대에 북종선(北宗禪)의 중심이었던 절로 송악사탑(嵩岳寺塔)은 12각 15층 높이 40m이며 북위(北魏) 正光 원년(孝明帝, 서기 520) 때의 것으로 중국에 현존하는 최고(最古)의 탑이다. 문화유적으로는 道敎의 중악묘(中岳廟), 한(漢)나라 때의 숭산삼관(嵩山三闕), 儒敎의 숭양서원(嵩陽書院, 북위 서기 484년에 세워졌으며 宋 仁宗 景祐 2년 서기 1035년부터 유교서원으로 됨. 理學/性理學이 유명함), 周公測景臺, 관성대(觀星臺, 元대, 높이 9.46m), 파왕사(法王寺) 등이 있다. 이곳은 도교, 불교와 유교의 역사 건축물이 모여있는 곳으로 中國古代宇宙觀, 天文槪念이 王權과의 결합하였으며 이들이 과거 1,500년간 중국의 예술, 종교과학에 막대한 영향을 끼쳐왔다.

33. **杭州 西湖의 문화경관**(West Lake Cultural Ladnscape of Hangzhou: 문화, 2011): 서호는 담수호로, 각각 소제(苏堤), 백제(白堤), 양공제(杨公堤)의 3개 제방으로 분리되어 있는데 浙江省 杭州市 西湖의 문화경관은 서기 9세기 이래 많은 文人과 詩人의 찬사를 받아왔다. 여기에는 많은 亭子, 寺刹, 庭園이 있으며 대표적인 것은 淨慈寺, 靈隱寺, 保俶塔, 岳王廟(악비의 묘), 蘇小小墓, 龙井茶園, 武松墓 등이다.

서호 10경은 소제춘효(蘇堤春曉), 곡원풍하(曲院風荷), 평호추월(平湖秋月), 단교잔설(斷橋殘雪; 민간 설화 白蛇傳의 배경), 뇌봉석조(雷峰夕照), 쌍봉삽운(雙峰揷雲), 유랑만앵(柳浪聞鶯), 화항관어(花港觀魚), 삼담인월(三潭印月), 남병만종(南屏晚鐘)이다.

서기 1984년 항주일보에서 신서호십경 선정 작업을 했는데, 이들은 운서죽경(云栖竹径), 만룡계우(满陇桂雨), 호포몽천(虎跑梦泉), 용정문차(龙井问茶), 구계연수(九溪烟树), 오산천풍(吴山天风), 완돈환벽(阮墩环碧), 황룡토취(黄龙吐翠), 옥황비운(玉皇飞云), 보석류하(宝石流霞)이다.

그리고 서기 2007년 저장성 항주에서 열린 제9회 중국항주서호박람회 개막식에서 항주시위 왕국평 서기가 중국에서 역대 세 번째로 선정한 "신서호십경(新西湖十景)"은 영은선종(灵隐禅踪); 영은사, 육화청도(六和听涛); 육화탑, 악묘서하(岳墓栖霞); 악왕묘, 호빈청우(湖滨晴雨); 호빈로, 전사표충(钱祠表忠), 만송서연(万松书缘), 양제경행(杨堤景行), 삼대운수(三台云水), 매오춘조(梅坞春早), 북가몽심(北街梦寻)이다.

34. 上都(The Site of Xanadu/Šanadu: 문화, 2012): 현 内蒙古自治区 锡林 郭勒盟正蓝旗(锡林 上都市郭) 东北 正蓝旗 东쪽 약 20km 떨어진 闪电河 北岸(多伦県 西北 闪电 河畔) 蒙古 元나라(서기 1206년-서기 1368년)의 草原경관과 환경이 독특한 원나라의 上都로 別名은 夏都이다. 上都地区에는 金나라(서기 1115년-서기 1234년) 때 金莲川地區 혹은 凉陉으로 景明宮이 있었으며 金나라 때부터 皇帝의 피서 지역이었다. 서기 1259年 蒙哥가 죽은 그 다음 해 忽必烈(Kublai/Qubilai Khan, 元世祖, 서기 1215년 9월 23일-서기 1294년 2월 18일, 서기 1260년-서기 1294년 재위)이 开平에서 大汗으로 즉위했다. 당시 몽고의 도성은 哈刺和林에 있었다. 忽必烈이 僧子聪(刘秉忠)에 명해 桓州 동쪽, 滦水(현 闪电河/金莲川, 옛 濡水) 북쪽에 新城을 축조하여 开平府(内蒙古 正蓝旗 金川草原 闪电河北岸, 正蓝旗 및 多伦县附近一带)로 삼고 藩邸로 삼아 천도하였다. 中统 4年(서기 1263년) 开平府를 上都로 격상시켰다. 至元 元年(서기 1264년) 燕京[현 北京, 金나라의 中都를 점령하여, 燕京으로 개칭하고, 燕京路总管府를 설치, 至元 九年(서기 1272年) 大都로 고쳐 首都로 삼음]을 中都로 개칭하였다가 9年에 中都를 다시 大都로 정해 都城으로 삼았으며 대신 上都를 매년 4월 황제가 피서를 가서 8·9월 가을에 대도로 돌아오는 피서를 지내는 夏都로 만들었다. 元나라 末 농민(紅巾賊)들이 반란을 일으켜 至正 18年(서기 1358년) 12月 上都를 공격하고 宮闕을 파괴하였다. 明(서기 1368년-서기 1644년)나라 초 조정에서 开平卫를 설립하고 宣宗(서기 1426년-서기 1435년) 때 独石口(河北省 沽源県 独石口)로 옮긴 후 그대로 남겨두어 황폐된 채로 오늘에 이르렀다. 현재의 上都의 遺址는 25,000ha로 版築의 외성(둘레 9km, 동서 2.05km, 남북 2.115km, 북에 2, 서와 남쪽에 각 1대문이 있음), 그 안에 3중의 내성(남북 장 620m, 동서 폭 570m), 궁성, 사원(大龍光華嚴寺, 乾元寺), 楼台, 亭閣台基, 城内水利工程, 祭祀터와 무덤 등이 남아있으며, 몽고유목민, 티베트 불교와 漢나라의 문화를 융합한 독특한 문화경관과 铁幡竿 渠在内의 水利工

내몽고 호화호트(呼和浩特) 王墻의 묘(왕소군, 필자 촬영)

程(Tiefan'gang canal) 주변의 風水를 보여준다. 이곳은 内蒙古文物考古研究所에서 서기 2009年에 시작하여 서기 2011년까지 面积 8,000㎢의 발굴조사를 마쳤다.

35. 紅河 哈尼族(Hāní Zú)의 계단상 쌀 경작지(梯田) 문화경관(Cultural Landscape of Honghe Hani Rice Terraces: 문화, 2013): 哀牢山 哈尼族의 계단상의 논(梯田)은 云南省 紅河區 元陽県에 위치한다. 이 문화경관은 구릉 위에 위치한 숲 아래 울타리로 둘려진 마을과 계단상의 논(梯田) 아래 물을 대는 紅河수로체계(水溶耕作)도 포함한다. 紅河 哈尼族의 계단상의 논은 13,190㏊, 완충지대는 14,810㏊의 넓이를 차지한다. 이곳은 쌀 재배문화를 보여주는 전통적인 농촌 풍경이다. 이곳은 두 가지 체계로 이루어진다. 첫 번째 체계는 구릉 위의 숲, 계단상의 논, 논 양쪽에 형성된 마을과 산 아래의 수로체계를 포함하는 독특하고도 통합된 생태계를 형성한다. 구릉 정상의 숲은 물을 저장하고 있다. 구릉 정상의 숲에 저장된 水資源을 이용하기 위해 물이 차 있는 구릉 위의 계단상 논은 여러 군데에 인공적으로 조성한 습지나 소택지와 함께 벼도 자라고 물속에서도 서식할 수 있는 동·식물들도 함께 살도록 공존체계를 갖추었다. 이는 수 백 명의 하니족 이웃에 살고 있는 먀오족(苗族 Miáo

Zú), 이족(彝族 Yí Zú), 야오족(瑤族 Yáo Zú), 리족(黎族 Lí Zú), 다이족(傣族 Dǎi Zú), 좡족(壯族 Zhuàng Zú)과 같은 다른 민족들도 그런 방식을 택해 생활을 영위해 나간다. 오랜 기간 동안 이 지역에 살던 사람들은 농사에 알맞은 여러 종류의 벼를 재배해왔으며 한때는 천여 종이 넘고 오늘날에도 전통적인 벼 품종의 개량에 따라 수십 가지의 벼를 재배하고 있다. 이는 稻作文化와 식량의 보존에 무척 중요하다. 두 번째의 체계는 마을, 주거, 생산을 위한 건물, 마을의 보호수, 관개 작업, 돌로 만든 이정표 등의 有形의 문화적 전통과 口傳으로 내려오는 전통적 생산과 생활방식, 습관, 축제행위, 지식체계와 같은 無形의 문화전통도 포함한다. 하니족의 전통에 따르면 45세대 동안 계속해서 보존되어 온 물을 生活用水 및 農業用水로 분배하는 水分石(Water Dividing Stone)은 현재 坝达景区 중 全福庄에 남아 있는데 그 역사는 하니족이 이곳에 처음으로 정착하던 唐나라 때까지 거슬러 올라간다고 한다. 그 기록은 唐 樊綽 撰 蠻書에 나와 있으며 明나라 徐光啟(서기 1562년 4월 24일-서기 1633년 11월 18일)는 農政全書에서 梯田에 관한 구체적인 정의를 내리기도 하였다. 그러나 서기 1840년 이후 중국 사회는 큰 변화를 겪었지만 전통적인 삶에는 영향이 미미하여 오늘날까지 당시의 생활방식이 유지되어오고 있다. 중국과 비슷한 세계문화유산으로는 필리핀의 루손(Luzon) 섬에 살던 이푸가오(Ifugao) 족들이 과거 2,000년 동안 해발 1,500m에 이른 코르디에라스 산맥의 높은 구릉을 깎아 계단식(terrace) 농지를 만들어 二毛作의 집약농경으로 벼농사를 해오던 곳으로 전통가옥, 벼농사와 관련된 닭을 잡아 피를 바치는 의례와 농사에 필요한 물을 저장하는 삼림을 보호하는 친환경적 삶의 모습이 유지되고 있는 계단식 벼 경작지인 코르디에라스(Rice Terraces of the Philippines Cordilleras)를 들 수 있다.

짐바브웨 ZIMBABWE

1. 카미 유적(Khami Ruins National Monument: 문화, 1986): 大짐바브웨가 서기 1550년경 사라진 이후 서기 1450년-서기 1650년 사이에 성장한 카미 유적은 고고학상 무척 흥미있다. 이곳에서 발굴된 유럽 스페인의 銀製그릇과 중국 明나라의 도자

기 유물들은 이곳이 장기간 무역을 해왔다는 것을 알려준다. 그리고 왕과 일반사람들이 사는 구역이 구분이 되어 있다는 것은 계급사회가 뚜렷한 왕국이었음을 보여준다. 이곳은 마타벨레란드(Matabeleland) 주의 수도인 불라와요(Bulawayo)에서 서쪽으로 22㎞ 떨어진 곳에 위치하며, 한때는 부투아(Butua) 왕국의 수도였다.

2. 大짐바브웨 유적(Great Zimbabwe National Monument: 문화, 1986): 아프리카의 동남쪽 짐바브웨(Zimbabwe, 이웃 Rhodesia는 영국인 Cecil Rhodes가 서기 1965년 짐바브웨에서 분리·독립)의 '위대한 돌집'(Great Zimbabwe)은 회반죽을 쓰지 않고 100acre의 넓이에 오직 돌로 축조한 높이 약 9.6m에 이르는 벽과 좁은 迷路, 타원형의 건물, 원추형의 탑, 갈매기(chevron) 모양의 壁龕과 수많은 방을 포함하는 석조 건조물이 들어섰는데 이곳이 王의 집, 신성한 종교의식과 산업의 중심지의 기능을 갖추었던 것으로 보인다. 그 외에 金版, 銅塊, 보석, 목제 조각물, 중국제 도자기와 시리아제의 유리도 발견되었다. 또 滑石으로 조각된 강인한 다리를 가진 鳥像이 기둥 꼭대기에서 여러 점 발견되었는데 이는 오늘날 짐바브웨 국가의 상징물로 되었다. 이곳은 서기 1270년－서기 1550년경 인도양을 건너 인도와 아라비아와 같은 이슬람 문화권과 교역하던 왕국으로 볼 수 있다. 이곳은 반투(Bantu) 족과 관련되며 전설상 시바 여왕 시대의 수도라고도 전해진다. 이 다음에 카미(Khami) 문화가 나타난다.

3. 매토보 언덕(Matobo Hills: 문화, 2003): 이곳은 짐바브웨 남서쪽 불라와요(Bulawayo) 남쪽 35㎞ 떨어진 424㎢ 넓이의 국립공원에 속해 있다. 이곳은 습기와 바위가 많은 화강암 언덕 위에 자연적으로 형성된 동굴주거가 많이 있어 연대가 가장 올라가는 고고학적 유물은 30만 년 전까지도 가능하나 대개 13,000년 전 후기 구석기시대부터 철기시대에 이르며 당시의 사람들이 환경에 적응하기에 불편하지 않았다. 그래서 장기간에 걸쳐 계속 주거로 이용되어오던 동굴 700여 곳에서 2만점 넘는 岩壁畵(rock painting)가 발견되며 지금도 이곳은 神託의 신 므왈리(Mwali)를 숭배하는 사원이나 신성한 장소로 이용되는 전통·사회·경제 행위의 중요한 장소이다. 그리고 2,000년 전 다른 곳으로 이주한 산(San, Bushmen) 족과도 관련이 많은 이 암벽화의 주제는 사냥과 채집이며 묘사된 동물은 코끼리, 기린, 혹 산돼

지, 몽구스 등이다. 암벽화가 있는 곳은 봄바타(Bombata, 코끼리, 기린, 흑 산돼지 등이 묘사된 주요한 동굴벽화 유적), 이나케(Inake, 철기시대 爐址가 나옴), 느스와투기(Nswatugi, 코끼리, 기린 등의 벽화가 있음), 프로몽구웨(Promongwe, 39,032점의 석기가 출토하고 연대도 30만 년 전으로 올라감) 동굴과 흰 무소(White Rhino) 岩陰주거 등이다.

체코 CZECH REPUBLIC

1. 프라하 역사지구(Historic Centre of Prague: 문화, 1992): 서기 11세기−서기 18세기에 건립된 구도시, 작은 도시, 신도시(Old town, Lesser town, New town)의 중세부터 내려오는 오래된 건축물로 대부분 서기 14세기 신성로마제국 촬스 4세(Holy Roman Empire, Charles IV) 때 지은 흐라드챠니(Hradčany) 성, 성안에 성 비투스 성당[Saint Vitus' Cathedral(Czech: Katedrála svatého Víta)], 궁전과 촬스 다리가 있다. 이 성당은 서기 10세기 통치하고 현재에도 외부의 공격이 있을 때 백마를 타고와 체코를 지켜주는 수호신으로 여겨지고 있는 바츠라프(Václav) 왕의 墓所 위에 600년 만에 지어지고 주교가 왕의 머리를 이곳에 옮겨왔다고 하는 곳으로 고딕양식으로 지어졌다. 또 이곳 제단 위에는 서기 14세기에 통치하고 오늘날의 프라하와 이 성당의 건설을 명령했던 촬스 4세[Charles IV(Czech: Karel IV, German: Karl IV, Latin: Carolus IV); 서기 1316년 5월 14일−서기 1378년 11월 29일, Wenceslaus(Václav)에서 태어나서, Bohemia의 두 번째 왕 겸 신성로마제국의 황제였다]의 像 등이 있다. 흐라드챠니 성은 길이 570m, 폭 130m로 성안에는 궁전과 서기 1378년 11월 29일 죽은 촬스 4세의 석관이 안치되고 체코의 아트 누보(Art Nouveau) 화가인 알폰소 무차(Alfons Mucha)가 그린 착색유리(stained glass)가 눈길을 끄는 고딕양식의 성 비투스 성당이 있다. 현재 이 궁전은 '프라하의 봄'을 주도했던 바츠라프 하벨(Václav Havel) 대통령 때부터 다시 대통령궁으로 이용되어 오고 있다.

2. 체스키 크루믈로프 역사센터(Historic Center of Céský Krumlov: 문화, 1992): 보헤미아 지역 무역의 중요한 루트인 블타바(Vltava) 강뚝 서기 13세기에 처음 건립되어 고딕, 르네상스, 바로크 양식의 성으로 이어지는 5세기 이상 평화로운 進化·發展

덕으로 처음 만들어질 때부터의 아름다운 건축, 옛 마을의 예술, 성 비투스 성당 (Saint Vitus' Cathedral), 프로보카 성, 쿠루믈로프(Krumlov) 성의 건축유산이 고스라니 남아있는 뛰어난 쿠루믈로프 公國 領地였던 중세의 도시이다. 서기 1938년-서기 1945년 나치 하에 수데텐란드(Sudetenland)의 일부가 되었으나 2차 대전이 끝난 후 독일어 하는 사람들은 모두 쫓겨나고 이 지역도 체코로 복귀되었다. 이 지역은 금광을 바탕으로 부흥했었으며 금이 풍부했던 탓인지 당시 성주 겸 요한 안톤 1세(Johan Anton I von Eggenberg, 서기 1610년-서기 1649년) 公이 합스부르크 페르디난드 3세의 요청으로 로마 바티간 우르반 8세(Pope Urban VIII)를 알현하기 위해 서기 1638년 3월 21일 로마로 출발했다가 귀국길에 페르디난트 3세에게 바칠 선물용으로 로마의 장인 쥬세프 휘오니치(Jusepp Hionichi)에게 의뢰하여 호두나무에 금도금과 은장식을 하여 만든 황금마차(Golden carriage)는 남쪽 보헤미아의 귀족가문이면서, 쿠루믈로프와 로젠베르크[장미문장으로 상징되는 Rozmbserk, Rosenbergs, 빌리엄 로젠베르크/Wilhelm von Rosenberg/Rotenberg(서기 1536년-서기 1592년)가 시조임] 영주의 성채 겸 집이였던 현재 박물관에 서기 1674년 이후 전시되어 있다.

3. **텔치 역사센터**(Historic Centre of Telč: 문화, 1992): 비소치나 지구 중세시대 도시계획으로 구획된 텔치 도시의 집들로 처음에는 목조 가옥이었으나 서기 14세기 경화재 이후 석재로 재건립하였으며 성벽을 돌리고 또 일련의 인공적인 연못을 파 성과 도시 주거의 강화에 힘썼다. 이 고딕의 도시는 서기 15세기 말 High Gothic 양식(서기 1195년-서기 1350년 고전적 고딕건축양식이 가장 발달할 때의 양식)으로 지어졌다. 그래서 시장, 광장과 성은 매우 높게 지어졌다. 삼각형태의 시장과 광장은 정면이 매우 화사한 집들과 조화를 이루고 있다.

4. **젤레나 호라의 성 요한 순례교회**(The Pilgrimage Church of St. John Nepomuk at Zelená Hora: 문화, 1994): 모라비아 주 남쪽 즈다 나드 사자보(Žďár nad Sázavou)에서 멀지 않은 곳에 위치한 서기 1393년에 죽은 순교자 성 요한 네포무크를 기념하는 순례 교회(Kostel sv. Jana Nepomuckého)로 서기 1769년에 체코-이탈리아의 건축가 얀 브라제이 산티니 아이치(Jan Blazej Santini Aichi)에 의해 바로크와 신 고딕 사이의 건물 양

식으로 건립되었는데, 이 교회/수도원 안에 예배당이 있으며 평면구조는 10각의
별 모양을 하고 있다.

5. 쿠트나 호라 역사도시(Kutná Hora—the Historical Town Centre with the church of Saint
Barbara and the Cathedral of our Lady at Sedlec: 문화, 1995): 쿠트나 호라(독일어로 Kuttenberg
로도 불림)와 이웃 세드렉(Sedlec) 시에는 두 곳의 세계문화유산이 등재되어 있는데
하나는 쿠트나 호라 역사도시로 여기에는 서기 1388년에 고딕 양식으로 짓기 시
작한 本堂이 다섯 개가 있는 성 바바라 교회(Kostel Svaté Barbory)와 이전 왕족의 저
택인 이탈리아 풍의 궁전(Vlašský dvůr)과 鑄造所가 있다. 고딕으로 된 돌집은 서기
1902년 이후 박물관으로 이용되고 있으며 이 지방에 관한 중요한 고문서를 보관
하고 있다. 이곳은 銀鑛이 있어 이를 바탕으로 이 도시는 프라하와 경쟁할 정도
로 번영을 누리고 있었으며 주조소는 서기 1547년에 문을 닫았다. 86m의 탑이 있
는 성 제임스 교회(Kostel sv. Jakuba)는 고딕 양식으로 지어진 건물이다. 그 외에도
우루술린 교회(Church of Ursuline Convent, Kostel KlášteraVoršilek), 예수회 대학(Jesuit Col-
lege, Jezuitská kolej), 마리아의 圓柱(Marian column, Morový sloup)가 있다. 그리고 이웃
세드렉 시에는 성모마리아 성당(Cathedral of Our Lady, Chrám Nanebevzetí Pany Marie)
이 있는데 이곳은 사람의 人骨(Sedlec ossuary, Bone church, Kostnice Sedlec)로 장식한
여러 형태가 유명하다. 이 교회는 서기 13세기 세드렉 수도원의 대주교 진드리치
(Jindřich)가 팔레스타인에 갔다가 그곳의 흙을 한줌 가져와 이곳 올 세인트(All Saint)
교회 주변에 있는 공동묘지에 뿌리고, 그 후 공동묘지를 이용한 사람의 수가 늘
어 묘소의 부족으로 묘지를 파헤쳐 인골만 따로 이곳 교회에 보관하고 있는데 모
두 4만 명분이 넘는다. 인골도 샹델리어(chandelier), 십자가, 종, 聖餐杯, 벽장식,
왕관 등의 형태로 장식해 놓았다. 이 도시는 서기 1142년에 건립되었으나, 합스
브르그와 부르봉 왕가의 대립인 30년 전쟁(서기 1618년—서기 1648년), 세계제1차대전
등을 거치면서 도시의 소유가 여러 번 바뀌는 정치적 혼란을 겪었다. 이는 서기
13세기—서기 16세기 이곳에 있는 銀鑛개발과 소유권 문제와도 관련이 있다.

6. 레드니스-발티스 문화경관(The Lednice-Valtice Cultural Landscape: 문화, 1996): 서기

17세기-서기 20세기 리히텐슈타인(Liechtenstein)의 소국을 다스리는 公爵은 모라비아(Moravia) 남쪽 브레클레이 지구의 자기 영토를 인공적으로 아름다운 경관을 꾸며 놓았는데 이는 요한 베른하르드 피셔(Johann Bernhard Fisher)의 설계와 작업에 의존해 200㎢ 넓이의 레드니체(Lednice)와 발티체(Valtice) 성들의 바로크양식 건물을 영국식의 낭만적인 정원 양식을 가진 고전과 신 고딕양식으로 바꾸어 놓았다. 이는 유럽에서 인공정원으로 만들어진 것 중 규모가 가장 크다.

7. **홀라소비체 역사마을 보존지구**(Holašovice Historic Village Reservation: 문화, 1998): 중세시대의 평면구조를 그대로 간직하고 있는 서기 18세기-서기 19세기의 중앙 유럽의 전통적인 민속촌으로 보헤미아 남부의 특징을 지닌 'South Bohemian Folk' 혹은 '지방 바로크' 양식을 간직하고 있다. 세계제2차대전 후 황폐하게 버려졌다가 서기 1990년 복원되고 사람이 다시 들어와 살기 시작하였다.

8. **크로메리즈의 정원과 성**(Garden and Castle at Kroměříž: 문화, 1998): 즈린 지구 모라비아 중앙지역을 관통하는 크리비 산맥의 산록의 옛날 조그만 개울이 있던 곳에 위치한 크로메리즈의 정원과 성은 귀족의 화려한 저택과 정원이 조화를 이루고 현재에도 잘 보존되고 있다. 이것은 피리베르토 루체세(Filiberto Lucchese)의 설계, 지오바니 피에르토 텐칼라(Giovanni Pietro Tencalla)의 施工과 서기 1644년 이래 올로모크(Olomouc)의 대주교인 카렐 리히텐슈타인 카스텔콘(Karel Lichtenstein-Castelcorn) 백작의 후원에 의해서였다.

9. **리토미슬 성**(Litomyšl Castle: 문화, 1999): 르네상스 시대 서기 1568년-서기 1581년에 지어진 이탈리아 풍의 상점이 있는 성으로 체코에서 번안하였다. 귀족가문의 페른스타인(Pernstejn)이 본래 중세시대의 건물을 르네상스식으로 개조하였고 서기 18세기 후반기에 내부를 복원하였으나 본래 모습의 정면과 벽의 장식이 잘 남아있다.

10. **올로모크의 삼위일체 석주**(Holy Trinity Column in Olomouc: 문화, 2000): 올로모크 시 광장 가운데에 있는 三位一體 石柱는 로마가톨릭교회의 권위를 찬양하기 위해 서기 1717년 만들기 시작했으나 서기 1754년에나 완공되었다. 높이 35m이다. 이

석주를 설계하고 거의 자기부담으로 만든 석공 벤젤 렌드너(Venzel Redner)에 의해 시공되었으나 마치지 못하고 서기 1733년에 죽었다. 조각가 온드레이 자너(Ondrej Zahner)가 18개의 조각, 9개의 부조를 채워 넣어 완공하였다. 이 석주는 바로크 양식의 석주로 유럽 초기 바로크 풍의 정점을 이루는 기념석주(石柱)로 후일 삼위일체 석주로 바뀌었다.

11. 브르노 지역의 투겐트하트 집(Tugendhat Villa in Brno: 문화, 2001): '투겐트하트의 자(Tugendhat chair)'라는 별칭을 갖고 있는 투겐트하트 집은 독일 건축가 미스 반 데어 로에(Mies van der Rohe)가 서기 1930년 브르노 섬유공장주인 프리츠 투겐트하트 (Fritz Tugendhat)를 위하여 설계한 저택으로 콘크리트와 강철을 사용해 만들었다. 외벽은 하얗게 칠하였고 거실의 내벽은 아틀라스(Atlas) 산맥에서 채취한 줄마노로 판벽을 붙였다. 집은 규칙적으로 물을 뿌려 축축하게 하고 중앙남방과 냉방장치를 갖추었다.

12. 트레빅의 유대인지구와 성 프로코피오 교회(The Jewish Quarter and St. Procopius' Basilica in Třebíč: 문화, 2003): 비소시나 지구 트레빅 시에 위치한 중세에서 세계제2차대전까지의 유태인문화와 기독교문화가 공존한 중앙유럽의 대표적인 예이다. 유태인 지구에는 교회(synagogues), 학교, 병원, 내부 식구에 따라 분리되는 몇 사람 소유의 콘도미니엄 양식의 집, 4,000개의 비석이 남아있는 공동묘지가 있다. 이곳에 살던 유대인은 세계제2차대전 중 독일인들에 의해 강제 疏開되었으나 전쟁이 끝난 후에 한 사람도 돌아오지 못하였다. 이는 아마도 Holocaust(全燔祭) 때문이었을 것이다. 기독교 지구의 성 프로코피오 성당은 베네디트파 수도원으로 서기 13세기에 화강암과 사암으로 지어졌고 로마네스크와 초기 고딕양식을 갖고 있다. 이 성당의 존재는 주위의 시장을 활성화하고 특히 유대인의 상행위를 도왔을 것이다.

칠레 CHILE

1. 라파 누이 국립공원(Rapa Nui National Park: 문화, 1995): 세계의 배꼽이라 불리우

는 Easter Island[서기 1722년 부활절 날 네덜란드인 선장 로게벤(JacobRoggeveen)에 의해 발견되어 이름지어짐]의 토착어인 라파 누이(Rapa Nui, Aku-aku 섬, 길이 24.6㎞, 최대 폭 12.3㎞, 해발 507m) 국립공원은 라노 라라쿠(Rano Raraku, 모아이 석상을 만드는 응회암이 나오는 채석장으로 서기 7-서기 17세기에 이용되었으며 지금도 미완성인 석상이 300여개 남아있으며 가장 큰 것은 22m나 된다)와 라노 카우(Rano Kau, 서기 1640년 이후의 채석장) 두 개의 분화구를 가진 71.3㎢의 화산암(현무암)으로 전 세계에서 비교할 수 없는 매우 독특한 문화 현상을 지니고 있다.

서기 700년-서기 1100년경[고고학자 테리 헌트(Terry Hunt)와 칼 리포(Carl Lipo)는 이보다 늦은 서기 1200년경 정착으로 생각함] 미크로네시아 3,200㎞ 떨어진 마르케사스(Marquesas) 섬이나 2,600㎞ 떨어진 감비어(Gambier)에서부터 이곳에 정착한 라파 누이의 사회는 외부로부터 영향을 전혀 받지 않은 강인하고 토착적인 石像(모아이)을 제작하고 제단/신전(아후, 그 아래는 洞空으로 納骨堂임)을 세우는 것으로 알려져 있다. 모아이(moai)라 불리우는 석상이 현재 887개가 남아있으며 이들을 모신 아후라는 제단도 120여개소 남아있다. 대표적인 것은 북쪽의 나우나우 아후와 남쪽의 룽가 아후가 대표적이다. 석상은 거의 대부분 내륙을 향하고 있다.

석상들은 서기 10세기-서기 16세기에 만들어졌으며 전 세계에서 비교할 수 없는 문화적 조경을 지닌 독특한 것이다. 최근 이스터(아쿠-아쿠) 섬에 대한 연구가 활발하다. 이곳에 살던 부족들이 가뭄과 과도한 석상의 제작과 이들의 운반에 대한 나무의 필요로 인한 라파 누이 종려나무(Rapa Nui Palm, 당시 13종이 있었음이 확인됨) 자원의 벌목으로 인한 고갈, 이에 따른 식량의 부족으로 벌어진 부족 간의 전쟁으로 망했던 것을 알려주고 있다. 다시 말해 서기 15세기-서기 17세기에는 농사가 잘되어 농지도 증가했으나 서기 17세기에 가뭄이 극심해 나무가 말라죽고 농지도 척박하게 되었다. 석상이 만들어지지 않기 시작한 해가 서기 1640년이다.

또는 자원의 고갈로 인해 환경이 척박해지고 종전까지 믿었던 신에 대한 비의 간절한 祈願이 좌절로 끝나자 생존차원에서 당시 11개 부족 간(전체 인구 13,000명으로 추산)의 갈등과 전쟁이 결국 사회체제와 지배층에 대한 믿음의 전환을 가져오게 되고 제단의 약탈과 파괴가 뒤따른 모양이다. 이들은 11개의 부족으로 나누어지고 각기 族長이 있고 그 위에 王이 존재한 계급사회를 유지하였다. 가뭄은 결국 모아이의 석상 제작을 폐기하고 '몸은 인간이고 머리는 새(鳥)'인 새-인간신을 만들게 되는 종교적 변혁까지 이르게 된 모양이다. 그리고 다시 1년 단위의 새로운 왕이 선출되어 이 섬을 다스렸다. 이의 중심지가 남쪽 라노카우 분화구 옆 오롱고 사원이다.

그 후 이곳은 외부 항해자들에 알려지고 노예상인이 가져온 질병에 의해 사라지게 되었다. 이곳에서 발견되는 롱고 롱고 書板에는 2,320字가 새겨져 있는데 이는 스페인들과의 접촉에서 배워 새긴 것으로 내용은 세상만물의 탄생과 관련된 것이다. 그리고 이곳의 석상들은 서기 1955년 노르웨이의 탐험가인 토르 헤이어달(Thor Heyerdhal, 서기 1914년 10월 6일-서기 2002년 4월 18일)이 페루(수도 리마)와 이곳 라파누이 사이의 문화전파론을 입증하는 자료로서도 이용되어 왔다. 만약 그렇다면 이는 서기 1519년 포르투갈인 마젤란(Ferdinad Magellan, 서기 1480년-서기 1521년)의 태평양을 건너는 항해보다도 약 300년 이상을 앞선 것이 된다.

서기 2011년 10월 조 앤 반 티부르그(Jo Anne Van Tiburg, UCLA/University of California, Los Angeles의 The Cotsen Institute of Archaeology) 박사를 발굴단장으로 하는 Easter Island Project가 만들어져 현재까지 수행 중으로 모아이 석상을 만들던 당시 주민들의 석상의 축조 과정이 새로이 밝혀지고 있으며, 또 석상 근처에서 발견된 참치(tuna)의 척추와 바닷가재뼈들은 서기 1640년 이전 석상을 만들던 작업인부들의 노고에 대한 대접으로 먹던 음식물에 대한 증거를 보여주고 있다.

2. 칠로에 교회(The Churches of Chiloé: 문화, 2000): 이 교회들은 서기 17세기-서기 18세기 이그네이셔스 로욜라가 만든 예수회 회원(Jesuit peripatetic mission)에서 현지에서 자란 목재로 지은 목조건물로 19세기에 프란체스코 수도회에서 이어받아 계속 보수·유지하여 오늘날에 이르고 있다. 이 교회들은 스페인령의 칠로에 군도에서 무형의 풍요함과 품위를 지니고 토착인들과 유럽인들의 문화접목뿐만 아니라 주위 자연환경과도 잘 어울리는 스페인과 남미 토착인의 혼혈인 메스티쵸

문화(mestizo culture)의 한 예이다.

3. **발파라이소 항구도시의 역사지구**(Historic Quarter of the Seaport City of Valparaiso: 문화, 2003): 서기 19세기 후반 스페인(에스파냐 ESPAÑA)의 식민지도시로 서기 1542년 스페인인들에 의해 페루와의 무역을 위한 남미 태평양연안 항구 도시로 처음 만들어지기 시작하였다. 아래쪽은 만을 따라 시가지가 위쪽에는 다양한 색조의 집들이 배치되고 있다. 멀리서 보면 여러 형태의 집(맨션)과 산업지구들이 원형극장처럼 언덕과 교회의 첨탑에 둘러싸인 영화세트장처럼 잘 보존되었다.

4. **움베르스톤과 산타 로라 초석작업장**(Humberstone and Santa Laura Saltpeter Works: 문화, 2005): 아타카마 사막에 서기 1872년 길레르모 웬델 초산 추출회사(the Gillermo Wendell Nitrate Extraction Company)가 만들어져 칠레, 페루, 볼리비아에서 온 인부들이 세계에서 가장 건조한 사막지대의 하나인 팜파(Pampa) 지구에서 함께 모여 마을을 만들고 이후 60년 동안 200여 개나 되는 농업용 초산나트륨 비료(硝石, saltpeter/fertilizer sodium nitrate) 생산을 위한 작업장을 운영했다. 서기 1910년 칠레의 초석생산은 전 세계의 65%, 칠레 수출량의 80%를 차지하는 무역의 핵심이 되었다. 多國籍의 사람들이 모여 공동사회를 형성함에 따라 사회정의의 실천에 따른 여러 사회적 문제들을 해결해 나가는 동안, 그곳에만 유통되는 화폐를 만들고, 병원과 극장 등을 운영하는 등 그들만의 독특한 복합문화를 형성하였다. 당시 亞鉛鍍金을 한 공장과 창고, 발전소 등의 건물들이 부식되어져 가고 또 이곳은 사막의 열사와 지진 취약지구로 '위험에 처한 유네스코 문화유산'으로 여겨지고 있다.

5. **씨웰 광산촌 유적지**(Sewell Mining Town: 문화, 2006): 안데스 산맥의 산록 해발 2,000m의 지점에 서기 1905년 브라덴 구리회사(the Braden Copper Company, El Teniente)가 들어서 서기 1977년 폐광할 때까지 세계 최대의 지하구리광산이었다. 광부들이 한때는 15,000명 정도에 이르렀으며, 그들이 모여 마을을 형성하고 산업과 노동력이 잘 결합된 양상을 보여주었다. 마을은 차량이 오르기에 너무 가파른 곳에 형성되어 철도역부터 경사진 중앙계단이 만들어졌으며 불규칙적인 광장주위에는 장식용 나무와 식물들이 심어졌다. 거리를 따라 난 건물들은 노랑, 빨강

과 푸른빛으로 칠이 되어 있었다.

카보 베르데(케잎 베르데) CAPE VERDE

1. **시다데 벨라, 리베이라 그란데 역사지구**(Cidade Velha, Historic Center of Ribeira Grande: 문화, 2009): 서기 1462년 포르투갈의 탐험가 안토니오 다 놀리(António da Noli)가 이름 지은 큰 강이란 의미의 리베이라 그란데(large river)는 아프리카 적도 지역에 자리 잡은 최초의 유럽식민지이다. 산티아고(Santiago) 섬 남쪽 시다레 벨라(old city)는 수도 프라이아(Praia, 서기 1770년에 옮김)에서 15㎞ 떨어져 있으며 식민지 당시의 거리, 2개의 교회(그중 하나는 서기 1495년 건설), 16세기 화려한 대리석 기둥이 있는 필로리(Pillory) 광장, 항구(Real de São Felipe)와 요새(서기 1590년)가 남아있다. 현재는 기니비사우와 시에라리온에 있는 리베이라 그란데란 같은 이름을 피하기 위해 '오래된 도시'라는 의미의 시다디(Sidadi/Cidade Velha)라고 부른다. 이곳은 기니비사우(Guinea-Bissau)와 시에라리온(Sierra Leone)으로부터 온 노예들을 브라질과 카리브 해 연안 지역으로 데려가기 위한 중요한 항구였다. 또 이곳은 서기 1497년 바스코 다 가마(Vasco da Gamma), 서기 1498년 크리스토퍼 콜럼버스(Christopher Columbus)가 기항했던 곳이기도 하다.

카자흐스탄 KAZAKHSTAN

1. **코자 아메드 야사위의 靈廟**(The Mausoleum of Khoja Ahmed Yasawi: 문화, 2003): 이 영묘는 티무르 왕[Timur(Tamerlane), 서기 1336년 4월 8일–서기 1405년 2월 18일, 서기 1389년–서기 1405년 재위] 때 서기 9세기에 시작된 이슬람 신비주의 운동인 수피즘(Sufism)의 대표적인 학자인 코자 아메드 야사위(서기 1093년–서기 1166년)를 위해 현 투르키스탄(Turkestan) 시의 동북쪽에 지어졌다. 현재 중앙아시아에서 제일 큰 靈廟의 북쪽에 도시의 성채, 모스크 사원과 목욕탕이 복원되어 있다. 영묘의 돔은 사마르칸트의 구리 아미르(Gur-i Amir)의 돔과 같이 티무르 시대의 대표적인 것으로 여겨지고 있다.

2. 탐갈리의 암각화(Petroglyphs within the Archaeological Landscape of Tamgaly: 문화, 2004): 중앙아시아 카자흐스탄 세미레체(Semireche) 주 알마타(Almaty) 서북쪽 170㎞ 떨어진 채색이나 뚜렷한 표지의 의미를 지닌 탐갈리 계곡 츄일리(Chu-Ili) 산 48개 소에 5,000개의 岩刻畵(rock carving)가 집중되어 있다. 이들은 기원전 1500년-기원전 1000년의 청동기시대 중기-후기가 중심이나 초기 철기시대, 중세 시대를 거쳐 20세기 초까지에도 덧대어 그린 예도 있다. 근처 청동기와 철기시대의 유적으로는 카라숙 문화 계통의 石棺墓(cist), 따가르의 板石墓, 스키타이 계통의 쿠르간(Kurgan) 封土墳과 집자리 등이 발견된다. 이곳은 암각화가 집중 분포된 곳으로 당시 초원지방에 살던 유목민족들이 犧牲物을 바치던 祭壇으로 여겨지며 이들 암각화를 통해 그들의 목축, 사회조직과 儀式도 알 수 있다. 암각화의 내용은 인간이나 태양의 모습, 쌍봉낙타, 사슴, 꼬리가 유난히 말려 올라간 여우 또는 늑대 등 그들이 생활하면서 주위에서 흔히 볼 수 있는 동물이 주가 된다.

카타르 QATAR

1. 알 주바라 시의 고고학 유적과 경관(Archaeological site of Al-Zubarah town and its cultural landscape: 문화, 2013): 알 주바라 시의 고고학 유적과 경관은 알 주바라 시의 고고학 유적, 카라트 알 무라이르(Qal'at Al-Murair)의 파괴된 요새, 카라트 알 주바라(Qal'at Al-Zubarah)의 요새의 이웃하는 세 가지 특성과 연결된다. 세 지역 사이의 완충지대는 지하수 운영을 입증하는 잘 보존된 우물, 해안가 방어체계로 현재 파괴된 요새, 유적 주위의 인간의 행위에 대한 有形의 증거, 유적 근처 해안에 가까운 얕은 내륙 바다에 자라는 생태학적으로 가치 있는 海草層(sea-grass beds)과 같은 자연환경들이다. 알 주바라 시의 고고학 유적은 카타르에서 초기 인간이 살던 가장 규모가 큰 지역이다. 이 유적은 반도의 서북향 주바라 요새와 바다 사이에 위치하며 옛날 요새화된 해안도시를 포함한다. 현재 완전히 폐기되었지만 풍부한 굴 貝殼層과 걸프 만 내외의 무역망이 풍요를 보장해주었던 증거들을 보여줌으로써 이 나라와 국민의 역사를 설명하는데 도움을 준다. 카타르 당국의 고고학적 발

굴조사로 여러 나라 중 중국, 서아프리카, 페르시아와 메소포타미아(이락)과의 무역을 했던 증거를 밝혀주었다. 이 도시의 지도/forma urbis[The Forma Urbis Romae/Severan Marble Plan은 고대 로마제국의 지도로서 셉티무스 세베루스(Septimius Severus) 황제 때인 서기 203년-서기 211년 사이에 제작되었다. 본래의 크기는 18m×13m로 평화의 사원(Temple of Peace) 내벽 15개의 대리석편 위에 조각되어 있다는 도시계획의 뛰어난 재능을 보여준다. 도시는 그리스 밀레투스/밀레(Anatolia 서쪽 해안가의 고대 그리스 도시)의 히포다무스(Hippodamus of Miletus)가 이론을 낸 도시의 "gridiron plan"으로 알려진 方格形/格子形에 기초하는데 거리는 서로 90°로 교차한다. 원래의 도시는 길이 2,000m, 폭 600m로 긴 외벽과 망루로 둘러싸여 있다. 독립된 구획과 외벽은 도시 발달상 2기에 추가된 것이며 3기에는 성벽 밖에 집들이 들어섰다. 이 주거지들이 들어선 연대는 확실치 않다. 그리고 도시의 역사를 구체화할 기록이 거의 없다. 이는 지금까지 도시의 5%만이 발굴조사 되었기 때문이다. 새로운 발굴이 이루어진다면 도시의 역사를 밝힐 수 있을 것이다. 과거 10년의 조사에서 서기 7세기 이스람 문명 시기에 이 도시가 이미 존재했다는 것을 보여주고 있다. 이외에도 서기 1세기 그리스 지리학자 프톨레미(Ptolemy)가 쓴 지리(Geographia)란 책에 흥미 있는 단서가 있다. 그는 카드라(Qadra) 또는 카다라(Cadara)라고 불리는 도시가 있음을 기록했다. 그러나 그럴 듯하지만 알 주바라가 바로 그 도시라고 단정하기에는 확실한 증거가 없다. 서기 1638년 4월 하마드 빈 나옘, 슐탄 알 무라키히(Hamad bin Nayem bin Sultan Al-Muraikhi Al-Zubari Al-Qatari)가 쓴 기록은 알 주바라에 150채의 집, 700명의 인구가 살면서 여러 척의 배와 가축을 소유하고 있는데, 주민들은 多文化가정으로 나임(Naim), 무살렘(Musallem), 트와르(Twar), 하와제르(Hawajer), 베두인(Bedouins), 리사우드(Lisaud), 자유인과 노예로 이루어졌다고 한다. 서기 1765년 알 우투비(Al-Utubi)족인 알 칼리파(Al-Khalifa)와 알 자라히마(Al-Jalahima) 집단이 진주를 찾아 쿠웨이트의 고향에서 바레인으로 이주를 하였다. 그당시 페르시아인들이 바레인을 차지하고 있어 알 우투비는 알 주바라시로 옮겼다. 이곳을 지배하던 세이크(Sheikh) 족은 무역세를 내면 그들이 도시 안에서 살도록 해주었다. 그러나 그들은 이를 거절하고 알 주바라 시에서 남쪽으로 2㎞ 떨어진 곳에 카라트 알 무라이르 요새를 건설했다. 후에 알 우투비는 그들의 요새에 벽을 추가하고 카라트 알 무라이르와 알 주바라 시를 잇는 항구로 사용된 운하를 만들었다. 이 운하는 일부를 여전히 볼 수 있으며 아라비아 반도에서 초기의 뛰어난 기술력을 나타낸다. 서기 18세기 말 알 주바라 시와 카라트 알 무라이르는 무역과 진주채집의 중심지가 되어 번영하였고 아라비아 만 전체에서 회자되는 곳으로 인정받았다. 이런 힘과 두드러짐으로 인해 페르시아의 통제하에 있었던 바레인으로부터 침입하는 목표가 되었다. 이에 응하여 알 칼리파(Al-Khalifa)는 섬에 대한 통치권을 주장하며 서기 1783년 바레인을 침공하였다. 그 후 알 칼리파는 오늘날에도 존속하는 그들이 세운 세이크 왕국(sheikhdom)으로 조금씩 이주해나갔다. 불행하게도 이 이주는 알 주바라 시와 카라트 알 무라이르를 점차 망하게 하여 결국에는 폐기하게 되었다.

알 주바라 시의 고고학 지역 안에서 파괴된 집자리와 공공건물 이외에 마다베(madabes)의 증거도 발견할 수 있는데 이 구조물은 걸프만 내의 전통적인 식품의 하나인 야자열매로 만든 데비스(debis/dibbs/tibbs)라는 시럽을 만드는데 사용되었다. 방에는 바닥 밑 10㎝ 정도 판 평행의 수로가 있으며 이는 구석에 놓여 있는 지하 항아리로 흘러들어가는 입구에서 수직으로 연결된다. 데비를 만드는 과정 동안 수로가 미끄럽고 편평하도록 종려나무잎(palm fronds)을 깐다. 대추열매는 종려나무잎에 싸서 2m 정도 높이로 쌓아둔다. 위에 쌓여진 더미의 무게로 인해 대추열매는 아래의 대추를 짓눌러 즙이 머드바사(mudbasa)라는 수로를 따라 흐르게 하여 땅에 파묻은 항아리에 채워지게 된다.

알 주바라 시 근교에 잘 보존된 대표적인 아랍의 요새인 카라트 알 주바라가 있다. 현재 카타르를 지배하는 가족인 세이크 압둘라(H.H. Sheikh Abdullah bin Qassim Al-Than)는 이 요새를 서기 1938년 파괴된 옛 성터 위에 세우고 군인들은 이 튼튼한 요새를 군부대의 주둔지처럼 사용하였는데 서기 1980년대 중반 근처 알 주바라 시에서 발굴된 유물을 전시하는 박물관으로 바뀌었다. 카라트 알 주바라는 사방 1m 두께의 벽으로 둘러싼 1층의 정방형 연병장이다. 삼면에 카타르식 총안이 있는 흉벽이 꼭대기에 설치된 원형의 망루가 있으며 네 번째에는 구멍으로 적에게 불덩어리나 녹인 납을 퍼부을 수 있는 城穴이라는 길쭉한 구멍이 달린 전통적인 삼각형 기반의 선반이 달린 성탑이 있다. 평소 군인들을 수용하던 연병장의 8개 방은 현재 이웃 말 주바라 시에서 발굴된 토기나 서부 아프리카의 동전, 중국과 태국의 도자기와 준보석 등의 고고학적 유물을 전시한다. 또 이완(iwan)이라는 방형의 柱列을 통하여 1층의 연병장 마당을 볼 수 있는 조그만 현관/柱廊이 있다. 연병장 안에는 4개의 기둥으로 그 위에 뚜껑이 씌워진 깊이 15m의 우물이 잘 보존되었는데 이는 군인들에게 물을 공급하던 곳이다. 요새의 2층 바닥은 구석에 잇는 성탑/망루 안에 감추어진 몇 개의 방을 가진 넓은 산책길이 있다. 이 방벽, 산책길은 여러 방향에서 어떤 방향에서건 공격하는 적에게 발사할 수 있도록 각도가 마주어진 총안이 있다. 성탑 안에 아직도 있는 나무사다리는 지붕까지 올라가 주변지역을 잘 살필 수 있도록 하였다.

알 주바라 시, 카라트 알 무라이르와 칼라트 알 주바라는 전통적인 건물을 짓는 기술을 보여준다. 건물을 차고 덥게 유지하는 두터운 벽은 산호석과 석회암을 중첩해서 쌓아 올렸으며 사이에는 진흙 반죽과 석회를 발랐다. 이 회반죽 위에 가끔 기하학 문양이 장식되었는데 바람이나 습기와 같은 자연적 요소로부터 벽을 보호하였다. 지붕은 4층으로 되었는데 첫 번째는 가끔 역청을 바른 단찰(dan-chal) 나무기둥으로, 두 번째는 대나무로 엮은 바스길(basgijl) 층으로, 세 번째는 맹그로브 줄기로 촘촘히 짜 망을 입히고, 마지막으로 압축된 진흙으로 지붕을 덮는데, 이는 더운 계절 작열하는 태양으로부터 집을 보호한다. 이러한 기술에서 가장 흥미있는 것 중의 하나는 밧줄로 엮은 단찰(danchal) 나무기둥을 이용한 枋으로 이는 진흙과 회반죽의 접착성을 높여준다. 알 주바라 시의 고고학 유적과 경관은 토지의 사회-경제적 변형으로 뛰어나며, 또 다문화와 이민족이 조화를 이루어 공존하는 뛰어난 예이다. 이는 걸프만 주위에 사는 사람들이 무역망을 통해 문화를 교환하고, 전통을 유지하며 자급자족하는 데에서 잘 나타난다.

캄보디아 CAMBODIA

1. 앙코르(Angkor: 문화, 1992): 캄보디아의 앙코르(Angkor)는 서기 802년-서기1431년 크메르 왕국의 수도로 수리야바르만(Suryavarman) Ⅱ세가 서기 1177년경 세운 앙코르 왓트(Ankor Wat) 사원이 유명하다. 서기 802년 1대 성왕(신왕)이 이곳에서 약 65㎞ 떨어진 메콩 강 유역의 톤레삽(Tonlesap) 호숫가 메헨드라뿌라(신들의 땅, 프놈클렌 채석장)에 나라를 처음 세웠으나 메콩 강의 역류로 인한 잦은 홍수로 수도를 포기하고 수리야바르만 Ⅱ세가 서기 1177년경 앙코르에 수도를 세웠다. 그러나 물이 빠진 톤레삽 호수의 바닥은 三毛作의 논농사로 이용되어 크메르 왕국의 경제적인 기반이 되었고 지금도 그곳 주민들의 어업의 기반이 될 정도로 물고기가 풍부하다. 현재의 사원을 포함한 세계 제일의 규모가 큰 앙코르 왓트 사원의 완공은 크메르의 나폴레옹으로 불리는 자야바르만(Jayavarman) 7세가 세운 것으로 서기 1992년 '수도 사원'이란 이름을 가진 앙코르 왓트(Ankor Watt)로 세계문화유산으로 지정되었다. 그는 이 사원을 비롯해 성벽을 쌓고 垓字를 파서 악어를 길러 서기 1171년-서기 1181년 침공한 베트남의 李朝軍을 격퇴시켰다. 그리고 사원에는 216개의 신비의 미소를 머금은 얼굴상이 조각되어 있는데 이는 부처님의 얼굴에 쟈야바르만 7세 자신의 얼굴을 합성해 놓았다.

크메르 왕국은 남아 있는 사원의 부조를 보면 힌두의 비슈뉴(Vishnu) 신을 포함한 '우유바다 싸움'의 신화 그리고 산스크리트어로 써진 1,200여 개의 비문 등에서 힌두 문화의 영향을 많이 받고 있음을 알 수 있다. 그리고 앙코르 왓트 사원의 구조도 인도 메루(Meru) 산의 다섯 봉우리를 모방하여 힌두교의 우주관을 지상에 구현하고 있다. 다시 말해 남부 인도에서는 현 타밀 나두(Tamil Nadu) 주 탄자부르(Thanjavur) 현의 중요 도시인 탄자부르(Tanjore)를 중심으로 콜라(Cholas) 왕조가 들어서 종교의 중심지 역할을 하였는데 그 대표적인 사원이 라자라자 콜라(Rajaraja Chola) I세가 서기 1010년경 세운 男根像과 시바 신을 모신 브리아디시와라(Brihadishwara, Brihadish vara)로 여기의 조각상이 앙코르 왓트(Ankor Wat)에 많은 영향을 준 것으로 추측되고 있다.

그리고 사원의 부조벽화에는 생선 파는 여인, 닭싸움, 돼지 삶기 등의 많은 서민들의 생활이 묘사되어 있다. 이 크메르 왕국은 서기 1431년 蒙古족의 침공으로 영향을 받은 태국의 아유타야의 샴(Siam) 족에 의해 멸망하였는데 도시는 서기 1432년 폐허화되어 밀림 속에 파묻혀 잊혀지게 되었다. 그 이유 중의 하나는 멸망 이전 논농사를 위한 농지 확장·개발로 인한 정글에 대한 생태파괴이며 이로 인해 도시의 멸망에까지 이르게 되었다.

그러나 당시 앙코르 왕국의 여러 가지 이야기가 당시 중국 외교관인 周達觀(Zhou Daguan, 서기 1266년~서기 1346년)이 서기 1296년 8월 앙코르에 도착하여 서기 1297년 7월까지 스린드라바르만(Srindravarman) 왕의 궁전에서 머물면서 남긴 일기에 의해 전해지고 있다. 기록에 의하면 왕궁과 성벽의 구조, 왕의 첩과 시녀 이외에는 왕궁의 출입이 불가하고, 황금빛 나는 왕의 침소에서 머리 7개나 달린 뱀이 변신한 여인과 왕이 매일 저녁에 동침, 죄를 지어 발가락이 잘린 범법자들의 성문 출입불허, 습기와 곤충을 막기 위한 高句麗의 창고인 椋 또는 浮椋과 같은 양식의 高床家屋과 야자잎의 지붕, 요리는 밖에서 하고, 어린 아이들에겐 악귀를 물리치기 위하여 좋은 이름을 지어주지 않는 관습, 말다툼을 한 두 사람을 며칠 탑에 가두어 보면 한 사람은 건강하고 또 다른 사람은 중병에 걸려 죄의 유무를 하늘에 맡겨 판가름하는 해결방법, 여성의 관능적인 모습과 개방된 성문화와 아울러 여성의 정치·상업적 자유(왕비는 102개의 병원을 지어 활동함), 무당을 통해 병을 치료하는 전통 등에 관한 사회상을 잘 이해할 수 있다. 그러한 사회활동과 관습의 일부는 지금도 그 지방에서 행해지고 있다고 한다. 그래서 그는 지금은 사라진 앙코르 사회와 문화의 유일한 목격자가 되었다. 또 이곳 궁전에서 춤을 추던 무희 압사라들의 춤은 정복자인 샴 족의 침입으로 태국에 잡혀가 인도 남부의 춤이 크메르(앙코르 왓트의 부조에서 보임)를 거쳐 오늘날 태국에서 의상만 변형된 채 그대로 남아 명맥을 유지하고 있다.

2. 프레아 비헤르(Temple of Preah Vihear: 문화, 2008): 태국과 캄보디아 국경에 해발 525m의 당렉(Dângrêk) 산 정상에 위치하는 프레아 비헤르 사원은 서기 1962년 국

제사법재판소의 결정에 따라 캄보디아 소유로 되었다. 이 사원은 서기 11세기-서기 12세기 앙코르에 수도를 둔 캄보디아(서기 802년-서기 1431년)의 크메르 왕국에 의해 세워진 시바(Shiva)를 주신으로 모신 힌두교 사원으로 외진 숲 속에 있어서 당시의 조각 예술품이 잘 보존되어 있다. 이곳은 크메르 루즈의 폴포트가 최후까지 남아 저항했던 곳이기도 하다.

캐나다 CANADA

1. **란세오 메도스 국립역사공원**(L'Anse aux Meadows National History Park: 문화, 1978): 서기 11세기 다시 말해 서기 1492년 콜럼버스가 신대륙을 발견하기 500년전에 이미 노스 족(Norse People, 바이킹족)이 뉴 펀드런드[New Foundland, 서기1003년경에 써진 리프 에릭손(Lief Ericson)의 서사시(Saga에서는 Vinland로 묘사)]에서 살았던 고고학적 흔적[서기 1960년-서기 1968년 노르웨이인 헬게 잉스타드 (Helge Ingstad)가 발굴]. 그들은 나침반과 유사한 원반형의 도구, 아이슬란드에서 나오는 日長石, 추위를 막아주는 의상을 갖추고 선박 조정술도 뛰어난 것으로 여겨진다. 그리고 그곳에 살던 알곤킨 인디언 (Algonquin, Algonkins)에 의해 습격을 받아 출발지인 그리인랜드로 귀경하였다.

2. **헤드-스매쉬드 버팔로 지대**(Head-Smashed-in Buffalo Jump Complex: 문화,1981): 서기 19세기까지 약 6,000여 년 동안 북아메리카 서북 대평원의 원주민들 (Blackfoot 족도 포함)이 해오던 버팔로(bison) 사냥과 이에 필요한 복잡한 기술의 흔적이 그대로 남아 있는 사냥터와 도살장이다. 그들은 버팔로를 유혹해 포큐파인 언덕(Porcupine Hill)을 가로질러 한군데로 몰아 함정에 해당하는 높이 10m의 절벽 아래로 떨어지도록 해 집단사냥을 하였는데 여기에는 그들 나름의 사냥 儀式을 행하였고 또 절벽 아래에는 당시의 유적이 서기 1938년에 처음 발굴되었다. 유럽의 후기구석기시대에도 그러한 집단사냥터가 많고 또 미국 동부 콜로라도의 올센 츄부크(Olsen-Chubbuck) 유적(서기 1967년)에서도 이와 같은 사냥의 흔적을 볼 수 있다. 근처에 서기 1987년 개관한 **Head-Smashed-in Buffalo Jump Interpretive Center** 전시관을 통해 당시 사냥과 사냥한 버팔로를 도살해 고기(1ton 한 마리가 약 300인분의

식량), 가죽, 뼈(화살촉으로 이용), 갈비뼈(손잡이), 배설물(연료)들의 이용에 대한 이해를 돕고 있다. 이곳은 캐나다 785번 국도를 따라가다가 알버타주 포트 마크레오(Fort Macleo) 초원에 자리 잡고 있다.

3. **수광 구와이**(SGang Gwaay: 문화, 1981): 퀸 샬롯테(Haida Gwaii) 섬의 서부 해안으로부터 약간 떨어진 조그만 안토니(Anthony) 섬에 위치하는 닌스틴트(Ninstints, Nans Dins) 혹은 수광 구와이(SGang Gwaay Llnaagat)의 하이다(Haida) 족의 마을은 집터, 나무에 조각된 屍體假置場, 토템 폴과 함께 그들의 예술과 생활방식을 잘 보여주고 있다. 이 유적들은 북미대륙 서북해안에 처음부터 원주민 인디안들인 누트카(Nootka), 트린짓트(Tlingit)와 살고 있던 하이다 족의 살아있는 문화, 땅과 바다에 대한 그들의 관계와 적응, 구두로 내려온 전승문화에 대한 시각적으로 중요한 자료를 제공한다. 현재 하이다 족은 수광 구와이 이외 다른 4개의 마을에서 살고 있다.

4. **역사지구**(Historic District of Old Québec: 문화, 1985): 퀘벡은 서기 1608년 7월 3일 프랑스 탐험가 사뮤엘 데 샴프렌(Samuel de Champlain)에 의해 스타다코나(Stadacona)라 불리우는 이로코이(Iroquois) 족 마을에 세워졌다. 구시가에는 북미대륙에는 전혀 남아있지 않은 성벽과 요새(bastion, 우리의 甕城式 성문과 비교됨)와 같은 방어시설이 당시 그대로 잘 보존되어 있다. 절벽 위에 세워진 위 도시(Upper town)는 종교와 행정의 중심지로 다우핀 레다우트(Dauphine Redoubt), 성채(Citadel), 프론타냑 성(Château Frontanac)과 같은 교회, 수도원, 요새와 성이 들어서 있다. 아래 도시(Lower Town)인 옛날 구역을 함께 포함하는 퀘벡은 요새화한 식민지도시와 신 프랑스의 수도로서 신대륙 근대역사 발전을 연구하는데 매우 중요하다.

5. **루넨버그 구시가지**(Old Town Lunenburg: 문화, 1995): 캐나다 노바 스코시아(Nova Scotia) 주 남쪽 마혼(Mahone) 만 서쪽에 자리 잡고 있는 루넨버그 구시가지는 서기 1753년부터 영국의 식민지로 당시의 方格形으로 구획된 도시설계가 잘 남아있으며 당시 근처의 목재를 이용해 지은 서기 18세기대의 루넨버그 아카데미(Lunenburg Academy), 목조가옥(서기 1750년), 지온 루터란(Zion Lutheran) 교회, 성 요한(St. John's) 성공회, 묘지, 얼음공장 등이 잘 남아있다. 이곳 주민들은 대구(codfish)잡이

어업과 수출로 부유하게 지냈으나 서기 1990년 수출이 금지되자 지금은 범선, 기관선, 저인망어선, 요트제작과 같은 조선업으로 생계를 유지하고 있다. 원래 최초의 주민은 독일인이였으나 그 후 스위스와 프랑스로부터도 이곳에 이민을 많이 왔다.

6. **리도 운하**(Rideau Canal: 문화, 2007): 리도 운하(Rideau Waterway)는 서기 1832년 영국과 미국의 침공에 대비하기 위해 오타와의 카타르퀴(Catarqui) 강으로부터 남쪽 온타리오 호 킹스톤 항구까지 202㎞나 되는데 당시 증기선도 천천히 다닐 수 있도록 수량이 풍부하도록 설계되고 또 당시 주위에 설치한 요새들과도 조화를 잘 이룬다. 오늘날에는 戰時用이 아니라 휴양을 목적으로 Parks Canada 회사가 배를 띠워 이 운하를 활용하고 있는데 배 타고 낚시하기 위한 관광객들과 겨울 스케이팅으로 지상 천국을 이루고 있다. 이 운하건설의 시작은 서기 1826년으로 6년 후인 서기 1832년에 완공을 보았으며 감독은 왕립 공병 기술자인 존 바이(John By) 중령이었다. 그리고 오타와에는 리도 운하를 기념하기 위해 서기 1917년 바이타운 박물관(The Bytown Museum)이 세워졌으며 박물관은 서기 1951년 리도 운하의 건설 당시 건축자재 창고로 이용되던 건물로 이전하여 오늘에 이르고 있다.

7. **그랑 프레의 문화경관**(The Landscape of Grand-Pré: 문화, 2012): 노바 스코티아 남쪽 미나스 분지(Minas Basin of Nova Scotia)에 위치한 그랑 프레 늪지와 고고학 유적은 서기 17세기 프랑스 식민지인 아카디아에 정착한 아카디안(the Acadians) 족에 의해 시작된 개간된 늪지에서 농사를 지을 때 潮水의 干滿의 차 때문에 늪지의 물이 넘쳐나거나 염분이 들어오는 것을 방지하기 위한 흙으로 물길을 만들고 水門瓣을 설치하는 노동 집약적인 농경방법인 'aboiteau wooden sluice system'은 그 후 식민지 농장주들에 의해 계속 발전해오고 오늘날의 주민들에 의해서도 계속 이용되고 있다. 조수의 干滿의 차가 11.6m로 세계에서 가장 높은 이 유적은 서기 1755년 아카디안인들에 의해 시작되었다고 하여 '아카디안 생활방식'으로 알려졌다. 넓이 1,300㏊의 문화경관은 프랑스인의 그랑 프레와 영국인 후계자들이 사는 호톤빌(Hortonville) 읍의 埋築耕作地와 고고학 요소를 포함한다. 이 문화경관은 유

럽의 초기 이주자들이 북아메리카 대서양 연안에서 자연환경에 적응하는 과정을 잘 보여주며 '대이동(the Grand Dérangement)'이라는 말처럼 프랑스로부터 초기 이주민 아카디안인들을 기억할 수 있는 우상과 같은 장소도 된다.

8. 레드만 바스크인들의 고래잡이 기지(Red Bay Basque Whaling Station: 문화 2013): 뉴펀드란드와 라브라도르 주(Province of Newfoundland and Labrador) 라브라도르 남쪽 해안 벨레 섬 해협(Strait of Belle Isle)에 위치하는 레드灣(또는 Balea Baya/Whale Bay, 이 灣에는 Penney Island과 Saddle Island이 위치함)은 서기 1550년과 서기 17세기 초 스페인 서부 피레네 산맥에 살던 바스크인들의 고래잡이(捕鯨) 기지이다. 물에 잠기거나 육지에 남아 있는 고고학 유적들은 유럽인들이 상업적인 목적으로 자원이 풍부한 북아메리카에 대한 경제적인 개척을 해왔던 초기의 기록을 온전하게 보여준다. 그리고 또 레드만 항구는 전통적으로 식량자원이 풍부했던 깔때기모양의 지역 안에 자연적으로 형성된 뛰어난 항구였다. 이 항구는 수중에서 발견된 산 후안(San Juan, 서기 1565년 침몰) 호를 포함한 서기 2004년경 발굴된 세 척의 갈레온 선(galleons)과 4척의 고래포획용 살루파(chalupas)의 모항이었다. 그래서 레드만 항구는 아메리카 대륙에서 수중고고학의 중요한 유적으로 알려지고 있다. 이 항구의 물밑에 잠겼다가 건져진 배들은 이베리아 북부에서 건조된 것으로 서기 16세기 유럽의 배 만드는 기술과 함께 12개소 연안기지의 연락망을 통한 고래잡이 관련 행위는 고래잡이에서부터 유럽시장에서 값이 나가는 고래 기름을 만드는 과정까지도 알 수 있게 해준다. 특히 이 기지들에서는 기름을 짜내고 기름통을 제작하던 작업장, 일꾼들이 살던 주거시설, 부두와 선창의 흔적도 잘 보존되어 있다. 또 140명의 포경선원이 묻힌 공동묘지를 포함한 여러 무덤 군들, 그리고 展望臺도 보인다. 이곳에서는 시대별로 특징 있는 유물과 함께 수염고래를 포함한 여러 고래뼈들이 온전하게 남아있어 고래잡이와 관련된 다양한 유물복합상도 보여준다.

케냐 KENYA

1. 라무 고대 성읍(Lamu Old Town: 문화, 2001): 케냐에서 가장 오래된 라무 고대 도

시는 동아프리카에서 전통적 기능을 가장 잘 보존하고 있는 스와힐리(Swahili)인들의 주거지로 산호석(corallite, 붉은 산호 빛 대리석)과 맹그로브(mangrove) 목재로 만들어졌다. 이 도시는 안뜰(內庭), 베란다와 정교하게 장식된 나무문과 같은 요소들로서 화려하게 보이면서도 단순한 구조적 형태를 특징으로 하고 있다. 라무 지역은 바다 교통의 환승지로 목재, 상아, 노예를 무역하여 호황을 누렸고 서기 19세기 이래 이스람 문화의 종교적 축제를 받아들여 그들의 문화와 융화를 시키고 있는데, 이 점이 이슬람과 스와힐리 문화의 복합상을 연구하는데 중요한 지역이 되었다. 라무 항구는 아랍 여행가 아부 알-마샤니(Abu-al-Mashani)가 서기 1441년 메카(Mecca)로 방문하는 도중 라무에서 판사를 만난 기록에서도 언급된다. 이 도시의 역사는 서기1506년부터 시작된 포르투갈의 침공과 서기 1813년경 오만(Oman)의 지배에서 나타난다. 포르투갈 지배에서 벗어나기 위한 라무인들의 항쟁에서 오만의 도움을 받은 서기 1652년부터 라무의 황금시대가 된다. 또 중국 明의나라 鄭和의 선단 중 배 몇 척이 서기 1415년 라무 섬에서 가라앉은 적도 있다. 이는 明 3대 成祖(朱棣, 永樂 서기 1403년-서기 1424년, 1420년 紫禁城을 완공) 때 宦官 鄭和(云南省 昆陽人, 서기 1371년/1375년-서기 1433년/1435년)에 의해 서기 1403년 南京 龍조선소에서 제작된 300여 척의 배로 조직된 선단으로 서기 1405년-서기 1423년의 18년 동안 7차에 걸쳐 개척된 뱃길은 江蘇省 蘇州 劉家河 太倉市를 기점으로 자바, 말라카(Malacca, 말레시아), 수마트라, 세이론, 인도의 말라바[캘리컷(Calicut), 페르시아 만의 Hormuz], 짐바브웨를 거쳐 오늘날의 아프리카와 紅海(Red Sea) 입구인 예멘의 아덴(Aden)과 케냐의 말린디(Malindi)/라무 항구까지 도달했던 과정 중에 일어난 것으로 추측된다. 이곳에는 라무 요새, 리야다(Riyadha) 회교사원, 돌집 호텔(Stone House Hotel), 항구, 선창 등이 남아있다.

2. **미제켄다 카야 숲**(Mijikenda Kaya Forest: 문화, 2008): 케냐 200㎞의 해안가를 따라 독립된 숲이 11개소나 있는데 여기에는 각기 카야라 불리우는 미지켄다인들의 요새화된 마을이 있다. 카야는 서기 16세기에 형성되어 서기 1940년대에 폐기되었는데 현재 이곳은 조상들의 거처와 매우 신성한 장소로 여겨지고 이곳에서 마

을 長老들의 회의가 열린다. 이곳은 문화전통을 유지하고 현재의 생활과도 그대로 연결되는 곳이다. 이러한 문화과정은 이 유적들의 자연적 가치를 높여준다.

3. 몸바사 지저스 요새(Fort Jesus, Mombasa, Portuguess fortress in Kenya: 문화, 2010): 서기 1498년 포르투갈의 탐험가 바스코 다 가마(Vasco da Gama)가 인디아로 가는 도중 이곳에 기항하고 그 후 말린다에는 요새가 없는 포르투갈의 공장이 들어섰다. 그러다가 오만인들의 침공으로 당시 이곳 아프리카 동부해안의 책임자였던 마테우스 데 멘데스 바스콘체로스(Manteus de Mendes de Vasconcelos)가 동부아프리카 지역과 인디아로 가는 무역로를 보호하기 위해 서기 1593년 성을 쌓기 시작하여 서기 1596년에 완공하였다. 이 성의 설계자는 이탈리아인 지오바니 바티사 카이라티(Giovanni Battisa Cairati)였다. 이곳의 역사는 포르투갈의 요새(서기 1593년 4월 11일부터 서기 1631년 8월 15일)—몸바사 술탄의 지배(서기 1631년 8월 15일-서기1632년 5월 16일)—재탈환(서기 1632년 8월 5일-서기 1698년 12월 13일)—오만(서기 1729년-서기 1741년)—몸바사 총독(서기 1741년-서기 1747년, 서기 1747년 -서기 1826년, 영국인의 서기 1824년-서기 1826년 보호)—오만(서기 1826년)—잔지바르(서기 1856년-서기 1895년)—영국 식민지(서기 1895년-서기 1963년)—케냐(서기 1963년-현재)를 거쳤다. 이곳의 요새는 Fort St. Joseph, Fortim da Ponta Restinga, Forte do Sorgidouro, Fortes da Macupa(3곳의 요새)로 공식적으로 재탈환 이전 서기 1593년 4월 11일부터 서기 1631년 8월 15일까지 존속하였다.

코트디부아르 CÔTE D'IVOIRE

1. 코트디부아르 그랜 바상/그랜드-바삼의 초기 도읍지(The first capital of Côte d'Ivoir, the Historical Town of Grand-Bassam: 문화, 2012): 黃熱病(yellow fever)의 창궐로 빙거빌(Bingerville)로 도읍을 옮길 때까지 서기 1893년-서기 1896년 동안 프랑스 식민지의 도읍지였던 그랜드-바상은 서기 19세기 말-서기 20세기 초 상업, 행정, 유럽인과 아프리카인의 거주 지구를 方格法으로 구획되었다. 이 도시는 회랑, 베란다와 정원을 갖춘 기능적인 집으로 특징 있는 식민지 건축과 함께 아프리카인의 어촌마을인 나지마(N'zima)도 포함한다. 그랜 바상(Grand-Bassam)은 서기 1930년

대 아비장(Abidjan)이 두각을 나타내고 서기 1960년 독립과 더불어 행정수도가 아비장으로 옮겨가기 전 가장 중요한 항구로 코트디부아르의 경제와 법률 중심지였다. 이 도시는 유럽과 아프리카인들의 복잡한 사회관계와 코트디부아르의 독립으로 이어지는 산 증인이다. 현재 코트디부아르 이전의 프랑스령 기니만(the Gulf of Guinea) 무역중심지는 아프리카, 유럽과 지중해 레반트 지역에서 사람이 모여든 곳이었다. 도시는 에브리에 늪지(the Ébrié Lagoon)를 가운데 두고 구 바상(Ancien Bassam)과 신 바상(Nouveau Bassam)의 두 지역으로 나누어진다. 구 바상 지역은 식민지 프랑스인들의 거주지였으며 성당과 국립의상박물관이 있으며, 다리로 연결된 신 바상은 아프리카 노예들의 거주지였다. 이 도시에는 로마 가톨릭 교회의 그랜드 바상 교구(the Roman Catholic Diocese of Grand-Bassam)가 있으며 그 위치는 Cathédrale Sacré Cœur이다.

콜롬비아 COLOMBIA

1. **카타제나의 항구, 요새역사기념물군**(Port, Fortresses & Group of Monuments, Cartagena: 문화, 1984): 볼리바르 지구 스페인 식민지시대(서기 1533년 Pedro de Heredia-서기 1717년, 스페인으로부터 정식 독립은 서기 1811년 11월 11일) 카리브해 연안의 요새화 한 도시로 성당과 안다루시아 양식의 궁전이 있는 산 페드로(SanPedro), 상인과 중간 계급이 있는 산 디에고(San Diego), 일반인들의 지구인 겟세마니(Gethsemani)의 세 지구로 나누어져 있다.

2. **산타 크루즈 데 몸폭스 역사지구**(Historic Centre of Santa Cruz de Mompox: 문화, 1995): 볼리바르 지구 스페인 식민지시대(서기 1533년-서기 1717년) 서기 1537년에 건설된 도시로 스페인 식민지의 특성을 잘 보존하고 있다. 이 도시는 서기 1537년 5월 3일 돈 일론소 데 헤레이다(Don Alonso de Hereida)에 의해 막달레니아 강뚝에 안전한 항구로 건립되었다. 서기 16세기-서기 19세기 산타 크루즈 데 몸폭스 시는 강의 제방길이 중심대로로 이용되는 정도로 강과 함께 물자를 상류의 내륙지역으로 실어 나르는 항구로 번영하였으며 王立 鑄造所도 여기에 설립되었고 또 金

細工으로 잘 알려졌다. 이 도시는 서기 19세기부터 시들기 시작하였지만 강물의 줄기가 바뀌고 河床이 퇴적되는 서기 20세기 초까지 지속되었다.

3. **티에라덴트로 국립고고공원**(National Archaeological Park of Tierradentro: 문화, 1995): 카우카(Cauca)의 티에라덴트로 국립고고공원에 서기 6세기−서기 10세기경 서기 1533년의 스페인 점령 이전 이곳에 살던 원주민들의 人物彫刻像群과 그 아래 지하 묘지가 있다. 지표 하 5−8m 아래에 있는 西向의 一人用 玄室의 폭이 12m나 되는 지하묘지 안벽에는 나선형 계단, 기하학문, 擬人化나 動物化된 그림이 적색, 흰색과 검정색으로 그려져 있다. 土製像, 토기와 壽衣 등은 도굴을 당해 남아있는 것이 거의 없다. 이는 안데스 산맥 북쪽 스페인군들이 들어오기 이전 복잡한 사회와 함과 풍부한 문화를 보여준다. 여기에서의 그림과 인물상들은 서기 1세기−서기 8세기에 속하는 산 아구스틴(San Agustín) 문화와 매우 유사하다.

4. **산 아구스틴 고고학 공원**(San Agustin Archaeological Park: 문화, 1995): 휠라(Huila) 지역에 서기 1세기−서기 8세기에 번성하였던 안데스 산맥 북쪽의 문화로 대규모의 종교적 기념물과 거석의 조각상들이 있다. 이들은 抽象과 事實에 이르는 양식으로 능숙하게 표현한 신과 신비스런 동물들로 안데스 북쪽에 살던 사람들의 창조성과 상상력을 보여준다. 서기 6세기−서기 10세기경에 속하는 티에라덴트로 국립고고공원 지하묘지 곁에 있는 조각상군과 유사하다. 이들은 산 아구스틴 (SanAgustín), 알토 데 이돌로스(Alto de los Idolos)와 알토 데 라스 피에드라스(Alto de las Piedras)의 독립된 세 지역에서 볼 수 있다.

5. **커피생산 문화 경관**(Coffee Cultural Landscape of Colombia: 문화, 2011): 이 나라의 서쪽 코르디에라 데 로스 안데스(Cordillera de lod Andes)의 서쪽과 중앙 산록의 18개소의 도시를 포함하며 세계적으로 알려진 6개소의 전통적 커피농장 생산지들은 100년 이상 전통을 지속한 특이한 문화 경관을 유지하고 있다. 이 커피 농장들은 농민들이 접근하기 어려운 숲이 많은 산록을 개간하여 경작을 가능하게 한 백년 이상의 농경 전통을 보여준다. 커피농장이 있는 경사진 언덕 위 평탄한 대지 위에 자리 잡은 도시들은 스페인 식민지 때 스페인과 콜로비아 안티오크 식민지(An-

tioquian colonization) 건물의 영향을 받았다. 일부 지역에서는 당시에도 또 현재도 사용하는 건축 재료인 진흙에 옥수수 속대와 줄기를 넣은 흙벽으로 벽을 만들고 지붕도 흙벽돌로 덮어 사용하고 있다.

쿠바 CUBA

1. **구 하바나 시와 요새**(Old Havana & its Fortifications: 문화, 1982): 쿠바의 수도 하바나는 서기 1519년 스페인인들에 의해 건설된 신세계에서 가장 오래된 도시 중의 하나이다. 서기 17세기에는 카리브 연안의 중요한 무역항구와 조선소가 되었고 그래서 이를 보호하기 위한 요새가 필요했다. 옛 중심지에는 그 당시의 도시구획, 아직도 바로크와 신고전주의 양식의 건물이 섞여 있고 개인집과 상점, 발코니, 철제대문과 內庭들이 동질성을 보여주듯 조화를 이루고 있다.

2. **트리니다드와 로스 인제니오스 계곡**(Trinidad & the Valley de los Ingenios: 문화,1988): 서기 1514년 스페인 초대총독인 엥르난 코르테즈(Hernan Cortez)가 Holy Trinity(聖三位一體)를 기념하기 위해 트리니다드 외곽 12㎞ 떨어진 곳에 설립하여 북미대륙 침입의 전초기지로 삼았다. 후일 인도에서 가져온 사탕수수 재배로 사탕 산업 중심지를 이루고 한때는 아프리카에서 3만 명의 노예가 50개소의 사탕수수공장에서 일하기도 하였다. 서기 18세기-서기 19세기 사탕수수로 막대한 돈을 번 부자들의 저택인 부루네트 궁전(Palacio Brunet), 칼테로 궁전(Palacio Cantero)와 마나카이즈나가(Manaca Iznaga) 농장 등이 남아있다.

3. **산티아고 로카성**(San Pedro de la Roca Castle, Santiago de Cuba: 문화, 1997): 산티아고 대 쿠바(Santiago de Cuba) 주의 주도로 쿠바 제 2의 도시. 카리브 해 지역의 상업과 경쟁을 위해 산티아고 항구를 보호하기 위한 서기 1638년 가파른 바위로 돌출된 岬(곶) 위에 4단계의 테라스를 쌓고 그 위에 안토넬리(Antonelli)가 서기 1700년 요새를 완공하였다. 이탈리아와 르네상스 양식 건축원리를 이용하여 요새, 창고, 堡壘, 포대를 갖추어 지은 스페인-미국식 성채 건축으로 가장 잘 보존되어 있다. 서기 1675년에서 서기 1772년 일련의 지진으로 파괴된 것을 서기 1693년-서기

1695년 프란시스코 페레즈(Francisco Pérez)가 복원, 다시 서기 1757~서기 1776년 6월 12일 여러 차례의 지진에 의해 또다시 파괴되었다. 서기 1898년 미군에 의해 점령을 당하고, 서기 1868년 10월 10일부터 스페인으로부터 독립운동을 벌리고 있던 쿠바는 서기 1902년 5월 20일 미국의 도움을 받아 독립을 하게 되었다. 현재 카스티요 델 모로(Castillo del Morro), 라 로카(la Loca, Rock), 라 에스트렐라(la Estrella, Star)와 산티아고(Santiago) 성당 등이 남아 있다.

4. 비날레스 계곡(Viñales Valley: 문화, 1999): 아바나 서쪽 120㎞ 떨어진 1억2천만 년 전 형성된 석회암지대로 둘러싸인 비날레스 계곡과 동굴(Cueva del Indio, Cueva de José Miguel), 가끔 바닥에 괴기한 바위들이 울퉁불퉁 튀어나온 섬처럼 고립된 지역에 300년 전부터 정착민들이 들어와 鄕土色 짙은 건물에 살면서 전통적인 경작방법에 의한 담배(시가), 옥수수, 콩 등을 생산하는데 특히 담배는 사탕, 껌과 함께 쿠바의 주요 수출 작물이다. 이곳에는 카리브 해안 여러 섬 지역과 쿠바에서 들어온 다양한 인종들이 섞여 살고 있어 독특한 문화를 형성하고 있다.

5. 쿠바 동남부의 최초 커피 재배지 고고학적 경관(Archaeological Land scape of the First Coffee Plantations in the Southeast of Cuba: 문화, 2000): 쿠바의 동부 서기 19세기~서기 20세기 시에라 마에스트라(Sierra Maestra) 산록의 처녀림인 험준한 지형을 개척하여 농경의 형태로 운용한 매우 드물게 남아있는 개척자들의 커피 농장으로 독특한 문화경관을 만들어내면서 카리브 해 연안과 라틴아메리카 지역의 경제, 사회, 기술사도 함께 보여준다.

6. 씨엔후에고스의 역사중심 도시(Urban Historic Centre of Cienfuegos: 문화, 2005): 하바나의 남쪽 250㎞ 떨어진 씨엔후에고스의 서기 1819년 스페인 영역내에 설립된 스페인의 항구 도시로 사탕수수, 망고, 커피와 담배의 생산지와 가까워 이들의 무역 중심지였고 처음 이곳에는 프랑스에서 온 이민자들로 가득 찼었다. 이 도시에는 처음 신고전주의 건물들이 많이 지어졌으나 곧 절충이 되어 도시 전체가 조화를 이루도록 변화해갔다. 건물들 중 특징이 있는 것은 정부궁전(시청청사), 산 로렌죠 학교, 대주교의 교구, 훼레르(Ferrer) 궁전, 문화회관, 개인 저택 등이다. 그 외

에 요새(Castillo de Nuestra de los Ángeles de Juga), 푸리시마 콘셉시온(PurismaConcepcion) 성당(서기 1833년–서기 1869년, 스테인드 그라스가 있음), 개선문(Arcode Triunfo), 식물원(97 ㏊), 주립박물관(가구와 도자기 박물관), 발레 궁전(Valle, 신고딕 양식, 서기 1913년–서기 1917 년), 호세 마르티 공원(Parque José Martí), 시엔후에고스 대학이 있으며 이 도시는 라 틴 아메리카에서 근대, 위생, 도시계획에서의 질서 등의 새로운 개념을 추구하여 건축적인 조화를 이룬 첫 번째로 뛰어난 곳이다.

7. **카마궤이 역사중심 도시**(Historic Center of Camagüey: 문화, 2008): 스페인에 의해 세워진 7개의 도시 중의 하나로 쿠바 중앙에 위치한 현재 4번째로 큰 카마궤이 도 시는 목축과 사탕수수재배에 중요한 역할을 한 내륙도시이다. 서기 1515년 Santa María del Puerto del Príncipe라는 이름으로 북부 해안에 세워졌다가 서기 1528 년 해적으로부터 공격을 방어하기 쉽게 내륙으로 옮겨진 이 도시는 크고 작은 광 장, 뱀같이 구불구불한 길, 뒷골목 등 평원에 세워진 다른 도시들과 달리 불규칙 하고 비상정상인 방법으로 성장하였다. 54㏊의 역사중심도시는 주요 무역로와는 고립된 예외적인 도시주거를 형성하였다. 스페인 식민주의자들은 그들의 주거와 건물에서 신대륙에 가져온 도시 설계와 전통적인 건축양식대로 중세시대의 유럽 의 건축양식을 따랐다. 그리고 세월이 흐름에 따라 이 도시는 아르트 누보(Art Nouveau), 합리주의뿐만 아니라 신고전주의, 절충, 아르트 데코(Art Deco), 신식민 주의 양식도 반영한다.

크로아티아 CROATIA

1. **두브로브니크 구시가지**(Old City of Dubrovnik: 문화, 1979/1994 확대지정): 돌이 노래 하는 곳이라는 의미의 두브로브니크 시는 해발 412m 스르지 산록(Srđ Mountain)에 서기 13세기–서기 16세기 이후 베네치아와 지중해의 교역에 중요한 서기 476년 서로마제국의 멸망으로 이주한 라틴인들이 거주하던 항구·성곽의 도시국가로 서 기 1667년 지진으로 파괴되었으나 고딕, 르네상스, 바로크 양식의 교회, 높이 25m 길이 1,940m의 성벽(2중의 벽으로 동쪽의 필레 성문, 북동쪽의 프로체 성문을 포함하는 구

시가지의 성벽), 프란체스코 수도원[서기 1317년에 세워지고 서기 1391년부터 운영되는 마레 브라체(Male Brace) 약국이 있음], 큰 오노프리아스 샘/분수(서기 1438년), 로마네스크 양식의 프란시스코 수도원(서기 14세기), 도미니크 수도원[대성당, 서기 1667년 로마네스크 양식으로 재건, 서기 1417년 만들어진 로란드 상(Roland state)이 수도원 앞에 있으며 그의 팔꿈치를 기준으로 하여 두브로브니크의 표준 길이로 삼음], 로브리예나츠(Louvrijenac) 요새(서기 11세기까지 올라감), 수도원장의 궁정(Rector's House, 현 시청), 당시의 세관, 교역소, 세무서와 조폐국을 포함하고 현재는 고문서박물관으로 이용되는 스폰자 궁전(Sponza Palace, 서기 1520년), 성 블라이세 교회(St Blaise's church, 서기 18세기 재건, 바로크 양식), 루자 광장, 서기 972년 이후 이 성의 수호신으로 된 성 블라이세를 조각한 필레와 프로체 성문과 서기 15세기에 포석을 깐 프라차(Placa) 중심거리 등이 그대로 남아있다. 그리고 당시의 세관 벽에는 "상품의 개수를 셀 때 신이 보고 계신다."라는 글이 새겨져 있어 당시 이곳에서 행한 교역의 중요성을 보여주고 있다.

2. **스플리트의 디오클레티안 궁전과 역사 건축물**(Historic Complex of Split with the Palace of Diocletian: 문화, 1979): 디오클레티안(Diocletian 황제, 서기 245년–313년, 서기 284년–서기 305년 재위) 궁전은 서기 3세기–서기 4세기 초경(서기 239년–서기 303년) 건설되었다. 황제가 서기 305년 5월 1일 퇴위 후 만년을 이곳에서 보내다가 靈廟에서 잠들었는데 이 영묘를 해체해 중세에 다시 지은 성, 도미누스 성당, 서기 12세기–서기 13세기의 로마네스크 양식의 교회, 중세시대의 요새, 서기 15세기 고딕양식으로 지어진 궁전 등도 있다. 그리고 근처 코르출라 섬은 東方見聞錄의 저자 마르코 폴로(Marko Polo, 서기 1254년–서기 1324년)가 태어난 곳이기도 하다.

3. **포렉 역사지구 성공회 건축물**(The Episcopal Complex of the Euphrasian Basilica inthe Historic Centre of Poreč: 문화, 1997): 서기 4세기경부터 기독교가 전파된 이스트리아(Istria) 주 포렉(Poreč)의 종교 기념물 집단은 이런 종류로서는 가장 완전하다. 비록 대성당은 고전과 비잔티움의 문화 요소가 결합된 예외적인 것이긴 하지만 대성당, 內庭(서기 4세기), 팔각형의 洗禮場(서기 6세기), 聖具보관소, 종탑(서기16세기), 主教宮(서기 6세기에 지어졌으나 원래의 모습은 남아있지 않고 서기 17세기–서기 19세기의 예배당이 있음)은

종교적 건축물 중 뛰어난 예이다. 서기 4세기에 지어진 초기의 대성당은 성 마우루스 파렌티움(Saint Maurus Parentium)에게, 현재의 대성당은 서기 6세기 주교 에우프라시우스(Euphrasius) 때의 것으로 성모 마리아에게 바쳐진 것이다.

4. 트로기르 역사도시(The Historic City of Trogir: 문화, 1997): 스프리트 달마티아(Split-Dalmatia)의 트로기르 섬은 기원전 3세기의 헬레니즘시대 이후 도시의 전통을 계속 지녀오면서 다음 지배자들에 의해 공공건물과 私邸를 계속지어 발전을 거듭해왔다. 直交의 도로망을 가진 도시계획과 로마네스크 양식의 건물들도 다음의 르네상스와 바로크식의 건물들에 의해 보충되었다. 다시 말해 헬레니즘 문화에 바탕을 둔 중세시대의 도시 모습이 서기 13세기-서기 15세기의 베네치아의 지배를 거쳐 서기 21세기까지 그대로 유지되어 오고 있음을 보여준다.

5. 시베닉 성야고보 성당(Cathedral of St. James in Šibenik: 문화, 2000): 스베닉-크닌의 달마티안 해안가에 서기 1431년-서기 1535년에 프란세스코 디 지아코모(Francesco di Giacomo), 게오르기우스 마테이 달마티쿠스(Georgius Mathei Dalmaticus)와 니콜로 디 지오바니 프로렌티노(Niccolò di Giovanni Florentino)의 세 건축가에 의해 지어진 시베닉의 성 제임스 성당은 서기 15세기-서기 16세기 북부이탈리아, 달마티아, 투스카니와의 문화교류의 증거를 많이 보인다. 이 성당은 베니스의 고딕양식으로 출발해 르네상스 양식으로 귀결되는 과정에 서로 이어지는 건축양식을 보여주며, 전체의 재료를 브라크(Brac) 섬에서 채석한 돌로 지어진다. 그리고 궁륭과 돔의 건축에 독특한 기술을 구사하고 있다. 71개의 남자, 여자와 어린아이像을 조각해 壁龕에 넣는 성당의 형식과 장식적인 요소는 고딕과 르네상스 건축양식의 접목을 보여준다. 이 성당은 세계제2차대전과 서기 1991년의 내전으로 많은 파괴를 입었다. 현재 복원 중이다.

6. 스타리 그라드 평원(Stari Grad Plain: 문화, 2008): 스타리 그라드 평원은 그리스시대부터 포도와 올리브나무를 재배해온 곳으로 흐바르(Hvar) 섬의 농지는 쿠라(chora)라 불리우는 규격화된 한 뙈기의 밭이다. 가운데 돌로 쌓은 벽으로 소유자를 구분한다. 그리고 도구를 보관하는 벌집모양의 움푹 들어간 龕室과 저수지가

만들어진다. 이러한 방법은 기원전 4세기부터 이곳을 식민지화 했던(마그나 그레샤, 기원전 600년-기원전 500년) 파로스(Pharos)의 그리스인들로부터 받아들인 것이다. 그리스인들은 파로스(현 스타리 그라드) 도시를 건설했다. 스타리 그라드시는 현재 남아있는 것이 적지만 핵심적인 그리스 문화유산의 일부인 것이다.

키르기즈스탄 KIRGHIZSTAN

1. **슐라마인 투 성산**(Sulamain-Too Sacred Mountain: 문화, 2009): 솔로몬의 산이라는 의미의 슐라마인/슐레이만(Sulamain/Sulayman) 聖山은 중앙아시아 실크로드 길목에 자리 잡은 오시(Osh)의 페르간 계곡(Fergan Valley) 앞에 있다. 과거 1,500년간 이곳은 여행가들의 등대와 같은 역할을 해왔다. 5개의 봉우리와 산록에는 암각화가 있는 동굴, 서기 16세기의 모스크 사원도 있다. 암각화는 101개소로 인간, 동물, 기하학 무늬가 새겨져 있다. 17호라 불리우는 禮拜處는 아직도 이용되고 있는데 不姙治療, 두통, 요통, 수명장수에 효험이 있다고 한다. 이곳은 이스람 문화가 들어오기 전과 후의 문화가 구별되지만 이와 관계없이 중앙아시아에서 오랫동안 성산의 역할을 해왔다. 이곳에는 신석기시대와 청동기시대의 주거지, 바위의 암각화, 儀式장소, 서로 연결된 小路, 모스크 사원과 박물관 등이 남아있다.

타지키스탄 TADZHIKISTAN/TAJIKISTAN

1. **사라즘**(Sarazm: 문화, 2010): 사라즘 유적은 도시화 단계 직전의 유적으로 proto-Sarasm이라고도 불린다. 기원전 3400년-기원전 2000년 펜즈히켄트(Pendzhikent) 옆 해발 400-800m 동서 길이 1.5㎞, 100㏊의 넓이의 자라프숀(Zarafshon/Zeravshan) 강둑에 세워진 이 유적은 서기 1977년에 발굴이 시작되었다. 그리고 서기 1984년 프랑스와 미국의 고고학자들도 발굴에 참가하였다. '푸른 나무들이 시작이 되는 계곡', '전투의 시작', '땅이 시작되는 곳'의 의미를 지닌 사라즘 유적은 중앙아시아에서 도시가 시작되기 직전의 단계로서 가축을 사육할 수 있는 유목민족의 초원 중심부에 자리 잡고 있으면서도 농경과 관개농업에 도움을 주는 계곡을 끼고

있다. 이 유적의 발굴에서 불의 사원, 공공건물, 개인주택, 궁전과 함께 구리, 청동, 납, 은, 금, 터키옥, 유리, 바다 조개, 무기 등이 함께 출토되고 있다. 이곳은 광산의 중심지대로 이곳 사라즘 사람들은 금과 은 등의 귀금속을 인도 서부뿐만 아니라 중동과 근동지방에 수출하였다. 이곳은 중앙아시아 冶金의 중심지였다. 발굴에서 鎔范, 6개의 용광로, 대장간, 광물을 분쇄하는 대형 공이와 망치가 도끼, 검, 칼, 창, 핀, 낚시 바늘, 장신구들과 함께 발견된다. 250㎡ 넓이의 궁전 단지에서는 복도, 현관, 문지방, 부속실이 딸린 2-3개의 연이은 방의 구조가 확인된다. 모든 건물들은 넓은 통로로 연결이 되며, 어떤 방은 채광과 통풍을 위한 창문이 나 있다. 두 개의 홀 중앙에 있는 원형의 제단은 이곳이 궁전이라기보다 儀式을 위한 장소임을 알려준다. 이 사라즘은 야금을 통해 중앙시아와 투르크메니스탄의 초원지대에서부터 이란 고원, 인더스 계곡, 멀리 인도양까지 사람들과 문화적 교류와 무역관계를 유지하고 있었다. 이 유적의 사람들은 기원전 2000년 인도-이란의 도착과 함께 사라졌다가 기원전 1500년 농업과 구리 생산으로 다시 부활하고 있다.

탄자니아 UNITED REPUBLIC OF TANZANIA

1. 킬와 키시와니와 송고 음나라 유적(Kilwa Kisiwani and Songo Mnara Ruins: 문화,1981)：
초기 유럽개척자들로부터 찬탄을 받아왔던 동부 아프리카 해안가 조그만 섬에 위치한 두 항구 킬와 키시와니와 송고 음나라는 서기 13세기-서기 16세기 킬와의 상인들이 짐바브웨에서 금과 철, 탄자니아에서 상아와 노예, 아라비아, 페르시아와 중국에서 직물, 보석, 도자기, 진주, 향수와 도자기들을 인도양을 통해 교역하던 곳이다. 킬와 키시와니는 현재 이스람 상인집단이 있는 곳으로 서기 9세기경 이곳이 무역상 알-하산(Al-Hassan)에게 팔리고 난 후 아프리카 동부 해안가에서 무역의 중심지가 된 큰 도시로 발전하였다. 서기 13세기 마달리(Mahdali) 가문의 지배하에 가장 강력한 해안 무역도시가 되었고 그 영향력은 남쪽으로 모잠비크까지 끼쳐 아부압둘라 이븐 바투타(Abu Abudullah Ibn Battuta)는 서기 1330년 이 도시를 방문해 지도자 술탄 알-하산 이븐 술라이만(Sultan al-Hassan ibn Sulaiman)의 겸손함과 종교에 대해 언급해 놓았다. 이 무렵 후수니 쿠브와(Husuni Kibwa) 궁전과 킬와 대사원의 건축이 이루어진 것으로 보인다. 서기 16세기 바스코 다가마가 부유한 이스람 국가로부터 공물을 받아내고, 서기 1505년 돔 프란시스코 데 알메이다(Dom Francisco de Almeida)가 이끄는 포르투갈 군인들이 이곳 섬을 통치하였다. 서기 1784년에는 잔지바르의 오마니(Omani)에 의해, 그 후 프랑스, 그리고 독일이 서기 1886년-서기 1918년 이곳을 식민지화 하였다.

2. 잔지바르 Stone Town 해양도시(The Stone Town of Zanzibar: 문화, 2000): 현 잔지바르 웅구자(Unguja city) 시의 일부인 옛 스톤 타운(Stone Town) 지구는 동아프리카 스와힐리 해안의 해양 무역도시로 여기에는 과거 1,000년간 아프리카의 스와힐리 문화가 아랍, 인도와 유럽의 각종 문화요소를 받아들여 동질화시키면서 나타난 결과로 도시계획, 도시미화 및 조경과 아름다운 건물들이 들어서 있다. 아랍의 건물양식도 보이는데 규모가 크고 장식적으로 조각을 한 나무문, 폐쇄된 목제의 베란다 등에서 확인된다. 이는 서기 1840년에서 서기 1856년까지 사이드 빈 술탄(Said bin Sultan)이 이곳에 예멘의 수도를 삼기도 하였던 것에 비롯되기도 한다. 서기 1830년대 이후 돌로써 지어지고 있는 건물들에서는 거의 3세기에 걸쳐 사람이 살아오고 있다. 이 지역은 서기 1800년대 아프리카 내륙이 식민지화되기 이전 아시와 아프리카교역의 중심이 되었으며 그 후 몸바사(Mombasa)와 다르 에스 살람(Dar es Salaam)으로 옮겨갔다. 중요한 수출 품목은 향신료와 丁香이었다. 또 많은 기간 이곳은 노예무역의 중심이 되어 아프리카 내륙에서 노예를 데려다가 근동지방에 수출하기도 하였다. 노예를 가두어두던 노예무역시장에 영국의 聖公會가 지어졌다.

3. 콘도아 암각화 유적지(Kondoa Rock-Art Sites: 문화, 2006): 콘도아의 북쪽 20㎞, 아루샤(Arusha)와 도도마(Dodoma) 사이 길에서 9㎞ 떨어진 탄자니아 대협곡(Great Rift Valley)을 경계로 마사이(Masai)의 가파른 경사지에 초원을 굽어보는 콜로(Kolo) 마을 2,336㎢의 범위에 150개소의 자연동굴과 岩陰住居에서 생활하던 터에 위치하

는 콘도아 동굴의 岩畵(붓으로 그린 바위그림)는 수렵-채집사회에서 농경-목축 사회로 전환하는 다시 말해, 길게 늘여 그린 사람, 활을 가지거나 가면을 쓴 사람, 코끼리, 염소, 영양(kudu와 impala), 말, 얼룩말, 기린, 하이에나, 전갈 등의 동물, 덫, 그물망과 사냥장면, 춤, 치료방식 등 인류의 종교와 신념, 사회-경제에 대한 독특한 일련의 증거를 보여준다. 또 이 암화가 5만 년 전 중기구석기시대부터 철기시대에 이르기까지, 또는 적어도 2,000년-1,500년 이전, 19,000년 전-200년 전, 기원전 8000년-서기 1600년 등에 만들어졌다는 여러 가지 주장들이 나오고 있다. 최근 몇몇의 동굴과 岩陰住居 근처에서는 아직도 주위에 살고 있는 이곳 원주민인(마사이 족)들이 그들과 관련된 믿음(신앙), 儀禮와 宇宙觀을 반영하는 여러 儀式을 행하고 있다.

4. 능고론고로 보호지구(Ngorongoro Conservation Area/NCA: 문화, 2010): 탄자니아 아루샤(Arusha) 서쪽 180㎞ 떨어진 분화고원(Crater Highland Area)은 인류화석이 나오는 올두바이 고지(Olduvai Gorge)를 포함한다. 인류의 기원은 Sahalenthropus tchadensis(Tumai/Tumaï, Michel Brunet가 Chad Jurab/Djurab 사막계곡에서 발견, 7-6백만 년 전)-Orrorin tugenensis(Brigitte Senut, Martin Pickford Tugen Hill, Kenya Tugen hill에서 발견, 610-580만 년 전)-Ardipithecus ramidus(Tim White, Ethiopia, 440만 년 전)-Australo pithcus anamensis(Meave Leakey, Kenya)-Australopithecus afarensis(Lucy, 350만 년 전, DonaldJohanson)-Laetoli(Mary Leakey, Tanzania, 320만 년 전)-Homorudolfensis(Richard Leakey, 1470호, Koobi Fora, 240-180만 년 전)-Homohabilis-Homo ergaster(Turkana, Australopithecus garhi, 250만 년 전)-Homo georgicus(Georgia, Dmanishi, 175만 년 전)-Homo erectus(Trinil, 170-25만 년 전)-Homo antecessor(Gran Dollina, Atapuerca, 80만 년 전, 120만 년 전-80만년 전 유럽 최초의 인류)로 이어진다. 탄자니아의 올두바이 고지는 메리와 루이스리키(Mary와 Louis Leakey) 부부에 의해 서기 1959년에서 서기 1977년까지 60여개의 인류화석이 발견된 인류탄생 요람지 중의 하나이다. 이곳에서 Homo habilis의 인류화석편이 발견되었는데 그중 Bed I 상층에서 OH5(1959년, Zinjanthropusboisei, Zinji)와 OH7(1964년, Homo habilis, Nutcracker Man/Dear Boy)이 유명하

다. Bed I의 중-상층의 연대는 190만 년-170만 년 전이다. 그러나 현재 Bed I층 전체를 230만 년-140만 년 전으로 보기도 한다. 이곳에서 발견되는 고인류화석 으로 이곳에서 200만년 전부터 사람이 살기 시작하였고 수 천년 전 수렵-채집인, 2,000년 전에는 음브루(Mbulu), 서기 1700년경에는 다투가(Datooga), 그리고 서기 1800년대에 마사이(Maasai)족들이 들어와 오늘날까지 살고있다.

태국 THAILAND

1. **아유타야 역사도시**(Historic City of Ayutthaya and associated Towns: 문화, 1991): 아유 타야(Ayutthaya, 또는 Phra Nakhon Si Ayutthaya, 서기 1350년-서기 1767년 4월 7일 버마에 의해 멸망, 33명의 왕이 지배)는 수코타이(Sukhothai, 서기 1238년-서기 1378년)를 이은 나라로 두 번째의 수도였다. 나라가 선지 417년 후 방콕을 수도하는 새로운 나라가 들어섰 다. 이것이 현재 태국의 입헌군주제왕국인 차크리(Chakri) 왕조[서기 1782년-서기 1932 년 4대 왕 라마 4세인 몽구트(Mongut)는 영화 King & I의 주인공임. 현재 왕은 서기 1932년부터 왕위 를 계승한 챠크리 왕조의 9대 왕(라마 9세)인 푸미폰 아둔야뎃(Bhumibol Adulyadej/Phumiphon Adunyadet)이다]. 이 국가의 수입은 농산물과 외국과의 무역에서 얻는 관세에 주로 의존하였다. 포르투 갈, 네덜란드, 프랑스와 영국이 이 곳을 무대로 활동하였다. 서기 1350 년 우통(U-Thong, Ramathibodi I세) 왕 에 의해 스코타이 다음으로 제 2의 샴족(Siamese)의 수도로 세워진 아유 타야의 수도에서 보이는 유적은 聖 骨函이 모셔진 탑(prang)과 거대한 사원은 과거의 화려한 영광을 보여 준다. 이 아유타야 왕국은 외국과의

아유타야 왕(필자 촬영)

아유타야 사원 유적(서기 1350년-서기 1767년, 필자 촬영)

아유타야 궁터 유적(필자 촬영)

교역을 많이 하였는데, 포르투갈과의 교역은 포르투갈이 현 말레시아의 말라카
(Malaca) 왕국을 접수한 서기 1511년 직후에 일어났다. 그리고 서기 1644년 화란인
(네덜란드, Dutch)들이 무력을 앞세워 아유타야로부터 강제로 무역독점권을 얻었고,
이 세력을 저지하기 위해 아유타야는 다시 1684년에 프랑스와 조약을 체결하였

서기 1511년 장티푸스로 몰살한 아유타야 포르투갈 교회 묘지(필자 촬영)

다. 서기 1511년 장티프스로 사망한 포르투갈인들의 묘지가 아유타야의 수도에
서 발굴되기도 하였다. 아유타야 왕국은 금이 풍부해 서구인들에게 'Siam the city
of gold'라 불렸고, 실제 서기 1957년 왓 라차부라나 사원(Wat Ratchaburana) 납골당
에서 발굴된 왕의 상징물인 금으로 만든 검, 병과 장신구 등은 모두 무게가 100㎏
이 넘는다. 이들은 현재 모두 아유타야 박물관에 전시되어 있다. 서기 1767년 버
마와 2년간의 전쟁 후 패배하여 이 유적은 철저히 파괴되고 버려졌다. 이곳 역사
공원에서는 라차브라나(Wat Ratchaburana: wat는 태국어로 사원이란 뜻임), 왓 마하타트
(Wat Mahathat), 왓 프라 스리 산페트(Wat Phra Sri Sanphet), 왓 프라 람(Wat Phra Ram),
왓 로카야수타 위하른 프라 몽콘 보피트(Wat Lokayasutha Wiharn Phra Mongkhon Bopit),
왓 로카야수타(Wat Lokayasutha), 왓 야이 차이 몽콘 프라 체디 수리 요타이(Wat Yai
Chai Mongkon Phra Chedi Suriyothai), 왓 프난 초엥(Wat Phanan Choeng, 19m의 靑銅坐佛像,
서기 1324년), 왓 푸카오 통(Wat Phu Khao Thong), 왓 챠이 와타나람(Wat Chai Wattha-
naram, 이 유적에서는 옥수수대 모양의 탑으로 이루어져 있어 크메르 제국의 영향을 보여 주고 있으
나, 다른 사원의 鐘形의 塔身위에 尖塔이 달린 형식은 세이론의 영향을 보여 준다) 등의 사원들을

볼 수 있다. 그리고 서기 2011년 8월 홍수로 인해 아유타야의 37m×8m 높이의
臥佛이 물에 잠겨 피해를 입은 바 있었다는 보도가 있었다.

2. 수코타이 역사도시(Historic City of Sukhothai and associated Historic Towns: 문화, 1991):
서기 1238년-서기 1378년 사이 수코타이 왕국의 수도와 관련된 유적과 '행복의
시작'이란 의미를 지닌 수코타이는 서기 1238년-서기 1378년 사이 시암(Siam) 족
이 세운 첫 번째 왕국의 수도(현재의 수코타이 시로부터 12㎞ 떨어짐)로 태국 건축의 발생
을 알리는 여러 기념물들과 불상 조각들이 있다. 수코타이 왕국(9명의 왕들이 통치)
내에서 발전한 위대한 문명은 앞선 여러 전통을 수용하여 수코타이의 독특한 양
식을 만들어내고 있는 점이다. 수코타이의 영역은 마르바탄(Marbatan, 미얀마/버마),
말라이 반도, 루앙 프라방(Luang Prabang, 라오스), 중부 태국과 버마의 몬(Mon) 족에
까지 이르며, 인도의 小乘佛敎(Theravada, Hinayana)도 이 왕국에 소개되었으며, 중
국과의 무역도 번창하였다. 그리고 3대 왕인 람 캄 행(Ram Kham Haeng, 서기 1279년
-서기 1298년)은 서기 1282년 중국 元나라 쿠빌라이 칸 황제(世祖)에게 두 번이나 사
신을 보내었다. 또 그는 크메르어를 차용해 모음 32자, 자음 44자와 5성을 합쳐

스코타이 유적(서기 1238년-서기 1378년, 필자 촬영)

만든 태국의 문자가 처음
만들어져 이로부터 태국문
명이 꽃을 피우게 되었다.
수코타이 왕국은 서기
1350년 이후에는 아유타야
왕국에 포함되었다. 이곳
역사공원에서는 왓 마하타
트(Wat Mahathat), 왓 프라
아차나(Phra Achana, Wat Si
Chum), 왓 시 사와이(Wat Si
Sawai), 왓 사 시(Wat Sa Si),

스코타이 람캄행 왕(서기 1238년 현 태국어를 만듦. 필자 촬영)

왓 타판 힌(Wat Taphan Hin) 등의 20개소의 사원을 볼 수 있다. 그중 연못은 연꽃으
로 만발해서 사원의 정신적인 정서를 더욱 더 강조한 마하타트 사원이 가장 규모
가 크다.

　3. 반창 고고유적(Ban Chiang Archaeological Site: 문화, 1992): 기원전 20세기경 청동기
시대 유적과 관련된 유적으로 이곳 반창 유적과 박물관은 발굴로부터 나온 청동
기를 제작하던 거푸집(鎔范)을 비롯한 토기, 청동제의 창, 도끼와 토기(紅陶와 黑陶)
등 각종 유물들과 그들의 전시장으로 유명하다. 또 이들을 만들던 사람들의 무덤
도 발굴해 일반 관람객도 인골이 묻힌 옛 모습 그대로 볼 수 있도록 전시해 놓았
다. 이 박물관은 태국 미술성 산하 9개의 국립박물관 중의 하나이다. 이곳을 전
세계적으로 유명하게 만든 유적의 발굴은 서기 1957년에 발견되었다. 그 당시 재
미있는 선사시대의 토기들이 우연히 발견되어 태국 동북쪽 우돈타니(Udon Thani)
주 농한(NongHan) 구 반창(Ban Chiang) 마을의 주민들에게 알려지게 되었다. 이것
들이 태국의 선사시대 연구에 매우 중요함을 알고, 태국 미술성과 미국 펜실바니
아 대학박물관팀이 공동으로 서기 1967년부터 이 지역에 대한 고고학적 조사와
아울러 발굴을 시작하였다. 서기 1974년부터 행해진 체계적인 정밀 발굴에서 매

태국 국립박물관(필자 촬영)

우 중요한 유물들이 출토되었다. 가장 최근에 나온 보고서에 의하면 이 마을이
기원전 4000년에 시작하여 서력기원전후─서기 200년경까지 다시 말해 신석기시
대 말에서 철기시대에 이르는 약 4,000년간 계속 번영을 누린 곳으로 밝혀졌다.
TL(발열광 연대측정)연대는기원전 4420년─기원전 3400년으로 나왔다.

  기원전 5000년─기원전 4000년 전에 이곳은 침엽수림과 상록수림대로 둘러싸
여 있었던 것으로 추정되었다. 그래서 이곳에 정착하기 시작하면서 주민들은 삼
림을 개간해 낮은 지역에 농지를 조성하고 그들의 주식인 쌀을 재배하여 생계를
유지하였다. 이외에도 소, 돼지, 개와 닭의 사육도 또한 그들 생계에 많은 도움을
주었다. 집자리들의 발굴에서도 당시의 기술이 발달했다는 증거도 보인다. 점토
를 구워 토기를 만드는 데서 이러한 증거가 잘 나타나는데, 이것은 고온도의 불
을 다루는 기술을 반영한다. 그리고 전통적인 토기제작과 함께 담황색의 표면에
채색을 해 여러 가지 문양이 있는 아름다운 토기도 자체 내에서 제작하였다. 이
것들은 대부분 무덤에서 나와 껴묻거리(副葬品)임을 알 수 있다. 토기를 제작한 지
천 년쯤 지나 그들은 이러한 기술을 간단한 초보적인 야금술에 이용하게 된다. 반

복적인 실험 결과 그들은 주조(鑄造)의 청동제 무기나 도구를 만드는 기술자가 된다. 농경과 야금술의 발달은 이들 사회를 종전의 수렵과 채집사회보다 좀 더 복잡하게 이끌어가게 되었다. 그런 다음 종전보다 한걸음 더 발달한 문명사회가 나타나게 된 것이다.

서기 1974년-서기 1775년에 걸쳐 발굴된 127구의 인골을 통해 이곳에 살던 주민들 중 남자들은 비교적 키가 크고, 다리가 길고 건장하였다고 알려지고 있다. 성인 남자의 키는 평균 162.5-172.5㎝인데 그중 하나는 예외적으로 커 185㎝나 된다고 한다. 성인 여자는 단지 평균 147.5-155㎝밖에 안되는 단신으로 체구도 왜소하다. 그들은 형질인류학상의 특성으로 큰 두개골, 넓은 이마, 넓은 얼굴, 툭 튀어나온 광대뼈, 큰 구개(口蓋), 좁은 안와(眼窩), 고두(高頭)를 가지고 있었다. 치아는 거의 완전했으며, 약간의 충치도 보인다. 2-3살 먹은 어린 아이의 경우 세균에 감염된 경우와 같은 종양의 흔적을 보인다. 성인의 경우 경골(脛骨)에 불구가 된 듯한 질병을 앓았던 흔적도 보인다. 다른 예에서도 관절염, 종양과 빈혈 같은 증상을 보여준다. 특히 후손들로 여겨지는 오늘날의 주민에서 발견되는 탈라씨마(Thalassemia)나 이상(異狀) 헤모글로빈(헤모글로빈 E)의 존재는 당시의 주민들이 운이 좋게 말라리아를 이겨낸 증거가 된다.

또 이곳에서 무엇보다도 중요한 것은 논녹타(Non Nok Tha) 고고유적의 기원전 2700년과 함께 늦어도 기원전 2000년경 태국에 처음으로 고고학상 증거가 뚜렷한 청동주조기술이 나타난데 있다. 이 연대는 극동지역과 동남아시아에서 가장 올라가는 것으로 처음에는 아무도 그 연대를 믿으려고 하지 않았다. 그리고 미국 펜실바니아 대학에서 낸 일련의 방사성탄소연대와 그 시료로서 이용된 목탄의 채취과정에 대해서도 의심을 가졌다. 어떤 학자는 몰래 그 연대를 시험해 보고자 하였다. 이 지역이 청동기 주조의 기원이 된다는 설은 믿기에 매우 어렵고 복잡하게 보인다. 왜냐하면 주조기술이 토착적인 발전에 의한 것인지 혹은 외부의 영향에 의해 나타난 것인지에 대한 뒷받침을 하는 증거가 별로 없기 때문이다. 그러나 최근의 연구 경향은 이 유적의 연대에 대한 의심을 풀고 오히려 그곳 청동기 제작기술이 토착적으로 발전한 것인지에 대한 증거를 찾으려고 하고 있다. 그래서 관계 학자들은 연구가 진행됨에 따라 이 유적을 초기(기원전 4000년-기원전 1000년), 중기(기원전 1000년-기원전 300년)와 후기(기원전 300년-서기 400년)의 세 시기로 나누어 각 시기에 따른 특징 있는 문화의 성격을 밝히려고 노력하고 있다. 아무튼 이곳 유적에서 당시에 살고 있었던 장인(匠人)들은 여러 번의 실험으로 청동과 철의 두 가지 금속을 결합시켜 도구를 만들어내는 새로운 기술을 개발해내게 되었던 것은 확실하다. 일례로 어떤 창은 전체가 주조로 만들어졌는데 날은 철이고 손잡이는 청동이다. 그리고 어떤 팔찌는 청동제인데 그 위에 철제의 팔찌가 한 겹 더 싸여져 있었다. 이것이 만들어진 것은 기원전 1000년경의 일이다. 두 금속을 결합하는 기술의 기원이 이곳으로부터 시작된 것은 아니지만 토착적으로 발전시킨 것만은 틀림없다. 그러나 이런 기술이 발전된 이후 청동대신 철에 의존해 도구를 만드는 경향도 더욱 더 많아졌다.

중국보다도 수 백 년 앞선 기원전 2000년경 극동과 동남아세아지역에서 최초의 청동주조기술이 나타난 이 유적에 대하여는 앞으로 전 세계의 여러 청동기시대 학자들이 많은 토론을 벌릴 것으로 예상된다. 원 발굴자인 펜실바니아 대학의 체스터 고만 교수는 수 년 전 후두암으로 작고했다. 그래서 발굴에 대한 논의는 앞으로 그곳 공동책임자로 참여했던 피시트 차로엔웡사(Pisit Charoenwongsa, 그는 실파콘 대학교 고고학과 교수로 재직 중 이 발굴에 참여했으나 현재는 미술성 고고부 연구책임자로 있음)를 비롯한 여러 관련 태국학자들의 앞으로의 연구진행과 성과에 달린 것이다. 그중의 하나가 서기 1985년 아만드 라베(Armand Labbé)가 영문으로 출간한 「반창」 -태국 동북지방의 예술과 선사시대-(캘리포니아 산타아나 소재 바우어즈 박물관 간행)를 들 수 있다. 이 책 한 권으로도 이 유적 발굴의 중요성을 전 세계에 잘 알려주고 있다.

태국 정부에서도 이 유적의 중요성을 감안해 그곳 발굴현장의 하나인 왓트 포시 나이에 지붕을 씌어 야외박물관으로 보존하고, 유물의 전시는 발굴현장에 덧집을 씌워 현장 그대로 보전한 야외박물관, 발굴 직후 지어 놓은 단층의 콘크리트 전시실과 서기 1987년 태국 황실 현 챠크리 왕조의 9대 왕(라마 9세)인 bnalvhs 아둔야뎃(Bhumibol Abdulyadej/Phumiphon Adunyadet)의 어머니인 대비(大妃)의 재정적 지원에 의해 새로 지어진 이층의 박물관(사무실 포함)의 세 군데에서 이루어지고 있다. 그 외에 그곳에서 나온 모든 유물들을 전시하기 위해 서기 1987년 11월 21일 대비를 모시고 그녀의 이름을 따 "반창 국립박물관 솜뎃트 프라 스리나카린드하라 보로무라지촌니(Somdet Phra Srinakarindhara Boromraj chonni)"라는 긴 이름의 두 번째 박물관을 앞선 단층 건물 앞에 새로이 세울 정도였다. 이는 태국정부가 태국 국민들로 하여금 세계에서 가장 중요한 유적의 하나를 갖고 있다는 자부심을 심어 주기 위한 것이었다.

터키 TURKEY

1. **이스탄불 역사지구**(Historic areas of Istanbul: 문화, 1985): 동로마 비잔틴 제국(서기 395/476년-서기 1453년)과 오스만 투르크(서기 1299년-서기 1922년)를 거치면서 기독교와 회교의 문화가 공존하는 역사적 도시 비잔티움[콘스탄티노풀/이스탄불: 콘스탄티노풀은 서기 324년 11월 8일(일) 콘스탄티누스 대제(Constantine the Great 서기 272년 2월 27일-서기 337년 5월 22일)에 의해 콘스탄티노폴리스(Constantinopolis)의 건설을 시작해 6년 뒤인 서기 330년 5월 11일 완공을 봄]으로 최근 철도공사로 인해 발굴 중인 예니카피(Yenikapi) 항구, 콘스탄티누스 황제 이후의 궁전 터(Great Palace), 성벽[Theodosian(서기 408년-서기 450년) Walls of Constantinople, 서기 413년 완공], **Hippodrome**(전차 경기장) **of Constantine**[서기 203년에 있던 것을 서기 324년경 콘스탄티누스 대제 때 확대 개조하여 여기에는 이집트에서 가져온 기원전 1490년에 만들어진 토트메스 Ⅲ세의 오벨리스크가 세워져 있다. 그리고 테오도시우스 대제 때 그리스 델피의 아폴로 신전에서 가져온 기원전 5세기경의 뱀의 기둥(The serpent column)도 있으며 머리는 현재 이스탄불 고고학 박물관에 전시 중이다.], 지하 물탱크-저수지[Basilica Cistern, 하기아 소피아(Hagia Sophia) 서남방 150m 떨어진 138m×64.6m, 9,800㎡의 8만 큐빅의 물을 저장할 수 있는 Sunken palace(서기 532년경 재건)], 솔로몬 성전과 유사한 폴리에쿠토스 성당 터, '성스런 지혜'라는 의미의 하기아 소피아(Hagia Sophia, Holy Wisdom of God, Sancta Sophia)가 로

마시대에 만들어진 중요한 유적이다. 하기아 소피아 사원의 역사는 "Great Church"로 알려진 터 위에 서기 360년 2월 15일 즉위한 콘스탄틴(Constantius) II세 황제에 의해 서기 346년에 초건→서기 405년 10월 10일 즉위한 테오도시우스(Theodosius) II의 명령으로 서기 532년 1월 13-14일 재건→서기 532년-서기 537년 12월 27일 유스티아누스(Justinian) 황제 때 이시도르(Isidore of Miletus)와 안테미우스(Anthemius of Tralles)의 설계로 만들어졌으나 서기 557년 12월 14일과 서기 558년 5월 7일 대지진으로 본당의 돔이 파괴되었는데 서기 562년 12월 23일 이시도르의 조카인 Isidorus the Yonger에 의해 세 번째로 현재의 건물인 정교회(orthodox patriachal basilica) 총교관이 복원되었음을 알 수 있다. 그리고 오스만 터키의 메에드 2세(Mehmed II세) 점령하인 서기 1453년 아야 소피야 바미 모스크(Ayasofya/Ayasophia Vami Mosque) 회교사원으로 바뀌었다. 이 건물의 특징은 돔을 이용한 pendentive(돔에서 돔의 상부를 수평으로 잘라내고 그 위에 또 하나의 돔을 접합) 건축양식으로 (라벤나/Ravenna의 서기 548년에 축조한 산 비탈레/San Vitale 성당의 내부가 그러한 양식을 갖고 있다) 쉬

레이마니예(Süleymaniye) 사원과 건축가 미마르 시난(Mimar Sinan)이 모스크 회교사원 주위에 만든 尖塔(minaret, 서기 16세기) 4기 등이 남아 있다. 또 현 회벽 안에는 유스티아누스 황제 때 하기아 소피아가 만들어질 당시의 예수, 성모마리아, 천사들과 함께 여러 가지 벽화가 남아 있음이 확인되고 있다. 그리고 서기 1616년 건축가 메메트 아가(Mehmet Aga)가 하기아 소피아 사원 맞은편에 술탄 아메드(Sultan Ahmed) I세를 위해 지은 술탄 아메드 사원(Sultan Ahmed Mosque, 서기

성 소피아 성당 내 예수 벽화
(국립중앙박물관회 강신애 교육사 제공)

1609년~서기 1616년)도 있다. 그 외에도 이스탄불 시에는 톱카피 궁전[Topkapi palace museum, 서기 1453년부터 술탄의 거주지로 마지막 술탄인 압튤메시드(Abdulmecid, 서기 1839년~ 서기 1863년)까지 거주, 주로 술탄들이 모은 진귀한 보석과 도자기들이 전시됨], 고고학박물관[서 기 1887년 시돈(Sidon)에서 발견된 알렉산더의 석관(Alexander's sarphagus로 현재는 기원전 332년 시 돈의 왕인 아브달로니므스(Abdalonymus)의 것으로 추정됨, 기원전 1274년 카데슈 전투 후 기원전 1258년경 이집트의 람세스 II세와 힛타이트의 무와타리 왕 사이에서 맺은 점토판의 평화협정문과 청화 백자 등이 전시], 갈라타 탑(Galata tower, 서기 1348년 재건), 대시장(Grand Bazar, 서기 1455년 ~서기 1461년 건립)과 탁심광장(Taksimplaza/square, 서기 1732년) 등이 알려져 있다.

2. 大모스크와 디브리기 병원(Great mosque and hospital of Divriği: 문화, 1985): 아나토 리아 고원 동쪽의 디브리기 마을에 서기 1228년~서기 1229년경 에미르 아메트샤 (Emir Ahmet Shah) 왕이 사원과 부속병원을 설립하였다. 사원은 하나의 기도실을 갖고 두 개의 궁륭상의 둥근 지붕으로 덮여 있다. 궁륭상의 둥근 지붕을 올리는 매우 복잡한 기술과 문 안쪽에 비해 바깥쪽에 많은 조각(浮彫)의 장식이 있는 것은 이 건축의 특징이다.

3. 궤레메 국립공원과 카파도키아 바위유적(Göreme National Park and the Rock Sites of Cappadocia: 복합, 1985): 터키 앙카라 서남부 320㎞ 떨어진 화산 폭발로 형성된 응회 암지대인 궤레메. 오즈코냑, 아하나스와 가지에메르 지역 지하에 만들어진 200여 개의 지하 도시이다. 젤베(Zelve) 계곡 수도사들이 은거해 있었던 훼어리 침니 바 위(Fairy chimney rocks)와 깊은 우물이란 의미를 지닌 데린큐우(Derinkuyu Underground City)의 지하 20층 깊이의 지하 도시가 궤레메의 대표적 유적이다. 이 유적은 기원 전 8세기~기원전 7세기경 아나톨리아 서쪽의 프리지아(Phrygia) 왕국 때 처음 만 들어졌으며 비잔틴시대에 확장되고 아케메니드 제국시대에는 피난처로 이용되 었다. 그러나 카파도키아에는 제일 연대가 올라가는 힛타이트 제국(기원전 1700년~ 기원전 1190년)의 유적을 비롯해 현재는 확인되고 있지 않지만 사도 바울[Paul, Paul the Apostle(서기 5년경~서기 64년/67년경) 또한 "the Apostle Paul", "Saint Paul" and "Saul of Tar- sus"로도 불리움), 서기 64년경 참수 당해 피 대신 흰 우유가 쏟아져 나왔다고 전해짐]이 서기 50년

궤레메 카파도키아 바위·동굴유적(국립중앙박물관회 강신애 교육사 제공)

－서기 53년 제 2차 전도여행시 근처 안타키아/안티오크Antioch에서 기독교를 전파하던 초기 기독교부터 서기 313년 기독교 공인 사이의 기독교인들의 박해와 서기 476년 서로마제국의 멸망으로 인한 망명해온 기독교인들의 유적이 남아있을 가능성이 많다. 현재 서기 9세기 교회 30개소의 지하 교회(32㎞ 범위의 지하에서 8층 높이의 교회도 있음)를 비롯하여 서기 14세기경까지 지어진 동굴 교회들이 16㎞의 거리 안에 100여개가 존재한다. 그중 St. John the Baptist(서기 5세기-서기 10세기), Karanlik Kilise(Dark Church, 어둠의 교회), Cavusin(Nicephorus Phocas) Uzumulu(grape) Church(서기 8세기-서기 9세기), Church(서기 964/965년), Haçli Kilise(Church with cross)와 Tokali Kilise를 포함하여 서기 14세기경에 지어진 성 바실(St. Basil) 수도원(약 365개 중 30개 정도가 공개: 궤레메 야외박물관)의 프레스코 벽화 등이 잘 알려져 있다. 그 외에도 로마인, 회교도들, 그리고 서기 13세기 실크로드 상인들의 지하 주거지군이 시대를 달리하며 존재한다. 그중에는 회교도 건축가 미마르 시난(Mimar Sinan)이 살던 집도 포함된다.

4. **하투사**(Hattusha/Hattusa: 문화, 1986): 터키 동북 아나톨리아 고원 중앙의 초록

주의 보아즈칼레(Boğazköy, Boghaz Keui, Boğazkale) 마을 뒤편에 위치하는 하투사는 청동기시대 말 힛타이트 제국(기원전 1700년-기원전 1190년)의 초기 수도로 사원(신전), 왕궁, 예르카피(Yerkapi) 요새, 사자의 문, 왕의 문, 하투사의 聖所인 야질리카야(Yazilikaya)의 바위에 새겨놓은 지하세계의 12신 등이 남아있으며 기원전 2000년경부터 아나톨리아와 시리아 북부에 영향을 미쳤다. 힛타이트의 전성기는 기원전 1375년-기원전 1200년이며 그중 수피루리우마 I세[Šuppiluliuma I, 기원전 1344년(?)-기원전 1320년] 때 가장 융성하였다. 힛타이트인들은 성벽으로 둘러싸이고 방어를 잘 할 수 있는 곳에 도시를 세우고 방어를 한층 강화하였다. 성벽은 두 개의 문이 나 있는데 이들은 동남쪽의 왕의 문과 서남쪽의 사자의 문이다. 힛타이트의 무와타리 왕이 이집트의 람세스 II세(재위 5년)와 기원전 1274년 시리아의 오론테스 강 옆 가데슈(Quadesh/Kadesh)에서 전투를 벌인 후 람세스 21년과 하투살리(Hattušiliš III, 기원전 1267년-기원전 1237년) 때인 기원전 1258년경 평화조약(婚姻同盟/講和條約)을 맺어 이후 80년간 전쟁이 없던 것은 역사적 사건이다. 이것은 보가즈쾌이 도서관에 발굴한 삼만 점 정도의 印歐語로 써진 점토판문서(Clay tablets)에 의해서 알 수 있다. 이 힛타이트어로 된 평화협정문서(Kadesh peace agreement)는 현재 터키고고학박물관과 UN에 전시되어 있다. 서기 1906년-서기 1908년 독일의 휴고 빙클러(Hugo Winkler)가 발굴하여 보가즈쾌이가 힛타이트의 수도였음을 밝혀냈다. 그리고 힛타이트인들의 가장 중요한 업적은 기원전 14세기경 1,525℃/1,537℃의 高熱에서 녹는 철을 다루어 무기를 제작하고 지구상에서 철기시대를 열었다는 기술이다. 그리고 이곳은 외부의 침입과 공격에 의해서가 아니라 무와타리왕 II세(Muwattalli II, 기원전 1293년-기원전 1271년)와 조카 하투실리 III세(Ḥattušili III, 기원전 1274년-기원전 1249년) 사이에 벌어진 내분과 암투에 의해 명령과 복종에 의해 유지되던 사회조직이 붕괴되어 멸망하였고 그들이 어디론가 이주하기 전에 성내의 모든 중요한 건물들이 불태워 버려진 것으로 밝혀졌다. 이는 성스런 동굴에 새겨진 상형문자의 해독으로 파악되었다.

하투사(Hattusha, Boğazköy)에 중심을 두고 고대 아나톨리아인들이 기원전 18세

보가즈쾨이(보이즈카레) 사자의 문(국립중앙박물관회 강신애 교육사 제공)

기경에 세운 힛타이트 제국은 소아시아, 레반트와 메소포타미아의 북부지방을 아우르는 영토를 가진 수피루리우마 I세 때 가장 융성하였다. 그러나 기원전 1180 년 이후 'Sea peoples'로 알려진 해양민족의 침입으로 제국은 와해되고 여러 개의 'Neo-Hittite' 도시국가(Neo-Hittite City States, Syro-Hittite Kingdom/Syrian Neo-Hittite Kingdom/GK로 알려진 Tabal국도 포함)로 분열되어 기원전 8세기경까지 존속하다 시리아의 사르곤 II세에 의해 합병되었다. 그러나 힛타이트라는 용어는 성경의 구약성서 창세기(Genesis)에서부터 에스라-느헤미야(Ezra-Nehemiah)까지 기원전 2000년경부 터 언급되는데 이는 성서에 나타나는 힛타이트(Hattic, Biblical Hittites)로 印歐語(Indo-European language family)족이 아닌 핫틱(Ḫattic) 족으로 초기에는 아나톨리아의 Kus-sara(Pithana)에 정착했던 것으로 추정된다. 이들은 하투사에 정착하면서 Nesili(Neša의 언어)라는 印歐語를 사용하고 기원전 14세기경부터 鐵을 생산하는 힛 타이트 족들에 의해 동화·흡수되었던 것으로 추측된다. 이는 힛타이트 문화에서 아카드(Akkad)/시리아의 쐐기문자, 원통형 印章(cylindrical seal)과 종교적 목적에서 핫틱의 언어를 차용한 흔적이 확인되기 때문이다. 그래서 힛타이트의 역사는

Hattic(Biblical Hittite)→Old Hittite Kingdom(기원전 1750년경-기원전 1500년경)→Middle Hittite Kingdom(기원전 1500년경-기원전 1439년경)→New Hittite Kingdom(기원전 1430 년경-기원전 1180년경)→Neo-Hittite City States(Syro-Hittite Kingdom)의 경과를 거치지 만 우리가 언급하는 진정한 힛타이트 제국의 역사는 New Hittite Kingdom(Late Empire) 시기인 기원전 1430년경-기원전 1180년 사이를 말한다. 힛타이트 제국의 문화는 종족의 이동에 따라 발칸반도의 에제로(Ezero) 문화와 코카서스 지방의 마이콥(Maikop) 문화와 관계를 갖고 있다.

각 시대별 힛타이트 제국의 왕의 목록(King List)과 치세연대는 다음과 같다.

Ḫattic Period(Hattic, Biblical Hittites)

Pamba 기원전 23세기(?) Ḫurmeli 기원전 1845년(?) King of Kaniš

Ḫarpatiwa 기원전 1831년(?) King of Kaniš(?)

Inar King of Kaniš

Waršama King of Kaniš

Anum-Ḫerwa King of Zalwar

PitḪana King of Kuššar

Piyušti 기원전 18세기 말

Anitta 기원전 18세기 말 King of Kuššar

Peruwa King of Kuššar(?)

Zuzzu King of Kaniš(?)

Old Hittite Kingdom(Early Empire, 기원전 1750년경-기원전 1500년경)

Tudḫaliya I (reign uncertain)

Ḫuzziya 0 (reign uncertain)

PU-Šarruma

Papaḫdilmaḫ

Labarna I 기원전 1680년-기원전 1650년

Ḫattušili I (Labarna II) 기원전 1650년-기원전 1620년

Muršili I 기원전 1620년-기원전 1590년

Zidanta I 기원전 1560년-기원전 1550년

Ammuna 기원전 1550년-기원전 1530년

Ḫuzziya I 기원전 1530년-기원전 1525년

Middle Hittite Kingdom(Middle Empire, 기원전 1500년경-기원전 1439년경)

Telipinu 기원전 1525년-기원전 1500년

Alluwamna 기원전 1500년-?

Ḫantili II (?)

Taḫurwaili (?)

Zidanta II 기원전 1480년

Ḫuzziya II 기원전 1450년

Muwatalli I (?)

Tudḫaliya II 기원전 1420년-기원전 1400년

Arnuwanda I 기원전 1400년-기원전 1385년

Tudḫaliya III 기원전 1385년-기원전 1380년(?)

New Hittite Kingdom (Late Empire, 기원전 1430년경-기원전 1180년경)

Šuppululiuma I 기원전 1344년(?)-기원전 1320년

Arnuwanda II 기원전 1320년-기원전 1318년

Muršili II 기원전 1317년-기원전 1293년

Muwattalli II 기원전 1293년-기원전 1271년

Muršili III 기원전 1271년-기원전 1264년

Ḫattušili III 기원전 1274년-기원전 1249년

TudḪaliya IV 기원전 1239년-기원전 1209년

Kurunta 기원전 1209년(?)

Arnuwanda III 기원전 1209년-기원전 1205년

Šuppululiuma II 기원전 1205년-기원전 1177년(?)

Neo-Hittite City States[Syro-Hittite Kingdom/Syrian Neo-Hittite Kingdom/GK로 알려진 Tabal국도 포함, 기원전 1180/1160년-기원전 8세기경 아시리아의 사르곤 II세(Sargon II, 기원전 722년-기원전 705년)에 통합됨.]

5. 넴루트 닥 고고유적(Nemrut Dağ[Dagi] Archaeological Site: 문화, 1987): 카타(Khata)의 북쪽 40㎞ 아디야만(Adiyaman) 근처 로마-페르시아 왕인 안티오쿠스 I세(Antiochus I of Commagene, 기원전 69년-기원전 34년, 시리아 북쪽과 유프라테스를 지배하던 왕국)가 넴루트 산 정상에 기원전 62년 7월 7일 자신의 무덤(靈廟, 높이 49m, 직경 152m)을 만들기 시작하고 주위에 2m 정도로 자신의 얼굴을 비롯해 독수리, 두 마리의 사자, 아폴로, 포튠, 헤라클레스, 제우스의 그리스 신들과 아르메니아 신들의 石像을 배치하여 聖所(Hierotheseion, royal burial precinct)를 만들도록 하였다. 이들은 그리스인의 얼굴을 하고 페르스아인들의 복장을 갖추었다. 이 유적은 알렉산더의 사후 공백지대에서 헬레니즘(기원전 304년-기원전 30년)의 전통을 유지한 유적으로 중요하다. 서기 1881년 독일의 기술자 촬스 세스터(Charles Sester)가 발굴하였다.

6. 히에라폴리스-파무칼레(Hierapolis-Pamukkale: 복합, 1988): 이 유적은 기후가 따뜻하고, 온천 샘에서 나와 못을 이루는 방해석/석회암의 물, 아찔할 만한 절벽을 이루는 段丘와 같은 최상의 자연 현상에 의해 예외적으로 보존될 수 있는 뛰어난 곳이다. 이곳에는 그레코-로만(Graeco-Roman, 기원전 146년-서기 14년) 시대의 온천설비를 갖춘 히에라폴리스 도시유적이 함께한다. 코켈레즈 산맥(Cokelez Mountains) 아래 쿠르쿠스 평원(Curuksu plain)을 굽어보는 해발 200m 절벽 아래 方解石/石灰岩이 많이 함유된 35℃의 온천수가 솟아나는 파무칼레(cotton castle/cotton palace)는 건강유지에 도움을 주는 온천휴양도시이다. 기원전 2세기경 아타리드(Attalids) 왕국의 페르가몬(Pergamon) 왕 유메네스(Eumenes) II세가 히에라폴리스의 온천욕장을 세웠으며, 이로 인해 고대도시 히에라폴리스에는 성당, 수도원 교회와 같은 초기 기독교시대의 뛰어난 건물들과 함께 로마시대의 목욕탕, 사원(아폴로 신전/Temple of Apollo), 극장(세르부스/Severus, 서기 193년-서기 211년 로마의 황제)이 들어섰으며 절벽 위에 성벽이 지어졌다. 기원전 129년 로마인들이 이곳을 지배하며 아나톨리아,

그레코-마케도니아, 로마와 유태인이 섞여 사는 국제도시로 번영을 이루었다. 주위에는 각 민족의 正體性을 나타내는 그레코-로만 시기의 1,200여기의 공동묘지가 이를 입증해준다. 서기 87년경 도미티안 황제(Domitian, 서기 81년-서기 96년 로마의 황제) 때 사도 필립(Philip the Apostle)이 이곳 고향에서 개종을 하고 선교활동을 벌리다가 십자가에 처형되었는데 성벽 동북쪽 꼭대기에 서기 5세기경에 세워진 그의 納骨堂(martyrium of St Philip)이 중요한 기념물로 남아있다. 히에라폴리스는 프리지아 파카티아나[Phrygia Pacatiana, Diocletian 로마황제(서기 284년-서기 305년) 때 Diocese of Asia 아래 두 도시로 나누어짐] 도시와 기독교 敎區로 남았다. 또 이곳에서 나오는 온천수는 양모 등을 洗毛하는 데에도 이용되었다.

7. 산토스-레툰(Xanthos-Letoon: 문화, 1988): 무갈라(Muğala)와 안탈랴 지구의 리치아(Lycia) 왕국의 수도이며 무역 중심지인 산토스에서 리치아 문화전통과 헤레니즘(기원전 304년-기원전 30년)이 융화된 모습을 보여주며 靈廟(현재 대영제국 박물관에 전시), 네레이드(Nereid) 기념물, 파야바(Payava) 石棺을 비롯해 이곳에서 출토한 많은 銘文들은 리치아, 그리스와 아람어(Aramaic language) 문자를 해독하는데 중요하다. 레툰이라 불리우는 산토스 시 옆에 자리한 헬레니즘의 레토(Leto) 聖所는 레토신과 그의 아들, 아르테미스, 아폴로 신들에게 바쳐진 리치아의 종교적 중심지이다.

8. 사프란볼루 시(City of Safranbolu: 문화, 1994): 카라부크의 사프란 시는 서기 13세기부터 서기 20세기 기차가 들어오기 전까지 隊商(카라반) 무역의 중심지로 서기 1322년에 돔을 중심으로 지어진 사원, 목욕탕 등이 있으며 서기 17세기에 번영의 극치를 이루었다. 이곳에서 역사적으로 가치가 있는 문화재로 등록된 것은 1,008점에 이르며 그중 사설박물관 1, 사원 25, 무덤 5, 분수(샘) 8, 목욕탕 5, 대상의 숙소 3, 시계탑 1개소를 비롯해 수 백동의 집과 저택, 암굴묘와 다리 등이다. 이곳은 서기 17세기에 정점을 이루었으며 건물들은 오스만투르크(서기 1299년-서기 1922년) 지배하의 전 지역에 영향을 주었다.

9. 트로이 고고유적지(Archaeological site of Troy: 문화, 1998): 기원전 1250/1200년 호머의 일리아드와 오딧세이의 배경으로 하인리히 슈리만(Heinrich Schliemann)이 터

키의 힛사르리크(Hissarik)에 있는 트로이(Troy) 유적을 서기 1871년-서기 1890년까지 4차에 걸쳐 발굴을 하였다. 이는 호머의 일리아드의 서사시에 나오는 트로이 전쟁에 관한 내용 때문이었다. 트로이의 파리스(Paris) 왕자에게 뺏긴 스파르타의 메넬라오스 왕(미케네 출신으로 스파르타의 프르크 왕자의 사망으로 왕위 계승)의 부인이었던 헬렌(Hellen) 왕비, 파리스 왕자의 아버지인 프리암(Priam, Primos) 왕과 형인 헥토르 장군, 이를 응징하고 弟嫂 헬렌을 되찾기 위한 미케네의 아가멤논(Agamemnon, 스파르타의 메넬라오스 Menelaus 왕의 형) 왕과 그의 부인 크라이템네스트라(Clytemnestra), 그리고 전쟁의 제물로 바쳐진 이피게니아 공주, 이의 복수를 위해 크라이템네스트라가 정부 아이기토스와 짜고 남편이 트로이 전쟁에서 승리 후 귀환한 아가멤논을 살해, 전쟁에 참가하였다가 바다에서 포세이돈(海神)에 의해 10년을 고생한 후 고향인 이타카(Ithaca)로 돌아가서 그의 부인 페네로페를 만나게 되는 율리시스(Ulysses, Odysseus, Odyssey)와, 그리고 트로이(Troy) 전쟁에서 전사한 아킬레스와 여사제 브리세이스 등 인물들이 등장하는 호머(Homer)의 일리아드(Iliad) 서사시에 나오는 트로이 전쟁의 무대는 기원전 1200년/기원전 1250년경으로 여겨지며 실제 발굴했던 칼 브레겐(Carl Blegen)에 의하면 층위 7A가 이 시기로 보인다.

이 전쟁은 당시 트로이가 黑海에서 시작해 보스포러스(Bosporus) 해협에 위치하는 비잔티움(콘스탄티노풀/이스탄불)을 지나 마르마라(Sea of Marmara, 옛 이름은 Propontis 임) 바다와 다다넬스(Dardanelles) 海峽을 빠져나와 그리스로 향하는 당시의 무역루트 要衝地에 위치하여 交易의 중심을 이루고 있었기 때문에 미케네를 盟主로 하는 그리스 공동 연합군(coalition force)의 공격이 불가피했을 것이다. 그리고 최근 이 트로이 전쟁을 神話로서보다는 實戰으로서의 가능성을 많이 언급하게 되는데 이는 서기 1961년 발굴된 '미코노스의 瓶'에 그려진 攻城用으로 제작된 트로이 목마(아가멤논의 부하 장군인 율리시스/오디세우스의 고안품으로 알려짐)와 유사한 그림, 트로이 목마를 성안으로 끌어들여 신에게 제물로 바치는 트로이 측의 종교적 배경, 앗시리아에서부터 기원한 攻城用 장비, 말이 끄는 戰車, 전차병이 착용했을 것으로 추측되는 '덴드라 파나폴리'라 불리는 갑옷, 멧돼지 어금니로 만든 전통적인 투구와 여기에 새로이 개발된 아마포로 제작된 투구, 전갈이나 독충의 강한 독을 묻힌 청동제 화살촉(아킬레스가 이 화살을 발뒤꿈치에 맞고 죽음), 영국 스톤헨지에 음각되어 있는 것과 같은 미케네의 검, 흙벽돌로 만들어지고 二重의 垓字와 木柵에 둘러싸인 트로이 성 등의 고고학적 증거가 조금씩 확인되고 있기 때문이다. 트로이 전쟁에서 승리한 후 미케네로 귀환한 아가멤논 왕은 부인인 크라이템네스트라와 그녀의 정부 아이기토스에 의해 살해된다. 그의 시체를 묻은 竪穴式 무덤(shaft grave)이 슐리만에 의해 발굴되고 그곳에서 황금의 데드 마스크(gold death mask, gold funerary mask)도 발견된다. 그리고 그리스의 미케네와 터키의 트로이에서 하인리히 슐리만이 발굴하여 세상의 이목을 집중시켰던 아가멤논의 황금 데드 마스크(death mask, 死面)를 비롯한 프리암 왕의 보물들이 베를린 박물관에 소장되었다가 세계제2차대전 중 폭격으로 사라져 없어진 것으로 여겨져 왔는데, 이들은 서기 1991년 러시아의 푸시킨 박물관 지하실에 안전하게 보관되어 있음이 새로이 확인되었다.

　10. **셀리미예 사원과 사회복합**(Selimiye Mosque and its Social Complex: 문화, 2011): 하나의 큰 돔과 4개의 날씬한 첨탑으로 이루어진 방형의 사원은 오스만투르크 제국(서기 1299년-서기 1922년)의 前 首都인 에디르네(Edirne)의 하늘을 덮고 있다. 서기 16세기 오스만투르크 제국 제일의 건축가인 시난(Sinan)은 학교(madrasas), 지붕이 있는 시장, 시계보관소, 야외 정원과 도서관을 포함하는 이 건물복합을 그의 최고의 업적으로 생각하였다. 회교문화 중 가장 전성기 때 만들어진 이즈니크 타일(Iznic tiles)을 이용해 내부 장식을 하였는데 이점에서 아무것도 이 사원을 능가할 수 없었다. 이 건물복합은 사원과 주위에 단일한 기관으로 운영된 오스만투르크 제국의 퀼리예[külliye; deriving from the Arabic word "kull"(meaning thewhole, all) is a term which designates a complex of buildings, centered around a mosque and managed within a single institution] 중 가장 조화를 이루었다.

　11. **차탈 휘윅 신석기시대 유적**(Neolithic Site of Çatalhüyük/Çatalhöyük: 문화, 2912): 터키의 남쪽 코냐 고원 동남 50㎞ 떨어진 아나톨리아(Anatolia) 고원 중앙 차탈 휘윅

(현재 Çumra라는 근대 도시에서 11㎞ 떨어져 위치) 15m 높이의 丘陵(mound)에서 일반적으로 세계 최초라 알려진 수메르 문명(기원전 3100년-기원전 2900년)보다도 3000년이나 앞서는 좌탈 휘위 문명이 확인되었다. 서기 1960년대 4차에 걸친 발굴에서 허물어지지 않은 회칠을 한 벽, 신전, 신상, 도구, 벽화 등이 발견되었다. 이 유적은 과거 호수였다가 넓은 고원으로 바뀌고 그리고 지금은 다시 투즈 괼리(Tuz Gölü)로 불리는 축소된 鹽湖로 흘러들어가는 강가에 위치한다. 이 유적은 제임스 멜라르트(James Mellaart)가 서기 1961년-서기 1964년에 4차에 걸쳐 유적을 발굴했고 케임브리지/Cambridge 대학교 재직 시절 그의 제자인 이안 호더(Ian Hodder)가 30년이 지난 서기 1993년 이후 지금도 발굴을 계속해 나가고 있다. 이안 호더는 멜라르트가 언급했던 바와 같이 왜 기술적 전문작업(specialized craft work)이 일반 집에서보다 특수한 공간에서 만들어지는가에 대한 의문을 풀기 위한 다시 말해 儀式(ritualism), 상징(symbolism)과 性(gender) 등에 중점을 두어 연구해 나가는 최신의 思潮인 후기과정고고학(postprocessual archaeology)의 일환으로 발굴을 계속하였다. 처음 발굴 당시 멜라르트는 유적의 최하층 아래 12층에서 12채의 건물이 있는 文化層을 발굴하였는데 전체 면적 32acre 중 약 1/30 정도인 1acre에 불과하나 그곳이 바로 宗敎中心地에 해당했던 곳인 모양이다. 그 연대는 기원전 6300년-기원전 5500년(또는 기원전 6250년 기원전 5400년/ 기원전 6500년-기원전 5650년)에 속하며, 레반트의 無/先土器(Pre-Pottery Neolituic)시대, 시리아의 아무크(Amuq) A와 B기(Aceramic Neolithic)와 같은 신석기시대에 해당한다. 이 좌탈 휘위 문화는 한 지역에 적응해 과거에서부터 거의 같은 양식으로 발전해 왔다. 이것이 흙벽돌로 축조된 건물이 허물어지면 다시 그 위에 건물을 지어 12층이나 지속되었으며 높이가 약 15m나 되는 높이의 구릉(mound, tepe, hüyük)으로 증명된다. 그러나 여기에서 출토된 풍부한 유물이나 예술작품들은 근동지방의 이 시기 유적들 출토품들과는 다른 양상을 보여준다.

아나톨리아 고원의 비옥한 초원지대에 살던 농부들은 양과 소의 가축을 사육하고 밀, 보리, 완두콩, 도토리, 피스타치오와 아몬드 등을 관개농업으로 재배하였다. 그들의 집자리(住居址)는 규모 약 6m×4m의 거의 규격화된 가운데 방을 중심으로 옆에 붙은 작은 저장실이 있어 조그만 출구나 들린 현관 구멍으로 들락거릴 수 있도록 하였다. 출입은 천장 입구에서 사다리를 이용한다. 채광은 벽 끝 지붕 밑에 나 있는 창을 통해 이루어졌으며, 방에 설치된 화덕에서 나오는 연기 역시 이 지붕사다리 구멍이나 창을 통해 빠지도록 되어 있었다. 어떤 방은 뜰이나 쓰레기 버리는 장소로 폐기되기도 한다. 꽉 들어찬 집들은 각자의 지붕을 갖고 있고 또 회반죽으로 칠해진 벽과 內頃된 나무기둥으로 집밖에는 空地나 길이 들어설 여유가 없었으며, 지붕 높이 차원에서 이동을 했을 가능성이 많다. 집들은 회반죽을 한 진흙의 龕室, 장의자(벤치), 들린 입구, 단조로운 돔의 형태를 지닌 부엌으로 갖추어 있다. 창고에는 숯이 되어 버린 곡물이 있던 상자가 있었다. 회반죽의 바닥 위에는 갈대로 짠 멍석이 덮여 있었다. 중앙의 방벽에는 붉은 색을 칠한 板璧이 있었던 모양이며 그것도 자주 바뀌었던 것 같다. 어떤 방은 다른 것들과 구조적으로 다르지 않지만 벽에 정교한 그림이 그려지고 소나 독수리 같은 동물의 머리나 祭式用 儀禮物을 塑造해 벽에 붙여놓은 것도 보이는데 발굴자인 멜라르트는 이러한 방들을 神殿으로 부른다. 집을 지을 때 초기에는 목재를 많이 사용하다가 시간이 지남에 따라 흙벽돌의 사용이 주가 되는데 이는 화재의 위험을 방지하기도 하지만 목재의 공급이 줄었음을 의미한다. 촤탈 휘웍의 주민들은 농업이 성장하고 邑에서 都市생활로 발달해 나가는 중간단계를 유지하면서 살아온 신석기시대 초기의 사람이었다.

集團의 成員이 죽으면 神殿의 壁畵에서 보이는 독수리의 머리로 보아 그의 시체는 임시로 매장했던 것 같고, 나중에 二次葬으로 肉脫시키고 남은 뼈는 옷이나 멍석으로 잘 싸 거실의 침대 밑이나 신전의 바닥 밑에 묻었다. 두개골은 따로 떼어내어 바구니에 담아 집안의 다른 곳에 잘 안치하였다. 또 두개골의 목이나 이마에 붉은색이나 푸른색의 염료로 칠하기도 하였다. 이는 조상이나 친척에 대한 존경으로부터 우러나오는 행동으로 보여진다. 이안 호더는 性的 區別, 집안 내의 裝飾物(house decoration)이 갖는 象徵的 關係를 재검토하여 이 유적 초기 단계에 보이는 物質的 象徵은 바깥세계/野性(wild)에 대한 祝祭나 統制의 의미가 있음을 추론해 내고, 統制는 남성과 여성의 표현(塑像)과 그리고 공간의 구성을 통한 사회적 권력(social power)과도 관련이 있다고 보았다. 즉 그는 유럽의 신석기시대의 시작에서와 같이 좌탈 휘익의 신석기시대도 동물, 식물, 점토(clay), 죽음, 그리고 재현(재생)은 사회·문화적 체계의 통제 내에서 培養되거나 形成되는 자연적 현상이라는 '사회적 상징과정'(a social symbolic process)으로 해석하고 있다. 무덤에는 지중해 연안에서 수입한 조개껍질, 돌로 만든 목걸이, 팔찌와 발찌 등 개인적인 私物을 제외하는 특별한 副葬品은 없었다. 어떤 뼈는 붉은 색칠(朱漆)을 하였던 흔적이 있으며, 신전 옆 무덤에 묻힌 사람 중 신분이 높았던 女司祭와 관련이 있을 것으로 추정되는 埋葬에는 돌로 만든 그릇, 磨研한 黑曜石製 거울과 다른 귀중한 유물들이 副葬되고 있었으나 토기나 塑像은 없었다. 二次葬된 시체를 새로이 埋葬할 때 앞선 것은 교란되거나 再配置되었다. 제7 文化層에서 나온 인골은 제리코(Jericho)나 텔 라마디(Tell Ramadi)의 매장풍습과 유사하게 눈구멍(眼窩, eye socket)에 별보배조개(cowrie/cowry)를 박아 넣었다.

좌탈 휘윅의 석기가공은 근동지방에서 제일 정교하다. 멜라르트는 근처 하산 닥(Hasan Dag)에서 나오는 흑요석이나 시리아에서 수입된 플린트(flint) 석재로 만든 50여 가지의 다른 석기가 있음을 확인하였다. 그중 양면에 날이 있는 석기와 加壓法으로 떼어낸 박편석기(flake)를 잔 솔질한 석기들이 대표적이다. 또 한 면에 날을 마연한 석기도 있다. 석촉은 슴배(tang)와 미늘(barb)이 있는 것 또는 없는 것도 있고, 二重의 창끝, 길이 20㎝ 정도의 석검, 일상생활이나 의례용의 많은 도구도 있는데 어떤 것은 신분의 과시용으로 확인된다. 먼 곳에서 수입한 여러 가지의 색이 나는 석재를 이용해 절구와 공이, 갈돌과 石棒, 돌도끼, 자귀, 棍棒頭 등을 만들어 썼다. 砂岩이나 片岩으로 만들어진 化粧用 팔레트가 황적색의 염료와 함께 발견된다. 좌탈 휘윅을 대표하는 생산물은 잘 갈아 만든 흑요석제 거울이다. 석기의 제작이 퇴보하는 것은 구리가 사용되는 기원전 6000년기 중반에 해당되는 문화층에서 뚜렷해진다. 뼈로 도구나 장식품들이 뼈로 만들어지는데 그중에는 송곳, 바늘, 비녀, 칼자루, 화장용 핀, 머리핀, 목거리, 발찌, 팔찌, 낚싯바늘, 버클, 흑요석제 화살촉, 프린트로 만든 검 등과 함께 어머니와 아들의 무덤에서 일상용의 국자, 주걱, 포크(fork), 수저도 가끔 발견된다. 나무로 만들어진 사발과 뚜껑이 달린 상자, 바구니, 가죽가방과 織物도 발견된다. 토기는 발굴된 모든 문화층에서 발견되며 색조는 단색으로 실용적이다. 최초의 토기는 지푸라기를 섞은 크림색이 나거나 얼룩덜룩한 회색의 태토로 서리쌓기 방식(coiling method)으로 만들어 가마에서 그을리거나 낮거나 중간 정도의 燒成度로 구워졌다. 여기에 때로는 붉은색이 입혀지며 혹이나 띠 모양의 손잡이도 첨부된다. 토기에 문양이 칠해지거나 塑像이 만들어져 붙어 있는 것은 없다. 그러나 몇 줄의 음각된 線紋이난 동물의 머리가 토기의 아가리 부분에 장식된 예가 있다. 문화층 VI에서 II층 사이에서 나온 토기 중 螺線文이나 波狀文과 같은 기하학문으로 장식된 진흙으로 구워 만들어진 테라코타(terra-cotta) 印章이 있는데 이는 私有財産/所有權이 이미 있었다는 사실을 알려준다.

좌탈 휘윅에서 발견된 예술작품들은 특이하다. 진흙이나 돌로 만든 偶像이나 자연스러운 여자의 모습, 동물 등 다양하다. 굴곡 없는 다리와 막대기 같은 몸매, 부리 모양의 머리를 한 거친 여자의 모습은 건물의 틈 사이에서 자주 발견된다. 소, 염소와 수퇘지 상들도 인간의 사냥 儀式을 반영하듯 찔린 상처가 나있다. 특히 4마리의 수소와 한 마리 양의 動物像, 그리고 여자의 乳房(때로는 수퇘지의 송곳니, 독수리의 부리와 함께 결합)은 복원된 신전의 벽에 돌출되어 있다. 신전에는 떼낸 石筍, 鐘乳石과 함께 정교한 모델로 조각된 女人像들이 있다. 이 중에는 곡물상자에서 발견된 표범의 옥좌에 앉아 아이를 출산하는 여인 상(16.5㎝), 두 쌍의 껴안고 있는 모습을 한 片岩板 그리고 앉거나 꿇어 앉아 있는 관능적인 여인의 누드상도 있는데 이는 분명히 아나톨리아 고원이나 고대 지중해 세계에서 존경받던 농업의 豊饒儀式을 대표하던 地母神이었을 것이다. 그리고 이 신에게 현세와 내세의 영속적인 풍요도 아울러 기원했을 것이다. 발굴된 전체 層에서 40여 개소에 이르는 신전이 확인되었는데 그 구조는 일반 집들과 별 차이가 없고 단지 내부의 특이한 장식이나 내용물에 의해 확인된다. 神像은 돌이나 진흙으로 제작되었으며 주로 신전 밖, 벽에 설치된 龕室에서 발견된다. 신 가운데서 가장 중요시 되는 것은 여신인데 이는 젊은 부인, 어린애를 낳고 있는 어머니 또는 늙은 부인의 세 가지 모습으로 표현된다. 남신 역시 어린애, 사춘기 소년, 또는 여신의 아들이나 연인, 신성한 동물인 수소 같은 수염이 달린 늙은 신 등 다양하게 표현된다. 그래서 이 유적이 아나톨리아 고원의 종교중심지였을 가능성이 많다. 대부분 신전 내의 회반죽을 한 벽에 광물이나 천연물질로 그림을 그린 벽화는 단순히 기하학무늬를 그려놓은 장식용 벽화에서(판벽 널. 장식판자)부터 주거지 위로 화산이 폭발하고 있거나, 인간의 송장을 먹고 있는 독수리, 그리고 수소, 수사슴, 수퇘지, 사자 혹은 표범(진흙으로 만든 표범의 머리)을 사냥하는 장면, 표범의 가죽을 입고 춤추거나 걸고 있는 인간의 모습에 이르기까지 다양하다. 특히 독수리 모습을 한 인간의 표현은 장례식의 모습을 나타낸 것으로 보인다. 문양과 색깔의 다양성 등의 대담한 벽화는 이제까지 알려진 것들 중 최초의 것이었다.

좌탈 휘윅의 주민들은 무역에 활발하게 종사하여 번영을 가져왔는데, 특히 근처 타우루스(Taurus) 산맥의 하산 닥(Hasan Dag) 화산에서 나오는 흑요석을 독점해 가공하여 아나톨리아 고원의 남부와 레반트 지역에 이르기까지 광범위한 지역을 교역의 범위로 삼았다. 이란 고원, 시리아와 레반트 지역에서 수입해온 귀한 재료로 만든 사치품들은 무역업자, 기술자와 예술가들이 어우러진 복잡한 사회를 형성하고 있었음을 보여준다. 그리고 주민들은 織造나 납과 구리를 녹여 필요한 금속품을 만들어 쓰던 야금술(metallurgy)을 다루는 전문기술자도 소유하고 있었다. 기원전 6000년경에는 32acre의 넓이에 인구 5,000여 명이 살던 읍(town)을 형성하였는데 이 시기에는 근처에서 좌탈 휘윅을 필적할 만한 큰 곳이 없었고 제리코(Jericho)나 다른 유적들보다도 더욱 복잡한 정도로 발전하던 곳이었다. 그러나 이 유적은 단지 신석기시대에만 존재했고 그나마 기원전 5600년-기원전 5500년경에는 폐기 되었다.

文明은 都市와 文字를 필요충분조건으로 한다. 크라이드 크락크혼(Clyde

Kluckhohn)은 도시주민(city dweller) 또는 도시(urban)라 언급할 때는 5,000명 이상의 주민이 있는 邑(town), 文字(written language)의 유무, 記念碑的인 宗敎 中心地(monumental ceremonial center) 중 적어도 두 가지를 충족시켜야 한다는 것을 말한다. 좀 더 쉽게 이야기해서 계급분화와 직업의 전문화가 이루어진 인구 5,000명 이상의 주민이 성벽에 둘러싸인 도시에 살고, 마야와 같이 종교중심지를 이루거나 문자가 없어도 적어도 잉카의 뀌푸라고 하는 結繩文字나 비의 신인 트라록과 같이 올멕에서 아즈텍에 이르는 中美의 象徵的인 符號體系 등이 요구된다. 그리고 도시·국가·문명 단계에 이르기에는 '무력의 합법적인 사용', '전문화된 정부 조직', 중앙 관료체제의 확립 등 여러 가지 요소가 필요하다. 그러나 이 유적에서는 현재 종교, 벽화, 신전, 전문화된 기술, 무역과 아마도 女司祭나 祭司長들이 다스리던 神政政治의 可能性 등 문명의 정의에 충족할 만한 고고학 증거들이 조금씩 확인되고 있으나 이를 청동기시대의 수메르, 이집트, 인더스와 商나라 등과 비교해 볼 때 세계 최초의 문명이라고 부르기에는 여러 가지 異見이 있다.

토고 TOGO

1. **코타마코우, 바타마리바 경관**(Koutammakou, the Land of the Batammariba: 문화, 2004): 토고의 동북쪽에서 배냉으로 이어지는 바타마리바의 경관(땅)에 토고의 상징인 탑 모양 흙집(Takienta)을 특징으로 하는 코타마코우가 존재한다. 이러한 경관 속에서 사회와 儀式은 밀접한 관련을 맺고 있다. 5만㏊ 해당하는 경관에는 사회 구조를 보여주는 탑 모양 흙집이 특징적이다. 대부분의 건물이 이층 높이이고 창고가 있는 것은 원통형의 벽 위에 둥근 모양의 지붕을 하고 있다. 어떤 것은 편평한 지붕이고, 다른 것들은 원추형의 지붕에 이엉(草家)을 얹혔다. 흙집의 가옥들은 마을에서 집단별로 나누어지는데 여기에는 의식용 공간, 샘, 바위, 성인식도 함께 포함된다. 바타마리바의 문화에서는 사람과 자연환경 사이에서 영적인 힘으로 결합된 전통적 관계를 보여준다.

투르크메니스탄 TURKMENISTAN

1. **고대 메르프 역사문화공원**(State Historical and Cultural Park "Ancient Merv": 문화, 1999): 이곳은 4천여 년 동안 지속된 오아시스 도시로 기원전 3000년경의 신석기 시대 마을-아케메니드(Achemenid, 기원전 559년-기원전 331년)를 거쳐 서기 1221년 몽골제국의 침입으로 폐허가 될 때까지 문화의 중심지였다. 서기 5세기부터 11세기 사이에 메르프는 동시리아(East Syria) 수도권이었다. 서기 1992년 이후 현재까지 영국과 투르크메니스탄 고고학자들이 고대 메르프의 조사(Ancient Merv Project)를 실시하고 있다. 그 결과 여기에서 가장 오래된 아케메니드 때의 에르크갈라(Erk-gala), 헬레니즘과 사산 왕조(Sassan, 서기 224년-서기 652년) 때의 괘위갈라(Gäwügala), 셀쥬크[Abbasis/Seljuk(서기 1038년-서기 13세기경] 때의 솔탄갈라(Soltangala)와 티무르(서기 1336년 4월 8일-서기 1405년 2월 18일) 왕 때의 아브디라한갈라(Abdyllahangala)의 4개의 흙벽돌 토성이 발견되었다. 그 성내에서 아도비 흙벽돌로 만들어 세운 요새, 왕궁, 신전, 묘지를 비롯하여 서기 3세기경 죠로아스터(拜火敎), 불교와 기독교의 영향을 받은 고고학적 증거물, 그리고 서기 651년[마호메트 탄생(서기 571년-서기 632년, 62세), 서기 651년 7대 칼리프 오스만의 코란(Koran, Qur'an, Quran)편찬위원회에서 오늘날의 코란 경전이 완성됨] 이슬람 정권 이후 서기 13세기까지 이슬람 문화의 중심 도시로서 지하수로, 목욕탕, 氷庫, 靈廟 등이 발견되고 있다.

2. **호레즘(Khorezm)의 수도유적**(Kunya-Urgench: 문화, 2005): 투르크메니스탄 서북쪽 아무다리아 강안에 위치한 호레즘 제국의 수도인 우르겐치(Urgench)는 실크로드의 무역중심지로 서기 11세기-서기 16세기의 유적이 남아있다. 이곳은 아케메니드(Achemenid, 기원전 559년-기원전 331년) 때부터 서기 8세기 아랍의 침입, 서기 1221년 몽골군의 공격(Genghis Khan), 서기 1372년-서기 1388년 티무르의 점령당시까지의 유적이 남아있다. 서기 20세기까지 버려져 순례자들의 공동묘지화 하였다. 이곳에는 현재 호레즘 제국이 번성할 당시의 모스크(사원), 隊商의 숙소입구, 요새, 두 곳의 靈廟와 60m 높이의 **Kutlug-Timur** 尖塔(서기 11세기)이 있다. 이 건축들은 매우 훌륭하여 이란, 아프카니스탄(Jam 첨탑)과 무갈제국(서기 1526년-서기

1707/1857년)까지 영향을 미쳤다.

3. **니사의 파르티아 성채**(Parthian Fortresses of Nisa: 문화, 2007): 이란에는 메디아 (Medes, 기원전 708년–기원전 550년), 아케메니드(Achemenid, 기원전 559년–기원전 331년), 파르티아(Parthia, 기원전 247년–서기 224년)와 사산(Sassan, 서기 224년–서기 652년)의 네 왕조가 들어섰다. 그중 니사에 있는 파르티아 제국의 유적은 新·舊두 개의 텔(tell, mound, tepe, hüyük)이 있으며 이들은 기원전 247년부터 서기 224년까지의 470년간 인더스-유프라테스 사이에서 큰 세력을 지닌 파르티아 제국의 초기 중심도시의 하나이다. 아직 발굴이 덜된 상태이지만 서쪽으로 헬레니즘(간다라미술: 기원전 304년 –기원전 30년)과 그 다음의 로마와의 접촉을 갖고 고유의 전통문화에 접목을 시키고 있음을 알 수 있다. 전략적 교차점의 길목에 자리한 파르티아는 로마가 동쪽으로 확산하는 것을 막으면서 동서남북으로 문화의 교류와 무역을 촉진하였다.

튀니지 TUNISIA

1. **엘 젬의 원형 극장**(Amphitheatre of El Djem: 문화, 1979): 서기 3세기 로마제국 Gordian[서기 238년 로마의 티스드루스(Thysdrus) 황제가 됨] 총독이 북아프리카엘 젬(로마 제국 당시의 이름은 티스드루스임, coliseum으로도 불리운다)의 적은 도시에 세운 35,000명의 객석을 가진 검투와 전차경기를 위한 전형적인 로마의 타원형경기장으로 로마제국 당시의 영광과 역량을 보여준다. 서기 17세기까지는 거의 온전한 상태를 유지 했으나 그 이후 이웃의 다른 건물과 카이로우안(Kairouan)에 있는 회교 대사원을 짓기 위해 이곳의 석재들이 많이 유출되어 일부 파괴된 상태이다.

2. **카르타고 고고유적**(Site of Carthage Archaeological: 문화, 1979): 비르사 언덕 위 기원전 9세기경 페니키아 왕녀 디도가 세웠다고 전해지는 페니기아의 초기 유적으로 여기에는 바알 신에게 희생 제물로 바쳐진 아기들의 무덤과 토펫 신전이 포함된다. 페니키아, 반달, 로마, 이슬람, 프랑스인의 계속된 거주지로 튀니지의 다양한 문화를 형성하고 있다. 바르도 박물관에는 특징이 있는 로마시대의 모자이크가 전시되고 있다.

3. 튜니스의 메디나(Medina of Tunis: 문화, 1979): 서기 12세기-서기 16세기 알모 하드(Almohads)와 하프신드(Hafsids)의 지배하에 튜니지는 이슬람 세계에서 강력한 부국으로 성장하였다. 튀니지 시의 파리 개선문을 모방한 프랑스 문(Bab el Bhar, Port De France)을 경계로 구시가지 메디나는 궁전, 지투나 모스크(AghlbidEz-Zitouna Mosque, 서기 698년에 설립, 이곳에는 코란, 수학과 의술 등을 가르치는 이스람 신학교인 madrasas가 있음) 등 700여 개의 기념물과 궁전[로마의 극장과 서기 10세기 지아디브-알라 알 아그라브(Ziadib-Allah al Aghlab) II세의 궁전 위에 세운 것으로 추정되는 다르 알 베이(The Dar-al-Bey, Bey's Palace)], 200여개의 사원, 슐탄의 靈廟[mausoleum, 후세인 왕조의 후세인 베이(Hussein Bey) II세의 대리석 석관이 있다. 서기 19세기 초], 성벽, 분수(샘), 금, 은, 향수(장미, 라벤다, 바닐라 등의 각종 향수)를 비롯해 구리와 철제품까지 파는 옛 시장과 가게(Souk En Nhas)들이 남아있다. 이곳은 역사학자·철학자·정치가인 이븐 할둔(Ibn Khaldun, 서기 1332년-서기 1406년)이 태어난 곳이기도 하다.

4. 케르쿠안의 카르타고 유적 및 대규모 공동묘지(Punic Town of Kerkuane and its Necropolis: 문화, 1985/1986 확대지정): 케르쿠안(Kerkouane, Kerkuane)과 대규모의 공동묘지는 튀니지 동북쪽 본(Bon) 만 근처 카르타고(Cartage/Punic/Phöenicia는 같은 말임), 하드루 메툼(Hadrumetum, modern Sousse)과 우티가(Utica)와 더불어 중요한 포에니 시(Punic city)의 하나로 약 400년간 존속하였다. 제1차 포에니 전쟁(기원전 262년-기원전 241년경) 동안인 기원전 250년경에 버려졌으나 이곳을 점령한 로마인들에 의해서 추후 재건되지 않았다. 이 도시의 발굴 결과 기원전 4세기-기원전 3세기경의 유구들이 밝혀졌다. 도시 설계가 뚜렷한 유적 주위에는 담과 정면에 색깔 있는 진흙으로 바른 집들이 확인되었다. 집들은 복잡한 도시 설계에 따라 일률적으로 배치되었다. 성역은 기둥에 둘러싸여 있고 안뜰에는 모자이크가 발견된다. 모든 집자리 유적에서 가장자리를 구획하는 面石(facing-wall, kerb, curb), 문 앞의 계단, 문지방, 간단한 모자이크가 깔린 바닥들이 발견된다. 고고학 발굴이 계속되고 있지만 중요한 것들은 대부분 이미 발굴되었다고 믿어지고 있다.

5. 수스의 메디나(Medina of Sousse: 문화, 1988): 튀니지에서 남쪽 140km 떨어진 불

어로 수스(현지에서는 Sûsa라고 불림) 시는 아랍인들이 바다를 면한 연안에 세운 요새의 대표적인 예로 생각된다. 이 도시는 카르타고 때 하드루메툼(Hadrumetum, modern Sousse)으로 시작하여 서기 7세기경 아랍-이스람 군대가 이 도시를 함락하고 이곳을 기점으로 서기 827년 시실리를 침공하였다. 서기 18세기 불란서인들이 들어오면서 이 도시를 수스로 불렀다. 서기 9세기경 번영한 아그라비드(Aghlabids 서기 800년-서기 900년) 왕조 때 중요한 항구, 군사도시였다. 이곳에는 회교사원의 첨탑(minaret)과 전망대(watch tower)로 형성된 조그만 요새인리비트(ribat)는 세계에서 그 예가 드물어 많은 관광객을 불러 모은다. 이 도시는 아직도 미궁과 같은 구불구불한 길이 나있는 카스바(kasbah, 메디나의 일종인 요새)와 메디나(medina, 성벽이 있고 좁고 미궁과 같은 길이 있는 이스람의 옛 도시)를 그대로 간직하고 있다.

6. 카이로우안 고대도시(Kairouan: 문화, 1988): 카이로우안(또는 Kirwan, AlQayrawan으로 불림, 아랍어로 camp라는 의미임) 서기 670년 이곳을 아랍의 오크바빈 나피(Oqba bin Nafi) 장군이 침공하고 앙르라비드(Aghlabids, 서기 800년-서기900년) 왕조 때는 수도가 되었다. 이곳은 튀니지 남서쪽에 건설된 회교도들의 성스런 도시(The holy city)로 메카(Mecca), 메디나(Medina)와 예루살렘(Jerusalem)에 이어 이슬람 4대 성지의 하나이다. 여기에는 서기 9세기에 건설된 북아프리카에서 가장 오래된 그랜드 모스크(Gland mosque, 서기 670년에 짓기 시작해서 서기 863년에 최후의 완공, the Mosque of Uqba/Great mosque of Sidi-Uqba)가 있으며 또 세계에서 가장 오래된 회교사원의 첨탑(minaret, 서기 724년-서기 728년)와 아치형 三門이 있는 모스크 회교사원(서기 866년)도 있다. 그런데 카이로우안에 있는 회교 대사원을 짓기 위해 서기 3세경에 만들어진 로마시대의 엘 젬의 원형 극장에서 석재들을 많이 유출하였다. 서기 1881년 이 도시는 프랑스에 의해 점령당했어도 비회교도인은 아직도 이곳에 발을 들여놓지 못한다. 아랍인들의 침공시 이곳의 토착민이었던 베르베르(Berber, 투아레그) 족들이 항전하던 곳은 크사르(Ksar)라 불리우는 흙으로 지은 베르베르족의 요새가옥이었고 이 안에는 곡물창고가 있었다.

7. 두가/투가(Dougga/Thugga: 문화, 1997): 로마가 누미디아(Numidia)를 합병하기 이

전 비옥한 고원을 내려다보는 튜니지 북쪽 63㎞ 규모의 두가/투가(원래의 이름은 요 새화된 베르베르(Berber) 마을이며, 두가/투가는 목초지를 의미한다)는 리비코-퓨닉(Libyco-Puni State) 왕국의 수도로 기원전 2세기경 누미디아 왕 마시니사(Masinissa) 때 로마제국 으로 편입되어 번영을 누렸으나 비잔틴, 반달과 이스람 통치기간에는 시들어갔 다. 오늘날에도 볼 수 있는 인상 깊은 로마제국의 유적들은 로마제국 변방의 이 조그만 도시에 대한 생각을 달리 한다. 가장 잘 남아있는 로마제국의 변방도시로 리비코-퓨닉의 靈廟(21m 높이), 바지나(누미디아의 bazina 혹은 circular monument tomb) 무 덤, 神殿, 누미디안 요새, 마르시우스 맥시무스(Marcius Maximus)를 기리기 위한 石 碑, 극장(amphitheatre), 농업의 신 새턴(Saturn, 농업의 신인 로신)과 쥬피터의 아내 주노 (Juno) 신전, 會衆席 빌라의 안뜰과 市場로마인들의 무덤 석비, 하이포지움(hy- pogeum, 서기 3세기경 장례용 甕棺을 묻기 위한 반 수혈의 伽藍), 루치우스 셉티무스 세베루 스(Lucius Septimius Severus, 서기 146년-서기 211년)와 알렉산더 세베루스(Alexander Severus, 서기 222년-서기 235년) 로마 황제의 개선문(穹窿門, arch)을 비롯해 심지어는 기 원전 2000년경의 지석묘 등도 잘 남아있다.

파나마 PANAMÁ

1. **포토벨로와 산 로렌조 요새**(Portobello & San Lorenzo Fortifications: 문화, 1980): 서기 17세기-18세기 스페인 왕에 의해 대서양의 무역로를 보호하기 위해 카리브 연안 에 설치한 포르토 벨로와 산 로렌죠 군사방어시설로 당시의 뛰어난 건축술의 예 이다. 포르토 벨로는 스페인의 탐험가 프란시스코 벨라르데 이 메르카도(Francisco Velarde y Mercado)에 의해 서기 1597년에 설립되었다. 서기 16세기-서기 18세기동 안 이곳은 스페인 본국으로 가는 銀의 수출과 스페인 보물선단이 기항하는 항구 도시 중의 하나였다. 서기 1668년 헨리 모간(Henry Morgan) 선장이 선단을 이끌고 와서 이곳을 14일 동안 점령·약탈하기도 하였고, 서기 1739년 11월 21일 에드워드 버논(Edward Vernon) 제독이 이끈 영국해군에 의해 공격을 받아 점령을 당하였다.

2. **살롱 볼리바르와 파나마 역사구역**(Archaeological site of Panamá Viejo and Historic

District of Panamá with the Salon Bolivar: 문화, 1997): 파나마는 정복자 페드라리아스 다빌라(Pedrarias Dávila)가 서기 1519년에 세운 아메리카 대평양 연안에 세운 첫 번째 유럽인의 정착지였다. 서기 1671년부터 발전하기 시작한 최초의 이 역사적인 지구는 초기의 方格形 설계로 구획한 거리의 초기유형을 많이 보존하고 있다. 옛 파나마란 뜻의 파나마 비에호에의 건물들은 스페인, 프랑스, 초기 미국의 양식의 혼합이다. 살롱 볼리바르(Sálon Bolivar)는 서기 1826년 자유주의자 겸 독립운동가(El Libertador)인 시몬 볼리바르(Simon Bolivar, 서기 1783년 7월 24일-서기 1830년 12월 7일)에 의해 범 아메리카 회의를 소집하기 위해 만든 국회와 같은 집회소이지만 실패로 끝났다. 이곳에는 서기 17세기-서기 18세기 대서양 횡단무역의 보호를 위해 스페인군에 의해 건설된 방어요새인 군사건축물 포르트벨로 (Portobello)와 산 로렌죠(San Lorenzo) 요새, 아직도 원주민 인디언들이 살고 있는 다리엔 국립공원(Darien National Park), 그리고 구시가지에는 현재도 이용되는 대통령궁, 국립극장(서기 1907년), 산호세 성당과 센트럴 호텔 등이 남아 있다. 파나마는 서기 1821년 11월 28일 스페인으로부터, 그리고 미국의 도움을 받아 서기 1903년 11월3일 컬럼비아로부터 독립을 하였다. 그리고 대서양과 태평양을 잇는 파나마 운하 77㎞는 미국이 서기 1914년 완공을 시켰으며 미국이 서기 1960년에 세운 '미국의 다리'도 세워 현재도 이용 중이다.

파라과이 PARAGUARY

1. 라 산티시마 트리니다드 데 파라나와 제수스 데 타바랑게 예수교 선교단 시설

(Jesuit Missions of La Santisima Trinidad de Parana and Jesus de Tavarangue : 문화, 1993): '트리니다드'와 '타바란게' 예수교 선교단은 서기 17세기-서기 18세기 파라과이에서 선교활동을 하면서 식민지에서 벌린 소규모 사업의 대표적인 두 예들이다. 그들 예수교단은 기독교를 믿는 토착 인디오들인 과라니 족을 모아 조그만 도시형태의 국가를 형성하였다. 서기 1706년 트리니다드 선교단은 자급자족의 도시를 생각하면서 도시 중앙에 만남의 장소, 광장, 대규모 교회시설, 학교, 여러 가지 工房시

설, 박물관, 토착민들의 주거시설 등을 설치하였다. 이웃의 타바란게 예수교 선교단도 서기 1685년에 들어져 비슷한 자급자족의 설비를 갖추었다. 서기 1993년 이곳을 세계문화유산으로 등재하기 전 위원회에서 파라과이 정부로 하여금 이 건물과 시설들을 현존하는 과라니 족들의 예수교회 이름하에 하나로 확대 지정토록 권유하였으나 아르헨티나는 서기 1984년에 이에 응해되었고 파라과이는 준비가 안 되어서 한꺼번에 포함시키지 못하였다. 그래서 과라니 족들이 기독교를 믿으면서 살고 있는 아르헨티나와 브라질 등의 관계 국가들이 개별적으로 등재하게 된 것이다. 아르헨티나와 브라질은 '과라니 족의 예수회 선교단 시설(Jesuit Missions of the Guaranis, 1983/1984)'이란 명칭으로 함께 세계문화유산으로 등재하였다.

파키스탄 PAKISTAN

1. **모헨조다로 고고유적**(Archaeological Ruin at Mohenjodaro: 문화, 1980): 기원전 2300년-기원전 1750년에 존재했던 인더스 문명의 중심도시 중의 하나인 모헨조다로 시의 유적. 모헨조다로(Mohenjo-daro)는 현 파키스탄에 속하며 인더스 문명 중 3-40,000명의 인구를 가진 가장 중요한 도시이다. 또 이곳은 인더스 문명-제국을 통솔하던 수도이기도 하다. 모헨조다로는 서기 1920년대 마샬, 서기 1930년대에 멕케이, 서기 1940년대와 최근까지 휠러와 데일스에 의해 발굴되어 왔다. 약 1 평방 마일 면적의 이 도시는 이제까지 알려진 가장 오랜 방격법으로 구획되어 있다. 정교한 배수구와 넓은 도로에 의해 둘러싸인 커다란 구획들은 다시 세분되고 그 안에는 벽돌집이 밀집되어 있다. 서쪽지구 중간에 있는 구획은 11m 정도의 높이를 형성하는 요새로 다른 지역보다 높다. 그 주위에는 진흙과 벽돌담의 흔적이 발견되었는데 이 구역 안에서 대학, 목욕탕, 창고와 僧院 등이 발굴되었다. 가장 높은 곳에는 인더스 문명과 직접 관련이 없는 후일 불교 사원의 탑이 세워져 있다. 높은 강수면 때문에 이 이상 깊이 발굴해 나갈 수 없었다. 강의 홍수 때문에 형성된 도시 밑의 진흙층은 12m나 된다. 이 도시의 가장 마지막 층은 인더스 문명의 마지막 멸망 단계를 보여준다. 이것이 인더스 문명의 멸망 중의 하나가 인

더스 강의 홍수에 원인이 있다는 가설의 하나가 되게 된 것이다.

2. **탁티바이 불교유적과 사리바롤 주변도시 유적**(Buddhist Ruins at Takht-i-Bahi and Neighboring City Remains at Sahr-i-Bahlol: 문화, 1980): 파키스탄 키베르-파크툰크와(Khyber-Pakhtunkhwa) 주 마르단(Mardan) 시에서 15㎞ 떨어진 구릉 꼭대기와 물가에 위치했다고 해서 탁티바이(페르시아나 Urdu어로 始原의 王座 throne of water/spring를 의미한다)란 이름을 가진 불교사원 복합단지는 서기 1세기경에 건립되었는데 높은 구릉 위에 위치해 계속되는 외적의 침공을 피해 잘 보존되었고 이 시기의 대표적인 불교사원 유적이다. 근처에 있는 사리바롤 유적도 같은 시기인 서기 1세기경에 만들어진 요새화 된 도시유적이며 그 근처에는 같은 이름의 마을이 들어서 있다.

3. **탁실라 고고유적**(Taxila: 문화, 1980): 이곳은 신석기시대 고분 및 기원전 500년 –서기 2세기의 불교문화유적이다. 여기에는 간다라(Gandhra)시대(기원전 304년-기원전 30년)가 중심으로 힌두와 불교문화의 중심지였던 탁실라(Tak-asilā)의 간다라 시(Gandhāran city)에 산재한 유적들을 포함한다. 탁실라는 서부 펀잡(Punjab)에 있으며 마케도니아 제국(기원전 338년-기원전 146년)의 알렉산더대왕(기원전 356년-기원전 323년 6월 10일)이 고대 인도를 정벌할 때 중요한 도시였다. 여기에서 가장 오래된 곳은 기원전 6세기경의 비르 마운드(Bhir Mound)이며, 그 다음은 기원전 2세기경 그리스 계통의 박트리아 왕들이 세운 시르캅(Sirkap)이고, 마지막은 쿠샨(Kushan) 왕들과 관련된 시르스쿠(Sirsukh) 도시이다. 이곳들의 대표적인 유적들은 비르 마운드의 다르마라지카 수투파(Dharmarajika stupa: 부처님의 사리를 모신 불탑), 시르캅의 雙頭鷲塔과 시르스쿠의 자우리안(Jaulian) 佛塔 등을 들 수 있다.

4. **라호르의 성채와 샬라마르 정원**(Fort and Shalamar Gardens in Lahore: 문화, 1981): 샤히 퀼라(Shahi Qila/Urdu로 알려진 펀잡(Punjab)에 위치한 현재의 라호르 성채는 무갈 제국의 3대 악크바르(Akbar, 서기 1556년-서기 1605년) 왕 때 기초가 다져졌으며, 그 안에 있는 샬리마르 정원(Shalimar Gardens)은 5대 샤 자한 왕(Shah Jahan, 서기 1628년-서기 1658년)의 재위 중인 서기 1641년에 만들어졌다가 성채에는 모자이크와 도금 장식을 한 궁전, 사원과 정원이 있으며 대표적인 건물로는 쉬시 마할(Sheesh Mahal),

아람기리 문(Alamgiri Gate), 다이아몬드, 루비 사파이어와 청금석 등으로 벽을 장식한 나우라카 房/亭子(Naulakha pavillion)와 모티 마스지드(Moti Msjid)가 있다.

무갈 제국/모굴/무갈 제국(Mogul, Mughul Empire, 서기 1526년-서기 1857년 그러나 서기 1707년에는 왕조가 이미 망함)은 몽고 제국 칭기즈칸의 5대손인 바브르 왕(Baber/Babur, 1대 서기 1483년-서기 1530년)이 북쪽 우즈베키스탄 지역에서 내려와 서기 1526년 파니파트 전쟁에서 승리를 얻어 델리의 로디왕조에 이어 세운 후, 후마윤(Humâyûn, 2대 서기 1530년-서기 1556년), 아크바르(Akbar, 3대 서기 1556년-서기 1605년), 자한기르(Jahangir, 4대 서기 1605년-서기 1627년), 샤자한 왕(Shah Jahan, 5대, 서기 1628년-서기 1658년)을 거쳐, 아우랑제브 왕(Aurangzeb, 6대 서기 1658년-서기 1707년) 때 망한다.

5대 샤 자한 왕은 서기 1612년에 연애 결혼해 14명째의 아이를 출산하다 죽은 부인 뭄타즈 마할 왕비[부인 뭄타즈(아르주망 마할 배강, 아르주망 바누 배굼, Arjumand Banu Begum, 서기 1593년 4월-서기 1631년 6월 17일]를 위해 서기 1631년-서기 1645년 묘소인 타지마할 靈廟인 타지마할 영묘(Taj Mahal Mausoleum)를 축조하였다. 이 건축물은 사라센(Saracen) 건축물을 대표하는 오늘날 세계적인 명소가 되었다.

5. **타타 기념물**(Historical Monuments of Thatta: 문화, 1981): 담수호인 키니하르(Keenjhar) 근처 신드(Sindh) 주의 타타는 세 왕조 연속적인 수도[알렉산더 대왕 시파탈라(Patala), 수므로(Soomro) 부족의 95년간 수도]였으나 후일 델리의 무갈 왕조에 의해 지배를 받던 서기 1592년-서기 1739년에 번영을 하였다. 서기 1739년 페르시아의 나디르 샤(Nadir Shah)에게 카르날(Karnal) 전투에서 진 이후 이 도시는 폐허가 되었다. 이 도시의 남아있는 유적은 무갈/모굴제국시대의 것으로 신드의 도시와 이스람 예술의 중심지로 알려져 있으며 근처 말리키(Makli)의 공동묘지(서기 1559년)가 인상적이며 현재 잠 니자무딘의 무덤(tomb of Jam Nizamuddin, Shah Jahan이 서기 1647년-서기 1649년에 건립), 소이사 칸 타르칸의 무덤(tomb of IsaKhan Tarkhan the Younger), 잔 바바의 무덤(tomb of Jan Baba), 디완 수르파 칸의 무덤(tomb of Diwan Shurfa Khan)과, 다브기르(mosque of Dabgir)와 샤 자한(mosque of Shah Jahan) 사원이 남아있다.

6. **로타스 요새**(Rohtas Fort: 문화, 1997): 셰르 샤 수리(Sher Shah Suri, Sher Khan)가 서

기 1541년 무갈 제국의 2대 후마윤 왕(Humâyûn, 2대 서기 1530년-1556년)을 로타스에서 패배시킨 후 후마윤 왕에 대항해 이 지역을 보호하기 위해 서기 1541년-서기 1543년에 걸쳐 쌓은 초기 무슬림(이슬람)의 군사요새·복합단지이나 10년 후 셰르 칸(Sher Khan)이 죽고 나서 휘하 장군의 배반으로 후마윤 왕에게 최후로 굴복 당하였다. 이 요새는 셰르 칸이 무갈 제국을 패배시킨 지명을 따 이름지어졌다. 서기 18세기 이 요새가 폐기된 후 성안에 마을이 들어섰다. 로타스(Qila Rothas라고도 불림) 요새의 성벽 높이는 18.28m, 폭은 12.5m, 둘레는 4㎞에 이르며 68개의 반원형의 甕城이 만들어졌다. 사암제의 성문들은 육중하고 장식이 많은 것이 특징으로 무갈 제국의 이와 같은 건축에 많은 영향을 끼쳤을 것으로 생각된다. 이 성은 중앙아시아와 남아시아에서 무스림 군사 건물 중 뛰어난 예인데 터키와 인도대륙의 예술전통을 혼합해서 만든 무갈 제국 성의 모델로 되었다. 성벽 자체는 물론 소하일(Sohail), 샤 찬드왈리(Shah Chandwali), 카불리(Kabuli), 시시(Shishi), 랑가르 카니(Langar Khani), 탈라키(Talaqi), 크와스 카니(Khwas Khani) 성문들과 옹성, 기도실과 샤히(Shahi) 사원, 라니 마할(Rani Mahal) 등의 건물도 오늘날까지 잘 보존되고 있다.

파푸아 뉴기니 PAPUA NEW GUINEA

1. **쿡크 초기농경유적**(Kuk Early Agricyltural Site: 문화, 2008): 파푸아 뉴기니 고원쿡크 습지에 대한 다각도의 학제적 연구에 의하면 농경은 독립적으로 발생했으며 그 년대는 6950-6440년 B.P.(B.P.는 before present의 약자로 서기 1950년을 기준으로 한다. 기원전 5000년-기원전 4490년)이다. 식물의 개발과 어떤 종의 재배는 제 1기 10220-9910 B.P.(기원전 8270년-기원전 7960년)에 일어났고, 제 2기의 堀耕(mound cultivation)은 6950-6440 B.P.(기원전 5000년-기원전 4490년)에, 제 3기의 耦耕(ditched cultivation)은 4350-3980 B.P.(기원전 2400년-기원전 2030년)에 일어났다고 한다. 森林의 개발은 沖積世 초기(現世統, 기원전 5000년-기원전 4490년)에 일어나 초원으로 바뀌었다. 타로(taro)와 바나나(bananas)는 沖積世초기 기원전 5000년-기원전 4490년에 일어났다고 한다.

팔레스타인 PALESTINE

1. 예수 탄생지(Birthplace of Jesus: the Church of the Nativity and the Pilgrimage Route, Bethlehem: 문화, 2012): 예수 탄생지는 지하에서 물이 새어나와 조금씩 붕괴되어 가는 '위험에 처한 세계문화유산 목록'으로 등재되었다. 이 유산은 서기 2세기 이후 기독교에서 전통적으로 입증하고 있는 예수 탄생지로 알려져 있으며 예루살렘 남쪽 10㎞ 떨어져 있다. 이곳에 서기 339년 교회가 세워졌으며 서기 6세기 이 교회가 화재로 소실된 후 다시 다른 교회가 그 위에 지어졌으나 당시의 바닥에 만든 모자이크는 그대로 보관되고 있다. 라틴(천주교), 그리스정교, 프란시스코 파[성 프란시스 아사시시(Saint Francis of Assisi)가 만든 가톨릭 종교단체], 아르메니안 수도원[예루살렘 4개 구 중의 하나인 The Armenian Quarter는 그중 인구와 규모도 가장 적으며 성 야곱 수도원 관구 (the Patriarchate at the St. James Monastery) 주위에 모여 살고 있다], 여러 교회들과 함께 종탑, 계단으로 된 정원, 순례의 길도 '위험에 처한 세계문화유산 목록'에 포함된다.

페루 PERU

1. 마추피추 역사보호지구(Historic Sanctuary of Machu Picchu: 복합, 1983): 서기 1911년 하이램 빙햄(Hiram Bingham)에 의해 해발 2,430m 열대삼림의 우르밤바 계곡에서 발견된 잉카 제국의 마지막 요새인(서기 1532년-서기 1572년까지 40년간 사용됨) 마추피추(Machu Picchu)에서 보이는 것과 같은 척박한 땅을 비옥한 곳으로 만든 집약농경을 위한 관개시설을 갖춘 원형의 계단식(terrace)농경, 왕권과 재산의 분리 상속제도, 해안가 부족에 대한 산간지대에 살던 잉카 제국의 징세와 통제(Vetical Control) 정책, 돌을 다루는 기술 등에서 찾아질 수 있다. 최근 잉카 제국의 마지막 요새로 알려져 있던 마추피추는 윌리 쿡(Willie Cook)과 지에르모 지글러(Giermo Gerie Ziggler) 같은 잉카학자들에 의해서 이 유적이 1438년 파챠쿠티 왕(서기 1438년-서기 1471년)이 만든 곳으로 왕족의 은신처로 밝혀졌다. 이곳에는 夏至날을 가장 중시하던 잉카족의 자연숭배사상(animism)의 태양숭배지[태양을 끌어들이는 곳이라는 의미의 '인티우아타나'라는 聖所가 중심, 또 이곳에는 콘도르(Condor)신전도 있다]로서, 지금도 사용되고 있는 인

력(人力)의 掘地具(掘耕)인 차키타카(Chakitagalla)로 농사를 짓는 계단식 집약농경지(terrace)에서 산출되는 풍부한 잉여생산물로 자급자족을 누리고 나머지는 수도 쿠스코로 보내기도 한 교역과 무역의 중심지 역할을 했었던 제사장, 귀족들과 함께 잉카 왕족들이 머물던 최상급의 은신처였음이 밝혀지고 있다. 특히 잉카의 특유의 계단식농경은 관개기술을 이용한 집약농경으로 그곳에서 감자, 퀴노아와 옥수수 등이 집중 재배되었다. 그리고 야마를 1,000여 마리 사육하던 배후 목장의 존재가 새로이 발견되고, 근처에서 조사된 인골의 3/4이 가벼운 노동을 하던 여자로 보아 직조공이나 교양 있는 기능공들이 함께 살았던 곳으로도 여겨진다. 이곳에는 현재 태양의 문, 계단식 밭(terrace)과 밭에 물을 대던 관개시설, 파수꾼 전망대, 태양의 신전(인티우아타나, 해시계로도 이야기함), 왕의 미라를 모셔놓았던 곳으로 추정되는 陵墓, 새 창문의 신전 등 당시의 건물들이 그대로 남아있다. 또 이곳은 서기 1532년 11월 16일 프란시스코 피자로의 스페인의 점령 이후 서기 16세기 초 스페인과 잉카 후손 사이에서 피초(picho, 마추피추를 의미)라는 소유 토지의 재산분쟁으로 인한 소송에서 잉카 후손이 이긴 문서에서 확인되고 있다.

2. 쿠스코 시(Old City of Cuzco: 문화, 1983): 잉카(서기 1438년~서기 1532년)는 서기 1200년경 만코 카팍(Sapa Inca Manco Capac)이 쿠스크 시에서 처음 나라를 열었으나 실제 8대 비라코챠(Viracocha)의 아들 파차쿠티 왕[9대, Pachacuti(pachatec) Inca Yupanqui, 서기 1438년~서기 1471년, 마케도니아의 필립 II세에 비견됨], 투팍잉카(Túpac Inca Yupanqui, 서기 1471년~서기 1493년, 마케도니아의 알렉산더 대왕에 비견됨)와 우아이나 카팍(Huayna Capac, 서기 1493년~서기 1525년)의 세 왕 때 갑작스런 발전과 영토 확장이 이루어져 서기 1438년을 그 기원으로 삼고 있다. 처음에는 고원지대, 그리고 에콰도르와 북부해안의 치무 등이 차례로 점령되었다. 서기 1525년에는 앞서 언급한 광역의 영토를 가진 잉카 제국이 성립되었다. 잉카 제국의 멸망은 우아이나 카팍 왕의 두 아들인 아타우알파(Athahualpa Yupanqui, Sapa Inca, 서기 1497년~서기 1533년)와 이복동생인 우아스카(Huáscar) 사이의 왕위다툼에 의한 내란으로 인한 것이었다. 비록 아타우알파가 싸움에 이겨 권력을 장악했다. 그러나 잉카 제국도 8만 명의 군사가 말과

총으로 무장한 168명의 프란시스코 피자로(Francisco Pizzaro)가 거느리는 스페인군

대에 의해 서기 1532년 11월 16일 카하마르카(Cajamarca) 전투에서 패배함으로써

완전히 정복된다. 그리고 서기 1533년 7월 26일 아타우알파가 스페인군에 의해

교살 당함으로 잉카 왕국은 종말을 맞게 된다. 그리고 피자로 자신도 서기 1541

년 6월 26일 리마에 있던 자신의 집에서 암살당한다. 이 사건은 스페인으로서는

촬스(Charles) I세(서기 1516년-서기 1556년: Holy Roman Emperor Charles V세, 서기 1519년-서

기 1556년) 때였다. 스페인군은 서기 1533년 11월 15일 쿠스코에 들어오며 프란시

스코 피자로는 서기 1534년 3월 23일 공식적으로 이곳에 入城한다. 그들은 잉카

의 중요한 신전 건물의 초석들을 그대로 두고 그 위에 정복자들의 저택이 있는 궁

전, 산타 클라라(Santa Clara)와 산 브라스(San Blas) 지구와 교회를 지었다. 그리고 쿠

스코 시 자체는 파챠쿠티 왕 이전 이미 도시계획이 있었고 두 강이 도시 주위를

흐르도록 한 유기적인 성장이 있어 왔다. 잉카의 수도인 쿠스코(Cuzco/Cusco, 페루

의 동남방 우루밤바 계곡 근처에 위치)에는 '돌의 마술사'라고 불리울 정도로 잉카인이 돌

을 잘 다루어 만든 석축을 보여주는 삭사우아만(Sacsayhuamán/Saksaq Waman, 잉카의

首都, 석축 중 12角의 석재도 있음), 코리칸챠(Koricancha, 잉카의 태양신전이나 스페인의 산타 도

밍고 수도원으로 됨), 올란타이탐보(Ollantaytambo, 요새), 켄코(Kenco, 신전, 천문대), 모라

이(Moray, 천문대), 탐푸마차이(Tampumachay, 水道), 피삭(Pisac, 귀족들의 묘지) 등이 남아

있다.

　　3. 차빈 고고유적지(Chavín Archaeological Site: 문화, 1985): 차빈지구 우아리, 안카시

리마에서 북쪽 250㎞ 떨어진 해발 3,200m의 안데스 깊은 계곡에 자리 잡은 기원

전 750년-기원전 400년의 차빈(Chavín de Huantar) 문화 유적은 콜럼버스의 서기

1492년 10월 12일 신대륙발견 이전인 pre-Columbian 또는 Inca가 이곳에 들어

오기 이전 시대에 속하는 유적으로 다듬은 돌로 방형 또는 계단상의 테라스의 형

태로 쌓아 올리고 동물화 된 장식을 붙인 儀式과 종교중심지이다. 여기에는 피라

미드와 같은 방형 또는 계단상의 테라스 신전을 비롯해 원형의 광장, 新·舊의 신

전, 란조(Lanzó)의 석비 등이 남아있다. 신대륙 고고학 편년상 퍼마티브(Formative,

형성기)에 속한다.

4. 챤챤 고고 유적지대(Chan Chan Archaeological Zone: 문화, 1986): 투르히요 서쪽 5
km 떨어진 치무 왕국[서기 1200년경-서기 1470년의 수도인 챤챤은 남미의 고고학 편년상 포스트
크라식(후고전기, post-classic, 서기 800년-서기 1532년)기에 속하며, 티아우아나코(티와나쿠, Ti-
wanaku), 와리(Wari, Huari) 치무(1200년-서기 1470년), 잉카(서기 1438년-서기 1532년)도 같은 후
고전기에 속한다]에 속하며 북쪽 해안가 모체 계곡에 위치하며 중앙 안데스 고원에
서 가장 발달하였다. 그 영토는 북쪽 툼베즈에서 남쪽 찬케이(Chancay)에 이르는
직선 1,000km나 되며, 도읍지인 챤챤(Chan Chan, 투르히요 동쪽 5km)도 15-30km²의 규
모이다. 이 도읍지의 최대의 건물은 17ha나 되며 흙벽돌로 둘러싸여 있다. 그 구
획 안의 건물은 10개소나 되며 각각의 크기는 다르지만 내부에는 거리, 정원, 방
과 광장을 공통적으로 갖고 있다. 그중에서 최대 규묘의 "그란치무"는 아마 지배
자가 살던 곳으로, 그리고 나머지 다른 곳들은 정치와 경제 기능을 담당했던 행
정사무소로 여겨진다. 치무는 세금대신 부역하는 강제 노동(mita labour taxation)으
로 챤챤의 치무 도시건설 이외에도 우아카의 해와 달 피라미드(Huaca del Sol &
Huaca de La Luna), 투루히요(Trujillo)의 성벽과 라 쿰브레(La Cumbre)의 운하 등의 거
대한 건축물을 남겼는데, 여기에서 후일 잉카에서 보이는 "미타"라는 강제 노동
방식이 이미 적용되고 있음을 알 수 있다. 그러나 이 사회는 금과 구리를 다룰 줄
아는 야금술은 발달했어도 아직 청동기를 만들어내지 못하였다. 이 치무에서는
서기 1983년 투르히요 성벽에서 발견된 마법사란 뜻의 엘 브로호(El Brujo) 벽화와
서기 1987년 월터 알바에 의해 발굴된 남미에서 가장 부유한 부장품[터키옥, 청금석
(lapis lazuri)과 의식용 칼인 투미와 같은 금장식품]를 가진 35세 가량으로, 키는 168cm 정도
의 시판(Sipan)의 왕묘가 유명하다. 그는 모체 토기에 묘사된 희생자의 피를 담은
컵을 받아 마시는 人身供犧라는 고대 의식의 주인공이기도 하다. 이는 神에게 인
간의 犧牲을 제물로 바치는 동시에 신으로부터 질서 안정과 평화를 바라는 종교
와 폭력과의 상관관계를 나타낸다. 페루와 칠레 해안가는 사막성 기후로 매장된
시체가 자연히 미라화 되는데 페루의 북쪽 모체(Moche) 왕국의 Jequetepeque 계

곡 내 도스 카베쟈스(Dos Cabezas) 유적[Huaca de LaLuna(Pyramid of the Moon) 사원 근처]에서 비와 관련된 종교적 의식으로 서기 500년경 희생된 16-65세 사이의 모체의 미라화 된 시체 60구를 발굴하였다. 서기 2005년 엘 브로호(El Brujo) 외곽 Huaca Cao Viejo에서 서기 450년경에 속하는 모체의 女戰士 미라가 곤봉과 창과 함께 발굴되기도 하였다. 진화론적 사회 발전에 대한 개념으로 신대륙 고고학 편년상 포스트크라식(후고전기)기에는 도시화(urbanization), 군국주의(militarism)와 세속왕권(secularism)의 대두, 그리고 점진적인 사회조직의 복잡화 등이 특징이다.

5. **리마 역사 지구**(Historic Centre of Lima: 문화, 1988/1991 확대지정): 리마는 프란시스코 피자로(Francisco Pizarro)의 스페인군에 의해 서기 1532년 잉카가 멸망한 후 스페인인에 의해 들어선 'City of Kings'로 불리는 남미 최대의 수도이다. 피자로는 처음 하우이아(Jauja)를 수도로 택했지만 리막(Rimac) 강변에서 좋은 곳을 발견하여 서기 1535년 1월 8일 시우다드 데 로스 레이에스(Ciudad de los Reyes)를 세우고 총독의 수도로 삼았다. 서기 18세기 중반 지진으로 이곳의 유적은 대부분 파괴되었지만 그래도 전 세계에서 규모가 제일 크고 구세계의 문화와 토착민의 기술이 융합된 결과로서 만들어진 산 프란시스코 수도회(Covent of San Francisco)를 비롯해 성마가(Saint Mark) 대학(서기 1551년), 인쇄소(서기 1584년), 로마 가톨릭 주교 관구(서기 1541년, 5년 후 대주교 관구로 바뀜) 등 스페인 식민지시대의 역사적 유적이 많이 남아있다.

6. **리오 아비세오 국립공원**(Rio Abiseo National Park: 복합, 1990/1992 확대지정): 우이쿤고(Huicungo) 지구, 마리스칼 카세레스(Mariscal Caceres)의 산 마틴(San Martin)에 위치한 리오 아비세오 국립공원은 해발 2,500-4,000m 안데스 산록에 사는 노랑꼬리털 원숭이를 비롯한 여러 동식물을 보호하기 위해 서기 1983년에 조성되었고 서기 1985년 이래 이곳을 발굴해 36개의 잉카시대 이전에 속하는 새로운 유적을 발굴하였다. 발굴된 유적은 산마틴 지구 차차포야(Chachapoyas)의 그란 파하텐(Gran Pajáten), 로스 핀추도스(Los Pinchudos, 서기 1965년), 절벽 위의 무덤 등이다. 최근 15세기(서기 1470년경)경 잉카 족에 의해 멸망당한 '구름의 사람들' 또는 '위대한 전사들'이란 명칭을 지닌 안데스 북쪽 아마존 강으로 들어가는 무역의 거점지인 쿠에

랍(Kuelap)의 챠챠포야(Chachapoyas) 족의 잉카 식민지화 이전 잉카에 대항해 격렬한 저항과 문화의 산 증거인 절벽 위의 무덤(崖墓, rock-cliff tomb)들이 산 카를로스, 레이메밤바(Leymebamba) 등지의 절벽과 동굴에서 발견되고 있다.

7. **나스카와 후마나 평원**(Lines and Geoglyph of Nasca/Nazca and Pampas de Jumana: 문화, 1994): 기원전 400년−서기 400년의 나스카 문화 중심지로 공중에서 보아야만 확인할 수 있는 새와 같은 선각(線刻)의 유구들이 남아 있다. 팜파 콜로라다(Pampa Colorada, Red Plain) 사막의 공중에서 보아야만 확인될 수 있는 엘 아스트로노토(El Astronoto)라고 불리우는 인물상을 비롯해 원숭이, 거미, 날개, 새, 동물, 도마뱀, 나무, 개, 꽃, 사다리꼴, 별, 야마, 펠리칸과 宇宙人을 비롯한 고래, 물고기, 바닷새 등과 같은 325여 개의 불가사의한 그림유적이 유명하다. 이는 'Nazca Lines'나 'Geoglyphs'로 불린다. 이것은 산화철(FeO, Iron oxide)이나 검게 된 붉은 암반을 파낸 것으로 그 밑의 가벼운 모래로 윤곽이 형성되어 여러 가지 문양이 남겨진 것인데, 규모가 하도 커 하늘에서만 윤곽을 확인할 수 있다. 이것은 기원전 200년에서 서기 700년 사이에 만들어진 것으로 보고 있다. 이의 용도는 콘돌(condor) 독수리의 출현과 함께 비가 내리는 물과 관련 된 천체달력으로, 또 볼리비아의 민속축제인 인티라이미(Intiraimi festival)나 祈雨祭와 관련되어 오늘날의 매스게임(mass game)처럼 한두 사람의 지휘 아래 만들어진 것으로도 보고 있다. 최근의 연구결과도 물과 관련을 맺고 있다. 즉 기원전 100년경 종전까지 습지였던 지역이 사막화되면서 나스카 주민들이 부족한 물을 구하게 되고 서기 400년경 푸키오(Pukio, mahamaes cultivation)라는 인공 지하 샘을 개발하면서 점차 불모지와 같은 척박한 환경을 극복해 나갔는데 이 지하 샘의 확보를 둘러싸고 이웃 부족과의 전쟁이 끊이지 않았던 모양이다. 물을 구하는 과정에서 40개가 넘는 칼루아치(Cahuachi, 儀禮 중심지)라는 피라미드 신전구역에 신분이 높은 사람을 犧牲하여 坐葬하여 묻고 머리만 떼어내 구멍을 뚫어 신전에 받쳤던 모양이다. 그리고 'Nazca Lines'나 'Geo-glyphs'로 불리우는 野外神殿을 조영하였는데 이 地上畵는 비와 풍요를 기원하는 종교적 목적이 있었다고 한다. 지상화를 조성하고 난후 그 주위에 여러 동물과

사람을 그린 도기와 그 속에 옥수수나 제물을 넣어 하늘에 제사를 지낸 모양이다. 다시 말해 나스카 문화의 특징인 지상화는 비를 내리거나 풍작을 祈願하는 野外神殿의 기능을 가지고 있었다고 보인다. 그러나 나스카는 서기 700년경 북쪽 고지에서 내려온 와리 족에 멸망을 당하였다. 그러나 스위스인 에리히 폰 다니켄(Erich von Daniken/Däniken)같은 사람들은 "천체고고학" 또는 "우주고고학"이라는 용어를 만들어 이를 지구와 화성 사이에 존재해 있다가 멸망한 위성에 살던 외계인이 지구를 식민지로 이용할 때 만든 활주로라고 주장하고 있다. 즉 미확인 비행물체(unidentified flying object: UFO)와 관련 하에 재미있는 이야기를 만들어내고 있다.

8. 아레퀴파 역사도시(Historical Centre of the City of Arequipa: 문화, 2000): 아레퀴파 주엘 미스티 화산 아래 고원지대에 위치한 아레퀴파는 서기 1532년 이후 스페인 점령시대의 옛 도시로 화산암으로 만든 야나우라라의 미라도(Mirador of Yanahuara) 건물을 비롯해 도시의 두터운 성벽, 궁륭상의 길과 궁륭형 천장, 넓은 內庭, 정면이 바로크 양식인 건물 등 유럽인들, 스페인 식민지에서 혼혈로 태어난 크리오요(criollo)와 토착 인디안들의 합작품인 많은 건물들이 많다. 그래서 이곳은 화산암으로 만들어진 흰색의 건물이 많다고 해서 La Ciudad Blanca(white city)로 불린다.

9. 카랄-쥬페의 神聖도시(Sacred city of Caral-Supe: 문화, 2009): 쥬페 강의 초록빛 계곡을 굽어보는 건조한 사막지대 구릉 626㎡의 넓이에 카랄-쥬페의 神聖도시가 위치하며 연대는 신대륙 고고학 편년상 아케익(Archaic) 말기인 기원전 3000년-기원전 2000년경에 속한다. 18개소의 도시 주거의 하나인 카랄 유적은 기념비적인 돌과 흙으로 만든 土臺에 보이는 복잡한 도상, 6개소의 피라미드구조를 포함하여 궁전과 같은 竪穴의 구조물, 圓形廣場, 정보를 기록하는 기능의 뀌푸(quipu, 잉카에서는 매듭/結繩문자로 본다)의 존재 등은 4대 文明에 필적할 만한 카랄 사회의 발전과 복잡성을 보여준다. 도시의 구획과 상류층들의 주거는 막강한 종교적인 이념을 의미하는 儀式의 기능까지도 있음을 보여준다.

포르투갈 PORTUGAL

1. **앙그라 도 헤로이스모 시 중앙지역**(Certral Zone of the Town of Angra doHeroismo: 문화, 1983): 서기 1450년 알바로 마틴스(Álvaro Martins)가 만든 아 조레스(Azores) 群島(Açores 자치구) 테르세이라(Terceira) 섬의 앙그라 도 헤로이스모는 서기 15세기부터 蒸氣船이 출현하는 서기 19세까지 유럽에서 신대륙에 가는 배들의 寄航港으로 산 세바스타오(San Sebastão)와 산 호아오 밥티스타(San João Baptista) 군사요새가 있다. 그러나 서기 1980년 1월 1일 지진으로 파괴가 심하다.

2. **토마르의 그리스도 수도원**(Convent of Christ in Tomar: 문화, 1983): 토마르에 있는 로마가톨릭 건물인 토마르 기독교 수도회는 템플 기사단이 사용하던 城과 수도회의 복합체이며 서기 1160년 城이 만들어지기 시작하였다. 남부유럽에서와 마찬가지로 성에 딸린 土地도 포르투갈의 왕이 무어 족에 대한 기독교인들의 국토회복운동의 보조로 템플기사단에 주어진 것이다. 수도회는 성이 존속하는 연장책으로 추가된 것이다. 템플 기사단은 서기 1312년 해체되었으며 포르투갈에 남아있는 재산들은 서기 1319년 만들어진 기독교 교단으로(Order of Christ) 넘어갔다. 서기 15세기-서기 16세기에는 새로운 군사단체가 포르투갈 해외식민지의 운영에 중요한 역할을 하였다. 건물은 포르투갈 고딕 말기의 마누엘린(manueline) 양식으로 지어졌다.

3. **바탈하 수도원**(Monastery of Batalha: 문화, 1983): 바탈하(Leiria)의 서기 1385년 알후바로타(Aljubarrota) 전투에서 포르투갈군이 카스티아군에 승리한 것을 기념하여 세운 바탈하 수도원(Santa Maria da Vitória na Baataha, 서기 1386년-서기 1517년 7왕들에 의해 건립)은 포르투갈왕들이 다음 200년간 세운 건물들의 범본이 된다. 왕립수도원의 건물에서 보다시피 포르투갈 고딕 말기의의 마누엘린(manueline) 양식에서 영향을 받은 고딕 양식이 발전해 이곳에서 발전해 나왔음을 알 수 있다. 이는 사치스럽고 화려한 박공(博栱), 尖塔, 꼭대기의 작은 뾰족탑, 버팀벽에서 알 수 있다.

4. **히에로니미테스 수도원과 리스본의 벨렘 탑**(Monastery of Hieronymites and Tower of Belém on Lisbon: 문화, 1983): 포르투갈 수도 리스본 항구 옆에 있는 히에로니미테스

수도원(Jerónimos Monastery)은 서기 1502년에 포르투갈 고딕 말기 양식인 마누엘린 (manueline)으로 건립된 포르투갈 건물의 대표 예 중의 하나이며 그 안에 신 마누 엘린 양식으로 조각된 바스코 다가마(Vasco da Gama)의 石棺이 안치되어 있다. 그 옆의 벨렘 탑은 바스코 다 가마의 인도항로 발견을 기념하여 세웠다. 바스코 다 가마와 그 일행이 서기 1497년 인도로 출발하기 전 이 수도원이 지어지기 전의 히 에로니미테스 수도사를 위한 집에서 기도로 밤을 새웠다.

5. 에보라 역사 지구(Historic Centre of Évora: 문화, 1986): 에보라 알렌테호는 로마시 대까지 거슬러 올라가지만 주로 서기 15세기의 황금시대(Golden age)의 포르투갈 왕들이 거처하던 궁전 건물로 서기 16세기-서기 18세기 브라질의 건축물들에 영 향을 주었다. 특히 벽을 흰색으로 칠한 집, 벽타일을 이용한 벽화와 장식/아주레 호/아주레주(azulejos, 포르투갈에서 5세기 동안 변치 않고 사용된 주석유약을 입혀 만든 청금 빛 타일로 포르투갈의 대표적 문화요소 중의 하나임)와 철제 발코니가 특색이다. 이곳에는 아 구아 프라타 수로(Água de Prata Aqueduct, Aqueduct of Silver Water, 왕 João III세가 서기 1531 년-서기 1537년 도시에 물을 끌어들이기 위해 9km를 건설한 水路), 에보라 성당(서기 1280년-서기 1340년), St. Bras 예배당(서기 1480년), 성 프란시스 교회(서기 15세기 말-서기 16세기 초), Palace of Vasco da Gama(바스코다 가마가 서기 1519년-서기 1524년 이곳에서 살았다), 바스 토 백작의 궁전(Palaceof the Counts of Basto), 카다발 공작의 궁전(Palace of the Dukes of Cadaval, 서기 17세기), 로마의 다이아나 신전(서기 1세기, 기둥의 높이 7.68m), 에보라 대 학(서기 1556년), 지랄도(Giraldo, 서기 1570년) 광장, 에보라 시에서 15km 떨어진 알멘드 레스(Almendres)의 環狀列石과 10km 떨어진 잠부이헤이호(Zambujejro)의 지석묘 등 이 있다.

6. 알코바샤 수도원(Monastery of Alcobaça: 문화, 1989): 리스본 시 북쪽 알코바샤(Al-cobaça)에 위치한 산타 마리아 알코바샤(Santa Maria d'Alcobaça) 성당으로 서기 1153 년/1178년경 포르투갈 초대 왕인 알폰소(Afonso) I세(Alfonso I, D. Afonso Henriques, 서 기 1109년 7월 25일-서기 1185년 12월 6일, 서기 1139년-서기 1185년 재위)가 무어 족(Moors)이 다스리던 산타렘(Santarém) 지역을 기독교인들의 국토회복운동의 일환으로 탈환한

후 성 베르나드(St. Bernard) 신부에게 성당과 영지를 하사하여 지어지기 시작했다. 서기 18세기 때 제작된 성당 내의 靑金石판에 이와 같은 기록이 보인다. 이 성당은 중세시대의 건물로 시토 수도회의(Cistercian)의 고딕건축양식을 보여주는 중요한 건물이다. 여기에는 초대 왕인 알폰소 I세부터 서기 18세기의 호세(D. José) I세까지의 조각상들이 왕의 방(Kings' Hall)에 모셔져 있다. 그리고 성당 내부에는 페드로(Pedro) I세(서기 1334년 8월 30일-서기 1369년 3월23일, 1350년-서기 1369년 재위)와 사후에 왕비로 봉해진 비운의 이네스 페레스 데카스트로(Inês Pêres de Castro, 서기 1325년-서기 1355년 1월 7일)의 석관이 마주보며 위치해 있다.

7. **신트라 문화 경관**(Cultural Landscape of Sintra: 문화, 1995): 서기 19세기 신트라는 유럽 낭만주의 건축의 중심지가 되었다. 페르디난도 II세가 폐허가 된 수도원을 城으로 바꾸고 고딕, 이집트, 무어와 르네상스의 건축양식을 받아들이고, 산 구릉(serra, mountain range)을 따라 국내와 외국의 진귀한 식물로 정원을 꾸몄고 아름다운 조경을 형성했다. 여기에는 궁전과 교회를 포함하는데 페나(Pena), 신트라(Sintra), 몬세라테(Monserrate), 세테아이스(Seteais) 궁전, 무어족의 성 등이 있다.

8. **오포르토 역사센터**(Historic Centre of Oporto: 문화, 1996): 도우로(Douror) 강구 양쪽 41.66㎢의 범위에 위치한 2,000년 된 역사·문화도시로 로마인의 침입 이전의 켈트(Celt) 족, Porto 도는 Portus Cale라 불렀던 로마인의 도시, 서고트(Visigoths) 족의 침입, 그리고 무어인들이 서기 540년-서기 716년 침공을 거쳐, 서기 868년 비마라 페레스 백작(Count Vimara Peres)이 처음으로 포르투갈의 국토로 편입시키는 역사를 가지고 있다. 따라서 이곳은 포트 와인(Port-wine)의 생산지, 식민지 개척사의 헨리 엔리코(Henry Enricho) 왕자(서기 1394년-서기 1460년, Henrythe Navigator) 동상, 서기 1842년 지어진 보스라(Bolsa) 궁전, 서기 17세기 때에 지어진 산 프란시스코와 그레리고스/크리에그스(Krieges) 성당, 고딕 말기 양식의 산타 크라라(Santa Clara) 교회, 서기 18세기의 수도사들의 탑(Towers of Clerics), 서기 1877년 에펠탑을 만든 오귀스트 에펠(Auguste Eiffel)의 마리아 피아(Maria Pia) 철교, 서기 1836에 설립된 고등예술학교(High School of Fine Arts), 서기 1911년에 설립된 포르토(Porto) 대학과 신

고전주의 양식으로 지어진 증권거래소 등 역사적으로 중요한 건물들이 도시 곳곳에 산재해 있다.

9. 코아 계곡 선사시대 암각화(Prehistoric Rock-Art sites in the Côa Valley: 문화, 1998): Côa 계곡 입구 16㎞의 범위에 후기구석기시대 기원전 22000년-기원전 10,000년까지의 암각화와 집자리들은 들은 모두 16개소로 다음과 같다. Broeira, Canada do Inferno/Rego da Vide, Faia, Faia(Vale Afonsinho), Vale dasNamoradas, Vale de Moinhos, Vale de Figueira/Texiugo, Ribeira de Piscos/Quinta dos Poios, Meijapão, Fonte Frieira, Penascosa, Quinta daErvamoira, Salto do Boi(Cardina), Ribeirinha, Quinta do Fariseu, Quinta da Barca. 이들은 후기구석기시대의 주거지와 암각화의 복합문화로 암각화에는 말, 소, 염소와 인간의 모습도 표현되어 있다. 크기는 15-180㎝이며 40-50㎝의 것이 중심을 이룬다. 이들은 Mazouco(포르투갈), Fornols-Haut(프랑스), Domingo Garcia와 Siega Verde(스페인)들과 그 중요성이 비견될 수 있다. 이 암각화들은 원래 포르투갈 정부에서 계곡에 댐을 막아 수력발전소를 만들려고 하였다가 유적의 중요성 때문에 보존된 곳이다.

10. 알토 도우로 포도주 산지(Alto Douro Wine Region: 문화, 2001): 트라스 알토 도우로(Trás-os-Montes e Alto Douro) 지역의 2000년에 걸친 포트 와인(port wine) 포도주 생산지로 덥고 건조하고 암석토양이 小環境을 이루어 포도재배에 적합하고 경관도 아름답다. 포트 와인은 또한 Vinho do Porto 또는 Porto란 명칭으로 알려져 있으며 포르투갈 북부 도우로 계곡에서만 생산되는 'Portuguese fortified wine'이며 sweet와 red wine의 두 종류로 Tawny port, Ruby port, Vintage port가 잘 알려져 있다. 이 포도주는 식후 디저트로 애용되는데 dry, semi-dry, white 등으로 마실 수 있다.

11. 구이마레에스 역사지구(Historic Centre of Guimarães: 문화, 2001): 브라가(Braga) 지구의 구이마레에스 역사지구는 서기 12세기 포르투갈인들의 동질성을 알려주는 중요한 곳이다. 중세시대에서 현대의 도시에 이르는 잘 보존되고 전통가옥 재료와 기술을 사용한 근거가 확실한 건물들이 많아 서기 15세기-서기 19세기 포르

투갈의 건물들을 편년하는데 좋은 範本을 제공해준다.

12. 피코 섬의 포도주 생산유적(Landscape of the Pico Island Vineyard Culture: 문화, 2004): 아조레 군도 중 두 번째로 큰 화산섬인 987㏊ 넓이의 피코는 서기 15세기 초기 이 주자들이 벽을 쌓아 바람과 바닷물로부터 수천 개의 조그맣고 서로 인접해 있는 장방형으로 구획(currais)된 포도밭에서 피코 포도주(Vinho do Pico)를 생산해 인간이 자연환경을 극복해나가는 모습을 보여준다. 이곳에는 서기 19세기 초기까지의 牆垣, 포도주 저장소, 교회, 항구 등이 그대로 남아있다.

13. 몸바사 예수 요새(Fort Jesus, Mombasa: 문화, 2011): 서기 1593년−서기 1596년 지오바니 바티스타 카이라티(Giovanni Battista Cairati)의 설계에 따라 몸바사 항구를 지키기 위해 만들어진 이 요새는 서기 16세기 포르투갈의 군사요새 중 가장 뛰어나고 잘 남아있다. 그리고 이 요새는 이런 종류의 건축사에서 이정표가 된다. 이 요새의 설계와 형태는 인간의 신체비율에 해당하는 르네상스의 이상적인 비율과 기하학적인 조화를 갖추고 있다. 이 요새는 2.5㏊의 넓이, 垓字와 인접한 주위 환경을 포함한다.

14. 엘바스 요새마을과 성채(Garrison Border Town of Elvas and its Fortifications: 문화, 2012): 서기 17세기−서기 19세기에 성채를 갖춘 이 요새는 규모가 가장 큰 堡壘로 둘러친 물이 차지 않는 垓字체계를 갖추었다. 성벽내의 마을에는 兵舍, 군사시설, 교회와 수도원이 있다. 리스본 동쪽 200㎞ 떨어져 스페인의 바다호즈(Badajoz) 마을과 경계를 이룬 엘바스 마을의 유적의 연대는 서기 10세기까지 올라가지만 성채는 포르투갈이 서기 1460년 이곳을 재탈환하여 독립을 얻을 때에 만들어졌다. 네덜란드 제수이트 교단(耶蘇會) 신부인 파드레 코스만더(Padre João Piscáthe Amoreira Aqueductsio Cosmander)가 설계한 이 성채는 철두철미 네덜란드의 築城方式으로 이루어졌다. 이 유적은 또한 장기간 포위되었을 때 아모레이라(Amoreira) 지역에서 엘바스까지 물을 끌어들여 버틸 수 있도록 고안한 'Amoreira Aqueduct(Aqueduto da Amoreira)'를 설치하였다. 이 水路(水道管)은 서기 1460년경 축조되었으며 전체 길이 8㎞, 31m의 높이의 아치(기둥)열에, 5개의 탑과 843개의 아치가 만들어졌다. 서

기 1542년 이 수로공사는 산프란시스코 수도원(the Convent of San Francisco)까지 연장되었다.

15. 코임브라 대학(University of Coimbra-Alta and Sofia: 문화 2013): 도시를 굽어보는 언덕 위에 위치한 코임브라 대학은 지식을 생산하고 보급하는데 공헌한 여러 건물군을 포함하는데, 이 대학은 과거 7세기 동안 성장·진화해 와서 의심의 여지없이 코임브라 시 안에서도 자체로 고귀하고 정의가 뚜렷한 도시를 형성하고 있다. 오래된 학교 건물의 뚜렷한 외형 자체와 같이 이 학교 역사도 유럽에서 가장 오래된 대학의 하나로 만들고 있다. 이 대학은 연구기관에 한정된 전통과 문화적 양상을 간직하며 국내외에서 배움의 상징으로 인정받고 있다. 포르투갈에서 모든 대학의 역사는 코임브라 대학과 관련되어 있다. 포르투갈에서 처음으로 대학은 서기 13세기에 생겼다. 이는 서기 1288년 당시 엘리트 신부가 사인을 한 교육기관(아카데미, Estudo Geral)을 포르투갈에서 세울 것을 청원한 Suplica 청원서와 관련이 있다. 리스본에 교육기관을 설립한 돔 디니스(Dom Dinis/Denis/Dinis/Diniz, Lisbon, 서기 1261년 10월 9일-서기 1325년 1월 7일) 왕이 칙령을, 그리고 서기 1290년 3월 16일 교황이 교서(Papal Bull of gm August 7290)를 내려 새로 생긴 교육기관을 공식적으로 승인하였다. 서기 1308년 대학은 리스본에서 코임브라로 옮겨왔으나 서기 1338년-서기 1354년 리스본으로 다시 옮겨갔다. 그러다가 리스본으로 다시 옮겨 2세기를 보낸 후 코임브라에 마지막으로 옮겨가 정착한 것이 서기 1537년이었다. 코임브라에 대학을 설립한 것은 대학이 대도시가 아니라 조그만 도시 중심에 자리 잡아야 한다는 르네상스식 발상으로 왕이 이를 직접 결정하였다. 다시 돌아온 후 코임브라 대학은 왕 돔 조아오/죤 3세(Dom JoSo III 세/João III/D. John III, King of Portugal and the Algarves, 서기 1502년 6월 7일-서기 1557년 6월 11일, 서기 1521년 12월 13일-서기 1557년 6월 11일 재위)의 개혁에 따라 도시가 내려 보이는 알카프바 궁전(Alcapva Palace)에 자리 잡았는데 이 개혁은 교육기관 Esiudo Geral의 중세시대의 방랑이 끝남과 동시 啓蒙主義(Enlightenment)시대 이전 앞을 내다보는 중요한 조처였다. 이때부터 이 대학은 포르투갈 밖에서 권위 있는 연구기관으로 인정받았으며 국내에서

는 엘리트 양성 기관의 중심이 되었다. 이 대학은 서기 1559년-서기 1779년 존속했던 에보라 대학(University of Evora) 이외에는 서기 20세기 초까지 포르투갈 제국의 유일한 대학으로 남았었다. 이 기간부터 시작되는 산타 쿠루즈(Santa Cruz) 수도원의 개혁으로 수도원에서 유지하는 기숙사가 있는 대학들의 수가 증가하게 되었는데 가장 주목할 만한 것은 예수회(Company of Jesus, Jesuits, 耶蘇會)에서 만든 예수대학(College of Jesus, Conimbricenses 또는 Collegium Conimbricenses는 코임브라에 있는 예수회 대학)이었다. 이 대학은 아리스토텔레스의 중요한 작품에 대한 서기 16세기의 註釋(Commentaries 또는 Conimbricenses로 알려지고 아리스토텔레스의 11권 책 중 8권이 진정한 commentaries임)으로 유명하게 되었는데, 이 주석은 유럽 대학에서 순회해서 르네 데카르트(Rene Descartes)와 같은 위대한 지식인들에게 영향을 주었다. 파코 레알 데 코임브라(Paco Real de Coimbra)와 후일 파코 레알 다스 에스콜라스(Paco Real das Escolas)로 알려진 알카바 궁전(Alcavva Palace)은 왕 돔 죠고 III(Dom Jogo III)세의 개혁으로 신축건물을 지으려는 앞선 계획과 노력을 수포로 만들면서 대학의 중심지로 자리 잡게 되었다. 그 결과 대학이 궁전을 소유함으로써 왕실의 후원을 받는 것을 당연하게 여겼는데 이는 서기 15세기 이후 자신의 건물을 소유한 대부분 유럽의 대학들과 달랐다. 서기 1597년 왕이 대학에 건물을 기증하였는데 이것이 오늘날에도 자랑하는 "Pace das EscolasJJ"로 알려져 있다. 이 건물의 기원은 이 성 아래서 서기 1세기 때의 로마시대 건물의 흔적이 고고학 조사로 발견되었지만 사각형 디자인과 반원형의 탑이 있는 현재의 알카코바(성)는 이스람 시대로 거슬러 올라간다. 이 서은 서기 1064년 국토회복운동(Reconquista/reconquest)시 기독교인의 공격으로 많이 파괴가 되었으며 가축우리(albacar, corral)가 추가된 반면 남쪽의 성탑이 개조되었으며, 건물이 기독교인 요새 사령관의 저택으로 바뀌면서 요새가 서쪽으로 연장되었다. 여기에서 백작과 백작부인(Dom Henrique and Dona TeresaIt)과 왕 알폰소 헨리크(Dom Afonso Henriques, Afonso I세/Afonso Henriques, 서기 1109년 6월 25일-서기 1185년 12월 6일, 별명은 the Conqueror, the Founder, the Great이다. 국토회복운동/Reconquista으로 무어/the Moors인들과 싸워 포르투갈의 초대왕이 되었다)가 거주하였다. 이곳에서 포르투갈의 많은 왕세자가 태어나고, 서기 1385년 귀족이 모여 왕 Dom João I세가 선출되었다. 군주는 유리창을 내면서 이 궁을 많이 뜯어 고쳤고 후일 코임브라의 백작인 왕(Dom Pedro)이 가축우리를 파괴하고 앞선 건물과 수직으로 제2의 건물을 증축하고 예배당을 만들기 시작하였다. 서기 16세기 왕 Dom João I세는 이 궁을 살기좋은 왕실로 꾸몄는데 후일 여기에 대학본부가 들어섰다. 서기 1717년 중요한 코임브라 대학 건물의 하나가 들어섰다. 대학 도서관으로 알려진 Casa da Livraria는 바로크 양식으로 지어졌으며 이는 당시 유럽에서 가장 유명한 도서관이었다. 폼발의 후작(The Marques de Pombal)의 개혁은 국제적 관계에서 변화를 가져왔고 대학교육에서 실험주의가 나타났다. 수학과 철학 교수들이 생겨났으며, 건물을 짓기 시작하고 종전의 건물도 개조하여 종전의 예수교대학이 대학병원, 약조제소, 자연사박물관, 화학실험실, 천문관측대, 식물원과 대학출판사로 바뀌었다. 대학은 폼발의 사후에도 번영하여 서기 1799년-서기 1859년 공공교육의 감독을 책임지게 되었다. 항상 국가와 연결되어 대학은 유럽의 다른 대학처럼 자치를 얻지 못했다. 폼발의 개혁에 의존하여 자유기간(Liberal period: 서기 19세기 중엽 화란의 동인도 회사의 경제경찰제도)에도 멀리 내다보는 실제적 계획도 없었지만 법만은 이 대학에서 중요한 분야였다. 보수주의에도 불구하고 대학의 역사기간 동안 자유기간 후에도 중요한 논쟁에서 중심역할을 해왔다. 이러한 논쟁에는 대학의 퇴폐에 대항해 자유로운 교육세대의 반항, 브라질 독립운동시 브라질 학생들의 투쟁, 가장 중용한 것으로 지적할 수 있는 군주에 대항하기 위한 구실로 이용되어왔던 '코인브라 질문'(Coimbra Question, Commemorations of Camões or Pombal)이라는 논쟁도 포함된다. 제 1공화국수립과 함께 이제까지 누려왔던 특권과 상징성을 잃어버린 코임브라 대학은 지방의 대학에서 머무르지 않고 그 보상으로 인문대학을 만들었다. 살라자르(Salazar)가 권력을 쥐었을 때 이 대학은 살라자리즘(Salazarism)에 공헌하는 이념의 수립에 선도적 역할을 하였는데, 이는 기독교민주학문센터(CADC, Centro Academico de Democracia Cristi: The Academic Center of Christian Democracy는 코임브라의 주교관구(Roman Catholic Diocese of Coimbra)에 속하는 기독교

성령협회로 코임브라에서 공부하는 대학생을 후원한다. 중요한 회원에는 António de Oliveira Salazar 가 포함된다)과 연결되는 Lusitanian Integralism(서기 1914년 코임므라에서 일어난 포르투갈 통합정치운동)과 기독교사회운동(Catholic social movement)으로 알려진 군주제를 위한 신-전통주의운동이다. 억압적인 성격의 살라자르 독재는 교수들의 축출, 행정력·경찰력을 동원을 이용한 억압으로 인해 학교는 자치권에 심각한 타격을 받았다. 코임브라 학문협회(The Coimbra Academic Association, MC)는 반정부 대모의 거점지중의 하나가 되고, 학교 자신의 민주조직을 위해 운동하고, Norton de Matos 과 Humberto Delgado 같은 민주적 야당 대통령 후보를 위해 선거운동에도 참여하였다. 이것은 학문권을 뒤흔들어 학문무대회사(the Academic Theatre Companies, TEUC와 CITAC)와 같은 반파시스트 문화조직을 만들어지게 하면서 식민지전쟁에 대항하는 지식인들의 투쟁을 조장하였다. 코임브라 학생조직에 의해 만들어진 정부에 대항하는 운동 때문에 독재정권의 정부가 개입하게되고 역사적 건물을 가진 캠퍼스(Atla)의 일부와 도시의 위쪽은 파괴되고, 민족주의 정부의 기념비적 건물들이 들어서서 학생들의 반대운동을 좀 더 가까이에서 통제할 수 있도록 하였다. 예술, 의학, 과학, 경제와 공학의 새로운 교수들이 들어왔다. 서기 1974년의 혁명과 함께 대학은 새로운 전기를 맞게되고, 중류사회로 도시생활에 영향을 미치지 않았던 아래 도시(Baixa)에 비해 훨씬 우월했던 대학 캠퍼스(Alta)는 서기 20세기 초까지 종전보다 약간의 발전이 있어 왔고 반면 도시는 좀 더 커졌다. 대학에서 민주조직의 제도화로 사회비판을 하지않게된 학문적 관례(praxes)가 만들어진 대신에 문화적 특성을 추구하는 학문적 제도의 부활을 가져왔다. 서기 21세기 초 코임브라 대학은 제도적 과학적 정체성의 위기를 맞았는데, 이는 대학이 세계를 향해 문호를 개방한 학교의 미래를 만들기 위해 절대 필요하지만 충분치 못한 자원이지만 과거 얻던 이익도 택해야 하면서도 자치와 강력한 중앙통제 사이에서 나타난 갈등으로부터 새로운 구조에 대한 정의를 뚜렷이 하려는 시도 때문이다. 민주주의로 돌아온 이후 수 년간 교육의 민주화로 코임브라 학생의 수가 증가하였는데 이로 인해 결정할 사항이 많아졌다. 교육이 많아져 대학의 재조직이 불가피하게 되었고, 어떤 학부는 외부 증축건물로 이전하였는데, 이것이 완성되면 알타 캠퍼스의 회복을 가져오게 될지 모르는 일이었다. 포르투갈의 대학사뿐만 아니라 포르투갈 국가와 식민지제국의 역사와도 일치하는 이 대학의 역사는 너무 분량이 커 여기에서 다룰 수 없지만 몇 가지 요점만으로도 그 중요성을 제시할 수 있다. 코임브라 대학은 유럽에서 가장 연대가 올라가는 대학 중의 하나이고 그 기록은 서기 14세기 초부터 나타난다. 이 대학은 큰 도시보다 작은 도시에 대학의 설립은 르네상스식 생각이다. 이 대학은 포르투갈 역사에 가장 먼저 나타난 문화발전의 核이였으며 산타 쿠르즈(Santa Cruz) 수도원이 해온 중용한 역할과 관련이 된 이 나라 최초의 정치적 요람이었다. 코임브라 대학은 포르투갈어의 표준어의 형성과 강화, 개혁 그리고 포르투갈과 제국 전체에 전파시키는데에도 중요한 역할을 해온 중심지였다. 이 대학의 지적 결과물은 포르투갈의 정치적 조직, 도시계획과 문화뿐만 아니라 유럽 철학분야의 지성인들에게도 직접 영향을 주었다. 수 세기 동안 포르투갈의 유일한 대학으로 제국의 지성인들을 가르키고 권력자들의 이념을 형성하게 공헌하였으며 동시에 엘리트 학생들이 후일 정부에 대항해서 저항운동을 조직하고 이끌어 나가는데에도 일조를 하였다. 이 대학은 보수적이던 진보적이던 국가의 정체성을 형성하는데 책임이 있었으며 유럽 최후의 독재정치와 식정치를 타파한 문화적 엘리트들의 저항운동을 주도하였다. 이 대학의 역사와 성장기간, 위축, 재조직은 정치권과 밀접한 관계를 맺으며, 왕 Dom Joao III세부터 내려오는 과거 단과대학인 비블로테카 요하나(Biblioteca Joanha)로 알려진 도서관을 포함한 파코 에스콜라(Paco das Escolas) 캠퍼스(Alta)의 도시계획, 식물원, 마차도 카스트로(Machado de Castro) 국립박물관, 성 죤 알메디나(St. John of Almedina) 교회, 신성당(the New Cathedral 또는 Se Nova), 예수대학(College of Jesus), 신성십자가 교회(Church of the Holy Cross), 만가(Manga)와 세레이아(Sereia) 정원, 화학연구소, 성당학교(Se Velha), 학생기숙사(repijblicas)와 서기 20세기의 건물 등의 많은 건조물을 남겨놓았다. 이들 유산은 학교제도의 여러 가지 다른 기능을 보여주지만 예술과 건축에서도 뛰어남을 잃지 않고 있다.

폴란드 POLAND

1. **크라쿠프 역사지구**(Cracow's Historic Centre: 문화, 1978): 남부 폴란드(Lesser Poland, Malopolska 서기 1038년−서기 1596년) 초기 폴란드의 수도인 크라쿠프/크라코우(Kraków/Krakow/Cracow)는 서기 1257년 비스툴라(Vistula/Wisla) 강 옆에 건립되었다. 그리고 그 당시에 만들어진 유럽에서 제일 큰 광장도 있다. 폴란드는 야기에우워 왕조(리투아니아어: Jogailaičiai, 폴란드어: Jagiellonowie, 서기 1386년−서기 1572년)시 브와리스와프 II세(Wladyslaus/Wtadystaw II, 서기 1351년−서기 1434년), 지그문트 I세(Zygmund/Sigismund Stary, 서기 1467년−서기 1548년)와 II세(서기 1569년−서기 1572년) 때 가장 융성하였다. 서기 1596년 지그문트 III세 때 바르샤바/발샤(Warsaw)로 수도를 옮겼지만 바벨(Wawel) 王城과 부속 대성당은 대관식을 하고 왕의 묘소가 있는 곳으로 폴란드의 상징이다. 세계에서 가장 오래된 것 중의 하나인 야기에론(Jagellonian) 대학교[Casimir III세가 서기 1364년 설립한 크라크푸 대학으로 여기에는 '탐구한 자만 이해할 수 있다'라는 글귀와 함께 地動說을 주장한 코페르니쿠스(Nicolaus Copernicus, 서기 1473년 2월 19일−서기 1543년 5월 24일)가 졸업함]과 서기 14세기의 성, 서기 1320년에 지어진 바벨 대성당의 돔이 있는 왕들이 묻힌 고딕 대성당(현재 보물무기박물관이 들어섬), 바이트 소스(Veit Stoss, Wit Stowsz)가 조각한 목조 祭壇이 있는 성 마리아 성당(높이 80m), 타타르(Tatar) 몽고인으로부터 방어하기 위한 바벨 성(Zamek krolewski na Wawelu), 바르바칸(Barbakan, 서기 15세기경) 원형 요새, 프로리아(Florian Gate, 서기 1300년대에 지어졌다. 서기 1694년 改築한 높이 37.5m의 고딕 성문 탑), 시장이 들어선 직물회관(Cloth Hall, 琥珀 판매가 유명), 비지에네크 식당(서기 1364년부터 시작), 花卉시장과 유대인들이 살던 카지미에르즈(Kazimierz) 지구에 중세시대의 교회(synagogues)도 남아있다. 그리고 니콜라스 코페르니쿠스와 264대 교황 요한 바오로 II세(Pope Johan Paul II, 서기 1978년−서기 2005년)도 야기에론 대학교의 동문이다.

2. **비에리치카와 보치니아의 왕립 소금광산**(Royal Salt Mines in Wieliczka and Bochnia: 문화, 1978, 2013 확대지정): 남부 폴란드(Lesser Poland, Malopolska) 비에리치카 시 크라코프(Kraków/Cracow) 수도 지구에 위치한 서기 13세기 이래 서기 1966년 소금값의 저

하로 문을 닫은 비에리치카-보치니아(Wieliczka-Bochnia)의 바위소금(암염)광산은 내부 9층, 180개의 방, 지하 327m로 이루어지고 총 300km의 2,040개의 坑道에 지하주거지, 성 안토니(서기 1698년)와 성 킨가 예배당(서기 1860년), 예술작품을 전시하는 화랑, 예수, 난장이와 샹들리에의 소금조각상 등이 있어 과거 산업지구를 흥미롭게 둘러볼 수 있다. 서기 2013년에는 서기 1978년 지정된 비에리치카 소금광산(Wieliczka Salt Mine)에 보치니아(Bochnia) 지역을 확대·지정하였다. 비에리치카-보치니아의 왕립소금광산은 서기 13세기 중반-서기 20세기 말까지 계속 운영되던 주피 크라코프스키(Żupy Krakowskie)라 불리우는 역사적인 국립소금광산회사(Polish salt mining company)에서 함께 취급된다. 비에리치카 소금광산이 서기 1978년 지정될 당시 암염의 개발, 광산 하수도, 採光과 통풍 등의 지구상에서 유일한 과거의 기록들이 준비가 되었지만, 보치니아의 소금광산은 소금의 산업적 채굴이 지속되고 있었기 때문에 지정준비가 덜 되어 방문자들이 접근하기가 어려웠다. 보치니아의 岩鹽은 이른바 카르파티안(Carpathians) 소금지구에 속한다. 소금은 中新世(Miocene)의 바다에서, 그리고 남으로부터 이동하고 북쪽의 방파제로 압력을 견디어낸 카르파티안 지구에 의해 형성되었다. 암염자원이 형성되는 과정에서 소금층과 그 사이에 貫入된 다른 지질대의 형성이 넓고 다양하게 되었던 점은 매우 특징이 있다. 크라코프 근처에 위치한 비에리치카-보치니아 소금광산의 특징은 암염자원이 採鑛으로 이루어진다는 것이다. 암염자원이 채광되던 직후인 서기 1290년 주피 크라코프스키라는 폴란드 국립소금광산회사가 만들어졌다. 이 회사는 비에리치카-보치니아 소금생산 중심지역에서 광산을 통합하고 작업인부를 모았다. 배타적인 원칙 때문에 소금생산지역과 소금의 생산소유권에 대한 모든 권리가 지배자에게 소속되어 여기서 얻은 이익은 국가예산에 필요한 중요한 수입원이 되었다. 보치니아 광산은 서기 12세기 이래 작업은 이루어지고 있었지만 서기 13세기 소금물이 나오는 우물을 더 깊게 파는 데에서 비롯되어 채광을 할 정도의 굳은 암염이 확인되었다. 서기 1251년 이후 체계적이 채광작업이 시작되었다. 보치니아가 서기 1253년 주정부의 권리를 획득한 이후 소금산업은 본격화되었다.

보치니아 광산이 역사적으로 보면 지하 깊이 70m-약 330m에 나있는 9층과 3㎞의 범위의 채굴지역에서 수토리스(Sutoris, 서기 13세기 중반)→캠피(Campi, 서기 16세기 중반)→트리니타티스(Trinitatis, 서기 20세기 초)의 세 단계를 거친다. 수평갱, 수직갱, 採掘室, 넓은 단일층, 다층 사이의 연락망, 운반, 통풍장치 같은 坑道들이 서기 13세기-서기 20세기 사이에 만들어졌다. 손으로 또는 기계로 하던 작업부터 광산기술에 대한 해결책까지 확인할 수 있는 여러 가지 소금을 채굴하던 기술이 보전되고 있다. 소금을 채굴할 때 자신을 보호하는 껍데기, 씌우게, 천장을 지탱하는 기둥을 갖춘 채워진 선택된 넓은 지역, 채굴한 광물, 물, 통풍장치와 고립된 댐 등 채굴시 닥쳐올 위험으로부터 보호하는 갱도도 중요하다. 그 당시에 보존된 기계와 보호장치들은 옛날부터 현재까지 모양이 약간 다르지만 모두 채굴, 운반, 보호, 하수구 등에 이용되었다. 보치니아 광부들의 보다 중요한 정신적인 유산은 지하에 만든 교회와 종교적 예배당에서 확인된다. 하나는 서기 18세기 중반 이후 이용된 질이 높은 바로크 多彩 장식이 있는 그리스도 수난교회(Passions Chapel)를 들 수 있다. 또 다른 하나는 값어치를 매길 수 없는 장소로 암염광부의 수호신인 성 킨가 교회(Saint Kinga Chapel)이다. 전체 표면에는 암반을 파내고 성구보관소, 예수탄생지로 베들레헴 동굴, 예수의 무덤, 성가대가 만들어졌다. 보치니아의 소금광산에는 서기 16세기 이후 폴란드와 외국인들의 발길이 끊이지 않았다. 서기 1995년 3층-6층까지 이르는 2㎞ 길이의 관광로가 개설되고 특히 지하는 전시실, 강의, 과학, 연구목적, 스포츠, 휴게소, 지하휴양소로 이용되고 있다.

3. **아우슈비츠 수용소**(Auschwitz Concentration Camp: 문화, 1979): 오시베엥침(Oświęcim)에 위치한 세계제2차대전 중 유태인 수용소로 서기 1942년 봄부터 서기 1944년 가을까지 나치에 의해 유태인 약 400만 명이 학살(Holocaust/Pogrom, anti-Semitism, 全燔祭)된 현장 중의 하나이며 입구에는 'Arbeit macht frei(Work makes you free)'라는 팻말이 붙어 있다. 이곳에는 3곳의 캠프가 있는데 I 캠프는 수용소, II는 가스실, III은 노동 캠프이며 모두 45개의 위성 캠프가 있었다.

4. **바르샤바/발샤 역사 지구**(Historic Centre of Warsaw: 문화, 1980): 서기 1609년 지그

문트 III세(서기 1566년-서기 1632년) 때 수도를 크라코우/크라쿠프(Kraków/Krakow/Cra-cow)에서 이곳으로 옮겼다. 서기 1944년 8월 1일 봉기 때 나치군에 의해 도시의 85%가 파괴당했으나 전후 5년간 구시가지를 꼼꼼하게 복원하여 서기 13세기-서기 20세기에 이르는 옛 궁전(Royal castle, 서기 1596년-서기 1619년), 라젠스키 궁전(Łazen-sky palae, Palae on water), 체프스키(Czapskipalace, 서기 1712년-서기 1721년) 궁전, 왕궁 광장, 人魚像이 상징인 시청, 시장, 프레데릭 쇼팡(Frederic François Chopin, 서기 1810년-서기 1849년)의 조각상이 있는 와젠키 공원(Wazenki park), 쇼팡의 심장이 묻힌 성 십자가 성당 및 성모 마리아 교회(서기 1411년) 등 오늘날의 모습을 되찾게 되었다.

5. 자모스치 구시가지(Old City of Zamość: 문화, 1992): 루브릴 보이보드쉽(Lublin Voivodship, 전 Zamość Voivodship)의 서기 16세기 재상 얀 자모이스키(Jan Zamoysky)에 의해 서구, 북유럽과 黑海를 잇는 貿易路로 개발된 도시이다. 이탈리아의 이상향의 도시로 파두아(Padua) 출신의 건축가 베르나도 모란도(Bernando Morando)에 의해 설계되었다. 이 도시는 서기 16세기 말 르네상스시대의 대표적인 곳으로 이탈리아와 중앙유럽의 건축적 전통을 융합하였다.

6. 토룬 중세마을(The Medieval Town of Toruń: 문화, 1997): 토룬 마을은 프러시아의 정복과 복음전파의 기지로서 튜우튼 교단에 따라 서기 13세기 중반 때 건립되었으며 한자동맹의 일원으로 상업적 번영을 누렸다. 新·舊 시가지에 있는 서기 14세기-서기 15세기 때의 공공건물과 개인의 집들이 토룬의 중요한 중세마을의 모습을 형성한다. 그중에는 천문학자 코페르니쿠스가 탄생한 집(서기 1473년)도 포함된다.

7. 말보크의 게르만 양식의 성(Castle of Teutonic Order in Malbork: 문화, 1997): 서기 1274년 初建된 성으로 발틱 해안을 관장하였던 튜우튼 교단의 기사단장의 자리가 베니스에서 마리안부르그(Marienburg, 말보크)로 옮겨감에 따라 서기 1309년 크게 벽돌로 증축되어 튜우튼 교단의 사령부가 되었다. 서기 1930년대 나치 힛틀러 소년단과 독일소녀연맹의 순례지로 이용되기도 하였다. 세계제2차대전 중 거의 파괴가 되었으나 2차대전 이후 이 성은 거의 복원되었다.

8. **칼와리아 제브르지도우카**(Kalwaria Zebrzydowska; the Mannerist Architectural and Park Landscape Complex and Pilgrimage Park: 문화, 1999): 폴란드 남쪽 크라코프 (Kraków/Cracow) 남쪽 조경공원에 위치한 칼와리아 제브르지도우카는 정신적 중요성을 지닌 문화 조경단지이다. 빼어난 자연 환경 속에 그리스도의 受難과 성모 마리아의 일생에 관련된 상징적인 숭배 장소가 서기 17세기 초반에 만들어져 아직까지 변하지 않고 순례 장소가 되어오고 있다. 이 종교단지 공원은 명칭을 서기 1602년 12월 1일 이 종교단지를 만든 크라코프 주의 미코라이 제브르지도우스키(Mikolaj Zebrzydowsky) 지사의 이름을 따지었다. 이곳을 포함하는 시가 서기 1617년에 생기고 또 서기 1640년 확장되어 오늘에 이른다. 순례자들이 참배 오는 수도원과 조경이 아우러진 공원성역은 자레크(Żarek, 해발 527m), 란크코로나(Lanckorona, 해발 530m)에 위치하고 모두 44동의 건물을 포함하는데 대부분이 교회이다.

9. **자워와 스위드니카의 평화교회**(Churches of Peace in Jawor and Świdnica: 문화, 2001): 폴란드 남부 실레시안(Lower Silesian, Doloslaskie)의 자워와 스위드니카에 위치한 목조와 진흙으로 일 년 안에 지은 교회로 원래 3개 만들어졌으나 그라고브(Glogów)의 것은 서기 1758년 불타고 나머지 자워와 스위드니카의 교회는 현재까지 남아있다. 이곳은 서기 1648년 로만가톨릭교에 항거한 마틴 루터의 신교도들이 베스트팔리아(Westphalia) 평화조약 후 합스부르그 왕가의 가돌릭 신봉자인 황제로부터 실레시아에 교회를 지어도 좋다는 허가를 받아 만든 곳이다. 세 동의 목조교회를 설계한 사람은 알브레히드 폰 사비시(Albrecht von Sabish)였고 이 교회는 개신교도들의 피난처가 될 만큼 넓은 공간을 가지고 있다. 이곳은 당시 가톨릭교회에 대한 종교적 자유와 루터파의 이념을 표현할 수 있는 증거물이다.

10. **남부 리틀 폴란드의 목조교회**(Wooden Churches of Southern Little Poland: 문화, 2003): 남부 리틀 폴란드의 목조교회는 9개로 중세시대 이래 동부와 북부유럽에서 흔한 통나무를 수평으로 쌓아올려 만든 교회로 귀족가문의 후원을 받았고 곧 신분의 상징이 되었다. 또 도시에서 세워진 것과 같은 석조교회를 짓도록 제안을 받기도 하였다. 현재 남아있는 목조교회는 다음과 같다.

1. The church of the Archangel Michael (Binarowa)

2. The church of All Saints (Blizne)

3. The church of Archangel Michael (Debno)

4. The church of the Blessed Virgin Mary and Archangel Michael (Haczow)

5. The church of St. Peter and St. Paul (Lachowice)

6. The church of St. Leonard (Lipnica Murowana)

7. The church of St. John the Baptist (Orawka)

8. The church of St. Philip and St. James the Apostles (Sekowa)

9. The church of Archangel Michael (Szalowa)

11. 무스카우어 공원(Muskauer Park/Park Mużakowski: 2004, 문화): 독일(Muskauer Park, 2.1㎢)과 폴란드(Park Muzakowski, 3.5㎢) 국경지대에 위치한 역사도시 루사티아(Lusatia) 지역의 무스카우어 마을에서 "Hints on the LandscapeGardening"의 저자 헤르만 폰 픽클러-무스카우(Hermann von Pückler-Muskau, 서기 1785년-서기 1871년) 태자가 서기 1815년부터 서기 1844년까지 영국식 정원의 틀을 이용하여 루사티안 나이세(Lusatian Neisse) 강둑을 따라 '식물로 그림을 그리듯' 5.6㎢ 규모의 공원을 조성해 놓았다. 그는 바드 무스카우(Bad Muskau)에 국제조경학교를 세워 자연을 개선하는데 주안점을 둔 한 마을 전체를 포괄하는 조경공원을 짓는데 기초를 잡았다. 이 공원은 조경예술의 이상향을 이루었고 더 나아가 마을 전체까지 확대되어 근처의 다리, 무스카우 城과 수목원도 모두 이에 따라 새로가 복원·단장되었다.

12. 브로츠와프의 백년 홀(Centennial Hall in Wrocław: 문화, 2006): 폴란드 남부 실레시안(Lower Silesian, Doloslaskie)의 브로츠와프의 백년 홀은 콘크리트와 철로 지은 건축사의 기념비적 작품으로 서기 1813년-서기 1815년 나폴레옹으로부터 해방전쟁 승리 100주년을 기념하기 위해 서기 1911년-서기 1913년에 지었다. 건축가는 막스 베르크(Max Berg)로 직경 65m, 4잎의 左右同形의 형태, 지붕 천장에 강철과 유리로 등을 설치, 로마의 판테온보다 50%가 더 크고 제일 아래층은 박람회·전시실용이고 나머지는 휴양·오락시설이 들어선 다용도의 건물이다. 이 건물은 서

기 1880년 호주 멜버른 국제 박람회를 위하여 만든 왕립전시관(Royal Exhibition Building)과 비교된다.

13. 폴란드와 우크라이나 카르파티안 지역의 목조교회(Wooden Tserkvas of the Carpathian Region in Poland and Ukraine: 문화, 2013): 목조교회인 체르크바(tserkva)는 모두 16곳으로 8곳은 폴란드 말로폴스키(Małopolskie Province)와 포드카라파키(Pod-karpackie Province)에 나머지 8곳은 우크라이나 카르파티안에 위치한다. 교회의 명칭은 다음과 같다.

Poland

    Tserkva of St. Michael the Archangel, Brunary

    Tserkva of the Birth of the Blessed Virgin Mary, Chotyniec

    Tserkva of St. Paraskevia, Kwiatoń

    Virgin Mary's Care Tserkva, Owczary

    St. James the Less Tserkva, Powroźnik

    Tserkva of St. Paraskevia, Radruż

    St. Michael the Archangel Tserkva, Smolnik

    St. Michael the Archangel Tserkva, Turzańsk

Ukraine

    Descent of the Holy Spirit Church, Potelych

    Holy Trinity Church, Zhovkva

    St. Yuriy's(George's) Church, Drohobych

    St. Dmytro's Church, Matkiv

    Descent of the Holy Spirit Church, Rohatyn

    The Church of the Nativity of B.V.M., Nyzhniy Verbizh

    The Church of St. Archangel Mykhailo, Uzhok

    The Church of Ascension of Our Lord, Yasynia

서기 1797년 이후 그리스正敎會의 목조교회는 세 부분의 건물, 가로로 쌓아 올린 통나무 건축의 外部, 서기 18세기-서기 19세기의 多彩畵 장식, 서기 18세기의 아이콘 장식벽(iconostsis, 교회의 본당과 성역을 나누는 아이콘 聖像과 종교적 그림으로 장식된 벽)으로 된 內部로 나눈다. 여기에는 폴란드 성 미카엘 대천사의 목조교회(Tserkva of St. Michael the Archangel)와 성모 마리아 탄생 목조교회(Tserkva of the Birth of the Blessed Virgin Mary, 서기 1600년경)는 서부 렘코(West-Lemko) 정교회의 종교건물 중 대표 예이다. 성 미카엘 대천사의 목조교회의 외부는 비를 막기 위해 댄 비늘판(Weather-boarding), 판자지붕, 너세지붕의 본당, 여러 겹의 너새지붕을 인 聖壇, 낮은 쪽에 계단상의 지붕, 장미꽃 그림으로 채색된 소벽(frieze)으로 장식된 계단상의 판자, 빛이 통하지 않는 채광창이 달린 양파모양의 돔 지붕, 나중에 갖다 붙인 방이 있는 탑 등이 보인다. 내부 장식은 서기 18세기 바로크 양식의 장식벽과 제단(서기 17세기), 로코코 양식의 제단(서기 18세기), 복음서의 저자들을 그린 연단(서기 18세기)과 성상과 십자가를 그린 의자(서기 18세기-서기 19세기)가 있다. 성모 마리아 탄생 목조교회는 현재 천주교성당으로 사용되고 있고 서기 1600년경에 지어졌다. 가까이에 목조교회의 공동묘지와 목조 종탑이 있다. 외부는 가로로 쌓아 올린 통나무 건축의 목조교회로서 현관, 조립건물, 양쪽의 비를 막기 위해 댄 비늘판 등이, 내부에는 장방형의 본당 옆에 장방형의 성구보관소(pastophories, sacristy)로 확대되고 삼면이 벽으로 막힌 聖壇, 본당의 반대편에 곡선 형태의 상인방 서까래가 달린 '여성들의 현관(women's porch, babiniec, a portal with a wave-shaped lintel)'이 있다. 목조건물의 옛날 부분은 열주(arcade, soboty)로 둘러싸여 있다. 외부의 열주와 여성들의 현관 너머에는 회랑(gallery, 回廊/羨道/널길)이 기둥 위 반원형으로 이룬 서까래로 반쯤 덮여 있다. 이 회랑을 따라 바깥의 계단으로 올라가면 남쪽 벽에 이른다. 본당에서 聖所와 위층의 예배당은 서기 1722년(대분이 이 해에 제작됨)-서기 1735년에 그려진 인물과 다채화의 장식으로 그려져 있다. 동쪽 본당 쪽에는 서기 1671년에 제작된 5단의 아이콘 장식벽, 서기 1756년에 제작된 제단, 서기 1700년경에 제작된 측면 제단이 있다. 목조교회는 폴란드에서 가장 시대가 올라가며 예배당 주위 회랑이 돌아가는 보기 드문 그리스정교회이다. 목조교회는 과학적, 미적,

감정적 분야에서 충분히 근거가 있는 기념물이다. 그들은 역사적으로 중요한 기념물로, 지역적으로 특징있는 모습을 보여주는 동시에 지역을 벗어나서도 매우 두드러지며 그 지역의 문화 경관에 어울린다. 오랜 시간 동안 약간의 변형이 있으면서도 중세시대의 상인조합(guild)에서 만든 전통과 기술을 지속시켜나가면서 원래의 모습을 잃지 않고 있다. 교회 내부의 설비들은 수세기 동안 예배와 의식을 끊이지 않고 지속시켜 왔다. 이들 주변에는 남아 있는 정신문화의 가치를 볼 수 있는데 이들은 우주론적인 표현과 동시에 지역적인 종교와 문화적 정체성에도 초점을 맞추어 나가고 있다. 그들은 전통적인 의식과 예식에 대한 배경을 형성한다. 서기 20세기에 목조교회의 복원에 관심을 갖기 시작하였다. 이전에는 그 시대의 양식과 기능에 따라 수리·복원되었다. 기술적인 전통의 지속으로 같은 기술과 재료도 보존되었다. 현재 사용되는 복원의 원칙은 구조물, 세부와 장식의 믿을 수 있는 근거를 일일이 확인해나가는 것이다. 우크라이나, 폴란드, 러시아와 루마니아에서 종교적인 건물은 여러 가지 원칙에 의존하고 공간적 구성형태에 따라 발전하고 있다. 폴란드와 우크라이나의 카르파티안 지역에서 가장 오래된 목조교회는 서기 16세기에 만들어졌는데 이들 교회는 당시의 목조교회 중 가장 잘 지어진 것이다.

프랑스 FRANCE

1. **베르사이유 궁원**(Palace and Park of Versailles: 문화, 1979): 루이 8세의 계승자인 루이 14세(Louis XIV, 서기 1638년-서기 1715년)부터 루이 16세(서기 1754년8월 23일-서기 1793년 1월 21일)까지 거주했던 궁전으로 서기 1661년 착공하여서기 1682년 5월 6일 완성하여 베르사이유 성(Château de Versailles)으로 알려져 있다. 이 궁전에는 아폴론의 방, 왕의 옥좌, 메르큐르 방, 루이 14세의 전쟁의 방과 루이 15세의 평화의 방, 길이 73m 폭 16m의 제일 큰 방인 거울의 방, 그리스도의 부활이란 천장벽화가 그려진 왕실 예배당, 오스트리아 합스브르크(Hapsburg) 왕가의 마리아 테레사(Maria Theresa, 서기 1717년-서기 1780년) 女帝의 15번째이며 마지막에서 두 번째의 딸로 14세

때 부르봉(Bourbon) 왕가 루이
16세에 시집와 서기 1789년 7
월 4일 일어난 불란서혁명으
로 서기 1793년 단두대에서 사
라진 마리 앙트와네트(Marie
Antoinette, 서기 1755년 11월 2일-서
기 1793년 10월 16일)의 침실과 부
속 비밀의 문, 모라르가 서기
1706년 제작한 시계를 비롯한
당시의 각종 중요한 문화재가
거의 그대로 현장에 보존되어
있다. 그리고 베르사이유 궁원
이 만들어지기 전 한적한 시골
이던 루이 14세 때의 건물인
샘물의 집을 비롯하여 정원에

'로브 아 파니에'를 입은 마리 앙트와네트 왕비
(예술의 전당 한가람미술관, 서기 2010년 11월 5일-서기 2011년
3월 6일, 프랑스 국립 베르사이유 특별전 엽서)

는 아폴론의 샘, 마를론의 샘, 플로라의 샘(봄의 샘), 케루스의 샘(여름의 샘), 박카스
의 샘(가을의 샘), 사투르누스의 샘(겨울의 샘), 그랑 트리아농(루이 14세의 별궁), 루이15
세 와 루이 16세의 부인 마리 앙트와네트와 자식들이 거주하던 별궁인 프티 트리
아농 등의 분수와 별장들이 있다.

   2. **몽셍 미셸과 만**(Le Mont-Saint-Michel & Its Bay: 문화, 1979): 이곳은 불란서 북쪽 해
안 아브랑쉬(Avranches) 마을과 쿠에스농(Couesnon) 강 입구에서 약 1㎞ 떨어진 노
르망디(Normandy)와 브리타니(Brittany) 사이의 강력한 조수에 면한 거대한 모래톱
가운데 나있는 조그만 바위섬 위에 틀어 앉은 성 미카엘 대천사에게 바친 고딕
양식의 베네딕트 수도원(Saint Michael's Mount)과 거대한 외벽 안에 자리 잡고 있는
현재 상주인구 41명의 조그만 마을이다. 이 수도원은 서기 11세기-서기 16세기
에 지어진 것으로 지어진 주변의 조수차가 14m나 되는 독특한 환경을 극복하여

대성당을 만든 기술과 또 예술의 절정을 보여준다. 전설에 따르면 서기 708년 대천사인 성 미카엘이 아브랑쉬 성당 주교인 성 오베르(St. Aubert)에게 나타나 조그만 바위섬에 교회를 지으라고 지시한다. 그러나 주교가 번번이 이를 무시하자 성 미카엘이그의 머리 위를 손가락으로 태워 구멍을 내어버린다. 이곳은 서기 1066년 노르망(Norman) 왕가(서기 1066년-서기 1087년)의 시조가 된 정복왕 윌리암 I세(William the Conqueror, 서기 1027년-서기 1087년)가 노르망디 공국으로 편입시키고, 또 서기 1067년 이곳 수도원에서 윌리암 I세를 도와 영국의 왕위를 얻는데 도움을 주었던 역사적 사실도 있다. 서기 11세기 노르망디의 리차드(Richard) II세 때 이탈리아 건축가인 윌리암 드볼피노(William de Volpino)가 로마네스크 양식으로 건물을 짓기 시작하고, 노르망디 공이었던 영국의 헨리(Henry) II세가 현재의 모습으로 짓고, 불란서의 샤를르(Charles) II세(서기 1368년 12월 3일-서기 1422년 10월 21일)가 요새와 첨탑, 정원을 추가하였다. 이곳 베네딕트 수도원에는 현재 고딕 양식의 성당, 요새화된 성벽, 로마네스크 양식의 回廊(서기 1221년), 尖塔 위의 대천사 미카엘상 등이 잘 남아있다.

3. **샤르트르 대성당**(Chartres Cathedral: 문화, 1979): 프랑스 곡창지대인 보스 지방의의 중심지에 위치한 샤르트르 대성당은 서기 9세기에 처음 지어졌으나 서기 858년, 서기 1020년, 서기 1134년과 서기 1194년의 4번에 걸친 화재 이후 26년 동안 재건축되어 서기 1220년 다시 완공되어 오늘에 이르렀다. 전체 길이 130m, 폭 16.6m 높이 36.5m, 첨탑의 높이 106m(새 탑은 115m), 전체 넓이 약 2,000㎡, 정면 고딕과 로마네스크 양식의 두 첨탑을 가진 프랑스 제일의 고딕건축물로 '왕의 문'으로 불리우는 정문 주위의 조각상(Jamb statues of Old Testament queen and two kings, Saint Martin, Jerome and Gregory 등)과 프랑스의 '장미창'이라고 불리우는 176개의 스테인드 그라스 창(stained glass window)과 서기 876년 샤를마뉴(Charlemagne)가 십자군 원정 때 선물 받고 손자 카를 II세가 성당에 기증하였지만 서기 1194년 대화재 때 화를 면한 '예수 그리스도를 낳을 때 성모마리아가 입었던 옷 조각'(서기 876년부터 이 성당에 보관) 등이 이 성당이 순례지로서의 중요한 가치를 지닌다.

4. 베제르 계곡의 동굴벽화(Decorated caves of the Vézère Valley: 문화, 1979): 프랑스의 서남부지역 베제르 계곡은 벽화가 있는 동굴유적으로 유명하다. 여기에는 후기 구석기시대를 포함하는 선사시대의 147개 유적과 25개소의 동굴벽화가 남아 있으며 유적들의 위치는 다음과 같다.

레제지 드 타이약(Communes of Les Eyzies de Tayac), 튀르삭(Tursac), 몽티냑 쉬르 베제르(Montignac-sur-Vézère), 셍 레옹 쉬르 베제르(Saint-Leon-sur-Vézère), 마르꿰이(Marquay), 마노리 루피냑과 셍 시르크 뒤 뷔그(Manaurie-Rouffignac and Saint-Cirq-du Bugue), 도르도뉴(Department of the Dordogne), 아키텐(Region of Aquitaine).

이 중 서기 1940년 도르도뉴(Dordogne) 현 몽티냑(Montignac) 마을에서 발견된 후기구석기시대의 마그달레니안(Magdalenian) 문화기(기원전 16000년-기원전 8000년)를 대표하는 라스코(Lascaux, 기원전 15000년-기원전 14500년) 동굴벽화가 가장 중요하고 벽화는 이들을 제작한 후기구석기시대의 사람에 대한 민족학, 인류학과 미적 관점에서 매우 흥미롭다. 사냥 장면의 벽화에서 지금은 화석에서만 볼 수 있는 절멸동물인 들소를 비롯한 살아 있는 듯한 100여 마리 이상의 동물상을 보여주고 세부적인 묘사, 풍부한 색채와 질적인 면에서 서기 1879년 스페인 북부 피레네 산맥의 산탄더(Santander) 시 서쪽 30㎞ 떨어진 안틸라나 칸타브리아(Antillana Cantabria) 마을 사우투올라(Sautuola) 백작의 領地에서 마르셀리노 산즈 데 사우투올라(Marcelino Sanz de Sautuola) 백작에 의해 세계 최초로 발견된 알타미라 동굴(Altamira Cave) 동굴벽화를 제외한 다른 것들과는 비교할 수 없을 정도로 훌륭하다. 동굴은 하나의 주동굴과 3-4개의 좁고 긴 방으로 구성되어 있으며 벽면은 새기거나(刻畵) 광물안료를 입이나 파이프(새의 뼈)로 불거나 뱉어내 채색해 그린 벽화로 장식되어 있다. 彩畵와 刻畵는 모두 2,000점 이상이 되며 이들은 동물, 사람과 추상적사인(기호)의 세 가지로 구분할 수 있다. 동물에는 들소와 축우(4-5%), 야생마 (34% 346건으로 가장 많다), 사슴(90건), 염소, 새, 고양이 등이, 사람에는 사냥꾼과 呪術師, 추상적 사인(기호)에는 手印과 별자리표(星座) 등이다. 동굴 중 가장 유명한 것은 들소, 말과 사슴이 나오는 'The Great Hall of the Bulls'와 'Painted Gallery'이다. 어떤 들소는 길이가 5.2m에 달하는 것도 있다. 이 동굴은 보존을 위해 서기 1963년 다시 폐쇄되었는데 옆에 서기 1983년 복제동굴 라스코 II를 세웠다. 최근에는 쇼베(Chauvet), 코스케(Cosquer) 등지에도 후기구석기시대의 벽화가 추가로 발견되고 있다.

5. **베젤레 교회와 언덕**(Church and Hill of Vézelay: 문화, 1979): 부르고뉴(Bourgogne) 주 욘(Yonne) 현에 서기 9세기경에 처음 지어진 베젤레 베네딕트파 수도원(Basilica of Magdalene)은 보디용(Baudillon) 신부가 생-막심-라-셍트-봄(Saint-Maximin-la-Sainte-Baume)에서 가져온 성 마리아 막달레나(St. Mary Magdalene)의 유해(뼈)를 간직하게 되었으며 서기 1058년 교황이 이의 眞品을 인정한 이후 오늘날까지 스페인의 산티아고 데 콩포스텔라(Sntiago de Compostela, 서기 11세기경 재건)까지 중요한 순례지의 시발점이 되었다. 성 베르나르(St. Bernard)는 서기 1146년 제2차十字軍聖戰을 설교하였고, 사자 왕 리차드(Richardthe Lion-Hearted)와 아우구스투스(Augustus)가 여기에서 만나 서기 1190년의 3차십자군성전을 치르러 가게 되었다. 이 수도원의 기둥머리와 정문 牌栱의 삼각면(Tympanum of central portal)의 조각품들, 막달레나의 유해와 함께 이곳 서기 12세기에 지어진 수도원-교회는 로마네스크 예술과 건축의 걸작으로 여겨지고 있다.

6. **아미엥 대성당**(Amiens Cathedral: 문화, 1981): 피카르디(Picardy) 중심부에 위치 한 아미엥 대성당(Cathedral of Our Lady of Amiens)은 서기 13세기를 대표하는 최대 규모의 고전적인 고딕건물로 프랑스의 샤르트르(Chartres Cathedral)와 랭스(Reims) 대성당과 더불어 고딕건축의 발전과정을 살펴보는데 중요한 역할을 한다. 이 성당의 건축은 서기 1220년에 시작하여 서기 1228년에 완공하였는데 건축가 로베르데 루자르쉬(Robert de Luzarches, 서기 1228년까지 작업), 토마 드 코르몽(Thomas de Cormont, 서기 1225년까지 작업)과 그의 아들 르노 드 코르몽(Renaude de Cormont, 서기 1288년까지 작업)들이 참여하였다. 성당의 평면 설계, 성당 내부 천장에 이르는(높이 20m에 이르는 아치의 上昇性효과) 세 개의 기둥의 아름다움, 翼廊의 정면에 새겨놓은 조각들의 일관성은 잘 알려져 있다. 길이 145m, 몸체의 폭 32m(익랑까지는 65.5m), 천장 궁륭(vault)까지의 높이 42.3m, 넓이가 770㎡이다. 서쪽 정면에 두 개의 탑을 배치하였

는데 남쪽은 65m(서기 14세기) 북쪽은 66m(서기 15세기)이다. 성당에는 모두 3,600여 점의 조각이 있으며 서쪽 정면에 있는 '왕들의 갤러리'에는 왕관을 쓴 조각상이, 그 아래의 3개의 문에는 '돌 백과사전'이라고 불릴 정도의 많은 조각들이 새겨져 있다. 서기 15세기 말의 보부아르 대주교의 무덤에는 순교 성인 셍 페르맹의 생애가 조각으로 장식되고 있다. 그리고 복도의 무덤 뚜껑에 눈물을 흘리는 天使閣 (Weeping Angel, 서기 17세기)과 쟝 밥티스트(John Baptist)의 聖骨函도 유명하다. 이곳과 더불어 프랑스의 베젤레(Vézelay)와 스페인의 콩포스텔라(Santiago de Compostela)는 기독교인들의 순례코스 중의 하나이다.

7. 퐁텐블로 궁전과 정원(Palace and Park of Fontainebleau: 문화, 1981): 일 드 프랑스 (Ile-de-France) 지역의 숲에 위치한 서기 12세기부터 루이(Louis) 7세, 필립 아우그스 투스/오귀스튀스(Philip Augustus, Philip II)와 루이 9세를 포함한 프랑스 왕들이 사용했던 중세시대 왕립 사냥용 숙소로 시작하여 서기 16세기 프랑소와 1세(François I) 가 중축하고 새로이 단장한 프랑스 王宮/城(royalchâteau)으로 그는 새로운 로마 (New Rome)로 만들고자 하였다. 여기에 건축가 질르 브르통(Gilles le Breton)이 타원형의 정원(Cour Ovale)과 금도금 문(PorteDorée)을 짓고 이탈리아 건축가인 세바스티아노 세를리오(Sebastiano Serlio)와 레오나르도 다 빈치(Leonardo da Vinci)도 초청하였다. 治裝壁土를 칠하고 그 위에 프레스코화를 그린 불란서 최초의 프랑소와 I세의 화랑(Gallery of François I세) 건물은 이태리의 로소 피오렌티노(Rosso Fiorentino)가 서기 1522년-서기 1540년에 완성하였다. 축제의 방(Salle des Fêtes)이 있는 건물은 이태리의 Mannerist(이탈리아 르네상스 절정기인 서기 1520년-서기 1580년 유행 양식) 화가인 프란세스코 프리마티치오(Francesco Primaticcio)와 니콜로 델 아바테(Niccolò dell'Abbate) 가 앙리(Henry) II세 때에 치장하였다. 이 성을 위해 위탁받은 벤베누토 첼리니(Benvenuto Cellini)의 퐁텐블로의 요정(Nymph of Fontainebleau) 그림은 따로 루브르 박물관에 전시되고 있다. 앙리 II세와 카트린 데 메디치(Catherine de'Medici) 때에도 필리베르드델롬(Philibert Delorme)과 쟝 뷜랑(Jean Bullant)을 불러 많은 건축물을 조성하게 하였다. 나폴레옹(Napoleon I)이 서기 1814년 궁 밖에서 군대에 작별인사를 하고 나

폴레옹 III세는 이곳에서 서기 1864년 시암/샴/사이암(현 태국)의 대사를 접견하기도 하였다. 거대한 공원으로 둘러싸인 이탈리아 양식(Italian Mannerist style)으로 꾸민 이 궁전은 르네상스와 프랑스 예술적 전통을 잘 결합시키고 있다. 영광의 정원(Cour d'Honneur), 나폴레옹 I세의 침실(서기 1800년-서기 1900년), 마리 앙트와네트의 침실(서기 1890년-서기 1900년), 앙리 II세의 화랑(서기 1890년-서기 1900년), 극장, 도서관玉座室, 정원 등이 잘 보존되어 있다.

8. 샹보르 성(Château and Estate of Chambord: 문화, 1981): 르와르 에 쉐르(Loir-et-Cher) 주 샹보르의 르와르 계곡 숲에 건립된 가장 큰 성으로 프랑소와 1세(François I, 서기 1494년-서기 1547년 심장마비로 죽음)의 사냥용 숙소로 지어졌는데[그가 사는 궁전은 블르와(Château de Bloi)와 앙브와즈(Château d'Amboise) 였음] 프랑스 중세풍의 건물양식에 고전 이탈리아 양식을 가미하여 만든 프랑스 르네상스시대 최고의 건축이다. 이 성은 도메니코 다 코르토나(Domenico da Cortona)의 목조 모델에 따라 지어졌다고 하나 최근의 주장은 레오나르도 다 빈치(Leonardo da Vinci)의 설계로 지었다고 한다. 서기 16세기 프랑스와 1세가 프랑스 중요한 가문의하나인 줄리앙 드 클레르몽(Julien de Clermont)의 부인인 투리 백작부인(Comtessede Thoury) 클로드 로앙(Claude Rohan)의 영지인 무데 성(Château de Mudes)에 더 가까이 다가가기 위해 이 성을 지었다고 한다. 그녀의 팔 모습은 성의 장식용으로 조각되었다. 이 성에는 440개의 방, 365개의 벽난로, 84개의 계단, 4개의 장방형의 궁륭상의 천장이 있는 복도로 꾸며져 있다. 지붕은 11개의 탑과 3형식의 굴뚝이 있으나 대칭을 이루지 않고 있다. 성의 정면의 높이는 128m, 800여개의 조각이 나 있는 기둥, 정교하게 장식된 지붕이 특징이 있다. 이 성은 52.5㎢의 숲에 둘러싸여 있으며, 성벽의 길이는 31㎞나 된다. 루이 14세는 이 성을 폐기하고, 스타니스라스(Stanislas Leszczyński, Stanislas I, 루이 15세의 장인)는 서기 1725년에서 서기 1733년까지 이곳에서 살고 서기 1870년에서 서기 1871년 프랑스-프러시아(Franco-Prussian) 전쟁 때에는 병원으로 사용되기도 하였다.

9. 퐁트네의 시토파 수도원(Cistercian Abbey of Fontenay: 문화, 1981): 코트 도르(Côte-

d'Or), 몽바르(Montbard) 주 몽바르(Montbard) 주 마르마뉴(Marmagne) 면에 위치(현 디종/Dijon시에서 서북쪽 60㎞ 떨어진 곳)하는 부루군디(Brugugundian Monastery) 퐁트네 수도회는 떨어진 조그만 마을에 성 베르나르(St. Bernard of Clairvaux)가 서기 1118년에 건립하였는데 여기에는 로마네스크 양식으로 지어진 교회, 수도원, 기숙사, 복도, 온탕 욕실, 식당, 빵 굽는 곳, 비둘기장과 대장간(철공소)와 후일 추가된 수도원장의 숙소와 진료소 등 당시 시토 수도회(서기 1098년 창설)의 교리에 충실한 자급자족의 모습을 보여준다. 서기 12세기와 13세기에 번영하여 프랑스왕의 보호도 받았으나 100년 전쟁(서기 1337년-서기 1453년)과 종교전쟁(서기 1562년-서기 1598년) 때는 약탈당하기도 하였다. 그 후 수도원이 점차 기울기 시작하여 서기 1745년 식당이 파괴되고 불란서혁명 때는 문을 닫고 서기 1902년까지 종이 공장으로 되었다. 서기 1905년 에두아르 에냐르(Édouard Aynard)가 이곳을 구입해 파괴된 식당만 빼고 모두 다 복원하였다.

10. 오랑쥬 지방의 로마시대 극장과 개선문(Roman Theatre and the "Triumphal Arch" of Orange: 문화, 1981): 로마의 帝政이 시작된 아우구스투스 황제(옥타비아누스, 기원전 27년-서기 14년 재위)의 사후 팍스로마나 시대(서기 14년-서기 476년)가 시작되는데 아우구스투스 황제의 재위시인 서기 10년-서기 25년 론(Rhone) 계곡에 건립된 개선문과 고대 로마시대 원형극장은 이제까지 로마 식민지에 만들어진 것들 중 가장 잘 보관되고 아름다운 예 중의 하나이다. 프랑스 동남쪽 알프스 코트 다쥐르(Alpes-Côte d'Azur) 주 보클뤼즈(Vaucluse)면 오랑쥬(아비뇽 북쪽으로 21㎞ 떨어짐)의 로마 극장은 길이가 103m이고 만 명이 앉을 수 있었다. 그리고 개선문은 팍스로마나 시대가 시작되었다는 것을 칭송하는 낮은 浮彫벽면에 새겨져있다. 오랑쥬시는 기원전 35년 로마 제2여단(Second Gallica Roman legion)에서 켈트족 水神의 이름을 따 만든 아라우시오(Arausio) 시로서 북쪽 변경 로마 식민지역을 뭉뚱그려 하나의 수도를 삼기 위해 만들었으며 아라우시오 시는 9000㎡의 넓은 범위에 극장과 개선문, 신전과 대광장(forum) 등을 만들어 놓았다. 이 도시는 서기 412년 서고트(Visigoths)에 의해 침략을 받았다.

11. **아를르의 로마시대 기념물**(Roman and Romanesque Monuments of Arles : 문화, 1981)：
아를르 지역은 기원전 6세기 그리스, 기원전 535년 켈트 족, 기원전 40년 로마의
침입을 받았다. 그래서 "The Rome in Gaul"이라 부르는 이 지역은 기원전 1세기
의 로마시대 원형극장, 91m의 지하 아치건물, 2만 명을 수용할 수 있는 원형경기
장(서기 60년경 건립, 19세기 후반 복원), 로마시대의 무덤 등 기념물을 비롯해 로마네스
크와 고딕건물이 조화된 서기 12세기–서기 15세기에 지어진 셍 트로핌(Saint-
Trophime) 수도원과 성당 등이 혼재해 있음. 서기 19세기 철도건설로 유적지가 많
이 파괴되었다. 서기 1853년 네덜란드에서 태어난 반 고흐(Vincent Van Gogh, 서기 1853
년–서기 1890년)는 서기 1888년 2월 21일 이곳 아를르에 와서 15개월을 머무르면서
밤 카페(Night cafe), 노란색의 방(Yellow room), 해바라기(Sunflower)와 같은 걸작을 포
함해 300점을 남겼다. 그러나 그는 생전에 그림 한 점도 팔지 못했다고 전해진다.

12. **아르크 에 세낭 왕립 제염소**(Royal Salt Works of Arc-et-Senans: 문화, 1982/2009 확대
지정): 루이 16세(서기 1754년 8월 23일–서기 1793년 1월 21일) 때인 서기 1775년 건축가 클
로드 니콜라스 르두(Claude-Nicolas Ledoux, 서기 1736년–서기 1806년)에 의해 프랑스 동
부 둡스(Doubs)의 브장송(Besançon) 근처에 지어진 아르크에 세낭 왕립제염소는 계
몽주의 이상과 철학이론을 바탕으로 작업공정에 있어 合理와 계급조직의 바탕을
추구 했지만 결코 실현할 수 없었던 계획인 이상적 도시구현의 일환으로 확장되
어 나타난 산업건축물이다. 중세부터 바닷물에서 소금을 추출하던 살렝 레 뱅
(Salins-les-Bains) 제염소는 소금창고, 아몬드(Almond) 우물, 이전 주택의 세 건물 동
으로 이루어져 있으며 반원형의 복합단지인 클로드 니콜라스 르두가 설계한 아
르크에 세낭 왕립제염소와 연결되어 있다. 이들는 프랑스 소금 추출역사의 산 증
거가 되며 이곳에 만든 르두(Ledoux) 박물관에서 이를 확인할 수 있다. 이번의 확
대지정에는 살렝 레 뱅(Salins-les-Bains) 제염소가 추가되었다.

13. **낭시의 스타니슬라스 광장, 캬리에르와 알리앙스 광장**(Place Stanislas, Place de la
Carrière and Place d'Alliance in Nancy: 문화, 1983): 파리의 동남쪽 370㎞ 떨어진 로렌 주
낭시에는 프랑스에서 가장 아름다운 도시, 스타니슬라스(125m×106m, 검은 돌을 교차

시켜 끼어 넣은 가벼운 돌로 鋪裝), 캬리에르, 알리앙스 광장과 아르누보 건축으로도 유명한 스타니슬라스 궁전이 있다. 세 개의 광장과 주위 기념물들은 서기 1734년 폴란드-리투아니아 공화국 왕을 두 번이나 퇴위를 당하고 서기 1737년 로레인 공작 작위를 받은 루이 15세(서기 1710년-서기 1774년)의 장인인 스타니슬라스(Stanislaw Leszczynsk, 서기 1677년-서기 1766년)의 머릿속에서 나온 것이다. 왕립건축가 엠마누엘 에레 드 코르니(Emmanuel Héré de Corny, 서기 1705년-서기 1763년)가 설계했는데 통치자의 권위와 기능을 한꺼번에 고려한 수도를 만들려고 한 도시 설계의 작품이었다. 그는 또 匠人 쟝 라무르(Jean Lamour)와 조각가 귀발(Guibal)과 시플레(Cyfflé)의 도움도 받았다.

이곳의 명칭은 스타니슬라스의 이름을 따서 서기 1752년-서기 1756년에 건설하였다. 광장 주위에는 조각, 분수, 개선문(Triumphal Arch, 서기 1754년-서기 1756년 건립), 오페라 극장(전 추기경의 궁전, 서기 1778년 툴/Toul에서 이곳으로 옮김), 법원, 도서관, 식물원, 시청(Hôtel de Ville)과 정부청사(Hôtel du Gouvernement)와 같은 공공 기능을 염두에 둔 건물로 장식되었다. 그리고 광장은 돌로 포장해 모두 걸어서 갈 수 있도록 설계되었다. 특징 있는 것은 쟝 라무르가 금도금으로 손질한 철문이다. 스타니슬라스 광장은 7개의 정자로 둘러싸여 있으며 가장 큰 것이 시청(Hôtel de Ville)이며 적은 것은 살롱 캬레(Salon Carré), 그랑 살롱(Grand Salon) 주택 등이다. 이곳은 서기 12세기-서기 18세기까지 로렌 공화국의 수도였다. 알리앙스 광장은 매우 적으며 로렌과 프랑스 왕립하우스의 이름을 땄다. 캬리에르 광장은 서기 18세기 낭시에서 거행된 토너먼트(tournament) 경기인 馬上 창 시합을 할 수 있도록 설계되었다.

14. 생 사뱅 쉬르 갸르탕프 교회(Saint-Savin-Sur Gartempe Church: 문화, 1983): 로마네스크 양식의 시스틴 교회(Romanesque Sistine Chapel)로 알려진 생 사뱅 쉬르 갸르탕프 교회의 역사는 샤를르마뉴 대제(서기 747년-서기 814년) 때 5세기에 순교한 생 사뱅과 시프리앙(Cyprian)의 유해를 마르무티에(Marmoutier)의 대수도원장인 대딜리우스(Daidilius)가 기적처럼 발견함으로부터 시작한다. 그는 교회에 이 유해를 모실

납골당을 만들라고 명한다. 그래서 당시의 납골당이 이 수도원 지하에 보관되고 있다. 우연히도 샤를르마뉴 대제가 이 수도원 근처에 성을 지어 바이킹의 침공 때 이 수도원이 약탈을 당하지 않았고 서기 9세기-서기 10세기 셍 사벵과 시프리앙의 유해는 현재의 수도원으로 옮겨졌다. 이 수도원은 서기 11세기에 로마네스크양식으로 다시 지어졌으며 서기 11세기-서기 12세기 내부에 그려진 벽화는 아직도 아름답고 원형 그대로 잘 보존되어 있다. 첨탑은 서기 14세기에 추가되었다. 종탑의 높이는 80m에 이른다.

15. 퐁 뒤 갸르 로마시대 수로(Pont du Gard-Roman Aqueduct: 문화, 1985): 기원전 1세기 말경 로마의 건축가와 수로기술자들이 프랑스 남부 님므(Nîmes)의 고르동(Gordon) 강 위에 다리 겸 지어놓은 로마의 수로(水路)로 3단으로 높이 49m, 길가 275m에 이른다. 그리고 서기 1702년 支柱들이 다시 복원되고, 서기 1743년 프랑스 기술자 앙리 피토(Henri Pitot)가 이 옆에 새로운 다리를 놓고, 서기 19세기 중반 나폴레옹 III세 때 관광의 목적으로 최종적으로 복원되었다.

16. 스트라스부르 구시가지(Strasburg-Grande Isle: 문화, 1988): 프랑스 동북부 독일과 프랑스의 국경지대 알사스(Alsace)에 위치하며 독일의 영향이 많이 보이는 곳으로 중세도시의 특징을 보여주는 일르(Île) 대성당과 4개의 고대 교회, 로한 팔레 등의 기념물이 있다. 이곳에서 태어난 발트토이펠(Émile Waldteufel, 서기 1837년 12월9일-서기 1915년 2월 12일)은 서기 1882년 스케이터스 왈쯔(The Skaters, LesPatineur Valse, op.183)를 작곡하였다.

17. 파리의 셴느 강변(Banks of the Seine in Paris: 문화, 1991): 파리의 로마시대부터의 옛 이름은 뤼테스(La Lutèce)이다. 북 프랑스 디종(Dijon)에서 출발하여 파리를 관통해 영국 해협으로 흘러가는 총길이 127㎞의 센느 강변을 따라 나있는 파리의 역사와 발전과정을 보여는 다리와 여러 문화재 건축물을 말한다. 37개의 다리 중 파리 시내에 있는 퐁 루이 필립(Pont Louis-Philipp)와 퐁뇌프(Pon Neuf, 서기 1607년), 콩코르드 다리와 오벨리스크(테베 룩소르에 있던 람세스 II세의 쌍둥이 오벨리스크 중 하나이며 1829년 이집트 총독 메메트 알리(Mehmet Ali)에 의해 기증받아 현재 파리의 콩코르드(Concorde) 광

프랑스 니스에 있는 떼라 아마따(Terra Amata, 38만년 전, 전기구석기시대) 구석기시대 박물관
(홍미영 박사 제공)

장에 세워져 있음), 알렉산더 3세 다리, 퐁데자르(예술가의 다리)가 유명하며 그 외에도
노트르담 대성당(고딕성당, 서기 1163년 루이 7세 때 시작하여 서기 1345년 완공, 나폴레옹 황제
의 대관식이 거행됨), 오페라 가르니에(오페라좌), 나폴레옹의 궁전이었던 루브르 미술
관(레오나르도 다빈치의 모나리자와 미로의 비너스 상 등이 전시, 나폴레옹의 조카인 나폴레옹 III세
의 거실이 있음)과 앵발리드[돔 성당, 나폴레옹 황제(서기 1769년-서기 1821년)관이 모셔 있음],
몽테뉴 거리, 개선문이 있는 샹제리제 거리, 파사쥬 데 파노라마 골목길/상업지
구, 노트르담 시장, 베르사이유 궁전과 정원[루이 14세(Louis XIV, 서기 1638년-서기 1715
년)부터 루이 16세(서기1754년 8월 23일-서기 1793년 1월 21일)까지 거주했던 궁전으로 서기 1661년에
착공하여 서기 1682년 5월 6일 완성함. 베르사이유 성(Château de Versailles)으로 알려져 있다], 마
리 앙트와네트(Marie Antoinette, 서기 1775년 11월 2일-서기 1793년 10월 16일, 단두대에서 사라
진 2,782명의 명단이 있음)가 단두대에 사라지기 전 유폐되었던 콩시에르쥬리(Concierg-
erie궁, 루이 16세와 마리 앙트와네트의 예배당과 근위병 대기실이 있음)과 현재 없어진 탕플르
탑(Tower of Temple in the Marais) 등도 포함된다. 그중 만국박람회(Universal exposition)
와 불란서혁명 100주년 기념을 계기로 서기 1889년 3월 31일 관람을 시작한 철근

만으로 만들어진 에펠탑(iron lattice tower, Gustave Eiffel의 설계)은 높이 324m(서기 1930 년까지 세계에서 제일 높음), 현재 전망대와 방송통신탑으로 이용되고 있다. 파리와 프랑스를 대표하는 가장 중요한 상징으로 여겨지고 있다.

18. 노트르담 성당과 셍 레미 수도원 및 토 궁전(Cathedral of Notre-Dame, Saint Rémi Abbey and Palace of Tau: 문화, 1991): 파리 렝스(Reims)에는 노트르담 성당과 셍 레미 수도원 및 토 궁전이 위치하는데, 렝스 대성당으로도 불리우는 노트르담(우리의 귀부인이라는 뜻으로 성모 마리아를 의미함) 대성당은 로마 가톨릭 교회 건물로 파리 대주교좌 성당으로 사용되고 있으며 프랑스 고딕성당의 대표 예 중의 하나로 외벽의 조각장식과 건축이 잘 어우러지고 있다. 서기 1163년 루이 7세(서기1137년-서기 1180 년) 때 시작하여 서기 1345년 완공을 본 노트르담 대성당은 서기13세기의 가장 뛰어난 신 건축기법으로 건립된 고딕예술의 걸작이다. 여기에는 프랑스와 앙리 크리코가 서기 1700년대에 설치한 파이프 오르간이 있다. 탑의 높이 81m, 성당 내부의 길이 138.75m, 폭 30m, 넓이 약 4.5㏊, 그리고 5개의 종이 설치되어 있는데 남쪽의 2개 중 로랜 추기경이 기증한 샤를로트(Charlotte, Charles, Cardinal of Lorraine 서기 1570년)란 이름을 가진 종은 무게가 11톤이 나간다. 셍레미 수도원에는 프랑스 왕들에게 神權帝王式[the Holy Anointing, 서기 496년 Clovis(서기 481년-511년)가 여기서 세례를 받음]을 제도화한 성 레미(서기 440년-서기 553년) 대주교의 유물과 9세기경의 본당 회중석이 보존되어 있다. 종교의식 특히 프랑스왕들의 戴冠式에서 중요한 역할을 했던 대주교가 살던 타우 궁전은 거의 대부분 서기 17세기에 복원된 것이다. 이 렝스(Reims) 대성당은 아미엥 대성당(Cathedral of Our Lady of Amiens), 샤르트르(Chartres Cathedral) 성당과 함께 프랑스의 서기 13세기를 대표하는 최대 규모의 고전적인 고딕건물로 고딕건축의 발전과정을 살펴보는데 중요한 역할을 한다.

19. 부르쥬 대성당(Bourges Cathedral: 문화, 1992): 부르쥬에 위치한 부르쥬 대성당은 성 스테판(St. Stephen)에게 헌정된 곳으로 샤르트르(Chartres Cathedral, 서기 1194년-서기 1120년) 성당과 비슷한 연대인 서기 1195년에 건립이 시작되어 서기 1225년에 완공을 보았다. 성가대석은 서기 1225년, 중앙 내부는 서기 1250년, 서쪽 벽면은

서기 1270년에 완성되었다. 이것을 설계한 건축가는 폴 루이 보스윌왈드(Paul-Louis Boeswillwald), 시공한 장인은 필립 베뤼에르(Philippe Berruyer)였다. 이 성당은 당시 고딕건축의 최대 걸작품 중의 하나로 균형과 비례, 디자인, 박공의 삼각면(tympanum), 외벽의 조각과 내부의 벽화와 스테인드 그라스가 무척 뛰어난다. 성당의 중앙 내부의 길이 37m, 폭 15m, 아치기둥(arcade)의 높이는 20m로 내부 복도의 높이 21.3m, 외부 복도의 높이는 9.3m이다.

20. **아비뇽 역사지구**(Historic Centre of Avignon: 문화, 1995): 프랑스 남부 아비뇽의 교황청은 서기 1303년 필립 4세와 교황 보니파시오 8세 사이와 대립 중 프랑스군이 아나니에 있는 교황을 습격한 아나니 사건과 신성로마제국의 하인리히 7세의 침략(서기 1310년~서기 1313년)을 받아 교황이 바티칸에 가지 못하고 이곳에서 서기 1309년부터 서기 1377년까지 교황이 머무른 시기를 말한다. 이 교황청(Palace of the Popes)에는 7대의 교황이 거주하였다. 그들 교황은 클레멘스 V(서기 1305년~서기 1314년), 존 XXII(서기 1316년~서기 1334년), 베네딕토 XII(서기 1334년~서기 1342년), 클레멘스 VI(서기 1342년~서기 1352년), 인노체시오 VI(서기 1352년~서기 1362년), 우르바노 V(서기 1362년~서기 1370년)와 그레고리오 XI(서기 1370년~서기 1378년)이다. 현재 교황청 내부는 텅 비어 있으며 예배당과 회랑만 남아있다. 교황청 성벽은 높이 50m, 두께 4m의 거대한 요새와 같다. 그리고 이곳은 궁정(Place du Palais), 교황궁(Palais des Papes), 노트르담 성당(Cathedral of Notre-Dame des Doms), 소궁(the Petit Palais), 시앙의 종루(the Tour des Chiens), 요새(the Ramparts), Saint-Benezet Bridge(생 베네제교/아비뇽 다리, 서기 12세기)가 유명하다.

21. **미디 운하**(Le Canal du Midi: 문화, 1996): 서기 1667년에서 서기 1694년에 완공된 지중해와 대서양을 연결하는 360km의 항해를 할 수 있는 '두 바다의 운하'라는 뜻을 지닌 미디 운하 항해 도중 328개의 水門, 水路, 橋梁, 터널 등과 같은 機關·構造物을 만나게 되는데 이는 현대의 가장 괄목할 만한 업적 중의 하나로 서기 1750년의 산업혁명에 이르는 길을 터놓았다. 피에르 폴 리퀘(Pierre-Paul Riquet)가 이것을 고안하고 시공했는데 운하 주위의 자연환경과 미적 조화를 이루는 건축

적 조경과 경관을 한꺼번에 얻는 기술적인 성과를 보였다. 운하는 갸론(Garonne) 강에서 지중해의 에탕 드 타우(Étang de Thau)로 연결되고, 갸론 운하를 따라 뒈 메르(DeuxMers) 운하가 만들어져 대서양으로 흘러간다. 운하는 툴루즈(Toulouse) 시로부터 아래로 흘러 운하의 동쪽 지중해 쪽의 關門인 세트(Séte)로 흘러간다. 다시 말해 대서양의 툴루즈 시에서 지중해의 에탕 드 타우까지 가는 코스로 그 사이에 뒈 메르와갸론 운하를 지나게 된다. 이 운하를 만든 목적은 서기 17세기 당시 적대적인 스페인의 해안을 돌아가는 한 달간의 장기항해를 피하는 지름길을 만드는 데 있었다. 가는 도중 아그데(Agde) 수문, 베지(Bézie) 주의 폰세란느(Fonséranes) 수문, 옹글루스(Onglous) 등대, 말파(Malpas) 세계 최초의 운하 터널 등을 지난다.

22. **카르카손 역사도시**(Historic Fortified City of Carcassonne: 문화, 1997): 불란서 남부 카르카손에는 기원전 12,000년의 니오[Niaux 동굴벽화, 약 300개체의 뼈가 발견된 신석기시대의 거석분묘(megalithic tomb)]의 하나인 집단묘(collective tomb)가 발견되었고, 로마시대 이전부터 카르카손 언덕에 요새화된 주거지도 형성되었다. 그리고 주위에는 서기 11세기-서기 13세기경 중세 요새도시로 고성이 많이 보인다. 특히 서기 1209년 바티칸에서 교황 이노센트[Innocent III(서기 1198년-서기 1216 년)]는 이곳 카타르(Cathar)교 주민들을 이교도(Catharism)로 몰아 십자군원정대(Crusading army of Simon de Montfort/Ablbigensian Crusade: 서기 1209년-서기 1255년)를 보냈으나 이들은 오스타니아(Ostania) 왕국을 만들어 끝까지 저항한 역사적 사실로도 잘 알려져 있다. 카르카손을 포함한 랑그독(Languedoc) 지역에는 케리뷔스(Queribus), 뭬르페르튀스(Peyrepertuse), 카바레(Cabaret), 테르므(Termes), 아길라(Aguila), 퓌베르(Puivert) 최후의 저항지 몽세귀르(Montsegur) 성 등이 많으나 그중에서 렌느(Rennes) 성은 베랑제소니에르(Bérenger Saunière) 신부(서기 1852년-서기 1807년)가 서기 1885년-서기 1909년 이곳 교구에 근무하면서 발견했다는 많은 금화의 소문 덕에 템플/템플 기사단(Knight Templar)과 성배(Holy grail)와 관련이 많아졌다. 그리고 다빈치 코드(Dan Brown's The Da Vinci Code, 2003)란 책이 나오고부터 예수(Jesus Christ), 마리아 막달레나(Maria Magdalene), 템플 기사단, 부르봉(Bourbon) 왕가와 같은 역사적 단어들이 이

곳과 복잡하게 얽히게 되었다.

23. 리용 유적지(Historic site of Lyon: 문화, 1998): 로마제국시대인 기원전 43년 뤼그
두눔(Lugdunum, 리용의 설립자는 Lucius Munatius Plancus임)이란 이름으로 Three Gauls
의 수도였고 그 이후에도 두 개의 큰 언덕이란 의미의 프레스킬(Presqu'île)을 형성
하는 역사중심지로 합류하는 손느(Saône) 강과 론느(Rhône) 강으로 둘러싸이고 서
쪽으로는 푸르비에르(Fourviére, the hills that prays란 의미), 북쪽으로 크르와-루스
(Croix-Rousse, the hill that works이란 의미)를 포함하는 전략적 요충지에 위치하고 있어
유럽의 정치, 문화, 경제발전 특히 무역에 중요한 역할을 하였던 프랑스 제 2의
도시로 도시의 구조와 많은 역사적 건물들이 생생하게 남아있다. 로마시대에는
여러 길이 모이는 중심지로 로마정부의 사령부도 있었다. 이곳은 또 비단, 금융
과 인쇄로 잘 알려졌다. 서기 476년 로마제국의 멸망 이후 리용 시는 로타링기아
(Lotharingia, 서기 855년-서기 939년), 브루군디(Brugundy), 신성로마제국(the Holy Roman
Empire, 서기 800년-서기 1806년)과 프랑스왕국의 일부가 되고, 서기 16세기 이후 전통
적인 리용 지구인 크르와-루스와 푸르비에르의 지구를 벗어나 확장하게 되어 사
람이 거주하던 2,000년간의 도시역사를 생생하게 보여주고 있다. 로마구역, 포비
에르, 르네상스 지역(Vieux-Lyon), 서기 12세기 이후 현대까지(Presqu'île)의 비단지
구인 크르와-루스 山麓의 4지구가 리용의 역사를 대변한다. 푸르비에르 언덕의
로마시대의 극장, 대주교의 본당인 셍 쟝(Saint-Jean) 성당도 잘 알려져 있다.

24. 콩포스텔라의 상티아고 길(The Routes of Santiago de Compostela: 문화, 1998): 스페
인의 콩포스텔라의 상티아고 길[Camino de Santiago(the Way of St. James)]는 서기 1987
년 유럽위원회에서 유럽 첫 번째의 문화 순례의 길로 선언하였는데 이는 프랑스
에서 스페인의 콩포스텔라(Santiago de Compostela) 성당(이곳에는 서기 813년에 발견된 성
야곱의 관이 안치되어 있으며 이로 인해 알폰소 II세가 그 위에 성당을 지었다)에 이르는 순례의
길이며 길을 따라 종교적이던 세속적이던 간에 역사적으로 흥미 있는 1,800여개
의 건물이 있다. 이 순례는 중세시대 이베리아 반도와 유럽의 여타 지역 간의 문
화적 교류라는 중요한 역할을 하였다. 이 길은 유럽 전 지역과 모든 계급의 사람

들에게 기독교 신앙의 힘이 얼마나 큰지를 보여준다. 스페인 서북부 콩포스텔라 성당에 이르는 두 달 반의 모두 1,600km 순례의 길은 서기 12세기부터 내려온 고전적인 방식를 따르면 프랑스 중남부의 르 퓌이(Le Puy)가 전통적인 출발점이 된다. 전통적 순례코스인 Camino de Santiago(the Way of St. James)는 Le Puy(전통적 출발점)/또는 Tour, Vezelsy, Arles에서 출발→Biaritz 근처의 St. Jean-Pied-du-Port→Pamplona→Burgos→Leon→Santiago de Compostela 성당과 St. James의 무덤에 이른다. 아미엥 대성당(Amiens Cathedral), 샤르트르 대성당(Chartres Cathedral), 베즐레(Vézelay) 대성당과 부르고스 대성당(Burgos Cathedral) 대성당도 순례코스 중의 하나이다.

25. 셍테밀리옹 포도재배 지구(The Jurisdiction of Saint-Emilion: 문화, 1999):아키텐 (Aquitaine) 주 지롱드(Gironde)현 보르도(Bordeaux) 근처 셍테밀리옹(Saint-Emilion) 지역에 포도 재배는 서기 2세기경 로마인들에 의해 처음 소개가 되었으며 중세시대는 집중적으로 경작이 이루어졌다. 서기 4세기에 로마시인 아우소니우스(Ausonius)가 이 지역에 많은 포도 수확을 노래했다. 이 지역은 기독교 순례자들의 콩포스텔라의 상티아고 길(The Routes of Santiago de Compostela)의 길목에 위치해 있어 많은 혜택을 누리고 있다. 여기에는 교회, 수도원, 순례자를 위한 숙소가 서기 11세기 이래 많이 지어졌다. 서기 12세기 영국의 지배를 받을 때 사법권(Jurisdiction)의 특혜를 받았다. 이 지역과 마을에 산재한 많은 역사적 기념물과 함께 포도 재배의 경관은 뛰어나다. 셍테밀리옹 지역은 메독(Médoc), 포메롤(Pomerol)과 같이 보르도의 4대 赤포도주 생산지이다.

26. 벨기에와 프랑스의 벨프리(Belfries of Belgium and France: 문화, 1999/2005 확대지정): 플란더스(Flanders)와 왈로니아(Wallonia)의 것들을 포함하여 프랑스 북부와 벨기에 왈론(Wallon) 지역의 젬블루(Gembloux)에 있는 모두 32기의 鐘樓는 서기 11세기-서기 17세기 중세시대에 지어진 것으로 로마네스크, 고딕, 르네상스, 바로크의 건축양식을 보여준다. 그들은 마을 중심에 세워져 도시화 해나가는 마을과 교회와 관계를 맺고 있다. 그들은 점차 마을주민들이 자유를 획득하는데 대한 중요한 증

거물도 된다. 또 이들은 중세시대의 封建制度에서 벗어나 도시의 중요성을 점차로 강조해나가는 상징성을 지니고 있다. 현재 남은 것 중 가장 오래된 것은 서기 13세기에 지어졌는데 잦은 화재로 인해 재료를 나무대신 돌로 지어 시간이 지나면서 방형의 튼튼한 종루가 생겨나게 되었다. 서기 14세기−서기 17세기에는 종루의 방어적 성격도 없어지고 대신 바로크 양식의 영향을 받아 종루의 폭이 좁아지게 되었다. 이탈리아, 독일, 영국과 서북쪽의 유럽의 마을들도 마을회관을 지으면서 종루의 존재를 강조하였다. 도시화하는 마을의 유지와 종루의 설립은 영주, 교회와 시의회의 권력을 상징한다. 수 세기 동안 마을 주민들은 종루를 세움으로서 마을의 영향력과 부를 나타내게 되었다. 이런 종루는 현재 브르게스(Bruges), 안트워프(Antwerp), 겐트(Ghent), 몽(Mons), 투르나이(Tournai), 불론뉴−쉬르−메르(Boulogne-sur-Mer), 아브빌(Abbeville) 등지에서 발견할 수 있다.

27. 프로방스 지역의 중세도시 상가지역(Provins, Town of Medieval Fairs: 문화, 2001): 프로방스의 요새화된 중세의 도시는 강력한 샴페인(Champagne) 백작들의 영지에 속해 있었으며 중세 유럽경제에 중요한 샴페인 박람회의 하나로 잘 알려져 있다. 이곳은 국제박람회와 수공업과 毛織物 산업화 속에서 발전해 나왔다. 프로방스의 도시구조는 국제박람회와 그와 관련된 행사를 치루기 위한 적합한 구조로 발전했다 현재 시저/세자르(Caesar, Tour César) 탑과 성벽을 포함한 요새, 상·하 마을이 잘 남아있다. 가장 큰 도시는 몽트로−포−욘느(Montereau-Fault-Yonne)이며, 그곳에 있는 셍 퀴리아스(Saint Quiriace Collegiate) 교회는 서기 12세기에 건립을 시작했으나 경제적 문제로 완성되지 못하고 돔은 서기 17세기에 덮어 씌어졌다.

28. 피레네 산맥의 페르뒤 문화 지역(Pyrénées-Mont Perdu: 문화, 1997/1999 확대지정): 피레네−몽 페르뒤(Pyrénées-Mount Perdu: 복합, 1997/1999 확대지정): 프랑스와 스페인의 국경지대인 31,189㏊의 북쪽의 圈谷지대, 남쪽의 片巖으로 이루어진 高原지대와 20㎞ 이상 뻗어있는 경사 급한 해발 3,000m 이상의 石灰 岩 斷層地塊인 피레네산맥 중앙지역은 動·植物·自然環境의 寶庫뿐만 아니라 산악지대 환경에 대한 인류의 적응도 중요하다. 사람이 살던 주거지, 環狀列石, 支石墓와 40,000년−10,000년 전

후기구석기시대의 사람들이 살던 동굴유적도 발견된다. 그리고 콩포스텔라의 상 티아고 순례자의 길(중세시대 순례자의 길, the Way of St. James(the Camino de Santiago)도 이곳을 지나며 아직도 행해지는 移動牧畜은 문화의 교류도 가능케 한다.

29. 오귀스트 페레가 재건축한 아브르 항구도시(Le Havre, the City Rebuilt byAuguste Perret: 문화, 2005): 세계제2차대전 중 파괴된 노르망디 영불해협의 르 아브르(Le Harve) 시를 건축가 오귀스트 페레(Auguste Perret)를 중심으로 하여 서기 1945년–서 기 1964년까지 재건하여 행정, 산업, 문화적 중심지로 만들었다. 方格形으로 구 획된 새로운 도시계획, 조립식 가옥 부품의 사용, 유용한 콘크리트 자재들의 혁 신적 이용에 발맞추어 현존하는 역사적 건물들도 조회를 잃지 않도록 배려하였 다. 새로이 복원되는 도시의 모델이 된다. 이곳은 2차대전 당시 심한 포격을 받아 5,000명이 죽었고 8만 명 이상이 집을 잃었었다.

30. 달의 항구, 보르도(Bordeaux, Port of the Moon: 문화, 2007): 프랑스의 서남부 '달 의 항구'인 보르도시의 항구도시는 서기 18세기 계몽주의 시대에 만들어진 도시 와 건축물의 조화를 이룬 뛰어난 곳으로 그 가치는 서기 20세기 초반까지도 인정 받게 되었다. 그리고 파리를 제외하고는 가장 많은 역사적 건물이 보존된 곳이기 도 하다. 서기 12세기 이후 영국, 유럽내륙지역과의 교역을 통해 문화교류의 중 요한 역할을 했던 곳이기도 하다. 서기 18세기 초 이후 도시계획과 건물의 조화 를 이루어 고전과 신고전양식을 조합한 혁신적인 도시의 예가 되었다. 도시의 형 태는 인본주의, 보편성과 문화라는 틀에 부어 만든 계몽주의의 철학자들의 이상 이 깃든 도시이기도하다. 이곳에는 팔레 갈리앙(Palais Gallien, 서기 2세기말의 로마원형 극장), 부르스 궁(Bourse, 서기 1730년–서기 1775년), 셍 안드레 성당(Saint-André, 서기1096 년), 셍 피에르(St. Pierre)와 십자가(Holy Cross) 교회 등의 건물들이 있다.

31. 보방 요새(fortifications of Vauban: 문화, 2008): 이 요새는 프랑스 서부, 북부와 동 부 해안가를 따라 만든 12개의 방어요새 중의 하나로 루이 14세의 군사 공병(工兵) 기술자의 한 사람인 세바스티앙 보방(Sébastien Le Prestre de Vauban, 서기 1633년–서기 1707년)에 의해 세워졌다. 요새, 도시 甕城과 望樓, 산과 바다에 세워진 한 쌍의 요

새, 두 개의 산을 연결하는 통신건축물 등 유럽 서부의 전형적인 고전주의 군사
건축물로 서기 19세기 중반까지 유럽과 다른 대륙 城郭築造史에서 중요한 역할을
하였다. 등재된 12개소의 요새 관련시설은 다음과 같다.

Arras: citadel

Besançon: citadel, city walls and Fort Griffon

Blaye-Cussac-Fort-Médoc: citadel of Blaye, city walls, Fort Paté and Fort
   Médoc

Briançon: city walls, Redoute des Salettes, Fort des Trois-Têtes, Fort du
   Randouillet, ouvrage de la communication Y and the Asfeld Bridge

Camaret-sur-Mer: Tour dorée(lit. "Golden Tower") aka. Tour Vauban

Longwy: ville neuve

Mont-Dauphin: place forte

Mont-Louis: citadel and city walls

Neuf-Brisach: ville neuve/Breisach(Germany): gateway of the Rhine

Saint-Martin-de-Ré city walls and citadel

Saint-Vaast-la-Hougue/Tatihou: watchtowers

Villefranche-de-Conflent: city walls, Fort Libéria and Cova Bastera

32. 알비 대주교의 시(Episcopal City of Albi: 문화, 2010): 프랑스 서남부 타른(Tarn) 강
둑에 자리 잡은 알비 옛 도시는 중세시대와 현대의 건물이 절묘하게 조화를 이루
고 있다. 오늘날 옛 다리(Pont-View), 생-살비 지구(Saint-Salvi)와 교회는 서기 10세
기-서기 11세기에 처음 만들어졌다. 서기 13세기 카타르 지역 이교도를 공격한
알비장시앙 십자군(Albigensian Crusade) 이후 대주교의 도시가 되었다. 즉 서기 1209
년 바티칸에서 교황 인노체시오[Innocent III세(서기 1198년-서기 1216년)]는 이곳 카타르
(Cathar)교 주민들을 이교도(Catharism)로 몰아 십자군원정대(Crusading army of Simon
de Montfort/Albigensian Crusade: 서기 1209년-서기 1255년)를 보냈으나 이들은 오스타니
아(Ostania) 왕국을 만들어 끝까지 저항한 역사적 사실로도 잘 알려져 있다. 서기

13세기 말 이 지방에서 구워진 붉은 빛과 오랜지색의 벽돌로 프랑스 남부의 독특한 고 딕양식으로 지은 우뚝 솟은 요새화한 성당은 로마 교황청으로부터 얻은 권력을 도시에 마음껏 뽐내었다. 대주교의 궁전(Palais de laBerbie)은 성당을 옆 강을 내려다보며 중세시대 서민들의 주택에 둘러싸여 있다. 알비 대주교의 도시는 기념물과 주택지구가 서로 연결되고 동질성을 갖고 있으면서 수세기 동안 변하지 않은 채로 내려왔다. 현재 세실(Cecile) 성당이 잘 남아 있다.

33. 지중해 농업-목축 문화경관인 코스와 세반느(The Causses and the Cévennes, Mediterranean agro-pastorl Cultural Landscape: 문화, 2011): 302,319ha 규모의 프랑스 남부 石灰質 高原은 깊은 계곡으로 형성되어 있어 케이블카(draille, 鋼鐵線, 控索)와 가축을 모는 길을 통하여 농업-목축 체계와 생물-물리학적 관계를 잘 보여주고 있다. 코스의 깊은 단구 위에 형성된 마을과 돌집의 농가들은 서기 11세기 이후의 수도원과의 관계를 반영한다. 이 고원 안에 있는 로제르 산(Mont Lozère)은 여름 가축을 옮기는 마지막 장소이다.

34. 칼레 탄광분지의 북쪽 길(Nord-Pas de Calais Mining Basin: 문화, 2012): 서기 1700년-서기 1900년의 3세기 동안 석탄을 채굴하면서 훌륭한 경관이 형성된 이 유적은 12,000ha의 넓이에 109개의 독립적인 요소로 이루어지고 있다. 이 유적은 사회활동, 학교, 교회, 의료와 공공시설, 회사 사옥, 소유자와 관리인의 숙소, 공회당을 포함하여 서기 1850년에 만들어진 가장 오래된 炭坑에서 위로 올리는 昇降지원시설, 90ha에 높이 40m가 넘게 쌓인 슬래그(석탄찌꺼기)더미, 석탄운반시설, 철도역, 작업인부의 숙소 등을 포함한다. 이곳은 서기 19세기에서 서기 1960년대 중반까지 여타 광산작업장의 모델이 되면서 아울러 유럽산업의 역사도 함께 보여준다. 이곳은 작업인부들의 생활조건과 파생되는 그들의 유대관계에 대한 기록이다.

피지 Republic of FIJI

1. 레부카 역사적 항구도시(Levuka Historical Port Town: 문화, 2013): 남태평양 미크로

네시아(Micronesia, 멜라네시아/Melanesia Micronesia)에 속하는 피지의 타원형처럼 생긴 화산섬 오바라우(Ovalau)는 길이 13㎞, 폭 10㎞(넓이 약 100 sq.㎞)로 피지의 중심 섬인 비티 레부(Viti Levu)로 부터 16㎞ 떨어져 있다. 섬 중앙에 위치한 레보니(Lovoni) 계곡과 江口를 제외하고는 평지가 없다. 레보니 계곡은 독립적이고 피지에 마지막까지 예속되기를 거부했던 무섭도록 독립적인 부족들이 이 마을 사람들의 터전이다. 이 섬은 해발 626m가 가장 높은 곳이다. 섬 안쪽에는 코로마카와(koromakawa)라는 옛 마을 유적과 전략적으로 중요한 나코로레부(Nakorolevu) 구릉과 같은 그 고장 고유의 요새가 있는데, 이는 라투 세루 카코바우(Ratu Seru Cakobau) 大族長에 대항해서 서기 1871년까지 버틴 곳이기도 하다. 오바라우는 현재 피지의 탄생지이기도 하다. 현재 인구가 2,600명 정도 되는 레부카는 서기 1830년대에 고래잡이와 브레헤레트(Breheret) 신부가 중심이 되어 만든 선교사 정착지로 출발하였으나 섬에서 가장 큰 도시로 피지의 첫 번째 수도였다. 서기 19세기 중반 남태평양에서 활동하던 무역선과 포경선이 기항하는 중요한 항구 중의 하나였다. 이곳은 서기 1871년 카코바우가 왕이 되어 현대 정부가 처음으로 들어선 곳으로, 서기 1874년 빅토리아 여왕(Queen Victoria, Alexandrina Victoria, 서기 1819년 5월 24일-서기 1901년 1월 22일, 서기 1837년 6월 20일부터 작고할 때까지 the United Kingdom of Great Britain and Ireland의 여왕/君主였고 서기 1876년 5월 1일부터 'Empress of India'란 다른 이름도 갖고 있었다)에게 이 땅이 양도되었다. 식민정부가 서기 1881년 수바(Suva)로 移都할 때까지 레부카는 서기 19세기 중−후반의 시민지시대 도시의 타임캡슐(time capsule: 후세인의 참고가 될 수 있도록 그 시대 특유의 유물을 넣어 지하에 묻어두는 상자)이었다. 제일 오랜 건물인 왕립호텔(Royal Hotel)을 비롯하여 세이크리드 하트 교회(Sacred Heart Church), 공립학교, Sacred Heart Church, 태평양에 면한 비치거리(Beach Street) 등 옛 건물과 길의 다수가 도시에 그대로 남아 있고 주위 환경도 거의 한 세기가 넘도록 변하지 않았다.

핀란드 FINLAND

1. 라우마 구시가지(Old Rauma: 문화, 1991): 보트니아(Botnia) 만에 위치하는 서기 15세기경의 목조건축이 잘 보존되어 있는 북유럽의 가장 오래된 항구도시로 서기 15세기 중반 프란체스코 수도원의 십자가 교회(Holy Cross Church)가 그대로 서있다. 서기 17세기 화재로 손실이 많았지만 지방건축양식을 그대로 보존하고 있다.

2. 수오멘리나 요새(Fortress of Suomenlinna: 문화, 1991): 핀란드가 스웨덴의 일부이었을 때 헬싱키 항구로 들어가는 입구에 스웨덴이 서기 1748년 이 요새를 건설 시작하였으며 이 요새 자체는 러시아에 대한 스웨덴의 저항을 의미했다. 임무가 막중해 많은 군인들이 요새를 짓는데 동원되었다. 헬싱키 연안의 섬이 헬싱키 시보다 더 많은 사람이 사는 시로 바뀌었다. 서기 1808년 5월 3일 러시아군이 이 성을 접수해 자기들의 러시아식으로 개조하였다. 서기 1917년 러시아로부터 핀란드 독립 이후 이 요새의 명칭도 서기 1918년 Sveaborg(스웨덴의 성)에서 Finland의 성이란 이름의 수오멘리나로 바뀌었다. 건설 당시에는 이 요새는 군사건축상 흥미로운 존재였고, 현재 박물관, 식물과 해안이 있는 인기가 있는 공원이 되었다.

3. 페테예베시 교회(Petäjävesi Old Church: 문화, 1994): 핀란드 중앙 페테예베시의 페젠(Päjänne) 호수 옆 옛 교회는 서기 1763년-서기 1765년에 자코 클레멘틴 레페넨(Jaakko Klemetinpoika Leppänen)에 의해 건립된 통나무로 만든 루터 교회로 그 옆의 시계탑은 손자인 에리키 레페넨(Erikki Leppänen)에 의해 서기 1821년에 세워졌다. 이 교회는 르네상스양식의 평면구조에 고딕 양식의 궁륭상 첨탑을 결합하고 있다. 핀란드에서 호수가의 교회는 물길을 따라 만들어졌으며 겨울에는 배나 얼음길을 따라갈 수 있었다. 이 교회는 노르웨이의 우르네스 목조교회와 비견된다.

4. 벨라의 제지·판자 공장(Verla Groundwood and Board Mill: 문화, 1996): 키멘라스코(Kymenlaakso) 벨라의 펄프, 종이, 판자를 생산하는 製紙·板子공장은 서기 19세기-서기 20세기 초 북유럽과 북아메리카에 번영하던 소규모 지방산업단지로 공장과 근처 숙소들이 잘 보존되어 있다. 벨라에서 공장이 처음 설립된 것은 서기 1872년 휴고 나우만(Hugo Nauman)에 의하였으나 이 공장은 서기 1876년 화재로 소

실되고 서기 1882년 좀 더 큰 공장이 고트리브 크레이들(Gottlieb Kreidl)과 루이스 헤넬(Louis Haenel)에 의해 설립되어 서기 1964년까지 운영되었다. 이와 같은 공장은 핀란드에 몇 예 남지 않았다.

5. **사말라덴메키 청동기시대 매장지**(The Bronze Age Burial Site of Sammallah-denmäki: 문화, 1999): 사타쿤타 지역 사말라덴메키의 기원전 1500년-기원전 500년에 속하는 청동기시대 33기의 화강암으로 쌓아올린 積石塚群으로 서기 2002년 8기가 발굴되었는데 화장한 인골을 매장한 무덤으로 밝혀졌다. 이곳에서 'Chuch Floor'라 불리는 방형의 적석총과 堤防처럼 쌓은 'Long Ruin of Huilu'가 특징이 있다. 이 적석총은 핀란드 청동기시대의 생활상과 장례의식을 보여준다.

6. **스트루브 자오선 측지점**(Struve Geodetic Arc: 문화, 2005): 노르웨이(NORWAY), 라트비아(LATVIA), 리투아니아(LITHUANIA), 러시아(RUSSIAN FEDERATION), 벨라루스(BELARUS), 에스토니아(ESTONIA), 우크라이나(UKRAINE), 스웨덴(SWEDEN)과 핀란드(FINLAND) 지역이 함께 자오선 측정의 삼각측량점

필리핀 PHILIPPINES

1. **필리핀 바로크 양식 교회**(Baroque Churches of the Philippines: 문화, 1993): 마닐라의 산 아구스틴(San Agustin), 산타 마리아의 라 아순시온(La Asuncion), 파오아이의 산 아구스틴(San Agustin), 미아그-아오의 산토 토마스(Santo Tomas)의 4개의 교회는 서기 16세기 말 스페인인들에 의해 처음 건립되었으며 이 건물의 특이성은 유럽 바로크 양식의 교회건물이 중국과 필립핀인 기술자들에 의해 기술과 장식이 재해석되어 만들어졌다는 것이다. 여기에는 분리된 鐘塔, 이 지역에 흔한 지진에 대비하기 위한 강한 버팀목을 사용했던 새로운 수법이 보인다.

2. **필리핀의 계단식 벼 경작지, 코르디에라스**(Rice Terraces of the Philippines Cordilleras: 문화, 1995): 루손(Luzon) 섬에 살던 이푸가오(Ifugao) 족들이 과거 2,000년 동안 해발 1,500m에 이른 코르디에라스 산맥의 높은 구릉을 깎아 계단식(terrace)농지를 만들어 二毛作의 집약농경으로 벼농사를 해오던 곳으로 전통가옥, 벼농사와 관련된

닭을 잡아 피를 바치는 의례와 농사에 필요한 물을 저장하는 삼림을 보호하는 친환경적 삶의 모습이 유지되고 있다. 이는 잉카 제국의 마지막 요새로 알려져 있던 마추피추(Machu Picchu)의 집약농경지(terrace)인 잉카의 특유의 계단식농경에 관개기술을 이용하여 감자, 퀴노아와 옥수수 등이 집중 재배하는 방식과 유사하다. 현재 바나우에(Banaue, Batad와 Bangaan), 마요야오(Mayoyao, 중앙Mayoyao), 클랑간(Klangan, Nagacadan), 훙두안(Hungduan)의 4지구가 잘 보존되었다.

3. 비간 역사도시(Historic Town of Vigan: 문화, 1999): 루손(Luzon) 섬에 위치하며 서기 1574년 스페인인들이 들어와서 중국과 교역을 위해 연 유럽식 상업도시로 이곳 주민의 80%는 중국인과 필리핀인들의 혼혈이다. 이곳 아브라(Abra) 강에서 금이 많이 나오고 또 금으로 반짝거려 이 마을의 중심도로도 그 이름을 금으로 반짝이는 아름다운 거리 'Crisologo street'라고 명명했다. 그 길을 1km 정도 따라가면 길 양쪽에 석조로 지어진 스페인식 건물이 30여 채 있는데 지붕은 중국식 영향을 받아 목조로 지어졌다. 이곳이 일본군에 점령을 당하고 한 일본 장군이 필리핀 부인과 이곳에 살았다가 서기 1945년 미군의 공격으로 철수할 때 부인과 가족을 남겨두고 떠나면서 마을을 불태우지 않아 마을이 서기 16세기 때의 모습을 그대로 간직하게 되었다. 이곳은 필리핀, 중국과 스페인의 문화가 혼합되어 아시아 전역 어떤 곳에서도 볼 수 없는 독특한 문화와 마을의 경관을 지니게 되었다. 이 비간 도시는 서기 15세기-서기 19세기 베트남의 토착적이고 전통적인 문화요소에 도자기, 비단과 향신료무역(spice trade)을 통해 받아들인 인도, 중국과 일본 등의 아시아와 포르투갈과 네덜란드의 외국적인 것들을 접목시켜 만들어진 독특한 문화인 베트남의 참파(Champa, 占城) 시로 알려진 광남성(Quáng Nam province) 회안(會安, 海浦) 항구도시인 고대마을과 비견된다.

한국 REP. of KOREA

1. 石窟庵과 佛國寺(Seokguram Grotto and Bulguksa Temple: 문화, 1995): 경주 진현동 佛國寺는 史記에 의하면 통일신라 초 재상 金大城이 건립(서기 701년 시작-서기 774년

환도산성 내 요망대(山上王 2년 축조, 서기 198년 축조, 필자 촬영)

완공. 법흥왕 때 창건, 景德王 10년에 김대성이 중창했다 함)하였으며 石窟庵(국보 24호)도 김대성이 경덕왕 10년(서기 751년)에 건립하였다. 불국사에는 多寶塔(국보 20호), 삼층석탑(釋迦塔, 국보 21호), 蓮花橋·七寶橋(국보 22호), 靑雲橋·白雲橋(국보 23호), 金銅毘盧遮那佛坐像(국보 26호), 金銅阿彌陀如來坐像(국보 27호), 舍利塔(보물 61호)이 있다.

2. 宗廟(Jongmyo Shrine: 문화, 1995): 서울 종로구 훈정동 소재 종묘는 태조가 수도를 서울로 옮긴 서기 1394년 12월에 처음 세워졌고 임진왜란 때 불탄 것을 광해군 즉위년 서기 1608년에 다시 지어졌다. 서기 1392년 이래 조선왕조 역대 왕과 왕후의 神位를 모신 유교전통의 사당(신전)으로 사적 125호이며, 正殿은 국보 225호 永寧殿는 보물 821호이다.

3. 海印寺 藏經板殿(Haeinsa Temple Janggyeong Panjeon, the Depositories for the Tripitaka Koreana woodblocks: 문화, 1995): 경상남도 합천 해인사 내 서기 1237년-서기 1249년까지 고려시대에 제작된 불교경전의 결집체인 8만여 장의 대장경 목판이 보관되어 있는 成宗 19년(서기 1488년)의 건축물이다. 藏經板殿(정면 15칸, 국보 52호), 大藏經板 81,258판(국보 32호), 高麗刻板 2,725판(국보 206호), 高麗刻板 110판(보물 734호)이 지정

고구려 유화부인과 주몽(환도산성하 주몽 사당, 필자 촬영)

환도산성하 적석총(서기 198년 이후 축조, 필자 촬영)

되어 있다.

　4. 昌德宮(The Changdeokgung Palace Complex: 문화, 1997): 서울 종로구 와룡동에 위치하는 조선 3대 太宗 5년(서기 1405년) 건립된 창덕궁은 秘苑의 정원 조경으로 뛰어

광개토대왕묘(전 장군총)의 현실(서기 413년경 축조, 필자 촬영)

나다. 이곳에는 인정전(국보 225호), 인정문(보물 813호), 선정전(보물 814호), 희정당(보물 815호), 대조전(보물 816호), 구 선원전(보물 817호)이 있다.

5. 수원 華城(Suwon Hwaseong Fortress: 문화, 1997): 경기도 수원 팔달구와 장안구에 위치하며 성의 전체 둘레 5.4㎞의 성곽이다. 조선 22대 왕 正祖가 서기 1796년 9월 10일에 축조한 성으로 사적 3호이다. 네 개의 대문, 다섯 곳의 암문과 두 곳의 수문이 있다. 장안문, 팔달문, 창룡문, 화서문, 홍예(虹霓)의 석교수문(石橋水門)인 북수문(華虹門), 서장대와 노서대, 서북공심돈 등이 있다. 이 성의 건설 책임자는 茶山 丁若鏞(서기 1762년-서기 1836년)이다.

6. 慶州 역사유적 지구(Gyeongju Historic Areas: 문화, 2000): 신라 및 통일신라시대(기원전 57년-서기 935년)의 유적. 王京, 黃龍寺, 月城, 瞻星臺, 경주 南山 등이 남아 있다. 이곳에 포함되는 역사적 유적은 다음과 같다.

　1. 남산지구(사적 제311호)
　　보리사 마애석불(지방유형문화재 제193호)
　　경주 남산 미륵곡 석불좌상(보물 제136호)

석교수문(石橋水門)인 수원 화성의 북수문(화홍문, 필자 촬영)

경주 남산용장사곡 삼층석탑(보물 제186호)

경주 남산용장사곡 석불좌상(보물 제187호)

용장사지 마애여래좌상(보물 제913호)

천룡사지 삼층석탑(보물 제1188호)

남간사지 당간지주(보물 제909호)

남간사지 석정(지방문화재자료 제13호)

경주 남산리 삼층석탑(보물 제124호)

경주 배리 석불입상(보물 제63호)

경주 남산 불곡 석불좌상(보물 제198호)

경주 남산 신선암 마애보살반가상(보물 제199호)

남산 칠불암 마애석불(보물 제200호)

남산 탑곡 마애조상군(보물 제201호)

경주 삼릉계 석불좌상(보물 제666호)

남산 삼릉계곡 마애관음보살상(지방유형문화재 제19호)

남산 삼릉계곡 선각 육존불(지방유형문화재 제21호)

경주 남산 입곡 석불두(지방유형문화재 제94호)

남산 침식곡 석불좌상(지방유형문화재 제112호)

남산 열암곡 석불좌상(지방유형문화재 제113호)

남산 약수계곡 마애입불상(지방유형문화재 제114호)

남산 삼릉계곡 마애 석가여래좌상(지방유형문화재 제158호)

남산 삼릉계곡 선각 여래좌상(지방유형문화재 제159호)

경주 배리 윤을곡 마애불좌상(지방유형문화재 제195호)

배리 삼릉(사적 제219호)

신라 일성왕릉(사적 제173호)

신라 정강왕릉(사적 제186호)

신라 헌강왕릉(사적 제187호)

지마왕릉(사적 제221호)

경애왕릉(사적 제222호)

신라 내물왕릉(사적 제188호)

경주 포석정지(사적 제1호)

경주 남산성(사적 제22호)

서출지(사적 제138호)

경주 나정(사적 제245호)

경주 남산동 석조감실(지방문화재자료 제6호)

백운대 마애석불입상(지방유형문화재 제206호)

2. 월성지구

경주 계림(사적 제19호)

경주 월성(사적 제16호)

경주 임해전지(사적 제18호)

경주 첨성대(국보 제31호)

내물왕릉, 계림, 월성지대(사적 및 명승 제2호)

3. 대능원지구

신라 미추왕릉(사적 제175호)

경주 황남리고분군(사적 제40호)

경주 노동리고분군(사적 제38호)

경주 노서리고분군(사적 제39호)

신라 오릉(사적 제172호)

동부사적지대(사적 제161호)

재매정(사적 제246호) ·

4. 황룡사지구

황룡사지(사적 제6호)

분황사 석탑(국보 제30호)

5. 산성지구

명활산성(사적 제47호)

7. 고창·화순·강화 고인돌유적(Gochang, Hwasun and Ganghwa Dolmen Sites: 문화, 2000): 기원전 1500년–기원전 1년까지 다시 말해 청동기시대(기원전 2,000/1,500년)–철기시대전기(기원전 400년–기원전 1년) 사이에 만들어진 거석문화의 하나이다. 우리나라의 거석문화는 지석묘(고인돌)와 입석(선돌)의 두 가지로 대표된다. 그러나 기원전 4500년 전후 세계에서 제일 빠른 거석문화의 발생지로 여겨지는 구라파에서는 지석묘(dolmen), 입석(menhir), 스톤써클(stone circle : 영국의 Stonehenge가 대표), 열석(alignment, 불란서의 Carnac이 대표), 집단묘(collective tomb) 중 연도(널길) 있는 석실분(passage grave, access passage)과 羨道(널길)가 없는 석실분(gallery grave, allée couverte)의 5종 여섯 가지 형태가 나타난다. 이 중 거친 割石으로 만들어지고 죽은 사람을 위한 무덤의 기능을 가진 지석묘는 우리나라에서만 약 29,000여기가 발견되고 있다. 중국의 요녕성과 절강성의 것들을 합하면 더욱 더 많아질 것이다. 남한의 고인돌은 北方式, 南方式과 蓋石式의 셋으로 구분하고 발달 순서도 북방식–남방식

-개석식으로 생각되고 있다. 그러나 북한의 지석묘는 황주 침촌리와 연탄 오덕리의 두 형식으로 대별되고, 그 발달 순서도 변형의 침촌리식(황해도 황주 침촌리)에서 전형적인 오덕리(황해도 연탄 오덕리)식으로 보고 있다. 이들은 마지막으로 개별적인 무덤 구역을 가지고 구조도 수혈식에서 횡혈식으로 바뀌어 나가거나 이중 개석를 가진 평안남도 개천 묵방리식으로 발전하게 된다. 우리나라의 지석묘사회는 일반적으로 전문직의 발생, 재분배 경제, 조상 숭배와 혈연을 기반으로 하는 계급사회로 인식되고 있다. 그리고 우리나라의 지석묘(고인돌)가 만들어진 연대는 기원전 1,500년-기원전 400년의 청동기시대나 전라남도나 제주도 등지에서는 기원전 400년-기원전 1년의 철기시대전기에까지 토착인들의 묘제로 사용되고 있었다. 최근의 고고학적 자료는 전남지방의 청동기시대는 전기(기원전 1500년-기원전 1000년)까지 거슬러 올라감을 알 수 있다. 그에 대한 자료는 광주광역시 북구 동림동 2택지개발지구, 여천 적량동 상적 지석묘(청동기시대 전기 말-중기 초, 기원전 11세기경, 이중구연 단사선문, 구순각목, 공렬토기, 비파형동검/古朝鮮式銅劍 6점), 여수시 월내동 상촌 II 지석묘(이중구연에 단사선문이 있는 토기, 공렬토기, 비파형동검 3점, 청동기시대 전기 말-중기 초, 기원전 11세기경), 고흥 두원면 운대리 전라남도 高興 豆原面 雲垈里 支石墓(1926년 11월 朝鮮總督府博物館), 중대 지석묘(비파형동검, 광주박물관), 전라남도 여천 화장동 고인돌(비파형동검, 기원전 1005년) 등에서 나타난다. 그러나 전남지방에 많은 수의 지석묘(고인돌)는 철기시대까지 사용된 정치·경제적 상류층의 무덤이며 그곳이 당시 농경을 기반으로 하는 청동기·철기시대의 가장 좋은 생태적 환경이었던 것이다. 이 토착사회가 해체되면서 마한사회가 나타나게 된 것이다. 최근 여수 화양면 화동리 안골 고인돌의 축조가 기원전 480년-기원전 70년이라는 사실과 영암 엄길리의 이중개석 고인돌 하에서 출토한 철기시대전기(기원전 400년-기원전 1년)에 속하는 두 점의 흑도 장경호는 이를 입증해주는 좋은 자료이다. 일찍이 충청북도 제천 황석리 고인돌의 축조도 기원전 410년이란 연대로 밝혀진 바 있다. 우리나라에서 사적으로 지정된 지석묘(고인돌)는 강원도 속초 조양동(사적 376호), 경기도 강화도 부근리(사적 137호), 경기도 파주군 덕은리/옥석리(玉石里)(기원전

640년, 사적 148호), 경상남도 마산 진동리(사적 472호), 전라남도 화순 춘양면 대신리와 도산 효산리(기원전 555년, 사적 410호), 전라북도 하서면 구암리(사적 103호), 고창지방(고창읍 죽림리, 상갑리와 도산리 일대의 고인돌군은 현재 사적 391호)이며, 그중 강화도, 고창과 화순의 고인돌들은 세계문화유산으로 지정되어 있다. 지석묘의 기원과 전파에 대하여는 연대와 형식의 문제점 때문에 현재로서는 구라파 쪽에서 전파된 것으로 보다 '韓半島 自生說'쪽으로 기울어지고 있는 실정이다.

8. 조선왕조의 왕묘군(Royal Tombs of the Joseon Dynasty: 문화, 2009): 조선왕조(서기 1392년-서기 1910년)의 왕릉 40기(문화, 2009): 정릉(제1대 태조 계비 신덕왕후 강씨), 경릉(제9대 성종 사친(私親) 덕종 및 소혜왕후 한씨), 창릉(제8대예종 및 계비 인순왕후 한씨), 명릉(제19대 숙종 및 계비 인현왕후 민씨, 인원왕후김씨), 익릉(제19대 숙종비 인경왕후 김씨), 홍릉(제21대 영조비 정성왕후 서씨), 효릉(제12대 인종 및 인성왕후 박씨), 예릉(제25대 철종 및 철인왕후 김씨), 희릉(제11대 중종계비 장경왕후 윤씨), 온릉(제11대 중종비 단경왕후 신씨), 광릉(제7대 세조 및 정희왕후 윤씨), 건원릉(제1대 태조), 현릉(제5대 문종 및 현덕왕후 권씨), 목릉(제14대 선조 및 의인왕후 박씨, 계비 인목왕후 김씨), 휘릉(제16대 인조계비 장열왕후 조씨), 숭릉(제18대 현종 및 명성왕후 김씨), 혜릉(제20대 경종비 단의왕후 심씨), 원릉(제21대 영조 및 계비 정순왕후 김씨), 수릉(추존 문조 및 왕후신정왕후 조씨), 경릉(제24대 헌종 및 효현왕후 김씨, 계비 효정왕후 홍씨), 태릉(제11대 중종 계비 문정왕후 윤씨), 강릉(제13대 명종 및 인순왕후 박씨), 홍릉(제26대 고종 및 명성황후 민씨), 유릉(제27대 순종 및 순명황후 민씨, 순정황후 윤씨), 사릉(제6대 단종비 정순왕후 송씨), 헌릉(제3대 태종 및 원경왕후 민씨), 인릉(제23대 순조 및 순원왕후 김씨), 선릉(제9대 성종 및 계비 정현왕후 윤씨), 정릉(제11대 중종), 융릉[추존 장조(사도세자) 및 헌경왕후 홍씨], 건릉(제22대 정조 및 효의왕후 김씨), 공릉(제8대 예종비 장순왕후 한씨), 영릉(永陵, 추존진종 및 효순왕후 조씨), 장릉(長陵, 제16대 인조 및 인열왕후 한씨), 장릉(章陵, 추존 제16대 인조부(父) 원종 및 인헌왕후 구씨), 의릉(제20대 경종 및 계비 선의왕후 어씨), 영릉(英陵, 제4대 세종 및 소헌왕후 심씨), 영릉(寧陵, 제17대 효종 및 인선왕후 장씨), 장릉(莊陵, 제6대 단종)

9. 安東 河回마을과 慶州 양동마을(the Historic villages of Hahoe and Yangdong: 문화, 2010): 낙동강이 'S' 모양으로 마을을 감싸 안고 흐르는 경상북도 안동시 풍천면 하

회마을(중요민속자료 제122호)은 豊山 柳씨들이 600년간 살아오던 同姓 마을(集成村)이며 한국을 대표하는 民俗村이다. 이곳은 謙菴 柳雲龍(중종 34년, 서기 1539년-선조 34년, 서기 1601년)과 임진왜란 때 領議政을 지낸 西崖 柳成龍(중종 37년, 서기 1542년-선조 40년, 서기 1607년) 형제가 태어난 곳으로 유명하다. 하회별신굿탈놀이(중요무형문화재 69호), 하회탈(국보 121호), 西崖 柳成龍의 懲毖錄(국보 132호), 立巖古宅(柳仲郢, 중종 10년, 서기 1515년-선조 6년, 서기 1573년, 養眞堂, 보물 306호), 忠孝堂(보물 414호), 작천 고택(중요민속자료 87호), 하동고택(중요민속자료 177호), 北村宅(중요민속자료 84호), 南村宅(중요민속자료 90호), 主一齋(중요민속자료 91호), 志山書樓, 하정재, 당연재, 屏山書院(사적360호, 서기 1572년), 花川書院, 遠志精舍(중요민속자료 85호), 賓淵精舍(謙菴 柳雲龍의 서재, 중요민속자료 86호, 서기 1583년), 玉淵精舍(중요민속자료 88호, 서기 1576년-서기 1586년), 謙菴精舍(중요민속자료 89호, 서기 1567년), 翔鳳亭 등 국보 2점, 보물 2점, 중요민속자료 9점 모두 13점이 지정되어 있다. 그중에는 유운룡과 유성룡 형제와 관련된 瓦家, 草家와 民家들이 많이 남아있다. 서기 1999년 영국의 엘리자베스 II세 여왕과 서기 2005년 미국의 부시 대통령이 이곳을 방문한 바 있다.

경주시 강동면 북쪽 설창산의 良洞里마을은 慶州 孫氏와 驪江 李氏(良洞 이씨)들의 同姓마을(集成村)이며 民俗村이다. 愚齋 孫仲暾(세조 8년 서기 1463년-중종 24년, 서기 1529년)과 晦齋 李彦迪(성종 22년, 서기 1491년-명종 8년, 서기 1553년)의 후손과 관련된 通鑑續編(국보 283호), 무첨당(無忝堂, 李彦迪의 別堂, 보물 411호), 香壇(李彦迪 가옥, 보물 412호), 觀稼亭(孫仲暾가옥, 보물 442호), 이곳의 入鄕祖인 孫昭影幀(세종 15년, 서기 1433년-성종 15년, 서기 1484년, 보물 1216호), 書百堂(孫昭가옥, 서기 1454년, 중요민속자료 23호), 孫昭先生分財記(경북유형문화재 14호) 등이 있다. 안동 하회마을과 경주 양동리 두 곳은 한국의 살아있는 역사와 민속을 이해할 수 있는 전통적인 마을을 대표한다.

헝가리 HUNGARY

1. 안드레시 애비뉴와 천 년 간의 지하유적("부다페스트의 다뉴브 강 연안과 부다 성(城) 지구: 문화, 1987"의 확장)(Andrásy Avenue and the Millennium Underground(extension to "Budapest,

Banks of the Danube with the district of Buda Castle":문화, 1987/2002 확대지정): 헝가리 국가 탄생 100주년 기념의 일부로 지어진 안드레시 거리(서기 1872년-서기 1875년)와 밀레니엄 지하철(서기 1893년-서기 1896년)을 비롯하여 부다 성이 지정되었다. 王宮 또는 王城(Royal Palace 또는 Royal Castle)이라 불리던 부다 왕궁(Buda Castle)은 중세, 바로크와 서기 19세기 공공건물 옆에 세워졌으며 성 언덕 후니쿨라(Castle Hill Funicular) 옆 아담 크라크 광장(Adam Clark Square)과 세체니 다리(Széchenyi chain bridge)와 연결되어 있다. 첫 번째는 서기 1247년-서기 1265년 사이 베라(Béla) Ⅳ세 때 지어졌으나 현재 가장 오래된 건물은 슬라보니아(Slavonia) 공작 스테펜(Stephen) 태자가 지은 것이다. 서기 1541년 헝가리 왕국의 멸망 후 오스만투르크제국(서기 1299년-서기 1922년)에 점령당하였다. 서기 1686년 기독교왕국으로 되찾아진 다음 서기 1715년 촬스(Charles) Ⅲ세가 옛날 궁전의 파괴를 명했으나 남쪽 요새가 남았다. 새로운 궁전은 서기 1769년 완공되었다. 그것도 서기 1849년 혁명으로 파괴되고 서기 1850년-서기 1856년 재건되어 현재 국회의사당과 국립역사박물관으로 이용되고 있다. 그중 마차시 성당은 마챠시 왕, 엘리자베스와 오스트리아의 합스브르그(Hapsburg) 왕가(서기 1278년-서기 1918년)의 프란츠 요셉(Franz Joseph) I세 황제(서기 1867년-서기 1916년)의 戴冠式이 거행되기도 하였다. 지그문트(Sigmund) 교회, 파차시 (Pacassi) 설계로 지은 城교회, 교회 지하실 납골당, 합스부르그 왕가의 방 등이 유명하다. 현재 역사박물관으로 이용되는 이 궁전은 서기 1950년에 복원되었다.

2. 홀로쾌 전통마을(Hollókö: 문화, 1987): 현재 헝가리에는 1000여 명 정도 남은 홀로코족들이 부다페스트 91.1㎞ 떨어진 노그라드(Nógrád)의 췌르하트(Cserhat) 산맥 구릉에 전통적인 마을을 형성하고 헝가리의 옛 언어인 팔록(Paloc)어를 사용하고 있으며 현대화된 농업 이전의 잘 보존된 시골마을이다. 이곳에서 라요스 코수트(LaiosKossuth)와 산도르 페퇴피(Sandor Petöfi) 거리, 55채의 집, 민속박물관, 위버의 집, 목공예가인 훼렌크 켈레멘(Ferenc Kelemen)의 전시관, 성당 홀로쾌(Hollókő) 성등을 볼 수 있다.

3. 파논할마의 베네딕트 천년 왕국 수도원과 자연환경(Millenary BenedictineMonastery

of Pannonhalma and its Natural Environment: 문화, 1996): 기왜르-모손-소프론(Györ-Moson-Sopron)에 있는 파논할마의 베네딕트 수도원은 서기 996년에 설립되고 서기 1055년 항가리에서 최초의 수도원으로 문서화된 기록을 남기고 있다. 이 수도원은 서기 1590년대 오스만투르크의 침입으로 버려졌다가 서기 17세기 베네딕트파 수도사들이 다시 들어와 복구되었다. 현재 50여명의 수도사들이 이곳에 기거하면서 기숙사를 운영하고 있다. 이 건물은 지난 1,000여 년 동안 유지되고 가장 오래된 건물의 기록은 서기 1224년까지 거슬러 올라간다. 그래서 건물 사용의 연속성에서 오래된 역사를 엿볼 수 있다.

4. 호르토바기 국립공원(Hortobágy National Park-the Puszta: 문화, 1999): 호르토 바기 푸스챠는 중앙유럽인 동부항가리에서 광범위한 평원과 저습지를 포함하며 이곳에서 과거 2천 년 간 전통적인 토지사용, 가축의 사용 등을 알 수 있는 문화 조경 지역이다. 이곳에는 스키타이인들의 쿠르간 封土墳, 고대 집자리 흔적인 텔(tell, mound, tepe, hüyük), 항가리에서 가장 긴 9개의 홍예(아치)가 있는 석조다리인 Nine Arch Bridge, 서기 18세기-서기 19세기 여행자들을 위한 여관 등을 볼 수 있다.

5. 소피아나 초기 기독교 묘지[Early Christian Cemetery/Necropolis of Pécs(Sopianae): 문화유산, 2000]: 바란야(Baranya) 주 서기 4 세기 초 로마의 행정도시인 소피아네(Sopianae, 현 Pécs)의 지하 기독교 묘지와 그 위에 건립된 교회로 지하 묘지(underground burial chambers)에는 기독교 주제의 벽화가 많이 그려져 있다. 이곳은 교회, 예술적으로도 가치가 있는 지하 壁畵墳과 靈廟가 잘 알려져 있다.

6. 토카이 와인지역 문화유산(Tokaji Wine Region Cultural Landscape: 문화, 2002): 항가리 동북쪽 토카이[원래 이름은 산기슭이라는 의미의 헤기야라(Hegyalja)임. 또는 슬라브어의 스토카이(Stokaj)에서 나옴. 그리고 아르메니아어로는 포도를 뜻함]의 낮은 구릉과 강 계곡에서 과거 약 300간간 인간이 포도를 재배하여 세계적으로 유명한 토카이 아스주 포도주[Tokaji Aszú wine, 세계에서 가장 오래된 botrytized wine: 아민(amine)과 有機酸(organic acid)이 화합하여 고난도의 액체 色層분석(chromatography)기술로 만들어짐. 다시 말해 토카이 포도주는 귀부균(貴腐菌, Botrytis cinerea)이란 회색 곰팡이에 감염된 포도알을 사용하여 자연 발효시켜 제조한

Noble sweet wine을 말한다.]를 만들어내던 까다롭고 복잡한 약 7,000㏊과 5,000 그루의 포도밭, 지하 깊이 설치한 포도주 저장고, 농장과 조그만 마을이 인간과 자연 환경이 조화를 이루고 있다. 이 포도재배와 포도주의 명성은 기원전 켈트족에 까지 거슬러 올라가며, 서기 1703년 루이 14세(서기 1638년-서기 1715년)가 이를 'wine of kings, king of wine'이라 칭찬한데서 비롯된다고 한다.

홀리시 HOLY SEE

1. 바티칸 시티(Vatican City: 문화, 1984): 서부 바티칸 언덕(Mons Vaticanus)에 위치한 San Paolo Furoi le Mura(St. Paul Outside the Walls, 우르바노/Urban VIII세의 성벽)라는 교황의 대성당(the Papal Basilica)이 있는 바티칸(Vatican: State della citta del vaticano, 공식 국가명칭은 the State of the Vatican City이다) 시는 서기 1929년 2월 11일 라테란(Laterano)협정에 의해 이탈리아로부터 독립을 얻은 전 세계의 가톨릭을 대표하는 홀리시(Holy See/Sancta Sedes, 이 말은 바티칸 시란 명칭과는 다른 것으로 교황으로 알려진 대주교가 거처하는 가톨릭의 교황청을 의미한다)로 0.44㎢의 조그만 세속적 영토주권국가이며 로마의 대주교(bishop) 겸 가톨릭 敎皇國이다. 이 국가에는 성 베드로 대성당, 카스텔 간돌포(Castel Gandolfo)에 있는 교황궁(Pontifical Palace), 여름휴가지, 로마 부근의 5개소 이탈리아 전역에 흩어져 있는 23개소가 포함된다. 바티칸 시는 기독교 최대의 성지로 로마시대 베드로(St. Peter)의 순교지 위에 세워진 6만 명을 수용하는 최대의 성 베드로 성당(the Papalof St. Peter/St. Peter's Basilica, 베드로의 무덤은 제단 바로 아래에 있음)이 대표한다. 이 성당은 뛰어난 예술적 건축물로 서기 1506년 율리오(Julius) II세 교황 때 시작하여 서기 1615년 바울(Paul) V세 때 완공되었으며, 건물과 돔의 설계는 여러 번에 걸쳐 수정을 반복을 거쳤다. 브라만테(Donato Bramante), 지우리아노 다 상갈로(Giuliano da Sangallo), 흐라 지오콘도(Fra Giocondo), 라파엘(Raphael, 37세에 작고)을 거쳐, 서기 1547년 1월 1일 교황 바오르(Paul) III세에 의해 위촉을 받은 70세의 미켈란제로(Michelangelo), 서기 1588년 그 뒤를 이은 자코모 델라 포르타(Giacomo della Porta)와 도메네코 폰타나(Domenico Fontana)가 식스투스(Sixtus) V세의 마지막 해인

서기 1590년 돔의 완공을 보았다. 돔의 직경 42.4m 바닥에서 돔 위의 십자가까지의 높이 138m이다. 교황 바오르(Paul) V세는 서기 1602년 도메네코 폰타나의 조카인 마데르노(Carl Madeno)를 임명하여 베드로 대성당의 聖壇이 있는 곳이 西向, 전체 길이 220m×폭 150m, 성당 건물의 정면 길이 114.69m, 높이 5 m, 성당 내부의 넓이 15160.12㎡로, 전체 石灰華를 사용해 짓도록 다시 설계를 하였다. 바오르(Paul) V세는 서기 1606년 2월 18일 기존의 콘스탄틴 성당을 허물고 새로 지은 베드로 성당으로 옮겨갈 준비를 하였다. 교황 우르반(Urban) VIII세(서기 1568년-서기 1644년)가 베르니니(Gianlorenzo Bernini, 서기 1598년-서기 1680년)를 임명하여 이중의 圓柱回廊을 가진 베드로 광장(St. Peter's square, 1656년-서기 1667년, 길이 340m, 폭 240m, 전체, 248개의 기둥으로, 각 기둥 사이의 길가 93m, 높이 20m)을 설계하게 하여 오늘날의 모습으로 갖추게 되었다. 이곳에는 높이 40m, 무게 360.2톤의 오벨리스크가 있다.

이 베드로 성당(The Papal Basilica of Saint Peter in the Vatican) 지하 동굴에는 100여가 넘는 무덤이 있으며 그중에는 네로 황제 때 순교한 초대 교황 베드로(St. Peter/Simon Peter/Petrus/페트루스, ?-서기 64년)를 비롯해 성 이그나티우스 안티오크(St. Ignatius Antioch), 신성로마제국의 오토(Otto) II세에서 요한 바오르 II세(서기 1978년-서기 2005년 4월 8일)까지를 포함하는 91명의 교황이 잠들어 있다. 또 탑과 현관이 있다. 정면 탑의 오래된 시계는 서기 1288년까지 거슬러 올라간다. 북쪽 끝의 교황의 聖年(25년, 50년) 때만 문을 여는 'Holy Door', 돔의 창사가 벽에 세워놓은 石像, 미켈란젤로가 조각한 피에타(Pietá), 시스티나 성당 벽화 중 미켈란젤로가 서기 1508년-서기 1512년 천장에 그린 천지창조와 제단 벽화인 최후의 심판, 베르니니의 'Truth' 등이 유명하다. 서기 1053년 이후 성 베드로 성당의 首席司祭는 지오바니(서기 1053년)부터 안젤로 코마스트리(Angelo Comastri, 서기 2006년 10월 10일-현재)까지 60명에 이른다.